ABÍLIO MADEIRA BORDALO
Juiz Conselheiro Jubilado

CRISTINA BORDALO DE MATOS
Licenciada em Direito

ANTOLOGIA DE ACÓRDÃOS DO SUPREMO TRIBUNAL ADMINISTRATIVO E TRIBUNAL CENTRAL ADMINISTRATIVO

ANO X – N.º 2

Janeiro a Março
2007

ALMEDINA

ANTOLOGIA DE ACÓRDÃOS DO SUPREMO TRIBUNAL ADMINISTRATIVO
E TRIBUNAL CENTRAL ADMINISTRATIVO

AUTORES
ABÍLIO MADEIRA BORDALO
CRISTINA DE MATOS

EDITOR
EDIÇÕES ALMEDINA, SA
Avenida Fernão de Magalhães, n.º 584, 5.º Andar
3000-174 Coimbra
Tel.: 239 851 904
Fax: 239 851 901
www.almedina.net
editora@almedina.net

PRÉ-IMPRESSÃO • IMPRESSÃO • ACABAMENTO
G.C. – GRÁFICA DE COIMBRA, LDA.
Palheira – Assafarge
3001-453 Coimbra
producao@graficadecoimbra.pt

Julho, 2007

DEPÓSITO LEGAL
124927/98

Acórdãos do Supremo Tribunal Administrativo Pleno

1.ª Secção (Contencioso Administrativo)

CONSELHO SUPERIOR DO M.º P.º PROMOÇÃO A PROCURADOR DA REPÚBLICA. FORMAÇÃO ESPECIALIZADA. APROVEITAMENTO DO ACTO ADMINISTRATIVO.

(Acórdão de 6 de Fevereiro de 2007)

SUMÁRIO:

I – À luz do EMP, a formação especializada dos Procuradores-Adjuntos não constitui critério ou factor atendível no concurso de promoção à categoria de Procurador da República.

II – Por isso, o acto que decidiu um concurso desse género também não pode sofrer da ilegalidade que supostamente adviria de aí se ter aplicado uma norma regulamentar que desprezava aquela formação.

III – Sendo de cumprir o estatuído no art. 100.º do CPA no sobredito concurso, a inobservância da formalidade não podia ter efeitos invalidantes em face da certeza de que o cumprimento dela era insusceptível de alterar a decisão que fora tomada «secundum legis», caso em que era de concluir pelo aproveitamento do acto administrativo.

ACORDAM NO PLENO DA 1.ª SECÇÃO DO SUPREMO TRIBUNAL ADMINISTRATIVO:

O Dr. José Elísio d'Ávila Martins da Fonseca, identificado nos autos, interpôs recurso jurisdicional do acórdão da Subsecção, constante de fls. 180 e ss., que julgou improcedente a acção administrativa especial que o ora recorrente movera contra o Conselho Superior do Ministério Público e na qual pedira que fosse anulado «o movimento de magistrados do Ministério Público deliberado em 11 de Julho de 2005» e que a entidade demandada fosse «condenada a praticar o acto que deveria ter praticado se tivesse aplicado correctamente os critérios legais de colocação do autor».

O recorrente terminou a sua alegação de recurso, formulando as conclusões seguintes:

I. O acto impugnado é inválido por dois motivos:

a) Por vício de violação da lei, pelo que deve ser anulado nos termos do previsto no artigo 135.º do Código de Procedimento Administrativo;

b) Por preterição de formalidade essencial de audiência dos interessados, pelo que deve ser anulado, nos termos do previsto no artigo 135.º do Código de Procedimento Administrativo.

II. O Estatuto do Ministério Público prevê um conjunto de critérios de acesso à categoria de Procurador da República. A saber:

a) O artigo 116.º prevê que os magistrados do Ministério Público são promovidos por mérito ou por antiguidade, sendo certo que a promoção por mérito depende da obtenção de classificação de Muito Bom ou Bom com Distinção (cfr. artigo 117.º).

b) Paralelamente, o artigo 121.º prevê que a promoção para a categoria de procurador da República se faz, ou por concurso, ou segundo a lista de antiguidade, sendo que as vagas serão preenchidas sucessivamente na proporção de três por via do concurso e duas segundo a ordem da lista de antiguidade.

c) Assim, só podem ser promovidos os Procuradores-adjuntos que exerçam funções há mais de dez anos, sendo provido o magistrado com melhor classificação ou, em caso de igualdade, o mais antigo.

d) Cumulativamente com os critérios previstos no artigo 121.º, no qual se encontra previsto o regime genérico dos provimentos à categoria de Procurador da República, o artigo 136.º prevê que, no caso de se tratar de provimentos para tribunais de competência especializada, a competência específica nesse ramo de direito será também atendível.

III. Entende o acórdão recorrido que os critérios a atender na promoção à categoria de Procurador da

República são apenas os previstos nos artigos 116.°, 117.° e 121.° do Estatuto do Ministério Público. Decisão com a qual o recorrente não se pode conformar.

IV. Os artigos «supra» mencionados contêm um conjunto de regras genéricas aplicáveis em abstracto a todas as situações de promoção.

V. Contudo, não são os únicos preceitos que se debruçam sobre a situação: o artigo 136.°, sob a epígrafe "Regras de colocação e preferência", considera que nos provimentos para tribunais de competência especializada, é também critério atendível a formação específica que o candidato possua naquele concreto ramo de direito.

VI. Ao contrário do que seria de esperar, de acordo com o acórdão agora recorrido, a questão da preferência na colocação em função da formação especializada só pode ser equacionada nas situações em que esteja em causa o movimento de magistrados que já tenham a categoria ou que pelo menos sejam a ela promovidos, o que é o mesmo que dizer que a formação específica dos candidatos só será ponderada quanto às transferências.

VII. Salvo melhor entendimento, esta não é a interpretação mais correcta da lei.

a) Os artigos 116.°, 117.° e 121.° criam o regime geral aplicável às promoções, definindo quem e como pode ser promovido, mas o artigo 136.° cria um regime especial para os provimentos para tribunais de competência especializada.

b) Uma vez que o artigo 136.° se refere a provimentos, não entende o recorrente por que motivo no douto acórdão recorrido se há-de optar por uma interpretação mais restritiva e considerar que a preferência será concedida tão-só nas situações de transferência.

c) Por outro lado, o artigo 135.° do Estatuto do Ministério Público prevê as regras exclusivas das transferências. Assim, se fosse intenção do legislador privilegiar a formação específica dos magistrados apenas na sua transferência, tê-la-ia consagrado neste preceito.

d) Por outro lado, uma vez que o artigo 136.° consagra um regime especial para os provimentos para tribunais de competência especializada deve ser aplicado cumulativamente com os artigos que consagram as regras gerais da promoção.

e) Por último resta acrescentar que o artigo 20.° n.° 3 do Regulamento Interno da Procuradoria-Geral da República, remete precisamente para os factores que, nos termos do artigo 136.° do Estatuto do Ministério Público, são atendíveis, nos movimentos dos magistrados do Ministério Público.

VIII. À data do concurso impugnado, o recorrente exercia funções há 17 anos, 9 meses e 18 com classificação de Muito Bom e possuía formação específica nas áreas de Direito Administrativo e Direito do Trabalho, por ter frequentado duas pós-graduações e por ter exercido funções no Tribunal de Trabalho do Porto durante quatro anos, detendo as condições exigidas para a promoção

IX. Acontece que o Conselho Superior do Ministério Público aprovou um conjunto de critérios relativos aos movimentos dos magistrados, para o qual remete o artigo 20.° n.° 4.

X. No ponto 5.7. deste conjunto de critério, a ponderação da formação específica é expressamente excluída, quando se trate da promoção de Procuradores-adjuntos à categoria de Procuradores da República.

XI. Ora, o regime jurídico criado por acto legislativo, no caso pelo Estatuto do Ministério Público, aprovado pela Lei n.° 60/98, de 27 de Agosto, não pode ser alterado por acto regulamentar, em violação do artigo 112.° da Constituição.

XII O Estatuto do Ministério Público constitui a norma de habilitação relevante. O Estatuto do Ministério Público é o critério, o fundamento e o limite do regulamento interno, que apenas pode desenvolver ou concretizar o regime criado pelo primeiro.

XIII. Desta forma, uma vez que o Conselho Superior do Ministério Público fundou a decisão de não promover o recorrente no conjunto de critérios acima mencionados, o recorrente considera que o acto é inválido, pelo que deve ser anulado, por padecer de vício de violação de lei, segundo o preceituado no artigo 135.° do Código de Procedimento Administrativo. E assim também o acórdão recorrido é inválido e deve ser revogado.

XIV. Por último, o recorrente invocou ainda como causa de invalidade do acto impugnado, a preterição de formalidade essencial de audiência prévia dos interessados, prevista nos artigos 100.° e seguintes do Código de Procedimento Administrativo.

XV. O douto acórdão reconheceu-o mas não lhe atribuiu efeitos invalidantes. Com o devido respeito, não se pode transformar um requisito formal em material. Preterido o requisito formal o acto é inválido por razões formais, com consequências diferentes da invalidade por razões materiais. Trata-se de requisitos distintos cuja preterição segue regimes distintos.

XVI. Face ao exposto, deve o acto ser anulado, nos termos do artigo 135.° do Código de Procedimento Administrativo, por preterição de formalidade essencial de audiência dos interessados.

O CSMP contra-alegou, defendendo a bondade do acórdão recorrido e o consequente não provimento do presente recurso jurisdicional.

A matéria de facto pertinente é aquela que o acórdão recorrido considerou provada, pelo que procedemos aqui, com as necessárias adaptações, à remissão genericamente permitida pelo art. 713.°, n.° 6, do CPC.

Passemos ao direito.

Na sequência da publicação do aviso de que, no dia 5/7/2005, se procederia a um movimento de magistrados do M.° P.° que incluiria «transferências e promoções a Procuradores da República», o aqui recorrente, que era Procurador-adjunto, candidatou-se à promoção a Procurador da República – promoção essa «por via de concurso», como nos diz o acórdão recorrido. Contudo, o acto do CSMP impugnado na acção dos autos absteve-se de promover o recorrente, tendo antes promovido à categoria imediata os cinco magistrados que na lide figuram como interessados particulares. Daí que ele tenha proposto a acção administrativa especial dos autos, em que cumulativamente pediu a anulação do referido acto e a condenação do CSMP a emitir uma nova pronúncia que, na vez da anulada, o promova àquela categoria de Procurador da República.

A petição inicial evidencia as razões por que o recorrente se não conforma com o acto impugnado. Ele partiu de dois fundamentais pressupostos: o de que o EMP («maxime», o seu art. 136.°) impunha que o CSMP, ao decidir o concurso de promoção a Procurador da República, atendesse à «formação especializada dos concorrentes»; e o de que a sua promoção seria certa se o CSMP tivesse respeitado aquela imposição legal. Todavia, o acto «sub censura» não ponderou a tal «formação especializada»; e, na óptica do recorrente, isso deveu-se ao facto de o CSMP ter aplicado normas regulamentares que olvidavam «in toto» o peso que essa mesma «formação» devia ter para efeito de promoções – pelo que, nessa exacta medida, tais normas contrariavam a lei habilitante que deveriam observar e servir. Foi nesta linha de raciocínio que o recorrente imputou ao acto um vício de violação de lei; e, a esse ataque, fez acrescer a denúncia de um vício de forma derivado do não cumprimento do dever de audiência prévia.

O aresto recorrido julgou a acção improcedente por duas fundamentais razões: quanto à violação de lei, entendeu que o próprio EMP excluía que a dita «formação especializada» operasse no concurso de promoção em causa – o que afastava, «de plano», a denunciada dissenção entre preceitos regulamentares aplicados e as normas superiores do EMP; quanto ao vício de forma, a Subsecção entendeu que ele ocorrera, mas que se mostrava impotente para anular o acto em virtude de a respectiva formalidade se haver degradado em não essencial.

As conclusões do presente recurso jurisdicional mostram que são essencialmente três os ataques dirigidos – directamente ou de viés – ao acórdão «sub censura»: nas conclusões II a VII, o recorrente clama que o EMP impõe que se dê relevância à «formação especializada» dos magistrados que se apresentem a concursos de promoção; nas conclusões IX a XIII, regressa ao tema da infidelidade das normas regulamentares relativamente àquela solução, supostamente consagrada no EMP – questão que, como vimos, o aresto recorrido não tratou, por ela estar logicamente prejudicada pela solução dada ao problema anterior; nas conclusões XIV e XV, o recorrente insiste na aptidão invalidante do vício de forma.

Comecemos pelas conclusões II a VII. O art. 116.° do EMP estabelece que o acesso aos lugares superiores do M.° P.° se faz por promoção, a qual, no que concerne à categoria de Procurador da República, ocorre por mérito e por antiguidade. As condições gerais de acesso constam do art. 117.°, aí não figurando a necessidade de se atender à eventual formação especializada dos concorrentes. O art. 121.° dispõe que o provimento das vagas de Procurador faz-se, «primo», por transferência e, «secundo», pela promoção de Procuradores-adjuntos; e acrescenta que esta promoção se efectua mediante o preenchimento de três vagas por concurso e de duas por antiguidade, sendo que, na promoção por concurso – a que só podem ser opositores os Procuradores-adjuntos com mais de dez anos de serviço – será provido o magistrado com melhor classificação e, em caso de igualdade, o mais antigo. Portanto, também aqui nada se diz quanto à «formação especializada» dos concorrentes.

Essa «formação» aparece finalmente referida no art. 136.°, cuja epígrafe é «regras de colocação e preferência» e que está incluído numa secção relativa a «movimentos» e distinta daquela a que respeitam os artigos atrás citados. Esse art. 136.° preconiza que a colocação de magistrados do M.° P.° se faça «com prevalência das necessidades de serviço e de modo a conciliar a vida pessoal e familiar dos interessados com a sua vida profissional»; e prevê ainda que, «no provimento de lugares em tribunais de competência especializada», se deva ponderar «a formação especializada dos concorrentes» – embora sem prejuízo de os «factores atendíveis nas colocações» serem, «por ordem decrescente de preferência, a classificação de serviço e a antiguidade».

A mera inserção sistemática do art. 136.° evidencia a sua inaplicabilidade aos concursos de promoção a Procurador da República. E facilmente se compreende que assim seja. Com efeito, ainda que um movimento de magistrados do M.° P.° concentre, num mesmo resultado, a promoção de alguns deles à categoria superior e a respectiva colocação num lugar vago da nova categoria, não deixam tais operações de ser lógica e ontologicamente diversas; pois uma coisa é a promoção de alguém a uma categoria profissional e outra, subsequente, é o provimento dele num dos lugares dessa categoria.

Ora, e desde logo, detecta-se uma razão visível para que a «formação especializada» possuída por um qualquer magistrado não possa operar no momento da sua promoção: é que esta, tomada «a se», nunca garante que imediatamente haja, nessa categoria superior, um lugar vago e adequado à «formação» por ele detida. Portanto, o acórdão «sub judicio» andou bem ao deixar claro que a «formação especializada» dos concorrentes, referida no art. 136.° do EMP, só é «ponderada» nos movimentos de magistrados, ou seja, nas suas colocações por transferência. E isto é obviamente assim por um segundo motivo: é que a solução inversa traria o inconveniente de propiciar ultrapassagens na ordem normal de promoção, as quais se deveriam a um factor puramente acidental – o de, aquando do concurso, haver, ou não, vagas da categoria de acesso «em tribunais de competência especializada».

Nesta conformidade, o acórdão recorrido está a coberto da censura que o presente recurso lhe dirige, pois o acto, ao não atender à «formação especializada dos concorrentes», decidiu «secundum legem» – e, simultaneamente, subtraiu o concurso de promoção a um inadmissível factor de contingência. No fundo, a tese do recorrente radica numa confusão manifesta entre os conceitos de promoção (a uma categoria) e de provimento (num lugar); mas o que «supra» dissemos torna inquestionável que o EMP não considerou as formações especializadas para efeitos de promoção e esclarece a «ratio» dessa escolha legislativa. Assim, não se verifica o vício de violação de lei denunciado nas conclusões que estiveram em apreço.

E tal vício também não decorre, nem pode decorrer, do invocado nas conclusões IX a XIII. Com efeito, assente que a lei excluiu a atendibilidade da «formação especializada» em sede de promoções, suprimida fica a hipótese de o acto ser ilegal por ter aplicado normas regulamentares cuja repugnância à lei só adviria do pormenor de não atenderem a essa «formação» para aquele efeito. Ou seja: segundo a economia da acção, a ilegalidade das normas regulamentares, causal de uma censura ao acto, dependia exclusivamente de a lei atender à «formação especializada»; portanto, e até por um imperativo lógico, o facto de a lei dispor o contrário torna impossível que exista aquela precisa ilegalidade.

Estando adquirido que a Subsecção decidiu com acerto ao julgar improcedente, em toda a linha, o vício de violação de lei, resta-nos enfrentar as conclusões XIV e XV, em que o recorrente almeja a revogação do acórdão e a anulação do acto, por vício de forma resultante da ofensa do estatuído no art. 100.° do CPA. Relembremos que a Subsecção concedeu que tal vício existira; mas concluiu que a omissão da formalidade era irrelevante, já que a questão sobre que o recorrente queria ser ouvido – relativa à atendibilidade da formação especializada – não podia ser decidida num sentido diferente do adoptado no acto.

Contra o assim decidido, o recorrente apenas esgrime o argumento de que a Subsecção transformou «um requisito formal em material». Mas este argumento raia a ininteligibilidade; é que o aresto não se limitou a predicar diferentemente um «requisito», mantendo-o como tal – e antes excluiu decididamente o suposto «requisito» ao afirmar que, à luz das circunstâncias concretas do caso, a validade do acto não requeria o cumprimento da formalidade prevista no art. 100.° do CPA.

No entanto, a inoperância do argumento usado não elimina a necessidade de vermos se o acórdão decidiu bem a «quaestio juris» relacionada com o vício de forma – pois é flagrante que o recorrente manifestou a vontade de sindicar a solução dada ao assunto. Como dissemos já, a Subsecção assumiu que o acto impugnado deveria ter sido precedido da audiência dos interessados; mas, depois de ponderar que o recorrente se tinha efectivamente pronunciado, «motu proprio», que a pronúncia que emitisse após convite exclusivamente se relacionaria com o problema da «formação especializada» e, por último, que o CSMP não tinha, nessa matéria, qualquer margem de liberdade, o acórdão concluiu que a formalidade se degradara em não essencial e, nessa medida, carecia de aptidão invalidante.

Ora, esta pronúncia decisória está correcta. Constatámos «supra» que o CSMP estava vinculado «ex lege» a não considerar, para efeitos do concurso de promoção, a «formação especializada» que os concorrentes acaso detivessem. E, tanto a matéria de facto provada, como a «causa petendi» e o pedido enunciados pelo recorrente na acção asseguram que, se o art. 100.° do CPA tivesse sido cumprido, ele exerceria o seu direito de audiência com o exclusivo fito de persuadir o CSMP a considerar a sua «formação especializada» no acto final do procedimento. Sendo assim, é agora apodíctico que a eventual audiência do aqui recorrente não lhe traria os frutos que ele almejava obter com a realização da formalidade; pois, e como já acima dissemos e demonstrámos, era legalmente impossível que o CSMP atendesse àquela «formação» e viesse, por isso, a decidir de modo diferente do anteriormente adoptado.

Portanto, a exigibilidade abstracta de a Administração ouvir o recorrente, afirmada no aresto recorrido, nunca poderia acarretar, «in concreto», a anulação do acto impugnado – já que entretanto se obteve a certeza inabalável de que o cumprimento de tal formalidade seria insusceptível de influir minimamente no sentido da decisão administrativa. É que as formalidades procedimentais são meios ao serviço de fins; mas, sempre que o único resultado prático que deva seguir-se-lhes venha a ser obtido a despeito delas, tais formalidades têm de ser havidas por desnecessárias – isto de acordo com o lugar argumentativo comum de que, atingidos os fins, tornam-se prescindíveis os meios que a eles exclusivamente se ordenem.

Ora, daqui resulta o imediato afastamento dos efeitos invalidantes que o recorrente invoca. Mesmo que adoptássemos parcialmente o seu raciocínio e entendêssemos que a dita formalidade era exigível, designadamente por nunca ter perdido a sua essencialidade, sempre teríamos de concluir, ao menos, pelo aproveitamento do acto administrativo; pois nenhum sentido faria que, após sindicarmos plenamente o acto e concluirmos que ele não poderia ser outro à luz da lei substantiva aplicável, viéssemos a anulá-lo – já que daí resultaria o surgimento, na posterior execução do julgado, de um exacto «alter ego» do acto suprimido.

Aliás, uma tal solução não seria sequer harmonizável com o «petitum» globalmente formulado na acção. De facto, o aqui recorrente cumulou o pedido de anulação do acto com o de condenação da entidade demandada a praticar um outro que, reconstituindo a situação actual hipotética (cfr. o art. 47.°, n.° 2, al. b), do CPTA), considerasse a sua «formação especializada» e o promovesse à categoria imediata. Todavia, nós já constatámos a fatal improcedência deste segundo pedido. Assim, a almejada anulação do acto, que o recorrente toma como antecedente de um determinado modo de reintegrar a ordem jurídica violada, não acarreta essa pretendida consequência. E esta outra perspectiva do assunto mostra bem a vanidade da anulação que agora porventura se decretasse; pois o efeito anulatório seria, afinal, inapto para dar à relação jurídico-administrativa sobre que versa o litígio a configuração que o autor da acção preconiza e que é a própria causa final, ou razão última, da existência da lide.

Torna-se agora claro que a decisão, constante do aresto «sub judicio», de não anular o acto impugnado por ocorrência do arguido vício de forma é absolutamente certa – sendo até despiciendo analisar a maior ou menor bondade dos seus fundamentos. É que, no limite, sempre se imporia que o tribunal, na linha de uma jurisprudência estabilizada neste STA, procedesse ao aproveitamento do acto administrativo – como «supra» se deixou referido.

Soçobram, assim, as duas conclusões que estiveram ultimamente em apreço. Resta assinalar a improcedência das conclusões I e XVI, que sintetizam as demais, e a irrelevância da conclusão VIII que se mostra, «per se», destituída de potencialidade invalidante.

Nestes termos, acordam em negar provimento ao presente recurso jurisdicional e em confirmar, pelas razões expostas, o acórdão recorrido.

Custas pelo recorrente, fixando-se a taxa de justiça em 8 U.C..

Lisboa, 6 de Fevereiro de 2007.

Jorge Artur Madeira dos Santos (Relator)
Fernando Manuel Azevedo Moreira
José Manuel da Silva Santos Botelho
Rosendo Dias José
Maria Angelina Domingues
Luís Pais Borges
João Manuel Belchior
Jorge Manuel Lopes de Sousa
Alberto Acácio de Sá da Costa Reis
Adérito da Conceição Salvador dos Santos
Rui Manuel Pires Ferreira Botelho
José Cândido de Pinho
António Bento São Pedro
António Políbio Ferreira Henriques
Fernanda Martins Xavier e Nunes
José António de Freitas Carvalho
Edmundo António Vasco Moscoso

Recurso n.° 1260/05-20

CONTRA-ALEGAÇÕES. PRAZO. PROCESSO URGENTE.

(Acórdão de 23 de Janeiro de 2007)

SUMÁRIO:

I – Nenhum preceito da Lei de Processo nos Tribunais Administrativos e Fiscais proclamava, como princípio geral, que nos processos urgentes os recursos jurisdicionais deviam ser processados nos termos dos arts. 113.º/115.º daquele diploma.

II – Ao enumerar exaustivamente os meios processuais cujos recursos jurisdicionais seguiam esta forma especialíssima, o legislador revelou que não existia um modelo de recurso jurisdicional próprio de processos urgentes.

III – Nos processos urgentes não elencados na LPTA, salvo norma expressa, os recursos jurisdicionais seguiam a forma comum prevista nos artigos 102.º e seguintes da LPTA.

IV – O art. 743.º /2 do CPC, na redacção introduzida pela reforma de 1995, não revogou o disposto no art. 106.º da LPTA.

V – Nos termos do regime especial do contencioso administrativo, o prazo para o recorrido alegar conta-se a partir do termo do prazo do recorrente, sem dependência de notificação da apresentação da alegação deste.

ACORDAM NO PLENO DA SECÇÃO DO CONTENCIOSO ADMINISTRATIVO DO SUPREMO TRIBUNAL ADMINISTRATIVO:

1. António de Miranda Alves, identificado nos autos, vem arguir a nulidade do acórdão deste Pleno, proferido a fls. 308-314.

Aduz, em síntese, os seguintes fundamentos:

– nos autos foi proferido, a fls. 153, despacho que determinou que o recurso contencioso passasse à tramitação urgente, nos termos do art. 81.º da LPTA, com cumprimento do disposto no art. 67.º do RSTA;

– prolatado o acórdão da Secção que conheceu da impugnação contenciosa, a interessada particular Aenor – Auto – Estradas do Norte, S.A.,interpôs recurso para o Pleno desta Secção do Contencioso Administrativo;

– o recurso foi admitido por despacho que foi notificado ao ora arguente;

– sendo que desde a notificação desse despacho que admitiu o recurso, "o aqui arguente e agravado de nenhum acto, que tenha sido praticado nos autos, foi notificado" a não ser do acórdão do Pleno (a fls. 308-314);

– não existe prova da agravante ter efectuado a notificação prevista nos arts. 229.º-A e 260.º-A do CPC, em relação à apresentação das alegações, para efeito do aqui arguente, como agravado, responder nos termos previstos no n.º 2 do art. 743.º do CPC;

– sucedendo ainda que a agravante Aenor – Auto-Estradas do Norte, S.A, apresentou as alegações dentro do prazo geral de 30 dias, mas muito para além do prazo mais curto previsto para os processos urgentes que lhe era aplicável por força daquele despacho de fls. 153;

– a falta daquela notificação de apresentação das alegações por parte da agravante constituiu a omissão de acto processual que a lei lhe impunha;

– e a apresentação das alegações por parte da agravante para além do respectivo prazo legal constituiu a prática de acto que a lei lhe não permitia;

– o que conduz a que o respectivo recurso tivesse de ser julgado deserto (n.º 2 do art. 291.º e n.º 3 do art. 690.º, ambos dos CPC) e obstava à prolação do acórdão do Pleno.

2. Respondendo, a Aenor – Auto-Estradas do Norte, recorrente no recurso jurisdicional, veio dizer, no essencial, que:

– as alegações de recurso foram tempestivamente apresentadas tendo como referência o prazo de 30 dias;

– e esse era, no caso em apreço, o prazo legalmente previsto para as apresentar, uma vez que a atribuição de carácter urgente ao processo, apenas tem os efeitos previstos no art. 6.º da LPTA, a saber: decurso do prazo em férias, maior brevidade da prática dos actos pelos magistrados e funcionários da secretaria. De acordo com a jurisprudência do STA (acórdão de 2002/08/21 – rec. n.º 1245/02) a qualificação de urgente não impõe o entendimento que é aplicável o artigo 113.º da LPTA;

– por outro lado, o disposto no n.º 1 do art. 229.º-A do CPC não tem aplicação em sede de alegações de recurso jurisdicional, conforme é jurisprudência do STJ (acórdão de 2004.02.10 – P. 3407/2003, in C. J., 2004, I, 53);

– o mandatário não tinha, pois, de ser notificado da apresentação das alegações pela recorrente, devendo apresentar as suas alegações sucessivas no prazo de 30 dias a contar do termo do prazo para a recorrente alegar, nos termos do disposto no art. 106.º da LPTA;

– não é aplicável ao caso a norma do artigo 743.º /2 do CPC, sendo que o prazo para o recorrido alegar conta-se a partir do termo do prazo do recorrente, sem dependência da notificação da apresentação da alegação deste (cf. acórdão STA de 2004/03/16 – rec. n.º 2067/02);

– assim, deve ser julgada improcedente a arguição de nulidade.

3. O Exm.º Magistrado do Ministério Público pronunciou-se nos seguintes termos

"Sem prejuízo de acompanhar o alegado pela recorrente "Aenor – Auto – Estradas do Norte, S.A", a fls. 334 e seguintes, a verdade é que se me afigura que a pretensa extemporaneidade da alegação de recurso apresentada não reveste virtualidade para ferir de nulidade o acórdão proferido a fls. 308 e seguintes, uma vez que se trataria de irregularidade que lhe é estranha e, como tal, não integra qualquer das nulidades elencadas no n.º 1 do art. 668.º do C.P. Civil.

Termos em que se é de parecer que deve ser indeferida a arguição de nulidade".

Vêm os autos à conferência para decisão:

4. Decore do relato supra que o arguente pretende ver anulado o acórdão deste Pleno, de fls. 308-314, enquanto termo subsequente de dois anteriores actos processuais supostamente feridos de nulidade. Por ordem cronológica, a apresentação, pelo recorrente jurisdicional, das alegações do recurso para além do prazo legalmente previsto para o efeito e o incumprimento, por aquela mesma parte, do disposto no art. 229.º-A do CPC, com referência às ditas alegações.

Vejamos.

4.1. Comecemos pela apresentação tardia das alegações do recurso jurisdicional.

Diremos, antes de mais, que não há obstáculo a que o tribunal conheça desta questão. A arguição, apresentada no prazo de 10 dias a contar da notificação do acórdão, deve considerar-se tempestiva, de acordo com o previsto no art. 205.º /1 do CPC, uma vez que os autos mostram que o arguente, depois da notificação do despacho que admitiu o recurso jurisdicional de nada mais foi notificado e não teve qualquer intervenção nos autos.

Assim sem deixar de dar nota da controvérsia, quer se inclua este acto, praticado depois de decorrido o respectivo prazo peremptório, na categoria das nulidades secundárias das quais o tribunal só pode conhecer "sobre reclamação dos interessados" (arts 201.º /1 e 202.º do C.P.Civil)[1] quer se considere mais correcta a qualificação como nulidade principal *sui generis*,[2] radicada no art. 145.º /3 do CPC e a conhecer oficiosamente[3], não há porque não conhecer da questão que, a proceder, implicará o trânsito em julgado do acórdão recorrido.

Posto isto, apreciando, adiantamos que ao arguente não assiste razão nesta parte.

Independentemente da questão de saber se o deferimento da pretensão da parte que requereu o *julgamento urgente* do recurso, de acordo com o previsto no art. 81.º /3 da LPTA, equivale a atribuir àquele a natureza de *processo urgente* na fase de recurso jurisdicional (sentido este que é muito problemático em face da letra da lei) e ainda que se parta desse pressuposto, as alegações, que respeitaram o prazo de 30 dias, previsto no art. 106.º LPTA devem ter-se como tempestivamente apresentadas.

É jurisprudência deste Supremo Tribunal, da qual não vemos razão para divergir que, "nenhum preceito da Lei de Processo dos Tribunais Administrativos proclama, como princípio geral, que, nos processos urgentes os recursos jurisdicionais devem ser processados nos termos dos arts. 113/115 desta LPTA, que "ao enumerar exaustivamente os meios processuais cujos recursos jurisdicionais seguem a forma especialíssima de processo urgente, o legislador revelou que não existe um modelo de recurso jurisdicional próprio de processos urgentes" e que, por consequência, nos processos urgentes não elencados na LPTA, salvo norma expressa, os recursos jurisdicionais seguem a forma comum prevista nos artigos 102.º e seguintes da LPTA (cf. acórdãos da Secção de 2001.05.30 – rec. n.º 47432 e de 2002.08.21 – rec. n.º 1245/02).

Deste modo, não se verifica a primeira das nulidades arguidas.

4.2. Também não há lugar à invocada nulidade por omissão de notificação da apresentação das alegações, nos termos e para os efeitos previstos no art. 743.º /2 do CPC.

É certo que no art. 743.º /2 do CPC, na redacção actual, introduzida pela reforma de 1995, está prevista a notificação da apresentação da alegação do agravante, contando-se a partir dela o prazo para o agravado responder. O mesmo se determina naquele diploma para os recursos de apelação (art. 698.º /2) e de revista (art. 724.º /1).

Todavia, o processo nos tribunais administrativos rege-se, em primeira linha, pela LPTA e só supletivamente pela lei de processo civil. Em matéria de prazo para oferecer alegações o art. 106.º da LPTA contém uma disciplina particular diferente da consagrada no art. 743.º /2 do CPC. Naquela não há menção à notificação da apresentação das alegações e, para o recorrido, o prazo para alegar conta "do termo do prazo do recorrente". A norma da LPTA, é especial, não foi expressamente revogada pelo legislador dos Decretos-Leis n.º 329-A/95, de 12.2 e 180/96, de 25.9 e não há subsídio interpretativo que suporte a ideia que foi sua intenção inequívoca regular aquela matéria no contencioso administrativo.

Assim, à data da prática do acto processual em causa, aquela norma era ainda vigente. Não havia, pois, lugar à aplicação do regime geral do art. 743.º /2 do CPC e, de acordo com o regime da LPTA, como se escreveu no acórdão STA de 2004.08.12 – rec. n.º 212/04, "a notificação do despacho de admissão do recurso, ele mesmo, já assegura o princípio da igualdade das armas e do contraditório, pelo que nenhuma outra comunicação é necessário efectuar" (cfr., no mesmo sentido, acórdãos da Secção de 2003.12.17 – rec. n.º 1499/03, de 2003.02.11 – rec. n.º 217/02 e de 2004.03.16 – rec. n.º 2067/02).

O mesmo é dizer que não foi omitida a prática de qualquer acto prescrito na lei com influência na decisão da causa.

5. Pelo exposto, acordam em desatender a arguição de nulidade do acórdão.

Custas pelo requerente.

Taxa de justiça: 70 € (setenta euros)

Lisboa, 23 de Janeiro de 2007.

António Políbio Ferreira Henriques (Relator)
Fernando Manuel Azevedo Moreira
José Manuel da Silva Santos Botelho
Rosendo Dias José
Maria Angelina Domingues
Luís Pais Borges
Alberto Acácio de Sá da Costa Reis
Adérito da Conceição Salvador dos Santos
Jorge Artur Madeira dos Santos

Recurso n.º 1403/02-20

---

[1] Alberto dos Reis, "Comentário, II, p. 508).
[2] Lebre de Freitas, "Código de Processo Civil", Anotado, I, p. 348.
[3] Anselmo de Castro, "Direito Processual Civil Declaratório", III, p. 115.

FORMAÇÃO DOS CONTRATOS. NULIDADE. PRAZO DA ACÇÃO ESPECIAL URGENTE DE CONTENCIOSO PRÉ-CONTRATUAL. PROVIDÊNCIAS CAUTELARES. CADUCIDADE DAS PROVIDÊNCIAS. DECISÃO DA CAUSA PRINCIPAL NA PROVIDÊNCIA CAUTELAR.

(Acórdão de 6 de Fevereiro de 2007)

SUMÁRIO:

I – A acção especial urgente de contencioso pré-contratual dos artigos 100.°-103.° do CPTA é o meio próprio para a impugnação dos actos relativos à formação dos contratos enunciados no n.° 1 do art.° 100.° – de todos os actos atinentes àqueles procedimentos, sejam os prodrómicos ou preparatórios exemplificados no n.° 2, seja o próprio acto final de adjudicação.
Está claramente excluída pela lei processual qualquer possibilidade de se impugnar o acto de adjudicação em acção administrativa especial, no prazo do artigo 58.° do CPTA, devendo ocorrer em um mês a contar da notificação ou da data do conhecimento do acto.

II – O particular que pediu medidas cautelares de suspensão de eficácia de acto de contencioso pré-contratual que era o acto final que o excluiu do concurso e adjudicou o contrato a outro concorrente e, entretanto, não propôs no prazo de um mês a acção especial urgente impugnatória, não pode ver deferido o pedido que apresentou nos autos de providência cautelar de este meio passar a ser entendido como, ou passar por convolação a, meio principal.
Efectivamente, o que se pretende na referida situação é contornar o prazo legalmente imposto e não observado da propositura do meio principal.

III – A aplicação do art.° 121.° do CPTA está sujeita a pressupostos a verificar pelo juiz, a pedido dos interessados ou mesmo oficiosamente, os quais se podem reconduzir ao elenco seguinte:
1) terem sido aportados para os autos pela partes ou recolhidos oficiosamente todos os elementos de facto necessários à boa decisão;
2) audiência prévia das partes pelo prazo de dez dias;
3) a situação apresentar especial relevância pela gravidade dos interesses envolvidos e
4) não se mostrar viável, em absoluto, nas circunstâncias concretas do caso, a obtenção de tutela em tempo útil, mesmo cautelar, a não ser através do decretamento da decisão definitiva no próprio processo iniciado como cautelar (convolação para o meio previsto no art.° 109.° por se constatar que ocorre a necessidade urgente de tutela definitiva).

IV – Não se verificam os pressupostos para aplicar o art.° 121.° do CPTA na situação referida em II, porque não era urgente a tutela definitiva e foi por motivo atinente à parte que se frustrou a eficiência da tutela definitiva auxiliada pela cautelar, através dos meios previstos para o efeito.

V – O prazo do art.° 101.° do CPTA aplica-se também quando os interessados pretendam fundamentar a impugnação em nulidade, porque a lei não distingue e a razão que preside ao encurtamento de prazo também ocorre quando é invocada nulidade; a natureza pré-contratual e contratual da matéria não se coaduna, em geral, com o regime comum das nulidades e nada impede que a lei estabeleça regimes especiais de nulidade, designadamente quanto ao prazo para as fazer valer.

ACORDAM, EM CONFERÊNCIA, NO PLENO DA SECÇÃO DO CONTENCIOSO ADMINISTRATIVO DO SUPREMO TRIBUNAL ADMINISTRATIVO:

I – RELATÓRIO

PZL – SWIDNIK, SA, com sede em Al. Lotników Polskich 1,21, Poland instaurou neste STA, nos termos da alínea a) do n.° 2 do art.° 112.° do CPTA, processo tendente a obter a suspensão da eficácia da Resolução do Conselho de Ministros n.° 185/2006, de 27 de Abril de 2006, bem a suspensão do procedimento de formação do contrato de aquisição, por locação operacional ou financeira de seis aeronaves de prevenção e combate a incêndios florestais, nos termos do artigo 132.° do CPTA. Referiu ainda que essas providências dariam lugar à interposição de uma Acção Administrativa Especial contra o Conselho de Ministros.

Como entidade demandada foi indicada e interveio o CONSELHO DE MINISTROS.

Por Acórdão de 03/10/2006, a Subsecção decidiu julgar extinto o processo cautelar por caducidade do direito de acção no processo principal – inutilidade superveniente da lide.

Inconformada a PZL interpõe o presente recurso jurisdicional para o Pleno, em cujas alegações formula as conclusões seguintes:

1. O acto impugnado é a Resolução do Conselho de Ministros n.° 61/2006, de 16 de Maio, como reconheceu a A. e o Requerido Conselho de Ministros.

2. A requerente rectificou o acto impugnado mas não apresentou comprovativo da notificação, na medida em que o R. nunca notificou a A. e esta apenas teve conhecimento dela aquando da contestação do R. à providência cautelar, em 24 de Julho de 2006 e por isso procedeu à devida rectificação, que foi aceite.

3. O tribunal e as demais partes nos autos aceitaram que o acto impugnado era a Resolução do Conselho de Ministros n.° 61/2006;

4. Contudo, a A. não juntou aos autos o comprovativo da notificação do acto impugnado porque não foi expressamente do mesmo notificada, tendo apenas conhecimento do mesmo nos presentes autos;

5. Logo, o tribunal a quo deveria ter pedido a devida apresentação, nos termos do disposto no artigo 114.° do CPTA, ao que a A. responderia ter sido apenas notificada do acto impugnado no decurso dos presentes autos.

6. Tendo tido conhecimento da decisão final de adjudicação à Heliportugal, em 24 de Julho de 2006, e tendo interposto a acção principal em 31 de Julho de 2006, só pode concluir-se que tal interposição ocorreu antes de decorridos 30 dias sobre o conhecimento da decisão final de adjudicação.

7. Consequentemente a apresentação da acção administrativa especial no tribunal foi tempestiva e não podia por isso o tribunal ter decretado a extinção, por caducidade, do processo cautelar

8. Não o tendo feito, o Acórdão ora impugnado está viciado por erro nos pressupostos de facto e de direito que consubstanciaram a tomada de decisão e por violação de lei, na medida em que o tribunal a quo não determinou o cumprimento do disposto no n.° 4 do artigo 114.° do CPTA e porque o tribunal assentou a sua convicção de que o acto impugnado era de 27 de Abril e não de 15 de Maio, como sucedeu, e considerou, erradamente, que a requerente, ora recorrente tomou conhecimento do acto impugnado em 5 de Maio e não em 24 de Julho de 2006, como afinal sucedeu.

9. Acresce que, ainda assim, a tese do tribunal a quo também não teria acolhimento na medida em que, o pedido de suspensão da eficácia da Resolução do Conselho de Ministros n.° 61/2006, e a respectiva acção administrativa especial deram entrada no prazo de 30 dias, portanto dentro do prazo previsto no artigo 101.° do CPTA.

10. Com efeito, a PI do A. é clara quanto à manifesta impugnabilidade que se faz do acto de adjudicação pelo que pode entender-se ter a mesma consubstanciado a interposição de actos administrativos nos termos constantes do artigo 100.° do CPTA.

11. Não obstante, o eventual aperfeiçoamento da PI que se venha a fazer para concretizar o pedido ao regime constante do citado normativo, o certo é que, carece do mesmo modo de defender a tese que se considera defensável de que, interposta uma medida cautelar de suspensão de eficácia, no prazo de um mês, o prazo para intentar a acção principal será de 3 meses e não de um mês.

12. Com efeito, sem embargo do meio processual designado "processo de contencioso pré-contratual, conforme se encontra plasmado no art.° 100.° do CPTA, certo é que a mesma lei coloca ao dispor do particular o recurso às providências cautelares constantes dos artigos 132.° e 113 n.° 2, alíneas a) e f).

13. O certo é também que se remete, subsidiariamente para o disposto nos artigos 55.° e seguintes no que concerne ao prazo para impugnação de acções administrativas especiais.

14. O mesmo é dizer que, ainda que seja admissível o processo de contencioso pré-contratual como o meio mais adequado à defesa do particular interessado, certo é que não é o único, isto porque, se o particular dispõe do prazo de um mês para impugnar o acto administrativo através do processo urgente de contencioso pré-contratual, nos termos dos artigos 36.° e 100.°, ambos do CPTA, dispõe também do recurso a outros meios processuais, como a providência cautelar constante dos citados artigos 132.° e 112.° n.° 2, alíneas a) e f), com prazos mais longos e, bem assim, em caso de nulidade do acto administrativo, sem dependência de prazo.

15. Conclui-se que, se o propósito da lei foi facilitar a impugnação de um acto administrativo relativo à formação de contrato através do processo de contencioso pré-contratual, não pretenderá, com isto, vedar ao particular o recurso a outros meios legais, em virtude de ambos os expedientes terem consagração legal, conforme se encontra plasmado nos artigos 100.° e 132.° do CPTA, na hipótese de o particular não ter podido ou não ter querido agir dentro do prazo de um mês.

16. Conclui-se, ainda, que este entendimento valerá também em sede de acção principal, quanto é certo que o que aí se pede é a declaração de nulidade do acto administrativo de adjudicação, anulação do acto impugnado e condenação da Administração à prática de acto devido.

17. Aliás, pretende a A., com a requerida pedido de suspensão, travar a execução, a eficácia do acto de adjudicação e a consequente celebração de contrato de aquisição no âmbito do concurso público n.° 01/CPI/2005.

E

18. Salvo o devido respeito por melhor entendimento, tratando-se de acto nulo invocável a todo o tempo, não pode este vir a ser sanado pela via processual, nem tão pouco vir a recorrente a ver ser-lhe vedado o acesso à justiça quando expressamente se encontra consagrado o meio legalmente adequado para fazer valer os seus direitos (in casu, artigo 132.° do CPTA), e os tribunais estão sujeitos à lei, conforme artigo 203.° da Constituição da República Portuguesa.

19. Pelo que não pode, pois, o tribunal determinar a caducidade do direito, como defende o R. e o contra-interessado Heliportugal, vedando-lhe acesso à justiça, à revelia da lei, porquanto é certo que o legislador consagrou a solução de que a recorrente lançou mão.

Aliás,

20. Ilegal, considerando que, como decorre do disposto na parte final do n.° 1 do artigo 100.° do CPTA, a impugnação de actos administrativos relativos à formação dos contratos rege-se pelo disposto nos artigos 100.° a 103.° do CPTA, e subsidiariamente pelo disposto nos artigos 50.° a 65.° do CPTA.

21. Sendo que nestes normativos se prevê que o prazo para a interposição de acção de impugnação é de 3 meses. O que significa que intentava a suspensão da eficácia do acto de adjudicação, sendo que por ser urgente se deverá entender como o imperativo de que o prazo seja de um mês, a acção principal deva dar entrada no decurso dos 3 meses após a notificação do acto impugnado.

Ora,

22. Nenhuma norma do CPTA proclama a possibilidade de interposição de providência cautelar em sede de contencioso pré-contratual, nem que deixe de ser possível a adopção de providência cautelar, nos procedimentos de concurso, como a suspensão da eficácia de acto ou outra providência não especificada.

23. A colher a tese do contra-interessado Heliportugal e do requerido Conselho de Ministros de que o contencioso contra a formação de contratos apenas pode seguir a forma e prazo previstos nos artigos 100.° e seguintes do CPTA, então tem de se concluir não haver lugar, no contencioso pré-contratual a interposição de providências cautelares.

24. Não havendo lugar à interposição de medidas cautelares não fará sentido exigir-se que se intente uma acção principal e uma suspensão de eficácia no mesmo prazo, sem que tal possa fazer-se em simultâneo, nem fará sentido dizer-se que há nesta matéria um regime subsidiário como se prevê na parte final do n.° 1 do artigo 100.°.

25. Assim apenas fará sentido que se interponha uma acção administrativa especial, urgente, no prazo de 30 dias, sendo que nesta acção se pode, desde logo, requerer a suspensão da eficácia do acto de adjudicação.

26. Não obstante, sem prescindir, mas admitindo, como alega o R. Conselho de Ministros, que a A. não soube qualificar a providência requerida, o que se admite, admitir-se-á, também, que não se soube identificar, aliás, o tipo de acção.

27. Deste modo, admite-se que o que se pretende é a impugnação do acto de adjudicação, intenção que ficou bem expressa na PI e como tal foi entendida pelas demais partes, como se comprova dos articulados a que ora se responde, e simultaneamente a suspensão da eficácia desse acto. Sendo que o meio processual adequado é o da acção e não de providência cautelar.

28. Pelo que, nesta medida, deverá o tribunal notificar o A. para reformular a sua petição, ou aceitar que a mesma fique desde já reformulada, nos termos constantes do artigo 26.º do presente articulado.

29. E nessa medida, uma vez que a acção de impugnação do acto de adjudicação foi tempestiva, não há lugar à caducidade do direito, devendo como tal ser declarada improcedente a questão prévia aqui debatida.

30. Nada obsta a que o tribunal aprecie o mérito do pedido, o que aliás, deve fazer e considerou que a forma de processo escolhida não corresponde à natureza da acção, deverá mandar seguir a forma adequada, aceitando o aperfeiçoamento ou notificando o A. para o fazer, nos termos do artigo 199.º do CPC.

31. Por último e por todas estas razões e em particular, considerando a errada interpretação dos factos e erro nos pressupostos de facto e de direito em que o tribunal apresentou a sua convicção, o Acórdão está, do mesmo modo, viciado no vício de forma por falta de fundamentação.

Em resposta àquelas, o Conselho de Ministros apresentou também alegações e formulou as seguintes conclusões:

a) A Recorrente foi, efectivamente, notificada da Resolução do Conselho de Ministros, de 27 de Abril, que contém o acto de adjudicação proferido no concurso n.º 01//CPI/2005;

b) Consequentemente, tendo o acto de adjudicação sido notificado à Recorrente no dia 16 de Maio de 2006, e não tendo esta impugnado o referido acto, em acção própria dirigida a esse efeito, até ao dia 16 de Junho de 2006, nos termos do artigo 101.º do CPTA, o pedido de providência cautelar tem forçosamente de ser declarado extinto, por inutilidade superveniente da lide, uma vez que, antes mesmo de a providência cautelar ter sido adoptada, já se verificou um facto – a caducidade do direito de acção – que determinaria a caducidade desta.

c) No caso sub judice, e ao contrário do que alegou a Recorrente, não há manifestamente lugar à aplicação subsidiária dos prazos consagrados no artigo 58.º do CPTA, na medida em que, tratando-se da impugnação de um acto relativo à formação de um contrato de fornecimento de bens e de prestação de serviços, o artigo 101.º do Código impõe um prazo especial de um mês, por se tratar de um processo urgente.

d) Nos aspectos regulados pelo regime do contencioso pré-contratual plasmado nos artigos 100.º a 103.º do CPTA, os processos que se enquadrem no respectivo âmbito de aplicação estão efectivamente subtraídos à aplicabilidade das correspondentes disposições do regime geral da impugnação de actos administrativos (dos artigos 51.º e seguintes e 78.º e seguintes);

e) Relativamente a pretensões que devam ser deduzidas no âmbito dos processos regulados pelo regime do contencioso pré-contratual plasmado nos artigos 100.º a 103.º do CPTA, os particulares não têm a faculdade de optar por deduzi-las, em alternativa, no quadro do regime geral da acção administrativa especial de impugnação de actos estabelecidos nos artigos 50.º e seguintes do CPTA;

f) Para sustentar a nulidade do acto de adjudicação e, consequentemente, que a caducidade do seu direito de acção quanto ao processo principal não teria ocorrido, a Recorrente teria de lograr imputar ao acto em causa um dos vícios previstos no artigo 133.º do CPA ou um vício que alguma norma do ordenamento jurídico sancionasse com a nulidade, o que a mesma não fez, já que os vícios que a Recorrente assaca ao acto de adjudicação, mesmo que existissem – o que de todo se rejeita –, dariam lugar à anulabilidade do mesmo nos termos gerais do artigo 35.º do Código do Procedimento Administrativo;

g) Sendo o processo cautelar autónomo e instrumental, resulta claro que o mesmo não pode ser confundido com o processo principal e que o Tribunal nunca poderia, como pretende a Recorrente, "aperfeiçoar" o requerimento da providência cautelar para transformá-lo numa petição inicial da acção principal cuja utilidade futura aquela se destina a salvaguardar;

h) A ora Recorrente escolheu e designou devidamente a forma processual que pretendia utilizar quando apresentou o requerimento de adopção de providência cautelar, que era a forma processual que se revelava adequada à pretensão de suspensão de eficácia do acto que formulou, pelo que não se verificou qualquer "erro na forma do processo" que pudesse dar lugar a qualquer tipo de "convolação processual".

A contra interessada Heliportugal, também contra alegou e formulou as seguintes conclusões;

I. Muito bem andou o Tribunal a quo em ter determinado a extinção do processo cautelar, por caducidade do direito de acção, na acção principal, da qual este depende – artigos 101.º e 123.º /1 a) do CPTA;

II. A possibilidade de convolação do juízo cautelar em juízo de mérito, que o CPTA prevê, exige elevada prudência ponderativa, mormente que in casu se agitem interesses de grande relevo e o tribunal seja detentor de todos os elementos de facto relevantes para a decisão – o que, ostensivamente, não sucede;

III. Pois nem a requerente não logrou demonstrar a eminência de um grave prejuízo para o interesse público, nem concretizar um fundamento de anulação, e muito menos, nulidade do acto em causa;

IV. A recorrente, nas suas conclusões traz factos e questões novas, o que lhe está interdito;

V. Não pode, nesta fase processual, reabrir a discussão sobre factos que já há muito confessou, e, como tanto e estabilizaram – como seja, o de ter sido notificada da Resolução n.º 61/2006, de 27 de Abril, em 16 de Maio de 2006 – artigo 567.º do Código de Processo Civil;

VI. Procurando, desse modo, recolocar-se em tempo de impugnar o acto em questão;

VII. Não pode a recorrente valer-se de um mero erro material seu, que já há muito foi suprido;

VIII. O prazo inscrito no artigo 101.° do CPTA assume uma relação de especialidade em relação ao prazo geral para a impugnação de actos administrativos constante do artigo 58.° /2 b) do mesmo – como resulta do artigo 100.°, que encima a secção dedicada ao contencioso pré-contratual.

IX. Sendo entendimento contrário incompatível com os ditames de celeridade que caracterizam os processos urgentes.

II – A MATÉRIA DE FACTO

O Acórdão recorrido considerou provado:

A – Por ofício datado de 16 de Maio de 2006 foi comunicado à requerente PZL – SWIDNIK o seguinte:

"Assunto: Concurso Público n.° 01/CPI/2005 Notificação de Decisão Final.

Ex.mos Senhores,

Notifica-se V.Exª que, através da Resolução do Conselho de Ministros n.° 185/2006, de 27 de Abril de 2006, foi adjudicada a proposta apresentada pela empresa HELIPORTUGAL – Trabalhos e Transporte Aéreo, Representações, Importação e Exportação, Lda., ao concurso público identificado em epígrafe, que ficou classificada em primeiro lugar à luz do critério de adjudicação, respectivos factores e subfactores de densificação e ponderações, previstos no Programa do Concurso e no Regulamento de Avaliação das Propostas.

Informa-se que o processo de concurso se encontra disponível para consulta neste gabinete, durante as horas de expediente, a partir desta data.

Não obstante, remeta-se cópia da referida Resolução..." – doc. de fls. 35 cujo conteúdo se reproduz.

B – Dá-se por reproduzida a "Resolução do Conselho de Ministros" n.° "185/2006, de 27.04.2006" (doc. de fls. 36/39) que decidiu, além do mais o seguinte:

1 – Excluir, no âmbito do concurso público internacional n.° 1/CPI/2005, os concorrentes Helibravo Aviação, Lda., PZL – Swidnik, SA e Eurocopter, SAS', ao abrigo do disposto no n.° 3 do art.° 24.° do Programa do Concurso e no n.° 3 do art.° 106.° do DL n.° 197/99, de 8 de Junho, pelo facto de as respectivas propostas violarem o disposto na cláusula 8ª do Caderno de Encargos.

2 – Autorizar a realização de despesa...

3 – Adjudicar, no âmbito do concurso público internacional n.° 01/CPI/2005, à Heliportugal – Trabalhos e Transporte Aéreo, Representações, Importação e Exportação, Lda., o fornecimento de seis helicópteros médios, respectivo material de apoio operacional, cedência temporária de Aeronaves de substituição, serviços de manutenção programada e eventual e demais prestações complementares, nos termos constantes da proposta.

4 – Determinar..."

C – A deliberação n.° 185/2006, foi comunicada à requerente por ofício n.° 2223, de 16 de Maio de 2006 (remetido via fax, na mesma data) – cf. intróito da petição inicial relativa à acção principal.

D – Dá-se por reproduzido o documento de fls. 158/ /222 (PROGRAMA DO CONCURSO), bem como o doc. de fls. 223/297 (CADERNO DE ENCARGOS" relativo ao concurso para "aquisição de Helicópteros Ligeiros Para combate aos Incêndios Florestais".

E – A "acção administrativa especial" relativa à impugnação da Resolução em questão nos presentes autos deu entrada neste STA no dia 31 de Julho de 2006.

III – APRECIAÇÃO

O Acórdão recorrido considerou que, independentemente do uso ou não de providência cautelar anteriormente interposta, a impugnação de acto relativo à formação dos contratos públicos regulados pelos arts. 100.° a 103.° do CPTA tem forçosamente de ser intentada no prazo de um mês.

E constatou que a requerente pedia providências cautelares relativamente a um contrato abrangido na previsão daquelas normas – de fornecimento de bens à Administração – pelo que a impugnação dos mesmos actos contra os quais era pedida tutela cautelar, tinha que se ser interposta naquele prazo de um mês.

Não o tendo sido, mas apenas em 31 de Julho de 2006 (quando a respectiva notificação fora efectuada por ofício de 16 de Maio de 2006, comunicado por fax da mesma data), concluiu que não foi feito uso do meio adequado à tutela dos interesses a que o pedido de adopção da providência se destinou – art.° 123.° n.° 1 a) do CPTA – facto que determina a caducidade do direito de acção – art.° 89.° al. h) do mesmo diploma – e caducidade da providência decretada ou, estando ainda pendente, extintos os fundamentos que sustentavam a respectiva viabilidade, tornando inútil prosseguir na análise cautelar de algo que se tornou definitivamente impossível de ser decretado pelo Tribunal.

Contra este entendimento a recorrente começa por alegar factos relativos à data em que teve conhecimento da Resolução impugnada, sobre cujo número terá havido uma rectificação, sem que tenha havido alteração alguma de conteúdo.

Todavia como a rectificação corrigiu apenas o número e não o conteúdo decisório nenhuma relevância determinaria em termos contenciosos, além de se tratar de solução que assentaria em matéria de facto diferente da provada, aspecto sobre a qual o Pleno não exerce controlo, salvo os casos de violação de regras legais sobre a prova ou o valor de certas provas, excepções que não respeitam à espécie em apreciação.

A recorrente defende, em segundo lugar, neste recurso jurisdicional, que a impugnação da adjudicação do contrato de fornecimento pode ser efectuada no prazo de um mês, do artigo 101.° do CPTA, ou, em alternativa, nos prazos comuns e gerais dos recursos contenciosos previstos no artigo 58.° do mesmo diploma.

Mas não lhe assiste razão, como decidiu o Acórdão recorrido, tem sido aceite pela doutrina e foi decidido de modo uniforme por este STA desde o início de aplicação do DL 134/98, pelos Ac. de 11.1.2000, P. 045552A; de 29.2.2000, P. 045552; de 5.1.2002, P. 48191; de 14.3.2002, P. 0173/02; de 9.4.2002, P. 0179/02; de 15.01.2002, P. 048343; de 18.10.2002, P. 01038/02 e de 3.12.2002, P. 1124/02, para citar apenas os que deram início a esta jurisprudência constante que se mantém com a transposição com alterações das normas daquele DL 134/98 para os citados artigos do CPTA.

Como se referia no Ac. citado de 29.2.2000: "O recurso urgente .... não pode ser usado como mais um meio para além dos comuns .... para obter a anulação dos actos a que se aplica [o contencioso de formação dos contratos públicos regulado especificamente], mas como o meio único, legalmente adequado à impugnação dos actos relativos à formação dos referidos contratos de aprovisionamento público".

Não colhem os argumentos da recorrente em contrário que não apresentam, excepto num ponto que vamos analisar, novidade em relação ao tratamento que tem sido dado à questão, pelo que não necessitam de maior apreciação remetendo-se para o Acórdão recorrido e a jurisprudência antes citada.

O ponto em que a argumentação da recorrente ensaia alguma novidade é quando refere que se o prazo da impugnação em demanda de tutela definitiva fosse de um mês, então não haveria lugar para os interessados requererem medidas cautelares.

Mas, é evidente a sem razão deste argumento.

Desde logo o interessado pode requerer a medida cautelar no dia seguinte ao conhecimento do acto procedimental que o desfavorece. Continua a poder pedir essas medidas até ao termo do prazo do artigo 101.° do CPTA para propor a acção definitiva. Pode pedir medidas cautelares em simultâneo com a propositura da impugnação e, no domínio de aplicação temporal do CPTA pode apresentar aquele pedido de tutela provisória depois de proposta a impugnação. E, quanto aos efeitos passíveis de serem atingidos através do meio definitivo e pelo meio cautelar, é evidente que são diferentes e que a tutela cautelar pode atingir rápida e eficazmente a manutenção de uma situação sustando efeitos, ou paralisando procedimentos e a produção de actos ou actividades (ou mesmo criar ex-novo uma situação favorável) que permita a eficácia da tutela definitiva, bastando pensar na suspensão de eficácia e no efeito automático da apresentação notificada desta pretensão que decorre do artigo 128.° do CPTA, bem como na adopção imediata, por ordem judicial, de outras medidas que a lei prevê sem limitação quanto aos efeitos que é possível pedir, em função da urgência e do perigo de perda da possibilidade de tutela, assim como também é de considerar que esta tutela se manterá durante todo o período de pendência do meio processual destinado à impugnação, que sendo embora urgente, demorará meses, no mínimo, e por si só não tem qualquer efeito suspensivo sobre o prosseguir do procedimento, nem de paralisação de actos e actuações materiais posteriores, que a tutela cautelar tem virtualidade para conseguir.

Logo, o argumento analisado não tem consistência, pelo que também não pode alterar o sentido da interpretação que tem sido efectuada e que o Acórdão recorrido adoptou.

Por último a recorrente diz admitir que não expressou bem a sua intenção na petição inicial e que pretendia intentar a acção de impugnação e não a providência cautelar e já estaria então em tempo, nada obstando a que se efectuassem as correcções necessárias e o Tribunal apreciasse a pretensão nesta perspectiva.

Esta questão foi apreciada pela Subsecção que entendeu que a petição inicial era clara no sentido de fundamentar e pedir providências cautelares e a própria A. tinha referido que as presentes "providências darão lugar à interposição da acção administrativa especial contra o Conselho de Ministros", pelo que bem sabia estar a usar um meio cautelar e não a impugnação de actos, sendo os pedidos que apresentou na fase conclusiva compatíveis com as providências cautelares que anunciou na parte inicial da mesma e que só na resposta às questões prévias e extemporaneidade suscitadas pelos RR a A. apresentou pedido impugnatório. E, por esta via, concluiu, pela impossibilidade da convolação pretendida.

Não há razões para censurar o assim decidido.

Efectivamente, tal como considerou o Acórdão recorrido a ora recorrente não teve nenhuma dúvida quando intentou a providência cautelar, tendo-a apresentado de modo claríssimo como pretensão de tutela destinada a garantir os efeitos da tutela definitiva e evitar a criação de facto consumado que poderia gerar-se sem as medidas que pedia.

Porém, quando recebeu as respostas da entidade pública demandada e dos contra interessados que assinalavam a não interposição tempestiva do meio principal veio nestes autos, em resposta àqueles articulados das partes que se lhe opõem, pedir que o pedido passasse a ser entendido como impugnatório da decisão administrativa de adjudicação do contrato de fornecimento.

O CPTA prevê em diversas normas a actualização dos pedidos, mas em processos destinados a obter a tutela definitiva, desde que corresponda à actualização da mesma relação jurídica ou a actos decorrentes da continuação do mesmo procedimento – é o caso dos artigos 63.° e 70.° – e sendo certo que a alteração é relativa ao objecto de processos que têm desde o início natureza impugnatória, portanto sem convolação de processo cautelar para processo impugnatório.

Já a convolação com mudança de natureza do meio cautelar para impugnatório – isto é, principal – surge regulada no CPTA no art.° 121.°, mas sujeito a apertados requisitos, a verificar pelo juiz a pedido dos interessados ou mesmo oficiosamente, os quais se podem reconduzir ao elenco seguinte:

1) terem sido aportados para os autos pelas partes ou recolhidos oficiosamente todos os elementos de facto necessários à boa decisão;

2) audiência prévia das partes pelo prazo de dez dias;

3) a situação apresentar especial relevância pela gravidade dos interesses envolvidos e

4) não se mostrar viável, em absoluto, nas circunstâncias concretas do caso, a obtenção de tutela em tempo útil, mesmo cautelar, a não ser através do decretamento da decisão definitiva no próprio processo iniciado como cautelar.

Mas, não é, evidentemente, o caso dos autos em que a tutela cautelar podia ter atingido a plenitude da eficácia que através do respectivo pedido a sociedade requerente pretendia, não fora o facto de, por erro, descuido ou outra razão que aqui não importa, ter deixado caducar o prazo de impugnação do acto de adjudicação ou escolha pela parte pública do seu co-contratante.

Note-se que a situação prevista no artigo 121.° não dispensa o interessado de impugnar o acto que afrontar a sua posição mesmo depois de requerer a medida cautelar, a não ser que tal se mostre desnecessário por virtude de dentro do prazo da impugnação ter sido deferida expressamente a convolação a que se refere o art.° 121.° do meio cautelar em meio principal, pelo que nunca por esta forma a interessada poderia obter a pretensão que intenta.

Nas circunstâncias do caso a convolação mais não seria do que uma forma ínvia de contornar o prazo legalmente imposto para a impugnação, sem uma razão objectiva de necessidade de tutela, dirigida apenas a obviar ao interesse particular da A. que caiu em situação de extemporaneidade para impugnar decisão que a lei pretende ver estabilizada no prazo rígido que é estabelecido no artigo 101.° do CPTA.

Ora, um desvio dos fins da norma que permitisse a convolação, como aquele que é defendido pela recorrente, nunca poderá ser admitido, já que a pior violação do direito é a que opera por forma indirecta, de modo a fazer entrar pela janela o que se fez sair pela porta.

Tem, portanto, de concluir-se que a convolação pretendida é proibida pela lei processual nos termos acabados de expor pelo que também não procede por esta via o presente recurso.

* * * *

Por último, a recorrente suscita a questão de a providência dever ser apreciada quanto ao fundo, porquanto a impugnação podia ser proposta depois dos prazos comuns de impugnação, em virtude da invocada nulidade do acto que concluiu pela escolha de co-contratante diferente da A., outro concorrente ao concurso.

Porém, esta argumentação também não pode ser acolhida por duas ordens de razões completamente diferentes e autónomas.

Uma é que a nulidade é um efeito excepcionalmente cominado pela lei para os vícios mais graves dos actos da Administração, efeito que apenas ocorre nos casos previstos especificadamente na lei, sem que se mostre que seja este um desses casos, e os demais vícios determinam mera anulabilidade.

Efectivamente, no caso a recorrente não indicou por forma substanciada na alegação, factos e respectivo enquadramento jurídico conducentes àquele efeito drástico que é a nulidade, isto é, não detalhou de modo característico nenhum daqueles vícios gravíssimos que a lei comina com nulidade, pelo que não poderia fazer seguir o meio processual apenas com a genérica referência a semelhante vício como atingindo o acto que pretende destruir.

Outra ordem de razões que tem cabimento nesta espécie encontra-se na jurisprudência deste STA, que tem entendido o prazo de um mês para impugnar actos de formação dos contratos previstos no n.° 1 do art.° 100.° do CPTA como aplicável, não apenas aos vícios determinantes de anulabilidade, mas também quando se tratar de acto nulo, por virtude de a lei não distinguir e por razões que se prendem com as finalidades do prazo que assim se estabelece e com a natureza dos interesses em confronto, para além da própria essência da matéria pré-contratual e contratual ser pouco consentânea com as consequências associadas ao regime geral da nulidade dos actos típicos de direito público, os actos administrativos, sem embargo de se aceitar que ocorrem nulidades quando em situação semelhante sejam determinadas com esse alcance pelo direito comum dos contratos e da respectiva formação, ou mesmo, noutro registo, pode admitir-se que aqui existam nulidades de regime especial, desde logo no que respeita ao prazo de impugnabilidade.

No sentido da aplicação do prazo do art.° 101.° do CPTA aos casos de nulidade e para maior desenvolvimento pode ver-se o Acórdão recente do Pleno de 12.12.2006, no P. 0528/06, tirado por unanimidade, em que foi decidido para situação idêntica à que se discute nesta espécie:

" ... em ordem aos aludidos fins visados com o específico meio de impugnação do contencioso pré-contratual e que reclamaram do legislador um meio processual único para a defesa dos particulares perante actos que naquele domínio ofendam os seus direitos ou interesses, mesmo que esteja em causa como fundamento da impugnação um pedido de declaração de nulidade, o concernente pedido de impugnação haverá que ser deduzido no prazo estabelecido no artigo 101.° do CPTA".

No mesmo Acórdão igualmente se concluiu no sentido anteriormente apontado:

"Não tendo a acção com vista à impugnação do acto de adjudicação efectuada sido instaurada no prazo assinalado no art.° 101.° do CPTA, o processo de providência cautelar de suspensão de eficácia bem como de suspensão do procedimento de formação do contrato entretanto deduzido deve improceder, por manifesta inutilidade, à luz, designadamente, do disposto na alínea a) do n.° 1 do art.° 123.° do mesmo CPTA e, bem assim, da alínea e) do art.° 287.° e da al. a) do n.° 1 do art.° 389.° ambos do CPC".

IV – DECISÃO

Em conformidade com o exposto, acordam, no Pleno da Secção do C.A. em negar provimento ao presente recurso jurisdicional.

Custas pela A. fixando-se a taxa de justiça em 12 UC e a Procuradoria de 15%.

Lisboa, 6 de Fevereiro de 2007.

Rosendo José (Relator)
Azevedo Moreira
Santos Botelho
Angelina Domingues
Pais Borges
João Belchior
Jorge de Sousa
Costa Reis
Adérito Santos
Rui Botelho
Madeira dos Santos
São Pedro
Políbio Henriques
Cândido Pinho
Fernanda Xavier
Freitas Carvalho
Edmundo Moscoso

Recurso n.° 598/06-20

MILITAR. PENSÃO DE REFORMA. CÁLCULO DA PENSÃO. TEMPO DE PERMANÊNCIA NA RESERVA FORA DA EFECTIVIDADE DO SERVIÇO. APLICAÇÃO DA LEI NO TEMPO. LEI INOVADORA.

(Acórdão de 23 de Janeiro de 2007)

SUMÁRIO:

I – A norma do art. 44.°, n.° 3 do EMFA/99, aprovado pelo DL n.° 236/99, de 25 de Junho, na redacção dada pela Lei n.° 25/2000, de 23 de Agosto, se-

gundo a qual passou a relevar, para efeito do cálculo da pensão de reforma, o tempo de permanência do militar na reserva fora da efectividade de serviço, tem carácter inovatório, sendo inaplicável retroactivamente às relações jurídicas estabelecidas anteriormente à sua vigência.

II – Desse modo, a referida norma não se aplica aos militares que se reformaram ao abrigo do regime do EMFA/90, aprovado pelo DL n.° 34-A/90, de 24 de Janeiro, à luz do qual o tempo de permanência do militar na reserva fora da efectividade de serviço não relevava para efeito do cálculo da pensão de reforma.

ACORDAM NO PLENO DA SECÇÃO DO CONTENCIOSO ADMINISTRATIVO DO SUPREMO TRIBUNAL ADMINISTRATIVO:

1. RELATÓRIO

ORLANDO JOSÉ MATOS DE SOUSA, identificado nos autos, interpôs recurso para o Pleno da 1ª Secção deste Supremo Tribunal Administrativo, do acórdão de 9 de Junho de 2005, do Tribunal Central Administrativo Norte, com fundamento em oposição com o julgado no acórdão da 1ª Secção, 2ª Subsecção do Tribunal Central Administrativo, proferido em 3 de Julho de 2003, no recurso n.° 11 206/02, cuja certidão, com nota de trânsito em julgado, se encontra junta a fls. 123 e segs.

1.1. Na sua alegação com vista a demonstrar a invocada oposição, sustenta, em síntese, o seguinte:

– A questão de direito que se discute traduz-se em saber se o regime do art. 44.°, n.° 3 do Estatuto dos Militares das Forças Armadas (EMFA/99) aprovado pelo DL n.° 236/99, de 25.6, na redacção dada pela Lei n.° 25//2000 de 23.8, é interpretativo no sentido de tornar expresso para os militares na situação do ora agravante a regra que já resultava do remunerado art. 126.° (ex art. 127.°) do anterior EMFA (aprovado pelo DL n.° 34-A/90, de 24 de Janeiro) conjugado nomeadamente com os artigos 24.°, 26.° n.° 1 al. a), e 27.° todos do Estatuto da Aposentação, ou se contém antes uma solução inovatória inaplicável em função do tempo aos militares que foram antecipadamente reformados.

– Ou seja, se o tempo de serviço [com desconto, obrigatório, de quota para a CGA] na situação de reserva fora do serviço efectivo, anterior à entrada em vigor do actual EMFA, já relevava para efeitos de cálculo da pensão de reforma, ou se passou a relevar apenas nas situações em que a pensão de reforma ainda não estava fixada não abarcando as relações jurídicas já constituídas que subsistam à data da sua entrada em vigor (isto sem prejuízo da consolidação na ordem jurídica dos anteriores actos de processamento da pensão de reforma).

– O Acórdão recorrido sustenta que a disciplina contida no n.° 3 do art. 44.° do actual EMFA é inovadora e não tem eficácia retroactiva, pois que, de acordo com o estabelecido no art. 43.° no 1 do EA e na norma geral do art. 12.° n.° 1 do C.Civil, o preceito não abrange a situação dos militares que foram (antecipadamente) reformados antes da entrada em vigor do actual EMFA, por ausência de qualquer indicação retroactiva.

– O Acórdão fundamento, por seu lado, sustenta que o disposto no n.° 3 do citado art. 44.° (disposição de natureza meramente interpretativa) tem eficácia retroactiva, pois "salta aos olhos" que sempre esteve presente na mens legislatoris propulsora da nova regulamentação do EMFA/99 o pressuposto da relevância do tempo de reserva fora do serviço efectivo, para efeitos do cálculo da pensão de reforma.

1.2. Pelo acórdão de fls. 46-49, proferido em 23 de Maio de 2006, foi reconhecida a oposição de julgados e ordenado o prosseguimento do recurso, tendo as partes sido notificadas para alegar.

1.3. O recorrente apresentou alegações com as seguintes conclusões:

1. A tese que deverá vingar é a defendida no acórdão fundamento, pois a ter-se como correcta a interpretação de que o regime previsto no n.° 3 do art. 44.° do Estatuto dos Militares das Forças Armadas aprovado pelo Decreto-Lei n.° 236/99, de 25.6 na redacção dada pela Lei n.° 25//2000 de 23.8 é inovador, esse regime também deve ser aplicado ao recorrente uma vez que lhe foi garantido no anterior Estatuto (cf. preâmbulo, pág. 342 (5) do Diário da República n.° 20 de 24/01/1999, I Série) que não resultariam quaisquer prejuízos, designadamente no que toca à pensão de reforma, para os militares atingidos quer pela diminuição calendarizada do limite de idade de passagem à REFORMA, quer pela obrigatoriedade de passagem à mesma situação imposta aos militares que de seguida ou interpoladamente permaneçam 9 anos na reserva fora da efectividade do serviço.

2. Ou seja, o legislador quis dar tratamento igual a situações juridicamente idênticas o que se mostra justificado – se não lhe tivesse sido imposta a passagem à reforma, quando foi aprovado o novo EMFA o recorrente ainda estaria na reserva (até completar 70 anos de idade).

3. Posto isto, é inquestionável o afastamento quer do princípio geral sobre a aplicação das leis no tempo, consagrado no n.° 1 do art. 12.° do C. C. quer da regra do art. 1.° do art. 43.° do EA.

Termos em que, com os mais de direito, deverá prevalecer na ordem jurídica o entendimento sustentado no Acórdão fundamento proferido em 3 de Julho de 2003, pela 1ª Secção, 2ª Subsecção do TCA, no âmbito do recurso n.° 11 206/2002.

Não foram apresentadas contra-alegações

1.5. O Exm.° Magistrado do Ministério Público emitiu douto parecer nos seguintes termos:

"Na senda do firme entendimento perfilhado pelo Pleno deste STA, somos de parecer que a norma do art. 44.°, n.° 3 do EMFA/99, aprovado pelo DL n.° 236/99, de 25 de Junho, na redacção dada pela Lei n.° 25/2000, de 23 de Agosto, tem carácter inovatório, sendo inaplicável retroactivamente às relações jurídicas estabelecidas anteriormente à sua vigência, não se aplicando, por isso, aos militares que se reformaram ao abrigo do regime do EMFA//90, aprovado pelo DL n.° 34-A/90, de 24 de Janeiro – Cfr, os Acórdãos de 7/2/06, recs 042/05 e 0575/05; de 2/3/06, recs 01701/03 e 043/05; de 4/5/06, rec 0258/05 e de 23//5/06, recs 0933/05 e 01309/04.

Nesta perspectiva, deverá também entender-se, como se decidiu no citado douto Acórdão de 7/2/06, rec 0575/05, que *"A desigualdade entre os militares reformados até à entrada em vigor do EMFAR/99 e os que passaram à reforma posteriormente, quanto à contagem para a reforma do tempo na reserva fora da efectividade do serviço, resulta da sucessão de regimes estatutários reflectida no diferente momento de constituição da relação jurídica, é uma consequência da necessidade de mudança que não pode ser eliminada, mas apenas minorada pela limitação ao indispensável para se obterem as finalidades que através da alteração estatutária se pretendem alcançar ou, em certos casos, por uma mudança gradual*".

Em consequência, deverá negar-se provimento ao recurso e confirmar-se o douto Acórdão recorrido".

Colhidos os vistos legais, cumpre decidir.

2. FUNDAMENTAÇÃO

2.1. OS FACTOS

No acórdão recorrido foram dados como provados os seguintes factos:

I) O recorrente Orlando Sousa é primeiro-sargento da Força Aérea na situação de reforma desde 01 de Julho de 1990;

II) Em 16 de Fevereiro de 2000, o recorrente Orlando Sousa solicitou ao Presidente do Conselho de Administração (CA) da CGA, que aos 17 anos e 8 meses – que lhe foram contados para efeito de fixação da sua pensão de reforma – fossem adicionados 11 anos e seis meses – correspondentes ao tempo em que permaneceu na reserva fora da efectividade de serviço – bem como o recalculo, em conformidade da respectiva pensão de reforma;

III) Em 09 de Março de 2000 foi comunicado ao ora recorrente o indeferimento do pedido de contagem do tempo de reserva, fora da efectividade de serviço por despacho genérico da Direcção da Caixa de 11/01/2000 (por delegação de poderes publicada no Diário da República, II Série, n.º 22, de 97-01-27);

IV) Em 16 de Dezembro de 2000, o recorrente Orlando Sousa solicitou novamente ao Presidente do Conselho de Administração (CA) da CGA, que aos 17 anos e 8 meses – que lhe foram contados para o efeito de fixação da sua pensão de reforma – fossem adicionados 11 anos e seis meses – correspondentes ao tempo em que permaneceu na reserva fora da efectividade de serviço – bem como o recalculo, em conformidade, da respectiva pensão de reforma;

V) A respeito desta pretensão, foi prestada a informação que termina da forma seguinte: "Assim, propõe-se o indeferimento dos respectivos pedidos, com base nos seguintes fundamentos: Por força do disposto no art. 43.º, n.º 1 do Estatuto da Aposentação, o regime inovador que manda considerar para efeitos de reforma o tempo decorrido na situação de reserva sem serviço – consagrado no art. 44.º, n.º 3 do Estatuto dos Militares das Forças Armadas (EMFAR) – Dec. Lei n.º 236/99, de 25/6 – não é aplicável aos militares cujo acto determinante de passagem à reforma ocorreu anteriormente à data da entrada em vigor daquele Estatuto. Por outro lado, a Lei n.º 25/2000, de 23 de Agosto, nada alterou no sentido de dar satisfação à pretensão dos requerentes"

VI) Em 26/01/2001, e na sequência desta informação, dois directores da CGA – por delegação publicada no DR II Série, n.º 125, de 30.05.00 – despacharam: *"Concordamos, pelo que, com base nos fundamentos indicados na presente Informação, indeferem-se os pedidos dos requerentes"*;

VII) Por ofício datado de 01/02/2001 foi o recorrente notificado desta decisão nos termos que constam de fls. 26 do PA apenso;

(...)

IX) O recorrente intentou o presente recurso contencioso de anulação em 28/03/2001.

2.2. O DIREITO

O recorrente Orlando José Matos de Sousa, primeiro – sargento da Força Aérea passou à situação de reforma, em 1 de Julho de 1990, não lhe tendo sido contado, para efeitos de cálculo da pensão o tempo de permanência na reserva fora da efectividade de serviço.

Em 16 de Dezembro de 2000 requereu ao Presidente do Conselho de Administração da Caixa Geral de Aposentações que lhe fosse aplicado o disposto no art. 44.º, n.ºs 3 e 4 do EMFAR, aprovado pelo DL 236/99, com as alterações introduzidas pela Lei n.º 25/00, contando-se-lhe como tempo de serviço, para efeitos do cálculo da pensão de reforma, o período em que permaneceu na situação de reserva fora da actividade de serviço.

A sua pretensão foi indeferida pela autoridade recorrida, indeferimento esse mantido, primeiro, por sentença de 2004.09.27 do TAF do Porto – 1.º Juízo e, depois, pelo acórdão recorrido proferido pelo TCA Norte que negaram provimento, respectivamente, ao recurso contencioso e ao recurso jurisdicional.

O recorrente impugna a decisão do TCA Norte persistindo na alegação de que lhe é aplicável o preceituado no art. 44.º, n.º 3 do EMFAR/99.

A questão enunciada foi já objecto de apreciação e decisão em vários acórdãos deste Tribunal Pleno, de entre eles o proferido em 7 de Fevereiro de 2006, no processo n.º 42/05, com fundamento em razões que são de acolher inteiramente e que, por serem transponíveis para o caso em apreço, passamos a reproduzir.

"(...)

3.1. Os Recorrentes foram colocados na reforma em data em que vigorava o EMFA, aprovado pelo DL 34-A//90, de 24/01, (doravante EMFA/90) onde se estatuía

Artigo 46.º
Situações quanto à prestação de serviço

1 – O militar, independentemente da forma de prestação de serviço, encontra-se numa das seguintes situações:

a) Na efectividade de serviço;

b) Fora da efectividade de serviço.

2 – A situação de efectividade de serviço caracteriza-se pelo exercício efectivo de cargos e funções próprios do posto, classe, arma, serviço ou especialidade definidos neste Estatuto.

3 – Considera-se fora da efectividade de serviço o militar que, para além de outras situações, se encontre:

a) No cumprimento de penas a que a legislação penal ou disciplinar atribuam esse efeito;

b) De licença registada.

Artigo 47.º
Contagem de tempo de serviço

1 – Conta-se como tempo de serviço, no sentido de serviço prestado ao Estado, o tempo de serviço militar, acrescido do prestado no exercício de funções públicas..

2 – O tempo de serviço é contado para efeitos de cálculo da pensão de reforma.

Artigo 48.º
Contagem de tempo de serviço militar

1 – Conta-se como tempo de serviço militar o tempo de serviço efectivo, acrescido das percentagens de aumentos estabelecidas em legislação especial.

Artigo 49.º
Contagem de tempo de serviço efectivo

1 – Conta-se como tempo de serviço efectivo o tempo de serviço prestado nas Forças Armadas ou em funções militares fora do seu âmbito, bem como noutras situações expressamente previstas neste Estatuto.

2 – Não será contado como tempo de serviço efectivo:

a) Aquele em que o militar tiver permanecido em qualquer situação pela qual não tenha direito ao abono de vencimento;

b) O do cumprimento das penas de presídio militar e prisão militar;

c) Aquele que, nos termos da legislação disciplinar aplicável, seja considerado como efeito das respectivas penas disciplinares.

Deste modo, de acordo com a disciplina colhida nos transcritos normativos, e no tocante à prestação de serviço, o militar, mesmo que na reserva, poderia encontrar-se numa de duas situações; ou em efectividade de serviço – se exercesse cargos ou funções militares – ou fora de efectividade de serviço – quando estivesse afastado do desempenho desses cargos e funções.

E considerava-se tempo de serviço a soma do tempo prestado no serviço militar com o tempo de serviço prestado noutras funções públicas, sendo que o tempo de serviço militar correspondia ao tempo de serviço efectivo – Acrescido de determinadas percentagens de aumentos estabelecidos em legislação especial – vd. n.º 1 do art.º 48.º – que para o caso não importam, isto é, ao *"tempo de serviço prestado nas Forças Armadas ou em funções militares fora do seu âmbito, bem como noutras situações expressamente previstas neste Estatuto".*

Por outro lado, para efeitos de cálculo da sua pensão de reforma, *"o militar do QP, de acordo com o regime estabelecido na legislação especificamente aplicável, beneficia do regime de pensões em função do posto, do escalão, do tempo de serviço e dos descontos efectuados para o efeito"* – vd. art.º 127.º do mesmo diploma, com sublinhado nosso – o que significava que, para os ditos efeitos, só relevava o tempo de serviço militar efectivo acrescido do tempo de serviço prestado noutras funções públicas pois que só esse – de acordo com os transcritos preceitos – se podia considerar tempo de serviço.

E, se assim era, o tempo de permanência na reserva fora da efectividade de serviço não contava para efeitos do cálculo da pensão de reforma, pois que o militar nessa situação estava afastado do serviço público, fosse ele no desempenho de funções ou cargos militares ou em qualquer outro tipo de funções ou cargos públicos.

E, porque assim, no cálculo da pensão de reforma dos Recorrentes – que foi achada de acordo com o citado EMFA/90, visto ser este que estava em vigor na data em que foram reformados (17/01/90) – não foi relevado o tempo em os mesmos estiveram na reserva fora da efectividade de serviço, o que eles – tanto quanto se pode retirar dos autos – aceitaram sem protesto, pois que só em Novembro de 2000 – isto é, mais de dez anos após terem sido colocados na situação de reformados – é que, na sequência da publicação de um novo EMFA – aprovado pelo DL 236/99, de 25/06 – se dirigiram ao Presidente do Conselho de Administração da CGA solicitando que aquele tempo fosse contado para os efeitos do cálculo das suas pensões de reforma.

E fizeram-no porque, muito embora o novo Estatuto tivesse mantido, no essencial, o regime estabelecido nos transcritos normativos do EMFA/90, introduziu uma inovação substancial – a de que o tempo de permanência na reserva fora da efectividade de serviço passasse a relevar para efeito do cálculo da pensão de reforma (vd. n.º 3 do seu art.º 44.º).

Com efeito, o art.º 44.º do novo Estatuto Correspondente ao art.º 49.º do Estatuto revogado. subordinado à epígrafe *"contagem de tempo de serviço"* passou a dispor:

"1 – Conta-se como tempo de serviço, no sentido de serviço prestado ao Estado, o tempo de serviço militar, acrescido do prestado no exercício de funções públicas.

2 – O tempo de serviço é contado para efeitos de cálculo da pensão de reforma e da remuneração da reserva.

3 – Releva ainda, para efeito do cálculo da pensão de reforma, o tempo de permanência do militar na reserva ***fora da efectividade de serviço.****"*

Estatuto que veio a ser alterado pela Lei 25/2000 que deu àquele art.º 44.º a seguinte redacção:

"1 – Conta-se como tempo de serviço, no sentido de serviço prestado ao Estado, o tempo de serviço militar, acrescido do prestado no exercício de funções públicas

2 – O tempo de serviço é contado para efeitos de cálculo da pensão reforma e da remuneração da reserva.

3 – Releva ainda, para efeito do cálculo da pensão de reforma, o tempo de permanência do militar na reserva ***fora da efectividade de serviço****, passando o desconto de quotas para a Caixa Geral de Aposentações a incidir sobre a remuneração relevante para o cálculo da remuneração de reserva.*

4 – A contagem, para efeitos do cálculo da pensão de reforma, tempo de permanência do militar na reserva fora da efectividade de serviço anterior à entrada em vigor do presente Estatuto, implica o pagamento de quotas para a Caixa Geral de Aposentações relativas à diferença entre remuneração de reserva auferida e a remuneração referida no número anterior."

A questão que se nos coloca é, pois, a de saber se este normativo – quer na sua redacção inicial quer na redacção que lhe foi dada pela Lei 25/2000 E aqui importa referir que a inovação fundamental foi introduzida pela primitiva redacção, uma vez que a alteração trazida pela Lei 25/2000 destina-se, no essencial, a esclarecer o modo como devem ser descontadas as quotas em falta para a CGA. – pode ser aplicado aos militares, como os Recorrentes, cujas pensões de reforma haviam sido calculadas de acordo com o EMFA/90 por se terem reformado quando este estava em vigor, mas que antes de se terem reformado haviam estado na reserva fora da efectividade de serviço.

4. O EMFA/90 – como já se disse – não previa o direito que os Recorrentes ora reclamam e, porque assim, as suas pensões de reforma foram calculadas sem que o tempo que passaram na reserva fora da efectividade de serviço tivesse sido valorizado e sem que eles impugnassem esse cálculo.

E, se assim é, a sua pretensão só poderá ser atendida se (1) se considerar que o art.º 44.º do novo Estatuto tem carácter interpretativo do que se estabelecia no art.º 49.º do revogado EMFA/90 ou (2) se se entender que o mesmo é de aplicação retroactiva

4.1. O disposto no art. 9.º do Código Civil recomenda que a interpretação de uma norma se não cinja à sua letra, mas essa recomendação só pode ser considerada quando a interpretação literal dê lugar a dúvidas em virtude do seu sentido não ser imediata e claramente apreensível ou quando seja legítimo suspeitar que a fórmula verbal adoptada faça presumir que o legislador disse menos do que pretendia dizer, ou seja, *"quando o esquema de regulação introduzido pela norma a interpretar ficasse intoleravelmente diminuído se não se abarcasse o que a letra silenciou, mas o espírito alcança. E, é claro, que uma tal certeza, fundada em argumentos por identidade ou maioria de razão, terá de advir dos dados que os instrumentos tradicionais aportem, ou seja, do resultado obtido a partir da análise gramatical, sistemática e teleológica do preceito que esteja em causa."* – Vd. Acórdão deste Pleno de 11/12/2002 (rec. 39.181).

Só nestas circunstâncias é que a reconstituição do pensamento legislativo através de elementos exteriores ao teor da norma interpretanda é aceitável, sendo certo que nesse labor o intérprete deverá presumir que *"o legislador consagrou as soluções mais acertadas e soube exprimir o seu pensamento em termos adequados."* – n.° 3 do citado art.° 9.° do Código Civil.

Acresce, por outro lado, que só pode considerar-se interpretativa a lei cuja intervenção se destina a solucionar uma questão controvertida ou incerta e que consagra um entendimento que a jurisprudência, pelos seus próprios meios, podia já ter consagrado. – B. Machado, Sobre a Aplicação no tempo do novo Código Civil, pgs. 286 e 287.

5. No caso *sub judicio*, está em causa saber se o EMFA/90 pode ser interpretado no sentido do mesmo permitir que o tempo de serviço na reserva fora da efectividade do serviço possa ser contado para efeitos do cálculo da pensão de reforma.

Já acima se escreveu que, numa primeira leitura, essa interpretação não tem cabimento, uma vez que os seus textos são claros e deles resulta que o tempo de serviço fora da efectividade de serviço não pode ser considerado como tempo de serviço. E, porque assim, e porque só este conta para os efeitos pretendidos pelos Recorrentes o seu pedido não poderá ser deferido se nos ativermos à literalidade do disposto naquele Estatuo. – vd. seus arts. 47.°, 48.°, 49.° e arts. 127.°.

O que vale por dizer que se fossemos tratar desta matéria apenas com recurso às identificadas normas concluiríamos que, atenta a sua clareza, não havia razão para recorrer ao EMFA/99 como subsídio interpretativo das mesmas nem para sustentar a aplicabilidade deste ao caso *sub judicio*.

Só que os Recorrentes convocam o disposto no Estatuto da Aposentação (doravante EA), aprovado pelo DL 498/92, de 9/12, para defenderem que o tempo em que se encontraram na reserva fora da efectividade do serviço seja especificamente relevado.

E a verdade é que – como se refere no douto Acórdão recorrido – a aplicação do EA ao caso dos autos *"deita um manto de sombra sobre a aparente clareza das normas do Estatuto (*EMFA/90)."

Com efeito, se os militares continuam a receber remuneração no período em que se encontram na reserva (*pensão de reserva*) estejam, ou não, em efectividade de serviço (n.° 1 do art.° 126.° do EMFA/90 Corresponde ao art.° 121.° do EMFA/99.) e se sobre essa remuneração incidem descontos (vd. seu art.° 114.° do EA); se o tempo em razão do qual é atribuída aquela remuneração se conta por inteiro para efeitos de aposentação (art.° 26.°, al. a), do EA) e que tal só não acontecerá quando a lei *especificamente* excluir esse tempo (art.° 27.° do EA); e se, até, em determinadas situações, se admite a contagem de tempo em que o militar esteve fora do serviço, quer por razões disciplinares quer por razões académicas (art.° 115.° do EA), isso poderia ser entendido como querendo significar que o legislador do EA pretendeu que tempo de reserva, na ou fora da efectividade de serviço, tivesse influência no cálculo da sua pensão de reforma.

Todavia, essa interpretação não é líquida nem segura, uma vez que é contrariada pelo que também se disciplina noutras normas do Estatuto de Aposentação.

Com efeito, resulta também deste diploma que *"o pagamento de quotas não confere, por si só, o direito à contagem do respectivo período de tempo"* – do n.° 2 do art.° 28.° – o que revela que esse desconto não reveste a natureza de acto constitutivo de direitos e que o mesmo, por si só, não confere o direito reclamado pelos Recorrentes, e que *"aos militares que na situação de reserva prestem serviço em comissão militar ou civil, com pagamento de quotas à Caixa sobre a remuneração auferida, é também contado para a reforma cada ano completo susceptível de influir na melhoria da respectiva pensão de reforma"* – vd. art.° 117.°, n.° 1, do mesmo Estatuto – o que significa que só os militares na reserva que prestem serviço – em comissão militar ou civil – é que podem ver contado este tempo de serviço e, mesmo assim, nem todo porque só será atendido *"cada ano completo"*.

O que, sendo contraditório com o estatuído nos citados arts. 26.°, 27.°, 114.° e 115.° do mesmo EA, obriga a que se procure a solução das dificuldades que se nos apresentam no EMFA/90 e não naquele Estatuto, não só porque aquele é o diploma que regula directamente a condição militar, os seus direitos e deveres, mas também porque resulta do seu art.° 127.° que o cálculo da pensão de reforma dos militares deverá ser feito de acordo com o regime estabelecido na legislação que lhes é especificamente aplicável e esta é sem dívida aquele EMFA/90 e, finalmente, porque era este que vigorava no momento em que os Recorrentes se reformaram.

E, porque assim, e ao contrário do que sustentam os Recorrentes, as normas do EA não relevarão para decidir a dificuldade que aqueles nos apresentam.

5.1. Já sabemos que o tempo de permanência do militar na reserva fora da efectividade do serviço só passou a relevar para efeito do cálculo da sua pensão de reforma a partir do momento em que entrou em vigor o EMFA//99, isto é, a partir de uma data em que os Recorrentes já se encontravam reformados e em que já tinham visto calculada a sua pensão de reforma.

E, porque assim, e como também já se disse, a sua pretensão só poderá ser atendida se se considerasse que o art.° 44.° do novo Estatuto tinha carácter interpretativo do estabelecido no art.° 49.° do revogado EMFA//90 ou se se entendesse que o mesmo era de aplicação retroactiva.

Ora, inexistem razões para que se possa concluir desse modo.

5.2. Com efeito, a interpretação da lei com recurso a elementos exteriores só é aceitável quando a interpretação literal dê lugar a dúvidas em virtude do seu sentido não ser imediata e claramente apreensível ou quando seja legítimo suspeitar que a fórmula verbal adoptada faça presumir que o legislador disse menos do que aquilo que pretendia dizer.

Ora, *in casu*, essas dúvidas não existem, uma vez que o disposto no art.° 47.° do revogado EMFA/90 é claro e deste resulta com manifesta evidência que só se contava para efeitos de cálculo da pensão de reforma o tempo de serviço, sendo que neste só deveria ser considerado apenas *"o tempo de serviço militar acrescido do prestado no exercício de funções públicas*" – vd. n.os 1 e 2 do seu art.° 47.°

E tanto assim que – tanto quanto se sabe – no domínio daquela Lei nunca se equacionou a questão da relevância do tempo de permanência da reserva fora da efectividade de serviço, como o demonstra o facto dos Recorrentes nunca terem reagido contra a forma como as suas pensões foram calculadas.

Deste modo, não é legítima a convocação do novo Estatuto, a pretexto da necessidade da interpretação do art.° 47.° do EMFA/90, para conceder aos Recorrentes o direito reclamado. O que equivale a dizer que, por esta via, o seu recurso não logra provimento.

E, também não se pode sustentar que o novo Estatuto pode ser de aplicação retroactiva, uma vez que, por princípio, a lei só dispõe para o futuro – art.° 12.° do Código Civil – inexistindo, *in casu*, razões que justifiquem o afastamento desse princípio.

Na verdade, quando aquele entrou em vigor a situação dos Recorrentes estava, do ponto de vista do cálculo das suas pensões, perfeitamente solidificada e, porque assim, e atenta a novidade por ele introduzida no tocante à relevância do tempo de serviço fora da efectividade de serviço, o mesmo era insusceptível de poder abalar a certeza das relações jurídicas formadas e consolidadas na vigência do Estatuto que ele revogou".

Neste mesmo sentido decidiram, também, os acórdãos deste Pleno de 7.2.2006, no processo n.° 575/05 e 2 de Março de 2006, proferidos nos recursos n.os 1701/03 e 43/05.

4. DECISÃO

Pelo exposto, acordam em negar provimento ao recurso.

Custas pelo recorrente.
Taxa de justiça: € 300 (trezentos euros)
Procuradoria: € 150 (cento e cinquenta euros)
Lisboa, 23 de Janeiro de 2007

António Políbio Ferreira Henriques (Relator)
Fernando Manuel Azevedo Moreira
José Manuel da Silva Santos Botelho
Rosendo Dias José
Maria Angelina Domingues
Luís País Borges
Alberto Acácio de Sá da Costa Reis
Adérito da Conceição Salvador dos Santos
Jorge Artur Madeira dos Santos

Recurso n.° 1272/05-20

PLENO. EXPROPRIAÇÃO. MODIFICAÇÃO DA MATÉRIA DE FACTO. FUNDAMENTAÇÃO.

(Acórdão de 6 de Março de 2007)

SUMÁRIO:

I – Em recurso interposto de acórdão da Secção, o Pleno apenas conhece de matéria de direito (art.° 21.°, n.° 3, do ETAF), devendo considerar-se como assente a matéria de facto apurada no acórdão da Subsecção, excepto se ocorrer alguma das circunstâncias previstas no n.° 2 do art. 722.° do CPC (haver ofensa de uma disposição expressa de lei que exija certa espécie de prova para a existência do facto ou que fixe a força de determinado meio de prova) não sendo por isso e fora desses casos, de admitir diligências instrutórias visando a alteração ou ampliação da matéria de facto dada como provada no acórdão da subsecção.

II – A exigência de fundamentação do acto tem como objectivo directo esclarecer o respectivo destinatário das razões ou dos motivos (de facto e de direito) que determinaram a administração a decidir no sentido em que decidiu e não em sentido diferente.

III – Não se verifica o vício de falta de fundamentação quando no acto expropriativo, ainda que de forma sucinta, se expressa claramente o fim e os motivos da expropriação e a necessidade dele.

IV – O direito de propriedade, face ao disposto no art.° 62.° da CRP não goza de protecção constitucional em termos absolutos, apenas estando garantido ao respectivo proprietário o direito de não ser arbitrariamente privado da propriedade bem como o direito de ser indemnizado em caso de expropriação.

ACORDAM NO PLENO DA SECÇÃO DO CONTENCIOSO ADMINISTRATIVO DO STA:

1 – JOÃO FIGUEIREDO OLIVEIRA SOARES e outros, recorrem do Acórdão da Secção, de 07.03.2002 (fls.567/594) que negou provimento ao recurso contencioso de anulação que dirigiram contra o despacho do **SECRETÁRIO DE ESTADO DAS OBRAS PÚBLICAS**, *n.° 5-XIII/97, de 20.03.97*, publicado no DR II Série, n.° 75, de 31.03.1997, que declarou a utilidade pública com carácter urgente das expropriações das parcelas sob os n.° 3, 4, 5, 6, 7 e 9, propriedade dos recorrentes.

Em alegações formularam as seguintes *CONCLUSÕES*:

I – A imputação que os recorrentes fizeram ao acto recorrido, relativa à violação por este do princípio da proporcionalidade ou proibição do excesso, imposto pelo disposto em art.° 17.°, n.os 2 e 3 do art.° 18.° n.° 2 art.° 62.° e n.° 2 art.° 266.° da Constituição e art.° 5.° /2 do

CPA – alegando que os fins compreendidos pelo teor da fundamentação do acto podiam ser atingidos com outras medidas menos gravosas que a expropriação – impunha que o tribunal «a quo» julgasse a respectiva matéria de facto.

II – Ao ter denegado – e sem fundamento – o julgamento de tais factos alegados na p.i., o acórdão recorrido viola, efectivamente, o direito dos recorrentes à justiça e a um processo equitativo, concretizados nomeadamente nos art.º 20.º /4 e 268.º /4 da Constituição, bem como no art.º 6.º /1 da Convenção Europeia dos Direitos do Homem e, expressos nos art.º 653.º /2, 659.º /2 e 660.º /2 do CPC, aplicáveis subsidiariamente, mas de forma ou em sentido aqui inconstitucional.

III – Assim dada a importância daquela questão jurídica, o acórdão recorrido não podia, em omissão daquele dever de apreciar os factos alegados, concluir – como fez – que a autoridade recorrida provou a imprescindibilidade da expropriação, ao passo que os recorrentes não teriam provado que o mesmo interesse público podia ser prosseguido sem aquele acto.

IV – Desta forma, o acórdão recorrido dá por demonstrado o que de facto não está e, viola – além das normas legais supra mencionadas em conc. II – o seu dever legal de apreciar os factos alegados e a sua veracidade, imposto pelo disposto nomeadamente em art.º 45.º e 48.º do RSTA e art.º 11.º e 14.º da LPTA.

V – Deve por isso anular-se o acórdão recorrido, ordenando-se que proceda à ampliação do julgamento de toda a matéria de facto alegada pelas partes susceptível de pertinência à plena e imparcial apreciação daquele vício que vinha imputado ao acto recorrido – matéria de facto que é pelo menos a elencada acima em als. a) a r) do n.º 4 – nos termos dos supra referidos preceitos legais e, face ao disposto no art.º 729.º /3 e 730.º /1 do CPC, aplicáveis subsidiariamente.

VI – Se assim não se entender, deve concluir-se então, que a matéria provada e a constante do DL 280/94, de 5/11 (criação da Zona de Protecção Especial), especialmente suas als. a), c) e d) do n.º 3 do art.º 5.º, em confronto com o tipo de medidas de protecção ambiental constantes na Lei de Bases do Ambiente (Lei 118/87, de 7/4), nomeadamente nos seus art.º 27.º (instrumentos), 29, 33.º e Cap. VIII, bem ainda, em confronto com o teor da Resolução do Conselho de Ministros n.º 141/97, de 17/07 (DR I-B n.º 193 de 28.08.97), relativo à manutenção das regras da ocupação dos solos ora em causa até à aprovação de um novo plano, conjugado também com o princípio do apoio económico do Governo a actividades agro-ambientais e de pesca profissional em zonas protegidas referido na Resolução do Conselho de Ministros n.º 102/96 de 5/06 – sendo tudo do conhecimento oficioso deste tribunal por constarem de actos legislativos e documentos oficiais publicados no DR – impõe alteração ao conjunto dos factos dados como provados e respectivas ilações, nos termos do n.º 2 do art.º 729.º do CPC.

VII – Por este modo, deve concluir-se que, ao contrário do expresso pelo acórdão recorrido, existe manifesto excesso de ofensa do direito de propriedade dos recorrentes, pois em última análise, o uso das parcelas vai continuar igual ao que os proprietários lhe davam – apenas mudando de dono – razão pela qual se deve concluir pela anulação do acto recorrido por violação do disposto nos preceitos legais já referidos supra con. 1ª.

VIII – Por outro lado, o acórdão recorrido interpreta erradamente o disposto no art.º 13.º do então vigente Cód. das Expropriações, ao considerar como fundamentada a declaração de urgência – quando, na verdade, do acto recorrido, tal como foi notificado aos recorrentes, não costa minimamente justificada a sua urgência.

IX – Acresce que não pode considerar-se como de prática urgente em 20.03.97 (data do acto recorrido) uma expropriação e, a sua declaração de utilidade pública, cuja invocação e razão de ser qualificada como «urgência» já estava afirmada em 1994.

X – Pois, como é óbvio, por natureza, uma tal urgência desapareceu ao longo desse tempo, pelo seu decurso, razão pela qual, afinal, o legislador do Cód. Exp. Vigente consagra expressamente este entendimento interpretativo, ao fixar a regra de que «a atribuição do carácter urgente caduca se as obras na parcela não tiverem início no prazo fixado no programa de trabalhos, salvo ocorrendo motivo justificado» (n.º 3 do art.º 15.º do CE – Lei 168/99).

XI – Não sendo de aplicação retroactiva esta norma representa porém aquele elementar princípio ético-jurídico impositivo da conclusão segundo a qual, se o acto ora em causa era urgente e estava como tal justificado assim em 1994, não pode, de boa-fé e sem quaisquer razões (que no caso não estão aduzidas nem provadas), considerar-se sempre e ainda como urgente «ad aeternum» a sua prática.

XII – Finalmente, o acórdão recorrido interpreta errada e inconstitucionalmente o disposto no n.º 1 do Cód. Exp. em confronto com o art.º 62.º n.º 2 da Constituição, quando julga que o acto recorrido e o interesse público nele pressuposto estão fundamentados na lei.

XIII – Não é assim porque a afirmação do interesse público declarada no acto recorrido é uma mera fórmula «passepartout», abstracta, indiciadora de uma incorrecta e não explicitada nem tipificada «protecção ambiental» – quando é claro que a específica lei nesta matéria (Lei das Bases do Ambiente) não vê a expropriação como um dos instrumentos da realização daquele fim, sendo tal silêncio do legislador perfeitamente eloquente, em confronto p. ex. com o teor do art.º 2.º da Lei dos Solos (DL 794/76) ou DL 36/79 (expropriação para fins mineiros), DL 458/85 de 30/10 (expropriação para auto-estradas) e art.º 11.º do Reg. Geral das Edificações Urbanas – nos quais a lei expressamente define o fim e razão do interesse público na ablação do direito de propriedade privada.

XIV – Desta forma, o acórdão recorrido sanciona uma interpretação do art.º 1.º do Cód. Exp. inconstitucional, porque violadora do n.º 2 do art.º 62.º – devendo também por aí anular-se o acto recorrido.

XV – Nem se diga que o acto recorrido justifica a ablação do direito de propriedade dos recorrentes – como o faz o acórdão recorrido – com fundamento nalguma das «Bases» que constituem o contrato de concessão celebrado entre o Governo e a Lusoponte, porquanto, ainda que aprovadas por DL, tais normas não têm o carácter essencial da lei substantiva, geral e abstracta, prevista e exigida pelo n.º 2 do art.º 62.º, 17.º e 18.º da Constituição – visto que não passam de meras regras contratuais, vinculativas das partes, mas não capazes de satisfazerem, por força desse acordo, os imperativos constitucionais referidos.

Termos em que o recurso deve ser julgado procedente.

2 – Em contra-alegações a entidade recorrida (fls. 698/704 cujo conteúdo se reproduz), bem como a recorrida particular – LUSOPONTE – CONCESSIONÁRIA PARA A TRAVESSIA DO TEJO, S.A. (fls. 705/720 cujo conteúdo igualmente se reproduz), sustentam a improcedência do recurso.

No mesmo sentido se manifesta o M.° P.° no parecer que emitiu (fls. 724/725).

3 – A fls. 730 vieram os recorrentes juntar aos autos um requerimento dirigido ao "Primeiro Ministro" e entregue em 17.10.2002 onde, invocando que os bens expropriados não foram utilizados para o fim da expropriação, acabam por requerer a "*reversão dos bens expropriados*".

Argumentam que o documento em causa bem como os factos nele alegados são essenciais à apreciação do vício de violação do princípio da proporcionalidade e da necessidade da expropriação, razão pela qual e não existindo na lei processual norma que expressamente preveja a invocação desta superveniente factualidade, deve a mesma ser admitida, face ao direito à defesa da justiça efectiva consagrada nos n.° 1 e 4 do art.° 20.° da CRP e 6.° n.° 1 da Convenção Europeia dos Direitos do Homem.

3.1 – A fls. 818, vieram ainda os recorrentes informar que o pedido de reversão fora indeferido por despacho do Secretário de Estado das Obras Públicas do qual interpuseram recurso contencioso onde foi proferido acórdão que julgou o recurso procedente, determinando o prosseguimento do "*procedimento administrativo iniciado com o requerimento de reversão*", "*para apreciação dos respectivos fundamentos, se não existir outro motivo impeditivo*", nos termos de cópia do acórdão que juntam a fls. 819 e sgs.

3.2 – O Secretário de Estado das Obras Públicas (fls. 834/836) entende que não tem razão de ser a junção aos autos do pedido de reversão, já que se refere a um procedimento que ainda não está terminado.

3.3 – A Lusoponte (fls. 837/839) entende em síntese que a questão de verificar se as parcelas expropriadas foram ou não aplicadas ao fim que determinou a expropriação é questão manifestamente distinta e autónoma da questão sub-judice: a da legalidade do acto que declarou a utilidade pública da expropriação.

3.4 – O M.° P.° considera totalmente irrelevante para decisão do recurso os requerimentos e documentos apresentados pelos recorrentes.

Cumpre decidir.

4 – MATÉRIA DE FACTO

O Acórdão recorrido, deu como demonstrada a seguinte matéria de facto:

A – Do mapa de expropriações da "recuperação das Salinas do Samouco" anexo ao Despacho 5 – XIII/97 do SEOP, constam, entre outras, as parcelas n.° 3, 4, 5, 6, 7 e 9, a primeira pertencente ao recorrente João Figueiredo Oliveira Soares e as restantes ao recorrente Luís Figueiredo de Oliveira Soares (v. fls. 42 dos autos e vol. II do PI);

B – Em 21 de Fevereiro de 1997, a recorrida particular Lusoponte apresentou ao Ministro do Equipamento, Planeamento e Administração do Território o seguinte requerimento (vol. II do PI):

"Considerando que por despacho do Senhor Secretário de Estado das Obras Públicas, de 31 de Julho de 1996, foram aprovadas as plantas parcelares com os números RCO/DX/7610-R-B a RCO/DX/7616-R-B e o respectivo mapa de áreas relativas às parcelas a que se referem a Base LXVIII aprovada pelo Decreto-Lei n.° 468/94 de 15.06, necessárias para a recuperação das Salinas do Samouco.

Considerando o interesse público dos trabalhos de recuperação e da expropriação dos prédios necessários à execução dos mesmos como resulta da Base referida, a LUSOPONTE – Concessionária para a Travessia do Tejo, S.A., com sede em Lisboa, na Rua Castilho, n.° 75, 1.° andar, em Lisboa, vem, ao abrigo do disposto nos artigos 13.° e 17.°, do Código das Expropriações aprovado pelo Decreto-Lei n.° 438/91, de 9 Novembro, requerer a V. Exa. se digne:

1 – Declarar utilidade pública nos termos do art.° 11.° do Código das Expropriações aprovado pelo Decreto-Lei 438/91, de 9 de Novembro, das expropriações acima referidas, necessárias à recuperação das Salinas do Samouco cumpridas as formalidades exigidas.

2 – Declarar a urgência das mesmas expropriações ao abrigo do disposto no art.° 13.° do Código das Expropriações atento o interesse público de que as obras de recuperação projectadas sejam executadas com a maior rapidez possível.

Junto, em anexo, nos termos do disposto no n.° 2 do art.° 12.° do Código das Expropriações e no n.° 4 do art.° 13.° do mesmo diploma, os seguintes documentos:

a) – Planta do local da situação dos bens a expropriar, com delimitação precisa dos respectivos limites, contendo a escala gráfica utilizável.

b) – Documento comprovativo de se encontrar caucionado o fundo indispensável para o pagamento das indemnizações a que houver lugar.

As certidões previstas no art.° 12.°, n.° 2, alíneas d) e e) do Código das Expropriações, aprovado pelo Decreto-Lei n.° 438/91, de 9 de Novembro, serão juntas até ao momento em que se lavre o auto de expropriação, escritura ou a adjudicação judicial dos prédios, de acordo com o disposto no art.° 13.°, n.° 4 do mencionado código.".

C – No DR, II Série, n.° 75, de 31.3.1997, foi publicado o Despacho do Secretário de Estado das Obras Públicas n.° 5 – XIII/97, de 20.03.97, do seguinte teor:

"Nos termos do disposto na alínea a) do número 1 do artigo 2.° e do art.° 13.°, n.° 2 do Código das Expropriações aprovado pelo Decreto-Lei n.° 348/91, de 9-11 e por Despacho do Secretário de Estado das Obras Públicas, de 31.7.96, que aprovou as plantas parcelares com os números RCO/DX/7610 R-B a RCO/DX/7616-R-B e os respectivos mapas de áreas relativos à "Nova Travessia Rodoviária sobre o Tejo em Lisboa" – Recuperação das Salinas do Samouco, declaro a utilidade pública com carácter de urgência, das expropriações das parcelas de terreno necessárias às obras de recuperação projectadas, em anexo identificadas com os elementos constantes de descrição predial e matricial dos direitos e ónus que sobre eles incidem e os nomes dos respectivos proprietários.

Os encargos com as expropriações em causa encontram-se caucionados pela LUSOPONTE – Concessionária para a Travessia do Tejo, S.A, entidade expropriante nos termos do n.° 73.2 do Segundo Contrato de Concessão, aprovado pela resolução do Cons. de Min. n.° 121-

-A/94, de 15.12 e de acordo com o disposto no art.° 13.°, n.° 3 do Dec. Lei 438/91, de 9-11."

D – Por ofício de 2.6.1997, a concessionária Lusoponte comunicou, separadamente, aos recorrentes o seguinte (fls. 48 e 49 dos autos):

"Serve a presente para informar, nos termos e para os efeitos do disposto no n.° 6 do artigo 15.° do Código das Expropriações, que pelo Despacho de Sua Exª o Secretário de Estado das Obras Públicas 5-XII/97 de 20/03/97 publicado no Diário da República n.° 75, II Série de 31/03/97, foi declarada ao abrigo do disposto pelo artigo 13.° do Código das Expropriações, a expropriação por utilidade pública com carácter urgente das parcelas abrangidas pela Recuperação da área das Salinas do Samouco, designadamente, a parcela n.° 4 que atinge o prédio de V/ propriedade, identificada na cópia do Diário da República que anexamos.

Aproveitamos, ainda, para comunicar a V. Exª que nos termos do n.° 2 do artigo 13.° do Código das Expropriações, pelo referido despacho, foi ainda autorizada à Lusoponte a tomada de posse administrativa das parcelas abrangidas pela mencionada declaração de utilidade pública de expropriação.

Por último, e nos termos e para os efeitos do disposto no 19.° n.° 5 do Código das Expropriações, comunicamos que no próximo dia 25 de Junho de 1997, pelas 11H10, terá lugar no local da parcela a expropriar a vistoria ad perpetuam rei memoriam a que alude a alínea b) do citado artigo 19.°, a qual será efectuada pelo Senhor Eng.° António José Campaniço Pereira da Silva, que foi designado para o efeito pelo Tribunal da Relação de Lisboa, podendo V. Exª comparecer e formular por escrito quesitos:".

E – Da decisão da Comissão Europeia de 13.12.94 relativa à concessão de uma contribuição do Fundo de Coesão para o projecto relativo à Nova Travessia Rodoviária do Tejo, Região de Lisboa, Portugal, n.° FC 94/10//65/005 consta (v. fls. 261 a 281 dos autos):

Artigo 1.°

É aprovado para o período de 20 de Maio de 1994 a 31 de Março de 1996, o projecto relativo à Nova Travessia Rodoviária do Tejo da Região de Lisboa, em Portugal, descrito no anexo I.

Artigo 2.°

1 – O apoio comunitário incidirá nas despesas do projecto relativamente às quais tenham sido adoptadas normas vinculativas em Portugal e a cujos trabalhos, a realizar o mais tardar até 31 de Março de 1998, tenham sido especificamente afectados os recursos financeiros necessários.

2 – As despesas efectuadas antes de 20 de Maio de 1994 não são consideradas elegíveis para a contribuição do Fundo de Coesão.

3 – As despesas relativas ao projecto devem ser efectuadas o mais tardar doze meses após a data referida no n.° 1.

Artigo 5.°

(...)

3 – A contribuição fica subordinada à aplicação das disposições previstas nos decretos-lei n.° 243/92 e n.° 9//93, de 29 de Outubro e 18 de Março, respectivamente, e no decreto-lei n.° 280/94, de 5 de Novembro, tal como vier a ser modificado a fim de repor os limites da zona de protecção especial do Estuário do Tejo, acordados com a Comissão.

Anexo I

(...)

8. Medidas ambientais

(...)

O programa de execução das obras e os respectivos trabalhos tomarão em consideração o período habitual de nidificação das aves, evitando nomeadamente perturbações significativas nas salinas do Samouco. Igual procedimento será aplicado para os trabalhos no rio, tendo ainda em conta o período de migração de espécies piscícolas no estuário."

F – A nova Travessia Rodoviária sobre o Rio Tejo, entre o Samouco e Sacavém, conhecida como "Ponte Vasco da Gama" foi objecto de concessão de obra pública à Recorrida particular Lusoponte, nos termos do art.° 2.° do DL n.° 168/94, de 15 de Junho, que aprovou, em anexo, as respectivas Bases.

G – Nos termos das Bases da Concessão e do contrato que, em cumprimento das mesmas, foi celebrado entre o Estado Português e a Recorrida particular Lusoponte, esta assumiu o encargo de realizar as expropriações dos imóveis necessários à construção da Nova Travessia e de suportar o pagamento das respectivas indemnizações (cf. Base XXVI, n.ºs 1 e 2).

H – O acto administrativo, objecto do presente recurso, é o que vem identificado na alínea C) supra.

5 – DIREITO

Vem impugnado nos autos o despacho do Secretário de Estado das Obras Públicas, *n.° 5-XIII/97, de 20.03.97*, que declarou a utilidade pública com carácter urgente das expropriações de determinadas parcelas propriedade dos recorrentes.

O Acórdão recorrido negou provimento ao recurso contra o que se insurgem os recorrente nos termos das conclusões que formularam na respectiva alegação.

5.1 – Pretendem desde logo os recorrentes (cl. I a VII) que este Pleno anule o acórdão recorrido e que ordene à Secção a ampliação do julgamento de toda a matéria de facto que alegaram (elencada nas alíneas a) a r) do n.° 4 das alegações) (ou a sua alteração), matéria essa que consideram pertinente à apreciação da alegada violação do "princípio da proporcionalidade" ou "proibição do excesso" que haviam imputado ao acto recorrido. Isto e fundamentalmente por terem sustentado que os fins compreendidos no teor da fundamentação do acto podiam ser atingidos com outras medidas menos gravosas que a expropriação, o que impunha que o tribunal a "quo" julgasse a respectiva matéria de facto em vez de concluir no sentido de que "os recorrentes não teriam provado que o mesmo interesse público podia ser prosseguido sem aquele acto".

A respeito da invocada violação do "*princípio da proporcionalidade*" constante dos art.° 266.°, n.° 2 da CRP e 5.°, n.° 2 do CPA, concluiu o acórdão recorrido, não assistir razão aos recorrentes, considerando para o efeito e além do mais (citando Vieira de Andrade) que "«*há-de caber, em princípio, à Administração o ónus da prova da verificação dos pressupostos legais (vinculativos) da sua actuação, designadamente se agressiva (positiva e des-*

favorável); em contrapartida, caberá ao administrado apresentar prova bastante da ilegitimidade do acto, quando se mostrem verificados esses pressupostos», ou, por outras palavras, *«deve ser a Administração a suportar a desvantagem de não ter sido feita a prova (de o juiz não se ter convencido) da verificação dos pressupostos legais que permitem à Administração agir com autoridade (pelo menos, quando produza efeitos desfavoráveis para os particulares); deve ser o particular a suportar a desvantagem de não ter sido feita a prova (de o juiz não se ter convencido) de que, no uso dos poderes discricionários, a Administração actuou contra princípios jurídicos fundamentais"»*.

Considerando seguidamente estarem em causa «fins de protecção do ambiente», acaba por nele se concluir que "*a Administração logrou demonstrar a necessidade e a utilidade da expropriação em causa para a prossecução do interesse público substanciado num compromisso do Estado Português perante a União Europeia de preservar ambientalmente a zona de construção da ponte*" e que "*contra a argumentação aduzida pelos recorrentes, se pode invocar o disposto no art.º 5.º do D.L. 280/94...*" e que "*Não tendo os recorrentes demonstrado que, mantendo-se os terrenos na sua propriedade, os fins referidos seriam prosseguidos sem a prática do acto ablativo, através dos elementos de prova, para tanto oferecidos, que se reconduzem, às cópias dos requerimentos juntos a fls. 135/138, bem como aos documentos que aqueles acompanhavam, constantes do processo instrutor e a diversos recortes de imprensa, não pode o tribunal julgar verificada a arguida violação do princípio da proporcionalidade*".

Ou seja, no acórdão recorrido considerou-se por um lado ter a Administração logrado demonstrar a necessidade e a utilidade da expropriação em causa para a prossecução do interesse público e por outro que os recorrentes, através dos elementos de prova oferecidos, não demonstraram que esse interesse público seria igualmente prosseguido se não tivesse ocorrido a expropriação e, sendo assim, não podia o tribunal considerar como demonstrada a invocada violação do princípio da proporcionalidade.

Ao assim decidido os recorrentes apenas se limitam a contrapor uma pretensa ampliação da matéria de facto com pertinência, segundo referem, "*à plena e imparcial apreciação daquele vício*", já que, como refere na respectiva alegação (cf. n.º 4) as conclusões a que se chegou no acórdão recorrido "*estão viciadas por omissão de julgamento na decisão recorrida, de factos essenciais àquela questão*", tendo o acórdão decidido e formulado "*uma conclusão jurídica com total desprezo pelos factos que, em sentido contrário vinham alegados e provados*". E, tendo alegado os factos referenciados no n.º 4/a) a r) que consideram "essencialismos" à defesa dos seus direitos, sustentam que o acórdão recorrido não os podia ter desconsiderado como o fez.

Em suma, tendo-se entendido no acórdão recorrido que os recorrentes não demonstraram "*através dos elementos de prova, para tanto oferecidos, que se reconduzem, às cópias dos requerimentos juntos a fls. 135/138, bem como aos documentos que aqueles acompanhavam, constantes do processo instrutor e a diversos recortes de imprensa*" "*que, mantendo-se os terrenos na sua propriedade, os fins referidos seriam prosseguidos sem a prática do acto ablativo*", face ao que alegaram depreende-se que o que os recorrentes essencialmente pretendem traduz-se numa mera reapreciação da matéria de facto com vista à sua eventual modificação, alegadamente essencial para se poder apreciar aquele invocado vício.

Daí que o juízo de censura dirigido ao acórdão recorrido nas referenciadas conclusões é um juízo que todo ele envolve a apreciação de elementos de facto, já que a sua formulação não depende, nem exclusivamente nem sequer essencialmente, da interpretação de regras ou conceitos jurídicos. Ou seja, toda a aquela censura se centra na matéria de facto dada ou que, no entender dos recorrentes, deveria ter sido dada como demonstrada o que implica a sua reapreciação ou seja, o saber se, face aos elementos juntos aos autos ela foi ou não correctamente fixada pela Subsecção, quando no acórdão recorrido se entendeu que os diversos elementos juntos aos autos não conseguiam fazer a demonstração pretendida pelos recorrentes.

Só que, como tem sido jurisprudência pacífica, o Pleno da secção, enquanto tribunal de revista, em princípio apenas conhece da matéria de direito (art. 21.º, n.º 3 do ETAF), "*encontrando-se fora do seu âmbito o eventual erro na apreciação dos factos provados e sua interpretação salvo nos casos do n.º 2 do art. 722.º do CPC e bem assim quando o resultado interpretativo foi obtido por intermédio de critérios normativos ou juízos de valor legais que imprimam carácter prevalentemente jurídico à operação empreendida*" (cfr. entre outros os ac. STA Pleno de 9.3.04, rec. 47.033; de 24.11.04, rec. 35747).

Como se entendeu, ainda e entre outros, no ac. do Pleno de 10.11.05, 48.400, "*o recurso para o Pleno é um recurso de revista, sendo certo que "o erro na apreciação das provas e na fixação dos factos, materiais da causa não pode ser objecto do recurso de revista, salvo havendo ofensa de uma disposição expressa da lei que exija certa espécie de prova para a existência do facto ou que fixe a força de determinado meio de prova (art.º 722.º, n.º 2 do C. P. Civil e art.º 21.º, n.º 3 do ETAF*".

Assim sendo e não tendo os recorrentes invocado qualquer das situações previstas no art.º 722.º n.º 2 do CPC ou, não se integrando a situação em apreço naquelas previsões excepcionais a que alude esse preceito, que possibilitam ao Pleno, em sede de agravo, tecer críticas ou reapreciar a matéria de facto dada como demonstrada, temos neste momento que acatar o que, sobre a matéria de facto foi decidido no acórdão recorrido, não sendo por isso de admitir diligências instrutórias visando alterar a matéria de facto fixada pela Subsecção.

Por outra via, tendo em consideração a matéria de facto dada como demonstrada que o Pleno, como se referiu, tem que acatar por apenas deter poderes de cognição limitados à matéria de direito, atendendo aos fins de protecção do ambiente visados pela prática do acto, não vislumbramos que o decidido no acórdão recorrido a propósito do invocado vício – violação do princípio da proporcionalidade – seja susceptível de merecer qualquer reparo ao concluir no sentido em que concluiu, ou seja, no sentido de que a expropriação dos terrenos dos recorrentes não se mostra violadora do invocado princípio da proporcionalidade.

Improcede por conseguinte o alegado nas conclusões I) a VII).

5.2 – Consideram seguidamente os recorrentes (cl. VIII a XI) que o acórdão recorrido interpreta erradamente o disposto no art.º 13.º do Código das Expropriações ao considerar como devidamente fundamentada a declaração de urgência quando, segundo os recorrentes "*do acto recorrido, tal como foi notificados aos recorrentes, não costa minimamente justificada a sua urgência*".

No que respeita à fundamentação do acto no tocante à atribuição do carácter urgente da expropriação, considerou-se no acórdão recorrido o seguinte:

"*Quanto à atribuição de carácter urgente à expropriação, não resultando expressamente da lei, deverá ser fundamentada, nos termos previstos na primeira parte do n.º 2 do art.º 13.º do Código de Expropriações.*

No caso dos autos, conforme se observa na alegação da recorrida particular, a atribuição do carácter de urgência está contida no n.º 1 da Base XXVII das Bases da Concessão, anexa ao D.L. 168/94, que dispõe que "Compete ao MOPTC a prática do acto que individualize os bens a expropriar nos termos do n.º 2 do art.º 10.º do decreto-lei n.º 438/91, de 9 de Novembro (Código das Expropriações), o qual deverá conter a declaração de utilidade pública com carácter de urgência no prazo de 45 dias a contar da apresentação pela concessionária da documentação exigida...".

A citada Base insere-se no cap. V do diploma, capitulo relativo a "Expropriações", que toma directamente por objecto "as expropriações dos imóveis necessários à construção da nova travessia" (Base XXVI, n.º 1).

Aliás, conforme resulta do teor do acto administrativo impugnado, a expropriação, no caso, não é determinada pelas apontadas necessidades de construção, mas das projectadas obras de recuperação das Salinas do Samouco no quadro, portanto, da prevista "Protecção Ambiental" que integra o cap. X e uma única Base – a Base LXVIII – das aludidas Bases de Concessão.

Evidencia-se, outrossim, no preâmbulo do D.L. 168/94, que o projecto de construção e o estudo de impacto ambiental, bem como a aprovação de ambos, estão estreitamente associados, sendo que os termos abrangentes com que vem redigida a previsão da norma contida no transcrito n.º 1 da Base XXVII, permitem afirmar que a atribuição de carácter de urgência constante do acto impugnado decorre expressamente do disposto nessa mesma norma.".

Como se entendeu no acórdão recorrido, os actos que declaram a urgência da expropriação por utilidade pública devem enunciar, ainda que sucintamente, os factos que constituem os motivos específicos que determinaram a autoridade recorrida a atribuir o carácter urgente à expropriação e que "*a fundamentação é um conceito relativo, variável em função do tipo legal de acto*" não se verificando "*o vício de falta de fundamentação quando no acto expropriativo se expressa claramente o fim e os motivos da expropriação e a necessidade dele*" sendo que "*o que releva, em última análise, é a efectiva possibilidade de um destinatário normal ficar a saber a razão pela qual se decide em determinado sentido, mediante a análise do itinerário cognoscitivo e valorativo constante do acto*".

Como se entendeu no acórdão de 17.01.2007, Rec. 765/06, "*a exigência de fundamentação do acto tem como objectivo directo esclarecer o respectivo destinatário das razões ou dos motivos (de facto e de direito) que determinaram a administração a decidir no sentido em que decidiu e não em sentido diferente*" e, por isso, ela será suficiente quando permite ao respectivo destinatário aperceber-se do itinerário cognoscitivo e valorativo seguido pelo autor do acto para proferir a decisão, isto é, quando aquele possa conhecer as razões por que o autor do acto decidiu como decidiu e não de forma diferente, de forma a poder desencadear os mecanismos administrativos ou contenciosos de impugnação. De modo que, para avalizar a suficiência da fundamentação do acto, terá que se ter em consideração ainda o percurso ou o itinerário que conduziu à sua prática.

Reportando-nos à situação em apreço, importa referir que o acto impugnado nos autos teve origem em requerimento que a "*LUSOPONTE – Concessionária para a Travessia do Tejo, S.A.*," dirigiu ao Ministro do Equipamento, Planeamento e Administração do Território (cf. al. B) da matéria de facto) onde solicitou a declaração de "*utilidade pública*" com carácter de urgência "*das expropriações*" necessárias à recuperação das Salinas do Samouco.

Nesse requerimento atendeu-se essencialmente às áreas "*necessárias à recuperação das Salinas do Samouco" bem como ao "mapa das áreas relativas às parcelas a que se referem a Base LXVIII aprovada pelo Decreto-Lei n.º 168/94 de 15.06, necessárias para a recuperação das Salinas do Samouco"* definidas em plantas parcelares anteriormente aprovadas ou constantes do mapa das expropriações da "*recuperação das Salinas do Samouco*", que integrava entre outras as parcelas expropriadas aos recorrentes (cf. al. A) da matéria de facto). Considerou-se ainda no aludido requerimento ao "*interesse público dos trabalhos de recuperação e da expropriação dos prédios necessários à execução dos mesmos como resulta da Base referida...*".

Deste modo, no próprio requerimento que deu origem ao acto recorrido se remete para as "*bases da concessão da concepção, do projecto, da construção, do financiamento, da exploração e da manutenção da nova travessia sobre o rio Tejo em Lisboa*", aprovadas pelo DL n.º 168/94, de 15 de Junho onde, na base XXVII, inserida no "Capítulo V) (Expropriações) expressamente se estabelece que "*compete ao MOPTC a prática do acto que individualize os bens a expropriar nos termos do n.º 2 do art.º 10.º do DL n.º 438/91, de 9/11 (CE), o qual deverá conter a declaração de utilidade pública com carácter de urgência...*".

Ou seja, a declaração pública com carácter de urgência resultava de norma legal aplicável às expropriações previstas nas "bases de concessão", nomeadamente às expropriações que visavam a recuperação da área designada "Salinas do Samouco" previstas na Base LXVIII e que o acto não podia contrariar sob pena de ilegalidade.

Como se entendeu, entre outros no Ac. do Pleno de 21.03.2006 – Rec. 20/03, "*o acto administrativo está fundamentado de direito quando se insira num quadro jurídico-normativo perfeitamente cognoscível, muito embora dele possa não constar referência expressa a normas ou princípios jurídicos.*".

Por outra via, o percurso que culminou com a prática do acto recorrido, tornava perceptível a qualquer normal destinatário que a urgência na declaração da utilidade pública da expropriação se alicerçou no estabelecido nas citadas "bases da concessão" aprovadas pelo DL 168/94 já que teve como objectivo, como expressamente resulta do acto, as expropriações das parcelas de terreno necessárias às obras de recuperação das Salinas do Samouco, naquela base previstas.

Aliás, como se entendeu no acórdão recorrido, os termos da petição do recurso "*revelam que os recorrentes se aperceberam das razões da decisão administrativa, quer no seu enquadramento factual, quer no seu suporte jurídico, este, aliás, expressamente indicado, por forma a poder organizar sustentadamente a sua impugnação contenciosa na defesa dos seus direitos e interesses legítimos.*".

Daí que o acto que declarou a urgência da expropriação, ainda que de forma sucinta, evidencia as razões ou os motivos específicos que levaram a autoridade pública a atribuir carácter urgente à expropriação.

Por outra via, tendo a expropriação visado a prossecução de fins de protecção do ambiente, no âmbito da Zona de Protecção Especial do estuário do Tejo (ZPE), criada pelo DL n.º 280/94, de 05.11, designadamente, como resulta do preâmbulo desse diploma, a salvaguarda do património avifanístico, não se diga, como o fazem os recorrentes (cf. cl. X)), que a "urgência desapareceu ao longo do tempo, pelo seu decurso" já que a demora na resolução dos aludidos problemas ambientais, certamente que contribui para agravar esses problemas, tornando por isso cada vez mais urgente a necessidade de os solucionar.

Improcedem, por conseguinte, as conclusões VIII) a XI).

5.3 – Por fim, consideram fundamentalmente os recorrentes (cls. XII a XV) que "*o acórdão recorrido interpreta errada e inconstitucionalmente o disposto no n.º 1 do Cód. Exp. em confronto com o art.º 62.º n.º 2 da Constituição, quando julga que o acto recorrido e o interesse público nele pressuposto estão fundamentados na lei.*".

A propósito de tal questão, no acórdão recorrido considerou-se, além do mais, o seguinte:

"*Cumpre, antes de mais, assinalar que, como é sabido, e resulta do art.º 62.º da CRP, que o direito de propriedade não goza de protecção constitucional em termos absolutos, estando garantido o direito de não ser arbitrariamente privado da propriedade e de ser indemnizado em caso de desapropriação.*

Aliás, o n.º 2, do citado artigo 62.º prevê uma das figuras de desapropriação forçada por acto de autoridade pública (a expropriação por utilidade pública).

O acto recorrido pelo simples facto de ter declarado a utilidade pública com carácter urgente da parcela pertencente aos Recorrentes não viola, assim, de "per si" o disposto no artigo 62.º da CRP (cfr. neste sentido o citado Ac. de 6.4.2000, proferido no Proc. n.º 43522).

E mais adiante:

"No essencial entendem os recorrentes com essa arguição que no caso da expropriação "sub judice", em que a finalidade é a protecção ambiental, "não existe nenhuma lei que densifique e concretize minimamente que seja do interesse público expropriar imóveis para protecção ambiental".

Mas sem razão, porém.

É certo que para se respeitar o princípio da reserva de lei constante do art.º 62.º da CRP é necessário que, através de acto legislativo se fixe o elenco de "fins de interesse público" que legitimem a expropriação.

Ora, o caso vertente é justamente um daqueles em que o referido princípio de reserva de lei se mostra respeitado, pois que a expropriação para recuperação ambiental das Salinas do Samouco encontra-se prevista nas Bases de Concessão, aprovadas pelo DL n.º 168/94, em cuja Base LXVIII se dispõe:

"Obrigações da concessionária:

1 – A concessionária obriga-se a cumprir o disposto na legislação nacional e comunitária relativa à matéria de protecção ambiental.

2 – A concessionária obriga-se a expropriar e a recuperar, nos termos referidos no n.º 3, a área designada "Salinas do Samouco", indicada em planta anexa ao segundo contrato de concessão".

Além de que, como salienta o Exm.º Magistrado do Ministério Público, a invocação de razões ambientais, atenta a fundamentalidade constitucional da matéria (v. art.º 66.º da CRP), é seguramente subsumível a "causa de utilidade pública" a que se refere o art.º 1.º do Código das Expropriações.

Como escreve Fernando Alves Correia na introdução ao "Código das Expropriações", Aequitas, pag. 18, "A utilidade pública (ou o bem comum, o interesse geral, o interesse público ou a utilidade geral) constitui igualmente um pressuposto de legitimidade da expropriação, como decorre do artigo 62.º, n.º 2 da Lei Fundamental. O acto de expropriação assenta numa prevalência do interesse público sobre o direito de propriedade privada, pelo que desaparecerá o fundamento, a razão de ser daquele acto, se o seu fim não for o da realização de uma utilidade pública específica".

No caso em apreço, a específica utilidade pública da obrigação de expropriar imposta à concessionária decorre expressamente do n.º 3 da citada Base LXVIII, ao impor a adopção do conjunto de medidas aí previstas: "recuperação de compostos, remoção de lixo, recuperação de desassoreamento de salinas e recuperação de caminhos, muros, portas e vedações".

Neste enquadramento não faz nenhum sentido, como parece pretenderem os recorrentes, questionar a constitucionalidade do art.º 1.º do Código das Expropriações.

Continuam os recorrentes a argumentar (n.º 11 e seguintes da respectiva alegação) que "*não há norma legal que autorize uma expropriação para protecção ambiental*" e que a "*mera declaração do autor do acto recorrido de que tal expropriação é do interesse público não tem qualquer fundamento na lei*", tanto mais que a "*Base LXVIII do contrato de concessão" aprovado pelo DL 168/94 não tem natureza de lei – como norma geral e abstracta*", já que "*aquela Base não passa de um dos vários termos dos direitos e obrigações de carácter contratual entre os dois contratantes referidos no DL 168/94*".

Mas não lhe assiste razão.

É que, desde logo, o art.º 1.º do DL 168/94, de 15 de Junho ao aprovar as "bases de concessão" nele estabelecidas, diz que essas bases são aquelas que "*constituem o anexo I ao presente diploma, que dele faz parte integrante*".

E, além de regular as relações entre a Administração e a concessionária, essas bases que fazem parte integrante do DL 168/94, visam igualmente regular aspectos gerais de interesse público como sejam os ambientais, circunscritos às Salinas do Samouco.

Ora, o estabelecido naquelas bases é assumido pelo próprio diploma que as aprovou como acto legislativo, nomeadamente para efeitos de legitimar a expropriação determinada pelo acto, atribuindo para o efeito, competências ao MOPTC para declarar de "utilidade pública" com carácter de urgência da expropriação de toda a área designada por "salinas do Samouco" (Base XXVII n.º 1 e base LXVIII).

Ou seja, é o próprio diploma a assumir a "utilidade pública" da expropriação nomeadamente nos termos e para os efeitos do art.º 1.º do CE/91, que impõe, como requisito para a expropriação, a existência de uma causa de utilidade pública.

Derivando essa utilidade pública de norma legal que expressamente a preveja, o art.º 62.º n.º 2 da CRP não proíbe a expropriação dos bens dos recorrentes uma vez que essa expropriação se alicerçou na existência de uma causa de "utilidade pública".

É que o direito de propriedade, face ao disposto no art.º 62.º da CRP, não goza de protecção constitucional em termos absolutos, apenas estando garantido ao respectivo proprietário o direito de não ser arbitrariamente privado da propriedade bem como o direito de ser indemnizado em caso de desapropriação.

5.4 – Diga-se por fim que, no que respeita aos requerimentos e elementos referenciados nos pontos 3) e 3.1), estamos de acordo com o entendimento da Lusoponte (cf. ponto 3.3) quando se manifesta no sentido da total irrelevância, para efeitos de apreciação do presente recurso jurisdicional, dos elementos ou argumentos invocados pelos recorrentes em momento posterior à prolacção do acórdão recorrido, nomeadamente por a questão relacionada com o alegado direito de reversão – verificar se as parcelas expropriadas foram ou não aplicadas ao fim que determinou a expropriação – ser uma questão notoriamente distinta e autónoma da questão versada no presente recurso jurisdicional que se prende com a legalidade ou ilegalidade do acto que declarou a utilidade pública da expropriação.

Improcedem em conformidade todas as conclusões dos recorrentes e daí a improcedência do recurso jurisdicional.

6 – Termos em que ACORDAM:

a) Negar provimento ao recurso;

b) Custas pelos recorrentes, fixando a taxa de justiça e procuradoria respectivamente em: 400,00 e 200,00 Euros.

Lisboa, 6 de Março de 2007.

Edmundo António Vasco Moscoso (Relator)
Rosendo Dias José
Fernando Manuel Azevedo Moreira
Abel Ferreira Atanásio
Maria Angelina Domingues
Luís Pais Borges
José Manuel da Silva Santos Botelho
Jorge Manuel Lopes de Sousa
Alberto Acácio de Sá da Costa Reis

Recurso n.º 42940-20

POOC BURGAU-VILAMOURA. PROT ALGARVE. LICENCIAMENTO CONSTRUTIVO. DEMOLIÇÃO. PRINCÍPIO DA PROPORCIONALIDADE E IGUALDADE.

(Acórdão de 6 de Março de 2007)

SUMÁRIO:

I – O disposto no art.º 20, n.º 1, b), do Plano de Ordenamento da Orla Costeira (POOC) de Burgau-Vilamoura, e Regulamento anexo, publicado no DR, Série I-B, N.º 98/99, aprovado pela Resolução do Conselho de Ministros n.º 33/99, de 27 de Abril, que proibia absolutamente a edificação de *novas construções* nos *espaços naturais de arribas* não contraria o Plano Regional de Ordenamento do Território para o Algarve (PROT Algarve) aprovado pelo decreto Regulamentar n.º 11/91, de 21.3, que nenhuma estatuição continha sobre construção em arribas.

II – De acordo com o disposto com o art.º 103 do DL 380/88, de 22.9, "São nulos os actos praticados em violação de qualquer instrumento de gestão territorial aplicável".

III – O poder de demolição concedido pelo art.º 105 é um poder-dever porquanto a actuação do órgão administrativo assenta na nulidade de um acto.

IV – Com efeito, se o acto administrativo nulo "*não produz quaisquer efeitos jurídicos*" e se "*A nulidade é invocável a todo o tempo por qualquer interessado e pode ser declarada, também a todo o tempo, por qualquer órgão administrativo ou por qualquer tribunal*" (art.º 134, n.ºs 1 e 2 do CPA) é evidente que sobre ele não pode em princípio constituir-se qualquer relação jurídica ou mesmo qualquer situação de facto, sendo obrigação de todos, Administração em especial, determinar a sua erradicação da ordem jurídica.

V – Os princípios constitucionais da igualdade, da proporcionalidade, da justiça e da imparcialidade, funcionando como limite interno da discricionaridade, só têm autonomia e só relevam juridicamente no âmbito da actividade discricionária, consumindo-se na actividade vinculada no princípio da legalidade.

VI – No direito de propriedade constitucionalmente consagrado (art.º 62.º, n.º 1) não se tutela o *jus aedificandi*, um direito à edificação, como um elemento necessário e natural do direito fundiário.

ACORDAM NO PLENO DA SECÇÃO DE CONTENCIOSO ADMINISTRATIVO DO SUPREMO TRIBUNAL ADMINISTRATIVO:

I – RELATÓRIO

Alphine Creek Limited, com melhor identificação nos autos, vem recorrer do acórdão da 1.ª Subsecção deste tribunal, de 11.11.04, que negou provimento ao recurso contencioso que interpôs do despacho do **Secretário de Estado Adjunto e do Ordenamento do Território**, de 4.3.03, que determinou a demolição da sua moradia construída no lote n.° 78, na Praia da Falésia, Várzeas de Quarteira, Albufeira.

Terminou a sua alegação formulando as seguintes conclusões:

1. O acórdão recorrido deveria ter conhecido da alegação formulada pela ora recorrente de que a "licença de construção deveria ser considerada também válida ao abrigo do POOC Burgau Vilamoura (Resolução do Conselho de Ministros n.° 33/99, de 27 de Abril), se prevalecesse a interpretação das normas pertinentes deste (arts. 9.° 20.°, n.° 1 e 91.°) implicitamente sempre atribuída pela Câmara de Albufeira e em certo momento perfilhada (aparentemente) pela DRAOT".

2. O acórdão recorrido deveria ter reconhecido a existência de situações jurídicas tuteladas pelo direito através do instituto dos direitos adquiridos, reconhecendo, designadamente um direito adquirido à não alteração essencial das condições de licenciamento da construção, ou um direito adquirido à obtenção de uma licença de construção desde que respeitados os termos essenciais do quadro jurídico vigente à altura do loteamento.

3. Dos arts. 23.°, n.° 2, e 25.°, n.ºs 1 e 2, do Decreto-Lei n.° 390/99, de 22 de Setembro, resulta a regra da coordenação dos instrumentos de ordenamento do território, com prevalência de princípio dos planos regionais sobre os planos especiais, admitindo porém que estes possam excepcionalmente revogar ou alterar regras daqueles, *desde que o façam com indicação expressa.* Modo expresso esse que, no caso *sub judice,* não se verifica.

4. Se se entendesse que a lei aplicável (arts. 20.°, n.° 1, alínea b), do Regulamento do POOC, 91.° do mesmo POOC e, especialmente, 105.°, n.° 1, alínea b), do Decreto-Lei n.° 380/99, de 22 de Setembro), resulta inexoravelmente que a *única* decisão legalmente permitida é a ordem de demolição, essas normas, particularmente a última, violariam o princípio da proporcionalidade.

5. Porém, na melhor interpretação, o 105.°, n.° 1, alínea b), do Decreto-Lei n.° 380/99, de 22 de Setembro, não consagra um poder vinculado de demolição.

6. Sendo assim, o acto de demolição só poderia ser praticado se fosse proporcional, isto é se o fim não pudesse ser atingido através de meio menos gravoso. No caso vertente, havia alternativas menos gravosas, pelo que o acto administrativo de demolição viola o princípio da proporcionalidade.

7. O acto administrativo de demolição viola o princípio da igualdade (art.° 262.°, da CRP), uma vez que a autoridade administrativa deu ao imóvel e à situação da recorrente tratamento diferente do dado a outras situações idênticas na vizinhança.

8. As disposições habilitadoras do acto administrativo de demolição são inconstitucionais por violação dos arts. 2.°, 61.°, n.° 1, 62.°, n.° 1, al. b) e 165.°, n.° 1, al. b), da CRP.

Termos em que deve ser dado provimento ao presente recurso, revogando-se o acórdão recorrido e anulando-se o acto administrativo do Secretário de Estado Adjunto e do Ordenamento do Território, de 04.03.2003, que determinou a demolição da moradia da recorrente construída no Lote n.° 78, na Praia da Falésia, Várzeas de Quarteira, Albufeira.

A autoridade recorrida concluiu a sua contra-alegação referindo que "se apresenta de concluir no sentido da improcedência de todo o expendido nas alegações em resposta, designadamente o vertido em todas e cada uma das conclusões 1 a 8 a final das mesmas. Nestes termos, nos mais de direito, e com apelo ao Douto Suprimento de v. Exas. Mmos. Conselheiros, deve, pois, o presente recurso ser julgado improcedente por não provado e, em consequência, ser mantido, por válido e legal, o Douto Acórdão recorrido. recorrido. Assim se fará a costumada Justiça desse Supremo Tribunal."

O Magistrado do Ministério Público junto deste Tribunal manteve o seu anterior parecer com o seguinte teor:

"Alega a recorrente, no essencial, que os planos regionais de ordenamento do território prevalecem sobre os planos especiais, como são os POOC, daí resultando que no caso de contradição as normas e regras de uso e ocupação dos solos constantes dos primeiros é que deverão ser observados, devendo ser consideradas nulas as dos planos especiais "pelo efeito conjugado dos artigos 23.°, n.° 2, 25.°, n.° 2 e 102.°, n.° 11 do DL n.° 380/99, de 22 de Setembro", acrescentando ainda que acaso se entendesse que as normas do POOC derrogam as do PROT, as primeiras seriam "inconstitucionais por violação dos artigos 2.°, 61.°, n.° 1, 62.°, n.° 1 e 165.°, n.° 1, alínea b) da Constituição". Subscrevendo a argumentação expendida pela entidade recorrida, a meu ver, falece razão à recorrente quando defende que os planos especiais (POOC) se encontram em relação aos planos regionais (PROT) numa situação de inferioridade normativa. De facto, a estabelecer-se uma relação de hierarquia entre esses instrumentos de ordenamento territorial, ao invés, a prevalência tem de ser conferida aos planos especiais. A esse respeito, sem prejuízo de se me afigurar de acolher a argumentação aduzida pela entidade recorrida, sempre se acrescentará que a disciplina jurídica dos PROT aponta para a sua definição como instrumento essencialmente programático e normativo, em que avultam estatuições meramente indicativas, embora sem prejuízo de poderem conter disposições preceptíveis, imediatamente aplicáveis. e constringentes (acórdão de 21-6-00, rec. N.° 37.246), circunscrita ao âmbito regional, ao passo que os planos especiais se definem como instrumentos de concretização e desenvolvimento da política de ordenamento do território de âmbito nacional, estabelecendo "usos preferenciais, condicionados e interditos, determinados por critérios de conservação da natureza e da biodiversidade, por forma a compatibilizá-la com a fruição pelas populações" – cfr. artigos 2.°, 12.° e 23.° do DL n.° 380/99. Daí que, como alega a entidade recorrida, os planos regionais e especiais tenham níveis de incidência e objectivos próprios e distintos, sem prejuízo de dever ser assegurada a necessária compatibilização entre eles, a concretizar no que aos planos especiais respeita pelo dever de "indicar expressamente quais as normas daqueles (planos) que revogam ou alteram "artigos 23.°, n.° 2 e 25.°, n.° 2, ambos daquele último diploma. Como acentua a entidade recorrida, deste último normativo decorre – ao arrepio do que pretende a recorrente – a prevalência normativa dos planos especiais, sem que do eventual incumprimento da recomendação da indicação expressa das normas revogadas se possa concluir pela invalidação das normas inovatórias. Por outra parte, não se descortina em que medida as normas do POOC revistam uma dimensão violadora dos preceitos constitucionais que a recorrente invoca, sendo de realçar que no que tange ao direito de propriedade tão pouco a nossa lei fundamental tutela o direito à edificação, como elemento necessário e natural do direito fundiário – cfr. acórdão do Pleno da secção de 2-12-01, no recurso n.° 34.981. A entidade recorrida, portanto, ao fazer respeitar as normas do POOC que entendia violadas não incorreu em qualquer ilegalidade. Por último, denuncia a recorrente que a ordem de demolição emanada do despacho impugnado concretiza uma actuação injusta, desproporcionada e discriminatória em relação a outra situações vizinhas idênticas. Acontece que, como é pacífico, os princípios da igualdade, justiça e proporcionalidade que devem nortear a actuação da administração, apenas relevam, enquanto tais, no âmbito da actividade discricionária e não, como é o caso, da vinculada, hipótese em que esses princípios se confundem e são assegurados pela prossecução do princípio da legalidade. Daí que se imponha concluir pela não violação desses princípios. Termos em que, não se encontrando o despacho recorrido ferido dos vícios que a recorrente lhe aponta, se é de parecer que o recurso não mereça provimento."

Sem vistos, mas com distribuição prévia do projecto de acórdão, cumpre decidir.

II – FACTOS

Matéria de facto dada como assente na Subsecção:

1 – Por escritura de compra e venda de 16.01.98, lavrada no Décimo Segundo Cartório Notarial de Lisboa, foi adquirido pela recorrente um lote de terreno para construção, designado por "lote setenta e oito", sito em Várzeas de Quarteira, concelho de Albufeira (doc. de fls. 66 e segs., cujo conteúdo se dá por reproduzido);

2 – Este lote de terreno está integrado no loteamento licenciado pelo alvará n.° 6/86 da C. M. Albufeira, no qual ficou consignado que "*É autorizada a construção de moradias unifamiliares com o máximo de dois pisos, nos lotes... 74 a 80 inclusivé*" (doc. de fls. 70 e segs., cujo conteúdo se dá por reproduzido);

3 – Após a publicação do DL n.° 351/93, de 7 de Outubro, foi requerida a compatibilidade do referido alvará de loteamento com as regras de Uso, Ocupação e Transformação do Solo, constantes do PROTAL, aprovado pelo DR n.° 11/91, de 21 de Março;

4 – Este requerimento foi deferido por despacho do SEALOT, de 28.04.94, do seguinte teor: "*Declaro a COMPATIBILIDADE do Alvará acima referido com o Plano Regional de Ordenamento do Território do Algarve, aprovado pelo Decreto-Regulamentar n.° 11/91 de 21 de Março*", (doc. de fls. 88, cujo conteúdo se dá por reproduzido);

5 – Por Resolução do Conselho de Ministros n.° 33/99, de 27 de Abril, foi aprovado o Plano de Ordenamento da Orla Costeira (POOC) de Burgau-Vilamoura, e Regulamento anexo, publicado no DR, Série I-B, N.° 98/99 (doc. de fls. 89 e segs., cujo conteúdo se dá por reproduzido);

6 – Em 05.08.99, a recorrente apresentou na C. M. Albufeira um pedido de licenciamento de obras de construção de uma moradia unifamiliar, piscina e muro de vedação, para o referido lote n.° 78, em Várzeas de Quarteira, Albufeira;

7 – Este pedido veio a ser deferido por deliberação camarária de 24.10.2000 (doc. de fls. 112 e segs., cujo conteúdo se dá por reproduzido);

8 – Tendo sido emitido, a 08.03.2001, o competente alvará de licença de construção n.° 102/2001 (doc. de fls. 117, cujo conteúdo se dá por reproduzido);

9 – Em 01.06.2001, na sequência de acção de fiscalização, a Direcção Regional do Ambiente e do Ordenamento do Território (DRAOT) do Algarve questionou a C. M. Albufeira sobre o indicado licenciamento, chamando a atenção para as disposições do Regulamento do POOC de Burgau-Vilamoura relativas à construção na faixa de protecção à arriba;

10 – Após reunião com a DRAOT, a C. M. Albufeira, por ofício de 19.09.2001, comunicou à recorrente que, por deliberação tomada em reunião de 04.09.2001, foi determinada "*a suspensão das obras em curso, concedendo-se aos titulares um prazo de* 90 *dias para apresentação de um estudo geológico em satisfação do estabelecido no POOC*" (doc. de fls. 118, cujo conteúdo se dá por reproduzido);

11 – Apresentado esse estudo geológico, a C. M. Albufeira, por ofício de 22.11.2001, informou a recorrente de que, em reunião de 20.11.2001, foi "*deliberado autorizar a continuação dos trabalhos tendo em conta as conclusões constantes dos referidos estudos geológicos apresentados, e ainda que, nos termos do disposto no art.* 91.° *do Regulamento do POOC, as obras em causa estão previstas no alvará de loteamento que se encontra em vigor, é anterior à data de entrada em vigor daquele plano, e viu declarada a sua compatibilidade com as regras do PROTAL*" (doc. de fls. 120, cujo conteúdo se dá por reproduzido);

12 – Concluída a obra, foi emitido, a 11.09.2002, o respectivo alvará de licença de utilização n.° 300/2002 (doc. de fls. 121, cujo conteúdo se dá por reproduzido);

13 – Entretanto, e a propósito de proposta da DRAOT no sentido da demolição da referida construção (por o estudo padecer de "*superficialidade de análise, não sendo adequado aos problemas em causa*"), foi elaborada no Gabinete do SEAOT a Informação n.° 176/2002, na qual se conclui do seguinte modo: *«ASSUNTO: Construções na faixa de risco das arribas da Praia da Falésia, nas Várzeas de Quarteira (Albufeira)(...) Em face do exposto, conclui-se:*

a) A Câmara Municipal de Albufeira licenciou, em 8 de Março de 2001, *a construção de uma moradia em zona classificada pelo POOC Burgau-Vilamoura, aprovado pela Resolução do Conselho de Ministros n.°* 33/99, *de 27 de Outubro, como espaço natural de arribas, e na qual o artigo 20.° n.°* 1, *alínea b), do Regulamento do referido Plano proíbe novas construções;*

b) O acto de licenciamento praticado pela C. M. de Albufeira é nulo, por violação do disposto no artigo 103.° do Decreto-Lei n.° 380/99, *de 22 de Setembro;*

c) Da nulidade do acto de licenciamento municipal decorre a possibilidade de embargo dos trabalhos e de demolição das obras;

d) A ordem de demolição das obras tem de ser antecedida de audiência prévia dos interessados;

e) A salvaguarda dos direitos adquiridos afirmada pelo artigo 91.° do POOC não pode levar a considerar, numa interpretação contrária à lei, que seria possível o licenciamento de construções em desconformidade com o POOC, devido à afirmada existência de um alvará de loteamento – que integra a área em questão – anterior à entrada em vigor daquele instrumento de planeamento territorial.

f) Da nulidade da licença municipal pode decorrer para o Município de Albufeira a obrigação de pagamento de uma indemnização ao proprietário da moradia em construção, nos termos gerais da responsabilidade civil da Administração por facto ilícito.

g) O eventual direito a indemnização do proprietário do Lote 78 pela perda do jus *aedificandi decorrente da entrada em vigor do POOC Burgau-Vilamoura caducou em Maio do corrente ano.*

h) A confirmar-se a inserção dos restantes lotes referenciados pela DRAOT – Algarve também em espaço natural de arribas, a C. M. de Albufeira não poderá licenciar quaisquer novas construções nesses lotes, e as licenças eventualmente concedidas depois da entrada em vigor do POOC Burgau-Vilamoura serão nulas.

Propõe-se que:

a) Seja ordenada a demolição da moradia construída no Lote 78, *nos termos do artigo 105.° n.° 1, alínea b), do Decreto-Lei n.° 380/99, de 22 de Setembro, sendo para tal efeito fixado um prazo para cumprimento voluntário pelo proprietário, que se propõe que seja de 120 dias;*

b) A merecer concordância superior a proposta contida na alínea anterior, a decisão final de S. Exa. o Secretário de Estado Adjunto e do Ordenamento do Território terá de ser precedida de audiência do proprietário do Lote 78, para que se possa pronunciar, por escrito, num prazo de 15 dias, sobre o sentido provável daquela decisão final, conforme previsto no artigo 100.° n.° 1, do Código do Procedimento Administrativo. (doc. fls. 52 e segs., cujo conteúdo se dá por reproduzido)

14 – Sobre a Informação n.° 127/2003, elaborada após audiência prévia da interessada, proferiu o Secretário de Estado Adjunto e do Ordenamento do Território o despacho objecto do presente recurso, do seguinte teor:

"Como se conclui na presente informação, em audiência prévia a interessada nada trouxe de novo ou de relevante ao procedimento. Estando demonstrada a violação do artigo 20.° n.° 1 *al. b) do Regulamento do POOC Burgau-Vilamoura, ao abrigo do disposto no artigo 105.° n.°* 1 *al. b) do DL n.°* 380/99, *de 22 de Setembro e no exercício da competência em mim delegada por S. Exa. o MCOTA pelo Despacho n.°* 15790/2002 *e com os fundamentos na presente e na Informação n.°* 176/2002 *do meu Gabinete, determino a demolição da moradia construída no lote* 78, *na Praia da Falésia, em Várzeas de Quarteira, Albufeira, fixando para o efeito o prazo mínimo de 120 dias contados da notificação. Comunique-se.* (docs. de fls. 51 e 63, cujo conteúdo se dá por reproduzido)

III – DIREITO

1. Relembremos, em primeiro lugar, a matéria de facto mais relevante. Por Resolução do Conselho de Ministros **n.° 33/99, de 27 de Abril**, foi aprovado o Plano de Ordenamento da Orla Costeira (POOC) de Burgau-Vilamoura, e Regulamento anexo, publicado no DR, Série I-B, N.° 98/99 (**ponto 5** dos factos provados); nesse momento a recorrente era proprietária de um lote de terreno (78) em Quarteira, concelho de Albufeira, integrado no loteamento licenciado pelo alvará n.° 6/86 da C. M. Albufeira, que lhe permitia *a construção de moradia unifamiliar com o máximo de dois pisos*, com declaração de compatibilidade, nos termos do DL 351/93, de 7.10, com as regras de Uso, Ocupação e Transformação do Solo, constantes do PROTAL, aprovado pelo DR n.° **11/91, de 21 de Março** (**pontos 1 a 4**); o pedido de licenciamento nesse lote foi deferido por deliberação camarária de **24.10.00**, com alvará emitido a 8.3.01 (**pontos 6 a 8**); concluída a obra, foi emitido, a 11.9.02, o respectivo alvará de licença de utilização n.° 300/2002 (**ponto 12**); após vicissitudes várias e na sequência da apresentação de uma proposta nesse sentido (tendo como fundamento as disposições do Regulamento do POOC de Burgau-Vilamoura aprovado pela Resolução do Conselho de Ministros n.° 33/99, de 27 de Abril, e a inserção do referido lote no espaço natural de arribas, no qual o art.° 20.° n.° 1, alínea b), do Regulamento do referido Plano proíbe novas construções) pelo despacho recorrido foi ordenada a demolição do construído (**pontos 9 a 11, 13 e 14**).

2. Vejamos. As oito conclusões da alegação da recorrente podem agrupar-se da seguinte forma: conclusões 1 a 3 (relação hierárquica entre o POOC Burgau-Vilamoura e o PROT Algarve; eventual existência de direitos adquiridos), 4 a 7 (violação dos princípios da proporcionalidade e da igualdade) e 8 (inconstitucionalidade das disposições habilitadoras do acto administrativo de demolição por violação dos arts. 2.°, 61.°, n.° 1, 62.°, n.° 1, al. b) e 165.°, n.° 1, al. b), da CRP).

3. A primeira questão que importa analisar tem a ver com a hierarquização dos planos de ordenamento do território que abarcam o lote da recorrente e a sua repercussão no acto de licenciamento. O diploma legal que na altura regulava o licenciamento construtivo era o DL 445/ /91, de 20.11, com as alterações introduzidas pelo DL 250/94, de 15.10. Os planos que abrangiam a parcela, e que estavam em vigor no momento do licenciamento, eram o Plano Regional de Ordenamento do Território para o Algarve (PROT Algarve) aprovado pelo decreto Regulamentar n.° 11/91, de 21.3 e o Plano de Ordenamento da Orla Costeira de Burgau-Vilamoura (POOC Burgau-Vilamoura), aprovado pela Resolução do Conselho de Ministros n.° 33/99, publicada no DR, Série I-B, n.° 98/99, de 27.4.99. Relembre-se, como decorre do ponto 7 dos factos provados, que o licenciamento da construção no lote da recorrente foi concedido por deliberação camarária de 24.10.00 e que a declaração de nulidade desse despacho (de acordo com o disposto no art.° 103 do DL 380/99, de 22.9, *"São nulos os actos praticados em violação de qualquer instrumento de gestão territorial aplicável"*) e consequente ordem de demolição foi determinada pelo despacho contenciosamente recorrido do Secretário de Estado Adjunto e do Ordenamento do Território com fundamento na violação do art.° 20, n.° 1, al. b), do Regulamento do POOC Burgau-Vilamoura e ao abrigo do disposto no art.° 105, n.° 1, al. b), do citado DL 380/99. Este preceito consagra, justamente, a possibilidade de demolição quando as obras efectuadas *"violem plano especial de ordenamento do território"*. Relembre-se, igualmente, que o DL 380/99, emitido na sequência da Lei n.° 48/98, de 11.8, que fixou as bases da política de ordenamento do território e de urbanismo, veio desenvolver essas bases, *"definindo o regime de ordenamento dos âmbitos nacional, regional e municipal do sistema de gestão territorial, o regime geral de uso de solo e o regime de elaboração, aprovação, execução e avaliação dos instrumentos de gestão territorial"* (art.° 1).

Uma palavra se impõe, todavia, antes de mais, sobre os hipotéticos direitos adquiridos pela recorrente. Sobre esse aspecto no acórdão recorrido escreveu-se que "A simples existência do loteamento, bem como a declaração da sua compatibilidade com o PROTAL, não lhe confere, sem mais, um direito adquirido à construção, pois que o licenciamento da construção está dependente, não só da conformação com as prescrições do respectivo alvará, como também, e entre outras coisas, das imposições decorrentes dos instrumentos de planeamento territorial em vigor à data da respectiva aprovação. É, desde logo, o que resulta do disposto no art. 63.º, n.º 1, al. a) do DL n.º 445/91, de 20 de Novembro – *Regime de Licenciamento de Obras Particulares* (quer na versão original, quer na do DL n.º 250/94, de 15 de Outubro), que dispõe: "O pedido de licenciamento é indeferido com base em ...desconformidade com alvará de loteamento ou com instrumento de planeamento territorial, válidos nos termos da lei". É assim seguro que o facto de a recorrente ser titular de um lote de terreno integrado num loteamento aprovado e declarado compatível com o PROTAL, não lhe confere, sem mais, um "direito adquirido" a construir nesse lote, não podendo o respectivo licenciamento de construção, sob pena de nulidade, violar normas impositivas inseridas em plano especial de ordenamento (como é o POOC) posteriormente publicado e em vigor à data desse licenciamento." Dir-se-á, desde já, que este trecho é para confirmar integralmente. Com efeito, toda a regulamentação referente a ordenamento do território é dinâmica tendo que se conformar com as novas concepções que a evolução da vida em sociedade vai impondo. Nessa medida, quer sob o ponto de vista científico quer sob o ponto de vista social há uma busca permanente visando descobrir as melhores formas de garantir a vida dos seres humanos na mais completa harmonia possível com a natureza. Essas novas concepções vão sendo plasmadas na lei, nas diversas leis, sempre no sentido de procurar evitar cometer alguns dos erros que se cometeram no passado, de modo que só é possível falar em estabilidade definitiva nesta área em casos muito excepcionais que terão de resultar inequivocamente da lei. No caso dos autos a recorrente era proprietária de um lote de terreno para construção inserido num loteamento devidamente licenciado (alvará 6/86 da C. M. de Albufeira). Essa circunstância não lhe conferia nenhum direito a construir o que quisesse nesse lote, já que as regras atinentes à construção e aos respectivos condicionalismos estavam definidas num outro diploma legal, que, na altura da passagem do alvará, era o DL 166/70, de 15.4. Portanto, o que a recorrente possuía era, apenas, uma expectativa legítima de que naquele lote poderia construir uma moradia com as especificações referidas no alvará de loteamento, **mas**, sempre subordinada às normas atinentes ao licenciamento da construção que estivessem em vigor no momento em que requeresse (e lhe fosse concedido) o respectivo licenciamento (no caso o alvará de loteamento era de 1986 e o pedido de licenciamento construtivo entrou na Câmara em 5.8.99, isto é, cerca de 13 anos depois, quando o quadro legal era outro). Mas, para além disso, no caso dos autos, com a entrada em vigor do PROT Algarve, aprovado pelo Decreto Regulamentar n.º 11/91, de 21.3, **ainda** foi necessário conseguir uma certidão de conformidade entre o alvará de loteamento e o referido PROT, **uma exigência suplementar** ditada pelo DL 351/ /93, de 7.10. Esta exigência, só por si, já demonstra que o alvará de loteamento não concedia nenhum direito definitivo a construir no referido lote, não fazendo qualquer sentido falar-se em direitos adquiridos decorrentes daquele alvará. Para alguns, só poderia falar-se em direitos adquiridos a edificar determinada construção quando a dita construção estivesse **validamente** licenciada. Diz-se para alguns, uma vez que o Pleno desta Secção já decidiu que, mesmo nessas circunstâncias, com licenciamento construtivo concedido, os direitos resultantes do licenciamento deveriam ceder perante o novo interesse geral plasmado em plano de ordenamento do território que o contrariasse. Como se vê do sumário do acórdão do Pleno de 31.3.04, proferido no recurso 35338, "Não se traduzindo o licenciamento na concessão de um direito eterno a ser concretizado no momento escolhido pelo seu titular, nada impede que o legislador, tendo em vista a defesa de interesses públicos relevantes, venha dispor de modo diferente em legislação posterior e que das novas disposições resulte a inviabilidade da realização dos direitos decorrentes do licenciamento". Contudo, neste caso, o pedido de licenciamento construtivo (5.8.99) e o seu deferimento (24.10.00) são posteriores ao início e vigência do POOC (27.4.99) que serviu de suporte jurídico ao acto impugnado.

Regressemos à questão da hierarquia entre o PROT Algarve e o POOC Burgau-Vilamoura. O acórdão em apreciação entendeu, com a autoridade recorrida, que a ilegalidade do licenciamento concedido assentava no disposto nos arts. 19 e 20, essencialmente no art.º 20, n.º 1, b), do POOC **que proibia absolutamente a edificação de *novas construções* nos *espaços naturais de arribas***. Ora, para que fosse necessário estabelecer uma hierarquia entre o PROT e POOC era imprescindível que entre eles, naquele estrito ponto, ocorresse alguma incompatibilidade que brigasse com a sua aplicação simultânea. Essa incompatibilidade não se vê que exista, nem, de resto, a recorrente aponta de forma inequívoca qualquer contradição. E sendo assim, também não se vê como é que o POOC podia revogar, ou alterar, inexistentes normas do PROT para se dar cumprimento, como pretendia a recorrente, ao que se dispõe no art.º 25, n.º 2, do DL 380/99, de 22.9, (posterior a qualquer daqueles planos de ordenamento), onde se diz que "*Quando procedam à alteração de plano especial anterior, ou contrariem plano sectorial ou regional de ordenamento do território preexistente, os planos especiais devem indicar expressamente quais as normas daqueles que revogam ou alteram*". Aliás, se lermos o PROT logo constatamos que nele se não diz uma palavra sequer sobre edificações em arribas. De resto, isto mesmo é ostensivamente afirmado no acórdão recorrido, como argumento subsidiário, quando ali se refere que "Há pois que concluir, inequivocamente, pela prevalência normativa do plano especial, no caso um plano de ordenamento da orla costeira, relativamente ao plano regional, **que nenhuma disciplina específica contém sobre a protecção do espaço natural das arribas, pelo que sempre se poderia afirmar que a referida construção não era formalmente permitida pelo PROTAL, mas apenas (o que é coisa algo diversa) que não era por ele proibida *apenas por ausência de regulamentação específica da matéria naquele plano regional***, dados o âmbito e os objectivos distintos que presidem a um e outro dos instrumentos de planeamento territorial." Temos, portanto, que neste ponto o POOC emitiu normas sobre matéria que não estava até aí regulada, e assim, perfeitamente aberta a esse vazio normativo. Não estando em confronto neste aspecto, o único que releva no contexto do recurso, não há que proceder à hierarquização desses planos. E sendo assim, aquela norma do POOC era válida de modo que qualquer licenciamento que haja sido concedido em desconformidade com ela é ilegal padecendo de nulidade nos termos do art.° 103 do DL 380/99 (e, também, por força dos arts. 52, n.° 2, b) e 63.°, n.° 1, al. a) do DL 445/91, de 20.11). Uma nota ainda sobre este ponto. É patente que, quando o art.° 91 do POOC dispõe que as suas disposições "*não põem em causa direitos adquiridos à data da sua entrada em vigor*" está a reportar-se, como é evidente, a direitos legalmente adquiridos, direitos consolidados pelo deferimento de um licenciamento respeitador de todas as normas legais em vigor. Antes disso não há que falar em direitos adquiridos. Acresce, agora sim para terminar, que o legislador do PROT Algarve sabedor da necessidade de compatibilizar os diversos planos, referiu, no respectivo Preâmbulo: "*optou-se pelo estabelecimento de uma relação de equilíbrio útil que assegure o respeito e a obediência aos valores e princípios fundamentais consagrados no PROT Algarve e, ao mesmo tempo, garanta uma margem de acção suficiente e* ***necessária para que nos demais planos, programas e projectos se tomem as opções e se determinem as acções que melhor resposta dêem aos objectivos próprios e específicos tratados nesses instrumentos***". Observe-se que este PROT foi emitido no quadro do DL 176-A/88, de 18.5, portanto, quando ainda não vigorava o DL 380/99, mas, ainda assim previu como possível que outros planos houvesse, de índole mais particularizada, aos quais caberia tomar as opções e determinar as acções "*que melhor resposta dêem aos objectivos próprios e específicos tratados nesses instrumentos*", o que veio a suceder, posteriormente, entre outros, com os POOC, designadamente com o de Burgau-Vilamoura. Portanto, mesmo no quadro legal em que foi emitido o PROT Algarve, era possível compatibilizar os diversos planos, deixando a um os aspectos mais genéricos e a outro os pontos mais específicos. O que desde logo deixa subentendida a natureza genérica de um e natureza especial de outro com as consequências conhecidas de que em caso de dúvida a lei especial prevalece sobre a lei geral. (art.° 7, n.° 3, do CC). Se o quadro legal fosse o do DL 380/99, e se ocorresse incompatibilidade no ponto em questão, que não se concede existir, ainda assim a solução seria idêntica, como resulta da exposição efectuada no acórdão recorrido a que se aderiria sem quaisquer reticências.

4. Vejamos, agora, a violação dos princípios da proporcionalidade e da igualdade. Pretende a recorrente que, na medida em que o acto recorrido fundou a ordem de demolição no disposto no art.° 105, n.° 1, c), do DL 380/99, e de ali se dizer que "*pode ser determinado o embargo de trabalhos ou a demolição de obras*" (possibilidade também conferida pelo art.° 58, n.° 2 do DL 445/ /91) se está a consagrar a utilização de um poder discricionário, por isso, sem vinculação legal, o que afastaria os fundamentos do acórdão recorrido que partiram do pressuposto de que o poder era vinculado e, portanto, de que os princípios referidos estavam consumidos pelo princípio subjacente às normas aplicadas, o princípio da legalidade. É certo que o vocábulo *pode* aparentemente está a conceder ao utilizador do poder pelo menos uma alternativa, de agir ou não agir, e dentro desta a permitir-lhe uma graduação no tipo de intervenção. Só que, não é sempre assim. Casos há em que, pelos diversos condicionalismos que envolvem o exercício desse poder, não pode deixar de concluir-se de que se trata de um verdadeiro poder-dever, uma verdadeira imposição legal. Veja-se, como meros exemplos, o disposto no art.° 40 da LPTA (Acórdãos STA de 13.5.04 no recurso 186/04 e de 15.5.97 no recurso 40642), no art.° 10 do RGEU (acórdão de 10.2.04 no recurso 41375) ou no art.° 89, n.° 1, do DL 46/94, de 22.2 (acórdão de 23.3.99 no recurso 42364). E uma outra dessas situações é sempre, seguramente, aquela em que a actuação do órgão administrativo assenta na nulidade de um acto. Pois se o acto administrativo nulo "*não produz quaisquer efeitos jurídicos*" e se "*A nulidade é invocável a todo o tempo por qualquer interessado e pode*[1] *ser declarada, também a todo o tempo, por qualquer órgão administrativo ou por qualquer tribunal*" (art.° 134, n.os 1 e 2 do CPA) é evidente que sobre ele não pode constituir-se qualquer relação jurídica ou mesmo qualquer situação de facto, sendo obrigação de todos, Administração em especial, determinar a sua erradicação da ordem jurídica. Portanto, no caso em apreço, sendo nulo o licenciamento construtivo (art.° 103 do DL 380/99), como se viu, o poder concedido pelo art.° 105, n.° 1, é um poder vinculado, um poder-dever. E sendo assim, a ordem de demolição foi ditada por um imperativo legal. Este conjunto de considerações é válido para a violação de qualquer dos princípios constitucionais invocados – proporcionalidade e igualdade. Quanto a este, se outras construções foram licenciadas sem reacção administrativa, o que se desconhece em absoluto pois ignoram-se todos os aspectos factuais que os envolveram, dir-se-á que não está consagrado constitucionalmente o princípio à igualdade na ilegalidade (como seria o caso se, não obstante o seu licenciamento ser nulo, a sua situação fosse tratada como outras situações exactamente iguais, mas cujos licenciamentos a Administração, indevidamente, não considerou nulos) e, ainda, que sendo os respectivos actos nulos qualquer interessado pode questioná-los a todo o tempo junto da Administração ou dos Tribunais com as legais consequências.

5. Vejamos, finalmente, a invocada inconstitucionalidade das disposições habilitadoras do acto administrativo de demolição por violação dos arts. 2, 61, n.° 1, 62, n.° 1, e 165, n.° 1, al. b), da CRP. Relembremos que, sendo o quadro jurídico o que se deixou apontado, estamos perante uma ordem de demolição de obra construída em desrespeito frontal a um plano especial de ordenamento do território, o POOC Burgau-Vilamoura, e portanto, com fundamento na nulidade do acto de licenciamento. O art.° 2 define o Estado de direito democrático, o art.° 61, n.° 2, consagra a liberdade de iniciativa económica privada, o art.° 62, n.° 1, consagra o direito à propriedade privada e, finalmente, o art.° 165, n.° 1, b) atribui competência exclusiva à Assembleia da República para legislar sobre direitos, liberdades e garantias. O sentido da decisão recorrida, que ora se reafirma, no contexto do presente recurso é o único que resulta da aplicação em concreto dos princípios enunciados no citado art.° 2, garantia de todos os direitos dos intervenientes, separação de poderes e respeito pelas normas emitidas pelos órgãos com-

[1] Também aqui um poder-dever.

petentes para as emanarem. Não transparece de nada do que se decidiu a mínima lesão de qualquer direito que conforme o livre exercício da actividade privada (no sentido comum de liberdade de agir no campo económico com vista à obtenção de lucro). O que resta de substancial desta alegação prende-se com os contornos do *jus aedificandi.*

A constatação de que o *jus aedificandi* não integra o conteúdo essencial do direito de propriedade, constatação repetidamente afirmada pela jurisprudência deste Tribunal e do Tribunal Constitucional, tem-se como inquestionável. Com efeito, se assim não fosse, isto é, se esse direito integrasse o núcleo do direito de propriedade, qualquer cidadão poderia edificar o que quisesse, como quisesse, quando quisesse bastando que o fizesse em parcela sua, o que não seria aceitável nos padrões civilizacionais actuais. O que a consagração constitucional do direito de propriedade visa é, por contraposição aos sistemas políticos em que essa propriedade inexiste, **afirmar** que é garantido aos cidadãos, a todos os cidadãos, o acesso à apropriação privada de quaisquer bens móveis e imóveis (nem todos, pois alguns há que são insusceptíveis de apropriação privada). Todavia, como é sabido, qualquer direito com protecção constitucional pode ser comprimido (observe-se que a primeira restrição consta do próprio n.º 1, pois a protecção é concedida *nos termos da Constituição*, e também do n.º 2 que logo prevê a *requisição* e a *expropriação*) e essa compressão impõe-se pelo facto de vivermos em comunidade e de termos de fazer a compatibilização dos direitos individuais de todos os sujeitos que a integram. A utilização irrestrita dos direitos individuais inviabilizaria a vida em sociedade como hoje a conhecemos. Como resulta de tudo o que ficou dito atrás, nos pontos anteriores, e que a recorrente na verdade reconhece tanto que requereu o necessário licenciamento e respeitou as imposições que lhe foram sendo impostas e não se abalançou a construir sem qualquer subordinação às regras vigentes, a área do urbanismo é uma daquelas em que o interesse público mais releva, relevância que se tem acentuado a ritmo acelerado nos últimos anos, e onde essa compressão do direito de propriedade se mostra mais visível. Veja-se a proliferação dos diversos planos gerais e especiais, os PDM, as medidas provisórias, a rede natura, a reserva ecológica, a reserva agrícola, etc, etc, etc., instrumentos sempre acompanhados de inúmeras restrições construtivas. De resto, isto mesmo é afirmado por Gomes Canotilho e Vital Moreira, in "Constituição da República Portuguesa Anotada", 3.ª edição, 1993, 333, "Limites particularmente intensos a este aspecto do direito de propriedade são os que ocorrem no domínio urbanístico e do ordenamento do Território, a ponto de se questionar se o direito de propriedade inclui o direito de construir – jus aedificandi – ou se este radica antes no acto administrativo autorizativo (licença de construção)". No sentido de que o "*jus aedificandi* não possui tutela directa no direito (constitucional) de propriedade" podem ver-se, entre outros, os acórdãos do TC de 1.6.88 no P. 88-0013, de 18.11.87 no P. 87-0010, de 13.4.94 no P. 93-0002, de 10.12.86 no P. 84-0111, de 29.6.88 no P. 88-0003 e de 28.10.93 no P. 92-0397. No sentido de que "O *jus aedificandi* não se inclui no direito de propriedade privada, a que se refere o art.º 62 da CRP, sendo antes o resultado de uma atribuição jurídica decorrente do ordenamento jurídico urbanístico pelo qual é modelado, só podendo ser exercido se se contiver dentro dos limites de tal modelação e respeitar as restrições por ela impostas, que em nada contende com a matéria relativa à iniciativa económica privada e ao seu livre exercício, consagrado no n.º 1 do art.º 61 da CRP" podem ver-se os acórdãos STA de 11.1.05 no recurso 560/04, de 18.5.04 no recurso 167/05, de 14.3.06 no recurso 762/05, de 14.12.05 no recurso 807/05, de 14.12.05 no recurso 883/03 e de 19.10.05 no recurso 767/05, entre muitos outros.

Não integrando o *jus aedificandi* o núcleo do direito de propriedade também se não integra na protecção que a Constituição concede a esse direito quando lhe manda aplicar o regime dos direitos liberdades e garantias por considerar o direito de propriedade como direito análogo aos direitos fundamentais (art.º 17). Nessa vertente, só tem natureza análoga a garantia de acesso à apropriação privada de quaisquer bens, no dizer do acórdão STA de 2.7.96 proferido no recurso 32.459, "*O direito de propriedade só tem natureza análoga aos direitos fundamentais, nos termos previstos no art. 62.º, 1 da Constituição da República Portuguesa, enquanto categoria abstracta, entendido como direito à propriedade, ou seja, como susceptibilidade ou capacidade de aquisição de coisas e bens e à sua livre fruição e disponibilidade, e não como direito subjectivo de propriedade, isto é, como poder directo, imediato e exclusivo sobre concretos e determinados bens.*"

O Diploma legal que incluía a norma a coberto da qual foi ordenada a demolição do construído em desconformidade com o quadro legal aplicável (art.º 105, n.º 1, b), do DL 380/99, de 22.9), por violação frontal de um POOC, não afrontava esse núcleo essencial do direito de propriedade de modo que também se não incluía na reserva relativa de competência da Assembleia da república, nos termos do art.º 165, n.º 1, a) da CRP, que assim, também não foi violada. De resto, o DL 380/99 foi ele mesmo emitido "No desenvolvimento do regime jurídico estabelecido pela Lei n.º 48/98, de 11 de Agosto ...", que assim seria a base habilitadora, o que só por si afastaria a apontada inconstitucionalidade.

Improcedem, pois, todas as conclusões da alegação da recorrente

IV – DECISÃO

Nos termos e com os fundamentos expostos acordam em negar provimento ao recurso assim se confirmando o acórdão recorrido.

Custas a cargo da recorrente, fixando-se a Taxa de Justiça e a Procuradoria em, respectivamente, 490 e 245 euros.

Lisboa, 6 de Março de 2007.

Rui Botelho (Relator)
Azevedo Moreira
Rosendo José
Santos Botelho
Angelina Domingues
Pais Borges
Jorge de Sousa
Costa Reis
Adérito Santos

Recurso n.º 873/03-20

RECURSO PARA UNIFORMIZAÇÃO DA JURISPRUDÊNCIA. CARREIRAS HORIZONTAIS E VERTICAIS. CARÁCTER NÃO TAXATIVO DO ART.º 38.º DO DL N.º 247/87, DE 17.6.

(Acórdão de 17 de Janeiro de 2007)

SUMÁRIO:

I – O recurso para uniformização de jurisprudência previsto no art.º 152.º do CPTA, tal como acontecia com o anterior recurso por oposição de julgados, tem como pressupostos, a existência de *contradição* entre dois acórdãos de tribunais superiores (*i*), relativamente à *mesma questão fundamental de direito* (*ii*), tendo por base *situações de facto idênticas* (*iii*), sem que tenha ocorrido alteração substancial da regulamentação jurídica aplicável (*iv*).

II – Além dos pressupostos referidos em I, exige-se, hoje, ainda o trânsito em julgado de *ambos* os acórdãos em confronto (*v*) e que a orientação perfilhada no acórdão impugnado *não esteja de acordo com a jurisprudência mais recentemente consolidada do Supremo Tribunal Administrativo* (*vi*).

III – *Carreiras verticais* são aquelas que integram categorias com o mesmo conteúdo funcional, diferenciadas em exigências, complexidade e responsabilidade e *carreiras horizontais* são aquelas que integram categorias com o mesmo conteúdo funcional e cuja mudança de categoria corresponde apenas à maior eficiência na execução das respectivas tarefas (art.º 5.º DL 248/85, de 15.07).

IV – O art.º 38.º, n.º 1 do DL 47/87, de 17.06 contém uma enumeração *meramente exemplificativa* das carreiras horizontais.

V – As carreiras uni-categoriais, como é o caso, dos "*tractoristas*", "*condutor de máquinas pesadas e veículos especiais*", "*motorista de pesados*" e "*encarregado de brigada dos serviços de limpeza*", esta última, por equiparação, são carreiras horizontais.

ACORDAM, EM CONFERÊNCIA, OS JUÍZES DA SECÇÃO DE CONTENCIOSO ADMINISTRATIVO DO SUPREMO TRIBUNAL ADMINISTRATIVO:

I – RELATÓRIO

O SINDICATO DOS TRABALHADORES DA ADMINISTRAÇÃO LOCAL (STAL) instaurou no Tribunal Administrativo e Fiscal do Porto, *acção administrativa especial* contra o MUNICÍPIO DE GONDOMAR, pedindo a condenação do Réu a: *(a)* reconhecer como verticais as carreiras dos representados pelo Autor, de "tractorista", "condutor de máquinas pesadas e veículos especiais", "motorista de pesados" e "encarregado de brigada dos serviços de limpeza", *(b)* emitir decisão, através dos seus órgãos, de reconhecimento de tal direito e *(c)* proceder às correcções na sua progressão nas carreiras supra citadas, com subida de escalão de três em três anos.

A acção foi julgada procedente por acórdão do referido Tribunal, proferido em 18.03.2005 (cf. fls. 59 e segs).

Do referido acórdão foi interposto recurso pelo Município de Gondomar, para o Tribunal Central Administrativo Norte, o qual foi provido e, em consequência, revogado o acórdão do TAF, negando-se provimento à acção administrativa especial interposta pelo STAL, por acórdão de 11.05.2006 (cf. fls.134 e segs).

Não se conformando com este acórdão do TCA Norte, o Autor interpôs o presente *recurso jurisdicional para o Tribunal Pleno da 1ª Secção do STA, para uniformização de jurisprudência, nos termos do art.º 152.º do CPTA*, por considerar que existe contradição entre o acórdão recorrido e o acórdão do TCA Sul proferido em 20.04.2006, no P. n.º 01013/05, sobre a mesma questão fundamental de direito (cf. fls.161 e segs).

Nas suas alegações, o Autor, ora recorrente, formula as seguintes CONCLUSÕES:

1) A questão fundamental de direito *sub judice* radica-se em saber se a enumeração contida no art.º 38.º do DL 247/87, de 17.06 é ou não taxativa.

2) O douto acórdão recorrido decidiu a sua não taxatividade, mas tão só o seu carácter meramente exemplificativo.

3) O douto acórdão fundamento, pelo contrário, decidiu a taxatividade.

4) Salvo melhor opinião de Vossas Excelências, o douto acórdão recorrido violou aquele supra referido normativo, considerando que não permite ele a qualificação de outras carreiras como horizontais para além da extensa enumeração que contém.

* * * *

Não houve contra-alegações.

Após vista simultânea aos Exmos Juízes Adjuntos, cabe agora decidir.

II – FUNDAMENTAÇÃO

1. Comecemos pela *apreciação da invocada contradição de julgados*, questão necessariamente prévia, porque da sua existência depende o conhecimento da *questão fundamental de direito* sobre a qual se pretende a uniformização de jurisprudência.

Nos termos do art.º 152.º do CPTA, «*as partes e o Ministério Público podem dirigir ao Supremo Tribunal Administrativo, no prazo de 30 dias contados do trânsito em julgado do acórdão impugnado, pedido de admissão de recurso para uniformização de jurisprudência, quando, sobre a mesma questão fundamental de direito, exista contradição.*»

Este recurso para uniformização de jurisprudência veio substituir o antigo *recurso por oposição de julgados* previsto nos revogados art.º 763.º e seguintes do CPC e que supunha, igualmente, a existência de contradição entre dois acórdãos de Tribunais Superiores, *relativamente à mesma questão fundamental de direito, na ausência de alteração substancial da regulamentação jurídica* e com base *em idênticas situações de facto* (cf. art.º 24.º, b) e b' do revogado ETAF e jurisprudência produzida na sua vigência[1] e hoje art.º 25.º, n.º 1, b) do novo ETAF e citado art.º 152.º do CPTA).

Além destes pressupostos, exige-se hoje *ex novo* que ambos os acórdãos em confronto tenham transitado em julgado e que o acórdão objecto do recurso para uniformização de jurisprudência não esteja de acordo com a jurisprudência recentemente consolidada do Supremo Tribunal Administrativo (art.º 152.º, n.º 3 da LPTA).

Vejamos então o que decidiram os acórdãos em confronto:

Refira-se, antes de mais, que em ambos os acórdãos *a situação fáctica é idêntica*, já que ambos foram proferidos em acções administrativas especiais propostas pelo STAL – Sindicato dos Trabalhadores da Administração Local, em representação de associados seus, que viram indeferidos, expressa ou tacitamente, requerimentos que apresentaram nas respectivas Câmaras, onde solicitavam o reconhecimento de determinadas carreiras, no acórdão recorrido, as carreiras de "*tractorista*", "*condutor de máquinas pesadas e veículos especiais*", "*motorista de pesados*" e "*Encarregado de Brigada dos Serviços de Limpeza*" e no acórdão fundamento, as carreiras de "*condutores de máquinas pesadas e veículos especiais*" e de "*tractorista*", como *carreiras verticais* e com repercussão na progressão dos respectivos funcionários, uma vez que não se encontravam previstas no art.º 38.º do DL 247/87, de 17 de Junho.

O acórdão recorrido, revogou a sentença do TAF e julgou a acção improcedente, por ter concluído, no tocante às carreiras de motorista, que « ...*a enumeração das carreiras horizontais feita pelo art.º 38.º do DL 247/87, de 17 de Junho, não é taxativa, existindo outras carreiras em que a progressão se faz nos mesmos termos, sendo exemplo disso mesmo as carreiras em apreço, em virtude de nas mesmas não existir qualquer promoção evolutiva que conduza ao desempenho de funções de maior exigência profissional, como acontece nas carreiras verticais.*»

O acórdão fundamento, por sua vez, negou provimento ao recurso interposto da sentença do TAF, que julgara a acção improcedente, por ter concluído que «*A carreira de condutor de máquinas pesadas e veículos especiais e de tractorista não são horizontais, visto que não constam da enumeração taxativa a que procedeu o art.º 38.º, n.º 1 do DL 247/87 de 17 de Junho; tais carreiras devem antes ser consideradas verticais*».

Portanto, os dois acórdãos estão *em contradição* relativamente à *mesma questão fundamental de direito* que é a de saber *se a enumeração que o legislador fez no art.º 38.º, n.º 1 do DL 247/87, de 17.06 sobre quais as carreiras que são classificadas como horizontais é taxativa ou, pelo contrário, é meramente exemplificativa.*

Sendo as pretensões apreciadas nos acórdãos em confronto reguladas pela mesma legislação, tendo ambos transitado em julgado e inexistindo jurisprudência deste STA, recentemente consolidada sobre a matéria, verificam-se os requisitos do art.º 152.º do CPA.

2. Passemos, pois, a conhecer da *questão controvertida*, nos termos do n.º 6 (parte final) do art.º 152.º do CPA:

Pretende o recorrente que seja proferido acórdão por este Tribunal Pleno, que uniformize a jurisprudência no sentido do acórdão fundamento, ou seja, que decida que o citado art.º 38.º, n.º 1 do DL 247/87, de 17.06 tem carácter taxativo e não meramente exemplificativo, e que, por isso, as carreiras dos seus associados, aqui em causa, não estando ali enumeradas não são carreiras horizontais, como decidiu o acórdão recorrido, mas verticais, como decidiu o acórdão fundamento e ora vem peticionado.

Vejamos:

Dispõe o art.º 4.º do DL 248/85, que:

1. A carreira é o conjunto hierarquizado de categorias às quais correspondem funções da mesma natureza a que os funcionários terão acesso de acordo com a antiguidade e o mérito evidenciado no desempenho profissional.

2. Categoria é a posição que os funcionários ocupam no âmbito de uma carreira, fixada de acordo com o conteúdo e qualificação de função ou funções, referida à escala salarial da função pública.

Consignando-se no art.º 5.º desse diploma legal, que existem *três espécies de carreiras*, a saber:

«a) Verticais, quando integram categorias com o mesmo conteúdo funcional, diferenciadas em exigências, complexidade e responsabilidade;

b) Horizontais, quando integram categorias com o mesmo conteúdo funcional e cuja mudança de categoria corresponde apenas à maior eficiência na execução das respectivas tarefas.

c) Mista, quando combinam características das carreiras verticais e horizontais.»

Por sua vez, o art.º 38.º, n.º 1 do DL 247/87, de 17 de Junho, diploma que estabeleceu o regime jurídico de carreiras e categorias do pessoal das câmaras municipais, adaptando o citado DL 248/85 às carreiras do pessoas da administração local, veio estabelecer que:

«1. *São consideradas carreiras horizontais as de adjunto de tesoureiro, apontador, auxiliar de serviços gerais, auxiliar técnico, bilheteiro, cantoneiro de limpeza, cobrador de transportes colectivos, condutor de cilindros, coveiro, cozinheiro, ecónomo, escriturário-dactilógrafo, fiel de armazém ou mercados e feiras, fiel de aeródromo, de frigorífico, de refeitório ou de rouparia, guarda campestre, leitor-cobrador de consumos, limpa-colectores, nadador-salvador, oficial de diligências, operador de máquinas de endereçar, operador de reprografia, telefonista, tratador-apanhador de animais, varejador e vigilante de jardins e parques infantis,*

2. (...)

3. A progressão nas restantes categorias que integram as carreiras referidas no n.º 1 far-se-á de harmonia com as regras definidas na lei geral para as carreiras horizontais».

As carreiras dos associados do recorrente não constam expressamente deste preceito legal.

A questão que se põe é a de saber se só as carreiras ali enumeradas são carreiras horizontais, com exclusão de quaisquer outras, ou seja, se o citado preceito tem carácter taxativo, como pretende o recorrente.

Ora, a resposta é negativa, como se demonstrará de seguida.

A taxatividade de um preceito legal tem de resultar inequivocamente da lei e, em regra, essa manifestação, como é sabido, é feita através do advérbio "*só*" ou "*apenas*".

Assim se o legislador pretendesse atribuir taxatividade ao preceito em análise, teria dito «*Só* são consideradas

[1] Cf. por ex. os acs. do Pleno de 04.07.2006, rec.649/05, de 22.06.2006, rec. 765/05 e de 10.11.2005, rec. 150/04.

carreiras horizontais as seguintes...», ou «São *apenas* consideradas carreiras horizontais as seguintes...».

É certo que, neste caso, o legislador também não deixou expressa a natureza meramente exemplificativa do referido preceito, o que, em regra, e como se refere no acórdão fundamento, passa pela utilização dos advérbios, "*nomeadamente*", "*designadamente*" e "*entre outras*".

Neste caso, o legislador limitou-se a fazer uma afirmação, « *São consideradas carreiras horizontais*» as seguintes.

Portanto, o que não há dúvida, é que as carreiras ali enumeradas são carreiras horizontais.

E as que ali não estão consideradas, serão todas verticais?

Ou podem também enquadrar-se no citado preceito?

É evidente que a resposta não nos é dada pelo art.° 38.°, n.° 1, que já vimos se limitou a enumerar carreiras consideradas horizontais.

A resposta ter-se-á de encontrar no já citado art.° 5.° do DL 248/85, que define o que é uma carreira horizontal por oposição a uma carreira vertical.

Assim, todas as carreiras que integram categorias com o mesmo conteúdo funcional, *diferenciadas em exigência, complexidade e responsabilidade*, são *carreiras verticais*.

Todas as carreiras que integrem categorias com o mesmo conteúdo funcional e *cuja mudança de categoria corresponde, apenas, à maior eficiência na execução das respectivas tarefas*, são *carreiras horizontais*.

Assim, a diferença entre umas e outras reside no facto, de nas carreiras verticais, a mudança de categoria corresponder a um maior grau de exigência, complexidade e responsabilidade, o que significa maior qualificação e capacidade de decisão, enquanto nas carreiras horizontais, essa mudança corresponde apenas a uma maior eficiência na execução das respectivas tarefas.

Ou seja, o elemento diferenciador das carreiras verticais relativamente às horizontais consiste em que, nas primeiras, as diversas categorias correspondem a níveis supostamente crescentes de exigência, complexidade e responsabilidade, assentando, essencialmente na capacidade de decisão, enquanto nas segundas, releva apenas a capacidade de execução[2].

Mas se o art.° 38.°, n.° 1 do DL 247/87 não define o que são carreiras horizontais, mas sim o art.° 5.° do DL 248/85, onde, pela definição dada neste preceito, podem caber todas as que tenham as características ali referidas, e também não exclui a existência de outras além das ali enumeradas, então estamos perante um elenco meramente exemplificativo, podendo existir outras carreiras horizontais desde que caibam na definição do art.° 5.° do DL 248/85[3].

Há, pois, que concluir que o citado art.° 38.°, n.° 1 do DL 247/87 tem *carácter exemplificativo* e não taxativo, e, portanto, no sentido do acórdão recorrido.

3. Mas essa conclusão não nos permite afirmar, sem mais, que as carreiras aqui em causa sejam carreiras horizontais, e é essa a *questão controvertida* nos autos.

Como se disse, isso terá de ser apreciado face à definição que o legislador deu de carreiras horizontais e verticais e não apenas face ao citado art.° 38.° do DL 247/87, que é meramente exemplificativo das primeiras.

O art.° 37.°, n.° 1 do citado DL 247/87, de 17.06 considerava as carreiras de tractorista e de motorista, onde se inclui a de condutor de máquinas pesadas e veículos especiais e de motorista de pesados (cf. art.° 26.° para que remete aquele art.° 37.°), como carreiras *mistas*. Só que tais preceitos e anexo foram revogados pelo citado DL 412-A/98, que procedeu, de acordo com a previsão do DL 404-A/98, de 18.12, à adaptação à administração local das regras deste diploma, sobre ingresso, acesso e progressão nas carreiras e categorias do regime geral, bem como as respectivas escalas salariais, *passando tais carreiras a ser unicategoriais*.

Com efeito, as *carreiras de motorista* estão previstas no DL 404-A/98, de 18.12, aplicável à administração local por força do DL 412-A/98, de 30.12 e constam do anexo II a este diploma *com uma única categoria coincidente com a carreira*.

Como bem se refere no douto aresto sob recurso, «*existindo hoje apenas uma única categoria dentro das várias carreiras (de motorista), não se pode falar em promoção a categoria mais elevada, mas apenas na progressão dentro dessa única categoria, que a lei definiu com rigor, em função dos vários escalões e de forma automática e oficiosa. Ou seja, o que remanesceu de tais carreiras e categorias na actual legislação, foi apenas a parte em que as mesmas se deveriam desenvolver segundo as regras da progressão das carreiras horizontais.*»

Na verdade, tratando-se de *carreiras unicategoriais* não se vê como poderiam ser qualificadas de carreiras verticais, já que existindo apenas uma única categoria, não pode existir entre os funcionários que as integram qualquer diferenciação em termos de exigência, responsabilidade e complexidade funcional, e, consequentemente, a possibilidade de evolução dentro desses parâmetros. A sua progressão na carreira opera apenas na mesma categoria, de quatro em quatro anos, por mudança de escalão, a que corresponde diferente índice remuneratório, enquanto nas carreiras verticais essa mudança ocorre de três em três anos.

Quanto à categoria de encarregado de brigada dos serviços de limpeza, integra o "*Grupo de Pessoal Auxiliar*" e não qualquer carreira específica, (cf. anexo III ao DL 353-A/98, de 16.10 – "*Administração Local – Carreiras e Categorias específicas*" e Anexo II e III, do DL 412-A/98, de 30.12), devendo, por isso, *equiparar-se, para efeitos de progressão, às carreiras horizontais unicategoriais*, pelo que a sua progressão faz-se nos mesmos moldes destas, nos termos do já citado n.° 3 do art.° 38.° do DL 247/87, como também acertadamente se decidiu.

Não merece, pois, reparo o acórdão recorrido.

III – DECISÃO

a) Termos em que acordam os juízes em negar provimento ao recurso jurisdicional.

b) Sem custas.

c) Notifique e publique-se (art.° 152.°, n.° 4 do CPTA).

Lisboa, 17 de Janeiro de 2007.

Fernanda Xavier (Relatora)
Azevedo Moreira
Rosendo José
João Belchior
Santos Botelho

[2] Neste sentido, Ana Fernandes Neves, Relação Jurídica de Emprego Público, Movimentos Fractais, Diferença e Repetição, Coimbra Ed., 1999, 136.

[3] Cf. neste sentido, o ac. STA de 13.02.1997, rec. 40594.

Pais Borges
Angelina Domingues
Jorge de Sousa
Costa Reis
Rui Botelho
Cândido de Pinho
Adérito Santos
Madeira dos Santos
Políbio Henriques
São Pedro
Freitas Carvalho
Edmundo Moscoso

Recurso n.° 744/06-20

RECURSO PARA UNIFORMIZAÇÃO DE JURISPRIDENCIA. CPTA. ASSOCIAÇÕES SINDICAIS. LEGITIMIDADE. TRIBUNAL TERRITORIALMENTE COMPETENTE.

(Acórdão de 29 de Março de 2007)

SUMÁRIO:

I – O n.° 3 do art.° 4.° do DL 84/99, de 19.3, ao prescrever que as associações sindicais têm «legitimidade processual para a defesa dos direitos e interesses colectivos e para a defesa colectiva dos direitos e interesses individuais legalmente protegidos dos trabalhadores que representem» está a conceder-lhes, inequivocamente, a qualidade de parte processual.

II – Sendo assim, de acordo com o disposto no art.° 16.° do CPTA, as acções por elas intentadas, a coberto daquele preceito, devem sê-lo «no tribunal da residência habitual ou da sede do autor», ou seja, no tribunal da sua própria sede.

ACORDAM NO PLENO DA SECÇÃO DO CONTENCIOSO ADMINISTRATIVO DO SUPREMO TRIBUNAL ADMINISTRATIVO:

I – RELATÓRIO

O **SINDICATO DOS TRABALHADORES DOS IMPOSTOS** veio interpor recurso para uniformização de jurisprudência, nos termos do art.° 152.° do CPTA, do acórdão do Tribunal Central Administrativo Sul, de 28.9.06, que negou provimento ao recurso que deduziu da sentença do Tribunal Administrativo e Fiscal de Lisboa que se declarou incompetente territorialmente, e competente o Tribunal Administrativo e Fiscal de Beja, para conhecer da acção administrativa especial que moveu contra o **MINISTÉRIO DAS FINANÇAS E DA ADMINISTRAÇÃO PÚBLICA**, para defesa colectiva dos direitos e interesses individuais dos seus associados Vivaldo Rodrigues Passos e João Lino Cabo Espadeiro, por entender que o mesmo se encontra em oposição com o acórdão do Tribunal Central Administrativo, Sul, de 25.5.06, proferido no processo n.° 1502/06.

Terminou as suas alegações concluindo da seguinte forma:

"*a*) O Meritíssimo Tribunal Central Administrativo Sul ao confirmar a sentença do Tribunal Administrativo e Fiscal de Lisboa em julgar-se territorialmente incompetente, em razão do território, para conhecer do presente processo, determinando a sua remessa para o Tribunal Administrativo e Fiscal de Beja fez, com o devido respeito, errónea aplicação da lei aos factos pelo que o respectivo Acórdão não deve ser mantido.

b) Na verdade, nos termos do disposto no art. 16.° do CPTA, os processos, em primeira instância, são intentados no tribunal da residência habitual ou da sede do autor, pelo que, tendo a acção sido proposta pelo Autor SINDICATO DOS TRABALHADORES DOS IMPOSTOS em representação dos associados melhor identificados nos autos, nos termos do disposto no art.° 4.°, n.° 3 do DL 84/99 de 19/3, deve, como tal, e nos termos da regra de competência territorial acima referida ser efectivamente interposta em Lisboa, local da sua sede.

c) É que, aceitar o entendimento defendido no douto Acórdão recorrido seria, salvo o devido respeito, contrariar a própria razão de ser da consagração daquela regra de competência territorial que assenta na proximidade das partes, dos intervenientes processuais, com o tribunal onde é julgada a acção.

d) Donde o douto Acórdão recorrido, ao defender a incompetência territorial do Tribunal Administrativo e Fiscal de Lisboa, violou o art.° 16.° do CPTA, bem como o art.° 4.° n.° 3 do DL 84/99 de 19/3, não devendo ser mantida;

e) O douto Acórdão recorrido, ao defender a incompetência territorial do Tribunal Administrativo e Fiscal de Lisboa, contrariou também anterior acórdão proferido em 25.05.2006, pelo mesmo Tribunal recorrido, no processo que correu termos com o n.° 1502/06, no 2.° Juízo.

Donde, invocando o douto suprimento de V. Ex^{a}s deve revogar-se o douto Acórdão a quo com todas as legais consequências."

A entidade recorrida, notificada para o efeito, não produziu alegações.

Notificado nos termos do art.° 146.°, n.° 1 do CPTA, o Magistrado do Ministério Público junto deste Tribunal nada veio dizer.

Sem vistos, mas com entrega de cópia do projecto de acórdão aos Senhores Juízes Adjuntos, cumpre decidir.

II – FACTOS

Com interesse para a decisão está adquirido nos autos que:

1 – O Sindicato dos Trabalhadores dos Impostos tem sede na Av. Coronel Galhardo, n.° 22-B, em Lisboa.

2 – Os seus associados Vivaldo Rodrigues Passos e João Lino Cabo Espadeiro residem, ambos, na área de jurisdição do Tribunal Administrativo e Fiscal de Beja.

3 – Em 21 de Fevereiro de 2005 o Sindicato referido em 1– interpôs uma acção especial administrativa no TAF de Lisboa, para anulação de actos processadores de vencimentos reportados àqueles associados e de condenação à prática dos actos administrativos devidos.

4 – Por sentença de 18 de Outubro de 2005, o TAFL considerou-se territorialmente incompetente e considerou competente o TAF de Beja.

5 – Por acórdão datado de 28-09-2006, o TCA Sul confirmou aquela decisão.

III – DIREITO

1. O primeiro passo neste tipo de recurso – uniformização de jurisprudência – visa avaliar da existência de oposição entre o acórdão recorrido e o acórdão fundamento. Dir-se-á, desde já, que a contradição é patente. Com efeito, os acórdãos em confronto, tendo por base situações de facto e de direito substancialmente similares, perfilharam soluções opostas.

Assim, enquanto o **acórdão proferido nos autos**, emitido pelo TCA, confirmou uma sentença do TAF de Lisboa, em sede de interpretação dos arts. 16.° do CPTA e 4.°, n.° 3, do DL 84/99, de 19.3, que se considerou territorialmente incompetente, e competente o TAF de Beja, para conhecer de uma acção administrativa especial intentada pelo Sindicato dos Trabalhadores dos Impostos, na defesa de interesses de dois seus associados residentes na área da jurisdição deste último tribunal, **o acórdão dissentâneo**, proferido pelo TCA em 25.5.06, no recurso 1502/06, no mesmo quadro factual e jurídico, considerou competente territorialmente o tribunal da área de jurisdição da sede do autor, o Sindicato dos Trabalhadores dos Impostos, não tendo por relevante a residência dos representados na acção intentada por aquele. São estas as teses em confronto nos referidos arestos. As razões da contradição assentam no facto de os acórdãos em causa relevarem de modo diverso a autoria das acções.

2. O **acórdão recorrido** considerou que o facto de a lei conferir legitimidade aos sindicatos não significa que estes sejam os sujeitos da relação material controvertida, isto é, que estejam na acção em nome e em defesa de interesses de que sejam titulares. Deste ponto de vista, para efeitos de atribuição da competência, nos termos do art.° 16.° do CPTA, ter-se-iam de considerar autores os "associados representados", em cuja esfera jurídica se assinalam os interesses a defender na acção.

Em oposição ao assim decidido, o **acórdão fundamento** considerou que a legitimidade concedida aos sindicatos tem que ser entendida de um modo pleno, conferindo-lhes a qualidade de parte para todos os efeitos, inclusive para a determinação do tribunal territorialmente competente, que teria de ser encontrado pela localização da sede do autor.

É esta dissensão que o Pleno é chamado a sanar, uniformizando a jurisprudência.

3. Façamos uma breve excursão sobre a questão da legitimidade processual dos sindicatos. Nos termos do art.° 4.°, n.° 3, do DL 84/99, de 19.3, as associações sindicais têm «*legitimidade processual para a defesa dos direitos e interesses colectivos e para a defesa colectiva dos direitos e interesses individuais legalmente protegidos dos trabalhadores que representem*».

Por algum tempo a jurisprudência deste Tribunal errou entre duas posições antagónicas relativamente à interpretação deste normativo. Uma corrente entendia que a matriz da legitimidade processual atribuída aos sindicatos se continha na defesa de interesses colectivos ou de interesses comuns a vários associados. Em ambos os casos sempre escorada numa pluralidade, ou de interesses (interesses colectivos) ou de sujeitos (defesa colectiva) – neste sentido os acórdãos da Secção de 4.3.04 no recurso 1945/03 e de 3.11.04 no recurso 2018/03, entre outros. Em sentido oposto, um outro entendimento sustentava que o legislador, ao reconhecer às associações sindicais legitimidade «*para a defesa colectiva dos direitos e interesses individuais legalmente protegidos dos trabalhadores que representem*», estava a conferir-lhes legitimidade para assumirem em juízo, também, a defesa do interesse individual de um dos seus associados – aqui os acórdãos de 6.2.03 no recurso 1785/02, de 22.10.03 no recurso 655/03, de 25.5.04 no recurso 61/04 e de 21.9.04 no recurso 1970/03, entre outros.

O Tribunal Constitucional, viera, entretanto, no seu acórdão n.° 160/99, de 10.3.99, a julgar inconstitucionais, por violação do art.° 56.°, n.° 1 da Constituição da República Portuguesa, as normas que, segundo a interpretação da decisão de que ali se recorria, se extraía dos arts. 77.°, n.° 2 da Lei de Processo nos Tribunais Administrativos, 46, n.° 1 do Regulamento do Supremo Tribunal Administrativo e 821.°, n.° 2 do Código Administrativo, segundo a qual os sindicatos careciam de legitimidade activa para fazerem valer contenciosamente o direito à tutela jurisdicional da defesa colectiva de interesses individuais dos trabalhadores que representassem. Vindo, mais tarde, a reiterar essa posição, reforçando-a, no acórdão n.° 103/2001, de 14.3, ao julgar inconstitucional, por violação do art.° 56, n.° 1, da CRP, a norma do n.° 1 do art.° 46.° do Regulamento do STA, conjugada com a do n.° 2 do art.° 821.° do C.A., com o sentido de que os sindicatos não gozavam de legitimidade activa para contenciosamente exercerem a tutela jurisdicional da defesa colectiva dos interesses individuais dos trabalhadores representados, sem outorga de poderes de representação e sem prova da filiação dos trabalhadores lesados.

Este Tribunal Pleno teve então oportunidade de se pronunciar sobre esta matéria, no acórdão de 6.5.04, no recurso 1888/03, vindo a decidir que "*Os Sindicatos têm legitimidade para a interposição de recursos contenciosos em defesa de todos os direitos e interesses individuais legalmente protegidos dos trabalhadores que representem, em matéria sócio-profissional, independentemente de, no caso concreto, estar ou não em causa o interesse de todos os seus associados*". Mais recentemente, no acórdão de 25.1.05, proferido no recurso 1771/03, em sede de oposição de julgados, veio a dirimir a divergência ainda actuante, firmando jurisprudência, no sentido de que "*a disposição do n.° 3 do art.° 4.° do DL 84/99, de 19.3, ao reconhecer às associações sindicais legitimidade «para a defesa colectiva dos direitos e interesses individuais legalmente protegidos dos trabalhadores que representem», consagra a legitimidade processual activa dessas mesmas associações para a defesa dos direitos e interesses individuais de um só trabalhador.*" E fê-lo por entender que a Constituição, no n.° 1 do seu art.° 56.°, quando reconhece a estas associações competência para defenderem os trabalhadores que representem, não restringe tal competência à defesa dos interesses colectivos desses trabalhadores, antes supõe que ela se exerça igualmente para defesa dos seus interesses individuais.

É, pois, na senda desta doutrina, vertida, quer na jurisprudência do Tribunal Constitucional, quer na jurisprudência deste Tribunal Pleno, que temos por inquestionável o entendimento de que a legitimidade que a lei confere aos sindicatos tem que ser entendida de uma forma ampla (típica). Isto é, que o n.º 3 do art.º 4.º do DL 84/99 titula aquelas associações de uma legitimidade processual própria, para estarem por si em juízo e não como meros representantes dos trabalhadores nelas filiados. Por outras palavras, esse preceito não visa criar a possibilidade de uma representação de natureza semelhante àquela que se estabelece entre alguém que padece de incapacidade (jurídica) e o seu representante, situação em que está em juízo o representado e não o representante.

4. Esta breve resenha reconduz-nos à questão decidenda, uma vez que a solução a adoptar passa pelo crivo do entendimento que se tiver sobre a amplitude da legitimidade processual, conferida pelo legislador naquele n.º 3 do art.º 4.º do DL 84/99, e a sua articulação com o factor de conexão territorial plasmado no art.º 16.º do CPTA, o *forum actoris*. Como aí se diz, sob a epígrafe de «Regra geral», inserido na Secção «Da competência territorial», «*Sem prejuízo do disposto nos artigos seguintes e das soluções que resultam da distribuição das competências em função da hierarquia, os processos, em primeira instância, são intentados no tribunal da residência habitual ou da sede do autor ou da maioria dos autores*». Da sua leitura não se retira uma qualquer densificação do conceito de autoria que aponte no sentido dos sujeitos da relação material controvertida. Em comentário a este artigo, Mário Aroso de Almeida e Carlos Alberto Fernandes Cadilha, "Comentário ao Código de Processo nos Tribunais Administrativos", Coimbra, Almedina, 108//109, referem que a regra da competência do tribunal da residência ou sede do recorrente prende-se, a par de outras razões, com a aproximação desejada da justiça a quem a ela recorre, o que, desde logo, se apresenta como forte argumento a favor da tese do recorrente. Aceitar o entendimento defendido no acórdão recorrido seria, como sustenta o recorrente, contrariar, pelo menos parcialmente, a própria razão de ser da consagração das regras sobre competência territorial (arts. 16.º a 22.º do CPTA), que assentam na proximidade das **partes**, dos intervenientes processuais, ao tribunal que julgará a acção.

Mas, mais do que a bondade desta argumentação, pesa a desfavor do decidido o confronto que se faz, no aresto sindicado, da legitimação processual dos sindicatos com a relação material controvertida. É que, como refere Manuel de Andrade, "Noções Elementares de *Processo Civil*", Coimbra Editora 1963, 83, "*a legitimidade não é ... uma qualidade pessoal das partes (como a capacidade), mas uma certa posição delas em face da relação material litigada. (...) É o poder de dispor do processo – de o conduzir ou gestionar ... no papel de parte*". E, mais adiante, a fls. 89, relativamente à indicação dos elementos determinantes da competência dos tribunais, acrescenta que "*A competência do tribunal não depende, pois, da legitimidade das partes nem da procedência da acção. É ponto a resolver de acordo com a* ***identidade das partes*** *e com os termos da pretensão do Autor (compreendidos aí os respectivos fundamentos), não importando averiguar quais deviam ser as partes e os termos dessa pretensão*". No mesmo sentido, Miguel Teixeira de Sousa[1], em estudo publicado no BMJ n.º 292, 53 ss., sobre a legitimidade singular na matriz processual declarativa, reflectida no artigo 26.º do CPC, afirma que *"por um lado, não identifica a legitimidade processual com a questão de fundo, não exige uma concepção material da parte processual nem uma correspondência da legitimidade processual com a substantiva; por outro, mostra que a referência daquela ao objecto inicial do processo implica a antecedência da parte para o objecto e não deste para aquela"*.

Ou seja, não é correcto, em sede de apreciação dos pressupostos processuais, estabelecer, em termos definitivos, uma relação substantiva entre a parte, tal como formalmente se apresenta na petição, e os sujeitos da relação material controvertida. O que se lhe pode exigir é que tenha *uma certa posição em face da relação material litigada*, posição, que, no caso em apreço, o sindicato efectivamente tem. Titulados no poder de dispor do processo, *de o conduzir ou gestionar no papel de parte* pelo DL 84/99 e a coberto do art.º 56.º, n.º 1 da CRP, os sindicatos encontram-se dotados de uma legitimidade originária específica, que não depende de um direito subjectivo ou de um interesse material próprios – se bem que possa dizer-se que as posições jurídicas de cariz laboral dos seus associados em larga medida também são suas. Daqui decorre que é em relação aos sindicatos autores que têm de se aferir os pressupostos processuais, nomeadamente a determinação do tribunal territorialmente competente. Guilherme da Fonseca, "Legitimidade processual singular, contencioso administrativo e associações sindicais", CJA n.º 43, 25 e ss., caracteriza esta "defesa colectiva pelas associações sindicais, de direitos ou interesses individuais dos trabalhadores que representam, como uma *"acção colectiva egoística"*, que, citando F. Nicolau Santos Silva, ("Os interesses supra-individuais e a legitimidade processual civil activa", Quid Juris, 134), fundando-se em critérios de legitimidade extraordinários, *"ou seja, a legitimidade assenta na titularidade dos interesses directos e imediatos por parte dos associados que delegam nela, associação, a representação em conjunto"*, deve resultar de previsão legal (primeira parte do n.º 3 do art.º 26.º do CPC[2]).

5. Em conclusão. O n.º 3 do art.º 4.º do DL 84/99, de 19.3, ao prescrever que as associações sindicais têm «*legitimidade processual para a defesa dos direitos e interesses colectivos e para a defesa colectiva dos direitos e interesses individuais legalmente protegidos dos trabalhadores que representem*» está a conceder-lhes, inequivocamente, a qualidade de parte processual. Sendo assim, de acordo com o disposto no art.º 16.º do CPTA, as acções por elas intentadas, a coberto daquele preceito, devem sê-lo «*no tribunal da residência habitual ou da sede do autor*», ou seja, no tribunal da sua própria sede.

IV – DECISÃO

Nos termos e com os fundamentos expostos acordam em conceder provimento ao recurso jurisdicional, anulando o acórdão recorrido, e, em consequência, em anular a sentença TAF de Lisboa, de 18.10.05, julgando-o territorialmente competente para apreciar o pedido formulado na acção.

Sem custas.

Lisboa, 29 de Março de 2007.

[1] Citado por Guilherme da Fonseca in CJA, 43, 25.

[2] No mesmo sentido, embora se trate de preceitos não citados nos arestos em confronto, os arts. 9, n.º 1 e 55, n.º 1, c) do CPTA.

Rui Botelho (Relator)
Azevedo Moreira
Santos Botelho
Rosendo José
Angelina Domingues
Pais Borges
João Belchior
Jorge de Sousa
Costa Reis
Adérito Santos
Madeira dos Santos
Cândido de Pinho
São Pedro
Políbio Henriques
Fernanda Xavier
Freitas Carvalho

Recurso n.º 89/07-20

RECURSO POR OPOSIÇÃO DE JULGADOS. COMPETÊNCIA.

(Acórdão de 29 de Março de 2007)

SUMÁRIO:

É da competência do Tribunal Plenário o conhecimento de recurso por oposição de julgados, no qual se alega que o acórdão recorrido, proferido pela 1ª Secção do STA, que confirmou a sentença que julgou improcedente acção para efectivação de responsabilidade civil extracontratual do Estado, contém decisões que, sobre quatro questões jurídicas fundamentais, estão em oposição com as perfilhadas, noutros tantos acórdãos deste Supremo Tribunal, se, em relação a uma delas, o acórdão fundamento foi tirado pela Secção do Contencioso Tributário.

ACORDAM NO PLENO DA SECÇÃO DO CONTENCIOSO ADMINISTRATIVO DO SUPREMO TRIBUNAL ADMINISTRATIVO:

1. RELATÓRIO

"Sociedade Imobiliária Quinta de Santa Filomena, S.A.", já identificada nos autos, recorre, para o Pleno da 1ª Secção do Supremo Tribunal Administrativo, do acórdão de fls. 629-649, proferido pela 1ª Subsecção, por oposição com o julgado nos seguintes acórdãos deste Supremo Tribunal:

– de 1995.03.22 – proc.º n.º 017885;
– de 1996.03.21 – proc.º n.º 035909;
– de 1994.03.15 – proc.º n.º 033196:
– de 1998.02.25 – proc.º n.º 042561.

1.1. Na sua alegação, apresentada para fundamentar a oposição, formulou as seguintes conclusões:

1ª O douto Acórdão recorrido, de 2006.02.29 e os Acórdãos fundamento, de 1995.03.22, de 1996.03.21, de 1994.03.15 e de 1998.02.25. decidiram sobre as seguintes questões jurídicas fundamentais, respectivamente:

a) Do âmbito e alcance do caso julgado (v. Ac. STA de 1995.03.22, publicado no Ap. DR de 1997.07.18, pp. 840 e segs.);

b) Da culpa pela prática de acto administrativo ilícito (v. Ac. STA de 1996.03.21, publicado no Ap. DR de 1998.08.31, pp 2010 e segs);

c) Da falta de fundamentação de acto administrativo com o teor de "Indefiro", por não indicar as respectivas razões de facto e de direito (v. Ac. STA de 1994.03.15, publicado no Ap. DR de 1996.12.20, pp. 1979 e segs.);

d) Da falta de fundamentação de acto administrativo com o teor "Indefiro", por não consubstanciar remissão expressa e específica de apropriação dos fundamentos invocados em parecer constante do processo administrativo (v. Ac. STA, de 1998.02.25, publicado no Ap. DR de 2001.12.17, pp. 1329 e segs.) – cfr. texto n.ºs 1 a 9;

2ª As situações de facto subjacentes aos arestos *sub judice* são coincidentes no essencial, não se verifica qualquer alteração substancial da regulamentação e princípios jurídicos aplicáveis e não foram as particularidades de cada caso que determinaram as soluções opostas relativamente às mesmas questões fundamentais de direito – cfr. texto n.º s 10 a 12;

3ª Os acórdãos recorrido e fundamento, de 1995.03.22, consagraram soluções opostas, pois no acórdão recorrido apesar de se ter dado como provado que anterior sentença proferida no processo e transitada *em julgado* "anulou o despacho impugnado, com fundamento em ilegal revogação de actos constitutivos de direitos", *reapreciou-se* a referida questão, decidindo-se em sentido diametralmente contrário e, no Acórdão fundamento decidiu-se de acordo com a tese oposta que, "a decisão, com trânsito em julgado, de questão material suscitada no processo, extingue o direito que nela se pretendia fazer valer, não podendo ser nela reapreciada" – cfr. texto n.ºs 13 e 14;

4ª Os acórdãos recorrido e fundamento, de 1996.03.21, consagraram soluções opostas, pois no acórdão recorrido, apesar de se considerar que "o acto era lícito", entendeu-se que "não revela a culpa que a recorrente lhe imputa" e no Acórdão fundamento decidiu-se de acordo com tese oposta, que "o elemento culpa dilui-se na ilicitude", determinada a referida ilicitude, "a concomitante verificação do elemento culpa" – cf. texto n.º 15;

5ª Os acórdãos recorrido e fundamento, de 1994.03.15 consagraram soluções opostas, pois no acórdão recorrido considerou-se "que o acto anulado", de teor "Indefiro" estaria fundamentado "com as razões nele expostas" e no Acórdão fundamento decidiu-se *de acordo com a tese oposta*, que "a expressão "Indefiro" é absolutamente insignificativa quanto às razões de facto e de direito em que o acto assenta" – cfr. texto n.º 16;

6ª Aos Acórdãos recorrido e fundamento, de 1998.02.25, consagraram *soluções opostas*, pois no Acórdão recorrido decidiu-se que um acto administrativo simplesmente com o teor "Indefiro", *teve na base* o parecer n.º 175/93 em que se louva", e no Acórdão fundamento decidiu-se *de acordo com tese oposta*, considerando-se que "o despacho em causa é um mero "indefiro" (...) *não contém* uma declaração expressa e inequívoca ou mesmo singela referência de concordância com anterior informação, parecer ou proposta de outrem, constantes do respectivo processo" – cfr. texto n.ºs 17 e 18.

NESTES TERMOS

Deverá o presente recurso prosseguir os seus ulteriores termos, julgando-se verificadas as invocadas oposições de acórdãos, com as legais consequências.

SÓ ASSIM SE DECIDINDO SERÁ CUMPRIDO O DIREITO E FEITA JUSTIÇA.

1.2. O Ministério Publico, em representação do Estado, contra-alegou concluindo deste modo:

1.º – O Tribunal Pleno da Secção de Contencioso Administrativo é incompetente para conhecer da oposição entre o acórdão recorrido e o acórdão da Secção de Contencioso Tributário de 95.03.22, no processo n.º 17 885;

2.º – Não há oposição entre o acórdão recorrido e os restantes arestos invocados como fundamento, julgando-se findo o recurso nesta parte.

1.3. Notificada para se pronunciar acerca da questão da incompetência suscitada pelo Estado a recorrente veio pronunciar-se, dizendo, em síntese:

Deverá ser:

a) Ordenado o julgamento pelo Pleno da Secção de Contencioso Administrativo, da oposição de julgados ente o decidido no Acórdão deste Venerando STA, de 2006.02.09 e os referidos Acs. STA, de 1996.03.21, de 1994.03.15 e de 1998.02.25; e, após o referido julgamento, ser;

b) Ordenada a remessa do processo ao Plenário deste Venerando Supremo Tribunal para julgamento da oposição entre o decidido no Acórdão deste Venerando STA, de 2006.02.09 e o Ac. STA de 1995.03.22 (Proc. 017885, Ap. DR de 1997.07.18, pp 840 e segs.), nos termos do art. 22.º /a) do ETAF, aprovado pelo DL 129/84 de 27 de Abril e do art. 4.º da LPTA, aprovada pelo DL 267/85, de 16 de Julho (cfr. art. 14.º do CPTA).

Colhidos os vistos legais, cumpre decidir.

2. FUNDAMENTAÇÃO

2.1. OS FACTOS

A) No acórdão recorrido foram dados como provados os seguintes factos:

«1. A autora é uma sociedade por quotas de responsabilidade limitada que tem por objecto a compra e venda de imóveis, incluindo terrenos, edifícios e suas fracções autónomas, bem como a promoção de empreendimentos turísticos imobiliários, e tem como sócios, em partes iguais, o Banco Português do Atlântico, EP e o Banco Espírito Santo e Comercial de Lisboa, EP – (Doc. de fls. 19 a 23 dos autos, que aqui se dá por reproduzido;

2. A "TORRALTA. – Clube Internacional de Férias, SARL" era proprietária dos seguintes prédios rústicos, com a área total de 27,808 hectares, sitos na freguesia de Alvor, município de Portimão – Docs. de fls. 24 a 32 dos autos, que aqui se dão por reproduzidos:

a) Prédio rústico sito no Vale da Zorra, descrito na Conservatória do Registo Predial de Portimão, sob o n.º 108, a fls. 55, do Livro B-l;

b) Prédio rústico sito no Sítio da Nora, descrito na Conservatória do Registo Predial de Portimão, sob o n.º 3831, a fls.143, do Livro Bl0;

c) Prédio rústico sito no Sítio de Maria Pires, descrito na Conservatória do Registo Predial de Portimão, sob o n.º 5259-A, a fls. 64, do Livro B-14;

d) Prédio rústico sito no Vale da Zorra, descrito na Conservatória do Registo Predial de Portimão, sob o n.º 6325, a fls. 16 do Livro B17;

e) Prédio rústico sito no Sítio da Nora, descrito na Conservatória do Registo Predial de Portimão, sob o n.º 6642, a fls., 181, do Livro B17;

f) Prédio rústico sito no Sítio do Vale da Zorra, descrito na Conservatória do Registo Predial de Portimão, sob o n. 6531, a fls. 40 V., do Livro 5-25;

g) Prédio rústico sito no Sítio do Pesqueiro ou Vale da Zorra, descrito na Conservatória do Registo Predial de Portimão, sob o n.º 11346, a fls 127 V., do Livro 3-27;

h) Prédio rústico sito no Sítio da Nora, descrito na Conservatória do Registo Predial de Portimão, sob o n.º 11416, a fls 165 V., do Livro B-27;

i) Prédio rústico sito no Sítio de Maria Pires descrito na Conservatória do Registo Predial de Portimão, sob o n.º 13585, a fls. 108, do Livro 3-34;

j) Prédio rústico sito no Vale da Zorra descrito na Conservatória do Registo Predial de Portimão, sob o n.º 9531, do Livro B-25.

3. Em 1983.05.13, através do parecer n.º 225/83, da Direcção-geral do Turismo «DGT), proferido no processo CT-79/2 V.2, foi aprovada a localização dos projectos do conjunto turístico apresentados pela TORRALTA para os terrenos supra referidos, tendo sido decidido, além do mais, o seguinte – Doc. de fls. 33-34 dos autos, que aqui se dá por reproduzido:

"*De acordo com os pareceres emitidos pelas várias entidades, de que se anexam fotocópias, e ainda face às decisões da reunião conjunta constantes da acta n.º 82/83, de 2.2.83, a Direcção-geral do Turismo APROVA a localização, podendo portanto a empresa dar seguimento aos estudos;*

4. Em 1984.09.03, a DGT através do parecer n.º 336//84, proferido no processo CT'-79/2 V.2, apreciou os novos elementos apresentados pela TORRALTA referentes ao pedido de aprovação da localização do conjunto turístico relativo aos prédios acima especificados, tendo decidido, além do mais, o seguinte – Doc. de fls. 35 dos autos, que aqui se dá por reproduzido:

"*Com base nos pareceres das demais entidades que se pronunciaram sobre o empreendimento, a Direcção-Geral do Turismo aprova-o quanto a aspectos de localização, desde que em fase posterior do estudo estejam integralmente satisfeitos os condicionamentos constantes em alguns desses pareceres, particularmente o da Direcção-geral do Ordenamento e Direcção-geral de Portos*";

5. O Conselho de Ministros, através da resolução n.º 34/84, de 5 de Junho, após considerar que a situação económico-financeira da "TORRALTA" continuava a deteriorar-se e que sem uma drástica redução do passivo, utilizando-se para o efeito o enorme e valioso património de que a empresa dispunha, não seria realisticamente possível viabilizá-la, estabeleceu, além do mais, que as instituições credoras deveriam aceitar os terrenos objecto de avaliação pela comissão arbitral pelo valor de 11,9 milhões de contos, assim distribuídos pelos vários terrenos – Doc. de fls. 36-39 dos autos, que aqui se dá por reproduzido.

	(milhares de contos)
Comenda	684
Tróia, B3	2188
Lagoa, Monte Gordo	1 505
Morgado D'Agre	5 471
Quinta da Praia – Alvor	1368
Quinta de Santa Filomena	684

6. A referida Resolução n.º 34/84 estipulou ainda, relativamente às instituições de crédito credoras, no seu ponto 2.1 – Doc. de fls. 36 a 39 dos autos:

«b) Deverão procurar constituir, sempre que julgado conveniente e dentro do princípio da livre negociação entre as partes, sociedades com o objectivo de promoverem o património recebido como dação em pagamento, as quais terão como sócios não mais de três bancos e, quando for considerado de interesse para as instituições de crédito, empresas especializadas no sector imobiliário-turístico, em número não superior a 2;

c) Deverá cessar a contagem de juros, a partir de 1 de Janeiro de 1984, relativamente ao passivo bancário que for liquidado por força da dação em cumprimento».

7. No ponto 5, parte final dos considerandos desta Resolução, refere-se o seguinte: "*Esta forma de liquidação mereceu a adesão de princípio por parte da banca credora conforme comunicação efectuada à empresa, em Fevereiro de 1983, através do banco maior credor, "União de Bancos Portugueses, E.P.*";

8. No ponto 8 dos mesmos considerandos diz-se, para além do mais, o seguinte:

(g)...as instituições de crédito credoras aceitaram, em negociação Livre, o princípio da dação em cumprimento, o que permitirá o ressarcimento dos seus créditos e a afectação dos recursos assim disponíveis em novos investimentos desta ou de outras empresas;

h) a comissão arbitral constituída ao abrigo do despacho de 24 de Novembro de 1983, do Ministro das Finanças e do Plano, apresentou dois valores para cada um dos terrenos objecto de dação em cumprimento, consoante o destino que lhe estivesse reservado: a sua comercialização a curto prazo, efectuada por um mediador imobiliário, num processo de liquidação do património da empresa, ou a sua promoção ou desenvolvimento, no âmbito do objecto de uma empresa turístico-imobiliária";

9. Os bancos BPA e BESCL "*eram detentores de créditos sobre a TORRALTA, SARL, além de outros créditos que detêm sobre a mesma, pelo valor de seiscentos e oitenta e quatro mil contos (...), emergentes, de diversas operações bancárias*" – Doc. de fls. 24-32 dos autos;

10. Por escritura de 1986.01.24, lavrada no Livro de Notas para escrituras diversas n.º 54-J, de fls. 7 verso do 12.º Cartório Notarial de Lisboa, a "TORRALTA", nos termos das resoluções do Conselho de Ministros n.os 34/84, de 5.6, e 18/85, de 20.4, fez dação em pagamento dos prédios especificados, livres de quaisquer ónus ou encargos e totalmente desocupados, no valor de seiscentos e oitenta e quatro mil contos -Doc. de fls. 24-34 dos autos;

11. Em 1987.08.13, a DGT, através do parecer n.º 291/ /87, proferido no processo CT 97, apreciou os novos estudos apresentados relativos à localização do conjunto turístico a implantar nos prédios referidos no art. 2, tendo decidido, além do mais, o seguinte – Doc. de fls. 40-41 dos autos, aqui se dá por reproduzido:

"*Com base nos pareceres das demais entidades que se pronunciaram sobre o empreendimento, a Direcção-geral do Turismo aprova-o quanto a aspectos de localização, desde que sejam satisfeitos os condicionamentos contidos em alguns desses pareceres, em particular os da Direcção-geral de Portos*";

12. Em 1990.02.22, foi requerida na DGT nova aprovação do empreendimento turístico que pretende levar a efeito nos prédios acima especificados;

13. A DGT solicitou parecer da Câmara Municipal de Portimão (CMP) e da Comissão de Coordenação da Região do Algarve (CCRA), mas aquelas entidades não se pronunciaram, no prazo de 45 dias a contar da referida solicitação – Doc. de fls. 42 dos autos, que aqui se dá por reproduzido;

14. Em 1990.11.20, a DGT, através do parecer n.º 967/ /90, proferido no processo nCT79, aprovou a localização do conjunto turístico e os anteprojectos dos edifícios a implantar nos prédios referidos no art. 2.º, tendo decidido além do mais, o seguinte – Doc. de fls. 42 dos autos:

"*A Câmara Municipal de Portimão e a Comissão de Coordenação da Região do Algarve, oportunamente consultadas, não se pronunciaram nos prazos previstos nos arts. 16.º do Regulamento dos empreendimentos turísticos, aprovado pelo Decreto Regulamentar n.º 8/89, e 28.º/2 do Decreto-Lei n.º 328/86 de 30/9 com a redacção dada pelo Decreto-lei n.º 434/89, de 21/11, respectivamente, pelo que se considera que aprovam tacitamente o requerido* ";

15. Em 1992.04.01, na sequência da aprovação da localização do empreendimento em causa, a autora requereu na DGT, através do requerimento n.º 10086, aprovação dos respectivos projectos – Doc. de fls. 89 dos autos, que aqui se dá por reproduzido;

16. Através do ofício n. 31731, de 1992.12.30, a DGT comunicou à autora, "*no cumprimento do disposto no art. 100.º do Decreto-lei n.º 442/91, de 15.11*, "*as propostas sobre o requerido*", tendo-lhe então fixado "*o prazo de 10 dias para se pronunciar; por escrito, sobre o que se lhe oferecer" – Doc. de fls. 43 dos autos, que aqui se dá por reproduzido;*

17. Em 1993.01.08, a autora solicitou na DGT que fosse proferida a "*decisão relativa à continuação do processo, dentro dos princípios já aprovados em 90.11.20*" – Doc. de fls. 44-45 dos autos, que aqui se dá por reproduzido;

18. Através do ofício n.º 4522, de 1993.02.24, da DGT, a autora foi notificada de um despacho da Sra. Directora-Geral do Turismo, indeferindo a sua pretensão;

19. Em 1993.03.18, a autora solicitou na DGT a passagem de certidão destinada a instruir recurso contencioso deste despacho – Doc. de fls. 46 dos autos, que aqui se dá por reproduzido;

20. Em 1993.04.06, a autora recebeu a certidão solicitada – Doc. de fls. 47 dos autos, que aqui se dá por reproduzido;

21. Da referida certidão resulta que a Senhora Directora-Geral do Turismo proferiu em 1993.02.01 o despacho do seguinte teor – Doc. de fls. 120 dos autos:

"*Indefiro...*
Paulina Martins
93.02.01"

22. Em 1993.05.28, a autora recorreu contenciosamente do despacho de 1993.02.01, da Senhora Directora-Geral do Turismo, em processo que correu os seus termos sob o n.º 315/93, na 2 Secção deste Tribunal – certidão junta a fls. 95-117 dos autos, que aqui se dá por reproduzida;

23. Autoridade recorrida foi notificada para responder neste recurso contencioso, através de ofício remetido pelo correio em 1993.06.24 – cfr. fls. 106 e 106 verso dos autos;

24. Por sentença proferida neste mesmo recurso, em 1995.12.19, foi anulado o despacho impugnado, com

fundamento em ilegal revogação de actos constitutivos de direitos – cfr. fls. 201 a 208 dos autos;

25. Esta sentença foi notificada à autora através de oficio expedido em 1996.01.08, tendo transitado em julgado em 1996.01.23 – cfr. fls. 209-211 dos autos,

26. Em 1996.04.02, a autora, considerando que "*até à data não foi ainda dada qualquer forma de execução*" à sentença de 1995.12.19, apresentou uma exposição na DGT, peticionando o seguinte – Doc. de fls. 48-50 dos autos, que aqui se dá por reproduzido:

"*Requer a V. Ex.ª que, em cumprimento da douta decisão judicial exequenda (v. art. 208.° da CRP), se digne reconhecer a aprovação dos projectos do empreendimento em causa, realizando-se, se tal for considerado conveniente, uma reunião com representantes de outras entidades, nomeadamente CCRA e CMPortimão*";

27. A autora não foi notificada, até 1996.09.13, de qualquer decisão dos órgãos da DGT relativamente ao requerimento apresentado em 1996.04.02;

28. A petição inicial da presente acção deu entrada na Secretaria Judicial deste Tribunal Administrativo de Círculo, em 1996.09.16 – cf. fls. 2 dos autos;

29. A implantação das edificações que integram o empreendimento em causa, segundo o projecto apresentado pela autora, situa-se fora das zonas de ocupação turística definidas pelas plantas de localização e pela carta do ordenamento do Plano Regional de Ordenamento do Território do Algarve (PROT-Algarve) – Docs. de fls. 68 e 69-70 dos autos, que aqui se dão por reproduzidos;

30. A DGT, pelo Despacho n.° 1/97 declarou estar impedida de reconhecer o deferimento tácito ao pedido de aprovação do projecto apresentado pela autora, face à aprovação, pelo Decreto Regulamentar n.° 11/91, de 21 de Março, do PROT-Algarve – Doc. de fls. 71-73 dos autos, que aqui se dá por reproduzido.

31. O BPA e o BES eram, em 1984 e 1986, empresas públicas, cujo capital pertencia integralmente ao Estado,

32. O BES e o BPA eram empresas púbicas sujeitas à superintendência e tutela do governo.

33. Na avaliação da A..., a comissão arbitral considerou a aprovação pela DGT e demais entidades de um empreendimento turístico para o local – v. resposta ao quesito 1.°;

34. A A. foi constituída na sequência da Resolução do Conselho de Ministros 34/84, de 5 de Junho, para permitir a dação em pagamento dos prédios referidos no artigo 2.° do presente articulado – V. resposta ao quesito 2.°;

35. Os credores da " TORRALTA" – BESCL e EPA – e a autora só aceitaram o referido valor da dação em pagamento no pressuposto da existência das aprovações da DGT e demais entidades – V. resposta ao quesito 3.°;

36. Sem tais aprovações, os terrenos em causa valiam, na altura, menos de dez milhões de escudos – V. resposta ao quesito 4.°;

37. O ilegal indeferimento da pretensão da A, e o inevitável processo judicial que lhe seguiu, bem como a divulgação de toda a situação junto da banca e demais agentes económicos do ramo da A., nomeadamente, sociedades mediadoras, de construção e exploração de estabelecimentos turísticos, fizeram desacreditar por completo o empreendimento da A. perante os seus potenciais adquirentes – V. resposta ao quesito 5.°;

38. Houve propostas de aquisição do terreno, com valores próximos de Esc. 1.000.000.000$00 (Um milhão de contos) condicionadas à aprovação dos projectos apresentados na DGT, nomeadamente por parte das sociedades "Oxford & Cambridge Holdings, Limited" e "Alagarvesol – Empreendimentos Turísticos, SA" – v. resposta ao quesito 6.°;

39. Em consequência do despacho de 1993.02.01, a autora ficou impossibilitada de realizar os referidos negócios e de beneficiar dos proveitos deles decorrentes – resposta ao quesito 7.°;

40. Caso investisse o produto da venda do seu empreendimento, a autora obteria lucros líquidos nunca inferiores a 30% – v. resposta ao quesito 8.°;

41. A A. investiu todos os seus recursos próprios, tendo ainda recorrido ao crédito bancário, para promover a aquisição dos terrenos, bem como para elaborar os projectos e obter o Licenciamento do conjunto turístico em causa – v. resposta ao quesito 9.°;

42. À data do despacho de 1993.02.01, da Sra. Directora geral do Turismo, a A. não tinha qualquer outro empreendimento em curso – v. resposta ao quesito 10.°;

43. Em 1992.12.31, o montante dos capitais da autora investidos na aquisição do terreno e (licenciamentos da construção do empreendimento em causa era de Esc. 1.276.000.000$00 – v. resposta ao quesito 11.°;

44. Em virtude da total paralisação do procedimento de aprovação licenciamento do empreendimento da A., os capitais investidos deixam de poder gerar qualquer rendimento, continuando a avolumar-se despesas com juros de empréstimos e outros encargos suportados pela A. com vista à prossecução do seu empreendimento – v. resposta ao quesito 12.°;

45. O montante de capitais investidos pela autora na aquisição de terrenos e financiamento da construção do empreendimento em causa, acima mencionada, teria gerado um rendimento de depósitos a prazo nunca inferior a 916.594.500$00 – v. resposta ao quesito 13.°;

46. Como consequência do despacho de 1993.02.01, e consequente impossibilidade de prosseguir a realização do seu empreendimento, a actividade da autora está praticamente paralisada – v. resposta ao quesito 14.°;

47. Os sócios da autora efectuaram diversos suprimentos para financiar a sua actividade – v. resposta ao quesito 15.°;

48. Em honorários dos técnicos autores dos projectos do seu empreendimento turístico a autora despendeu até à data da propositura da acção a importância de 29.520.000$00 – v. resposta ao quesito 16.°;

49. Os custos de funcionamento e gestão corrente da sociedade importaram o dispêndio de um montante superior a 37.605.000$00 -v. resposta ao quesito 17.°;

50. Os encargos financeiros resultantes da indemnização dos financiamentos bancários necessários à concretização do empreendimento da autora, traduziram-se, até Agosto de 1996, num montante superior a 464.874.000$00 – v. resposta ao quesito 18.°;

51. Com o indeferimento de 1993.02.01 da Directora-Geral do Turismo, e do descrédito que esse acto originou, não foram concluídos os procedimentos de licenciamento do empreendimento da autora, o início da execução das respectivas obras de infra-estruturas e construção, a subsequente comercialização e valorização económica, e o recebimento, por parte da autora das respectivas receitas e lucros – v. resposta ao quesito 19.°;

52. Em virtude do provado no quesito 19.°, a autora suportou durante um maior período de tempo os encar-

gos provenientes do dispêndio das quantias referidas nos quesitos 11.°, 16.°, 17.° e 18.° – v. resposta ao quesito 20.°;

53. A autora manteve as suas despesas de funcionamento decorrentes, nomeadamente, do pagamento de remunerações, salários e outras despesas com o pessoal; de pagamento a fornecedores, custos de estudos, projectos e planos, taxas e despesas administrativas diversas – v. resposta ao quesito 21.°;

54. O indeferimento do pedido de aprovação dos projectos dos edifícios do conjunto turístico a A. implicou o total descrédito daquele empreendimento e da sua imagem comercial junto da banca, fornecedores e clientes – v. resposta ao quesito 22.°;

55. A autora suportou encargos e despesas com processos judiciais – v. resposta ao quesito 23.°;

56. Os imóveis identificados no artigo 2.° integram o activo da A., encontrando-se contabilizados pelo valor de 684.000.000$00 (seiscentos e oitenta e quatro milhões de escudos) – v. resposta ao quesito 24.°;

57. Dos activos do BPA e do BES, à data da sua privatização, faziam parte as quotas da sociedade A., as prestações realizadas pelos sócios e o respectivo património valorizados nos montantes indicados, acrescidos de juros e demais encargos – v. resposta ao quesito 25.°;

58. Os terrenos em causa, sem qualquer aproveitamento turístico, valem neste momento cerca de Esc. 5.000.000$00 – v. resposta ao quesito 26.°;

59. O BES e o BPA estavam obrigados a cumprir as determinações constantes da resolução do Conselho de Ministros n.° 34/84 e demais instruções e determinações do governo – v. resposta ao quesito 27.°;

60. O custo das infra-estruturas e edifícios que teriam sido executados entre 1993 e 1994 seria inferior ao que a autora teria de suportar actualmente – v. resposta ao quesito 29.°».

2.2. O DIREITO

Por ser de ordem pública e de conhecimento prioritário (art. 3.° LPTA) cumpre apreciar a questão prévia da incompetência do Tribunal suscitada pelo Ministério Público.

No presente recurso, a recorrente invoca a existência de oposição em relação a quatro questões jurídicas fundamentais.

Alega em primeiro lugar que *(i)* o acórdão recorrido, apesar de dar como provado o trânsito em julgado da questão material suscitada no processo pela ora recorrente – ilegal revogação de actos constitutivos de direitos – reapreciou a referida questão decidindo mesmo que o acto seria nulo, não tendo produzido efeitos jurídicos pelo que nem seria susceptível de revogação, *(ii)* sendo que essa decisão é diametralmente oposta à que, sobre a mesma questão *da sindicabilidade, âmbito e alcance de anterior decisão judicial já transitada em julgado*, foi proferida no acórdão fundamento indicado – *Acórdão da 2ª Secção deste Supremo Tribunal, relatado pelo Conselheiro Benjamim Rodrigues.*

Ora, nos termos do 22.°/a) do ETAF, compete ao Plenário conhecer *"dos recursos de acórdãos das secções, ou dos respectivos plenos proferidos ao abrigo das alíneas a) dos artigos 24.° e 30.°, que, relativamente ao mesmo fundamento de direito e na ausência de alteração substancial, perfilhem solução oposta à do acórdão de diferente secção, ou do respectivo pleno, ou do plenário.*

Portanto, o Pleno da 1ª Secção não é o competente para conhecer deste primeiro pedido.

Mas a este Tribunal cabe já conhecer dos outros três pedidos de verificação de oposição, nos quais estão em causa decisões contraditórias proferidas entre acórdãos da 1ª Secção (art. 24.°/b) do ETAF).

Temos, assim, que no recurso se formulam 3 pedidos para cujo conhecimento é competente o Pleno e um outro para o qual é competente o Plenário.

Vejamos.

O que a recorrente visa com este recurso e legitima a sua posição processual é, a final, a modificação da decisão do acórdão recorrido, de improcedência da acção para efectivação de responsabilidade civil extracontratual do Estado. As questões jurídicas fundamentais isoladas e sobre as quais é suposto terem sido perfilhadas soluções opostas relevam no âmbito dos pressupostos da responsabilidade civil extracontratual do réu e das decisões que, a respeito, foram tomadas no acórdão recorrido.

Neste quadro, a despeito de serem distintas, as alegadas oposições constituem quatro sub-questões relativas ao pedido de indemnização formulado na acção, sendo que a apreciação deste tema tem de fazer-se de forma integrada e só pode caber a um dos tribunais.

Assim, a competência caberá ao Plenário, tribunal que, pela sua composição heterogénea (cf. art. 23.° do ETAF), reúne condições para conhecer de todos os pedidos.

3. DECISÃO

Pelo exposto, acordam em declarar este Tribunal Pleno incompetente em razão da hierarquia e ordenar a remessa dos autos ao Tribunal Plenário.

Lisboa, 29 de Março de 2007.

Políbio Henriques (Relator)
Azevedo Moreira
Santos Botelho
Rosendo José
Angelina Domingues

Recurso n.° 294/05-20

REFORMA AGRÁRIA. INDEMNIZAÇÃO. LEGITIMIDADE PASSIVA. RENDEIRO. PROPRIETÁRIOS.

(Acórdão de 23 de Janeiro de 2007)

SUMÁRIO:

Se a indemnização atribuída aos proprietários de prédios abrangidos pela reforma agrária foi calculada independentemente da indemnização que caberia aos rendeiros desses prédios, os proprietários não podem ser prejudicados pelo provimento do recurso contencioso em que

aqueles rendeiros defendem a ilegalidade do acto atributivo da indemnização por ela ser inferior à que seria devida, pelo que não se justifica que os referidos proprietários intervenham no lado passivo do pleito.

ACÓRDÃO EM CONFERÊNCIA NO PLENO DA SECÇÃO DO CONTENCIOSO ADMINISTRATIVO DO SUPREMO TRIBUNAL ADMINISTRATIVO:

1.1. Henrique Adelino Saial Gonçalves interpôs, na Secção do Contencioso Administrativo deste STA, recurso contencioso do despacho conjunto do Ministro da Agricultura, do Desenvolvimento Rural e Pescas e do Secretário de Estado do Tesouro e Finanças proferido, respectivamente, em 14-03-02 e 25-03-02, pelo qual, no âmbito das leis da Reforma Agrária, lhe foi atribuída a indemnização definitiva de 7.312.551$00 relativa à não devolução de gado bovino e recusada indemnização pela privação da exploração, como rendeiro, dos prédios denominados "Herdade da Camareira", "Herdade da Peliça" e "Herdade do Carrascal, sitas no concelho de Portalegre; "Herdades do Brazico, Frade e Zambujeiro" e "Herdade da Torre do Cabedal, Fonte Caiada e Tapadinhas", sitas no concelho de Vila Viçosa, e "Herdade de Defesinhas, Monte Branco e Pereiros", sitos no concelho de Elvas, bem como pela perda do domínio directo sobre a "Herdade do Canção", sita no concelho de Elvas.

1.2. Por acórdão da 1ª Subsecção (Secção do contencioso administrativo), proferido a fls. 357 e segs, foi julgada procedente a questão prévia da ilegitimidade da intervenção como contra interessados dos herdeiros dos proprietários das Herdades "Pelica e Torre de Cabedal", absolvendo-os da instância, e julgado procedente o recurso contencioso, anulando-se o despacho impugnado.

1.3. O Ministro das Finanças e da Administração Pública e o Ministro da Agricultura do Desenvolvimento Rural e das Pescas, inconformados com a decisão de procedência de questão prévia de ilegitimidade dos herdeiros dos proprietários dos prédios "Herdade da Pelica" e "Herdade da Torre de Cabedal", interpuseram recurso jurisdicional para este Pleno, restrito a essa parte da decisão do acórdão de fls. 357 e segs.

1.4. O Ministro da Agricultura do Desenvolvimento Rural e das Pescas apresentou as alegações de fls. 392 e segs, que concluiu do seguinte modo:

"1ª – Resulta do n.° 4, do artigo 5.°, do DL 199/88, de 31/05, na redacção do DL 38/95, de 14/02, que não pode haver duas indemnizações pela privação temporária do rendimento líquido do prédio: se o proprietário fazia a exploração directa do prédio, é ele o titular único desse direito, se, pelo contrário, explorava o prédio no regime de arrendamento rural terá de repartir a indemnização com o rendeiro.

2ª – As entidades recorridas desatenderam a pretensão do recorrente de ser indemnizado pela privação da exploração, como arrendatário, dos prédios em causa, por considerarem que estes não estavam arrendados e que a sua exploração era feita directamente pelos proprietários, a quem já tinham atribuído a respectiva indemnização. Ao considerar errado o pressuposto em que assentou despacho recorrido para negar a indemnização ao recorrente, o acórdão está implicitamente a considerar errado o pressuposto em que assentou a indemnização atribuída na totalidade ao proprietário.

3ª – A atribuição da indemnização ao recorrente pela exploração dos prédios como arrendatário obriga a uma alteração da indemnização que foi atribuída aos proprietários, pois à luz da norma acima citada não podem ser atribuídas duas indemnizações pela privação temporária do rendimento líquido dos mesmos prédios.

4ª – No caso dos autos, os herdeiros dos proprietários não podem deixar de ser considerados como sujeitos que fazem parte integrante da situação jurídica material que se discute no recurso e sobre os quais se repercutem os efeitos do caso julgado.

5ª – Os herdeiros dos proprietários têm interesse em intervir no recurso contencioso para defenderem a posição dos proprietários corno exploradores directos dos prédios, pois a procedência do recurso ao reconhecer a existência do arrendamento invocado pelo recorrente determina a alteração, com diminuição, das suas indemnizações.

6ª – O douto acórdão recorrido, fez, com o devido respeito, uma incorrecta interpretação da lei ao julgar procedente a questão prévia da ilegitimidade da intervenção como contra-interessados dos herdeiros dos proprietários, pelo que"

1.5. O Ministro das Finanças e da Administração Pública apresentou a peça de fls. 390, do seguinte teor:

"§ Único

Louva-se nas Doutas Alegações que vierem a ser apresentadas pelo Co-Recorrente S. Excelência o Ministro da Agricultura, do Desenvolvimento Rural e das Pescas."

1.6. O Exm.° Magistrado do M.° Público emitiu o parecer de fls. 400 e 401 do seguinte teor:

"O Senhor Ministro da Agricultura, do Desenvolvimento Rural e das Pescas recorre do douto Acórdão proferido a folhas 357 e seguintes, pedindo a sua revogação.

Para tanto, alega que o douto acórdão recorrido fez uma incorrecta interpretação da lei ao julgar procedente a questão prévia da ilegitimidade da intervenção como contra interessados dos herdeiros dos proprietários das herdades Torre da Pelica e Torre do Cabedal.

Assim, conclui nas suas alegações de recurso:

1. resulta do n.° 4 do art.° 5.° do DL 199/88, de 31.5, na redacção do DL 38/95, de 14/2, que não pode haver duas indemnizações pela privação temporária do rendimento líquido do prédio: se o proprietário fazia a exploração directa do prédio, é ele o titular único desse direito, e, pelo contrário, explorava o prédio no regime de arrendamento rural terá de repartir a indemnização com o rendeiro.

2. as entidades recorridas desatenderam a pretensão do recorrente de ser indemnizado pela privação da exploração, como arrendatário, dos prédios em causa, por considerarem que estes não estavam arrendados e que a sua exploração era feita directamente pelos proprietários, a quem já tinham atribuído a respectiva indemnização. Ao considerar errado o pressuposto em que assentou o despacho recorrido para negar a indemnização ao recorrente, o acórdão está implicitamente a considerar errado o pressuposto em que assentou a indemnização atribuída na totalidade ao proprietário.

3. a atribuição da indemnização ao recorrente pela exploração dos prédios como arrendatário obriga a uma alteração da indemnização que foi atribuída aos proprietários, pois à luz da norma acima citada não podem ser

atribuídas duas indemnizações pela privação temporária do rendimento líquido dos mesmos prédios.

4. no caso dos autos, os herdeiros dos proprietários não podem deixar de ser considerados como sujeitos que fazem parte integrante da situação jurídica material que se discute no recurso e sobre os quais se repercutem os efeitos do caso julgado.

5. os herdeiros dos proprietários têm interesse em intervir no recurso contencioso para defenderem a posição dos proprietários como exploradores directos desses prédios, pois a procedência do recurso ao reconhecer a existência do arrendamento invocado pelo recorrente determina a alteração, com diminuição, das suas indemnizações.

A única questão suscitada pelo Recorrente, é a absolvição da instância dos herdeiros dos proprietários das herdades Torre da Pelica e Torre de Cabedal por ser julgada procedente a questão da ilegitimidade da sua intervenção como contra interessados.

Para a absolvição da instância, diz o douto acórdão recorrido, a dado passo:

"Em contencioso administrativo, é contra interessado aquele "a quem o provimento do recurso possa directamente prejudicar" – artigo 36, al. b) da LPTA.

Da anulação do acto recorrido, que tem por objecto a fixação da indemnização que será devida com base no arrendamento dos prédios de o recorrente alega ter sido rendeiro, não resultará qualquer prejuízo directo para os respectivos proprietários, cuja indemnização foi já fixada sem a intervenção do recorrente.

...

Deste modo – após citação do acórdão do STA, de 12.02.03, proc.° n.° 1136/02 – no caso de procedência do recurso com a consequente anulação do acto recorrido caberá à Administração, em execução do julgado, praticar novo acto administrativo e, caso daí resulte um prejuízo para os proprietários estes poderão impugnar esse novo acto por lhes ser directamente lesivo, pelo que não serão directamente prejudicados com o eventual provimento do recurso."

Ora, assim sendo, aceitando-se, até, face ao disposto no n.° 4 do art.° 5.° do DL n.° 199/88, de 31.5, que a procedência do recurso, reconhecendo a existência do arrendamento invocado pelo Recorrente contencioso, possa determinar a alteração do montante da indemnização atribuída aos herdeiros dos proprietários, todavia, só o novo acto que resulte dessa procedência poderá ser atacado por esses herdeiros e na medida em que directamente os possa lesar.

Assim sendo, é meu entendimento que o recurso não merece provimento."

2. Colhidos os vistos legais, cumpre apreciar e decidir.

2.3. Com interesse para a decisão, o acórdão recorrido considerou assentes os seguintes factos.

"1 – Em 22-03-1990, o recorrente entregou um requerimento dirigido ao Ministro da Agricultura, Pescas e Alimentação, datado de em que formaliza *"nos termos do art.° 1.° e 8.° n.° 6, do Decreto-Lei n.° 199/88, de 31 de Maio, o seu pedido de indemnização definitiva em consequência da expropriação (Abolição) do direito ... ao domínio directo incidente sobre o prédio rústico denominado "Herdade do Cão-Can, sita na freguesia de Santo Ildefonso do concelho de Elvas"* – fls. 126.

2 – Em 3-08-1991, o recorrente apresentou na Direcção Regional de Agricultura do Alentejo, Zona Agrária de Elvas, o requerimento cuja cópia se encontra junta a fls. 63 a 65, dos autos, e que aqui se dá por reproduzido, no qual formaliza *"nos termos do art.° 1.°, 2.° e 8.° do Dec-Lei n.° 109/88, de 31.05, com a redacção introduzida pelo Dec-Lei 199/91, de 29.05, o seu pedido de indemnização definitiva, em consequência da nacionalização, expropriação e ocupação ... dos seguintes prédios rústicos que também explorava :*

– "Herdade da Camareira", com 295,675 há, inscrita na matriz sob o artigo 1.° da secção K da freguesia de Fortios, concelho de Portalegre;

– "Herdade da Peliça", cuja área ignora e se situa na freguesia de Fortios, concelho de Portalegre

– "Herdade do Carrascal" com a àrea de 277,800 hectares, inscrita na matriz respectiva sob o Art. 2 da Secção L, da freguesia de Fortios do Concelho de Portalegre;

– "Herdade Brazico, Frades e Zambujeira" com a área aproximada de 450 Hectares, situada junto à povoação de S. Romão, freguesia de Ciladas (?) do Concelho de Vila Viçosa;

– "Herdade de Defesinhas, Monte Branco e Pereiros" com a área aproximada de 600 hectares, situada na freguesia de Ajuda Salvador e Santo Ildefonso do Concelho de Elvas, cuja exploração teve de deixar por lhe terem ocupado o efectivo pecuário bovino com que aproveitava tais prédios em regime silvo-pastoril exclusivo;

– "Herdade da Torre do Cabedal, Fonte Caiada e Tapadinhas", com e área aproximada de 309 hectares situadas na freguesia de Ciladas, Concelho de Vila Viçosa", indicando três testemunhas para prova dos factos alegados.

3 – Anexou ao pedido referido em 2 a declaração a que refere o Dec-Lei n.° 2/79, de 9-01 (fls. 66 a 71).

4 – Em 22-01-1999, pela Divisão de Gestão e Estruturação Fundiária da DRAA, foi elaborada a informação n.° 237/99 GJ-AJ, na qual é proposta a indemnização no montante de 7.312.551$00, acrescidos de juros nos termos do DL n.° 213/79, de 14 de Julho, pela ocupação de 80 vacas, nos termos do relatório informático a ela anexo – fls. 31 a 25 do processo instrutor.

5 – Notificado de tal proposta, o recorrente, aceitando embora o valor aí proposto referente ao gado vacum, apresentou, em 19-02-1999, reclamação do facto de não ter sido atribuída qualquer indemnização pela privação da exploração dos prédios "Herdade da Torre de Cabedal", "Herdade da Peliça", "Herdade do Brazico", "Herdade da Zambujeira de Cima" e "Herdade dos Frades", alegando que os explorava como arrendatário, nos termos e com os fundamentos constantes da exposição de fls. 76 a 79 dos autos (62 a 59, do p i), à qual juntou 15 documentos.

6 – Tal reclamação foi objecto de apreciação na informação n.° 1305/2000 G.J. – A.J., de 30-06-2000, da DRAA, junta a fls. 59 a 61 dos autos (124 a 122, do p i), onde consta o seguinte:

"....

3. Analisada a reclamação apresentada, atendendo aos elementos informativos e documentais disponíveis conclui-se, não atender na totalidade o reclamado tendo como fundamento o seguinte:

a) Sobre o prédio rústico Ovelharia, como o próprio reconhece, há que dizer que não foi ocupado.

b) Embora possa ter existido arrendamento na herdade "Pelica", o epigrafado pôs-lhe termo antes da ocupação, verificada a 18/11/75 (fls. 82 a 91), conforme se verifica do documento constante de fls. 64.

c) Quanto aos prédios rústicos "Brazico", "Zambujeira de Cima", "Herdade dos Frades", e de acordo com a listagem de prédios ocupados nos concelhos de Vila Viçosa e Alandroal (fls. 65 a 79), há que concluir não terem sido ocupados.

d) Quanto ao prédio rústico "Torre de Cabedal" consta nas listagens referidas, como ocupado. No entanto, inexiste qualquer documento no sentido de comprovar o seu arrendamento ao epigrafado.

Aliás, conforme se constata de fls. 92 a 121, a indemnização sobre o referido prédio foi já paga aos proprietários, sendo que não foi tido em conta qualquer arrendamento.

Por outro lado, o documento n.º 4 (Imposto sobre a Indústria Agrícola) é relativo ao ano de 1974; logo se prova existe, esta refere-se ao referido ano, e não ao ano da ocupação.

e) Refira-se ainda que, normalmente, é suprida a falta de contrato de arrendamento através de declarações subscritas por proprietário e rendeiro.

Ora, no presente caso tal torna-se impossível, já que os proprietários aceitaram as indemnizações na qualidade de exploradores directos

f) Assim, improcede totalmente a reclamação apresentada.

3. Assim, o valor total da indemnização definitiva é de Esc: 7.312.551$00 (sete milhões, trezentos e doze mil, quinhentos e cinquenta e um escudos), a que acrescem juros nos termos do Dec. Lei n.º 2 13/79, de 24 de Julho.

4. Há que deduzir ao montante apurado a seguinte quantia:

585.000$00 – recebida pelo titular do processo sobre a forma de indemnização provisória.

Nestes termos, deve o processo subir a despacho definitivo de Suas Excelências o Ministro das Finanças e do Ministro da Agricultura, do Desenvolvimento Rural e das Pescas.

À consideração superior

ÉVORA, 30 de Junho de 2000"

7 – No rosto da informação transcrita foi exarado, pelas entidades recorridas, o despacho "Concordo", objecto do recurso contencioso interposto a fls. 2."

2.2. O DIREITO

2.2.1. As entidades recorrentes discordam do acórdão da subsecção que julgou procedente a questão prévia da ilegitimidade passiva suscitada pelos herdeiros dos ex-proprietários dos prédios em causa, indicados como contra-interessados.

Sustentam, em síntese:

– Resulta do n.º 4, do art.º 5.º, do DL 199/88, de 31.5, na redacção do DL 38/95, de 14/02, que não pode haver duas indemnizações pela privação temporária do rendimento líquido do prédio: se o proprietário fazia a exploração directa do prédio, é ele o titular único desse direito; se, pelo contrário, explorava o prédio no regime de arrendamento rural, terá de repartir a indemnização com o rendeiro.

– Ao considerar errado o pressuposto em que assentou o despacho recorrido para negar a indemnização ao recorrente – o juízo de que os prédios não estavam arrendados e que a sua exploração era feita directamente pelos proprietários, a quem já tinham atribuído a respectiva indemnização –, o acórdão está implicitamente a considerar errado o pressuposto em que assentou a indemnização atribuída na totalidade ao proprietário.

– A atribuição da indemnização ao recorrente pela exploração dos prédios como arrendatário obriga a uma alteração da indemnização que foi atribuída aos proprietários, pelo que os herdeiros destes últimos não podem deixar de ser considerados como sujeitos que fazem parte integrante da situação jurídica material que se discute no recurso e sobre os quais se repercutem os efeitos do caso julgado.

– Os herdeiros dos proprietários têm interesse em intervir no recurso contencioso para defenderem a posição dos proprietários como exploradores directos dos prédios, pois a procedência do recurso ao reconhecer a existência do arrendamento invocado pelo recorrente determina a alteração, com diminuição, das suas indemnizações.

Não têm, todavia, razão.

Vejamos:

2.2.2. Nos termos do art.º 36.º, al. b) da LPTA, é contra-interessado aquele "a quem o provimento do recurso possa directamente prejudicar".

Trata-se, de resto, de disposição de conteúdo semelhante ao art.º 26.º do C. P. Civil, nos termos do qual, *o réu é parte legítima quando tem interesse directo em contradizer (segunda parte do n.º 1)* exprimindo-se *o interesse em contradizer pelo prejuízo que advenha da procedência da acção.*

No caso em apreço, os proprietários dos prédios em causa, de quem os indicados como contra-interessados são herdeiros, receberam já as indemnizações que lhes foram fixadas, sem intervenção dos rendeiros.

A procedência do presente recurso, com a anulação do acto administrativo que recusou ao rendeiro a indemnização peticionada, a título de explorador do prédio no regime do arrendamento rural, não envolve qualquer prejuízo para os proprietários dos prédios (e, consequentemente, para os respectivos herdeiros).

Efectivamente, ao invés do que defendem as entidades recorrentes, a decisão do presente recurso contencioso, não pode ser oposta aos (ex) proprietários dos prédios com efeitos de caso julgado, para como consequência do mesmo, lhes ser reduzida a indemnização que lhes foi fixada e por eles recebida. Da mesma forma que, a atribuição da indemnização aos proprietários não impediu (por efeito de caso decidido ou resolvido ou de caso julgado) o rendeiro de interpor o presente recurso contencioso e de ver anulado o acto administrativo impugnado.

Como muito bem se salienta no ac. deste STA de 12.2.03, rec. 1136/02, também citado no ac. do Pleno de 1.10.03, p.º n.º 46298 (onde se decidiu no mesmo sentido):

"Afinal a defesa dos direitos e interesses dos arrendatários, bem como a defesa dos direitos e interesses dos proprietários fez-se, ou far-se-á, no procedimento em que as indemnizações de que são credores se calcularam ou calcularão.

Aí, eles tiveram, ou terão a oportunidade de discutir a indemnização que lhes caiba, em toda a sua latitude, já que a indemnização a proferir nestes autos não terá a força de caso julgado em relação aos rendeiros (leia-se, no caso, proprietários)".

Esta ponderação é inteiramente transponível para o caso dos autos, ao invés do que defendem as entidades recorrentes, apoiadas em diferenças de circunstancialismo concreto que em nada interferem com a decisão da questão em análise.

Decidindo nestes termos, o acórdão recorrido não merece censura, improcedendo as conclusões das alegações das entidades recorrentes.

3. Nestes termos, acordam em negar provimento ao recurso, confirmando o acórdão recorrido.

Sem custas.

Lisboa, 23 de Janeiro de 2007.

Maria Angelina Domingues (Relatora)
Luís Pais Borges
Adérito da Conceição Salvador dos Santos
Alberto Acácio de Sá da Costa Reis
José Manuel da Silva Santos Botelho
Fernando Manuel Azevedo Moreira
Jorge Manuel Lopes de Sousa

Recurso n.º 1420/02-20

2.ª Secção (Contencioso Tributário)

RESPONSABILIDADE SUBSIDIÁRIA DOS GERENTES POR DÍVIDAS FISCAIS DA SOCIEDADE GERIDA. PRESUNÇÃO LEGAL. PRESUNÇÃO JUDICIAL. ÓNUS DA PROVA.

(Acórdão de 28 de Fevereiro de 2007)

SUMÁRIO:

I – No regime do Código de Processo Tributário relativo à responsabilidade subsidiária do gerente pela dívida fiscal da sociedade, a única presunção legal de que beneficia a Fazenda Pública respeita à culpa pela insuficiência do património social.

II – Não existe presunção legal que imponha que, provada a gerência de direito, por provado se dê o efectivo exercício da função, na ausência de contraprova ou de prova em contrário.

III – A presunção judicial, diferentemente da legal, não implica a inversão do ónus da prova.

IV – Competindo à Fazenda Pública o ónus da prova dos pressupostos da responsabilidade subsidiária do gerente, deve contra si ser valorada a falta de prova sobre o efectivo exercício da gerência.

V – Sendo possível ao julgador extrair, do conjunto dos factos provados, esse efectivo exercício, tal só pode resultar da convicção formada a partir do exame crítico das provas, que não da aplicação mecânica de uma inexistente presunção legal.

ACORDAM NO PLENO DA SECÇÃO DO CONTENCIOSO TRIBUTÁRIO DO SUPREMO TRIBUNAL ADMINISTRATIVO:

1.1. José Carlos dos Santos Sá Pereira, residente em Matosinhos, recorre para o Pleno da Secção de Contencioso Tributário deste Supremo Tribunal Administrativo do acórdão do Tribunal Central Administrativo Norte de 26 de Abril de 2006 que, negando provimento a recurso jurisdicional interposto de sentença da 1ª instância, manteve a decisão de improcedência da oposição à execução fiscal que contra si revertera, como responsável subsidiário, na qualidade de gerente da inicialmente executada Parsape – Empresa de Pintura e Decorações, Lda.

Fá-lo fundado em oposição com o acórdão de 8 de Novembro de 2000 da Secção de Contencioso Tributário deste Supremo Tribunal Administrativo proferido no processo n.º 24890.

Formula as seguintes conclusões:

«1ª O *objecto* do presente recurso é saber-se se, provada a gerência nominal ou de direito, não tem a Fazenda Pública de fazer prova que o gerente, que é de direito, exerceu de facto a gerência.

2.ª Decidiu-se no **Ac. recorrido** que a Fazenda Pública, porque beneficia da presunção judicial da gerência de facto, não tem que fazer prova dela.

3.ª Por sua vez, decidiu o **Ac. fundamento** não haver qualquer disposição legal que confira ao julgador a possibilidade de presumir o exercício da gerência de facto fundado apenas na gerência de direito e, sendo assim, não se pode concluir que o revertido é gerente de facto, só porque se considerou que não logrou provar esse não exercício.

4.ª É evidente que sobre a mesma questão fundamental de direito os Acórdãos aqui em confronto perfilham soluções opostas.

5 ª No entendimento do Recorrente, a solução *legal* e *justa* é a que foi dada pelo **Ac. fundamento**.

6.ª É a solução legal e justa porque **é** a que melhor interpreta o carácter especial do regime da responsabilidade dos gerentes por dívidas tributárias das respectivas sociedades;

7.ª Também porque é a que melhor traduz o sentido da evolução que se vem observando naquele regime de responsabilidade;

8.ª E ainda porque, no tocante à questão do ónus da prova, além de ser a posição mais equilibrada (impedindo, nomeadamente, que a inércia da Administração Fiscal/Fazenda Pública possa conduzir à procedência da oposição), evita, ao contrário do que sucede com a tese do **Ac. recorrido**, a violação dos princípios da igualdade e da proporcionalidade.

9.ª É, deste modo, o **Ac. fundamento** o que melhor interpretação e aplicação faz da lei, designadamente dos arts. 1.º/1 do CPT e 342.º/1 do CC, salvaguardando os princípios da igualdade e da proporcionalidade impostos à actuação da Administração Fiscal pelo art. 266.º/2 da CRP.

Nestes termos e nos mais, de direito, aplicáveis, que sempre serão supridos no provimento do presente recurso, deve ser proferido Acórdão que revogue o Ac. recorrido (...)».

1.2. A Fazenda Pública defende a manutenção do julgado, concluindo deste modo a sua contra-alegação:

«1. A prova por presunção é um dos diversos meios de prova legalmente admissíveis.

2. A par das presunções legais, concretamente estabelecidas na lei, o julgador pode fazer uso de presunções judiciais.

3. Estas correspondem a ilações resultantes de meras regras de experiência, de saber construído com base na normalidade e regularidade dos factos.

4. Essas presunções, pela sua própria natureza, pressupõem a ausência de regra ou regulamentação expressa, pois, se esta existisse, estaríamos meramente perante presunções legais.

5. O acórdão – fundamento, ao afirmar que o julgador não pode fazer uso de presunção judicial em matéria que pode ser objecto de prova testemunhal, está a cercear o leque de meios de prova ao dispor deste e a restringir o direito à livre apreciação da prova pelo julgador.

6. Ainda que assim não se entendesse, o que se concede por mera hipótese, o Recorrente não conseguiu fazer prova dos factos por si alegados, nomeadamente de que, neste período, a gerência foi exercida pelo também sócio Arménio Oliveira.

7. No período temporal em causa nos autos (Julho de 1997 a Março de 1998), o Oponente e a mulher eram os únicos gerentes nomeados, logo os únicos com poderes para obrigar e representar a sociedade.

8. Da conjugação de todos os factos apurados nos autos resulta demonstrado de forma bastante que a gerência só podia ser exercida pelo Oponente e mulher.

Termos em que deve ser recusado provimento ao presente recurso, com as legais consequências».

1.3. O Exm.º Procurador-Geral Adjunto junto deste Tribunal é de parecer que o recurso merece provimento, porque «boa é a jurisprudência do acórdão fundamento, de resto na linha de outros arestos deste STA».

1.4. O processo tem os vistos dos Exm.ºs Adjuntos.

2.1. O acórdão recorrido houve por provada a factualidade seguinte:

«1. Foi instaurada execução fiscal contra "Parsape – Empresa de Pintura e Decorações, L.da", por dívidas provenientes de contribuições à Segurança Social relativas ao período de Junho de 1997 a Março de 1998, no montante global de € 34.055,39;

2. Por despacho datado de 19/9/2002, a execução veio a reverter contra o oponente, na qualidade de sócio gerente da sociedade executada – cfr. fls. 45 dos autos;

3. O oponente foi citado da reversão da execução em 29/10/2002 – cfr. fls. 47 dos autos;

4. A sociedade executada tinha inicialmente como sócios o oponente e mulher Maria Manuela Pinto Rola Sá Pereira e Arménio de Oliveira Rodrigues, pertencendo a gerência ao oponente e mulher – cfr. cópia da certidão de fls 39/40 dos autos;

5. Em 27/7/1998, a gerente Maria Manuela Pinto Rola Sá Pereira cessou funções de gerente, por renúncia, tendo a gerência ficado afecta aos sócios José Carlos e Arménio – cfr. doc. de fls. 39/40 dos autos;

6. A oposição deu entrada em 28/11/2002 – cfr. fls. 2 dos autos.

Não se provaram os factos vertidos sob os artigos 8.º a 14.º da douta petição inicial. As demais asserções integram antes ou meras considerações pessoais, conclusões de facto e/ou direito, pelo que não incumbe pronúncia nesta sede.

A não consideração de tal factualidade relativa ao não exercício da gerência efectiva, resulta de o oponente ter trazido para o efeito apenas prova testemunhal; do seu depoimento (fls. 64/67) extrai-se desde logo a fraca credibilidade, não só pelo interesse na manutenção de boas relações com o oponente face às relações comerciais e laborais que mantinham com a empresa e com o próprio oponente (actualmente) como, por outro lado, pouco ou nada referiram em termos de factos concretos, limitando-se a afirmar basicamente que o gerente era o outro sócio, mas sem uma fundamentação minimamente consistente face aos doc. juntos. Acima de tudo, não demonstraram conhecimento directo (suficiente) da situação por forma a convencerem o Tribunal quanto à factualidade alegada.»

2.2. O acórdão fundamento assentou sobre a matéria de facto assim enunciada:

«1. Contra a sociedade "Calçavil – Indústria de Calçado, Ldª" foram instauradas as seguintes execuções fiscais:

Por *dívidas à Segurança Social:*

– N.º 38 dd/92, referente a contribuições do mês de Abril de 1992, no montante de 341.027$00.

– N.º 46 dd/92, referente a contribuições do mês de Maio de 1992, no montante de 377.377$00.

– N.º 52 dd/92, referente a contribuições do mês de Junho de 1992, no montante de 76.360$00.

– N.º 93/1000128, referente a contribuições dos meses de Julho, Agosto, Setembro e Outubro de 1992, nos montantes de 179.691$00, 169.943$00, 149.549$00 e 139.502$00, respectivamente.

– N.º 93/1001280, referente a contribuições de Novembro de 1992, no montante de 175.832$00.

Por *dívida de IVA e juros compensatórios:*

– N.º 93/1006908, respeitante ao período de 1/10/92 a 31/12/92, no montante de 28.901$00.

Por *Imposto de Circulação:*

– N.º 93/1007720, respeitante ao 2..º semestre de 1993, no montante de 3.033$00.

2. Na falta de bens penhoráveis daquela sociedade foi a execução revertida conta o ora Oponente.

3. Na escritura de constituição da primitiva executada, celebrada em 6/5/91, o Oponente foi nomeado gerente.

4. O Oponente, nos anos de 1992 e 1993 trabalhou na Câmara Municipal de Vale de Cambra e sempre cumpriu com zelo o seu horário.

5. Por carta registada com A/R, datada de *23/8/92* o Oponente renunciou ao cargo de gerente, tendo o aviso de recepção sido assinado em 24/9/92.

Escreveu-se ainda no douto Acórdão recorrido: *"quanto aos factos não provados exarou-se na sentença recorrida o seguinte:*

Com interesse para a decisão da causa não se provaram os demais factos alegados na petição inicial designadamente:

– desde o inicio da actividade da primitiva executada o Oponente nunca exerceu efectivamente a gerência; ficando essa exclusivamente a cargo dos outros dois sócios José da Silva e António Gomes Silvestre.

– jamais o oponente actuou ou celebrou negócios jurídicos em nome da sociedade.

– jamais praticou quaisquer actos no âmbito da capacidade de exercícios de direitos da mesma sociedade,

– dando ordens a empregados,

– encomendando matérias-primas ou ordenando a produção.

– nunca recebeu retribuição».

3.1. O objecto do presente recurso vem recortado nas três primeiras conclusões das alegações do recorrente: trata-se de saber «se, provada a gerência nominal ou de direito, não tem a Fazenda Pública de fazer prova que o gerente, que é de direito, exerceu de facto a gerência». Sendo que o acórdão recorrido entendeu «que a Fazenda Pública, porque beneficia da presunção judicial da gerência de facto, não tem que fazer prova dela», enquanto que o acórdão fundamento considerou que não existe «qualquer disposição legal que confira ao julgador a possibilidade de presumir o exercício da gerência de facto fundado apenas na gerência de direito e, sendo assim, não se pode concluir que o revertido é gerente de facto, só porque se considerou que não logrou provar esse não exercício».

Vejamos com mais pormenor, através de alguns excertos, como os dois arestos em confronto abordaram a questão.

Trata-se, em qualquer dos casos, da responsabilidade subsidiária de gerentes por dívidas fiscais da sociedade gerida, no regime do artigo 13.° do Código de Processo Tributário.

No **acórdão recorrido** pode ler-se que «sempre se entendeu e assumiu, jurisprudencial e doutrinalmente, em situações enquadráveis no quadro legal vindo de delimitar, que, assumida, comprovada, a gerência de direito ou nominal, devia ser tida por ocorrida, na ausência de mais segura comprovação, a partir de tal demonstração (...), a gerência de facto ou efectiva».

Transcrevendo um outro aresto, escreveu-se que «o art. 13.° do CPT não consagra qualquer presunção de gerência de facto com base na gerência de direito. A única presunção consagrada nesse preceito legal é a presunção de culpa do gerente (...). É certo que, provada que esteja a gerência de direito, (...), desta se infere a gerência efectiva ou de facto, mas tal presunção não está prevista na lei, antes é meramente judicial, fundando-se nas regras da experiência (...)». «O que significa que a Fazenda Pública, porque beneficia da presunção judicial de gerência de facto, não tem que fazer prova desta para poder reverter a execução fiscal contra o gerente de direito. Esta presunção, porque meramente judicial, admite contraprova, a efectuar por qualquer meio de prova, não se exigindo a prova do contrário para que seja ilidida».

Apreciando a decisão judicial que lhe estava submetida pela via do recurso jurisdicional, disseram os subscritores do acórdão que «(...) não contestando a sua nomeação como gerente da sociedade devedora, condição que manteve durante todo o período a que se reporta a divida em cobrança coerciva, o oponente (aqui Rte), mais que não tendo logrado demonstrar, como em primeira linha se propôs, que não exerceu a gerência efectiva, de facto, da sociedade executada, também não alegou e provou factos que, pelo menos, pudessem tomar duvidosa a judicialmente presumida gerência de facto. Ora, só tendo criado esta fundada dúvida a questão em torno do exercício ou não da gerência teria de ser decidida, resolvida, contra a Fazenda Pública, em execução do comando que decorre do disposto no art. 346.° CC. Ou seja, não lhe assiste razão quando sustenta, singelamente, que a AF tinha o ónus da prova da gerência de facto, pela sua pessoa».

Quanto ao **acórdão fundamento**, começou por apontar que a decisão objecto do recurso jurisdicional que apreciava «decidiu que o regime de responsabilidade subsidiária aplicável à situação figurada nos autos era o resultante do disposto no art.° 13.° do CPT, e que, de acordo com ele, a mencionada responsabilidade tinha por pressuposto o exercício efectivo do cargo de gerente e, além disso, que provada a gerência nominal se presumia provada, por força da presunção judicial prevista no art. 351.° do CC, a gerência efectiva, uma vez que "*É da experiência comum, e está de acordo com a natureza das coisas, que quem é designado gerente de uma sociedade exerce por regra a função correspondente*"». E, assim, a decisão recorrida, porque o «Oponente não tinha conseguido provar factos que contrariassem esta presunção, concluiu que se devia manter o julgamento de improcedência desta oposição (...)».

Ponderou, depois, que «nem o citado art.° 13.° do CPT nem qualquer outro dispositivo legal, estabelece qualquer presunção acerca do exercício da gerência, já que a única presunção ali prevista respeita à prova da culpa na insuficiência patrimonial da sociedade. Daí que (...) seja errada a afirmação (...) de que provada a gerência de direito se presume a gerência de facto (...) porquanto, na ausência de preceito que estabeleça essa presunção legal, a formulação (...) desse juízo tem de ser retirada das realidades, efectivamente provadas por acção das partes. Nesta conformidade a afirmação contida no douto Acórdão recorrido de que há-de ser o gerente nominal a fazer a prova de que não exerceu de facto este cargo, sob pena de, não o fazendo, se concluir por esse exercício não é aceitável, e não é aceitável porquanto tanto o Oponente como a Fazenda Nacional Tribunal têm, por igual, interesse em produzir essa prova. (...)». Ou seja, (...) «sobre a Fazenda Nacional recai, também, o ónus de provar que o revertido é, para além de gerente de direito, gerente de facto». (...)

Mais adiante, o acórdão reafirma que «(...) a Fazenda Nacional não tem a seu favor nenhuma presunção legal» (...). «Não existe, assim, uma presunção judicial em abstracto da gerência de facto a partir da gerência de direito. A prova da gerência de facto terá de resultar do circunstancialismo concreto de cada caso e do juízo de valor que o julgador faça sobre o mesmo».

Ambos os arestos reconheceram que não existe qualquer presunção legal que faça decorrer da qualidade de gerente de direito o efectivo exercício da função.

Os dois aceitaram, ainda, que a única presunção consagrada no artigo 13.° do CPT respeita à culpa na insuficiência do património social, que a Fazenda Pública não tem que provar, por isso que goza da presunção legal.

A divergência reside no alcance que atribuíram à presunção judicial que permite retirar do facto de o gerente o ser, de direito, esse outro facto que é o ter exercido funções de gerência, e no modo como trataram da repartição do ónus da prova.

3.2. De acordo com o artigo 349.° do Código Civil, «presunções são as ilações que a lei ou o julgador tira de um facto conhecido para firmar um facto desconhecido».

Há, pois, presunções legais – ilações que a lei tira de um facto conhecido para firmar um facto desconhecido – e presunções judiciais – ilações que o julgador tira de um facto conhecido para firmar um facto desconhecido.

O artigo 350.° n.° 1 do mesmo diploma diz-nos que «quem tem a seu favor a presunção legal escusa de provar o facto a que ela conduz». É por isso que, quanto à culpa a que se refere o artigo 13.° do CPT, a Fazenda, beneficiando da presunção da lei, não carece de demonstrar essa culpa.

Mas idêntica regra não está consagrada relativamente à presunção judicial.

O que é compreensível, desde logo porque, ao contrário da presunção legal, que está plasmada na lei, resultando dela sem necessidade de intermediação, a presunção judicial não tem existência prévia, é um juízo casuístico que o julgador retira da prova produzida num concreto processo quando a aprecia e valora. Só nessa ocasião e por força do raciocínio do juiz é que o facto desconhecido (não presumido legalmente, nem provado por qualquer meio probatório) passa a ser, também, conhecido, inferido pelo julgador a partir do conjunto factual que a prova revelou.

Por isso, se faz sentido o regime contido no artigo 350.° n.° 2 do Código Civil, quando estabelece as condições em que podem ser ilididas as presunções legais, o mesmo regime nenhum sentido faria se aplicado às presunções judiciais. Quanto a estas, não se trata de as ilidir, produzindo contraprova ou prova em contrário, porque não há nenhum facto que, estando, em princípio, provado por força da lei, possa deixar de se dar por provado por obra dessa prova em contrário ou contraprova.

Pela mesma razão se não pode afirmar, como se faz no acórdão recorrido, que a Fazenda Pública beneficia da presunção judicial de gerência de facto e não tem que fazer prova desta para poder reverter a execução fiscal contra o gerente de direito.

Ninguém beneficia de uma presunção judicial, porque ela não está, à partida, estabelecida, resultando só do raciocínio do juiz, feito em cada caso que lhe é submetido.

As presunções influenciam o regime do ónus probatório.

Em regra, é a quem invoca um direito que cabe provar os factos seus constitutivos. Mas, se o onerado com a obrigação de prova beneficia de uma presunção legal, inverte-se o ónus. É o que decorre dos artigos 342.° n.° 1, 350.° n.° 1 e 344.° n.° 1 do Código Civil.

Também aqui o que vale para a presunção legal não serve para a judicial. E a razão é a que já se viu: o ónus da prova é atribuído pela lei, o que não acontece com a presunção judicial. Quem está onerado com a obrigação de fazer a prova fica desonerado se o facto se provar mediante presunção judicial; mas sem que caiba falar, aqui, de inversão do ónus.

3.3. Quando, em casos como os tratados pelos arestos aqui em apreciação, a Fazenda Pública pretende efectivar a responsabilidade subsidiária do gerente, exigindo o cumprimento coercivo da obrigação na execução fiscal inicialmente instaurada contra a originária devedora, deve, de acordo com as regras de repartição do ónus da prova, provar os factos que legitimam tal exigência.

Mas, no regime do artigo 13.° do CPT, porque beneficia da presunção legal de que o gerente agiu culposamente, não tem que provar essa culpa. Ainda assim, nada a dispensa de provar os demais factos, designadamente, que o revertido geriu a sociedade principal devedora. Deste modo, provada que seja a gerência de direito, continua a caber-lhe provar que à designação correspondeu o efectivo exercício da função, posto que a lei se não basta, para responsabilizar o gerente, com a mera designação, desacompanhada de qualquer concretização.

Este efectivo exercício pode o juiz inferi-lo do conjunto da prova, usando as regras da experiência, fazendo juízos de probabilidade, etc. Mas não pode retirá-lo, mecanicamente, do facto de o revertido ter sido designado gerente, na falta de presunção legal.

A regra do artigo 346.° do Código Civil, segundo a qual «à prova que for produzida pela parte sobre quem recai o ónus probatório pode a parte contrária opor contraprova a respeito dos mesmos factos, destinada a torná-los duvidosos», sendo então «a questão decidida contra a parte onerada com a prova», não tem o significado que parece atribuir-lhe o acórdão recorrido. Aplicada ao caso, tem este alcance: se a Fazenda Pública produzir prova sobre a gerência e o revertido lograr provar factos que suscitem dúvida sobre o facto, este deve dar-se por não provado. Mas a regra não se aplica se a Fazenda não produzir qualquer prova.

3.4. Do que até agora se disse já se vê que não secundamos o acórdão recorrido.

Mas convém, ainda, clarificar um ponto.

Se em causa estivesse o modo como o Tribunal recorrido, usando uma presunção judicial, chegara à convicção de que o revertido exercera, efectivamente, a gerência, este Supremo Tribunal Administrativo não poderia censurar o acórdão, nesse segmento, porque ao Supremo não cabe sindicar os juízos de livre apreciação da prova feitos pelas instâncias.

Porém, no caso, do que se trata não é de verificar se o Tribunal *a quo* acertou ou errou ao inferir a gerência de facto da gerência de direito.

Do que se trata é de censurar a aplicação que fez de um regime legal, afirmando a existência de uma presunção judicial e retirando, maquinalmente, de um facto conhecido, outro, desconhecido, como se houvesse uma presunção legal, que não há; e afirmando a inversão do ónus da prova, quando tal inversão não ocorre, no caso, na falta de presunção legal.

4. Termos em que acordam, em Pleno, os juízes da Secção de Contencioso Tributário deste Supremo Tribunal Administrativo em, concedendo provimento ao recurso, revogar o aresto impugnado, julgando procedente a oposição e extinta a execução fiscal no que concerne ao recorrente.

Sem custas.
Lisboa, 28 de Fevereiro de 2007.

Baeta de Queiroz (Relator)
Brandão de Pinho
Lúcio Barbosa
Pimenta do Vale
Jorge Lino
António Calhau

Recurso n.º 1132/06-50

RESTITUIÇÃO À EXPORTAÇÃO. REGULAMENTO CEE N.º 3665/87. COMPETÊNCIA DOS TRIBUNAIS.

(Acórdão de 28 de Fevereiro de 2007)

SUMÁRIO:

A competência material para conhecer de impugnação contenciosa de acto que ordenou a reposição de verbas relativas a restituições à exportação nos termos dos Regulamentos CEE n.º 3665/87 e 2945/94, da Comissão, pertence ao tribunal administrativo.

ACORDAM NO PLENO DA SECÇÃO DO CONTENCIOSO TRIBUTÁRIO DO SUPREMO TRIBUNAL ADMINISTRATIVO:

O Presidente do Conselho Directivo do Instituto Nacional de Intervenção e Garantia Agrícola vem interpor recurso, por oposição de acórdãos, do aresto do Tribunal Central Administrativo a fls. 118. e ss., que considerou o tribunal tributário materialmente competente para conhecer da impugnação judicial deduzida por Persuinos, SA, contra acto de liquidação àquele imputado.

O recorrente formulou as seguintes conclusões:

1. Por despacho de fls. 179, foi julgada a existência de oposição de acórdãos, nomeadamente entre o acórdão proferido nos presentes autos, de que se recorre e o acórdão do STA de 08-06-2005, no Proc.º n.º 0133/05, relativamente à mesma questão de direito, ou seja, averiguar da competência do Tribunal.

2. O presente litígio tem por objecto um acto imputado ao presidente do INGA contendo uma decisão que, no âmbito da medida relativa a Ajudas Comunitárias e denominada como "Restituições à exportação de carne de aves" – Reg. CEE n.º 3665/87, de 27/11, ordena a reposição de quantias recebidas pelo recorrido, sendo a sua pretensão a anulação de tal acto com fundamento em que o mesmo é ilegal por se entender que há vício de forma e de violação de lei induzido por erro nos pressupostos de facto e de direito.

3. A questão é antes de mais averiguar da competência do Tribunal, ou seja, verificar se o acto administrativo praticado pelo INGA, que ordena a reposição de verbas de restituições à exportação, deve ser considerado um acto sobre questão fiscal ou aduaneira.

4. O acórdão proferido nos presentes autos, de que ora se recorre, tem solução oposta à do Acórdão do STA de 08-06-2005, no Proc.º n.º 0133/05, relativamente à mesma questão de direito.

5. As chamadas "restituições à exportação", constituem uma Ajuda Comunitária de natureza financeira, têm natureza análoga à de um subsídio.

6. A ajuda comunitária não tem a natureza de benefício fiscal, pois não se trata de uma medida excepcional destinada a tutelar outros interesses públicos relevantes, e por isso destinada a impedir a tributação. Assim, o acto que ordena a restituição da ajuda comunitária indevidamente recebida não tem natureza tributária, não constitui um acto de liquidação do tributo do qual o recorrente estaria isento.

7. A revogação da ajuda concedida ao recorrente não se concretiza num acto tributário nem faz apelo a qualquer norma de cariz tributário. Não está aqui em causa uma relação de natureza jurídico-fiscal ou tributária, nem a perda de um benefício fiscal com a consequente reposição da tributação, visando a obtenção de receitas destinadas à satisfação dos encargos públicos.

8. O Acórdão do STA de 08-06-2005, – Acórdão fundamento – decidiu claramente no sentido de que o despacho que ordena a reposição de verbas de restituições à exportação não é uma questão fiscal.

9. A interpretação sufragada no Acórdão recorrido viola os princípios estabelecidos nos Regulamentos (CEE) n.os 2777/75 e 3665/87, bem como o espírito que preside a estes diplomas de protecção dos interesses financeiros da Comunidade.

10. Estes diplomas são de aplicação e vigoram na ordem jurídica interna nacional por força do art.º 8.º da CRP e do Tratado da União Europeia.

11. As restituições à exportação destinam-se a salvaguardar a participação da Comunidade no comércio internacional, nada tendo que ver com qualquer questão fiscal (aduaneira), nem têm nada a ver com benefícios fiscais.

12. Assim, é evidente que não se trata aqui de um acto tributário aduaneiro, nem a restituição à exportação uma modalidade de benefício fiscal, mas sim um puro e simples acto administrativo que visa a reposição de quantias ilicitamente recebidas e que nos termos da legislação comunitária está o Estado Português, mais concretamente o INGA, obrigado a recuperar.

13. Pelo que, o Tribunal competente para sindicar o despacho que ordena a reposição de verbas de restituições à exportação é o tribunal administrativo e não o tribunal tributário.

Termos em que, deve ser dado provimento ao recurso, aplicando-se a solução adoptada pelo Acórdão fundamento.

E contra-alegou a impugnante, concluindo por sua vez:

1 – O acórdão do TCA – Sul tem por objecto um acto do INGA que reclama o reembolso de restituições à exportação com o fundamento de que houve erro na classificação da mercadoria de que resultou a percepção pela recorrida de restituição inferior à que lhe era devida.

2 – Em lugar de corrigir o pretenso erro a favor da recorrida, o INGA exigiu a reposição da totalidade das restituições abonadas. E o mesmo INGA impediu que fosse

apurado se existia o erro de interpretação da Pauta de Importação através de processo técnico de contestação regulado pelo DL 281/91, de 9/8 – art.º 10.º e ss.

3 – O mesmo INGA tentou privar a recorrida do exercício do direito de impugnação contenciosa do seu acto, através da retenção abusiva da petição inicial que devolveu ao advogado cerca de seis meses após a sua recepção.

4 – O exercício do direito de sindicar actos administrativos que afectem interesses legalmente protegidos pressupõe a possibilidade de discutir não apenas a parte decisória dos actos administrativos mas também a legalidade e acerto dos seus pressupostos,

5 – Donde, para se apurar da legalidade da exigência do reembolso, tem que se questionar também a existência do pretenso erro de classificação da mercadoria.

6 – O facto gerador do direito à restituição é a declaração de uma mercadoria agrícola/pecuária para o regime aduaneiro de exportação, no caso frangos com miúdos ou frangos 70%.

7 – A exportação faz parte do elenco de regimes aduaneiros tipificado no art.º 4.º, n.º 16.º do Código Aduaneiro Comunitário,

8 – Ou seja, o facto gerador da restituição é o acto aduaneiro por excelência denominado "declaração aduaneira: o acto pelo qual uma pessoa manifesta na forma e segundo as modalidades prescritas, a vontade de atribuir a uma mercadoria determinado regime aduaneiro" (art.º 4.º n.º 17 do CAC).

9 – A identificação da declaração para o regime aduaneiro da exportação como facto gerador do direito à restituição bastaria para provar a sua natureza tributária.

10 – Contudo, outros factores concorrem no mesmo sentido, como seja o próprio conceito de restituição, que é um benefício concedido aos exportadores comunitários, pago pelo Orçamento Comunitário, a partir das receitas geradas pelos direitos niveladores cobrados na importação de produtos agrícolas e consignados à promoção das exportações.

11 – Se os pressupostos da restituição à exportação são integralmente de natureza tributária, não é curial a discussão dos mesmos em jurisdição administrativa. (CPPT, art.º 97.º, l a), d), e f); art.º 102.º/1, f).

12 – É que a restituição à exportação não emerge de um acto administrativo do INGA, mera entidade pagadora.

13 – Nem pode ser assimilado a actos administrativos de outros órgãos do Ministério da Agricultura processadores de ajudas financeiras e outros subsídios à produção agrícola.

14 – À luz deste entendimento não se divisa forma de retirar da competência material da jurisdição fiscal este tipo de litígios, embora se aceite que outros actos administrativos do MA, com incidência financeira, possam e devam ser apreciados na jurisdição administrativa.

15 – Assim o decidiu, até à presente data, o venerando STA-CT, como atesta o Acórdão José Carvalho Coimbra.

16 – Independentemente de se verificar se há real oposição de acórdãos, importa que o conflito de competência seja decidido no sentido de ser a jurisdição fiscal a exercer o controlo jurisdicional deste tipo de actos,

17 – Sob pena de se esvaziar de conteúdo o efectivo direito de recurso contencioso, consagrado no art 268.º da CRP.

18 – E, deste modo, fazer prevalecer uma interpretação dos art 26.º, 27.º, 38.º, 49.º do ETAF, conducente à inconstitucionalidade material destes preceitos.

Preceitos Violados:

Os referidos nas conclusões

Termos em que se conclui requerendo a confirmação do acórdão recorrido.

O Exmo. Magistrado do Ministério Público emitiu parecer no sentido do provimento do recurso, devendo considerar-se competente o tribunal administrativo já que, como o Tribunal de Justiça das Comunidades já decidiu, não fazendo as restituições à exportação parte do regime de exportação das mercadorias comunitárias, o despacho que ordena a reposição das verbas respectivas não concretiza qualquer questão fiscal.

E, corridos os vistos legais, nada obsta à decisão.

Em sede factual, vem apurado que:

1) Através do ofício n.º 052344, de 27/12/2000, foi a ora impugnante notificada da intenção do INGA recuperar o valor pago, acrescido dos valores exigidos pela Regulamentação Comunitária aplicável, no montante total, ora impugnado, de € 147.748,18.

2) A ora impugnante deduziu a presente impugnação em 15/5/2002.

Vejamos, pois:

Há que afirmar, desde já, que se verifica a alegada oposição de arestos – o recorrido do Tribunal Central Administrativo, de 17 de Janeiro de 2006, e o fundamento, do Supremo Tribunal Administrativo, de 8 de Junho de 2005, recurso n.º 0133/05.

Na verdade, estando em causa a reposição de quantias relativas às "restituições à exportação de carnes", o aresto recorrido considerou competente para apreciar a impugnação contenciosa, o tribunal tributário; e o aresto fundamento, para o mesmo efeito, o tribunal administrativo.

Sendo de todo inócuo que, no primeiro caso, estivessem em causa aves e, no segundo, suínos – Regulamento CEE n.º 3665/87 –, já que tal diferenciação em nada contraria a concretização, no caso, da mesma "hipótese normativa", pelo que se verifica identidade de situação de facto.

Assim, a questão dos autos é a de saber se o acto contenciosamente impugnado, consubstanciando uma ordem de reposição de verbas referentes às ditas restituições à exportação, deve ser sindicado pelos tribunais tributários ou administrativos ou, de outro modo, se se trata de um acto atinente a "questões fiscais".

Ora, dispõe o artigo 62.º, n.º 1, alínea e), do Estatuto dos Tribunais Administrativos e Fiscais, competir aos tribunais tributários "conhecer dos recursos respeitantes a questões fiscais para cujo conhecimento não sejam competentes o Supremo Tribunal Administrativo e o Tribunal Central Administrativo", ressalva que, todavia, não está ora em causa.

Pelo que o cerne da questão está em saber o que haja de entender-se por "questões fiscais".

Ora, nos termos do acórdão do Plenário do Supremo Tribunal Administrativo, de 29 de Outubro de 2003, recurso n.º 0937/03, do ora relator, "por questões fiscais deve entender-se tanto as resultantes de imposições autoritárias que postulem aos contribuintes o pagamento de toda e qualquer prestação pecuniária, em ordem à obtenção de receitas destinadas à satisfação de encargos públicos dos respectivos entes impositores, como também das que as dispensem ou isentem, ou, numa perspectiva mais abrangente, as respeitantes à interpretação e aplicação de normas de direito fiscal, com atinência ao exercício da função tributária da Administração Pública, em suma, ao regime legal dos tributos".

Na hipótese concreta trata-se, como se disse, de restituições à exportação, cuja natureza foi já apreciada pelo Tribunal de Justiça – acórdão de 17 de Julho de 1997, processo C-334/95 –, aí se considerando que elas "não fazem parte do regime de exportação das mercadorias comunitárias pois encontram o seu fundamento nos regulamentos que estabelecem as organizações comuns de mercado para os diferentes produtos agrícolas" visando "cobrir a diferença entre os preços destes produtos no comércio internacional e os preços praticados na Comunidade, de modo a permitir a exportação desses produtos no mercado mundial, garantindo os rendimentos dos produtos comunitários", pelo que "constituem assim o aspecto externo da política comum de preços no interior da Comunidade e não podem ser considerados como medidas que relevam da legislação aduaneira".

Como sublinha o Exmo. Magistrado do Ministério Público, "as restituições à exportação têm por finalidade cobrir a diferença entre os preços do produto em causa no mercado mundial e os preços mais elevados desse produto na Comunidade.

São financiadas pelo orçamento comunitário, mais precisamente pelo Fundo Europeu de Orientação e Garantia Agrícola (FEOGA).

As modalidades comuns de aplicação das restituições à exportação para os produtos agrícolas são regulamentadas pela Comissão, cabendo às autoridades nacionais dos Estados-membros aplicar a regulamentação comunitária no seu território e fazê-la respeitar" – fls. 224.

Não está, assim, em causa qualquer relação jurídica tributária ou interpretação e aplicação de normas de direito fiscal com atinência ao exercício da função tributária da Administração, nem da obtenção de receitas destinadas, como os impostos, à satisfação de encargos públicos, nos preditos termos.

Não se trata, pois, na tese orientadora do Tribunal de Justiça, de benefícios fiscais – cfr. artigo 2.° do Estatuto dos Benefícios Fiscais –, ao contrário do preconizado pelo aresto recorrido.

Certo que a impugnante pôs em causa a correcção do Código Pautal a atribuir à mercadoria exportada e o princípio procedimental que deveria ter sido utilizado – o processo técnico aduaneiro de contestação perante o Conselho Técnico Aduaneiro.

Mas, como refere Jorge de Sousa, in Código do Procedimento e do Processo Tributário, 4.ª edição, p. 152, "para determinação da competência material dos tribunais administrativos e fiscais, o que é relevante é a natureza da questão que o recorrente coloca na petição de recurso contencioso e não a natureza das questões que o tribunal, depois de previamente decidida a sua competência, vai entender ter de decidir para conhecer adequadamente a questão colocada.

Nestas condições, o que há a fazer para decidir a questão da competência material, é apenas verificar se é colocada ao tribunal uma questão de natureza administrativa e fiscal, independentemente de, para a sua resolução conveniente, se vir a entender ser necessário conhecer de questões de outra natureza."

Tem-se, assim, por competente, no caso, o Tribunal Administrativo de Lisboa.

Termos em que se acorda conceder provimento ao recurso, revogando-se o aresto recorrido, com manutenção da sentença da 1.ª instância.

Custas pela impugnante com procuradoria de 60%.

Lisboa, 28 de Fevereiro de 2007.

Brandão de Pinho (Relator)
Lúcio Barbosa
Pimenta do Vale
Baeta de Queiroz
Jorge Lino
António Calhau

Recurso n.° 699/06-50

Acórdãos do Supremo Tribunal Administrativo

1.ª Secção (Contencioso Administrativo)

CARREIRA MÉDICA. CONCURSO. CHEFE DE SERVIÇO. AVALIAÇÃO DOS CONCORRENTES. FUNDAMENTAÇÃO DO ACTO.

(Acórdão de 20 de Março de 2007)

SUMÁRIO:

I – **Não viola o disposto no ponto 65 alínea a) da Portaria 47/98, de 30 de Janeiro, a deliberação do júri do concurso para provimento de um lugar de Chefe de Serviço da carreira médica de clínica geral que, com referência ao critério de avaliação referenciado nessa alínea – "*exercício de funções na carreira médica de clínica geral*" estabeleceu que "*A valorização máxima dos pontos 1 (exercício de funções clínicas) e 3 (actuação no serviço de urgência ou de atendimento permanente"* só seria atribuída aos candidatos com mais de 12 anos de exercício de funções.**

II – **O n 49.º/1 da referida Portaria determina que na acta das reuniões ou na ficha para a qual a acta remete devem "*constar obrigatoriamente*", não só "*as classificações atribuídas pelo júri a cada candidato e a cada um dos parâmetros de avaliação*"(al. a)) como ainda a "*fundamentação clara e suficiente das classificações atribuídas pelo júri a cada candidato e a cada um dos parâmetros de avaliação*" (al. b)).**

III – **Limitando-se o júri do concurso a atribuir uma determinada valoração numérica, expressa à frente de cada parâmetro de avaliação, sem qualquer explicação para a atribuição dessa pontuação, está apenas a dar parcial satisfação ao que determina o n.º 49.º /a) (*indicação da classificação atribuída a cada candidato*).**

IV – **Se o júri do concurso na acta ou na ficha de classificação de cada candidato não indica expressamente quais os elementos que teve em consideração para justificar a atribuição de uma determinada pontuação a cada candidato, é de concluir que o acto se não encontra devidamente fundamentado, nos termos do exigido por aquela disposição (49.º n.º 1/b)).**

ACORDAM NA SECÇÃO DO CONTENCIOSO ADMINISTRATIVO DO SUPREMO TRIBUNAL ADMINISTRATIVO:

1 – Olga Maria Ferreira Lima, assistente graduada de clínica geral do quadro do Centro de Saúde de Águeda, melhor id. a fls. 2, interpôs no TCA recurso contencioso de anulação do despacho de 24.05.2001 do **SECRETÁRIO DE ESTADO DOS RECURSOS HUMANOS E DA MODERNIZAÇÃO DA SAÚDE**, que lhe indeferiu recurso hierárquico que dirigira ao **Ministro da Saúde** insurgindo-se contra o despacho 21.10.99 do Coordenador da Sub-Região de Saúde de Aveiro que homologou a lista de classificação final do concurso interno condicionado, aberto por Ordem de Serviço da Sub-Região de Saúde de Aveiro de 15.03.99, para provimento de um lugar de Chefe de Serviço de Clínica Geral no Centro de Saúde de Águeda.

Indicou como interessada particular ***Maria José Dias Barata de Tovar***.

2 – Por acórdão do TCA de 06.04.06 (fls. 136/142) foi negado provimento ao recurso contencioso pelo que e inconformada com tal decisão, dela veio a impugnante interpor recurso jurisdicional que dirigiu a este STA tendo, na respectiva alegação, formulado as seguintes ***CONCLUSÕES***:

I – De acordo com o disposto no ponto 65 da Portaria 47/98, de 30/01 tem que ser considerado e valorado todo o tempo que cada concorrente apresente no seu curriculum (aferido quanto às funções inseridas na primeira parte da alínea a) do ponto 65 do Regulamento e à competência técnico-profissional) de exercício de funções na carreira médica de clínica geral.

II – A cada candidato tem de ser, obrigatoriamente, considerado – avaliado – o exercício das referidas funções considerando *o tempo do seu exercício na carreira.*

III – O júri tem o poder discricionário (discricionariedade técnica) – desde que fundamentado – de considerar como melhor e de mais valor (ou de pior e menos valor...) o exercício dessas funções relativamente a um ou outro candidato, ainda que com menor ou mais tempo de exercício das mesmas.

IV – Ao júri está vedado definir, à partida, um patamar ou limite desvalorizando, sem mais, abaixo desse patamar ou limite.

V – Ao júri está vedado atribuir e valorar qualquer item com maior pontuação que a definida no regulamento.

VI – O critério valorativo definido pelo júri para o item a) e item c) violam a lei quer referida ao ponto 66 alínea b) da Portaria 47/98 quer aos princípios da legalidade, da igualdade, da proporcionalidade, previstos nos art.ºs 3.º, 5.º e 6.º do C.P.A.

VII – Há vício de violação da lei por violação do disposto na alínea a) do ponto 65.º do Regulamento concursal e por erro nos pressupostos ao valorar-se como tempo de exercício de funções na carreira de clínica geral – caso da 1ª classificada – um período de dois anos em que esteve ausente do serviço e da carreira, em comissão de serviço e a leccionar e ao desconsiderar o tempo de exercício da recorrente considerado o disposto no ponto 8 do art.º 40.º do DL 310/82.

VIII – Há vício de violação de lei por erro nos pressupostos devido à não consideração de elementos curriculares da recorrente nos pontos C) dos factores de avaliação, vício relevante por alterar a classificação atenta a obrigatoriedade de rectificação da classificação dos outros concorrentes em respeito dos princípios de proporcionalidade e igualdade.

IX – A falta ou irrelevante fundamentação do acto administrativo, por manifesta obscuridade e por erro nos pressupostos de facto – Itens a), b), c), e f) – gera vício de forma e de violação de lei por violação do disposto no ponto 49.1, alínea b) da Portaria 47/98, de 30 de Janeiro, no art.º 125.º do CPA e art.º 268.º n.º 3 da CRP.

X – O acórdão recorrido, ao validar a decisão em recurso que homologou a classificação final considerando o tempo de exercício reportado ao item *a*) dos critérios de avaliação em patamares ou tectos e bem assim o critério relativo ao item C), interpretou e aplicou erradamente a lei – alíneas a) e c) do ponto 65.º da Portaria 47/ 97, de 30 de Janeiro.

XI – O acórdão recorrido, ao validar as valorações numéricas expressas à frente de cada factor de avaliação curricular, sem qualquer explicação para a sua obtenção, desrespeitando os princípios da igualdade e proporcionalidade, sem fundamento nem explicação clara e congruente e com erro nos pressupostos (item C) – ou seja, com falta de fundamentação – aplicou e interpretou erradamente o disposto no ponto 49.1, alínea b) da Portaria n.º 47/98, de 30 de Janeiro, o art. 125.º do CPA e art. 268.º, n.º 3 da Constituição da República Portuguesa.

XII – O acórdão recorrido, ao validar o acto com os vícios referidos, nas conclusões acima referidas, interpretou e aplicou incorrectamente o disposto nos pontos 49.1/b) e 65/a)/b) da Portaria n.º 47/98, desrespeitando e violando os princípios estabelecidos nos artigos 3.º, 5.º, 6.º e 125.º do CPA, bem como no art.º 268.º da CRP.

Deve por isso ser revogado.

3 – Em contra-alegações (fls. 190/191), a entidade recorrida sustenta a improcedência do recurso.

4 – O M.º P.º emitiu parecer a fls. 200/203 (cujo conteúdo se reproduz), no sentido de que o recurso não merece provimento.

* * * *

Cumpre decidir:

5 – MATÉRIA DE FACTO:

5.1 – O Acórdão recorrido deu como demonstrado o seguinte:

A – Mediante a Ordem de Serviço n.º 2, de 15.03.99, o C.A. da Administração Regional de Saúde do Centro, abriu concurso interno condicionado, de âmbito institucional, para provimento de um lugar de Chefe de Serviço da Carreira Médica de Clínica Geral da Sub-Região de Saúde de Aveiro;

B – A ora recorrente foi admitida ao referido concurso, tendo ficado posicionada em segundo lugar;

C – Na Acta n.º 1, datada de 4.04.99, o júri procedeu à definição dos critérios de avaliação a utilizar na definição dos "curricula", tendo esses critérios ficado anexados à respectiva acta;

D – O Júri do concurso estabeleceu, entre os critérios de apreciação e ponderação curricular, os seguintes:

a) Exercício de funções na carreira médica de clínica geral, tendo em conta a competência técnico-profissional, tempo de exercício das mesmas, participação em programas de intervenção em saúde e actuação no serviço de urgência ou atendimento permanente, abarcando três factores, o primeiro dos quais com cinco sub-factores e, cada um destes, com 5, 2, 2, 2 e 1 parâmetros respectivamente;

b) Actividades de formação nos internatos médicos e outras acções de formação e educação médica continuada frequentadas e ministradas, relacionadas com a clínica geral, com cinco factores;

c) Capacidade e aptidão para a gestão e organização de serviços de cuidados de saúde primários e desempenho de funções de coordenação, direcção e chefia, evidenciada em resultados de eficácia e eficiência, com dois factores;

d) Trabalhos publicados ou comunicados, com interesse clínico e científico para a clínica geral, tendo em conta o seu valor relativo, com destaque para os que reflictam a qualidade, produtividade e eficácia dos cuidados de saúde prestados, igualmente com dois factores;

e) Actividades docentes ou de investigação clínica relacionadas com a clínica geral, ainda com dois factores;

f) Outros factores de valorização profissional, nomeadamente títulos, sociedades científicas e participação em júris de concursos médicos, com quatro factores.

5.2 – Com interesse para decisão, resulta ainda dos autos o seguinte:

E – Com referência ao "critério de avaliação" – "exercício de funções na carreira médica de clínica geral, tendo em conta a competência técnico-profissional, tempo de exercício das mesmas, participação em programas de intervenção em saúde e actuação no serviço de urgência ou atendimento permanente" – o júri deliberou ainda o seguinte:

"*A valorização máxima dos pontos 1 (exercício de funções clínicas) e 3 (actuação no serviço de urgência ou de atendimento permanente), só será atribuída aos candidatos com mais de 12 anos de exercício de funções. À valorização atribuída será subtraído 10% se o candidato tiver entre 9 e 12 anos de exercício dessas funções e 20% se tiver menos de 9 anos*" (cf. Doc. de fls. 27 e 28 cujo conteúdo se dá por reproduzido).

F – A lista de classificação final ao concurso, ficou assim ordenada:

– Drª Maria José Dias Barata de Tovar ... 19,25 valores
– Drª Olga Maria Ferreira Lima .... 16,64 valores
– Dr. Adriano de Oliveira Domingues .... 15,85 valores

G – Datado de 4.11.99 a recorrente dirigiu ao Ministro da Saúde "*recurso hierárquico necessário do despacho homologatório proferido em 11 de Outubro de 1999 pelo Coordenador da Sub-região de Saúde de Aveiro... da lista de classificação final do concurso interno condicionado para Chefe de Serviço de Clínica Geral aberto em Ordem de Serviço da Sub-região de Saúde de Aveiro de 15.03.99, para provimento de um lugar de Chefe de Serviço de Clínica Geral no Centro de Saúde de Águeda*" – doc. de fls. 11 a 20).

H – O recurso hierárquico foi indeferido por despacho de 24.05.2001, do Secretário de Estado dos Recursos Humanos e da Modernização da Saúde nos termos e com os fundamentos constantes do parecer de fls. 42 a 57 cujo conteúdo se reproduz.

6 – DIREITO:

Vem impugnado nos presentes autos o despacho de 24 de Maio de 2001, do Secretário de Estado dos Recursos Humanos e da Modernização da Saúde, que indeferiu à recorrente recurso hierárquico onde se insurgia contra o despacho do Coordenador de Sub-Região de Saúde de Aveiro que homologou a lista de classificação final do concurso interno condicionado para provimento de um lugar de Chefe de Serviço da Carreira Médica de Clínica Geral no Centro de Saúde de Águeda a que a recorrente se candidatara e onde ficou posicionada em 2.º lugar.

Recurso esse a que o acórdão recorrido negou provimento.

Insurge-se a recorrente contra o decidido no acórdão do TCA, argumentando desde logo ter o mesmo incorrido em "*violação da lei por violação do disposto na alínea a) do ponto 65.º do Regulamento concursal e por erro nos pressupostos ao valorar-se como tempo de exercício de funções na carreira de clínica geral – caso da 1ª classificada – um período de dois anos em que esteve ausente do serviço e da carreira, em comissão de serviço e a leccionar e ao desconsiderar o tempo de exercício da recorrente considerado o disposto no ponto 8 do art.º 40.º do DL 310/82*".

Vejamos se lhe assiste razão:

No acórdão recorrido, a propósito de tal questão, considerou-se o seguinte:

"*Como se vê pela leitura dos elementos constantes do processo instrutor, a contra-interessada Maria José Dias Barata de Tovar, que terminou a Licenciatura em Junho de 1975, foi colocada como médica de clínica geral no 1.º concurso que se realizou para esta especialidade em 1981, enquanto que a ora recorrente terminou a sua licenciatura em 1976 e foi colocada num concurso posterior, em 1982 (cfr. o Diploma de Provimento constante do proc. instrutor, bem como o parecer n.º 151//2001 a fls. 49 dos autos).*

Ainda que tal erro existisse, como se nota no aludido parecer, sempre o mesmo seria um erro <u>não essencial</u>, que não determinaria alteração na lista de classificação final, sendo portanto irrelevante. E isto porque o tempo de serviço é um dos critérios de apreciação e ponderação curricular estabelecidos pelo Júri do concurso no uso do seu poder discricionário, cuja valoração só faz sentido quanto apreciada em conjugação com os restantes critérios."

O concurso em apreço, como é aceite pelas partes, é regido pelo Portaria n.º 478/98, de 30 de Janeiro que, além do mais, determina o seguinte:

"*65 – Na discussão do currículo são obrigatoriamente considerados, tendo em atenção a especificidade das funções do médico de clínica geral, os factores seguintes:*

a) Exercício de funções na carreira médica de clínica geral, tendo em conta a competência técnico – profissional, tempo de exercício das mesmas, participação em programas de intervenção em saúde e actuação no serviço de urgência ou de atendimento permanente;

(...)

c) Capacidade e aptidão para a gestão e organização de serviços de cuidados de saúde primários e desempenho de funções de coordenação, direcção e chefia, evidenciada em resultados de eficácia e eficiência;

(...).

66 – Os resultados da avaliação curricular ou da prova são classificados na escala de 0 a 20 valores, com a seguinte distribuição pelos factores estabelecidos nas alíneas dos n.os 64 ou 65, consoante a categoria a que respeite o concurso:

(...)

b) Categoria de chefe de serviço:
Alínea a) — 0 a 12 valores;
Alínea b) — 0 a 2,5 valores;
Alínea c) — 0 a 2,5 valores;
Alínea d) — 0 a 2 valores;
Alínea e) — 0 a 0,5 valores;
Alínea f) — 0 a 0,5 valores."

66.2 – Cabe ao júri definir em acta, previamente ao termo do prazo para apresentação das candidaturas e do conhecimento dos currículos dos candidatos, os critérios a que irá obedecer a valorização dos factores enunciados nos números precedentes.

Determina ainda o n.º 46/b da Portaria que, "*Compete ao júri: b) Definir, previamente ao termo do prazo para apresentação das candidaturas, os critérios que vai utilizar na avaliação dos factores mencionados nos n.º 64 ou 65, consoante a categoria a que respeite o concurso*".

Argumenta a recorrente na alegação, que tem que ser considerado e valorado todo o tempo que cada concorrente apresente no seu curriculum, de exercício de funções na carreira médica de clínica geral, estando vedado ao júri definir, à partida, um patamar ou limite, desvalorizando, sem mais, abaixo desse patamar ou limite.

Acrescenta a recorrente que o júri do concurso, no critério valorativo do factor a) – "*exercício de funções na carreira médica de clínica geral*", estabeleceu um limite máximo de 12 (doze) anos e escalas de tempo dentro desta limitação, não previstas no Regulamento. Pelo que, além de igualar os candidatos com mais de 12 anos, classifica também por igual quem detenha entre e 9 e 12 anos e também igual para quem tiver menos de 9 anos.

Assim e sob pena de se violar o estabelecido no n.º 65/a da Portaria 47/98, bem como os princípios consignados nos art.º 3.º, 5.º e 6.º do CPA, entende a recorrente que o tempo de exercício na carreira deve revelar integralmente sendo certo que possui maior antiguidade que a primeira classificada no concurso.

Isto porque, refere ainda a recorrente na respectiva alegação, a 1.ª classificada entrou no internato da especialidade em 1981 contando a antiguidade desde essa data por força do disposto no n.° 7 do art.° 40.° do DL 310/82, de 3/8 e, diferentemente do que se refere na sentença recorrida estava ao serviço desde 1976 e não entrou por efeitos de Internato da especialidade mas sim – com antiguidade garantida – por estar a prestar serviço conforme previsto na alínea 8 do art.° 40.° do DL 310/82, contando-se a sua antiguidade desde o início de funções compatíveis com a carreira de clínica geral, ou seja, desde que começou a prestar serviço nos SMS em 1977/78.

Por outro lado, acrescenta a recorrente, a candidata classificada em 1.° lugar esteve dois anos em comissão de serviço gratuita em Macau exercendo funções docentes, período esse que não pode ser contado nesse concurso como tempo de serviço.

O que não pode deixar de alterar a respectiva classificação.

Diga-se antes de mais que, nos termos dos n.° 46/b) e 66.2, da Portaria 47/98, cabe ao júri definir em acta, previamente ao termo do prazo para apresentação das candidaturas e do conhecimento dos currículos dos candidatos, os critérios a que irá obedecer a valorização dos factores enunciados nos números 65 e 66.

O júri, em conformidade com o estabelecido nessas disposições, ao definir aqueles critérios, no que respeita ao "*critério de avaliação*" – "*exercício de funções na carreira médica de clínica geral*", deliberou desde logo no sentido de que "*A valorização máxima dos pontos 1 (exercício de funções clínicas) e 3 (actuação no serviço de urgência ou de atendimento permanente), só será atribuída aos candidatos com mais de 12 anos de exercício de funções...*" o que, em bom rigor e ao contrário do entendido pela recorrente não significa que o júri, para efeitos de classificação, tenha imperativamente que atribuir a pontuação máxima a todos os candidatos com mais de 12 anos de exercício de funções ou que não tenha que considerar todo o tempo de exercício de funções, que ultrapasse os 12 anos.

O que aquela definição pode querer significar, é que o júri apenas atribui a valorização máxima a candidatos com mais de 12 anos de exercício de funções, eventualmente por considerar que um candidato com menos de 12 anos de exercício de funções ainda não terá aquela experiência que justifique a valorização máxima.

Tal não significa igualmente que a quem tenha mais de 12 anos de exercício de funções lhe irá ser atribuída, só por tal facto, a valorização máxima, já que a valorização a atribuir não depende exclusivamente, como resulta da norma em referência, do tempo de exercício de funções.

Neste aspecto concordamos inteiramente com o que, a propósito de uma situação idêntica, se entendeu no Ac. deste STA de 21.09.06 – Rec. 305/06 onde, a determinado passo, se considerou o seguinte:

"*Na verdade, não se tratou de desconsiderar o exercício de funções clínicas para além dos dez anos de exercício, como a argumentação do Recorrente parece pressupor.*

O que a deliberação do júri refere é que a pontuação máxima, nos factores em causa (desdobrados em diversos itens com vista à respectiva avaliação) só seria atribuída a candidatos cujo exercício profissional excedesse 10 anos.

Este critério permite, perfeitamente, avaliar sem patamares temporais toda a carreira do candidato.

Mas, compreende-se que a nota máxima não seja atribuída a um candidato com um tempo de exercício de funções inferior a dez anos, considerado adequado pelo júri para a revelação do mérito correspondente a uma nota máxima.

A referida deliberação do júri não contraria o preceituado na lei, que expressamente refere, como vimos, a obrigatoriedade de consideração do tempo de exercício de funções na avaliação do factor em causa.

E também não se mostra eivada de erro grosseiro ou de uso de critério manifestamente inadequado, nomeadamente por violação dos princípios da justiça e da igualdade, de molde a justificar a respectiva anulação pelo tribunal, ao invés do propugnado pelo Recorrente.

Antes, a diferenciação estabelecida entre candidatos com mais ou menos dez anos de exercício de funções, encontra uma justificação razoável nos termos que acima se deixaram explanados.".

A situação apreciada no citado acórdão, reporta-se a uma questão em tudo idêntica à ora em apreciação e que apenas diverge no tocante ao tempo de exercício de funções considerado pelo júri, que no caso em apreciação é de 12 anos.

Improcedem assim as conclusões IV) a VII na parte em que a recorrente considera ter sido violado o disposto no n.° 65.°/a da referida Portaria.

6.2 – Questão diferente é a de saber se se verifica ou não o invocado vício de violação de lei por, como refere a recorrente nas conclusões VII) e VIII), "*erro nos pressupostos ao valorar-se como tempo de exercício de funções na carreira de clínica geral – caso da 1.ª classificada – um período de dois anos em que esteve ausente do serviço e da carreira, em comissão de serviço e a leccionar e ao desconsiderar o tempo de exercício da recorrente*" ou "*devido à não consideração de elementos curriculares da recorrente nos pontos C) dos factores de avaliação*" ou violação dos "*princípios de proporcionalidade e igualdade*".

O que de certa forma se prende com a apreciação do alegado pela recorrente na conclusão XI) onde sustenta que "*o acórdão recorrido, ao validar as valorações numéricas expressas à frente de cada factor de avaliação curricular, sem qualquer explicação para a sua obtenção, desrespeitando os princípios da igualdade e proporcionalidade, sem fundamente nem explicação clara e congruente e com erro nos pressupostos (item C) – ou seja, com falta de fundamentação – aplicou e interpretou erradamente o disposto no ponto 49.1, alínea b) da Portaria n.° 47/98, de 30 de Janeiro, o art. 125.° do CPA e art. 268.°, n.° 3 da Constituição da República Portuguesa.*".

Em suma, no entender da recorrente as "*valorações numéricas expressas à frente de cada factor de avaliação curricular, sem qualquer explicação para a sua obtenção*" e "*com erro nos pressupostos*", equivalem a falta de fundamentação, já que o júri, como refere na respectiva alegação "*apenas reproduziu o texto dos elementos referidos no critério valorativo inscrevendo à frente a cotação atribuída*" sem "*qualquer referência ou suporte em factos curriculares ou de discussão*".

No que respeita a tal questão, considerou-se no acórdão recorrido o seguinte:

"*Ora, verifica-se que, no caso dos autos, o Júri procedeu dentro da legalidade, tendo definido os critérios para a avaliação dos factores e vinculando-se aos factores fixados nas diversas alíneas do ponto 65 do Regulamento.*

E, na reunião de 7.04.99 (Acta n.° 1), fixou, relativamente a cada factor de ponderação obrigatória, a respectiva valoração, elegendo em cada os critérios de valoração e a sub-pontuação a cada um atribuída

A análise da Acta n.° 1 revela que se fez constar em cada ficha de avaliação a expressão numérica dessa avaliação, referida a cada factor e sub-factor, explicitando os valores parciais e globais, sendo indicados os factores de ponderação e os critérios de classificação.

Isto verificado, e face a tudo quanto se disse, não é, a nosso ver, necessário indicar as razões explicativas e justificativas dada a cada factor.

Em todo o caso, sempre se dirá que ressalta dos autos a existência de uma exaustiva avaliação e discussão curricular dos candidatos e do respectivo cotejo, sendo perceptível a actividade do júri e os elementos em que este se baseou.

É que, como se diz na parte final do Parecer do Ministério da Saúde (fls. 57), "nas fichas de avaliação ficaram expressos os valores parcelares dos diversos factores que foram considerados em termos de poderem ser cotejados objectivamente com os elementos inseridos nos respectivos currículos.

Como refere o Digno Magistrado do M.°P.°, (...) "Fica-se, assim, a saber que elementos teve o júri em consideração a propósito de cada factor e sub-factor, e com que pontuação os valorou, nisso consistindo a motivação da classificação final obtida pela aplicação da fórmula respectiva. Mais do que isso, designadamente as razões justificativas das pontuações atribuídas a cada um dos elementos, já não é necessário (cfr. Acs. STA de 9.04.03, 20.11.02 e 23.09.98, respectivamente nos Procs. 0299/03, 0187/02 e 36032), pois a própria pontuação exprime o nível em que o júri, em seu juízo técnico, coloca a matéria avaliada. Para além disso, mesmo em casos onde não é possível fugir à margem de subjectividade inerente aos juízos de avaliação, e até por isso mesmo, nada mais se pode exigir ao júri que explicite".

Conclui-se, pois, pela inexistência dos alegados vícios de forma por falta de fundamentação e de violação de lei (arts. 125.° do C.P.A e 49.1 da Portaria 47/98 de 30 de Janeiro)"

Vejamos se o assim decidido é susceptível de comportar as críticas que a recorrente lhe dirige.

Determina o art.° 49/1do aludido Regulamento, que:

"Das actas de reuniões em que seja feita a avaliação e classificação dos candidatos devem constar, obrigatoriamente e ainda que por remissão para mapas ou fichas:

a) As classificações atribuídas pelo júri ou, em caso de não unanimidade, por cada membro do júri a cada candidato e a cada um dos parâmetros de avaliação.

b) A fundamentação clara e suficiente das classificações atribuídas pelo júri ou, em caso de não unanimidade, por cada membro do júri a cada candidato e a cada um dos parâmetros de avaliação"

No caso em apreço estamos, como resulta do teor das actas n.° 3 e n.° 4, perante uma prova de discussão do currículo dos candidatos, cujos resultados dessa avaliação curricular atribuídos pelo júri, constam da ficha individual de "*classificação e fundamentação da avaliação do candidato*" que fica anexa a essas mesmas actas.

Ou seja, a valorização atribuída a cada um dos candidatos seria aquela que, em princípio e no entender do júri, teria resultado da discussão do currículo ou dos indicadores da avaliação fornecidos nessa mesma discussão.

Como resulta da "*ficha de classificação e fundamentação da avaliação*" de cada um dos candidatos ao concurso (anexas às actas n.° 3 e 4), relativamente a cada um dos parâmetros nelas individualmente definido, o júri limitou-se a atribuir uma determinada pontuação, sem nelas referir ou aduzir qualquer razão justificativa da atribuição dessa precisa pontuação ou seja, sem indicar ou fazer qualquer referência aos elementos factuais ou curriculares que determinaram a atribuição da pontuação a cada candidato.

O citado art.° 49.°/1 impõe que na acta ou na ficha para a qual a acta remete sejam indicadas não só "*as classificações atribuídas pelo júri a cada candidato e a cada um dos parâmetros de avaliação*" como ainda a "*fundamentação clara e suficiente das classificações atribuídas pelo júri a cada candidato e a cada um dos parâmetros de avaliação*".

Ou seja o júri ao individualizar ou ao atribuir a cada um dos itens uma determinada classificação, deu apenas satisfação ao que determina a alínea a) do n.° 1 do art.° 49.° (*indicação da classificação atribuída a cada candidato*), omitindo totalmente na acta ou na ficha de classificação de cada candidato, o que determina a alínea b) da mesma disposição, que obriga a fundamentar ou a indicar expressamente e com "suficiência" nomeadamente os elementos que o júri teve em consideração para ponderar cada factor ou subfactor.

Só assim é que aos interessados eventualmente lesados lhe é dada a possibilidade de saber ou averiguar se os elementos curriculares que cada candidato apresentou foram ou não devidamente considerados pelo júri.

A não exigência de indicação dos elementos que o júri considerou como relevantes para atribuir a pontuação a cada candidato, significaria, na prática, negar ao administrado a possibilidade de impugnar, em toda a sua dimensão, o acto que homologou a classificação final, nomeadamente com fundamento em erro nos pressupostos de facto.

É por esse motivo que é legítimo argumentar, como o fez a recorrente na respectiva alegação, alertando para o facto de não compreender qual a razão para o facto de lhe não ter sido atribuída a pontuação máxima quando, alegadamente, é a "candidata que detém mais elementos e pressupostos de valoração".

Sendo assim e não tendo sido indicados pelo júri quais os elementos que considerou como relevantes para classificar os candidatos, impossível se torna saber ou apurar desde já, se o acto violou a lei por erro nos pressupostos ou se ofendeu os princípios indicados pela recorrente, nomeadamente os princípios da proporcionalidade e da igualdade (cf. cl. VII) e VIII).

Por outra via, limitando-se o júri a atribuir uma determinada valoração numérica, expressa à frente de cada factor de avaliação curricular, sem qualquer explicação para a atribuição dessa pontuação, é de concluir no sentido de que o acto se não encontra devidamente fundamentado, já que o resultado obtido não foi justificado em qualquer concreto elemento, o que contraria o disposto no ponto 49.1, al. b) da Portaria n.° 47/98, de 30 de Janeiro e no art. 125.° do C.P.A.

Temos assim de concluir que o acto homologatório da classificação final, posteriormente mantido pelo despacho contenciosamente impugnado se não mostra suficientemente fundamentado, nos termos do exigido pelo art.º 49/1/b) do Regulamento n.º 47/98 e daí a procedência das conclusões da recorrente quando se insurge contra a sentença recorrida na medida em que nela se entendeu estar o acto devidamente fundamentado.

Desconhecendo-se quais os elementos curriculares considerados pelo júri para atribuir a pontuação que atribuiu aos candidatos, fica desde já prejudicado o conhecimento do *"vício de violação de lei por erro nos pressupostos"* e dos *"princípios da proporcionalidade e igualdade"* invocados pela recorrente nas respectivas conclusões.

7 – Termos em que ACORDAM:

a) Conceder provimento ao recurso jurisdicional e em conformidade revogar o acórdão recorrido;

b) Conceder provimento ao recurso contencioso e em conformidade anular o acto contenciosamente impugnado.

c) Sem custas.

Lisboa, 20 de Março de 2007.

Edmundo António Vasco Moscoso (Relator)
Jorge Manuel Lopes de Sousa
António Bento São Pedro

Recurso n.º 900/06-12

CONCURSO DE PROVIMENTO PARA SUBINSPECTORES NA PJ. MÉTODOS DE SELECÇÃO. DESISTÊNCIA DE CANDIDATO APROVADO. SUA SUBSTITUIÇÃO.

(Acórdão de 11 de Janeiro de 2007)

SUMÁRIO:

I – Tendo um Concurso sido aberto para o provimento de 100 lugares de subinspector e havendo candidatos aprovados em número suficiente para tal não existe razão legal válida para se não preencherem todos esses lugares.

II – O que significa, em princípio, nada justificaria que, havendo uma desistência de um candidato aprovado, se negasse a possibilidade de ser chamado a frequentar o curso de formação o candidato aprovado e posicionado no 101.º lugar se nos termos do Aviso do Concurso esse impedimento só existia em relação àqueles que, tendo-se mostrando incapazes nas três primeiras provas, haviam sido excluídos.

III – Só assim não seria se, aquando da formalização daquela desistência, o curso de formação se encontrasse em fase que não permitisse a integração de um novo elemento.

IV – Deste modo, tendo o Recorrente sido aprovado e posicionado no 101.º lugar, o impedimento à sua participação no curso de formação e, consequentemente, ao seu provimento num dos lugares abertos pelo concurso só poderia advir da desistência de um candidato melhor classificado ter ocorrido em momento em que a sua integração no curso fosse impraticável.

ACORDAM NA SECÇÃO DO CONTENCIOSO ADMINISTRATIVO DO SUPREMO TRIBUNAL ADMINISTRATIVO:

Laurentino Rui de Sousa Oliveira Nunes interpôs, no Tribunal Central Administrativo, **recurso contencioso pedindo, a título principal, a anulação do acto do Sr. Secretário de Estado Adjunto da Justiça, de 28/12/ /1998**, que negou provimento ao recurso hierárquico interposto do despacho do Sr. Director da Policia Judiciária que indeferiu a sua pretensão de frequentar o curso de formação para Subinspector do nível 1, reputada de ilegal por violação do disposto nos arts. 20.º, n.º 2, 32.º, n.º 1, e 35.º, n.ºs 1 e 2, do DL 498/88 e, não sendo tal deferido**, a anulação "*do acto administrativo aviso de abertura*** *do Ministério da Justiça/Directoria da Polícia Judiciária publicado no DR, II Série, de 5/04/95*" com fundamento em vício de forma.

Por Acórdão de 30/06/2005 (fls. 93 a 103) **foi negado provimento a tal recurso**.

Inconformado, **o Recorrente interpôs o presente agravo** onde formulou as seguintes **conclusões:**

1. O acto recorrido a título principal – despacho de Sua Exa. o Secretário de Estado Adjunto (em substituição do Ministro da Justiça) proferido em 28/12/98 – destinou-se ao provimento de 100 lugares e não à pré selecção de 100 candidatos ao curso de formação;

2. Esta deve ser a interpretação a retirar do Aviso de Abertura dado que só ela é coadunável com modelos de organização de recursos humanos que vigoram em qualquer organização.

3. O concurso só se encerra aquando do provimento dos 100 lugares, após a realização dos quatros métodos de selecção, conforme resulta do art.º 20.º, n.º 2, do Decreto-Lei 498/88, de 30/12 (diploma aplicável ao concurso sub judice);

4. Havendo uma desistência durante a pendência do último método de selecção, dever-se-ia aplicar – por um argumento de maioria de razão e por via de uma interpretação extensiva ou aplicação analógica – a solução do art.º 35.º, n.º 2, do Decreto-Lei 498/88;

5. O concurso de provimento de um certo número de vagas, sem prazo de validade, é caracterizado pelo facto de o excedente de candidatos aprovados até à data se destina a suprir as falhas consequentes de desistências falecimentos e outras ocorrências.

6. A remissão do Aviso de Abertura para o DL 295-A/ /90, terá que ser interpretada em consonância com o estabelecido na lei geral, nomeadamente no DL 498/88, e o que do Aviso de Abertura decorre em aplicação deste diploma;

7. O Aviso de Abertura *sub judice* diz respeito a um concurso de provimento e não a um concurso especial de provas públicas para admissão/ingresso a um curso de formação profissional de subinspetores.

8. O art.º 124.º do DL 295-A/90 é inaplicável ao caso dos autos dado que o seu âmbito de aplicação são os concursos especiais de provas públicas para admissão (ingresso) a um curso de formação profissional de subinspectores, não tendo o concurso de provimento aqui em causa essa natureza.

9. O art.º 124.º do DL 295-A/90 é ainda inaplicável ao caso dos autos dado que o curso de formação é expressamente considerado no Aviso de Abertura como um método de selecção;

10. Este concurso não está ainda encerrado, dado que o Recorrente ainda não o frequentou, nem concluiu;

11. O acto recorrido padece do vício de violação de lei, nomeadamente dos arts. 5.º, n.º 1, c) e d), 32.º, n.º 1, 35.º, n.ºs 1 e 2 (na interpretação que lhe é conferido pelo ora Recorrente) e 20.º, n.º 2, do Decreto-Lei 498/88, bem como do próprio Aviso de Abertura (que refere que se destina ao provimento de 100 lugares e que prevê expressamente que o curso de formação é um método de selecção);

12. A entender-se que o Aviso de Abertura publicado no DR, 2.ª série, de 5/04/95, deverá ser interpretado no sentido de que o curso de formação já não faz parte do concurso, há uma contradição insanável com outras normas do Aviso.

13. Não é possível coadunar uma previsão – a de que o curso de formação já não faz parte do concurso – com a previsão do Aviso de Abertura, no sentido de que o curso de formação é a 4.ª fase do concurso.

14. Pelo que, a conferir-se tal interpretação à norma em causa há uma violação do disposto no art.º 5.º, als. c) e d), e 16.º, als. b) e h), do DL 498/88, de 30/12, devendo o Aviso de Abertura do Ministério da Justiça/ /Directoria Geral da Polícia Judiciária, publicado no DR, II Série, de 5/04/95, bem como todos os actos posteriores dele dependentes, ser anulado, por existência de vício de forma;

15. A conferir-se razão ao ora Recorrente, deverá o mesmo ser integrado em curso de formação e – obtendo aprovação – ser conferida eficácia retroactiva à nomeação para o lugar, com efeitos à data em que foram nomeados os anteriores candidatos.

A **Entidade Recorrida contra alegou para concluir do seguinte modo**:

a) O concurso em apreço foi aberto na vigência do D.L. 295-A/90, de 21/09 e de acordo com o qual, os lugares de Inspector de nível 1 são providos por Subinspectores aprovados em concurso e habilitados com o curso adequado;

b) O ora Recorrente não passou à 2.ª fase do concurso, pelo que, não pode querer ocupar agora uma vaga porque houve uma desistência;

c) A lista dos candidatos classificados para a primeira fase fixou-se com a elaboração e publicação da mesma e não é alterável;

d) O concurso terminou com o início do curso de formação.

e) Decidiu e bem, o douto Tribunal, ao negar provimento ao recurso contencioso interposto pelo Recorrente.

f) Assim, há que concluir, pelo que atrás se expôs, que o despacho recorrido é legal, encontrando-se fundamentado conforme as disposições aplicáveis, não enfermando de qualquer dos aludidos vícios

O Ex.mo Magistrado do MP emitiu douto **parecer no sentido do não provimento do recurso**, por entender que a configuração do procedimento concursal "*articulada com o facto de no próprio aviso de abertura se inserir uma remição expressa para o art.º 24.º, n.º 1, do DL 295-A/90, onde se estabelece que o número de candidatos à frequência do curso de formação é fixado pelo Director Geral da PJ, candidatos elegíveis para a segunda fase do mesmo (curso de formação) é fixado em definitivo no acto procedimental que identifica os concorrentes que passam fase seguinte, excluindo os restantes, não mais sendo admissível a repescagem destes.*

Em bom rigor, de acordo com a posição que o Recorrente perfilha, todos os concorrentes aprovados na primeira fase deveriam ter acesso à segunda fase, em que teria lugar o curso de formação, e só a lista de classificação final excluiria os que se classificassem para além do número de vagas postas a concurso.

Ora acontece que, de uma forma algo incongruente, o Recorrente conformou-se com o acto do júri do concurso que o excluiu da segunda fase do concurso, acto procedimental de natureza destacável e passível de impugnação contenciosa directa, dado projectar efeitos lesivos externos na sua esfera jurídica, só reagindo perante a imprevista desistência de um dos concorrentes já no decurso do curso de formação, o que de todo o modo sempre tornaria inadmissível a respectiva integração no mesmo, sendo de igual modo impraticável a abertura de um curso que apenas contemplasse o Recorrente."

Colhidos os vistos legais **cumpre decidir**.

FUNDAMENTAÇÃO

1. MATÉRIA DE FACTO:

Tendo-se em conta os factos assentes no Tribunal recorrido, os elementos de prova entretanto juntos aos autos e o disposto no art.º 712.º do CPC **julgam-se provados os seguintes factos**:

1. Por aviso publicado no DR, II Série, n.º 81, de 05/ /04/95, pág. 3693, foi aberto "*um concurso interno para provimento de 100 lugares de Subinspector do nível 1 do quadro de pessoal da Polícia Judiciária*", no qual se estabeleceu que o mesmo era "*válido apenas para o preenchimento das vagas em referência*" (vd. seu ponto 1), e que a selecção dos candidatos se faria pela seguinte forma:

"7. – *Métodos de selecção – os métodos de selecção a utilizar são:*

a) prova de conhecimentos
b) avaliação curricular
c) exame psicológico
d) curso de formação

7.1 – A prova de conhecimentos revestirá a forma escrita e oral, versando as matérias de direito penal, processo penal, noções de técnica e táctica de investigação criminal e respectivas ciências auxiliares:

a) A prova escrita terá a duração máxima de três horas e a oral não deverá exceder 40 minutos.

b) Não serão admitidos à prova oral os candidatos que obtenham classificação inferior a 50 pontos na prova escrita.

7.2 – A admissão aos cursos de formação dependerá da aprovação nas restantes provas, sendo os candidatos admitidos por ordem de graduação resultante da média ponderada das classificações obtidas nessas provas.

7.3 – Nos termos do art.º 124.º do DL 295-A/90, de 21/9, serão admitidos ao 1.º curso de formação os 50 candidatos melhor classificados nos termos do ponto anterior.

7.4 – Ao 2.° curso de formação, a iniciar após a conclusão do 1.° curso, serão admitidos os 50 candidatos classificados nos lugares imediatos.

7.5 – A ordenação final dos candidatos para efeitos de provimento é a que resultar do aproveitamento durante a frequência do respectivo curso de formação."

(vd. fls. 159 e 160 dos autos, que se dão por reproduzidas)

2. Em 9/09/97 foi publicada no Diário da República, II série, a Lista dos candidatos aprovados naquele concurso no qual o recorrente ficou classificado em 101° lugar. – vd. fls. 162 e 163 dos autos, que se dão por reproduzidas.

3. Em 6/10/97 teve início a 1.ª fase do curso de formação em que "*os alunos realizaram trabalhos e deslocaram-se ao Instituto Nacional de Polícia e Ciências Criminais para realização e apresentação de trabalhos. Na 2.ª fase foram constituídos dois grupos com 50 alunos/formandos, tendo sido realizados dois períodos de formação presencial, de 9/02/98 a 6/05/98 e de 11/05/98 a 24/07//98.*" – vd. fls. 242 e 243, que se dão por reproduzidas.

4. O candidato posicionado no 77.° lugar, Luís António Gomes Zagalo, desistiu do concurso, o que levou o Recorrente a dirigir ao Sr. Director da P.J. o requerimento de fls. 168/171, datado de 8/07/1998, que se dá por integrado, alegando e requerendo o seguinte: "*tendo o requerente passado a ocupar o 100.° lugar na lista de classificação final publicada no DR ..., face à desistência de um candidato, como acima se referiu, ... deve ser atendido o pedido ora formulado ... no sentido de ser admitido ao 2.° curso de formação ... cabendo à Administração proceder às adaptações necessárias no planeamento previsto, por forma a que não seja lesado no direito que lhe assiste*".

5. O que motivou a prolação do despacho do Director do INPCC constante do ofício de fls. 174, datado de 13/07/1998, onde se lê "4. *A fase lectiva do Curso conclui-se no termo do corrente mês de Julho*".

6. E a prolação da Informação de fls. 172, datada de 15/07/98, que se dá por reproduzida, na qual se afirma:

"*4. Em 6/10/97, teve início no INPCC o Curso de formação de subinspectores, ao qual foram admitidos os 100 primeiros candidatos aprovados nos restantes métodos de selecção, Curso este que ainda decorre, nos termos previstos nos n.os 7.3 e 7.4 do aviso de abertura do concurso.*

5. .....

6. – Após ter sido remetido (o requerimento do Recorrente referido no anterior ponto 3) *a este DRH, na sequência de despacho superior de 9/07/98, o citado requerimento foi então enviado, via fax, nesse mesmo dia ao Ex.mo Sr. Director do INPCC, Dr. Ferreira Antunes, para se pronunciar sobre a possibilidade do mesmo ser deferido, conforme combinado com V. Ex.cia, dada a importância dos aspectos pedagógicos desta questão.*"

7. Sobre o verso desta Informação foi proferido o seguinte despacho, também datado de 15/07/98, "*De acordo com o ponto 4 do fax enviado pelo Ex.mo Sr. Director do INPCC não é possível deferir o mesmo.*" – fls. 172 dos autos que se dá por reproduzida.

8. Inconformado com esse despacho o Recorrente impugnou-o hierarquicamente o que motivou a prestação, em 14/08/98, da Informação de serviço de fls. 175/181, que se dá por integrada, onde se concluiu que:

"1. – *É de revogar o despacho recorrido, reconhecendo procedência ao alegado vício de forma por insuficiente fundamentação, ao abrigo e nos termos dos arts. 172.° e 125.° do CPA.*

2. – O pedido deve ser indeferido através de novo despacho com os fundamentos constantes do n.° 8 desta informação.

3. – Ao abrigo e nos termos dos arts. 100.° e 101.° do CPA, é de ouvir o Recorrente quanto ao sentido ou projecto de nova decisão."

9. Sobre a Informação referida no anterior ponto 8 foi proferido despacho, datado de 17/07/98, com o seguinte teor: "*Concordo. Revogo o meu despacho de 15/07/98. Ouça-se o Requerente sobre o projecto do novo despacho. Informe-se o gabinete de S. Ex.cia o Sr. Ministro da Justiça.*"

10. O Recorrente exerceu, então, o direito de audiência conforme requerimento junto a fls. 182 a 189, que se dá por reproduzido.

11. Em 25/09/98, foi proferido novo despacho com o seguinte teor: "*Indefiro o pedido dando aqui como reproduzidos os fundamentos da Informação de serviço de 14/08/98.*" – vd. fls. 190 que se dão como integradas

12. O recorrente interpôs para o Sr. Ministro da Justiça recurso hierárquico desse despacho. – vd. fls. 191//212.

13. A Assessora Jurídica, da Auditoria Jurídica, do Ministério da Justiça, emitiu parecer jurídico, de 16-11-98, onde propôs o indeferimento do recurso. – fls. 25 a 29 dos autos que se dá por reproduzido.

14. Por sobre o referido parecer, está exarado o seguinte despacho:

«Concordo, *pelo que nego provimento ao recurso.*
28-12-98
O Secretário de Estado Adjunto
(José Manuel de Matos Fernandes)
Em substituição do Ministro da Justiça
(Desp. 132/M/96, DR n.° 130, II Série, de 04-06-96)».
(vd. fls. 25)

II. O DIREITO

1. Resulta do antecedente relato que por Aviso publicado no DR, II Série, de 05/04/95, foi aberto um concurso interno para provimento de 100 lugares de Subinspector do quadro de pessoal da Polícia Judiciária, no qual se estabeleceu que o mesmo era "*válido apenas para o preenchimento das vagas em referência*" e que a selecção dos candidatos se faria através de **(1)** *uma prova de conhecimentos,* **(2)** *da avaliação curricular* **(3)** de um *exame psicológico* e **(4)** de um *curso de formação.*

O Recorrente candidatou-se a esse concurso e depois de prestar as provas de conhecimentos, avaliação curricular e exame psicológico **ficou posicionado no 101.° lugar** com o qual se conformou, pelo que **não foi admitido a frequentar o curso de formação.**

Todavia, **o candidato classificado em 77.° lugar desistiu** o que levou o Recorrente a **requerer a sua admissão naquele curso** alegando que, tendo ficado posicionado no 101.° lugar e tendo havido uma desistência cabia-lhe ocupar a vaga dela resultante passando, assim, a ser o 100.° candidato com direito a frequentar o referido curso.

Pretensão que **o Sr. Director da PJ indeferiu por entender** que sendo o Concurso composto por duas fases, a primeira de selecção dos candidatos e a segunda constituía pela frequência de um curso de formação e que tendo o mesmo sido aberto para provimento de 100 vagas só poderiam frequentar este curso os candidatos que, finda a primeira fase, tivessem ficado posicionados nos 100 primeiros lugares. Deste modo, e não se encontrando o Recorrente entre esses 100 primeiros classificados, não tinha direito a frequentar o referido curso mesmo que tivesse havido a desistência de um dos 100 primeiros classificados.

Inconformado o Recorrente **recorreu hierarquicamente para o Sr. Ministro da Justiça, mas sem êxito** já que este lhe negou provimento com o fundamento de que *"A lista dos 100 primeiros candidatos admitidos na primeira fase fixa-se com a elaboração da mesma, ou seja, não é alterável por desistência ou outra razão de abandono dos candidatos nesses 100, pois o objectivo inicial do concurso é admitir ao curso os 100 melhores classificados e não quaisquer 100 candidatos."* – vd. ponto 3 da informação que fundamentou o acto impugnado, a fls. 32 e 33.

Ora, **foi este acto denegatório que o Recorrente impugnou no TCA** e a que este negou provimento pela seguinte ordem de razões:

"Trata-se de um concurso com duas fases – selecção de candidatos, frequência de um curso de formação e, finalmente, a lista de classificação final.

Cada uma dessas fases é eliminatória e estanque, entre si, pelo que na senda da tese do Recorrente se desistissem, ao fim da segunda fase, um ou mais candidatos a administração teria que ir repescar, por assim dizer, os que foram excluídos na primeira, o que era, de todo, inviável, e, até, impossível.

Quanto à violação dos arts. 20.º, n.º 2, e 32.º, n.º 1, do DL 498/98, de 30/12, o Recorrente refere que o concurso de provimento só se esgota com o preenchimento das vagas todas e só caduca com o provimento delas.

E invocando o art.º 35.º – Ordem de provimento – do mesmo diploma legal enumera os casos em que havendo um concurso para certo número de vagas há candidatos classificados mas não providos, por exemplo por desistência, por morte, etc., em que são providos os classificados a seguir.

No primeiro caso o concurso caduca com o preenchimento das vagas, no segundo termina com o início do curso de formação, sendo este o caso e, daí, não merecer censura a decisão recorrida.

Refere que o recente DL 204/98, de 11/07, eliminou esse método de selecção, só que no caso sub judice aquele diploma ainda não tinha sido publicado.

Tanto basta para se terem por inverificados os vícios invocados, pelo que o recurso terá de improceder."

O Recorrente não aceita este julgamento por considerar que o Concurso em causa era destinado ao provimento de 100 vagas e não um concurso de provas públicas para admissão a um curso de formação profissional de subinspetores e que, sendo assim, o mesmo se caracterizava pelo facto do excedente de candidatos aprovados se destinar a suprir as falhas resultantes de desistências ou quaisquer outras ocorrências. Sendo assim, e havendo uma desistência durante o curso de formação dever-se-ia aplicar a solução prevista no art.º 35.º, n.º 2, do DL 498/88, isto é, dever-se-ia permitir que o 101.º classificado ocupasse o 100.º lugar e frequentasse aquele curso.

Será assim?

Vejamos.

2. Nos termos do n.º 4 do art.º 123.º do DL 295-A/90, de 21/09 – que aprovou a Lei Orgânica da Polícia Judiciária – *"os lugares de subinspector de nível 1 são providos de entre os agentes de nível 2 ...... aprovados em concursos e habilitados com o curso adequado ministrado pelo Instituto Nacional de Polícia e Ciências Criminais."*

Acrescentando o n.º 1 do art.º 124.º do mesmo diploma que *"o número de candidatos à frequência do curso de formação de subinspectores ministrado no Instituto Nacional de Polícia e Ciências Criminais é fixado pelo Director Geral de acordo com as regras estabelecidas e segundo critérios de gestão provisional de efectivos."*

O que quer dizer que cabe ao Director-Geral da P.J. – de acordo com as regras estabelecidas e segundo critérios de gestão provisional de efectivos – determinar qual o número de Subinspectores necessários à Corporação e diligenciar no sentido do seu efectivo provimento, designadamente, abrindo concursos destinados a tal fim.

Foi este procedimento que aquela entidade iniciou com a abertura do Concurso ora em causa determinando que o mesmo se **destinaria ao provimento de 100 lugares de inspectores de nível 1** e que a selecção dos candidatos se faria através da prestação de **quatro diferentes provas** – de conhecimentos, de avaliação curricular, de exame psicológico e um curso de formação – sendo **cada uma delas eliminatória** (vd. pontos 7 e 7.2 do respectivo Aviso).

Deste modo – ao contrário do que a Autoridade Recorrida sustentou no acto impugnado e o Acórdão recorrido sufragou – **o Concurso não era composto por duas fases autónomas e estanques entre si,** a primeira constituída pela realização das três primeiras provas, rematada pela publicação de uma Lista onde se fazia uma primeira ordenação dos candidatos, e a segunda, independente em relação àquela, composta por um curso de formação que determinava a classificação final. Como também é errado defender – como faz a Autoridade Recorrida neste recurso – que o *"concurso terminou com o início do curso de formação"*, reduzindo-o, assim, à prestação das três primeiras provas. – vd. conclusão d). E isto porque o que resulta do respectivo Aviso é que o mesmo se destinava ao provimento de 100 lugares de subinspector do nível 1 e que este provimento seria feito entre os agentes aprovados que, no final do curso de formação, tivessem sido classificados nos primeiros 100 lugares deste curso (ponto 7.5 do Aviso).

É certo que no final da prestação das três primeiras provas se elaborava uma Lista – publicada na II Série do DR – **com a indicação dos candidatos aprovados e dos que tinham sido excluídos** e que só os 100 primeiros classificados poderiam prosseguir e frequentar o curso de formação, a derradeira prova, porque tinha sido esse o número de subinspectores que o Sr. Director Geral da PJ considerou necessário preencher. Mas isso não significa que **a publicação dessa Lista possa ser considerada como significando o encerramento de uma fase** – erigida em fronteira intransponível para os candidatos posicionados para além dos 100 primeiros lugares – **e o começo de uma nova fase**, uma vez que o curso de formação foi programado como uma prova de complementaridade, de aprendizagem para aqueles que tendo, obtido aprovação na primeira fase, o iriam frequentar.

Ou seja, o **concurso ora em causa pautava-se pela complementaridade entre as suas diversas fases**, sendo que a Lista elaborada e publicada no final da prestação das três primeiras provas servia, apenas e tão só, para identificar os candidatos que haviam sido aprovados e iriam prosseguir para iniciar a sua formação e os que haviam sido excluídos. E daí que, na normalidade das coisas, se pudesse afirmar que os candidatos posicionados nos primeiros 100 lugares prosseguiriam para o curso de formação e os restantes terminavam ali a sua participação.

Todavia, essa normalidade poderia ser perturbada se um dos 100 primeiros classificados desistisse de frequentar o curso de formação e formalizasse essa desistência antes deste se ter iniciado pois que, nessa hipótese, em princípio, nada impediria que existindo candidatos aprovados em número suficiente se não chamasse a frequentar o curso de formação o 101.º classificado. E isto porque, tendo o Director Geral da PJ entendido que a sua Corporação **necessitava de 100 subinspectores e tendo aberto um concurso destinado a suprir essa insuficiência de pessoal e, consequentemente, ao preenchimento da totalidade desses lugares** não faria sentido que tendo desistido um dos candidatos aprovados não fosse chamado a preencher a vaga aberta por essa desistência o candidato aprovado classificado na 101.º posição.

O que significa, em princípio, nada justificaria que, havendo uma desistência de um candidato aprovado, se negasse a possibilidade de ser chamado a frequentar o curso de formação o candidato aprovado e posicionado no 101.º lugar já que, nos termos do Aviso do Concurso, esse **impedimento só existia em relação àqueles que**, tendo-se mostrando incapazes nas três primeiras provas, **haviam sido excluídos.**

Só assim não seria se, **aquando da formalização daquela desistência, o curso de formação se encontrasse em fase que não permitisse a integração de um novo elemento.**

3. Descendo ao caso dos autos constatamos que da Informação de fls. 175 a 181 – que fundamentou o acto hierarquicamente impugnado – e do ofício parcialmente transcrito no ponto 3 do probatório resulta que a primeira fase do curso de formação teve início em 6/07/97 e que na segunda fase o curso foi desdobrado em dois grupos de 50 candidatos/formandos, tendo o primeiro tido o seu período de formação presencial de 9/02/98 a 6/05/98 e segundo desde 11/05/98 até 24/07/98.

O que significa que quando o Recorrente apresentou o seu requerimento solicitando a sua admissão à frequência daquele curso – 8/07/98 (ponto 4 do probatório) – **a segunda, e última, fase deste estava prestes a concluir-se.**

E daí que, como refere o Ilustre Magistrado do M.P. no seu parecer, **a sua integração nesse curso fosse impossível como seria impraticável a abertura de um novo curso que contemplasse apenas o Recorrente.**

Nesta conformidade, e ainda que se admita como acertada a alegação do Recorrente de que o concurso ora em causa se destinava a admissão de 100 inspectores e que a desistência de um candidato aprovado para frequentar o curso de formação levaria a que o 101.º candidato aprovado o substituísse, certo que – tal como acima se disse – **isso só poderia funcionar se a formalização da desistência tivesse sido feita em momento que permitisse a integração do novo elemento no curso de formação que estava a decorrer.**

Ora, *in casu*, tal não sucedeu porquanto a desistência a que o Recorrente faz apelo ocorreu no momento em que **o segundo curso de formação estava a poucos dias da sua conclusão e, portanto, numa fase que não admitia a sua integração.**

E, porque assim, não era legalmente possível o deferimento da pretensão que este formulara.

Razão pela qual o despacho recorrido não está inquinado por vício determinante da sua anulabilidade.

Não merece, assim, **censura a decisão recorrida.**

Termos em que acordam os Juízes que compõem este Tribunal em **negar provimento ao recurso confirmando-se, assim, a douta decisão recorrida.**

Custas pelo Recorrente, fixando-se a taxa de justiça em 300 euros e a procuradoria em metade.

Lisboa, 11 de Janeiro de 2007.

Alberto Costa Reis (Relator)
Rui Botelho
Azevedo Moreira

Recurso n.º 1183/05-11

CONCURSO PÚBLICO. CRITÉRIOS DE AVALIAÇÃO. ERRO GROSSEIRO. RUBRICA DAS PROPOSTAS E SEUS DOCUMENTOS PELO JÚRI.

(Acórdão de 17 de Janeiro de 2007)

SUMÁRIO:

I – A observância dos princípios da legalidade, justiça, igualdade, transparência e imparcialidade que devem presidir ao procedimento concursal obriga a que na apreciação das propostas se não introduzam sub critérios ou sub factores já depois de conhecidos os concorrentes e as suas propostas, pois que só assim será possível impedir a introdução de factores de diferenciação e de valoração em função do conhecimento dessas propostas e só assim será possível evitar a possibilidade de um tratamento desigual e injusto dos concorrentes, beneficiando uns em detrimento de outros.

II – A actividade de valoração e pontuação das propostas em procedimento concursal insere-se na "margem de livre apreciação" ou das "prerrogativas de avaliação" atribuída à entidade que a elas procede a qual, para uns, *"decorre do exercício da chamada discricionariedade técnica, ou do puro exercício de um poder discricionário"* e para outros da aplicação *"de conceitos vagos, elásticos ou indeterminados, para cujo preenchimento, a administração emite juízos de valor de carácter eminentemente técnico-*

-especializado, juízos de prognose de experiência, com intervenção de necessários elementos subjectivos."

III – E, porque assim, a referida actividade de valoração das propostas, através da atribuição da pontuação a cada um dos factores e subfactores, é contenciosamente insindicável a não ser que nessa actividade se pratique um erro grosseiro ou manifesto ou se violem os princípios gerais que enformam o procedimento concursal, designadamente os da legalidade, da justiça, da proporcionalidade e da imparcialidade, restringindo-se, assim, os poderes de controlo do Tribunal à legalidade externa do acto, ao erro grosseiro ou manifesto e/ou ao desrespeito dos princípios gerais reguladores da actividade administrativa.

IV – Nos termos do arts. 101.º/1 e 104.º/1 do DL 197/ /99, o Júri deve rubricar as propostas e os documentos apresentados pelos concorrentes, formalidade que se destina a garantir que as peças apresentadas não são adulteradas ou substituídas ao longo do procedimento. Trata-se de formalidade *ad probationem*.

V – E, se assim é, a sua omissão, por si só, não determina a ilegalidade do procedimento já que esta decorrerá da ocorrência daquela adulteração ou substituição e não da irregularidade, puramente formal, da falta dessas rubricas. Nesta conformidade, não vindo invocado que as peças apresentadas ao concurso tenham sido adulteradas ou substituídas carece de fundamento a pretensão da anulação do procedimento concursal por incumprimento dessa formalidade.

ACORDAM NA SECÇÃO DO CONTENCIOSO ADMINISTRATIVO DO SUPREMO TRIBUNAL ADMINISTRATIVO:

Eurest (Portugal), Lda., interpôs, no Tribunal Administrativo e Fiscal de Lisboa, a presente **acção administrativa especial relativa a contencioso pré-contratual** alegando que, conjuntamente com as contra interessadas Certal SA; Nordigal SA; ITAU SA; Solnave SA e ICA SA, se havia apresentado ao Concurso Público Internacional n.º 220/2005 para Prestação de Serviço de Refeições na Assembleia da República e Exploração de Cafetarias, aberto pela Assembleia da República, e que o mesmo, quer pela forma como se processou quer pelo resultado a que conduziu, era ilegal por ter havido:

1. Ilegalidade na definição dos critérios de adjudicação.

2. Violação do princípio da inadmissibilidade de fixação de novo peso relativo dos critérios fixados no Programa do Concurso.

3. Errada análise do mérito das propostas efectuada pelo Júri do Concurso.

4. A omissão de uma formalidade essencial, consistente na falta de assinatura por parte do Júri das peças apresentadas a concurso pelos concorrentes.

A final **formulou o seguinte pedido**:

a) A anulação do acto de abertura do identificado Concurso e todo o procedimento concursal subsequente.

b) A anulação do acto de adjudicação à concorrente n.º 6 (ICA), caso este tenha já sido praticado.

c) A anulação do contrato celebrado com a concorrente n.º 6 (ICA), caso este tenha já sido celebrado.

d) E, para o caso de se entender que o procedimento concursal não deve ser anulado, condenar a entidade adjudicante a elaborar novo relatório de análise das propostas baseada, apenas e tão só, nos critérios de ponderação constantes do Programa do Concurso, fundamentando detalhadamente as razões das pontuações atribuídas.

O Sr. Juiz do TAF – no despacho liminar, a fls. 313 – considerou que, nos termos do art.ºs 13.º do CPTA e 24.º/1/a/ii do ETAF, o seu Tribunal era hierarquicamente incompetente para conhecer da matéria suscitada neste processo por essa competência estar sediada neste STA, **pelo que declarou o seu Tribunal incompetente** e ordenou a sua remessa a este Supremo.

Realizadas as legais citações **apenas a Assembleia da República se apresentou a contestar** para afirmar que não haviam sido cometidas as ilegalidades invocadas pela Autora e, portanto, que havia que julgar a acção improcedente.

Não tendo sido requerida a produção de prova e não se vislumbrando diligências a realizar foram colhidos os vistos dos Srs. Conselheiros Adjuntos.

Inexistindo excepção ou questão prévia que impeça o conhecimento do mérito, **cumpre apreciar e decidir.**

FUNDAMENTAÇÃO

I. MATÉRIA DE FACTO.

Com interesse para a decisão julgam-se **provados os seguintes factos**

1. A Assembleia da República lançou o Concurso Público Internacional n.º 220/2005 para a Fornecimento de Serviço de Refeições na Assembleia da República e Exploração das Cafetarias. – vd. Anúncio que se encontra nos autos de fls. 76 a 89, que se dá por reproduzido.

2. Ao qual se apresentaram a Autora e as contra interessadas acima identificadas.

3. O respectivo Anúncio foi enviado para publicação nos jornais oficiais em 4/10/2005, tendo sido publicado na III série do DR de 17/10/2005.

4. Nesse Anúncio consta que o critério de adjudicação será o da *proposta economicamente mais vantajosa* tendo em conta os seguintes factores: "*a) Qualidade e variedade das ementas para 4 semanas e complementos frios – 45%. b) Preço – 40%. c) Composição do preço – 15%.*" – vd. fls. 79 dos autos.

5. O Programa desse Concurso encontra-se nos autos a fls. 90/110, que aqui se dá por integrado.

6. E deste consta que o critério de adjudicação será o da *proposta economicamente mais vantajosa* tendo em conta os seguintes factores: "*a) Qualidade e variedade das ementas para 4 semanas e complementos frios – 40%. b) Preço – 35%. c) Composição do preço – 15%.*" – vd. seu art.º 4.º.

7. Constando do n.º 1 do seu art.º 6.º que "*as propostas e os documentos que as acompanham devem ser apresentadas até às 17,30 horas do 52.º dia a contar da data do envio do anúncio do presente Concurso para publicação no DR e no Jornal Oficial das Comunidades Europeias.*"

8. Foi feita uma "errata" ao Programa do Concurso informando que os factores do critério de adjudicação constantes do seu art.º 4.º eram os mesmos que constavam do seu Anúncio.

9. A qual foi distribuída aos concorrentes juntamente com o Programa do Concurso.

10. O Caderno de Encargos do Concurso encontra-se junto a fls. 111/155 que se dão por integradas.

11. O Júri não rubricou todas as peças (propostas e documentos a elas respeitantes) apresentadas pelos concorrentes.

12. No dia 8/11/2005 o Júri do Concurso reuniu-se e, por unanimidade, estabeleceu "*a metodologia de classificação das propostas que vierem a ser admitidas no âmbito do supra referido Concurso, de acordo com o estabelecido no art.° 94.° do DL 197/99, de 8/06*." – vd. fls. 156/158, que se dão procedimento reproduzidas.

13. A Autora foi notificada, por ofício datado de 25/07//2006, que a Assembleia da República, "*no seguimento do Relatório de Análise das Propostas do Júri do Concurso Público acima identificado*", tinha intenção de "*adjudicar ao concorrente ICA – Indústria e Comércio Alimentar, SA, os serviços postos a concurso*". – Vd. fls. 159, que se dá por integrada.

14. Relatório esse que se encontra nos autos de fls. 160 a fls. 215, que se dão por reproduzidas.

15. A Requerente pronunciou-se, em sede de audiência prévia, em 2/08/2006, sobre o conteúdo do referido Relatório tendo concluído que havia "*a necessidade incontornável de se proceder à anulação do ... procedimento concursal nos termos do art.° 58.°, n.° 1, al.ª b) do DL 197/99, de 8/06*", mas que, se assim se não entendesse, deveria "*o Júri proceder a uma nova avaliação das propostas baseada apenas e só nos critérios de ponderação constantes do Programa do Concurso e classificação das propostas dos concorrentes admitidas a concurso*.". – fls. 216 a 228 que se consideram reproduzidas.

16. Na sequência das observações feitas àquele Relatório pela Autora e pela concorrente ITAU o Júri voltou a reunir-se, conforme acta de 4/08/2006, tendo concluído que "*não procedem os argumentos invocados pelos concorrentes, mas deliberou ainda colocar à consideração da Sr.ª Secretária Geral um novo Relatório de análise das propostas, propondo que seja concedido novo prazo aos concorrentes para se pronunciarem em sede de audiência prévia sobre esse novo documento.*" – vd. fls. 233 a 238 que se consideram integradas.

17. Esse novo Relatório, datado de 4/08/2006, renovou a conclusão que já constava do anterior de que a melhor proposta tinha sido a apresentada pela ICA – Indústria e Comércio Alimentar, S.A. e de que, por isso, o Júri iria adjudicar a essa empresa o fornecimento de refeições e a exploração de cafetarias postos a concurso. – Vd. fls. 239 a fls. 279 que se dão por reproduzidas.

18. Por despacho da Sr.ª Secretária Geral de 9/08//2006 foi decidido ouvir em audiência prévia os concorrentes sobre o conteúdo desse novo Relatório.

19. E a Autora, uma vez mais, emitiu pronúncia em sede de audiência prévia conforme se vê de fls. 280 a 301 que se consideram reproduzidas.

20. Mas sem sucesso já que o Júri entendeu, novamente, que a proposta melhor posicionada era a da ICA – Indústria e Comércio Alimentar, S.A. e a classificada em 2.° lugar era a da Autora.

II. O DIREITO.

Resulta do relato antecedente que a Assembleia da República lançou um Concurso Público Internacional para a prestação do serviço de refeições e exploração de cafetarias nessa Assembleia e que a Autora, inconformada com o seu resultado, **intentou a presente acção especial pedindo** a anulação do referido procedimento e do correspondente contrato com a concorrente vencedora, no caso deste ter sido já sido celebrado, ou, se assim não se entendesse, a condenação da entidade adjudicante a elaborar um "*novo relatório de análise das propostas baseada, apenas e tão só, nos critérios de ponderação constantes do Programa do Concurso, fundamentando detalhadamente as razões das pontuações atribuídas*", **alegando** que aquele procedimento estava **inquinado por diversas ilegalidades.**

Vejamos se assim é, seguindo-se o conhecimento desses vícios pela ordem indicada na petição inicial.

1. A Autora começa por afirmar que aquele procedimento é ilegal e que, por isso, deve ser anulado já que tinha havido **ilegalidade na definição dos critérios de adjudicação.**

Para tanto alega que – nos termos do art.° 94.°, n.° 1, do DL 197/99, de 8/06 – o Júri devia definir a ponderação a aplicar aos diferentes elementos do critério de adjudicação estabelecido no Programa do Concurso até "*ao termo do segundo terço do prazo fixado para a entrega das propostas*" e **tal prazo fora desrespeitado já que o mesmo expirou em 7/11/2005 e o Júri só se reuniu para esses fins em 8/11/2005**. E, porque assim, a legalidade da decisão de adjudicação baseada nesses critérios de classificação estava, irremediavelmente, inquinada.

Será assim? Vejamos.

É incontroverso que "*até ao termo do segundo terço do prazo fixado para a entrega das propostas, o Júri deve definir a ponderação a aplicar aos diferentes elementos que interfiram na aplicação do critério de adjudicação estabelecido no Programa do Concurso.*" – n.° 1 do citado art.° 94.° do DL 197/99.

Como também o é que, *in casu*, as propostas e os documentos que as acompanhavam – por força do estabelecido no art.° 6.°, n.° 1, do Programa do Concurso – **deviam ser apresentadas até às 17,30 horas do 52.° dia a contar da data do envio do Anúncio do Concurso** para publicação nos jornais oficiais e que **esse envio ocorreu em 4/10/2005**[1].

O que significava que o Júri tinha de definir a ponderação a aplicar aos diferentes elementos de classificação das propostas estabelecidos no Programa do Concurso até ao termo do segundo terço do referido prazo de 52 dias, sendo que este se contava a partir do envio do Anúncio para publicação.

Ora, **é na definição de qual seja o termo do segundo terço desse prazo de 52 dias que as partes divergem**, já que a Autora sustenta que esse prazo expirou em 7/11/2005 e que, portanto, tendo a reunião do Júri para proceder àquela definição ocorrido em 8/11//2005, o procedimento estava viciado e, ao contrário, a Ré defende que o último dia do mesmo foi em 8/11/2005 e que, por isso, nenhuma ilegalidade foi cometida.

A resolução desta questão resulta, como se vê, apenas e tão só, de uma operação matemática, qual seja a de saber qual o termo do segundo terço de um prazo de 52 dias.

[1] Este é um ponto em que as partes não manifestam divergência e que ficou assente nos pontos 2 e 5 do probatório.

Realizando-se essa operação verifica-se que um terço de 52 se cifra em 17,333, pelo que dois terços desse número será 34,666.

Sendo assim, e sendo que o prazo ora em causa respeita a dias uma conclusão se impõe: o mesmo **só pode ser contado em unidades e não em partes da unidade.**

O que obriga a que os dois terços de 52 acima referidos sejam arredondados para a unidade imediatamente superior, isto é, para 35 e não para a unidade imediatamente inferior, isto é, para 34, como pretende a Autora, porquanto 34,666 está mais próximo do 35 do que do 34.

Nesta conformidade, **o termo do prazo** para o Júri proceder à definição da ponderação dos diferentes elementos de classificação das propostas estabelecidos no Programa do Concurso **expirou no 35.° dia a contar de 4/10/2005**, data em que o Anúncio foi enviado para publicação, **ou seja, em 8/11/2005**.

Sendo assim e sendo que está assente – vd. o ponto 7 da matéria de facto – que o Júri do Concurso se reuniu no dia 8/11/2005 e nesta data, por unanimidade, estabeleceu *"a metodologia de classificação das propostas que vierem a ser admitidas no âmbito do supra referido Concurso, de acordo com o estabelecido no art.° 94.° do DL 197/99, de 8/06"* **é forçoso concluir que não foi cometida a ilegalidade apontada pela Autora.**

Improcede, pois, **nesta parte a acção.**

2. Vem, ainda, alegado que **o Júri**, naquela reunião de 8/11/2005, **alterou o peso relativo dos critérios fixados no Programa do Concurso** o que constituía uma ilegalidade que inquinava, definitivamente, o procedimento e o seu resultado.

E, diga-se, desde já, que se tal alegação fosse verdadeira a Autora tinha razão pois que – por força do que se estatui no na al.ª l) do art.° 89.° do DL 197/99 – o Programa do Concurso deve especificar o *"critério de adjudicação com explicitação, no caso de o mesmo ser o da proposta economicamente mais vantajosa, dos factores que nela intervêm, por ordem decrescente de importância"* e, se assim é, e se tais critérios tinham sido fixados **não caberia ao Júri proceder à sua alteração.**

Por isso é que a jurisprudência deste Tribunal tem repetidamente afirmado que **os critérios fixados no Programa do Concurso não podem ser alterados pelo livre arbítrio do Júri,** visto a competência deste se restringir à densificação ou desenvolvimento dos critérios que aquele previamente fixou, não podendo ir para além deles, sendo-lhe vedado introduzir novos critérios ou criar sub critérios que excedam os já estabelecidos ou que constituam um desenvolvimento não previsto e inovador dos fixados no Programa do Concurso. Só assim será possível defender convenientemente o interesse público e conceder tratamento igualitário, transparente e imparcial a todos os concorrentes[2].

A Autora insiste, porém, que **o Júri alterara ilegalmente o peso relativo dos critérios fixados no Programa do Concurso** uma vez que este, no seu art.° 4.°, estabelecia que a adjudicação seria feita *"segundo o critério da proposta economicamente mais vantajosa, tendo em conta os seguintes factores, por ordem decrescente de importância:*

a) Qualidade e variedade das ementas para 4 semanas – 40%.

b) Preço – 35%.

c) Composição do preço – 15%."

e **o Júri**, na sua reunião de 8/11/2005, **tinha alterado essas ponderações para 45%, 40% e 15%,** respectivamente.

Só que **essa alegação não corresponde à verdade.**

Com efeito, o que se passou foi que **no Anúncio do Concurso ficou expresso de forma clara que o critério de adjudicação** seria o da *proposta economicamente mais vantajosa* tendo em conta os seguintes subfactores:

"a) Qualidade e variedade das ementas para 4 semanas e complementos frios – 45%.

b) Preço – 40%.

c) Composição do preço – 15%."

e no Programa do Concurso, por lapso, ficou a constar que esses sub factores eram os que acima se mencionaram, o que significa que aquele não respeitou a ponderação relativa dos diversos subfactores constantes do Anúncio do Concurso.

Todavia, esse lapso foi imediatamente corrigido através de uma "errata", de tal forma que quando o Programa foi distribuído aos concorrentes essa "errata" acompanhou-o, pelo que estes ficaram a saber que tinha havido um lapso e que o valor daqueles sub factores eram os que a "errata" indicava e não os que, por erro constavam do Programa o que lhes permitiu ficar a salvo de cometer erros com base naquele lapso de impressão. E se assim foi **não só os concorrentes não foram surpreendidos pelo referido erro de impressão, como também o Júri não agiu com violação de nenhuma norma concursal.**

Está, pois, **afastada a ocorrência da ilegalidade apontada pela Autora.**

A **acção improcede também nesta matéria.**

3. A Autora, de seguida, referindo-se ao 1.° Relatório de Análise das Propostas de que foi notificada e sobre o qual teve oportunidade de se pronunciar, sustenta que o Júri **havia recorrido aos serviços dos técnicos do Centro de Formação Profissional para o Sector Alimentar** e que estes se reuniram nos dias 23, 24 e 25 de Maio de 2006 e adoptaram **uma metodologia de análise em que integraram "*verdadeiros novos critérios*."** Querendo com isso significar que, na análise e classificação das propostas, **tinham sido utilizados novos critérios,** definidos *"em momento largamente posterior à própria entrega das propostas"*, isto é, em momento em que essa definição já não era legalmente admissível, o que constituía *"flagrante violação por parte do Júri dos princípios da legalidade transparência e publicidade previstos nos art.°s 7.° e 8.° do DL 179/99."*

E, diga-se, que se assim tivesse acontecido, a Autora litigaria com razão já que – como acima se disse – os critérios de adjudicação devem ser indicados nos documentos que servem de base ao concurso e, forçosamente, têm de estar definidos anteriormente ao conhecimento das propostas, com explicitação dos factores e sub factores que intervêm na definição da *"proposta*

[2] Vd., entre outros, **Acórdão do Pleno** de 13/10/04 (rec. 48.079) e **da Secção** de 11/2/99 (rec. 44.508), de 11/1/00 (rec. 44.705), de 6/4/00 (rec. 45.968), de 2/8/00 (rec. 46.110), de 24/5/01 (rec. 47.565), de 15/1/02 (rec. 48.343), de 13/2/02 (rec. 48.403), de 3/4/02 (rec. 48.411), de 18/06/2203 (rec. 862/03), de 3/12/2003 (rec. 1603/02), de 19/2/03 (rec. 70/03), de 27/3/03 (rec. 1.179/03) de 10/07/2003 (rec. 1080/03), de 1/09/2004 (rec. 888/04), de 2/02/2005 (rec. 1.541/03), de 5/07/2005 (rec. 1383/03), de 2/03/2006 (rec. 597/05).

economicamente mais vantajosa", sendo certo, além disso, que a densificação, concretização e desenvolvimento dos critérios de adjudicação constantes dos documentos base deve ser feita até final do segundo terço do prazo de entrega das propostas. – Vd. art.° 94.°/1 do DL 197/99.

Todavia, esta questão já fora **suscitada aquando do exercício do direito de audiência e tal tinha levado o Júri a considerar** que "*na apreciação feita pelo Centro de Formação Alimentar não foram fixados sub critérios diferenciados do que tinha sido anteriormente fixado pelo Júri, havendo apenas explicitação do iter lógico cognitivo das autoras do relatório, ou seja, o seu raciocínio tendente a preencher o conceito de qualidade, variedade das ementas e variedade dos complementos frios que tinham sido anteriormente fixados. Em suma, os invocados sub critérios constituem a explicação das classificações atribuídas. No entanto, e porque a questão pode ser controversa, o Júri decidiu proceder a uma nova avaliação das propostas, conforme relatório anexo.*"[3].

Deste modo, foi **elaborado um novo Relatório de Análise das propostas e foi com base nele que o Júri procedeu à classificação que aqui vem sindicada.**

O que vale por dizer que **o conteúdo e conclusões do 1.° Relatório perdeu toda a sua relevância e deixou de poder ser fundamento de ilegalidade e de anulação do procedimento concursal ora em causa.**

No entanto, e apesar disso, a Autora defende que este 2.° Relatório, designadamente no tocante à apreciação do critério "*qualidade e variedade das ementas para 4 semanas*", não trazia novidade em relação ao 1.° Relatório uma vez que ele aproveita os sub critérios já utilizados ilegalmente e que, portanto, as ilegalidades de que este padecia se transmitiram ao novo Relatório.

Mas não tem razão conforme a leitura de um e outro desses Relatórios e dos seus anexos por si só evidencia.

Com efeito, e desde logo, naquele item o 2.° Relatório estabelece uma nova forma de pontuar as propostas – de 0 a 20 – e indica as razões da atribuição de cada uma das classificações atribuídas.

Para além disso, e ao contrário do alegado, não se vê onde estejam os sub critérios que se alega terem sido ilegalmente introduzidos.

Daí que, **também no tocante a este ponto, a acção improceda.**

4. A Autora **questiona,** ainda, **a pontuação da sua proposta relativamente ao ponto 3.1.2 do Caderno de Encargos** reclamando que cumpria por inteiro esse *item* e que, sendo assim, a sua proposta deveria ser pontuada com, pelo menos, 17 valores.

Mas, também aqui, sem razão.

Com efeito, o referido *item* estipulava que "*o adjudicatário obrigava-se a assegurar, por sua conta, a realização, com periodicidade não superior a 3 meses, de inspecções e análises higieno-sanitárias e bacteriológicas dos géneros alimentícios, a realizar por entidade de reconhecida idoneidade* ... ", o que significava que a Autora – e todos os outros concorrentes – **tinha de se comprometer a assegurar que, pelo menos de 3 em 3 meses**, os alimentos que forneceria **seriam submetidos às referidas inspecções e análises higieno-sanitárias.**

Ora, a verdade é que **a proposta da Autora não garantia que essas análises e inspecções se fizessem com a periodicidade exigida**, já que a mesma, violando o estabelecido no Caderno de Encargos, apenas se comprometeu a fazê-las de quatro em quatro meses. – vd. a sua proposta no Procedimento de Qualidade, pg. 1, coluna "Frequência de Verificação."

E ainda que seja verdade que a proposta da Autora referisse que se comprometia a efectuar "*regularmente análises microbiológicas e químicas* e que "*o controlo microbiológico é efectuado, periodicamente, aos pratos confeccionados, aos vegetais servidos crus, à higiene dos equipamentos e utensílios, bem como à higiene pessoal*", nem assim essa alegação poderia conduzir ao resultado que a mesma procura porquanto o Caderno de Encargos era muito claro ao exigir que tais actos se **fizessem trimestralmente** e **comprometer-se a eles proceder *periodicamente*** ou ***regularmente* não satisfaz,** pois isso pode significar que a sua realização se fará tanto de 3 em 3 meses como de 6 em 6 ou de ano a ano.

E os factos, também alegados, de que do Programa do Concurso não estabelecia qualquer mecanismo de controlo do cumprimento dessa obrigação, de que o Júri na sua primeira reunião não deliberou sobre essa matéria e de que a Autora, genericamente, se comprometeu a cumprir com o estabelecido no Caderno de Encargos não tem qualquer relevância porque isso não afecta o incumprimento daquela obrigação.

Deste modo, **nada impedia a entidade adjudicante de valorizar a proposta da Autora da maneira que lhe parecesse mais adequada e de lhe atribuir a pontuação que considerasse mais justa.**

Carece, pois, de fundamento a alegação de que a sua proposta foi injustamente valorizada e de que tal determinava a ilegalidade do procedimento concursal.

Improcede, também nesta parte, **a acção.**

5. Queixa-se, depois, **a Autora da forma como a sua proposta foi classificada no sub critério "*variedade de refeições*"** porquanto nada se dizendo a respeito da quantidade de pratos exigida "*não podem os concorrentes ser penalizados em virtude do maior ou menos número de pratos apresentados.*"

E procurou demonstrar a bondade da sua tese com recurso a umas operações aritméticas que provariam que a classificação que lhe foi atribuída não se compaginava com a quantidade e variedade dos pratos apresentados e que, por isso, "*a sua proposta não poderia ser valorizada em apenas mais dois valores do que a das concorrentes NORDIGAL e ICA porquanto estas apresentam uma variedade substancialmente menor.*"

Mas não tem razão.

O que estava em causa neste *item* era a variedade de refeições apresentadas em cada uma das propostas e a sua valorização relativa.

Ora, – como a jurisprudência deste Supremo tem dito repetidas vezes – **a actividade de valoração e pontuação das propostas em procedimento concursal insere-se na "margem de livre apreciação" ou das "prerrogativas de avaliação"** atribuída à entidade que a elas procede – Júri ou Comissões de Análise – a qual, para uns, *"decorre do exercício da chamada discricionariedade técnica, ou do puro exercício de um poder discricionário"* e para outros da aplicação *"de conceitos vagos, elásticos ou indeterminados, para cujo preenchimento, a administração emite juízos de valor de carácter eminen-*

[3] Sublinhado nosso.

tecnicamente técnico-especializado, juízos de prognose de experiência, com intervenção de necessários elementos subjectivos." E, porque assim, e porque nessas situações não estava em causa *"a apreciação de conceitos naturalísticos, de pura dedução lógico-formal, compreende-se que o tribunal não faça um controlo jurisdicional pleno, não indo além da dimensão garantística ou formal da decisão administrativa, não podendo, (.......), substituir pelos seus os juízos e as valorizações empreendidas pela administração."* – Acórdão deste STA 20.3.03 (rec. n.° 1561/02).

E, porque assim, a referida actividade de valoração das propostas, através da atribuição da pontuação a cada um dos factores e subfactores, **é contenciosamente insindicável a não ser que nessa actividade se pratique um erro grosseiro ou manifesto ou se violem os princípios gerais que enformam o procedimento concursal,** designadamente os da legalidade, da justiça, da proporcionalidade e da imparcialidade, **restringindo-se, assim, os poderes de controlo do Tribunal** à legalidade externa do acto, ao erro grosseiro ou manifesto e/ou ao desrespeito dos princípios gerais reguladores da actividade administrativa[4].

Sendo que, para os referidos efeitos, "*erro grosseiro ou manifesto é um erro crasso, palmar, ostensivo, que terá necessariamente de reflectir um evidente e grave desajustamento da decisão administrativa perante a situação concreta, em termos de merecer do ordenamento jurídico uma censura particular mesmo em áreas de actuação não vinculadas."* – Acórdão de 11/05/2005 (rec. 330/05).

Descendo ao caso dos autos verifica-se que o Júri, no Relatório que ora se quer pôr em causa, teve a preocupação de valorar com justiça o mérito relativo de cada uma das propostas em confronto, explicitando as razões da sua pontuação **não se vendo**, ao fazê-lo, **tenha cometido qualquer erro grosseiro ou manifesto,** capaz de abalar a exactidão material dos pressupostos de facto em que se fundou o seu juízo valorativo. Nem que os princípios gerais reguladores da actividade administrativa tenham sido violados.

E o que se acaba de dizer tem **plena aplicação no tocante à queixa que a Autora faz da forma como a sua proposta foi pontuada no sub factor "*variedade dos complementos frios.*"**

Com efeito, também aqui a Autora entende que a sua proposta era a que apresentava maior diversidade e, porque assim, *"as propostas da Autora e da ICA deveriam ser reclassificadas, pontuando-se a proposta da Autora, quanto a este aspecto, no mínimo, com mais dois valores do que a proposta da ICA".*

Todavia, **também nesta matéria, a actividade do Júri decorria do exercício da sua discricionariedade técnica** pelo que a mesma só era contenciosamente insindicável se tivesse sido cometido um erro grosseiro ou se tivesse sido inobservado os princípios gerais que enformam o procedimento concursal, designadamente os da legalidade, da justiça, da proporcionalidade e da imparcialidade.

Ora, **tal não aconteceu nem tão pouco isso vem invocado** já que a Autora se limita a manifestar um entendimento diferente daquele que o Júri teve quando pontuou a sua proposta e dele faz decorrer a pretensão da sua proposta ser mais valorizada.

Daí que, também nesta parte, **a acção improceda**.

6. Finalmente, a Autora pretende **a anulação do procedimento concursal com fundamento na omissão de uma formalidade** – que ela reputa de essencial – qual seja a de parte das peças apresentadas pelos concorrentes se não encontrar rubricada pelo Júri.

E a verdade é que, nos termos do art.°s 101.°/1 e 104.°/1 do DL 197/99, **o Júri deve rubricar as propostas e os documentos apresentados pelos concorrentes** e essa formalidade não foi inteiramente cumprida *in casu* já que, como a Ré admite, os membros do Júri rubricaram apenas parte daquelas peças.

Só que **a omissão dessa formalidade não tem as consequências ora pretendidas**.

Com efeito, a referida formalidade destina-se a garantir que as peças apresentadas não são adulteradas ou substituídas ao longo do procedimento, pelo que é uma formalidade *ad probationem*.

E se assim é a sua omissão, por si só, não determina a ilegalidade do procedimento já que **esta decorrerá da ocorrência daquela adulteração ou substituição e não da irregularidade, puramente formal, da falta dessas rubricas**.

Nesta conformidade, e **não vindo invocado que as peças apresentadas ao concurso tenham sido adulteradas ou substituídas** carece de fundamento a pretensão da Autora.

Daí que a **acção improceda também nesta parte**.

Termos em que acordam os Juízes que compõem este Tribunal **em julgar improcedente esta acção absolvendo-se a Ré do pedido.**

Custas pela Autora.

Lisboa, 17 de Janeiro de 2007.

Alberto Costa Reis (Relator)
Azevedo Moreira
Madeira dos Santos

Recurso n.° 1013/06-11

CONCURSO. FUNÇÃO PÚBLICA. CONCURSO INTERNO DE ACESSO. ENTREVISTA. FUNÇÕES DE CHEFIA.

(Acórdão de 11 de Janeiro de 2007)

SUMÁRIO:

I – No âmbito do DL 204/98, de 11.7, é admissível a utilização da "entrevista profissional de selecção" nos concursos internos de acesso.

II – É ilegal a não atribuição a uma candidata de 2 valores pelo exercício de funções de chefia se

[4] Neste sentido vd., entre muitos outros, **Acórdãos do Pleno** de 15/01//1997 (rec. 27.496), de 14/01/99 (rec. 33942) e de 01-09-2004 (rec. n.° 0888/04) e **das Subsecções** de 4/04/2000 (rec. 45667), de 18/05/2000 (rec. 44.685), de 16/10/2001 (rec. 47219), de 15/01/2002 (rec. 48343), de 16/01/2002 (rec. 48358), de 05/02/2002 (rec. 48198), de 4./08/2004 (rec. 835/04) de 22/05/2004 (rec. 52/04), de 17/03/2004 (rec. 173/04), 28/07//2004 (rec. 1977/03), de 11/05/2005 (rec. n.° 330/05), e de 10/05/2006 (rec. 636/05).

o critério fixado pelo júri fazia corresponder 2 valores ao *"Exercício de funções de chefia durante o período mínimo de* 6 *meses*", se a candidata alegou e provou, em documento que o júri não questionou, ter desempenhado as funções de Chefe de Secretaria da E.S. de Linda-a-Velha no período compreendido entre de 4.1.78 e 31.8.78.

III – A explicação dada nos articulados do recorrente, agora mantida na sua alegação para este tribunal – no sentido de que se tem entendido as funções de chefia administrativa como exercidas apenas no âmbito dos regimes de nomeação definitiva e de nomeação em substituição – não tem a mínima correspondência com o teor do critério fixado pelo júri, apresentando-se como uma restrição não prevista, que não podia ser atendida pelo júri no momento da avaliação dos candidatos nem pode ser considerada neste momento.

ACORDAM NA SECÇÃO DE CONTENCIOSO ADMINISTRATIVO DO SUPREMO TRIBUNAL ADMINISTRATIVO:

I – RELATÓRIO

O Ministro da Cultura veio recorrer do acórdão do Tribunal Central Administrativo Sul (TCA), de 16.2.06, que concedeu provimento ao recurso contencioso intentado por **Maria Isabel Ricarte Amaral** contra o indeferimento tácito formado sobre o recurso hierárquico por ela deduzido do acto de homologação de um concurso aberto por aviso publicado na II Série do DR de 14.11.98.

Terminou a sua alegação formulando as seguintes conclusões:

1. O presente recurso vem interposto do **Acórdão do digno Tribunal Central Administrativo Sul (TCAS),** proferido em **16 de Fevereiro de 2006,** que concedeu provimento ao recurso contencioso interposto por **Maria Isabel Ricarte Amaral,** do acto de indeferimento tácito do Ministro da Cultura que negou provimento ao recurso hierárquico necessário, por ela anteriormente interposto;

2. O referido recurso hierárquico necessário havia sido interposto do despacho da Directora do Instituto do Livro e das Bibliotecas, de 24 de Fevereiro de 1999, que homologou a lista de classificação final do concurso para Chefe de Secção de Contabilidade do referido Instituto;

3. O douto Acórdão do TCAS, de 16 de Fevereiro, **anulou** o **acto de indeferimento tácito do Ministro da Cultura,** invocando ter havido **vício de violação de lei.** Este Ministério não pode, no entanto, concordar com esta posição do digno Tribunal;

4. As alegações do presente recurso debruçaram-se, essencialmente, sobre duas questões:

a) **pode** a **entrevista profissional de selecção ser utilizada, em concursos internos de acesso, como método complementar de selecção?**

b) **agiu bem** o **júri do presente concurso quando considerou necessária,** para a avaliação do requisito "exercício de funções de chefia", a **comprovação de que tais funções eram exercidas apenas em regime de nomeação definitiva** e **de nomeação em substituição?**

5. Quanto à **análise da primeira questão,** o artigo 19, n.º 1 do Decreto-Lei n.º 204/98, de 11 de Julho, enumera como **métodos de selecção** a utilizar em concursos, **isolada** ou **conjuntamente,** e com carácter eliminatório, os seguintes:

a) provas de conhecimentos;

b) avaliação curricular.

6. Por outro lado, o art. 19, n.º 2, do mesmo diploma, acrescenta que podem ainda ser utilizados, **com carácter complementar,** os seguintes métodos de selecção:

a) **Entrevista profissional de selecção;**

b) Exame psicológico de selecção;

c) Exame médico de selecção.

7. A regra geral em concursos de selecção de pessoal, **quer de ingresso, quer de acesso** é, assim, a da possibilidade de utilização, **isolada ou conjuntamente,** e **com carácter eliminatório,** das provas de conhecimentos e da avaliação curricular e, **com carácter complementar,** da **entrevista profissional de selecção,** do exame psicológico de selecção e do exame médico de selecção **em todos estes concursos.**

8. Por outras palavras, a **menos que** a **mesma lei determine algo em contrário,** estes métodos de selecção são **admissíveis,** como claramente parece resultar da redacção utilizada no art. 19 do Decreto-Lei n.º 204/98;

9. Este mesmo Decreto-Lei prevê situações em que o legislador **expressamente** pretendeu afastar a utilização de alguns dos métodos de selecção indicados, mas não no caso previsto no seu art. 23, n.º 3, a que o douto Acórdão do TCAS se reporta;

10. Com efeito, é em matéria de utilização do **exame psicológico de selecção** e do **exame médico de selecção,** que o legislador foi claro ao determinar que estes métodos complementares de selecção **só podem ser utilizados em concursos de ingresso** (cfr. art. 24, n.º 2 e art. 25, n.º 2 do Decreto-Lei n.º 204/98);

11. Em matéria de utilização da **entrevista profissional de selecção,** porém, o **legislador não quis restringir** a **sua utilização apenas aos concursos externos** e **interno de ingresso, dado que não utilizou** a **mesma terminologia** que utilizou para o exame psicológico e para o exame médico de selecção, atrás referidos;

12. Nessa medida, no entender deste Ministério, o que o art. 23, n.º 3 do Decreto-Lei n.º 204/98, a que o douto Acórdão se reporta, pretende dizer é, tão somente, que, se o conteúdo funcional e as especificidades da categoria o justificarem, a **entrevista profissional de selecção pode ser utilizada em concursos externos** e **internos de ingresso mas sem carácter eliminatório,** para evitar que a sua utilização possa ser, só por si, excludente dos candidatos ao concurso;

13. **Mas não que** a **entrevista não possa ser utilizada nos restantes concursos** (concurso de acesso geral, limitado ou misto), como o douto Acórdão erradamente concluiu;

14. Com efeito, se num concurso de acesso limitado a entrevista poderá não se justificar – na medida em que todos os concorrentes pertencem ao mesmo serviço e são, ou podem ser, por esse motivo, conhecidos do júri de concurso –, num **concurso geral ou misto,** em que podem concorrer funcionários de outros serviços da Administração Pública, a **entrevista profissional fará todo o sentido;**

15. É este **entendimento consolidado em jurisprudência desse Venerando Tribunal** (cfr. designadamente Acórdãos proferidos nos seguintes processos: Proc. 026548, de 16 de Maio de 1991, Proc. 030412, de 25 de

Março de 1993, Proc. 044544, de 25 de Março de 1999, Proc. 1721/03, de 2 de Maio de 2005, Proc. 769/04, de 3 de Novembro de 2005 e, bem assim, Proc. 0872/04, de 23 de Novembro de 2005, que expressamente aceitam a entrevista como método de selecção em concursos de acesso);

16. Nestes termos, o método de selecção – entrevista profissional de selecção – utilizado, com carácter complementar, no concurso de acesso para chefe de secção do quadro de pessoal do IPLB é, no entender da Entidade ora Recorrente, inteiramente legal e apropriado ao concurso em apreciação, pelo que o vício de violação de lei, invocado no Douto Acórdão, de 16 de Fevereiro, do TCAS, não se verifica no presente caso;

17. Relativamente ao segundo vício de violação de lei invocado no mesmo Acórdão, do TCAS, relativo ao critério de exercício de *"funções de chefia"* por parte da interessada, e da valoração que o mesmo critério mereceu por parte do júri de concurso, entende a Entidade ora Recorrente que não é possível comprovar que exerce funções de chefia quem de tais funções não foi formalmente investido;

18. E isto por duas razões principais, com as quais qualquer júri de concurso se teria de confrontar:

– a primeira, a dificuldade de fazer prova do exercício, de facto, de funções de chefia e do período em que teria ocorrido;

– a segunda, por razões de obediência aos princípios da igualdade, da justiça e da imparcialidade, a que devem obedecer os diferentes serviços da Administração na sua conduta (cfr. arts. 5 e 6 do Código de Procedimento Administrativo);

19. Em momento anterior, este Ministério teve oportunidade de sublinhar que, *"no período compreendido entre* 4 *de Janeiro de* 1978 e 31 *de Agosto de* 1978, *nada revela ter existido uma qualquer nomeação para o exercício de funções de chefia"* de Maria Isabel Ricarte Amaral;

20. Assim, o júri de concurso encontrava-se impossibilitado de comprovar que a interessada exerceu, de facto, funções de chefia durante um período mínimo de seis meses, por não haver qualquer despacho de nomeação que inequivocamente balizasse o exercício de tais funções, marcando o início e o termo das mesmas;

21. Com efeito, o júri de concurso não poderia legitimamente apreciar este critério – relativamente a outros candidatos que estivessem nas mesmas circunstâncias – sem recair em situações perigosas de subjectividade que, de todo, se pretenderam evitar, pondo assim em perigo os princípios de igualdade, justiça e imparcialidade que deveriam nortear a sua actividade;

22. Os critérios seguidos pelo júri foram, nessa medida, idênticos para todos os candidatos, objectivos e facilmente comprováveis;

23. É este entendimento igualmente consagrado em jurisprudência desse Venerando Tribunal (cfr. designadamente Acórdão proferido no Proc. 966/05, de 14 de Março de 2006), de onde parece decorrer que o exercício de funções, sem um início e um termo claramente determinados, não podem ser tomados em conta por um júri de concurso, designadamente para o preenchimento do requisito de funções de chefia, pelos riscos de incerteza e dificuldade de prova que acarretam.

Nestes termos, e nos mais de direito, crê este Ministério que não houve lugar, no presente concurso, a qualquer vício de violação de lei, pelo que deve ser revogado, por esse Venerando Tribunal, o douto Acórdão do TCAS, de 16 de Fevereiro de 2006, com todas as legais consequências, designadamente a confirmação do acto ministerial recorrido.

A recorrida concluiu assim a sua contra-alegação:

1ª – A recorrente extrai nas suas doutas alegações de recurso jurisdicional uma única conclusão, do seguinte teor: *"Nestes termos,* e *nos melhores de direito, crê-se que não houve lugar a qualquer vício de violação de lei, pelo que deve ser revogado* o *douto Acórdão do TCAS por esse Venerando Tribunal,* com *todas as legais consequências, designadamente a confirmação do acto recorrido"*

2ª – A recorrente não imputa ao douto aresto "a *quo"* qualquer vício ou erro de julgamento.

3ª – Pronunciando-se sobre o objecto do recurso contencioso, o acto administrativo neste impugnado, que não sobre o acórdão *"a quo".*

4ª – Tendo procurado ao longo das suas alegações trazer à discussão no recurso jurisdicional matéria de facto dada como provada no douto julgado *"a quo".*

5ª – Porém, caso seja julgado improcedente por esse Venerando Supremo Tribunal o vício de violação de lei por aplicação no concurso dos autos (interno de acesso) da entrevista profissional de selecção, verificando-se esta hipótese, o que não se concede, então a mesma acarretará a consequência de se apreciar o excesso de pontuação atribuída ao candidato classificado em 1° lugar, José Guimarães Pedro, classificado em excesso com 18 valores, no factor experiência profissional, na vertente *"exercício de funções na área de concurso"* – cfr. n.º 6 da matéria dada como provada no douto acórdão recorrido.

Termos em que deve sustentar-se e manter-se o douto acórdão recorrido.

A Magistrada do Ministério Público junto deste tribunal, aderindo às teses sustentadas pela recorrente, emitiu parecer no sentido do provimento do recurso.

Colhidos os vistos cumpre decidir.

II – FACTOS

Matéria de facto dada como assente no TCA:

1 – Por aviso publicado no DR, 2ª Série, n.º 264, de 14.11.98, foi aberto concurso interno geral de acesso, ao abrigo do n.º 1 do art. 28.º do DL n.º 204/98, de 11/7, para o preenchimento de 2 lugares vagos na categoria de chefe de secção do quadro de pessoal do Instituto Português do Livro e das Bibliotecas – das secções de Pessoal e Contabilidade – cfr. fls. 72 do p.i.

2 – Em 06.11.98, reuniu o júri do concurso com o objectivo de "definição dos critérios de apreciação e ponderação da avaliação curricular bem como do sistema de classificação final, incluindo a respectiva fórmula classificativa, conforme o disposto no ponto 6, do aviso de abertura", tendo deliberado estabelecer como fórmula de avaliação curricular:

$$AC = \frac{HA+FP+3EP}{5}$$

Em que:

AC = Avaliação Curricular
HA = Habilitação Académica
FP = Formação Profissional
EP = Experiência Profissional

4.2 (...) No factor formação profissional o júri deliberou considerar que não serão considerados cursos de formação relacionados com a área funcional do lugar a concurso, realizados há mais de cinco anos, atendendo à evolução do quadro legislativo.

4.3 No factor experiência profissional o júri deliberou considerar como factores de avaliação, cumulativamente a experiência em funções de chefia ou coordenação e a experiência em funções na área a concurso, considerando para o efeito o decurso de tempo prestado em cada uma das situações, por entender ser este o critério mais objectivo para uma adequada valoração deste factor. Assim o júri deliberou as seguintes valorações:

– Exercício de funções de chefia durante o período mínimo de 6 meses 2 valores Exercício de funções na área em concurso:

<1 ano	10 valores
1 a 6 anos	12 valores
6 a 12 anos	14 valores
12 a 18 anos	16 valores
> 18 anos	18 valores

5 – Com o objectivo de facilitar a aplicação dos critérios ora estabelecidos o júri deliberou criar uma ficha onde conste de forma detalhada todos os critérios a utilizar na avaliação curricular de cada um dos candidatos, a qual se anexa à presente acta e que da mesma faz parte integrante.

6 – Relativamente à entrevista, e de acordo com o disposto no artigo 23.° do Decreto-Lei n.° 204/98, de 11 de Junho, são apreciados os seguintes factores: aptidão profissional e pessoal do candidato. (...) – cfr. Acta n.° 1, a fls. 11 a 13 do p.i., cujo teor aqui se dá por integralmente reproduzido.

3 – A recorrente candidatou-se, tendo sido admitida ao concurso, à secção da contabilidade – cfr. Acta n.° 2, fls. 14 a 16 do p.i.

4 – A recorrente referiu no seu *curriculum vitae* ter exercido funções de chefe de secretaria na Escola de Linda-a-Velha, no período de 04.01.78 a 31.08.78 e na Escola de Dança de Lisboa, no período de 1.10.85 a 12.01.86, constando do Registo Biográfico junto a fls. 34 a 35 verso dos autos, "VIII – Situações Diversas 1978 – Desempenhou as funções de Chefe de Secretaria da E.S. de Linda-a-Velha (Desp. de 16/3/78 do senhor Director-Geral de Pessoal) no período de 4/1/78 a 31/8/78."

5 – Do requerimento para admissão ao concurso do contra-interessado José Guimarães Pedro, consta, nomeadamente, o seguinte: "Exerce funções na Secção de administração Geral, nomeadamente, na coordenação e orientação dos 10 funcionários ali colocados, assim como nas tarefas a executar pela secção, nas áreas de Economia, Gestão de Stocks, Património, Expediente e Contratos e Serviços Gerais. Exerceu, em regime de comissão de serviço, de Novembro de 1992 a Dezembro de 1995 as funções de chefe de secretaria na Lisboa 94 – Sociedade Promotora de Lisboa Capital europeia da Cultura, S.A., sendo a Secretaria o serviço responsável por toda a área administrativa da Sociedade". – cfr. fls. 353 e 354 do p.i; Dá-se aqui por integralmente reproduzido o constante do respectivo *curriculum vitae,* nomeadamente, o constante de fls. 349 a 352, no que se refere a Experiência Profissional.

6 – Da Ficha de avaliação curricular da recorrente, no item Experiência Profissional, consta a classificação de 16 valores referente ao exercício de funções na área em concurso, não lhe tendo sido atribuída pontuação no "exercício de funções de chefia" – cfr. Ficha respectiva, fls. 29 e 30; Da mesma Ficha respeitante ao concorrente José Pedro consta naquele item a classificação de 18 valores no "Exercício de funções na área em concurso" e 2 valores no "Exercício de funções de chefia" – cfr. Ficha respectiva, fls. 43 e 44.

7 – A recorrente foi classificada em 4° lugar, com 14,72 valores, na Lista de Classificação Final, constante a fls. 212 do p.i., cujo teor aqui se dá por integralmente reproduzido, em anexo à Acta n.° 9, homologada por despacho da Directora do referido Instituto, de 24.02.99 – cfr. fls. 178 do p.i.

8 – Deste despacho de homologação interpôs a recorrente recurso hierárquico necessário, em requerimento, entrado nos serviços em 10.03.99, dirigido ao Ministro da Cultura, pedindo a anulação do acto recorrido – cfr. fls. 241 a 244 do p.i, cujo teor aqui se dá por integralmente reproduzido.

9 – Este requerimento não recebeu qualquer decisão expressa.

III – DIREITO

1. Contrariamente ao pretendido pela recorrida as alegações do recorrente dirigem-se ao acórdão do TCA e não ao acto contenciosamente impugnado. Quando ali se fala no acto está-se, simplesmente, a procurar destruir as razões invocadas para se ter concedido provimento ao recurso. Portanto, ir-se-á proceder à apreciação do recurso jurisdicional sem quaisquer limitações. Nas suas alegações o recorrente suscita duas questões. Vejamos a primeira: (i) "pode a entrevista profissional de selecção ser utilizada, em concursos internos de acesso, como método complementar de selecção?"

Sobre ela, no acórdão recorrido, escreveu-se o seguinte: "Na conclusão 3ª alega a recorrente que a entrevista profissional de selecção é legalmente insusceptível de ser utilizada no concurso em apreço, que é um concurso de acesso, nos termos do art. 23.°, n.° 3 do DL. n.° 204/98. De facto, conforme se encontra provado, no Aviso de Abertura do concurso em causa foram fixados como métodos de selecção a Avaliação Curricular e a Entrevista Profissional de Selecção. O art. 23.°, n.° 3 do DL. n.° 204/98 prevê que: "A *entrevista profissional de selecção é utilizada em concursos externos e internos de ingresso, desde que, neste caso,* o *conteúdo funcional e as especificidades da categoria* o *justifiquem, sem carácter eliminatório."* O preceito só permite, portanto, a entrevista profissional de selecção em concursos externos e internos de ingresso (neste com restrições), excluindo tal método de selecção no caso de concursos internos de acesso. Estando-se no caso dos autos perante um concurso interno de acesso (cfr. art. 6.° do DL. n.° 204/98), a aplicação de tal método de selecção é ilegal por violar o disposto no citado art. 23.°, n.° 3 do DL. n.° 204/98 (tendo sempre a entrevista profissional de selecção um carácter complementar – art. 19.°, n.° 2 do mesmo diploma). Ora, a procedência deste vício de violação de lei inquina todo o concurso desde o início, pelo que se torna irrelevante conhecer dos restantes vícios."

Mas não é assim. Por responder a todas as questões suscitadas e traduzir a nossa posição sobre o assunto, transcreve-se o segmento relevante do acórdão deste tribunal de 3.11.05, proferido no recurso 769/04: "A questão controvertida é a da admissibilidade da entrevista profissional de selecção em concurso interno de acesso, no regime do DL n.º 204/98. (...) O problema não é novo, como as peças dos autos revelam. Justifica-se relembrar o DL 498/88, de 30 de Dezembro. Dispunha:

"Artigo 26.º

Métodos de selecção

1 – *No concurso serão utilizados, isolados ou conjuntamente, os seguintes métodos de selecção:*

a) Provas de conhecimentos;

h) Avaliação curricular;

c) Cursos de formação profissional;

d) Entrevista profissional de selecção;

e) Exame psicológico de selecção;

f) Exame médico de selecção.

2 – *Os métodos de selecção referidos nas alíneas d) a f) do número anterior. só poderão ser utilizados conjuntamente com um ou mais dos referidos nas restantes alíneas.*

3 – *Poderão ter carácter eliminatório:*

a) Os métodos de selecção referidos nas alíneas a), h) e c) do n.º 1;

b) Os métodos de selecção referidos nas alíneas d) e e) do n.º 1, nos concursos de ingresso, sempre que o conteúdo funcional do cargo a prover o justifique. (...)."

O preceito veio a ser alterado pelo DL 215/95, de 22 de Agosto:

"Artigo 26.º(...)

1 –

2 – *Os métodos de selecção referidos nas alíneas d) a f) do número anterior só poderão ser utilizados conjuntamente com um ou mais dos referidos nas restantes alíneas, sendo obrigatório o recurso a provas de conhecimentos nos concursos de ingresso, sem prejuízo da utilização de outros métodos de selecção.* (...)".

Da redacção de 1988 para a de 1995, nota-se uma evolução na preocupação do legislador quanto ao ingresso. E, na verdade, o ingresso é um momento chave, traça a fronteira entre dois mundos. Assim, intentou o legislador diminuir a margem de subjectividade, que inicialmente permitia, impondo, no concurso de ingresso, a obrigatoriedade das provas de conhecimentos. Desse modo, e, pelo menos, face a um dos métodos de selecção, todos os candidatos se passaram a apresentar em perfeitas condições de igualdade originária. Não obstante, quer a entrevista profissional quer o exame psicológico continuaram a poder ter carácter eliminatório. A evolução detectada vem a ter seguimento no regime de 1998. Com efeito, o DL 204/98, manteve o instituído em 1995, no respeitante à exigência de provas de conhecimentos nos concursos de ingresso (artigo 20.º, 5), mas foi mais longe, eliminando a possibilidade de atribuir natureza eliminatória à entrevista profissional de selecção. O DL 204/98, utilizando técnica diversa do seu precedente, dedicou a cada método de selecção um artigo próprio. A entrevista profissional de selecção é tratada no artigo 23.º

"1 – *A entrevista; profissional de selecção visa avaliar, numa relação interpessoal e de forma objectiva e sistemática, as aptidões profissionais e pessoais dos candidatos.*

2 – *Por cada entrevista profissional de selecção é elaborada uma ficha individual, contendo o resumo dos assuntos abordados, os parâmetros relevantes e a classificação obtida em cada um deles, devidamente fundamentada.*

3 – *A entrevista de selecção é utilizada em concursos externos e internos de ingresso, desde que, neste caso, o conteúdo funcional e as especialidades da categoria o justifiquem, sem carácter eliminatório".*

O n.º 1 do artigo 23.º corresponde à redacção do artigo 27.º, n.º 1, alínea d), do DL 498/88, na redacção que a essa alínea foi dada pelo DL n.º 215/95. O n.º 2 do artigo 23.º intenta dar resposta à necessidade muitas vezes sentida de diminuir a margem de subjectividade do método e de alargar a possibilidade de sindicância da bondade da sua aplicação concreta. Já o n.º 3 não tem correspondência exacta em norma do regime precedente. Ele aproxima-se, no entanto, da parte final do artigo 26.º, n.º 3, alínea b), daquele regime, que dispunha poderem ter carácter eliminatório *"Os métodos de selecção referidos nas alíneas d) e e) do n.º 1, nos concursos de ingresso, sempre que o conteúdo funcional do cargo a prover o justifique".* Nessa norma restringia-se a possibilidade de atribuição de carácter eliminatório àqueles métodos das alíneas *d)* e *e)* (entre os quais se incluía a entrevista). Eles só poderiam ter carácter eliminatório nos concursos de ingresso e quando o conteúdo funcional do cargo a prover o justificasse. Ora, o n.º 3 do artigo 23.º acentua a impossibilidade de atribuição de qualquer carácter eliminatório, mesmo nos concursos de ingresso; depois, restringe a possibilidade de utilização nos concursos internos de ingresso, que não depende já, só, do conteúdo funcional mas, também, das especificidades da categoria; diversamente, não põe limitações quanto à sua utilização nos concursos externos de ingresso. A interrogação que surge é se se deve concluir que ficou excluída a possibilidade de utilização do método nos concursos de acesso. A letra da lei parece fazer inclinar a resposta no sentido dessa exclusão; a entrevista só seria admitida nos concursos de ingresso. Todavia, a interpretação da lei não se basta com a análise da sua letra. Impõe-se ter presente o seguinte:

a) O DL 204/98 tem disposições claras de exclusão de determinados métodos nos concursos de acesso. É o caso do exame psicológico de selecção, no artigo 24.º, n.º 2: "O *exame psicológico só pode ser utilizado em concursos de ingresso"* e do exame médico de selecção, no artigo 25.º, n.º 2: "O *exame médico de selecção só pode ser utilizado em concursos de ingresso".* E essas exclusões claras e precisas ocorrem imediatamente a seguir ao artigo 23.º, ou seja, estando bem presente a redacção daquele artigo; com certeza, pois, o legislador estava consciente de que nele pretende dizer coisa diversa do que se pretendeu nos dois seguintes, por isso que nestes utilizou formulação indiscutível;

b) Em nenhum momento cuidou o DL 204/98 de estabelecer especialmente os métodos utilizáveis nos concursos de acesso. O legislador estabeleceu uma regra geral, no artigo 19.º, quanto aos métodos de selecção utilizáveis *"nos concursos".* Deste modo, todos os métodos são, em princípio, utilizáveis nos concursos de ingresso ou de acesso. Evidentemente que essa utilização tem de levar em conta o princípio geral previsto no artigo 18.º de que *"A definição dos métodos de selecção e respectivo conteúdo e, bem assim, quando for caso disso, dos programas das provas de conhecimentos aplicáveis a cada categoria é feita em função do complexo de tarefas e responsabilidades inerentes ao respectivo conteúdo funcional e ao conjunto de requisitos de natureza física, psicológica habilitacional ou profissional exigível para o seu exercício";*

c) Portanto, em abstracto, a utilização de algum dos métodos só não pode ser considerada se essa utilização estiver afastada por regra especial;

d) Para arredar a utilização da entrevista profissional dos concursos de acesso exigia-se a um legislador prudente que o dissesse sem tibiezas, no respectivo articulado, ou, pelo menos, que o deixasse afirmado, como intenção, no justificativo do diploma; ora, não consta como objectivo do diploma a exclusão de tal método, por isso que no seu preâmbulo se refere, unicamente, o intento de ficar *"clarificado o carácter complementar da entrevista e do exame psicológico de selecção"*; e se o diploma legal fez aquela exclusão expressa quanto aos dois métodos de selecção indicados, exame psicológico e exame médico, não se compreenderia que o não tivesse feito quanto à entrevista profissional, se, do mesmo modo, o tivesse pretendido;

e) E a exigência de inequivocidade resultava de ser corrente nos concursos de acesso a *"avaliação curricular (o método privilegiado no acesso, complementado pela entrevista profissional de selecção)"* (Ana Fernanda Neves "Relação Jurídica de Emprego Público", Coimbra editora, 1999, pág. 70). Nas circunstâncias indicadas, e porque ainda cabe na letra da lei, deve entender-se que o artigo 23.°, n.° 3, só cuida do que respeita aos concursos de ingresso, desprezando os concursos de acesso; por isso, quanto aos concursos de acesso mantém-se a possibilidade genericamente conferida pelo artigo 19.°" (indicam-se de seguida, em abono desta tese, os acórdãos STA de 20.6.02 no recurso 4162/00 e de 2.3.05 no recurso 1721/03). Neste sentido pode ver-se ainda o acórdão de 23.11.05 proferido no recurso 872/05.

Em face do exposto, ter-se-á de concluir, tal como decidiu o júri, que a entrevista profissional de selecção pode ser utilizada, em concursos internos de acesso, como método complementar de selecção, assim, respondendo afirmativamente à questão acima colocada. Procederia, pois, o recurso nesta parte.

2. Vejamos agora a segunda (ii) questão: "agiu bem o júri do presente concurso quando considerou necessária, para a avaliação do requisito "exercício de funções de chefia", a comprovação de que tais funções eram exercidas apenas em regime de nomeação definitiva e de nomeação em substituição?"

Sobre ela, no acórdão recorrido, escreveu-se o que segue: "A recorrente alega que o acto recorrido violou o critério previsto no ponto 4.3 da Acta n.° 1, que não condicionou aquela pontuação às situações de exercício de tais funções apenas às situações de nomeação definitiva ou em substituição, pelo que tendo-se decidido em contrário se violou o art. 22.°, n.° 2, al c) do DL n.° 204/98 e o indicado critério. Vejamos. Consta do ponto 6.2 do aviso de abertura do concurso que os critérios de apreciação e de ponderação da avaliação curricular e da entrevista profissional de selecção, bem como o sistema de classificação final, incluindo a respectiva fórmula classificativa, constam de actas de reunião do júri do concurso. Efectivamente, o júri determinou quais eram esses critérios de apreciação e ponderação nos termos constantes da Acta n.° 1. Assim, no ponto 4.3, prevê-se que: *"No factor experiência profissional o júri deliberou considerar como factores de avaliação, cumulativamente a experiência em funções de chefia ou coordenação e a experiência em funções na área a concurso, considerando para o efeito o decurso de tempo prestado em cada uma das situações, por entender ser este o critério mais objectivo para uma adequada valoração deste factor. Assim o júri deliberou as seguintes valorações:*

– Exercício de funções de chefia durante o período mínimo de 6 *meses*: 2 *valores*

– Exercício de funções na área em concurso:

<1 *ano*	10 *valores*
1 *a* 6 *ano*	12 *valores*
6 *a* 12 *anos*	14 *valores*
> 18 *anos*	18 *valores"*.

Considerando o que acabou de se transcrever, verifica-se que do critério aprovado pelo júri do concurso no citado ponto 4.3 não se subordinou a pontuação de 2 valores a atribuir ao "exercício de funções de chefia" a qualquer requisito que não seja o de tais funções terem sido prestadas por um período mínimo de seis meses. Assim, à recorrente deveria ter sido atribuída a pontuação de 2 valores, já que se comprova que exerceu funções de chefia pelo período exigido. Não existe na letra do estabelecido pelo júri a mínima correspondência com a interpretação constante da resposta da entidade recorrida de que se tem entendido as funções de chefia administrativa como exercidas apenas no âmbito dos regimes de nomeação definitiva e de nomeação em substituição, sendo certo que nada impedia o júri de ter imposto tais requisitos. Não o tendo feito, e face ao expresso no ponto 4.3, procede o vício de violação de lei que a recorrente imputa ao acto recorrido na conclusão 1ª das suas alegações."

Neste ponto já o recorrente não tem razão, assim improcedendo o recurso nesta parte. Como se assinala no acórdão "o critério aprovado pelo júri do concurso no citado ponto 4.3 não subordinou a pontuação de 2 valores a atribuir ao "exercício de funções de chefia" a qualquer requisito que não seja o de tais funções terem sido prestadas por um período mínimo de seis meses." Ora, como resulta da matéria de facto (ponto **4**) "**A recorrente referiu no seu *curriculum vitae* ter exercido funções de chefe de secretaria na Escola de Linda-a-Velha, no período de 04.01.78 a 31.08.78** e na Escola de Dança de Lisboa, no período de 1.10.85 a 12.01.86, **constando do Registo Biográfico junto a fls. 34 a 35 verso dos autos, "VIII – Situações Diversas 1978 – Desempenhou as funções de Chefe de Secretaria da E.S. de Linda-a-Velha (Desp. de 16/3/78 do senhor Director-Geral de Pessoal) no período de 4/1/78 a 31/8/78**." Assim, a recorrente contenciosa não só invocou no curriculum que apresentou no âmbito do concurso ter desempenhado funções de chefia como chefe de secretaria na Escola de Linda-a-Velha, no período de 4.1.78 a 31.8.78, como fez prova dessa alegação juntando cópia do seu registo biográfico onde consta o exercício dessas funções durante o alegado período. Portanto, segundo o referido ponto 4.3 ao *"Exercício de funções de chefia durante o período mínimo de* 6 *meses*" correspondiam *2 valores*, que indevidamente lhe não foram atribuídos. Sublinhe-se que o júri não pôs em causa a prova produzida, limitando-se a não proceder à valoração com a pontuação prevista para o exercício de funções de chefia durante esse período, não a incluindo no mapa de classificação final dos candidatos. A explicação dada nos articulados do recorrente, agora mantida na sua alegação para este tribunal – no sentido de que se tem entendido as funções de chefia administrativa como exercidas apenas no âmbito dos regimes de nomeação definitiva e de nomeação em substituição – não tem a mínima correspondência com o teor do critério fixado pelo júri, apresentando-se como uma restrição não prevista, que não podia ser atendida pelo júri no momento da avaliação dos candidatos nem pode ser considerada neste momento.

Assim, à recorrente contenciosa deveria ter sido atribuída a pontuação de 2 valores já que comprovou ter exercido funções de chefia pelo período exigido. Persiste, portanto, este motivo para a anulação do acto recorrido, tal como se decidiu.

IV – DECISÃO

Nos termos e com os fundamentos expostos acordam em negar provimento ao recurso.

Sem custas.

Lisboa, 11 de Janeiro de 2007.

Rui Botelho (Relator)
Cândido de Pinho
Pais Borges

Recurso n.º 732/06-11

DIVISIBILIDADE DO ACTO ADMINISTRATIVO. EXTENSÃO DOS RECURSOS AOS NÃO RECORRENTES.

(Acórdão de 1 de Fevereiro de 2007)

SUMÁRIO:

I – Sendo acto administrativo toda a determinação autoritária de um órgão da Administração que, ao abrigo de normas de direito público, resolva uma situação jurídico-administrativa concreta que afecte os direitos ou interesses legitimamente protegidos do seu destinatário, nada impede que uma única decisão, ou seja, um único acto administrativo atinja múltiplos interesses ou direitos – convergentes, paralelos ou conflituantes – e diferentes destinatários, o que significa que a aparente unidade de uma decisão pode esconder uma multiplicidade de actos distintos e diferenciados.

II – E, se assim é, pode afirmar-se que o acto de indeferimento do pedido de reversão, apesar de formalmente unitário, contém tantos actos quantos os prédios que estavam em causa porquanto a individualidade de cada deles permitia uma pronúncia para cada um e, portanto, que se deferisse o pedido de reversão de um e se o indeferisse o dos outros, tudo dependendo da situação concreta.

III – A extensão dos recursos aos compartes não recorrentes encontra-se definida pelo art.º 683.º do CPC onde depois de se definir que no caso de litisconsórcio necessário *"o recurso interposto por uma das partes aproveita aos seus compartes"* (seu n.º 1) se estabelece que fora desse caso o recurso só aproveitará aos outros: *"a) Se estes, na parte em que o interesse seja comum, derem a sua adesão ao recurso.* b) Se tiverem um interesse que dependa essencialmente do interesse do Recorrente. *c) Se tiverem sido condenados como devedores solidários, a não ser que o recurso, pelos seus fundamentos, respeite unicamente à pessoa do Recorrente."* – seu n.º 2.

IV – O que significa que a nossa lei, admitindo a possibilidade de qualquer dos vencidos interpor livre e separadamente o seu recurso – inexistindo, por isso, uma imposição legal de litisconsórcio necessário no acto de interposição – só consente que os efeitos de qualquer deles se estenda aos restantes nos casos nela especificamente previstos.

ACORDAM NA 1.ª SECÇÃO DO SUPREMO TRIBUNAL ADMINISTRATIVO:

José Lobo de Vasconcelos Cabral Parreira, Maria de Fátima Lobo de Vasconcelos Côrte Real, Maria José Lobo de Vasconcelos e Catarina Lobo de Vasconcelos, **vieram requerer** – a coberto do disposto no art.º 173.º e seg.s do CPTA – **contra o Sr. Primeiro Ministro a execução do Acórdão deste Tribunal de 09/02/2005,** que anulou o seu despacho de indeferimento do pedido de reversão de três prédios denominados "Ortiga", "Herdade do Burrinho" e "Herdade do Morgavel", situados nos concelhos de Santiago do Cacém e de Sines, que haviam sido expropriados a favor do Gabinete da Área de Sines.

Em resumo **alegaram** que o referido Aresto anulatório foi objecto de recursos interpostos pelo Sr. Primeiro Ministro, pelo Município de Santiago do Cacém e pela ENATUR, S.A., mas que o do Sr. Primeiro Ministro foi julgado deserto, por falta de alegações, o que queria dizer que a decisão nele contida a ele respeitante tinha transitado em julgado e que, por isso e nessa parte, a mesma era imediatamente exequível. Sendo assim, e sendo que dos identificados prédios foram desanexados diversos outros e que parte destes foi integrada na esfera patrimonial do Estado também estes deviam, ser imediatamente revertidos a favor dos Requerentes.

Concluem pedindo a condenação do Sr. Primeiro Ministro **(1)** a autorizar essa reversão e **(2)** a pagar uma sanção pecuniária compulsória por cada dia de atraso no cumprimento da reversão.

Contestou o Sr. Primeiro-Ministro para dizer que a execução do julgado só pode ser requerida quando a decisão anulatória transitou em julgado e que, sendo assim, e sendo que o Acórdão exequendo não tinha transitado por o Município do Cacém e a ENATUR, S.A., terem interposto recursos para o Tribunal Pleno e estes se encontrarem pendentes, impunha-se o **indeferimento do pedido formulado pelos Requerentes**.

Ouvidos sobre esta questão prévia, os Requerentes vieram dizer que a mesma era improcedente porquanto o despacho que declarou a expropriação daqueles prédios era um acto divisível – *"pois embora fosse formalmente unitário contém actos administrativos inteiramente distintos, relativos a cada um dos prédios a que se refere"*

– e, porque o era, os efeitos dos recursos interpostos pelo Município do Cacém e pela ENATUR não eram extensíveis aos interesses defendidos pelo Sr. Primeiro Ministro.

Colhidos os vistos **cumpre decidir**.

FUNDAMENTAÇÃO.

I. MATÉRIA DE FACTO.

Consideram-se **provados os seguintes factos**:

1. Os Requerentes, por si ou pelos seus antecessores, foram comproprietários dos seguintes imóveis:

a) Prédio misto denominado *Ortiga* com courelas anexas, sito na freguesia e concelho de Santiago do Cacém, com a área global de 604,250 ha, descrito na Conservatória do Registo Predial de Santiago do Cacém sob o n.° 10417, a fls. 142 v do Livro B-30 e inscrito na matriz da freguesia de Santiago do Cacém, na parte rústica, sob os arts. 1 da Secção H, com a área de 580,1500 ha, 3 da Secção H, com a área de 8,4500 ha e 5 da Secção 1, com a área de 15,4250 ha, e, na parte urbana, sob os arts. 950, 951, 952, 953, 954, 956, 957, 958, 959, 960, 1.889 e 662;

b) Prédio misto denominado *Herdade do Burrinho*, sito na freguesia e concelho de Sines, com a área global de 383,1 ha, descrito na Conservatória do Registo Predial de Sines sob o n.° 201, a fls. 140 v.° do Livro B-1 e inscrito na matriz da freguesia de Sines, na parte rústica, sob o art.° 2 da Secção W+1, e, na parte urbana, sob o art.°. 662;

c) Prédio misto denominado *Herdade de Morgavel*, sito na freguesia e concelho de Sines, com a área global de 826,3175 ha, descrito na Conservatória do Registo Predial de Sines sob o n.° 202, a fls. 142 do Livro B-1 e inscrito na matriz da freguesia de Sines, na parte rústica, sob o art. 1 da Secção WW-1, e, na parte urbana, sob os arts. 918, 919, 920 e 2207.

2. O quais se situavam dentro da «zona de actuação directa» do Gabinete da Área de Sines (GAS) definida no n.° 2 do art. 2.° do DL n.° 270/71, de 19/6, e demarcada na planta anexa a este diploma.

3. Por deliberação do Conselho de Ministros restrito, de 26.6.73, publicada na 2.ª Série do Diário do Governo, de 12.7.73, foi declarada a sujeição a expropriação sistemática pelo Gabinete da Área de Sines de diversos prédios sitos nos concelhos de Sines e Santiago do Cacém, onde estavam compreendidos os prédios dos Requerentes acima descritos.

4. E, na sequência dessa declaração, os identificados prédios foram transmitidos, por escrituras públicas celebradas em 23.08.74 e 18.03.75, para o mencionado Gabinete.

5. Do prédio denominado "Ortiga", acima identificado – que à data da sua transferência para o GAS estava descrito na Conservatória do Registo Predial de Santiago do Cacém sob o n.° 10417, a fls. 142 v do Livro B-30 e a que posteriormente foi atribuída a ficha n.° 405 (vd. antecedente ponto 1 e fls. 51 e 52 dos autos) – foram desanexados os prédios descritos naquela Conservatória com as seguintes fichas:

– 406/100986; 952/210390; 953/210390; 1243/ /260692; 1425/011094; 1781/040396; 1782/040396; 1854/031096; 1956/010797. – vd. fls. 54, 51 e 52 que se dão por reproduzidas.

6. Pelas Aps. 12/260692, 02/040396, 03/040396, 01/ /031096 e 17/010797 foram inscritas as transmissões a favor do Estado dos prédios descritos na Conservatória do Registo Predial de Santiago do Cacém sob os n.os 1243/ /260692, 1781/040396, 1782/040396; 1854/031096 e 1956/ /010797 mencionados no antecedente ponto 5. – vd. fls. 64, 68, 70, 72 e 74 dos autos que se dão por reproduzidas.

7. Pela Ap. 4, de 5/05/1975, foram inscritos na Conservatória do Registo Predial de Sines a favor do Gabinete da Área de Sines os prédios com os n.os 201 e 202, denominados «Herdade do Burrinho» e «Herdade do Morgavel», a fls. 140v. e 142, respectivamente, do Livro B-1. – vd. fls. 85, que se dá por reproduzida.

8. Do prédio «Herdade do Burrinho», referido no antecedente ponto 7, foi desanexado o prédio descrito na Conservatória do Registo Predial de Sines sob a ficha 01434/291293. – vd. fls. 86, que se dá por reproduzida.

9. O qual, pela Ap. 02/291293, veio a ser inscrito a favor da ENATUR, S.A. por transferência com o GAS. – vd. fls. 87 que se dá por reproduzida.

10. E do prédio «Herdade do Morgavel», também referido no antecedente ponto 7, foram desanexados os prédios descritos na mesma Conservatória sob os n.os 01436/ /291293 e 3182/160399 – vd. fls. 88 a 91, que se dão por reproduzidas.

11. E, pela Ap. 04/291293, o prédio com o n.° 01436/ /291293, referido no antecedente ponto 10, foi inscrito a favor da ENATUR, S.A., por transferência com o GAS. – vd. fls. 89, que se dá por reproduzida.

12. E, pela Ap. 04/050575, 01/160399, foi inscrita a aquisição a favor do GAS o prédio descrito na mesma Conservatória sob o n.° 3182/160399, referido no antecedente ponto 10. – vd. fls. 91.

13. – E, pelo Av. 01/160399, esse prédio foi inscrito – por transferência – a favor do Estado – fls. 91.

14. O Gabinete da Área de Sines foi extinto pelo art.° 1.° do DL 228/89, de 17/7.

15. E por força do n.° 1 do art.° 4.° do citado DL 228/ /89 foi "*transmitida para o Estado a propriedade dos imóveis ainda integrados no património autónomo do GAS, ...*"

16. Prescrição que o n.° 1, do art.° 1.°, do DL 6/90, de 3/1, melhor concretizou estatuindo que *"é transmitida para o Estado e integrada no seu domínio privado a propriedade dos imóveis ainda pertencentes ao ex-GAS – Gabinete da Área de Sines, assim como as construções e equipamentos que lhes são afectos."*

17. Os Requerentes dirigiram ao Sr. Primeiro-Ministro, em 19.6.91, um pedido de reversão dos prédios atrás identificados.

18. Pedido que foi indeferido pelo despacho de 22.10.91.

19. Os Requerentes impugnaram, com sucesso, esse indeferimento neste Supremo Tribunal já que este, concedendo provimento ao recurso, o anulou pelo Acórdão de 09/02/2005 com o fundamento de que tais prédios não haviam sido aplicados nas finalidades que justificaram a sua expropriação.

20. Inconformados, o Sr. Primeiro Ministro, o Município de Santiago do Cacém e a ENATUR, S.A., recorreram para o Tribunal Pleno.

21. O recurso do Sr. Primeiro Ministro foi julgado deserto, por falta de alegações, por despacho proferido em 14/07/2005, transitado em 26/09/2005.

22. Os recursos interpostos pelo Município de Santiago do Cacém e pela ENATUR, S.A. subiram ao Tribunal Pleno em 7/10/2005 onde se encontram a aguardar decisão.

23. No dia 10/01/2001 procedeu-se à habilitação de herdeiros documentada a fls. 94 a 96 dos autos que se dá por reproduzida.

II. O DIREITO

1. O relato antecedente informa-nos que **os Requerentes –** ou os seus antecessores – **foram proprietários dos prédios identificados no ponto 1 do probatório**, situados na "*zona de actuação directa*" do Gabinete da Área de Sines, e que os mesmos – por força da deliberação do Conselho de Ministros de 26/6/73 – vieram a ser **integrados na área de sujeição a expropriação sistemática** com vista ao seu aproveitamento no projecto de desenvolvimento urbano – industrial que aquele Gabinete projectava concretizar e, seguidamente, transmitidos para aquele Gabinete.

Todavia, **tais prédios foram divididos,** por desanexação, **em novos prédios** de menor dimensão, os quais vieram **a integrar as esferas patrimoniais** do Estado Português, do Município do Cacém e da ENATUR, S.A., que os registaram nas respectivas Conservatórias do Registo Predial e os aplicaram nas suas finalidades.

Deste modo, e com o fundamento de que aqueles prédios não haviam sido aplicados nas finalidades que justificaram a sua expropriação, **os Requerentes solicitaram ao Sr. Primeiro Ministro a sua reversão mas sem sucesso já que este –** por despacho de 2/10/91 – **indeferiu essa pretensão.**

Inconformados, recorreram desse indeferimento para este Supremo **recurso a que foi dado provimento pelo Acórdão de 9/02/2005** – por ter sido entendido que, de facto, tal como viera alegado, o GAS não chegou a afectar aqueles prédios às finalidades que motivaram a expropriação e, ao contrário, tinha-os cedido a diversas entidades que os usaram conforme melhor entenderam – o que determinou **a anulação daquele indeferimento**.

O Sr. Primeiro Ministro recorreu dessa decisão para o Tribunal Pleno mas esse **recurso foi julgado deserto**, por falta de alegações, pelo que só subiram àquele Tribunal os recursos interpostos pelos Recorridos Particulares – Município de Santiago do Cacém e ENATUR – onde ainda se encontram a aguardar julgamento.

Os Requerentes instauraram, então, esta acção executiva para cumprimento do mencionado Aresto – apenas no referente aos prédios que, na sequência da expropriação, passaram a integrar a esfera patrimonial do Estado – no convencimento de que, atenta a deserção do recurso interposto pelo Sr. Primeiro Ministro, **a parte do julgado que lhe dizia respeito transitara** e que, sendo assim, restava apenas cumprir essa parte do julgado. Pretensão a que ele se opôs com o fundamento de que o Acórdão exequendo, por força dos recursos pendentes, ainda não havia transitado e que, por isso, fora precipitada a instauração desta execução.

Os **Requerentes contestaram** essa alegação argumentando que **o despacho que declarou a expropriação era um acto divisível** – "*pois embora fosse formalmente unitário contém actos administrativos inteiramente distintos, relativos a cada um dos prédios a que se refere*" – e que os efeitos dos recursos interpostos pelo Município do Cacém e pela ENATUR não eram, assim, extensíveis aos prédios de que o Estado era titular. E que, sendo assim, o julgado anulatório já havia transitado relativamente aos prédios integrados na esfera patrimonial do Estado pelo que, nesta parte, nada mais havia a fazer do que executar o julgado.

Estão, assim, identificadas **as primeiras questões a decidir**; quais sejam **(1)** a de saber se o despacho de indeferimento do pedido de reversão é um acto divisível e se, por isso, contendo tantos actos quantos os prédios nele envolvidos, **(2)** se impõe o cumprimento do julgado anulatório no tocante àqueles cuja situação jurídica já se encontra definida.

Vejamos.

2. Nos termos da lei "*consideram-se actos administrativos as decisões dos órgãos da Administração que ao abrigo das normas de direito público visem produzir efeitos jurídicos numa situação individual e concreta*" – art.º 120.º do CPA – o que quer dizer que será acto administrativo toda a determinação autoritária de um órgão da Administração que, ao abrigo de normas de direito público, resolva uma situação jurídico-administrativa concreta que afecte os direitos ou interesses legitimamente protegidos do seu destinatário.

Deste modo, nada impede que uma **única decisão,** ou seja, **um único acto administrativo atinja múltiplos interesses ou direitos** – convergentes, paralelos ou conflituantes – **e diferentes destinatários,** o que significa que a **aparente unidade de uma decisão pode esconder uma multiplicidade de actos distintos e diferenciados**. É o que, por ex., acontecerá quando, como *in casu,* se declara a utilidade pública de toda uma área para ser integrada num projecto público ou quando se profere despacho a, simultaneamente, pôr termo a um concurso revogando-se a nomeação de um concorrente e a nomear-se um outro. Num caso o despacho contém múltiplos actos da mesma natureza, noutro contém dois actos de natureza distinta.[1]

E, se assim é, pode afirmar-se que o acto de indeferimento do pedido de reversão anulado pelo Acórdão exequendo, apesar de formalmente unitário, **contém tantos actos quantos os prédios que estavam em causa** porquanto a individualidade de cada deles permitia uma pronúncia para cada um e, portanto, que se deferisse o pedido de reversão de um deles e se o indeferisse o dos outros, tudo dependendo da situação concreta. Tanto mais quanto é certo que **esses segmentos individualizados do acto não estavam interligados por uma relação de dependência e os proprietários dos prédios eram também entidades diferentes e autónomas**.

2. 1. *In casu,* como sabemos, o Sr. Primeiro Ministro indeferiu o pedido de reversão dos prédios acima identificados e que esse despacho foi anulado pelo Acórdão exequendo.

Tais prédios foram, no entanto, **sofrendo** ao longo do tempo **alterações na sua individualidade física e jurídica já que deles foram sendo desanexadas diversas parcelas** que, juridicamente autonomizadas, vieram a ser transmitidas ao Estado Português e a outras entidades – como o Município de Santiago do Cacém e a ENATUR – que as inscreveram em seu nome nas competentes Conservatórias dos Registos Prediais. – vd. pontos 5 a 13 do probatório.

E, porque assim, a anulação do indeferimento do pedido de reversão dos prédios expropriados que, no decurso do tempo, foram subdivididos em diversos prédios de menores dimensões **terá, forçosamente, de se comunicar a estes últimos** de tal forma que o **cumprimento**

[1] Vd. Acórdãos do Tribunal Pleno de 13/02/80 (rec. 9672) e da Secção de 8/07/76 (rec. 9528) e de 28/05/97 (rec. 37051).

daquela decisão anulatória passe também pela devolução dos prédios subdivididos aos proprietários dos prédios que estiveram na sua origem.

Deste modo, e **considerando que resulta do probatório que**:

– O prédio denominado "Ortiga" que, à data da sua transferência para o GAS, estava descrito na Conservatória do Registo Predial de Santiago do Cacém sob o n.º 10417, a fls. 142 v do Livro B-30, viu posteriormente ser-lhe atribuída a ficha n.º 405. – Vd. ponto 1.

– A "Herdade do Burrinho" e a "Herdade de Morgavel" que, naquela mesma data, estavam descritos na Conservatória do Registo Predial de Sines com os n.os 201 e 202, respectivamente, do Livro B1, mantiveram essa descrição predial apesar de terem sido sujeitos a diversas desanexações e estas terem dado origem a diversos prédios autónomos. – vd. pontos 1, 7, 8 e 10.

– Do prédio "Ortiga" foram desanexadas diversas parcelas que, entre outros, originaram os prédios descritos na Conservatória do Registo Predial de Santiago do Cacém sob as fichas n.os 1243/260692, 1781/040396, 1782/040396; 1854/031096 e 1956/010797, prédios estes que se encontram inscritos a favor do Estado. – vd. pontos 5 e 6.

– Do prédio "Herdade de Morgavel" foi desanexado o prédio descrito na Conservatória do Registo Predial de Sines sob a ficha 3182/160339 o qual foi inscrito a favor do Estado. – vd. pontos 10, 12 e 13.

– Que o que resta dos prédios "Ortiga", "Herdade do Burrinho" e "Herdade de Morgavel" está inscrito nas respectivas Conservatórias a favor do Estado.

Haverá, em princípio, que considerar-se transitada a parte do Acórdão que anulou o indeferimento da reversão relativamente àqueles prédios inscritos a favor do Estado naquelas Conservatórias, pelo que restará cumprir essa decisão.

Só assim não será se – como sustenta o Sr. Primeiro Ministro – os recursos interpostos pelo Município de Santiago do Cacém e pela ENATUR, ainda pendentes, **forem extensíveis aos seus interesses** pois que nesta hipótese teríamos de concluir, como aquela Entidade, que esta execução foi instaurada precipitadamente o que importaria a rejeição da pretensão dos Requerentes.

Vejamos, pois.

3. É ponto assente que tanto o Sr. Primeiro Ministro, como o Município de Santiago do Cacém e a ENATUR, S.A. recorreram do Acórdão exequendo para o Tribunal Pleno e que **o primeiro daqueles recursos foi julgado deserto por despacho já transitado** e que os recursos interpostos pelo Município de Santiago do Cacém e pela ENATUR, S.A. subiram ao Tribunal Pleno onde se encontram a aguardar julgamento.

Como também está assente que o indeferimento da pretensão dos Requerentes é um **acto divisível decompondo-se em tantos actos quantos os prédios nele referenciados**.

A situação que se nos apresenta é, assim, a de uma pluralidade de recursos separados de uma decisão de anulação de um acto divisível, pelo que cumpre apurar se os mesmos são susceptíveis de produzir efeitos recíprocos e, consequentemente, se os efeitos dos recursos interpostos pelo Município de Santiago do Cacém e pela ENATUR podem estender-se e beneficiar os interesses defendidos pelo Sr. Primeiro Ministro.

3. 1. A extensão dos recursos aos compartes não recorrentes encontra-se definida pelo art.º 683.º do CPC onde depois de se definir que no caso de litisconsórcio necessário "*o recurso interposto por uma das partes aproveita aos seus compartes*" (seu n.º 1) **se estabelece que fora desse caso o recurso só aproveitará aos outros**:

"*a) Se estes, na parte em que o interesse seja comum, derem a sua adesão ao recurso.*

b) Se tiverem um interesse que dependa essencialmente do interesse do Recorrente.

c) Se tiverem sido condenados como devedores solidários, a não ser que o recurso, pelos seus fundamentos, respeite unicamente à pessoa do Recorrente." – seu n.º 2.

O que significa que a nossa lei, admitindo a possibilidade de qualquer dos vencidos interpor livre e separadamente o seu recurso – inexistindo, por isso, uma imposição legal de litisconsórcio necessário no acto de interposição – **só prevê a possibilidade dos efeitos de qualquer deles se estenderem aos restantes nos casos nela especificamente previstos**.

Ora, a situação figurada nos autos não cabe em nenhum desses casos não só porque os interesses dos Recorrentes não é comum – atenta a divisibilidade do despacho de indeferimento e a autonomia dos prédios em causa – como também porque tais interesses são independentes e não estão ordenados por uma relação de subsidiariedade.

O que significa que **julgado deserto um recurso que tem por objecto uma decisão relativa a um segmento de um acto administrativo divisível incidente sobre um pedido formulado à Administração a mesma, nesse segmento, deve ter-se por transitada e, por isso, deve ter-se por imediatamente exequível**. – vd Acórdão deste STA de 28/05/97 (rec. 37051) e A Ribeiro Mendes in "Recursos em Processo Civil" pg.s 168 a 173.

E, se assim é, como é, **o Acórdão de 9/02/2005 deve considerar-se transitado** e, por isso, **apto a ser imediatamente executado na parte respeitante ao Sr. Primeiro Ministro**.

Posto isto resta analisar se o pedido ora formulado pelos Requerentes é de deferir.

4. Os **Requerentes pedem a condenação do Sr. Primeiro Ministro (1)** a autorizar a reversão dos prédios inscritos a favor do Estado identificados na petição inicial **(2)** e a pagar-lhes uma sanção pecuniária compulsória por cada dia de atraso no cumprimento do Acórdão exequendo em valor diário não inferior a 10% do salário mínimo nacional mais elevado à data em que a decisão condenatória vier a ser proferida.

E, nos termos acima expostos e pelas razões explanadas, os **Requerentes têm direito a que, em execução do julgado anulatório, o Sr. Primeiro Ministro pratique um acto que autorize a reversão dos prédios** que, tendo-lhes sido expropriados para serem aplicados nas finalidades que o GAS iria levar a efeito, foram, de facto, integrados na esfera patrimonial do Estado.

Tais prédios são apenas os que se encontram inscritos na Conservatória de Registo Predial de Santiago do Cacém a favor do Estado sob os n.os n.º 405/100986, 1243/260692, 1781/040396, 1782/040396; 1854/031096 e 1956/010797 e na Conservatória de Registo Predial de Sines sob os n.os 201, 202 e 3182/160399.

Com efeito, **inexiste prova nos autos** de que a titularidade dos prédios inscritos na Conservatória de Registo Predial de Santiago do Cacém sob os n.os 341/

/150486, 342/150486 e 343/150486 tenha sido também – como vem alegado – inscrita a favor do Estado.

E, porque assim, **não se pode condenar o Sr. Primeiro Ministro a praticar um acto de autorização da reversão em relação a estes últimos prédios**.

E será de condenar o Sr. Primeiro Ministro – tal como vem pedido – no pagamento da pedida sanção pecuniária compulsória?

Vejamos.

4. 1 Nas sentenças que imponham o cumprimento de deveres à Administração o Tribunal **pode fixar oficiosamente um prazo para o respectivo cumprimento** que, em casos justificados, pode ser prorrogado, bem como tem "***quando tal se justifique, o poder de impor sanção pecuniária compulsória destinada a prevenir o incumprimento***, *segundo o disposto no art.º 169.º*" – art.º 44.º do CPTA, com sublinhado nosso.

Medida esta que "*consiste na condenação dos titulares dos órgãos incumbidos da execução, que para o efeito devem ser individualmente identificados, ao pagamento de uma quantia pecuniária por cada dia de atraso que, para além do prazo limite estabelecido, se possa vir a verificar na execução da sentença.*" – n.º 1 do citado art.º 169.º.

Nesta conformidade, o recurso à aplicação daquele medida só pode ser feito *"quando tal se justifique"* e quando a mesma se destine a "*prevenir o incumprimento*", o que quer dizer que a mesma **só pode ser aplicada quando se revele indispensável ao cumprimento atempado** do dever imposto.

E, se assim é, **a aplicação daquela medida deve ser reservada** para os casos em que a Administração, apesar de instada, se negue, de forma reiterada e sem justificação plausível, a cumprir os deveres a que foi obrigada pelo que será de temer que a mesma, sem o efeito coactivo que essa sanção representa, nunca os venha cumprir ou só os venha a cumprir para além de prazos razoáveis. O que quer dizer que tal medida se apresenta, simultaneamente, como uma forma de prevenir o injustificado prolongamento de uma situação ilegal e como o último recurso a ser aplicado quando o comportamento da Administração evidencie uma grosseira violação dos princípios da legalidade e da boa fé que devem pautar a sua actividade e que, em função disso, seja evidente, ou muito provável, que a legítima pretensão do administrado só será satisfeita com a aplicação dessa sanção.

Ora, *in casu*, **essa situação não ocorre**.

Com efeito, o que se pode retirar dos autos é que o Sr. Primeiro Ministro tem agido no convencimento de que o Acórdão exequendo ainda não transitou e que, por isso, ainda não está obrigado ao seu cumprimento. O que significa que *não está provado* ***que aquela Entidade*** *tem a intenção de não executar o julgado ou que, injustificadamente, pretende evitar o seu cumprimento atempado.* ***E, portanto, está por demonstrar que a aplicação daquela medida se nos apresente como a única forma de concretizar essa execução ou, dito de outro modo, está por provar que a aplicação da requerida sanção seja indispensável para o cumprimento do julgado.***

E, se assim é, *não se verificam os pressupostos da aplicação de tal medida.*

Daí que, nesta parte, se **indefira ao requerido**.

Termos em que os Juízes que compõem este Tribunal **acordam em condenar o Sr. Primeiro Ministro a praticar o acto de autorização da reversão dos prédios acima identificados, concedendo-se-lhe para tanto o prazo de 40 dias.**

Sem custas.

Lisboa, 1 de Fevereiro de 2007.

Costa Reis (Relator)
Madeira dos Santos
Azevedo Moreira

Recurso n.º 30.256/91

ESTATUTO DISCIPLINAR (ED). PRESCRIÇÃO. QUALIFICAÇÃO DA FALTA DISCIPLINAR. INTERNATO COMPLEMENTAR. AVALIAÇÃO CURRICULAR. PENAS DE SUSPENSÃO OU DE INACTIVIDADE. AMNISTIA.

(Acórdão de 25 de Janeiro de 2007)

SUMÁRIO:

I – Nos termos do art. 4.º do ED, não prescreveu o procedimento disciplinar instaurado antes de haverem decorrido três meses sobre o fim do processo de averiguações respeitante à mesma falta.

II – A actividade administrativa de qualificação típica das faltas disciplinares, enquanto questão propriamente de direito, está submetida ao controle jurisdicional em toda a sua latitude.

III – O médico que, para efeitos da sua avaliação curricular no fim do internato complementar, apresenta ao júri um «curriculum» parcialmente plagiado, mas em que são verdadeiros todos os juízos de realidade e de valor nele contidos, comete a infracção disciplinar aludida no art. 24.º do ED.

IV – Assim, enferma de violação de lei, por erro na qualificação jurídica dos factos, o acto que puniu o médico referido em III com a pena de inactividade, prevista no art. 25.º do ED.

V – O reconhecimento judicial de que a infracção disciplinar dita em III se encontra amnistiada nos termos do art. 7.º, al. c), da Lei n.º 29/99, de 12/5, impossibilita que a Administração, em execução do julgado anulatório, reassuma poderes decisórios e aplique ao referido médico uma pena de suspensão.

ACORDAM NA 1.ª SECÇÃO DO SUPREMO TRIBUNAL ADMINISTRATIVO:

F(...), identificado nos autos, interpôs recurso jurisdicional do acórdão do TCA-Sul que negou provimento ao recurso contencioso por ele deduzido do despacho do Ministro da Saúde que, na sequência de recurso hierárquico, manteve o acto culminante de um processo disciplinar, aplicativo ao ora recorrente da pena de inactividade por um ano.

O recorrente terminou a sua alegação de recurso enunciando as conclusões seguintes:

1 – O prazo de três meses após conhecida a falta pelo dirigente máximo do serviço (o que ocorreu em 26/2/97 quanto aos factos e em 4/3/97 quanto à sua relevância jurídico-disciplinar) para instaurar o procedimento disciplinar (instaurado em 16/6/97) foi excedido, o que configura a excepção peremptória da prescrição desse procedimento.

2 – Mesmo que o ora recorrente tivesse praticado os factos constantes da nota de culpa e na forma como eles são expostos (o que tão só refere sem conceder), não pode ser considerado como incurso na prática da infracção prevista no art. 25.°, n.° 1, do DL n.° 24/94, de 16/1, e à qual corresponde a pena de inactividade.

3 – Pois, quando muito e pelo máximo, tal factualidade apenas se pode subsumir na infracção prevista no art. 24.°, n.ºs 1, al. a), e 2 (com referência ao art. 12.°, n.° 4, al. a) do mesmo DL n.° 24/84, à qual corresponde a pena de suspensão fixada entre 20 e 120 dias.

4 – Assim sendo, como não pode deixar de ser, a infracção encontra-se amnistiada, «ex vi» do disposto no art. 7.° da Lei n.° 29/99, de 12/5.

5 – Pelo que, quer por efeito da prescrição, quer ainda por efeito da amnistia, o procedimento disciplinar se encontra já prescrito e amnistiado, o que determina o arquivamento destes autos, com todas as legais consequências.

Ao decidir de forma diferente no seu douto acórdão, o venerando tribunal «a quo» violou o disposto nos arts. 4.°, n.° 2, 24.°, n.° 1, al. A), 25.°, n.° 1, 3.°, n.ºs 1, 4, al. A), e 6, do DL n.° 24/84, de 16/1, e no art. 7.° da Lei n.° 29/99, de 12/5.

Não se encontra indiciado que o arguido tenha tido comportamento(s) que originasse(m) repercussões negativas dentro do HD Abrantes (ou noutro qualquer estabelecimento) e que prejudique(m) a imagem e o bom nome, não só do próprio Hospital, como também de todos aqueles que desempenham funções naquela (ou noutra) unidade de saúde, bem pelo contrário.

6 – A confidencialidade dos autos foi posta em crise pela Sr.ª Instrutora ao afirmar (nos n.ºs 19.1, 19.2.1, 19.2.2, 19.2.3, 19.3, 19.4 e 19.5) que um extenso rol de pessoas foram conhecedoras da factualidade destes autos, o que só pode ter acontecido por consulta (directa ou indirecta) ou porque a Sr.ª Instrutora lhos facultou, o que é significativo.

7 – Não subsistem razões de facto (nem de direito) idóneas para imputar ao recorrente a violação dolosa do dever de zelo e muito menos para permitir vir a aplicar-lhe a severíssima punição de inactividade, cujos pressupostos se não têm por verificados.

8 – Aliás, se houvesse que aplicar ao ora recorrente tão gravosa pena (o que, repete-se, tão só se refere sem conceder), sempre existiam razões intrínsecas atenuativas e razões extrínsecas de ordem pública, bem certificadas nos autos, que implicavam se fizesse uso do dispositivo constante do art. 33.° do DL n.° 24/84, suspendendo a aplicação da pena pelo prazo mínimo de um ano.

9 – Mas o comportamento do ora recorrente só poderá ser subsumível ao disposto no art. 24.°, n.° 1, al. a), devendo sempre ter-se em consideração o disposto no art. 29.°, als. a) e b), e os princípios enunciados no art. 28.°, todos do DL n.° 24/84, de 16/1.

No seu douto acórdão, o venerando tribunal «a quo» violou o disposto nos arts. 3.°, n.ºs 1, 4, al. b), e 6, 25.°, n.° 1, do DL n.° 24/84, de 16/1, e ignorou o disposto nos arts. 28.°, 29.°, als. a), e b), 30.° e 33.° do DL n.° 24/84, de 16/1, que também se têm por violados.

A autoridade recorrida contra-alegou, defendendo a exactidão do acórdão recorrido e a necessidade de ele ser inteiramente confirmado.

O Ex.° Magistrado do M.°P.° junto deste STA emitiu douto parecer no sentido do não provimento do recurso.

A matéria de facto pertinente é a dada como provada no acórdão recorrido, que aqui consideramos totalmente reproduzida – como se estabelece no art. 713.°, n.° 6, do CPC.

Passemos ao direito.

Através do recurso contencioso dos autos, o aqui recorrente acometeu o despacho ministerial que, decidindo um recurso hierárquico, manteve na ordem jurídica o acto que lhe aplicara a pena disciplinar de inactividade por um ano, pena essa fundada no facto de o recorrente, findo o seu internato complementar, ter entregue ao júri do respectivo exame final um «curriculum vitae» cujo conteúdo parcialmente plagiara de um documento análogo elaborado e oferecido por uma sua colega.

O TCA negou provimento ao recurso por entender que se não verificavam os seguintes vícios, aliás imputados ao acto impugnado «ab initio litis»: os vícios resultantes da prescrição do procedimento disciplinar, do errado enquadramento legal da infracção, da inaplicabilidade da amnistia trazida pela Lei n.° 29/99, de 12/5, e da falta de atenuação extraordinária da pena disciplinar. Como o presente recurso jurisdicional é essencialmente de revisão, este STA está impossibilitado de conhecer de quaisquer assuntos não tratados no aresto recorrido e que não sejam cognoscíveis «ex officio»; e, se acaso houve alguma matéria que o TCA indevidamente ignorou – possibilidade para que somos logo remetidos pela conclusão 8.ª da alegação deste recurso – isso terá envolvido uma omissão de pronúncia que, porque não arguida no recurso jurisdicional (cfr. o art. 668.°, n.° 3, do CPC), não é agora cognoscível.

Assim, e ante as conclusões da alegação do recorrente, o «thema decidendum» do presente recurso cinge-se às quatro questões jurídicas que o TCA conheceu e que «supra» identificámos. E é, desde já, claríssimo que o problema relacionado com a prescrição do procedimento disciplinar, pela sua anterioridade lógica e cronológica em relação aos outros três assuntos, merece prioridade de análise.

O recorrente considera que o procedimento disciplinar culminado pelo acto punitivo prescreveu, já que teria sido instaurado mais de três meses depois do conhecimento da falta pelo dirigente máximo do serviço (art. 4.°, n.° 2, do Estatuto Disciplinar – doravante, ED – aprovado pelo DL n.° 24/84, de 16/1). Mas é flagrante a sua falta de razão quanto a este ponto.

Com efeito, a factualidade provada, remissiva para o processo instrutor, diz-nos que o conhecimento da falta disciplinar só foi efectivamente obtido após a realização, no Hospital Distrital de Abrantes, de um processo de averiguações terminado em 29/4/97 e no qual, após se compararem os dois «curricula» em causa, finalmente se concluiu «haver um decalque substancial no relato da formação realizada em Serviços comuns (Medicina Interna HDA e Serviço de Hematologia do Hospital dos Capuchos)». Assim, é seguro que o «dies a quo» do prazo prescricional de três meses tinha de ser, pelo menos, aquele dia 29/4/97 – não só porque, anteriormente, havia uma mera suspeita da falta, e não a certeza dela, mas também porque outra solução brigaria com o n.º 5 do art. 4.º do ED. Ora, como o processo disciplinar foi instaurado em 16/6/97, necessário é concluir que, nesta última data, e independentemente de quem fosse o «dirigente máximo do serviço», não estava ainda esgotado o prazo de três meses cujo decurso integral acarretaria a prescrição do procedimento.

Nesta conformidade, o TCA andou bem ao julgar que o acto contenciosamente recorrido não enfermava do vício resultante de haver culminado um procedimento disciplinar entretanto prescrito. Improcede, assim, a 1.ª conclusão da alegação de recurso.

Nas conclusões 2.ª e 3.ª, o recorrente assevera que o acórdão «sub judicio» errou ao não reconhecer que o acto impugnado qualificara mal a infracção disciplinar – pois a conduta censurável não traduziria um grave atentado contra a dignidade e prestígio do funcionário ou da função (art. 25.º do ED – a que corresponde a pena de inactividade), mas apenas consistiria na prestação de uma «informação errada a superior hierárquico» (art. 24.º, n.º 1, al. a), e n.º 2 – a que corresponde a pena de suspensão entre 20 e 120 dias).

«Ante omnia», importa reter que a actividade administrativa de qualificação típica das infracções disciplinares, enquanto questão propriamente de direito, está submetida ao controle jurisdicional em toda a sua latitude – pelo que a Administração não dispõe, nesse campo, de uma margem de liberdade ou de prerrogativas de avaliação que negativamente limitassem a sindicância dos seus actos. Consequentemente, este STA está em condições de decidir se o despacho punitivo qualificou com acerto a falta disciplinar em causa.

Começaremos por evidenciar que o recorrente não tem razão quando defende que a falta que cometeu cabe harmoniosamente na previsão do art. 24.º, n.º 1, al. a), do ED – dar «informação errada a superior hierárquico». Na verdade, nem o oferecimento do «curriculum» é uma «informação», nem o acto de plagiar ou reproduzir um documento alheio é, ou propicia, uma comunicação «errada», ao menos no sentido visado pela norma, nem o júri do concurso era «superior hierárquico» do recorrente. Tudo isto é, aliás, tão óbvio que nos permitimos dar este assunto por encerrado, sem procedermos a indagações ou explicações complementares.

Como base dos raciocínios que vão seguir-se, partiremos ainda da certeza de que a infracção disciplinar do recorrente não é subsumível a qualquer um dos vários tipos de condutas especialmente previstas nas várias alíneas dos arts. 24.º, n.º 1, e 25.º, n.º 2, do ED. Daí que, para decidirmos se a qualificação operada pelo acto punitivo está correcta, tenhamos de nos perguntar se a falta disciplinar do recorrente apenas envolveu uma «negligência grave» ou um «grave desinteresse pelo cumprimento de deveres profissionais» (art. 24.º, n.º 1, do ED), ou se, para além disso, ela atentou «contra a dignidade e prestígio» dele, enquanto médico, «ou da função» respectiva (art. 25.º, n.º 1 do mesmo diploma). E tudo isto exige que comparemos aquilo que o recorrente fez com o que, «secundum legem», era expectável que fizesse, dando-se especial atenção às causas, ao modo de exercício e às consequências da conduta adoptada e juridicamente censurável.

O DL n.º 128/92, de 4/7, debruçou-se sobre o regime jurídico da formação, após a licenciatura em Medicina, com vista à profissionalização e à especialização médicas e estabeleceu os princípios gerais a que deviam obedecer os respectivos processos formativos. O diploma previu que esses processos consistiriam nos internatos geral e complementar (art. 2.º) e dispôs que o respectivo sistema de avaliação seria estabelecido por regulamento (art. 20.º).

O chamado Regulamento dos Internatos Complementares foi aprovado pela Portaria n.º 695/95, de 30/6. No n.º 1 do seu art. 57.º, esse diploma estabeleceu que, no final do internato, haveria uma avaliação final, complementar da avaliação contínua, que reflectiria «o resultado de todo o processo formativo» e que avaliaria «a integração de conhecimentos, aptidões e atitudes adquiridas pelo interno». No seu n.º 2, o mesmo artigo dispôs que a referida avaliação final constaria de três provas, públicas e eliminatórias, as quais seriam curricular, prática e teórica. A prova curricular vinha tratada no art. 64.º do Regulamento e destinava-se «a avaliar a trajectória profissional do candidato ao longo do processo formativo, consistindo na apreciação e discussão do "curriculum vitae"» por ele oferecido (n.ºs 1 e 6). Baseava-se a classificação dessa prova «na leitura e avaliação do documento apresentado pelo candidato e ainda na discussão do mesmo»; e a classificação que o júri atribuísse à prova curricular haveria de fundar-se em elementos que o júri considerasse elegíveis, mas que deveriam necessariamente incluir os seis previstos nas várias alíneas do n.º 3 do art. 64.º – que se referiam à descrição e análise da formação do candidato e do seu contributo para os serviços e o respectivo funcionamento, à ponderação dos cursos por ele frequentados e dos trabalhos por ele elaborados, publicados ou apresentados e, por último, à participação do candidato na formação de outros profissionais. Sublinhe-se ainda que, em ponto algum dos autos e dos seus apensos – «maxime» na acusação ou no despacho punitivo – se diz que o júri elegera, como elemento acrescente de avaliação da prova curricular do recorrente e dos demais candidatos, quaisquer pormenores relativos à mera expressão escrita dos «curricula» que eles apresentariam.

Deste modo, o «curriculum» a apresentar por qualquer médico na exacta situação do recorrente deveria pormenorizadamente conter uma descrição do seu processo formativo ao longo do internato complementar que ele frequentara – pois tal documento seria discutido perante um júri, que o avaliaria e notaria, sendo esse um dos elementos atendíveis, com a ponderação de um sexto (arts. 67.º e 69.º do Regulamento), na classificação final do internato. Cremos, aliás, que só haveria uma exigência essencial e absolutamente irremovível a cumprir pelos médicos no momento em que elaborassem tais «curricula» – a de neles descreverem com detalhe e verdade o «iter» formativo que haviam percorrido. O que – tendo em conta que, como atrás vimos, a avaliação também incidia sobre as «atitudes adquiridas pelo interno» – não afastava a possibilidade e, mesmo, a conveniência de tais médicos aí exprimirem uma reflectida recapitulação pessoal desse seu percurso. Aquele primeiro aspecto respeitava à verdade dos factos sucedidos durante a formação; o segundo concernia a uma avaliação crítica acerca da actividade própria e, até, da organização e funcionamento dos serviços percorridos – por ser desejável que um médico especialista esteja apto a emitir, com autonomia e acerto, tais juízos de valor.

Mas, como os «curricula» iriam ser discutidos e avaliados, sobre os seus autores impendia outra exigência correlativa, esta extrínseca ou relacional: a de que tais documentos, oferecidos como o fruto de um labor próprio, o fossem realmente – sem o que se estaria a enganar o júri quanto à autoria, ao menos implícita, do «curriculum» em questão.

Portanto, o médico que apresentasse o seu «curriculum» para efeitos da avaliação final do internato poderia violar os seus deveres funcionais por três modos, aliás independentes entre si: «primo», narrando factos não acontecidos, isto é, mentindo sobre o que fizera ao longo do seu processo de formação; «secundo», emitindo juízos de valor desconformes ao que pensava, isto é, mentindo também na medida em que enunciava convicções que não tinha – o que sempre seria censurável «in abstracto», isto é, mesmo que não pudesse ser detectado na prática; «tertio», apresentando-se como o autor de um documento que, em boa verdade, não elaborara, ainda que fossem absolutamente verdadeiros os juízos de realidade e de valor que introduzira no seu «curriculum».

Ora, o recorrente não foi acusado nem punido por ter falseado os factos tradutores da sua trajectória formativa ou, sequer, por haver transposto para o seu «curriculum» juízos de valor diferentes dos que correspondessem ao seu pensamento – com o fito de falsamente alardear uma capacidade avaliadora de que estivesse privado. Na verdade, da acusação não consta que o recorrente haja formulado juízos de existência ou de valor falsos, porque deliberadamente repugnantes à realidade objectiva ou subjectiva. O que ela contém é uma dupla denúncia – a de que o recorrente plagiou para se furtar ao trabalho de elaboração do «curriculum vitae» e a de que tentou assim enganar o júri, fazendo passar por próprio um labor parcialmente alheio.

Portanto, a actividade censurável do recorrente teve por causa o intuito de, em clara violação do dever de zelo, se furtar à maçada de elaborar integralmente um texto próprio, em que se contivessem aqueles juízos de existência e de valor. E o «modus operandi» por ele escolhido acompanhou esse seu propósito, consistindo no plágio parcial do trabalho de outrem. Ora, e se provisoriamente abstrairmos as circunstâncias em que o «curriculum vitae» foi apresentado e o fim que ele servia, não pode duvidar-se que aquele comportamento ocioso do recorrente, tomado «a se», se enquadra apenas no «grave desinteresse pelo cumprimento de deveres profissionais», cuja hipótese consta do art. 24.°, n.° 1, do ED. Tudo isto significa que, apenas até aqui, nos deparamos com uma falta disciplinar que – porque intimamente conexionada com meros «modi dicendi», e não com a verdade de factos ou de avaliações – não justificaria uma resposta sancionatória mais grave do que a suspensão prevista no preceito ultimamente referido.

Todavia, a nossa indagação tem de estender-se às circunstâncias da oferta do documento e às consequências inerentes à conduta disciplinarmente censurável. Com efeito, ao simples incumprimento do dever de zelo acresce o intuito, aliás conseguido num primeiro momento, de enganar o júri quanto à autoria do texto oferecido. Com o seu plágio, o recorrente não quis apenas furtar-se a um trabalho devido, mas buscou também persuadir o júri de que se ocupara na elaboração do «curriculum». E cabe agora perguntar se esta outra dimensão da falta, por si só ou em conjugação com o aludido incumprimento do dever de zelo, constituiu um grave atentado contra a dignidade e prestígio do recorrente, ou da função médica, ou do hospital onde as coisas se passaram – como se disse no acto punitivo.

Evidentemente que a dignidade e o prestígio do recorrente, enquanto médico, saem abalados deste caso – pois nenhum plágio furtivo honra o seu autor; e também é óbvio que o sucedido não deixou completamente ilesos a dignidade e o prestígio da classe médica, em geral, ou os do estabelecimento de saúde onde isso ocorreu – embora apenas na estrita correspondência da publicidade dada ao acontecido. Mas, para que a pena de inactividade se justificasse, impunha-se «ex lege» que o atentado contra tais «dignidade e prestígio» fosse qualificável como «grave».

Ora, a conduta censurável do recorrente tem de ser encarada friamente e reduzida às suas devidas proporções. Afinal – e como dissemos já – ele não deturpou a realidade do seu percurso formativo nem terá falseado os juízos sobre factos que incluiu no seu curriculum». Isto significa que o recorrente não chegou a criar o risco de o júri cair em erro quanto ao real valor dos vários elementos atendíveis na avaliação da sua prova curricular – que eram a evolução da formação, o trabalho realizado, os cursos frequentados, as comunicações feitas, e o mais que constava do art. 64.°, n.° 3, do Regulamento. Se acaso o recorrente tivesse criado um risco daquele género, seria forçoso concluir pela gravidade do seu comportamento, para os efeitos do art. 25.° do ED – já que, numa tal hipótese, estaríamos perante uma efectiva contrafacção da prova curricular, dada a perigosa iminência de o júri aprovar um candidato que não reunia as condições para tanto. Mas, na medida em que o plágio do recorrente respeitou à forma da expressão, e não ao conteúdo expresso, a Administração errou na qualificação jurídica da falta disciplinar; pois, sendo embora verdade que a conduta do recorrente feriu a dignidade e o prestígio que devem ornar um médico e acompanhar o exercício da sua profissão, é também certo que houve exagero ou desmesura ao qualificar-se esse atentado como grave – atentas as causas, as circunstâncias operativas e as consequências da infracção.

Sendo assim, o acto contenciosamente recorrido enferma de violação de lei por erro na qualificação jurídica dos factos – já que a «fattispecie» que lhes correspondia era a prevista no art. 24.° do ED, e não a contemplada no art. 25.° do mesmo diploma. Com efeito, o recorrente violou de modo grave os deveres de elaborar, por si, o «curriculum vitae» e de não induzir o júri a crer que o documento por si oferecido, e que em parte plagiara, era genuinamente original, isto é, fruto inteiro de um labor próprio. Mas, com esta sua conduta, o recorrente apenas mostrou um «grave desinteresse pelo cumprimento de deveres profissionais», pelo que praticou uma falta disciplinar a que correspondia uma pena de suspensão, a graduar entre 20 e 120 dias.

Assim, procede a conclusão 3.ª da alegação de recurso; pois o acto contenciosamente recorrido enferma de um vício de violação de lei resultante de erro nos seus pressupostos de direito, já que enquadrou a infracção num tipo de ilícito disciplinar que lhe não correspondia.

E daí decorre fatalmente a procedência da conclusão 4.ª. Com efeito, a infracção disciplinar foi praticada em Dezembro de 1996, não constituía um ilícito penal, era punível com sanção não superior à suspensão e o recorrente não emitiu a declaração de vontade prevista no art. 10.° da Lei n.° 29/99, de 12/5 – pelo que se mostra amnistiada nos termos do art. 7.°, al. c), do mesmo diploma.

Ora, a amnistia extingue o procedimento disciplinar e a respectiva pena, ainda que sem prejuízo do que se dispõe no art. 11.°, n.° 4, do ED. É jurisprudência habitual deste STA que a aplicação individualizada de normas que prevejam amnistias integra a função jurisdicional, não necessitando da intermediação da Administração (cfr. a título ilustrativo, o acórdão de 16/11/99 e os vários arestos aí citados) para operar os seus efeitos supressores. Contudo, o recurso contencioso dos autos é de mera legalidade (art. 6.° do anterior ETAF, aplicável «in casu»), pelo que o reconhecimento, que aqui fazemos, da aplicabilidade da amnistia não irá culminar na declaração final de que ela é operatória. Mas tudo isto significa que, à anulação do acto por causa do erro havido na qualificação da falta, não se seguirá para a Administração a possibilidade de, em execução do julgado anulatório, reassumir poderes decisórios e aplicar ainda ao aqui recorrente uma pena de suspensão – pois está agora adquirido que a respectiva infracção disciplinar se encontra amnistiada.

Resta dizer que, como flui do acima exposto, se encontra logicamente prejudicado o conhecimento da última questão suscitada pelo recorrente e atendível neste recurso, a qual se referia à atenuação extraordinária da pena de inactividade.

Nestes termos, acordam:

a) Em conceder provimento ao presente recurso jurisdicional e em revogar o acórdão recorrido;

b) Em conceder provimento ao recurso contencioso dos autos e em anular o acto contenciosamente impugnado.

Sem custas.

Lisboa, 25 de Janeiro de 2007.

Madeira dos Santos (Relator)
Azevedo Moreira
Costa Reis

Recurso n.° 794/06-11

EXECUÇÃO DO JULGADO ANULATÓRIO. PROCESSO PRÓPRIO. ERRO NA FORMA DE PROCESSO. CONVOLAÇÃO. CADUCIDADE.

(Acórdão de 15 de Fevereiro de 2007)

SUMÁRIO:

I – A partir da entrada em vigor do CPTA e da consequente revogação das normas processuais contidas na LPTA e do DL 256-A/77 a execução do julgado anulatório passou a ser comandada pelo novo Código, mesmo que a sentença a executar tenha sido proferida e tenha transitado no domínio do regime revogado, desde que o respectivo processo tenha sido instaurado após a sua entrada em vigor.

II – Ora, nos termos das novas normas processuais, a execução de sentenças anulatórias de actos administrativos só poderá fazer-se através de um processo específico destinado a esse fim concreto, isto é, destinado a obrigar a Administração a extrair as devidas consequências daquelas sentenças, designadamente através da colocação do interessado na situação em que se encontraria se o acto anulado não tivesse sido praticado e a reparar todos danos decorrentes do acto anulado. Processo esse que se encontra regulado nos art.° 173 e seg.s do CPTA.

III – Deste modo, e ao abrigo da nova lei, inexiste a possibilidade do ressarcimento dos prejuízos decorrentes da prática de acto judicialmente anulado ser feito por qualquer outro meio processual que não aquele.

IV – Todavia, tendo sido instaurada acção administrativa comum tendo em vista a obtenção daquele ressarcimento, importa apurar se é possível aproveitar os actos já praticados nesta acção e proceder à sua convolação para o processo adequado porque a tanto obriga o disposto no art.° 199.° do CPC e os princípios *pro actione* e da celeridade processual.

V – Sendo assim, e tendo em vista a eventual convolação desta acção num processo executivo, importa apurar se o direito de execução do julgado anulatório não havia já caducado à data da entrada em vigor do CPTA pois que, se assim for, essa convolação será legalmente inútil e, por respeito ao princípio da economia dos actos processuais, inadmissível.

ACORDAM NA 1.ª SECÇÃO DO SUPREMO TRIBUNAL ADMINISTRATIVO:

Paula Cristina da Silva Cameira Costa intentou, no TAF de Lisboa, **acção administrativa comum de responsabilidade civil contra o Estado Português** pedindo a sua condenação a pagar-lhe uma indemnização por danos materiais e morais decorrentes do incompleto cumprimento do Acórdão proferido neste STA, que anulou o indeferimento do recurso hierárquico do acto homologatório da lista de classificação final do Concurso de Acesso para categoria de Tesoureiro Ajudante Principal do quadro técnico exactor das Tesourarias da Fazenda Pública.

Em resumo alegou que, na sequência daquele Aresto, requereu a sua execução ao Sr. Director Geral das Contribuições e Impostos, a qual passava pela sua nomeação como Tesoureiro Ajudante Principal e pela abonação dos retroactivos a que tinha direito e que não recebera. Todavia, e porque já tinha sido nomeada para aquela categoria, restava receber os referidos retroactivos e uma indemnização pelos danos não patrimoniais causados pela prática do acto anulado.

Concluiu pedindo a condenação do Réu no pagamento, a título indemnizatório, do montante correspondente aos retroactivos em dívida e de um montante que reparasse os referidos danos morais.

Pelo despacho saneador/sentença de fls. 132 a 134 foi entendido que – nos termos do disposto no art. 173.° do CPTA – **o processo correspondente ao pedido formulado era o de execução de sentença anulatória de acto administrativo,** pelo que ocorria erro na forma de processo visto a Autora ter intentado uma acção declarativa comum, o que se configurava como *"uma nulidade processual, de conhecimento oficioso e determinava a anulação dos actos que não possam ser aproveitados (arts. 199.°, 202.° e 206.°/2 do CPC)*".

Acrescia que, "*no caso dos autos, e independentemente da possibilidade de aproveitamento dos actos praticados atenta a circunstância de estarmos perante uma pretensão executiva para a qual foi utilizada a via declarativa, sempre a tal obstaria o decurso do prazo para o exercício do direito de acção respectivo, atenta a alegação da Autora (arts. 3.°, 4.°, 5.° e 12.° da p.i.) e o prazo decorrente da disciplina do art. 7.°/1 e 2 do DL n.° 256-Al77 mencionado.*"

Daí que, **julgando verificada a mencionada nulidade, tivesse absolvido o Réu da instância.**

Inconformada, **a Autora agravou para este STA concluindo como se segue**:

a) Nas datas em que foram proferidos o douto Acórdão anulatório de 8 de Março de 2000 e o despacho de execução do mesmo quer o CPTA quer o ETAF *na sua versão actual* não se encontravam em vigor, sendo a execução de sentenças anulatórias regulada de acordo com a disciplina jurídica prevista na LPTA, conjugada com o DL n.° 256-A/777, de 17 de Junho.

b) De acordo com esse regime legal, então em vigor, o recurso ao meio da execução de sentença não constituía uma obrigação, no sentido de que o seu não uso teria efeitos preclusivos do exercício do direito de acção por responsabilidade extracontratual por factos ilícitos.

c) O art.° 96.°, n.° 1, da LPTA configurava o impulsionamento da execução de sentença, na falta de execução espontânea por parte da Administração de sentença anulatória, como um direito e não como um dever.

d) O Decreto-Lei n.° 256-A/77, para onde o art.° 95.° da LPTA remete, no seu art.° 10.° previa expressamente a possibilidade de uso dos dois meios.

e) A exclusão do direito de propositura da presente acção é questão de direito substantivo.

f) O direito da Alegante accionar o Estado deve ser ponderado não só no quadro da disciplina em vigor à data em que os actos relevantes foram praticados, mas também no quadro da tutela jurisdicional efectiva que comporta o direito de obter a condenação da Administração à reintegração natural de danos e ao pagamento de indemnizações, como se prevê no art.° 2.°, n.° 2, al.ª f), do CPTA.

g) A douta sentença viola os artigos 2.°, n.° 2, 37.°, n.° 2, al. f) do CPTA, artigo 10.°, n.° 4, do Decreto-Lei 256-A/77, de 17 de Junho, conjugado com o artigo 95.° da LPTA.

h) Por isso, a mesma deve ser anulada, por violação dos apontados preceitos legais, devendo os autos baixarem à 1.ª instância para se proceder ao julgamento da acção.

O **Ministério das Finanças contra alegou para defender o julgado.**

Colhidos os vistos **cumpre decidir**.

FUNDAMENTAÇÃO

I. MATÉRIA DE FACTO

Julgam-se **provados os seguintes factos**:

1. Por Acórdão deste Supremo Tribunal, de 8/03/2000, foi anulado o indeferimento tácito do recurso hierárquico interposto contra a classificação do Júri do concurso de acesso a tesoureiro ajudante principal do quadro técnico exactor das Tesourarias da Fazenda Nacional homologada pelo Director Geral do Tesouro. – vd. fls. 11 a 50 que se dão por reproduzidas.

2. Em 21/03/2001 a Autora dirigiu ao Sr. Director Geral das Contribuições e Impostos requerimento solicitando "*a sua nomeação como Tesoureira Ajudante principal, bem como a abonação dos retroactivos correspondentes a essa categoria com efeitos a partir de 24/04/93, em execução do Acórdão do STA de 8/03/2000*." – vd. fls. 51 que se dá por reproduzida.

3. Por despacho publicado no DR de 27/04/2001 a Autora foi nomeada na categoria de Tesoureiro Ajudante Principal com efeitos reportados à data de 24/03/1993. – vd. fls. 56 que se considera integrada.

4. Por ofício n.° 6990, de 29/10/2001, a Autora foi notificada, nos termos e para os fins do art.° 100.° do CPA, sobre o projecto de decisão no sentido da revogação do despacho de nomeação referido no antecedente ponto 3, com base na sua invalidade e com a invocação de que ocorria causa legítima de inexecução. – vd. fls. 57 e 58 que se dão por reproduzidas.

5. Todavia, e apesar disso, o referido acto de nomeação nunca chegou a ser revogado.

6. Esta acção foi apresentada no TAF de Lisboa em 23/04/2004.

II. O DIREITO

O presente recurso jurisdicional **dirige-se contra o saneador/sentença que absolveu o Réu da instância** por ter entendido que a finalidade que determinou a propositura da presente acção administrativa comum – a obtenção de decisão que obrigasse a Administração **(1)** a executar integralmente o Acórdão anulatório de 8/03//2000 e **(2)** a pagar à Autora uma quantia que a indemnizasse dos danos causados por esse incumprimento – **não podia ser alcançada através deste meio processual mas sim através do processo de execução do julgado**, e, por isso, que considerou ocorrer erro na forma do processo que, traduzindo-se numa nulidade processual, **importaria a anulação de todo o processado**. E que acrescentou ser **impossível o aproveitamento dos actos já praticados** visto o prazo para a instauração do competente processo executivo ter já expirado.

A Recorrente não aceita esta decisão e justifica o seu inconformismo dizendo que, na data em que foi proferido o Acórdão cuja execução integral se requer vigorava o DL n.º 256-A/777, de 17/06, e que este, bem como a LPTA possibilitavam que – na falta de execução espontânea por parte da Administração – o cumprimento de uma sentença anulatória de acto administrativo pudesse ser feito, em simultâneo ou sucessivamente, através do processo de execução do julgado e de uma acção com as características da presente. Ou seja, "*o recurso ao meio da execução de sentença não constituía uma obrigação, no sentido de que o seu não uso teria efeitos preclusivos do exercício do direito de acção por responsabilidade extracontratual por factos ilícitos.*"

E, porque assim, **pediu a revogação da decisão recorrida** e a baixa dos autos à 1.ª instância para que se procedesse ao **julgamento do mérito da acção**.

Será que litiga com razão?

Vejamos.

1. Anteriormente à entrada em vigor do CPTA – ao abrigo do qual esta acção foi proposta – a execução de sentença de anulação de acto administrativo era regulada pelo disposto na LPTA e no DL 256/77-A que prescreviam que, quando a Administração não curasse espontaneamente do seu cumprimento, a mesma era feita através do processo de execução do julgado, indicando os prazos em que este podia ser intentado e disciplinando a forma do seu processamento. Inexistia, assim, meio processual alternativo para a obtenção desse efeito já que o art.º 10.º do citado DL convocado pela Recorrente não tem as características e as potencialidades que aquela visualiza.

A partir da entrada em vigor do CPTA e da revogação dos identificados diplomas **a execução do julgado anulatório passou a ser comandada pelo novo Código**, mesmo que a sentença a executar tivesse sido proferida e tivesse transitado no domínio do regime revogado, desde que o respectivo processo tivesse sido instaurado após a sua entrada em vigor. – vd. n.º 4 do art.º 5.º da Lei 15/02, de 22/2[1].

Deste modo, e tendo em conta que a presente acção foi instaurada depois da entrada em vigor do CPTA, a mesma **só poderá prosseguir se este diploma tiver previsto que a pretensão da Autora/Recorrente pode ser alcançada através daquele meio processual**.

Ora, neste aspecto e no essencial, **novo código não alterou o regime legal instalado pelos diplomas revogados.**

Com efeito, nos termos das novas normas processuais, a **execução de sentenças anulatórias de actos administrativos continuou a ser feita através de um processo específico** destinado a esse fim concreto, isto é, destinado a obrigar a Administração a extrair as devidas consequências daquelas sentenças, designadamente através da colocação do interessado na situação em que se encontraria se o acto anulado não tivesse sido praticado e a reparar todos danos decorrentes do acto anulado. Processo esse que se encontra regulado nos art.º 173 e segs. do CPTA. – M. Aroso de Almeida, in Novo Regime do Processo nos Tribunais Administrativos, 2.ª ed., pgs. 350 e segs..

O que quer dizer que a nova lei não prevê que o ressarcimento dos prejuízos decorrentes da prática de acto ilegal judicialmente anulado **possa fazer-se por qualquer outro meio processual que não aquele.**

Aliás, a preocupação do legislador em **interligar o processo de declaração de ilegalidade do acto administrativo,** e da sua consequente anulação, **com o processo destinado a reconstituir a chamada situação actual hipotética** foi ao ponto de admitir a possibilidade de se cumular aquele pedido anulatório com "*o pedido de condenação da Administração à reparação dos danos resultantes da actuação ou omissão administrativa ilegal*" (vd. n.º 1 do art.º 47.º do CPTA). E a acrescentar que a não formulação desses pedidos cumulativos não precludia "*a possibilidade de as mesmas pretensões serem* ***accionadas no âmbito do processo de execução de sentença de anulação***." – n.º 3 do mesmo art.º 47.º com sublinhado nosso.

Sendo assim, é absolutamente seguro que **a reparação de todos os danos resultantes da prática de um acto administrativo judicialmente anulado terá de ser feita através do referido processo de execução** e que é a este, **e só a este**, que o interessado tem de recorrer na falta de cumprimento espontâneo do julgado por parte da Administração.

Deste modo, como bem se decidiu no Tribunal recorrido, tendo a Autora interposto uma acção administrativa comum para peticionar o pagamento do que se julgava com direito em resultado da anulação do acto que ela havia impugnado, isto é, em cumprimento do julgado anulatório, **verifica-se um erro na forma de processo utilizada** o qual configura uma **nulidade processual**, de conhecimento oficioso, **determinante a anulação dos actos que não possam ser aproveitados** (arts. 199.º, 202.º e 206.º/2 do CPC).

E, sendo assim, e não podendo este processo prosseguir na forma escolhida pela Autora/Recorrente, **importa apurar se é possível aproveitar os actos já praticados** nesta acção e **proceder à convolação desta para o meio processualmente adequado** pois que, por um lado – como a jurisprudência deste Supremo Tribunal tem dito repetidas vezes[2] – tal é imposto pelos princípios *pro actione* e da celeridade processual e, por outro, porque "*o erro na forma de processo importa unicamente a anulação dos actos que não possam ser aproveitados, devendo praticar-se os que forem estritamente necessários para que o processo se aproxime, quanto possível, da forma estabelecida.*" (n.º 1 do art.º 199.º do CPC). Só assim não sendo se esse aproveitamento se traduzir numa diminuição de garantias para o réu (n.º 2 do mesmo normativo).

2. Sabemos já que a forma de processo escolhida pela Autora foi errada e que ela deveria ter recorrido ao processo de execução do julgado para alcançar as finalidades aqui peticionadas. E sabemos também que – por força do disposto no n.º 4 do art.º 5.º da Lei 15/02, de

---

[1] Esta norma tem o seguinte teor: "*As novas disposições respeitantes à execução das sentenças são aplicáveis aos processos executivos que sejam instaurados após a entrada em vigor do novo Código.*"

Vd., a este propósito, os Acórdãos do Pleno de 5/07/2005 (rec. n.º 45497-A) e da Secção de 10/05/2006 (rec. n.º 38240-A).

[2] Vd., entre muitos outros, Acórdãos do Pleno de 9/05/2002 (rec. 701/ /02), e da Secção de 15/03/2000 (rec. n.º 45.912), de 23/09/2004 (rec. n.º 1972/03) e de 23/02/2005 (rec. n.º 40920-A).

22/02 – a tramitação desse processo se encontra estabelecida pelo CPTA o que, de resto, está conforme o que se prescreve no art.° 142.° do CPC já que este ordena que se apliquem aos actos processuais a lei que vigore no tempo em que são aplicados.

Sendo assim, e tendo em vista a eventual convolação desta acção para o processo executivo, **importa apurar se o direito de execução do julgado anulatório ora em causa não havia já caducado à data da entrada em vigor do CPTA** pois que, se assim for, essa convolação será legalmente inútil e, por isso, por respeito ao princípio da economia dos actos processuais, inadmissível.

Apuramento esse que, como é evidente, terá de ser **feito através da aplicação do regime estabelecido na LPTA e no DL 256-A/77.**

"De acordo com o estabelecido na LPTA e no DL n.° 256-A/77, de 17/06, cujo regime aquele manteve em vigor, a Administração tinha 30 dias, a contar do seu trânsito em julgado, para os executar espontaneamente, devendo, no caso de o não ter feito, executá-los integralmente, salvo ocorrência de causa legítima de inexecução, no prazo de sessenta dias a contar do requerimento apresentado pelo interessado após o decurso daquele prazo de trinta dias (arts. 5.°, n.° 1, e 6.°, n.° 1, do DL 256-A/77), tendo o interessado o prazo de três anos, a contar do trânsito em julgado do julgado exequendo para requerer essa execução à Administração (n.° 1 do art.° 96.° da LPTA). E, no caso de continuação de incumprimento da Administração após a apresentação do aludido requerimento pelo interessado, este dispunha, para iniciar o processo executivo jurisdicional, do prazo de um ano, contado dos 60 dias posteriores àquela apresentação, para o caso da Administração continuar inerte, ou de sessenta dias, no caso da Administração invocar causa legítima de inexecução (n.° 2 do art.° 96.° da LPTA)." – Acórdão do Pleno de 25/01/2006 (rec. 24690/87-A)

Ou seja, e para o que ora importa, de acordo com o regime revogado pelo CPTA a Administração tinha 60 dias para cumprir integralmente a sentença, contados da apresentação do requerimento do interessado a solicitar esse cumprimento, e este, caso a Administração se mantivesse inerte depois da apresentação desse pedido, dispunha do prazo de um ano, contado dos 60 dias posteriores àquela apresentação, para instaurar o processo executivo. **Sob pena de caducidade do direito à execução.**

2. 1. No caso *sub judice* o Acórdão anulatório transitou em julgado em Março de 2000 e a Autora em 23/03//2001 requereu à Administração a sua execução integral, mas sem êxito já que esta ignorou essa solicitação.

O que significa que a Autora tinha de instaurar o processo de execução daquele Acórdão no prazo de 1 ano contado dos 60 dias posteriores à apresentação daquele pedido.

Todavia, não o fez nem nesse prazo nem nunca.

Nesta conformidade, **quando o CPTA entrou em vigor** – em 1 de Janeiro de 2004 – **já o seu direito à execução judicial do julgado tinha definitivamente caducado**, sem possibilidade da entrada em vigor do novo código renovar aquele direito.

E, porque assim, **seria inútil a convolação** desta acção em processo executivo pois que este **tinha de ser, liminarmente, rejeitado, atenta a caducidade do direito que se queria fazer valer.**

São, assim, **improcedentes todas as conclusões do recurso.**

Termos em que acordam os Juízes que compõem este Tribunal **em negar provimento ao recurso confirmando-se,** assim, **a douta decisão recorrida.**

Custas pela Recorrente.

Lisboa, 15 de Fevereiro de 2007.

Costa Reis (Relator)
Madeira dos Santos
Azevedo Moreira

Recurso n.° 1067/06-11

FUNÇÃO PÚBLICA. CARREIRAS VERTICAIS. DOTAÇÃO GLOBAL. CONCURSOS PENDENTES.

(Acórdão de 11 de Janeiro de 2007)

SUMÁRIO:

I – A passagem de um quadro de carreira vertical, parcelar por categorias, a quadro de dotação global, tem como efeito os lugares das diferentes categorias passarem a somar-se como vagas na carreira.

II – O DL n.° 141/2001, de 24 de Abril, visou apenas fixar "o regime de dotação global dos quadros de pessoal, para as carreiras de regime geral, de regime especial e com designações específicas" (art. 1.°), tendo como único objectivo o de transformar as dotações previstas para cada uma das diferentes categorias de uma carreira numa dotação global dessa carreira, cujo resultado era a soma das parcelas correspondentes a cada uma dessas categorias (art. 3.°, n.° 2).

III – Relativamente aos concursos pendentes à data de entrada em vigor do diploma, a adaptação (nele referenciada) a considerar é apenas a de que o número de lugares de categoria para que foram abertos os concursos passa a ser número de lugares na carreira a prover naquela categoria, ou seja, que os lugares previstos nos concursos pendentes passam a ser providos como lugares da carreira e não como lugares de categoria, e não a de que possam ser providos na categoria desejada todos os concursados aprovados, desde que o quadro legal comporte esse provimento, mesmo que o concurso a que se apresentaram não tenha aberto as vagas suficientes para isso.

ACORDAM NA 1.ª SECÇÃO DO SUPREMO TRIBUNAL ADMINISTRATIVO:

Ana Paula Gonçalves Brás Sousa Santos, Técnica Profissional 1ª, a exercer funções no 2.° Serviço de Finanças de Cascais interpôs, com fundamento na violação do disposto no art.º 4.º do DL 141/01, no Tribunal Central Administrativo, recurso contencioso de anulação do indeferimento tácito que se formou na sequência do recurso hierárquico que dirigiu, em 11/09/2002, ao Sr. Secretário de Estado dos Assuntos Fiscais do despacho do Sr. Director Geral dos Impostos, de 25/07/2002, que não a nomeou para a categoria de técnico profissional principal do quadro de pessoal da Direcção Geral dos Impostos, apesar de aprovada no concurso aberto para o efeito.

Por Acórdão de 26/03/2006 (fls. 48 a 23) foi negado provimento ao recurso.

Inconformada, a Recorrente agravou para este Tribunal formulando as seguintes conclusões:

a) Pelo despacho de 19/07/02 do Sr. Director Geral dos Impostos, publicado no DR II série de 09/08/02 (doc. 3), foram nomeados, precedendo concurso limitado de acesso para a categoria de Técnico Profissional Principal, da área de apoio técnico à utilização de equipamento informático, carreira técnico-profissional do quadro de pessoal da Direcção-Geral dos Impostos, os funcionários ali mencionados, em número de 6, que ficaram colocados nos respectivos quadros de contingentação.

b) A ora recorrente, que também foi aprovada nesse concurso conforme resulta da respectiva lista classificativa final, não foi, no entanto, nomeada pelo despacho supracitado do qual, por esse facto, interpôs recurso hierárquico necessário para a Autoridade ora recorrida.

c) É certo que a Autoridade Recorrida e com ela o douto Acórdão sustentam que a norma do art.º 4.º do DL 141/04 deve ser interpretada no sentido de que se mantêm válidos os concursos permanentes, mas apenas relativamente ao número de lugares postos a concurso que estejam por preencher à data da entrada em vigor do diploma, os quais serão providos como lugares de carreira e não como lugares na categoria, estando assim fora do alcance da norma os candidatos que na lista de classificação final estão graduados em lugar que ultrapassa o número de lugares para que foi aberto o concurso.

d) Com o devido respeito, com tal interpretação não pode a recorrente conformar-se. É que, de acordo com o disposto no DL 141/2001, de 24/04/01, que veio fixar o regime de dotação global dos quadros de pessoal, para as carreiras de regime geral, de regime especial e com designações específicas, mantiveram-se válidos os concursos de promoção que se encontrassem pendentes (é o caso do dos autos) com as adaptações decorrentes da globalização das dotações, uma vez que os lugares passaram a ser previstos na carreira e não por categoria como resulta do disposto no seu art.º 4.º devidamente interpretado no seu contexto, isto é, tendo designadamente, em conta o que é dito no respectivo preâmbulo.

e) Assim sendo, os concursos que se encontravam pendentes à data da entrada em vigor deste diploma – o que era o caso do aqui em apreço – não se mantiveram válidos apenas para o preenchimento dos lugares vagos que tinham sido postos a concurso – no caso – em número de 6 – mas, sim, para todos os candidatos aprovados uma vez que, entretanto, se introduziu o novo regime de dotação global.

f) Donde, deveria a recorrente ter sido nomeada na categoria em que ficou aprovada por força do disposto no DL 141/2001 de 24/04, em especial, do seu art.º 4.º.

g) Assim, o douto Acórdão recorrido ao manter o despacho hierarquicamente recorrido que não nomeou a ora recorrente na categoria de Técnico Profissional Principal nos termos supra referidos violou o art.º 4.º do DL 141/2001 de 24/4.

A Autoridade Recorrida **contra-alegou para concluir da seguinte forma**:

A) O, aliás, douto acórdão recorrido, ao ter negado provimento ao recurso contencioso interposto pela recorrente, fez uma correcta interpretação e aplicação da lei aos factos, motivo pelo qual deve ser mantido.

B) A ora recorrente foi aprovada no concurso limitado de acesso para a categoria de Técnico Profissional Principal, da área de apoio técnico à utilização de equipamento informático, do quadro de pessoal da Direcção--Geral dos Impostos, tendo ficado posicionada no 35.º lugar e, pretende que a Administração Fiscal proceda à sua nomeação para a categoria de Técnico Profissional Principal.

C) Argumenta para tanto que, de acordo com o DL 141/01, de 12/04 – que veio fixar o regime de dotação global dos quadros de pessoal – mantiveram-se válidos os concursos de promoção que se encontravam pendentes não apenas para o preenchimento dos lugares válidos postos a concurso – que no caso eram 6 – mas sim, **para todos os candidatos aprovados** uma vez que, entretanto, se introduziu o novo regime de dotação global.

D) Contudo, não é pelo facto de o DL 141/01, de 12/04, ter fixado o regime de dotação global dos quadros de pessoal para as carreiras de regime geral, de regime especial e com designações específicas que as promoções passaram a ser automáticas.

E) A globalização da dotação nas carreiras implica, tão só, a ocorrência de lugares vagos na carreira e não numa determinada categoria como acontecia até então.

F) E, o DL 141/01, de 24/04, visa regulamentar o regime das dotações globais e não a matéria dos concursos.

G) Conforme bem o entendeu o Acórdão recorrido: "*É que, impondo o art. 4.º do DL 141/2001 que" o disposto no presente diploma não prejudica os concursos que se encontrem pendentes à data da sua entrada em vigor", tal apenas significa que os mesmos mantêm a validade e os efeitos em conformidade com a lei anterior, ou seja, o DL n.º 204/98, de 11 de Julho, ao abrigo do qual foram abertos, com a salvaguarda dos direitos dos concorrentes e em estreita obediência ao princípio da irretroactividade das normas e do princípio "tempus regit actum"*.

H) Logo, como também o decidiu o Ac. do STA de 08/03/05, "... *o artigo 4.º do DL 141/01 tem o alcance de determinar que a alteração dos quadros não prejudica os concursos pendentes, no sentido de permitir que eles prossigam sem alterações, o que significa também que prossigam para o preenchimento dos lugares que a Administração já tinha considerado necessário preencher, mas nunca para todos os lugares do quadro, agora de dotação global, o que além do mais, como é evidente se traduziria em desvio dos objectivos pretendidos com esta transformação dos quadros.*

I) Assim, uma vez que a recorrente não se encontrava posicionada, na lista de classificação final, no montante limite das vagas postas a concurso e nem demonstrou que, durante o prazo de validade do concurso, ocorreu a vacatura de tantos lugares quantos os necessários para chegar ao lugar em que estava posicionada, não podia ser nomeada na categoria de Técnico Profissional Principal da área de apoio técnico à utilização de equipamento informático, do quadro de pessoal da Direcção-Geral dos Impostos

O Ilustre Magistrado do Ministério Público emitiu **parecer no sentido do não provimento do recurso.**

FUNDAMENTAÇÃO

I. MATÉRIA DE FACTO

A decisão recorrida julgou **provados os seguintes factos**:

1. Pelo despacho de 19-7-2002, do Director-Geral dos Impostos, publicado no DR, II Série, n.° 183, de 9-8-2002, foram nomeados, precedendo concurso limitado de acesso para a categoria de Técnico Profissional Principal, da área de apoio técnico à utilização de equipamento informático, do quadro geral de pessoal da Direcção Geral dos Impostos, os funcionários ali mencionados, em número de 6, que ficaram colocados nos respectivos quadros de contingentação [cfr. fls. 9 dos autos, cujo teor aqui se dá por integralmente reproduzido].

2. A ora recorrente, que também foi aprovada nesse concurso, conforme resulta da respectiva lista classificativa final, onde ficou colocada em 35° lugar, não foi, no entanto, nomeada pelo despacho supracitado [cfr. fls. 10113 dos autos, cujo teor aqui se dá por integralmente reproduzido].

3. Por esse facto, a recorrente interpôs em 11-9-2002 recurso hierárquico necessário para a entidade ora recorrida, nos termos melhor constantes de fls. 7/8 dos autos, cujo teor aqui se dá por integralmente reproduzido.

4. A entidade recorrida não se pronunciou sobre a pretensão deduzida no aludido recurso hierárquico.

5. Dão-se aqui por integralmente reproduzidos o teor da Ordem de Serviço da Direcção-Geral dos Impostos, de 9-10-2000, e o da Circular n.° 1/DGAP/200 1, da Direcção-Geral da Administração Pública, constantes do processo instrutor apenso, não numerado.

II. O DIREITO

Resulta do antecedente relato que a Recorrente se apresentou ao concurso de acesso à categoria de Técnico Profissional Principal destinado ao preenchimento de 6 vagas na área de apoio técnico à utilização de equipamento informático e que tendo ficado posicionada em 35.° lugar se considerou no direito a ser provida naquela categoria, por força do que se dispõe no DL 141/01, pelo que requereu esse provimento e tendo a sua pretensão sido indeferida recorreu hierarquicamente desse indeferimento.

Mas sem êxito já que a Autoridade Recorrida não decidiu, o que significa que o recurso foi tacitamente indeferido.

Recorreu, então, para o Tribunal Central Administrativo.

O Acórdão recorrido entendeu, porém, que a pretensão da Recorrente não tinha apoio nem na letra nem no espírito lei, justificando deste modo o seu entendimento:

"É que, impondo o artigo 4.° do DL n.° 141/2001 que "o disposto no presente diploma prejudica os concursos que se encontrem pendentes à data da sua entrada em vigor"*, tal apenas significa que os mesmos mantêm a validade e os efeitos em conformidade com a lei anterior, ou seja, o DL n.° 204/98, de 11 de Julho, ao abrigo do qual foram abertos, com a salvaguarda dos direitos dos concorrentes e em obediência ao princípio da irretroactividade das normas e do princípio "tempus regit actum".*

Assim sendo, só os candidatos posicionados na lista de classificação final, até ao limite das vagas previstas no concurso e durante o respectivo prazo de validade, é que seriam providos, o que não é manifestamente o caso da recorrente, já que tendo o concurso em causa sido aberto para o preenchimento de 6 lugares vagos e dos que viessem a vagar no prazo de um ano, conforme decorre do ponto 4. da Ordem de Serviço da Direcção-Geral dos Impostos, de 9.10-2000, impunha-se que a recorrente demonstrasse ao menos, durante o prazo de validade do concurso, ocorreu a vacatura de tantos lugares quantos os necessários para chegar ao lugar que ocupava na referida lista de classificação final, ou seja, o 35° lugar [em idêntico sentido, cfr. o acórdão deste TCA Sul de 13-5-2004, proferido no âmbito do proc.° 11748/02, do 1° Juízo liquidatário].

Contudo, como a recorrente não só não alegou como também não demonstrou esse presente recurso não pode proceder."

A questão que se nos coloca é, pois, a de saber qual a repercussão da entrada em vigor do DL 141/01 relativamente aos concursos para preenchimento de um número limitado de lugares numa categoria, que se encontrassem pendentes, ou, dito de uma forma mais concretizada, a de saber se o disposto no citado diploma consente que todos os concorrentes aprovados no concurso ora em causa – designadamente a Recorrente – podem ser providos na categoria a que concorreram, desde que o quadro legal comporte esse provimento, mesmo que o concurso a que se apresentaram não tenha aberto as vagas suficientes para o efeito.

Trata-se de questão que tem sido abordada neste Supremo Tribunal em termos que nos parecem correctos pelo que nos limitaremos a acompanhar o que vem sendo dito. – vd Acórdãos de 16/11/04 (rec. 871/04), de 24/11/04 (rec. 967/04), de 13/01/05 (rec. n.° 1147/04, de 25/01/2005 (rec. 1320/04) de 3/02/2005 (rec. 845/04), de 23/02/2005 (rec. 1192/04), de 8/03/2005 (rec. 1114/05), de 17/05/2005 (rec. 3/02, de 31/05/2005 (rec. 452/05), de 7/07/2005 (rec. 538/05), de 8/11/2005 (rec. 786/05) e de 25/05/2006 (rec. 155/05).

Escreveu-se no Acórdão de 31/05/2005 (rec. 452/05):

"Com efeito, o artigo 4.° do DL 141/2 001, pilar importante em que o recorrente baseia a sua pretensão, tem o alcance de determinar que a alteração dos quadros não prejudica os concursos pendentes, no sentido de permitir que eles prossigam sem alterações, como acontece praticamente sempre que existem alterações legais nas estruturas dos serviços, o que significa também que prossigam para o preenchimento dos lugares que a Administração já tinha considerado necessário preencher, mas não para todos os lugares do quadro, agora de dotação global, passando os lugares previstos nos concursos pendentes a ser providos como lugares da carreira e não como lugares de categoria.

Na verdade, e seguindo de perto o citado acórdão de 8/3/05 (recurso n.° 1114/04), «A Direcção Geral dos Impostos (DGI) rege-se pela Lei Orgânica constante do DL 366/99, de 18/9, que determina serem os quadros de pessoal os aprovados por Portaria nos termos do artigo 26.°, e enquanto aquela não for publicada, pelo DL 408/ /93, de 14.12 na redacção do DL 42/97, de 7/2.

O quadro de pessoal da DGI da carreira vertical de assistente administrativo era um quadro cujos lugares estavam distribuídos por categorias, mas com a publicação do DL 141/2001, de 24 de Abril, o quadro de pessoal da carreira de assistente administrativo, tal como os restantes enumerados no diploma, passou a ser um quadro de dotação global – arts. 1.º; 2.º n.º 1 e 3.º n.º 1 al. b).

O limite da dotação global passou a ser a soma dos lugares antes existentes nas diversas categorias da carreira – al. b) do n.º 1 do artigo 3.º.

A recorrente tinha sido candidata em concurso de acesso à categoria de Assistente Administrativo Especialista aberto antes da publicação do DL 141/2001, de 24 de Abril, que transformou os quadros parcelares por categoria em quadro de dotação global da carreira nos serviços centrais em causa.

Esse concurso tinha sido aberto em 21 de Junho de 2000, estava a desenrolar-se quando foi publicado o DL 141/2001 de modo que em 15 de Maio de 2001 foram homologadas as listas de graduação dos candidatos e só 29 de Agosto seguinte foram nomeados 27 candidatos para as vagas.

Dada a transformação dos quadros e dos respectivos lugares e para evitar dúvidas sobre o ponto de saber se com esta transformação se devia considerar algo alterado ou sem efeito quanto aos concursos pendentes, o art.º 4.º do DL 141/2001, estabeleceu:

"O disposto no presente diploma não prejudica os concursos que se encontrem pendentes à data da sua entrada em vigor".

A recorrente sustenta neste recurso que dada a transformação do quadro o número de vagas da carreira passou a comportar necessariamente todos os lugares anteriores da carreira, pelo que passou a haver vagas para todos os candidatos aprovados no concurso.

E isto é verdadeiro e indiscutível.

Mas a recorrente pretende também que pelo facto de estar em condições de ser nomeada para o lugar a que concorrera, e dado que passou a haver vaga, teria forçosamente de ser nomeada dado o sistema legal decorrente da transformação do quadro por categorias em quadro de dotação global.

Mas, neste aspecto não lhe assiste razão.

Efectivamente, a solução encontra-se expressa no artigo 7.º do DL 204/98, de 11 de Julho que veio introduzir alterações no regime geral dos concursos de recrutamento e selecção de pessoal para a função pública, quando determina sob a epígrafe "lugares a preencher":

"O concurso destina-se:

a) Ao preenchimento de todos ou alguns dos lugares vagos existentes à data da sua abertura;

b) Ao preenchimento dos lugares vagos existentes e dos que vierem a vagar até ao termo do prazo de validade;

c) Ao preenchimento dos lugares vagos existentes e dos que vierem a vagar até um número limite previamente fixado no aviso de abertura, desde que este número se verifique até ao termo do prazo de validade;

d) À constituição de reservas de recrutamento ..."

Ao caso interessam as al. a), b) e c), sendo que em nenhuma delas se prevê que o concurso se destina ao preenchimento de todas as vagas existentes num determinado quadro, mas sim às vagas que existam ou apenas a algumas delas, ou das vagas que venham a ocorrer com um limite temporal bem definido.

Portanto, o regime em vigor não pode ser visto apenas da perspectiva do alargamento do número de vagas na categoria que interessa à recorrente determinado pela passagem do quadro a dotação global através do DL 141/2001, porque o número total de vagas da carreira em que se integra não foi alargado e sobretudo há a considerar que as regras de preenchimento dos lugares do referido artigo 7.º são determinadas por critérios de oportunidade e de funcionamento dos serviços nas melhores condições.

As expressões usadas pela lei são significativas deste poder discricionário quanto à fixação do número de lugares a preencher que é referido na alínea a) pelas palavras "todos ou alguns", na alínea b) por "lugares vagos existentes e dos que vierem a vagar até ao termo do prazo de validade..." e na alínea c) como "lugares vagos existentes e dos que vierem a vagar até um número limite previamente fixado no aviso de abertura.

Efectivamente, a carreira em que se integra a recorrente continua a ser uma carreira vertical, em relação à qual o poder dever de boa gestão dos responsáveis impõe que o número de vagas a preencher em cada categoria, mesmo que existam vagas no quadro, permita uma relação equilibrada entre o numero de funcionários de cada categoria visto que nos quadros de dotação global, em abstracto, todos os lugares existentes poderiam (numa perspectiva de má gestão) estar preenchidos por pessoal da categoria máxima.

Porém, a lei confere à Administração o poder discricionário de organizar o preenchimento destes quadros de dotação global, e dá esta margem de liberdade condicionada à finalidade de se atingir a máxima eficiência somente com os meios indispensáveis (designadamente os financeiros) o que exige que os lugares do topo de cada carreira efectivamente preenchidos sejam apenas os necessários ao bom funcionamento dos serviços e que continue a haver efectivos nas categorias inferiores da carreira para assegurar devidamente a realização diferenciada das tarefas.

De modo que o artigo 4.º do DL 141/01 tem o alcance de determinar que a alteração dos quadros não prejudica os concursos pendentes, no sentido de permitir que eles prossigam sem alterações, o que significa também que prossigam para o preenchimento dos lugares que a Administração já tinha considerado necessário preencher, mas nunca para todos os lugares do quadro, agora de dotação global, o que além do mais, como é evidente se traduziria em desvio dos objectivos pretendidos com esta transformação dos quadros, objectivos que não foram a promoção à categoria mais elevada de um maior número de funcionários, mas sim a mais eficaz gestão dos quadros de pessoal (...)».

Como se escreveu no acórdão de 3/2/2005 – recurso n.º 845/04, «como se retira da mera leitura do seu art. 4.º ("O disposto no presente diploma não prejudica os concursos que se encontrem pendentes à data da sua entrada em vigor"), o DL n.º 141/2001, de 24 de Abril, é neutro em matéria de concursos, não pretendendo dar ou retirar o que quer que fosse aos candidatos, visando apenas fixar "o regime de dotação global dos quadros de pessoal, para as carreiras de regime geral, de regime especial e com designações específicas" (art. 1.º), o que equivale a dizer que o seu único objectivo foi o de transformar as dotações previstas para cada uma das diferentes categorias de uma carreira numa dotação global dessa carreira, cujo resultado era a soma das parcelas correspondentes a cada uma dessas categorias (art. 3.°, n.° 2).»

O exposto evidencia que o art.° 4.° do DL 141/01 não prejudica os concursos pendentes, no sentido de permitir que eles prossigam sem alterações, e que o mesmo não determina que a Administração fique obrigada a preencher todos os lugares do quadro, agora de dotação global, mas apenas e tão só aqueles que a mesma já tinha considerado necessário preencher. Tanto mais quanto é certo que a finalidade daquele diploma foi a de permitir uma mais eficaz e mais racional gestão dos quadros de pessoal da Administração Pública e não a promoção à categoria mais elevada de um maior número de funcionários.

A recorrente não faz, assim, a melhor interpretação das normas do DL 141/01, pelo que improcede a sua argumentação e todas as conclusões deste recurso.

Face ao exposto, e pelas razões acabadas de enumerar, os Juízes que compõem este Tribunal acordam em **negar provimento ao recurso e em confirmar o Acórdão recorrido.**

Custas pela Recorrente fixando-se a taxa de justiça em 250 euros e a procuradoria em metade.

Lisboa, 11 de Janeiro de 2007.

Costa Reis (Relator)
Rui Botelho
Azevedo Moreira

Recurso n.° 761/06-11

INCOMPATIBILIDADES DE ALTOS CARGOS PÚBLICOS. ACUMULAÇÃO DE FUNÇÕES EM INSTITUTOS PÚBLICOS. ACUMULAÇÃO DE REMUNERAÇÕES. REGIME DE EXCLUSIVIDADE. INERÊNCIA.

(Acórdão de 17 de Janeiro de 2007)

SUMÁRIO:

I – Inerência é a investidura obrigatória num cargo por força de disposição legal, em virtude do exercício de outro cargo.

II – Não havia uma relação de inerência entre os cargos de vogal do Instituto de Estradas de Portugal - IEP - e de administrador-delegado do Instituto para a Construção Rodoviária - ICOR - e a acumulação de tais cargos violou o preceituado nos arts. 1.° e 2.° da Lei n.° 12/96, de 18 de Abril.

III – Tendo a acumulação de tais cargos sido autorizada ilegalmente por uma Resolução do Conselho de Ministros, com indicação de que seria paga remuneração pela acumulação, o facto de tal acto ser constitutivo de direitos e não ter sido revogado no período em que poderia ser impugnado com fundamento em vícios geradores de anulabilidade, conduz que ele passe a ser irrevogável, fora do condicionalismo previsto no art. 140.°, n.° 2, do CPA.

IV – Assim, os actos de recusa da pretensão apresentada pelo beneficiário de tal acumulação no sentido de lhe ser fixada a remuneração, ao invocarem a ilegalidade da acumulação como fundamento de indeferimento, enfermam de vício de violação de lei, por ofensa do referido art. 141.° do CPA, por revogarem tacitamente o referido acto contido naquela Resolução do Conselho de Ministros, vício esse que justifica a sua anulação [arts. 135.°, 136.° e 141.°, n.ºs 1 e 2, do CPA].

ACORDAM NA SECÇÃO DO CONTENCIOSO ADMINISTRATIVO DO SUPREMO TRIBUNAL ADMINISTRATIVO:

1 – Artur Pato Mendes de Magalhães interpôs no Tribunal Central Administrativo recurso contencioso de anulação de actos do Senhor Ministro das Finanças de indeferimento expresso da concessão de remuneração adicional por exercício de funções em institutos públicos em regime de acumulação.

O Tribunal Central Administrativo negou provimento ao recurso.

Inconformado, o Recorrente interpôs o presente recurso para este Supremo Tribunal Administrativo, apresentando alegações com as seguintes conclusões:

A – O ora alegante foi nomeado Administrador Delegado do Conselho de Administração do IEP por Resolução do Conselho de Ministros n.° 41/2001, publicada no DR II Série, n.° 73, de 27.3;

B – Nos termos do n.° 6 da mesma Resolução do Conselho de Ministros, o exercício de tais funções ocorreu em regime de acumulação com o de Administrador Delegado do Conselho de Administração do Instituto para a Construção Rodoviária (ICOR) e do Instituto para a Conservação e Exploração da Rede Rodoviária (ICERR), nos termos do artigo 7.° do D.L. n.° 464/82, de 9 de Dezembro, e da Resolução do Conselho de Ministros n.° 29/89, de 26 de Agosto, tendo-lhe sido reconhecido, por esse facto, o direito a auferir uma remuneração adicional, a fixar por Despacho conjunto dos Ministros das Finanças e do Equipamento Social;

C – O ora alegante exerceu, de facto e de direito, as suas funções, em regime de acumulação, naqueles três Institutos Rodoviários, mesmo que se entenda que tal acumulação decorre de inerência;

D – Acontece que, os gestores públicos que exerçam, em regime de acumulação, funções de gestão em empresas interligadas ou participadas, poderão auferir, por esse facto, uma remuneração adicional, que não poderá exceder, para o conjunto das acumulações que mantenham, 30% do valor padrão, desde que previamente autorizada, a fixar por Despacho conjunto dos Ministros das Finanças e da Tutela – conf. Resolução do Conselho de Ministros n.° 29/89, n.° 17, publicada no D.R., 1.ª Série n.° 196, de 26 de Agosto e artigo 7.° do D.L. 464/82, de 9 de Dezembro;

E – Tal autorização prévia do direito a uma remuneração adicional decorre, expressamente do n.º 6 da Resolução do Conselho de Ministros n.º 41/2001, diploma este com força superior ao despacho dos Ministros das Finanças e da Tutela;

F – Até à data, não foi fixada, por Despacho dos Ministros das Finanças e do Equipamento Social, a «remuneração adicional» mencionada no ponto n.º 6, da Resolução do Conselho de Ministros n.º 41/2001;

G – Não tendo sido fixada, também, consequentemente não foi paga;

H – No dia 30 de Outubro de 2002, foi publicado o D.L. n.º 227/2002, que efectuou a fusão dos três Institutos Rodoviários, extinguindo o ICOR e o ICERR, e que, nos termos do artigo 11.º, fez com que o mandato dos membros do Conselho de Administração do IEP, ICOR e ICERR cessasse «com a entrada em vigor deste diploma, mantendo-se os titulares desses órgãos em funções de gestão corrente até à nomeação do Conselho de Administração do IEP»;

I – A Resolução de Conselho de Ministros n.º 76-A/ /2002, de 7 de Novembro, publicada no D.R., 2ª Série – Suplemento, de 8 de Novembro, exonerou o ora alegante do cargo de Administrador Delegado do Conselho de Administração do IEP, com fundamento no estatuído no artigo 11.º do D.L. n.º 227/2002, e nomeou os novos membros da Administração deste Instituto, no dia 7 de Novembro, por Resolução de Conselho de Ministros n.º 76-B/ /2002, D.R. 2.ª Série;

J – As duas Resoluções, aludidas na alínea anterior, produziram os seus efeitos a partir de 8 de Novembro de 2002;

K – Por esse motivo, o ora alegante cessou as suas funções, no dia 7 de Novembro de 2002;

L – Tem, por isso, o recorrente, e ora alegante, direito à remuneração adicional, que lhe é devida, desde o dia 15 de Março de 2001 até ao dia 7 de Novembro de 2002;

M – O Acórdão ora recorrido, estribando-se numa leitura enviesada da Lei n.º 12/96, de 18 de Abril, que estabelece o regime de incompatibilidades, esquece a excepção contida no artigo 2.º, n.º l, alínea b) desse diploma legal, e, viola, de forma manifesta, o expressamente estatuído no n.º 6 da Resolução de Conselho de Ministros n.º 41/2001;

N – O Acórdão recorrido confunde o regime de exclusividade, previsto no artigo 1.º da Lei n.º 12/96, de 18 de Abril, e apenas atende e considera a excepção do n.º 2 do artigo 2.º desse diploma, omitindo e esquecendo, em clara violação da lei, as excepções previstas no n.º l, do mesmo artigo 2.º desse diploma;

*O – É, precisamente, a excepção contida na alínea b), do n.º l, do artigo 2.º, da Lei n.º 12/96, que confere ao ora alegante o direito à remuneração suplementar ou adicional, decorrente do exercício de funções, **«em regime de acumulação»;***

*P – Tal excepção, não só, afasta a incompatibilidade, como confere, ainda, o direito à remuneração suplementar ou adicional, **reconhecida de forma expressa e irrevogável,** na Resolução de Conselho de Ministros n.º 41/2001, no seu ponto n.º 6;*

*Q – Acórdão ora recorrido padece, por isso, **do vício de violação da lei** – D. L. n.º 464/82, de 9 de Dezembro, Resolução do Conselho de Ministros n.º 29/89, n.º 17, Lei n.º 12/96, de 18 de Abril – artigo 2.º, n.º l, alínea b) e, finalmente, o n.º 6 da Resolução de Conselho de Ministros n.º 41/2001, de 15 de Março, publicada no D.R., 2.ª Série, de 27 de Março, pelo que deverá ser revogado, com todas as legais consequências, julgando-se, por isso, o presente recurso procedente como é de JUSTIÇA!*

Não foram apresentadas contra-alegações.

O Excelentíssimo Procurador-Geral Adjunto emitiu douto parecer nos seguintes termos:

O acórdão recorrido negou provimento ao recurso contencioso interposto dos despachos do Ministro da Finanças, datados de 28-02-02 e 20-03-03, nos termos dos quais foi indeferido o pedido formulado pelo ora recorrente no sentido de lhe ser fixada remuneração adicional pelo exercício dos cargos de vogal do Conselho de Administração do ICOR (Instituto para a Conservação Rodoviária) e do ICERR (Instituto para a Conservação e Exploração Rodoviária).

Fundamentando a decisão proferida, ponderou-se no acórdão, em suma, que a cumulação dos cargos em causa violava o disposto no artigo 1.º da Lei n.º 12/96, de 18/4 (onde se estabelece o Regime de Incompatibilidades dos Titulares de Altos Cargos Públicos), sendo certo que não se encontrava abrangida pela excepção prevista no artigo 2.º, n.º l, alínea b) do mesmo diploma, já que não se tratava de actividades derivadas de um cargo ou que eram exercidas por inerência, ilegalidade essa que não poderia justificar a prática de uma nova ilegalidade que decorreria da atribuição da aludida remuneração adicional, dessa forma irrelevando o constante do n.º 6 da Resolução do Conselho de Ministros n.º 41/ /2001 em que essa remuneração se encontrava prevista.

Afigura-se-nos que o acórdão não merece as críticas que o recorrente lhe dirige, porquanto traduz correcta interpretação e aplicação do direito.

Vejamos.

Alega o recorrente, por outra parte, que o direito à remuneração suplementar ou adicional lhe fora reconhecida de forma expressa e irrevogável pela Resolução do Conselho de Ministros n.º 41/2001, no seu ponto n.º 6.

É inquestionável que a Resolução atribuiu ao recorrente o direito a auferir "uma remuneração adicional a fixar por despacho conjunto dos Ministros das Finanças e do Equipamento Social".

Não obstante, acontece que definindo-se, como se define, como acto materialmente administrativo, a Resolução apresenta a sua consistência na ordem jurídica necessariamente fragilizada em razão de eventual posterior decisão da administração que com ela conflitue, sendo, como tal, passível de revogação expressa ou implícita – artigo 138.º do CPA.

Foi esta última ocorrência a que se verificou no caso em apreciação, uma vez que os despachos impugnados contenciosamente se erigiram como obstáculo intransponível à concretização da decisão administrativa vertida na Resolução.

Como assim, de alguma forma esses despachos implicitamente revogaram, com fundamento na sua invalidado, o acto constitutivo dos direitos conferidos ao recorrente na dita Resolução e daí que se pudesse questionar uma possível violação do prazo para o efeito previsto no artigo 141.º do CPA.

Todavia, sendo o vício de violação de lei daí decorrente gerador de mera anulabilidade e, por via disso, não seja de conhecimento oficioso, o facto de não ter sido alegado pelo recorrente e, consequentemente, conhecido pelo tribunal "a quo", arreda a apreciação dessa matéria do objecto do presente recurso jurisdicional.

Termos em que se é de parecer que o recurso deverá ser improvido, mantendo-se, em consequência, o acórdão recorrido.

As partes foram notificadas deste douto parecer e nada vieram dizer.

Corridos os vistos legais, cumpre decidir.

2 – No acórdão recorrido deu-se como assente a seguinte matéria de facto:

A – O ora recorrente exerceu as funções de vogal do Conselho de Administração do Instituto para a Construção Rodoviária (ICOR) e do Instituto para a Conservação e Exploração da Rede Rodoviária (ICERR), em regime de acumulação, entre 28 de Março de 2001 e 7 de Novembro de 2002 (cfr. Resoluções do CM n.os 41//2001 e 76-A/2002 e termos de posse, tudo junto ao processo instrutor).

B – Os despachos do MF, recorridos, têm os seguintes teores:

"Concordo com o proposto pelo Sr. SEO 28.2.02 (...)" e
"Concordo com o despacho do Senhor SEO.
20.3.02 (...)"

C – E foram apostos, respectivamente, em ofício do Gabinete do SEO que enviava cópia ao MF, da Informação n.° 164/2002, da Inspecção-Geral de Finanças e no "rosto" da Informação n.° 42 da 13.ª Delegação da Direcção-Geral do Orçamento (cfr. fls. 13 e segs dos autos).

D – Dão-se aqui por reproduzidas as duas supra referidas Informações, que concluíram não assistir ao ora recorrente contencioso a concessão de remuneração adicional pelo exercício de funções em regime de acumulação, o mesmo sucedendo quanto ao Presidente e restantes membros dos conselhos de administração do IEP, ICOR e ICERR (cfr. fls. 12 e segs. dos autos).

O ponto A da matéria de facto fixada contém erros evidentes: designadamente não há qualquer elemento que comprove que o Recorrente tenha exercido funções de vogal do Conselho de Administração do ICOR e do ICERR), e a Resolução do Conselho de Ministros n.° 41//2001 e os termos de posse que constam do processo instrutor comprovam que as funções que exerceu em acumulação foram as de administrador-delegado do ICOR e vogal do Conselho de Administração do IEP.

Por isso, altera-se aquela alínea A nos seguintes termos:

A – O ora Recorrente exerceu as funções de Administrador-Delegado do Instituto para a Construção Rodoviária (ICOR) e vogal do conselho de administração do Instituto das Estradas de Portugal, em regime de acumulação, entre 28 de Março de 2001 e 7 de Novembro de 2002 (cfr. Resoluções do CM n.os 41/2001 e 76-A/2002 e termos de posse, tudo junto ao processo instrutor).

Em face do alegado pelo Recorrente e por poder relevar para a apreciação da causa adita-se à matéria de facto fixada o seguinte:

E – Pela Resolução do Conselho de Ministros n.° 41//2001 (2.ª Série) de 15-3-2001, publicada no Diário da República, II Série, de 27-3-2001, página 5380, o Recorrente foi nomeado vogal do conselho de administração do Instituto de Estradas de Portugal – IEP – e administrador-delegado do ICOR, sendo nela referido, além do mais, que exerceria «as suas funções em regime de acumulação, nos termos do artigo 7.° do Decreto-Lei n.° 464/82, de 9 de Dezembro, e da Resolução do Conselho de Ministros n.° 29/89, de 26 de Agosto, auferindo por esse facto uma remuneração adicional a fixar por despacho conjunto dos Ministros das Finanças e do Equipamento Social».

3 – Pela Resolução do Conselho de Ministros n.° 41//2001, o Recorrente foi nomeado vogal do Instituto de Estradas de Portugal – IEP e administrador-delegado do Instituto para a Construção Rodoviária – ICOR, entre 28-3-2001 e 7-11-2002, pretendendo ser remunerado pela acumulação destes dois cargos.

A Senhora Ministra de Estado e das Finanças recusou o pagamento de remuneração por acumulação, por entender que a nomeação em regime de acumulação foi ilegal.

A Lei n.° 12/96, de 18 de Abril, que estava em vigor em 2001-2002 [1], estabeleceu um regime de incompatibilidades de altos cargos públicos, nos seguintes termos:

Artigo 1.°
Regime de exclusividade

1 – Os presidentes, vice-presidentes e vogais da direcção de instituto público, fundação pública ou estabelecimento público, bem como os directores-gerais e subdirectores-gerais e aqueles cujo estatuto lhes seja equiparado em razão da natureza das suas funções, exercem os cargos em regime de exclusividade, independentemente da sua forma de provimento ou designação.

2 – O regime de exclusividade implica a incompatibilidade dos cargos aí referidos com:

a) Quaisquer outras funções profissionais, remuneradas ou não;

b) A integração em corpos sociais de quaisquer pessoas colectivas de fins lucrativos ou a participação remunerada em órgãos de outras pessoas colectivas.

Artigo 2.°
Excepções

1 – Exceptuam-se do disposto no artigo anterior:

a) As actividades de docência no ensino superior, bem como as actividades de investigação, não podendo o horário em tempo parcial ultrapassar um limite a fixar por despacho conjunto dos Ministros das Finanças e da Educação;

b) As actividades derivadas do cargo e as que são exercidas por inerência;

c) A participação não remunerada quer em comissões ou grupos de trabalho, quer em conselhos consultivos, comissões de fiscalização ou outros organismos colegiais, quando previstos na lei e no exercício de fiscalização ou controlo do uso de dinheiros públicos;

d) As actividades ao abrigo do artigo 32.° do Decreto-Lei n.° 73/90, de 6 de Março, e do artigo único do Decreto Regulamentar n.° 46/91, de 12 de Setembro.

2 – Os titulares de altos cargos públicos referidos no artigo 1.° poderão auferir remunerações provenientes de:

a) Direitos de autor;

b) Realização de conferências, palestras, acções de formação de curta duração e outras actividades de idêntica natureza.

[1] A Lei n.° 12/96 foi revogada pela Lei n.° 2/2004, de 15 de Janeiro.

O IEP e o ICERR são institutos públicos, criados pelo Decreto-Lei n.º 237/99, de 25 de Junho, defendendo o Recorrente que a sua situação se enquadra na alínea b) do n.º 1 do art. 2.º, em que se prevêem as excepções à regra do art. 1.º, que prevê a exclusividade de funções.

Essa excepção reporta-se às «*actividades derivadas do cargo e as que são exercidas por inerência*», afirmando o Recorrente que, no seu caso, a cumulação resulta de inerência.

Inerência é a investidura obrigatória num cargo por força de disposição legal, em virtude do exercício de outro cargo.[2]

No caso em apreço, nem o referido Decreto-Lei n.º 237//99 nem os Estatutos do IEP e do ICOR por ele aprovados se faz referência expressa a uma situação de inerência relativamente aos cargos desempenhados pelo Recorrente nem referem uma relação de investidura obrigatória num dos cargos desempenhados pelo Recorrente por força do exercício do outro.

Por outro lado, naqueles estatutos, fala-se expressamente em situação de desempenho de cargos por inerência relativamente aos cargos de presidente dos conselhos de administração do ICOR e do ICERR, que é o presidente do conselho de administração do IEP (arts. 9.º n.º 1, dos Estatutos do ICOR e do ICERR).

Por isso, falando-se expressamente de inerência nesses casos e só neles, é de concluir que apenas neles há acumulação de cargos por inerência, pois se existissem outras situações de acumulação por inerência decerto se utilizaria a mesma técnica legislativa, fazendo as correspondentes referências expressas.

Assim, sendo de presumir que o legislador soube exprimir o seu pensamento em termos adequados (art. 9.º, n.º 3, do Código Civil), tem de concluir-se que a acumulação de cargos desempenhados pelo Recorrente não resulta de inerência.

Por isso, os actos impugnados, ao considerarem ilegal a acumulação de funções desempenhadas pelo Recorrente, não violam o preceituado no art. 2.º, n.º 1, alínea b) da Lei n.º 12/96, de 18 de Abril.

4 – O Recorrente invoca, porém, em abono da sua pretensão o teor do ponto 6 da Resolução do Conselho de Ministros n.º 41/2001, (2.ª Série) de 15-3-2001, publicada no Diário da República, II Série, de 27-3-2001, página 5380, através da qual que foram efectuadas as nomeações para o exercício dos cargos em acumulação.

Este n.º 6.º tem o seguinte teor

Os ora nomeados engenheiro Pedro Eduardo Passos da Cunha Serra, engenheiro Artur Pato Mendes de Magalhães e licenciado Álvaro Jaime Neves da Silva exercem as suas funções em regime de acumulação, nos termos do artigo 7.º do Decreto-Lei n.º 464/82, de 9 de Dezembro, e da Resolução do Conselho de Ministros n.º 29/89, de 26 de Agosto, auferindo por esse facto uma remuneração adicional a fixar por despacho conjunto dos Ministros das Finanças e do Equipamento Social.

Apesar de esta parte do acto ser ilegal, por violar o art. 1.º da Lei n.º 12/96, a referida Resolução do Conselho de Ministros constitui um acto constitutivo de direitos para o Recorrente.

Por isso, a partir do momento em que decorreu o período de um ano a contar da sua publicação, que é o prazo em que podia ser impugnado tal acto pelo Ministério Público, com fundamento na sua ilegalidade, geradora de mera anulabilidade [arts. 28.º, n.º 1, alínea c), e 29.º, n.ºs 1 e 4, da LPTA e 141.º, n.ºs 1 e 2, do CPA] aquele ele deixou de poder ser revogado, fora do condicionalismo previsto no art. 140.º do CPA.

Os actos de recusa da pretensão apresentada pelo Recorrente no sentido de lhe ser fixada a remuneração, nos termos da referida Resolução do Conselho de Ministros, ao invocarem a ilegalidade da acumulação como fundamento de indeferimento, revogaram tacitamente o referido acto contido naquela Resolução do Conselho de Ministros, pelo que enfermam de vício de violação de lei, por ofensa do referido art. 141.º do CPA, vício esse que justifica a sua anulação [arts. 135.º, 136.º e 141.º, n.ºs 1 e 2, do CPA].

Embora o Recorrente não faça referência a violação deste art. 141.º e a ilegalidade derivada da sua violação ser mera anulabilidade, que não é de conhecimento oficioso, não há obstáculo à cognoscibilidade deste vício, pois o Recorrente, por outra via, imputa-o claramente, ao dizer, no artigo 28.º da petição de recurso que «*o direito à remuneração suplementar ou adicional, reconhecida de forma expressa e irrevogável, na Resolução do Conselho de Ministros n.º 41/2001, no seu ponto 6*».

Na mesma linha, no artigo 29.º da petição, entre as disposições que considera violadas, o Recorrente indica aquele n.º 6 da Resolução do Conselho de Ministros n.º 41/2001, o que, conjugado com a afirmação de irrevogabilidade feita no artigo anterior, só pode ser interpretado como invocação da ilegalidade da proibição de revogação.

Assim, embora não se faça na petição de recurso expressa referência a violação do art. 141.º do CPA, tem de entender-se que foi arguido o vício que a sua violação consubstancia, pelo que se insere nos poderes de cognição do Tribunal tomar dele conhecimento.

Pelo que se referiu, os actos recorridos, ao recusarem a fixação de remuneração com fundamento na ilegalidade do acto que autorizou a acumulação com remuneração, concretizam uma revogação tácita deste acto, que é ilegal, por violar o referido art. 141.º, pelo que se justifica a sua anulação (art. 136.º do CPA).

Termos em que acordam em

– conceder provimento ao recurso jurisdicional;
– revogar o acórdão recorrido;
– conceder provimento ao recurso contencioso;
– anular os actos recorridos.

Sem custas, por a Autoridade Recorrida estar isenta (art. 2.º da Tabela de Custas).

Lisboa, 17 de Janeiro de 2007.

Jorge de Sousa (Relator)
Políbio Henriques
Rosendo José

Recurso n.º 993/06-12

[2] Neste sentido, pode ver-se MARCELLO CAETANO, *Manual de Direito Administrativo*, volume II, 9.ª edição, página 654.

LEGITIMIDADE ACTIVA. DETENTOR DE FACTO DE PRÉDIO RÚSTICO. REGIME ESPECIAL DE CAÇA.

(Acórdão de 13 de Fevereiro de 2007)

SUMÁRIO:

Os meros detentores de certos prédios rústicos que se apresentaram como proprietários, não têm legitimidade activa para impugnar o acto administrativo que deferiu a concessão de 'zona de regime cinegético especial' sobre aqueles terrenos, por não ocuparem nenhuma posição activa protegida por lei, isto é, das referidas no art.º 75.º n.º 1 do Decreto-Lei n.º 136/96, de 14 de Agosto, que refere como necessário o acordo dos proprietários, usufrutuários ou superficiários dos terrenos a integrar na zona de caça e dos arrendatários, quando os houver.

ACORDAM EM CONFERÊNCIA NA SECÇÃO DO CONTENCIOSO ADMINISTRATIVO DO STA:

I – RELATÓRIO

Domingos da Palma Guerreiro e outros interpuseram o presente recurso contencioso para obter a declaração de nulidade ou anulação da Portaria n.º 352/2000, de 14/6, que sujeitou a regime cinegético especial os prédios: Asseiceira – Vale de Malhadas, Eira da Ombria, Poço Velho e Galinha Loura, Picoitos, Corte Peral, Courela da Horta e Eira das Cebolas, contra:

– O Ministro da Agricultura, do Desenvolvimento Rural e das Pescas;

– O Secretário de Estado do Desenvolvimento Rural em representação do Sr. Ministro da Agricultura, em 23-02-2000;

– O Ministro do Ambiente e da Conservação da Natureza;

– O Secretário de Estado do Ordenamento do Território e da Conservação da Natureza, em representação do Sr. Ministro do Ambiente e da Conservação da Natureza, em 10-05-2000;

– A Associação de Caçadores de Braciais e

– Damião Torrão Félix.

Assentam a legitimidade activa, resumidamente, na afirmação de que foram esbulhados da posse "*quanto aos prédios rústicos ressalta é do domínio público e dos associados, por quanto a exploração dos prédios, pública e reiterada, e sem oposição de quem quer que fosse, intitulando-se e sendo tratados como verdadeiros proprietários*".

E, sendo os prédios em questão reivindicados pelos recorrentes e por Damião Torrão Félix em acções pendentes nos tribunais cíveis, entendem os recorrentes que enquanto esta questão não se mostrar definitivamente decidida o direito de propriedade não se encontra reconhecido a qualquer das partes.

Na resposta o Ministro da Agricultura, do Desenvolvimento Rural e das Pescas, levantou as questões prévias da extemporaneidade e da ilegitimidade activa dos recorrentes, além de considerar que haveria de negar-se provimento ao recurso caso aquelas não procedam.

Na resposta do Secretário de Estado do Ordenamento do Território e Conservação da Natureza foram suscitadas as questões prévias da ineptidão da petição de recurso, ilegitimidade activa e ainda a extemporaneidade do recurso e, quanto aio fundo que seria de negar provimento por não provado.

A Associação de Caçadores de Braciais na contestação levantou a questão da legitimidade dos recorrentes. Esta Associação a fls. 117 e sgs. requereu a suspensão da instância até que esteja judicialmente resolvida a questão da propriedade sobre os prédios.

Por despacho de fls. 122 verso e seguintes foi ordenada a suspensão da instância até decisão final sobre a propriedade que é discutida nos Proc.ºs 41/99 e apensos 40, 42, 43, 51, 52 e 53 da Comarca de Mértola.

Por acórdão de 20 de Agosto de 2005, do Supremo Tribunal de Justiça foi decidido em definitivo que a propriedade dos prédios em questão devia ser reconhecida nos precisos termos em que o registo predial os define e serem restituídos pelos ora recorrentes livres e desocupados.

Junto este acórdão do STJ aos autos foi ordenada a notificação às partes nos termos do art.º 539.º do CPC.

Responderam o recorrido Damião Torrão Félix e também o Ministério do Ambiente, do Ordenamento do Território e do Desenvolvimento Regional que disseram, em resumo, ter ficado demonstrada a falta de legitimidade activa dos recorrentes.

II – MATÉRIA DE FACTO

1 – Em 14 de Junho de 2000, foi publicada a Portaria n.º 352/2000, que sujeitou a regime cinegético especial os prédios rústicos englobados pela poligonal constante da planta anexa à mesma portaria, sitos na freguesia de Santana de Cambas, no Município de Mértola.

2 – Os prédios rústicos na posse dos recorrentes e objecto do presente litígio estão abrangidos pela Portaria n.º 352/2000 de 14 de Junho.

3 – Em 30 de Novembro de 2001, Domingos da Palma Guerreiro e mulher, António Gomes Silvino e mulher e José Mário Santana Lopes e mulher interpuseram o presente recurso contencioso para declaração da nulidade da Portaria n.º 352/2000 de 14 de Junho ou a sua anulação, contra:

– O Sr. Ministro da Agricultura, do Desenvolvimento Rural e das Pescas;

– Vítor Manuel Coelho Barros, Secretário de Estado do Desenvolvimento Rural em representação do Sr. Ministro da Agricultura, em 23-02-2000;

– Ministro do Ambiente e da Conservação da Natureza;

– Manuel Pedro Cunha da Silva Pereira, Secretário de Estado do Ordenamento do Território e da Conservação da Natureza, em representação do Sr. Ministro do Ambiente e da Conservação da Natureza em 10-05-2000;

– Associação de Caçadores de Braciais;

– Damião Torrão Félix.

4 – Por acórdão de 20 de Agosto de 2005, do Supremo Tribunal de Justiça foi decidido em definitivo que a propriedade dos prédios em questão devia ser reconhecida nos precisos termos em que o registo predial os define e serem restituídos pelos ora recorrentes livres e desocupados.

III – APRECIAÇÃO

DOMINGOS DA PALMA GUERREIRO e outros interpuseram o presente recurso contencioso para obter a declaração de nulidade ou anulação da Portaria n.° 352//2000, de 14/6, que sujeitou a regime cinegético especial os prédios: Asseiceira – Vale de Malhadas, Eira da Ombria, Poço Velho e Galinha Loura, Picoitos, Corte Peral, Courela da Horta e Eira das Cebolas.

Foram levantadas várias questões prévias, entre elas e com prioridade de conhecimento, a da falta de legitimidade activa dos recorrentes, por os recorrentes não deterem o direito de propriedade sobre os prédios e por tal motivo não terem interesse legítimo em impugnar a Portaria n.° 352/2000.

A instância foi suspensa até se esclarecer na acção pendente para o efeito a questão relativa a quem tinha o direito de propriedade dos referidos prédios. O Supremo Tribunal de Justiça decidiu contra os recorrentes.

Cabe pois verificar se, ainda assim, os recorrentes serão parte legítima.

Tem legitimidade activa em recurso contencioso de anulação quem tiver interesse directo, pessoal e legítimo nos termos do disposto no art.° 46.° do RSTA, aplicável por força do art.° 24.°, alínea b) da LPTA, e art.° 268.° n.° 4 da CRP. Neste sentido refere o acórdão de 20 de Dezembro de 2006 do Pleno da Secção do Contencioso administrativo deste STA, proferido no Proc.n.° 1288/03 "**A legitimidade** no campo processual administrativo – à semelhança do que se passa no direito processual civil – **afere-se pelo interesse em demandar** e, por isso, se diz que **é parte legitima quem tem interesse em demandar**. – vd. arts. 26.° do CPC, 821.°, n.° 2, do Código Administrativo e 46.°, n.° 1, do RSTA.

A legitimidade tem, assim, por pressuposto o interesse em demandar, dizendo-se **interessado para efeitos de legitimidade activa** todo aquele que sendo titular de um direito ou interesse legalmente protegido vê este direito ou interesse ser prejudicado pela prática do acto impugnado. Parte legítima é, assim, aquela que espera obter benefício com a anulação desse acto, sendo que **o interesse manifestado nessa anulação tem de ser directo, pessoal e legítimo**, dizendo-se **directo** *"quando o benefício resultante da anulação do acto recorrido tiver repercussão imediata no interessado"*, **pessoal** *"quando a repercussão da anulação da anulação do acto recorrido se projectar na própria esfera jurídica do interessado"*, e **legítimo** *"quando é protegido pela ordem jurídica como interesse do Recorrente"*(Prof. F Amaral, *in Direito Administrativo*, vol. IV, pgs. 170 e 171).

Todavia, e garantindo o n.° 4 do art. 268.° da CRP *"a tutela jurisdicional efectiva dos seus direitos ou interesses legalmente protegidos"* a todos os administrados, **importa interpretar o sentido daquele "interesse directo, pessoal e legítimo" de forma ampla**, de modo a que dos citados arts. 46.° do RSTA e 821.° do CA não resulte um conceito de legitimidade que contrarie o decorrente da referida norma constitucional. Tanto mais quanto é certo que – como este STA vem afirmando – em homenagem aos princípios antiformalista e *pro actione,* **deve acolher-se**, ao nível dos pressupostos processuais, **uma interpretação que privilegie o acesso ao direito e a uma tutela jurisdicional efectiva**. – Vejam-se a propósito os Acórdãos de 2/6/99 (rec. 44.498), de 7/12/99 (rec. 45.014), de 15/12/99 (rec. 37.886), de 16/8/00 (rec. 46.518) e de 9/4/02 (rec. 48.200).

E, porque assim, e porque a legitimidade é um pressuposto processual ou uma condição de interposição de um recurso que deve ser aferida em função da titularidade dos interesses emergentes da relação controvertida, tal qual vem configurada pelo recorrente, deve concluir-se que **é parte legítima todo aquele** que, com verosimilhança, invoque a titularidade do direito ou do interesse lesado com a prática do acto impugnado e identifique a utilidade ou vantagem dignas de tutela jurisdicional que retira da sua anulação. – Neste sentido podem ver-se Prof. M. de Andrade "Noções Elementares de Processo Civil", pg. 83 e 84., e, entre muitos outros, os Acórdãos desta Secção de 24/10/96, (rec. 40.500) de 22/6/99 (rec. 44.568), de 24/2/00 (rec. 40.961), de 18/5/00 (rec. 45894), de 11/1/01 (rec.46.770), de 16/3/01 (rec.40.961), de 25/9/01 (rec. 46.301) e de 26/11/03 (rec. 46/02).".

Ora verifica-se que no caso *sub judice* o interesse dos recorrentes era sustentado na mera detenção como ocupantes contra a vontade dos proprietários, que não lhes conferiu o direito de propriedade que pretendiam.

Por outro lado determina o art.° 75.° n.° 1 do Decreto-Lei n.° 136/96 de 14 de Agosto que o acordo necessário à concessão de zona de regime cinegético especial deve ser dado pelos proprietários, usufrutuários ou superficiários dos terrenos a integrar na zona de caça e pelos arrendatários, quando os houver.

Os recorrentes não integram a categoria dos usufrutuários, superficiários nem arrendatários, nem sequer invocaram essa qualidade, mas antes a de proprietários que se concluiu não terem, pelo que a sua posição está fora do universo de pessoas que, em abstracto, é objecto de protecção pela norma jurídica aplicável.

Efectivamente são os proprietários e os titulares das demais posições enunciadas sobre os prédios rústicos que têm o direito a ser ouvidos sobre a constituição de regime especial de caça como o que foi determinado pelo acto de que pretendiam recorrer, pelo que seria a alguém compreendido em alguma daquelas categorias que a lei reconhece interesse legítimo em impugnar a Portaria.

Uma vez que por decisão transitada em julgado a posição dos recorrentes era de meros detentores, a emissão da Portaria n.° 352/2000, que sujeitou ao regime cinegético especial os prédios em questão, não tinha de ouvir os recorrentes, nem estes apresentam relação jurídica que os envolva de modo relevante com a criação daquela zona de caça, nem a procedência do recurso podia trazer beneficio para a sua esfera jurídica, pelo que não têm legitimidade activa para o recurso.

IV – DECISÃO

Em conformidade com o exposto acordam em conferência em rejeitar o recurso por ilegitimidade dos recorrentes.

Custas pelos recorrentes, fixando-se a taxa de justiça de 250 € e a procuradoria de 50%.

Lisboa, 13 de Fevereiro de 2007.

Rosendo José (Relator)
João Belchior
Políbio Henriques

Recurso n.° 48336-12

LICENÇA DE UTILIZAÇÃO-ALVARÁ. DEFERIMENTO TÁCITO. REVOGAÇÃO DE ACTOS INVÁLIDOS. PRAZO PARA A REVOGAÇÃO.

(Acórdão de 15 de Março de 2007)

SUMÁRIO:

I – O alvará é mera condição de eficácia da licença de utilização, e a sua entrega ao requerente, pressupondo a precedente emissão da licença, depende do pagamento das taxas legalmente devidas (art.º 26.º, n.º 6 do RLOP).

II – Nos termos do art.º 141.º, n.º 1 do CPA, a formação de um deferimento tácito constitutivo de direitos não impede a sua posterior revogação por acto expresso com fundamento em ilegalidade, desde que o acto revogatório seja proferido dentro do prazo legalmente previsto para o recurso contencioso.

ACORDAM, EM CONFERÊNCIA, NA SECÇÃO DO CONTENCIOSO ADMINISTRATIVO DO SUPREMO TRIBUNAL ADMINISTRATIVO:

RELATÓRIO

I. O DIRECTOR MUNICIPAL DO ORDENAMENTO DO TERRITÓRIO, URBANISMO, PAISAGEM URBANA E AMBIENTE da CM de V.N.Gaia recorre jurisdicionalmente para este STA da sentença do TAF de Penafiel, de 27.01.2006 (fls. 68 e segs.), que julgou procedente o recurso contencioso interposto por JOSÉ FRANCISCO DE CASTRO BRANDÃO MAIA, id. a fls. 2 dos autos, anulando o despacho proferido pelo ora recorrente a 11.10.2002, pelo qual foi indeferido um requerimento para emissão de licença de utilização de um edifício construído pelo recorrente contencioso em S. Félix da Marinha.

Na sua alegação, formula o recorrente as seguintes conclusões:

1. As condições previstas nos n.ºs 6, 7 e 8 do art.º 26.º do R.L.O.P. (D.L. 445/91, de 20/11, redacção do D.L. 250/94, de 15 de Outubro) para emissão do alvará de licença de utilização são requerimento do interessado e pagamento ou depósito das taxas devidas.

2. No caso *sub judice* houve requerimento em 15 de Março de 2001, não tendo havido pagamento nem depósito das taxas devidas.

3. Assim, o despacho aqui sob censura seria inútil em relação a tal requerimento por extinção do procedimento *ex vi* do art.º 113.º do Código de Procedimento Administrativo.

4. Porém, em 10 de Abril de 2002 o aqui recorrido requereu de novo a emissão da licença de utilização.

5. Tendo-se formado deferimento tácito em relação ao pedido formulado neste requerimento, o acto posto em crise, sendo revogatório daquele não é ilegal.

6. Porquanto foi praticado dentro do prazo legal previsto para a revogação (art.º 141.º do C.P.A. e 28.º, n.º 1, al. c) da L.P.T.A.).

7. Acresce ainda que, não tendo o recorrido facultado o prédio para a realização da vistoria ordenada, agiu dolosamente, o que sempre fundamentaria a revogação a todo o tempo do deferimento tácito porventura formado.

8. Não sendo apontado ao acto recorrido qualquer outro vício, para além da violação da lei, dado que este se não verifica, deve o mesmo ser tido válido e eficaz.

9.A sentença recorrida fez errada interpretação e aplicação da lei ao caso aqui sob análise.

NESTES TERMOS, deve ser dado provimento ao presente recurso, revogando-se a sentença recorrida e consequentemente considerar-se válido e eficaz o acto por ela anulado, fazendo-se desse modo

JUSTIÇA

II. Contra-alegou o recorrente contencioso, ora recorrido, nos termos do articulado de fls. 92 e segs., sustentando a improcedência do recurso, e invocando a inutilidade superveniente do mesmo por, na sequência de despacho proferido pelo próprio agravante em 03/03//2006, ter sido emitido o alvará de licença de utilização relativo ao processo de licenciamento em causa nos presentes autos, juntando cópia certificada de tal documento (fls. 97).

Instada a pronunciar-se sobre se mantinha interesse no recurso, face à aludida invocação de inutilidade superveniente, a entidade ora recorrente manifestou manter interesse no prosseguimento deste recurso jurisdicional (fls. 106).

III. O Exmo magistrado do Ministério Público neste Supremo Tribunal emitiu o seguinte parecer:

"Improcederá, em nosso parecer, o alegado erro de julgamento imputado pelo recorrente à douta sentença recorrida, em matéria da natureza do acto contenciosamente impugnado, enquanto acto revogatório do deferimento tácito do pedido de licença de utilização, com fundamento na invocada extinção do procedimento administrativo, à data da sua prática, em 11/10/02, nos termos do art.º 113.º do CPA, em face do não pagamento ou garantia das taxas devidas pela emissão do alvará respectivo, de acordo com o disposto no art.º 26.º, n.ºs 6, 7 e 8 do Decreto-Lei n.º 445/91, de 20/11.

Não sofre contestação que o acto tácito de deferimento constitui mera ficção jurídica que faculta aos administrados uma garantia de tutela dos seus direitos e interesses legítimos contra a inércia da Administração, através da abertura da via graciosa ou contenciosa do recurso.

Na situação em apreço, perante o deferimento tácito do pedido de licença de utilização, formado sobre o requerimento de 15/3/01, assistia ao recorrente contencioso a faculdade de requerer a emissão do correspondente alvará, o qual deveria ser emitido pela autoridade competente, no prazo de cinco dias, a contar desse requerimento, sob condição de se mostrarem pagas as taxas devidas nos termos da lei, em conformidade com o preceituado no n.º 7 do mesmo artigo.

Ora, o não pagamento ou garantia das taxas devidas tem apenas como consequência não poder ser emitido o alvará nem poder o interessado, em consequência, obter intimação judicial da autoridade competente para a sua emissão, nos termos do art.º 62.º, n.ºs 1 e 2 do mesmo diploma.

No caso, nenhuma outra consequência se encontra especialmente prevista para o não pagamento das taxas devidas, como se extrai também do art.° 68.° daquele mesmo Decreto-Lei.

O disposto, em termos gerais, no art.° 113.° do CPA revela-se compreensivelmente inaplicável aqui, por estar apenas em causa uma faculdade condicionada reconhecida ao interessado, de cujo exercício não depende necessariamente o procedimento administrativo, o qual, na sua falta, prosseguirá os trâmites especialmente previstos naquele diploma.

Improcederá também o alegado erro de julgamento, por indevida aplicação do art.° 141.°, n° 1 do CPA, com fundamento na tempestiva revogação do deferimento tácito do pedido de licença de utilização, que se teria formado sobre o requerimento de 10/4/02.

Na senda do entendimento perfilhado pela sentença recorrida, o deferimento tácito da licença de utilização formou-se com base no requerimento de 15/3/01, não tendo aquele outro referido requerimento a virtualidade de destruir os efeitos do acto tácito de deferimento já formado, devendo antes ser entendido, na sua sequência, como requerimento de emissão do respectivo alvará.

No que concerne à alegada legalidade da revogação, a todo o tempo, do deferimento tácito, carece o recurso manifestamente de fundamento.

Deverá, pelo exposto, em nosso parecer, ser negado provimento ao recurso."

FUNDAMENTAÇÃO

OS FACTOS

A sentença impugnada deu como assentes, com interesse para a decisão, os seguintes factos:

1 – Em 4 de Janeiro de 2001, e tendo em conta a informação n.° 5075, de 2000.12.05, o Vereador competente aprovou o projecto do Recorrente para as infra-estruturas da rede de drenagem de águas pluviais e da rede viária, afectas à construção a que dizia respeito o processo de obras n.° 752/98 – obras de urbanização a realizar no domínio público (cfr. fls. 63 a 65 do PA);

2 – Em 10 de Janeiro de 2001, a CMVNG elaborou um ofício endereçado ao Recorrente, onde lhe comunicava a decisão supra, algumas condições para a execução das obras em causa e a obrigação de prestação de caução, no montante de "495.056$00" (cfr. fls. 66 e 67 do PA);

3 – Em 15 de Março de 2001, o Recorrente apresentou na CMVNG um pedido para emissão de licença de utilização do prédio licenciado no âmbito do processo de obras n.° 752/98, acompanhado da declaração do técnico responsável pela direcção técnica da obra (cfr. fls. 8 a 10 dos autos – requerimento n.° 2664/01);

4 – Relativamente ao processo de obras n.° 752/98 e ao requerimento n.° 2664/01, em 28 de Março de 2001 a CMVNG elaborou o ofício n.° 0498/15929/SIL, sujeito ao assunto de "*Pedido de Emissão de Licença de Utilização – Recepção de Obras de Urbanização*", e endereçado ao Recorrente, com o seguinte teor: «*Convoco V. Ex.ª para comparecer no local da obra, no próximo dia 17 de Abril de 2001, pelas 15:00h, a fim de ser realizada vistoria às obras executadas.*

Alerta-se que à data da recepção provisória, deverá V. Ex.a proceder à apresentação de uma caução como garantia da boa execução dos trabalhos no arruamento e drenagem de águas pluviais no montante de 495 056$00 devendo esta preceder a emissão da licença de ocupação do empreendimento, nos termos que anteriormente lhe foram comunicados (...) – (cfr. fls. 82 do PA)»;

5 – No dia 5 de Junho de 2001 foi realizada a vistoria para recepção provisória das obras de urbanização (cfr. fls. 101 a 106 do PA);

6 – Pelo requerimento de 10 de Abril de 2002, sob o registo n.° 4678, o ora Recorrente solicitou ao Presidente da CMVNG a emissão da licença de utilização do prédio adstrito ao processo de obras n.° 752/98 (cfr. fls. 12 e 13 dos autos);

7 – Em 22 de Maio de 2002 o ora Recorrente foi notificado do deferimento do pedido de não prestação de caução como condicionante à emissão da licença de utilização (cfr. fls. 117, 125 e 126 do PA);

8 – Para o processo de obras do ora Recorrente, no dia 8 de Julho de 2002, o Sector de Vistorias da CMVNG elaborou a seguinte informação: «*Em visita efectuada ao local de construção constatou-se haver desconformidade entre os alçados aprovados e os que se encontram executados (...). Nestes termos propõe-se a realização de vistoria ao local (...)*» – (cfr. fls. 119 do PA);

9 – Sobre a informação supra recaiu a proposta de determinação de uma vistoria, nos termos do art.° 27.°, n.° 2, do RLOP, que mereceu o despacho concordante, de 2002.07.12 (cfr. fls. 119 do PA);

10 – O técnico autor do projecto de arquitectura da obra do ora Recorrente (José Macedo da Costa) foi notificado em 26 de Julho de 2002 de que a vistoria acima determinada havia de decorrer no dia 5 de Agosto de 2002 e que a mesma se realizava ao abrigo do dispositivo legal supra indicado e do n.° 5 do mesmo artigo, e que era para o efeito de apreciação do pedido de Licença de Utilização, apresentado através do requerimento registado sob o n.° 2664, de 15/03/01 (cfr. fls. 120 e 121 do PA);

11 – Em 22 de Julho de 2002 a CMVNG elaborou o ofício n.° 2002/46027, dirigido ao ora Recorrente, submetido ao assunto de "*Realização de Vistoria*", onde lhe era comunicado que a vistoria determinada no ponto 9.° supra havia de decorrer no dia 5 de Agosto de 2002 e que a mesma se realizava ao abrigo do art.° 27.°, n.° 2, do RLOP, e que era para o efeito de apreciação do pedido de Licença de Utilização apresentado através do requerimento registado sob o n.° 2664, de 15/03/01 (cfr. fls. 120 e 122 do PA);

12 – Na correspondência referida no ponto anterior foi aposta a seguinte menção: «*ñ reclamado*» (cfr. envelope entre fls. 121 e 122 do PA);

13 – No dia 5 de Agosto de 2002 foi elaborado pelo Sector de Vistorias da CMVNG o *Auto de Vistoria para Utilização de Edificação*, com o seguinte teor:

«*Procederam os abaixo assinados a uma vistoria ao edifício destinado a habitação multifamiliar (...) para efeitos da emissão de licença de utilização, prevista no n.° 1 do art.° 27.° do [RLOP] (...).*

(...)

Presentes no local por volta das 11:00H, constatou-se a ausência do requerente, ou seu representante devidamente informado da realização da vistoria, pelo que, e uma vez que não nos foi facultado o acesso ao interior do edifício, não foi possível proceder à mesma (...)» – cfr. fl. 123 do PA);

14 – Acerca do requerimento n.° 2664/01, em 7 de Outubro de 2002 foi elaborada uma proposta pela responsável do Sector de Vistorias, no seguinte sentido:

«*Propõe-se o Indeferimento do pedido com base no teor do "auto de vistoria" e atendendo a que na data da mesma não se encontrava ninguém no local que facul-*

tasse o acesso ao edifício objecto de vistoria, tendo sido regularmente notificada a sua realização (...)» – cfr. fl. 116 do PA);

15 – Sobre a proposta supra foi proferido, em 11 de Outubro de 2002, o seguinte despacho: «*Indefiro o pedido de utilização. Notifique-se o requerente.*» – **acto recorrido** – (cfr. fl. 116 do PA);

16 – Relativamente ao requerimento n.º 2664/01, o ora Recorrente foi notificado do acto recorrido (indeferimento) no mês de Outubro de 2002 (cfr. fl. 128 do PA).

O DIREITO

A sentença impugnada anulou o acto contenciosamente recorrido (despacho que indeferiu requerimento para emissão de licença de utilização de um prédio), com fundamento em violação do art.º 141.º, n.º 1 do CPA.

Considerou, para tanto, e em primeiro lugar, que ocorreu deferimento tácito do pedido de licença de utilização, formulado pelo recorrente contencioso em 15.03.2001, nos termos conjugados dos arts. 26.º, 27.º e 61.º, n.º 1 do RLOP (DL n.º 445/91, de 20 de Novembro, na redacção introduzida pelo DL n.º 250/94, de 15 de Outubro).

E considerou, em segundo lugar, que, sendo o acto recorrido revogatório (ainda que implicitamente) do acto de deferimento tácito anterior, ele foi praticado para além do prazo de 1 ano previsto no art.º 141.º, n.º 1 do CPA, em conjugação com o art.º 28.º, n.º 1, al. c) da LPTA, para a revogação dos actos administrativos inválidos, padecendo pois dessa ilegalidade determinante da sua anulação.

Vejamos da consistência das críticas que a tal decisão vêm assacadas.

1. Importa, antes do mais, apreciar a invocação, feita pelo ora recorrido, de inutilidade superveniente do recurso por, na sequência de despacho de licenciamento proferido pelo agravante em 03/03/2006, ter sido emitido o alvará de licença de utilização relativo ao processo de licenciamento em causa, conforme documento por si junto a fls. 97, circunstância que, em seu entender, tornaria inútil a lide.

Dir-se-á, tão só, que a questão da eventual inutilidade superveniente da lide, tal como é suscitada pelo ora recorrido, se colocaria relevantemente em relação ao recurso contencioso, no qual ele terá, na verdade, com a emissão posterior da licença pela entidade administrativa, obtido a tutela judiciária pretendida com a impugnação contenciosa.

Mas não assim com a impugnação jurisdicional intentada pela entidade administrativa, a qual visa a revogação da decisão anulatória, e a consequente afirmação da legalidade do despacho que recusou a emissão da licença, e que poderá ter fundamentos (factuais e jurídicos) diversos dos que presidiram ao posterior deferimento do pedido.

É que da procedência ou improcedência deste recurso jurisdicional (que o mesmo é dizer, da pronúncia de legalidade ou ilegalidade do acto objecto do recurso contencioso) poderão advir para a entidade agravante, directa ou indirectamente, consequências diversas, não sendo pois indiferente, para a mesma, o resultado da lide que, assim, mantém a sua utilidade.

Passemos então à apreciação do mérito do recurso.

2. Alega a entidade agravante, em primeiro lugar, a inexistência de deferimento tácito relativamente ao requerimento de 15.03.2001.

Sem razão, porém.

A sentença impugnada, numa bem estruturada análise do quadro legal pertinente, concluiu pela efectiva formação de deferimento tácito do requerimento de emissão de licença de utilização apresentado a 15.03.2001, considerando, em suma, que, perante tal requerimento, apresentado e instruído em conformidade com o disposto no art.º 26.º, n.ºs 1 e 2 do RLOP, se impunham à entidade licenciadora duas hipóteses de actuação: ou emitia a licença de utilização e o respectivo alvará, no prazo de 20 dias [art.º 26.º, n.º 1], ou determinava a realização de vistoria no prazo de 15 dias [art.º 27.º, n.º 1, al. b)], vistoria essa que, no caso, só podia destinar-se a comprovar a conformidade (ou desconformidade) da obra concluída com o projecto aprovado.

E, desmontando a argumentação da entidade contenciosamente recorrida, que invocava a notificação do interessado, logo a 28.03.2001, para a realização duma vistoria, refere a sentença sob recurso que essa vistoria não era a prevista no citado art.º 27.º do RLOP, pois que a mesma "*tinha em vista as obras de infra-estruturas (obras de urbanização) realizadas no domínio público por conta do ora Recorrente (cfr. pontos 1.º, 2.º e 4.º do probatório)*".

Nesse contexto, afirma a sentença:

"*Ora, tal como o Recorrente apresentou o requerimento de 2001.03.15, a obra concluída era o próprio edifício (o prédio, habitações/fracções, na terminologia usada no requerimento do Recorrente) e não as obras de infra-estruturas no domínio público, razão pela qual, a ser determinada uma vistoria sobre o pedido do Recorrente, a mesma só podia ter por fundamento uma eventual desconformidade entre o dito edifício (prédio/fracções), que era a obra concluída, e o projecto aprovado, face ao preceituado nos arts. 26.º, n.º 2, 27.º, n.º 1, alínea b), e n.º 2 do RLOP.*

Quanto a nós, uma vistoria com base no argumento da desconformidade, apenas foi sugerida na informação de 8 de Julho de 2002, em que o Sector de Vistorias da CMVNG, após visita ao local da obra, referiu «haver desconformidade entre os alçados aprovados e os que se encontram executados (...)», propondo uma vistoria, que haveria de ser determinada pelo despacho de 12 de Julho de 2002 e marcada para o dia 5 de Agosto do mesmo ano ... (cfr. pontos 8.º, 9.º e 10.º do probatório)."

Conclui a sentença, nesta conformidade, que, tendo o Recorrente requerido a licença de utilização em 15 de Março de 2001, e determinada a vistoria (da obra) somente no dia 12 de Julho de 2002, é evidente que o referido prazo de 15 dias estava há muito esgotado, pelo que, não tendo sido emitida a licença e o respectivo alvará no prazo de 20 dias, nem ordenada a vistoria no prazo de 15 dias, nos termos das disposições aludidas, "*ocorreu, efectivamente, o deferimento tácito do pedido de licença de utilização formulado pelo Recorrente, ao abrigo do estipulado no art.º 61.º, n.º 1, do RLOP*".

Abandonando o argumento esgrimido (e neutralizado) em sede contenciosa, vem agora a entidade agravante alegar, em suma, que não ocorreu, contrariamente ao decidido, qualquer deferimento tácito do requerimento de 15.03.2001, uma vez que o requerente não teria satisfeito as condições previstas nos n.ºs 6 a 8 do art.º 26.º do RLOP para a *emissão do alvará de licença de utilização*, ao não ter procedido ao pagamento e depósito das taxas devidas, o que teria implicado, em relação a tal requerimento, a extinção do procedimento *ex vi* do art.° 113.° do CPA.

E que, tendo ele requerido de novo, a 10.04.2002, a emissão da licença de utilização, e tendo-se formado deferimento tácito em relação a este pedido, o acto posto em crise, sendo revogatório daquele, não é ilegal pois que foi praticado dentro do prazo de revogação previsto nos arts. 141.° do CPA e 28.°, n.° 1, al. c) da LPTA.

Acrescenta que, não tendo o recorrido facultado o prédio para a realização da vistoria ordenada, agiu dolosamente, o que sempre fundamentaria a revogação a todo o tempo do deferimento tácito porventura formado.

Não tem qualquer consistência a alegação agora formulada.

Importa, desde logo, sublinhar que "*licença de utilização*" e "*alvará*" são coisas distintas, como bem se alcança, aliás, dos termos do próprio preceito legal (art.° 26.° do RLOP, sob a rubrica *Licença e alvará de utilização*).

Nos termos deste normativo, a entidade licenciadora, concluída a obra, "*emite, a requerimento do interessado ... a licença e o respectivo alvará de utilização*" (n.° 1), sendo certo que "*A licença de utilização destina-se a comprovar a conformidade da obra concluída com o projecto aprovado ..., com as condições do licenciamento e com o uso previsto no alvará de licença de construção*" (n.° 2), enquanto "*O alvará é condição de eficácia da licença de utilização e a sua entrega ao requerente depende do pagamento das taxas devidas nos termos da lei*" (n.° 6).

Assim, reportando-se as taxas, sem sombra de dúvida, à entrega do alvará, que é, naturalmente, posterior à emissão da licença e mera condição de eficácia da mesma, nunca a falta de pagamento das taxas poderia desencadear a inexistência de licenciamento e a extinção do procedimento.

Tratando-se de mera condição de eficácia da licença, o não pagamento das taxas devidas tem apenas como consequência, como bem refere o Exmo magistrado do Ministério Público, não poder ser emitido o alvará nem poder o interessado, em consequência, obter intimação judicial da autoridade competente para a sua emissão, nos termos do art.° 62.°, n.os 1 e 2 do mesmo diploma.

Acresce que esta argumentação da entidade agravante é perfeitamente incompreensível e descabida, pois que ela parte do (errado) pressuposto de que o requerimento de 15.03.2001 era para a entrega do alvará, quando ele visava sim a emissão da própria licença ainda não aprovada e emitida (cfr. ponto 3 da matéria de facto).

A entidade agravante bem sabe que o acto contenciosamente recorrido indeferiu, não um pedido de entrega do alvará (que, aliás, nunca foi apresentado pelo requerente, justamente porque nunca lhe foi emitida a licença), mas sim o pedido de emissão da licença de utilização.

Na verdade, o acto recorrido, cuja anulação contenciosa aqui se impugna, foi exarado sobre a Informação/Proposta de 07.10.2002 (reportada expressamente ao requerimento de 15.03.2001 – cfr. ponto 17 da matéria de facto), e é do seguinte teor: «*Indefiro o pedido de utilização. Notifique-se o requerente.*».

Não há pois que entrar em consideração com o requerimento de 10.04.2002 (relativamente ao qual a entidade agravante admite a formação de deferimento tácito, porém revogado dentro do prazo legal pelo acto recorrido), uma vez que o deferimento tácito se formou, como vimos, relativamente ao requerimento de 15.03.2001, e, em relação a ele, a revogação operada pelo acto recorrido foi, como bem se decidiu, extemporânea.

E, pela mesma ordem de razões, não releva a invocação de o recorrido não ter facultado o prédio para a realização da vistoria ordenada a 12.07.2002 (ponto 9 da matéria de facto), quando há muito se havia formado o referido deferimento tácito.

Há pois que concluir que a sentença agravada, ao anular o despacho contenciosamente recorrido com fundamento em violação do art.° 141.°, n.° 1 do CPA, fez correcta aplicação desse preceito, atendendo a que a formação de um deferimento tácito constitutivo de direitos não impede a sua posterior revogação por acto expresso com fundamento em ilegalidade, desde que o acto revogatório seja proferido dentro do prazo legalmente previsto para o recurso contencioso.

A sentença impugnada fez, assim, correcta aplicação dos normativos legais citados, termos em que improcedem integralmente as alegações da entidade recorrente.

DECISÃO

Com os fundamentos expostos, acordam em negar provimento ao recurso, confirmando a decisão impugnada.

Sem custas, por delas estar isenta a entidade recorrente.

Lisboa, 15 de Março de 2007.

Pais Borges (Relator)
Adérito Santos
Azevedo Moreira

Recurso n.° 721/06-11

LOTEAMENTO. ALTERAÇÃO DE LOTES. DEFERIMENTO IMEDIATO DO PEDIDO (ART.° 27.°, N.° 2, DO DL 555/99).

(Acórdão de 22 de Março de 2007)

SUMÁRIO:

O despacho "Concordo" exarado sobre uma informação dos serviços camarários que, pronunciando-se acerca de uma pedido de alteração de licença de loteamento formulado por dois proprietários de lotes, considera "não haver inconveniente nas pretensões que do ponto de vista urbanístico se enquadram nas características tipologias das construções envolventes, incluindo construções existentes no mesmo loteamento para as quais foram já anteriormente propostas e aceites pela câmara idênticas alterações", sugerindo que "seja promovida a discussão pública nos termos do Art. 22.° do DL 555/99, de 16 de Dezembro", e em que a chefe de divisão, concordando com tal informação,

propõe "a aceitação das pretensões", consubstancia um acto administrativo de deferimento das pretensões formuladas susceptível de ser contenciosamente impugnável pelos proprietários de outros lotes.

ACORDAM EM CONFERÊNCIA NA SECÇÃO DE CONTENCIOSO DO SUPREMO TRIBUNAL ADMINISTRATIVO:

ALCINDA DA CONCEIÇÃO CARNEIRO e JOSÉ PASCOAL TERESO, identificados nos autos, recorrem do despacho do M.º Juiz do 1.º Juízo liquidatário do TAF do Porto que rejeitou o recurso contencioso por eles interposto do despacho de 4 de Julho de 2002, do vereador do pelouro do urbanismo da Câmara Municipal de Matosinhos.

I. Os recorrentes formulam as seguintes conclusões:

A) A douta sentença proferida nos autos, da qual vem interposto o presente recurso, decidiu indeferir liminarmente, o recurso contencioso interposto pelas recorrentes do despacho exarado a 4 de Julho de 2002 pela entidade recorrida nos autos acima referenciados, pelo qual foi emitido o aditamento n.º 342/2002 ao alvará de loteamento n.º 561/93;

B) Esta decisão é fundamentada no facto de o Exmo. Juiz a quo ter entendido que não consta dos autos qualquer despacho da entidade recorrida referente ao deferimento ou aprovação da requerida alteração de loteamento, mas apenas um despacho concordatório de parecer antecedente, e sobre o qual foi prolatado, sobre a promoção e a discussão pública da requerida alteração de operação de loteamento, datado de 04.06.02, nem, do mesmo modo, qualquer acto administrativo respeitante à aprovação da requerida alteração de loteamento;

C) Salvo o devido respeito, entendem os recorrentes que não deveria ter sido este o sentido da decisão uma vez que, ainda que inquinado de vícios, como foi largamente demonstrado na petição inicial, o acto administrativo que aprova e fundamenta a alteração requerida ao alvará de loteamento n.º 561/93, é efectivamente o despacho datado de 4.07.2002, que os recorrentes identificaram como acto impugnado;

D) Esta decisão judicial é ainda mais incompreensível, pelo facto de ser a própria autoridade administrativa recorrida a qualificar o referido despacho como o acto administrativo com base no qual foi deferida a aprovação e emitido o aditamento n.º 342/2002;

E) Esta autoridade, manifestou no processo judicial e, sobretudo, na sua posição ao longo de todo o procedimento administrativo subjacente ao acto administrativo impugnado, a posição firme de que o Despacho emitido em 4.7.2002, é o acto administrativo de aprovação da alteração ao alvará;

E) Isso resulta desde logo da contestação apresentada, de acordo com a qual "*da análise do acto sob censura (despacho emitido em 4.07.2002) conclui-se que este foi prolatado por um membro da Câmara Municipal de Matosinhos, no exercício das funções em que está investido e com vista a resolver uma situação jurídica – concreta que lhe foi apresentada por um munícipe.*";

G) Por outro lado, e ainda mais relevante porque vem na sequência do despacho pelo qual os recorrentes foram notificados para juntar aos autos cópia do acto impugnado, por requerimento apresentado em Maio desde ano, a autoridade recorrida requereu "*a junção aos autos de fotocópia autenticada da informação técnica e do acto administrativo referente à alteração ao alvará de loteamento n.º 561/93, datados respectivamente de 3 e de 4 de Julho de 2002*"

H) Ora, esta fotocópia autenticada junta aos autos pela autoridade recorrida, constata-se que o acto administrativo referente à alteração ao alvará é precisamente igual à cópia do acto administrativo impugnado que foi junta aos autos pelos recorrentes;

1) Quer isto dizer que a autoridade administrativa, que é a única responsável pela emissão de actos administrativos, e à qual ninguém se pode substituir nessa actividade, entende, criando essa convicção na esfera dos destinatários do acto e de todos que por ele são afectados, que o acto administrativo pelo qual essa mesma autoridade aprovou uma alteração ao alvará de loteamento é o Despacho emitido em 4.07.2002;

J) O que, diga-se ainda, resulta claramente do facto de do texto do aditamento constar expressamente que este foi deferido por despacho emitido em 4.07.2002;

K) Ou seja, e por outras palavras, para o exterior, para todos os interessados e afectados pelo aditamento ao alvará, a autoridade administrativa transmitiu a ideia de que essa afectação e, como no caso dos autos, eventual lesão, para efeitos de avaliação e impugnação, tem a sua origem no Despacho emitido pelo Exmo. Senhor Vereador do Urbanismo da Câmara Municipal de Matosinhos em 4 de Julho de 2002;

L) Por conseguinte, e de acordo com a jurisprudência do Supremo Tribunal Administrativo, em situações destas, nas quais a Administração, pelo seu comportamento, aparenta a existência de um acto definitivo e lesivo, ainda que o mesmo não tenha existência jurídica, o recurso contencioso intentado desde acto não deve ser rejeitando, decidindo-se, ao invés, pela declaração de inexistência do acto;

M) Tanto mais que, no presente caso, não era exigível aos recorrentes conhecer a falta de acto lesivo, uma vez que, apesar de entenderem estar o mesmo viciado, não preenchendo os requisitos que a lei prevê para os actos administrativos, a verdade é que o interpretaram, na sequência do comportamento adoptado pela autoridade recorrida – que o qualifica como acto de aprovação e por isso lesivo – como o acto de aprovação do aditamento e, por força disso, como o acto lesivo responsável pelas modificações introduzidas no alvará de loteamento e que afectam os seus interesses;

N) Nestes termos, não podem os recorrentes ser sancionados com a rejeição do recurso contencioso porque o Exmo. Juiz a quo considerou não existir nos autos qualquer despacho referente ao deferimento ou aprovação da requerida alteração ao loteamento;

O) Se efectivamente o Exmo. Juiz a quo considerou que não existe nos autos qualquer despacho referente ao deferimento ou aprovação da requerida alteração ao loteamento, isto é, qualquer despacho que seja o acto final do procedimento consumindo uma decisão de aprovação,

P) A única solução legal, atendendo ao demais ao comportamento da autoridade recorrida, que considera o acto impugnado, identificado pelos recorrentes e interpretado como tal, como o acto lesivo gerador da alteração ao alvará de loteamento e, por isso, afectando os interesses de terceiros como os recorrentes, seria apenas e só a declaração de inexistência do acto administrativo pelo qual foi aprovado o aditamento e não a rejeição do recurso contencioso;

Q) Pelo que, a sentença a quo é, salvo o devido respeito, uma decisão judicial que assenta numa errónea interpretação dos factos e do direito aplicável, e, mais grave ainda, viola frontalmente o direito à tutela jurisdicional efectiva dos recorrentes;

R) Por conseguinte, e com base nestes fundamentos, deverá a sentença recorrida ser revogada e, em sua substituição, ser o acto administrativo impugnado julgado inexistente.

Contra-alegou a entidade recorrida defendendo – contraditoriamente com o sustentado na contestação – que o acto impugnado não é um acto administrativo pelo que deve ser mantida a decisão recorrida.

O Exm.° Procurador Geral Adjunto emitiu o parecer seguinte:

"O presente recurso jurisdicional vem interposto do despacho do Mmo Juiz do TAC do Porto constante de fls 190/191, que indeferiu liminarmente o recurso contencioso por considerar que o acto ali impugnado se não mostrava suficientemente documentado nos autos.

Em causa está o despacho de 04.07.2002 do Vereador do Pelouro do Urbanismo da Câmara Municipal de Matosinhos que, segundo os recorrentes, terá titulado o aditamento ao alvará de loteamento n.° 561/93 mas que, no entender do Mmo Juiz recorrido, não integra qualquer acto administrativo respeitante à aprovação da requerida alteração de loteamento porquanto meramente concordatório com parecer anterior que apenas promovia a discussão pública da aludida alteração de operação de loteamento.

Para os recorrentes a decisão recorrida enferma de erro de julgamento, pois a entidade contenciosamente recorrida transmitiu a ideia de que o aludido despacho, ainda que sem existência jurídica, se tratava de um acto administrativo definitivo e lesivo, o que se mostra documentado.

Em face à factualidade que dos autos consta, no mesmo sentido vai também o nosso parecer.

Se não, vejamos:

A fls 63 v° dos autos mostra-se junto um despacho de concordância aposto sobre informação elaborada a respeito de requerimento visando a alteração do alvará de loteamento n.° 561/93, a qual, para além de favorável ao requerido, formula sugestões de procedimento subsequente, e sobre parecer do chefe de divisão que se transcreve:

"Concordo, proponho a aceitação das pretensões e a consequente tramitação do processo para inquérito público".

Tal despacho foi assumido como acto administrativo de deferimento do requerido, como se constata pelo teor do Aditamento n.° 342/2002 cuja cópia está junta a fls 64, e veio a ser confirmado pela entidade contenciosamente recorrida na contestação apresentada a fls 88 e ss e no requerimento de fls 170 e ss.

Embora os recorrentes pretendessem ver discutida, em sede de recurso contencioso, a própria inexistência do acto em causa, para a questão aqui em análise parece-nos inequívoco que, ao contrário do que foi entendido no despacho recorrido, o mesmo se não limitou a concordar com a sugestão sobre a discussão pública, mas antes deu o seu aval às pretensões dos requerentes, apondo a sua concordância sobre a informação dos serviços e sobre a proposta de deferimento formulada pelo chefe de divisão respectivo.

Deste modo, o despacho do Mmo Juiz a quo parece-nos de todo desprovido de base factual e de fundamento legal, pelo que, em nosso entender, deverá ser revogado, assim se dando provimento ao recurso.".

II. Consideram-se assentes os seguintes factos:

1 – Em 27/07/1993, no âmbito do processo camarário n.° 23/89, pelo Presidente da Câmara Municipal de Matosinhos, foi emitido o alvará de licenciamento de loteamento n.° 561/93, através do qual foi autorizada a constituição de dez lotes no prédio sito no lugar de Gonçalves, freguesia de Leça da Palmeira, concelho de Matosinhos, descrito na respectiva Conservatória do Registo Predial sob o n.° 1154/160692 – fls. 37.

2 – Em 31-05-2002, os proprietários dos lotes n.° 1 e n.° 6 requereram ao Presidente da Câmara Municipal de Matosinhos alterações aos respectivos lotes – fls. 58.

3 – A fls. 5 do processo de loteamento (Proc.° n.° 23/ /89), consta a seguinte informação dos serviços da Câmara Municipal de Matosinhos:

"Solicitam os requerentes, proprietários dos lotes 1 e 6 do alvará de loteamento n.° 561/93, alterações ao mesmo nos seguintes termos:

a) Lote 1

...

b) Lote 6 ...

...

Considera-se não haver inconveniente nas pretensões que do ponto de vista urbanístico se enquadram nas características tipologias das construções envolventes, incluindo construções existentes no mesmo loteamento para as quais foram já anteriormente propostas e aceites pela câmara idênticas alterações.

Assim, sugere-se que seja promovida a discussão pública nos termos do Art. 22.° do DL 555/99 , de 16 de Dezembro, com a redacção dada pelo Dec-Lei 177/01, de 4 de Junho. Para efeitos de liquidação da TMU considera-se:

lote 1– aprov. vão cobertura – 37 m2

lote 6 – aprov. vão cobertura – 50,6 m2

87,6 x 323 x 0.01 = € 283,0

À consideração da Exm.ª Arqt.ª ... ?, chefe de divisão 03.07.2002

Concordo, proponho a aceitação das pretensões e a consequente tramitação do processo para inquérito público

3/7/02" – fls. 163 dos autos.

4 – Ao lado da informação e parecer transcritos, a fls. 5/v.° do referido processo, consta um despacho com o seguinte teor:

"*Concordo*

4/7/2002" – fls. 163/v.° dos autos.

5 – Em 5-10-2002 é emitido o aditamento n.° 342/ /2002, ao alvará de loteamento n.° 561/93, respeitante às alterações requeridas pelos proprietários dos lotes 1 e 6, dele constando que as mesmas foram deferidas "*por despacho exarado em 2002/07/04, junto ao Processo de Loteamento número 23/89*" – fls. 64

6 – No recurso contencioso interposto a fls. 2, os recorrentes impugnam o despacho de 4/7/2002, referido em 4 e 5, juntando, a fls. 63, cópia do mesmo.

7 – Em 15-07-2004, o M.º Juiz a quo proferiu despacho ordenando a notificação dos recorrentes para, em 20 dias, juntarem aos autos cópia do despacho impugnado, sob pena de indeferimento liminar do recurso contencioso interposto – fls. 150.

8 – Em 12-10-2004, os recorrentes juntaram aos autos cópias certificadas do processo de loteamento n.º 23/89, da qual constam as "informações e respectivos despachos relativos a todos os pedidos de alteração ao alvará de loteamento", entre os quais se inclui o despacho de 4-07-2002 – fls. 156 a 165/v.º.

9 – Em 6-04-2005, O Vereador do Pelouro do Urbanismo da Câmara Municipal de Matosinhos, requereu " a junção aos autos fotocópia autenticada da informação técnica e do acto administrativo referente à alteração ao alvará de loteamento n.º 561/93, datados respectivamente de 3 e 4 de Julho de 2002.", constantes de fls. 5 e v.º do processo de loteamento n.º 23/89 – fls. 177 a 180.

III. A decisão recorrida, entendendo que o despacho de 4-07-2002, junto aos autos pelos recorrentes não consubstancia o acto de deferimento do pedido de alteração do loteamento formulado pelos recorridos particulares, objecto do recurso contencioso, "mas apenas um despacho concordatório de parecer antecedente, e sobre o qual foi prolatado, sobre a promoção e a discussão pública da requerida alteração de operação de loteamento", considerou que os recorrentes, apesar de notificados para tal, não juntaram aos autos "cópia do despacho impugnado", pelo que rejeitou o recurso contencioso interposto a fls. 2, ao abrigo do disposto no artigo 838, § 1.º, do C. Administrativo.

Face aos factos provados, é manifesto que o tribunal a quo errou ao considerar que os recorrentes não deram cumprimento à ordem de junção de cópia do despacho de 4-07-2002 que elegem como objecto do recurso contencioso interposto.

Na verdade, não só tal despacho instrui a petição de recurso – cfr. doc. n.º 11 – como, na sequência do convite que lhes foi formulado, os recorrentes juntaram cópia certificada do processo de loteamento n.º 23/89, com base no qual foi emitido o alvará n.º 561/93, de onde constam os despachos relativos "a todos os pedidos de alteração do alvará de loteamento", entre os quais se encontra o despacho recorrido – cfr. ponto 8 da matéria de facto.

Tal despacho existe, pois, e constitui a decisão administrativa que, deferindo a pretensão formulada pelos proprietários dos lotes n.º 1 e 6, autorizou as alterações ao loteamento n.º 561/93, por eles requeridas, como, aliás, é expressamente declarado pela entidade recorrida quer no documento de fls. 177, quer na sua contestação de fls. 88 e seg.s – cfr. ponto 9 da matéria de facto.

É, aliás, o único despacho datado de 4-07-02 e, sem grande esforço, da análise do mesmo ressalta que as informações técnicas sobre as quais é proferida a declaração de concordância abrangem o deferimento das pretensões de alteração dos lotes 1 e 6, pois aí se considera "*não haver inconveniente nas pretensões que do ponto de vista urbanístico se enquadram nas características tipologias das construções envolventes, incluindo construções existentes no mesmo loteamento para as quais foram já anteriormente propostas e aceites pela câmara idênticas alterações*", razão por que a chefe de divisão propõe "*a aceitação das pretensões*" – cfr. ponto 3 da matéria de facto.

Ora, é sobre esta informação e proposta que é proferido o despacho "Concordo", objecto do recurso contencioso, cujo sentido é, obviamente, o de, face à informação favorável dos serviços, deferir os pedidos de alteração do loteamento, sem prejuízo de se realizar a discussão pública imposta por lei – cfr. art. 27.º, n.º 2, do DL n.º 555/99, de 16-12, com as alterações do DL n.º 177/2001, de 4-06.

Tal decisão administrativa sempre foi considerada pela entidade recorrida como o acto administrativo que deferiu o pedido de alteração do loteamento formulado pelos recorridos particulares, servindo de base à emissão do aditamento de alteração n.º 342/2002 (cfr. fls. 64) a qual, nos termos do art. 27.º, n.º 7, do DL n.º 555/99, foi oficiosamente comunicada à respectiva Conservatória do Registo Predial (cfr. fls. 66).

O facto de ter sido proferida antes de iniciada sequer a fase procedimental de discussão pública, que, logicamente, a haveria de preceder, pode ter como consequência, não a inexistência do acto de deferimento das pretensões, mas a eventual ilegalidade formal do mesmo.

Mas isso é questão a ter em conta, se for caso disso, na apreciação do mérito do recurso contencioso interposto, e não motivo da rejeição do mesmo.

A decisão recorrida incorreu, pois, em erro de julgamento por errada interpretação e aplicação do disposto no artigo 838 §1.º, do C. Administrativo, pelo que não se pode manter.

IV. Nos termos e com os fundamentos expostos acordam em conceder provimento ao recurso, revogando a decisão recorrida e ordenando a baixa do processo ao TAF do Porto para prosseguir os seus termos, se qualquer outra causa a tal não obstar.

Sem custas.

Lisboa, 22 de Março de 2007.

Freitas Carvalho (Relator)
Santos Botelho
Adérito Santos

Recurso n.º 68/06-11

LOTEAMENTO. PEDIDO DE INFORMAÇÃO. DIREITOS ADQUIRIDOS. VIOLAÇÃO DO PDM. DECLARAÇÃO DE NULIDADE E REVOGAÇÃO.

(Acórdão de 22 de Março de 2007)

SUMÁRIO:

I – Carece de natureza revogatória a deliberação que declarou a nulidade dos actos que haviam

licenciado uma operação de loteamento e as respectivas obras de urbanização.

II – Antes de o DL n.º 334/95, de 28/12, ter introduzido o art. 7.º-A no texto do DL n.º 448/91, de 29/11, a resposta ao pedido de informação prévia acerca da possibilidade de um loteamento não era constitutiva de direitos.

III – Não sendo vinculativa para a câmara, tal resposta não condicionava a elaboração ou a aplicação de um PDM futuro.

IV – Nos termos do art. 56.º, n.º 2, al. b), do DL n.º 448//91, eram nulos os actos que, no âmbito de um loteamento, licenciassem pretensões ofensivas do PDM local.

V – Sendo nulos, tais actos não produziam quaisquer efeitos, designadamente os que poderiam servir de suporte às denúncias de que a declaração da nulidade deles traduziria um «venire contra factum proprium» ou que ofenderia a boa fé, a tutela da confiança ou uma pretensa auto-vinculação camarária.

ACORDAM NA 1.ª SECÇÃO DO SUPREMO TRIBUNAL ADMINISTRATIVO:

António Miranda Júnior, identificado nos autos, interpôs recurso jurisdicional da sentença do TAF de Lisboa que negou provimento ao recurso contencioso por ele deduzido da deliberação tomada pela CM de Torres Vedras em 2/5/2000, acto esse que declarara nulas duas deliberações anteriores da mesma câmara – a que licenciou uma operação de loteamento e a que aprovou as respectivas obras de urbanização.

O recorrente terminou a sua alegação de recurso formulando as conclusões seguintes:

1 – Os actos administrativos consubstanciados nas aprovações tácitas e expressas do pedido de informação prévia e nas aprovações tácitas e expressas dos pedidos de licenciamento da operação de loteamento e das obras de urbanização assumem claramente natureza constitutiva de direitos (v. ac. STA de 15/6/2004, AD, 516/1822), pois definiram as capacidades edificativas dos terrenos em causa (v. art. 266.º da CRP; cfr. art. 3.º do CPA), sendo o ora recorrente titular de direitos adquiridos relativamente ao aproveitamento urbanístico do seu imóvel (v. arts. 7.º e 67.º do DL 448/91, de 29/11; cfr. art. 7.º do CPA).

2 – A salvaguarda dos princípios da boa fé e da tutela da confiança do ora recorrente não é minimamente compatível com o entendimento da douta sentença recorrida, segundo o qual a recorrida seria totalmente livre para desrespeitar as vinculações assumidas pela deliberação da CMTV, de 2/3/95, informando e reconhecendo as capacidades edificativas do seu imóvel e, posteriormente, praticando actos que não permitiriam o exercício das referidas capacidades construtivas, agindo em claro «venire contra factum proprium» e prevalecendo-se dos seus próprios actos contraditórios (v. art. 6.º-A do CPA; cfr. art. 334.º do C. Civil).

3 – A fixação das capacidades edificativas nos terrenos em causa, resultantes dos referidos actos tácitos e expressos, integra ainda auto-vinculação para o Município de Torres Vedras, pelo que o indeferimento da pretensão do ora recorrente é manifestamente ilegal (v. ac. STA de 26/9/2002, proc. 39.165).

4 – O ora recorrente é titular de direitos adquiridos, relativamente ao aproveitamento urbanístico dos seus terrenos, decorrentes de actos administrativos anteriores à entrada em vigor do PDM de Torres Vedras, pelo que a aplicação daquele instrumento de gestão territorial «in casu» violaria frontalmente o disposto no art. 266.º da CRP, nos arts. 7.º e 67.º do DL 448/91, de 29/11, e nos arts. 3.º, 7.º e 8.º do CPA.

5 – O PDM de Torres Vedras não podia deixar de respeitar os direitos e interesses legítimos do ora recorrente, resultantes dos referidos actos administrativos anteriores (v. art. 5.º, n.º 1, al. e), do DL 69/90, de 2/3, art. 5.º da LPPOTU e arts. 74.º e 107.º do DL 380/99, de 22/9).

6 – A seguir-se a tese da douta sentença recorrida, teria de concluir-se que a entrada em vigor das normas do regulamento do PDM de Torres Vedras extinguiria os direitos do ora recorrente, resultantes dos referidos actos constitutivos de direitos, o que sempre determinaria a inconstitucionalidade de tais dispositivos regulamentares, por violação do disposto nos arts. 13.º, 62.º e 266.º da CRP (cfr. art. 5.º, n.º 1, al. e), do DL 69/90, de 2/3, e art. 5.º, n.º 1, da Lei 48/98, de 11/8), bem como o princípio do Estado de Direito Democrático (v. arts. 2.º, 9.º e 18.º da CRP).

7 – O PDM de Torres Vedras nunca poderia ser aplicável às fases subsequentes do procedimento iniciado com a aprovação da informação prévia relativa ao licenciamento da operação de loteamento do ora recorrente, sob pena de ser frontalmente desrespeitado o disposto no art. 12.º do C. Civil.

8 – O referido instrumento de gestão territorial nunca poderia ainda deixar de respeitar o princípio da boa fé e as obrigações assumidas pelo Município de Torres Vedras através dos deferimentos tácitos e expressos de pedidos de informação prévia e licenciamento do empreendimento do ora recorrente (v. art. 6.º-A do CPA; cfr. arts. 12.º, 227.º, 334.º e 762.º do C. Civil; cfr. acs. STA de 7/4/92, proc. 30.349, e de 20/11/90, AD 352/483).

9 – Dos termos e circunstâncias em que o acto «sub judice» foi praticado não resulta, de qualquer forma, o reconhecimento da existência de diversos actos constitutivos de direitos anteriores, nem a voluntariedade da sua revogação, faltando, desde logo, um dos elementos essenciais do acto em análise, que é assim nulo (v. arts. 123.º, n.º 1, al. e), e 133.º, n.º 1, do CPA).

10 – O acto em análise sempre teria revogado ilegal e intempestivamente anteriores actos constitutivos de direitos, violando frontalmente os arts. 140.º, n.º 1, al. b), e 141.º do CPA, pois não foi invocada e não se verifica «in casu» qualquer ilegalidade dos actos revogados.

11 – A deliberação «sub judice» violou pois frontalmente os princípios constitucionais da segurança das situações jurídicas e da protecção da confiança do ora recorrente, integrantes do princípio do Estado de Direito Democrático, pois de forma contraditória com as posições anteriormente assumidas pelo Município de Torres Vedras e após o ora recorrente ter realizado um elevadíssimo investimento, revogou anteriores actos constitutivos de direitos que lhe são imputáveis, com fundamento em normas que, além de não serem válidas e eficazes, nunca seriam aplicáveis «in casu» (v. arts. 2.º, 9.º, al. b), 18.º, 122.º e 266.º da CRP; cfr. art. 6.º-A do CPA, introduzido pelo DL 6/96, de 31/1).

A câmara recorrida contra-alegou, concluindo do modo seguinte:

1 – O recorrente apresentou o seu pedido de informação prévia, datado de 20/10/94 e deferido em 2/3/95.

2 – Que, posteriormente, deu origem ao processo n.º 1788/76, o qual foi deferido, após várias vicissitudes, por deliberações de 10/3/97 e 22/10/99.

3 – Que vieram a ser declaradas nulas pela deliberação do executivo de 2/5/2000, com fundamentação na falta de cumprimento do PDM de Torres Vedras, por ultrapassar os limites definidos como área urbanizável.

4 – O pedido de informação prévia apresentado pelo recorrente ocorreu antes da (por evidente «lapsus calami», a recorrente escreveu «na») vigência do DL 334/95, de 28/12, quando ainda não era constitutivo de direitos e vinculativo para um eventual pedido de licenciamento apresentado dentro do prazo de um ano.

5 – O executivo camarário deliberou em 2/5/2000 considerar nulas as suas deliberações de 10/3/97 e 22/10/99, com fundamento na falta de cumprimento do PDM de Torres Vedras, por tais deliberações ultrapassarem, no licenciamento do processo de loteamento e obras de urbanização conferido, os limites definidos como área urbanizável.

6 – Cumprindo, assim, o art. 56.º, n.º 2, do DL 448/91, de 29/11, que determina a nulidade dos actos administrativos que decidam pedidos de licenciamento no âmbito desse diploma.

7 – No respeito pelos pressupostos da legalidade, da boa fé e da tutela da confiança.

8 – Não merecendo qualquer censura a decisão proferida pelo tribunal «a quo».

9 – A qual deverá ser mantida, assim se fazendo justiça.

O Ex.º Magistrado do M.ºP.º junto deste STA emitiu douto parecer no sentido do não provimento do recurso.

A matéria de facto pertinente é a considerada provada na sentença «sub censura», a qual aqui damos por integralmente reproduzida – como estabelece o art. 713.º, n.º 6, do CPC.

Passemos ao direito.

Após receber da CM de Torres Vedras a informação escrita, datada de 2/3/95, de que era viável uma determinada operação de loteamento, o aqui recorrente requereu à mesma câmara e obteve dela, mediante deliberações de 10/3/97 e de 2/10/99, o licenciamento do loteamento e o das respectivas obras de urbanização. Todavia, em 2/5/2000, a CM de Torres Vedras veio a «considerar nulas» essas duas deliberações aprovadoras, já que elas teriam incorrido em «falta de cumprimento do PDM» local por haverem licenciado uma operação de loteamento que ultrapassava «os limites definidos como área urbanizável». E foi esta última deliberação a acometida no recurso contencioso dos autos, onde o recorrente lhe imputou vícios vários, supostamente causais da sua nulidade ou anulabilidade.

No entanto, o TAF de Lisboa negou provimento a tal recurso. E, contra o assim decidido, o recorrente esgrime agora diversas críticas, agrupáveis em dois amplos géneros: por um lado, as directamente fundadas na índole revogatória do acto recorrido; por outro, as resultantes dos «direitos adquiridos» pelo recorrente, os quais seriam intangíveis – fosse pelo PDM de Torres Vedras, fosse por quaisquer actos administrativos emanados da câmara.

A primeira questão a elucidar prende-se com a exacta natureza do acto impugnado. Tanto a letra e a óbvia «ratio essendi» da deliberação como o tipo legal em que a mesma se filia evidenciam que ela cumpriu a função simples e estrita de declarar a nulidade de dois actos pretéritos. Ora, declarar a nulidade de um acto anterior é diferente de revogá-lo, pois a própria lei proíbe a revogação de actos nulos (cfr. o art. 139.º, al. a), do CPA). Sendo assim, é insofismável que tal deliberação carece, em absoluto, da natureza revogatória que o recorrente lhe atribui nas suas conclusões 10.ª e 11.ª.

Donde a imediata improcedência destas conclusões. Com efeito, todos os ataques à sentença, delas constantes, partem do pressuposto necessário de que o acto contenciosamente impugnado revogara pronúncias anteriores; mas, não sendo o acto revogatório, desaparece logo o único antecedente capaz de suportar as várias consequências jurídicas que, nas ditas conclusões, vêm expressas. Aliás, e por via do princípio lógico «dictum de nullo», é forçoso inferir que, se o acto impugnado não incorpora uma revogação, também não pode incorporar uma revogação ilegal – adviesse esta ilegalidade de algum dos motivos enunciados nas conclusões 10.ª e 11.ª ou de uma outra causa qualquer.

Da discernida natureza do acto contenciosamente recorrido também resulta, «recte», a improcedência da conclusão 9.ª. Aqui, e em bom rigor, o recorrente não assevera que o acto é, em si mesmo, revogatório; mas acha que ele detém essa vocação última – pelo que a diferença ou distância entre o que a deliberação é e o que deveria ser patentearia a nulidade dela, por falta de elementos essenciais. Todavia, a certeza de que o acto não é revogatório logo exclui a possibilidade de se exigir que ele contivesse os constituintes típicos dos actos dessa natureza; daí que o acto não possa ser nulo por falta desses elementos – o que nos dispensa de ver se as faltas denunciadas na conclusão 9.ª realmente correspondiam à privação de algo essencial.

Nas restantes conclusões, o recorrente não nega que o loteamento violasse realmente o conteúdo do PDM – pelo que teremos por firme este pressuposto da deliberação. Mas ataca o acto contenciosamente impugnado – e, nessa medida, também a sentença – de viés, dizendo que adquirira direitos relativos «ao aproveitamento urbanístico do seu imóvel», direitos esses que tinham de ser respeitados pelo acto recorrido (conclusões 1.ª a 3.ª) e pelo próprio PDM (conclusões 4.ª a 8.ª).

Esses supostos «direitos» teriam advindo, desde logo, do acto de 2/3/95, que informou o recorrente da viabilidade da operação de loteamento. Mas, nessa data, o regime jurídico dos loteamentos urbanos ainda não incluía a figura do pedido de informação prévia constitutiva de direitos – pois isso só sucedeu com a redacção que o DL n.º 334/95, de 28/12, introduziu no DL n.º 448//91, de 29/11 («ex abundanti», e como subsídio interpretativo, «vide» o preâmbulo daquele diploma alterador). Assim, a resposta camarária de 2/3/95 ao pedido de informação do aqui recorrente – pedido esse que estava previsto no texto, então em vigor, do art. 7.º do DL n.º 448//91 – não constituiu quaisquer direitos na esfera jurídica dele (veja-se, «hoc sensu», o acórdão do STA de 11/5//2000, proferido no recurso n.º 45.249), pois somente veiculou uma indicação camarária, não vinculativa, sobre o grau de possibilidade (ou sobre a probabilidade) do loteamento previsto.

Portanto, merece resposta negativa a questão crucial de saber se o recorrente, por causa do acto de 2/3/95, obteve o direito subjectivo de lotear o seu terreno nos termos então admitidos pela câmara. E, à certeza de que o invocado direito não se constituiu por aquela via, segue-se a fatal improcedência das conclusões 4.ª a 8.ª.

É que o recorrente preconiza aí a impossibilidade de o PDM de Torres Vedras – cujo regulamento foi publicado na I Série-B do DR de 30/11/95 e que entrou em vigor dez dias depois dessa publicação («vide» o seu art. 44.º) – prever soluções ou permitir aplicações que contrariassem aquele seu direito de lotear. Mas, sendo agora claro que o acto de 2/3/95 não conferira ao recorrente direito algum, perde todo o sentido afirmar-se que tal direito se impunha a quem elaborasse ou aplicasse o PDM.

É certo que o recorrente também reporta as cinco conclusões ora em apreço aos «direitos adquiridos» que lhe teriam advindo dos actos de licenciamento, praticados em 10/3/97 e 22/10/99. Aqui, temos de distinguir entre a elaboração do PDM e a sua aplicação. No que à feitura do PDM respeita, é manifesto que ela não podia estar condicionada por direitos emergentes de actos produzidos anos depois. No que toca ao modo como o PDM foi aplicado «in casu», trata-se de um problema que já concerne à legalidade intrínseca do acto contenciosamente recorrido, pelo que o «situs» adequado ao tratamento desse assunto é a decisão a proferir sobre as conclusões 1.ª a 3.ª. Não obstante, convém desde já salientar que o recorrente não tem razão quando afirma que o processo do loteamento, cujo pedido inicial foi formulado em 22/3/96, constituía uma mera fase de um procedimento mais amplo, começado com o pedido de informação. Não sendo constitutiva de direitos, a informação camarária de 2/3/95 não tinha uma ligação efectiva, e muito menos forçosa, ao loteamento futuro – como veio a suceder após as alterações introduzidas pelo DL n.º 334/95 – pelo que este tinha de ser encarado «a se», enquanto detentor de autonomia e novidade. E por aqui se vê, desde já, quão fantasiosa é a denúncia, constante da conclusão 7.ª, de que o acto incorrera numa indevida aplicação da lei no tempo.

Adquirimos «supra» duas certezas sobre pontos essenciais: nem a resposta ao pedido de informação prévia constituiu qualquer direito na esfera jurídica do recorrente, nem este questiona no presente recurso que a aprovada operação de loteamento ofendia o PDM local. Neste quadro, a nulidade dos dois actos de licenciamento mostra-se indiscutível, já que traduz a consequência jurídica precisamente prevista no art. 56.º, n.º 2, al. b), do DL n.º 448/91. E, sendo nulos, esses actos eram inaptos para produzir quaisquer efeitos, podendo a nulidade deles ser declarada a todo o tempo pela Administração (art. 134.º do CPA).

Essa radical impotência dos actos nulos para produzirem efeitos significa que as deliberações de 10/3/97 e de 22/10/99 não geraram, a favor do recorrente, os direitos que tenderiam a produzir na falta de uma qualquer patologia. Portanto, é em vão que o recorrente clama que os actos de licenciamento lhe trouxeram direitos cuja simples presença inquinaria o acto contenciosamente impugnado.

Também soçobra a ideia de que razões ligadas à boa fé e à tutela da confiança impediriam a câmara de declarar a nulidade dos actos de licenciamento. Sendo nulas, estas deliberações não produziam efeitos, designadamente os que poderiam servir de suporte àquelas exigências de confiança e boa fé. Aliás, é a tais exigências que normalmente se reconduz a proibição do «venire contra factum proprium», também invocado pelo recorrente em prol da ilegalidade do acto. Ora, o que acima dissemos exclui, «de plano», que a deliberação recorrida padeça do vício radicado nesta última figura. Mas podemos ainda acrescentar que qualquer declaração de nulidade de um acto administrativo pretérito praticado pelo próprio declarante nunca configura um «venire contra factum proprium»; pois, nesse género de casos, não existe uma sucessão de condutas livremente exercidas e mutuamente repugnantes, apenas sucedendo que surge «in fine» o juízo assertivo, e que se assume ou pretende «secundum legem», de uma séria desconformidade entre o acto anterior e quaisquer imposições legais absolutamente constringentes.

Só por abuso de linguagem, que considerasse o puro facto em detrimento do direito, se poderia dizer que a câmara recorrida tinha a liberdade de continuar a agir como se fossem válidas as deliberações nulas – pois, afinal, a nulidade delas existia independentemente da respectiva declaração (art. 134.º, n.º 1, do CPA). Daí imediatamente decorre a impossibilidade de a CM de Torres Vedras se ter autovinculado a tomar como boas tais deliberações. Acresce que a auto-vinculação só é pensável e possível nos domínios em que a Administração disponha de um espaço ou margem de discricionariedade, o que obviamente não sucede nos casos em que ela declare a nulidade de actos administrativos.

Torna-se agora certa a improcedência das conclusões 1.ª a 3.ª da alegação e, seguidamente, o insucesso total do presente recurso. O recorrente nenhum direito adquiriu por via do acto de 2/3/95; e o mesmo sucedeu relativamente aos actos de 10/3/97 e de 22/10/99, cuja desconformidade ao PDM – que lhes era aplicável segundo o princípio «tempus regit actum» – acarretava a sua nulidade e, portanto, a sua intrínseca inaptidão para produzir efeitos «ad extra», designadamente o de constituir direitos de qualquer espécie na esfera jurídica do recorrente. Contra isto, é inócuo argumentar em termos sumamente genéricos e destituídos de medida comum com o caso vertente, como o recorrente faz ao referir preceitos vários da Constituição, do DL n.º 69/90, de 2/3 (diploma regulador da elaboração, aprovação e ratificação dos planos municipais de ordenamento do território), e da Lei n.º 48/98, de 11/8 (que veio estabelecer as bases da política de ordenamento do território e do urbanismo). É, pois, seguro que a sentença «a quo» está a coberto de todas as críticas que o recorrente lhe dirigiu, merecendo subsistir por inteiro na ordem jurídica.

Nestes termos, acordam em negar provimento ao presente recurso jurisdicional e em confirmar a sentença recorrida.

Custas pelo recorrente:
Taxa de justiça: 400 euros.
Procuradoria: 200 euros.
Lisboa, 22 de Março de 2007

Madeira dos Santos (Relator)
Freitas Carvalho
Costa Reis

Recurso n.º 1059/06-11

LEI DE PROCESSO NOS TRIBUNAIS ADMINISTRATIVOS (LPTA). CÓDIGO DE PROCESSO NOS TRIBUNAIS ADMINISTRATIVOS (CPTA). NULIDADE PROCESSUAL. PARECER DO MINISTÉRIO PÚBLICO.

(Acórdão de 6 de Fevereiro de 2007)

SUMÁRIO:

I – O CPTA apenas começou a aplicar-se aos processos iniciados depois de 1.1.04 (data em que o CPTA entrou em vigor, art.° 7.° da Lei n.° 4-A//2003, de 19.2, cujo art.° 2.°, alterou o art.° 7.° da Lei n.° 15/2002).

II – A própria lei di-lo expressamente, no art.° 5.° da Lei n.° 15/2002, de 22.2, ao estatuir que as novas disposições "não se aplicam aos processos que se encontrem pendentes à data da sua entrada em vigor" (excepcionou as providências cautelares como incidentes de processos pendentes (n.° 2) e as execuções de sentença instauradas após a entrada em vigor do novo código).

III – Na vigência da LPTA a notificação do parecer do Ministério Público, para garantia do contraditório, só tinha de cumprir-se quando, sem ela, ficasse prejudicada, para uma das partes, a ampla discussão de todos os fundamentos de direito em que a decisão se pudesse basear, sendo injustificada a notificação quando no referido parecer não fosse suscitada ou abordada qualquer questão nova.

ACORDAM NA SECÇÃO DE CONTENCIOSO ADMINISTRATIVO DO SUPREMO TRIBUNAL ADMINISTRATIVO:

I - RELATÓRIO

António de Jesus Cardoso, com melhor identificação nos autos, veio apresentar um requerimento com o seguinte teor:

"ANTÓNIO DE JESUS CARDOSO, A. e Recorrente nos autos em referência, notificado do acórdão proferido aos 06/12/2006, vem EXPOR e REQUERER o seguinte:

1° No dia 11/12/2006, foi o ora Recorrente notificado do acórdão proferido por esse Tribunal;

2° Da análise desse acórdão resultou que, o ora Recorrente, não foi notificado do parecer emitido pelo Magistrado do Ministério Público junto desse Tribunal;

3° E isso, em manifesta violação do que vem disposto no art.° 146.°, n.° 2 do Código de Processo nos Tribunais Administrativos que, de forma clara e inequívoca expressa: No caso de o Ministério Público exercer a faculdade que lhe é conferida no número anterior (n.° 1 do art.° 146.° do C.P.T.A.), as partes são notificadas para responder no prazo de 10 dias".

4.° No caso concreto, verifica-se a omissão de uma formalidade que a lei prescreve.

5.° Tal omissão impediu o ora Recorrente de exercer plenamente o contraditório, direito lhe é conferido não só pela disposição legal acima citada, como também, pelo art.° 3.° do C.P .Civil aqui aplicado subsidiariamente.

6° Sendo certo que, a omissão daquele acto que a lei prescreve constitui nulidade processual atípica ou inominada, regulada no art. 201.°, n.° 1 do C.P .Civil.

7° Nulidade que, através do presente, se vem arguir com as consequências legais daí resultantes.

8° A omissão sobredita deve sanar-se ordenando-se o cumprimento da formalidade omitida, com a consequente anulação de tudo quanto foi processado depois dela.

Termos em que e, nos mais de Direito aplicáveis deve o presente requerimento ser julgado procedente e, por via dele, ordenar-se o cumprimento da formalidade omitida, concretamente, o cumprimento do n.° 2 do art.° 146.° do C.P.T.A., anulando-se o processado subsequente a ela."

O Centro Hospitalar de Vila Nova de Gaia nada disse.

Importa decidir.

O requerente vem invocar uma nulidade consistente na omissão de uma formalidade essencial, a do n.° 2 do art.° 146.° do CPTA, traduzida no facto de lhe não ter sido notificado o parecer apresentado pelo Magistrado do Ministério Público. Tal nulidade, diz o requerente, impediu-o "de exercer plenamente o contraditório, direito que lhe é conferido não só pela disposição legal acima citada, como também, pelo art.° 3.° do C.P.Civil aqui aplicado subsidiariamente".

Sucede, todavia, que à presente acção, tendo em consideração a data em que foi proposta (3 de Maio de 2002), era aplicável o quadro jurídico da LPTA uma vez que o CPTA apenas começou a aplicar-se aos processos iniciados depois de 1.1.04 (data em que o CPTA entrou em vigor, art.° 7.° da Lei n.° 4-A2003, de 19.2, cujo art.° 2.° alterou o art.° 7.° da Lei n.° 15/2002). De resto, a própria lei di-lo expressamente, no art.° 5.° da Lei n.° 15/2002, de 22.2, ao estatuir que as novas disposições *"não se aplicam aos processos que se encontrem pendentes à data da sua entrada em vigor*" (excepcionou as providências cautelares como incidentes de processos pendentes (n.° 2) e as execuções de sentença instauradas após a entrada em vigor do novo código).

É certo, assim, não ter sido cometida a nulidade invocada pelo requerente.

Mas, mesmo na vigência da LPTA, o parecer apresentado pelo MP, nos termos do seu art.° 109.° (aliás, qualquer parecer apresentado pelo MP), poderia ter que ser notificado às partes, se ali houvessem sido suscitadas questões novas sobre as quais não tivessem tido anteriormente a possibilidade de se pronunciar. Com efeito, como se extrai do sumário do acórdão deste Tribunal de 25.9.03 proferido no recurso 299/03 "*A notificação do parecer do Ministério Público, para garantia do contraditório, só tem de existir quando, sem ela, fique prejudicada, para uma das partes, a ampla discussão de todos os fundamentos de direito em que a decisão se possa basear, sendo injustificada a notificação quando no referido parecer não seja suscitada ou abordada qualquer questão nova*" (podem ver-se ainda, como meros exemplos, os acórdão do Pleno do Tribunal de 21.2.02 no recurso 40961 e de 8.5.03 no recurso 44196).

Ora, no caso dos autos, estava em causa uma acção emergente de responsabilidade civil extracontratual por actos ilícitos deduzida pelo requerente contra o Centro Hospitalar de Vila Nova de Gaia julgada parcialmente procedente no TAC do Porto.

Dela foram interpostos dois recursos, um pelo réu, clamando a sua absolvição (julgado procedente pelo acórdão de 6.12.06, a fls. 370/382), outro pelo autor, pedindo o agravamento da condenação (considerado prejudicado). Anote-se que no referido acórdão se transcreve integralmente o parecer do Ministério Público que agora o requerente vem questionar.

No recurso que veio a ser julgado provido o **Centro Hospitalar de Vila Nova de Gaia** terminou as suas alegações formulando as seguintes conclusões:

1.ª A douta sentença recorrida baseou-se, tão só, em meras especulações subjectivas sobre o que seja o doente estar "*em observação em OBS*", não invocando nem podendo invocar qualquer violação de *norma jurídica ou regulamentar* que tivesse sido infringida pelo Recorrente, limitando-se a fazer apelo a "regras técnicas e de prudência comum", do "dever geral de cuidado" para aí incluir uma pretensa deficiente prestação de cuidados de saúde para incriminar o R., fazendo apelo ao art.º 6.º do Dec-Lei n.º 48.051/67, esquecendo os arts. 2.º e 4.º do mesmo Dec-lei.

2.ª A responsabilidade extracontratual do Estado e seus agentes enquanto tal assenta, tal como a responsabilidade civil extracontratual, nos pressupostos da culpa, ilicitude, nexo de causalidade e dano, sem os quais não haverá tal responsabilidade extracontratual.

3.ª Acontece que, a nosso ver, nenhum destes pressupostos vêm provados nos autos – pelo menos os três primeiros –, pelo que a douta sentença recorrida errou ao condenar o Recorrente apenas com base numa pretensa ilicitude, vista esta apenas *em face do resultado*, fazendo tábua rasa dos outros pressupostos, designadamente da culpa, cujo ónus da prova competia ao Autor, ora Recorrido – arts. 4.º, n.º 1 do Dec-Lei n.º 48.051/97 e art.º 48.º, n.º 1 do Código Civil – e que este não logrou fazer.

4.ª Na verdade, não existe, no caso dos autos, qualquer facto ilícito praticado pelo Recorrente, já que a doente Joaquina de Jesus esteve sempre no Hospital do R. em regime de *Observações ou OBS*, isto é esteve em observação clínica para se detectar, com precisão, do que sofria e para se poder avaliar se era necessário ou não o seu internamento.

5.ª Porém, a douta sentença recorrida, socorrendo-se erradamente do art.º 6.º do Dec-Lei n.º 48.051/67, entende que tal regime obrigaria o Recorrente e o seu pessoal, médico, de enfermagem e auxiliar, a estar a *observar permanentemente a doente*, quase sem tirar os olhos dela, pois só assim a estaria a observar correctamente.

6.ª Além de que tal nunca seria humanamente possível em qualquer estabelecimento hospitalar e muito menos num grande hospital geral, como é o do Recorrente e num serviço de urgência onde acorrem, todos os dias, centenas de utentes, tal observação tem de, além de ser primordialmente clínica, compadecer-se com a razoabilidade da vida concreta e o agir de um *"bonus pater família"*.

7.ª De todo o modo, da matéria de facto provada, resulta, com segurança que a doente, durante as 13 horas em que esteve nas instalações do Hospital R., esteve permanentemente a ser observada, fez dezenas de exames, foi sujeita a vários tratamentos e, *pouco antes de desaparecer*, esteve a ser observada e a conversar, cerca das 22 horas daquele dia 23/11/2001, com uma médica do Recorrente, pelo que, mesmo na tese da douta sentença recorrida, não houve qualquer conduta do Recorrente a que seja imputado qualquer ilícito, já que este prestou à mãe do A. todos os cuidados de saúde e humanos de ela necessitou.

8.ª Por outro lado, também não houve violação de qualquer *culpa in vigilando*, já que, como vem amplamente demonstrado na matéria factual provada e no processo clínico da doente junto, sempre a doente esteve permanentemente sob vigilância médica, de cuidados de saúde e outros do pessoal do Recorrente, sendo que a doente *sempre* se *apresentou consciente, colaborante* e *no pleno uso das suas faculdades mentais, cognitivas ou neurológicas* e *bem orientada* – resposta ao quesito 22° – não se mostrando, assim, fragilizada ou a necessitar de cuidados ou vigilância especial.

9.ª De resto, tendo a doente sido observada, como se disse, cerca das 22 horas por uma médica do serviço do R. e tendo-se levantado da maca onde estava entre as 22 horas e as 23 horas, para não mais ser vista, é óbvio que mesmo que estivesse a ser *"observada"* naquele momento por qualquer elemento do Recorrente, este não podia, nem devia impedir a doente de se levantar, pelo que *não existe qualquer nexo de causalidade entre* o desaparecimento da doente e a observação a que estaria sujeita.

10.ª Não existindo facto ilícito nem culpa é óbvio que também não existe nexo de causalidade entre o facto e a culpa, apenas se verificando ter havido *dano* consistente no desgosto e angústia do A. face ao desaparecimento de sua mãe e não sabendo se esta está viva ou morta.

11.ª E é aqui que reside toda a problemática do caso: a sentença recorrida, face à gravidade do dano, *partiu do resultado* para encontrar um culpado, invertendo, assim, todo o edifício da responsabilidade civil plasmado no nosso ordenamento jurídico que se baseia, ao contrário, no *princípio da causalidade adequada*.

12.ª Ao proceder deste modo a douta sentença recorrida é nula por ter infringido todos os princípios da responsabilidade civil que enforma o nosso sistema jurídico, designadamente os arts. 2.º e 4.º do Dec-Lei n.º 48.051/67 e arts. 483.º, 486.º e 487.º do Código Civil. TERMOS EM QUE deve o presente recurso merecer provimento e, em consequência deve declarar-se nula a douta sentença recorrida e o Recorrente ser absolvido do pedido, com as legais consequências, com o que se fará integral e sã JUSTIÇA!

Neste recurso não foram apresentadas contra-alegações pelo requerente.

O Magistrado do Ministério Público junto deste Tribunal emitiu parecer, aquele que o requerente questiona, nos seguintes termos:

"Em nosso parecer, procederá o recurso interposto pelo R. na acção de responsabilidade civil extracontratual por facto ilícito, Hospital Eduardo Santos Silva, por falta de verificação cumulativa dos respectivos pressupostos legais. Ao invés do entendimento perfilhado na sentença recorrida, a matéria de facto provada não permite concluir pela falta de prestação de cuidados apropriados e continuados ao estado de saúde da mãe do A. nem pela falta de vigilância e cuidados por parte do pessoal hospitalar, durante o período de tempo em que permaneceu, no respectivo serviço de urgência, em regime de observações. Durante as cerca de 13 horas em que aí esteve, a doente foi sujeita, continuamente, a diversos tratamentos médicos, cirúrgicos e medicamentosos, em vários serviços desse hospital, que a levaram a referir, quando abordada por uma médica, pouco tempo antes da presumida hora do seu desaparecimento, "*que se encontrava bastante melhor*"– Cfr. fls. 263v. E nenhuma prova foi produzida em contrário. Por outro lado, "*quer na altura, quer anteriormente, sempre a doente se apresentou consciente, colaborante e no pleno uso das suas faculdades mentais, bem orientada, sem quaisquer alterações cognitivas e/ou neurológicas*" – cfr. fls. 265. Acresce que as circunstâncias e hora do seu desaparecimento se encontram suficientemente bem determinadas e que ao ser dada pela sua falta foi realizada uma pequena ronda no serviço de urgência, sem ser encontrada – cfr. fls. 265. Ora, estes factos denotam terem sido dispensados à doente os cuidados, a vigilância e a atenção exigíveis de funcionários cumpridores e zelosos, que se mostraram adequados à situação concreta da doente e aos condicionalismos particulares de um serviço de urgência hospitalar, vocacionado para atender simultaneamente casos de gravidade e urgência diferentes, como é do domínio público. Falecem assim os pressupostos da responsabilidade civil, facto omissivo, ilicitude e culpa, que a sentença recorrida ancorou na "*omissão ofensiva das regras técnicas e de prudência comum e do dever geral de cuidado*", por parte do R. – doc. Fls. 270. A entender-se que tais pressupostos resultariam, todavia, da falta de registo e de controlo da saída da doente do hospital, por culpa in vigilando do R., sempre faleceria o nexo de causalidade entre o facto e o dano, por essa conduta omissiva não se revelar causa adequada do desaparecimento da doente, na formulação negativa de Enneccerus-Lehmann, mas sim como sua simples condição, em circunstâncias extraordinárias não conhecidas, hipotética e eventualmente decorrentes da faculdade e da capacidade de autodeterminação reconhecidas a todo o doente que, na mesma situação dela, se encontre em regime de observações, num serviço de urgência hospitalar. Assim, procedendo as conclusões do recurso em apreço, deverá conceder-se-lhe provimento, revogando-se a sentença recorrida e julgando-se improcedente a acção. Em consequência, deverá ser negado provimento ao recurso interposto pelo A."

Do simples confronto entre o conteúdo das conclusões do recurso do Centro Hospitalar e do parecer do Ministério Público resulta evidente não se ter suscitado neste qualquer questão nova que ali se não tenha colocado. De resto, desde o início apenas havia que apurar se no caso ocorriam todos os requisitos de que dependia a operacionalidade do instituto da responsabilidade civil por actos ilícitos: o facto ilícito, a culpa, o nexo de causalidade e o dano. A alegação do Centro Hospitalar sustenta que não ocorriam esses requisitos e o Parecer do MP apenas corrobora essa posição. Nada mais.

Mas, neste caso, a posição do requerente ainda se apresenta mais insustentável uma vez que diz pretender discutir os argumentos do MP, quando, não obstante ter sido notificada para o efeito, não veio rebater a argumentação do Centro Hospitalar (não apresentando contra-alegações) de conteúdo idêntico e que lhe era anterior.

Nos termos expostos, acordam em desatender a arguida nulidade.

Custas pelo requerente, com taxa de justiça mínima.

Lisboa, 6 de Fevereiro de 2007.

Rui Botelho (Relator)
Pais Borges
Cândido de Pinho

Recurso n.º 921/06-11

PROCEDIMENTO DISCIPLINAR. DIRIGENTE MÁXIMO DO SERVIÇO. PROCURADOR-GERAL DA REPÚBLICA. CSMP. PRESCRIÇÃO DO DIREITO DE INSTAURAR O PROCEDIMENTO.

(Acórdão de 1 de Março de 2007)

SUMÁRIO:

I – A Procuradoria-Geral da República (PGR) é o órgão máximo do Ministério Público, do qual o Procurador-Geral da República é o seu *Presidente*, como titular de topo, logo seguido do Conselho Superior do Ministério Público.

II – Se o CSMP detém competência para "exercer a acção disciplinar" (art. 27.º, al. a), da Lei n.º 47/ /86, na redacção da Lei n.º 60/98, de 27/08) – o que incluiu o poder de converter inquéritos em procedimentos disciplinares –, a verdade é que o PGR detém especificamente a competência para *ordenar a instauração de procedimentos disciplinares*, nos termos do art. 12.º, n.º 2, al. f), do mesmo diploma.

III – Assim, se o PGR possui essa competência para mandar instaurar o procedimento disciplinar enquanto "dirigente" máximo do serviço do Ministério Público dentro da orgânica da Procuradoria-Geral da República, deve fazê-lo logo que o *inquérito* já concluído lhe chegue às mãos com o relatório do Instrutor a propor a sua instauração.

IV – Se essa tarefa for deixada para o CSMP, convertendo o inquérito em processo disciplinar já para além do prazo de três meses referidos no art. 4.º, n.º 2, do Estatuto Disciplinar dos Funcionários e Agentes da Administração Pública (DL n.º 24/84, de 16/01) – subsidiariamente aplicável aos Magistrados do M.P. – deve considerar-se *prescrito* o *direito de instaurar o procedimento*.

ACORDAM NA 1ª SUBSECÇÃO DA 1ª SECÇÃO DO STA:

I – RELATÓRIO

F(..), com domicílio profissional no Tribunal Judicial de (.......), moveu acção administrativa especial contra o **Conselho Superior do Ministério Público e** M(.................), com domicílio profissional no mesmo Tribunal.

O autor *impugna* o acórdão de 08/11/2005, proferido no âmbito do *processo disciplinar n.º 184/2004*, que lhe indeferiu reclamação contra o acórdão da secção disciplinar do mesmo CSMP de 5/01/2005, o qual lhe havia aplicado a pena de multa, especialmente atenuada para a de advertência.

Fundamenta a acção com:

a) A prescrição do direito de instaurar procedimento disciplinar (art. 4.º, n.º 2, do Estatuto Disciplinar): arts. 26.º a 28.º da p.i.;

b) Vício de forma, por falta de fundamentação de facto: arts. 29.º a 31.º, da p.i.;

c) Violação de lei por erro sobre os pressupostos de facto: arts. 32.º a 45.º, da p.i.;

d) Violação de lei por erro de interpretação ou aplicação de norma: arts. 46.º a 78.º, da p.i.

Pede a *anulação* do acto impugnado e a *condenação à prática do acto devido*, designadamente ao *arquivamento* do procedimento disciplinar.

Juntou documentos.

* *

Apenas *contestou* o CSMP, pugnando pela improcedência da acção (fls. 95/106).

* *

Foram as partes notificadas para apresentarem alegações, o que não fizeram.

* *

Cumpre decidir.

II – OS FACTOS

1 – F(...) é Procurador-Adjunto em serviço na comarca de (.......).

2 – M(.....................................), Procurador da República, na ocasião a exercer as funções de coordenador na sede do Círculo de Viana do Castelo, entregou na Distrital do Porto, da PGR, em 2/12/2002, uma participação disciplinar contra o requerente (fls. 3 e sgs. do p.a.).

3 – Esta participação foi remetida ao Ex.mo Secretário da Procuradoria Geral da República em 6/12/2002 (fls. 2, do p.a.) e em 17/12/2002 foi distribuída ao Ex.mo Sr. Inspector Dr.(..............................) pelo Sr. Vice Procurador Geral da República para realização de inquérito (fls. 2 e 3 do p.a), que em 5/01/2003 o mandou autuar como tal com o n.º 1/03 (fls. 1, do p.a.).

4 – O Senhor Inspector tomou declarações ao ora autor em 12/06/2003 (fls. 131 a 135, do p.a.).

5 – Esse *processo de inquérito n.º 1/03* terminou com um relatório do Sr. Inspector datado de 21/10/2003, que, considerando haver recolhido indícios de prova no sentido de imputar ao aqui autor a prática de factos que integravam infracção disciplinar com pena de advertência, nos termos dos arts. 166.º, n.º 1, al. a), 167.º e 180.º da Lei n.º 60/98, de 27/08, propôs a instauração de procedimento disciplinar (fls. 195/204).

6 – Os autos de inquérito e o respectivo relatório foram remetidos à PGR em 27/10/2003 (fls. 205, do p.a.), recepcionados pelo Secretário em 4/11/2003 (fls. 206 do p.a.), concluídos ao Senhor Procurador-Geral da República em 5/11/2003 (fls. 206, do p.a.), o qual designou como relator o Ex.mo Sr. Dr.(.......................) em 20/11//2003 (loc. cit).

7 – Os autos foram remetidos ao Ex.mo Relator em 21/11/2003 (fls. 206 v.º), mas de novo recebidos pelo Sr. Secretário, sem qualquer desenvolvimento processual, em 4/05/2004 (fls. 207), que uma vez mais neles abriu conclusão ao Ex.mo Relator no mesmo dia (loc. cit.).

8 – Por acórdão da Secção Disciplinar do CSMP de 4/05/2004, foi o *inquérito* convertido em *procedimento disciplinar* (fls. 208 do p.a.).

9 – Foi deduzida acusação em 23/06/2004 (fls. 223//227), que o autor impugnou em 13/07/2004 (fls. 232/283).

10 – Produzida prova testemunhal, o Sr. Instrutor elaborou um relatório, em que concluiu pela violação do dever profissional de correcção para com o participante M(......................), e, pela correspondente infracção disciplinar, radicada no art. 3.º, n.º 4, al. f) e 163.º da Lei n.º 60/98, que considerou leve, propôs a pena de advertência, de acordo com os critérios do art. 185.º da referida Lei (fls. 306/316).

11 – A secção disciplinar do CSMP, na sequência desse relatório, reuniu em 5/01/2005, deliberando aplicar ao autor a pena disciplinar de "advertência" (fls. 320/331 do p. a.).

12 – Deste acórdão, o requerente reclamou para o "Pleno" do CSMP (fls. 337/357 do p.a.).

13 – Por acórdão de 8/11/2005 o Plenário do CSMP decidiu indeferir totalmente a reclamação (fls. 359 e sgs. do p.a.).

14 – O contra-interessado havia sido pronunciado pelo Tribunal da Relação de Guimarães por crimes de difamação em que era assistente o ora autor, mas em recurso jurisdicional, o STJ, por acórdão de 29/03/2006, concedendo-lhe provimento, revogou o despacho de pronúncia e determinou o arquivamento dos autos (fls. 153/172).

III – O DIREITO

Da prescrição

Com assento no *art. 4.º, n.º 2*, do Estatuto Disciplinar dos Funcionários e Agentes da Administração Pública (DL n.º 24/84, de 16/01), o autor começou por invocar a *prescrição do direito de instaurar o procedimento* disciplinar. E isto por, entre a conclusão do inquérito e a abertura do procedimento disciplinar ter decorrido um prazo superior a três meses. Em abono desta posição, aduziu a doutrina emanada do acórdão do STA de 3/12//2003, Proc. n.º 0633/02.

Na sua contestação, o CSMP entende, porém, que o início daquele prazo não começa com a conclusão do inquérito, mas sim com o conhecimento da falta pelo dirigente máximo do serviço, que neste caso seria o próprio Conselho, enquanto órgão colegial. Para o fazer, socorre-se da posição do acórdão também deste STA, de 10/11//2004, Processo n.º 957/02.

Apreciando.

A disposição em apreço (art. 4.º, n.º 2, do ED), subsidiariamente aplicável aos Magistrados do Ministério Público, prescreve o seguinte:

«2 – *Prescreverá igualmente se, conhecida a falta pelo dirigente máximo do serviço, não for instaurado o competente procedimento disciplinar no prazo de três meses*».

A respeito deste inciso legal, teve este Tribunal a oportunidade de dizer já o seguinte:

«...importa precisar o sentido da expressão «*conhecida a falta pelo dirigente máximo do serviço*», contida no citado n.º 2 do art. 4.º do ED.

Com efeito, tal como refere o sumário do acórdão do Pleno, de 28.5.99-R.º 32164, em conformidade aliás, com o entendimento reiteradamente afirmado da jurisprudência deste Supremo Tribunal (vd., v. g., ac. de 12.2.86-R.º 22473, de 30.4.91-R.º 26377, de 7/7/92-R.º 29887, de 9.3.00-R.º 37941.), «*o preceito alude a falta e não a factos, querendo significar que só o conhecimento dos factos e das circunstâncias de que se rodeiam, susceptíveis de lhes conferir relevância jurídico-disciplinar, releva para efeito da prescrição referida*».

(...)

Sucede, na verdade, muitas vezes que à entidade detentora do poder disciplinar chegam meras imputações vagas ou abstractas, simples suspeitas da prática de comportamentos disciplinarmente censuráveis, através de participações ou denúncias verbais ou escritas. E, em tais casos, há que proceder à definição dos contornos fáctico-jurídicos dessas imputações e, bem assim, à individualização e identificação dos funcionários presumivelmente infractores. Tarefa que, normalmente, será levada a cabo através do processo de sindicância, de averiguações ou de simples inquérito. Para o início do processamento de tais diligências não comina a lei qualquer prazo específico – ponto sendo que o termo inicial se confine dentro do prazo prescricional geral contemplado no n.º 1 do preceito que vimos analisando. O que a lei determina é que uma vez conhecida a falta, quiçá com identificação do presuntivo infractor, o responsável máximo do serviço terá de desencadear o respectivo procedimento disciplinar no prazo de três meses, entendendo a lei que a sua eventual inércia significará uma renúncia da sua parte, ao exercício do poder disciplinar, com relegação para o esquecimento da conduta anómala do suspeito: a lei confere-lhe esse prazo curto para que formule o seu juízo de oportunidade e/ou conveniência acerca do exercício ou a abstenção de actuar disciplinarmente» (Ac. do STA de 29/03/2006, Proc. n.º 0144/05; no mesmo sentido, o Ac. do STA de 23/09/2004, Proc. n.º 01947/03).

O trecho transcrito mostra-se útil à compreensão do "*dies a quo*" na contagem do prazo de três meses dentro do qual deve ser instaurado o procedimento disciplinar. Ele esclarece que, havendo lugar a inquérito – quando necessário para a aquisição dos elementos indispensáveis para a definição da falta e do seu autor – só após o seu termo estará reunida a possibilidade de se dar início ao verdadeiro procedimento disciplinar.

Pois bem. Como no caso vertente teve lugar um inquérito, torna-se patente que só partir de então estavam os autos aptos a ser levados ao conhecimento do dirigente máximo do serviço com o acervo de dados importantes à convicção sobre a existência da eventual infracção.

A dificuldade está no segmento da norma referente ao conhecimento da falta pelo *dirigente máximo do serviço.*

Acórdão do Pleno, em tempos idos, disse:

«O conhecimento da falta disciplinar, que é relevante para efeitos da prescrição do procedimento disciplinar prevista no n.º 2 do artigo 4.º do Estatuto Disciplinar de 1979, é o que leva à percepção do cariz disciplinar dos factos praticados pelo agente, e não o da sua simples materialidade, sendo, além disso, aquele que determina uma deliberação daquele órgão colegial, e não o que cada um dos seus membros teve de modo pessoal, individualmente» (*Ac. do STA/Pleno de 13/03/90, Proc. n.º 023334*).

E a respeito de situação que tangia com magistrados ou funcionários do Ministério Público, este tribunal por duas vezes se pronunciou já.

Uma vez afirmou:

«O Conselho Superior do Ministério Público é o órgão máximo dos serviços do Ministério Público e, por isso, o conhecimento da falta pelo dirigente máximo do serviço, referido no n.º 2 do transcrito art. 4.º do Estatuto Disciplinar dos Funcionários e Agentes da Administração Central, Regional e Local, tem de reportar-se ao conhecimento por este Conselho. Sendo este Conselho um órgão colegial, só quando os factos chegaram ao seu conhecimento, enquanto tal, se poderá afirmar existir um conhecimento pelo dirigente máximo do serviço» (*Ac. do STA, de 10/11/2004, Proc. n.º 0957/02*).

E outra concluiu que, se em causa estiver, por exemplo, um procedimento motivado por "inaptidão" em função da apreciação do serviço prestado pelo funcionário através da respectiva *classificação* (v.g. *medíocre*) entendeu este Tribunal que só a homologação pelo Conselho dessa classificação marcaria o limite inferior da contagem do prazo. Pronunciou-se do seguinte modo:

«...a classificação de Medíocre é elemento constitutivo da infracção e, do mesmo passo, essencial à apreensão da censurabilidade da conduta. Portanto, no caso em apreço, só há conhecimento relevante da falta, para efeitos de início da contagem do prazo de prescrição previsto no n.º 2 do art. 4.º do Estatuto Disciplinar, aprovado pelo DL n.º 24/84, com a deliberação do Conselho Superior de 24 de Março de 1999 que atribuiu ao Recorrente a classificação de Medíocre e determinou a instauração do inquérito (cf., neste sentido o acórdão STA de 1992-12-02 – rec.º n.º 30 087)» (Ac. do STA/Pleno, de 23/05/2006, Proc. n.º 0957/02).

Simplesmente, desligada do contexto, a parte transcrita é falaciosa, por não revelar o todo que por detrás dela se encontra. É por isso que ela não serve para generalizar, isto é, para aplicação a todos os casos em que participe o CSMP numa situação de infracção disciplinar, face à especificidade do caso concreto para que foi particularmente pensada.

A verdade é que nestes dois últimos arestos o que estava subjacente era a apreciação sobre o mérito e eficiência do trabalho desenvolvido pelo magistrado. Pois para nós é obvio que qualquer infracção disciplinar que dele decorra terá que assentar numa apreciação colegial sobre o serviço desenvolvido pelo interessado, após o resultado da Inspecção que propunha a classificação de Medíocre. Afigura-se-nos, pois, cristalino que só após a homologação da proposta do Senhor Inspector pelo Conselho Superior do Ministério Público é que ficaria definido o (des)valor profissional do magistrado e que podia começar a correr o prazo para a instauração do processo disciplinar. Assim sendo, pode dizer-se que *essa foi a altura* – momento em apreciou o relatório do Inspector e, consequentemente, o trabalho do inspeccionado e eventual infracção a deveres funcionais – em que o órgão colegial tomou verdadeiro conhecimento da falta disciplinar.

Foi o que sucedeu principalmente no primeiro, mas o segundo caso não se afasta grandemente dessa certeza.

Efectivamente, só após a homologação da classificação de medíocre é que o CSMP determinou, ele mesmo, um inquérito com esse *específico propósito de avaliar da aptidão do magistrado* para o exercício do cargo. E nessa situação, entre o relatório do instrutor do inquérito e a decisão do mesmo CSMP de converter esse inquérito em procedimento disciplinar, não decorreram mais de três meses. Por razões manifestas, tinha que ser o CSMP a analisar o resultado do inquérito, até por ter sido ele quem o havia ordenado, após o que se começaria a contar o prazo normativo para instauração do procedimento disciplinar ou para a conversão do inquérito em procedimento.

Tais arestos não são, portanto, significativos, nem decisivos, em nossa opinião, para sedimentar doutrina no sentido da afirmação do CSMP como entidade que deva ser considerada "dirigente máximo do serviço" *em todos os casos.*

Na verdade, se ao *Conselho Superior do Ministério Público* compete, entre o mais «Nomear, *colocar, transferir, promover, exonerar, apreciar o mérito profissional,* ***exercer a acção disciplinar*** *e, em geral, praticar todos os actos de idêntica natureza respeitantes aos magistrados do Ministério Público, com excepção do Procurador-Geral da República*» (destaque nosso; cfr art. 27.°, n.° 1, al.a), da Lei n.° 47/86, de 15/10, na redacção da Lei n.° 60/98, de 27/08: Estatuto do Ministério Público), daí não podemos extrair qualquer extravagante factor que impressione mais do que aquele que resulta do art. 10.°, n.° 1, al. b), do mesmo diploma, que *precisamente* confere à ***Procuradoria-Geral da República*** a *mesma competência.*

É que a ***Procuradoria-Geral da República***, sendo o *órgão superior* do Ministério Público (arts. 7.°, al. a), e 9.°, n.° 1, do cit. dip.) compreende não só o *Procurador-Geral da República*, em 1.° lugar, mas também o *Conselho Superior do Ministério Público*, o *Conselho Consultivo*, os *auditores jurídicos* e os *serviços de apoio técnico e administrativo* (cfr. art. 9.°, n.° 2, cit. dip.). O ***Procurador-Geral*** é, aliás, o *Presidente* da Procuradoria-Geral da República, di-lo, claramente, o art. 11.°, do cit. dip.).

Quer isto dizer, que dentro da Procuradoria-Geral da República o Procurador-Geral da República se situa no topo da lista de titulares do *órgão superior do Ministério Público*, logo seguido do Conselho Superior do Ministério Público, cada um com o seu particular elenco de poderes originários.

E se ninguém nega que o Conselho Consultivo detém competência para «*exercer a acção disciplinar*», como vimos, também se não duvida que ao ***Procurador-Geral da República*** compete especialmente «***ordenar a instauração de*** *inquérito, sindicâncias e* ***processos*** *criminais ou* ***disciplinares*** *aos seus magistrados*», porque assim o estabelece o artigo 12.°, n.° 2, al. f), do mesmo diploma. Assim é que, se, *genericamente*, no âmbito do poder de *exercício da acção disciplinar* do CSMP se inclui o de converter inquéritos em processos disciplinares (art. 214.° do cit. dip.), a verdade é que ao PGR cabe, *expressa e especificamente*, o poder legal de ordenar instaurá-los.

Logo, pode dizer-se que *o Procurador-Geral da República*, para além de **Presidente** da Procuradoria-Geral da República, também se acha o seu dirigente máximo *para efeito de ordenar a instauração de procedimento disciplinar,* sem prejuízo da competência específica que ao CSMP é reconhecida, evidentemente, para a aplicação da sanção disciplinar concreta.

Posto isto, se o PGR tem essa competência para *mandar instaurar o procedimento disciplinar* enquanto "dirigente" máximo do serviço do Ministério Público dentro da orgânica da Procuradoria-Geral da República, deve fazê-lo logo que tenha acesso aos autos de inquérito já concluído com o relatório do instrutor, o qual, face aos elementos recolhidos, propõe a sua instauração.

Assim, logo que os autos foram à mão do Senhor Procurador-Geral da República em 5/11/2003 (fls. 206 do p.a.), iniciava aí o prazo de três meses para se dar início ao procedimento disciplinar. No entanto, essa tarefa foi deixada para o CSMP, que só em 4 de Maio de 2004 deliberou a conversão do inquérito em processo disciplinar (apenas seis meses depois).

Verificada está, pois, a *prescrição do direito de instaurar o procedimento* disciplinar, tal como o prevê o art. 4.°, n.° 2, do ED (no mesmo sentido de que não pode decorrer o prazo superior a três meses entre a conclusão do inquérito e a decisão que manda instaurar o processo disciplinar: ver *Acórdãos do S.T.A. de 28/01/82, Proc. n.° 15.641, in A. D. 252, pág. 1476 e segs; de 26/01/84, Proc. n.° 15.940, in Apêndices ao D.R. de 5.12.86, pág. 400 e segs; de 27/10/92, Proc. n.° 29.758.* E mais *recentemente, Ac. do STA de 3/12/2003, Proc. n.° 0633/02*).

E se prescrito o direito de instaurar o procedimento – por violação do art. 4.°, n.° 2, do E. D. – inquinada está por essa mesma razão a deliberação de 8/11/2005 do Plenário do CSMP aqui sindicada, ao manter a pena disciplinar de advertência aplicada pela Secção Disciplinar do CSMP em 5/01/2005.

IV – DECIDINDO

Face ao exposto, e em prejuízo do conhecimento da restante matéria da petição, julga-se procedente a acção, anulando-se a deliberação do CSMP de 8/11/2005 e condenando-se o réu no arquivamento do procedimento disciplinar.

Custas pelo CSMP.

Taxa de Justiça (art. 73.°-D), do CCJ e 34.°, n.° 1, do CPTA): 8 unidades de conta.

Procuradoria (art. 41.° do CCJ): 15%.

Lisboa, 01 de Março de 2007.

Cândido de Pinho (Relator)
Santos Botelho
Costa Reis

Recurso n.° 205/06-11

PROVIDÊNCIAS CAUTELARES CONSERVATÓRIAS E ANTECIPATÓRIAS. REQUISITOS. SUSPENSÃO DE EFICÁCIA.

(Acórdão de 1 de Fevereiro de 2007)

SUMÁRIO:

I – De acordo com o preceituado no art.° 120 n.° 1, alíneas b) e c) e n.° 2 do CPTA, as providências cautelares, conservatórias ou antecipatórias, serão deferidas desde que se verifiquem os seguintes requisitos: (i) que não seja manifesta a falta de fundamento da pretensão formulada, ou a formular, nem a existência de circunstâncias que obstem ao seu conhecimento de mérito, nas conservatórias, ou que seja provável a sua procedência, nas antecipatórias (fumus boni iuris); (ii) que haja fundado receio de constituição de uma situação de facto consumado ou da produção de prejuízos de difícil reparação para os interesses que o requerente visa assegurar no processo principal (periculum in mora);(iii) que da ponderação dos interesses em presença decorra que os danos que resultam da concessão não são maiores do que os danos que resultam da recusa da providência (sua proporcionalidade e adequação).

II – O pedido de suspensão de eficácia de um acto administrativo é uma típica providência cautelar conservatória, já que visa manter o status quo anterior ao acto.

III – O fumus boni iuris, tem de dar-se como verificado sempre que a falta de fundamento da pretensão subjacente à providência não seja manifesta (ostensiva, notória), evidentemente, à luz de uma apreciação meramente perfunctória. Para este efeito a aparência de uma acção viável é suficiente.

IV – Têm, igualmente, que dar-se como verificados prejuízos de difícil reparação se o requerente alegou que o seu único rendimento era o seu vencimento e que sem ele não pode subsistir.

V – Face à gravidade dos factos imputados ao requerente – prática de crimes e apropriação de dinheiros públicos – considera-se que a suspensão da sanção disciplinar com o regresso imediato do requerente ao exercício de funções causaria grave lesão ao interesse público, na perspectiva do regular funcionamento da administração da justiça e confiança e credibilidade dos cidadãos nos tribunais e nas instituições públicas em geral.

VI – Num juízo de ponderação entre os prejuízos resultantes para o requerente da execução do acto suspendendo e os danos decorrentes para o interesse público, na hipótese de adopção da providência requerida, estes últimos revelam-se, assim, manifestamente superiores aos primeiros.

ACORDAM NA SECÇÃO DE CONTENCIOSO ADMINISTRATIVO DO SUPREMO TRIBUNAL ADMINISTRATIVO:

I – RELATÓRIO

F(.....................................), com melhor identificação nos autos, veio requerer uma providência cautelar traduzida no pedido de suspensão de eficácia da deliberação que imputou ao **Tribunal e Contas** (TC), de 24.11.06, que lhe impôs a sanção disciplinar de demissão.

Alegou, resumidamente, que sendo Chefe de Secção na Secção Regional dos Açores do tribunal da Contas (SRATC), por despacho do Presidente do TC, de 27.6.06 lhe foi instaurado processo disciplinar, precedido de inquérito, que terminou com a sanção disciplinar de demissão. Que o processo e a correspondente sanção padecem de inúmeras inconstitucionalidades e ilegalidades e deficiente apreciação da prova produzida conducentes à sua nulidade; que o indeferimento do pedido de suspensão de eficácia causar-lhe-á prejuízos gravíssimos já que "um dos efeitos da pena de demissão ou aposentação compulsiva é a vacatura do lugar ocupado pelo requerente na Administração pública, o que implicará, no caso de procedência da acção principal, uma impossibilidade prática de retorno às funções por ele desempenhadas (chefe de secção), porquanto apenas está previsto aquele lugar de chefe de secção na orgânica do SRATC" e "Além do mais implicará a perda de remuneração e demais benefícios associados à qualidade de funcionário público, como o direito ao ADSE e Segurança Social, sendo que este é o único rendimento do requerente"; que o deferimento da suspensão não provocará qualquer lesão do interesse público "na medida em que até o mesmo encontra-se já ao serviço, sendo que as funções objecto de controvérsia são agora da competência do chefe de divisão e não do chefe de secção".

A autoridade requerida, citada para deduzir oposição, veio sustentar o indeferimento do pedido de suspensão de eficácia argumentando que o seu deferimento está dependente da verificação cumulativa dos requisitos previstos no art.° 120.°, n.° 1, alínea b) e n.° 2, do CPTA, que enunciou, defendendo que se não verificava o primeiro deles, o "fundado receio de constituição de uma situação de facto consumado (*periculum in mora*) ou da produção de prejuízos de difícil reparação para os interesses que o requerente visa assegurar no processo principal." Referiu, igualmente, que o requerente não fez prova dos prejuízos que irá sofrer. Rematou, concluindo que o deferimento da providência acarretará grave prejuízo para o interesse público

Sem vistos cumpre decidir.

II – FACTOS

Matéria de facto que importa fixar:

a) O requerente, funcionário público com 33 anos de carreira como administrativo na função pública, é chefe de secção na Secção Regional dos Açores do Tribunal de Contas (SRA TC) com sede no Palácio do Canto, na Rua Ernesto do Canto 34, em Ponta Delgada, S. Miguel, Açores.

b) O requerente desempenha aquelas funções de chefe de secção há mais de 13 anos, sem que nunca lhe tivesse sido apontado qualquer falha ou irregularidade, ademais porque toda a actividade da SRATC é auditada por entidades externas.

c) Por despacho de 27 de Junho de 2006 do Senhor Dr. Juiz Conselheiro Presidente do Tribunal de Contas, e sob proposta da Sra. instrutora, foi instaurado processo disciplinar ao requerente.

d) O processo disciplinar foi precedido de um processo de inquérito motivado por dúvidas sobre o uso de passagens aéreas ao abrigo do Dec. Lei 72/96 de 12.06.

e) Em 11.8.06 foi elaborada, pela instrutora do processo, a nota de culpa que constitui fls. 134/184 dos autos que aqui se dá como reproduzida.

f) Em 22.11.06 foi elaborada a informação final e relatório final que constam de fls. 65/68 e 69/133, cujo teor se dá como reproduzido.

g) Em 23.11.06 o Conselheiro Presidente do Tribunal de Contas exarou despacho nos seguintes termos: "Concordo com proposta. Aplico a pena de demissão ao senhor funcionário (..............................) nos termos e com a fundamentação constantes do relatório final da senhora instrutora. Igualmente concordo com a proposta de reposição, bem como com a remessa ao Ministério Público. Publique-se na Internet sem identificação após notificação ao arguido" (fls. 64 dos autos).

h) Essa decisão foi notificada pessoalmente ao requerente a 24 de Novembro 2006 (fls. 62 a 63 e o reconhecimento do facto no intróito do seu requerimento inicial, a fls. 35 dos autos).

i) O requerente foi sancionado com a pena disciplinar de demissão pela prática das infracções a seguir indicadas retiradas dos processo de inquérito e disciplinar, integrando aquele a instrução deste:

"a) *a elaboração* e *apresentação dolosa* e *uso de documentos fraudulentos* – cfr. fls. 1 a 9, 31 a 35, 36 a 40, 89, 149, 207 a 218 do Proc. de Inquérito (PI) e fls. 241 a 242, 249 a 299, 745 a 814 do Proc. Disciplinar (PD);

b) *entrega tardia ou intempestiva de documentação relativa a viagens, ao abrigo do Decreto-Lei n.º* 72/96, *de* 12 *de Junho* – cfr. fls. 1 a 9, 36 a 40, 54, 62, 77, 207 a 218 do P.I e fls. 27 a 32, 249 a 299 e 745 a 814 do P.D.;

c) *apresentação* e *percebimento indevido de valores relativos ao abono de ajudas de custo* – cfr. fls. 55 a 57, 157 a 169, 208 a 211, 249 a 299, 745 a 814 do P.D.;

d) *fragilidade na apresentação* e *gestão irregular nos pagamentos de que era responsável, como chefe de secção do Núcleo de Gestão Financeira* e *Patrimonial da Secção Regional dos Açores do Tribunal de Contas; no que diz respeito ao pagamento de contratos de material* e *de prestação de serviços* – cfr. fls. 21 a 26, 55 a 57, 77 a 139, 140 a 156, 249 a 299, 431 a 436, 437 a 442, 445 a 446, 447 a 448, 458 a 462, 491 a 498, 570 a 572, 745 a 814 do P.D.;

e) *cerceamento de alguns direitos que assistem os funcionários, como uso de palavras-passe nos computadores atribuídos e adopção de interpretação incorrecta da legislação em vigor relativa a viagens concedidas aos funcionários da SRATC, a citar o Decreto-Lei n.º* 72/96, *de* 12 *de Junho; atinente a promoções na carreira, a citar o Decreto-Lei n.º 353-A/89, de* 16 *de Outubro; e a respectiva legislação relativa a benefícios sociais como* é *o caso do abono de família* – cfr. fls. 31 a 35 *e* 207 a 218 do P.I. *e* fls.197 a 198, 224 a 230, 231 a 235, 249 a 299, 443 a 444, 471 a 472, 491 a 498, 541 a 542, 745 a 814 do P.D.;

f) *violação dos deveres gerais de correcção, isenção e obediência constantes do Estatuto Disciplinar da Função Pública, nos termos do DL n.º 24/84, de* 16 *de Janeiro* – cfr. fls. 1 a 9, 11 a 17, 45 a 47, 54, 62, 77, 207 a 218 do P.I. *e* fls. 197 a 198, 249 a 299, 431 a 436, 437 a 442, 463 a 469, 491 a 498, 743 a 814 do P.D.; E por se ter concluído, ainda, estarem qualificados os delitos de:

g) *falsificação de documentos* – cfr. fls. 89 e 149 do PI;

h) *tentativa de peculato* – cfr. fls. 59, 62 e 73 do PI e fls. 157 a 169, 170 a 188, 463 a 469 do PD.

j) Deduziu o processo cautelar a 24.11.06, conforme marca de correio electrónico aposta a fls. 2 dos autos.

l) Em 12.12.06 deu entrada no TAF de Ponta Delgada uma Resolução emitida ao abrigo do disposto no art.º 128.º, n.º 1, do CPTA, datada de 5.12.06, com o seguinte teor:

"**RESOLUÇÃO**

1. O Autor foi demitido na sequência de procedimento disciplinar, após terem sido dados como provados os factos seguintes:

a) a elaboração e apresentação dolosa e uso de documentos fraudulentos;

b) entrega tardia ou intempestiva de documentação relativa a viagens, ao abrigo do Decreto-Lei nº 72/96, de 12 de Junho;

c) apresentação e percebimento indevido de valores relativos ao abono de ajudas de custo;

d) fragilidade na apresentação e gestão irregular nos pagamentos de que era responsável, como chefe de secção do Núcleo de Gestão Financeira e Patrimonial da Secção Regional dos Açores do Tribunal de Contas; no que diz respeito ao pagamento de contratos de material e de prestação de serviços;

e) cerceamento de alguns direitos que assistem os funcionários, como uso de palavras-passe nos computadores atribuídos e adopção de interpretação incorrecta da legislação em vigor relativa a viagens concedidas aos funcionários da SRA TC, a citar o Decreto-Lei n.º 72/96, de 12 de Junho; atinente a promoções na carreira, a citar o Decreto-Lei n.º 353-A/89, de 16 de Outubro; e a respectiva legislação relativa a benefícios sociais como é o caso do abono de família;

f) violação dos deveres gerais de correcção, isenção e obediência constantes do Estatuto Disciplinar da Função Pública, nos termos do DL n.º 24/84, de 16 de Janeiro.

E por se ter concluído, ainda, estarem qualificados os delitos de:

g) falsificação de documentos (cfe. Art.º 256.º CP);

h) tentativa de peculato (cfe. Art.º 375.º CP).

2. Estes factos são de extrema gravidade, tanto mais que ocorreram numa Instituição que deve pautar-se pelo exemplo na boa gestão dos dinheiros públicos.

3. O Autor, Chefe de Secção do Serviço Administrativo e Financeiro da Secção Regional dos Açores do Tribunal de Contas, tinha, pois, responsabilidades especiais na gestão dos dinheiros e património a seu cargo e, com o seu comportamento censurável, veio a pôr em causa a Instituição em que exercia funções.

4. A permanência do Autor em funções é, pelas razões indicadas, gravemente lesiva do interesse público, sendo ainda perturbadora do normal funcionamento da Secção Regional do Tribunal de Contas. Foi, aliás, por esse facto que, na decorrência do processo que conduziu à demissão, esteve suspenso.

5. Não é, portanto, possível continuar a confiar ao Autor o exercício das funções de Chefe de Secção que

vinha exercendo, estando, por isso, quebrada a relação de confiança que lhe deve estar subjacente e

6. Por todas estas razões, proferimos a presente Resolução nos termos e para os efeitos do art.° 128.° do CPTA".

Lisboa, 5 de Dezembro de 2006

III – DIREITO

1. Estamos no domínio dos procedimentos cautelares previstos na última Reforma do contencioso Administrativo, no actual CPTA. A esse propósito Freitas do Amaral[1], numa dissertação sobre o assunto, denominada "As providências cautelares no novo contencioso administrativo" in Cadernos de Justiça Administrativa, n.° 43, 4/15, afirma que "... existem duas modalidades básicas de providências cautelares que o Código prevê no art. 112.°, n.° 1: as providências *antecipatórias* e as providências *conservatórias*. O Código não define em que é que consistem umas e outras, mas procurarei suprir essa falta dizendo que, a meu ver, as "providências antecipatórias" são *aquelas que visam obter, antes que o dano aconteça, um bem a que o particular tenha direito,* enquanto as "providências conservatórias" são *aquelas que se destinam a reter, na posse ou na titularidade do particular, um direito a um bem de que ele já disponha, mas que está ameaçado de perder"*. Para continuar mais adiante, a propósito do pedido de suspensão de eficácia, referindo que: "*Outra característica genérica das providências cautelares, previstas neste Título V do Código, é a de que elas abrangem o processo de suspensão de eficácia de um acto administrativo. E, quanto a este, gostaria de sublinhar a propósito que não há grandes diferenças a assinalar, no regime adoptado pelo novo Código, relativamente àquele que era o regime jurídico do incidente de suspensão de eficácia de um acto administrativo na legislação anterior.*"

Portanto, aquilo que temos nos autos, o pedido de suspensão de eficácia de acto que aplica uma sanção disciplinar de demissão, apresentado pelo requerente, é uma típica providência cautelar conservatória já que visa manter o *status quo* anterior à imposição da sanção que o atingiu.

2. De acordo com o preceituado no art.° 120.° n.° 1, alíneas b) e c) e n.° 2 do CPTA, as providências cautelares, conservatórias ou antecipatórias, serão deferidas desde que se verifiquem os seguintes requisitos: (i) que não seja manifesta a falta de fundamento da pretensão formulada, ou a formular, nem a existência de circunstâncias que obstem ao seu conhecimento de mérito, nas conservatórias, ou que seja provável a sua procedência, nas antecipatórias (*fumus boni iuris*); (ii) que haja fundado receio de constituição de uma situação de facto consumado ou da produção de prejuízos de difícil reparação para os interesses que o requerente visa assegurar no processo principal (*periculum in mora*); (iii) que da ponderação dos interesses em presença decorra que os danos que resultam da concessão não são maiores do que os danos que resultam da recusa da providência (*sua proporcionalidade e adequação*).

A particularidade que distingue as providências conservatórias das antecipatórias reside, apenas, no facto de a exigência da ocorrência do "bom direito" ser mais intensa nas últimas (provável procedência) do que nas primeiras (manifesta falta de fundamento da pretensão), o que bem se compreende, porquanto naquele caso, a própria providência em si visa antecipar o que ainda não existe, ou seja regular provisoriamente (antecipando-a) uma situação jurídica que só o meio processual principal irá (ou não) proporcionar.

3. Sobre a verificação dos requisitos para o decretamento da suspensão de eficácia o requerente veio dizer o que consta dos artigos 76/81 do seu pedido e que é essencialmente o seguinte: (1) o processo disciplinar será declaro nulo e com ele cairá o acto punitivo; (2) sendo os "efeitos da pena de demissão ou aposentação compulsiva, nos termos do n.° 2 do art. 70.° do Estatuto disciplinar a vacatura do lugar ocupado pelo requerente na administração pública, o que implicará, no caso de procedência da acção principal, uma impossibilidade prática de retorno às funções por ele desempenhadas (chefe de secção), porquanto apenas está previsto aquele lugar de chefe de secção na orgânica da SRATC", ao mesmo tempo que "implicará a perda de remuneração e demais benefícios associados à qualidade de funcionário público, como o direito ao ADSE e Segurança Social, sendo que este é o único rendimento do requerente"; (3) finalmente a "manutenção do requerente nas suas funções não implicará qualquer inconveniente para o serviço e interesse público, na medida em que até o mesmo encontra-se já ao serviço, sendo que as funções objecto de controvérsia são agora da competência do chefe de divisão e não do chefe de secção". Vejamos cada um *per se*.

4. (i) que não seja manifesta a falta de fundamento da pretensão formulada, ou a formular, nem a existência de circunstâncias que obstem ao seu conhecimento de mérito, nas conservatórias (*fumus boni iuris*). O requerente foi punido com uma sanção disciplinar. No pedido que formula neste processo imputa ao despacho punitivo vícios geradores de inconstitucionalidades e inúmeras ilegalidades geradoras de nulidade e de simples anulabilidade (em 65 dos 83 artigos). E, não podendo afirmar-se, peremptoriamente, que uma ou outra delas não possa ocorrer tem de dar-se este primeiro requisito como verificado. Com se escreveu no acórdão deste STA de 13.1.05 proferido no processo 1273/04-1 "nas providências conservatórias, o legislador bastou-se com o facto de que a falta de fundamento da pretensão subjacente à providência não seja manifesta (ostensiva, notória), evidentemente, à luz de uma apreciação meramente perfunctória. Para este efeito a aparência de uma acção viável é suficiente."

5. (ii) que haja fundado receio de constituição de uma situação de facto consumado ou da produção de prejuízos de difícil reparação para os interesses que o requerente visa assegurar no processo principal (*periculum in mora*). Sobre este ponto o recorrente alegou, como se viu, que do indeferimento do pedido resultaria uma situação de facto consumado que impossibilitaria, na hipótese de vencimento na acção a instaurar, o retorno às funções por ele desempenhadas e, também, a perda da sua remuneração, o seu único rendimento. Respondeu-lhe a requerida sustentando que a "execução imediata deste acto, que se impõe por relevantes e óbvias razões

[1] Sobre este ponto e o Novo Contencioso Administrativo em geral, também Mário Aroso de Almeida, "O Novo Regime do Processo nos Tribunais Administrativos", 2.ª Edição Revista e Actualizada e José Carlos Vieira de Andrade, "A Justiça Administrativa" (Lições), 5.ª Edição.

de interesse público, é insusceptível de produzir quaisquer prejuízos irreparáveis ou de difícil reparação ao requerente, nem de resto este recorta quaisquer factos concretos e bastantes para tanto, não demonstrando e comprovando a sua irreparabilidade". Quanto a este requisito, haverá que apreciar-se os dois pontos de vista que comporta. É inquestionável não existir o fundado receio de constituição de uma situação de facto consumado. Com efeito, a eventual procedência da acção especial para a eliminação do despacho punitivo que o requerente diz ir propor, eliminará todos os efeitos jurídicos decorrentes de tal acto e da sua execução imediata. Portanto, na sequência de um tal desfecho o requerente terá que ser colocado na precisa situação em que estaria se não fosse o acto lesivo. Contudo, há ainda que ponderar a outra vertente, a de saber se a execução produziria prejuízos de difícil reparação para os interesses que o requerente visa assegurar em tal acção. De relevante sobre este ponto o requerente alegou que o indeferimento do pedido o privaria do seu vencimento, a sua fonte única de rendimentos, bem assim como de toda a protecção social a que tinha direito como funcionário público. Na vigência da lei anterior, o art.° 76.° da LPTA (alínea a) do seu n.° 1) um dos critérios a que a jurisprudência deste tribunal frequentemente recorria para o preenchimento do conceito de prejuízo de "difícil reparação" era o que se prendia com a possível avaliação económica do dano[2]. De acordo com ele sempre que o dano não fosse susceptível de avaliação económica estaríamos perante prejuízos de difícil reparação (acórdão STA de 5.6.03, no recurso 873A/03, entre muitos outros). Contudo, essa corrente jurisprudencial foi sendo temperada com uma outra traduzida no entendimento de que a dificuldade de reparação, para esse efeito, subsistia quando, não obstante se estar perante quantias facilmente determináveis (calculáveis por meras operações aritméticas) "a sua falta diminua tão acentuadamente o rendimento do agregado familiar que ponha em risco a satisfação de necessidades pessoais elementares ou mesmo despesas que não se afastem significativamente do padrão de vida médio de famílias da mesma condição social (Acórdão STA de 11.7.02, no recurso 955/02-11)[3]. Tendo em consideração a matéria alegada pelo requerente, designadamente a que respeita aos seus rendimentos, um aspecto essencial para esta avaliação, é patente que sendo o seu vencimento a componente exclusiva desse rendimento este se assume, notoriamente, como indispensável para assegurar a sua subsistência. Com efeito, se o requerente alegou que o vencimento era a sua única fonte de rendimento, aspecto que a requerida não contrariou, tem de dar-se por adquirido que sem ele o requerente não pode subsistir (acórdão de 23.7.03 no recurso 1253/03). Terá, assim, de dar-se também como verificado este requisito.

6. (iii) que da ponderação dos interesses em presença decorra que os danos que resultam da concessão não são maiores do que os danos que resultam da recusa da providência (*sua proporcionalidade e adequação*). A ponderação deste requisito impõe que se faça uma comparação entre o requisito anterior e a lesão do interesse público. Se se concluir que os danos resultantes da concessão da providência são superiores àqueles que podem resultar da sua recusa o pedido deverá ser indeferido. Sobre este ponto o requerente alegou apenas que a "manutenção do requerente nas suas funções não implicará qualquer inconveniente para o serviço e interesse público, na medida em que até o mesmo encontra-se já ao serviço, sendo que as funções objecto de controvérsia são agora da competência do chefe de divisão e não do chefe de secção". A entidade requerida veio dizer, em sentido contrário, ser "Manifesta a inconveniência na manutenção do requerente ao serviço do requerido, dado ser Chefe de Secção dos Serviços Administrativos e Financeiros e do Núcleo de Gestão Financeira e Patrimonial da Secção Regional dos Açores do Tribunal de Contas, com funções de gestão e manuseando numerário do Tribunal de Contas, *"órgão supremo de fiscalização da legalidade das despesas públicas* e *de julgamento das contas que a lei mandar submeter-lhe (artigo 214.° da CRP), de que decorrem, por natureza, especiais responsabilidades* em *matéria de gestão dos dinheiros públicos".* É, pois, do interesse público a recusa da concessão da providência." Para sublinhar este aspecto, a requerida veio apresentar, com a data de 5.12.06, a resolução fundamentada a que alude o art.° 128.°, n.° 1, do CPTA, com o seguinte teor:

"RESOLUÇÃO

1. O Autor foi demitido na sequência de procedimento disciplinar, após terem sido dados como provados os factos seguintes:

a) a elaboração e apresentação dolosa e uso de documentos fraudulentos;

b) entrega tardia ou intempestiva de documentação relativa a viagens, ao abrigo do Decreto-Lei n.° 72/96, de 12 de Junho;

c) apresentação e percebimento indevido de valores relativos ao abono de ajudas de custo;

d) fragilidade na apresentação e gestão irregular nos pagamentos de que era responsável, como chefe de secção do Núcleo de Gestão Financeira e Patrimonial da Secção Regional dos Açores do Tribunal de Contas; no que diz respeito ao pagamento de contratos de material e de prestação de serviços;

e) cerceamento de alguns direitos que assistem os funcionários, como uso de palavras-passe nos computadores atribuídos e adopção de interpretação incorrecta da legislação em vigor relativa a viagens concedidas aos funcionários da SRATC, a citar o Decreto-Lei n.° 72/96, de 12 de Junho; atinente a promoções na carreira, a citar o Decreto-Lei n.° 353-A/89, de 16 de Outubro, e a respectiva legislação relativa a benefícios sociais como é o caso do abono de família;

f) violação dos deveres gerais de correcção, isenção e obediência constantes do Estatuto Disciplinar da Função Pública, nos termos do DL n.° 24/84, de 16 de Janeiro.

E por se ter concluído, ainda, estarem qualificados os delitos de:

g) falsificação de documentos (cfe. Art.° 256.° CP);

h) tentativa de peculato (cfe. Art.° 375.° CP).

2. Estes factos são de extrema gravidade, tanto mais que ocorreram numa Instituição que deve pautar-se pelo exemplo na boa gestão dos dinheiros públicos.

[2] Como salienta Aroso de Almeida, obra citada, 289, "Da conjugação das duas expressões resulta a clara rejeição do apelo, neste domínio, a critérios fundados na susceptibilidade ou insusceptibilidade da avaliação pecuniária dos danos, pelo seu carácter variável, aleatório ou difuso".

[3] Ainda Acórdãos STA de 16.5.95, 1.6.95, 12.10.95 e 6.2.97, nos recursos 37542, 37630, 38552A e 41453.

3. O Autor, Chefe de Secção do Serviço Administrativo e Financeiro da Secção Regional dos Açores do Tribunal de Contas, tinha, pois, responsabilidades especiais na gestão dos dinheiros e património a seu cargo e, com o seu comportamento censurável, veio a pôr em causa a Instituição em que exercia funções.

4. A permanência do Autor em funções é, pelas razões indicadas, gravemente lesiva do interesse público, sendo ainda perturbadora do normal funcionamento da Secção Regional do Tribunal de Contas Foi, aliás, por esse facto que, na decorrência do processo que conduziu à demissão, esteve suspenso.

5. Não é, portanto, possível continuar a confiar ao Autor o exercício das funções de Chefe de Secção que vinha exercendo, estando, por isso, quebrada a relação de confiança que lhe deve estar subjacente e

6. Por todas estas razões, proferimos a presente Resolução nos termos e para os efeitos do art.° 128.° do CPTA".

Sublinhe-se que, sob o ponto de vista da entidade requerida, houve a preocupação imediata de arredar o requerente do serviço, suspendendo-o, quando teve conhecimento dos factos que lhe eram imputados e agora, afastando-o, procedendo à execução imediata do acto adoptando a resolução que lha consentia. E, na verdade, tendo em consideração a gravidade das imputações que lhe foram feitas, especialmente: a) a elaboração e apresentação dolosa e uso de documentos fraudulentos, b) entrega tardia ou intempestiva de documentação relativa a viagens, ao abrigo do Decreto-Lei n.° 72/96, de 12 de Junho, c) apresentação e percebimento indevido de valores relativos ao abono de ajudas de custo, g) falsificação de documentos (cfe. Art.° 256.° CP) e h) tentativa de peculato (cfe. Art.° 375.° CP) e o facto de as funções serem desempenhadas num tribunal, num tribunal superior que tem como missão principal fiscalizar as contas públicas, não pode deixar de se adoptar um critério especialmente rigoroso que não é compatível com a manutenção ao serviço de alguém a quem é atribuída a prática de crimes e a apropriação de dinheiros públicos. É que, tratando-se de uma instituição que confere prestígio a quem nela trabalha, exige como contrapartida a adopção de um comportamento pessoal e funcional irrepreensíveis que possam ser vistos no exterior como sinais de confiança por parte dos utentes e da sociedade. De resto, este Tribunal tem sido especialmente exigente na apreciação deste critério sempre que estão em causa agentes que integram órgãos de soberania, ou instituições com especial relevância. Veja-se, como meros exemplos, Magistrados do MP (acórdão de 30.8.06 no P. 783/06), Polícias (acórdão de 9.7.02 no 999/02), Militares (acórdão de 16.4.96 no P. 39866), Conservatórias (acórdão de 14.3.02 no P. 299/02). Assim, tendo em consideração o conteúdo do despacho punitivo concorda-se inteiramente com o entendimento sufragado na citada resolução. Face à gravidade daqueles factos considera-se que a suspensão da sanção disciplinar com o regresso imediato do requerente ao exercício de funções causaria grave lesão ao interesse público, na perspectiva do regular funcionamento da administração da justiça, confiança e credibilidade dos cidadãos nos tribunais e nas instituições públicas em geral. Num juízo de ponderação entre os prejuízos resultantes para o requerente da execução do acto suspendendo e os danos decorrentes para o interesse público, na hipótese de adopção da providência requerida, estes últimos revelam-se assim, manifestamente superiores aos primeiros.

Impõe-se, pois, o indeferimento da providência requerida.

IV – DECISÃO

Nos termos e com os fundamentos expostos acordam em indeferir o pedido.

Custas pelo requerente fixando-se a taxa de justiça em 4 unidades de conta.

Lisboa, 1 de Fevereiro de 2007.

Rui Botelho (Relator)
Freitas Carvalho
Pais Borges

Recurso n.° 27/07-11

RESPONSABILIDADE CIVIL EXTRACONTRATUAL DO ESTADO. ATRASO NA ADMINISTRAÇÃO DA JUSTIÇA. GARANTIA BANCÁRIA *À PRIMEIRA INTERPELAÇÃO.* NEXO DE CAUSALIDADE.

(Acórdão de 6 de Fevereiro de 2007)

SUMÁRIO:

I – A responsabilidade civil extracontratual do Estado por factos ilícitos praticados pelos seus órgãos ou agentes assenta nos pressupostos da idêntica responsabilidade prevista na lei civil, que são o facto, a ilicitude, a imputação do facto ao lesante, o prejuízo ou dano e o nexo de causalidade entre este e o facto.

II – O atraso na decisão de processos judiciais, quando puser em causa o direito a uma decisão em prazo razoável, garantido pelo art. 20.°, n.° 4, da CRP, e pelo art. 6.°, § 1.° da Convenção Europeia dos Direitos do Homem, pode gerar uma obrigação de indemnizar.

III – A conduta dos serviços do Estado – atraso na prolação de sentença cível – não foi *condição* do dano quando este proveio do accionamento de uma garantia bancária autónoma, *à primeira interpelação,* se a decisão judicial, por mais célere que fosse, não podia ter evitado o respectivo levantamento e se não está provado que a demora tenha inviabilizado a possibilidade de ressarcimento do lesado através do património do beneficiário que accionou a garantia em seu proveito.

ACORDAM NA SECÇÃO DO CONTENCIOSO ADMINISTRATIVO DO SUPREMO TRIBUNAL ADMINISTRATIVO:

1. RELATÓRIO

Electroboidobra – Instalações Especiais, Ldª, já identificada nos autos, instaurou no Tribunal Administrativo do Círculo de Coimbra, contra o Estado Português, acção de responsabilidade civil, com fundamento em denegação de justiça, por atraso na prolação de sentença, pedindo a condenação do réu ao pagamento da quantia de 7 137 466$00, acrescida de juros legais desde a data da citação até integral pagamento.

Por sentença de 22 de Fevereiro de 2006 o Tribunal Administrativo e Fiscal de Coimbra julgou a acção parcialmente procedente e condenou o Réu a pagar à autora a quantia de € 33 565,22, acrescida de juros de mora, à taxa legal, desde a citação, até integral e efectivo pagamento.

1.1. Inconformado, o réu Estado Português recorre da sentença para este Supremo Tribunal apresentando alegações com as seguintes conclusões:

1ª – A acção cível que correu termos com o n.º 212/ /2000, no 4.º Juízo Cível dos Juízos Cíveis de Coimbra, atendendo ao valor económico da causa e à natureza do pedido, deveria ter seguido a forma do processo ordinário.

2ª – A forma processual inicialmente adoptada – processo sumaríssimo – e a posteriormente corrigida – processo simplificado, regulado pelo Decreto-Lei n.º 269/98, de 01/09, eram inidóneas para o deferimento do pedido de cancelamento de uma garantia bancária, uma vez que tal pedido representa uma obrigação de prestação de facto.

3ª – Sendo a forma a adoptar a do processo ordinário, atenta a sua maior complexidade processual, o atraso verificado na prolação da sentença seria de considerar "razoável", inexistindo facto ilícito.

4ª – Em qualquer caso, entre o dano resultante do accionamento de garantia bancária e o facto, considerado ilícito, do atraso na prolação da sentença, não há nexo de causalidade, dado que o Estado é totalmente alheio às relações contratuais e comerciais subjacentes a tal garantia bancária, bem como a eventuais incumprimentos de tais contratos.

5ª – Os danos invocados pela Autora são resultantes da mera existência da garantia bancária, outorgada no âmbito do contrato de subempreitada, por tal garantia ser autónoma em relação à obrigação garantida.

6ª – Ao decidir pela condenação do Estado, o Tribunal "a quo" violou os arts. 2.º, n.º 1 do Decreto-Lei n.º 48 051, de 21 de Novembro de 1967 e 483.º do Código Civil.

1.2. A autora apresentou alegações defendendo a manutenção da sentença recorrida.

Colhidos os vistos legais, cumpre decidir.

2. FUNDAMENTAÇÃO

2.1. OS FACTOS:

Na sentença recorrida foram dados como provados os seguintes factos:

a) A A. intentou em 18 de Abril de 2000, nas Varas Cíveis de Lisboa, acção declarativa de condenação sob a forma sumaríssima, contra a R. Condop-Construção e Obras Públicas, Ldª – doc. n.º 1 – Alínea A) dos Factos Assentes.

b) A acção foi intentada em 18-04-2000, distribuída no dia 27-04-2000 e foi julgada no dia 16 de Outubro do mesmo ano – Alínea B) dos Factos Assentes.

c) No âmbito da sobredita acção, a A. formulou um pedido de condenação da então Ré, Condop, Ldª, no sentido de obter judicialmente os seguintes efeitos:

– Cancelamento da garantia bancária n.º 260646 de 16-04-1999, àquela data no valor de 6 713 623$00 – doc. n.º 1;

– Ressarcimento pelo prejuízo causado à A. no montante de esc. 376 517$00;

– Juros de mora vencidos, no montante de esc. 31 726$00;

– Juros vincendos, até integral pagamento – Alínea C) dos Factos Assentes.

d) A acção supra identificada, intentada pela Autora possuía o valor de esc. 408 243$00 – Alínea D) dos Factos Assentes.

e) Em 16 de Outubro de 2000, veio a ter lugar a audiência de discussão e julgamento, no 4.º Juízo Cível de Coimbra – Alínea E) dos Factos Assentes.

f) Onde foi feita a produção de prova – testemunhal e documental – que as partes carrearam para os autos, tendo em seguida lugar as respectivas alegações – Alínea F) dos Factos Assentes.

g) Em 26 de Outubro de 2001, veio a R. Condop, Ldª, naquela acção, a accionar junto do Banco Espírito Santo, a garantia bancária, objecto dos supra referidos autos – doc. n.º 2 – Alínea H) dos Factos Assentes.

h) No dia 28 de Novembro de 2001, foi retirada da conta bancária da A. sediada no balcão do Laranjeiro, do Banco Espírito Santo, com o n.º 331029250004, a quantia de esc. 6 713 623$00, acrescida da taxa de operação bancária no valor de 15 000$000 e, esc. 600$00 a título de imposto, tudo somando esc. 6 729 223$00 – Alínea I) dos Factos Assentes.

i) A acção referida na matéria de facto assente (proc. n.º 212/2000) foi intentada com o fundado receio de que a Condop – Construções e Obras Públicas, Ldª, viesse a accionar a referida garantia bancária, com isso causando à Autora prejuízos de natureza patrimonial – resposta ao art. 1.º da BI.

j) No dia do julgamento mencionado em E) a Mmª Juiz referiu que a sentença seria, oportunamente, notificada aos mandatários das partes litigantes – resposta ao art. 2.º da BI.

k) Atento o decurso do tempo sem que tal aresto fosse notificado aos mandatários, veio o Advogado da então A. solicitar, amiudadas vezes, junto do senhor escrivão do respectivo juízo, informação quanto ao estado da acção, designadamente, para quando se "previa" a esperada notificação da sentença – resposta aos arts. 3.º, 6.º e 7.º da BI.

l) Entretanto, a A, viu o seu património diminuído em esc. 6 713 623$00 – resposta ao art. 4.º da BI;

m) Não surtiram efeitos os contactos encetados pela A. junto do Banco Espírito Santo, com o propósito de obviar ao accionamento da garantia bancária – resposta ao art. 5.º da BI.

n) A sentença foi proferida em 21-02-2002 e rectificada em Junho de 2003, ambas notificadas mediante nota datada de 26-06-2003 – resposta ao art. 13.º da BI.

o) À data da realização da audiência de julgamento no Proc. n.º 212/2000, o 4.º Juízo Cível de Coimbra tinha uma pendência processual que rondava os 2000 processos – resposta ao art. 14.° da Bl.

p) Por despacho proferido a fls. 96 e 97 da acção n.° 212/2000, foi suscitada oficiosamente a nulidade processual do erro na forma de processo e decidido que o processo adequado é o processo especial decorrente do DL n.° 269/98 de 01 de Setembro, com as alterações introduzidas pelo DL n.° 383/99 de 23 de Setembro.

q) Da parte decisória da sentença, oficiosamente rectificada, consta o seguinte:

"Condena-se a Ré a pagar à Autora a quantia de dois mil e trinta e seis euros e trinta e um cêntimos (€ 2 036, 31), acrescida dos juros de mora, taxa comercial, sobre a quantia de € 1 878,06, desde a data da propositura da acção até efectivo e integral pagamento e, mais se condena a Ré a proceder ao cancelamento da garantia bancária n.° 260646, de 16-04-99, no valor de 6 713 623$00" – cfr. teor de fls. 137 e v.° do processo n.° 212/2000.

2.2. O DIREITO

A sentença recorrida julgou parcialmente provada a acção instaurada pela autora, para efectivação de responsabilidade civil extracontratual do Estado, por acto ilícito, emergente de atraso na prolação de sentença num processo cível por si intentado contra "Condop – Construção e Obras Públicas, Lda".

O réu Estado discorda alegando que não estão verificados todos os requisitos daquela espécie de responsabilidade civil.

2.2.1. O art. 22.° da CRP dita que o «o Estado e as demais entidades públicas são civilmente responsáveis, em forma solidária com os titulares dos seus órgãos, funcionários ou agentes, por acções ou omissões praticadas no exercício das suas funções e por causa desse exercício, de que resulte violação dos direitos, liberdades e garantias ou prejuízo para outrem».

A concretização deste ditame, na lei ordinária, está feita, em geral, pelo DL n.° 48 051, de 1967.11.21, que, no seu artigo 2.° estabelece: «o Estado e demais pessoas colectivas públicas respondem civilmente perante terceiros pelas ofensas dos direitos destes ou das disposições legais destinadas a proteger os seus interesses, resultantes de actos ilícitos culposamente praticados pelos respectivos órgãos ou agentes administrativos no exercício das suas funções e por causa desse exercício».

Segundo o art. 6.° deste Decreto-Lei «para efeitos deste diploma, consideram-se ilícitos os actos jurídicos que violem as normas legais e regulamentares ou os princípios gerais aplicáveis e os actos materiais que infrinjam estas normas e princípios ou ainda as regras de ordem técnica e de prudência comum que devam ser tidas em consideração».

E, de acordo com o disposto no artigo 4.°/1 do mesmo diploma «a culpa dos titulares do órgão ou dos agentes é apreciada nos termos do artigo 487.° do Código Civil»

Por sua vez, o Código Civil, no seu art. 483.°/1 dispõe que «aquele que, com dolo ou mera culpa, violar ilicitamente o direito de outrem ou qualquer disposição legal destinada a proteger interesses alheios fica obrigado a indemnizar o lesado pelos danos resultantes da violação».

Neste quadro, este Supremo Tribunal tem entendido, pacificamente, que a responsabilidade civil extracontratual do Estado e demais pessoas colectivas públicas por factos ilícitos assenta em pressupostos idênticos aos que estão fixados para a responsabilidade civil extracontratual prevista na lei civil.

São eles:

– o facto ilícito, que é um acto de conteúdo positivo ou negativo, consubstanciado numa conduta de um órgão ou agente, no exercício das suas funções e por causa delas;

– a ilicitude, traduzida na violação, por esse facto, de normas legais e regulamentares ou dos princípios gerais aplicáveis e/ou das regras de ordem técnica e de prudência comum que devam ser tidas em consideração;

– a culpa, como nexo de imputação ético-jurídico que liga o facto ao agente, não sendo, todavia, necessária um culpa atribuível a um concreto órgão ou agente, bastando uma culpa do serviço, globalmente considerado;

– o dano, lesão ou prejuízo na esfera patrimonial ou não patrimonial, produzido na esfera jurídica outrem; e

– o nexo de causalidade adequada entre o facto e o dano.

2.2.2. Estes requisitos são de verificação cumulativa e, por consequência, na ausência de qualquer um deles, não há lugar a responsabilidade civil extracontratual por acto ilícito.

Regra que se mantém, mesmo que no âmbito de indemnização com fundamento em atraso na decisão de processos judiciais.

Na verdade, é jurisprudência deste Supremo Tribunal, da qual não se vê razão para divergir, que a dilação injustificada, por um lado, quando puser em causa o direito a uma decisão em prazo razoável, consagrado no art. 20.°/4 da CRP, em harmonia com a previsão do art. 6.°, § 1.° da Convenção Europeia dos Direitos do Homem pode ser fonte de uma obrigação de indemnizar [1], mas que, por outro lado, neste âmbito, para haver responsabilidade, não se dispensa a verificação dos demais requisitos da responsabilidade civil extracontratual, mormente a existência de prejuízos indemnizáveis e o nexo de causalidade entre o atraso na tramitação do processo e os danos invocados.[2]

No caso em apreço, o Réu alega que a acção deve ser julgada improcedente porque, além do mais,

– o «prejuízo resultante do accionamento da garantia bancária deve ser analisado no âmbito das relações contratuais que a (...) Autora e a CONDOP estabeleceram entre si»;

– «independentemente da sentença, entretanto proferida com atraso, ter ordenado o cancelamento da garantia bancária, o seu accionamento poderia ter ocorrido a qualquer momento, antes da propositura da acção, no início da sua tramitação, durante a sua instrução, em suma, antes da sentença, mesmo que a mesma viesse a ser exarada de imediato ou dentro do "prazo razoável", pela simples razão da sua existência, da sua natureza e dos seus efeitos»;

– «não foi alegado nesta acção e, portanto, não foi provado que a cobrança de tal crédito, resultante do

[1] Cfr., neste sentido, os acórdãos:
– de 1994.04.12 – rec. n.° 32 906
– de 1999.06.17 – rec. n.° 44 687
– de 2001.02.01 – rec. n.° 46 805
– de 2003.04.09 – rec. n.° 1833/02
– de 2005.03.17 – rec. n.° 230/03.

[2] Acórdão de 2007.01.17 – rec. n.° 1164/06.

accionamento da garantia bancária, se tornou impossível e que tal impossibilidade resultou do atraso na prolação da sentença (...)»

– «não pode, por isso, dar-se por verificada a existência de nexo de causalidade adequada entre a conduta ilícita imputada aos órgãos e agentes do Estado (demora na administração da justiça) e os prejuízos cujo ressarcimento a Autora peticiona».

Vejamos.

Na presente acção deu-se como provado que danos sofridos pela autora foram os provenientes do valor da garantia bancária accionada – 6 713 623$00 –, acrescido da taxa de operação bancária – 15 000$00 –, e de 600$00 a título de imposto, tudo no montante de 6 729 223$00 ou, feita a conversão, de € 33 565,22.

No recurso jurisdicional não é posto em crise o acerto desta decisão em matéria de facto.

Temos, assim, que, primeiro, a indemnização arbitrada é relativa, única e exclusivamente aos prejuízos advindos para a autora do levantamento da garantia bancária (não se reclama a atribuição de qualquer outra, seja por danos patrimoniais ou não patrimoniais). Segundo, foi a acção do empreiteiro, de accionamento da garantia, que produziu os danos. E esta é uma conduta que releva no domínio da relação entre o empreiteiro e a sub-empreiteira e que, a não ter razão de ser, dará origem à respectiva responsabilidade contratual perante a autora. O empreiteiro é que, em seu benefício, manteve a garantia e, quando quis, solicitou ao garante a entrega da quantia em causa. É inequívoco, portanto, que a sua acção foi a *condição* directa e imediata dos supostos danos sofridos pela autora, danos estes que são, assim, em primeira linha, danos por facto de terceiro em sede de contrato.

Portanto, a haver crédito da autora, por infundado accionamento da garantia, este provém directamente de um facto praticado no âmbito de uma relação obrigacional, com eficácia meramente interna e não oponível ao Estado.

Neste contexto, sendo estranho ao contrato de sub-empreitada, não respondendo, portanto, pelo suposto incumprimento, o Estado, nesta acção, só responderá, por facto ilícito extracontratual, na circunstância pelo atraso na prolação da sentença.

Para avaliar da sua responsabilidade cumpre, antes de mais, perguntar se a conduta dos serviços do réu também foi condição dos danos, isto é, se sem ela os mesmos não se teriam verificado. Este é um requisito necessário para que a conduta possa ser considerada como causa do dano.[3]

Ora, no caso em apreço, podendo, embora, haver dois processos causais cumulativos, um de génese contratual e outro de raiz extracontratual, sob pena de, se responsabilizar o réu por facto contratual de terceiro, impondo-lhe, sem fundamento, o cumprimento de uma obrigação contratual de outrem, só pode ligar-se a morosidade da justiça ao resultado danoso, por uma de duas vias: ou porque, se proferida em tempo, a sentença poderia ter evitado o accionamento da garantia ou porque a demora inviabilizou a possibilidade de a autora se reembolsar através do património do beneficiário da garantia que, em seu proveito, levantou o respectivo valor. Só deste modo se pode afirmar que sem a conduta dos serviços do Estado os prejuízos da autora não se teriam verificado, isto é, que o atraso na elaboração da sentença foi condição dos danos.

Ora, através da garantia bancária accionada (doc. n.º 2 a fls 35 dos autos) o Banco Espírito Santo obrigava-se, dentro do valor convencionado, a entregar *imediatamente* à Condop – Construção e Obras Públicas, Lda, as importâncias que esta viesse a solicitar por escrito, *"sem necessidade de qualquer outra invocação, formalidade ou produção de prova, não podendo escusar-se a fazer tais entregas sob qualquer pretexto ou fundamento.*

Não há dúvida, portanto, que à luz da teoria da impressão do destinatário, consagrada no art. 236°/1 do C. Civil, o sentido da declaração é o de que foi prestada uma garantia *à primeira solicitação,* isto é, uma garantia autónoma que cria uma situação jurídica por força da qual o garante ao ser interpelado pelo credor nos termos previamente acordados, terá de pagar a quantia garantida, sem qualquer discussão, isto é, sem poder contestar o pagamento do que lhe é exigido,[4] "independentemente da validade ou eficácia da relação contratual que serve de fonte ao crédito"[5] "É o devedor que, depois de reembolsar o garante da importância por este paga ao beneficiário da garantia, tem o ónus de intentar procedimento judicial para reaver a referida importância, caso o credor beneficiário tenha agido sem fundamento".[6]

Assim, em face das particulares características da garantia, a sentença cível, ainda que atempadamente proferida, não preveniria o dano. Não sendo precedida de qualquer providência cautelar, a interpelação poderia ter tido lugar a todo momento, na pendência da acção, inclusive depois da sentença, até ao trânsito em julgado, de acordo com a vontade do empreiteiro, sem que o Banco garante se pudesse recusar a entregar o valor da garantia ao respectivo beneficiário, frustrando-se, deste modo, o efeito útil da decisão judicial, por mais célere que fosse.

Dito isto, resta saber se está demonstrado que foi por força da morosidade da justiça, que autora se viu impossibilitada de realizar o seu crédito através do património do empreiteiro beneficiário.

Ora, a respeito, nada está provado e nem sequer foi alegado, nomeadamente que a autora tenha intentado o adequado procedimento judicial contra o empreiteiro e/ou que, obtendo ganho de causa, não lhe foi possível cobrar o seu crédito por aquele, entretanto, se haver tornado insolvente.

Neste quadro, não está provado na acção que sem o facto do réu – atraso na prolação da sentença – os prejuízos da autora não se teriam verificado, isto é, que no plano naturalístico aquele comportamento tenha sido *condição* dos danos. O mesmo é dizer que não está verificado um dos requisitos – nexo de causalidade – da responsabilidade extracontratual do Estado.

Nos termos descritos, com prejuízo do conhecimento das demais questões, procedem as conclusões 4ª e 5ª da alegação do réu.

---

[3] Antunes Varela, "Das Obrigações em Geral", I, 10ª ed., p. 889

[4] Cfr.:
– Acórdão STJ de 2004.04.20 – Proc. 04B2883 e demais jurisprudência nele citada;
– Acórdão do T. Conflitos de 2004.06.01 – Conflito n.º 24/03.

[5] Antunes Varela, "Das Obrigações Em Geral", II, p. 515.

[6] Almeida e Costa e Pinto Monteiro, "O contrato de garantia à primeira solicitação", in CJ Ano XI, 5, p. 19.

3. DECISÃO

Pelo exposto, acordam em conceder provimento ao recurso e em julgar improcedente a acção, absolvendo-se o Estado do pedido.

Custas pela autora.

Lisboa, 6 de Fevereiro de 2007.

Políbio Henriques (Relator)
Edmundo Moscoso
João Belchior

Recurso n.º 1037/06-12

RESPONSABILIDADE CIVIL EXTRACONTRATUAL. COMPETÊNCIA. ACTOS RELATIVOS AO INQUÉRITO E INSTRUÇÃO CRIMINAIS.

(Acórdão de 20 de Março de 2007)

SUMÁRIO:

I – Os tribunais administrativos são os tribunais comuns da jurisdição administrativa cabendo-lhes o conhecimento das questões administrativas cujo conhecimento não esteja expressamente atribuído a nenhuma outra jurisdição.

II – Por força do disposto no art. 4.º/1/d) do ETAF não pertence à jurisdição administrativa o conhecimento de acção de responsabilidade civil suportada por acto produzido em inquérito ou instrução criminais ou no exercício de acção penal, ainda que tal acto tenha natureza administrativa.

III – O art. 51.º/1/h) do ETAF, ao colocar no âmbito da competência dos Tribunais Administrativos de Círculo o conhecimento das acções sobre responsabilidade civil do Estado por prejuízos decorrentes de actos de gestão pública não pretendeu delimitar o âmbito de competência da jurisdição administrativa, pressupõe, antes, essa operação já realizada nos termos fixados nos arts. 214.º/3 da CRP e 3 e 4 do ETAF.

ACORDAM NA SECÇÃO DO CONTENCIOSO ADMINISTRATIVO DO SUPREMO TRIBUNAL ADMINISTRATIVO:

1. RELATÓRIO

Luís Morgadinho Gaspar dos Santos e mulher Maria Gilberta Esteves da Cunha, com os demais sinais dos autos, instauraram, no Tribunal Administrativo e Fiscal de Lisboa, contra o Estado Português, acção para efectivação de responsabilidade civil extracontratual emergente de execução indevida de busca domiciliária.

Por sentença de 15 de Setembro de 2006 o Tribunal Administrativo e Fiscal julgou procedente a excepção da incompetência do tribunal em razão da matéria e absolveu o Réu da instância.

1.1. Inconformados, os autores recorrem para este Supremo Tribunal apresentando alegações com as seguintes conclusões:

1. Os Autores pedem a condenação do Estado no pagamento de indemnização por responsabilidade civil extracontratual por facto ilícito com fundamento ou causa de pedir em negligência dos agentes policiais que não se certificaram antes de destruir a porta de entrada de domicílio que este não pertencia a arguido em processo crime, mas aos Autores apesar de expressamente advertidos do facto por vizinho, morador no mesmo edifício.

2. Os autores não pedem o pagamento de danos ocasionalmente provocados pelo cumprimento de um mandato judicial de busca, ao contrário do invocado na Sentença ora Recorrida.

3. O Tribunal recorrido ignorou o facto dos agentes policiais terem sido expressamente advertidos por um vizinho que o arguido não vivia no domicílio, mas os Autores que identificou, não tendo sido pedido ao Tribunal recorrido que confirme os pressupostos que levaram à emissão do mandato judicial, ou as consequências de mandato bem cumprido.

4. O Tribunal recorrido ignora que o mandato de busca, conforme resulta dos autos, expressamente se destinava à residência do arguido Sérgio Lopes e não se destinando à residência dos Autores, quem o cumpriu não agiu de acordo com o princípio da proibição do excesso consagrado no n.º 2 do artigo 272.º da Constituição da República Portuguesa, em obediência aos requisitos da necessidade, da exigibilidade e da proporcionalidade, com respeito pelas regras de ordem técnica e de prudência comum.

5. O Tribunal recorrido deveria ter interpretado a norma da alínea d) do artigo 4.º do Estatuto dos Tribunais Administrativos e Fiscais, estatuída pelo Decreto-Lei 129/84 de 27 de Abril, no sentido de que não é da competência dos Tribunais Administrativos a sindicância dos actos de inquérito e instrução criminal, o que não tendo sido suscitado, não merecia a aplicação da designada norma.

6. A sentença ora Recorrida é desconforme à Constituição porque viola o princípio do acesso aos Tribunais.

7. Porque estabelece o artigo 6.º do Decreto-lei n.º 48 051 de 21/11/67 que consideram ilícitos os actos materiais praticados pelos agentes administrativos que infrinjam as regras de ordem técnica e de prudência comum que devam ser tidas em conta;

8. Porque estabelece o n.º 1 do artigo 2.º do Decreto-lei 48 051 de 21/11/67 que o Estado responde civilmente perante terceiros pelas ofensas dos direitos destes ou das disposições legais destinadas a proteger os seus interesses, resultantes de actos ilícitos culposamente praticados pelos órgãos ou agentes administrativos no âmbito das suas funções e por causa desse exercício;

9. Porque estabelece a alínea g) do n.º 2 do artigo 2.º e nos artigos 7.º e 8.º, todos da Lei n.º 5/99 de 27 de Janeiro, que à P.S.P. compete prosseguir as atribuições cometidas em matéria penal, agindo como órgãos de polícia criminal os elementos com funções policiais.

10. Porque estabelece o artigo 3.º do Estatuto dos Tribunais Administrativos e Fiscais que incumbe aos Tri-

bunais Administrativos e Fiscais na administração da justiça assegurar a defesa dos direitos e interesses legalmente protegidos e reprimir a violação da legalidade da justiça;

11. Porque estabelece a alínea h) do n.º 1 do artigo 51.º do Estatuto dos Tribunais Administrativos e Fiscais que são competentes para conhecer das acções sobre responsabilidade civil do Estado pelos actos de gestão pública.

Se pede a alteração da Douta Sentença, decidindo-se ao invés que o Tribunal recorrido é o Tribunal competente para conhecer da presente acção e do Pedido, seja declarada improcedente a excepção dilatória, prosseguindo os demais termos até final, pois só assim se fará Justiça.

1.2. O Réu contra-alegou, concluindo:

1) A actuação policial danosa em que se funda o pedido de indemnização formulado pelos Autores contra o Estado Português foi desenvolvida a coberto de um mandato judicial de busca e apreensão emitido por juiz de instrução criminal no âmbito de um processo-crime – o inquérito n.º 2202/02.6PBSXL, a correr termos no Tribunal Judicial do Seixal.

2) Assim sendo, ainda que tivesse ocorrido um qualquer erro na execução desse mandato imputável apenas à autoridade policial executora, não deixariam, por esse facto, de ser os tribunais judiciais, nos termos do artigo 18.º, n.º 1 da Lei n.º 3/99, de 13 de Janeiro, os competentes para conhecer da correlativa acção de responsabilidade civil do Estado.

3) Com efeito, uma vez que os actos ou omissões imputados aos agentes de autoridade foram levados a cabo no desempenho de funções de polícia criminal, agindo os agentes policiais sob a direcção de autoridade judiciária competente, no quadro de um processo-crime e ao abrigo dos disposto nos artigos 174.º, n.ºs 1, 2 e 3, 176.º e 177.º do CPP, é iniludível que se está no domínio «dos actos relativos ao inquérito e ao exercício da acção penal» a que se refere o artigo 4.º, n.º 1, alínea d) do ETAF vigente à data da propositura da acção, e, logo, no âmbito da exclusão de jurisdição dos tribunais administrativos e fiscais aí prevista;

4) É patente, por outro lado, que a decisão impugnada, pelo facto de ter julgado serem os tribunais judiciais e não os tribunais integrados na jurisdição administrativa, os competentes para julgar a presente acção fundada em responsabilidade civil do Estado por actos de gestão pública não tem a virtualidade de violar o direito constitucional de acesso à via judiciária previsto no artigo 20.º da CRP;

5) Deverá, pois, improceder, em qualquer dos segmentos em que se fundamenta – (1) erro de interpretação do artigo 4.º, n.º 1, alínea d) do ETAF e (2) violação do direito de acessos aos Tribunais – o agravo interposto da douta sentença que julgou procedente a excepção da incompetência material dos tribunais integrados na ordem jurisdicional administrativa para julgarem a presente acção.

Colhidos os vistos legais, cumpre decidir.

2. FUNDAMENTAÇÃO

2.1. OS FACTOS

A sentença recorrida teve por base os seguintes factos e incidências processuais:

a) Na contestação foi deduzida a excepção da incompetência em razão da matéria, alegando o réu, em suma, o seguinte:

– Os autores pedem o pagamento de danos ocasionados pelo cumprimento do mandato judicial de busca no âmbito do processo de inquérito n.º 2202/02.6PBSXL;

– Tal busca, inserida na tramitação do processo crime em causa, bem como todos os actos e omissões com ele relacionados, são actos relativos ao inquérito e ao exercício da acção penal, os quais estão excluídos da jurisdição administrativa e fiscal, nos termos do disposto no art. 4.º, n.º 1, al. d) do ETAF;

– Em consequência, ocorre a excepção da incompetência absoluta, devendo o réu ser absolvido da instância, nos termos do disposto nos artigos 493.º, n.º 2 e 494.º, n.º 1, al. a) do C.P.Civil.

b) O autor replicou, dizendo, em resumo, o seguinte:

– O acto cuja apreciação se suscita ao tribunal não é um acto praticado no âmbito do exercício da acção penal, mas um acto praticado por agentes de órgão da administração pública no exercício das funções de polícia;

– Aqui trata-se de saber se um acto praticado por agentes de órgão da administração é ou não ilícito, se tal prática resultou de acção ou omissão, com dolo ou negligência, responsabilizando-se o Estado pelos danos provocados.

– Os agentes da autoridade destruíram a porta de entrada e entraram na residência dos autores, terceiros estranhos à relação jurídico processual-criminal daquele inquérito, pelo que a busca realizada poderá ser nula ou irregular e em qualquer caso inválida, nos termos do Código de Processo Penal.

– Trata-se da prática de um acto administrativo ilegal e ilícito por agentes administrativos no exercício de funções administrativas de órgão de polícia, sendo o Tribunal Administrativo competente para conhecer do pedido.

2.2. No presente recurso, a única questão sobre a qual cumpre a este Supremo Tribunal emitir pronúncia é a de saber qual a ordem dos tribunais competentes para conhecer da acção, isto é, se os tribunais administrativos, se os tribunais judiciais.

Na acção, os autores visam a efectivação da responsabilidade civil extracontratual do Estado por facto ilícito com fundamento na negligência dos agentes policiais que, em cumprimento de mandado de busca emitido pelo Juiz do Tribunal Judicial da Comarca de Sesimbra, não se certificaram, antes de destruir a porta de entrada do domicílio que este não pertencia a arguido em processo crime, mas aos autores apesar de expressamente advertidos do facto por vizinho, morador no mesmo edifício.

E as dúvidas quanto à competência material para conhecer da acção decorrem do alcance a atribuir à norma do art. 4.º/1/d) do DL n.º 129/84 de 27 de Abril (ETAF).

Vejamos.

Nos termos previstos no art. 212.º/3 da Constituição da República Portuguesa, compete, aos tribunais administrativos e fiscais o julgamento das acções e recursos contenciosos que tenham por objecto dirimir os litígios emergentes das relações jurídicas administrativas e fiscais".

Este preceito constitucional consagra uma reserva material de jurisdição atribuída aos tribunais administrativos. O texto, porém, abre espaço para perplexidade, quanto a saber se a reserva é absoluta ou relativa. Sendo absoluta, implicaria, em sentido negativo, que os tribunais administrativos só poderão julgar questões de direito administrativo e, em sentido positivo, que só eles poderão julgar tais questões.

É hoje dominante, na Doutrina, a interpretação no sentido que a norma consagra uma reserva relativa, um modelo típico, que deixa à liberdade do legislador ordinário a introdução de alguns desvios, aditivos ou subtractivos, desde que preserve o núcleo essencial do modelo constitucionalmente definido, segundo o qual o âmbito regra da jurisdição administrativa deve corresponder à justiça administrativa em, sentido material (cfr., neste sentido, Vieira de Andrade, *"A Justiça Administrativa*", 4ª ed., p. 107 e segs., Sérvulo Correia, "Estudos em Memória do Prof. Castro Mendes", 1995, p. 25, Rui Medeiros, "*Brevíssimos tópicos para uma reforma do contencioso da responsabilidade*" in CJA, n.° 16, pp. 35 -36 e Jorge Miranda, "*Os parâmetros constitucionais da reforma do contencioso administrativo*", in CJA. n.° 24, p. 3 e segs.).

Esta linha de leitura, que não é repelida pelo texto – que não diz explícita e inequivocamente que aos tribunais administrativos competem apenas questões administrativas e que estas só a eles estão atribuídas – e assenta na ideia de que a finalidade principal da norma é a abolição do carácter facultativo da jurisdição administrativa e não a consagração de uma reserva de competência absoluta dos tribunais administrativos é, também, acolhida pela Jurisprudência do Tribunal Constitucional [cfr., entre outros, os acórdãos n.° 372/94 (in DR, II Série, n.° 204, de 3 de Setembro de 1994), 347/97 (in DR, II Série, n.° 170, de 25 de Julho de 1997) e 284/2003, de 29 de Maio de 2003] e perfilhada pela Jurisprudência do STA (vide, por exemplo, os acórdãos do Pleno de 1998.02.18. – rec. n.° 40 247 e da 1ª Secção de 2000.06.14 – rec. n.° 45 633, de 2001.01.24 — rec. n.° 45 636, de 2001.02.20 – rec. n.° 45 431 e de 2002.10.31 – rec. n.° 1329/02).

Por outro lado, temos como seguro que, por força daquela norma constitucional, a jurisdição administrativa e fiscal é, hoje, uma jurisdição obrigatória e que os tribunais administrativos e fiscais são os tribunais comuns dessa jurisdição (cfr. Diário da Assembleia da República, II Série, n.° 48-RC, de 21 de Outubro de 1988, acta n.° 46 da CERC, 1517 e segs e o citado acórdão 372/94 do Tribunal Constitucional), com a relevante consequência de que o conhecimento de uma questão de natureza administrativa pertence aos tribunais da ordem administrativa se não estiver expressamente atribuída a nenhuma outra jurisdição (cf. Vieira Andrade, in "*A Justiça Administrativa*" 4ª ed., p. 112 e jurisprudência aí citada)

Não se descortinam razões para abandonar este entendimento.

Posto isto, no caso em apreço, não há dúvida que os agentes policiais agiram para dar execução material a um mandado de busca passado, por juiz de direito, com invocação do disposto no art. 174.°, n.ºs 1 a 3 do C.P. Penal, no processo de inquérito n.° 2202/02.6 do Tribunal Judicial da comarca de Sesimbra.

É certo que os autores não radicam o seu direito à indemnização no mandado em si mesmo, mas na suposta imprudência dos agentes da polícia aquando da prática das operações materiais necessárias para a concretização da ordem judicial.

De notar, porém, que é inquestionável que a busca, com arrombamento da porta, teve lugar na morada indicada no mandado, portanto, sem qualquer erro por parte da polícia.

Neste contexto, não repousando a pretensão indemnizatória, directamente, num acto de julgar, não repugna que a actividade que os autores elegeram como causa de pedir se tenha como materialmente administrativa e que, como tal, de acordo com as considerações supra, se não estiver excluída, por lei, da jurisdição administrativa, será esta a competente para conhecer da acção.

Aqui chegados, é o momento de fixar o alcance da norma, subtractiva de competência, do art. 4.°, n.° 1, al. d) do ETAF, segundo a qual *estão excluídos da jurisdição administrativa e fiscal os recursos e as acções que tenham por objecto actos relativos ao inquérito e instrução criminais e ao exercício da acção penal.*

A respeito, depois de uma primeira fase em que perfilhou uma interpretação com o sentido que a norma apenas expatriava da jurisdição administrativa o contencioso dos actos e que as acções de responsabilidade civil originadas em actos, actividades ou omissões compreendidas naquelas hipóteses já eram da competência dos tribunais administrativos[1], a jurisprudência deste Supremo Tribunal, abandonando essa posição restritiva, tem vindo a entender que "não pertence à jurisdição administrativa o conhecimento de acto objecto de recurso contencioso ou de acção de responsabilidade civil por acto em qualquer caso produzido em inquérito ou instrução criminais ou no exercício de acção penal, ainda que tenham, sob o prisma de qualquer parâmetro aferidor, natureza administrativa". As palavras são do acórdão de 2001.11.11. – rec. n.° 48 028[2]. Concordamos com esta interpretação que tem apoio no teor literal na da lei e foi sustentada no citado aresto, com o discurso justificativo que passamos a transcrever e ao qual aderimos:

"(...) O artigo 4.° do ETAF retira aos tribunais administrativos o conhecimento de actos em matérias de natureza administrativa, em situações que, pela regra geral do artigo 3.°, pertenceriam àqueles.

Dentre eles, salientam-se precisamente os actos relativos ao inquérito e instruções criminais e ao exercício da acção penal – al. d) do n.° 1.

E, como a lei não distingue, mas tratando-se seguramente de uma subtracção ao regime comum do artigo 3.°, a matéria da al. d) do n.° 1 do artigo 4.° há-de reter qualquer colorido de índole administrativa de tal modo que, não fosse a norma, haveria de cair necessariamente no âmbito de cognição dos tribunais administrativos, de acordo com a regra geral, sob pena do dispositivo não ter sentido útil.

Assim, segundo tal norma, não pertencerá à jurisdição administrativa o conhecimento de acto objecto de recurso contencioso ou de acção de responsabilidade civil suportada por acto que sustente a causa de pedir, em qualquer caso produzidos em inquérito ou instrução criminais ou no exercício da acção penal, ainda que tenham, sob o prisma de qualquer parâmetro aferidor, natureza administrativa.

[1] Vejam-se os acórdãos de 1988.01.12 – rec. n.° 25 101 e de 1991.05.07 – rec. n.° 29 120.

[2] No mesmo sentido, entre outros:
– acórdão de 1993.01.26 – rec. n.° 31 019
– acórdão de 1998.05.07 – rec. n.° 42 179
– acórdão de 2004.01.13 – rec. n.° 1346/03.

Bastará para tanto, como é o caso dos autos, que se trate de acto que não se insira na função de julgar *stricto sensu*, no exercício da função jurisdicional de decisão do litígio emergente, as, diferentemente, antes se insira em qualquer procedimento ordenador da actividade investigadora para instrução criminal ou o exercício da acção penal.

Trata-se, aqui, com efeito, de uma prestação do Estado, de natureza eminentemente pública, unilateralmente imposta aos destinatários, nos exercício dos poderes soberanos de organização da vida social, manifestados nos três primeiros artigos da CRP, nos parâmetros irrecusáveis da prevenção e repressão do crime.

Actividade de índole administrativa, sem dúvida, que pacificamente se acolheria aos tribunais administrativos segundo a arrumação do artigo 3.º do ETAF, pois trata-se de reprimir a violação da legalidade no âmbito de uma relação jurídica de natureza administrativa, seja pelo poder usado, seja pelo sujeito público.

Assim seria, com efeito, se não existisse a disposição legal do artigo 4.º que, como vimos, exclui expressamente da jurisdição daqueles tribunais os actos relativos ao inquérito e instrução criminais e ao exercício da acção penal, sendo que tal exclusão não se vê que possa estar viciada, tanto quanto não detêm os tribunais administrativos a plenitude da jurisdição em matérias de índole administrativa."

Consideramos, pois, que a conduta que suporta a pretensão dos autores é enquadrável na norma do art. 4.º 1/d) do ETAF que exclui a questão da jurisdição administrativa.

Os autores, em abono da sua tese de que a competência é dos tribunais administrativos invocam o disposto no art. 51.º/1/h) do ETAF que prescreve que compete aos tribunais administrativos de círculo conhecer "das acções sobre responsabilidade civil do Estado, dos demais entes públicos e dos titulares dos seus órgãos e agentes por prejuízos decorrentes de actos de gestão pública, incluindo acções de regresso".

Sem sucesso, porém. Esta norma é neutra em relação à questão. Na verdade, segundo o entendimento do Pleno da 1ª Secção deste Supremo Tribunal,[3] "o art. 51.º n.º 1. al. h) do ETAF ao colocar no âmbito da competência dos Tribunais Administrativos de Círculo o conhecimento das acções sobre responsabilidade civil do Estado por prejuízos decorrentes de actos de gestão pública não pretendeu delimitar o âmbito de competência da jurisdição administrativa, pressupõe antes essa operação já realizada nos termos fixados nos arts. 214.º, n.º 3 da CRP e 3 e 4 do ETAF".

Não procede, igualmente, o argumento de que a sentença recorrida, por ter declarado a incompetência dos tribunais administrativos para conhecer do pleito, viola o princípio de acesso aos tribunais. É óbvio que, quando se discute se a competência para julgar uma determinada causa está cometida aos tribunais da ordem administrativa ou aos tribunais da ordem da jurisdição comum, a opção por qualquer um dos termos da alternativa, assegura, igualmente, aos interessados o direito de acesso aos Tribunais.

Deste modo, improcedem todas as conclusões da alegação dos recorrentes, devendo manter-se a sentença recorrida que julgou procedente a excepção da incompetência material do TAF de Lisboa.

3. DECISÃO

Pelo exposto, acordam em negar provimento ao recurso.

Custas pelos autores.

Lisboa, 20 de Março de 2007.

António Políbio Ferreira Henriques (Relator)
Edmundo António Vasco Moscoso
António Bento São Pedro

Recurso n.º 30/07-12

REVISÃO DA SITUAÇÃO MILITAR. LEI N.º 43/99, DE 11.6 E D.L. 197/00, DE 24.8.

(Acórdão de 25 de Janeiro de 2007)

SUMÁRIO:

I – O art.º 2.º do D.L. n.º 197/00, epigrafado de "*Revisão da situação militar*", dispõe que "1– *Os militares dos quadros permanentes dos três ramos das Forças Armadas que reunam as condições previstas no artigo 1.º da Lei n.º 43/99, de* 11 *de Junho, têm direito a requerer a revisão da sua situação militar com vista à eventual alteração e reconstituição da respectiva carreira.*" a processar-se nos termos do artigo 6.º da Lei n.º 43/99, de 11 de Junho, e de acordo com as disposições estatutárias à data aplicáveis ao militar, como se a progressão na carreira se tivesse verificado normalmente (n.º 2).

II – O referido art. 6.º diz-nos que tanto na hipótese prevista na alínea b) do n.º 1, de regresso ao activo, como na contemplada na alínea c), de permanência na situação de reserva, fora da efectividade de serviço, a possibilidade de reconstituir a carreira do militar em caso algum comporta a dispensa da realização efectiva "*dos cursos ou concursos que constituam condição de ingresso na categoria de sargento ou na de oficial*".

ACORDAM NA SECÇÃO DE CONTENCIOSO ADMINISTRATIVO DO SUPREMO TRIBUNAL ADMINISTRATIVO:

I – RELATÓRIO

Manuel Godinho Rebocho, com melhor identificação nos autos, veio recorrer do acórdão do Tribunal Central Administrativo Sul, (TCA), de 18.5.06, que negou provimento ao recurso contencioso que interpôs do despacho do **General Chefe do Estado Maior do Exército** (CEME), de 29.5.03, que indeferiu a sua pretensão de reconstituir a carreira militar na categoria de Oficial.

[3] Ver acórdão de 19997.04.16 – rec. n.º 31873.

Terminou a sua alegação formulando as seguintes conclusões:

1. O recorrente não requereu que a reconstituição da sua carreira se processasse automaticamente, ao contrário do que afirma o douto Acórdão de que recorre.

2. O recorrente requereu a reconstituição da sua carreira ao abrigo do n.º 2 do DL 197/2000 de 24 de Julho.

3. Preenche todos os requisitos para esse efeito tendo em conta a matéria de facto que deve ser dada como provada.

4. O douto Acórdão violou a al. c) do n.º 1 do art. 6.º da lei 43/99 de 11 de Julho.

5. O douto Acórdão ao referir a al. b) do n.º 1 do art. 6.º da lei 43/99 de 11 de Julho não teve em conta que tal disposição não se aplica ao recorrente pois o mesmo já tinha mais de 36 anos de serviço, tal como o Tribunal a quo deu como provado.

6. A reconstituição da sua carreira nos termos do despacho de 21.04.03 desde 01.01.77 permite-lhe aceder à possibilidade de frequentar o curso para oficial.

7. Preenche todos os requisitos para essa frequência como está demonstrado por todos os documentos juntos aos autos.

8. Só agora o podia fazer, pois só em 2003 lhe foi permitido reconstituir a sua carreira.

9. O douto Acórdão viola também o art.º 37.º do D.L. 42151 de 12/02/59 e o art.º 10.º do D.L. 45302 de 11//10/63 e o art.º 34.º do D.L. 45.302 de 11/10/63 e o art.º 34.º do D.L. 516/70 de 3/11.

10. A interpretação que o douto Acórdão dez do n.º 2 do art. 2.º do D.L. 197/2000 de 24 de Agosto viola o artigo 266.º da CRP, na medida que impede o ora recorrente de aceder a um posto para o qual tem todos os requisitos, desrespeitando os direitos do recorrente e violando as leis que lhe permitem em perfeita igualdade com outros concidadãos aceder ao mesmo posto de oficial.

Termos em que requer a revogação do douto Acórdão e a sua substituição por outro que dê provimento à sua pretensão de frequentar o(s) curso(s) necessário(s) para aceder ao posto de oficial, desde a data que o requereu, e revogando todas as decisões que posteriormente possam ter sido tomadas fazendo-se assim Justiça.

Não foram apresentadas contra-alegações.

O Magistrado do Ministério Público junto deste Tribunal emitiu o seguinte Parecer:

"O acórdão recorrido negou provimento ao recurso contencioso interposto do despacho do General Chefe do Estado-Maior do Exército, datado de 29-5-03, nos termos do qual foi indeferido a pretensão do ora recorrente reconstituir a sua carreira militar na categoria de oficial. Para tanto, ponderou-se na decisão proferida que, em síntese, a pretensão do recorrente não obtinha acolhimento no quadro normativo aplicável (artigos 6.º, n.º 1, alínea c) da Lei n.º 43/99, de 11/7 e 2.º, n.º 2 do Decreto-lei n.º 197/00, de 24/8), uma vez "... *a ficção legalmente prevista, não comporta que tanto os militares que regressam à situação de activo como aqueles que permanecem na situação de reserva, fora da efectividade de serviço, possam ser considerados como satisfazendo os cursos ou concursos que constituem condição de ingresso na categoria de sargento ou na de oficial.*". Por traduzir correcta interpretação e aplicação do direito, em meu entender, o acórdão sob recurso não merece qualquer censura. Vejamos. Com efeito, decorre do citado artigo 6.º da Lei n.º 43/9 que constitui condição do ingresso na pretendida categoria de oficial a frequência com aproveitamento do pertinente Curso de Formação de Oficiais, o que não acontece no caso do recorrente. Como tal, o recorrente não preenche um dos requisitos necessários a que a reconstituição da sua carreira se processe na categoria de oficial. A exigência dessa condição de ingresso, a meu ver, não pode ser eliminada com o argumento de que já em 1977 se encontrava habilitado a frequentar o Curso de Oficiais da Academia Militar, o que não teria concretizado em razão de ter sido afastado do serviço militar. Além do mais, o certo é que o recorrente nada alega no sentido de tornar credível que fora seu desejo o ingresso nesse Curso de Oficiais, sendo de assinalar que tão pouco a esse respeito algo consta do respectivo processo individual (vide fls. 3 do processo instrutor). Por último, afigura-se-me exorbitar do objecto do presente recurso jurisdicional a questão de ser proporcionado ao recorrente a possibilidade de frequência de Curso para Formação de Oficiais (artigos 6.º, 7.º e 8.º das alegações), desde logo porque constitui matéria não apreciada no acórdão em recurso, alheamento esse que decorre inelutavelmente do facto de não contender com o conhecimento da eventual ilegalidade do despacho contenciosamente impugnado, o qual se limitou a indeferir a pretensão do recorrente de ver reconstituída a sua carreira na categoria de oficial com base na equivalência das suas habilitações académicas ao Curso da Academia Militar (fls. 8 do processo instrutor). Termos em que se é de parecer que o recurso deverá ser improvido, confirmando-se, em consequência, o acórdão recorrido."

Colhidos os vistos cumpre decidir.

II – FACTOS

Matéria de facto dada como assente no TCA:

1 – O recorrente, Primeiro Sargento Pára-quedista, tinha no dia 04.08.2003, 45 anos e 123 dias de tempo total de serviço efectivo – cfr. doc. 1, fls. 8.

2 – Por despacho de 18.03.2003, do General Chefe do Estado Maior do Exército, publicado no Despacho n.º 7575/2003 (2ª série), no DR, II Série, de 21.04.03, *"em conformidade com o disposto nos artigos* 3.º e 4.º *da Lei n.º 43/99, de* 11 *de Junho, regulamentada pelo Decreto-Lei n.º 197/2000, de 24 de Agosto"* foi determinado que se procedesse à reconstituição da carreira do recorrente pela seguinte forma: *"Regressa à efectividade do serviço, contando-se desde 1 de Abril de 1982, data em que transitou para a situação de reserva; É promovido ao posto de primeiro-sargento, com a antiguidade de 1 de Janeiro de 1977, ficando colocado à direita do 1 SAR PARA (...); Fica sem efeito a sua situação de reforma que detinha desde 1 de Abril de 1991.* (...)" – cfr. doc. 2, fls. 9.

3 – Esta reconstituição da carreira militar do recorrente foi feita de acordo com os fundamentos constantes da Informação n.º 037/03, de 10.03.2003, junta a fls. 18 a 21 do p.i., cujo teor aqui se dá por integralmente reproduzido.

4 – Por requerimento, entrado nos serviços em 09.09.2002, dirigido ao CEME, o recorrente, com base no disposto no ponto 2 do art. 3.º e parte final da alínea b) do art. 4.º da Lei n.º 43/99, e disposições aplicáveis do Estatuto dos Militares dos Quadros Permanentes, pediu a "reconstituição da minha carreira", na Classe de oficiais e até à patente de Coronel. – cfr. fls. 9 a 11 do p.i., cujo teor aqui se dá por integralmente reproduzido.

5 – Em 22.05.2003, foi prestada a Informação n.º 227/2003, sobre o requerimento do recorrente, da qual consta, nomeadamente: "**3. *Análise***

a. O requerente pretende a reconstituição da sua carreira militar, na classe de oficiais, com início no ano em que terminaram o curso os alunos que ingressaram na AM no ano de 1976, altura em que satisfazia a condição relativa às habilitações literárias, (Doc.1)

b. No fundo, parte dos seguintes pressupostos:

(1) *O TCOR PARAQ Casaca Ferreira frequentou, com início em 1979, o curso de oficial TPAA (técnico de pessoal da área administrativa) uma vez que então, como ISAR, possuía o 12º ano* (Doc. 6 e 7).

(2) *Acresce que no início do ano lectivo de 1979, já era bacharel em Extensão Rural, pelo que lhe eram devidas as adequadas equivalências, pelo que, no seu entender, o curso de oficial TPAA lhe seria averbado em data bem anterior àquela em que foi averbado ao TCOR Casaca Ferreira (Doc.* 6 e 8).

(3) *Assim, julga que caso se não tivesse "envolvido (directamente) no processo político desencadeado pelo derrube da ditadura"* e *em função de tal envolvimento ter sido afastado* e *a sua carreira "interrompida" deteria actualmente a patente de COR PARAQ. (Doc.6).*

c. Sobre este assunto a FA informa que:

"Relativamente aos comentários tecidos pelo requerente na parte F da sua petição, há a referir que, independentemente da veracidade dos factos relatados, não existe no respectivo processo individual qualquer documento que permita aquilatar da intenção do requerente em se candidatar à frequência do Curso de Formação de Oficiais, ao contrário de outros militares aos quais foi reconstituída a carreira ao abrigo da Lei n.º 43/99, de 11 JUN, pelo que, à distância, se torna impossível concluir sobre o seu eventual ingresso na categoria de oficial e subsequente progressão na carreira" (Doc. 6 e 9).

d. Em n/ entendimento a razão legal não assiste ao militar, tendo em conta que:

(1) *Caso a reconstituição de carreira fosse efectuada na categoria de oficial estaríamos perante uma reconstituição automática, dita, administrativa, à revelia do disposto na Lei 43/99, de 11JUN, regulamentada pelo DL 197/2000, de 24AGO* (Doc. 2 e 10).

(2) *Com efeito, tanto os militares que regressam à situação de activo como aqueles que permanecem na situação de reserva, fora da efectividade de serviço, não podem ser considerados como satisfazendo os cursos ou concursos que constituem condição de ingresso na categoria de sargento ou na de oficial (art. 6.º da Lei 43/99).*

(3) *Isto quer dizer que, no presente caso o requerente, apesar de habilitado desde 15OUT76, com o antigo terceiro ciclo (sétimo ano) (Doc.7), condição necessária para a frequência do curso de oficial TPAA, não pode agora ser considerado como satisfazendo tal curso, uma vez que este constitui condição de ingresso na categoria de oficial.* **4. *Conclusão***

Face ao exposto, propõe-se o ***INDEFERIMENTO*** *do presente requerimento.* " – cfr. fls. 2 a 4 do p.i.

6 – Por despacho de 29.05.2003, o General CEME indeferiu o requerimento do recorrente, nos termos constantes de fls. 1, do p. i, e do doc. 10 dos autos, fls. 26, cujo teor aqui se dá por integralmente reproduzido.

III – DIREITO

1. Como resulta da matéria de facto enunciada (**n.º 4**), em 9.9.02, o recorrente com fundamento nas "disposições do ponto 2 do artigo 3.º e a parte final da alínea b) do artigo 4.º da Lei 43/99 e as disposições aplicáveis do Estatuto dos Militares dos Quadros Permanentes" requereu ao Chefe do Estado Maior do Exército a "reconstituição da minha carreira na classe de Oficiais até à patente de Coronel", pretensão que veio a ser indeferida pelo acto recorrido pelas razões referidas na informação que lhe serviu de suporte (**n.ºs 5 e 6**) e que são as seguintes: "(1) *Caso a reconstituição de carreira fosse efectuada na categoria de oficial estaríamos perante uma reconstituição automática, dita, administrativa, à revelia do disposto na Lei 43/99, de 11JUN, regulamentada pelo DL 197/2000, de 24AGO.* (2) *Com efeito, tanto os militares que regressam à situação de activo como aqueles que permanecem na situação de reserva, fora da efectividade de serviço, não podem ser considerados como satisfazendo os cursos ou concursos que constituem condição de ingresso na categoria de sargento ou na de oficial (art. 6.º da Lei 43/99).* (3) *Isto quer dizer que, no presente caso o requerente, apesar de habilitado desde 15OUT76, com o antigo terceiro ciclo (sétimo ano) (Doc.7), condição necessária para a frequência do curso de oficial TPAA, não pode agora ser considerado como satisfazendo tal curso, uma vez que este constitui condição de ingresso na categoria de oficial.*" Este entendimento veio a ser sufragado no acórdão recorrido. Sublinhe-se que o recorrente contencioso, nas alegações apresentadas no recurso contencioso, apenas apresentou uma conclusão onde refere que "O indeferimento da autoridade recorrida constante do doc. 10 é ilegal e viola o n.º 2 do art.º 2 do DL 197/2000, de 24.08". No requerimento indeferido o recorrente não solicitou a sua admissão à frequência de qualquer curso para oficiais, de forma que essa matéria não foi apreciada pela autoridade recorrida, nem, como é bom de ver, pelo TCA, cuja pronúncia se restringiu àquele vício. E sendo assim, também não é passível de ser conhecida agora neste STA que apenas se pode debruçar sobre o acórdão recorrido e os respectivos fundamentos.

2. A Lei n.º 43/99, de 11.6, invocada pelo recorrente no seu requerimento, foi elaborada, di-lo o seu artigo 1.º, para permitir "*a revisão da situação dos militares dos quadros permanentes dos três ramos das Forças Armadas que participaram na transição para a democracia iniciada em 25 de Abril de 1974 e, em consequência do seu envolvimento directo no processo político desencadeado pelo derrube da ditadura, foram afastados ou se afastaram ou cuja carreira tenha sido interrompida ou sofrido alteração anómala.*" Esse diploma legislativo fixou o quadro geral da regularização mas remeteu para um decreto-lei a sua regulamentação (art.º 7). Esse decreto-lei veio a ser publicado com o n.º 197/00, de 24.8, extraindo-se do seu preâmbulo que "*A Lei n.º 43/99, de 11 de Junho, determinou a revisão da situação dos militares dos quadros permanentes dos três ramos das Forças Armadas que participaram na transição para a democracia iniciada em 25 de Abril de 1974 e, em consequência do seu envolvimento directo no processo político desencadeado pelo derrube da ditadura, foram afastados ou se afastaram ou cuja carreira tenha sido interrompida ou sofrido alteração anómala. Neste contexto, a referida lei estabelece o âmbito material e pessoal do diploma, os efeitos da revisão da situação militar, os procedimentos aplicáveis aos requerentes que se encontrem na situação de reserva ou de reforma, bem como no activo,* *e o modo como se efectuará a reconstituição da carreira em resultado da revisão da situação militar, porém, de forma genérica, carecendo da respectiva regulamentação.*" O art.° 2.° do D.L. n.° 197/00, epigrafado de "*Revisão da situação militar*", dispõe que:

"*1 – Os militares dos quadros permanentes dos três ramos das Forças Armadas que reunam as condições previstas no artigo 1.° da Lei n.° 43/99, de 11 de Junho, têm direito a requerer a revisão da sua situação militar com vista à eventual alteração e reconstituição da respectiva carreira.*

2 – A reconstituição da carreira militar processa-se nos termos a que se refere o artigo 6.° da Lei n.° 43/99, de 11 de Junho, e de acordo com as disposições estatutárias à data aplicáveis ao militar, como se a progressão na carreira se tivesse verificado normalmente. (...)".

O referido art. 6.° (Lei n.° 43/99), sob a epígrafe de "*Reconstituição da carreira*", diz-nos que:

"*1 – A reconstituição da carreira militar, tendo sempre em consideração a respectiva idade do titular, faz-se por referência à carreira dos militares colocados à sua esquerda, à data em que mudou de situação, e que foram normalmente providos aos postos imediatos, observando-se, porém, as condições descritas nas alíneas seguintes: (...)*

b) O militar que regressar à sua situação de activo reocupará o seu lugar na escala do respectivo quadro, ***depois de ter realizado com aproveitamento os cursos, concursos, estágios ou tirocínios que constituam condição de promoção aos postos para que transita ou a que ascende;***

c) O militar que permanecer na situação de reserva, fora da efectividade de serviço, a seu pedido, por ter 36 anos de serviço, por ter atingido o limite de idade para o seu posto e quadro, ou por decisão do chefe do estado-maior do ramo nos termos da presente lei, é considerado como satisfazendo todas as condições especiais de promoção, ***com excepção dos cursos ou concursos que constituam condição de ingresso na categoria de sargento ou na de oficial;***

(...)"

Como resulta dos sublinhados a negrito a possibilidade de reconstituir a carreira do militar em caso algum comporta a dispensa da frequência e da realização efectiva "***dos cursos ou concursos que constituam condição de ingresso na categoria de sargento ou na de oficial***". Portanto, quer na situação da alínea b) de regresso ao activo, quer na da alínea c) de permanência na situação de reserva, fora da efectividade de serviço, os requerentes não ficam dispensados da frequência dos cursos nem da efectivação dos concursos aí referidos. O único aspecto em que se distinguem reside no facto de que na situação de reserva o militar "*é considerado como satisfazendo todas as condições especiais de promoção*" (que não os cursos e os concursos, como se viu), ficção que se não mantém na situação de activo. Sendo a situação do recorrente a da alínea c), a reconstituição da sua carreira passando de Sargento a Oficial, apesar de "*considerado como satisfazendo todas as condições especiais de promoção*" jamais seria possível sem a realização, com êxito, "***dos cursos ou concursos que constituam condição de ingresso na categoria ... de oficial***". O pedido que apresentou, de reconstituição da sua carreira até Coronel, sem frequentar os cursos e sem se submeter aos concursos, não podia deixar de ser indeferido com os fundamentos que lhe foram apresentados. Aliás, para apoiar essa sua pretensão o recorrente apresentou até, em 30.4.03, o requerimento de fls. 8 do PI, onde pede que lhe "seja concedida equivalência, para todos os efeitos legais, ao Curso da Academia Militar, e, em função dessa equivalência, me seja reconstituída a carreira militar, na Classe de Oficial, com início no ano em que terminaram o curso, os Alunos que ingressaram na Academia no ano de 1976."

Se a interpretação que o acórdão recorrido fez do n.° 2 do art.° 2.° do DL 197/00, de 24.8, é a única que esse preceito comporta, aí se consumindo os princípios constitucionais apontados, não pode ter incorrido na violação do art.° 266.° da CRP.

Improcedem, assim, todas as conclusões da alegação do recorrente.

IV – DECISÃO

Nos termos e com os fundamentos expostos acordam em negar provimento ao recurso e em confirmar o acórdão recorrido.

Custas a cargo do recorrente, fixando-se a Taxa de Justiça e a Procuradoria em respectivamente, 350 e 175 euros.

Lisboa, 25 de Janeiro de 2007.

Rui Botelho (Relator)
Cândido de Pinho
Costa Reis

Recurso n.° 1108/06-11

URBANISMO E CONSTRUÇÃO. PEDIDO DE INFORMAÇÃO PRÉVIA. CADUCIDADE DA INFORMAÇÃO PRÉVIA. DIREITO DE PROPRIEDADE.

(Acórdão de 22 de Março de 2007)

SUMÁRIO:

I – O decurso do prazo de um ano sobre a decisão respeitante ao pedido de informação prévia contido no art. 13.° do DL n.° 445/91 implica a sua caducidade, se nele não for apresentado o pedido de licenciamento.
Não quer isso dizer que, com a caducidade desapareça toda a vinculação da entidade administrativa. A Administração continua vinculada a agir em conformidade com a lei, mesmo depois desse prazo, tudo dependendo do quadro legal existente no momento em que vier a ser decidido o pedido final de licenciamento.

II – No domínio do ordenamento do território e do licenciamento urbanístico não se reconhece à Administração, regra geral, poderes de actuação discricionária, uma vez que a licença implica o reconhecimento administrativo da adequação

da pretensão construtiva à ordem legal vigente. A possibilidade de construir é o resultado de uma concessão jurídico-pública em face das regras e dos planos urbanísticos de carácter vinculado.

III – Por essa razão, é inoperante a invocação de vícios como os da violação do princípio da igualdade, da justiça e imparcialidade ou da prossecução do interesse público.

IV – O direito de propriedade não é absoluto e irrestrito, podendo sofrer condicionamentos, designadamente em matéria de urbanismo e construção.

ACORDAM NA 1ª SUBSECÇÃO DA 1ª SECÇÃO DO STA:

I – RELATÓRIO

CIPRIANO ALFREDO PEIXOTO LOPES DE SOUSA, recorre jurisdicionalmente da sentença proferida no TAF de Penafiel, que julgou improcedente a acção para efectivação de responsabilidade civil extracontratual que ali intentou contra a Câmara Municipal de Fafe.

Nas alegações respectivas, apresentou as seguintes conclusões:

«1) Dá-se aqui como integrada toda a matéria de facto da pi., bem como essa mesma matéria apurada na douta sentença sob recurso e constante das alegações deste.

2) A matéria de facto essencial com interesse para a correcta apreciação deste caso assenta em dois pontos, colhidos na douta sentença e que são:

a) O recorrente apresentou em Julho de 96 na Câmara recorrida um pedido de informação prévia, tendo esta deliberado aprovar uma viabilidade de construção de um edifício de três pisos, com uma cave, tendo porém imposto umas condicionantes que implicaram uma área de construção perdida de 540 m2, o que determinou a reformulação do preço de venda do prédio pois, sendo pretensão do recorrente vendê-lo por 60 000 000$00, acabou por aliená-lo por 47 500 000$00.

b) Mais tarde, mas pouco tempo depois, os sócios da empresa compradora – "HR Sociedade de Construções, Lda" – apresentaram na recorrida Câmara um projecto de arquitectura, tendo esta dado permissão para a construção na totalidade do terreno, sem que fosse exigida qualquer condicionante, ou seja, consentiu à compradora construir mais 540 m2 do que a área de construção permitida ao recorrente.

3) São exigíveis para responsabilizar a Câmara recorrida os seguintes pressupostos: o facto ilícito, a culpa, o dano e o nexo da causalidade.

4) É claro e óbvio que o dano e nexo de causalidade estão verificados e são presentes, não sendo passíveis de qualquer contestação.

5) Falta assim apurar se houve facto ilícito e culpa, sendo que a douta sentença absolveu a Câmara do pedido por, em seu entender, não existir qualquer ilicitude.

6) Desde logo e numa primeira análise, a necessidade por parte da recorrida de dar tratamento igual ao vendedor (recorrente), e à compradora do terreno determinava, por elementar razão de prudência, que o que fosse consentido a um o fosse ao outro e o que fosse proibido a um, fosse igualmente proibido ao outro, *já que as condicionantes urbanísticas se mantinham não havia alteração dos pressupostos determinantes da construção estava-se no domínio da mesma ordem jurídica sem qualquer alteração legislativa e não existia sequer reponderação dos critérios urbanísticos ou, pelo menos, tal reponderação não foi considerada e, por isso, não se mostrava provada.*

7) É assim evidente, pelo menos flagrante violação do princípio da igualdade consagrado no art. 13.º da CRP, e no art. 5.º do Código de Procedimento Administrativo e por tal razão, logo aí se verifica o ilícito por violação de norma legal ordinária – referido art. 5.º – e de uma norma constitucional – o alegado art. 13.º.

8) Decidir sobre o direito à construção constitui acto vinculado e não discricionário da Administração, sendo que foi discricionariamente e sem qualquer fundamento que a Câmara Municipal de Fafe, relativamente a esse direito, decidiu de duas maneiras absolutamente contraditórias, beneficiando a firma compradora do terreno e prejudicando manifestamente o seu anterior proprietário, o aqui recorrente, pois se razoes houvesse que impediam que o recorrente pudesse construir na totalidade do terreno, essas razões existiriam igualmente para a entidade compradora e se esta podia construir na totalidade do terreno, como construiu, também a recorrente o deveria poder fazer, tendo sido disso impedido pela recorrida.

9) O que não podia era a Câmara, sem qualquer alteração normativa ou reponderação urbanística válida decidir como decidiu relativamente ao recorrente e à compradora do terreno, violando no tocante àquele, entre outros, o disposto no art. 63.º do D.L. 495/94, com redacção dada pelo D.L. 250/94, pois ai estão condensadas as razões do indeferimento do licenciamento e nenhuma delas era oponível ao recorrente. É evidente que também aqui se encontra grave ilicitude que o Meritíssimo Juiz recorrido, e salvo o devido respeito, não descortinou.

10) O M.mno Juiz "a quo" invoca o prazo de caducidade de um ano previsto no art. 13.º do D.L. 445/91, de 20 de Novembro, alterado pelo D.L. 250/94, de 15 de Outubro para justificar a conformidade da acção da Administração com a legalidade normativa. Contudo, não pode o julgador lançar mão de um preceito ao qual, nos seus próprios dizeres atribui carácter funcional e instrumental, para justificar uma conduta da Administração, esta sim de natureza indubitavelmente substancial que culmina na prática de um acto administrativo lesivo dos direitos do recorrente.

11) Tal como vem referido na douta sentença recorrida o P.I.P. (pedido de informação prévia) está consagrado na estrutura do processo de licenciamento com o objectivo de "*diminuir os riscos e minimizar os custos do projecto, conferindo ao particular uma definição prévia dos limites de conformação normativa do seu direito de edificação e dos respectivos condicionamentos*".

12) Ora, como é possível aceitar-se nessa conformidade e designadamente com a manutenção das condicionantes urbanísticas e a não reponderação dos respectivos critérios, se determine um tratamento diferenciado de dois particulares exactamente iguais perante a lei?

13) São assim várias as normas legais violadas pelo comportamento discriminativo da recorrida Câmara, nomeadamente e entre outros:

- art. 13.º da CRP;
- arts. 3.º, 4.º, 5.º e 6.º do CPA;

– art. 63.º do DL n.º 495/94, com a redacção dada pelo DL n.º 250/94;

– arts. 1305.º, 1306.º e 1354.º do Código Civil».

* *

A Câmara Municipal de Fafe não apresentou alegações e o digno Magistrado do MP opinou no sentido da confirmação da sentença impugnada e, por isso, pelo improvimento do recurso.

* *

Cumpre decidir.

II – OS FACTOS

A sentença recorrida deu por assente a seguinte factualidade:

«1.º O A. era proprietário de um conjunto de prédios localizados no quarteirão compreendido pelas Ruas dos Combatentes da Grande Guerra, Visconde Moreira de Rei e Travessa do Calvário, em Fafe, inscritos na matriz sob os arts 660.º e 661.º, pretendendo o A. a demolição dos mesmos e, no respectivo terreno, mandar executar um empreendimento urbanístico ou, em alternativa, vender o terreno após conhecimento das suas capacidades construtivas, preferindo esta última solução;

2.º Tendo em vista qualquer das suas hipóteses, o A. entregou na Câmara Municipal de Fafe (CMF), pelo requerimento de Julho de 1996, um pedido de informação prévia {p.i.p., de ora em diante}, que instruiu com os elementos constantes do art. 11.º do Dec. Lei n.º 445/91, de 20 de Novembro;

3.º Pela deliberação de 18 de Setembro de 1996, comunicada ao ora A. em 07.10.1996, a R. decidiu aprovar uma viabilidade para o terreno referido no ponto 1.º supra, que se traduzia na construção de um edifício de três pisos, r/c mais dois andares, bem como, uma cave;

4.º Nos termos dessa viabilidade, o A. não poderia construir na totalidade do seu terreno, já que deveria respeitar os alinhamentos da Rua dos Combatentes da Grande Guerra, bem como na Travessa do Calvário, deveria ser respeitado o alinhamento do edifício recente construído a poente; na Rua Visconde Moreira de Rei deveria ser salvaguardada a execução de uma baia de estacionamento em linha, com 2,5 metros de largura, e um passeio com 3 metros de largura;

5.º O A, face ao condicionalismo de ter de recuar 4 metros para a execução da supra mencionada baia de estacionamento e alargamento do passeio preexistente, decorrente da viabilidade aludida no ponto anterior, viu a capacidade construtiva do terreno descrito em 1.º reduzida em 540 m2 (4 metros x 45 metros {extensão do terreno} x 3 pisos), o que determinou que o A refizesse o preço pretendido para o terreno;

6.º O valor inicial que o A. pretendia pelo terreno era de "60 000 000$00";

7.º Porém, o A. vendeu o dito terreno pela quantia de "47 500 000$00";

8.º O valor do terreno para construção, com as características do terreno dos autos, era de "40000$00" m2;

9.º O valor de construção para o terreno em causa, considerando todos os custos incluídos, designadamente os custos financeiros, seria de "80 000$00" por m2;

10.º O valor de venda para o terreno era de "110,000$00" por m2;

11.º O A, por intermédio de representante, vendeu o terreno indicado no ponto 1.º à firma "HR-Sociedade de Construções, Lda.", com sede na Av. de S. Jorge, em Fafe, por escritura pública de 10 de Julho de 1998, tendo sido declarada nessa escritura a venda pelo preço global de "12 500 000$00" (cfr. teor do doc. de fls. 29 a 33 dos autos);

12.º Os sócios da "HR -Sociedade de Construções, Lda.", Henrique Fernando Ribeiro Rocha e Joaquim Costa, apresentaram, em Julho de 1998, nos serviços da CMF um projecto de arquitectura para construção de um edifício naquele terreno, com a indicada cércea de 3 pisos, r/c mais dois andares, mas abrangendo a totalidade do terreno em área de implantação, sem qualquer perda, assim permitindo a construção de mais 180 m2 de terreno relativamente ao A;

13.º Perante reclamação do mandatário do ora A. junto da CMF, esta respondeu nos termos da informação constante do doc. de fls. 8 a 11 dos autos (cujo teor aqui se dá por integralmente reproduzido);

14.º Dá-se aqui por integralmente reproduzido o teor dos docs. de fls. 8 a 11 e de 29 a 45 dos autos».

III – O DIREITO

1 – Subjacente ao impulso da acção estava a seguinte matéria de facto:

O autor, dono de uns prédios urbanos em Fafe, pretendia demoli-los a fim de que na correspondente área pudesse construir um empreendimento urbanístico ou, em alternativa, procedesse à venda do terreno após o conhecimento das suas capacidades construtivas.

Na prossecução desse objectivo, requereu à Câmara a pertinente informação prévia prevista no art. 10.º do DL n.º 445/91, de 20/11, tendo aquela deliberado favoravelmente a viabilidade de construção de um edifício com uma cércea de três pisos (r/c e dois andares) e uma cave. Essa aprovação foi, contudo, condicionada à execução de uma baia de estacionamento em linha com 2,50 metros de largura e ainda um passeio de três metros de largura. Isto significava uma perda de 540 m2 de área de construção e, em consequência, o terreno, que valeria 60 000 000$00 sem aquele condicionamento, passou a valer 47 500 000$00, preço pelo qual acabou por vendê-lo à construtora "HR – Sociedade de Construções Limitada".

Após a aquisição, a "HR" apresentou à edilidade um projecto de arquitectura para a construção dum edifício com a cércea referida, mas abrangendo toda a área do terreno e sem qualquer perda, o que foi deferido sem os condicionamentos que haviam sido impostos na viabilidade concedida.

Tal decisão camarária, que, segundo as palavras do então autor, decorreu "no domínio da mesma legislação aplicável", terá contribuído para um prejuízo de 12 500 000$00 (60 000 000$00 – 47 500 000$00), importância que por isso vem reclamada nos autos, com fundamento na prática de um acto ilícito gerador de responsabilidade civil extracontratual por parte da Câmara.

Ilicitude que o ora recorrente fizera assentar na violação dos arts. 13.º da CRP, 10.º, n.º 1, e 63.º do DL n.º 445/91, 3.º a 6.º do CPA, 63.º do DL n.º 445/91, de 20/11 e 1305.º, 1306.º e 1354.º do Código Civil.

2 – A sentença em crise decidiu, contudo, que não entrevia na actuação da Câmara nenhuma ilicitude, devido ao facto de o autor ter deixado passar o prazo de um ano sobre a viabilidade concedida (art. 13.º do DL 445/91 sem lhe ter dado qualquer sequência mediante a apresentação de um projecto de edificação e o corres-

pondente pedido de licenciamento. Caducado, então, o respectivo direito, nada já obrigaria a Câmara a aprovar o projecto de arquitectura apresentado em 1998 nos mesmos moldes em que havia deliberado acerca do pedido de informação prévia.

Foi com esta fundamentação que a sentença deu por encontrada a solução para a acção, afastando desde logo a invocada violação dos preceitos nos quais o autor se estribava para sustentar a ilegalidade do acto administrativo praticado em favor da "HR".

3 – Da sentença do TAF ressalta o entendimento de que, desaparecida, pela caducidade, a força vinculativa do acto constitutivo de direitos decorrente da decisão sobre a viabilidade, outra já poderia ser a decisão que pudesse vir a ser tomada à luz de uma nova pretensão. Porém, uma conclusão assim erigida em tais termos de generalidade, corre o risco de ser restritiva e redutora em certos casos e, por isso, nem sempre aplicável.

Com efeito, ela atende unicamente à caducidade da "informação prévia" pelo decurso do prazo de um ano (art. 13.°, do DL n.° 445/91, de 20/11), como se a partir dela – a partir desse momento – tudo à Câmara fosse permitido. E não é. É que, mesmo nalgum aspecto discricionário com que no caso tivesse que lidar (por exemplo, ligado à estética), sempre teria que tratar de modo igual aquilo que fosse substancialmente igual (art. 13.° da CRP), o que desde logo lhe retiraria a possibilidade de tomar diferente resolução sobre a mesma hipótese de facto desde que não tivesse havido uma modificação do quadro legal aplicável.

Da mesma maneira, não podemos deixar de lembrar que, nos aspectos vinculados, a Câmara não podia agir a seu bel-prazer, dado o imprescindível respeito que devia pelo princípio da legalidade e pela legislação dominante.

Por aqui se vê que nunca a decisão estaria livre: ou teria que submeter-se aos limites da acção discricionária ou sujeitar-se às prescrições imperativas e de vinculação irrefutável, consoante ao caso fossem aplicáveis uns ou outras.

Logo, não é possível dizer-se de ânimo leve que, caducado o direito constituído pela "informação prévia", toda acção posterior da Câmara era lícita e "livre", no sentido de que podia agir de modo totalmente diferente daquele para que apontava a "viabilidade". O decurso daquele prazo de um ano faz desaparecer, é verdade, o dever de agir em conformidade, porque a vinculação só perdura por esse período. Só que essa vinculação é restrita ao acto e ao tempo, não podendo perder-se de vista a outra vinculação de nível superior: a vinculação à lei.

E é a esse nível que, efectivamente, duas hipóteses se colocam:

1.ª Hipótese: **Viabilidade/Informação prévia legal.**

Se a viabilidade era *legal*, isto é, se ela traduzia a fidelização ao quadro jurídico vigente, por obedecer a todas as prescrições imperativas da lei, então não podia a Câmara decidir de modo diferente no acto final do procedimento, se entre aquela (informação prévia) e este (deferimento do licenciamento) não tivesse havido modificação das circunstâncias de facto e de direito. Estando a Câmara a agir legalmente, deveria decidir o procedimento conforme determinação da lei. É essa a vinculação a que estava sujeita. Nessa perspectiva, não poderia mudar no acto final o sentido da viabilidade, mesmo que já caducada, sob pena de ilegalidade e de ilicitude.

2.ª Hipótese: **Viabilidade/Informação prévia ilegal.**

Aqui, deve ter-se presente que, não obstante desaparecida a vinculação através da referida caducidade, poderia a Câmara estar sujeita ao dever de mudar de posição e alterar o sentido intercalar da viabilidade, desde que viesse a constatar na decisão final do procedimento que, afinal, tinha errado e prestado uma "informação prévia" *ilegal*. Se esse fosse o caso, estaria obrigada a agir diferentemente na deliberação final, porque só assim cumpriria a lei. Procedendo desse modo, seria lícita a sua acção; agindo diferentemente, estaria a violar a lei e a actuar ilicitamente.

Como se vê, é diferente a solução sobre a (i)licitude, consoante os pressupostos de facto e de direito que no caso intervierem (se houve ou não alteração das circunstâncias entre a "viabilidade" o "acto final"), o que sempre importaria a análise da legalidade de ambos. Mas, para tanto, necessário seria que o autor tivesse fornecido os indispensáveis elementos de estudo do ponto de vista da afirmação da validade legal de cada um. E isso não o fez (e porque assim é, não poderia a sentença avançar para esse campo de estudo, nem nós o poderemos trilhar nesta instância).

E mesmo que o tivesse feito, depois da conclusão a que a tribunal recorrido chegasse sobre a legalidade desses actos (apuramento prévio ou prejudicial no âmbito da acção, para daí se partir para a conclusão sobre a ilicitude subjacente), ainda faltaria verificar se isso daria ao autor algum direito indemnizatório.

Na 1.ª hipótese mencionada, importaria ver se o A. poderia tirar partido de uma situação de ilegalidade do 2.° acto (deferimento do licenciamento a terceiro com maior capacidade construtiva). Partindo da ideia de que o 1.° acto (informação prévia) era legal, então o preço do terreno era, digamos, o preço certo e correspondia a um valor justo. Mas nesse caso, tendo a Câmara violado a lei ao conferir uma maior capacidade construtiva ao prédio, agora pertencente a "HR", desse facto poderá o A. extrair consequências patrimoniais a seu favor? Não representará isso um locupletamento à custa desse acto? E, até por isso, não representará um abuso de direito, intolerado pela nossa ordem jurídica?

Por outro lado, na 2.ª hipótese, decorrido o prazo de um ano, a Câmara deixaria de estar vinculada à prática de um acto final com o conteúdo para que o 1.° acto apontava. E assim, corrigiria a situação conferindo ao 2.° acto a legalidade que faltara no 1.°. Mas, nesse caso, deverá perguntar-se se ainda o A. poderia colher de uma situação de ilegalidade do 1.° a fonte do direito à indemnização. Quer dizer, o facto de a Câmara ter alterado o seu posicionamento, praticando o acto final *dentro da legalidade*, implicará que tenha que indemnizar o autor, destinatário que foi, simplesmente, de uma "Informação prévia" ilegal e a que não deu sequência no prazo de um ano?

São interrogações a que urgiria dar resposta, mas para tanto seria preciso que o tribunal recorrido tivesse previamente apurado, acaso o A. os tivesse fornecido – como era seu ónus fornecer – os dados necessários ao apuramento da legalidade dos actos (ao menos daquele que concedeu a viabilidade construtiva), o que não fez.

Assim sendo, embora não se acolha a afirmação da sentença sobre este ponto, a verdade é que os autos não fornecem mais contributos que permitam, nesta parte, concluir por diferente decisão relativamente à que o tribunal recorrido tomou.

4 – Estudemos, agora, um a um, os preceitos em que o recorrente continua a estribar-se para propugnar pela revogação da sentença.

4.1 – À frente de todos, os arts. 13.º da CRP e 5.º do CPA.

O recorrente acha-se discriminado, porquanto, no quadro da mesma ordem jurídica, a Câmara agiu de modo desigual, entre si e a "HR", sobre a mesma situação de facto. Foi esta a alegação.

Ora, o princípio da igualdade ali plasmado, e recebido no art. 5.º do CPA, funciona como um *limite interno* à discricionariedade administrativa. É um princípio estruturante da *actividade* da administração, própria dos domínios em que goza de margem de livre apreciação. E, como é sabido, em matéria de ordenamento do território e de licenciamento urbanístico os instrumentos jurídicos existentes definem com a precisão e o rigor possíveis os limites da intervenção humana. Há a esse nível um universo de normas e regras que disciplinam a acção do homem nos mais variados aspectos, em particular no que respeita à gestão e utilização do espaço no âmbito da actividade construtiva. Costuma dizer-se que, nesse plano, a vinculação constitui a principal parcela dos poderes administrativos, reservando-se à discricionariedade um papel pouco mais que residual. Dito de outro modo, é vinculada a actuação das entidades que detêm o poder decisório em matéria de licenciamento de construção. Se o particular quer construir no seu terreno, o seu interesse legítimo só se tornará direito após uma análise feita com sucesso pelos poderes públicos da conformação da sua pretensão aos mecanismos legais e regulamentares em vigor. O licenciamento assume, neste contexto, o reconhecimento administrativo da adequação da pretensão à ordem legal vigente. Por conseguinte, a possibilidade de construir apresenta-se como o resultado de uma concessão jurídico-pública em face das regras e dos planos urbanísticos, que têm geralmente carácter vinculado.

Ora, no caso em apreço não é possível reconhecer à Administração qualquer actuação discricionária, visto que a lei é muito clara nos parâmetros que impõe e na dimensão tuteladora e imperativa que estabelece. Logo, face ao tipo legal de acto – de feição vinculada –, não dispondo a Administração de margem de discricionariedade ou liberdade decisória, é inoperante a alegação de violação do princípio da igualdade, sabido que ele funciona como um limite interno da actividade discricionária, (v.g. Ac. STA de 9/10/2002, Proc. n.º 0443/02)..

4.2 – Avançando directamente para os restantes preceitos do CPA, a sentença impugnada asseverou:

«E tendo em atenção que no momento em que foi aprovado o projecto de arquitectura o direito do A. não mais existia na sua esfera jurídica, não vemos como é que com essa decisão violou os princípios da legalidade, da protecção dos direitos e interesses dos cidadãos, da justiça, da imparcialidade, da responsabilidade pelas informações por escrito e da participação (arts. 3.º a 7.º, n.º 2, todos do CPA), pois ao tempo daquela decisão o A. já não era parte de qualquer relação jurídica com a R., nem interessado directo no respectivo procedimento de licenciamento, iniciado em Julho de 1998».

A verdade é que o acórdão acima citado (Proc. n.º 0443/02), se serviu para rechaçar a pretensa violação do princípio da igualdade, do mesmo modo também presta para repelir a alegada violação do princípio da justiça e imparcialidade contido no art. 6.º do CPA, uma vez que também estes são princípios que visam regular a actuação discricionária da Administração, e já vimos que ela no caso era de matriz vinculada. Razão para não nos determos mais tempo neste passo, senão para concluirmos, como além, que não pode ser nesse fundamento que a ilicitude assentará, caso a venhamos a descobrir..

4.3 – Quanto ao princípio da prossecução do interesse público, no respeito pelos direitos e interesses legalmente protegidos dos cidadãos (art. 4.º do CPA e 266.º, n.º 1, da CRP), e que o recorrente considera violado, cumpre-nos dizer que ele tem o seu campo de acção reservado aos casos em que a Administração não tem a sua actuação fixada na lei. Isto é, se dispuser de discricionariedade e tiver "liberdade" de opção, a escolha que fizer terá que ser enquadrada em parâmetros de respeito pelo interesse público relevante e pelos direitos e interesse dos particulares que ao caso couberem e que com aquele possam estar em conflito.

Ora, sendo isto assim, não poderá o art. 4.º do CPA servir de apoio à luta que o recorrente trava pela ilicitude assente na sua violação, dado o carácter de vinculação da acção das câmaras no domínio do licenciamento de obras.

No que respeita à pretensa ilicitude derivada da violação do art. 3.º do CPA, apenas podemos dizer que o princípio da legalidade (art. 3.º), pela sua abstracção e carga teleológica, e enquanto princípio estruturante da actividade administrativa, ele, por tudo o que até este momento já afirmámos, já só poderá achar-se afrontado no caso de procedência do fundamento do recurso relacionado com a violação das disposições do DL n.º 445/91 e do Código Civil. Disso, porém, trataremos já de seguida.

4.4 – Enfrentemos agora o art. 63.º do DL n.º 445/91.

Para o recorrente, este artigo teria sido desrespeitado na medida em que, contra as razões ali especialmente previstas para o indeferimento dos pedidos de licenciamento, e sem que tivesse havido alteração normativa ou reponderação urbanística, a Câmara de Fafe acabou por decidir a favor de "HR" aquilo que a si mesmo negara, sendo certo que nenhuma delas lhe era oponível.

Equacionada deste modo a questão, mal se percebe em que medida este preceito se pode considerar vilipendiado, já que o acto alegadamente lesivo da esfera do recorrente não serviu para *indeferir* um qualquer pedido seu, mas antes para deferir uma pretensão construtiva da *nova proprietária do terreno*. Ele – o acto – só poderia ser tocado por uma das disposições do artigo 63.º caso fosse de indeferimento de um pedido apresentado pelo recorrente. Mas no caso presente sucedeu o oposto.

De resto, nem no que a si mesmo diz respeito, o preceito pode acudir à sua tese, já que até o seu pedido inicial foi deferido, embora com condicionamentos.

Portanto, atendendo ao seu âmbito restrito, e interpretado à letra o invocado art. 63.º – com epígrafe de "Indeferimento" –, pode dizer-se que ele não tem seguramente aplicação à situação em exame. A circunstância de a Câmara ter deferido de modo diverso ambos os pedidos não tem paralelo com um conteúdo de "indeferimento" que o artigo em exame tem precisamente por pressuposto.

4.5 – Outrossim, improcede a alegação de violação dos artigos do Código Civil.

Segundo nos parece, pretende o recorrente ver naqueles dispositivos a emanação de um direito absoluto e irrestrito do direito de propriedade. E embora se não tenha dado ao esforço de explicitar a razão do seu pensamento sobre o assunto, dado o modo conclusivo como a eles se referiu (ver art. 39 da p.i.; também ponto 16 "in fine" das alegações e conclusão 13.º), tais artigos também não dão, com toda a certeza, cobertura à sua posição.

Como se disse no aresto deste STA acima citado «o direito de propriedade não é um direito absoluto, podendo comportar limitações, restrições ou condicionamentos – particularmente importantes no domínio do urbanismo e do ordenamento do território, em que o interesse da comunidade tem de sobrelevar o do indivíduo». E logo a seguir «O jus aedificandi não faz parte do acervo de direitos constitucionalmente reconhecidos ao proprietário, tal como vem sendo decidido em vários arestos deste Supremo Tribunal, bem como do Tribunal Constitucional – cf., a título de exemplo, os Acs. do STA de 18.2.98, proc.º n.º 27.816 e 12.12.01, proc.º n.º 34.981 (ambos do Pleno) e de 20.12.00, 1.2.01, 7.3.02, resp. procs. n.os 43.385, 46.825 e 48.179. O direito de propriedade apenas se reveste dessa dignidade constitucional quando entendido como "susceptibilidade ou capacidade de aquisição de coisas e bens e da sua livre disponibilidade, isto é, como poder imediato, directo e exclusivo sobre concretos e determinados bens" – Ac. do STA de 28.6.98, proc.º n.º 41.653».

Ora, se o direito de propriedade pode sofrer condicionamentos em matéria de urbanismo – atente-se, v.g., no art. 1306.º, n.º 1, do C.C –, e se as entidades públicas os podem impor «nos casos previstos na lei» , torna-se claro que a aplicação dos preceitos do DL n.º 445/91 que os prevejam não pode estar a violar os referidos preceitos do Código Civil (quando o recorrente na sua alegação citou o art. 1354.º estaria a referir-se, certamente, ao art. 1344.º do CC, referente aos "limites materiais" do direito de propriedade).

4.6 – Alcançada esta conclusão, nenhuma violação do princípio da legalidade (art. 3.º) encontramos na actuação administrativa (ver ponto 4.3. supra).

Estes são, em suma, os motivos pelos quais não sufragamos as conclusões das alegações de recurso jurisdicional interposto.

IV – DECIDINDO

Face ao exposto, acordam em negar provimento ao recurso, confirmando a sentença recorrida.

Custas pelo recorrente.

Lisboa, 22 de Março de 2007.

Cândido de Pinho (Relator)
Azevedo Moreira
Costa Reis

Recurso n.º 390/06-11

2.ª Secção (Contencioso Tributário)

ACÇÃO ADMINISTRATIVA ESPECIAL. CADUCIDADE DO DIREITO DE ACÇÃO. DESPACHO SANEADOR. SEGURANÇA SOCIAL. PRAZO PARA ENTREGA DAS CONTRIBUIÇÕES.

(Acórdão de 7 de Fevereiro de 2007)

SUMÁRIO:

I – A caducidade do direito de acção, não tendo sido apreciada no despacho saneador, não pode ser suscitada nem decidida em momento posterior do processo – cfr. artigos 87.º e 89.º do Código de Processo nos Tribunais Administrativos.

II – As obrigações de entrega das contribuições e de entrega das declarações de remunerações, por parte das entidades empregadoras, devem ser realizadas no mesmo prazo, até ao dia 15 do mês seguinte àquele a que respectivamente dizem respeito: o do exercício da actividade profissional dos trabalhadores.

ACORDAM NA SECÇÃO DO CONTENCIOSO TRIBUTÁRIO DO SUPREMO TRIBUNAL ADMINISTRATIVO:

Somelos Tecidos, S.A., Somelos Fios, S.A., e Somelos Acabamentos Têxteis, S.A., vêm recorrer da sentença do Tribunal Administrativo e Fiscal de Braga que julgou improcedente a acção administrativa especial, de anulação, que deduziram contra a deliberação do Conselho Directivo do Instituto de Gestão Financeira da Segurança Social, de 23 de Outubro de 2003, que decidiu que estas sociedades não tinham efectuado atempadamente o pagamento das contribuições para a Segurança Social.

Fundamentou-se a decisão recorrida em que "as contribuições e quotizações são devidas com o início do exercício da actividade profissional pelos trabalhadores ao serviço da entidade empregadora, as declarações de remunerações são entregues até dia 15 do mês seguinte àquele a que respeita a prestação de trabalho e o pagamento das contribuições e quotizações devem ser pagas até ao dia 15 do mês seguinte àquele a que disserem respeito" e em que as autoras não entregaram as contribuições e quotizações dentro deste prazo.

As recorrentes formularam as seguintes conclusões:

1. Atenta a matéria de facto apurada, segundo a qual houve tão somente uma presunção de mora que gerou a liquidação de juros, decorrentes do facto das contribuições haverem sido entregues no mês seguinte ao do pagamento das remunerações e não no mês seguinte àquele que as mesmas diziam respeito – é o que se escreve sob a alínea C) dos factos apurados,

2. Considerando as datas das remessas das declarações de remunerações, por um lado, e as datas do pagamento das mesmas (cfr. a alínea D) dos factos assentes no tocante às Autoras Somelos Tecidos, SA, Somelos Fios, SA e Somelos Acabamentos, SA), e como se conclui da alínea F) desses factos, quando aí se escreve que os pagamentos dos salários mensais aos trabalhadores pelas Autoras ocorreram sempre nos três primeiros dias úteis seguintes àqueles a que respeitam;

3. Considerando ainda que as contribuições para a Segurança Social são devidas pelas Autoras em função do pagamento das remunerações aos trabalhadores (tendo em atenção que tais contribuições são compostas por parcelas distintas, em cumprimento do que dispõe o preceituado no n.º 2 do art. 3.º do Decreto Lei n.º 199/99);

4. E tendo em atenção o cumprimento da cláusula 32 n.º 1 do Contrato Colectivo de Trabalho em vigor para a indústria têxtil e cujo conteúdo não é mais do que o que resulta da factualidade assente na já referida alínea F);

5. Considerando, por fim, que a obrigação formal da remessa das declarações de remunerações (Decreto Regulamentar n.º 26/99, art.º 6.º e Decreto Lei n.º 199/99 n.º 2 do art.º 10º), não se confunde com a prevista no n.º 1 do art.º 47.º da Lei de Bases de Previdência n.º 32/ /2002, que obriga as empregadoras a descontar nas remunerações que paga, o valor das quotizações dos trabalhadores, donde

6. É unicamente na ocasião em que as Autoras procedem ao pagamento dessas remunerações, que surge temporalmente a obrigação da retenção na fonte desses valores contributivos, e

7. Só então é que os descontos são efectuados nos salários pagos e só a partir daí é que é possível proceder à respectiva remessa para a Segurança Social.

8. Quando no n.º 2 do art.º 10.º do Decreto Lei n.º 199/99 se fala em pagamento de contribuições até ao dia 15 do mês seguinte àquele a que disserem respeito, tal só pode significar que o início desse lapso de tempo decorre a partir do facto a que se reporta.

9. Ora, tal facto verifica-se necessariamente no mês do pagamento dos salários e nunca no mês em que ocorreu a prestação do trabalho a que aquelas remunerações dizem respeito – nem tal se lê da lei.

10. As recorrentes pagaram tempestivamente as contribuições nas datas constantes da alínea E) dos factos apurados, pelo que lhes devem ser restituídos os juros moratórios calculados nessa mesma alínea.

11. Há violação da lei na sentença recorrida e na Deliberação do Conselho Directivo do IGFSS de 23/10/2003, designadamente do n.º 1 do art.º 47.º da Lei n.º 32/2002, cujo cumprimento em termos de datas é incorrectamente equiparado ao do n.º 2 do art.º 10.º do Decreto Lei n.º 199/ /99, ao art.º 6.º do Decreto Regulamentar n.º 26/99 e ao n.º 2 do art.º 1.º do Decreto Lei 106/01.

Termos em que, por violação da lei, se deve anular a sentença recorrida e a identificada Deliberação do IGFSS, que se impugnou pela instauração da acção onde tal sentença foi proferida, como é de Justiça.

E, por sua vez, contra-alegou a recorrida:

1 – A obrigação contributiva constitui-se com o início do exercício da actividade profissional pelos trabalhadores ao seu serviço, de acordo com o disposto no n.º 2 do artigo 45.º da Lei n.º 32/2002, de 20 de Dezembro.

2 – As entidades empregadoras são responsáveis pelo pagamento das contribuições por si devidas e das quotizações correspondentes aos trabalhadores ao seu serviço, devendo descontar, nas remunerações a estes pagas o valor daquelas quotizações, de acordo com o disposto no n.º 1 do artigo 47.º da Lei n.º 32/2002, de 20 de Dezembro.

3 – As entidades empregadoras devem enviar as declarações de remunerações até ao dia 15 do mês seguinte aquele a que as remunerações disserem respeito, de acordo com o disposto no artigo 6.º do Decreto-Regulamentar n.º 26/99, de 17 de Outubro.

4 – As contribuições devem ser pagas até ao dia 15 do mês àquele a que disserem respeita, de acordo com o disposto no n.º 2 do artigo 10.º do Decreto-Lei n.º 199/ /99, de 8 de Junho.

5 – Destes preceitos legais resulta, que as contribuições são devidas com o início do exercício da actividade profissional pelos trabalhadores ao serviço da entidade empregadora, que as declarações de remunerações são entregues até ao dia 15 do mês seguinte àquele a que respeita a prestação de trabalho e, que o pagamento das contribuições deve ser pago até ao dia 15 do mês àquele a que disserem respeito,

6 – No presente caso, se os salários, por exemplo, disserem respeito ao mês de Novembro de 2002, as contribuições para a Segurança Social devem pagos até ao dia 15 de Dezembro de 2002 e assim sucessivamente, isto fazendo uso dos quadros apresentados pela Autoras no 4 da petição inicial.

7 – Diferentemente seria o caso de as Autoras não procederem à entrega de declarações de remunerações ou de terem salários em atraso. Porém, não é a situação das Autoras.

8 – Não pagando as Autoras as contribuições até ao dia 15 do mês seguinte àquele em que entrega as declarações de remunerações, deverá considerar-se que são devidos juros de mora à taxa legal,

9 – Entregando as Autoras as declarações de remunerações até ao dia 15 do mês seguinte àquele a que respeita a prestação de trabalho, deve considerar-se que as contribuições são devidas no mesmo prazo, atento, também, o facto de efectuarem o pagamento de salários nesse período, consequentemente, o não pagamento das contribuições dentro daquele prazo pelas Autoras determina como determinou o nascimento da obrigação de juros de mora.

10 – O despacho conjunto das Secretarias de Estado do Emprego e Formação Profissional e da Segurança Social, de 26 de Fevereiro de 1986, publicado no Diário da República, II Série, 15 de Março de 1986, refere que numa situação de desfasamento entre o mês de pagamento de contribuições e o mês de reporte das remunerações é que o pagamento das contribuições deve ser efectuado no mês seguinte ao do efectivo pagamento dos salários.

11 – Este despacho foi proferido no âmbito da conjuntura económica e social que o País atravessava naquela época, não sendo aplicável à situação em análise, tal como decorre da factualidade ora em apreço.

12 – Deve considerar-se que as contribuições são devidas com o início do exercício da actividade profissional pelos trabalhadores ao serviço da entidade empregadora, que as declarações de remunerações são entregues até ao dia 15 do mês seguinte àquele a que respeita a prestação de trabalho e o pagamento das contribuições devem ser pagas até ao dia 15 do mês àquele a que disserem respeito.

13 – Não tendo, as Autoras pago as contribuições devidas à Segurança Social dentro do prazo legal estabelecidos no n.º 2 do artigo 45.º e n.º 1 do artigo 47.º da Lei n.º 32/2002, de 20 de Dezembro, no n.º 2 do artigo 10.º do Decreto-Lei n.º 199/99, de 8 de Junho e no artigo 8º do Decreto-Regulamentar n.º 26/99, de 27 de Outubro, venceram-se juros de mora legal do valor e conforme consta dos documentos juntos pelas Autoras com a petição inicial (Documentos de Emissão Prévia e anexos com detalhes dos juros de mora) ou conforme é referido nos artigos 4.º, 52.º e 53.º da petição inicial e, consequentemente foram bem liquidados.

14 – A Deliberação do Conselho Directivo do IGFSS de 23 de Outubro de 2003, não violou a lei e, designadamente o n.º 2 do artigo 10.º do Decreto-Lei n.º 199/99, de 8 de Junho e o n.º 1 do artigo 47.º da Lei n.º 32/2002, de 20 de Dezembro.

15 – E, consequentemente não deve proceder-se à anulação da mesma Deliberação do Conselho Directivo do IGFSS, datada de 23 de Outubro de 2003 nem ordenar-se a restituição às Autoras da quantia peticionada € 57.293,58 (cinquenta e sete mil duzentos e noventa e três euros e cinquenta cêntimos).

16 – A Entidade Recorrida concorda com os argumentos da douta decisão proferida a fls. 296 a 302 no processo supra identificado, pelo que, decidindo-se nos precisos termos constantes da decisão se fará a devida justiça.

O Exmo. Magistrado do Ministério Público não emitiu parecer.

E, colhidos os vistos legais, nada obsta à decisão.

Em sede factual, vem apurado que:

A) Em 03.09.2003, foi solicitado, por cada uma da AA, uma certidão da respectiva situação contributiva regularizada, por fax envidado ao Centro Regional de Segurança Social do Norte – Serviço Sub-Regional de Braga.

B) Em 17.10.2003, por informação verbal, foi comunicada às Autoras a existência de dívidas de juros de mora na respectiva conta corrente de cada uma delas, resultante de pagamento fora de prazo das contribuições de Novembro de 2002 a Setembro de 2003.

C) A presunção da mora, que gerou a liquidação de juros, decorre do facto de as contribuições haverem sido entregues no mês seguinte ao do pagamento das remunerações e não mês seguinte àquele a que as mesmas diziam respeito.

D) Tal decorre da seguinte situação em relação à Autora Somelos Tecidos, SA

Mês/ano de reporte	Data de Pagamento das Remunerações	Data de Pagamento das Contribuições	Remessa das Declarações de remunerações	Juros Moratórios apurados em euros
Novembro 2002	04.12.2002	15.01.2003	09.12.2002	3 226,30
Dezembro 2002	06.01.2003	17.02.2003	13.01.2003	3 292,76
Janeiro 2003	05.02.2003	17.03.2003	13.02.2003	3 407,75
Fevereiro 2003	06.03.2003	15.04.2003	12.03.2003	3 446,44
Março 2003	03.04.2003	15.05.2003	11.04.2003	3 358,55
Abril 2003	06.05.2003	16.06.2003	13.05.2003	3 264.65
Maio 2003	04.06.2003	15.07.2003	11.06.2003	3422.11
Junho 2003	03.07.2003.	18.08.2003	09.07.2003	3335.13
Julho 2003	01.08.2003	15.09.2003	01.08.2003	3 427.66
Agosto 2003	03.09.2003.	15.10.2003	10.09.2003	3 283.50
Setembro 2003	03.10.2003	17.11.2003	10.10.2003	1 759.05
TOTAL				35 223.90

Tal decorre da seguinte situação em relação à Autora Somelos Fios, SA

Mês/ano de reporte	Data de Pagamento das Remunerações	Data de Pagamento das Contribuições	Remessa das declarações de remunerações	Juros Moratórios apurados em euros
Novembro 2002	04.12.2002	15.01.2003	04.12.2002	1038,06
Dezembro 2002	06.01.2003	17.02.2003	13.01.2003	1 000.87
Janeiro 2003	05.02.2003	17.03.2003	13.02.2003	1 025.67
Fevereiro 2003	06.03.2003	15.04.2003	12.03.2003	1 039,00
Março 2003	03.04.2003	15.05.2003	11.04.2003	1 064.52
Abril 2003	06.05.2003	16.06.2003	13.05.2003	1 049.01
Maio 2003	04.06.2003	15.07.2003	11.06.2003	1 045.53
Junho 2003	03.07.2003	18.08.2003	09.07.2003	1 077.36
Julho 2003	01.08.2003	15.09.2003	01.08.2003	1 127.28
Agosto 2003	03.09.2003	15.10.2003	10.09.2003	975.83
Setembro 2003	03.10.2003	17.11.2003	10.10.2003	523.51
TOTAL				10 966.64

Tal decorre da seguinte situação em relação à Autora Somelos Acabamentos S.A.

Mês/ano de reporte	Data de Pagamento das Remunerações	Data de Pagamento das Contribuições	Remessa das Declarações de remunerações	Juros Moratórios apurados em euros
Novembro 2002	04.12.2002	15.01.2003	09.12.2002	1 005.93
Dezembro 2002	06.01.2003	17.02.2003	13.01.2003	1 050.53
Janeiro 2003	05.02.2003	17.03.2003	13.02.2003	1058.29
Fevereiro 2003	06.03.2003	15.04.2003	12.03.2003	1 061,80
Março 2003	03.04.2003	15.05.2003	11.04.2003	1 018,65
Abril 2003	06.05.2003	16.06.2003	13.05.2003	1 068,98
Maio 2003	04.06.2003	15.07.2003	11.06.2003	1 029,27
Junho 2003	03.07.2003	18.08.2003	09.07.2003	1 081,76
Julho 2003	01.08.2003	15.09.2003	01.08.2003	1 070,71
Agosto 2003	03.09.2003.	15.10.2003	10.09.2003	1 132,99
Setembro 2003	03.10.2003	17.11.2003	10.10.2003	524,13
TOTAL				11 103,04

F) Os pagamentos dos salários aos trabalhadores pelas AA, ocorreram sempre nos três primeiros dias úteis seguintes aqueles a que respeitam;

G) As declarações de remunerações foram enviadas a Ré, via Internet, em 09.12.2002 e o pagamento das respectivas contribuições foi efectuado em 15.01.2003, nos meses subsequentes foi seguido o mesmo procedimento sendo que em 1 de Janeiro foi feriado e 1 e 2 sábado e domingo.

H) Cada uma das Autora enviou em 29.09.2003, uma declaração assinada por 10 trabalhadores, das quais constavam as datas de pagamento dos respectivos salários.

I) Em 20.10.2003, o Grupo Somelos SGPS, SA enviou uma carta ao Presidente do Conselho Directivo do Segurança Social do Norte – Serviço Sub-Regional de Braga, a explicar o procedimento adoptado pelas AA e a requerer a anulação dos juros debitados e a emissão urgente de certidões comprovativa da situação regularizada já solicitada em 03.09.2003.

J) Em 23.10.2003, o conselho directivo proferiu uma deliberação concordando com as conclusões e propostas constantes da Informação n.º 490, de 14.10.2003, subscrita por uma Técnica Superior do Departamento de Contribuintes:

L) Em 24.10.2003, as AA tiveram conhecimento, através de fax expendido do IGFSS, da deliberação do Conselho Directivo.

M) Em 19.11.2003, as AA interpuseram, desta deliberação, recurso hierárquico para a Senhora Secretaria de Estado da Segurança Social.

N) Este recurso foi indeferido expressamente, em 05.05.2004, pelo Ministro da Segurança Social e do Trabalho;

O) Pelo Serviço Sub-Regional de Braga foram emitidos documentos de emissão prévia e anexos com o detalhe do cálculo de juros mora, sendo;

a) n.° 000918512, 000918024 e 000920169, respeitante a A. Somelos tecidos, S.A e relativa aos juros de mora das contribuições do meses de Novembro de 2002 a Setembro de 2003;

b) 000918415, 000918067 e 000920177, respeitante à Somelos Fios, S.A, respeitante aos juros de mora das contribuições de Novembro de 2002 a Setembro de 2003.

c) 00918474, 00918040 e 000920185 respeitante à Somelos Acabamentos, S.A, respeitante aos juros de mora das contribuições de Novembro de 2002 a Setembro de 2003.

P) Assim, foram liquidados os juros nos montantes respectivamente de:

a) À A. Somelos Tecidos, S.A os valores de 3 226,30€, 30 238,55€ e 1 759,05€;

b) À A. Somelos Fios, S.A, os valores de 1 038,0€, 9 405,07€ e 52 351,02€;

c) À A. Somelos Acabamentos, S.A, os valores de 1 005,93€, 9 572,98€ e 52 4,13€

Todos estes valores foram pagos condicionalmente em 30 e 31.10.2003.

Q) As AA procederam ao pagamento antecipado das contribuições reportadas a Setembro de 2003

a) À A. Somelos Tecidos, S.A o valor de l 759,07€;

b) À A. Somelos Fios, S.A, o valor 52 351,02€;

c) À A. Somelos Acabamentos, S.A, o valor de 52412,56€;

R) Em 31.10.2003 foram emitidas as certidões de dívidas da situação contributiva regularizada das AA.

Vejamos, pois:

QUANTO À CADUCIDADE DO DIREITO DE ACÇÃO:

Nos termos do artigo 87.° do Código de Processo nos Tribunais Administrativos, "findos os articulados, o processo é concluso ao juiz ou relator, que profere despacho saneador quando deva conhecer obrigatoriamente, ouvido o autor no prazo de dez dias, de todas as questões que obstem ao conhecimento do objecto do processo" – n.° 1, alínea *a*).

Tais questões são as previstas no artigo 89.° – Fundamentos que obstam ao prosseguimento do processo –, nomeadamente a "caducidade do direito de acção", como logo resulta da expressão constante do seu n.° 1 "para o efeito do disposto nos artigos anteriores".

E, nos termos do n.° 2 daquele primeiro normativo, "as questões prévias referidas na alínea *a*) do número anterior que não tenham sido apreciadas no despacho saneador não podem ser suscitadas nem decididas em momento posterior do processo e as que sejam decididas no despacho saneador não podem vir a ser reapreciadas".

Concentra-se, assim, o saneamento do processo num único momento processual, mesmo relativamente às questões prévias que não tenham sido apreciadas e que, assim, já não podem ser suscitadas nem decididas mais tarde.

E porque o juiz tem o dever de suscitar e resolver, no despacho saneador, todas as questões que obstem ao conhecimento do objecto do processo, sob pena de preclusão, forma-se caso julgado formal mesmo sobre a sua inexistência, se o tribunal as não apreciar, pelo que se requer, "assim, um particular cuidado na elaboração desta parte do saneador, para não deixar prosseguir um processo malsão, eivado de uma irregularidade que até o pode tornar inútil".

Cfr. ESTEVES DE OLIVEIRA, *CPTA anotado*, vol. 1, p. 515.

A questão da caducidade do direito de acção não pode, pois, ser ora apreciada, por precludida.

QUANTO AO MAIS:

A questão dos autos é, desde logo, a da determinação do momento temporal em que nasce – ou se vence – a obrigação de pagamento das contribuições devidas pelas entidades patronais à Segurança Social.

Nos termos do artigo 45.°, n.° 2, da Lei n.° 32/2002, que aprova as bases da segurança social, a obrigação contributiva das entidades empregadoras constitui-se com o início da actividade profissional pelos trabalhadores ao seu serviço, sendo os termos do seu cumprimento estabelecidos no quadro do respectivo regime de segurança social.

E, assim constituída a obrigação contributiva, há que determinar os responsáveis pelo pagamento das contribuições, o tempo do cumprimento da obrigação e quais as obrigações acessórias respectivas.

Tal responsabilidade é naturalmente das entidades empregadoras, num sistema de retenção na fonte quanto às contribuições dos trabalhadores – artigo 47.° – uma vez que o valor das correspondentes quotizações é descontada nas remunerações a estes pagas – n.° 1.

Por outro lado, as contribuições, tanto as dos trabalhadores como as das entidades patronais, devem ser pagas "até ao dia 15 do mês seguinte àquele a que disserem respeito" – artigo 10.°, n.° 2, do Decreto-Lei n.° 199/ /99, de 8 de Junho.

Este diploma, que "procedeu à definição das taxas contributivas do regime geral dos trabalhadores por conta de outrem", foi regulamentado pelo Decreto Regulamentar n.° 26/99, de 27 de Outubro, que veio determinar – artigo 6.° – o prazo para entrega das declarações de remunerações pelas entidades empregadoras: "até ao dia 15 do mês seguinte àquele a que as remunerações disserem respeito".

Temos, assim, que as declarações de remuneração devem ser entregues até ao dia 15 do mês seguinte àquele a que estas dizem respeito, o que se compreende já que o montante das contribuições é determinado pela aplicação das taxas previstas no artigo 3.° do Decreto--Lei n.° 199/99, de 8 de Junho, às remunerações legalmente consideradas como base de incidência contributiva – artigo 10.° deste diploma.

Ou seja: o montante das contribuições depende do valor das remunerações e as remunerações dizem naturalmente respeito ao mês em que a actividade é exercida, pois que a obrigação contributiva se refere ao exercício da actividade profissional pelos trabalhadores – dito artigo 45.°.

Por outro lado, as contribuições – todas – devem ser pagas até ao dia 15 do mês seguinte àquele a que disserem respeito.

Ora, se as remunerações respeitam ao mês em que a actividade é exercida, temos que o prazo para entrega das declarações coincide com o prazo para a entrega das contribuições.

O que se afigura perfeitamente lógico dado que as contribuições dos trabalhadores são descontadas, como se disse, pela entidade patronal, nas respectivas remunerações e as desta têm também estas como referente.

E tanto assim é que o artigo 10.°, n.° 2, do Decreto-Lei n.° 199/99 e o artigo 6.° do Decreto Regulamentar n.° 26/99 – que o regulamentou – utilizam a mesma expressão "a que disserem respeito".

Certo que, no primeiro, são determinantes as contribuições e, no segundo, as remunerações, mas, como vimos, elas são simultâneas dado, desde logo, aquele sistema de retenção na fonte e o predito referente.

Assim, o exercício da actividade profissional é o alicerce de todo o regime:

– A obrigação contributiva das entidades empregadoras constitui-se com o início do exercício da actividade profissional pelos trabalhadores ao seu serviço – artigo 45.°, n.° 2, da Lei n.° 30/2002, de 20 de Dezembro;

– O montante das contribuições a pagar é determinado pela aplicação das taxas legais às remunerações pagas pelo exercício daquela actividade – artigo 10.°, n.° 1, do Decreto-Lei n.°199/99, de 8 de Junho;

– As contribuições devem ser pagas até ao dia 15 do mês seguinte àquele a que disserem respeito, isto é, ao mês seguinte a que respeitam as remunerações ou, de outro modo, ao mês seguinte ao do exercício da actividade profissional – artigo 10.°, n.° 2, deste último diploma legal;

– As entidades empregadoras devem enviar as declarações de remuneração até ao dia 15 do mês seguinte àquele a que as remunerações disserem respeito, ou seja, ao mês seguinte àquele em que foi exercida a actividade profissional – artigo 6.° do Decreto Regulamentar n.° 26/ /99, de 27 de Outubro.

Do referido contexto legal e ao contrário do que pretendem as recorrentes, não resulta, pois, que o artigo 10.°, n.° 2, do Decreto-Lei n.° 199/99, considere relevante o mês do pagamento das remunerações, por modo que o mês de pagamento das contribuições fosse o mês seguinte ao do pagamento das remunerações.

Pois as remunerações estão dependentes do exercício da actividade profissional e não valem, no ponto, *a se*: o montante da contribuição determina-se pela remuneração paga mas esta sempre corresponde ao mês em que a actividade profissional foi exercida.

Na hipótese dos autos – como resulta do probatório –, as recorrentes pagavam as remunerações dos trabalhadores nos três primeiros dias úteis do mês seguinte àquele em que era exercida a actividade pelo que a este diziam respeito, estando assim sujeitas ao pagamento das contribuições que naquelas descontavam, até ao dia 15 do mesmo mês: afinal, o do pagamento.

E como pagavam as contribuições apenas no mês seguinte ao do pagamento da remuneração, que não o mês seguinte àquele a que aquelas diziam respeito, são efectivamente devidos os questionados juros.

Termos em que se acorda negar provimento ao recurso.

Custas pelas recorrentes com procuradoria de 1/6.

Lisboa, 7 de Fevereiro de 2007.

Brandão de Pinho (Relator)
Pimenta do Vale
Lúcio Barbosa

Recurso n.° 745/06-30

ACÇÃO PARA COBRANÇA *A POSTERIORI* DE DÍVIDA ADUANEIRA. CADUCIDADE.

(Acórdão de 17 de Janeiro de 2007)

SUMÁRIO:

I – Nos casos de subtracção à fiscalização aduaneira de uma mercadoria passível de direito de importação, em que não seja possível apurar o momento em que ela se verificou, a constituição da dívida aduaneira tem-se por concretizada "na data em que as autoridades aduaneiras constatem a existência da dívida" – artigos 9.°, alínea b), do Decreto-Lei n.° 504-E, de 30 de Dezembro, e 7.°, alínea b), do Regulamento CEE n.° 2144/87, do Conselho, de 13 de Julho.

II – Pelo que, a partir dessa data, se deve contar o prazo de caducidade de 3 anos a que se refere o artigo 2.° do Regulamento CEE n.° 1697/79, do Conselho, de 24 de Julho.

ACORDAM NA SECÇÃO DO CONTENCIOSO ADUANEIRO DO SUPREMO TRIBUNAL ADMINISTRATIVO:

A Fazenda Pública vem recorrer do acórdão do Tribunal Central Administrativo – Sul que negou provimento ao recurso que interpusera contra a sentença do Tribunal Fiscal Aduaneiro de Lisboa "que[,] julgando procedente a alegada caducidade do direito de liquidação[,] anulou as liquidações de receitas tributárias aduaneiras" impugnadas pela ora recorrida.

Fundamentou-se a decisão em que se verifica "a caducidade do direito de liquidar a dívida aduaneira", por já ter decorrido "o prazo de três anos para o início da acção de cobrança *a posteriori* [que] se conta da data da constituição da dívida aduaneira (art. 2.° n.° 1 parágrafo 2 Reg. (CEE) n.° 1697/79, do Conselho, de 24.7.79)".

A Fazenda recorrente formulou as seguintes conclusões:

1ª A mercadoria objecto da liquidação foi importada em regime de aperfeiçoamento activo nas seguintes datas: 27/8/86, 29/9/86, 11/11/86 e 19/12/86.

2ª Os prazos de exportação dos produtos compensadores esgotaram-se, respectivamente, um ano depois, ou seja, em 27/8/87, 29/9/87, 11/11/87 e 19/12/87, em conformidade com a Autorização n.° 808/86, a fls. 72.

3ª O prazo concedido na referida Autorização está de acordo com o solicitado no n.° 3 do pedido que a requereu (a fls. 73) e obedece ao disposto n.° 2 do artigo 5.° do Decreto-Lei n.° 500-A/85 de 27/12 e não ao artigo 6.°

4ª Foi legalmente iniciada, a 30/1/90, a acção destinada a apurar da regularidade do funcionamento do regime concedido à Recorrida.

5ª As irregularidades constatadas no decurso dessa acção inspectiva (a fls. 50 e 51) configuram, antes de mais, factos constitutivos da dívida nos termos do artigo 2.° n.° 1 c), por consubstanciarem subtracção das mercadorias à fiscalização aduaneira.

6ª Logo, o momento da constituição da dívida aduaneira e início da contagem do prazo de caducidade do direito à liquidação, terá forçosamente que reportar-se ao momento da subtracção, nos termos do artigo 3.º c) do referido regulamento, ou não sendo possível determinar com exactidão esse momento, ao momento da constatação das irregularidades, como dispõe o artigo 7.º b) do mesmo regulamento comunitário.

7ª Ora, só com o termo da inspecção, e com a correspondente análise documental, no caso concreto, em 08.05.92, foi possível detectar efectivamente com segurança e exactidão que as mercadorias se encontravam em situação constitutiva de dívida aduaneira.

8ª Aliás, não poderia ser outro o momento para início da contagem do prazo, não só porque no artigo 2.º do Regulamento (CEE) n.º 2144/87 a subtracção à fiscalização aduaneira surge em alínea anterior à posição defendida pelo douto acórdão, a qual se enquadra na alínea d), mas, principalmente porque no caso concreto, foi efectuado o apuramento do regime dentro do prazo fixado, não obstante, em termos não conformes com a respectiva Autorização, situação última esta que apenas foi possível detectar posteriormente com recurso a uma acção inspectiva inopinada levada a cabo pela Administração Aduaneira.

9ª Ora, contando-se o prazo de caducidade do direito à liquidação apenas da data da constatação das irregularidades, ou seja, forçosamente a partir de 8/5/92, é compreensível, porque dentro do prazo legal, que os respectivos registos de liquidação se tenham efectuado no dia 9/12/92 e a competente notificação ao devedor no dia 14/12/92, ainda bem dentro do prazo de caducidade.

10ª Consequentemente, o Acórdão do qual agora se recorre fez errada aplicação do direito aplicável ao caso sub judice ao ter considerado a data de 31/12/87, como o momento da constatação da dívida aduaneira, para efeitos de contagem do prazo de caducidade, tendo em conta ser essa simplesmente a data do termo do prazo para apuramento do regime, o qual não deixou aliás de ocorrer dentro do prazo fixado, mas em termos desconformes e deturpadores daqueles que constavam da Autorização de concessão do regime de aperfeiçoamento activo.

Nestes termos e nos demais de Direito que serão doutamente supridos por V. Exas. deverá ser dado provimento ao presente recurso, revogando-se o Acórdão recorrido, como é de Direito e Justiça.

Por sua vez, contra-alegou a recorrida:

– O que se discute nos presentes autos é a classificação pautal da pharmamedia;

– para dirimir este litígio havia uma via segura, que era consulta ao Comité da Nomenclatura, ostensivamente repudiado pela DGAIEC a quem competia promovê-lo, estando a isso vinculada, tanto mais que tal lhe foi ordenado pelo STA;

– ou, em alternativa, o reenvio prejudicial ao TJCE, através do qual se pode ficar a conhecer com segurança qual a correcta classificação da mercadoria denominada pharmamedia;

– sendo que no caso sub judice seriam nulos os efeitos práticos, porquanto a mercadoria foi importada na década de 80 e sobre ela incidem direitos aduaneiros nacionais e o IVA correspondente, pelo que é de concluir pela prescrição da dívida;

– não se compreendendo porque litiga a FP.

O Exmo. Magistrado do Ministério Público emitiu parecer no sentido do não provimento do recurso, dado que "ao invés do que alega a recorrente (conclusão 9ª), o momento de constituição da dívida aduaneira [é aquele] em que cessa [a possibilidade de realizar] o cumprimento da obrigação".

E, colhidos os vistos legais, nada obsta à decisão.

Em sede factual, vem apurado que:

1 – Em 24.6.86, a firma impugnante "Cipan – Companhia Industrial Produtora de Antibióticos", efectuou um pedido de concessão do regime de importação para aperfeiçoamento activo.

2 – A natureza da operação consistia na utilização como uma das fontes de carbono usadas na composição do meio aquoso de fermentação, donde resulta, devido a um processo fermentativo levado a cabo por um microorganismo, a produção de antibióticos.

3 – O prazo necessário para efectuar a operação era o de seis meses, sendo os produtos compensadores os indicados no mapa anexo referido a fls. 73v.

4 – A mercadoria que foi objecto de liquidação dos direitos aduaneiros foi importada em regime de aperfeiçoamento activo nas seguintes datas:

– D.U. n.º 32 224 em 27.8.86;
– D.U. n.º 35 260 em 29.9.86;
– D.U. n.º 39 891 em 11.11.86;
– D.U. n.º 44 850 em 19.12.86.

5 – A referida mercadoria foi importada ao abrigo da autorização para aperfeiçoamento activo n.º 808/86, cuja data de emissão se desconhece e cuja cópia consta de fls. 73 dos autos.

6 – O início do prazo para a exportação dos produtos compensadores iniciou-se nas datas seguintes:

– D.U. n.º 32 224 em 27.2.87;
– D.U. n.º 35 260 em 29.3.87;
– D.U. n.º 39 891 em 11.5.87;
– D.U. n.º 44 850 em 16.6.87.

7 – A entidade recorrida desencadeou uma acção de fiscalização cujo relatório consta de fls. 26 a 55, em consequência da qual veio a ser feita a liquidação e registo do montante dos direitos em dívida em 9.12.92 e a respectiva notificação à impugnante em 14.12.94.

8 – As irregularidades descritas a fls. 50 dos autos e outras constantes do Relatório que a Fazenda Pública apresentou originaram o processo de contra-ordenações n.º 1487/97.

9 – Por sentença de 6.10.94, junta aos autos a fls. 97 e ss., o procedimento contra-ordenacional movido contra a arguida foi extinto, sendo a arguida Cipan absolvida.

Vejamos, pois:

A questão dos autos é a de saber se o direito à liquidação das obrigações aduaneiras em causa caducou, sendo que, nos termos do ponto 4 do probatório, "a mercadoria que foi objecto de liquidação dos direitos aduaneiros foi importada" em 1986, depois de requerida, e deferida, a concessão do regime aduaneiro de importação para aperfeiçoamento activo – cfr. ponto 1 do probatório e Autorização n.º 808/86 a fls. 72.

O Regulamento (CEE) n.º 1697/79, nos termos do seu artigo 1.º, n.º 1, "determina as condições em que as autoridades competentes procedem à cobrança *a posteriori* dos direitos de importação ou dos direitos de exportação, que, por qualquer motivo, não foram exigidos ao devedor, relativos a mercadorias declaradas para um regime aduaneiro que implica a obrigação de pagar os referidos direitos".

Ou seja, este regulamento base – que foi complementado pelos regulamentos de aplicação n.os 1573/80 e 946/83 – é aplicável à cobrança dos direitos relativos a mercadorias que integram um regime aduaneiro que, por qualquer motivo, não foram exigidos ao devedor.

Ora, de acordo com o seu artigo 2.°, n.° 1, primeira parte, "sempre que as autoridades aduaneiras verifiquem que a totalidade ou parte do montante dos direitos de importação ou dos direitos de exportação, legalmente devidos por uma mercadoria declarada para um regime aduaneiro que implica a obrigação de pagar os referidos direitos, não foi exigida ao devedor, darão início a uma acção para cobrança dos direitos não recebidos".

Isto é: se os direitos de importação ou exportação não tiverem sido exigidos ao devedor, as autoridades aduaneiras devem iniciar uma acção para os cobrar.

Contudo, esta acção de cobrança não pode ser iniciada a qualquer momento.

Com efeito, a segunda parte daquele último inciso normativo dispõe que "esta acção não pode ser iniciada depois de findo o prazo de três anos a contar da data do registo da liquidação do montante primitivamente exigido ao devedor, ou, não tendo havido registo da liquidação, a contar da data da constituição da dívida aduaneira relativa à dívida em causa".

O n.° 1 deste artigo 2.° estabelece, pois, o princípio da obrigatoriedade de cobrança dos direitos legalmente devidos e não cobrados, mas, simultaneamente, fixa um prazo de caducidade do direito à acção de cobrança.

Assim, ainda que sejam devidos direitos, estes não podem ser cobrados "depois de findo o prazo de três anos" que se conta ou da data da liquidação ou da data da constituição da dívida aduaneira.

Por outro lado, este prazo não é aplicável se "as autoridades competentes verificarem que, como consequência de um acto passível de procedimento judicial repressivo, não puderam determinar o montante exacto dos direitos de importação ou dos direitos de exportação legalmente devidos pela mercadoria em causa", caso em que a acção de cobrança se fará de acordo com as "disposições em vigor nos Estados-membros sobre a matéria" – artigo 3.° do mesmo regulamento.

No caso dos autos, não houve qualquer "acto passível de procedimento judicial repressivo", pelo que é aplicável o prazo de caducidade do direito à acção de cobrança.

Sendo que, nos preditos termos, tal prazo se conta a partir da constituição da dívida aduaneira, pois não houve registo da liquidação, uma vez que a recorrida requereu, e foi-lhe deferida, a concessão do regime de aperfeiçoamento activo – cfr. pontos 1 e 5 do probatório – que, nos termos do artigo 2.°, n.° 1, do Decreto-Lei n.° 500-A/85, de 27 de Dezembro, é "um regime aduaneiro segundo o qual as mercadorias importadas que não preencham as condições referidas nos artigos 9.° e 10.° do Tratado podem ser submetidas a determinadas operações sem ficarem sujeitas ao pagamento dos direitos aduaneiros, dos encargos de efeito equivalente e dos direitos niveladores agrícolas, quando tais mercadorias se destinarem a serem exportadas, na totalidade ou em parte, sob a forma de produtos compensadores definidos no n.° 3". Trata-se, pois, de um regime aduaneiro suspensivo do pagamento dos direitos aduaneiros de algumas mercadorias importadas, desde que tais mercadorias, depois de aperfeiçoadas e transformadas em produtos compensadores, se destinem a ser exportadas.

Pelo que importa saber qual o momento da constituição da dívida aduaneira.

A dívida aduaneira em causa é "relativa ao bilhete de despacho n.° de ordem 32.224; 35.260; 39.891 e 44.850/ /86 e registo de liquidação n.° 531.928, 531.944; 531.979 e 531.995 de 92/12/9" – cfr. fls. 18 dos autos e ponto 7 do probatório – e resulta das irregularidades apuradas em sede de inspecção – cfr. fls. 50 dos autos e ponto 8 do probatório.

Isto é: a recorrida importou mercadorias no regime de aperfeiçoamento activo, a coberto das necessárias autorizações, mercadorias essas destinadas ao fabrico de antibióticos que seriam exportados, mas parte das mercadorias não teriam tido esse fim, saindo do regime de suspensão e originando direitos aduaneiros e direitos niveladores compensadores, liquidados em 9 de Dezembro de 1992 e notificados em 14 seguinte – cfr. ponto 7 do probatório e fls. 50 e 51.

Factos que, a terem-se por verificados, concretizariam a situação prevista na alínea c) do n.° 1 do artigo 2.° do Decreto-Lei n.° 504-E/85, de 30 de Dezembro, que introduziu no direito nacional as normas previstas na Directiva n.° 79/623/CEE, de 17 de Julho, relativa à dívida aduaneira – "subtracção à fiscalização aduaneira de uma mercadoria passível de direitos de importação".

Sendo que, em tal hipótese e nos termos do artigo 3.°, alínea c), se considera "como momento da constituição da dívida aduaneira", "o momento em que a mercadoria é subtraída à fiscalização aduaneira".

Todavia, nem sempre assim é.

Na verdade, nos termos da alínea b) do artigo 9.°, integrado no título IV epigrafado "Determinação do montante e exigibilidade da dívida aduaneira", "quando não for possível determinar o momento de constituição da dívida aduaneira nos termos dos artigos 3.° e 7.°, aplicar-se-ão os elementos de tributação em vigor na data em que as autoridades aduaneiras constatarem a existência da dívida".

Dispondo a alínea c) que: "Em derrogação do disposto na alínea anterior, serão aplicáveis os elementos de tributação em vigor no momento mais recuado no tempo em que a existência da dívida aduaneira puder ser fixada, sempre que as autoridades aduaneiras possam determinar a sua constituição em momento anterior ao da constatação".

O que reproduz, praticamente *apertis verbis,* o artigo 7.° do Regulamento CEE n.° 2144/87, do Conselho.

Em tal hipótese – a dos autos –, a constituição da dívida aduaneira tem lugar com a "verificação" de que a mercadoria se encontra em situação constitutiva de dívida aduaneira, o que é o mesmo que dizer, na "constatação" da existência da dívida.

Tal verificação ou constatação não pode deixar de constituir, nos termos legais, obstáculo à caducidade da acção de cobrança, *recte,* da liquidação.

Pois não tem sentido a cobrança de direitos se já verificada a caducidade.

Tanto mais que, no caso, a própria tributação recua, nos preditos termos, ao "tempo em que a existência da dívida aduaneira puder ser fixada, quando a sua constituição se der antes da constatação respectiva".

Ora, em 30 de Janeiro de 1990 foi iniciada acção de fiscalização que concluiu pela existência de factos concretizadores da referida subtracção, a qual findou em 8 de Maio de 1992 pelo que aqui se concretizou a constituição da dívida aduaneira.

Tendo-se efectuado os registos de liquidação em 9 de Dezembro de 1992 e as notificações respectivas em 14 seguinte.

Consequentemente, muito dentro do aludido prazo de 3 anos, pelo que se não verifica a invocada caducidade.

Refira-se finalmente que a questão dos autos nada tem a ver com a classificação pautal da mercadoria, questão que nem na petição inicial foi invocada.

Termos em que se acorda conceder provimento ao recurso, revogando-se o aresto recorrido e, consequentemente, a sentença, julgando-se não ter caducado a dívida aduaneira e devendo os autos baixar à 1ª instância para apreciação, se a tal nada mais obstar, dos invocados vícios de violação de lei.

Custas neste STA pela impugnante, que contra-alegou, fixando-se a procuradoria em 50%, devendo ser fixadas a final as da instância.

Lisboa, 17 de Janeiro de 2007.

Brandão de Pinho (Relator)
Lúcio Barbosa
Jorge Lino

Recurso n.º 908/06-40

ACÇÃO PARA RECONHECIMENTO DE UM DIREITO OU INTERESSE LEGÍTIMO EM MATÉRIA TRIBUTÁRIA. ERRO NA FORMA DE PROCESSO.

(Acórdão de 28 de Março de 2007)

SUMÁRIO:

I – A acção para reconhecimento de um direito ou interesse legítimo em matéria tributária constitui um meio complementar dos restantes meios previstos no contencioso tributário, apenas podendo ser proposta quando for o mais adequado para assegurar um tutela plena, eficaz e efectiva do direito ou interesse respectivo, face à globalidade de meios ali existentes.

II – Dado o seu carácter complementar, esta acção não é o meio processual mais adequado para assegurar tal tutela se o contribuinte deixou precludir o direito de acesso a outra(s) garantia(s) prevista(s) no contencioso tributário.

ACORDAM NA SECÇÃO DO CONTENCIOSO TRIBUTÁRIO DO SUPREMO TRIBUNAL ADMINISTRATIVO:

Maria José Magalhães Mota Van Zeller Osswald vem recorrer da sentença do Tribunal Administrativo e Fiscal do Porto que julgou procedente a excepção de erro na forma do processo e, em consequência, absolveu a Fazenda Pública da instância.

Fundamentou-se a decisão em que a acção para reconhecimento de direito não era "o meio mais adequado a assegurar à Autora uma tutela plena, eficaz e efectiva do direito que pretende fazer valer através dela", uma vez que há outros meios processuais que lhe permitiriam concretizar tal desiderato, não sendo possível convolar o processo por não se verificar o requisito da tempestividade.

A recorrente formulou as seguintes conclusões:

1.ª – Vem o presente recurso interposto da douta sentença de fls. 145/154 que julgou procedente a excepção de erro na forma de processo e, em consequência, absolveu a AF da instância.

2.ª – Com a propositura da acção em que foi assim absolvida da instância a AF, visou a Autora/Recorrente obter pela via judicial o que não conseguiu pela via administrativa, na sequência do que foi decidido pela sentença proferida no processo de impugnação judicial que correu termos pelo 2.º Juízo, 2.ª Secção, do extinto Tribunal Tributário de 1.ª Instância do Porto sob o n.º 38/94.

3.ª – A ora Recorrente, com efeito, impugnou a liquidação do imposto sucessório que lhe foi feita pela 2ª Repartição de Finanças de Vila Nova de Gaia (proc. 454) de que resultou o valor a pagar de Esc. 1.332.916$/ /€ 6.648,56 (cfr. 1 – 4 e 5 supra).

4.ª – Pagou o imposto liquidado, em 26-01-1987, antes de apresentar a respectiva impugnação (cfr. 1 – 6 e 7 supra).

5.ª – Na petição de impugnação, pediu a Impugnante/ /Recorrente, expressamente, que fossem contados a seu favor os juros (ao tempo) previstos nos §§ 1.º e 2.º do (também ao tempo) CSISSD – cfr. 1 – 8 supra.

6.ª – Julgada procedente a impugnação e transitada em julgado a decisão, com a consequente obrigação de pagamento dos juros peticionados (art. 145.º do CPT), a Impugnante/Recorrente não recebia nem o imposto anulado nem os juros que peticionou,

7.ª – pelo que requereu esses pagamentos à Repartição de Finanças competente (cfr. 1 – 10 supra).

8.ª – Veio a receber, em restituição, o imposto pago a mais (Esc. 915.309$/€ 4.565,54) e a recusa de pagamento dos juros (cfr. 1 – 13 supra).

9.ª – A utilização, no caso, da acção prevista no art. 145.º do CPPT é, no entendimento da Recorrente, o meio processual adequado para lhe poder assegurar uma tutela plena, eficaz e efectiva do seu direito a juros, respeitando-se o disposto no art. 266.º/2 da CRP – princípio da justiça).

10.ª – A utilização desta acção (para reconhecimento de direitos) não pode já fazer-se hoje nos termos restritivos afirmados pela sentença sob recurso.

11.ª – A evolução verificada na lei e na doutrina (timidamente na jurisprudência) é claramente no sentido do alargamento do campo de aplicação da acção para o reconhecimento de direitos, por forma a dar cumprimento ao princípio constitucional da tutela plena e efectiva dos direitos dos particulares (arts. 20.º/1 e 2, 205.º/1 e 2 268.º/4 e 5 da CRP),

12.ª – pelo que, contrariamente ao decidido na sentença sob recurso, a utilização pela Recorrente da acção para o reconhecimento do seu direito não consubstancia erro na forma de processo.

13.ª – De resto, o recurso à acção do art. 145.º do CPPT fê-lo a Recorrente na sequência e em cumprimento necessário da impugnação judicial que deduziu e que foi julgada procedente.

14.ª – A sentença recorrida enferma, aliás, de um vício de raciocínio ao conferir ao interessado a possibilidade de fazer uso da acção do art. 145.º do CPPT apenas quando esse é o único meio processual susceptível de lhe assegurar a tutela efectiva do seu direito e ao reconhecer que, no caso, não lhe é possível a convolação porque nem o recurso contencioso, nem a execução de julgado são viáveis, já só o sendo a acção para o reconhecimento de direitos do art. 145.º do CPPT, o que torna a convolação desnecessária.

15.º – Decidindo como decidiu, a sentença sob recurso não fez a melhor interpretação do art. 145.º do CPPT, nomeadamente do seu n.º 3; e violou os arts. 266.º/2, 20.º/1 e 2, 205.º/1 e 2 e 268.º/4 e 5 da CRP, privando a Recorrente da justiça e da garantia que nestas disposições lhe é atribuída.

Nestes termos e nos mais, de direito, que sempre serão supridos no provimento do presente recurso, deve ser proferido acórdão que revogue a sentença de fls. 145/154, para que assim se cumpra a LEI e se faça JUSTIÇA.

Não houve contra-alegações.

O Exmo. Magistrado do Ministério Público emitiu parecer no sentido do não provimento do recurso uma vez que, "o Exmo. Juiz *a quo* omitiu pronúncia sobre a questão dos juros e a recorrente conformou-se com a omissão, na medida em que não arguiu essa nulidade de sentença" e, "assim, na questão dos juros, a sentença passou em julgado (artigo 684.º do CPC)", sendo que "o trânsito em julgado obsta ao uso de qualquer outra acção para obter o reconhecimento daqueles juros (artigos 494.º e 497.º do CPC)".

E, corridos os vistos legais, nada obsta à decisão.

Em sede factual, vem apurado que:

1) Por sentença transitada em julgado, proferida no âmbito do processo de impugnação que correu os respectivos termos sob o n.º 38/94, no 2º Juízo, 2ª Secção do extinto Tribunal Tributário do Porto, em que era impugnante, entre outros, a ora Autora, foi julgada procedente a impugnação e anuladas parcialmente as liquidações do imposto sobre sucessões e doações em causa naqueles autos (cfr. doc. de fls. 20 a 22);

2) Na sentença supra identificada em I foi, ainda, declarado o seguinte: "Ora, o valor assim acrescentado não podia ser atendido na liquidação do imposto, tendo-o sido, incorreu-se em erro na determinação da matéria colectável, erro esse que fere a liquidação de ilegalidade a impor a sua anulação." (cfr. fls. 22 dos autos, último parágrafo a fls. 5 da referida sentença);

3) Em 18.05.1999, a Autora requereu, no Serviço de Finanças de Vila Nova de Gaia I, a restituição do imposto anulado e pago, acrescido dos juros peticionados, vencidos até à data do efectivo e integral pagamento das quantias que lhe eram devidas (cfr. doc. de fls. 23 a 25);

4) Em 31.05.1999, foi proferido pelo Chefe do Serviço de Finanças de Vila Nova de Gaia – I um despacho nos seguintes termos: "... proceda-se à anulação do sobre as sucessões e as doações na importância de 915.309$00 liquidado no processo n.º 454 que correu os seus termos na 2ª Repartição de Finanças deste concelho e consequente restituição ao interessado Maria José Magalhães da Mota Van Zeller... "e relativamente ao pedido de juros foi decidido que "...tendo ficado provado nos autos que não existiu erro de facto, mas sim de direito, imputável aos serviços, não tem aplicabilidade o citado preceito legal, pelo que indefiro a pretensão no que se refere à restituição de juros." (cfr. doc. a fls. 27 dos autos);

5) Em 25.08.1999, foi a Autora notificada do teor do despacho referido na alínea 4) (cfr. doc. a fls. 41 a 43 verso dos autos);

6) A presente acção foi apresentada neste Tribunal em 21.08.2003 (cfr. petição inicial a fls.2 dos autos);

Vejamos, pois:

A questão dos autos é, pois, a de saber se existe, ou não, erro na forma do processo.

A acção para reconhecimento de um direito ou interesse legítimo em matéria tributária, previsto no artigo 145.º do Código de Procedimento e de Processo Tributário, insere-se na necessidade de tutela judicial efectiva, postulada no artigo 268.º, n.º 4, da Constituição da República.

Tais acções, como tem sido acentuado na jurisprudência e na doutrina, assumem um carácter complementar, que não alternativo ou subsidiário, só podendo ser utilizadas quando forem o meio mais adequado para assegurar essa tutela, de modo plenamente eficaz e efectivo.

O que, aliás, logo resulta do disposto no n.º 3 do mesmo artigo 145.º: "as acções apenas podem ser propostas sempre que esse meio processual for o mais adequado para assegurar uma tutela plena, eficaz e efectiva do direito" respectivo.

É o que se tem designado por teoria do alcance médio.

Cfr., desenvolvidamente, sobre o ponto, Jorge de Sousa, *Código de Procedimento e de Processo Tributário Anotado*, 3.ª edição, p. 694 e ss..

Como se refere no acórdão do Tribunal Constitucional n.º 435/98, de 16 de Julho de 1998, *in Diário da República, II série*, de 10 de Dezembro de 1998, p. 17.477, "o legislador constitucional pretendeu assim criar, na quadro da justiça administrativa, um modelo garantístico completo, de forma a facultar ao administrado uma tutela jurisdicional adequada sempre que esteja em causa um interesse ou direito legalmente protegido.

Porém, não pode afirmar-se que o legislador constitucional tenha pretendido uma duplicação dos mecanismos contenciosos utilizáveis. Com efeito, o que decorre do n.º 5 do artigo 268.º da Constituição é que qualquer procedimento da Administração que produza uma ofensa de situações juridicamente reconhecidas tem de poder ser sindicado jurisdicionalmente. É nesta total abrangência da tutela jurisdicional que se traduz a plena efectivação das garantias jurisdicionais dos administrados".

Cfr., ainda, Vasco Pereira da Silva, *Em Busca do Acto Administrativo Perdido*, 1996, p. 666.

Ora, nos autos, está em causa o não pagamento de juros indemnizatórios pedidos em sede de impugnação judicial (mas não apreciados na sentença respectiva) e, mais tarde, no requerimento, a que alude o ponto 3 do probatório, apresentado no Serviço de Finanças de Vila Nova de Gaia – I.

Contra o que a contribuinte podia reagir, desde logo, através de recurso jurisdicional com fundamento na nulidade da dita sentença por omissão de pronúncia propiciando, até, desde logo, a respectiva sanação – artigos 668.º, n.º 4, e 744.º do Código de Processo Civil.

Ou, então, através do processo de execução de julgado, como é jurisprudência constante deste Supremo Tribunal Administrativo.

Como podia igualmente fazê-lo através de impugnação contenciosa do despacho de indeferimento do Chefe do Serviço de Finanças que recaiu sobre o predito requerimento.

Não pode, pois, dizer-se que, no caso concreto, a acção proposta seja o meio mais adequado para assegurar ao contribuinte a "tutela plena, eficaz e efectiva" do direito pretendido fazer valer através da presente acção, uma vez que os meios processuais acima referidos permitiam perfeitamente concretizar tais objectivos.

De outro modo, estaria irremediavelmente prejudicado o carácter "complementar" das ditas acções, carácter assegurado pelo vocábulo "apenas" inserto no dito n.° 3 do artigo 145.° do CPPT.

Como refere Jorge de Sousa, *cit.*, pp. 700-702, a "possibilidade de utilizar a acção para obter o reconhecimento judicial de um direito não reconhecido, por força da referida regra da complementaridade, estará condicionada à inexistência de outro meio contencioso, que permita assegurar adequadamente a obtenção dos efeitos jurídicos pretendidos". (...)

"Assim, à face do preceituado no n.° 3 deste artigo 145.°, só quando, por estes meios, não for possível obter uma tutela judicial efectiva, nos termos atrás indicados, poderá utilizar-se a acção para obter a tutela judicial do direito ou interesse legítimo em matéria tributária".

Pelo que não colhe o argumento da recorrente – conclusão 14.ª –, de que a acção era o único meio processual susceptível de lhe assegurar a tutela efectiva do seu direito por ser impossível, por intempestiva, a convolação do processo para recurso contencioso ou execução de julgado.

É que o cerne da questão não reside aí mas, como se assinalou, no carácter complementar da acção para reconhecimento de direitos ou interesses legítimos face à globalidade dos restantes meios processuais ao dispor do contribuinte.

Como se disse, as acções para reconhecimento de direitos ou interesses legalmente protegidos só têm cabimento quando os restantes meios contenciosos não assegurem a efectiva tutela jurisdicional dos direitos ou interesses em causa. E o contribuinte dispunha de outros meios para reagir contra o não pagamento dos juros. Só que não o fez.

E, com essa omissão, fez precludir as suas garantias de defesa que não podem ressuscitar por força da acção para o reconhecimento de um direito, dado o seu assinalado carácter complementar.

Verifica-se, pois, a existência de erro na forma de processo, pelo que não merece censura a sentença sob recurso.

Por outro lado, uma vez que na decisão que decidiu a impugnação judicial houve uma omissão de pronúncia quanto à questão dos juros, não pode haver, aqui, caso julgado.

Nos termos do artigo 673.° do Código de Processo Civil, epigrafado "Alcance do caso julgado", "a sentença constitui caso julgado nos precisos limites e termos em que julga", pelo que, não havendo pronúncia, a sentença não pode, no ponto, transitar em julgado, pois a extensão objectiva do caso julgado mede-se pelo próprio teor da decisão.

Se esta "não estatuir de modo exaustivo sobre a pretensão do Autor (o *thema decidendum*), não excluindo portanto toda a possibilidade de outra decisão útil, essa pretensão poderá ser novamente deduzida em juízo" – Manuel Andrade, *Noções elementares de processo civil*, 1979, p. 325.

Isto é, "se a sentença transitada não esgotou o *thema decidendum*, se uma parte da pretensão ficou ainda em aberto, não há dúvida de que essa parte pode, de novo, ser submetida à consideração do tribunal. Mas uma coisa é não ter sido apreciada uma parte da pretensão deduzida em juízo, outra, completamente diferente, não terem sido apresentados ou deduzidos alguns meios de defesa do réu, ou algumas razões ou fundamentos do autor" – Alberto dos Reis, *Código de Processo Civil anotado*, volume V, reimpressão, nota 1 ao artigo 673.°.

Ou seja: o caso julgado preclude "todos os meios de defesa do Réu, mesmo os que ele não chegou a deduzir, e até os que ele poderia ter deduzido com base num direito seu (...)[, pelo que] vale a máxima segundo a qual o caso julgado «cobre o deduzido e o dedutível» ou *tantum judicatum quantum disputatum vel disputari debebat*." – Cfr. Manuel de Andrade, *cit.*, p. 324.

Ora, no caso dos autos, a sentença que decidiu a impugnação não se pronunciou sobre a questão dos juros que, todavia e como se disse, foi suscitada na petição inicial, pelo que, não havendo decisão quanto a esta questão, não pode, no ponto, haver trânsito em julgado.

Termos em que se acorda negar provimento ao recurso, confirmando-se a sentença recorrida.

Custas pela recorrente, com procuradoria de 60%.

Lisboa, 28 de Março de 2007.

Brandão de Pinho (relator)
Lúcio Barbosa
Jorge Lino

Recurso n.° 41/07-30

CONTRA-ORDENAÇÃO FISCAL. RECURSO JUDICIAL. REMESSA POSTAL ENDEREÇADA A ENTIDADE DIFERENTE DA QUE APLICOU A COIMA. ENTRADA NO TRIBUNAL DEPOIS DE ESGOTADO O PRAZO PARA O RECURSO.

(Acórdão de 24 de Janeiro de 2007)

SUMÁRIO:

I – O arguido que pretende recorrer da decisão administrativa que lhe aplicou uma coima por contra-ordenação fiscal aduaneira tem a faculdade de remeter a petição de recurso pelo cor-

reio, valendo como data do exercício do direito ao recurso a do registo postal.

II – Neste caso, não corre por sua conta o risco de um eventual atraso na entrega da correspondência, ou de um também eventual extravio, desde que correctamente endereçada.

III – Endereçando o arguido a petição de recurso a entidade diversa da que proferiu a decisão punitiva, e remetida a petição a esta última entidade, mas dando aí entrada já depois de esgotado o prazo para recorrer, o recurso é intempestivo.

ACORDAM, EM CONFERÊNCIA, NA SECÇÃO DE CONTENCIOSO TRIBUTÁRIO DO SUPREMO TRIBUNAL ADMINISTRATIVO:

1.1. O MINISTÉRIO PÚBLICO recorre da sentença 16 de Junho de 2006 do Mm.°. Juiz do Tribunal Administrativo e Fiscal de Mirandela que, por extemporâneo, não admitiu o recurso interposto por **ANTÓNIO AUGUSTO PERES**, residente em Sendim, Miranda do Douro, de decisão do **CHEFE DA DELEGAÇÃO ADUANEIRA DE BRAGANÇA DA ALFÂNDEGA DE BRAGA** que lhe aplicara uma coima.

Formula as seguintes conclusões:

«1 – Apresentado recurso no serviço de finanças de decisão de aplicação de coima por delegação aduaneira deve o serviço de finanças de imediato remeter a respectiva peça processual à delegação aduaneira, nos termos do art.° 12.°, n.° 2, do DL 135/99, 22/04.

2 – Se apresentado em tempo o recurso perante o serviço de finanças tal peça processual só chega, porém, depois do termo do prazo a delegação aduaneira, deve o mesmo ser considerado tempestivamente interposto.

3 – Assim o exigem o principio "pro actione", vertente do direito de acesso ao direito, o direito de acesso à justiça e o direito à tutela jurisdicional efectiva, constitucionalmente consagrados e de aplicação directa e o disposto no art.° 12.°, n.° 2, do citado DL.

4 – Ao julgar o presente recurso intempestivo, violou, pois, a decisão recorrida, por erro de aplicação e de interpretação, os arts. 20.°, n.° 1, e 18, n.° 1, da CRP, o art.° 12.°, n.° 2, do DL 1135/99 de 22/04, o art.° 80.°, n.° 1, do RGIT, e os supra citados princípios.

5 – Pelo que se impõe a substituição dessa decisão por outra que receba o recurso interposto.

6 – Com o que se julgará procedente, como é de lei e justiça, o nosso recurso aqui interposto»

1.2. Não há contra-alegações.

1.3. O processo tem os vistos dos Exm.°s Adjuntos.

2. Este o teor da decisão recorrida:

«**António Augusto Peres**, casado, contribuinte n.° 132 762 994, proprietário do posto de combustíveis, sito na EN 221 – Sedim, Miranda do Douro, vem interpor recurso da decisão que o condenou no pagamento de uma coima no montante de oitocentos euros, proferida no processo de contra-ordenação n° 64/2004 que foi autuado e correu termos na Delegação Aduaneira de Bragança.

Tal decisão foi notificada ao arguido em 24-11-2005 – fls 35.

A petição de recurso foi enviada pelo arguido por correio registado em 14 de Dezembro de 2005, dirigido ao "Chefe da Repartição de Finanças de Bragança" – fls 56-57.

O Serviço de Finanças de Bragança remeteu o expediente ao Serviço de Finanças de Miranda do Douro que, por seu turno, por ofício datado de 10-01-2006, remeteu o expediente à Delegação Aduaneira de Bragança onde deu entrada em 24 de Janeiro de 2006 – fls. 41.

Dispõe o n.° 1 do artigo 80.° do Regime Geral das Infracções Tributárias que "*As decisões de aplicações das coimas e sanções acessórias podem ser objecto de recurso para o tribunal tributário de 1.ª instância, no prazo de 20 dias após a sua notificação, a apresentar no serviço tributário onde tiver sido instaurado o processo de contra-ordenação*".

O prazo de interposição do recurso da decisão de aplicação de coima suspende-se aos sábados, domingos e feriados, transferindo-se o seu termo para o primeiro dia útil seguinte se, no último não for possível, durante o período normal, a apresentação do recurso – artigo 60.° do Regime Geral das Contra-Ordenações.

Como tem vindo a decidir o Supremo Tribunal Administrativo, de forma uniforme, os termos dos prazos de interposição de recursos ou impugnações judiciais de decisões administrativas que terminam em férias transferem para o primeiro dia útil seguinte ao termo destas, independentemente de o acto dever ser praticado perante autoridades administrativas, que servem de intermediários na recepção dos requerimentos de interposição – cfr. Jorge Lopes de Sousa e Manuel Simas Santos, "Regime Geral das Infracções Tributárias Anotado", 2001, Áreas Editora, página 451 e jurisprudência aí enumerada.

No caso dos autos, o arguido foi notificado da decisão em 24-11-2005. O prazo para apresentar o recurso terminava, assim, em 26 de Dezembro de 2005 (e não como refere o arguido a fls. 42 ou o Exmo. Sr. Procurador da República a fls. 62, a 14 de Dezembro de 2006, o que só aconteceria se a contagem do prazo fosse contínua, sem qualquer suspensão). Como o termo do prazo tinha lugar em período de férias judiciais, então, de acordo com a jurisprudência do Supremo Tribunal Administrativo, que se adopta, o recurso deveria ter sido interposto até ao dia 4 de Janeiro de 2006.

Acontece que o recurso só deu entrada na Delegação de Alfândega de Bragança em 24 de Janeiro de 2006.

É certo que o arguido remeteu o recurso por carta registada em 14 de Dezembro de 2006.

E vale, no processo de contra-ordenação, como apresentação do recurso a data da efectivação do registo postal da remessa do respectivo requerimento à autoridade administrativa que tiver aplicado a coima – cfr. Assento 1/2001 do STJ, de 08-01-2001, publicado no Diário da República I Série, de 20-04-2001 – por aplicação subsidiária do disposto no artigo 150.°, n.° 1, alínea b) do Código de Processo Civil.

No entanto, a carta não foi dirigida ao "serviço tributário" onde foi instaurado o processo de contra-ordenação – cfr. artigo 11.°, alínea b) do Regime Geral das Infracções Tributárias e artigo 1.° n.° 3 da Lei Geral Tributária sobre o conceito de "serviço tributário" –, acabando por dar entrada naquele serviço apenas em 24 de Janeiro de 2006, depois de expirado o prazo de recurso. Como a carta não foi dirigida ao serviço designado na lei, não tem aqui relevância a data do registo da carta. Nesta situação, o eventual risco do atraso é imputável à parte que dirigiu a petição a entidade diversa — cfr. Acórdão do Supremo Tribunal Administrativo de 25-05-2005, Processo n.º 0310/05.

Donde se conclui que o recurso é extemporâneo.

Termos em que não admito o recurso (...)».

3.1. Toda a questão posta no presente recurso jurisdicional está em saber se é tempestiva a petição inicial do recurso de decisão administrativa da autoria do chefe de uma delegação aduaneira aplicando uma coima, se tal petição foi expedida, em tempo, por correio registado, dirigido, não àquela delegação aduaneira, mas ao serviço de finanças da área de residência do interessado, tendo chegado à delegação aduaneira depois de esgotado o prazo.

3.2. Sendo a petição enviada por registo postal dirigido ao tribunal destinatário, é seguro que o que releva para efeito de tempestividade não é a data de entrada na secretaria, mas a do registo postal, por aplicação subsidiária do artigo 150.º n.º 1 alínea b) do Código de Processo Civil (CPC). O mesmo vale para as petições que devam ser entregues em outras entidades que não tribunais, como, aliás, foi decidido, nesta parte sem discordância do recorrente.

Mas decidiu-se, também, que, não tendo o requerimento do interessado sido dirigido ao serviço designado na lei, irreleva a data do registo da carta, valendo o da entrada no serviço competente, correndo, neste caso, o risco do atraso por conta do interessado que mal endereçou a sua pretensão.

3.3. A apontada norma do processo civil, aplicável, também, ao tributário, que faz valer como data de entrada em juízo de um articulado a do registo postal, tem, obviamente, como pressuposto que a correspondência registada é dirigida ao tribunal aonde deve dar entrada.

A partir do momento em que o interessado procede ao registo, não corre por sua conta o risco do atraso dos serviços postais, nem, mesmo, o de eventual erro na entrega, na medida em que, como se disse, o que releva é a data do registo, e não a da efectiva entrada em juízo.

Mas a questão que aqui se nos coloca é a de saber como tratar a situação se o interessado errou na identificação da entidade a que dirigiu a correspondência e esta, acabando por dar entrada aonde devia, todavia o fez já depois de esgotado o prazo em que o articulado havia de ser apresentado.

Claro que se o interessado endereçou mal a correspondência mas, por qualquer circunstância a que é alheio, ela acabou por entrar em tempo, tudo se passa como se não tivesse sido remetida por via postal, mas entregue em mão no tribunal. Neste caso, a data do registo postal deixa de interessar, para valer a do registo de entrada na secretaria. E a petição não pode ser rejeitada por extemporânea.

Já se a correspondência, mal dirigida, não chega ao destino apropriado, ou chega demasiado tarde, há, então, que atender à desculpabilidade ou indesculpabilidade do erro.

No caso, não vemos como possa entender-se desculpável o erro.

O interessado foi notificado pela delegação aduaneira de Bragança para apresentar a sua defesa (fls. 9 e 10) e dirigiu-a, efectivamente, a essa delegação (fls. 11 a 13), aonde veio a produzir prova testemunhal (fls. 16 a 21). A final do procedimento foi, ainda, da delegação aduaneira de Bragança que recebeu a notificação da decisão final (fls. 33 a 36).

Acresce que o interessado constituiu mandatária forense em 27 de Setembro de 2004 (fls. 15), e que foi já essa, aliás, ilustre mandatária a subscrever a defesa (fls. 11 a 13), a ser notificada da designação de data para a inquirição das testemunhas arroladas (fls. 14), a qual teve lugar na dita delegação, e na qual interveio (fls. 18 a 21), sendo também notificada da decisão final (fls. 34 e 36) pela mesma delegação.

Ora, qualquer arguido minimamente atento e cuidadoso, ainda mais quando assistido por advogado, sabedor de que contra si corre na delegação aduaneira de Bragança um processo de contra-ordenação, não dirige o recurso da decisão final à repartição de finanças da mesma cidade.

A actuação do interessado, ao endereçar a sua petição de recurso àquela repartição, revela uma desatenção ou descuido que claramente se afastam, nas concretas circunstâncias em que se achava, do comportamento que teria uma pessoa de diligência média.

3.4. É certo que, nos termos do artigo 12.º n.º 2 do Decreto-Lei n.º 135/99, de 22 de Abril, aos serviços de finanças de Bragança se impunha a remessa da correspondência aí recebida ao serviço competente, cuja identificação não apresentava dificuldades de maior, já que da petição constava que o processo «correu termos na Delegação Aduaneira de Bragança» (cfr. fls. 49). E que, recebida que foi a petição de recurso em 15 de Dezembro de 2005 (fls. 48), bem podia, se diligentemente tramitada, ter entrado na delegação aduaneira antes de 4 de Janeiro de 2006, data em que, de acordo com a sentença impugnada, terminava o prazo para apresentação do recurso.

Mas a obrigação que aquele dispositivo legal impõe aos serviços públicos é uma coisa, e outra, diferente, é a do interessado que pretende recorrer de uma decisão administrativa.

Os serviços que receberam a petição de recurso não deixaram de cumprir a falada disposição, mas não foram lestos o bastante para que o erro do interessado se tornasse irrelevante.

A causa directa e imediata da intempestividade da petição não é a demora dos serviços de finanças em remetê-la aos aduaneiros, mas a do interessado ao não a ter dirigido a estes últimos.

A obrigação que impende sobre os serviços públicos não serve para suprir os erros dos administrados, consubstanciando, apenas, um dever de colaboração, sem que transfira para os serviços a responsabilidade que é dos interessados, de dirigir as suas petições a quem a lei indica.

3.5. Não contraria o que se acaba de dizer a consideração dos invocados princípios *pro actione* e do acesso ao direito, com consagração no artigo 20.º n.º 1 da Constituição.

O facto de a lei processual dever ser interpretada no sentido de promover a emissão de pronúncia sobre o mérito das pretensões formuladas não implica a dispensa dos interessados de as dirigirem, em tempo, a quem as pode e deve decidir.

A lei constitucional não impõe às autoridades públicas o dever de suprir, com as suas prontidão e diligência, as que os interessados não tiveram.

No caso, não estamos perante «condicionantes processuais desprovidas de fundamento racional e sem conteúdo útil ou excessivas», mas de uma exigência de óbvia necessidade, qual seja a de dirigir a pretensão a quem a lei designa como competente para a apreciar.

Improcedem, pelo exposto, as conclusões das alegações do recorrente.

Em sentido aproximado já este Tribunal se pronunciou em 25 de Maio de 2005, no processo n.º 310/05, como, aliás, é invocado na decisão recorrida.

4. Termos em que acordam, em conferência, os juízes deste Supremo Tribunal Administrativo em, negando provimento ao recurso, confirmar a sentença impugnada.

Sem custas.

Lisboa, 24 de Janeiro de 2007.

Baeta de Queiroz (Relator)
António Calhau
Pimenta do Vale

Recurso n.º 1099/06-30

CONTRIBUIÇÃO ESPECIAL. AVALIAÇÃO PREDIAL. FACTORES. ENUNCIAÇÃO, NEM EXAUSTIVA, NEM TAXATIVA. FUNDAMENTAÇÃO FORMAL SUFICIENTE: COMPREENSIBILIDADE.

(Acórdão de 14 de Março de 2007)

SUMÁRIO:

I – Pelo artigo 1.º do Decreto-Lei n.º 43/98, de 3 de Março, «*É aprovado o Regulamento da Contribuição Especial, anexo ao presente diploma e que dele faz parte integrante*».

II – Nos termos do n.º 1 do artigo 1.º do Regulamento da Contribuição Especial, anexo ao dito Decreto-Lei, «*A contribuição especial incide sobre o aumento de valor dos prédios rústicos, resultante da possibilidade da sua utilização como terrenos para construção urbana (...)*».

III – Segundo o n.º 1 do artigo 6.º do citado Regulamento da Contribuição Especial, «*Na determinação dos valores, a comissão terá em consideração a natureza e o destino económico do prédio*».

IV – As várias alíneas do n.º 2 do mesmo artigo 6.º do dito Regulamento, a respeito dos *factores de determinação do valor*, não representam uma enunciação de carácter *exaustivo* (ou completo), nem *taxativo* (ou fechado) – pois que deve atender-se a «*quaisquer (...) elementos susceptíveis de influírem no valor dos prédios*».

V – Goza de suficiente *fundamentação formal* a deliberação administrativa, de cuja sucinta exposição as razões de facto e de direito, que a motivaram, se extraem em moldes de *compreensibilidade* a um destinatário normal (*bonus paterfamiliae*), hipoteticamente colocado na situação concreta do real destinatário.

ACORDAM, EM CONFERÊNCIA, NA SECÇÃO DE CONTENCIOSO TRIBUTÁRIO DO SUPREMO TRIBUNAL ADMINISTRATIVO:

1.1 A Fazenda Pública vem interpor recurso da sentença do Tribunal Administrativo e Fiscal do Porto, de 4-11-2005, que julgou procedente a «impugnação contra a liquidação de contribuição especial efectuada nos termos do Decreto-Lei n.º 43/98, de 3 de Março», em que é impugnante "EGIC-Empresa de Gestão Imobiliária e Construção, L.da" – cf. fls. 96 e seguintes.

1.2 Em alegação, a recorrente Fazenda Pública formula as seguintes conclusões – cf. fls. 116 a 121.

1. Entendeu a douta sentença "a quo", que o auto de avaliação que levou à liquidação da Contribuição Especial, em litígio nos presentes autos, padece de vício de forma por falta de fundamentação;

2. Com a ressalva do devido respeito por diferente entendimento, entende a Fazenda Pública que, contrariamente ao alegado pela impugnante e aceite pela douta sentença, não padece de ilegalidade a liquidação de Contribuição Especial, aqui em causa;

3. Conforme resulta da matéria fáctica dada como provada e com relevância para a decisão da causa, a fls. 3, o acto administrativo, está devidamente fundamentado, pois que, indica as normas jurídicas em que assenta, bem como procede à enumeração dos factos que permitiram ao destinatário compreender o "quid" cognoscitivo e valorativo que esteve na base da decisão da entidade recorrida;

4. Resultando dos autos o perfeito conhecimento das razões de facto e de direito que motivaram a avaliação e consequente liquidação da Contribuição Especial em apreço, deve haver-se por devidamente fundamentada a liquidação impugnada, uma vez que, as contribuições especiais são devidas pelos titulares do direito de construção em cujo nome seja emitida licença de construção ou de obra, nos precisos termos do art.º 3.º do diploma em questão, sendo sujeito a contribuição, a diferença entre o valor do prédio à data em que foi requerida a licença de construção ou de obra e o seu valor à data de 01 de Janeiro de 1994, corrigido pelo coeficiente de desvalorização monetária.

5. Por conseguinte, pela douta sentença sob recurso foram violadas as seguintes normas legais: n.º 1, n.º 1, al. a); art.º 2.º; arts. 3.º, 7.º, 14.º, 19.º, 20.º, do Dec. Lei 43/1998, de 03 de Março, bem como, art.º 4º, n.os 1 e 3, e art.º 77.º da Lei Geral Tributária.

1.3 Não houve contra-alegação.

1.4 O Ministério Público neste Tribunal emitiu o seguinte parecer – cf. fls. 129 e 130.

FUNDAMENTAÇÃO

1. Sufraga-se o entendimento expresso na sentença, sobre a irrelevância jurídica da consideração como segunda referência temporal para a avaliação do terreno

para construção da data da emissão da licença de construção (31.08.98) e não da data do correlativo requerimento (3.08.98) pela proximidade das datas, indutora de um juízo de experiência comum sobre a inalteração de valores, salvo circunstâncias extraordinárias que o processo não regista.

2. Discorda-se do entendimento expresso na sentença sobre a desconsideração dos critérios legais de avaliação, considerando a sua enunciação precisa (embora sintética) no Termo de Avaliação (Item 2. Localização PA apenso fls.28): localização, ambiente envolvente, desenvolvimento urbanístico da zona, infra-estruturas existentes, coeficiente de ocupação do solo COS (art. 6.° n.° 2 RCE).

A determinação do valor do terreno, no quadro da sua localização, atendeu ao valor da construção potencialmente edificável, critério adoptado na área das avaliações (cfr. depoimento da testemunha António Acácio Matos de Almeida fls. 69; probatório al. j).

Assim estruturada, a fundamentação do acto de avaliação obedeceu aos requisitos de clareza, suficiência e congruência que permitiram ao destinatário do acto o conhecimento dos elementos indispensáveis a uma opção esclarecida entre a aceitação e a impugnação graciosa ou contenciosa do acto administrativo, como ilustra eloquentemente o teor da petição de impugnação judicial, onde é refutada especificadamente cada um dos critérios da avaliação(cfr. arts. 31°/40°).

CONCLUSÃO

O recurso não merece provimento.

A sentença impugnada deve ser revogada e substituída por acórdão declaratório da improcedência da impugnação judicial, com as consequências legais.

1.5 Colhidos os vistos, cumpre decidir, em conferência.

Em face do teor das conclusões da alegação, bem como da posição do Ministério Público, a questão essencial que aqui se coloca é a de saber se a avaliação, em que se baseou a liquidação impugnada, sofre, ou não, do vício de falta ou de insuficiência de fundamentação formal.

2.1 Em matéria de facto, a sentença recorrida assentou o seguinte.

a) A impugnante adquiriu à Leasimport – Companhia de Locação Financeira Imobiliária, SA, por escritura pública lavrada no 6° Cartório Notarial do Porto, um prédio urbano situado na Rua Pedro Hispano, 674, da freguesia de Ramalde, do concelho do Porto, inscrito na matriz: urbana daquela freguesia sob o artigo 2608, pelo preço de 245.000$00 (esc) – cfr. folhas 15 a 18 dos presentes autos;

b) Com a demolição do prédio a que se refere a alínea a), resultou um terreno que veio a ser inscrito na mesma matriz, como terreno para construção sob o artigo 7582 – cfr folhas 25 e 26 dos autos;

c) Em 14.12.1998 a impugnante apresentou a declaração mod. 1 para efeito da liquidação da Contribuição Especial onde conta no quadro 07:

– data em que foi requerida a licença de construção – 03/08/1998

– data da emissão da licença de construção – 31.08.1998 – cfr. folhas 24 e 25 do processo administrativo em apenso;

d) Na sequência de processo de avaliação foi elaborado "Relatório de Avaliação", que aqui se da por inteiramente reproduzido para todos os efeitos legais, onde se refere nos critérios de avaliação que "Na determinação dos valores que permitem o cálculo da matéria colectável, a comissão considera o disposto no artigo 6.° do Regulamento da Contribuição Especial (...).

Nos termos da legislação em vigor, avalia-se o prédio à data de 1 de Janeiro de 1994 e à data de emissão do alvará de licença de construção ou de obra, tendo-se em consideração a valorização induzida pelos investimentos públicos realizados e pela melhoria de acessibilidade. Assim, no ponto seguinte, avalia-se o prédio nas datas referidas determinando-se o seu valor, com base no valor de construção potencialmente edificável determinando-se esta a partir dos elementos que nos foram fornecidos, nomeadamente o projecto aprovado" – cfr. folhas 26 a 30 do processo administrativo em apenso;

e) Na sequência da avaliação do terreno para efeitos de tributação em sede sede contribuição especial foi apurado um valor de 321.606.000$00 (esc), reportado à data de 31 de Agosto de 1998 – cfr. folhas 29 do processo administrativo em apenso;

f) Por sua vez o valor reportado a 1 de Janeiro de 1994 foi fixado em 272.328.000$00 (esc) que actualizado pela aplicação do coeficiente de desvalorização monetária de 1,10 resultou em 299.560.800$00 (esc) – cfr. folhas 29 e folhas 12 verso do processo administrativo em apenso;

g) A Administração Tributária apurou uma matéria colectável de 22.045.200$00 (esc), resultante da diferença entre os valores referidos nas alíneas c) e d); – cfr. folhas 12 verso do processo administrativo em apenso;

h) A Administração Tributária, na sequência do apuramento da matéria colectável referida na alínea e), efectuou uma liquidação de contribuição especial a que se reporta o DL 43/98, no montante de 6.613.560$00 (esc) – cfr. folhas 12 verso do p.a. em apenso;

i) A crise no sector imobiliário tinha-se iniciado em 1991 e em 1998, encontrava-se numa fase de recuperação, abrindo-se nova crise em 2001 – depoimento da primeira testemunha ouvida nos autos;

j) Um critério de avaliação de um terreno parte da análise do que pode ser construído nesse terreno de acordo com o P.D.M., em que nele se insere, o que lhe permite calcular a área bruta edificável do terreno – depoimento da segunda testemunha ouvida;

k) Pode ser utilizado como critério de avaliação de um terreno não o referia na alínea j) mas o que tem a ver com a ponderação do valor pelo qual pode ser vendido cada m2 de área edificável. Nesta determinação terá de se ter em conta qual o valor de área bruta edificada e depois haverá de ser dividido pelo número de m2 que compõem o terreno – cfr. depoimento da segunda testemunha ouvida;

l) Na determinação de quaisquer valores há que ter em conta quais os valores de mercado que há expectativa de poder praticar ou de poder vendar o que foi edificado. Na determinação deste valor intervém também o valor do custo ia construção acrescido de diversos encargos licenças, IVA, custo de projecto, entre outros. – depoimento das duas primeiras testemunhas ouvidas;

m) Em 2000 os preços no sector imobiliário eram superiores aos de 1998 – depoimento da 1ª testemunha ouvida nos autos;

n) O prazo de pagamento voluntário ia contribuição especial terminou em 31 de Julho de 2000 – cfr. folhas 11 verso do p.a. em apenso.

o) O pagamento da Contribuição Especial, em causa nos presentes autos, foi efectuado pela impugnante em 23 de Julho de 2002 – cfr. folhas 92 e 93 dos autos.

Não existem outros factos provados ou não provados para além dos referidos supra.

2.2 O direito à fundamentação, e o co-respectivo dever da Administração, decorre do imperativo constitucional do n.° 3 do artigo 268.° da Constituição da República Portuguesa, que obteve claro acolhimento no Código de Procedimento Administrativo, aprovado pelo Decreto-Lei n.° 442/91 de 15/11, e nos códigos tributários, sobretudo na Lei Geral Tributária.

O regime jurídico geral da fundamentação dos actos administrativos continua, contudo, a constar dos artigos 1.° e 2.° do Decreto-Lei n.° 256-A/77 de 17-6.

A fundamentação deve ser expressa, através de sucinta exposição dos fundamentos de facto e de direito da decisão, podendo consistir em mera declaração de concordância com os fundamentos de anterior parecer, informação ou proposta, que neste caso constituirão parte integrante do respectivo acto – n.° 2 do artigo 1.° do citado Decreto-Lei n.° 256-A/77. Se o n.° 2 deste artigo 1.° admite que a fundamentação possa consistir em mera declaração de concordância com os fundamentos de anterior parecer, informação ou proposta, tal não significa que se possa atender a outras peça de processo não expressamente referidas, não concretizadas, nem individualizadas. De outra forma ficar-se-ia sem saber, afinal, qual a verdadeira fundamentação do acto administrativo em concreto.

O regime jurídico da fundamentação dos actos administrativos contido no n.° 2 do artigo 1.° do Decreto-Lei n.° 256-A/77 visa claramente, entre outros objectivos, o do perfeito esclarecimento dos administrados em ordem a permitir-lhes a sua impugnação, ou sequer uma opção consciente entre a aceitação da sua legalidade e a justificação de um recurso contencioso, como se alcança do preâmbulo daquele Decreto-Lei, ao referir que a falta de fundamentação dificulta muitas vezes tanto aquela impugnação como esta opção.

É para se conseguir esse esclarecimento que a lei traça os requisitos de que deve revestir-se a fundamentação. A fundamentação, de facto e de direito, tem de ser expressa e sucinta, clara, suficiente e congruente. Expressa, no sentido de explícita, concretamente cognoscível, ainda que por remissão inequívoca para algum elemento do processo, do qual, aí sim, directamente conste (cf. o n.° 3 do artigo 1.° do Decreto-Lei citado). Sucinta, no sentido de não prolixa. Todavia, não vaga nem truncada, isto é, só parcialmente explícita, porque tem também de ser suficiente (cf. o n.° 3 do artigo 1.° do mesmo Decreto-Lei). Clara no sentido de indicar ou revelar precisamente os factos e o direito, com base nos quais se decidiu, o que implica a rejeição de expressões vagas, genéricas, quer de facto quer de direito. Na verdade, tais expressões serão obscuras, incapazes de dar a perceber os motivos que afinal levaram o autor do acto a decidir-se por ele. Como diz a lei, é equivalente à falta de fundamentação a adopção de fundamentos que, nomeadamente por obscuridade, não esclareçam a motivação do acto. Suficientes têm de ser os fundamentos no sentido de aptos a dar a perceber o processo lógico e jurídico que levou à decisão consubstanciada no acto concretamente praticado. Daí que se deve ter como insuficiente a fundamentação só de facto ou só de direito, ou meramente conclusiva ou vagamente qualificativa de factos não expressamente indicados. Congruentes, ou não contraditórios, na terminologia da lei (n.° 3 do artigo 1.° do citado Decreto-Lei), significa que, relacionados com a concreta decisão tomada, a deduzir deles, os elementos fundamentadores se mostram logicamente aptos a que a decisão deles se extraia. O que importa é que a fundamentação, sem deixar de ser sucinta, se apresente com a indispensável clareza, suficiência e congruência, conforme emerge, *expressis verbis,* do texto legal. Imprescindível é, porém, que se dêem a conhecer aos interessados os motivos por que se decidiu no sentido adoptado no acto, e não em outro sentido. A adopção de fundamentos que, por obscuridade, contradição ou insuficiência, não esclareçam concretamente a motivação do acto é equivalente à falta de fundamentação – n.° 3 do artigo 1.° do referido Decreto-Lei n.° 256-A/77.

Fundamentar um acto consiste – como sublinha Marcelo Caetano, *apud* Esteves de Oliveira, *Direito Administrativo*, I, p. 470 e seguintes – em deduzir das premissas indicadas a decisão tomada ou juízo formulado, como se de um silogismo se tratasse, indicando-se quais os motivos, as razões por que se pratica um acto.

Para tanto, impõe-se adoptar um critério prático, consistente na questão de saber se um destinatário normal, face ao itinerário cognoscitivo e valorativo, constante do acto em causa, fica em condições de conhecer o motivo por que se decidiu num certo sentido e não noutro qualquer, o que, aliás, se coaduna com o princípio geral que se pode até extrair, nomeadamente, do disposto no artigo 236.° do Código Civil. Trata-se, em suma, de exigir motivação adequadamente compreensível – cf., por todos neste sentido, por exemplo, o acórdão desta Secção do Supremo Tribunal Administrativo, de 27-4-2005, proferido no recurso n.° 7/05.

A jurisprudência tem-se orientado, normalmente, num sentido de equilíbrio face a cada tipo de situação, sem sacrificar ao chamado "fetichismo da forma", mas também sem descurar o mínimo exigível, sem o que o disposto no citado artigo 1.° do Decreto-Lei n.° 256-A/77 ficaria letra morta e, consequentemente, sem qualquer utilidade face aos objectivos práticos em vista.

Esta necessidade de fundamentação radica-se, concomitantemente, em razões endógenas (garantia de que os agentes ponderaram de forma cuidada toda a problemática envolvente, incluindo as próprias definições legais) e exógenas (colocar o administrado em condições de conhecer as razões da fixação alcançada, por forma de, em consciência, poder optar entre a aceitação do acto e a sua impugnação) – cf. o acórdão desta Secção do Supremo Tribunal Administrativo de 1-3-1989, no *Apêndice ao Diário da República* de 12-10-1990, p. 234 a 236.

A fundamentação de um acto deve ser entendida, assim, e conforme se deixou dito, como a obrigação de enunciar expressamente (de modo directo, ou por remissão) os motivos de facto e de direito que determinaram o agente.

Claramente que a fundamentação é um conceito relativo, variando em função do tipo concreto do acto e das circunstâncias em que o mesmo foi praticado.

O grau de fundamentação exigível deverá estar directamente relacionado com o grau de litigiosidade existente, isto é, com a divergência existente entre a posição da Administração Fiscal e a do contribuinte – cf. Alfredo José de Sousa, e José da Silva Paixão, no *Código de Processo Tributário Comentado e Anotado*, 1998, na anotação 5. ao artigo 82.°.

O conteúdo da declaração fundamentadora não deve ser um *máximo*, tendo em conta que a obrigação formal, além dos seus limites próprios em contraposição com a fundamentação substancial, tem os seus inconvenientes, em especial os da ineficiência que resulta da inevitável diminuição da celeridade administrativa. Assim, a lei exige apenas uma exposição sucinta dos fundamentos e a jurisprudência tem demonstrado, sobretudo na concretização do conceito legal de *insuficiência* da fundamentação, a consciência de que se move num domínio de conflito e de conciliação entre interesses e valores divergentes e mesmo opostos. Pode dar-se, por isso, como assente que a fundamentação contextual se basta com os elementos necessários à expressão clara das razões do acto, não tendo de reportar, por princípio, todos os factos considerados, todas as reflexões feitas ou todas as vicissitudes ocorridas durante uma deliberação decisória. A determinação do âmbito da declaração fundamentadora pressupõe, portanto, a busca de um conteúdo adequado, que há-de ser, num sentido amplo, o suficiente para suportar formalmente a decisão administrativa.

Cf., no sentido de tudo o que acima se diz, especialmente, José Carlos Vieira de Andrade, *O Dever da Fundamentação Expressa de Actos Administrativos*, Almedina, 1991, em particular, as páginas 13, 231, 240, 243, 251, 254, e 320 e 321.

Por outro lado, o Decreto-Lei n.° 43/98, de 3 de Março, fez constar do seu preâmbulo, mormente, que «*Os investimentos efectuados ou a efectuar para a realização da CRIL, CREL, CRIP, CREP e respectivos acessos e da travessia ferroviária do Tejo, troços ferroviários complementares, bem como as extensões do metropolitano de Lisboa e a concretização de sistemas ferroviários ligeiros, vêm valorizar, substancialmente, os prédios rústicos e os terrenos para construção envolventes. Tal valorização justifica a criação de uma contribuição especial, nos termos já adoptados, em caso de obras públicas de elevados custos, nas zonas beneficiadas com o respectivo empreendimento.*».

E, assim, nos termos do seu artigo 1.°, «*É aprovado o Regulamento da Contribuição Especial, anexo ao presente diploma e que dele faz parte integrante.*».

Sob a epígrafe "Incidência", o artigo 1.° do Regulamento da Contribuição Especial, anexo ao citado Decreto-Lei n.° 43/98, estabelece, no seu n.° 1, que «*A contribuição especial incide sobre o aumento de valor dos prédios rústicos, resultante da possibilidade da sua utilização como terrenos para construção urbana (...)*».

E o artigo 2.° deste mesmo Regulamento preceitua que «*Constitui valor sujeito a contribuição a diferença entre o valor do prédio à data em que for requerido o licenciamento de construção ou de obra e o seu valor à data de 1 de Janeiro de 1994, corrigido por aplicação dos coeficientes de desvalorização da moeda constantes da portaria a que se refere o artigo 43.° do Código do Imposto sobre o Rendimento das Pessoas Colectivas, correspondendo, para o efeito, à data de aquisição a data de 1 de Janeiro de 1994 e à de realização a data da emissão do alvará de licença de construção ou de obra*» (n.° 1); e que «*Os valores que servem para determinar a diferença são determinados por avaliação nos termos do presente Regulamento*» (n.° 2).

Quanto à "Determinação da matéria colectável" desta contribuição especial, dispõe o artigo 4.° do dito Regulamento que «*A avaliação referida no n.° 2 do artigo 2.° ficará a cargo de uma comissão constituída pelo contribuinte ou seu representante e por dois peritos nomeados pela Direcção-Geral dos Impostos de entre os incluídos nas listas distritais*» (n.° 1); que «*Um dos peritos nomeados pela Direcção-Geral dos Impostos terá apenas voto de desempate, devendo conformar-se com qualquer dos laudos apresentados*» (n.° 2); e que «*A avaliação será efectuada com precedência de vistoria, devendo as decisões ser devidamente fundamentadas*» (n.° 3).

[Entre parêntesis deve dizer-se que, nos termos do n.° 2 e n.° 3 do artigo 25.° do falado Regulamento, «Os valores determinados em avaliação não são susceptíveis de impugnação judicial autónoma»; mas «Na impugnação da liquidação pode ser invocada qualquer ilegalidade praticada na determinação dos valores atribuídos na avaliação.»].

E, segundo o artigo 6.° do mesmo Regulamento, «*Na determinação dos valores, a comissão terá em consideração a natureza e o destino económico do prédio*» (n.° 1).

Nos termos do n.° 2 do mesmo artigo 6.°, «*Para efeitos do número anterior, atender-se-á: a) À localização, ao ambiente envolvente e ao desenvolvimento urbanístico da zona; b) Às infra-estruturas existentes; c) À caracterização física e topográfica; d) Aos índices de ocupação e volumetria; e) Às características agrárias, aos tipos de cultura e à disponibilidade de águas; f) Ao valor das construções rurais e dependências agrícolas; g) A quaisquer outros elementos susceptíveis de influírem no valor dos prédios.*».

Como se vê, «*a natureza e o destino económico do prédio*» é, em termos gerais, o que a Comissão tem essencialmente de considerar na determinação do valor do prédio sob sua avaliação. E a Comissão, para a realização de uma tal tarefa, lançará mão, segundo os termos da alínea g) do n.° 2 do dito artigo 6.°, de «*quaisquer (...) elementos susceptíveis de influírem no valor dos prédios*». O que quer dizer que a indicação dos elementos constantes das várias alíneas do n.° 2 do dito artigo 6.° do citado Regulamento não constitui uma enumeração, nem completa ou exaustiva, nem fechada ou taxativa. Para a determinação do valor do prédio, a Comissão não está obrigada a considerar todos e cada um dos elementos enumerados (a enumeração não é exaustiva), nem a considerar só esses elementos (a enumeração não é taxativa), nem, muito menos, a reconhecer igual peso a cada um desses indicados elementos – e, por isso, não está vedado à Comissão de Avaliação que leve em conta a ponderação que haja feito de outros elementos ou factores de valor do prédio que nessas alíneas não estejam elencados, em vista sempre do *quid* legal norteador da determinação do valor a achar: «*a natureza e o destino económico do prédio*».

2.3 No caso *sub judicio*, o "termo de avaliação" existente no processo, de fls. 31 a 36, e sobre cujos dizeres não há a mínima controvérsia, apresenta o seguinte teor.

Aos dezoito dias do mês de Maio de dois mil, a comissão de avaliação nomeada nos termos do n.º 1 do Artigo 4.º do Regulamento da Comissão Especial aprovado pelo Decreto-Lei n.º 43/98 de 3 de Março, reuniu, tendo os peritos, por maioria, acordado no que se refere nos pontos seguintes.

1. IDENTIFICAÇÃO DO PRÉDIO A AVALIAR
Proprietário do direito de construir: EGIC – Empresa de Gestão Imobiliária e Construção, Lda
Localização: Rua Pedro Hispano, 674
Freguesia de Ramalde
Concelho do Porto
Inscrição matricial: Artigo (urbano) n.º 2608
Tipo: Terreno para construção
Área: 3.340 m²

2. LOCALIZAÇÃO
O prédio situa-se numa zona urbana, sendo marginado por arruamentos dotados de todas as infra-estruturas urbanísticas.
Na envolvente existem construções de cérceas diversas, sendo este edifico constituído por cave, r/chão e 4 andares.
Na envolvente próxima existem equipamentos e a zona é servida por transportes públicos.
O Plano Director Municipal do Concelho (PDM), estipula para a zona em que se situa o prédio um coeficiente de ocupação do solo (COS) de 5 m³/m².
3. CRITÉRIOS DE AVALIAÇÃO
A avaliação efectuada tem por objectivo a determinação da matéria colectável, para tributação em contribuição especial aprovada pelo Decreto-Lei 43/98 de 3 de Março.
Na determinação dos valores que permitem o cálculo da matéria colectável, a comissão considera o disposto no Artigo 6.º do Regulamento da Contribuição Especial aprovado pelo Decreto-Lei anteriormente referido.
Nos termos da legislação em vigor, avalia-se o prédio à data de 1 de Janeiro de 1994 e a data de emissão do alvará de licença de construção ou de obra, tendo-se em consideração a valorização induzida pelos investimentos públicos realizados e pela melhoria das condições de acessibilidade.
Assim, no ponto seguinte, avalia-se o prédio nas datas referidas determinando-se o seu valor, com base no valor da construção potencialmente edificavél, determinando-se esta a partir dos elementos que nos foram fornecidos, nomeadamente projecto aprovado.

4. AVALIAÇÃO
4.1. EM 01 DE JANEIRO DE1994
C.O.S. (m³/m²): 5,0
Área bruta potencialmente edificável (m²): 6.484,00
Valor unitário da construção (c./m²): 140,0
Valor da construção (c.): 907.760
Valor do terreno (%):30,00%
Valor do terreno (c.): ***272.328***
4.2. À DATA DA EMISSÃO DO ALVARÁ DE LICENÇA (31 DE AGOSTO DE 1998)
Área do terreno (m ²): 3.340,00
C.O.S.(m³/m²): 5,0
Área bruta potencialmente edificável (m²): 6.484,00
Valor unitário da construção (c./m²): 160,00
Valor da construção (c.): 1.037.440
Valor do terreno (%):31,00%
Valor do terreno (c.): ***321.606***

Nota:
O representante e Perito da Sociedade proprietária, Sr. Eng.º António Canos Porto Gomes, manifesta o seu desacordo à avaliação efectuada, na medida em que tendo adquirido o terreno em 16 de Março de 1998 à Leasimpor – Companhia de Locação Financeira Imobiliária, S.A., entende que a valorização induzida pelas infra-estruturas, que agora se pretende tributar, já está reflectida no preço de aquisição do terreno.

A impugnante, ora recorrida, diz que «(...) não se mostram convenientemente explicitados os critérios de avaliação enunciados no n.º 2 do art. 6.º do Regulamento, porquanto as referências feita nos n.ºs 2 e 3 do termo de avaliação reproduzem apenas regras vagas e genéricas, sem qualquer aprofundamento da situação em concreto, ou seja, sem indicação das circunstâncias concretas e específicas relativas a este caso»; que «Cabia, assim, à comissão de avaliação indicar com clareza e objectividade os critérios seguidos na determinação do valor do terreno naquelas duas datas, de forma a evitar que a impugnante, bem como qualquer outra pessoa que seja colocada perante a sua posição, fique impedida de conhecer e acompanhar o percurso cognitivo que conduziu ao apuramento do valor do terreno em cada um dos momentos determinados pela lei»; e que «Do exposto, decorre que a avaliação em causa padece, ainda, do vício de forma, por ausência de suficiente fundamentação, obscuridade e, até, incongruência, já que através da mesma não é possível conhecer os motivos que levaram a comissão a atribuir aqueles valores ao terreno, nem os diferentes preços por m2 da construção ali referidos, ou a diferente percentagem atribuída ao terreno face ao valor global da construção» – cf. os artigos 25.º, 29.º, e 30.º da petição inicial.

E a sentença recorrida, acolhendo, no essencial, a posição da impugnante, assevera que «Resulta do exposto que no auto de avaliação elaborado pela Comissão não foram aplicados ao caso em análise os diferentes elementos a que se refere o citado artigo 6.º do RCE. Apenas foi feita uma referência, demasiado vaga, a investimentos públicos realizados e a uma melhoria das condições de acessibilidade, sem qualquer concretização e sem que tivesse havido qualquer pronúncia sobre as restantes varáveis a que se refere o citado artigo. Por outro lado, também não foram referidas no auto de avaliação, as razões para a atribuição daqueles valores, obtidos para 1994 e 1998 (ponto 4.1 e 4.2 do auto de avaliação), e não de outros. Com efeito, inexistiu qualquer elemento de comparação que permitisse concluir que os valores considerados eram os correntes o para a avaliação reportada quer a 1994 quer à de 1998, de forma a que um destinatário comum pudesse entender o porquê da fixação de determinados valores para o m2 da construção e a percentagem do terreno para tal construção, relativo àquelas datas».

Mas é evidente que a sentença recorrida, onde a impugnante encontrou agasalho, não capta com exactidão nem os aspectos da lei nem os sinais dos elementos que se encontram nos autos.

Na verdade, e como acima se disse, os factores constantes das várias alíneas do n.º 2 do dito artigo 6.º do Regulamento da Contribuição Especial, anexo ao

Decreto-Lei n.º 43/98, de 3 de Março, de determinação do valor a achar essencialmente segundo «*a natureza e o destino económico do prédio*» avaliando, não são de consideração absolutamente cogente e necessária, antes revestem natureza puramente indicativa e adjuvante. E, assim, o facto, exarado na sentença recorrida, de o "termo de avaliação" dar mostras de que «não foram aplicados ao caso em análise os diferentes elementos a que se refere o citada artigo 6.º do RCE», representa-se francamente inadequado à procedência da impugnação decretada como foi por causa de vício de insuficiência de fundamentação formal do acto de avaliação.

Depois, a sentença recorrida labora também em desacerto, quando diz que o "termo de avaliação" não apresenta «as razões para a atribuição daqueles valores, obtidos para 1994 e 1998 (ponto 4.1 e 4.2 do auto de avaliação), e não de outros», «de forma a que um destinatário comum pudesse entender o porquê da fixação de determinados valores para o m2 da construção e a percentagem do terreno para tal construção, relativo àquelas datas».

A realidade é que, ao contrário do que diz a sentença recorrida, o "termo de avaliação", nos seus pontos 2. e 3., sob a designação de "Localização" e "Critérios de Avaliação", explica que «*avalia-se o prédio nas datas referidas, determinando-se o seu valor, com base no valor da construção potencialmente edificável*»; e que o valor da construção potencialmente edificável se determina «*a partir dos elementos que nos foram fornecidos, nomeadamente projecto aprovado*», «*tendo-se em consideração a valorização induzida pelos investimentos públicos realizados e pela melhoria das condições de acessibilidade*» – sendo que «*O prédio situa-se numa zona urbana, sendo marginado por arruamentos dotados de todas as infraestruturas urbanísticas. Na envolvente existem construções de cérceas diversas, sendo este edifico constituído por cave, r/chão e 4 andares. Na envolvente próxima existem equipamentos e a zona é servida por transportes públicos. O Plano Director Municipal do Concelho (PDM), estipula para a zona em que se situa o prédio um coeficiente de ocupação do solo (COS) de 5 m^3/m^2*».

Com se vê, o "termo de avaliação" em foco expressa ter a Comissão ponderado sobre elementos ou factores suficientes de relevo em vista da determinação do valor a achar de acordo com «*a natureza e o destino económico do prédio*» em causa, como em conformidade manda o artigo 6.º do Regulamento da Contribuição Especial, anexo ao Decreto-Lei n.º 43/98, de 3 de Março – e tudo isso, ao invés do que julga a sentença, de modo manifesto, em termos perfeitamente alcançáveis e compreensíveis por um destinatário normal, médio, hipoteticamente colocado na situação real da impugnante, ora recorrida.

Estamos deste modo a concluir, e em resposta ao *thema decidendum*, que a avaliação, em que se baseou a liquidação impugnada, não sofre do vício de falta ou de insuficiência de fundamentação formal, que lhe achou a sentença recorrida.

Questão diversa, porém, é a da fundamentação substancial ou de fundo (que não de forma) do acto de avaliação em causa, mostrada, aliás, na nota aposta no final do referido "termo de avaliação", pelas seguintes palavras, ***ipis verbis***: *O representante e Perito da Sociedade proprietária, Sr. Eng.º António Canos Porto Gomes, manifesta o seu desacordo à avaliação efectuada, na medida em que tendo adquirido o terreno em 16 de Março de 1998 à Leasimpor-Companhia de Locação Financeira Imobiliária, S.A., entende que a valorização induzida pelas infraestruturas, que agora se pretende tributar, já está reflectida no preço de aquisição do terreno* – questão abertamente posta pela impugnante, ora recorrida, no artigo 31.º e seguintes da sua petição inicial, especialmente quando alega como segue.

– «*(...) qualquer hipotético aumento de valor que este terreno porventura tivesse sofrido com os investimentos efectuados na CRIP ou VCI, já tinha sido reflectido ou repercutido pelo vendedor no preço da venda, constante da escritura realizada em 16 de Março de 1998*»;

– «*E diz-se hipotético aumento de valor, porque a sua relativa proximidade na VCI ou CRIP não lhe deve ter proporcionado qualquer valorização, em virtude do ruído por vezes "verdadeiramente insuportável" que a circulação automóvel naquela via provoca, e que já deu lugar a protestos generalizados e "à promessa de construção de um pavimento anti-ruído" por parte do secretário de Estado do Equipamento, de acordo com notícia publicada no jornal "Público" de 13 de Junho do corrente ano*»;

– «*Ora, esta circunstância foi completamente ignorada na avaliação do terreno, com desrespeito do que se determina na al. a) do n.º 2 do art. 6.º do Regulamento, que expressamente manda atender, além da localização, ao ambiente envolvente*»;

– «*Acresce que, também não se compreende facilmente que, na avaliação promovida pela Repartição de Finanças para inscrição deste terreno na matriz sob o artigo 7582 e sua tributação em Contribuição Autárquica, reportada a 23 de Novembro de 1998 – vide n.º 5 supra – lhe tenha sido atribuído o valor patrimonial de 244.999.020$00, sensivelmente igual ao do seu preço de aquisição (245 mil contos), e que, na avaliação aqui contestada, reportada a data muito próxima daquela, lhe tenha sido atribuído o valor de 321.606 contos!*».

No entanto, a questão assim posta – a implicar um juízo de correspondência substancial do valor que foi determinado à «*natureza*» e ao «*destino económico do prédio*» em causa –, não na resolveu o Tribunal recorrido, mas deve fazê-lo, porquanto o seu conhecimento é da competência própria da 1.ª instância, e não cabe nos poderes de cognição (aqui meramente de revista) do Supremo Tribunal Administrativo.

2.4 De todo o exposto, podemos extrair, entre outras, as seguintes proposições, que se alinham em súmula.

I. Pelo artigo 1.º do Decreto-Lei n.º 43/98, de 3 de Março, «*É aprovado o Regulamento da Contribuição Especial, anexo ao presente diploma e que dele faz parte integrante*».

II. Nos termos do n.º 1 do artigo 1.º do Regulamento da Contribuição Especial, anexo ao dito Decreto-Lei, «*A contribuição especial incide sobre o aumento de valor dos prédios rústicos, resultante da possibilidade da sua utilização como terrenos para construção urbana (...)*».

III. Segundo o n.º 1 do artigo 6.º do citado Regulamento da Contribuição Especial, «*Na determinação dos valores, a comissão terá em consideração a natureza e o destino económico do prédio*».

IV. As várias alíneas do n.º 2 do mesmo artigo 6.º do dito Regulamento, a respeito dos *factores de determina-*

ção do valor, não representam uma enunciação de carácter *exaustivo* (ou completo), nem *taxativo* (ou fechado) – pois que deve atender-se a «*quaisquer (...) elementos susceptíveis de influírem no valor dos prédios*».

V. Goza de suficiente *fundamentação formal* a deliberação administrativa, de cuja sucinta exposição as razões de facto e de direito, que a motivaram, se extraem em moldes de *compreensibilidade* a um destinatário normal (***bonus paterfamiliae***), hipoteticamente colocado na situação concreta do real destinatário.

3. Termos em que se acorda conceder provimento ao recurso, revogando-se a sentença recorrida, na parte impugnada – devendo o Tribunal *a quo* conhecer dos vícios da liquidação alegados nos artigos 31.° e seguintes da petição inicial.

Sem custas.

Lisboa, 14 de Março de 2007.

Jorge Lino (Relator)
António Calhau
Baeta de Queiroz

Recurso n.° 624-06-30

EXECUÇÃO FISCAL. VENDA. ANULAÇÃO. APLICAÇÃO SUBSIDIÁRIA DOS ARTIGOS 886.°-A, N.° 4, E 904.°, ALÍNEA *A*), DO CÓDIGO DE PROCESSO CIVIL.

(Acórdão de 28 de Março de 2007)

SUMÁRIO:

I – Nos termos do artigo 2.° do Código de Procedimento e de Processo Tributário, as normas do CPC só serão subsidiariamente aplicáveis se houver uma lacuna, de natureza adjectiva, na regulamentação do CPPT e dos diplomas a que se refere o seu artigo 1.°.

II – O legislador fiscal preceituou integral e imperativamente no CPPT o regime da venda no processo de execução fiscal, excluindo, ao contrário do que acontece na execução comum, a audição do credor com garantia sobre a modalidade da venda (e consequente notificação da decisão do agente de execução) e a necessária aceitação, do dito credor, no caso de negociação particular, do comprador ou do preço proposto pelo exequente.

III – O que se compreende se se atender à natureza e características da execução fiscal: uma vez que está em causa a cobrança de receitas tributárias que visam "a satisfação das necessidades financeiras do Estado e de outras entidades públicas" e a promoção da justiça social, da igualdade de oportunidades e das necessárias correcções das desigualdades na distribuição da riqueza e do rendimento – artigo 5.°, n.° 1, da Lei Geral Tributária –, a execução fiscal caracteriza-se pela sua celeridade.

IV – Falecendo o requisito da omissão previsto no artigo 2.° do CPPT, as normas do Código de Processo Civil relativas à notificação da decisão sobre a venda ao credor com garantia sobre os bens a vender – artigo 886.°-A, n.° 4 – e à audição do credor com garantia real sobre o comprador e o preço de venda por negociação particular – artigo 904.°, alínea *a*) – não são subsidiariamente aplicáveis ao processo de execução fiscal.

ACORDAM NA SECÇÃO DO CONTENCIOSO TRIBUTÁRIO DO SUPREMO TRIBUNAL ADMINISTRATIVO:

Caixa Económica Montepio Geral vem recorrer da sentença do Tribunal Administrativo e Fiscal do Porto que julgou improcedente o pedido de "anulação ou invalidade da venda do imóvel" que deduzira no processo de execução fiscal n.° 3506200201006410, instaurado pelo Serviço de Finanças da Maia 2, contra Rui Alexandre de Sousa Peixoto.

Fundamentou-se a decisão em que dos artigos 201.° e 909.°, alínea *c*), do Código de Processo Civil, "resulta que a anulação da venda depende de ter ocorrido relativamente ao acto de venda ou actos prévios a ela respeitantes, qualquer omissão de um acto ou de formalidade legal, desde que essa(s) irregularidade(s) possa(m) ter influência na venda", sendo que, no que concerne a este último requisito, "o requerente nada alegou (...) e, *pour cause*, também nada provou", além de que o exequente não foi o único e exclusivo beneficiário da venda: "Assim, mesmo a entender-se que o disposto no artigo 886.°-A do CPC era de aplicação subsidiária à execução fiscal (e entendemos que não é), o não cumprimento das formalidades legais prescritas em tal normativo legal não seriam susceptíveis de conduzir à anulação do imóvel em causa nos autos, uma vez que o Requerente nada alegou, nem provou, quanto à susceptibilidade de tais irregularidades influenciarem a referida venda (cfr. artigo 201.°, n.° 1, do CPC) e, por outro lado, a exequente não é a única beneficiária da venda (cfr. artigo 864.°, n.° 10, do CPC)".

A recorrente formulou as seguintes conclusões:

A. – O artigo 886-A do Cód. Proc. Civil (na redacção anterior à do Dec. Lei n.° 38/2003, de 8 de Março, ex vi do seu art.° 21.°), que determina a notificação do despacho que ordena a venda de um bem penhorado, ao exequente, ao executado e aos credores reclamantes de créditos com garantia sobre os bens a vender, é de aplicação subsidiária à execução fiscal.

B. – De igual modo, o despacho a ordenar a venda por meio de negociação particular e o preço mínimo por que ia ser realizada, deviam ser notificados à credora com garantia real, nos termos do disposto no art.° 904.°, al. a) do Cód. Proc. Civil (na sua redacção anterior), também de aplicação subsidiária à execução fiscal.

C. – Estas omissões e faltas de notificações constituem nulidades, nos termos aplicáveis do disposto no art.° 201.° do Cód. Proc. Civil, que têm, manifesta e ne-

cessariamente, relevância e influência na decisão do processo, que é a própria execução fiscal.

D. – Tanto mais que, da venda por meio de propostas em carta fechada não foi efectuada a devida publicidade, em conformidade com o disposto no art.º 249.º, n.ºs 1 e 4 do C.P.P.T.

E. – E o despacho que ordenou a venda mediante negociação particular, reduziu o preço mínimo de venda a 50% do determinado na avaliação dos autos. Assim,

F. – Vedada ficou qualquer possibilidade para a credora impugnar ou reclamar da modalidade da venda e do valor do bem a vender, ou mesmo acompanhar a praça, evitar que ocorresse a degradação do preço da venda ou providenciar na defesa dos seus interesses.

G. – A prévia informação de que o bem penhorado iria ser posto à venda e a prática das formalidades exigidas poderia ter como consequências que a venda não fosse praticada, que o bem não fosse vendido à pessoa a quem foi e, sobretudo, pelo preço por que foi.

H. – A sentença recorrida violou, com erro de interpretação e de aplicação, todas as citadas disposições legais.

Nestes termos e nos mais de direito aplicáveis que V. Excelências doutamente suprirão, deve dar-se provimento ao recurso e, por consequência, ordenada a anulação da venda e dos actos subsequentes, assim se cumprindo a lei e fazendo única Justiça!

Não houve contra-alegações.

O Exmo. Magistrado do Ministério Público emitiu parecer no sentido do não provimento do recurso pois as normas do Código de Processo Civil relativas à notificação da decisão sobre a venda ao credor com garantia sobre os bens a vender – artigo 886.ºA, n.º 4 – e à audição do credor com garantia real sobre o comprador e o preço de venda por negociação particular – artigo 904.º, alínea *a*) – não são subsidiariamente aplicáveis no processo de execução fiscal, já que "a matéria se encontra regulada sem lacuna no CPPT" – artigos 248.º, 250.º e 252.º.

E, corridos os vistos legais, nada obsta à decisão.

Em sede factual, vem, no ponto, apurado que:

A). Pelo Serviço de Finanças da Maia 2 foi instaurada execução fiscal contra Rui Alexandre de Sousa Peixoto, por dívida proveniente de IRS referente ao exercício de 1997, no montante de €5.105,27.

B). No âmbito desse processo, foi penhorado o prédio urbano inscrito na matriz predial urbana da freguesia de Águas Santas, Maia, sob o artigo n.º 7106, fracção G, descrito na CRP da Maia sob o n.º 02560/140794-G.

C). Relativamente ao prédio identificado em B), foram inscritas na competente Conservatória do Registo Predial, hipoteca voluntária a favor da Caixa Económica Montepio Geral e penhoras a favor do Banco Internacional de Crédito (em 10/7/2002 para garantia de €14.041,64) e da Fazenda Nacional {(em 24/10/2000 para garantia da quantia de 25.564.398$00 (F-1) e em 17/3/2004 para garantia de €4.299,23 (F-3) e de €8.874,04 (F-4)}

D). Por despacho do Sr. Chefe de Finanças datado de 16/6/2004, foi determinada a venda do imóvel penhorado, através de propostas em carta fechada, designando-se o dia 8/9/2004 para o efeito.

E). Em 19/7/2004, o Serviço de Finanças da Maia 2 procedeu à citação da Caixa Económica Montepio Geral, nos termos e para os efeitos do disposto no art. 239.º do CPPT.

F). A Caixa Económica Montepio Geral apresentou reclamação de créditos nos autos de execução a que se reporta o presente incidente.

G). Na data designada para a venda do imóvel penhorado – 8/9/2004 – não se procedeu à venda do imóvel devido à inexistência de propostas, tendo sido nomeado, por sorteio, encarregado da venda, por negociação particular, a firma Predimarânius – Sociedade de Mediação Imobiliária, Lda.

H). Em 10/12/2004, foi aceite pelo Serviço de Finanças da Maia 2 a proposta de compra do imóvel, pelo valor de €55.505,00, apresentada por Hugo Alexandre Fernandes da Silva Cruz.

I). Em 3/1/2005, o comprador procedeu ao pagamento do preço porque adquiriu o bem penhorado.

J). Pelo executado Rui Alexandre de Sousa Peixoto foi também apresentado pedido de anulação de venda do mesmo imóvel.

Vejamos, pois:

A questão dos autos é a de saber se as normas do Código de Processo Civil relativas à notificação da decisão sobre a venda ao credor com garantia sobre os bens a vender – artigo 886.º-A, n.º 4 – e à audição do credor com garantia real sobre o comprador e o preço de venda por negociação particular – artigo 904.º, alínea *a*) – são, ou não, subsidiariamente aplicáveis no processo de execução fiscal.

Dispõe o artigo 2.º, alínea *e*), do Código de Procedimento e de Processo Tributário, que o Código de Processo Civil é "de aplicação supletiva ao procedimento e processo judicial tributário, de acordo com a natureza dos casos omissos".

Ou seja, ainda que o caso omisso tenha natureza adjectiva, as normas do CPC só serão aplicáveis quando exista falta de regulamentação no CPPT e nos diplomas a que se refere o seu artigo 1.º.

Ora, aquelas normas do CPC, invocadas pela recorrente, são algumas das que regulam a venda no processo de execução para pagamento de quantia certa.

Matéria que se encontra especialmente prevista na legislação fiscal – cfr. secção IX (Da venda de bens penhorados) do capítulo II (Do processo) do título IV (Da execução fiscal) do CPPT, artigos 248.º a 258.º, onde se define todo o regime da venda dos bens penhorados, nomeadamente a publicidade e as formalidades a que esta está sujeita (artigos 249.º e 256.º), bem como o valor base dos bens e as modalidades de venda (artigos 248.º, 250.º, 252.º e 255.º).

Ou seja, o legislador fiscal preceituou integralmente no CPPT o regime da venda no processo de execução fiscal.

Ao contrário do que acontece no processo de execução comum (onde, quando a lei não disponha diversamente, a venda pode revestir uma de várias modalidades, de acordo com a decisão do agente de execução, "ouvidos o exequente, o executado e os credores com garantia sobre os bens a vender" sendo estes depois notificados da decisão tomada por aquele – artigos 886.º e 886.º-A, n.ºs 1 e 4, do CPC), no processo de execução fiscal, "regra geral" – artigo 248.º do CPPT –, "a venda é feita por meio de propostas em carta fechada, salvo quando diversamente se disponha na presente lei".

Estatuindo o artigo 252.°, n.° 1, alínea *a*), primeira parte, do CPPT, que "a venda por outra das modalidades previstas no Código de Processo Civil só é efectuada (...) quando a modalidade de venda for a de propostas em carta fechada e no dia designado para a abertura de propostas se verificar a inexistência de proponentes".

Isto é, o CPC exige a notificação do credor com garantia (e do exequente e do executado), por parte do agente de execução, porque este tem liberdade para escolher a modalidade de venda mais rentável, depois de os ouvir. Trata-se, pois, de informar os interessados da decisão final, depois de recolher os seus contributos.

O que não acontece no processo de execução fiscal, onde não há lugar a tal escolha nem, consequentemente, a tal audição ou notificação: "regra geral", "a venda é feita por meio de propostas em carta fechada" e se não houver proponentes no dia designado para a abertura das propostas, como aconteceu no caso dos autos, a venda é efectuada por outra das modalidades previstas no CPC, nomeadamente por negociação particular – artigo 886.°, n.° 3, alínea *c*) –, se o órgão de execução fiscal não quiser adquirir os bens para a Fazenda Pública, nos termos do artigo 255.° do CPPT.

E, no caso de negociação particular, o legislador fiscal, ao contrário do ordinário, não exigiu que o executado e demais credores aceitassem o comprador ou o preço acordado – artigo 904.°, alínea *a*), do CPC – antes se bastou com a publicação na internet, nos termos definidos pela Portaria n.° 352/2002, de 3 de Abril, do nome ou firma do executado, do órgão onde corre o processo, da identificação sumária dos bens, do local, prazo e horas em que estes podem ser examinados, do valor base da venda e do nome ou firma do negociador, bem como da residência ou sede deste – artigo 252.°, n.° 3, do CPPT.

Foi, portanto, opção do legislador excluir do processo de execução fiscal a audição do credor com garantia sobre a modalidade da venda e consequente notificação da decisão, o mesmo acontecendo com a necessária aceitação, do dito credor, no caso de negociação particular, do comprador ou do preço.

O que se compreende se se atender às características da execução fiscal.

"A execução fiscal, dado o seu fim de arrecadação coerciva de dívida ao Estado ou entidades equiparadas, caracteriza-se, em primeira linha, pela sua celeridade (...) [, tendo] este princípio geral (...) uma notável premência nesta forma de processo" – cfr. Laurentino da Silva Araújo, *Processo de Execução Fiscal*, Almedina, p. 27.

Com efeito, "o processo comum de execução foi estruturado em termos menos simples, e menos rápidos, por motivos amplamente atendíveis" – Soares Martinez, *Direito Fiscal*, 7.ª edição, p. 444 –, *maxime*, interesses privados, pelo que se compreende a audição, a notificação e até a aprovação dos interessados.

Já no processo de execução fiscal está em causa a cobrança de receitas tributárias que visam "a satisfação das necessidades financeiras do Estado e de outras entidades públicas" e a promoção da justiça social, da igualdade de oportunidades e das necessárias correcções das desigualdades na distribuição da riqueza e do rendimento – artigo 5.°, n.° 1, da Lei Geral Tributária.

E é "em consonância com a maior celeridade que se pretende com o processo de execução fiscal" que neste processo "não se prevê expressamente tal audição prévia" do credor com garantia – cfr. Jorge de Sousa, *Código de Procedimento e de Processo Tributário anotado*, 4.ª edição, nota 4 ao artigo 248.° – nem a notificação subsequente, nem a aceitação do comprador ou do preço acordado.

Aliás, o próprio CPC prevê que a venda seja feita por negociação particular, sem necessidade da dita aceitação do credor, "quando haja urgência na realização da venda, reconhecida pelo juiz" – artigo 904.°, alínea *c*).

Assim, em vista de tal interesse público e celeridade processual, o legislador fiscal regulou integral e imperativamente os regimes da modalidade da venda (ditos artigos 248.°, 252.° e 255.° do CPPT) e do valor base dos bens (artigo 250.° do mesmo diploma), pelo que, falecendo o requisito da omissão previsto no artigo 2.° do CPPT, as normas do Código de Processo Civil relativas à notificação da decisão sobre a venda ao credor com garantia sobre os bens a vender – artigo 886.°-A, n.° 4 – e à audição do credor com garantia real sobre o comprador e o preço de venda por negociação particular – artigo 904.°, alínea *a*) – não são subsidiariamente aplicáveis ao processo de execução fiscal.

Cfr., neste sentido, ainda que apenas relativamente ao artigo 886.°-A, n.° 4, do CPC, mas por razões idênticas, o acórdão deste Supremo Tribunal Administrativo de 17 de Dezembro de 2003, processo n.° 01951/03.

Por fim, como é sabido e a jurisprudência vem insistentemente reafirmando, os recursos destinam-se a reapreciar questões já decididas pelos tribunais *a quo*, que não meio de obter novas pronúncias sobre matérias novas, suprimindo, por tal via, o respectivo grau de jurisdição – arts. 676.° e 690.° do Código de Processo Civil.

Pelo que não tendo sido invocada na petição inicial, a questão vertida na conclusão D das alegações de recurso (que da venda por meio de propostas em carta fechada não foi efectuada a devida publicidade) não pode ser conhecido por este tribunal *ad quem*, pois que não é de conhecimento oficioso.

Termos em que se acorda negar provimento ao recurso, confirmando-se a sentença recorrida.

Custas pela requerente, com procuradoria de 1/5.

Lisboa, 28 de Março de 2007.

Brandão de Pinho (Relator)
Pimenta do Vale
Lúcio Barbosa

Recurso n.° 26/07-30

IMPOSTO SOBRE O VALOR ACRESCENTADO. ARTIGOS PARA OFERTAS. LIMITAÇÃO DO VALOR EFECTUADA POR CIRCULAR. INCONSTITUCIONALIDADE. JUROS INDEMNIZATÓRIOS. CIRCULAR. NORMA DE INCIDÊNCIA.

(Acórdão de 21 de Março de 2007)

SUMÁRIO:

I – É material e organicamente inconstitucional, por ofender o art. 103.º, n.º 2, e 165.º, n.º 1, alínea i), da CRP, a criação por Circular da DGCI de um limite máximo, calculado em função do volume de negócios do ano anterior, para «ofertas de pequeno valor» referidas na 2.ª parte da alínea f), do n.º 3 do art. 3.º do C.I.V.A..

II – Há lugar a pagamento de juros indemnizatórios, nos termos dos n.º 1 e 2 do art. 43.º da LGT, no caso de ser judicialmente anulada autoliquidação efectuada de acordo com instruções genéricas da administração tributária, publicadas em circular.

ACORDAM NA SECÇÃO DO CONTENCIOSO TRIBUTÁRIO DO SUPREMO TRIBUNAL ADMINISTRATIVO:

1 – VPC – PORTUGAL, VENDAS POR CORRESPONDÊNCIA, LDA, impugnou no Tribunal Administrativo e Fiscal de Lisboa uma liquidação de IVA relativa ao mês de Setembro de 2003, no valor de € 26.321,35.

Aquele Tribunal julgou improcedente a impugnação.

Inconformada a impugnante interpôs o presente recurso para este Supremo Tribunal Administrativo, apresentado alegações com as seguintes conclusões:

1. A Completa Ausência de Fundamento de Direito e respectivo Erro na determinação das Normas Jurídicas aplicáveis

I. A Douta Sentença recorrida refere que "segundo a lei do POC (...), as ofertas constituídas por bens adquiridos a terceiros, (...) serão tidas como custo fiscal desde que devidamente documentadas e não excedam os limites considerados razoáveis pela DGCI." (sublinhado nosso).

II. Saliente-se que o texto do Plano Oficial de Contabilidade, tal como publicado no Diário da República, não refere, uma única vez, aquela exigência;

III. Razão pela qual a Douta Sentença recorrida não especifica os fundamentos de direito que justificam a decisão, já que a norma que a Douta Sentença recorrida pretendia encontrar no Plano Oficial de Contabilidade, na verdade não existe, nem nunca existiu;

IV. Face à inexistência de especificação dos fundamentos de direito que, alegadamente, justificam a decisão, a Douta Sentença recorrida é nula, nos termos da alínea b) do n.º 1 do art. 668.º do CPC;

V. Inexistindo, na lei do POC, qualquer norma jurídica que disponha que as ofertas "serão tidas como custo fiscal desde que devidamente documentadas e não excedam os limites considerados razoáveis pela DGCI.",

2. A Omissão de Pronúncia quanto à Inconstitucionalidade por Violação do Princípio da Legalidade e a indicação das Normas Jurídicas que deveriam ter sido aplicadas

VI. A Circular n.º 19/89, ao limitar a norma de incidência negativa prevista na alínea f) in fine, do n.º 3, do art. 3.º do Código do IVA, é inconstitucional por violação do disposto nos art. 165.º, n.º 1, alínea i) e no art. 103.º, n.º 2, da CRP, ferindo o princípio da separação dos poderes;

VII. A Administração Fiscal usurpou as funções do legislador;

VIII. Tal inconstitucionalidade não deixaria de verificar-se mesmo que a disposição referida na Conclusão I. existisse;

IX. Isto porque "a lei do POC" foi aprovada e posta em vigor sem precedência de lei autorizativa;

X. E porque se trata de matéria de reserva relativa da Assembleia da República, que apenas pode ser objecto de delegação directa, i.e., em Decreto-Lei directamente autorizado;

XI. Não poderia o Governo usar tal autorização para, por sua vez, deferir em Decreto-Lei a fixação de tais critérios à Administração Fiscal;

XII. Mais, a Circular n.º 19/89 é também ilegal por violação do disposto no art. 8.º, n.º 1 da LGT;

XIII. Questão que a ora Recorrente suscitou e sobre a qual a Douta Sentença recorrida não se pronuncia;

XIV. Razão pela qual, face a esta omissão de pronúncia a Douta Sentença recorrida é nula, nos termos do art. 668.º, n.º 1, alínea d) do CPC;

XV. Mas mais, deveria ter aplicado ao caso concreto dos autos as normas contidas nos artigos 165.º, n.º 1, alínea i) e 103.º, n.º 2 todos da CRP, bem como no art. 8.º, n.º 2 da LGT,

XVI. Ao invés, de pura e simplesmente, violar o disposto nestas normas e no art. 112.º, n.º 6 da CRP;

3. A Oposição entre os Fundamentos da Sentença Recorrida e a respectiva Decisão e a incorrecta aplicação do Princípio da Igualdade

XVII. Entende, e bem, a Sentença recorrida que "a Administração Fiscal não põe em causa a conformidade das ofertas efectuadas pela impugnante com os usos comerciais nem que, consideradas individualmente, tais ofertas sejam de pequeno valor;

XVIII. Questão que nunca foi controvertida desde o início dos autos e que corresponde exactamente aos únicos requisitos constantes do art. 3.º, n.º 3, alínea f) in fine.

XIX. Mais refere, em continuação da citação anterior, a Sentença recorrida: "A não aplicação, por parte da Administração Fiscal da exclusão constante da parte final da alínea f) do n.º 3 do art. 3.º do CIVA assenta, sim, na verificação de ter sido ultrapassado o limite de 5‰ do volume de negócios do ano anterior, fixado administrativamente pela Circular n.º 19/89 de 18-12."

XX. No entanto, veio a Sentença recorrida julgar a impugnação judicial improcedente.

XXI. Salvo o devido respeito, existe aqui oposição entre os fundamentos e a decisão nesta parte da Sentença recorrida,

XXII. Pois a manutenção da liquidação impugnada é incompatível com a verificação de todos os critérios legais.

XXIII. A Sentença recorrida não pode afirmar simultaneamente que os critérios do art. 3.º, n.º 3, alínea f), in fine, do Código do IVA estão cumpridos e que a limitação efectuada pela Administração Fiscal também está correcta.

XXIV. Pelo que outra decisão não poderia ser tomada que não o reconhecimento da razão que assiste à ora Recorrente, bem como a legalidade da sua conduta;

XXV. Razão pela qual os fundamentos de direito aduzidos na Douta Sentença recorrida contrariam a decisão da mesma,

XXVI. E, nos termos do art. 668.º, n.º 1, alínea c) do CPC, a Douta Sentença recorrida é nula;

XXVII. A formulação legal usada pelo Código do IVA – "usos comerciais" pretendia deliberadamente consagrar o princípio da igualdade ao permitir que sectores de actividade diferentes, em virtude dessa mesma medida de diferença, fossem tratados de modo diferente;

XXVIII. A Administração Fiscal, através da definição de um valor unitário para as ofertas e de um limite em função do volume de negócios, desvirtuou a técnica jurídica adoptada pelo legislador, e, em consequência desse facto, passou a tratar de forma igual sectores económicos diferentes, violando, deste modo, o princípio da igualdade;

XXIX. Razão pela qual, a Douta Sentença recorrida aplica incorrectamente o princípio da igualdade previsto no art. 13.º da CRP;

4. A Omissão de Pronúncia quanto ao Reenvio Prejudicial e a Incorrecta interpretação da alínea 6 do art. 5.º da Directiva 77/388/CEE de 17 de Maio de 1977

XXX. Estabelece-se no n.º 6 do art. 5.º da Directiva do Conselho n.º 77/388/CEE, de 17 de Maio de 1977: "É equiparada a entrega efectuada a título oneroso (...) a disposição de bens a título gratuito (...), sempre que, relativamente a esses bens ou aos elementos que os compõem, tenha havido dedução total ou parcial do imposto sobre o valor acrescentado. Todavia, não será assim considerada a afectação a ofertas de pequeno valor e a amostras para os fins da própria empresa".

XXXI. Pelo que, as "normas" contidas na Circular n.º 19/89, de 18 de Dezembro, são incompatíveis com a citada disposição comunitária.

XXXII. Nestes termos, a ora Recorrente expressamente requereu ao Tribunal a quo que procedesse ao reenvio, a título prejudicial, das questões relativas a esta incompatibilidade e à respectiva interpretação do Direito Comunitário.

XXXIII. Questões sobre as quais a Douta Sentença recorrida não se pronuncia;

XXXIV. Razão pela qual, face a esta omissão de pronúncia a Douta Sentença recorrida é nula, nos termos do art. 668.º, n.º 1, alínea d) do CPC;

XXXV. Mas mais, deveria ter concluído que a correcta transposição e interpretação da expressão "ofertas de pequeno valor (...), para os fins da própria empresa", constante da alínea 6 do art. 5.º da Directiva 77/388//CEE de 17 de Maio de 1977, não é compatível com a limitação constante da Circular n.º 19/89;

Pela revogação da Sentença Recorrida

XXXVI. A Recorrente não estava e não está obrigada a liquidar e pagar IVA sobre as ofertas de pequeno valor económico praticadas aos respectivos clientes em conformidade com a Circular 19/89, de 18 de Dezembro, uma vez que o preço daquelas está em conformidade com os usos comerciais, logo, de acordo com a lei vigente;

XXXVII. Questões que a Administração Fiscal aceita, que não constitui fundamento das liquidações impugnadas e que o Acórdão proferido pelo Tribunal Central Administrativo Sul, proferido em 25 de Maio de 2004, no âmbito do recurso n.º 1330/03, para o qual a Douta Sentença remete dá como assente.

XXXVIII. A Recorrente está tão-somente obrigada ao cumprimento da lei.

XXXIX. O Código do IVA, no seu art. 3.º, n.º 3, alínea f) in fine, dispõe que se encontram excluídas do regime daquela alínea as amostras e as ofertas de pequeno valor, <u>em conformidade com os usos comerciais</u>.

XL. Insista-se, o preço das ofertas da Recorrente aos respectivos clientes está em conformidade plena com os usos comerciais aplicáveis ao sector de actividade daquela;

XLI. O que, repete-se, a Administração Fiscal aceita, não constitui fundamento das liquidações impugnadas e o Acórdão proferido pelo Tribunal Central Administrativo Sul, proferido em 25 de Maio de 2004, no âmbito do recurso n.º 1330/03, para o qual a Douta Sentença remete dá como assente.

XLII. A incidência do imposto tem de ser regulada por lei ou por decreto-lei autorizado.

XLIII. A Circular n.º 19/89, de 18 de Dezembro, ao fixar valores e critérios acima dos quais, se verifica a incidência de imposto, está, na medida em que é aplicada com eficácia externa, aquando de liquidações correctivas de imposto a quem não aja de acordo com a mesma, em desconformidade com a Lei.

XLIV. A ora Recorrente, estando tão somente adstrita ao cumprimento da lei, não se pode conformar com critérios administrativos de orientação genérica para os serviços, com eficácia meramente interna para estes, que, para mais, a afectam grandemente no desenvolvimento da sua actividade comercial.

XLV. Mesmo que se venha a entender que o valor fixado para cada uma das unidades dos bens objecto de oferta, seja aquele que espelha os usos comerciais, o que, apenas por esforçada cautela e imperativo de raciocínio se admite, sempre se deverá considerar que o limite de 5‰ do volume de negócios, com referência ao exercício anterior é uma excessiva interpretação, sem qualquer espelho, nem sequer no mais imaginativo esforço de interpretação, no Código do IVA e na legislação comunitária.

XLVI. Acresce que, nenhuma outra jurisdição europeia consagra tal limite, pelo que, ao aceitar-se o mesmo, além do Estado português estar a afrontar claramente o disposto na VI Directiva Comunitária, estar-se-ão a sujeitar as empresas Portuguesas a um regime jurídico-fiscal desvantajoso face a outros agentes localizados noutras jurisdições europeias.

XLVII. A Circular 19/89, de 18 de Dezembro é ilegal, pela regulação ilegítima que faz da incidência do imposto, pela abusiva transposição de Directiva Comunitária e pela respectiva imposição com eficácia externa vinculativa aos contribuintes;

XLVIII. Mas também inconstitucional, do ponto de vista formal, por violação do princípio da legalidade, previsto nos artigos 165.º, n.º 1, alínea i), e 103.º, n.º 2 da CRP e, também, no art. 8.º, n.º 1 da LGT;

XLIX. E, do ponto de vista material, por violação do princípio da igualdade, previsto no art. 13.° da CRP;

L. Deverá pois, concluir-se pela revogação da Douta Sentença recorrida,

LI. E pela anulação da liquidação impugnada;

LII. Porquanto, a Sentença recorrida, para além dos vícios supra descritos, viola ostensivamente o disposto nos artigos 165.°, n.° 1, alínea i), e 103.°, n.° 2 da CRP, no art. 8.°, n.° 1 da LGT e o princípio da igualdade, previsto no art. 13.° da CRP; e,

LIII. Pretende aplicar norma inexistente alegadamente constante da "lei do POC';

LIV. A correcta interpretação e aplicação das citadas normas obriga a negar que uma circular estabeleça a incidência de um imposto,

LV. E, como tal, que constitua o único fundamente de uma liquidação.

Nestes termos e nos mais de Direito, sempre com o mui Douto suprimento de Vossas Excelências, Senhores Juízes Conselheiros, deve o presente recurso ser julgado procedente por provado, com todas as legais consequências, designadamente:

a) Revogando a Douta Sentença recorrida;

b) Procedendo ao reenvio, a título prejudicial, ao Tribunal de Justiça das Comunidades Europeias da questão sobre a correcta interpretação da Sexta Directiva do Conselho e da desconformidade da Circular 19/89 com a mesma;

c) Declarando a ilegalidade da liquidação impugnada;

d) Decidindo a indemnização da ora Recorrente, pela Administração Fiscal, de todos os prejuízos sofridos por aquela, nomeadamente os resultantes da prestação indevida e em excesso resultante de tal liquidação, nos termos do disposto no art. 43.° da LGT e no art. 61.° do CPPT; e,

e) Concluindo pela revogação da Circular n.° 19/89, de 18 de Dezembro, nos termos do art. 79.° da LGT por estar em clara violação da Lei, se não na sua totalidade, hipótese que por mera precaução se admite, pelo menos na parte respeitante a que "o valor anual de tais ofertas não poderá exceder 5/1000 do volume de negócios do ano anterior da "empresa ofertante'.

Assim decidindo farão Vossas Excelências, Venerandos, Juízes Conselheiros, JUSTIÇA!

Não foram apresentadas contra-alegações.

A Meritíssima Juíza que proferiu a sentença recorrida sustentou a posição assumida.

O Excelentíssimo Procurador-Geral Adjunto emitiu douto parecer nos seguintes termos:

As questões suscitadas no presente recurso são essencialmente as seguintes:

1. Nulidade da sentença recorrida por:

Falta de especificação dos fundamentos e facto e de direito (art.° 668.°, n.° l, al. b) do CPC);

Omissão de pronúncia quanto à inconstitucionalidade por violação do princípio da legalidade tributária;

Oposição entre os fundamentos da sentença recorrida e a respectiva decisão;

Omissão de pronúncia quanto ao reenvio prejudicial e incorrecta interpretação da alínea 6 do art. 5.° da Directiva 77/388/CEE de 17 de Maio de 1977.

2. Violação, por aplicação incorrecta, do princípio da igualdade previsto no art. 13.° da CRP;

3. Reenvio prejudicial, ao Tribunal de Justiça das Comunidades Europeias da questão sobre a correcta interpretação da Sexta Directiva do Conselho e da desconformidade da Circular 19/89 com a mesma.

4. Fundamentação

Da nulidade da sentença:

Vamos em primeiro lugar pronunciar-nos sobre a arguida nulidade da sentença recorrida, questão que logicamente precede o conhecimento do mérito da decisão e que, a proceder, obsta ao conhecimento das demais questões suscitadas.

Nas conclusões das suas alegações de recurso alega a recorrente que a sentença recorrida padece de nulidade por omissão de pronúncia relativamente a questões de direito suscitadas na petição inicial que deveriam ter sido obrigatoriamente apreciadas.

4.1 Concretamente começa por alegar nulidade por falta de especificação dos fundamentos e facto e de direito (art.° 668.°, n.° 1, al. b) do CPC), nomeadamente porque «não especifica os fundamentos de direito que justificam a decisão, já que a norma que a Douta Sentença recorrida pretendia encontrar no Plano Oficial de Contabilidade, na verdade não existe, nem nunca existiu».

Afigura-se-nos que carece de razão.

Nos termos do artigo 125.° n.° 1 do Código de Procedimento e de Processo Tributário constituem causas de nulidade da sentença a falta de assinatura do juiz, a não especificação dos fundamentos de facto e de direito da decisão, a oposição dos fundamentos com a decisão, a falta de pronúncia sobre questões que o juiz deva apreciar ou a pronúncia sobre questões que não deva conhecer.

Como se refere no Código de Procedimento e Processo Tributário anotado de Jorge Lopes de Sousa, 4ª edição, pag. 564, «a fundamentação de direito em regra, será feita por indicação da norma ou normas legais em que se baseia, mas poderá também ser constituída por mera indicação dos princípios jurídicos ou doutrina jurídica em que se baseia (....).

Ora como decorre de fls. 312 e segs., a decisão recorrida mostra-se devidamente fundamentada, com indicação das normas e princípios jurídicos em que assenta, sendo certo que, como se sublinha no despacho de sustentação, e se constata da própria sentença – maxime de fls. 318 – a referência ao POC é feita por remissão aos princípios jurídicos ali consagrados e relativos à contabilidade organizada, e não a determinada norma em concreto.

Improcede, pois, a arguida nulidade.

4.2 A segunda questão suscitada é a de omissão de pronúncia quanto à inconstitucionalidade por violação do princípio da legalidade tributária.

Alega a recorrente que a circular n.° 19/89, ao limitar a norma de incidência negativa prevista na alínea f) in fine, do n.° 3, do art. 3.° do Código do IVA, é inconstitucional por violação do disposto nos art. 165.°, n.° 1, alínea i) e no art. 103.°, n.° 2, da CRP, ferindo o princípio da separação dos poderes sendo também ilegal por violação do disposto no art. 8.°, n.° 1 da Lei Geral Tributária (princípio da legalidade tributária), questões essas que suscitou e sobre as quais a sentença não se pronunciou.

Esta argumentação não deve também proceder.

Com efeito, refere-se expressamente na decisão sindicada, a fls. 319, adoptando a argumentação e fundamentação do Acórdão do Tribunal Central Administrativo

Sul de 25.05.2004, recurso 1330/03, que «como a lei confere à Administração Fiscal a margem para fixar um critério segundo parâmetros de razoabilidade, não colhe a afirmação da impugnante de que a Circular além de ser ilegal por falta de habilitação legal para interpretar extensivamente normas de incidência tributária, é ilegal, por violar o princípio da igualdade ao pretender tratar da mesma forma situações objectivamente desiguais, tais como os usos comerciais (....) É que o critério legal de oferta de pequeno valor é preenchido pela AT dentro do limites que a lei lhe confere (razoabilidade) e é objectivo ao fazer variar a matéria tributável em função do volume de negócios (5/1000).

Não se verifica, pois, a arguida nulidade.

4.3 Ainda relacionada com esta questão surge a argumentação da recorrente no sentido de que a sentença recorrida aplica incorrectamente o princípio da igualdade previsto no art.º 13.º da CRP.

Isto porque a formulação legal usada pelo Código do IVA – "usos comerciais pretendia deliberadamente consagrar o princípio da igualdade ao permitir que sectores de actividade diferentes, em virtude dessa mesma medida de diferença, fossem tratados de modo diferente.

E que a Administração Fiscal, sancionada pela sentença recorrida, através da definição de um valor unitário para as ofertas e de um limite em função do volume de negócios, desvirtuou a técnica jurídica adoptada pelo legislador, e, em consequência desse facto, passou a tratar de forma igual sectores económicos diferentes, violando, deste modo, o princípio da igualdade.

Esta argumentação também não pode colher.

Com efeito como é entendimento jurisprudencial do Tribunal Constitucional (Acórdão. 319/2000 de 18.10.2000 e 335/94 de 30.08.1994, ambos publicados no site do Tribunal Constitucional) a observância do princípio da igualdade implica «que se dê tratamento igual a situações de facto essencialmente iguais e tratamento desigual para as situações de facto desiguais» mas «não impede que, tendo em conta a liberdade de conformação do legislador, se possam (se devam) estabelecer diferenciações de tratamento, "razoável, racional e objectivamente fundadas".

Ora no caso, como se salienta na decisão recorrida, o critério legal de oferta de pequeno valor é preenchido pela Administração Fiscal dentro dos limites que a lei lhe confere (razoabilidade) e é objectivo ao fazer variar a matéria tributável em função do volume de negócios (5/1000) apurado com referência ao ano anterior e a partir dos elementos de contabilidade do sujeito passivo.

Sendo certo que de acordo com o ordenamento constitucional o princípio da tributação do rendimento real deverá ser concretizado de acordo com a própria capacidade contributiva.

Não merece, pois, nesta parte, censura a decisão recorrida.

4.4 Invoca ainda a recorrente omissão de pronúncia quanto ao reenvio prejudicial.

Também por aqui não deverá proceder o recurso.

Com efeito o art.º 234.º do Tratado CE apenas impõe a obrigação de reenviar ao TJCE as questões de interpretação de direito comunitário, aos tribunais nacionais, cujas decisões não sejam susceptíveis de recurso judicial de direito interno.

Mas não impõe essa obrigação aos tribunais de primeira instância.

E mesmo em casos em que dada a natureza do processo ou o valor da causa não há recurso ordinário, as jurisdições inferiores não estão sujeitas à obrigação de reenvio.[1]

De qualquer modo, sublinha-se no despacho de sustentação (fls. 417), o tribunal entendeu que se justificava a dispensa de reenvio pela evidência da solução e porque «a questão foi amplamente tratada na jurisprudência dos tribunais superiores daquela jurisdição»

Embora esta seja asserção seja discutível, pelas razões acima adiantadas, e também pelas razões abaixo enunciadas em 4.6 – não se encontrou jurisprudência clara sobre a matéria – o certo é que o Tribunal de primeira instância não estava sujeito à obrigação de reenvio, pelo que não se verifica a arguida nulidade.

4.5 Como último argumento, no que respeita à nulidade da decisão recorrida alega-se oposição entre os fundamentos da sentença e a respectiva decisão.

Para tanto alega a recorrente que a manutenção da liquidação impugnada é incompatível com a verificação de todos os critérios legais definidos no art. 3.º, n.º 3, alínea f), in fine, do Código do IVA.

Em seu entender a sentença recorrida não pode afirmar simultaneamente que os critérios do art. 3.º, n.º 3, alínea f), in fine, do Código do IVA estão cumpridos e que a limitação efectuada pela Administração Fiscal também está correcta, concluindo que há nesta parte uma insanável oposição entre os fundamentos e a decisão.

Não se nos afigura que esta argumentação possa obter vencimento.

Em primeiro lugar porque na sentença não se diz expressamente que «os critérios do art. 3.º, n.º 3, alínea f), in fine, do Código do IVA estão cumpridos».

O que ali se diz é que a não aplicação, por parte da Administração Fiscal, da exclusão constante da parte final da alínea f) do n.º 3 do artigo 3.º do CIVA assenta, antes, na verificação de ter sido ultrapassado o limite de 5‰ do volume de negócios do ano anterior, fixado administrativamente pela Circular n.º 19/89, de 18-12.

Depois porque na sentença se acrescenta que a referida Circular foi emitida pela Administração Fiscal com o intuito de determinar o que sejam ofertas de pequeno valor, sendo que critério legal de oferta de pequeno valor contido naquela circular, é preenchido pela Administração Fiscal dentro dos parâmetros legais da razoabilidade, e é objectivo por fazer variar a matéria tributável em função do volume de negócios (5‰).

Não há assim qualquer contradição, pois que o tribunal parte do entendimento que a lei confere à Administração Fiscal a margem para fixar um critério segundo parâmetros de razoabilidade.

Poderá discordar-se deste entendimento, mas não se lhe poderá imputar insanável oposição entre os fundamentos e a decisão.

4.6 Do reenvio prejudicial ao TJCE

Finalmente alega-se no presente recurso que a Circular 19/89, de 18 de Dezembro é ilegal, pela regulação ilegítima que faz da incidência do imposto, pela abusiva transposição de Directiva Comunitária e pela respectiva imposição com eficácia externa vinculativa aos contribuintes.

[1] Vide neste sentido João Mota de Campos e João Luís Mota de Campos, Manual de Direito Comunitário, 4.ª edição, pag. 427-428.

E que o limite de 5/1000 do volume de negócios, com referência ao exercício anterior é uma excessiva interpretação, sem qualquer espelho, nem sequer no mais imaginativo esforço de interpretação, no Código do IVA e na legislação comunitária.

Sendo que nenhuma outra jurisdição europeia consagra tal limite, pelo que, ao aceitar-se o mesmo, além do Estado português estar a afrontar claramente o disposto na VI' Directiva Comunitária, estar-se-ão a sujeitar as empresas Portuguesas a um regime jurídico-fiscal desvantajoso face a outros agentes localizados noutras jurisdições europeias.

Subsequentemente pede-se o reenvio, a título prejudicial, ao Tribunal de Justiça das Comunidades Europeias da questão sobre a correcta interpretação da Sexta Directiva do Conselho e da desconformidade da Circular 19/89 com a mesma.

Suscita-se assim uma questão de interpretação de normas comunitárias, mais concretamente da Sexta Directiva 77/388/CEE do Conselho, de 17 de Maio de 1977, em termos que se nos afiguram justificarem o reenvio prejudicial junto do TJCE.

Com efeito o art.° 234.° do Tratado CE impõe aos tribunais supremos dos Estados-membros que recorram ao TJCE sempre que se ponha uma questão de interpretação ou de apreciação de validade de actos emanados das instituições comunitárias, cuja resolução seja necessária ao julgamento da causa.

Nos termos do art.° 249.° do Tratado CE são actos emanados das instituições comunitárias os regulamentos, directivas e decisões, bem como outros actos que possam produzir um efeito de direito.

E o Tribunal de Justiça apenas admitiu três excepções à obrigação de reenvio[2]*:*

– Falta de pertinência da questão suscitada no processo;

– Existência de interpretação já anteriormente fornecida pelo TJCE;

– Total clareza da norma em causa (teoria do acto claro);

Ora a questão referida é pertinente já que a respectiva decisão comporta aplicação do direito comunitário, estando em causa a interpretação da Sexta Directiva 77/388/CEE do Conselho, de 17 de Maio de 1977, mormente dos seus artigos 2.°, n.° 1 e 5.°, n.° 6 [3]*, e a conformidade da Circular 19/89 com a mesma.*

Não existe, por outro lado, interpretação anteriormente fornecida pelo TJCE sobre a questão.

Na jurisprudência comunitária apenas se encontrou o Acórdão do Tribunal de Justiça de 27.07.1999, proferido no processo C-48/97, que tinha por objecto um sistema de promoção das vendas mediante bens entregues em troca de selos, e os conceitos de entrega a título oneroso e de descontos e abatimentos de preços no âmbito da Sexta Directiva, mas não abordava a questão da existência de um limite global sobre o volume de negócios para definição do conceito de ofertas de pequeno valor.

Não se verifica, por outro lado, total clareza das normas em causa, nem se pode concluir que a aplicação directa do direito comunitário se impõe com tal evidência que não deixa lugar a qualquer dúvida razoável.

Em face do exposto somos de parecer que deve ser deferido o pedido de reenvio prejudicial ao Tribunal de Justiça para esclarecimento da questão suscitada no presente recurso, e que entendemos ser a seguinte:

A circular 19/89 de 18 de Dezembro da Administração Fiscal Portuguesa, ao fixar valores e critérios acima dos quais se verifica a incidência de IVA, nomeadamente ao determinar o conceito de ofertas de pequeno valor como sendo aquelas que não ultrapassem unitariamente o valor de 14,96 6 e globalmente o valor de 5%o do volume de negócios, é incompatível com a Sexta Directiva 77/388/CEE do Conselho, de 17 de Maio de 1977, designadamente como o seu artigo e 5.°, n.° 6?

a) Nomeadamente porque sujeita as empresas portuguesas a um regime jurídico-fiscal desvantajoso face a outros agentes localizados noutras jurisdições europeias?

b) Contrariando um dos objectivos pretendidos pela directiva ou seja «estabelecer uma lista comum de isenções, a fim de que os recursos próprios sejam cobrados de forma uniforme em todos os estados membros»?

As partes foram notificadas deste douto parecer, apenas se pronunciando a Recorrente.

Corridos os vistos legais, cumpre decidir.

2 – Na sentença recorrida deu-se como assente a seguinte matéria de facto:

1. A impugnante faz parte do grupo empresarial Trois Suisses International e exerce a actividade de "Vendas por Correspondência" de artigos para o lar, estando enquadrada no regime normal de periodicidade mensal, praticando operações tributadas à taxa normal.

2. No âmbito da sua actividade e para promover as vendas, a impugnante procedeu a aquisições intracomunitárias de produtos destinados a oferecer aos diversos clientes como brindes, sendo que deduzia o IVA correspondente a essas aquisições, mas não o liquidava aquando da sua transmissão aos beneficiários desses brindes.

3. Foi sujeita a acções inspectivas aos exercícios de 1996 a 1999, tendo sido efectuadas correcções técnicas, em sede de IVA, por a Administração Fiscal entender que, por se tratarem de aquisições destinadas a serem oferecidas aos clientes como brindes e o valor global das ofertas ultrapassar o valor fixado na Circular 19/89, de 18/12, ou seja, 5%o do volume de negócios do ano anterior, as respectivas transmissões devem ser consideradas como transmissões gratuitas sujeitas a IVA nos termos do artigo 3.°, n.° 3, alínea f) do CIVA.

4. A fim de evitar procedimento idêntico por parte da Administração Fiscal para os exercícios seguintes, a impugnante passou a autoliquidar IVA no valor das ofertas que ultrapassa o valor global de 5%o do volume de negócios do ano anterior, que, no mês de Setembro de 2003, em causa nos presentes autos, computou no montante de € 26.321,35.

---

[2] Vide neste sentido João Mota de Campos e João Luís Mota de Campos, Manual de Direito Comunitário, 4ª edição, pag. 427-428.

[3] Dispõe o artigo 2.°, n.° 1, da Sexta Directiva que: «Estão sujeitas ao imposto sobre o valor acrescentado: 1. As entregas de bens e as prestações de serviços, efectuadas a título oneroso, no território do país, por um sujeito passivo agindo nessa qualidade;...»

E resulta do artigo 5.°, n.° 6, do mesmo diploma que «É equiparada a entrega efectuada a título oneroso a afectação, por um sujeito passivo, de bens da própria empresa a seu uso privado ou do seu pessoal, ou a disposição de bens a título gratuito, ou, em geral, a sua afectação a fins estranhos à empresa, sempre que, relativamente a esses bens ou aos elementos que os compõem, tenha havido dedução total ou parcial do imposto sobre o valor acrescentado. Todavia, não será assim considerada a afectação a ofertas de pequeno valor e a amostras, para os fins da própria empresa.»

5. A Circular 19/89, de 18/12, foi emitida pela Administração Fiscal para determinar o que sejam ***ofertas de pequeno valor****, constando da mesma que se considerará como tal o valor que não ultrapasse unitariamente o montante de 3.000$00 (IVA excluído), considerando-se ainda, no que ao caso importa, que o valor de tais ofertas não poderá exceder 5‰ do volume de negócios, com referência ao ano anterior.*

6. A impugnante deduziu reclamação graciosa relativamente a esta autoliquidação, a qual foi objecto de despacho de indeferimento expresso, em 22/9/2004,

7. A impugnação foi deduzida em 29/6/2004.

3 – A primeira questão colocada pela Recorrente é a da nulidade da sentença por «*completa ausência de fundamento de direito e respectivo erro na determinação das normas aplicáveis*».

Esta afirmação contém contradição nos seus próprios termos, pois se a sentença tiver errado na determinação das normas é porque algumas invocou e, por isso, não se pode falar de ausência absoluta de fundamentação de direito.

De qualquer forma, a nulidade por falta de especificação dos fundamentos de facto e de direito da decisão, prevista no art. 125.°, n.° 1, do CPPT [que reproduz a fórmula da alínea b) do n.° 1 do art. 668.° do CPC] ocorre quando na decisão não se especifiquem os fundamentos de facto e de direito que justificam a decisão.

Como vem entendendo uniformemente este Supremo Tribunal Administrativo, com apoio no próprio texto desta disposição, só se verifica tal nulidade quando ocorra falta absoluta de fundamentação.[4]

No caso em apreço, a sentença contém fundamentação jurídica, inclusivamente referência expressa de vários preceitos legais, pelo que não pode falar-se em nulidade por falta de fundamentação de direito.

Improcede, assim, a respectiva arguição.

4 – A segunda questão colocada pela Recorrente é a de omissão de pronúncia sobre a inconstitucionalidade por violação do princípio da legalidade e a indicação das normas jurídicas que deveriam ter sido aplicadas.

A nulidade de sentença por omissão de pronúncia verifica-se quando o Tribunal deixe de se pronunciar sobre questões sobre as quais deveria ter-se pronunciado [art. 125.°, n.° 1, do CPPT].

Esta nulidade está conexionada com os deveres de cognição do Tribunal, previstos no artigo 660.°, n.° 1, do CPC, em que se estabelece que o juiz tem o dever de conhecer de todas as questões que as partes tenham submetido à sua apreciação, exceptuadas aquelas cuja decisão esteja prejudicada pela solução dada a outras.

No caso em apreço, como bem nota o Excelentíssimo Procurador-Geral Adjunto, a questão da violação do princípio da legalidade pela Circular n.° 19/89 é apreciada na transcrição que se faz na sentença recorrida do acórdão do Tribunal Central Administrativo Sul de 25-5-2004, processo n.° 1330/03, em que, depois de outras considerações, se conclui expressamente que «*não colhe a afirmação da impugnante de que a Circular além de ser ilegal por falta de habilitação legal para interpretar extensivamente normas de incidência tributária*» (fls. 319)

Assim, na sentença recorrida, através da remissão que se faz para este acórdão do Tribunal Central Administrativo Sul, tomou-se posição sobre a referida questão da compatibilidade da referida Circular com o princípio da legalidade tributária, entendendo-se que ela não interpreta extensivamente normas de incidência tributária.

É certo que se trata de uma abordagem da questão distinta da que é proposta pela Recorrente, e não apreciando a questão sob todas as perspectivas possíveis, mas, tendo-se tomado posição sobre a questão, bem ou mal, não há nulidade por omissão de pronúncia.

5 – A Recorrente imputa à sentença recorrida outra nulidade por omissão de pronúncia quanto às questões do reenvio prejudicial e incorrecta transposição da alínea 6 do art. 5.° da Directiva n.° 77/388/CEE, de 17-5-77.

Nas alegações que apresentou na 1.ª instância, a Recorrente suscitou a questão da incompatibilidade entre a 6.ª directiva comunitária e o limite a 5‰ do volume de negócios imposto na Circular n.° 19/89 (conclusões IX e X dessas alegações, a fls. 303-304).

No acórdão do Tribunal Central Administrativo Sul que se transcreve na sentença recorrida aborda-se tal questão da compatibilidade com o direito comunitário, entendendo-se que «*como a lei confere à AF a margem para fixar um critério segundo parâmetros de razoabilidade, não colhe a afirmação da impugnante de a Circular (...) (é) ilegal pela abusiva desvirtuação de norma comunitária e respectiva transposição legal*».

Assim, não há omissão de pronúncia sobre tal questão.

Por outro lado, adoptando-se este entendimento no sentido da compatibilidade da Circular referida com o direito comunitário, e não se manifestando dúvidas sobre ela, ficou naturalmente prejudicada a questão do reenvio, que só se colocaria em caso de dúvida sobre a interpretação do direito comunitário.

Assim, atento o preceituado na parte final do art. 660.°, n.° 1, do CPC, decidida a questão da compatibilidade não havia dever de pronúncia quanto à questão da necessidade de reenvio prejudicial.

6 – A Recorrente imputa à sentença recorrida nulidade por oposição entre os fundamentos e a decisão, que se consubstanciará em a sentença afirmar que os critérios do art. 3.°, n.° 3, alínea f), in fine, do C.I.V.A. estão cumpridos e que a limitação efectuado na referida Circular 19/89 também está correcta.

---

[4] Neste sentido, entre muitos, podem ver-se os seguintes acórdãos do Supremo Tribunal Administrativo:
– de 9-3-1989, proferido no recurso n.° 26531, publicado em *Apêndice ao Diário da República* de 14-11-94, página 1965;
– de 7-12-1989, proferido no recurso n.° 22854, publicado no *Apêndice ao Diário da República* de 30-12-94, página 7016;
– de 29-5-1991, proferido no recurso n.° 24722, publicado no *Apêndice ao Diário da República* de 15-9-95, página 3414;
– de 26-9-1991, proferido no recurso n.° 27802, publicado no *Apêndice ao Diário da República* de 29-9-95, página 5101;
– de 17-3-1994, proferido no recurso n.° 33329, publicado no *Apêndice ao Diário da República* de 20-12-96, página 2094;
– de 2-11-1994, proferido no recurso n.° 36039, publicado no *Apêndice ao Diário da República* de 18-4-97, página 7588;
– de 18-1-1996, proferido no recurso n.° 34945, publicado no *Apêndice ao Diário da República* de 31-8-98, página 303;
– de 23-5-1996, proferido no recurso n.° 39216, publicado no *Apêndice ao Diário da República* de 23-10-98, página 3957;
– de 27-5-1998, proferido no recurso n.° 37068, publicado em *Cadernos de Justiça Administrativa* n.° 20, página 18;
– de 21-3-2000, proferido no recurso n.° 41027;
– de 25-10-2000, proferido no recurso n.° 29760;
– de 14-11-2000, proferido no recurso n.° 46046;
– de 27-6-2001, proferido no recurso n.° 37410.

A nulidade de sentença por contradição entre os fundamentos e a decisão ocorre quando há um vício lógico na sentença, por, em face dos fundamentos invocados a decisão dever ser oposta à que foi adoptada.

Como a própria designação de tal nulidade deixa perceber, o que está em causa é apenas a contradição entre fundamentos a decisão, e não a contradição entre fundamentos de uma mesma decisão, por um lado, ou a contradição entre duas decisões, por outro.

No caso em apreço, o que a Recorrente invoca é uma contradição ***entre fundamentos da decisão***, que não está prevista na lei como geradora de nulidade.

Por isso, não ocorre a invocada nulidade.

7 – A Recorrente suscita a questões de inconstitucionalidade e de compatibilidade da referida Circular 19/89 com o direito comunitário.

A questão da constitucionalidade da Circular é prévia em relação à questão da compatibilidade com o direito comunitário, pois se se entender que ela não é um acto normativo válido não se colocarão esses problemas de compatibilidade.

Assim, abordar-se-á, de seguida, a questão da inconstitucionalidade.

8 – A Circular n.° 19/89 da DGCI[5], na parte que interessa para a apreciação do presente recurso jurisdicional, estabelece o seguinte:

Conceito de "pequeno valor" e de limite máximo a considerar

3. Para a conceituação do "pequeno valor" a aplicar às ofertas, que não às amostras, considerar-se-á tal valor como não podendo ultrapassar unitariamente o montante de 3.000$00 (IVA excluído), considerando-se ainda, em termos globais, que o valor anual de tais ofertas não poderá exceder 5‰ (cinco por mil) do volume de negócios, com referência ao ano anterior, sem qualquer limite em termos de valores absolutos. No caso de início de actividade, a permilagem referida aplicar-se-á aos valores esperados, sem prejuízo de rectificação a efectuar na última declaração periódica a apresentar no ano de início, se os valores definitivos forem inferiores aos valores esperados.

No caso em apreço, o que está em causa é a constitucionalidade da fixação do valor anual de 5‰ (cinco por mil) do volume de negócios, com referência ao ano anterior.

O art. 3.°, n.° 3, e alínea f), do C.I.V.A. estabelece o seguinte:

3 – Consideram-se ainda transmissões de bens, nos termos do n.° 1 deste artigo:

f) Ressalvado o disposto no artigo 25.°, a afectação permanente de bens da empresa, a uso próprio do seu titular, do pessoal, ou em geral a fins alheios à mesma, bem como a sua transmissão gratuita, quando, relativamente a esses bens ou aos elementos que os constituem, tenha havido dedução total ou parcial do imposto.

Excluem-se do regime estabelecido por esta alínea as amostras e as ofertas de pequeno valor, em conformidade com os usos comerciais;

Esta parte final da alínea f) contém um conceito indeterminado ao fazer referência a «*ofertas de pequeno valor, em conformidade com os usos comerciais*».

A referência à conformidade com os usos comerciais aponta no sentido de se ter pretendido que o valor das ofertas relevante para preenchimento do conceito de «*oferta de pequeno valor*» fosse determinado não em função de um valor objectivo, mas sim tendo em atenção, relativamente a cada tipo de actividade comercial, a prática corrente em matéria de ofertas.

Por outro lado, não havendo qualquer razão para crer (nem sendo alegado nem demonstrado) que em relação a todas as actividades comerciais os usos sejam no sentido de não ser excedido o valor de 5‰ do volume de negócios do ano anterior não se encontra qualquer suporte no texto daquela alínea f) para a fixação de tal limite.

Aliás, como resulta da matéria de facto, a Impugnante repetidamente vem excedendo o limite referido, mesmo depois de lhe ser imposto o pagamento de IVA na parte excedente, pelo que se indicia que a prática comercial no seu ramo de actividade seja no sentido de efectuar ofertas em valor superior àquele limite, o que, a ser assim, constituirá um «*uso comercial*» a atender.

Por outro lado, nesta matéria, não há qualquer disposição que permita à administração tributária fixar «*limites razoáveis*», ao contrário do que sucede em matéria de IRC, com as taxas de reintegração e amortização (art. 30.°, n.° 2, do CIRC) E com repartição de custos para efeitos de determinação do lucro tributável imputável a estabelecimento estável de sociedades e outras entidades não residentes (art. 50.°, n.° 2, do CIRC).[6]

Assim, é de concluir que a referida Circular n.° 19/89, no ponto em apreço, é material e organicamente inconstitucional, pois contém uma regra de incidência objectiva de IVA que não foi criada por diploma emanado da Assembleia da República, em matéria que se insere na reserva relativa de competência legislativa da desta (arts. 103.°, n.° 2, e 165.°, n.° 1, alínea i) da CRP, na redacção vidente, a que correspondem os arts. 106.°, n.° 2, e 168.°, n.° 1, alínea i), respectivamente, nas redacções de 1982 e 1989.

Consequentemente, a liquidação de IVA impugnada enferma de vício de violação de lei, que justifica a sua anulação (art. 135.° do CPA).

9 – Justificando-se a anulação da liquidação impugnada por vício que impede a renovação do acto, fica prejudicado o conhecimento das restantes questões colocadas no presente recurso jurisdicional.

10 – A Recorrente formulou na petição de impugnação pedido de indemnização «de todos os prejuízos sofridos».

No presente meio processual, apenas é possível condenar no pagamento de juros indemnizatórios, no caso de se apurar existência de erro imputável aos serviços (art. 43.°, n.° 1, da LGT), considerando-se «*também haver erro imputável aos serviços no casos em que, apesar da liquidação ser efectuada com base na declaração do contribuinte, este ter seguido, no seu preenchimento, as orientações genéricas da administração tributária, devidamente publicadas*» (n.° 2 do mesmo artigo).

---

5 Disponível em *http://www.dgci.min-financas.pt/NR/rdonlyres/0F22FB57-1ADD-4D69-9DE3-951458B11A08/0/circular_19_de_18-12-1989_direccao_de_servicos_do_iva.pdf*

6 O Plano Oficial de Contabilidade também não contém qualquer indicação nesse sentido, nomeadamente relacionada com os «Artigos para ofertas».

No caso em apreço, o IVA foi autoliquidado, mas a liquidação foi efectuada de acordo com a orientação genérica constante da referida Circular 19/89, pelo que se está perante uma situação que, por interpretação extensiva (se não mesmo meramente declarativa), se enquadra na previsão daquele n.º 2.

Por isso, há lugar ao pagamento de juros desde a data em que ocorreu o pagamento indevido até à data em que vier a ser emitida nota de crédito respeitante ao imposto em causa.

Termos em que acordam em
– conceder provimento ao recurso jurisdicional;
– revogar a sentença recorrida;
– julgar procedente a impugnação;
– anular a liquidação impugnada;
– condenar a Fazenda Pública no pagamento de juros indemnizatórios contados desde a data do pagamento do imposto que foi objecto da liquidação anulada, até à data em que vier a ser emitida nota de crédito.

Custas pela Fazenda Pública, com procuradoria que se fixa em 15%.

Lisboa, 21 de Março de 2007.

Jorge de Sousa (relator)
Baeta de Queiroz
Pimenta do Vale

Recurso n.º 1180/06-30

INTIMAÇÃO PARA UM COMPORTAMENTO. ART.º 147.º DO CPPT.

(Acórdão de 10 de Janeiro de 2007)

SUMÁRIO:

I – Instaurada execução fiscal contra um contribuinte, que deduziu contra ela a respectiva oposição, não é possível intimar o Director-Geral dos Impostos a proceder à anulação de determinadas liquidações, que estão na base daquele processo executivo.

II – A intimação para um comportamento pressupõe a omissão, por parte da administração "do dever de qualquer prestação jurídica susceptível de lesar direito ou interesse legítimo em matéria tributária".

III – Se a AF prestou juridicamente o dever jurídico que lhe competia (ou seja, liquidou tributos, que, na sua óptica, são devidos ao Estado) então a AF não omitiu o dever de prestação jurídica.

IV – O meio próprio para atacar uma liquidação eivada de uma qualquer ilegalidade é a impugnação judicial (art. 99.º do CPPT), ou, eventualmente, o pedido de revisão do acto tributário (art. 78.º da LGT), ou ainda a reclamação graciosa (arts. 68.º e ss. do CPPT).

ACORDAM, EM CONFERÊNCIA, NA SECÇÃO DE CONTENCIOSO TRIBUTÁRIO DO SUPREMO TRIBUNAL ADMINISTRATIVO:

1. QUINTA DA NOGUEIRA – AGROPECUÁRIA, LD., com sede na Rua dos Azeiteiros, Quinta da Nogueira, Venda do Valador, Malveira, veio, junto do TAF de Lisboa 2 (Loures), pedir a "intimação para um comportamento" do Director-Geral dos Impostos.

Concretamente, pretende que a autoridade recorrida seja intimada, em prazo razoável, a proceder à anulação oficiosa de determinadas liquidações e proceder à notificação à requerente de uma outra liquidação, que seja consequência da determinação da matéria tributável fixada em sede de Comissão de Revisão, caso entenda que não ocorreu a caducidade da liquidação.

O Mm. Juiz daquele Tribunal indeferiu liminarmente a respectiva petição inicial.

Inconformada, a requerente interpôs recurso para este Supremo Tribunal, formulando as seguintes conclusões nas respectivas alegações de recurso:

a) Entendeu-se na decisão tomada que o meio processual utilizado pela recorrente não era o próprio para obter da DGCI a anulação oficiosa das liquidações que lhe foram efectuadas, liquidações essas que haviam sido feitas indevidamente uma vez que o foram sem que tivesse sido apreciado o tempestivo pedido de revisão da matéria tributável apresentado para a Comissão de Revisão.

b) O Autor (Conselheiro Jorge Lopes de Sousa) não se fica ela citação que dele é feita no despacho, ainda acrescentando "Esta possibilidade de ordenar a realização de actos de execução de actos administrativos é o meio processual que possibilita com compelir a administração tributária a dar execução aos seus actos firmes por falta de impugnação contenciosa".

c) Como será bom de ver a anulação das liquidações que a recorrente pretende ver anuladas é um acto de execução de um "acto firme" da administração, pois que tendo esta procedido à revogação do despacho que havia determinado a intempestividade do pedido de revisão para a respectiva Comissão outra conclusão não é possível retirar que as anteriores liquidações efectuadas com base no pressuposto errado em que assentaram não se poderiam manter na ordem jurídica.

d) Não fazendo, pois, qualquer sentido falar, como o faz a decisão aqui questionada, que a recorrente tinha ao seu dispor a possibilidade de impugnação ou de pedido da revisão oficiosa da liquidação e isto devido, também e precisamente, ao princípio da legalidade a que a entidade demandada se encontra vinculada e de que é corolário precisamente o artigo 55.º da Lei Geral Tributária, do artigo 3.º do Código de Procedimento Administrativo e do artigo 266.º n. 2 da Constituição da República Portuguesa.

e) Devendo fazer abandonar do mundo do Direito as liquidações que foram consequência daquele acto ilegal e, por isso mesmo, revogado.

f) O mesmo raciocínio atrás expendido é aplicável *mutatis mutandis* ao segundo argumento usado no despacho de que o meio próprio para apreciar da condenação da administração à prática de um acto de liquidação referente a 1998, não sendo o tribunal competente para praticar o dito acto de liquidação, é o de impugnação pois só em relação a tal meio processual o tribunal tem competência para aferir da sua legalidade.

g) Primeiro, a recorrente não pediu ao tribunal que praticasse o acto de liquidação; a recorrente pedia algo bem diferente, isto é, que intimasse a DGCI a praticar tal acto caso esta entendesse que o respectivo prazo para tal ainda não tinha caducado e, segundo, desconhece a recorrente a possibilidade de impugnar um putativo acto de liquidação que ainda não existe na ordem jurídica.

h) A decisão fulmina, de seguida, a acção interposta pela recorrente com a ineptidão da petição inicial por obscuridade da causa de pedir.

i) Nada de mais errado atento o teor da jurisprudência supra citada, segundo a qual só quando a viabilidade do autor seja tão ostensivamente improcedente, é que se torna admissível o indeferimento liminar.

j) Diz-se depois na decisão que a convolação em acção para um reconhecimento de um direito também não era possível, isto porquanto a recorrente pretende que a DGCI pratique o acto de liquidação do IVA de 1998 apenas se não for seu entendimento que o direito a tal liquidação já caducou.

k) É por demais evidente que este último pedido nada tem de impeditivo para a admissão de uma eventual convolação desde logo porque o mesmo poderia ser considerado como não escrito, limitando-se a apreciação ao primeiro segmento do pedido; isto é, a DGCI praticaria o acto de liquidação atinente ao IVA de 1998 se entendesse que ainda estaria em prazo para o fazer e não o praticaria se entendesse que já não estava em prazo.

l) Mas se fosse esta última situação que se verificava também se impunha à DGCI informar a recorrente de tal e isto de forma expressa porquanto se encontra vigente no nosso ordenamento jurídico o artigo 67.º, n.º 1, alínea c) da Lei Geral Tributária.

m) Por fim, e quanto ao último argumento vertido no despacho para sustentar a inadmissibilidade de convolação em acção para o reconhecimento de um direito, de que não há qualquer lesão ou risco de lesão ou interesses legítimos, também não pode o mesmo colher.

n) Com efeito se a não remoção da ordem jurídica, mediante anulação oficiosa das liquidações, não representa um acto lesivo para a recorrente então cumpre dizer que nenhum acto da DGCI se pode considerar lesivo.

o) Na verdade a execução já em curso constitui uma, pelo menos, potencial agressão do património da recorrente com vista a solver as alegadas dívidas dadas à execução; alegadas dívidas essas que, atento o sobredito, não são passíveis de serem dadas à execução.

p) Pelo que forçoso é de concluir pela eminente lesão de um direito da recorrente ao qual só se pode obstar com reconhecimento da DGCI de que o direito à liquidação do IVA de 1998 já caducou; com a subsequente e necessária extinção do processo executivo instaurado pois que, sendo como supra referido, o mesmo deixaria de ter objecto.

q) E assim sendo a convolação, caso se entenda que o caminho é esse, afigurar-se-ia como possível uma vez que a convolação não é uma mera faculdade do julgador, que a ela pode recorrer segundo o seu arbítrio, mas antes uma verdadeira imposição legal que, verificados os respectivos pressupostos, se impõe àquele; não tendo este em tal matéria qualquer margem de discricionariedade.

r) Pelo que ao assim não entender violou o despacho de indeferimento liminar aqui questionado os artigos 98.º, n.º 4, 145.º, 147.º do CPPT, 193.º, n.º 1, 493.º, n.º 2, 494.º alínea b) e 495.º do CPC e 97.º n.º 3 da LGT.

2. Quanto à matéria de facto (que não foi impugnada, não havendo lugar a qualquer alteração) remete-se para os termos da decisão em 1ª instância que decidiu aquela matéria (art. 713.º, 6, do CPC, ex-vi do art. 726.º do mesmo Diploma).

3. A recorrente pretende a intimação da entidade requerida para um comportamento.

Pedido que comporta duas dimensões:

Por um lado, pretende que a dita entidade proceda à anulação oficiosa de determinadas liquidações, que especifica.

Por outro lado, pretende que seja efectuada uma outra liquidação, em substituição daquelas (consequência da determinação da matéria tributável fixada em sede de comissão de revisão), caso entenda que não caducou o direito do Estado à liquidação.

Já vimos que o Mm. Juiz *a quo* rejeitou a pretensão da recorrente.

Através do presente recurso, insurge-se ela contra tal decisão.

Vejamos então.

A intimação para um comportamento está prevista no art. 147.º do CPPT, que estatui na parte que ora interessa:

"1. Em caso de omissão, por parte da administração tributária, do dever de qualquer prestação jurídica susceptível de lesar direito ou interesse legítimo em matéria tributária, poderá o interessado requerer a sua intimação para o cumprimento desse dever junto do tribunal tributário competente.

"2. O presente meio só é aplicável quando, vistos os restantes meios contenciosos previstos no presente Código, ele for o meio mais adequado para assegurar a tutela plena, eficaz e efectiva dos direitos ou interesses em causa.

"...".

Este preceito, que não tem correspondência nem no CPT nem na LPTA tem como escopo a garantia da tutela judicial efectiva, sendo assim um postulado do art. 268.º, 4, da CRP.

Olhando a lei (citado art. 147.º do CPPT), logo vemos que essa omissão (n.º 1) só é relevante se o comportamento comissivo for o meio mais adequado para assegurar a tutela plena, eficaz e efectiva dos direitos ou interesses em causa (n.º 2).

Ora, no tocante à primeira pretensão do recorrente, logo vemos que não é a intimação para um comportamento esse meio.

Vejamos porquê.

Importa desde logo dizer o seguinte:

Este processo (intimação para um comportamento) pressupõe a omissão, por parte da administração "do dever de qualquer prestação jurídica susceptível de lesar direito ou interesse legítimo em matéria tributária".

Ora, no caso, a AF prestou juridicamente o dever jurídico que lhe competia: liquidou tributos, que, na sua óptica, são devidos ao Estado.

Pelo que não há que intimá-la a coisa nenhuma.

Há sim que reagir contra esse cumprimento comissivo da administração, através dos vários procedimentos, como a seguir se indica.

Contra a ilegalidade da liquidação reage-se através da impugnação judicial (art. 99.° do CPPT).

Pode igualmente pedir-se a revisão do acto tributário – art. 78.° da LGT.

Pode igualmente reclamar-se graciosamente (arts. 68.° e ss. do CPPT.

São estes os meios previstos na lei para assegurar aquela tutela.

Pelo que não tem aqui lugar a "intimação para um comportamento".

Ao que se crê, a julgar pelo probatório, o recorrente não fez uso de nenhum desses meios.

Sibi imputet.

Mas foi instaurado processo executivo.

E, como resulta do probatório, a recorrente deduziu oposição à execução fiscal.

Ora, este meio (processo de oposição à execução) é o adequado para assegurar a tutela plena, eficaz e efectiva do direito da recorrente no tocante a essa execução fiscal.

Manifestamente, e no primeiro segmento do recurso, aquele meio ("intimação para um comportamento") não é o adequado para assegurar aquela tutela.

Pelo que não procede nesta parte a pretensão da recorrente.

E que dizer do segundo segmento do recurso?

Pretende a recorrente que a administração proceda a determinada liquidação.

Desde logo importa sublinhar que, na exacta medida em que não procede a primeira pretensão da recorrente (e que acima examinámos) é óbvio e consequente que não pode proceder a segunda.

Na verdade, se não é possível, no caso, intimar a administração a anular oficiosamente uma liquidação, resulta manifesto que também não é possível que se ordene que a administração proceda, em substituição daquela, a uma outra liquidação.

Haveria aqui uma contradição manifesta nos seus termos.

Tão só isto e apenas isto.

Daqui decorre, em consequência do que vai dito, que nem sequer há qualquer hipótese de ordenar a convolação do presente processo em "acção para reconhecimento de um direito" (art. 145.° do CPPT). Seja desde logo pelas razões que estão na base da impossibilidade do uso do meio que vimos apreciando (intimação para um comportamento). Seja porque, como já vimos, e no tocante ao primeiro segmento do recurso há meios mais adequados para a tutela eficaz do direito do recorrente. E, no tocante ao segundo segmento do recurso é o mesmo incompatível com o indeferimento da primeira pretensão.

4. Face ao exposto, acorda-se em negar provimento ao recurso.

Custas pela recorrente, fixando-se a procuradoria em ¼.

Lisboa, 10 de Janeiro de 2007.

Lúcio Barbosa (Relator)
Baeta de Queiroz
António Calhau

Recurso n.° 722/06-3

IRS. DUPLA TRIBUTAÇÃO. MAIS-VALIAS. ALIENAÇÃO ONEROSA DE PARTE SOCIAL DE SOCIEDADE SEDIADA EM PORTUGAL POR RESIDENTE NA ALEMANHA. CONVENÇÃO CELEBRADA ENTRE PORTUGAL E A ALEMANHA PARA EVITAR A DUPLA TRIBUTAÇÃO EM MATÉRIA DE IMPOSTOS SOBRE O RENDIMENTO E O CAPITAL.

(Acórdão de 14 de Março de 2007)

SUMÁRIO:

I – De acordo com o artigo 6.°, n.° 5 da Convenção celebrada entre Portugal e a Alemanha para evitar a dupla tributação em matéria de impostos sobre o rendimento e sobre o capital, os rendimentos que um residente de um Estado contratante aufira derivados da alienação onerosa de bens mobiliários situados no outro Estado contratante só podem ser tributados nesse outro Estado contratante se, de acordo com o direito fiscal do Estado contratante em que tais bens estiverem situados, tais rendimentos forem assimilados aos rendimentos derivados dos bens imobiliários.

II – Caso contrário, só podem ser tributados no Estado contratante de que o alienante é residente, por força do n.° 4 do artigo 13.° da mesma Convenção.

III – Assim, nos termos das disposições legais citadas, a mais-valia realizada por uma residente na Alemanha em resultado da alienação onerosa de uma quota de uma sociedade com sede em Portugal só pode ser tributada na Alemanha, uma vez que no sistema fiscal português os rendimentos dos bens mobiliários não se mostram assimilados, isto é, equiparados aos rendimentos dos bens imobiliários.

ACORDAM, EM CONFERÊNCIA, NA SECÇÃO DE CONTENCIOSO TRIBUTÁRIO DO SUPREMO TRIBUNAL ADMINISTRATIVO:

I – Erika Waltraud Ilse Hollmann, com os sinais dos autos, veio impugnar judicialmente a liquidação adicional de IRS do ano de 1999, com fundamento em vício de forma, por insuficiência, incongruência e obscuridade dos fundamentos, e violação de lei.

Por sentença de 27/3/2006 do Mmo. Juiz do TAF de Loulé foi a impugnação julgada improcedente.

Não se conformando com tal decisão, dela vem agora a impugnante recorrer para este Tribunal, formulando as seguintes conclusões:

1.ª – A lei fiscal portuguesa em vigor à data dos factos não assimilava ou equiparava a rendimentos da transmissão de imóveis os rendimentos resultantes da transmissão de uma quota no capital de uma sociedade portuguesa, tal como a que foi alienada pela ora recorrente.

2.ª – De acordo com o artigo 13.º da Convenção entre Portugal e a Alemanha para evitar a dupla tributação em matéria de imposto sobre o rendimento e sobre o capital, aprovada pela Lei n.º 12/82, de 3 de Junho, as mais-valias realizadas em resultado da alienação de uma quota do capital de uma sociedade portuguesa pela ora recorrente, enquanto residente na Alemanha, não podem ser tributadas em Portugal.

3.ª – Ainda que, porventura, assim não se entendesse, nenhum rendimento ou ganho tributável poderá ser imputado à ora recorrente em resultado da transmissão dessa quota, uma vez que o respectivo preço não ingressou no seu património, por constituir um crédito contratual de um terceiro, por conta e no interesse do qual a ora recorrente adquiriu, deteve e alienou essa quota.

4.ª – Viola o princípio da participação, constituindo vício de forma do acto de liquidação, a conclusão da administração tributária pela irrelevância dos elementos novos trazidos pelo sujeito passivo ao procedimento, quando essa conclusão for fundamentada apenas pela alegação do conhecimento que deles a administração já teria, sem que os motivos dessa irrelevância sejam contextualizados na própria decisão.

Não houve contra-alegações.

O Exmo. Magistrado do MP junto deste Tribunal emite parecer no sentido de que o recurso merece provimento.

Colhidos os vistos legais, cumpre decidir.

II – Mostra-se assente a seguinte factualidade:

A ora Impugnante adquiriu a título gratuito, por óbito de seu marido Claus Heinrich Hollmann (doravante referido como o de cujus), ocorrido em 30 de Novembro de 1998, a quota com o valor nominal de 82.800.000$00 (€ 413.004,65) de que este fora titular no capital social da sociedade Claus Hollmann & Companhia, Ld.ª, com sede em Albufeira (adiante simplesmente referida por "Quota").

Porém, a Quota fora detida pelo ***de cujus*** *por conta de terceiro, embora em nome próprio.*

Por contrato celebrado em Hamburgo, na Alemanha, em 10 de Janeiro de 1973, entre a sociedade de direito alemão denominada "Claus Hollmann & Co" e o ***de cujus*** *e outro, obrigaram-se estes perante aquela a assumir a qualidade de sócios da sociedade de direito português denominada Claus Hollmann & Companhia, exclusivamente por conta e de acordo com as instruções recebidas da outra parte.*

Nos termos desse contrato, a dita sociedade de direito alemão obrigou-se a colocar à disposição do ***de cujus*** *as entradas de capital na sociedade de direito português denominada Claus Hollmann & Companhia, tendo o* ***de cujus*** *se obrigado a ceder-lhe, a qualquer momento, as participações sociais que viesse a adquirir ao abrigo do mesmo contrato.*

A ora Impugnante é herdeira universal do ***de cujus****.*

Em 30 de Dezembro de 1998, a dita sociedade de direito alemão, entretanto redenominada "Claus Hollmann (GmbH & Co) KG", interpelou a ora Impugnante, na sua qualidade de herdeira universal do ***de cujus,*** *para dar cumprimento à obrigação contratual, acima referida, de alienar a participação social na sociedade "Claus Hollmann & C.ia Ld.ª" por conta e no interesse daquela.*

Por escritura pública outorgada em 29 de Julho de 1999, a ora Impugnante deu integral cumprimento à obrigação em que sucedera e, cumprindo as instruções da sociedade alemã, dividiu a quota herdada em duas novas quotas com os seguintes valores nominais, para no mesmo acto as ceder, respectivamente, pelos seguintes preços, aos seguintes cessionários:

Uma quota no valor nominal de: 45.880.000$00
cedida pelo preço de: € 7.433.895,90
a favor de: LTI – Hotelaria, Limitada
Uma quota no valor nominal de: 36.920.000$00
cedida pelo preço de: € 5.982.115,01
a favor de: Kenia Hotelbeteiligungs-gesellschaft mbH

Alienando assim a totalidade da sua participação social na Claus Hollmann & C.ª Ld.ª, com o valor nominal total de € 413.004,65 (82.800.000$00) pelo preço de € 13.416.010,91 (2.689.668.699$26).

Igualmente em cumprimento das obrigações a que se achava adstrita em virtude do acima referido Contrato Fiduciário, a ora Requerente não fez seu o preço recebido dos cessionários das referidas quotas, mas entregou-o na totalidade, convertido em 26.239.437 Marcos alemães, à outra parte nesse contrato, a sociedade "Claus Hollmann (GmbH & Co.) KG", em 2 de Agosto de 1999.

Por isso, a ora Impugnante requereu ao Chefe de Finanças do Serviço de Finanças de Lisboa 7, onde ainda corre o procedimento de liquidação do imposto sucessório, que fosse adicionada à relação de bens oportunamente apresentada, uma verba de passivo da herança perante a sociedade de direito alemão denominada "Claus Hollmann (GmbH & Co.) KG" com sede em Hamburgo, Alemanha, no valor de 2.689.668.699$26 (€ 13.416.010,91).

Em 5 de Agosto de 2003 foi a ora Impugnante notificada pelo Director de Finanças de Faro para exercer o seu direito de audiência sobre o projecto de correcções à sua declaração de rendimentos do ano de 1999, nos termos do projecto de relatório intercalar de inspecção de 1 de Agosto de 2003.

A ora Impugnante exerceu, através do seu representante fiscal, o seu direito de audiência em 12 de Agosto de 2003.

Trazendo ao procedimento o conhecimento dos factos acima referidos, por não terem sido tidos em conta no projecto de correcções e pedindo que fossem tidos em consideração como demonstrativos da inexistência de qualquer rendimento da ora impugnante associado à alienação da Quota.

Acrescentou ainda a ora Impugnante na mesma ocasião, que não lhe fora sequer liquidado qualquer imposto sucessório relativo à Quota, pelo que, ao contrário do que no projecto de correcções se propugnava, o respectivo valor de aquisição a título gratuito não podia ser retirado do disposto no n.º 1 do artigo 45.º do Código do IRS.

No relatório final de inspecção tributária, a administração tributária considerou que nada disso era "relevante visto que esta Direcção de Finanças tinha conhecimento do pedido entregue no Serviço de Finanças de Lisboa 7 e que por despacho de 2003/07/31 este pedido foi indeferido".

Por fim, esclareceu a ora Impugnante o Director de Finanças de Faro em audiência prévia que não é nem fora, no ano de 1999, residente em Portugal, mas sim na

Alemanha, pelo que, ainda que tivesse auferido algum ganho proveniente da alienação da Quota, tal ganho só poderia ser tributado na Alemanha, e não em Portugal, conforme dispõe o n.º 4 do artigo 13.º da Convenção celebrada entre Portugal e a Alemanha para Evitar a Dupla Tributação.

A Impugnante foi instada, na sequência, pelo Director de Finanças de Faro a, no prazo de 8 dias, "fazer prova documental da situação de residente na Alemanha no ano de 1999" e, no mesmo prazo, "traduzir e autenticar qualquer documento eventualmente emitido pelas autoridades fiscais alemãs".

A ora Impugnante logrou fazê-lo.

Tendo o Director de Finanças de Faro reconhecido que a ora Impugnante teve, em 1999, a sua residência fiscal na Alemanha, e não em Portugal.

A administração tributária considerou que a situação estava abrangida pelo n.º 1 do art.º 13.º e do art.º 6.º da Convenção entre Portugal e a Alemanha para Evitar a Dupla Tributação e ainda porque «visto que o sujeito passivo não o declarou no Estado da residência como se depreende do teor do direito de audição apresentado.»

Conclui o relatório da inspecção tributária pela tributação do alegado ganho enquanto mais-valia realizada na transmissão onerosa de partes sociais, à taxa liberatória de 10% «de harmonia com o n.º 1 do artigo 75.º do CIRS, ao tempo em vigor, tributação essa efectivamente traduzida no acto de liquidação ora impugnado.

O processo de imposto sucessório por óbito do referido Claus Heinrich Hollmann, foi instaurado no Serviço de Finanças de Lisboa 07, sob o n.º 6639, tendo a referida quota sido avaliada para efeitos de liquidação do imposto sobre as sucessões e doações no valor de € 7.776.763,77.

A Administração Fiscal achou a mais-valia do modo seguinte:

Valor de realização: € 13.416.010,91

Valor de aquisição: € 7.776.763,77

Mais-Valia (Ganhos sujeitos a IRS) € 5.639.247,14

Analisada a declaração de IRS apresentada em relação ao ano de 1999, na condição de residente no estrangeiro, na qual consta como representante Amaro António Moreira Neves, NIF 138 650 012, verificou-se que apenas englobou Rendimentos Prediais – Categoria F, tendo omitido os Rendimentos de Mais-Valias – Categoria G, antes mencionados.

Por força do disposto no n.º 1 do artigo 14.º (actual 13.º) do CIRS ficam sujeitos a IRS as pessoas singulares, mesmo as não residentes em território português, que aqui obtenham rendimentos.

A alínea h) do n.º 1 do artigo 18.º refere que consideram-se obtidos em território português mais-valias resultantes de transmissão onerosa de partes representativas do capital de entidades com sede ou direcção em território português.

De harmonia com o n.º 1 do artigo 75.º do CIRS, ao tempo em vigor, o saldo positivo apurado na transmissão onerosa de partes sociais e outros valores mobiliários é tributado à taxa liberatória de 10%, salvo quando o titular dos rendimentos optar pelo respectivo englobamento, como é referido no n.º 2 do mesmo artigo.

No caso vertente a tributação da Mais-Valia vai ser efectuada à taxa de 10%, pois não houve opção (os rendimentos foram omitidos), sendo a mais favorável ao sujeito passivo.

III – Vem o presente recurso insurgir-se contra a sentença recorrida por esta não ter considerado o acto de liquidação impugnado ilegal por vício de forma, por insuficiência de fundamentação, e violação de lei.

Quanto ao primeiro dos vícios imputados à liquidação, alega a recorrente que viola o princípio da participação, constituindo vício de forma do acto de liquidação, a conclusão da administração tributária pela irrelevância dos elementos novos trazidos pelo sujeito passivo ao procedimento quando essa conclusão for fundamentada apenas pela alegação do conhecimento que deles a administração já teria sem que os motivos dessa irrelevância sejam contextualizados na própria decisão.

De acordo com o disposto no n.º 6 do artigo 60.º da LGT, os elementos novos suscitados na audição dos contribuintes são tidos obrigatoriamente em conta na fundamentação da decisão.

A obrigatoriedade de ter em conta estes elementos novos na fundamentação da decisão traduz-se em eles deverem ser mencionados e apreciados, constituindo a sua falta de apreciação um vício de forma, por deficiência de fundamentação, susceptível de conduzir à anulação da decisão do procedimento.

Ora, como se constata do próprio relatório da inspecção levada a cabo à recorrente (v. fls. 40 e 41 dos autos), não há dúvida que a administração tributária apreciou os novos factos carreados para o procedimento pela recorrente no exercício do seu direito de audição, considerando aquela que o alegado nos dois primeiros pontos não era relevante, visto ter tomado já conhecimento de pedido anterior formulado e indeferido o mesmo, e tomando posição quanto ao invocado no 3.º ponto.

E, assim sendo, na medida em que os elementos novos apresentados pela recorrente no exercício do direito de audição foram apreciados pela administração tributária, ainda que considerados irrelevantes, improcede o alegado vício de forma, por deficiência de fundamentação.

Passando, então, a conhecer do segundo dos vícios imputados ao acto de liquidação impugnado, vejamos.

O que está aqui em causa é a tributação ou não em Portugal, nos termos da Convenção entre Portugal e a Alemanha para evitar a dupla tributação em matéria de impostos sobre o rendimento e sobre o capital, das mais-valias realizadas por uma residente na Alemanha em resultado da alienação de uma quota do capital de uma sociedade com sede em Portugal.

Estabelece o artigo 6.º, n.º 1 da referida Convenção, aprovada para ratificação pela Lei 12/82, de 3 de Junho, que os rendimentos que um residente de um Estado contratante aufira de bens imobiliários situados no outro Estado contratante podem ser tributados nesse outro Estado.

A expressão «bens imobiliários» terá o significado que lhe for atribuído pelo direito do Estado contratante em que tais bens estiverem situados, compreendendo sempre os acessórios, o gado e o equipamento das explorações agrícolas e florestais, os direitos a que se apliquem as disposições do direito privado relativas à propriedade de bens imóveis, o usufruto de bens imobiliários e os direitos a retribuições variáveis ou fixas pela exploração ou pela concessão da exploração de jazigos minerais, fontes e outros recursos naturais, sendo que os navios, barcos e aeronaves não são considerados bens imobiliários (n.º 2 do artigo 6.º citado).

Acrescentando-se, depois, no n.º 5 do mesmo normativo, que são tributados também, nos termos das disposições anteriores, os rendimentos derivados dos bens mobiliários que, de acordo com o direito fiscal do Estado contratante em que tais bens estiverem situados, sejam assimilados aos rendimentos derivados dos bens imobiliários.

Por seu turno, dispõe o n.º 1 do artigo 13.º da mesma Convenção que os ganhos que um residente de um Estado contratante aufira da alienação de bens imobiliários considerados no artigo 6.º e situados no outro Estado contratante podem ser tributados nesse outro Estado, ao passo que, por força do n.º 4 deste artigo, os ganhos provenientes da alienação de quaisquer outros bens diferentes dos mencionados nos números 1, 2 e 3, só podem ser tributados no Estado contratante de que o alienante é residente.

No caso em apreço, de acordo com o probatório fixado, a recorrente, em 1999, com residência fiscal na Alemanha, adquiriu a título gratuito, por óbito de seu marido, uma quota duma sociedade com sede em Portugal que, em Julho de 1999, veio a alienar.

A administração tributária considerou que esta situação estava abrangida pelo n.º 1 do artigo 13.º e do artigo 6.º da Convenção entre Portugal e a Alemanha para evitar a dupla tributação em matéria de impostos sobre o rendimento e o capital e visto que a recorrente não a declarou no Estado da sua residência tributou-a como mais-valia realizada na transmissão onerosa de partes sociais, à taxa liberatória de 10%, de harmonia com o n.º 1 do artigo 75.º do CIRS.

É esta liquidação que a recorrente impugna, por violação do n.º 4 do citado artigo 13.º da Convenção.

Não há dúvida que os ganhos que um residente de um Estado contratante aufira da alienação de bens imobiliários considerados no artigo 6.º da Convenção e situados no outro Estado contratante podem ser tributados nesse outro Estado (artigo 13.º, n.º 1).

Só que, nos termos do n.º 2 do artigo 6.º, a expressão «bens imobiliários» terá o significado que lhe for atribuído pelo direito do Estado contratante em que tais bens estiverem situados.

Ora, no caso do direito português, a participação no capital de uma sociedade não é seguramente um bem imobiliário (v. artigos 204.º e 205.º do Código Civil).

Todavia, o n.º 5 do citado artigo 6.º da Convenção alarga a tributação aos rendimentos mobiliários que, de acordo com o direito fiscal do Estado contratante, sejam assimilados aos rendimentos derivados dos bens imobiliários.

A questão está, pois, assim em saber se no direito fiscal português os rendimentos mobiliários são assimilados ou não aos rendimentos derivados dos bens imobiliários.

Na sentença recorrida o Mmo. Juiz "a quo" depois de apurar que para efeitos do artigo 10.º do CIRS constituem mais-valias os ganhos obtidos que resultem quer da alienação onerosa de direitos reais sobre bens imóveis quer da alienação onerosa de partes sociais concluiu, sem mais, que a lei portuguesa equipara os rendimentos resultantes de transmissões de partes sociais às transmissões de imóveis.

E, assim sendo, em seu entender, faz todo o sentido a tributação em Portugal das mais-valias obtidas pela ora recorrente pela alienação onerosa da quota da sociedade sediada em Portugal, de acordo com o n.º 5 do artigo 6.º e n.º 1 do artigo 13.º, ambos da Convenção.

Não cremos, porém, que tenha razão.

Com efeito, o facto de o artigo 10.º CIRS qualificar como mais-valias tributáveis quer os ganhos obtidos na alienação onerosa de direitos reais sobre bens imóveis quer os ganhos resultantes da alienação onerosa de partes sociais não significa só por si que a lei assimile estes àqueles.

Na verdade, como salienta o Exmo. PGA junto deste Tribunal, no domínio do IRS constituem categorias conceptuais distintas os rendimentos de bens imobiliários, considerados rendimentos prediais (categoria F), e os ganhos resultantes da alienação onerosa de partes sociais, considerados agora incrementos patrimoniais (artigo 9.º-A do CIRS), e classificados como mais-valias (categoria G).

A qualificação de um rendimento como mais-valia impede a sua qualificação como rendimento de outra categoria, designadamente como rendimento predial (artigos 9.º, 9.º-A e 10.º do CIRS).

Por outro lado, assimilar só pode significar tratar de modo idêntico duas realidades distintas.

E não é isso que acontece mesmo ao nível da tributação das mais-valias imobiliárias e mobiliárias.

Basta atentar nos regimes diferentes para a determinação do rendimento colectável (enquanto as mais-valias imobiliárias apenas concorrem em 50% do seu saldo para o rendimento colectável as mais-valias mobiliárias concorrem pela totalidade – artigo 41.º, n.º 2 do CIRS), nas taxas aplicáveis (o rendimento das mais-valias imobiliárias é englobado com o rendimento das restantes categorias enquanto as mais-valias mobiliárias são tributadas a uma taxa especial – artigo 75.º do CIRS) e nos benefícios fiscais (as mais-valias mobiliárias tinham isenção total de IRC sempre que realizadas por não residentes e as imobiliárias não – artigo 33.º do EBF, na redacção vigente em 1999).

De resto, nenhuma disposição se encontra na lei fiscal que tribute as mais-valias mobiliárias como se de mais-valias imobiliárias se tratassem, bastando-se a sentença recorrida com a mera constatação de que ambas são tributáveis, o que é muito pouco para concluir que os rendimentos de bens mobiliários estão assimilados aos rendimentos de bens imobiliários.

E a Convenção celebrada entre Portugal e a Alemanha para evitar a dupla tributação em matéria de impostos sobre o rendimento e sobre o capital apenas permite a tributação em Portugal dos rendimentos dos bens mobiliários aqui situados e auferidos por residentes na Alemanha se esses rendimentos fossem assimilados, isto é, equiparados aos rendimentos dos bens imobiliários.

O que, como vimos, não sucede.

Razão por que o ganho obtido pela recorrente com a alienação onerosa da quota referente à sociedade com sede em Portugal apenas pode ser tributado no Estado onde ela era residente, ou seja, na Alemanha, nos termos do n.º 4 do artigo 13.º da Convenção citada.

A liquidação impugnada é, assim, ilegal, não podendo, por isso, manter-se.

IV – Termos em que, face ao exposto, acordam os Juízes da Secção de Contencioso Tributário do Supremo Tribunal Administrativo em conceder provimento ao recurso, revogando-se a sentença recorrida, e, em consequência, julgar procedente a impugnação judicial e anular a liquidação impugnada, devendo o Mmo. Juiz "a quo" pronunciar-se agora quanto ao pedido indemnizatório formulado pela impugnante a fls. 174.

Custas pela recorrida apenas na 1.ª instância.

Lisboa, 14 de Março de 2007.

António Calhau (Relator)
Baeta de Queiroz
Brandão de Pinho

Recurso n.º 796/06-30

IRS. PRÉMIOS EM ESPÉCIE ATRIBUÍDOS EM CONCURSOS E SORTEIOS. RETENÇÃO NA FONTE. FUNDAMENTAÇÃO.

(Acórdão de 7 de Março de 2007)

SUMÁRIO:

I – Os prémios em espécie atribuídos em concursos e sorteios estão sujeitos a IRS.
II – A tributação destes rendimentos ocorre por retenção na fonte a título definitivo com carácter liberatório, nos termos do artigo 74.º do CIRS.
III – Tal retenção cabe à entidade organizadora do concurso ou sorteio que deduzirá, nos termos do artigo 94.º do CIRS, a importância correspondente ao rendimento sujeito a tributação.
IV – O prémio pago que é entregue ao beneficiário corresponde ao valor líquido de IRS.
V – Mostra-se devidamente fundamentada a correcção quando ao seu destinatário se dá a conhecer o itinerário cognoscitivo e valorativo subjacente, enunciando as razões de facto e de direito que a motivaram, qualificando e quantificando o facto tributário.

ACORDAM, EM CONFERÊNCIA, NA SECÇÃO DE CONTENCIOSO TRIBUTÁRIO DO SUPREMO TRIBUNAL ADMINISTRATIVO:

I – A empresa Jornal de Notícias, SA, com sede no Porto, veio impugnar judicialmente as liquidações adicionais de IRS relativas aos anos de 1993, 1994 e 1995, com fundamento na sua ilegalidade e falta de fundamentação.

Por sentença de 28/11/2005 do Mmo. Juiz do TAF do Porto, foi a impugnação julgada procedente e, em consequência, ordenada a anulação das liquidações impugnadas.

Não se conformando com tal decisão, dela vem a representante da Fazenda Pública interpor recurso para este Tribunal, formulando as seguintes conclusões:

A. – A douta sentença recorrida julgou procedente a impugnação deduzida, referente a liquidações adicionais de IRS de 1993, 1994, e 1995, nos montantes de 795.039$00, 67.537.181$00 e 22.910.863$00, por haver considerado que a forma de tributação fixada pela Administração Tributária não se encontra expressamente prevista no nosso ordenamento jurídico e que a fundamentação é insuficiente, por não explicitar as motivações subjacentes.

B. – Quanto ao primeiro dos fundamentos, nos presentes autos discute-se a viabilidade da tributação de rendimentos pagos na forma de prémios em espécie atribuídos no âmbito de concursos/sorteios promovidos pela impugnante.

C. – No Código do IRS, o legislador optou claramente pela teoria do rendimento-acréscimo, prevendo o n.º 2 do art.º 1.º que a sujeição não é condicionada pela atribuição do rendimento em dinheiro ou em espécie.

D. – Os rendimentos aqui em causa encontram-se no âmbito de incidência da Categoria I do IRS, Art.º 12.º, e a sua tributação ocorre por retenção na fonte a título definitivo com carácter liberatório, conforme dispõe o n.º 1 e a alínea b) do n.º 2 do Art.º 74.º, às taxas de 25% para 1993 e 35% para 1994 e 1995. Tal retenção cabe à entidade devedora do rendimento, que deduzirá, nos termos da alínea a) do n.º 2 do Art.º 94.º, a importância correspondente ao rendimento sujeito a tributação.

E. – Apesar do enquadramento legal existente e supra descrito, entende a douta sentença que se verifica uma impossibilidade material de tributação por estarmos perante rendimentos em espécie.

F. – Não se conforma a Fazenda Pública, ressalvado o devido respeito, com o desta forma decidido, por entender que se o prémio pago corresponde ao valor líquido de IRS, que é entregue ao beneficiário (porque só este pode ser entregue), então imperativo se torna determinar o rendimento ilíquido sujeito a imposto.

G. – Ou seja, o prémio corresponde a 65% (75% para 1993) do rendimento ilíquido sujeito a tributação, conclusão que decorre exclusivamente da lei, sendo que, daqui resulta que o Ofício Circulado citado na douta sentença em recurso é desprovido de carácter inovatório.

H. – Acresce que, à luz do direito civil os sorteios/concursos realizados pela impugnante configuram promessas públicas onerosas, reguladas pelos Arts. 459.º e seguintes do Código Civil. Assim, por definição, estamos perante negócios unilaterais não receptícios.

I. – Nestes termos, onerar os beneficiários dos prémios com a entrega do imposto devido, obrigação que o mesmo nunca poderia antecipar, porque nenhuma referência a tal ónus foi publicitada na divulgação dos sorteios/concursos (além de contrariar o quadro normativo supra descrito em sede de IRS), esbarraria frontalmente no princípio da boa fé, desequilibrando a relação jurídica e, por consequência, violando também o princípio da protecção dos mais fracos.

J. – Concluindo, encontrando-se expressamente prevista a retenção na fonte com carácter liberatório por parte da entidade pagadora para estes rendimentos da Categoria I, não seria legítimo nem legal exigir ao beneficiário do prémio a entrega do imposto devido nos Cofres do Estado.

K. – Por outro lado, os rendimentos de Categoria A relativamente aos quais está dispensada a retenção na fonte são de englobamento obrigatório, pelo que a excepção que o legislador abriu quanto a estes não deverá ser interpretada extensivamente, de forma a abranger rendimentos de Categoria I, sujeitos a retenção na fonte com carácter liberatório (com impossibilidade de englobamento).

L. – Por último, considerou a douta sentença ter ocorrido preterição de formalidade legal essencial de falta de fundamentação nos actos de liquidação impugnados.

M. – Contudo, ressalvado o devido respeito, entendemos que a fundamentação das correcções efectuadas existe, descrevendo os pressupostos de direito e de facto subjacentes às liquidações de forma clara e sucinta, quantificando e qualificando com rigor as correcções a efectuar.

N. – Assim, a impugnante dispunha de todos os elementos constitutivos do "itinerário cognoscitivo e valorativo" seguido na tomada de decisão de alterar os montantes declarados, dos quais tem o direito de discordar, como fez.

O. – Consideramos que a fundamentação se mostra adequada para dar a conhecer o itinerário cognoscitivo subjacente à correcção, porquanto do mesmo consta a indicação dos factos concretos em que a Administração Fiscal se fundou para proceder à liquidação em crise, fazendo o respectivo enquadramento jurídico, do qual a impugnante discorda, questão que tange unicamente com o mérito da causa.

P. – Assim, a **fundamentação formal** existe e é expressa, suficiente, clara e congruente, como resulta do relatório da inspecção tributária.

Q.– A douta sentença recorrida violou, no que respeita à tributação dos prémios de sorteios/concursos, o disposto nos Arts. 1.°, n.° 2, 12.°, 74.°, n.° 1 e 2, al. b), e 94.°, n.° 2, al. a) do CIRS, bem como, a propósito da fundamentação, o disposto no Art.° 268.°, n.° 3, da Constituição da República Portuguesa e nos Arts. 21.° e 82.° do CPT.

Contra-alegando, veio a impugnante dizer que:

a) Consagrada entre nós a teoria do rendimento-acréscimo, é inquestionável a tributação dos rendimentos provenientes de prémios atribuídos em concursos ou sorteios;

b) Estabelecendo a al. b) do n.° 2 do art.° 74.° do CIRS que *os prémios de rifas, totoloto e jogo do loto, bem como de sorteios ou concursos* estão sujeitos a retenção na fonte a título definitivo, à taxa liberatória de 35% (25% em 1993), não se questiona que tais rendimentos se enquadrem *tendencialmente* com o intuito da retenção na fonte.

c) A figura de retenção na fonte pressupõe a possibilidade de sobre as atribuições patrimoniais serem efectuadas deduções de determinadas importâncias, por aplicação de taxas previstas na lei, estando-se assim em presença de um mecanismo que, por natureza, só pode funcionar perante rendimentos com natureza coincidentes com os meios genericamente admitidos para pagamento de impostos (espécies monetárias líquidas).

d) Os rendimentos provenientes de sorteios ou concursos submetem-se ou não ao instituto de retenção na fonte em função do tipo e da natureza dos rendimentos propiciados.

e) Assim, considerando as especiais características dos prémios em espécie, verifica-se que há uma impossibilidade de funcionamento do instituto de retenção na fonte sobre a atribuição de prémios em espécie. Com efeito, nos prémios em espécie o agente pagador do prémio não pode efectuar qualquer operação financeira de retenção na fonte, por impossibilidade material, lógica e jurídica.

f) A impossibilidade de se efectuar a retenção na fonte nos prémios em espécie é justificada quer por motivos ontológicos (ligação íntima da retenção na fonte com a operação financeira de afectação – retenção – de uma quota parte dos meios monetários em que se verte a retribuição) quer por motivos sistemáticos (fundados na regulamentação legal dos rendimentos em espécie da categoria A do CIRS para a qual o legislador teve o cuidado técnico de excepcionar um conjunto de situações, impedindo assim a aplicação do instituto da retenção na fonte sobre certas formas remuneratórias em espécie).

g) A forma de tributação dos rendimentos provenientes de prémios atribuídos em concursos ou sorteios preconizada pela Administração Fiscal não se insere no instituto da retenção na fonte.

h) Assumindo que o prémio deverá ser anunciado pelo valor líquido – sem que no entanto fundamente essa sus ilação – a Administração Fiscal exige que o agente pagador do prémio efectue um acréscimo financeiro aquando do pagamento de retribuições (prémios) em espécie. De acordo com a teoria defendida pela Administração Fiscal, a empresa teria assim de proceder a um acréscimo financeiro ao custo de aquisição do prémio em espécie, correspondente ao quociente do valor do prémio anunciado por 0.65 (ou 0.75 para 1993), equivalente justamente ao valor de imposto a reter.

i) Esta sua teoria, plasmada no ofício circulado n.° 8/ /92, além de insubsumível na figura de retenção na fonte configura um atípico *ingresso à conta*. Figura esta ignorada pela lei portuguesa mas que está expressamente prevista noutros ordenamentos jurídicos como o ordenamento jurídico espanhol, que a par do instituto de *retencion a cuenta* (aplicável apenas aos pagamentos em dinheiro) consagra a figura de *ingresso a cuenta* (nos termos da qual a entidade que pague ou entregue rendimentos em espécie está legalmente obrigada a efectuar um acréscimo sob a forma de à conta do imposto que corresponde ao beneficiário – traduzindo-se, assim, num verdadeiro acréscimo financeiro aos prémios).

j) Não existe no ordenamento jurídico nacional qualquer preceito legal que consagre a forma de tributação preconizada pela Administração Fiscal, ou seja, que consagre a figura de *ingresso à conta*, pelo que, não se pode estabelecer essa obrigação acessória sobre os agentes pagadores dos rendimentos em espécie somente com base num Ofício Circulado.

k) O sacrifício económico inerente ao imposto sobre o prémio deve acabar por incidir sobre quem o aufere (o titular do rendimento), por funcionamento da taxa liberatória de 35% desligada do instituto da retenção na fonte, pelo que, compete ao beneficiário proceder ao pagamento do imposto correspondente ao prémio em espécie obtido pela respectiva taxa liberatória de 35% (25% para 1993).

l) Ainda que se admita que os sorteios ou concursos consubstanciam negócios unilaterais não receptícios, a atribuição ao beneficiário da obrigação de efectuar o pagamento do imposto relativo aos rendimentos em espécie provenientes de prémios ou sorteios não colide com o princípio da boa fé.

m) Faz parte da consciência colectiva da comunidade que a todo o rendimento corresponde uma forma de tributação, pelo que não existe motivação alguma para que os beneficiários dos prémios (que representam verdadeiros rendimentos) possam legitimamente ignorar que a percepção do prémio tem de ser conjugada com uma qualquer forma de tributação, ou seja, que os mesmos terão de suportar um sacrifício económico (pagamento do imposto) conexo com a obtenção do rendimento.

n) A solução preconizada para a tributação dos rendimentos de prémios em espécie – por sujeição a uma taxa liberatória sem a obrigação de retenção – não é algo invulgar ou inusual no ordenamento português, correspondendo aliás à resposta legal consignada para situações paralelas ao caso *sub judice.*

o) Tal mecanismo verifica-se e aplica-se nomeadamente às mais valias de valores mobiliários e às gratificações laborais não entregues pela entidade patronal, as quais são tributadas à taxa liberatória de 10% e 15%, respectivamente, sem que se verifique, portanto, uma qualquer forma de retenção na fonte (n.º 1 do art.º 75.º do CIRS). Estes rendimentos estão sujeitos a uma taxa liberatória sem que no entanto sejam de englobamento obrigatório, contrariando, assim, o firmado pela Recorrente no ponto K) das conclusões apresentadas.

p) De forma a sustentar a sua teoria, a Administração Fiscal alegou que quer o prémio tenha sido atribuído em dinheiro ou em espécie decorre das regras gerais de direito que os prémios atribuídos em sorteios ou concursos devem ser publicamente anunciados pelo seu valor líquido, sem, no entanto, ter a Administração Fiscal identificado e concretizado em momento algum qual o preceito legal no qual se encontra expressamente prevista, ou se possa retirar, tal conclusão.

q) A invocação de princípios e regras legais para fundamentar um determinado acto, sem identificar tais princípios, nem que seja por uma remissão genérica ou implícita, consubstancia, claramente, uma preterição de formalidade legal essencial traduzida na falta de fundamentação dos actos de liquidação realizados.

r) Tal omissão, na estrita medida em que *limitou-se a dizer «como é», sem explicar «porque é»,* impossibilitou a Recorrida de tomar conhecimento do *itinerário cognoscitivo e valorativo* seguido pela Administração Fiscal para a tomada de decisão.

s) O facto de a Recorrida ter apresentado defesa não significa que a mesma estava na posse de todos os elementos de facto e de direito que conduziram à decisão, ou seja, que a Recorrida tinha perfeito conhecimento do *itinerário cognoscitivo e valorativo* seguido para a tomada de decisão.

t) Não tendo a Administração Fiscal invocado quais os concretos preceitos em que se fundamentou para concluir que os prémios em espécie têm de ser anunciados pelo valor líquido, levou a que a Recorrida considerasse que tais preceitos não existiam, pelo que, no que concerne à alegada obrigatoriedade de os prémios serem anunciados pelo valor líquido, a sua defesa limitou-se a: i) arguir a ilegalidade das liquidações derivadas da criação de um novo instituto (o citado *ingresso à conta*) via administrativa (ou seja, através do Ofício Circulado n.º 8/92); ii) arguir a falta de fundamentação plasmada pela ausência de identificação concreta das regras, preceitos ou quaisquer outros elementos que permitissem à Administração Fiscal concluir que os prémios em espécie tinham de ser anunciados pelo valor líquido; iii) demonstrar que, ao contrário do que a Administração Fiscal astutamente pretendia fazer crer, não são conhecidas quaisquer regras ou disposições legais que permitam concluir que os prémios em espécie têm de ser anunciados pelo valor líquido.

u) Em direito fiscal não é admitida a fundamentação *a posteriori,* pelo que não pode a Recorrente procurar nesta fase a falta de fundamentação dos actos de liquidação praticados pela Administração Fiscal.

v) Na esteira do preceito constitucional estatuído no n.º 3 do artigo 268.º da CRP, consagra a alínea b) do n.º 1 do artigo 60.º da Lei Geral Tributária o *direito de audição* do contribuinte *antes do indeferimento total ou parcial dos pedidos, reclamações, recursos ou petições.*

w) Argumentando somente *não ser possível à reclamante apresentar quaisquer provas susceptíveis de contrariar esta decisão,* entendeu a Administração Fiscal, *contra legem,* retirar à Recorrida o direito de se pronunciar antes dos Serviços proferirem uma decisão final.

x) A decisão de dispensar a audição prévia constitui um vício do procedimento tributário, susceptível de conduzir à anulação da decisão que nele foi tomada.

y) Por todo o exposto, conclui-se assim que a douta sentença corresponde à JUSTA e RIGOROSA interpretação dos factos às normas legais e aos princípios jurídicos competentes, pelo que não consubstancia qualquer violação ao disposto nos artigos invocados pela Recorrente.

O Exmo. Magistrado do MP junto deste Tribunal emite parecer no sentido de que o recurso não merece provimento, devendo confirmar-se a decisão recorrida.

Colhidos os vistos legais, cumpre decidir.

II – Mostra-se fixada a seguinte matéria de facto:

A – Os Serviços de Inspecção Tributária da Direcção de Finanças do Porto elaboraram o relatório de fls. 65 do processo administrativo, cujo teor se dá aqui por integralmente reproduzido, nos termos do qual foi apurado IRS não retido e não entregue nos Cofres do Estado nos seguintes montantes: Esc. 480.000$00, no ano de 1993, Esc. 39.782.730$00, no ano de 1994 e Esc. 15.104.654$00, no ano de 1995.

B – Em consequência do referido em A), a Administração Tributária efectuou as liquidações adicionais de IRS n.os 6410006752, 6410006753 e 6410006754, das quais resultou imposto a pagar no montante de, respectivamente, Esc. 795.039$00, em 1993, 67.537.181$00, em 1994 e 22.910.863$00, em 1995 (cfr. doc. de fls. 59 e ss. do processo administrativo).

C – Nos anos de 1993, 1994 e 1995 a impugnante organizou os concursos "Os melhores do mundo", "Notícias da primeira página", "106.º aniversário" e "107.º aniversário", conforme regulamentos juntos a fls. 18 e ss. do processo administrativo, cujo teor se dá aqui por integralmente reproduzido para todos os efeitos legais.

D – Nos regulamentos e na publicidade dos referidos concursos nada se referiu sobre o regime tributário dos prémios em questão (cfr. doc. de fls. 34 e ss. do processo administrativo, cujo teor se dá aqui por integralmente reproduzido para todos os efeitos legais).

E – Em 30/05/98 foi apresentada reclamação graciosa relativamente às liquidações ora impugnadas (cfr. doc. de fls. 2 do processo administrativo cujo teor se dá aqui por integralmente reproduzido para todos os efeitos legais).

F – A referida reclamação foi indeferida nos termos constantes do doc. de fls. 97 do processo administrativo cujo teor se dá aqui por integralmente reproduzido para todos os efeitos legais.

III – Estão em causa nos presentes autos liquidações adicionais de IRS resultantes de correcções técnicas efectuadas no decurso de acção de inspecção à recorrida decorrentes da falta de retenção e entrega desta nos cofres do Estado de montantes pagos na forma de prémios em espécie atribuídos em sorteios e concursos.

A sentença recorrida julgou procedente a impugnação deduzida por haver considerado que a forma de tributação fixada pela AF não se encontra expressamente prevista na lei e por a fundamentação das liquidações ser insuficiente por não explicitar as suas motivações.

Tratando-se de prémios pagos pela impugnante, ora recorrida, em consequência de sorteios e concursos, não há dúvidas que estes rendimentos se encontram no âmbito de incidência do IRS, concretamente no seu artigo 12.°, alínea b), configurando rendimentos da categoria I (actualmente extinta, por integração na categoria G).

Sustenta-se, porém, na sentença recorrida que, não obstante estarmos perante rendimentos sujeitos a tributação, dada a sua especial natureza (rendimentos em espécie) torna-se impossível proceder à sua retenção na fonte.

Desde logo se dirá que não é pelo facto de se tratar de rendimentos em espécie que tais prémios ficarão excluídos da tributação em sede de IRS pois o CIRS consagra logo no n.° 2 do seu artigo 1.° que ficam sujeitos a tributação quer os rendimentos em dinheiro quer os rendimentos em espécie.

E que, conforme se constata da própria publicidade feita aos concursos e sorteios, não é difícil apurar o seu valor em escudos (atento os anos a que se reportam) pois o mesmo consta dessa mesma publicidade.

A tributação desses rendimentos ocorre por retenção na fonte a título definitivo com carácter liberatório, conforme dispõem o n.° 1 e a alínea b) do n.° 2 do artigo 74.° CIRS, às taxas de 25% para 1993 e 35% para 1994 e 1995.

Tal retenção cabe à entidade devedora desses rendimentos, que deduzirá, nos termos da alínea a) do n.° 2 do artigo 94.° CIRS, a importância correspondente ao rendimento sujeito a tributação às taxas fixadas no artigo 74.° CIRS.

O facto de o legislador ter previsto expressamente a exclusão da retenção da fonte de apenas alguns rendimentos em espécie (artigo 92.°, n.° 1 CIRS) só pode significar que em relação aos restantes rendimentos tributados da mesma forma se não verifica qualquer impossibilidade material de os tributar assim.

Aliás, não vemos qual seja a impossibilidade de aplicar a taxa devida ao valor do prémio em escudos e proceder à sua entrega nos cofres do Estado.

Por outro lado, refere-se ainda na sentença recorrida que aquilo que a AF estabelece para a tributação destes rendimentos não é, de facto, uma verdadeira retenção na fonte já que a entidade devedora se não limita a proceder a uma afectação de uma parte dos rendimentos atribuídos ao contribuinte mas antes impõe que a empresa organizadora do concurso proceda, aquando do pagamento de prémios em espécie, a um aumento ficcionado ao respectivo custo de aquisição dos mesmos, aumento esse que corresponderá ao valor do imposto.

Sucede que não é, por isso, que se pode deixar de falar em retenção na fonte uma vez que o que se exige apenas à entidade organizadora dos concursos é que entregue nos cofres do Estado o imposto correspondente ao prémio atribuído, calculado pela aplicação da taxa devida sobre o seu valor.

Só que, como o prémio pago não pode deixar de corresponder ao valor líquido de IRS, porque é isso que de facto é entregue ao beneficiário, torna-se necessário apurar o rendimento ilíquido sujeito a imposto e foi isso que a AF pretendeu fazer através do ofício circulado citado, o qual se limita a esclarecer na prática o que já resulta da lei, sem qualquer carácter inovatório, pelo que não há aqui violação do princípio da legalidade tributária.

Por último, também não colhe a argumentação da sentença recorrida ao afirmar que as correcções efectuadas se não mostram devidamente fundamentadas.

Com efeito, do relatório da inspecção levada a cabo à impugnante extrai-se com clareza as razões de facto e de direito que motivaram aquelas correcções, qualificando e quantificando devidamente o facto tributário.

Tal fundamentação mostra-se, pois, adequada a dar a conhecer o itinerário cognoscitivo e valorativo subjacente às correcções efectuadas.

A prova de que a destinatária apreendeu bem essa fundamentação é evidente no modo como impugnou as liquidações em causa, demonstrando ter compreendido bem os motivos que as determinaram, embora deles discordando.

A sentença recorrida que assim não entendeu não pode, por isso, manter-se.

IV – Termos em que, face ao exposto, acordam os Juízes da Secção de Contencioso Tributário do STA em conceder provimento ao recurso, revogando-se a sentença recorrida, e, em consequência, ordenar que os autos baixem à instância a fim de aí ser apreciada a ilegalidade (falta de audiência) invocada na petição inicial e não conhecida na sentença recorrida.

Sem custas.

Lisboa, 7 de Março de 2007.

António Calhau (Relator)
Brandão de Pinho
Pimenta do Vale

Recurso n.° 498/06-30

IVA. IMPOSTO DE OBRIGAÇÃO ÚNICA. CADUCIDADE DO DIREITO À LIQUIDAÇÃO. APLICAÇÃO DA LEI NO TEMPO.

(Acórdão de 17 de Janeiro de 2007)

SUMÁRIO:

I – Nos impostos de obrigação única, como é o caso do IVA, nos termos do artigo 45.º da LGT, na redacção anterior à dada pela lei 32-B/2002, de 30/12, o prazo de caducidade do direito de liquidar os tributos conta-se a partir da data em que o facto tributário ocorreu.

II – Com a entrada em vigor da LGT, em 1/1/1999, esse prazo passou a ser de quatro anos, sendo aplicável aos factos tributários ocorridos a partir de 1/1/1998, por força do n.º 5 do artigo 5.º do DL 398/98, de 17/12.

III – O citado art.º 5.º, n.º 5 do DL 398/98, de 17/12, tem natureza retroactiva, afastando a aplicação do art.º 297.º do CC.

ACORDAM, EM CONFERÊNCIA, NA SECÇÃO DE CONTENCIOSO TRIBUTÁRIO DO SUPREMO TRIBUNAL ADMINISTRATIVO:

I – Júlio Sampaio Teixeira, residente em Felgueiras, veio deduzir oposição à execução fiscal contra si instaurada por dívidas de IVA dos 1.º, 2.º e 3.º trimestres do ano de 1998, com o fundamento da não notificação das liquidações dentro do prazo de caducidade.

Por sentença do Mmo. Juiz do TAF de Braga foi a oposição deduzida julgada procedente e, em consequência, ordenada a extinção da execução fiscal.

Não se conformando com tal decisão, dela vem a Magistrada do MP interpor recurso para este Tribunal, formulando as seguintes conclusões:

1. O oponente alega a falta de notificação da liquidação do IVA relativo aos primeiro, segundo e terceiro trimestres de 1998 no prazo de caducidade, o que constitui o fundamento de oposição previsto no art.º 204.º/1.e) CPPT.

2. O Mmo. Juiz concedeu provimento à oposição com o mesmo fundamento, "não notificação das liquidações dentro do prazo de caducidade", ordenando em consequência o arquivamento dos autos de execução fiscal na parte respectiva.

3. Para tanto, considerou que o novo prazo de caducidade do direito à liquidação, de quatro anos, previsto no n.º 1 do art.º 45.º da LGT, se aplica aos factos tributários ocorridos a partir de 1 de Janeiro de 1998, nos termos do art.º 5.º/5 do DL 398/98, de 17 de Dezembro.

4. E que, por isso, quando o oponente foi notificado da respectiva liquidação a 26.11.2002, já tinha decorrido o prazo de quatro anos após o prazo que a administração fiscal dispunha para o efeito.

5. Discordamos do entendimento do Mmo. Juiz, na medida em que nos termos do art.º 297.º/1 CC (regra geral a aplicar sempre que não seja expressamente afastada) a lei que estabelecer para qualquer efeito um prazo mais curto que o fixado na lei anterior é também aplicável aos prazos que já estiverem em curso, mas o prazo só se conta a partir da entrada em vigor da nova lei, a não ser que, segundo a lei antiga, falte menos tempo para o prazo se completar.

6. Assim, no caso concreto, sendo que pela lei antiga (art.º 33.º CPT) faltava mais tempo para se completar o prazo de cinco anos de caducidade do direito de liquidação nela previsto, não só se aplica o prazo de quatro anos previsto no art.º 45.º/1 LGT, como este só se conta a partir da sua entrada em vigor – 1.1.1999 – atingindo o seu termo final em 2003.

7. Pelo exposto, quando foi notificada ao oponente a liquidação, em 26.11.2002, ainda não caducara o direito de liquidação e a notificação foi efectuada dentro do respectivo prazo de caducidade.

8. Decidindo como decidiu, o Mmo. Juiz a quo interpretou, aplicou erradamente e violou as normas legais referidas nestas conclusões.

Não houve contra-alegações.

Colhidos os vistos legais, cumpre decidir.

II – Mostra-se assente a seguinte factualidade:

1. A Administração Fiscal efectuou liquidação adicional de IVA ao oponente relativamente aos quatro trimestres do ano de 1998, acrescida de juros compensatórios (informação de fls. 10);

2. O oponente foi notificado a 26.11.2002 das liquidações adicionais de IVA supra referidas, as quais continham como data limite de pagamento voluntário o dia 26.12.2002 (certidão de fls. 12);

3. O oponente foi citado para a execução fiscal instaurada para cobrança coerciva do IVA respeitante aos quatro trimestres de 1998;

4. Os valores em execução respeitantes aos 1.º, 2.º e 3.º trimestres de 1998 não se encontram pagos;

5. O oponente efectuou o pagamento da liquidação respeitante ao 4.º trimestre de 1998, ao abrigo do Decreto-Lei 248-A/2002;

6. Em 16/12/2004, foi interposta a presente oposição.

III – O Mmo. Juiz "a quo" julgou procedente a oposição deduzida pelo ora recorrido à execução fiscal contra si instaurada por dívidas de IVA, referentes aos três primeiros trimestres de 1998, com o fundamento de que o oponente não fora notificado da liquidação daquele imposto no prazo de caducidade, o que constituiria fundamento de oposição previsto na alínea e) do n.º 1 do artigo 204.º do CPPT.

Para tanto, considerou que o novo prazo de caducidade do direito à liquidação, de quatro anos, previsto no n.º 1 do art.º 45.º da LGT, se aplica aos factos tributários ocorridos a partir de 1 de Janeiro de 1998, nos termos do n.º 5 do art.º 5.º do DL 398/98, de 17 de Dezembro.

E que, por isso, quando o oponente foi notificado da respectiva liquidação em 26/11/2002 já tinha decorrido o prazo de quatro anos que a AF dispunha para o efeito.

Deste entendimento discorda o recorrente, para quem o novo prazo de quatro anos previsto no art.º 45.º da LGT só se conta a partir da sua entrada em vigor, 1/1/1999, por força da aplicação do art.º 297.º do CC, e daí que a notificação efectuada em 26/11/2002 ocorresse pois ainda dentro do prazo de caducidade.

A questão que está aqui em causa é, assim, a interpretação do n.° 5 do artigo 5.° do DL 398/98, de 17 de Dezembro.

Dispõe este normativo, que entrou em vigor em 1 de Janeiro de 1999, que o novo prazo de caducidade do direito de liquidação dos tributos se aplica aos factos tributário ocorridos a partir de 1 de Janeiro de 1998.

O que parece contrariar o preceituado no artigo 297.° do CC que manda contar o novo prazo só a partir da entrada em vigor da nova lei.

No sentido de que ao novo prazo de caducidade do direito à liquidação de impostos estatuído no art.° 45.° da LGT se aplica o disposto no art.° 297.° do CC se pronunciou já o acórdão desta Secção de 2/11/05, no recurso 744/05.

Todavia a jurisprudência mais recente deste Tribunal vai no sentido contrário.

Veja-se, a este propósito, o acórdão de 4/10/2006 no recurso 239/06, no qual se afirma expressamente a natureza retroactiva do citado n.° 5 do artigo 5.° do DL 398/98, de 17/12.

O que o legislador terá pretendido mesmo foi que o novo prazo de caducidade de liquidação dos tributos se aplicasse efectivamente aos factos tributários ocorridos a partir de 1 de Janeiro de 1998, afastando a aplicação neste caso do artigo 297.° do CC, enquanto a mantém expressamente no n.° 1 do mesmo artigo para o prazo prescricional.

Neste entendimento, e aderindo à doutrina do acórdão desta Secção de 4 de Outubro último, proferido no recurso 239/06, se considera, pois, não ter aplicação no caso em apreço o disposto no artigo 297.° do CC.

E, assim sendo, o novo prazo contar-se-á a partir de 1 de Janeiro de 1998, como se decidiu na sentença recorrida, e não a partir de 1 de Janeiro de 1999, como pretende o recorrente.

Razão por que, à data em que ocorreu a notificação (26/11/2002), já se esgotara o prazo de caducidade do direito de liquidação.

É que, tratando-se de IVA, imposto que deve ser qualificado como imposto de obrigação única, pois incide sobre factos tributários de carácter instantâneo, reportando-se a cada um dos actos concretos praticados, não relevando, para tal qualificação, que o sujeito passivo exerça continuada ou só ocasionalmente a respectiva actividade (v. acórdão de 7/5/03 do Pleno desta Secção no recurso 65/02), nos termos do artigo 45.° da LGT, na redacção anterior à dada pela Lei 32-B/2002, de 30/12, nos impostos de obrigação única, o prazo de caducidade conta-se a partir da data em que o facto tributário ocorreu (neste caso, 1.°, 2.° e 3.° trimestres de 1998).

IV – Termos em que, face ao exposto, acordam os Juízes da Secção de Contencioso Tributário do Supremo Tribunal Administrativo em negar provimento ao recurso, confirmando, assim, a sentença recorrida.

Sem custas, por delas estar isento o recorrente.

Lisboa, 17 de Janeiro de 2007.

António Calhau (Relator)
Baeta de Queiroz (Revendo posição)
Brandão de Pinho

Recurso n.° 963/06-30

JUROS INDEMNIZATÓRIOS E MORATÓRIOS. CUMULAÇÃO. ANATOCISMO.

(Acórdão de 7 de Março de 2007)

SUMÁRIO:

I – Destinando-se os juros indemnizatórios e moratórios a compensar o contribuinte pela mesma privação da disponibilidade da prestação tributária indevidamente cobrada, eles não são cumulativos.

II – Assim, os primeiros são devidos até ao termo do prazo da execução espontânea do julgado – artigo 43.° da Lei Geral Tributária.

III – E os segundos a partir daí e até efectivo e integral pagamento – artigo 102.°, n.° 2, do mesmo diploma.

IV – Como está em causa a reparação da privação da disponibilidade da prestação tributária, é sobre esta importância (a quantia ilegalmente liquidada) que os juros – indemnizatórios e moratórios – são calculados.

V – Está totalmente vedada pela lei a possibilidade de os juros indemnizatórios serem fonte de novos juros – artigo 560.° do Código Civil.

ACORDAM NA SECÇÃO DO CONTENCIOSO TRIBUTÁRIO DO SUPREMO TRIBUNAL ADMINISTRATIVO:

O Ministério Público e a Direcção-Geral dos Impostos vêm recorrer da sentença do Tribunal Administrativo e Fiscal de Almada que condenou a administração tributária a pagar a SAPEC Imobiliária, SA, juros indemnizatórios em cumulação com juros de mora, e juros de mora sobre juros indemnizatórios, no processo de execução de sentença para pagamento de quantia certa, referente ao acórdão do STA de 9 de Fevereiro de 2005, processo n.° 860/40-30, que esta sociedade intentara naquele tribunal.

Fundamentou-se a decisão em que os juros indemnizatórios "são liquidados e pagos no prazo de 90 dias, contados a partir do início do prazo da sua execução espontânea da decisão, ou seja, contados a partir da data em que o processo tiver sido remetido ao órgão da administração tributária competente para a execução" – artigos 61.°, n.ºs 1 e 2, e 146.°, n.° 2, do Código de Procedimento e de Processo Tributário –, "ou seja, no caso em apreço deveriam ter sido pagos até 11/07/2005", sendo que, "por outro lado, dispõe o n.° 3 do artigo 61.° do CPPT que os juros indemnizatórios serão contados desde a data do pagamento do imposto indevido até à data da emissão da respectiva nota de crédito".(...)

"E, nos termos do disposto no n.° 2 do artigo 102.° da LGT, são devidos juros de mora a partir do termo do prazo para a execução espontânea da sentença, quando esta implicar a restituição do tributo já pago e for peticionada pelo contribuinte".

O Ministério Público apresentou as seguintes conclusões:

1. Os juros indemnizatórios visam ressarcir o contribuinte pelo desapossamento do capital correspondente ao imposto indevidamente liquidado, pelo que são devidos desde a data do pagamento deste até ao termo do prazo de execução espontânea do julgado – artigo 43.º da Lei Geral Tributária;

2. Já os juros moratórios visam ressarcir o contribuinte pela demora no pagamento do seu crédito resultante do acto anulado, pelo que são devidos após o termo do prazo de cumprimento da decisão anulatória;

3. Destinando-se tais juros, ainda que de forma diferenciada, a ressarcir o mesmo dano, não podem acumular-se no mesmo período;

4. Não havendo convenção ou disposição legal expressa, não são devidos juros sobre juros, sob pena de anatocismo, o que está vedado por Lei – 560.º do Código Civil;

5. Ao condenar no pagamento de juros indemnizatórios e moratórios em acumulação e em juros moratórios sobre o montante devido a título de juros indemnizatórios, a Mma. Juiz incorreu em vício de violação de lei, pelo que deve a sentença ser revogada nessa parte.

E a Direcção-Geral dos Impostos concluiu que:

1.ª Não se discute o reconhecimento pela sentença recorrida do direito ao pagamento de juros indemnizatórios a favor da Recorrida, não obstante estes só terem sido peticionados em sede de execução de julgados;

2.ª Já se discorda, porém, que a mesma sentença tenha ordenado o pagamento de juros indemnizatórios e de juros moratórios no mesmo período temporal, ou seja, entre o termo do prazo para a execução espontânea e a data legal em que deveria ocorrer o pagamento.

3.ª Como também se discorda que deva haver lugar ao pagamento de juros moratórios sobre a contagem de juros indemnizatórios hipoteticamente devidos entre o período de 11.07.2005 até à data do seu pagamento.

4.ª Quando, na verdade, deve haver lugar tão só ao pagamento de juros indemnizatórios sobre a dívida propriamente dita até à data da execução espontânea e o pagamento de juros moratórios sobre a mesma dívida só deve ocorrer a partir daquela data e até à data do integral pagamento.

5.ª Sob pena de serem violados os artigos 43.º, 100.º e 102.º da LGT.

Por sua vez, contra-alegou a exequente:

1. A exequente adere por inteiro, dando-a por reproduzida, à douta sentença recorrida, quão no tocante ao seu dispositivo, à sua substância fundada e condenação a que proceda;

2. A executada pretende tão somente, com o devido respeito, manter um "status quo" de primazia do "Estado administração" sobre os particulares, impeditivo da plena afirmação do princípio do "império da Lei", da separação de poderes – independência dos tribunais enquanto garante último dos direitos dos particulares,

3. daí que "esqueça" quer a natureza e função dos juros indemnizatórios enquanto sanção,

4. quer a que preside à dos juros moratórios.

5. E como não busca a essência conceptual da diferença, não alcança que numa diferença os respectivos efeitos jurídicos possam reproduzir-se concomitantemente – em cumulação ou sem ela, consoante a verificação das respectivas previsões.

Assim,

6. nada impedindo a cumulação,

7. e encontrando-se todos face a sentença "exemplar" e a Executada, pretendendo "não pagar ou protelar o pagamento", "erra" nas alegações,

8. permanecendo "intocável" a douta sentença recorrida, pelo que,

9. mantendo a mesma na íntegra,

Fará V. Exa. Justiça!

E, colhidos os vistos legais, nada obsta à decisão.

Em sede factual, vem apurado que:

A) Em 03/07/1997, a impugnante pagou o imposto referente à liquidação de IVA de 1991 e juros compensatórios no montante de € 44.206,47;

B) Em 09/02/2005, foi proferido Acórdão do STA que julgou procedente a impugnação deduzida pelo ora requerente relativamente à liquidação mencionada na alínea anterior e, em consequência, anulou a liquidação.

C) O acórdão mencionado alínea anterior transitou em julgado.

D) O processo de impugnação mencionado na alínea B) foi remetido ao Serviço de Finanças de Setúbal 1 em 11/04/2005.

E) O presente pedido de execução de sentença foi deduzido em 17/08/2005 (Cfr. fls. 2 dos autos);

F) A administração tributária restituiu à requerente, em 19/01/2006, o montante de € 44.206,47, referente ao pagamento indevido do imposto mencionado na alínea A).

Vejamos, pois:

São duas as questões dos autos: por um lado, cumpre saber se os juros indemnizatórios podem, ou não, ser cumulados com juros de mora; por outro, importa conhecer se estes podem, ou não, ter como objecto aqueles.

Quanto à cumulação de juros indemnizatórios com juros moratórios:

O artigo 43.º, n.º 1, da Lei Geral Tributária, sob a epígrafe "pagamento indevido da prestação tributária", determina serem "devidos juros indemnizatórios quando se determine, em reclamação graciosa ou impugnação judicial, que houve erro imputável aos serviços de que resulte pagamento da dívida tributária em montante superior ao legalmente devido".

Tais juros enquadram-se na teoria da responsabilidade civil extracontratual, com fundamento constitucional – artigo 22.º da Constituição da República Portuguesa. Destinam-se, pois, a compensar o contribuinte do prejuízo provocado pelo pagamento indevido da prestação tributária.

Por sua vez, o artigo 102.º da mesma LGT, epigrafado "execução de sentença", estabelece – n.º 2 – que, no "caso de a sentença implicar a restituição de tributo já pago, serão devidos juros de mora, a pedido do contribuinte, a partir do termo do prazo da sua execução espontânea".

Assim, "os juros de mora a favor do sujeito passivo, que são admitidos nos casos em que não seja cumprida, pela Administração Tributária, no prazo fixado na lei, uma obrigação de pagamento de uma quantia ao sujeito passivo, destinam-se a reparar os prejuízos presumivelmente sofridos por este, derivados da indisponibilidade da quantia não paga pontualmente, tendo natureza idêntica à dos juros de mora previstos na lei civil".

Cfr. Jorge de Sousa, Problemas Fundamentais do Direito Tributário, 1999, p. 180. Mas, assim sendo, eles têm a mesma natureza, correspondendo ambos a uma indemnização atribuída com base em responsabilidade civil e destinando-se a reparar os prejuízos advindos ao contribuinte do desapossamento e consequente indisponibilidade de um determinado montante pecuniário, recte, da prestação tributária.

Ainda que os respectivos factos geradores sejam diferentes, – num caso a liquidação ilegal, no outro o atraso no pagamento – sempre está presente uma obrigação indemnizatória derivada da produção de determinados danos ou prejuízos provocados por aquela indisponibilidade.

E, justamente, dos mesmos prejuízos, ou de igual natureza.

Mas, assim sendo, eles não podem ser cumuláveis em relação ao mesmo período de tempo.

Como refere o mesmo autor – Código de Procedimento e de Processo Tributário Anotado, 3.ª edição, p. 336 –, "na medida em que haja juros de mora, não haverá direito a juros indemnizatórios, pois, naturalmente, não se poderia justificar uma dupla compensação pela mesma privação da disponibilidade da quantia indevidamente paga".

Nem em contrário se objecte com a parte final do artigo 100.° da dita LGT onde se estabelece que a plena e imediata reconstituição da legalidade do acto ou situação objecto do litigio, a que a Administração está obrigada, compreende "o pagamento de juros indemnizatórios, se for caso disso, a partir do termo do prazo da execução da decisão".

É que, como igualmente ali se refere, "sendo o n.° 2 do artigo 102.° uma norma especial sobre a execução de sentença, enquanto o artigo 100.° assume a natureza de uma norma geral sobre a execução de decisões favoráveis ao sujeito passivo, ela deverá prevalecer sobre a do artigo 100.°, quando a decisão a executar é uma decisão judicial", como acontece no caso concreto.

É, assim, de concluir serem devidos juros indemnizatórios até ao termo do prazo da execução espontânea do julgado e juros moratórios a partir daquele prazo e até efectivo e integral pagamento.

QUANTO À POSSIBILIDADE DE OS JUROS MORATÓRIOS SEREM CALCULADOS COM ATINÊNCIA AOS JUROS INDEMNIZATÓRIOS DEVIDOS:

A sentença ora em crise condenou a administração tributária no pagamento de juros de mora "calculados sobre os juros indemnizatórios que são devidos à requerente, calculados a partir [do prazo da execução espontânea do julgado] até ao integral pagamento".

Nos preditos termos do artigo 43.° da LGT, determinando-se, em reclamação graciosa ou impugnação judicial, que houve erro imputável aos serviços de que resulte pagamento da dívida tributária em montante superior ao legalmente devido, são devidos juros indemnizatórios.

Obrigação que se mantém durante o prazo da execução espontânea do julgado – 30 dias, nos termos do artigo 170.° do Código de Processo nos Tribunais Administrativos, aplicável por força do artigo 102.°, n.° 1, da LGT, e 146.°, n.° 1, do CPPT.

Findos estes 30 dias, passam a ser devidos juros moratórios que, como se disse, têm a mesma natureza indemnizatória que aqueles, pois radicam no atraso da restituição do imposto indevidamente pago.

E estando em causa a reparação do mesmo dano (a dita privação da disponibilidade da prestação tributária), é sobre esta importância – a quantia ilegalmente liquidada – que os juros – indemnizatórios e moratórios – são calculados.

Ou seja: os juros moratórios pretendem, ainda, findo o prazo de execução espontânea, indemnizar a privação do capital indevidamente cobrado ao contribuinte, e não recompensá-lo pelo não pagamento de juros indemnizatórios neste prazo.

Pelo que tais juros se calculam sobre a quantia indevidamente cobrada pela administração tributária (e não sobre a quantia indemnizatória que o contribuinte não recebeu no prazo em que o fisco estava obrigado a repor a legalidade).

Por outro lado, o artigo 560.° do Código Civil proíbe, por regra, o anatocismo. Há, todavia, três situações em que o anatocismo é permitido, sendo que, em princípio, "só podem ser capitalizados os juros correspondentes ao período mínimo de um ano" – n.° 2 do dito artigo 560.°.

Assim, "para que os juros vencidos produzam juros [I] é necessária convenção posterior ao vencimento; pode haver também juros de juros, [II] a partir da notificação judicial feita ao devedor para capitalizar os juros vencidos ou proceder ao seu pagamento sob pena de capitalização" – n.° 1.

Contudo, [III] estas restrições "não são aplicáveis (...) se forem contrárias a regras ou usos particulares do comércio" – n.° 3.

Ora, no domínio do direito fiscal vigora o princípio da legalidade, maxime o princípio da tipicidade, o que veda à administração tributária a possibilidade de convencionar o anatocismo após o vencimento dos juros ou efectuar a dita notificação judicial, uma vez que estas hipóteses não se encontram previstas nas leis tributárias. E, ainda que assim não fosse, como é, uma vez que, por natureza, as leis tributárias não podem ser tidas como "regras ou usos particulares do comércio", nunca o anatocismo seria possível no caso dos autos já que, por força daquele n.° 2, quando os juros são devidos por período inferior a um ano, o anatocismo é absolutamente proibido.

Assim, está totalmente vedada pela lei a possibilidade de os juros indemnizatórios serem fonte de novos juros.

Pelo que os juros moratórios nunca poderiam ser calculados sobre os juros indemnizatórios devidos.

Termos em que se acorda conceder provimento aos recursos, revogando-se a sentença recorrida no segmento ora sub judice e determinando-se a execução do julgado nos termos expostos.

Custas pela exequente, na proporção do vencido, na instância e neste Supremo Tribunal Administrativo, com procuradoria de 1/6.

Lisboa, 07 de Março de 2007.

Brandão de Pinho (Relator)
Pimenta do Vale
Lúcio Barbosa (Vencido. Entendo que os juros moratórios incidem sobre os juros indemnizatórios. Estes constituem uma verdadeira e própria indemnização, pelo que nada impede que os juros moratórios incidam também sobre eles).

Recurso n.° 1220/06-30

OPÇÃO PELO REGIME DE CONTABILIDADE ORGANIZADA. INFORMAÇÃO ESCRITA. VINCULAÇÃO DA ADMINISTRAÇÃO.

(Acórdão de 14 de Março de 2007)

SUMÁRIO:

I – A alínea b) do n.º 4 do art. 31.º do CIRS, na redacção dada pela Lei n.º 30-G/2002, de 30 de Dezembro (a que corresponde o art. 28.º na redacção dada pelo Decreto-Lei n.º 198/2001, de 3 de Julho), ao estabelecer que a opção pelo regime de contabilidade organizada deve ser apresentada «*até ao fim do mês de Março do ano em que pretendem utilizar a contabilidade organizada como forma de determinação do rendimento*», não estabelece qualquer termo inicial para a apresentação de tais declarações.

II – Assim, não havia qualquer obstáculo legal a que a opção referida, relativa aos anos de 2002 e 2003 fosse formulada no ano de 2001.

III – Tendo a Administração Tributária informado por escrito os contribuintes, através de uma brochura distribuída pelos seus serviços, de que a opção formulada até 29-6-2001 pelo regime de contabilidade organizada seria válida por cinco anos, está vinculada por tal informação, por força do disposto na alínea a) do n.º 4 do art. 68.º da LGT.

ACORDAM NA SECÇÃO DO CONTENCIOSO TRIBUTÁRIO DO SUPREMO TRIBUNAL ADMINISTRATIVO:

1 – Alcino Tinoco da Costa, Armando Saldanha de Sousa e Silva, António Jaime Silva da Costa, Maria Luísa Rodrigues Mendes, Ana Correia Vilas Boas, José António Dias Tinoco de Almeida e Maria de Fátima Silva da Costa Araújo instauraram no Tribunal Tributário de 1.ª Instância de Braga acção para reconhecimento de um direito ou interesse legítimo em matéria tributária.

A acção foi julgada procedente por sentença do Tribunal Administrativo e Fiscal de Braga, que sucedeu na competência daquele Tribunal.

Inconformado o Senhor Director-Geral dos Impostos interpôs o presente recurso para este Supremo Tribunal Administrativo, apresentando alegações com as seguintes conclusões:

A – Em face do artigo 310 do CIRS, na redacção dada pela Lei n.º 30-G/00, de 29.12, e do artigo 28.º do mesmo Código, na redacção dada pela Lei n.º 109-B//2001, de 27 de Dezembro, normas aplicáveis aos factos em causa, verifica-se que tendo os Recorridos optado em 2001 pela contabilidade organizada e em consequência, pelo regime de determinação da matéria colectável de IRS dos rendimentos empresariais segundo a contabilidade (RCO), o mesmo deveriam efectuar nos anos subsequentes, por a opção ser válida apenas por um exercício, de acordo com um regime de renovação da opção, por não aproveitar a qualquer dos AA o regime imperativo da contabilidade organizada (n.º 3 dos artigos, antes citados, do CIRS);

B – Tais normas determinam o exercício pela Administração de poderes vinculados pelo que não pode quantificar-se a matéria colectável de IRS pelo Regime de contabilidade organizada se a renovação da opção por esse regime se não mostrar efectuada;

C – Mostra-se, assim, violado o princípio da legalidade de actuação da Administração no procedimento tributário – art.º 55.º da LGT –, por a decisão judicial determinar uma preterição deste princípio em favor do da confiança, em matéria que é de vinculação estrita da Administração;

D – Não pode reconhecer-se um direito que a lei não contempla, pois como se evidencia da lei, a opção pelo regime de contabilidade organizada para os recorridos nos anos de 2002 e 2003 tinha como pressuposto o exercício efectivo dessa opção (n.º 4 do art.º 28.º e 31.º), e não está prevista na lei a "existência sem pedido expresso de renovação, de um regime de contabilidade organizada por mais de um ano";

E – Está, assim, impedido o Tribunal de considerar um direito impossível e inexistente na ordem jurídica, pelo que se acha violado, directamente, o n.º 4 do art.º 31.º do CIRS, na redacção ao tempo;

F – De igual modo, não podendo estar constituído tal direito ou interesse a reconhecer, acha-se, também violado o art. 145.º do CPPT.

Termos em que com o douto suprimento de V. Exas, deverá ser considerado procedente o recurso e revogada a sentença recorrida.

Não foram apresentadas contra-alegações.

O Excelentíssimo Procurador-Geral Adjunto emitiu douto parecer nos seguintes termos:

1. A aplicação do regime de contabilidade organizada (RCO) na determinação do rendimento empresarial dos sujeitos passivos que não se encontrem obrigados a possuir contabilidade organizada por exigência legal depende de opção manifestada anualmente até ao final do mês de Março do ano em que pretende a utilização do regime mediante a apresentação de uma declaração de alterações (art. 28.º n.os 2 e 4 al. h) CIRS redacção do art. 30.º n.º 4 Lei n.º 109-B/2001, 27 Dezembro OGE 2002);

2. O princípio da protecção da confiança está ínsito na natureza de Estado de direito democrático da República Portuguesa (art. 2.º CRP)

No domínio administrativo-tributário a confiança fiscal (suscitada no sujeito passivo pela actuação da Administração Pública) constitui manifestação do princípio da boa fé, por via do qual o órgão ou agente administrativo está impedido de utilizar artifícios ou falsas informações como o intuito de enganar os administrados (art. 266.º n.º 2 CRP: art. 6.º-A n.os 1/2 al. a) CPA; art. 59.º n.º 2 LGT)

Este princípio apenas assume relevo quando a Administração tributária actua no exercício de poderes discricionários: agindo no exercício de poderes vinculados está obrigada à estrita observância do regime legal vigente em cumprimento do princípio da legalidade (art. 266.º n.º 2 CRP; art. 3.º CPA: art. 55.º LGT)[1].

[1] Acórdão STA – Secção de Contencioso Tributário 26.10.94 processo n.º 17626.

3. A violação do princípio da protecção da confiança fiscal constitui o Estado no dever de indemnização, se se verificarem os demais pressupostos legais da responsabilidade civil extracontratual, mas não pode determinar a anulação de acto praticado em conformidade com o regime legal aplicável (art. 22.° CRP; art. 4.° n.° 1 al. g) ETAF vigente)[2].

No caso sub judicio aquele princípio não foi violado porque:

a) a DSIRS emitiu em 10.09.200 1 o Ofício-Circulado n.° 20050, ordenando aos serviços a correcção do prazo de validade da opção pelo RCO, constante de anterior brochura explicativa divulgada pela DGL de 5 anos para 1 ano (probatório n.° 12)

b) é de presumir que os serviços tenham procedido a essa correcção (art. 68.° n.° 4 al. b LGT)

c) a correcção foi efectuada com larga antecedência em relação ao início do período para a apresentação das declarações de IRS dos anos 2002 e 2003 (art. 60.° n.° 1 CIRS

CONCLUSÃO

O recurso merece provimento.

A sentença impugnada deve ser revogada e substituída por acórdão denegatório do direito dos recorrentes a serem tributados segundo o RCO nos anos 2002 e 2003.

3 – A Lei n.° 30-G/2000, de 29 de Dezembro, introduziu no CIRS o regime de tributação pelo regime simplificado.

Nos n.ºs 2 e 4 do art. 31.° do CIRS, na redacção introduzida por aquela Lei [3], estabeleceu-se o seguinte:

2 – Ficam abrangidos pelo regime simplificado os sujeitos passivos que, não tendo optado pelo regime de contabilidade organizada no período de tributação imediatamente anterior, não tenham atingido valor superior a qualquer dos seguintes limites:

a) Volume de vendas: 30.000.000$00;

b) Valor ilíquido dos restantes rendimentos desta categoria: 20.000.000$00.

4 – A opção a que se refere o n.° 2 deve ser formalizada pelos sujeitos passivos:

a) Na declaração de início de actividade;

b) Até ao fim do mês de Março do ano em que pretende utilizar a contabilidade organizada como forma de determinação do rendimento, mediante a apresentação de uma declaração de alterações.

Como resulta da matéria de facto fixada, a Administração Tributária informou os Autores, quer através dos seus funcionários quer através de uma brochura distribuída, de que a opção pela tributação segundo o regime de contabilidade organizada que formulassem até 29 de Junho de 2001 seria válida por cinco anos.

Posteriormente, a Administração Tributária entendeu que a opção pela tributação segundo o regime de contabilidade organizada seria válida apenas por um ano, mas não se provou que tivesse sido concretizada qualquer alteração na referida brochura nem que os seus funcionários tivessem informado os contribuintes de que a opção que tinham formulado seria válida apenas por um ano.

[2] Acórdão citado na nota 1.

[3] Este artigo 31.° passou a ser o art. 28.°, após a renumeração efectuada pelo Decreto-Lei n.° 198/2001, de 3 de Julho.

Provou-se ainda que os Autores ficaram com a convicção que seriam tributados segundo o regime de contabilidade organizada durante os cinco anos subsequentes às decisões que apresentaram entre Abril e Junho de 2001.

A questão que é objecto do presente recurso jurisdicional é a de saber se, não tendo os Autores apresentado qualquer declaração de opção pelo regime de contabilidade organizada, depois das que apresentaram em 2001, até ao final de 2003, tinham direito a ser tributados por aquele regime nos anos de 2002 e 2003.

4 – Desde logo, a interpretação que o Recorrente faz da alínea b) do n.° 4 do referido art. 31.° (28.°, na redacção do Decreto-Lei n.° 198/2001), no sentido de as declarações de opção pelo regime de contabilidade organizada terem de ser renovadas todos os anos, carece de suporte legal,

Com efeito, naquela alínea b), em que se refere que as declarações devem ser apresentadas «*até ao fim do mês de Março do ano em que pretende utilizar a contabilidade organizada como forma de determinação do rendimento*», não se fixa qualquer termo inicial do prazo de apresentação, mas apenas um termo final: para ser relevante a opção, ela tem de ser apresentada até 31 de Março do ano em que se pretende ser tributado pelo regime de contabilidade organizada.

Mas, não se refere nessa norma que essas declarações tenham se ser apresentadas no próprio mês de Março de cada ano, nem sequer no próprio ano em que se pretende ser tributado pelo regime de contabilidade organizada.

Por outro lado, constata-se que o CIRS, noutras disposições, fixa termos iniciais e finais para a prática de actos (como sucede no art. 60.°, na redacção vigente) pelo que o facto de naquele art. 31.° se estabelecer apenas um termo final tem o significado objecto de expressar que o interessado pode fazer a declaração com a antecipação que entender.

Sendo assim, nada na letra daquela alínea b) impede que a opção pelo regime de contabilidade organizada seja efectuada no ano anterior ou anos anteriores àquele em que se pretende tal regime de tributação.

Por isso, tendo os Autores formulado, no ano de 2001 a opção pelo regime de tributação de contabilidade organizada durante cinco anos, como resulta da matéria de facto fixada, não há qualquer obstáculo legal à relevância dessa opção para os anos de 2002 e 2003, pois, como é óbvio, tendo a opção, relativamente ao ano de 2002, sido formulada antes de 31-3-2002 e, relativamente ao ano de 2003, sido apresentada antes de 31-3--2003, é evidente a sua tempestividade.[4]

Sendo este regime de inexistência de termo inicial para a declaração relativa a cada ano o previsto na lei, não é legalmente possível o seu afastamento por actos da Administração, pois os actos de natureza legislativa não podem ser, com eficácia externa, interpretados, integrados, modificados, suspensos ou revogados (art. 112.°, n.° 5, da CRP).

[4] As dúvidas de legalidade que se poderiam suscitar à relevância da opção (independentemente da vinculação da Administração Tributária por informações escritas prestadas aos contribuintes) seriam em relação ao próprio ano de 2001, uma vez que as declarações foram efectuadas depois de 31-3-2001, mas não está em causa no presente processo apreciar essa questão.

Por outro lado, consubstanciando a indicação de validade por cinco anos contida na referida brochura, uma informação escrita prestada pela Administração Tributária aos contribuintes sobre o cumprimento dos seus deveres acessórios, a Administração sempre estaria vinculada por ela, por força da alínea a) do n.º 4 do art. 68.º da LGT, pelo é ilegal, por violação desta norma, uma actuação posterior em sentido divergente do informado.

Conclui-se assim, que, por terem formulado tempestivamente a opção pela tributação pelo regime de contabilidade organizada relativamente aos actos de 2002 e 2003, os Autores adquiriram o direito respectivo, pelo que procede a sua pretensão de o verem reconhecido e declarado.

Termos em que acordam em negar provimento ao recurso e em confirmar o decidido na sentença recorrida.

Sem custas, por o Recorrente estar isento, no presente processo (art. 2.º da Tabela de Custas).

Lisboa, 14 de Março de 2007.

Jorge de Sousa (Relator)
Baeta de Queiroz
Pimenta do Vale

Recurso n.º 1154/06-30

OPOSIÇÃO À EXECUÇÃO. PRAZO. ART.º 285.º DO CPT. FACTO SUPERVENIENTE. MODALIDADE DO PRAZO. ART.º 145.º DO CPC.

(Acórdão de 7 de Março de 2007)

SUMÁRIO:

I – A oposição pode ser deduzida no prazo de 20 dias a contar da data em que tiver ocorrido o facto superveniente ou do seu conhecimento pelo executado – art.º 285.º, 1, b) do CPT.
II – Se o executado, citado editalmente, apenas toma conhecimento pessoal da execução no momento em que lhe é notificado o despacho que designa o dia para venda do bem imóvel penhorado, pode ele deduzir oposição, com aquele fundamento, nos 20 dias seguintes a tal notificação.
III – O prazo de oposição à execução é um prazo judicial.

ACORDAM, EM CONFERÊNCIA, NA SECÇÃO DE CONTENCIOSO TRIBUTÁRIO DO SUPREMO TRIBUNAL ADMINISTRATIVO:

1. Maria Rosa Almeida Branquinho Baião Mendes, identificada nos autos, opôs-se, junto do então Tribunal Tributário de 1ª Instância de Lisboa, a uma execução em que é executada, sendo exequente a Caixa Geral de Depósitos.

O Mm. Juiz do TAF de Lisboa julgou a oposição improcedente, por extemporânea.

A oponente interpôs recurso para o TCA – Sul, que negou provimento ao recurso.

Inconformada, a oponente trouxe recurso para este Supremo Tribunal. Formulou as seguintes conclusões nas respectivas alegações de recurso:

a) O prazo para deduzir oposição nos termos do art.º 285.º do CPT, após a entrada em vigor do Decreto-Lei n.º 329-A/95 de 12/12 e adaptação à regra da continuidade, passou a ser de 30 dias;

b) A oposição consagrada no art.º 285.º do CPT era um acto processual sujeito ao regime do art.º 144.º do CPC – cfr. art.º 49.º n.º 3 do CPT;

c) Mesmo que se entendesse que o prazo para deduzir oposição era de 20 dias teríamos de concluir que a oposição foi entregue no primeiro dia útil após o prazo e estava sujeita ao pagamento da multa consagrada no art.º 145.º n.º 5 e 6 do CPC, por efeito do preceituado no art.º 2.º alínea f) do CPT;

d) Não poderia o Meritíssimo Juiz do Tribunal de primeira instância ter declarado a caducidade do direito da executada deduzir oposição e improcedente essa mesma oposição, sem que antes fosse dado cumprimento ao, então, art.º 146.º n.º 5 e 6 do CPC;

e) Uma correcta interpretação do art.º 285.º n.º 1 do CPT, após a aprovação e entrada em vigor do Decreto-Lei n.º 329-A/95 de 12/12, teria de concluir pela admissão da oposição por tempestiva;

f) As liquidações efectuadas pela Exequente no âmbito do processo compreendiam uma novação do titulo executivo e deviam ter sido notificadas à Recorrente, tal como consagra o CPT no seu artigo 19.º, nomeadamente porque se trata de acto susceptível de afectar os direitos e interesses da Executada;

g) A falta de notificação tem um regime idêntico ao preceituado para a falta de citação no art.º 251.º do CPT, que é reiterado pela aplicação do art.º 201.º do C. P. Civil, ou seja, a omissão da notificação consubstancia uma nulidade insanável e é fundamento para oposição superveniente;

h) No âmbito da LGT não é possível às partes fazerem liquidações meramente aritméticas, adjectivas ou processuais depois dos Executados terem sido citadas para a execução, porque viola o direito ao contraditório;

i) No caso em apreço tratou-se de uma nova liquidação, nomeadamente porque a exequente não se limita a contabilização de juros, mas imputa valores ao capital sem fundamentar a origem dos créditos e débitos;

j) A admissão das novas liquidações sem que para tanto se proceda a notificação da executada, para além de consubstanciar uma nulidade processual torna inexigível a divida liquidada;

k) Estamos assim perante um fundamento para oposição nos termos dos artigos 285.º n.º 1 b) e n.º 3 e art.º 286.º n.º 1 alíneas g) e h) do CPT, porque a liquidação é ilegal e não existe outro meio de impugnação ou recurso do acto;

l) Não colhe, no caso em apreço, os fundamentos do douto acórdão recorrido, porque é a própria Administração Fiscal que perante tamanha confusão de números e valores, convida a exequente a apresentar uma nova liquidação, pelo que não se pode estar, só, sobre cálculos aritméticos ou adjectivos;

m) A recorrente invocou e invoca ainda a falta de requisitos essenciais do titulo executivo, o que consubstancia uma nulidade de conhecimento oficioso, e, sobre a qual, o Tribunal "a quo" deixou de se pronunciar violando o preceituado no art.° 251.° n.° 1, alínea b) do CPT;

n) O pagamento da quantia Exequenda no âmbito da acção Executiva, consubstancia uma inutilidade superveniente da lide e obriga à extinção do processo nos termos do art.° 340.° do CPT';

o) Se o Tribunal ou, neste caso, o Serviço de Finanças não declarar a extinção do processo executivo, o pagamento consubstancia um facto superveniente susceptível de fundamentar a oposição – cfr. artigos 285.° n.° 1 b) e n.° 3 e art.° 286.° n.° 1 alínea e) do CPT';

p) Este facto aproveita a qualquer dos Executados e por maioria de razão à recorrente, terceira, que só toma conhecimento desse facto e do prosseguimento da execução com a notificação para a venda do bem;

q) O pagamento da quantia exequenda é, também ele, fundamento para a oposição pelo que o acórdão recorrido faz uma incorrecta apreciação dos factos e da lei aplicada ao caso em concreto;

r) Os factos invocados pela oponente são fundamento para oposição e deve a mesma ser admitida nos termos requeridos;

s) Termos em que deve ser revogado o acórdão recorrido, bem como a sentença da primeira instância, e substituído por outro que admita a oposição por tempestiva ou que determine a notificação da Recorrente nos termos do art.° 145.° n.° 6 do CPT.

Contra-alegou a Caixa Geral de Depósitos, que concluiu a sua contra-alegação com o seguinte quadro conclusivo:

1. A oposição foi deduzida extemporaneamente pelo que devem ser confirmadas as decisões anteriores;

2. Não invoca a recorrente quaisquer factos que pudessem ser fundamento à oposição;

3. Pelo que nunca poderia invocar o prazo previsto na alínea b) do n.° 1 e n.° 3 do artigo 285.° do CPT;

4. A invocação da não notificação da penhora ou do despacho que a ordena não é fundamento de oposição porque são factos meramente processuais e não substanciais e não cabem nas alíneas do art.° 286.° do CPT;

5. Não tem razão a recorrente quando afirma existir falta de requisitos essenciais do título executivo pelo facto de considerar que as notas de débito são novas liquidações quando estas apenas são meros cálculos matemáticos face aos pagamentos parciais da quantia exequenda, pelo que por tal razão também não invoca qualquer dos fundamentos de oposição previstos no artigo 286.° do CPT.

6. Também a invocação da sua não notificação da extinção da execução pelo pagamento, para além de ser um facto meramente processual também não é fundamento de oposição previsto no artigo 286.° do CPT; diferente teria sido se tivesse invocado o que não fez o conhecimento superveniente do pagamento.

O EPGA defende que o recurso não merece provimento.

Colhidos os vistos legais cumpre decidir.

3. É a seguinte a matéria de facto fixada na instância:

A. Em 25/5/1987, a CGD arrematou, em hasta pública, pelo preço de 4.000.000$00, nos autos de execução sumária n.° 104/84, instaurados contra Mário Joaquim Baião Mendes e esposa, ora oponente, na 2ª Secção do 5.° Juízo do Tribunal Judicial da Comarca de Sintra, o imóvel nomeado à penhora.

B. A CGD não ficou integralmente ressarcida do seu crédito, pelo produto dos bens penhorados na referida execução fiscal cível, tendo, por esse motivo, sido instaurado o processo de execução fiscal n.° 9/87-CP, tendo em vista o pagamento do valor de 4.627.321$00 (1.980.000$00 de capital + 2.647.321$00 de juros vencidos entre 8/3/1983 e 8/4/1986), ora em causa.

C. Em 4/2/1987, a oponente foi citada por via edital para proceder ao pagamento da quantia ora em causa.

D. Entre 15/3/1988 e 30/4/1993, foram sendo pagos por conta da dívida vários montantes por penhora de vencimento do executado, marido da ora oponente.

E. Em 16/3/1999, a oponente foi notificada da data da venda (8/4/1999) do imóvel penhorado na execução fiscal n.° 70000.07/87.

F. A oponente deduziu a presente oposição em 6/4/99, nos termos do art.° 285.°, n.° 1, al. b), do CPT.

3. Sendo estes os factos, vejamos agora o direito.

A primeira questão a decidir é a eventual extemporaneidade da oposição, que o Mm. Juiz a quo decretou e a que o acórdão recorrido deu o seu aval.

Avancemos.

Como bem se anota no acórdão recorrido, a oposição apresentada pela oponente é deduzida pela alegada ocorrência de um facto superveniente. Daí a referência expressa à alínea b) do n.° 1 do art.° 285.° do CPT.

E, na realidade, a oponente radica a sua posição no facto de só ter conhecimento da execução em função da notificação que lhe foi feita nos termos dos art.°s 323.° e 321.° do CPT, sendo que alegadamente não foi notificada nem do despacho de penhora nem do termo de penhora.

Vejamos a lei.

À data vigorava o art.° 285.° do CPT, que dispunha:

"1. A oposição pode ser deduzida no prazo de 20 dias a contar:

"a) Da citação pessoal ou, não a tendo havido, da primeira penhora;

"b) Da data em que tiver ocorrido o facto superveniente ou do seu conhecimento pelo executado".

É pois neste segmento da norma (alínea b) que se há-de procurar a solução para a questão.

E deverá ter-se em conta, diferentemente do que pensa a oponente que aquele prazo é de 20 dias e não de 30 dias (por não ter aplicação aqui o DL n.° 329-A/95, de 12/12, já que o citado art.° 285.° do CPT é uma norma processual tributária, que nada tem a ver com aquela norma processual civil).

Vejamos então.

Como resulta do probatório não houve citação pessoal, mas apenas citação edital – alínea c) do probatório.

Por outro lado, através da análise do processo executivo apenso, constata-se que a oponente não foi notificada da penhora.

A primeira notificação da oponente decorre de fls. 399, verso, de 16/Março/1999 (vide processo executivo), onde declara tomar conhecimento do despacho do competente chefe da repartição de finanças, e que é do seguinte teor. "nos termos do n.º 1 do art.º 323.º do CPT, fixo em 15.000.000$00 o valor do imóvel penhorado no processo de execução fiscal ... contra Mário Joaquim Baião Mendes e esposa, Maria Rosa Almeida Branquinho Baião Mendes. Designo para a venda judicial, por proposta em carta fechada, o dia 8 de Abril de 1999, pelas 10 horas nesta repartição. O valor base da venda é de 70% do valor acima indicado".

É pois a partir desta data que se pode aferir da tempestividade da oposição.

Na verdade, a 1ª instância julgou a oposição intempestiva, decisão que obteve o acolhimento do TCA.

A data relevante, como vimos acima, é 16/3/1999.

A petição foi apresentada em 6/4/99 – al. f) do probatório.

Quer isto dizer que a petição foi apresentada no 21.º dia seguinte ao início da contagem do prazo, ou seja, 1 dia útil depois dele.

Prazo que é judicial – n.º 3 do art.º 49.º do CPT.

Havia assim que lançar mão do art.º 145.º n.os 5 e 6 do CPC.

E só o não pagamento da multa é que pode conduzir inexoravelmente à extemporaneidade da oposição.

Quer isto dizer que se for paga a multa, a oposição é tempestiva.

Isso não impede obviamente que a oposição venha a ser rejeitada com outro qualquer fundamento, se para tal houver motivo.

Não pode é, nesta fase, ser a oposição rejeitada com tal fundamento.

4. Face ao exposto, acorda-se em conceder provimento ao recurso, revogando-se o acórdão e a sentença recorridos, ordenando-se a baixa dos autos à 1ª instância, a fim de se dar cumprimento ao art.º 145.º, n.os 5 e 6 do CPC, seguindo-se os demais termos processuais.

Custas pela recorrida, que contra-alegou, fixando-se a procuradoria em 50%.

Lisboa, 7 de Março de 2007.

Lúcio Barbosa (Relator)
Baeta de Queirós
António Calhau

Recurso n.º 912/06-30

PRESCRIÇÃO DA OBRIGAÇÃO TRIBUTÁRIA. CONHECIMENTO OFICIOSO NA IMPUGNAÇÃO JUDICIAL DA LIQUIDAÇÃO. EFEITOS DA SUA VERIFICAÇÃO. INTERRUPÇÃO DA PRESCRIÇÃO. ADESÃO AO "PLANO MATEUS". SUSPENSÃO DO PRAZO DE PRESCRIÇÃO.

(Acórdão de 7 de Fevereiro de 2007)

SUMÁRIO:

I – A prescrição da obrigação tributária não é de conhecimento oficioso no processo de impugnação judicial do acto de liquidação, por não consubstanciar vício invalidante desse acto, cuja verificação possa conduzir à procedência da respectiva impugnação.

II – Não obstante, o juiz pode tomar conhecimento da prescrição, na impugnação judicial da liquidação, para retirar dela, não a procedência da impugnação e a anulação da liquidação, mas a declaração de extinção da instância, por inutilidade superveniente da lide.

III – É imputável ao contribuinte a paragem da execução fiscal por ter impugnado e prestado garantia, mas já o não é a falta de movimentação da impugnação judicial por mais de um ano.

IV – Mesmo estando o credor impedido de cobrar coercivamente a dívida, naquela circunstância, a paragem da impugnação judicial por mais de um ano faz cessar o efeito interruptivo resultante da sua dedução.

V – Tendo sido autorizado o executado a pagar em prestações as suas dívidas fiscais, o prazo de prescrição suspende-se durante o período desse pagamento, e a execução fiscal suspende-se, tudo nos termos dos artigos 5.º n.º 5 e 14.º n.º 10 do decreto-lei n.º 124/96, de 10 de Agosto.

VI – Neste caso, irreleva que a impugnação judicial intentada já durante o período do pagamento em prestações fique sem movimento durante mais de um ano, pois a instauração da impugnação não operara o efeito interruptivo do prazo que então não estava a correr, por força daquela suspensão.

ACORDAM, EM CONFERÊNCIA, NA SECÇÃO DE CONTENCIOSO TRIBUTÁRIO DO SUPREMO TRIBUNAL ADMINISTRATIVO:

1.1. A FAZENDA PÚBLICA recorre do acórdão de 20 de Junho de 2006 do Tribunal Central Administrativo Sul que, na impugnação judicial deduzida por **CARGO TIR – TRANSPORTES INTERNACIONAIS, LDA.**, com sede em Vilar Formoso, contra a liquidação de imposto sobre o rendimento das pessoas colectivas (IRC) relativo ao ano de 1992, julgou extinta a instância, por inutilidade superveniente da lide, após constatar a prescrição da obrigação tributária.

Formula as seguintes conclusões:

«*a*) A prescrição *não é fundamento de impugnação* nem deve, neste tipo de contencioso, ser objecto de conhecimento oficioso;

b) O *lugar próprio* para, em processo tributário, se conhecer da exigibilidade da dívida é a *oposição à execução fiscal*;

c) A inutilidade superveniente da lide *não deve ser invocada* para se *conhecer em impugnação* — processo cujo objecto é a legalidade do acto tributário – *da prescrição da dívida* exequenda;

d) Admitir, no processo tributário, a existência de um *único facto interruptivo* da prescrição das obrigações tributárias, quando o respectivo prazo tem sido reduzido de forma drástica, ao longo de pouco mais de uma década, é convidar os contribuintes a tentarem todos os meios de litigância esperando encontrar no percurso uma entidade, designadamente judicial, que, pela impossibilidade de resolver todos os casos rapidamente demore o processo mais de um ano...

e) Pelo contrário, a *ratio* da lei será a *de que, estando a execução parada por ter sido suspensa nos termos da lei*, designadamente por ter sido utilizado um dos meios processuais que conduzem, existindo garantia ou penhora, à suspensão da execução, a *obrigação não deve ser declarada prescrita*;

f) Acresce que esta interpretação conduz a que, num caso em que *fique suspenso o procedimento por infracção* (criminal ou contra-ordenacional) tributária, *à espera da decisão* em processo de impugnação não faz sentido que este venha a extinguir-se *por prescrição* quando a execução ficou à espera da decisão sobre a relação jurídica tributária;

g) A *desproporção da solução* defendida nos autos é ainda mais evidente quando as garantias dos sujeitos passivos incluem institutos como a "*isenção de garantia*" e a "*caducidade de garantia*";

h) *Nem pode ser invocado o efeito perverso* que decorreria do confronto entre os executados que prestaram garantia (cuja dívida não prescreveria) e os que não prestaram garantia (cuja divida poderia prescrever) porque o *efeito perverso* (esse sim é que é chocante) *a evitar é entre os que pagaram e os que não pagaram, beneficiando o sistema legal (ou judicial) vigente estes últimos e castigando os que cumpriram* (embora não concordando com a interpretação da lei);

i) Acresce que, no presente caso, o *processo de execução encontrava-se suspenso* nos termos do disposto no *artigo 14.°, n.° 10* do Decreto-Lei n.° 124/96, de 10 de Agosto, nunca tendo a impugnante apresentado a sua desistência de aplicação do regime e tendo eventualmente usufruído de outros efeitos positivos enquanto se manteve nesse regime, pelo que não pode dela derivar qualquer benefício a seu favor através da extinção da obrigação por prescrição.

Assim, no caso, não deveria o TCAS ter decidido a extinção do presente processo por prescrição. Ao fazê-lo:

– Interpretou incorrectamente os preceitos legais aplicáveis, designadamente os artigos 34.° do CPT, 48.° e 49.° da LGT e 204.° do CPPT, e aplicou indevidamente a alínea *e*) do art. 287.° do CPC;

– E não teve em conta o disposto no artigo 14.° n.° 10 do Decreto-Lei n.° 124/96, pelo que deverá ser anulada a douta decisão recorrida, procedendo-se ao julgamento do recurso interposto da sentença do tribunal de 1ª instância, que considerou a impugnação improcedente».

1.2. Não há contra-alegações.

1.3. O Exm.°. Procurador-Geral Adjunto junto deste Tribunal é de parecer que o recurso merece provimento, pois «se a prescrição não foi, a pedido ou "ex officio", conhecida na 1ª instância (como não foi no caso), não o pode ser, depois de perfeita a lide impugnatória, em via de recurso (como foi no caso, aliás "ex officio"».

1.4. O processo tem os vistos dos Exm.°s Adjuntos.

2. Vem provado o seguinte:

«I. A liquidação impugnada (liquidação n.° 8330027322) respeita ao Imposto sobre o Rendimento de Pessoas Colectivas (I.R.C.) do ano de 1992, no montante de Esc. 7.451.789$00 (fls. 40 a 44v.);

II. A liquidação teve origem em acção de fiscalização levada a cabo à escrita do impugnante de acordo com a O.S. 2737/95, tendo como objectivo o controlo geral das obrigações fiscais da impugnante, na sequência do que foi elaborada a informação de fls. 46 a 106 e que aqui se tem por integralmente reproduzida;

III. O prazo do pagamento voluntário terminou em 22.01.97;

IV. A impugnação foi instaurada em 05.02.97.

V. A impugnante possuía veículos ligeiros, pesados de mercadorias, tractores e reboques e que estavam ao seu serviço no exercício da sua actividade de transportes (depoimentos de fls. 166 a 168 v.);

VI. As facturas de combustíveis eram emitidas em duplicado (*idem*);

VII. As facturas relativas à aquisição de bens ou serviços no estrangeiro eram enviadas para efeitos de recuperação do I.V.A., ficando a impugnante com fotocópias das mesmas (depoimento de fls. 129);

VIII. Em 18/02/1997, pelo Sr. Director Distrital de Finanças foi proferido despacho em que ordena a junção aos autos de print da liquidação, mapa de apuramento Mod. DC-22 e informação dos serviços de Inspecção tributária – cfr. fls. 39

IX. Em 05/08/1998 foram juntos os elementos a que se alude na antecedente al. juntamente com a apreciação da impugnação feita nos termos do n.° 1 do art. 130.° – cfr. fls. 40 a 116.

X. Em 21/05/1997 foi instaurado processo de execução n.° 1171199701001949 para cobrança coerciva de dívida proveniente de IRC do ano de 1992, cuja liquidação está impugnada nestes autos – vd. fls. 241, 246 e 247).

XI. Em 30.01.1997 a executada, ora recorrente, requereu a regularização da situação tributária foi efectivada a citação da executada (fls. 249/253).

XII. O pedido de pagamento em prestações, mensais e iguais, com início em Janeiro de 1997 foi deferido como se alcança do despacho do Sr. CRF de 14.03.1997 constante de fls. 254.

XIII. Despacho que foi notificado à executada, ora recorrente em Março de 1997 – cfr. fls. 255.

XIV. Por despacho do Sr. Chefe de Finanças proferido em 21.05.1997 e com base em informação de que a dívida aqui exequenda faz parte do requerimento de regularização a que se refere o DL n.° 124/96, de 10 de

Agosto, apresentado na RF em 30.01.1997, o qual foi deferido para pagamento em 150 prestações pelo despacho dito em XIII, foi decretada a suspensão do processo executivo identificado em X de harmonia com o n.º 10 do art.º 14.º do DL n.º 124/96, salvo para efeitos de penhora (cfr. fls. 841.

XV. Por falta de cumprimento do plano de regularização da dívida, a executada foi excluída do regime de regularização de dívidas previsto no DL 124/96, sendo declarada a caducidade dos inerentes benefícios em termos de juros compensatórios e de mora por despacho proferido pelo Director de Finanças em 15.02.2005 que ainda determinou que, após a notificação do próprio despacho, os processos de execução prosseguissem os seus termos – cfr. 256.

XVI. Tal despacho foi notificado à executada, ora recorrente, pelo ofício constante de fls. 257, datado de 22.02.2005».

3.1. A primeira questão que a recorrente nos submete é a de saber se a prescrição é ou não fundamento de impugnação judicial e se pode aí ser oficiosamente conhecida, sendo que a sua propensão vai para a resposta negativa.

O acórdão recorrido entendeu que é «efectivamente possível a apreciação da prescrição da obrigação tributária em sede de impugnação», vindo a declarar «a obrigação tributária em causa prescrita, com todas as consequências legais, v. g. relativamente a eventual execução fiscal instaurada e, consequentemente, julgo(u) extinta a instância por inutilidade superveniente da lide à luz do disposto no art.º 287.º, alínea e) do C.P.C.».

A jurisprudência deste Tribunal sempre entendeu que a prescrição da dívida resultante do acto tributário de liquidação não constitui vício invalidante desse acto e que, por isso, não serve de fundamento à respectiva impugnação, nem, consequentemente, é, nela, de conhecimento oficioso.

Aconteceu que, aquando da entrada em vigor do decreto-lei n.º 398/98, de 17 de Dezembro, pendia nos tribunais relevante número de impugnações judiciais relativas a impostos abolidos cuja respectiva obrigação se mostrava indubitavelmente prescrita por força da aplicação do regime do seu artigo 5.º n.º 2. Não obstante, e por razões várias – designadamente, por o competente órgão da Administração tardar a apreciar a questão – nas correspondentes execuções fiscais não fora declarada essa prescrição.

Na falta de declaração da prescrição da dívida, o Tribunal, se não pudesse, nas impugnações judiciais, atender a essa prescrição, estava compelido a apreciar as impugnações, não obstante essa apreciação ser de todo inútil. Isto porque, achando-se prescrita a obrigação tributária, não havia, para o impugnante, interesse nenhum em continuar a discutir o acto de liquidação que a originara, pois que o respectivo cumprimento não podia mais ser-lhe exigido. Ou seja, o acto tributário era inconsequente, o que tornava inconsequente também a sua discussão e eventual declaração de nulidade ou anulação.

Neste circunstancialismo, o Tribunal, sem abjurar da doutrina até então seguida, que assim se mantém sólida, não viu obstáculo em admitir que pudessem, nos processos de impugnação judicial, retirar-se os devidos efeitos da prescrição da dívida emergente das liquidações aí discutidas, tendo em vista a declaração de extinção da instância por inutilidade superveniente da lide.

Mas não se disse que se tratava de decretar oficiosamente a prescrição no processo de impugnação judicial, retirando dela todos os efeitos jurídicos que comporta; mas só de atender, naquele processo, à prescrição, extraindo dela os reflexos incidentes na lide impugnatória.

É com este limitado sentido que deve entender-se a jurisprudência do Tribunal.

Jurisprudência que nem por o seu nascimento estar marcado por um preciso circunstancialismo histórico perdeu, hoje, validade, pelo que ainda agora se mantém.

E, deste modo, o acórdão agora recorrido não infringiu a lei ao declarar extinta a instância, na impugnação judicial, por inutilidade superveniente da lide, face à constatada prescrição da obrigação emergente do acto de liquidação em disputa.

Improcedem, pelo exposto, as três primeiras conclusões das alegações de recurso.

3.2. Nas conclusões d) a h) das suas alegações a recorrente discorda de que, achando-se a execução fiscal parada «à espera da decisão em processo de impugnação», por imposição legal, a obrigação prescreva. O entendimento encerra, para a recorrente, efeitos perversos, e constitui uma solução desproporcionada.

Note-se, antes de mais, que quando a recorrente alude, na conclusão d), à redução do prazo de prescrição «de forma drástica, ao longo de pouco mais de uma década», não está a queixar-se da decisão judicial recorrida, mas a referir-se a opções legislativas cuja bondade aos tribunais não compete avaliar. E, quando aponta a «impossibilidade de resolver todos os casos rapidamente», parece reportar-se aos meios disponíveis, que é questão do âmbito do legislativo e do executivo, que não do judicial.

Ainda nas conclusões f) e g) a recorrente não critica a decisão judicial, parecendo, antes, poder concluir-se do que alega que a Administração está em situação de desvantagem considerando, por um lado, a panóplia de garantias atribuídas aos contribuintes e, por outro, os limites legais à sua actuação.

A respeito deste tema, a jurisprudência do Tribunal tem sido firme na afirmação segundo a qual «a paragem da execução por motivo de suspensão requerida pelo contribuinte e da dedução da impugnação judicial é imputável ao contribuinte, pois a sua actuação impede o órgão da execução fiscal de prosseguir com ela (art. 255.º, n.º 1, do C.P.T.). No entanto, se posteriormente a essa suspensão se verificou uma paragem do processo de impugnação judicial, por período superior a um ano, por motivo não imputável ao contribuinte, recomeçar-se-à a contar o prazo de prescrição acrescido do período de tempo que decorreu antes da instauração da execução fiscal, pois a paragem do processo de execução fiscal derivada da pendência da impugnação judicial não pode ser imputada ao contribuinte se não é a este imputável a paragem deste último processo» – acórdão de 23 de Fevereiro de 2005 no processo n.º 116/05.

É, pois, verdade que, como afirma a recorrente, foi a recorrida quem lançou mão de um meio processual que impôs a paragem da execução fiscal, paragem que, consequentemente, só a si se pode imputar, devendo inocentar-se a Administração Tributária.

Mas já não é verdade que possa atribuir-se à recorrida a responsabilidade por o prazo de prescrição ter retomado o seu curso, por força da paragem, por mais de um ano, da impugnação judicial, e da disposição do n.º 3 do artigo 34.º do Código de Processo Tributário, aplicável ao caso.

A esta paragem do processo por mais de um ano (entre 18 de Fevereiro de 1997 e 5 de Agosto de 1998 – pontos VIII e IX da matéria de facto assente) é a recorrida de todo alheia.

E nem pode dizer-se que assim se premeia o contribuinte que lance mão de «todos os meios de litigância» e que, com isso, consegue alcançar a prescrição da sua obrigação fiscal (conclusão d)). Estamos a falar de meios que o legislador entendeu pôr à disposição dos contribuintes, cujo uso só por isso é legítimo. A responsabilidade pela paragem dos processos, administrativos ou judiciais, por mais de um ano, e por facto não imputável ao contribuinte, só ao Estado pode ser assacada. E o resultado de tal paragem é consequência da opção do legislador. Note-se que o que está em causa não é a demora dos processos pela sua complexidade, ou pelo modo (porventura abusivo) como o contribuinte neles intervém, mas a sua paragem «por facto não imputável ao contribuinte durante mais de um ano».

Em súmula, o Tribunal recorrido, ao julgar que o prazo de prescrição interrompido pela instauração da impugnação judicial voltava a correr após um ano de paragem, por motivo não imputável à recorrida, desse processo, apesar de a lei impedir o prosseguimento da execução, não errou na interpretação e aplicação da lei.

Improcedem, pelas razões expostas, as conclusões d) a h) das alegações da recorrente.

3.3. Na conclusão i) vem plasmado o último fundamento do recurso.

Diz a recorrente que, no caso, o processo executivo estava suspenso nos termos do disposto no artigo 14.º n.º 10 do decreto-lei n.º 124/96, de 10 de Agosto, pelo que não teria ocorrido a prescrição.

A matéria de facto apurada deixa saber que a recorrida solicitou a sua adesão ao regime daquele diploma, e que foi autorizada a pagar as suas dívidas fiscais em 150 prestações mensais, de igual montante, com início a partir de Janeiro de 1977 (cfr. os pontos XI e XII da matéria de facto).

Na sequência, veio a ser suspensa a execução fiscal instaurada em 21 de Maio de 1997 (ponto XIV da matéria de facto). Aquele benefício e esta suspensão cessaram por obra de despacho de 15 de Fevereiro de 2005, perante o incumprimento do plano por parte da recorrida (ponto XV da matéria de facto).

Do referido decreto-lei n.º importa atentar sobremaneira em duas disposições, as dos artigos 5.º, n.º 5, e 14.º, n.º 10.

Estabelece a última que «o deferimento do requerimento [de adesão às medidas excepcionais consagradas no diploma] determina, enquanto o devedor reunir as condições referidos no artigo 3.º e, sendo caso disso, no artigo 11.º do presente diploma, a suspensão dos processos de execução em curso, bem como após a instauração, de novos processos, quando não se tornem necessários para garantir o valor da dívida, nos termos dos n.ºs 2 e 3 do artigo 6.º».

A primeira estatui que «o prazo de prescrição das dívidas suspende-se durante o período de pagamento em prestações».

Decerto porque a recorrida não tinha deixado de reunir as condições de acesso ao regime exigidas pelo artigo 3.º, nem as do artigo 11.º, se era o caso, nem o prosseguimento da execução era necessário para garantir o valor da dívida, nos termos do artigo 6.º, n.ºs 2 e 3, foi suspensa a execução instaurada em 21 de Maio de 1997, como se viu. Suspensão que se sabe ter cessado com o despacho de 15 de Fevereiro de 2005, por incumprimento do plano por parte da recorrida, como também se viu.

Ora, o prazo de prescrição, de acordo com o transcrito n.º 5 do artigo 5.º, suspende-se durante o período de pagamento em prestações, ou seja, não corre enquanto ele durar. No nosso caso, esse período estendia-se pelos anos de 1997 a Junho de 2009, inclusive, já que as prestações eram mensais, iniciavam-se em Janeiro de 1997, e o seu número atingia 150.

Como assim, o prazo não correria ainda hoje – estava suspenso –, se não fosse o caso de a medida a que se abrigava a recorrida ter sido mandada cessar, em razão do incumprimento em que incorreu. Sem embargo de, por força do artigo 5.º n.º 5, tal prazo ter estado suspenso durante o período em que a recorrida, admitida a gozar do regime do decreto-lei n.º 124/96, esteve autorizada a proceder ao pagamento em prestações, ou seja, desde Janeiro de 1997.

Mas, se o prazo de prescrição estava suspenso – não corria desde Janeiro de 1997 –, então, não há que falar na sua posterior interrupção em 5 de Fevereiro de 1997, por efeito da instauração da impugnação judicial (ponto IV da matéria de facto). E, deste modo, a paragem do processo de impugnação por mais de um ano não fazia cessar o efeito interruptivo do prazo, pela simples razão que tal efeito interruptivo nunca operara.

Ou seja, o prazo de prescrição, iniciado em 1 de Janeiro de 1993, mas que esteve suspenso entre Janeiro de 1997 e Fevereiro de 2005, ainda se não completou.

3.4. Afirma-se, porém, no acórdão recorrido, que «a situação de incumprimento logo se verificou em Janeiro de 1997 e só oito anos após foram extraídas pela AF as consequências dessa falta. Logo, não pode fazer-se aquele juízo de imputação, antes cabendo concluir que a paragem do processo se ficou a dever a culpa da AF».

Parece pretender-se assim significar que é imputável à Administração, não só a paragem do processo de impugnação por mais de um ano, como a suspensão da execução fiscal, não já em resultado da pendência da impugnação, como enquanto consequência da adesão da recorrida ao regime do decreto-lei n.º 124/96: se a execução não prosseguiu foi só porque a Administração tardou a retirar as consequências do incumprimento da recorrida, que remontando a Janeiro de 1997, só oito anos depois foi valorado. E, deste modo, retira-se o efeito suspensivo do prazo de prescrição ao deferimento do requerimento da recorrida de adesão às medidas excepcionais consagradas no diploma.

A este propósito importa dizer, desde logo, que a afirmação acerca do incumprimento da recorrida não tem suporte nos factos apurados pelo próprio acórdão recorrido. Provavelmente, trata-se de um lapso do aresto, que, aliás, noutros parece ter incorrido em erros. Por exemplo, quando, referindo-se, apenas, á paragem da impugnação judicial entre 18 de Fevereiro de 1997 e 5 de Agosto de 1998, vem depois a fixar o momento em que «se completou um ano de paragem na execução fiscal», paragem esta que no processo se não noticia; ou quando, a final, dita as consequências da prescrição «relativamente a eventual execução fiscal instaurada», quando é certo que tal execução é real e não eventual, provado como deu o Tribunal que foi instaurada em 21 de Maio de 1997 (ponto X da matéria de facto).

Na ausência de prova de que o incumprimento da recorrida ocorreu em Janeiro de 1997 e, persistindo, só foi apreciado após 8 anos, nenhuma consequência desfavorável à Administração pode daí retirar-se. E, pelas razões ditas, a realidade a atentar é que o prazo de prescrição esteve suspenso desde Janeiro de 1997 e assim se manteve até Fevereiro de 2005; e que a execução fiscal esteve suspensa por decorrência da lei e motivo imputável à recorrida, que se propôs pagar a sua dívida fiscal em 150 meses.

Procede, pelo exposto, a conclusão i) das alegações de recurso.

4. Termos em que acordam, em conferência, os juízes da Secção de Contencioso Tributário deste Supremo Tribunal Administrativo em, concedendo provimento ao recurso, revogar o aresto impugnado, para ser substituído por outro que não determine a extinção da instância, por inutilidade da lide resultante da prescrição da obrigação emergente do acto de liquidação questionado.

Sem custas.

Lisboa, 7 de Fevereiro de 2007.

Baeta de Queiroz (Relator)
António Calhau
Brandão de Pinho

Recurso n.º 1130/06-30

QUESTÃO DE FACTO. QUESTÃO DE DIREITO. IRS. MANIFESTAÇÕES DE FORTUNA. ÓNUS DA PROVA. FIXAÇÃO DO RENDIMENTO COLECTÁVEL POR MÉTODOS INDIRECTOS. RENDIMENTO PADRÃO.

(Acórdão de 17 de Janeiro de 2007)

SUMÁRIO:

I – As conclusões das alegações de recurso versam matéria exclusivamente de direito se resumirem a sua divergência com o decidido à interpretação ou aplicação da lei ou à solução dada a qualquer questão jurídica; versarão questão de facto se manifestarem divergência com a questão factual, quer porque se entenda que os factos levados ao probatório não estão provados, quer porque se considere que foram esquecidos factos relevantes, quer porque se defenda que a prova produzida foi insuficiente, quer ainda porque se divirja nas ilações de facto que se devem retirar dos mesmos.

II – Há lugar a avaliação indirecta da matéria colectável quando falte a declaração de rendimentos e o contribuinte evidencie manifestações de fortuna ou quando declare rendimentos que mostrem uma desproporção superior a 50%, para menos, em relação ao rendimento padrão resultante da tabela prevista no n.º 4 do artigo 89.º-A da LGT.

III – Cabe ao sujeito passivo a prova de que correspondem à realidade os rendimentos declarados e de que é outra a fonte das manifestações de fortuna evidenciadas, nomeadamente herança ou doação, rendimentos que não esteja obrigado a declarar, utilização do seu capital ou recurso ao crédito.

IV – Quando o sujeito passivo não faça tal prova, considera-se como rendimento tributável em sede de IRS, a enquadrar na categoria G, o rendimento padrão apurado nos termos da tabela constante do n.º 4 do artigo 89.º-A da LGT, quando não existam indícios fundados que permitam à AT fixar rendimento superior.

ACORDAM, EM CONFERÊNCIA, NA SECÇÃO DE CONTENCIOSO TRIBUTÁRIO DO SUPREMO TRIBUNAL ADMINISTRATIVO:

I – Susete Maria de Oliveira Custódio, e marido Ernesto Ramires Alverca, residentes em Setúbal, vieram recorrer da decisão do Exmo. Director-Geral dos Impostos que fixou, nos termos do artigo 89.º-A da LGT, a matéria colectável, em sede de IRS, com recurso a avaliação indirecta, no montante de € 51.290,00, relativamente ao ano de 2002, no montante de € 46.161,00, relativamente ao ano de 2003 e no montante de € 41.032,00, relativamente ao ano de 2004.

Por sentença de 11/9/2006, a Mma. Juíza do TAF de Almada julgou parcialmente procedente o recurso, mantendo a decisão de fixação do valor tributável, relativamente ao ano de 2002, no montante de € 51.290,00, e anulando a decisão relativamente aos anos de 2003 e 2004.

Não se conformando com tal decisão, dela vêm agora os recorrentes interpor recurso para este Tribunal, formulando as seguintes conclusões:

i. Nos termos do n.º 3 do art.º 89.º-A da LGT, verificadas as situações previstas no n.º 1 deste artigo, cabe ao sujeito passivo a comprovação de que correspondem à realidade os rendimentos declarados e de que é outra a fonte das manifestações de fortuna ou dos acréscimos de património ou de consumo evidenciados.

ii. Cabe ao contribuinte demonstrar que os bens adquiridos que evidenciam manifestações de fortuna foram adquiridos com meios que não estavam sujeitos a declaração para efeitos de IRS, neste sentido se pronunciou o Acórdão do TCA Sul de 05-07-2005, proferido no Recurso n.º 00649/05.

iii. Na douta sentença de que ora se recorre, foi dado como provado que na aquisição das duas viaturas que originaram a fixação de valor tributável com recurso a manifestações de fortuna foram efectuadas duas retomas nos valores de ESC. 1.900.000 e ESC. 1.800.000, no montante total de ESC. 3.700.000 (€ 18.455,52), (Vide, Ponto III. 1., al. N da douta sentença recorrida).

iv. Pelo que, ficou provado que nessa medida os recorrentes tiveram outra fonte de rendimento, a qual foi adstrita à aquisição das viaturas em causa.

v. O valor obtido pela retoma das viaturas não estava sujeito a declaração para efeitos de IRS.

vi. Valor que deveria ser tomado em conta na douta sentença e, em consequência, corrigida a decisão de fixação do valor tributável com recurso a manifestações de fortuna, nos termos do art.° 89.°-A da LGT, relativamente ao ano de 2002, fixando-se aquele em € 42.062,24 (50% de (102.580,00 – 18.455,52).

vii. A avaliação indirecta é subsidiária da avaliação directa, aplicando-se sempre que possível e a lei não prescrever em sentido diferente as regras da avaliação directa (art.° 85.°, n.os 1 e 2 da LGT).

viii. A lei só permite o recurso à avaliação indirecta quando não for possível proceder à fixação da matéria tributável através da avaliação directa e, mesmo nestes casos, utilizar-se-ão na avaliação indirecta, na medida do possível, as regras da avaliação directa.

ix. A tal obriga o princípio da capacidade contributiva, consagrado no n.° 1 do art.° 4.° da LGT.

x. Princípio de que resulta, directamente, a tributação pela riqueza, rendimento ou despesa reais.

xi. A CRP aponta claramente no sentido da tributação da matéria colectável real e só desta expressamente quanto à tributação das empresas que deve incidir fundamentalmente sobre o seu rendimento real,

xii. Implicitamente, quanto à tributação do rendimento pessoal, na medida em que se refere às necessidades e rendimentos do agregado familiar, necessariamente as necessidades e rendimentos concretos de cada agregado familiar, o que conduz ao rendimento real.

xiii. Assim, no respeito pelo princípio da capacidade contributiva, atendendo ao carácter subsidiário da avaliação indirecta, deveria o montante das retomas ter sido tomado em conta e, em consequência, corrigido o valor tributário fixado nos termos acima expostos, pelo que, salvo o devido respeito e melhor opinião, a douta sentença recorrida enferma de erro de julgamento.

Não houve contra-alegações.

O Exmo. Magistrado do MP junto deste Tribunal emite parecer no sentido de que este Tribunal se deve julgar incompetente, em razão da hierarquia, para conhecer do presente recurso, por este versar também matéria de facto.

Os recorrentes sustentam, porém, que o que está somente em causa é a interpretação da norma jurídica aplicável pelo que sempre seria competente para conhecer do recurso este Tribunal.

II – Com relevo para a decisão, mostram-se provados os seguintes factos:

A) Os recorrentes declararam para efeitos de IRS, e relativamente ao ano de 2002, o rendimento global de € 8.440,47 sendo efectuadas deduções específicas no montante de € 5.568,47 apurando-se um rendimento colectável no montante de € 2.872,00.

B) Os recorrentes adquiriram em 2002 dois veículos automóveis, novos, ligeiros e de passageiros, marca Mercedes-Benz, Classe E, 220 CDI Elegance, de matrícula 86-91-TI e 81-01-TR, à sociedade "Stuttcar – Comércio de Veículos, SA", respectivamente pelo montante de € 56.400,00 e € 46.180,00, no montante total de € 102.580,00.

C) Os recorrentes não apresentaram nos anos de 2003 e 2004 as respectivas declarações de IRS uma vez que se encontravam dispensados da sua entrega nos termos do disposto na alínea b) do art.° 58.° do CIRS.

D) Os recorrentes não declararam a aquisição do veículo mencionado na alínea B) na declaração de IRS de 2002.

E) No âmbito de uma acção de inspecção aos recorrentes em sede de IRS os serviços de inspecção elaboraram o respectivo relatório onde propõem a fixação do rendimento colectável do recorrente em sede de IRS no montante de € 51.290,00 para o ano de 2002, no montante de € 45.161,00 para o ano de 2003, no montante de € 41.032,00 para o ano de 2004, a título de rendimentos da categoria G, nos termos da alínea d) do art.° 87.° e 89.°-A da LGT, considerando que os recorrentes declararam rendimentos que se mostraram numa desproporção a 50%, para menos, em relação ao rendimento padrão resultante da tabela constante do n.° 4 do art.° 89.°-A da LGT.

F) Para o apuramento da desproporção mencionada na alínea anterior os serviços consideraram que:

a. Os recorrentes adquiriram em 2002 dois veículos automóveis, novos, ligeiros e de passageiros, marca Mercedes-Benz, Classe E, 220 CDI Elegance, de matrícula 86-91-TI e 81-01-TR, à sociedade "Stuttcar – Comércio de Veículos, SA", pelo montante total de € 102.580,00;

b. Apuraram o rendimento padrão para o ano de 2002 de € 51.290,00 (50% do valor de aquisição do veículo), de € 46.161,00 (valor de aquisição – [valor de aquisição do veículo x 0,10] x 0,50) para o ano de 2003 e de € 41.032,00 (valor de aquisição – [valor de aquisição do veículo x 0,20] x 0,50) para o ano de 2004;

c. O rendimento declarado pelos contribuintes no ano de 2002, de € 2.872,00;

d. Com base no mencionado nas alíneas anteriores os serviços apuraram uma diferença para menos no montante de € 48.418,00 para o ano de 2002, de € 46.161,00 para o ano de 2003 e de € 41.032,00 para o ano de 2004;

e. Concluíram pela desproporção de 94,40% para o ano de 2002, de 100,00% para o ano de 2003 e de 100,00% para o ano de 2004;

f. Analisaram todas as declarações de rendimentos apresentadas pelos contribuintes, verificando que foram declarados os seguintes rendimentos colectáveis:

i. Ano de 1989 – € 15.067,19
ii. Ano de 1990 – € 19.409,99
iii. Ano de 1991 – € 16.070,19
iv. Ano de 1992 – € 919,59
v. Ano de 1993 – € 2.658,96
vi. Ano de 1994 – € 2.098,24
vii. Ano de 1995 – € 6.560,75
viii. Ano de 1996 – € 15.053,72
ix. Ano de 1997 – € 7.755,94
x. Ano de 1998 – € 9.096,42
xi. Ano de 1999 – € 6.547,30
xii Ano de 2000 – € 10.991,81
xiii Ano de 2001 – € 12.356,50

G) Foi remetida aos recorrentes por registo n.º RS 8522 86169 PT, o ofício n.º 8007 de 15/03/2006 do projecto de decisão de aplicação da avaliação indirecta mencionada na alínea E), para efeitos de exercício do direito de audição prévia.

H) Os recorrentes não exerceram o direito de audição.

I) Por despacho de 30/06/2006 do substituto legal do Director-Geral dos Impostos, de concordância com o parecer de 19/06/2006 que considerou que os recorrentes não fizeram prova da proveniência de tais capitais e com o relatório de inspecção mencionado na alínea E), foi fixado aos recorrentes o rendimento tributável em sede de IRS com recursos a métodos indirectos nos termos da alínea d) do art.º 87.º e 89.º-A da LGT, no montante de € 51.290,00 para o ano de 2002, no montante de € 46.161,00 para o ano de 2003, e no montante de € 41.032,00 para o ano de 2004, a título de rendimentos da categoria G.

J) Foi remetido aos recorrentes o ofício n.º 22854 datado de 19/07/2006 por carta registada com aviso de recepção, que os notifica da fixação do rendimento tributável em sede de IRS com recurso a métodos indirectos mencionado na alínea anterior.

K) Em 20/07/2006 foi assinado o aviso de recepção relativo ao ofício mencionado na alínea anterior.

L) Os recorrentes adquiriram em 07/02/1995 o certificado de Bilhetes do Tesouro n.º 0752 da Caixa Geral de Depósitos, no valor de Esc. 11.000.000 com data de início de 07/02/1995 e data de vencimento em 26/01/1996, com reembolso à taxa de 09,50%.

M) Foi efectuada em 12/06/1998 um levantamento da conta bancária n.º 0752000770300 da Caixa Geral de Depósitos, no montante de Esc. 23.724.000.

N) Na aquisição das viaturas mencionadas em B) a sociedade "Stuttcar, SA" efectuou a retoma da viatura de marca Mercedes, C 180 do ano de 1993, de matrícula 02-70-CX, à qual foi atribuída o valor de Esc. 1.900.000 e a viatura de marca Mercedes 200 D do ano de 1992, de matrícula 03-37-JS, à qual foi atribuída o valor de Esc. 1.800.000.

O) O recurso foi apresentado em 31/07/2006 junto da Direcção de Finanças de Setúbal.

III – 1. Suscita-se nos presentes autos a questão prévia da incompetência deste Tribunal, em razão da hierarquia, por versar o recurso, no entendimento do Exmo. Magistrado do MP, também matéria de facto.

Vejamos. Alega o MP que os recorrentes, como se constata das conclusões das alegações, põem em causa os juízos de apreciação da prova feitos pelo tribunal recorrido, manifestando divergência com questões factuais, concluindo nomeadamente ter ficado provado que tiveram outra fonte de rendimento, o valor obtido pela retoma das viaturas que não estava sujeito a declaração para efeitos de IRS, valor esse que não foi tido em conta pela sentença recorrida na fixação do valor tributável com recurso a manifestações de fortuna, nos termos do artigo 89.º-A da LGT, relativamente ao ano de 2002.

Como se refere no acórdão de 14/4/99 deste Tribunal, proferido no processo 22908, e a que o MP alude, "...tais conclusões versarão matéria exclusivamente de direito se resumirem a sua divergência com o decidido à interpretação ou aplicação da lei ou à solução dada a qualquer questão jurídica. IV – Versarão questão de facto se manifestarem divergência com a questão factual, quer porque se entenda que os factos levados ao probatório não estão provados, quer porque se considere que foram esquecidos factos relevantes, quer porque se defenda que a prova produzida foi insuficiente, quer ainda porque se divirja nas ilações de facto que se devem retirar dos mesmos.".

Ora, contrariamente ao alegado pelo MP, em conclusão alguma das suas alegações os recorrentes manifestam divergência com os factos fixados na sentença recorrida ou com as ilações que deles se retiram ou alegam factos que tenham sido levados ao probatório e que em seu entender não estariam provados ou que tenham sido esquecidos factos relevantes e muito menos que a prova produzida tenha sido insuficiente.

O que os recorrentes se limitam a afirmar é que, face aos factos dados como provados na sentença de que ora recorrem, designadamente que na aquisição das duas viaturas que originaram a fixação do valor tributável em sede de IRS com recurso a manifestações de fortuna foram efectuadas duas retomas, e cujo valor foi adstrito à aquisição daquelas viaturas, se deveria ter concluído que afinal os recorrentes também tiveram outra fonte de rendimento para além da declarada e que, ao menos em parte, justifica a manifestação de fortuna evidenciada com a referida aquisição.

Ou seja, os recorrentes não questionam a factualidade fixada na sentença recorrida mas sim a interpretação que dela faz a Mma. Juíza "a quo" para efeitos do disposto no n.º 3 do artigo 89.º-A da LGT.

A sua divergência com o decidido resume-se, assim, à aplicação da lei perante o quadro factual apurado que não contestam.

O recurso versa, por isso, matéria exclusivamente de direito, sendo nessa medida este Tribunal competente para dele conhecer.

2. Vem o presente recurso interposto do segmento da sentença proferida pela Mma. Juíza "a quo" que manteve a decisão de fixação do valor tributável com recurso a manifestações de fortuna, nos termos do artigo 89.º-A da LGT, relativamente ao ano de 2002, no montante de € 51.290,00.

Entendeu a Mma. Juíza "a quo" que, no que se refere ao ano de 2002, se mostram reunidos os pressupostos para o recurso à avaliação indirecta, definidos no n.º 1 do artigo 89.º-A da LGT, porquanto os recorrentes não lograram provar que tinham outras fontes de rendimento nos termos e para os efeitos do n.º 3 do artigo 89.º-A da LGT.

Determina o n.º 1 deste preceito que há lugar a avaliação indirecta da matéria colectável quando falte a declaração de rendimentos e o contribuinte evidencie as manifestações de fortuna constantes da tabela prevista no seu número 4 ou quando declare rendimentos que mostrem uma desproporção superior a 50%, para menos, em relação ao rendimento padrão resultante da referida tabela.

Verificadas as situações previstas neste n.º 1, cabe ao sujeito passivo, por força do que dispõe o n.º 3 do mesmo normativo, a prova de que correspondem à realidade os rendimentos declarados e de que é outra a fonte das manifestações de fortuna evidenciadas, nomeadamente herança ou doação, rendimentos que não esteja obrigado a declarar, utilização do seu capital ou recurso ao crédito.

No caso em apreço, tendo os ora recorrentes no ano de 2002 evidenciado manifestações de fortuna constantes da tabela prevista no n.º 4 do artigo 89.º-A da LGT (aquisição de duas viaturas, no valor total de € 102.580,00, que não declararam na declaração de IRS referente a esse ano), e declarado um rendimento que mostrava uma desproporção superior a 50% (94,40%), para menos, em relação ao rendimento padrão resultante da referida tabela, impunha-se a avaliação indirecta da matéria colectável.

Foi o que a Administração Fiscal fez, cabendo, então, aos recorrentes, nos termos do n.º 3 do artigo 89.º-A da LGT, a prova de que correspondiam à realidade os rendimentos declarados e de que era outra a fonte da manifestação de fortuna evidenciada.

E foi isso exactamente o que eles pretenderam fazer, alegando, para o efeito, a aquisição de bilhetes do tesouro, o levantamento de conta bancária de que eram titulares e a entrega de duas viaturas, a título de retoma, aquando da aquisição dos dois novos veículos.

E se quanto aos alegados bilhetes do tesouro e levantamento de conta bancária se concluiu na sentença recorrida que os documentos apresentados não eram idóneos para fazer a prova que sobre os recorrentes recaía já quanto à entrega de duas viaturas, a título de retoma, ficou, de facto, provado que a sociedade a quem os recorrentes adquiriram os dois veículos novos efectuou a retoma de duas viaturas, no valor global de € 18.455,52.

Ou seja, os recorrentes lograram provar que para a aquisição dos veículos em causa tiveram essa fonte de rendimento, a qual não estava sujeita a declaração para efeitos de IRS.

De resto, na própria sentença se afirma expressamente que apenas ficou por provar o restante montante despendido com a aquisição, isto é, € 84.124,48 (€ 102.580,00 – € 18.455,52).

Assim sendo, tendo os recorrentes feito essa prova, o rendimento tributável a fixar pela AF de acordo com o estabelecido no n.º 4 do artigo 89.º-A da LGT não pode ser superior a 50% da parcela do valor dos veículos cuja fonte de rendimento ficou por provar [50% de € 84.124,48 (€ 102.580,00 – € 18.455,52)], ou seja, € 42.062,24, e não os € 51.290,00, fixados pela AF e confirmados pela sentença recorrida, que correspondem a 50% do valor dos veículos, sem retoma.

A sentença recorrida que assim não entendeu não pode, por isso, manter-se nessa parte, sendo que é apenas este segmento da mesma que é objecto do presente recurso.

IV – Termos em que, face ao exposto, acordam os Juízes da Secção de Contencioso Tributário do STA em, concedendo provimento ao recurso, revogar a sentença recorrida no segmento em apreço, considerando-se como rendimento tributável, relativamente ao ano de 2002, o montante de € 42.062,24.

Sem custas.

Lisboa, 17 de Janeiro de 2007.

António Calhau (relator)
Brandão de Pinho
Baeta de Queiroz (Vencido em parte. Afigura-se-me que o rendimento a fixar deve ser igual a 50% do valor dos veículos adquiridos, deduzido do montante cuja fonte a recorrente demonstrar, já que esse montante não está sujeito a I.R.S., pelo que inexistia a obrigação de o declarar, não podendo, consequentemente, ser presumido como rendimento tributável).

Recurso n.º 1225/06-30

RECLAMAÇÃO DE CRÉDITOS. GRADUAÇÃO. PRIVILÉGIOS IMOBILIÁRIO GERAL E ESPECIAL. IRC, CA E CONTRIBUIÇÕES PARA A SEGURANÇA SOCIAL.

(Acórdão de 28 de Março de 2007)

SUMÁRIO:

I – O crédito referente a contribuição autárquica, inscrita para cobrança no ano corrente da data da penhora e nos dois anos anteriores tem privilégio imobiliário especial sobre os imóveis a que aquela respeita.

II – O privilégio imobiliário criado pelo artigo 108.º do CIRC é um privilégio imobiliário geral pelo que no concurso com o privilégio imobiliário especial que a CA tem é este que prevalece.

III – Os créditos da segurança social gozam de privilégio imobiliário geral sobre os bens imóveis do devedor à data da instauração da execução, graduando-se logo após os referidos no artigo 748.º do CC, preferindo, portanto, e nomeadamente, ao IRC.

ACORDAM, EM CONFERÊNCIA, NA SECÇÃO DE CONTENCIOSO TRIBUTÁRIO DO SUPREMO TRIBUNAL ADMINISTRATIVO:

I – A Exma. Procuradora da República junto do TAF de Lisboa 2, não se conformando com a sentença proferida nos autos de verificação e graduação de créditos apensos ao processo de execução fiscal n.º 1546-96//100003.9 do Serviço de Finanças de Mafra, dela vem recorrer para este Tribunal, formulando as seguintes conclusões:

1.ª – A contribuição autárquica é um imposto municipal de carácter patrimonial que incide sobre o valor tributável dos prédios situados no território de um município, qualificável de rústica ou urbana consoante a classificação dos prédios em causa (cfr. art.º 1.º do CCA).

2.ª – O crédito derivado do incumprimento da obrigação de pagamento do referido imposto, da titularidade das autarquias locais, inscrito para cobrança no ano corrente da data da penhora, ou acto equivalente, e nos dois anos anteriores, tem privilégio imobiliário especial sobre os imóveis cujos rendimentos a ele estejam sujeitos.

3.ª – O privilégio imobiliário criado pelo art.° 93.° do CIRC (a que corresponde o art.° 108.° após a revisão efectuada pelo Dec.-Lei n.° 198/2001, de 3 de Julho) é um privilégio imobiliário geral, já que não se restringe a determinados bens imóveis, abrangendo, antes, o valor de todos os imóveis existentes no património do sujeito passivo à data da penhora ou outro acto equivalente.

4.ª – No concurso entre um direito de crédito garantido por um privilégio imobiliário geral e um direito de crédito garantido por um privilégio imobiliário especial, é este que prevalece.

5.ª – Os direitos de crédito da titularidade das instituições de segurança social derivados de taxa contributiva estão envolvidos de privilégio imobiliário geral sobre os bens imóveis do devedor à data da instauração da acção executiva, nos termos do art.° 11.° do Dec.-Lei n.° 103/80, de 9 de Maio.

6.ª – Do referido art.° 11.° do Dec.-Lei n.° 103/80, de 9 de Maio – que, como lei especial, prevalece sobre a lei geral – resulta que os créditos respectivos se graduam logo após os referidos no art.° 748.° do Cód. Civil, preferindo, portanto, e nomeadamente, ao IRC.

7.ª – A sentença errou na aplicação do direito, tendo violado o disposto nos arts. 744.°, n.° 1, 748.° do Código Civil, bem como nos arts. 24.°, n.° 1 do CCA, 11.° do DL 103/80, de 9 de Maio e 108.° do CIRC.

8.ª – Pelo que deve ser revogada e substituída por outra que reconheça e gradue os créditos pela seguinte ordem:

– Quanto ao produto da venda do prédio a que corresponde o artigo rústico n.° 00166 – M: em primeiro lugar, o crédito exequendo correspondente a contribuição autárquica inscrita para cobrança no ano de 1995 e respectivos juros de mora; em segundo lugar, o crédito reclamado pelo Instituto de Segurança Social, IP e respectivos juros de mora; em terceiro lugar, o crédito exequendo correspondente a dívidas de IRC dos anos de 1993 e 1995 e respectivos juros de mora; em quarto e último lugar, a par, os restantes créditos exequendos.

– Quanto ao produto da venda do prédio a que corresponde o artigo urbano n.° 3913 da freguesia de Mafra: em primeiro lugar, o crédito reclamado pelo Instituo de Segurança Social, IP e respectivos juros de mora; em segundo lugar, os créditos reclamados pela Fazenda Pública correspondentes a dívidas de IRC dos anos de 2000 e 2001 e respectivos juros de mora; em terceiro e último lugar, a par, os restantes créditos exequendos.

Não houve contra-alegações.

Colhidos os vistos legais, cumpre decidir.

II – Na sentença recorrida, mostram-se graduados os créditos da seguinte forma:

"I – Quanto ao produto da venda do prédio penhorado por auto cuja cópia consta de fls. 9 do apenso:

*1.° – O crédito **EXEQUENDO** correspondente a dívidas de **IRC dos anos de 1993 e 1995,** postas à cobrança em 1995 e 1996, e respectivos juros de mora, e correspondente a dívidas de **Contribuição Autárquica do ano de 1994,** postas à cobrança em 1995, **referentes ao artigo rústico n.° 00166-M da freguesia de Mafra,** e respectivos juros de mora;*

*2.° – O crédito reclamado pelo **Instituto de Segurança Social, IP,** e respectivos juros de mora;*

*3.° – O crédito **EXEQUENDO,** correspondente a dívidas de **Contribuição Autárquica do ano de 1994,** postas à cobrança em 1995, **referentes ao artigo urbano n.° 03913, da freguesia de Mafra,** e respectivo juros de mora, e correspondente a dívidas de **IVA** e respectivos juros de mora.*

II – Quanto ao produto da venda do prédio penhorado por auto cuja cópia consta de fls. 47 do apenso:

*1.° – Os créditos reclamados pela **Fazenda Pública,** correspondentes a dívidas de **IRC** dos anos de 2000 e 2001, e respectivos juros de mora;*

*2.° – O crédito reclamado pelo **Instituto de Segurança Social, IP,** e respectivos juros de mora;*

*3.° – O crédito **EXEQUENDO,** correspondente a dívidas de **IRC dos anos de 1993 e 1995** e respectivos juros de mora, correspondente a dívidas de **Contribuição Autárquica do ano de 1994, referente ao artigo urbano n.° 03913 e ao artigo rústico n.° 00166-M, ambos da freguesia de Mafra** e respectivos juros de mora, e correspondente a dívidas de **IVA** e respectivos juros de mora."*

III – Vem o presente recurso interposto pela Exma. Procuradora da República do TAF de Lisboa 2 da sentença do Mmo. Juiz daquele tribunal que graduou os créditos nos presentes autos de verificação e graduação de créditos que correm por apenso à execução fiscal movida pela Fazenda Pública contra a sociedade AFI – Indústria de Fibras de Vidro, Lda., por dívidas de IVA, IRC dos anos de 1993 e 1995 e de contribuição autárquica de 1994, referente aos prédios rústico e urbano, inscritos na matriz predial respectiva com os n.°s 166-M e 3913.

A Exma. Magistrada do MP discorda da graduação feita pelo Mmo. Juiz "a quo" porquanto, em seu entender, os créditos reclamados pelo ISS relativos a contribuições para a segurança social que gozam de privilégio imobiliário geral sobre os bens imóveis do devedor, graduando-se logo após os referidos no artigo 748.° do CC, nos termos do artigo 11.° do DL 103/80, de 9 de Maio, devem ser graduados antes dos créditos referentes a IRC.

Por outro lado, também os créditos de contribuição autárquica, que gozam de privilégio imobiliário especial, nos termos dos artigos 24.°, n.° 1 do CCA e 744.°, n.° 1 do CC, devem preferir aos créditos respeitantes a IRC, que apenas gozam de privilégio imobiliário geral.

Vejamos. No caso dos autos, por apenso à execução fiscal em que se cobram dividas de IVA, IRC e CA dos prédios inscritos com os n.°s 166 e 3913, os quais foram penhorados, vieram o ISS e a Fazenda Pública reclamar créditos respeitantes a contribuições para a segurança social e IRC, respectivamente.

Os créditos reclamados pelo ISS gozam, nos termos do artigo 11.° do DL 103/80, de 9/5, de privilégio imobiliário geral, graduando-se logo após os créditos referidos no artigo 748.° do CC.

Também os créditos respeitantes a IRC gozam, nos termos do artigo 108.° do CIRC, de privilégio imobiliário geral; só que, por força do que dispõe o artigo 11.° do DL 103/80, de 9/5, devem ceder perante os créditos da segurança social.

Por seu turno, os créditos referentes a contribuição autárquica gozam, nos termos dos artigos 24.°, n.° 1 do CCA e 744.°, n.° 1 do CC, de privilégio imobiliário especial sobre os imóveis cujos rendimentos a ela estejam sujeitos, tendo, por isso, preferência relativamente aos créditos que apenas gozam de privilégio imobiliário geral, como é o caso dos que dizem respeito a IRC e contribuições para a segurança social.

Daí que na sentença recorrida o Mmo. Juiz "a quo" tenha, pois, errado ao graduar no mesmo nível os créditos referentes a CA e IRC, quando aqueles prevalecem em relação a estes, e ao graduar primeiro os créditos de IRC e depois os créditos da segurança social, quando deveriam ser estes a ser graduados antes.

O recurso merece, assim, provimento.

IV – Termos em que, face ao exposto, acordam os Juízes da Secção de Contencioso Tributário do STA em conceder provimento ao recurso, revogando a sentença recorrida, e, em consequência, graduar os créditos verificados pela seguinte ordem:

***A** – Quanto ao produto da venda do prédio a que corresponde o artigo matricial rústico n.º 166-M da freguesia de Mafra, penhorado em 1996:*

1.º – o crédito exequendo referente a contribuição autárquica do ano de 1994, inscrita para cobrança em 1995, respeitante ao artigo rústico 166-M da freguesia de Mafra, e respectivos juros de mora;

2.º – o crédito reclamado pelo ISS, e respectivos juros de mora;

3.º – o crédito exequendo referente a IRC dos anos de 1993 e 1995, inscrito para cobrança em 1995 e 1996, e respectivos juros de mora;

4.º – os restantes créditos exequendos referentes a contribuição autárquica do ano de 1994 respeitante ao artigo urbano 3913 da freguesia de Mafra e IVA, e respectivos juros de mora.

***B** – Quanto ao produto da venda do prédio a que corresponde o artigo matricial urbano 3913 da freguesia de Mafra, penhorado em 2002:*

1.º – o crédito reclamado pelo ISS, e respectivos juros de mora;

2.º – o crédito reclamado pela Fazenda Pública referente a IRC dos anos de 2000 e 2001, e respectivos juros de mora;

3.º – os créditos exequendos referentes a IRC de 1993 e 1995, CA de 1994 dos prédios inscritos com os artigos matriciais rústico 166-M e urbano 3913 da freguesia de Mafra, e IVA, e respectivos juros de mora.

Sem custas.

Lisboa, 28 de Março de 2007.

António Calhau (Relator)
Baeta de Queiroz
Brandão de Pinho

Recurso n.º 132/07-30

RECURSO CONTENCIOSO DE ANULAÇÃO. ADESÃO A REGIME DE BENEFÍCIOS FISCAIS. DECRETO-LEI N.º 225/94 DE 5/9. LIQUIDAÇÃO PROVISÓRIA DO TRIBUTO. FACTO IMPEDITIVO DA CADUCIDADE.

(Acórdão de 21 de Março de 2007)

SUMÁRIO:

I – Tendo o contribuinte aderido ao regime de regularização de dívidas no âmbito do Decreto-lei n.º 225/94 de 5/9, assinando um "termo de adesão" e um "mapa geral", do qual consta o valor do tributo a pagar, isso significa que o imposto em causa está já liquidado, ainda que provisoriamente e que, dessa liquidação, aquele tomou conhecimento.

II – Sendo assim, o acto de liquidação posteriormente elaborado e não notificado ao contribuinte, não é uma verdadeira liquidação, uma vez que esta já tinha sido efectuada.

III – Este acto mais não se destina do que a formalizar um acto já praticado pela Administração Fiscal, vigente na ordem jurídica e com consequências jurídicas.

IV – Deste modo, a falta de notificação daquele acto de liquidação não pode repercutir-se sobre a caducidade do imposto em causa.

ACORDAM NESTA SECÇÃO DO CONTENCIOSO TRIBUTÁRIO DO SUPREMO TRIBUNAL ADMINISTRATIVO:

1 – António da Silva Lima, melhor identificado nos autos, não se conformando com a sentença do Tribunal Administrativo e Fiscal de Braga que negou provimento ao recurso contencioso de anulação do acto do Subdirector-Geral da Direcção de Serviços de IRS de 31/12/99, que, por sua vez, indeferiu o recurso hierárquico que interpôs do despacho do Director Distrital de Finanças de Viana do Castelo, dela vem interpor o presente recurso, formulando as seguintes conclusões:

1ª) Em 13/12/04 o Recorrente apresentou na Repartição de Finanças de Ponte de Lima a declaração de IRS relativamente ao ano de 1989;

2ª) No dia imediato (14/12/94) adere ao regime previsto no Dec-Lei n.º 225/94 de 5/9, assinando o "termo de adesão" e "mapa geral" anexo a este no qual consta como valor a pagar o montante de Esc. 2.316.688$00;

3ª) Em 14/12/94, 30/01/95 e 27/02/95 realiza pagamentos das prestações;

4ª) No dia 22/12/94 a Administração Fiscal lança a liquidação n.º 5552407664 no valor de 2.316.688$00, que emite no dia seguinte;

5ª) No dia 27/12/94 expede a liquidação para o Recorrente não sendo possível determinar se este foi ou não notificado uma vez que, contactados os C.T.T., estes responderam não ser possível informar a data da recepção, por não existirem em arquivo os elementos necessários para pesquisa;

6ª) A douta sentença recorrida considerou elidida a presunção prevista no n.° 1 do art. 66.° do C.P.T. tendo, porém, declarado ter ocorrido facto impeditivo da caducidade, pelo facto do Recorrente ter aderido ao regime do Dec-Lei n.° 225/94 e pago as prestações fixadas;

7ª) O Recorrente entende que o facto de ter aderido àquele regime não traduz um reconhecimento do direito da Administração Fiscal à liquidação do imposto;

8ª) Com efeito, a adesão ao regime do Dec-Lei n.° 225/94 não produziu o mesmo efeito da liquidação do imposto com a prática do qual o sujeito passivo se torna devedor e sem o qual não existe o crédito da Administração Fiscal.

9ª) A adesão ao regime do Dec-Lei n.° 225/94, pelos fundamentos expostos, não constitui facto impeditivo da caducidade, o mesmo se passando com o pagamento das prestações o qual foi feito sem o Recorrente ter sido notificado da liquidação do imposto.

10ª) O pagamento das prestações subsequente à adesão ao regime do Dec-Lei n.° 225/94 não pode ser qualificada como cumprimento de obrigação natural, por não se tratar do cumprimento dum dever de ordem moral ou social.

11ª) A douta sentença recorrida fez incorrecta aplicação/interpretação do disposto no art. 331.° e 402.°, ambos do C.C.

O recorrido Subdirector-Geral dos Impostos contra-alegou nos termos que constam de fls. 111 e segs., que se dão aqui por integralmente reproduzidos para todos os efeitos legais, para concluir pela improcedência do recurso e pela manutenção da sentença recorrida.

O Exm.° Procurador-Geral Adjunto emitiu douto parecer no sentido de que o recurso merece provimento.

Colhidos os vistos legais, cumpre decidir.

2 – A sentença recorrida fixou a seguinte matéria de facto:

1) No dia 13/12/1994, o recorrente apresentou na repartição de finanças de Ponte de Lima a sua declaração de IRS relativa aos rendimentos do ano de 1989;

2) No dia 14/12/1994, adere ao regime de regularização de dívidas no âmbito do Dec-Lei 225/94, de 5/9, assinando um "termo de adesão" e um "mapa geral" anexo a este, no qual consta como valor a pagar de Esc.: 2.316.688$00;

3) Nos dias 14/12/1994, 30/01/1995 e 27/02/1994, o recorrente efectua pagamentos das prestações relativas ao IRS de 1989;

4) No dia 19/12/1994 é elaborado pelos serviços fiscais uma correcção ao IRS de 1989, com o seguinte teor: «Informação prestada em virtude da apresentação da declaração de substituição modelo 2, na Repartição de Finanças de Ponte de Lima, em 13/12/1994»;

5) No dia 22/12/1994 é lançada a liquidação n.° 5552407664, no valor de Esc.: 2.316.688$00 (fls. 24 PA);

6) No dia 23/12/1994, é emitida a liquidação 5552407664 (fls. 25 PA);

7) No dia 27/12/1994 é expedido o registo n.° 101665 para o recorrente;

8) No dia 29/03/1995, o recorrente apresenta uma reclamação dirigida ao Director de Finanças do Distrito de Viana do Castelo, na qual reclama a restituição das supra referidas prestações e invoca o facto de não ter tomado conhecimento do montante do imposto a pagar;

9) Mediante ofício de 24/01/1997, emanado pela repartição de finanças de Ponte Lima, foi solicitado aos CTT – Correios, informação relativa à data da recepção ao registo n.° 101665, expedido a 27/12/1994, «para cumprimento do disposto no n.° 2 do art.° 66.° do Código do Processo Tributário»;

10) Através de carta datada de 03/04/1997, os CTT responderam: «não ser possível informar a data de recepção do destinatário da correspondência em questão, visto já não existirem em arquivo os elementos necessários para pesquisa»;

11) Por despacho do Director Distrital de Finanças de 17/03/1998 essa reclamação foi indeferida, por considerar que a notificação se presume efectuada a 30/12/1994;

12) No dia 13/04/1998, foi apresentado recurso hierárquico deste despacho para o aqui recorrido;

13) Por despacho do recorrido de 31/12/1999, foi negado provimento ao recurso hierárquico apresentado pelo recorrente, por não considerar elidida a presunção do não recebimento da notificação, nos três dias posteriores ao registo.

3 – A questão que constitui o objecto do presente recurso consiste em saber se o acto de liquidação do tributo em causa já caducou.

Vejamos então.

Conforme a factualidade fixada, no dia 13/12/94, o recorrente auto-denunciou o IRS relativo aos seus rendimentos do ano de 1989.

No dia seguinte, aderiu ao regime de regularização de dívidas no âmbito do Decreto-lei n.° 225/94 de 5/9, assinando um "termo de adesão" e um "mapa geral" anexo a este, no qual consta como valor a pagar Esc. 2.316.688$00.

Na sequência da adesão a esse regime, em 14/12/94, 30/1/95 e 27/2/94, o recorrente efectuou o pagamento de prestações relativas ao referido imposto.

Entretanto, nos dias 22 e 23/12/94 é lançada e emitida a liquidação n.° 5552407664, respectivamente, liquidação esta que não foi notificada ao recorrente.

4 – Do que fica exposto, ressalta à evidência que, no momento em que o recorrente aderiu ao citado regime ficou, desde logo, a conhecer não só a existência do imposto em dívida, como também qual o seu montante, tanto assim que procedeu ao pagamento de algumas prestações.

Como também ressalta à evidência que, nesse momento, a Administração Fiscal ainda não tinha procedido à liquidação do imposto em dívida e que o seu valor foi determinado, provisoriamente, para esse efeito de adesão ao regime de regularização de dívidas, sendo o valor definitivo, se adicional, também abrangido.

O que significa que, na data da adesão, o imposto em causa já estava "liquidado", ainda que provisoriamente e dessa "liquidação", o recorrente tomou perfeito conhecimento.

Sendo assim, o acto de liquidação posteriormente elaborado, não é uma verdadeira liquidação, uma vez que esta já tinha sido efectuada.

Pelo contrário, este acto mais não se destinou do que a formalizar um acto já praticado pela Administração Fiscal, vigente na ordem jurídica e com consequências jurídicas. Atente-se que e como vimos, o recorrente já tinha tirado proveito dos benefícios que lhe advinham da adesão ao regime consagrado no predito Decreto-lei n.º 225/94.

Deste modo, a falta de notificação daquele "acto de liquidação" não pode repercutir-se sobre a caducidade do imposto em causa.

5 – Nestes termos e com este fundamento, acorda-se em negar provimento ao presente recurso e manter a sentença recorrida.

Custas pelo recorrente, fixando-se a procuradoria em 50%.

Lisboa, de 21 de Março de 2007.

Pimenta do Vale (Relator)
Jorge de Lino
Lúcio Barbosa

Recurso n.º 738/06-30

RECURSO PARA MELHORIA DA APLICAÇÃO DO DIREITO. RECURSO PARA PROMOÇÃO DE UNIFORMIDADE DE DECISÕES. PROCESSO DE CONTRA-ORDENAÇÃO TRIBUTÁRIA. NULIDADE DA DECISÃO DE APLICAÇÃO DE COIMA. ABSOLVIÇÃO DA INSTÂNCIA. REMESSA DO PROCESSO À AUTORIDADE ADMINISTRATIVA. RENOVAÇÃO DA DECISÃO.

(Acórdão de 17 de Janeiro de 2007)

SUMÁRIO:

I – É aplicável subsidiariamente ao processo contra-ordenacional tributário, regulado pelo RGIT, a norma do art. 73.º, n.º 2, do RGCO, em que se permite aos tribunais superiores aceitar recursos da sentença quando tal se afigure manifestamente necessário à melhoria da aplicação do direito ou à promoção da uniformidade da jurisprudência, mesmo em casos em que o valor da coima é inferior à alçada do tribunal tributário.

II – Decretada a nulidade da decisão de aplicação de coima por contra-ordenação tributária, mesmo na fase judicial, não há lugar à absolvição da instância mas, antes, à baixa dos autos à autoridade administrativa que aplicou a coima, para eventual sanação da nulidade e renovação do acto sancionatório.

ACORDAM NA SECÇÃO DO CONTENCIOSO TRIBUTÁRIO DO SUPREMO TRIBUNAL ADMINISTRATIVO:

1 – No processo de contra-ordenação tributária n.º 118//05, do Tribunal Administrativo e Fiscal de Lisboa 2, em que é arguido Alberto Quintas Gomes Guerra, foi proferida sentença declarando a nulidade da decisão administrativa de aplicação de coima e absolvendo o arguido da instância.

A Excelentíssima Procuradora da República naquele Tribunal interpôs o presente recurso jurisdicional para este Supremo Tribunal Administrativo, em que concluiu da seguinte forma:

1 – Não obstante a coima aplicada à arguida pela autoridade administrativa não ultrapassar um quarto da alçada fixada para os tribunais judiciais de 1.º instância e não ter sido aplicada sanção acessória – cfr. artigo 83.º do RGIT – o que impediria a interposição do presente recurso,

2 – Sucede que o mesmo se mostra, manifestamente necessário à melhoria da aplicação do direito e visa, inequivocamente, a uniformidade da jurisprudência relativa à questão em causa que é

3 – Saber se a consequência de ser decretada a nulidade insuprível decorrente da falta de requisitos essenciais da decisão da autoridade administrativa que aplicou à arguida uma coima,

4 – Que tem sido objecto de decisões, transitadas em julgado, proferidas por este Tribunal em sentido não coincidente com a decisão judicial sob recurso a saber: decisão proferidas nos autos de recurso de contra-ordenação n.ºs 488/04.0BELRS, 166/05.3BELRS, 219//05.8BELRS, 507/05.3BELRS

5 – Bem como de Acórdãos do STA a saber Ac n.º 0531/04, de 22.9.2004, 01507/02, de 6.11.2002.

6 – Importando, pois uniformizar a jurisprudência,

7 – Sendo certo que a decisão sob recuso contém claro erro de direito sendo comprovadamente duvidosa a solução jurídica preconizada na decisão sob recurso, sendo pois o presente recurso, manifestamente necessário à melhoria da aplicação do direito e á promoção da uniformidade da jurisprudência.

8 – São, pois, esses objectivos que a recorrente pretende alcançar através deste recurso.

9 – Assim requer-se que o mesmo seja admitido, nos termos do artigo 73.º n.º 2 do RGCO, aplicável, subsidiariamente ao RGIT, por força do disposto no artigo 3.º al. b) do RGIT, conforme Ac do STA de 18.6.2003, rec. n.º 503/03

10 – Quanto à questão sob recurso, diremos:

11 – A declaração de nulidade da decisão de aplicação da coima não tem, como efeito, a absolvição dos arguidos da instância, como refere o Mm.º Juiz na decisão sob recurso;

12 – A declaração de nulidade da decisão de aplicação de coimas, nos termos do disposto no artigo 63.º do RGIT tem por efeito a anulação dos termos subsequentes do processo que dela dependam absolutamente, devendo, porém aproveitar-se as peças úteis ao apuramento dos factos;

13 – As nulidades previstas no artigo 63.º do RGIT não são, susceptíveis de constituir excepção dilatória determinante da absolvição da instância, figura jurídica não existente no processo contra-ordenacional.

14 – O Mm. Juiz "a quo" ao decidir como decidiu, absolvendo a arguida da instância, violou, claramente, o disposto no art.º 63.º do RGIT,

15 – Para além de ter decidido em sentido contrário ao de outras decisões deste TAF e de Acórdão do STA sobre a mesma matéria. – cfr. certidões juntas.

16 – A decisão recorrida deve ser revogada e substituída outra que, declarando a nulidade da decisão da Autoridade Administrativa declare a nulidade dos termos que lhe são subsequentes e ordene a remessa do processo de contra-ordenação ao Serviço de Finanças competente para ser proferida decisão que dê cumprimento ao disposto nos artigos 63.º n.º 3, e 79.º n.º 1, do RGIT.

17 – Normas jurídicas violadas: artigos 63, n.ºs 1al d) e 3 e 79.n.i do RGIT.

O arguido contra-alegou, concluindo da seguinte forma:

a) Salvo o devido respeito e, melhor entendimento, o douto despacho do Meritíssimo Juiz "a quo" não merece qualquer censura ou reparo, antes pelo contrário;

h) Conforme refere, a Exma. Senhora Doutora Procuradora da República, o artigo 63.º do Regime Geral das Infracções Tributárias ("RGIT"), prevê os tipos de nulidade do processo de contra-ordenação tributária;

c) E, um dos regimes legais invocados pela Recorrente, a Digníssima Procuradora da República, é o Regime Geral de Contra-Ordenações, previsto no Dec.-Lei n.º 433/82, de

d) Ora, ao abrigo daquele diploma, não é permitida a remessa dos autos à autoridade administrativa para ser suprida a omissão referida ou, qualquer outra;

e) Efectivamente, o regime aplicável ao processo de contra-ordenação, não contém qualquer norma que permita ao Tribunal reenviá-lo à entidade administrativa que proferiu a decisão impugnada, ou proferir decisão anulatória;

f) Na verdade, como resulta do art. 64.º do Decreto-Lei n.º 433/82, de 27 de Outubro, o Tribunal apenas pode: – 1 – ordenar o arquivamento do processo ou: – 2 – absolver o arguido ou: – 3 – manter a condenação ou: – 4 – alterar a condenação;

g) Implicando, todavia, em qualquer uma daquelas três últimas hipóteses, a apreciação do mérito da causa pressuposto este que, no caso em apreço, se não verifica;

h) Resta pois, a primeira das mencionadas hipóteses, ou seja, a de ordenar o arquivamento dos autos;

i) Deste modo, salvo o devido respeito e, melhor entendimento, não assiste razão ao Ministério Público, devendo em consequência manter-se o douto despacho recorrido.

Nestes termos e nos demais de Direito aplicáveis, deverá ser negado provimento ao recurso e consequentemente confirmada a douta decisão recorrida, com todas as legais consequências.

Corridos os vistos legais, cumpre decidir.

2 – Nos termos do n.º 1 do art. 83.º do RGIT, «*o arguido e o Ministério Público podem recorrer da decisão do tribunal tributário de 1.ª instância para o Tribunal Central Administrativo, excepto se o valor da coima aplicada não ultrapassar um quarto da alçada fixada para os tribunais judiciais de 1.ª instância e não for aplicada sanção acessória*».

A alçada dos tribunais de judiciais de 1.ª instância em processo civil foi fixada em € 3740,98, pelo n.º 1 do art. 24.º da Lei n.º 3/99, de 13 de Janeiro (na redacção dada pelo Decreto-Lei n.º 323/2001, de 17 de Dezembro).

Por isso, a recorribilidade das decisões dos tribunais tributários de 1.ª instância, nos processos de contra-ordenações tributárias, depende, em princípio, de ter sido aplicada coima superior a € 935,25.

A coima que foi aplicada ao arguido na decisão administrativa foi de 378,27 euros, inferior à alçada dos tribunais tributários.

No entanto, como bem afirma a Excelentíssima Magistrada do Ministério Público recorrente, é aplicável subsidiariamente o disposto no art. 73.º, n.º 2, do RGCO, por força do disposto no art. 3.º, alínea b), do RGIT, em que se estabelece que, mesmo quando o processo contra-ordenacional tem valor à alçada, o tribunal de recurso pode «*a requerimento do arguido ou do Ministério Público, aceitar o recurso da sentença quando tal se afigure manifestamente necessário à melhoria da aplicação do direito ou à promoção da uniformidade da jurisprudência*».

A aplicação subsidiária do n.º 2 do art. 73.º já foi afirmada por este Supremo Tribunal Administrativo[1] e justifica-se pelo facto de se tratar de uma norma que é necessária para assegurar ao arguido o direito de defesa que a Constituição garante em matéria sancionatória (art. 32.º, n.º 10, da CRP). Por outro lado, sendo a alçada dos tribunais tributários superior à prevista no art. 73.º, n.º 1, alínea a), do RGCO, justificar-se-á, por maioria de razão, a utilização da válvula de segurança do regime de recursos em processo contra-ordenacional que constitui aquele art. 73.º, n.º 2.

No caso em apreço, para evidenciar que o recurso é manifestamente necessário para a promoção da uniformidade de jurisprudência, a Excelentíssima Magistrada do Ministério Público junta à sua alegação certidões de sentenças do mesmo Tribunal em que, na sequência de decisões de declaração de nulidade da decisão administrativa de aplicação de coima, não se absolve o arguido da instância, antes se ordenando a remessa do processo à autoridade administrativa, a fim de ser reformulada a decisão, se a tal nada obstar.

A existência de várias decisões em sentido diferente da decisão recorrida, em matéria semelhante, patenteia a necessidade da admissão do recurso para promover a uniformização de jurisprudência.

Por outro lado, o facto de a jurisprudência deste Supremo Tribunal Administrativo ser uniforme em sentido contrário ao decidido na sentença recorrida, evidencia também que a admissibilidade do recurso é manifestamente necessária para a melhoria da aplicação do direito.

Por isso, é de admitir o recurso, ao abrigo do referido art. 73.º, n.º 2, do RGCO.

3 – A questão que é objecto do presente recurso jurisdicional é a de saber se, declarada anulação de uma decisão administrativa de aplicação de coima, por enfermar de nulidade insuprível, o processo deve findar, com absol-

[1] Acórdão de 18-6-2003, recurso n.º 503/03.

vição da instância, ou deve ser remetido à autoridade administrativa, a fim de ser sanada a nulidade, se tal for possível.

O regime das nulidades no processo de contra-ordenações tributárias consta do art. 63.° do RGIT, que estabelece o seguinte:

Artigo 63.°

Nulidades no processo de contra-ordenação tributário

1 – Constituem nulidades insupríveis no processo de contra-ordenação tributário:

a) O levantamento do auto de notícia por funcionário sem competência;

b) A falta de assinatura do autuante e de menção de algum elemento essencial da infracção;

c) A falta de notificação do despacho para audição e apresentação de defesa;

d) A falta dos requisitos legais da decisão de aplicação das coimas, incluindo a notificação do arguido.

2 – Não constitui nulidade o facto de o auto ser levantado contra um só agente e se verificar, no decurso do processo, que outra ou outras pessoas participaram na contra-ordenação ou por ela respondem.

3 – As nulidades dos actos referidos no n.° 1 têm por efeito a anulação dos termos subsequentes do processo que deles dependam absolutamente, devendo, porém, aproveitar-se as peças úteis ao apuramento dos factos.

4 – Verificadas as nulidades constantes das alíneas a) e b) do n.° 1, o auto de notícia vale como participação.

5 – As nulidades mencionadas são de conhecimento oficioso e podem ser arguidas até a decisão se tornar definitiva.

Como se vê pelo n.° 3 deste artigo, a consequência da declaração de nulidade dos actos referidos no n.° 1, entre os quais se inclui a falta dos requisitos legais da decisão de aplicação das coimas, é «*a anulação dos termos subsequentes do processo que deles dependam absolutamente, devendo, porém, aproveitar-se as peças úteis ao apuramento dos factos*» e não a absolvição da instância ou o arquivamento do processo contra-ordenacional.

Na sentença recorrida, restringe-se o campo de aplicação desta norma à face anterior à apresentação dos autos ao juiz, mas não há qualquer suporte legal para esse entendimento e, pelo contrário, a sistematização do RGIT evidencia que se trata de uma disposição de aplicação generalizada no processo contra-ordenacional.

Na verdade, o «Processo de contra-ordenações tributárias» consta do Capítulo II do RGIT que inclui

– a Secção I, com a epígrafe «Disposições gerais», e

– a Secção II com a epígrafe «Processo de aplicação de coimas», subdividida em duas Subsecções: a Subsecção I, com a epígrafe «Da fase administrativa» e a Subsecção II, com a epígrafe «Da fase judicial».

O referido art. 63.° vem incluído na Secção I, que contém as disposições gerais, o que evidencia que se trata de uma norma de aplicação geral, pois como é óbvio, se se pretendesse restringir o seu campo de aplicação à fase administrativa, ele seria inserido na Subsecção I da Secção II, relativa a esta fase, e não entre as «disposições gerais».

Assim, tendo de presumir-se que o legislador soube exprimir o seu pensamento em termos adequados (art. 9.°, n.° 3, do Código Civil), a única interpretação aceitável é a de que aquele art. 63.° é de aplicação tanto na «fase administrativa» como na «fase judicial».

De resto, o desaparecimento jurídico do acto nulo e dos actos que dele dependam é a regra generalizada do nosso ordenamento jurídico, como pode ver-se, além do n.° 3 do transcrito art. 63.°, pelos arts. 201.°, n.° 2, do CPC, 195.°, n.° 3, do CPT, art. 98.°, n.° 3, do CPPT e art. 122.°, n.° 1, do CPP.

Na sequência da declaração de uma nulidade processual, a regra é a de repetição do acto, se ele não estiver sujeito a prazo que tenha expirado, como se conclui dos arts. 208.° do CPC e 122.°, n.° 2, do CPP.

É, aliás, neste sentido a jurisprudência uniforme deste Supremo Tribunal Administrativo, quer à face do art. 63.° do RGIT, quer da norma do CPT correspondente, que é o art. 195.°, como pode ver-se pelos seguintes acórdãos:

– de 13-12-1995, recurso n.° 17465, AP-DR de 14-11-97, 2912; [2]

– de 30-6-1999, recurso n.° 23900;

– de 8-2-2001, recurso n.° 25748, AP-DR de 27-6-2003, 413;

– de 6-11-2002, recurso n.° 1507/02, AP-DR 12-3-2004, 2589;

– de 18-2-2004, recurso n.° 1747/03;

– de 22-9-2004, recurso n.° 531/04; e

– de 30-11-2005, recurso n.° 833/05.

Nestes termos acordam em

– conceder provimento ao recurso jurisdicional;

– revogar a decisão recorrida na parte em que se decide a absolvição da instância;

– ordenar a remessa do processo à autoridade administrativa, a fim de dar seguimento ao processo contra-ordenacional, em conformidade com o preceituado no art. 63.°, n.° 3, do RGIT.

Custas pelo arguido, que contra-alegou.

Lisboa, 17 de Janeiro de 2007.

Jorge de Sousa (Relator)
Baeta de Queiroz
Pimenta do Vale

Recurso n.° 1116/06-30

RESPONSABILIDADE FISCAL POR DÍVIDAS DE OUTREM. "CLUBES DESPORTIVOS". REGIME ESPECIAL.

(Acórdão de 10 de Janeiro de 2007)

SUMÁRIO:

I – Nos termos do artigo 13.° do Código de Processo Tributário (com início de vigência em 1

[2] Na sentença recorrida invoca-se em abono da posição assumida, o acórdão deste Supremo Tribunal Administrativo de 13-12-1995, recurso n.° 17465, mas o nele decidido é precisamente oposto ao decidido: com efeito, nesse acórdão confirmou-se uma sentença de um Tribunal Tributário de 1.ª Instância em que se entendera «*ocorrer uma nulidade insuprível nos termos da al. d), do n.° 1 e n.° 5 do art. 195.° do CPT, da qual conheceu, anulando a decisão que aplicará a coima e os actos dela dependentes e julgando prejudicado o conhecimento do recurso, que daquela decisão fora interposto*».

de Julho de 1991), «*os administradores, gerentes e outras pessoas que exerçam, ainda que somente de facto, funções de administração nas empresas e sociedades de responsabilidade limitada são subsidiariamente responsáveis em relação àquelas e solidariamente entre si por todas as contribuições e impostos relativos ao período de exercício do seu cargo (...)*».

II – Nos termos da redacção inicial do artigo 24.° da Lei Geral Tributária (com vigência a partir de 1 de Janeiro de 1999), «*os administradores, directores e gerentes e outras pessoas que exerçam, ainda que somente de facto, funções de administração nas sociedades, cooperativas e empresas públicas, são subsidiariamente responsáveis em relação a estas e solidariamente entre si*».

III – Nos termos, porém, do mesmo artigo 24.° Lei Geral Tributária – na redacção que, a partir de 1 de Janeiro de 2001, lhe foi dada pela Lei n.° 30-G/2000, de 29 de Dezembro (e neste ponto se manteve com a Lei n.° 60-A/2005, de 30 de Dezembro) – «*os administradores, directores e gerentes e outras pessoas que exerçam, ainda que somente de facto, funções de administração ou gestão em pessoas colectivas e entes fiscalmente equiparados são subsidiariamente responsáveis em relação a estas e solidariamente entre si*».

IV – No entanto, o artigo 39.°, n.° 2, do Decreto-Lei n.° 67/97, de 3 de Abril, entrado em vigor em 1 de Agosto de 1997 – ao estabelecer que «*os membros da direcção dos clubes desportivos* [que não optem por constituir sociedades desportivas] *são responsáveis, pessoal, ilimitada e solidariamente, pelo pagamento ao credor tributário ou às instituições de segurança social das quantias que, no respectivo período de gestão, deixaram de entregar para pagamento de impostos ou da segurança social*» – instituiu um *regime especial*, e mais restritivo, quanto à responsabilidade por dívidas fiscais de outrem, em relação ao regime previsto no Código de Processo Tributário e na Lei Geral Tributária.

V – Não é, necessariamente, "membro da direcção" de um *clube desportivo* o presidente da respectiva secção de columbofilia – pelo que, nos termos da lei, não pode este ser responsabilizado pelas dívidas fiscais originárias de um tal clube.

ACORDAM NA SECÇÃO DO CONTENCIOSO TRIBUTÁRIO DO SUPREMO TRIBUNAL ADMINISTRATIVO:

1.1 A Fazenda Pública vem interpor recurso da sentença do Tribunal Administrativo e Fiscal de Braga, de 26-10-2005, que julgou procedente a presente oposição à execução fiscal apresentada por Luciano Eduardo Ribeiro da Fonseca, e em que é executada originária "Neves Futebol Clube" – cf. fls. 117 e seguintes.

1.2 Em alegação, a recorrente Fazenda Pública formula as seguintes conclusões – cf. fls. 138.

1. O devedor originário "Neves Futebol Clube", sendo uma associação constituída nos termos dos arts. 157.° a 184.° do Código Civil poderá com fundamento, designadamente na lei fiscal, ser qualificada como "empresa" nos termos e para os efeitos previstos no n..° 1 do art.° 13.° do Código de Processo Tributário (CPT).

2. Uma associação, com personalidade jurídica, pelo facto de ser sujeito passivo de relações jurídicas tributárias geradas por factos tributários/actividades exercidas sujeitos a impostos, designadamente a IRC e a IVA, como é o caso, goza de personalidade tributária.

3. Não sendo o devedor originário uma "sociedade de responsabilidade limitada", não deixará, por isso, de ser havido, para efeitos fiscais e económicos como uma empresa, em sentido objectivo.

4. O termo " empresa", inserto na norma contida no n.° 1 do art.° 13.° do CPT, não permite uma identificação pura e automática com o tipo de sociedades de responsabilidade limitada, reduzindo o âmbito material de aplicação dessa norma apenas a estas sociedades.

5. O termo "empresa", na economia da norma, ganha autonomia significante relativamente à forma jurídica das sociedades de responsabilidade limitada.

6. Associações que funcionem como empresas, em função de actividades económicas que desenvolvam, que, como tais estão sujeitas a tributação, cabem no âmbito da aplicação do art.° 13.°, n.° 1 do CPT.

7. Os administradores de associações que funcionam como empresas, nos termos referidos, podem ser chamados à execução ao abrigo do regime de responsabilidade tributária, previsto nesse mesmo art.° 13.°, n.° 1, como é caso do ora oponente, parte legítima substantiva na execução fiscal.

8. Ao operar a douta sentença recorrida com uma inadequada interpretação restritiva do n.° 1 do art.° 13.° do CPT – desaplicando essa norma – terá sido violada essa mesma norma, limitando o seu sentido e alcance.

Termos em que, concedido provimento ao recurso, deve a douta sentença recorrida ser revogada e a oposição ser julgada improcedente.

1.3 Não houve contra-alegação.

1.4 O Ministério Público neste Tribunal emitiu o seguinte parecer – cf. fls. 146 a 150.

1. Recorrente: Representante da Fazenda Pública junto do Tribunal Administrativo e Fiscal de Braga

2. Objecto do recurso: interpretação do art. 13.° do Código de Processo Tributário, nomeadamente saber se os administradores de associações sujeitas a tributação, podem ser chamados à execução ao abrigo do regime de responsabilidade tributária, previsto nesse mesmo normativo.

Nas conclusões das suas alegações de recurso alega o recorrente «as Associações que funcionem como empresas, em função de actividades económicas que desenvolvam, que, como tais estão sujeitas a tributação, cabem no âmbito da aplicação do art. 13.°, n.° 1 do Código de Processo Tributário».

E que «ao operar a douta sentença recorrida com uma inadequada interpretação restritiva do n.° 1 do art.° 13.° do CPT, – desaplicando essa norma – terá sido violada essa mesma norma, limitando o seu sentido e alcance».

3. Fundamentação:

A nosso ver não assiste razão ao ilustre recorrente.

A questão objecto do recurso passa pela interpretação do art. 13.° do Código de Processo Tributário e pela reconstituição do espírito do legislador ao estabelecer os pressupostos da responsabilidade subsidiária dos administradores ou gerentes das empresas e sociedades de responsabilidade limitada.

Será que se reporta apenas aos gerentes ou administradores das empresas e sociedades de responsabilidade limitada ou também aos administradores, directores ou gerentes que exerçam as suas actividades em pessoas colectivas e entes fiscais equiparáveis, nomeadamente, como no caso subjudice, as associações desportivas?

A resposta, que envolve também uma análise da evolução legislativa do regime de responsabilidade subsidiária dos administradores e gerentes por dívidas fiscais, não pode deixar de ser negativa.

Com efeito, e independentemente de se considerar que as associações desportivas podem estar, em função da actividade económica que desenvolvam, sujeitas a tributação, o certo é que se distinguem das empresas e das sociedades por não terem por fim o lucro económico dos interessados, tendo a natureza das associações de direito civil de fim ideal (embora interessado ou egoístico), cujo regime legal se encontra compendiado nos artigos 157 a 184 do Código Civil.

Parece assim resultar claro, como referem Diogo Leite de Campos e Mónica Leite de Campos, Direito Tributário, Almedina, pag. 355, que ao referir-se a empresas e sociedades de responsabilidade limitada, o legislador excluiu claramente, da previsão do art. 13.º, as fundações e associações.

Na verdade, referem aqueles autores, «mesmo que a associação ou a fundação visem, legitimamente, obter excedentes financeiros no termo do exercício, não se trata de organizações de meios para obter um certo resultado económico, lucrativo, como sucede quanto às empresas. Mas sim a prossecução de um outro fim, que tem de ser naturalmente sustentado através da recolha ou produção de bens» (ob. cit., pag. 355).

Acresce, como argumento adjuvante, que da análise da evolução legislativa do regime de responsabilidade subsidiária dos administradores e gerentes por dívidas fiscais, se pode concluir que, enquanto no art. 13.º do Código de Processo Tributário o legislador se referia apenas ao regime de responsabilidade dos administradores ou gerentes de sociedades de responsabilidade limitada, já no regime da Lei Geral Tributária (redacção inicial do art. 24.º da Lei Geral Tributária) se faz um alargamento do elenco dos responsáveis subsidiários a todos os que, exerçam funções de administração nas sociedades, cooperativas e empresas públicas, elenco esse que, posteriormente (com a redacção do art. 24.º da Lei Geral Tributária, introduzida pela Lei n.º 30-G/2000, de 29 de Dezembro) veio também a abranger «os administradores, directores ou gerentes que exerçam as suas actividades em pessoas colectivas e entes fiscal equiparáveis (associações, fundações, entes públicos dotados de autonomia administrativa e financeira, etc.)».

É certo que também se poderá considerar o disposto no art. 39.º, n.º 2, do Decreto-Lei n.º 67/97, de 3 de Abril, entrado em vigor em 1 de Agosto de 1997, que veio estabelecer que «os membros da direcção dos clubes desportivos (que não optem por constituir sociedades desportivas) são responsáveis, pessoal, ilimitada e solidariamente, pelo pagamento ao credor tributário ou às instituições de segurança social das quantias que, no respectivo período de gestão, deixaram de entregar para pagamento de impostos ou da segurança social».

Porém a responsabilidade dos membros da direcção dos clubes desportivos ali prevista é uma responsabilidade solidária e não uma responsabilidade subsidiária.

A responsabilidade subsidiária efectiva-se por reversão no processo de execução fiscal e depende de pressupostos vários como sejam a inexistência de bens penhoráveis do devedor e seus sucessores ou insuficiência do património do devedor para a satisfação da dívida exequenda e acrescido.

Por sua vez, a responsabilidade solidária prevista no referido Decreto-Lei n.º 67/97, é uma responsabilidade originária dos membros da direcção dos clubes desportivos perante o credor tributário, sendo que, mesmo que existam bens penhoráveis, a dívida pode ser exigida indistintamente a qualquer membro da direcção por actos praticados no exercício do respectivo período de gestão.

Ora no caso a execução fiscal foi instaurada contra o oponente na qualidade de responsável subsidiário da devedora originária – Neves Futebol Clube e não como responsável solidário pelas dívidas do clube desportivo.

E a sentença recorrida decidiu que «não constando dos autos elementos comprovativos de que o oponente exerceu efectivas funções de gestão, administração ou direcção do Neves Futebol Clube, no período a que respeitam as dívidas exequendas, não se verifica um dos pressupostos da responsabilidade subsidiária prevista no art. 13.º do Código de Processo Tributário e/ou no art. 24.º da Lei Geral Tributária ou da responsabilidade solidária prevista no Decreto-lei n.º 67/97 de 3 de Abril», daí tendo concluído que o oponente não é responsável pelo pagamento das dívidas exequendas.

Notificado de tal decisão o Exm.º Representante da Fazenda Pública veio apenas suscitar a questão de saber se os administradores de associações sujeitas a tributação, nomeadamente as associações desportivas, podem ser chamados à execução ao abrigo do regime de responsabilidade tributária subsidiária, previsto no art. 13.º do Código de Processo Tributário.

É apenas dessa questão que trata o recurso, como resulta desde logo do preâmbulo das alegações da Fazenda Pública, a fls. 135, em que se diz que «o âmbito do recurso limita-se à questão da interpretação do termo «empresas» inserto no (...) art. 13.º do Código de Processo Tributário por se entender que sendo o devedor originário «Neves Futebol Clube» uma associação não pode a execução reverter contar administradores de associações.

Ora, como é sabido, o objecto do recurso é globalmente constituído pela decisão recorrida, sendo balizado pelas respectivas conclusões.

E sobre o recorrente recai o ónus de indicar os fundamentos por que pretende a alteração ou anulação do acórdão recorrido art. 690.º do Código de Processo Civil).

No caso subjudice o Digno Representante da Fazenda Pública veio apenas suscitar a questão da responsabilidade subsidiária prevista no art. 13.º do Código de Processo Tributário, não atacando a decisão recorrida quanto à verificação ou não verificação dos pressupostos da responsabilidade solidária prevista no Decreto-lei n.º 67/97 de 3 de Abril.

Daí que se entenda que não há que apreciar, no âmbito do presente recurso, a referida questão.

Em face do exposto somos de parecer que os administradores de associações desportivas não podem ser chamados à execução ao abrigo do regime de responsabilidade tributária previsto no art. 13.° do Código de Processo Tributário, pois que, ao referir-se a empresas e sociedades de responsabilidade limitada, o legislador excluiu claramente, da previsão daquele normativo as associações.

Deve, pois, o presente recurso ser julgado improcedente, confirmando-se a sentença recorrida.

1.5 Colhidos os vistos, cumpre decidir, em conferência.

Em face do teor das conclusões da alegação, bem como da posição do Ministério Público, a questão essencial que se coloca no caso é a de saber se o oponente, ora recorrido, pode, ou não, ser responsabilizado pelas dívidas tributárias em causa.

2.1 Em matéria de facto, a sentença recorrida assentou o seguinte.

1. Foi deduzida execução fiscal n.° 2348-97/103646.7AP instaurada contra o oponente, na qualidade de responsável subsidiário de Neves Futebol Clube, por dívidas de IRC, relativos aos anos de 1998 e 1999, no montante total de 118 700.99 € e IVA e juros compensatórios, dos anos de 1993 a 1996, no valor de 15 904.44 €;

2. O IVA e juros compensatórios, relativos aos anos de 1993, no valor de 402 672$00, foi pago em 10.10.2003, do ano de 1994, no valor de 860 886$00 pago em 10.10.2003, do ano de 1995 no valor de 1 738 367$00 pago em 14.10.2003 e do ano de 1996, no valor de 186 621$00 pago em 14.10.2003 (fls.10 a 14 dos autos);

3. Por despacho do Chefe de Finanças de 07.04.2004, foi reduzido o montante da dívida, objecto da execução, ao IRC do ano de 1998 e 1999 no valor de 118 700.99 € (a fls. 33 a 35 dos autos);

4. O oponente foi presidente da secção columbófila do Neves Futebol Clube nos anos compreendidos entre 1990 a 1994 e de 1997 a 1999;

5. Constatada a inexistência de bens, na executada, veio a execução a reverter contra o oponente, na qualidade de responsável subsidiário, por despacho datado de 12.03.2003, pelo Chefe de Finanças de Viana do Castelo (fls. 55 dos autos);

6. O executado foi citado, por ofício n.° 13264, em 17.09.2003, para os efeitos do n.° 3 do art. 196.° do Código do Procedimento e Processo Tributário (CPPT), para deduzir oposição ou para proceder ao pagamento (fls. 8 dos autos);

7. A presente oposição foi instaurada em 16.10.2003.

2.2 "Associação" é uma pessoa colectiva de substrato pessoal que não tem fim lucrativo. Pode ter um fim desinteressado ou interessado, sendo este ideal ou económico não lucrativo. O Decreto-Lei n.° 594/74, de 7 de Novembro, alterado pelo Decreto-Lei n.° 71/77, de 25 de Fevereiro, veio reconhecer o direito de livre associação. O regime jurídico das associações encontra-se consagrado nos artigos 167.° a 184.° do Código Civil.

O artigo 167.° do Código Civil (sobre o acto de constituição e estatutos) preceitua que «o acto de constituição da associação especificará os bens ou serviços com que os associados concorrem para o património social, a denominação, fim e sede da pessoa colectiva, a forma do seu funcionamento, assim como a sua duração, quando associação se não constitua por tempo indeterminado» (n.° 1); e «os estatutos podem especificar ainda os direitos e obrigações dos associados, as condições da sua admissão, saída e exclusão, bem como os termos da extinção da pessoa colectiva e consequente devolução do seu património» (n.° 2).

O artigo 168.° do Código Civil (sob a epígrafe "forma e publicidade") dispõe que o acto de constituição da associação, os estatutos e as suas alterações devem constar de escritura pública; e que o acto de constituição, os estatutos e as suas alterações não produzem efeitos em relação a terceiros, enquanto não forem publicados no "jornal oficial", nos termos do n.° 2 do mesmo preceito.

O artigo 158.° do Código Civil, na redacção que lhe foi dada pelo Decreto-Lei n.° 496/77, de 25 de Novembro, dispõe que as associações constituídas por escritura pública, com as especificações referidas no artigo 167.°, gozam de personalidade jurídica. E às associações que não têm personalidade jurídica são aplicáveis as regras estabelecidas pelos seus associados e, supletivamente, as que a lei dispõe para as associações – artigo 195.°, n.° 1, do Código Civil.

Por outro lado, "empresa" – e conformemente aos termos do artigo 230.° do Código Comercial, e, em particular, aos termos do artigo 2.° do Código dos Processos Especiais de Recuperação da Empresa e da Falência – é «toda a organização dos factores de produção destinada ao exercício de qualquer actividade agrícola, comercial ou industrial ou de prestação de serviços».

Toda a empresa, de resto, preenche uma função adrede, meramente ancilar da consecução dos fins próprios da pessoa colectiva a que serve, devendo, por isso, ser configurada, ou adaptada, na forma mais adequada à realização e prosseguimento do objecto social do ente colectivo de que é simples instrumento.

Pelo que o regime jurídico de responsabilidade das empresas há-se ser sempre o regime que for aplicável às pessoas singulares ou colectivas em que essas empresas se integrem.

Cf., a este propósito, entre outros autores, José de Oliveira Ascensão, *Direito Comercial*, vol. I, Institutos Gerais, Lisboa, 1998/99, pp. 137 a 164.

Sob a epígrafe "Responsabilidade pessoal dos administradores, gerentes e membros do conselho fiscal das sociedades de responsabilidade limitada", o artigo 16.° do Código de Processo das Contribuições e Impostos, de 1963, apresenta a redacção seguinte (que constitui uma transcrição do artigo 1.° do Decreto n.° 17730, de 7 de Dezembro de 1929).

Por todas as contribuições, impostos, multas e quaisquer outras dívidas ao Estado, que forem liquidadas ou impostas a empresas ou sociedades de responsabilidade limitada, são pessoal e solidariamente responsáveis, pelo período da sua gerência, os respectivos administradores ou gerentes e ainda os membros do conselho fiscal nas sociedades em que o houver, se este expressamente sancionou o acto de que deriva a responsabilidade.

§ Único – As pessoas referidas neste artigo poderão, ainda depois de finda a sua gerência, apresentar, em nome da sociedade, qualquer reclamação ou recurso relativamente às dívidas da sua responsabilidade.

Esta norma foi tornada aplicável à falta de pagamento de contribuições do regime geral de previdência pelo Decreto-Lei n.° 512/66 de 3 de Julho e pelo Decreto-Lei n.° 103/80 de 9 de Maio.

Por seu lado, o artigo 13.° do Código de Processo Tributário (com início de vigência em 1 de Julho de 1991, conforme o artigo 2.° do Decreto-Lei n.° 154/91, de 23 de Abril, da respectiva aprovação), sob a epígrafe "Responsabilidade dos administradores ou gerentes das empresas e sociedades de responsabilidade limitada", preceitua como segue.

1. Os administradores, gerentes e outras pessoas que exerçam, ainda que somente de facto, funções de administração nas empresas e sociedades de responsabilidade limitada são subsidiariamente responsáveis em relação àquelas e solidariamente entre si por todas as contribuições e impostos relativos ao período de exercício do seu cargo, salvo se provarem que não foi por culpa sua que o património da empresa ou sociedade de responsabilidade limitada se tornou insuficiente para a satisfação dos créditos fiscais.

2. A responsabilidade prevista neste artigo aplica-se aos membros dos órgãos de fiscalização e revisores oficiais de contas, nas sociedades em que os houver, desde que se demonstre que a violação dos deveres tributários das sociedades resultou do incumprimento das suas funções de fiscalização.

No artigo 24.° da Lei Geral Tributária, aprovada pelo Decreto-Lei n.° 398/98 de 17 de Dezembro (em vigor desde o dia 1 de Janeiro de 1999), sob a epígrafe "Responsabilidade dos corpos sociais e responsáveis técnicos", foi preceituado o seguinte.

1. Os administradores, directores e gerentes e outras pessoas que exerçam, ainda que somente de facto, funções de administração nas sociedades, cooperativas e empresas públicas, são subsidiariamente responsáveis em relação a estas e solidariamente entre si:

a) Pelas dívidas tributárias cujo facto constitutivo se tenha verificado no período de exercício do seu cargo ou cujo prazo legal de pagamento ou entrega tenha terminado depois deste, quando, em qualquer dos casos, tiver sido por culpa sua que o património da sociedade se tornou insuficiente para a sua satisfação;

b) Pelas dívidas tributárias cujo prazo legal de pagamento ou entrega tenha terminado no período do exercício do seu cargo, quando não provem que não lhes foi imputável a falta de pagamento.

2. A responsabilidade prevista neste artigo aplica-se aos membros dos órgãos de fiscalização e revisores oficiais de contas nas sociedades em que os houver, desde que se demonstre que a violação dos deveres tributários destas resultou do incumprimento das suas funções de fiscalização.

3. A responsabilidade prevista neste artigo aplica-se também aos técnicos oficiais de contas em caso de violação dolosa dos deveres de assunção de responsabilidade pela regularização técnica nas áreas contabilísticas e fiscal ou de assinatura de declarações fiscais, demonstrações financeiras e seus anexos.

A Lei n.° 30-G/2000 de 29 de Dezembro (entrada «em vigor no dia 1 de Janeiro de 2001, aplicando-se aos períodos de tributação que se iniciem a partir dessa data», segundo os próprios termos do n.° 2 do seu artigo 21.°) veio alterar a epígrafe, a alínea a) do n.° 1 e o n.° 2 do artigo 24.° da Lei Geral Tributária, que, sob a epígrafe "Responsabilidade dos membros de corpos sociais e responsáveis técnicos", passou a apresentar o seguinte teor.

1. Os administradores, directores e gerentes e outras pessoas que exerçam, ainda que somente de facto, funções de administração ou gestão em pessoas colectivas e entes fiscalmente equiparados são subsidiariamente responsáveis em relação a estas e solidariamente entre si:

a) Pelas dívidas tributárias cujo facto constitutivo se tenha verificado no período de exercício do seu cargo ou cujo prazo legal de pagamento ou entrega tenha terminado depois deste, quando, em qualquer dos casos, tiver sido por culpa sua que o património da pessoa colectiva ou ente fiscalmente equiparado se tornou insuficiente para a sua satisfação;

b) Pelas dívidas tributárias cujo prazo legal de pagamento ou entrega tenha terminado no período do exercício do seu cargo, quando não provem que não lhes foi imputável a falta de pagamento.

2. A responsabilidade prevista neste artigo aplica-se aos membros dos órgãos de fiscalização e revisores oficiais de contas nas pessoas colectivas em que os houver, desde que se demonstre que a violação dos deveres tributários destas resultou do incumprimento das suas funções de fiscalização.

3. A responsabilidade prevista neste artigo aplica-se também aos técnicos oficiais de contas em caso de violação dolosa dos deveres de assunção de responsabilidade pela regularização técnica nas áreas contabilística e fiscal ou de assinatura de declarações fiscais, demonstrações financeiras e seus anexos.

Pela redacção do n.° 1 do artigo 57.° da Lei n.° 60-A//2005, de 30 de Dezembro (entrada em vigor no dia 1 de Janeiro de 2006, segundo o seu artigo 108.°) o artigo 24.° da Lei Geral Tributária, ainda sob a epígrafe de "Responsabilidade dos membros de corpos sociais e responsáveis técnicos", adquiriu por fim a forma seguinte.

1. Os administradores, directores e gerentes e outras pessoas que exerçam, ainda que somente de facto, funções de administração ou gestão em pessoas colectivas e entes fiscalmente equiparados são subsidiariamente responsáveis em relação a estas e solidariamente entre si:

a) Pelas dívidas tributárias cujo facto constitutivo se tenha verificado no período de exercício do seu cargo ou cujo prazo legal de pagamento ou entrega tenha terminado depois deste, quando, em qualquer dos casos, tiver sido por culpa sua que o património da pessoa colectiva ou ente fiscalmente equiparado se tornou insuficiente para a sua satisfação;

b) Pelas dívidas tributárias cujo prazo legal de pagamento ou entrega tenha terminado no período do exercício do seu cargo, quando não provem que não lhes foi imputável a falta de pagamento.

2. A responsabilidade prevista neste artigo aplica-se aos membros dos órgãos de fiscalização e revisores oficiais de contas nas pessoas colectivas em que os houver, desde que se demonstre que a violação dos deveres tributários destas resultou do incumprimento das suas funções de fiscalização.

3. A responsabilidade prevista neste artigo aplica-se aos técnicos oficiais de contas desde que se demonstre a violação dos deveres de assunção de responsabilidade pela regularização técnica nas áreas contabilística e fiscal ou de assinatura de declarações fiscais, demonstrações financeiras e seus anexos.

A longa tradição legal de responsabilização dos administradores, directores e gerentes de sociedades de responsabilidade limitada (apenas), pelas dívidas fiscais das respectivas sociedades, foi rompida, no campo especificamente tributário, só em 1 de Janeiro de 2001, pela redacção do artigo 24.º da Lei Geral Tributária conforme à Lei n.º 30-G/2000, de 29 de Dezembro – ruptura que se manteve na redacção do artigo 24.º da Lei Geral Tributária dada pelo n.º 1 do artigo 57.º da Lei n.º 60-A/2005, de 30 de Dezembro. E, assim, a partir de 1 de Janeiro de 2001 (data da entrada em vigor da Lei n.º 30-G/2000, de 29 de Dezembro) «os administradores, directores e gerentes e outras pessoas que exerçam, ainda que somente de facto, funções de administração ou gestão em pessoas colectivas e entes fiscalmente equiparados» passaram a poder ser responsabilizados por dívidas fiscais originárias de tais entidades colectivas.

De outra banda, porém, em revogação do Decreto-Lei n.º 146/95, de 21 de Junho, no Decreto-Lei n.º 67/97 de 3 de Abril (entrado em vigor em 1 de Agosto de 1997, conforme o seu artigo 47.º, e alterado pela Lei n.º 107//97, de 16 de Setembro, e pelo Decreto-Lei n.º 303/99, de 6 de Agosto) encontra-se estatuído o regime jurídico das sociedades desportivas, preceituando-se no seu artigo 39.º o seguinte, sob a epígrafe "Regime de responsabilidade".

1. Para efeitos do presente diploma, são considerados responsáveis pela gestão efectuada, relativamente às secções profissionais dos clubes desportivos referidos no artigo 37.º [que não optem por constituir sociedades desportivas], o presidente da direcção, o presidente do conselho fiscal ou o fiscal único, o director responsável pela área financeira e os directores encarregados da gestão daquelas secções profissionais.

2. Sem prejuízo de outras sanções aplicáveis, nos casos referidos nos artigos 24.º do Decreto-Lei n.º 20-A//90, de 15 de Janeiro, com a redacção dada pelo Decreto-Lei n.º 394/93, de 24 de Novembro, e 27.º-B, também, do Decreto-Lei n.º 20-A/90, de 15 de Janeiro, aditado pelo artigo 2.º do Decreto-Lei n.º 140/95, de 14 de Junho, os membros da direcção dos clubes desportivos mencionados no número anterior são responsáveis, pessoal, ilimitada e solidariamente, pelo pagamento ao credor tributário ou às instituições de segurança social das quantias que, no respectivo período de gestão, deixaram de entregar para pagamento de impostos ou da segurança social.

3. Aos membros da direcção referidos no número anterior são aplicáveis os artigos 396.º a 398.º, bem como o artigo 519.º, do Código das Sociedades Comerciais, com as necessárias adaptações.

Como se vê, o regime de responsabilidade por dívidas de outrem decorrente do artigo 39.º do Decreto-Lei n.º 67/97 de 3 de Abril – sobremodo quando nele se estabelece que «os membros da direcção dos clubes desportivos (...) são responsáveis, pessoal, ilimitada e solidariamente, pelo pagamento ao credor tributário ou às instituições de segurança social das quantias que, no respectivo período de gestão, deixaram de entregar para pagamento de impostos ou da segurança social» –, constitui uma regra especial, e mais restritiva, em relação ao regime estabelecido no Código de Processo Tributário e na Lei Geral Tributária.

Com efeito – se, pelo n.º 1 deste artigo 39.º, se responsabiliza, pela gestão profissional dos clubes, os presidentes da direcção e do conselho fiscal, o fiscal único, os directores da área financeira e encarregados da gestão das respectivas secções profissionais –, pelo n.º 2 deste mesmo artigo 39.º responsabiliza-se, «pessoal, ilimitada e solidariamente, pelo pagamento ao credor tributário ou às instituições de segurança social das quantias que, no respectivo período de gestão, deixaram de entregar para pagamento de impostos ou da segurança social», apenas «os membros da direcção dos clubes» – cf. a este respeito o acórdão desta Secção do Supremo Tribunal Administrativo, de 25-5-2005, proferido no recurso n.º 255/05.

2.3 No caso <u>sub judicio</u> estão em causa dívidas originárias da "Neves Futebol Clube" de IRC dos anos de 1998 e 1999 – consoante se retira do que se assenta nos n.os 1., 2. e 3. do probatório.

Do regime jurídico alistado supra no ponto 2.2, aquele que, <u>ratione tempore</u>, terá virtualidade de aplicar-se ao caso será o que se desprende do disposto no artigo 13.º do Código de Processo Tributário (vigente desde 1 de Julho de 1991 até 31 de Dezembro de 1998); do disposto no artigo 24.º da Lei Geral Tributária (antes da redacção da Lei n.º 30-G/2000, de 29 de Dezembro, vigente desde 1 de Janeiro de 1999 até 31 de Dezembro de 2000); e ainda daquele que consta do Decreto-Lei n.º 67/97 de 3 de Abril (entrado em vigor em 1 de Agosto de 1997).

Devemos dizer, desde já, e sem qualquer sombra de dúvida, que – ao estabelecer, <u>inter alia</u>, que «os membros da direcção dos clubes desportivos [que não optem por constituir sociedades desportivas] são responsáveis, pessoal, ilimitada e solidariamente, pelo pagamento ao credor tributário ou às instituições de segurança social das quantias que, no respectivo período de gestão, deixaram de entregar para pagamento de impostos ou da segurança social» – o artigo 39.º do Decreto-Lei n.º 67/97, de 3 de Abril, constitui o regime aplicável ao presente caso.

De resto, o oponente, ora recorrido, não poderia nunca ser responsabilizado pelas dívidas fiscais em questão, em face do regime que deflui do disposto nos artigos 13.º do Código de Processo Tributário e 24.º da Lei Geral Tributária (redacção inicial), porque se, por um lado, se assenta que tais dívidas são originárias de "Neves Futebol Clube", não se assenta, por outro, nem se prova, que esta entidade "Neves Futebol Clube" seja uma empresa ou uma sociedade de responsabilidade limitada. E, por isso, se afigura de todo improcedente o ataque que a Fazenda Pública recorrente neste ponto move à sentença recorrida. Com efeito, a Fazenda Pública defende que uma associação poderá ser «qualificada como "empresa" nos termos e para os efeitos previstos no n.º 1 do artigo 13.º do Código de Processo Tributário». Mas o que é certo é que, de harmonia com a letra do dito artigo 13.º, tanto quanto as sociedades, também as empresas devem ser "de responsabilidade limitada" para que se torne efectiva a responsabilidades dos seus administradores pelas respectivas dívidas fiscais. E, evidentemente, não é este, "de responsabilidade limitada", o regime legal de responsabilidade das associações. E também não colhe a recorrente Fazenda Pública, ao dizer, com erudição aliás, que «o termo "empresa", na economia da norma, ganha autonomia significante relativamente à forma jurídica das sociedades de responsabilidade limitada» – pois o certo é que as empresas não têm um regime jurídico de responsabilidade por dívidas tributárias autónomo daquele que for o regime próprio das pessoas singulares ou colectivas que as mesmas empresas servem.

Para se decidir pela procedência da oposição à execução fiscal, a sentença recorrida afirmou o entendimento de que o oponente não pode ser responsabilizado pelas dívidas exequendas, porquanto entre 1998 e 1999 ele não exerceu qualquer cargo na direcção da executada originária, apenas pertencendo à direcção da sua secção de columbofilia, pelo que nenhuma responsabilidade fiscal poderia ser assacada ao oponente, por virtude da gerência (de que não fazia parte) da executada originária "Neves Futebol Clube".

No essencial, a sentença recorrida decidiu com acerto.

Na verdade, e como se colhe do ponto 4. do probatório, o oponente, ora recorrido, tão-somente «foi presidente da secção columbófila do Neves Futebol Clube nos anos (...) de 1997 a 1999».

E, obviamente, o presidente da secção de columbofilia de um clube desportivo não é, necessariamente só por isso, "membro da direcção" do mesmo clube – sendo que, no caso está assente que o oponente, ora recorrido era "presidente da secção columbófila", e não "membro da direcção" da originária devedora "Neves Futebol Clube".

Pelo que, assim sendo, e em face dos termos do artigo 39.° do Decreto-Lei n.° 67/97, de 3 de Abril, o oponente, ora recorrido, não pode ser responsabilizado pelas dívidas fiscais de um tal clube.

Deste modo, só nos resta concluir – e em resposta ao <u>*thema decidendum*</u> – que o oponente, ora recorrido, não pode ser responsabilizado pelas dívidas tributárias em causa.

2.4 De todo o exposto podemos extrair entre outras as seguintes proposições que se alinham em súmula.

I. Nos termos do artigo 13.° do Código de Processo Tributário (com início de vigência em 1 de Julho de 1991), «*os administradores, gerentes e outras pessoas que exerçam, ainda que somente de facto, funções de administração nas empresas e sociedades de responsabilidade limitada são subsidiariamente responsáveis em relação àquelas e solidariamente entre si por todas as contribuições e impostos relativos ao período de exercício do seu cargo (...)*».

II. Nos termos da redacção inicial do artigo 24.° da Lei Geral Tributária (com vigência a partir de 1 de Janeiro de 1999), «*os administradores, directores e gerentes e outras pessoas que exerçam, ainda que somente de facto, funções de administração nas sociedades, cooperativas e empresas públicas, são subsidiariamente responsáveis em relação a estas e solidariamente entre si*».

III. Nos termos, porém, do mesmo artigo 24.° Lei Geral Tributária – na redacção que, a partir de 1 de Janeiro de 2001, lhe foi dada pela Lei n.° 30-G/2000, de 29 de Dezembro (e neste ponto se manteve com a Lei n.° 60-A//2005, de 30 de Dezembro) – «*os administradores, directores e gerentes e outras pessoas que exerçam, ainda que somente de facto, funções de administração ou gestão em pessoas colectivas e entes fiscalmente equiparados são subsidiariamente responsáveis em relação a estas e solidariamente entre si*».

IV. No entanto, o artigo 39.°, n.° 2, do Decreto-Lei n.° 67/97, de 3 de Abril, entrado em vigor em 1 de Agosto de 1997 – ao estabelecer que «*os membros da direcção dos clubes desportivos* [que não optem por constituir sociedades desportivas] *são responsáveis, pessoal, ilimitada e solidariamente, pelo pagamento ao credor tributário ou às instituições de segurança social das quantias que, no respectivo período de gestão, deixaram de entregar para pagamento de impostos ou da segurança social*» – instituiu um *regime especial*, e mais restritivo, quanto à responsabilidade por dívidas fiscais de outrem, em relação ao regime previsto no Código de Processo Tributário e na Lei Geral Tributária.

V. Não é, necessariamente, "membro da direcção" de um *clube desportivo* o presidente da respectiva secção de columbofilia – pelo que, nos termos da lei, não pode este ser responsabilizado pelas dívidas fiscais originárias de um tal clube.

3. Termos em que se acorda negar provimento ao recurso, confirmando-se a sentença recorrida.

Sem custas.

Lisboa, 10 de Janeiro de 2007.

Jorge Lino (relator)
António Calhau
Baeta de Queiroz (Vencido. Julgaria o tribunal incompetente, em razão da hierarquia, por o recurso não ter fundamento exclusivo em matéria de direito, face ao alegado nas conclusões 6 e 7 das respectivas alegações).

Recurso n.° 1049-06-30

SIGILO BANCÁRIO. SUA DERROGAÇÃO. ART.° 63.°-B, N.° 2, ALÍNEA C) DA LGT, NA REDACÇÃO DA LEI N.° 30-G/2000, DE 29/12. CRIME DOLOSO EM MATÉRIA TRIBUTÁRIA. INDÍCIOS DA PRÁTICA DE TAL CRIME.

(Acórdão de 14 de Março de 2007)

SUMÁRIO:

I – A derrogação do sigilo bancário, nos termos da alínea c) do n. 2 do art. 63.°-B da LGT, na redacção da Lei n. 30-G/2000, de 29/12, só é possível quando existam indícios da prática de crime doloso em matéria tributária.

II – Não existem indícios da prática de crime doloso em matéria tributária se apenas vem comprovada a existência de dois empréstimos sobre o mesmo imóvel e que o interessado não colaborou com a administração tributária.

III – Em tal caso, não é de conceder a derrogação do sigilo bancário.

ACORDAM, EM CONFERÊNCIA, NA SECÇÃO DE CONTENCIOSO TRIBUTÁRIO DO SUPREMO TRIBUNAL ADMINISTRATIVO:

1. PEDRO NUNO AMARO DA CUNHA, identificado nos autos, apresentou no TAF de Viseu recurso judicial contra a decisão do Director Geral dos Impostos que ordenou o acesso a documentos bancários.

Alegou "violação de lei, vício de fundamentação e preterição de formalidades legais".

O Mm. Juiz daquele Tribunal julgou procedente tal recurso.

Inconformado, o **DIRECTOR GERAL DOS IMPOSTOS** interpôs recurso para o TCA – Norte. Formulou as seguintes conclusões nas respectivas alegações de recurso:

1. Na situação sub judice estão reunidos todos os pressupostos que na alínea c) do artigo 63.º-B da LGT são estabelecidos para a derrogação do sigilo bancário.

2. Os factos apurados pela Inspecção Tributária traduzem uma séria e intensa probabilidade da falta de veracidade da declaração que o contribuinte efectuou para efeitos de sisa.

3. Do mesmo modo, tais factos indiciam, nos termos da citada norma da Lei Geral Tributária, a prática do crime de fraude fiscal previsto no artigo 103.º do RGIT.

4. No que respeita à verificação desse pressuposto do direito de derrogação do sigilo bancário, a douta sentença recorrida padece de erro na apreciação da matéria de direito, pois que faz uma incorrecta interpretação e aplicação do artigo 63.º-B da LGT e do artigo 103.º do RGIT.

5. E padece de erro de julgamento ao considerar que os factos apurados pela Inspecção Tributária não indiciam a comissão, pelos contribuintes, de um crime doloso em matéria tributária, ou, mais especificamente do crime tipificado no artigo 103.º do RGIT.

6. Pelo que, deveria o tribunal ter concluído pela verificação desse pressuposto.

7. Acresce que, o n.º 2 do artigo 103.º do RGIT não assume relevância na apreciação da verificação dos pressupostos do artigo 63º-B da LGT.

8. Ao não entender dessa forma, a douta sentença apresenta-se desconforme com o disposto nos artigos 63.º-B da LGT e 103.º do RGIT.

9. E errou também a douta sentença ao considerar que o acesso às contas bancárias seria inútil por o direito de liquidação do Imposto Municipal de Sisa sub judice ter caducado.

10. Isso porque não é pelo facto de existir ou não caducidade do direito à liquidação, face à suficiência dos indícios de crime fiscal – que tem outros prazos de caducidade –, que impede a Administração Fiscal de apurar a concreta situação tributária destes contribuintes.

11. E mesmo que assim não fosse o prazo de caducidade do Imposto Municipal de Sisa é de oito anos, pelo que a sentença recorrida se apresenta desconforme com o preceituado nos artigos 45.º da LGT e 92.º do CIMSISD.

12. E não se apresentando conforme à legalidade vigente, a douta sentença recorrida é ilegal e, em consequência, não merece ser confirmada.

Não houve contra-alegações.

O TCA declarou-se hierarquicamente incompetente para conhecer do recurso.

Subiram os autos a este Supremo Tribunal.

Aqui, o EPGA emitiu douto parecer, defendendo que o recurso deve improceder.

Com dispensa de vistos, vêm os autos à conferência.

2. É a seguinte a matéria de facto fixada na instância:

a) Em 14-08-2002 o recorrente adquiriu um prédio correspondente ao artigo matricial 2471, da freguesia 182324, de Santa Maria, concelho de Viseu, inscrito no 10 Serviço de Finanças de Viseu;

b) O preço declarado de aquisição foi de €124.699,47;

c) Foram contraídos dois (2) empréstimos nos valores de 124.669,47€ e 25.000,00€, ambos garantidos pelo referido imóvel;

d) O recorrente foi notificado em 21-03-2006 e 31-03-2006 para prestar esclarecimentos sobre a aquisição imóvel;

e) Em resposta à notificação o recorrente remeteu cópia da escritura de compra e venda e mútuo com hipoteca;

f) Em 16-01-2006, o recorrente foi notificado pelo ofício 11026 do Projecto de Decisão para a derrogação do sigilo bancário proferido pelo Exmo. Sr. Director-Geral dos Impostos em 16-05-2006;

g) Decisão essa com a qual o recorrente discordou tendo exercido o direito de audição, por escrito, nos termos previstos no n.º 3 do art. 63.º-B da LGT, em 26-06-2006;

h) O Sr. Director de Finanças Adjunto por Subdelegação, manteve o pedido de derrogação do sigilo bancário, que posteriormente foi convertido na decisão do Sr. Director-Geral dos Impostos, na pessoa do seu Substituto Legal, de autorizar o acesso aos documentos bancários (fls. 11), decisão essa que foi notificada aos recorrentes pelo of. 16349 de 25-08-2006.

3. Está em causa a interpretação da alínea c) do n.º 2 do art. 63.º-B da LGT, na redacção da Lei n. 30-G/2000, de 29/12.

Dispunha o citado normativo:

"2. A Administração tem o poder de aceder a todos os documentos bancários, excepto as informações prestadas para justificar o recurso ao crédito, nas situações de recusa de exibição daqueles documentos ou de autorização para a sua consulta:

"...

"c) Quando existam indícios da prática de crime doloso em matéria tributária, designadamente nos casos de utilização de facturas falsas, e, em geral, nas situações em que existam factos concretamente identificados gravemente indiciadores da falta de veracidade do declarado".

Sabemos que este preceito legal se reporta apenas a crimes dolosos em matéria tributária, mas não às situações em que existam factos concretamente identificados, gravemente indiciadores da falta de veracidade do declarado, mas que não constituam crime.

Ou seja, tal normativo aplica-se apenas a situações que integram crime doloso em matéria tributária.

Vide, a propósito, o acórdão deste Supremo Tribunal de 13/10/2004 (rec. n. 950/04)[1], onde a questão foi abundantemente escalpelizada

Mas será que existem indícios da prática de crime doloso em matéria tributária?

O recorrente entende que sim.

E retira esta sua ilação do facto das respectivas escrituras públicas indicarem a concessão de dois empréstimos, sendo que o reclamante, ora recorrido, não prestou a colaboração solicitada pela AT.

O que pediu a AF?

Vejamos.

[1] Vide Apêndice ao DR de 6/7/2005, fls. 1451 e ss.

Foram pedidos os seguintes elementos:

– Extractos bancários que reflectissem o crédito dos montantes dos empréstimos formalizados nas escrituras notariais de 14-8-2002 (ou seja dos 625 000,00 e dos 6124 699,47), a sua movimentação e transferências bancárias ou cheques emitidos para o vendedor;

– Contrato-promessa de compra e venda;

– Cópia das escrituras notariais (de compra e venda e dos mútuos);

– Demais elementos que julgasse relevantes para comprovar os termos em que ocorreu a transacção.

Em resposta, o reclamante, ora recorrido, juntou apenas a escritura pública de compra e venda.

Assim, e porque o recorrido não deu cumprimento total ao pretendido, a AF pretende a derrogação do sigilo bancário.

Que dizer?

Anotemos primeiro, como aspecto relevante, que da escritura pública de compra e venda e mútuo, com hipoteca e fiança, consta o valor da venda: €124.699,47.

E que, na mesma data, e no mesmo cartório notarial, foi outorgada, uma outra escritura pública de mútuo com hipoteca e fiança, com o valor de €25.000,00, com o mesmo devedor, a mesma credora e o mesmo objecto.

Vejamos agora a fundamentação da AT para a derrogação do sigilo bancário:

– A não autorização de acesso da AT a extractos bancários e/ou a cópias de documentos neles referidos.

– A não entrega voluntária de cópia de documentos solicitados por notificação, nos termos da lei, que permitissem a este serviço validar o valor da aquisição do imóvel constante da respectiva escritura de aquisição.

– A não declaração voluntária, em auto de declaração ou outra forma escrita, do valor real da transmissão, que na nossa análise fosse consentâneo com o valor dos empréstimos contraídos.

E daí a conclusão final, propiciadora da pretensão de derrogação do sigilo bancário:

"Como tal consideram-se reunidos os pressupostos da última parte da alínea c) do n. 2, do art. 63.°-B, da Lei Geral Tributária (redacção dada pela Lei 30-G/2000, de 29 de Dezembro), para que a Administração Tributária possa aceder a documentos bancários, única forma de comprovar a situação de fraude, bem como proceder ao apuramento da realidade da situação tributária do sujeito passivo objecta da auditoria".

Vejamos então.

O que importa imediatamente saber é se há indícios bastantes da prática de crime doloso em matéria tributária.

Ou seja: importa saber se os factos imputados pela administração, com tradução nos autos, indiciam ou não um crime doloso em matéria tributária.

E a pergunta que se faz é esta: qual o crime que a AT imputa ao recorrido?

A resposta é-nos dada pela conclusão 3ª das alegações de recurso: art. 103.° do RGIT.

Vejamos então a lei.

Dispõe o citado normativo, inscrito no Capítulo III – Crimes Fiscais:

"Constituem fraude fiscal, punível ... as condutas ilegítimas tipificadas no presente artigo que visem a não liquidação, entrega ou pagamento da prestação tributária ou a obtenção indevida de benefícios fiscais, reembolsos ou outras vantagens patrimoniais susceptíveis de causarem diminuição das receitas tributárias. A fraude fiscal pode ter lugar por:

"a) Ocultação ou alteração de factos ou valores que devam constar dos livros de contabilidade ou escrituração, ou das declarações apresentadas ou prestadas, a fim de que a administração fiscal especificamente fiscalize, determine avalie ou controle a matéria colectável;

"b) Ocultação de factos ou valores não declarados e que devam ser revelados à administração tributária;

"Celebração de negócio simulado, quer quanto ao valor, quer quanto à natureza, quer por interposição, omissão ou substituição de pessoas".

E o n.° 2 deste artigo , acrescenta:

"Os factos previstos nos números anteriores não são puníveis se a vantagem patrimonial ilegítima for inferior a €15.000".

E a pergunta que se tem que fazer é esta: os factos recolhidos pela AT constituem indícios da prática de crime doloso em matéria tributária?

Compreensivelmente a lei não define o que são indícios suficientes do facto punível.

A melhor definição é aquela que os elege como um conjunto de elementos convincentes de que o arguido praticou os factos incrimináveis que lhe são imputados.

Trata-se daquele conjunto de elementos que, relacionados e conjugados, persuadem da culpabilidade do agente, fazendo nascer a convicção de que virá a ser condenado pelo crime que lhe é imputado.

E que nos dizem os autos?

Da sua análise é possível surpreender apenas duas coisas, a partir das quais a AT pretende ver indícios de crime fiscal: que foram contraídos dois empréstimos, com hipoteca sobre o mesmo imóvel, e que o recorrido não prestou a colaboração devida.

Mas, como é evidente, a falta de colaboração não constitui infracção penal autónoma, nem pode ser arvorada, por si, em indício de crime fiscal. Por outro lado, o facto de existirem dois empréstimos sobre o mesmo prédio, contraídos no mesmo dia, não significa, nem indiciariamente, que o produto de ambos os empréstimos foi utilizado para pagamento integral do preço acordado entre comprador e vendedor.

O que o recorrente pretende é encontrar eventualmente esses indícios de crime fiscal através do varejo da conta bancária do reclamante.

Ou seja: só após a análise das contas bancárias era eventualmente possível dizer se havia ou não indícios do crime.

Ora, a lei não lho consente.

Dito de um modo preciso e conclusivo: a falta de colaboração do reclamante e a existência de dois empréstimos, contraídos no mesmo dia e sobre o mesmo imóvel, não constituem, por si só, indícios de crime fiscal.

Tanto basta para concluir que não estão reunidos os pressupostos, para que seja concretizada a pretendida derrogação do sigilo bancário.

Assim, a pretensão do recorrente não pode obter acolhimento.

E porque assim é não importa saber se caducou ou não o direito à liquidação e as consequências dessa eventual caducidade (conclusões 9ª a 12ª), bem como saber se face ao disposto no n.° 2 do citado art. 103.° do RGIT estamos aqui ainda perante um elemento integrador da ilicitude ou se, ao invés, estamos perante uma mera condição de punibilidade (conclusões 7 e 8).

No sentido ora exposto já se decidiu no acórdão deste STA de 13/9/2006 (Rec. n.º 866/06).

4. Face ao exposto, acorda-se em negar provimento ao recurso.

Custas pelo recorrente, fixando-se a procuradoria em 1/8.

Lisboa, 14 de Março de 2007.

Lúcio Barbosa (Relator)
Jorge Lino
Baeta de Queiroz

Recurso n.º 189/07-30

SOCIEDADES DE GESTÃO E INVESTIMENTO IMOBILIÁRIO. BENEFÍCIOS FISCAIS. ARTIGO 15.º DO DECRETO-LEI N.º 291/85.

(Acórdão de 7 de Março de 2007)

SUMÁRIO:

I – Os benefícios fiscais previstos no artigo 15.º do regime jurídico das sociedades de gestão e investimento imobiliário são atribuídos de forma automática a estas sociedades no momento da sua constituição.

II – No caso de incumprimento dos deveres que são pressuposto da atribuição dos ditos benefícios, estes são retirados à SGII da mesma forma, *ope legis*.

ACORDAM NA SECÇÃO DO CONTENCIOSO TRIBUTÁRIO DO SUPREMO TRIBUNAL ADMINISTRATIVO:

A Fazenda Pública vem recorrer do acórdão do Tribunal Central Administrativo – Sul que revogou a sentença do Tribunal Tributário de 1.ª Instância de Lisboa que, por sua vez, havia julgado improcedente a impugnação judicial deduzida por Planasa – Sociedade Imobiliária, S.A., contra liquidação adicional de IRC relativo ao exercício de 1989.

Fundamentou-se a decisão recorrida em que "o benefício de redução da taxa de IRC atribuído às Sociedades de Gestão e Investimento Imobiliário, ao abrigo do artigo 15.º, n.º 1, alínea *c*), do Decreto-Lei n.º 291/85, de 24 de Julho, aplicável nos termos da alínea *e*), do n.º 1, do artigo 2.º do Decreto-Lei n.º 215/89, de 1 de Julho, e das tabelas de conversão anexas ao Estatuto dos Benefícios Fiscais", deveria "ser considerado" uma vez que, apesar de ter violado o regime das SGII, "a impugnante não perdeu automaticamente o direito a tais benefícios (...) dado que, da legislação aplicável, não consta qualquer norma que preveja tal sanção para os exercícios em questão".

A Fazenda recorrente formulou as seguintes conclusões:

a) Está provado nos autos que a PLANASA, SA, nos exercícios de 1989 e 1990, e enquanto entidade autorizada para funcionar como SGII, ao abrigo do DL 291/85, de 24/7, com a redacção de DL 237/87, de 12/6), procedeu à venda de fracções que integravam imóveis da sua propriedade e constituintes do seu património, mas não afectos a arrendamento, no exercício, portanto, de actividade que se encontrava fora do seu objecto social;

b) A empresa foi objecto, relativamente ao exercício de 1989, de correcções efectuadas à matéria colectável e liquidação adicional tendo impugnado a decisão apenas quanto à desconsideração, quanto aos referidos ganhos, do benefício de redução de taxa de IRC atribuído às sociedades de gestão e investimento imobiliário, ao abrigo do artigo 15.º n.º 1, al. c), do D.L. 291/85 e arts. 2.º n.º 1. al. c), e 26.º do DL 215/89. de 11/7, e das tabelas de conversão anexas ao EBF;

c) A sentença do tribunal de 1ª instância decidiu acertadamente quando considerou a impugnação improcedente, atendendo a que, em 1989, as SGII, tinham, por imperativo legal, como objecto principal (essencial) o arrendamento de imóveis e prestação de serviços conexos, apenas podendo constituir objecto acessório, da sua actividade de SGII, a venda desses imóveis e não de outros (não destinados ou afectos a arrendamento);

d) Na verdade, a impugnante, e ora recorrida, não poderia usufruir da redução de taxa de IRC, relativamente aos ganhos obtidos com a alienação de património não afecto a arrendamento;

e) Tal resultado não se confunde com os aspectos, mais tarde regulamentados pelo Decreto-Lei n.º 135/91. da caducidade, revogação de acto de concessão de estatuto de SGII ou perda sancionatória de benefícios fiscais, e é totalmente consentânea com os princípios doutrinários relativos aos benefícios fiscais consagrados no EBF, vigente desde 1 de Janeiro de 1989, e mesmo com os princípios gerais aplicáveis aos benefícios fiscais doutrinariamente aceites antes da aprovação do EBF;

f) Violadora da ordem jurídica, incluindo de princípios constitucionalmente consagrados – designadamente, da legalidade fiscal, da igualdade fiscal e económica, da proporcionalidade, da justiça e da capacidade contributiva – seria uma interpretação jurídica que admitisse que uma sociedade que se dedicou à compra e venda, com lucro, de imóveis não afectos à sua actividade específica de SGII, pudesse usufruir, na tributação desses ganhos, de uma taxa reduzida de IRC prevista para os ganhos obtidos com determinado objecto social, estritamente fixado na lei, para entidades designadas como SGII e autorizadas caso a caso, sendo certo que esse benefício foi atribuído, exclusivamente, atendendo à finalidade em vista do qual foi criada a SGII, para incentivo da actividade de arrendamento de imóveis.

g) Ao não decidir assim, o TCAS fez uma errada aplicação de diversas normas legais, citadas ao longo destas alegações, designadamente, dos Decretos Leis n.ºs 291//85, de 24 de Julho e 237/87, de 12 de Junho, Estatuto dos Benefícios Fiscais, aprovado pelo Decreto-Lei n.º 215/89 de 11 de Julho; Decreto-Lei nº 135/91, de 4 de Abril, assim como as normas constitucionais relativas a legalidade fiscal, capacidade contributiva, benefícios fiscais e equilibrada concorrência entre as empresas.

Assim, deve o Douto Acórdão recorrido ser revogado e substituído por decisão que considere que a impugnação improcede, confirmando-se a legalidade da liquidação.

Por sua vez, contra-alegou a recorrida:

a) O Ilustre Representante da Fazenda Pública não se conformando com o Acórdão proferido pelo Tribunal Central Administrativo Sul, no qual julga ser de anular a liquidação adicional impugnada na parte em que desconsiderou o beneficio de redução de taxa de IRC de que beneficiam as sociedades de gestão e investimento imobiliário, ao abrigo do artigo 15.°, n.° 1, al. c) do DL 291/85 e arts. 2.°, n.° 1, al. c) e 26.° do DL 215/89, de 11/7 e das tabelas de conversão anexas ao EBF, veio interpor recurso no qual pugna pela sua revogação e substituição por decisão que confirme a legalidade das correcções da Administração Tributária e respectiva liquidação adicional de IRC;

b) Invoca o Ilustre Representante da Fazenda Pública que os rendimentos obtidos pelas SGII provenientes de actos não compreendidos no seu objecto social não podem usufruir dos benefícios fiscais, designadamente, da redução da taxa de IRC, previstos no artigo 15.°, n.° 1, al. c) do DL 291/85 porquanto aqueles apenas aproveitam aos rendimentos obtidos na prossecução de actividades enquadradas no seu estatuto;

c) Salvo o devido respeito, não assiste razão ao Ilustre Representante da Fazenda Pública neste seu entendimento porquanto, por um lado, os benefícios fiscais constantes do artigo 15.°, n.° 1, al. c) do DL 291/85 são atribuídos à recorrida, enquanto detentora do estatuto de SGII, e não à sua actividade, pelo que, os rendimentos obtidos com referência a actos não compreendidos no seu objecto social não podem deixar de aproveitar dos referidos benefícios;

d) Por outro lado, a lei, à data da prática dos factos, não previa qualquer revogação, caducidade ou perda do estatuto de SGII nem dos referidos benefícios quanto aos rendimentos obtidos pela sociedade noutra actividade que não aquela para a qual foi constituída, pelo que o entendimento pugnado pelo Ilustre Representante da Fazenda Pública enferma de manifesto sustento legal;

e) Para além dos vícios acima invocados, a interpretação sufragada pelo Ilustre Representante da Fazenda Pública de que aos rendimentos derivados de actos não compreendidos no âmbito da actividade normal da SGII não se aplica o referido benefício, viola ainda o próprio regime dos Benefícios Fiscais na medida em que não respeita os mecanismos nele previstos com vista à revogação e caducidade dos benefícios fiscais;

f) Com efeito, não se tendo verificado nenhuma das condições para os benefícios em questão caducarem, e tendo a recorrida sido constituída mediante autorização ministerial, a revogação do estatuto de SGII pondo cobro à isenção concedida caberá ao Ministro das Finanças através de novo despacho, e não a um acto tributário de liquidação;

g) Por último, conclui a recorrida que não se vislumbrando no quadro normativo em vigor à data dos factos, qualquer sanção para o incumprimento do estatuto das SGIIs, a desconsideração do beneficio de redução de 50% da taxa de IRC conferido pelo artigo 15.°, n.° 1, al. c) do DL 291/85 de 24 de Julho, aplicável nos termos da alínea e) do n.° 1 do artigo 2.° do DL 215/89 de 1 de Julho e das Tabelas de Conversão anexas ao Estatuto dos Benefícios Fiscais, contende com o previsto para a criação de impostos disciplinada na Lei Fundamental nos normativos da CRP contidos na al. i) do n.° 1 do artigo 168.° na sua concatenação com o artigo 106.°, n.ºs 2 e 3 da CRP.

h) Pelo que, em face do acima exposto o acto tributário de liquidação não pode deixar de ser anulado.

Por todo o exposto, e o mais que o ilustrado juízo desse Venerando Tribunal suprirá, deve o presente recurso ser julgado improcedente, mantendo-se, em consequência, o douto Acórdão recorrido e anulando-se a liquidação adicional de IRC em causa, assim se cumprindo com o DIREITO e a JUSTIÇA.

O Exmo. Magistrado do Ministério Público emitiu parecer no sentido do não provimento do recurso, já que "a venda das fracções autónomas (não previamente arrendadas) (...) inscreve-se na (...) actividade acessória legalmente autorizada" da SGII recorrida, sendo-lhe "inaplicável o regime do DL n.° 135/91, 4 Abril (designadamente quanto a revogação da autorização para constituição das SGCII e perda de benefícios fiscais) porquanto o diploma apenas produziu efeitos desde 2.01.1991, não abrangendo factos com eficácia revogatória ou derrogatória verificados em 1989 (arts. 9.° e 17.°)".

E, corridos os vistos legais, nada obsta à decisão.

Em sede factual, vem apurado que:

1. Por escritura pública outorgada em 28.1.1988, com menção da respectiva autorização ministerial, foi constituída a ora Ite/Planasa, com o estatuto de sociedade de gestão e investimento imobiliário (SGII), o qual manteve até à renúncia decidida por deliberação da Assembleia Geral de 6.7.1992, formalizada em escritura pública de alteração parcial de contrato social, outorgada em 19.11.1992, em que, além do mais, foi declarado que a sociedade passava a adoptar a denominação de Planasa – Sociedade Imobiliária, S.A.

2. A Ite/SGII, no ano de 1989, dispunha de património imobiliário próprio afecto a arrendamento na proporção de 63% e na de 37% a outros fins.

3. No mesmo ano de 1989, os proveitos gerados pelo património da Ite/SGII afecto a arrendamento, habitacional e comercial, no montante de 107.753 contos, representaram 11% do total dos seus proveitos nesse exercício, sendo 7.025 contos (6,5%) respeitantes a rendas habitacionais.

4. Ainda no ano de 1989, a Ite/SGII possuía, em relação à totalidade do património imobiliário, 8% do seu valor afecto a arrendamento habitacional e 55% adstrito a arrendamento comercial.

5. Aquando da constituição da Ite como SGII, em Janeiro de 1988, para realização da sua percentagem no capital social, pela Portugália – Administração de Patrimónios, S.A. (sucessora da Companhia Produtora de Malte e Cerveja Portugália, SA.) foi entregue o "Edifício Planasa", sito na Av. Almirante Reis, 107 – Lisboa, com o valor atribuído de 316.000 contos.

6. Ao longo do ano de 1989, encontrando-se, ainda, em fase de trabalhos de demolição e remodelação da estrutura do edifício identificado em 5., a Ite/SGII, do mesmo, havia arrendado 13 fracções destinadas a lojas, vendido 21 fracções de lojas e 38 de escritórios e dispondo para venda de 7 para lojas e 2 para escritórios.

7. Nos respectivos contratos de promessa, os preços totais acordados para venda dos escritórios, lojas e

lugares de estacionamento disponíveis no edifício, depois de remodelado, indicado em 5. e 6., foram de 1.244.254 contos, para o ano de 1989, enquanto as rendas contratadas, mensalmente, ascendiam ao total de 1.469 contos.

8. Durante o ano de 1989, a Ite/SGII vendeu duas fracções arrendadas do prédio situado na Rua Damasceno Monteiro, n.º 92 – Lisboa, aos próprios arrendatários pelo preço total de 6.300 contos.

9. Ainda durante o ano de 1989, a Ite/SGII submeteu ao regime de propriedade horizontal um imóvel, que prometera comprar, constituído por seis fracções, com destino a habitação própria e comércio, sito na Rua Pereira e Sousa, 3 a 3-C, em Lisboa.

10. Em 28.3.1990, a Ite/SGII comprou o imóvel identificado em 9., pelo preço de 100.000 contos e procedeu à venda, a partir dessa data, das suas seis fracções, pelo montante total de 140.650 contos, que registou na contabilidade respeitante ao exercício de 1990.

11. Em 1989, o capital social e reservas da Ite/SGII atingiu 1.719.375 contos.

12. Com base em relatório da Inspecção Geral de Finanças, datado de 22.11.1991, reproduzido a fls.31/38 e 146/153, cujo teor aqui se dá por integralmente reproduzido, os serviços competentes da AF elaboraram mapa de apuramento mod.DC-22, respeitante ao exercício de 1989, em que procederam a correcções dos valores declarados pela Ite/SGII na competente declaração de IRC do ano de 1989, a saber:

– custos não especificados anteriormente, como a verba de 219.784.156$00 referente a ganhos indevidamente considerados mais-valias;

– e a verba de 2.941.883$00, referente a parcela de reintegrações resultante de reavaliação não apoiada e sem suporte legal.

13. Em função das correcções referidas em 12., foi apurado o lucro tributável corrigido, para o exercício de 1989, de 174.704.459$00, resultante da diferença entre o total das correcções (222.726.039$00) e o prejuízo fiscal declarado pela Ite/SGH (48.021.580$00).

14. A partir do lucro tributável apurado, a AF procedeu, com data de 4.10.93, à liquidação adicional de IRC, respeitante ao exercício de 1989, no montante de 70.143.841$00, sendo relativa a imposto a importância de 52.936.495$00 e a derrama a quantia de 6.376.713$00.

15. Notificada desta liquidação e das aludidas correcções, na medida em que não as entendeu devidamente fundamentadas, a Ite, nos termos do art. 22.º do C.P.T., requereu a passagem de "certidão completa da fundamentação", a qual lhe foi entregue, com remessa por correio e registo datado de 30.8.1995.

16. Com relação ao "Edifício Planasa" consta do relatório da IGF, referido em 12., o seguinte: "Segundo informação do administrador-delegado, a empresa conheceu com alguma antecedência o sentido do DL. 2/90 (...).

Assim, procurou em 1989 vender parte do seu património imobiliário com o objectivo de gerar cash-flows suficientes para promover no futuro a construção de imóveis destinados a arrendamento para habitação".

FACTOS NÃO PROVADOS

Para a decisão da causa, sem prejuízo de conclusões ou alegações de direito produzidas na p. i., nada mais se provou.

Vejamos, pois:

A questão dos autos é a de saber se, na liquidação adicional de IRC relativa ao exercício de 1989, a Administração Tributária deveria ter reduzido em 50% a taxa de imposto, uma vez que a impugnante é uma sociedade de gestão e investimento imobiliário.

O Decreto-Lei n.º 291/85, de 24 de Julho, "dentro da preocupação de ajudar a solucionar os problemas que o sector imobiliário atravessa", veio regular "a criação de sociedades de gestão e investimento imobiliário (SGII), de modo a obter-se um novo instrumento legal de dinamização daquele mercado", tendo estas sociedades "como objecto essencial o arrendamento de imóveis por si construídos ou adquiridos".

"Conferindo-lhes a natureza de instituições parabancárias e condicionando-se a sua constituição a autorização do Ministro das Finanças e do Plano, tendo em vista a contribuição que as SGII venham a dar ao fomento do investimento imobiliário e desenvolvimento económico, considerou-se que as novas sociedades deveriam ficar sujeitas a regras específicas que as tornassem particularmente sólidas e merecedoras da confiança do público".

Cfr. o preâmbulo do dito diploma.

Neste sentido, aquele Decreto-Lei não só fornece uma noção e delimita o objecto das SGII – artigo 1.º –, como determina a forma, capital social e outros requisitos destas sociedades – artigo 2.º –, além de prever o seu processo de constituição – artigo 3.º – e composição patrimonial – artigo 5.º.

Por outro lado, o diploma restringe a actividade das SGII em alguns domínios – dito artigo 5.º (gestão da sociedade) e artigos 6.º, 7.º, 8.º, 9.º, 10.º e 14.º – e determina algumas obrigações relativas à prestação de contas – artigos 11.º e 13.º –, ficando as SGII sujeitas à fiscalização do Banco de Portugal.

Em contrapartida, atentos os objectivos apresentados no preâmbulo, o artigo 15.º deste diploma atribui a estas sociedades vários benefícios fiscais.

Cerca de dois anos após a sua criação, o regime jurídico das SGII foi alterado pelo Decreto-Lei n.º 237/87, de 12 de Junho, já que eram notórias "algumas limitações à respectiva actividade que [o legislador considerou] útil ultrapassar.

Assim, [foi] eliminada a qualificação das SGII como entidades parabancárias e alargado o âmbito da sua actividade. Retir[ou]-se, consequentemente, o Banco de Portugal do processo conducente à autorização destas sociedades, bem como à sua fiscalização, função esta que [foi] assumida pela Inspecção-Geral de Finanças.

A constituição das SGII mant[eve-se], todavia, sujeita a autorização do Ministro das Finanças, o que se justifica pela existência de um regime legal específico, bem como pela necessidade de as SGII aparecerem como instituições particularmente sólidas e credíveis.

Por outro lado, introduz[iu]-se a possibilidade das SGII estabelecerem contratos de arrendamento que prevejam a opção de compra por parte dos inquilinos e estabelece[ram]-se novas normas quanto à avaliação do respectivo património imobiliário".

Quanto aos benefícios fiscais, o preâmbulo deste segundo diploma, que se vem citando, termina com a afirmação de que os ditos benefícios "continuam a ser os estipulados pelo artigo 15.º do Decreto-Lei n.º 291/85, de 24 de Julho, e pelo Decreto-Lei n.º 211-A/86, de 31 de Junho".

Assim, no ponto, estatuía o regime das SGII à data da constituição da impugnante, ora recorrida:

Artigo 1.°
(Objecto)

1 – As sociedades de gestão e investimento imobiliário, abreviadamente designadas por SGII, têm por objecto principal o arrendamento de imóveis próprios, por elas adquiridos ou construídos, e a prestação de serviços conexos.

2 – Constitui actividade acessória das SGII a venda dos imóveis mencionados no número anterior.

Artigo 5.°
(Composição patrimonial e gestão)

O valor do património não directamente afecto ao objecto das SGII, conforme o n.° 1 do artigo 1.°, não poderá exceder 15% da soma do capital social realizado e reservas.

Artigo 15.°
(Benefícios fiscais)

Redacção do Decreto-Lei n.° 291/85, de 24 de Julho

1 – As SGII que se venham a constituir, nos termos do presente diploma, no prazo de 5 anos a contar da data da sua entrada em vigor, e, bem assim, os respectivos sócios poderão beneficiar dos seguintes incentivos fiscais:

(...)

c) Redução de 50% da taxa de contribuição industrial para as SGII;

(...)

2 – Os incentivos fiscais estabelecidos neste artigo são concedidos por um período de 20, 19, 18, 11 e 10 anos, consoante as sociedades beneficiárias se venham a constituir, respectivamente, no 1.°, 2.°, 3.°, 4.° ou 5.° anos a partir da data da entrada em vigor deste diploma.

Ora, a impugnante foi constituída, "nos termos do presente diploma", em 28 de Janeiro de 1988, depois de devidamente autorizada por portaria do Ministro das Finanças – a fls. 82 dos autos –, e até 19 de Novembro de 1992 gozou do estatuto de sociedade de gestão e investimento imobiliário – cfr. ponto 1 do probatório.

Pelo que, nos termos daquele artigo 15.°, aproveitaria dos benefícios fiscais se tal constituição ocorresse no prazo de 5 anos a contar da entrada em vigor do Decreto-Lei n.° 291/85.

O que se verificou, já que, quanto a esta última questão, dispunha o artigo 2.° da Lei n.° 6/83, de 29 de Julho, que "o diploma entra em vigor no dia nele fixado ou, na falta de fixação, no continente no quinto dia após a publicação (...)" – n.° 1 –, sendo que "o dia da publicação do diploma não se conta" – n.° 2.

Consequentemente, a impugnante tinha direito aos benefícios fiscais previstos no estatuto das SGII, designadamente ao previsto na alínea *c*) do dito artigo 15.°: redução de 50% da taxa de contribuição industrial.

Direito que integrou a sua esfera jurídica no momento da sua constituição, em 28 de Janeiro de 1988, pois a atribuição dos benefícios fiscais previstos no estatuto das SGII é automática: desde que as sociedades fossem constituídas no predito prazo de 5 anos, os benefícios eram-lhes concedidos directa e imediatamente.

Como resulta literalmente daquele artigo 15.°, o legislador não fez depender a concessão dos benefícios fiscais de qualquer reconhecimento, o que bem se compreende, desde logo atento o especial regime das SGII: nos termos do artigo 3.°, n.° 1, do seu regime, a constituição das SGIIs estava dependente "de autorização do Ministro das Finanças, a conceder mediante portaria".

Ou seja, o processo de constituição de uma SGII tinha vários momentos, sendo que o primeiro era a autorização do Ministro das Finanças e, só com esta previamente assente, poderia depois proceder-se à constituição da sociedade que, quando surgia no mundo jurídico, recebia, por via automática, os ditos benefícios fiscais.

Assim, como a impugnante foi constituída no 3.° ano a partir da entrada em vigor do Decreto-Lei, os benefícios foram-lhe concedidas pelo período de 18 anos – artigo 15.°, n.° 2.

Entretanto, o Decreto-Lei n.° 442-B/88, de 30 de Novembro, aprovou o Código do Imposto sobre o Rendimento das Pessoas Colectivas e aboliu, a partir da data da entrada em vigor deste código – 1 de Janeiro de 1989 –, relativamente aos sujeitos passivos de IRC, entre outros, a contribuição industrial – artigos 1.°, 2.° e 3.° deste último diploma.

Também em 1 de Janeiro de 1989, ano a que respeita a liquidação impugnada, entrou em vigor, nos termos do artigo 1.°, n.° 2, do Decreto-Lei n.° 215/89, de 1 de Julho, o Estatuto dos Benefícios Fiscais.

E o n.° 1 do artigo 2.° deste Decreto-Lei estatui que, "são mantidos nos termos em que foram concedidos, com as necessárias adaptações, os benefícios fiscais cujo direito tenha sido adquirido até 31 de Dezembro de 1998 (...), sendo de observar o seguinte:

(...)

e) os benefícios fiscais não compreendidos nas alíneas anteriores, [como o dos autos,] são substituídos por benefícios fiscais equivalentes mediante a aplicação de tabelas de conversão anexas ao Estatuto dos Benefícios Fiscais e que dele fazem parte integrante."

Cfr. Tabela A, anexa ao EBF, e respectivas normas de aplicação, que regulam os coeficientes de conversão dos benefícios fiscais na sua transição para o IRC.

A SGII tinha, assim, direito ao incentivo fiscal – "redução de 50% da taxa da contribuição industrial", no ponto, do IRC –, mas importa, ainda, precisar o seu âmbito.

Nos termos expostos, este benefício fiscal é de atribuição automática. Contudo, a Fazenda recorrente alega que, como a recorrida vendeu fracções que não estavam arrendadas, não poderia usufruir daquele benefício, pois este não se aplica aos rendimentos obtidos com a alienação de património não afecto a arrendamento – cfr. conclusões *a*), *c*) e *d*) –, já que esta actividade está fora do objecto social da SGII.

Mas, *de per si*, tal argumentação não colhe.

Com efeito, o artigo 5.° do Decreto-Lei n.° 237/87 admite expressamente que as sociedades de gestão e investimento imobiliário possam ter "património não directamente afecto ao objecto das SGII, conforme o n.° 1 do artigo 1.°", desde que o valor deste património não exceda "15% da soma do capital social realizado e reservas".

Ou seja, cumprido que esteja este requisito, uma SGII pode alienar património não afecto a arrendamento sem qualquer consequência.

Mutatis mutandis, se tal património exceder os ditos 15%, é violada a norma que regula a "composição patrimonial e gestão" destas sociedades, uma parte não despicienda do regime jurídico das SGII já que esta norma impõe que estas sociedades dediquem pelo menos 85% do valor do seu património ao arrendamento e à prestação de serviços conexos, sendo que, à época, o mercado de arrendamento se encontrava fragilizado. O que se compreende já que este regime tinha em vista a dinamização do mercado imobiliário, *maxime* "o arrendamento de imóveis (...) construídos ou adquiridos" pelas SGII.

Ora, o dever imposto neste artigo 5.°, que se consubstancia numa restrição à actividade das SGII, tem como contrapartida a concessão dos benefícios fiscais previstos no artigo 15.°, pois que o legislador pretendeu compensar com estes, designadamente com a dita redução em 50% da taxa de imposto, aquela limitação que impôs.

Pelo que da mesma forma que tais benefícios são atribuídos *ope legis*, no momento da constituição da sociedade (após autorização do Ministro das Finanças que verifica, entre outros, à luz do regime das SGII, os objectivos essenciais da sociedade autorizada e as necessidades de ordem económico-financeira que visam satisfazer), no caso de incumprimento dos deveres que são pressuposto da atribuição dos ditos benefícios, estes são retirados à SGII da mesma forma automática, *ope legis*, com efeito no acto de liquidação do imposto.

O que, aliás, bem se compreende: se assim não fosse, bastava aos sócios a mera declaração da intenção, no requerimento de autorização e no pacto social, de respeitar o regime jurídico das SGII para que a sociedade usufruísse dos benefícios fiscais, uma vez que não haveria maneira de sancionar a violação deste mesmo regime legal que, então, nem sequer previa a revogação e consequente cessação da autorização concedida.

É este, aliás, o espírito do artigo 12.°, n.° 2, do Estatuto dos Benefícios Fiscais que, relativamente a benefícios fiscais condicionados, prevê a sua caducidade no caso de inobservância, imputável ao beneficiário, das obrigações impostas.

Pelo que inexiste qualquer ofensa à lei constitucional.

Ora, vem provado que, ao longo do ano de 1989, a recorrida prometeu vender e vendeu várias fracções que não foram previamente arrendadas (património, pois, não directamente afecto ao seu objecto principal: o arrendamento de imóveis próprios), por um preço total de 1.244.254 contos – cfr. pontos 6 e 7 do probatório –, o que corresponde a um valor contabilístico de 709.225 contos se se atender ao custo das imobilizações vendidas – cfr. quadro II do relatório da Inspecção-Geral de Finanças e respectiva alínea *c*), a fls. 31 dos autos.

Valor que excede 15% da soma do capital social realizado e reservas, que, nesse ano, "atingiu 1.719.375 contos" – cfr. ponto 11 do probatório –, pelo que os ditos 15% correspondem à importância de 257.906 contos.

Assim, nos preditos termos, foi violado o artigo 5.° do Decreto-Lei n.° 291/85, de 24 de Julho, e, consequentemente, verifica-se a perda do benefício fiscal previsto no artigo 15.°, n.° 1, alínea *c*) do mesmo diploma.

Termos em que se acorda conceder provimento ao recurso e revogar o aresto recorrido, mantendo-se a sentença.

Custas pela impugnante em 1.ª instância e neste STA, fixando-se aqui a procuradoria em 50%.

Lisboa, 7 de Março de 2007.

Brandão de Pinho (Relator)
Lúcio Barbosa
Jorge Lino

Recurso n.° 1204/06-30

TAXA DE OCUPAÇÃO DE SUBSOLO. AGRAVAMENTO. NOTIFICAÇÃO. ILEGALIDADE DA LIQUIDAÇÃO.

(Acórdão de 24 de Janeiro de 2007)

SUMÁRIO:

I – O agravamento previsto num Regulamento Municipal pelo atraso no pagamento de uma taxa tem a mesma natureza desta.

II – A notificação para pagamento duma taxa, e respectivo agravamento, na medida em que é susceptível de alterar a situação tributária do titular devedor da licença deve ser efectuada por carta registada com aviso de recepção, nos termos do n.° 1 do artigo 38.° do CPPT.

III – É ilegal a liquidação do agravamento duma taxa por falta de um pressuposto prévio essencial – a notificação por carta registada, com aviso de recepção, do aviso com o montante da taxa actualizado e com o período de pagamento.

ACORDAM, EM CONFERÊNCIA, NA SECÇÃO DE CONTENCIOSO TRIBUTÁRIO DO SUPREMO TRIBUNAL ADMINISTRATIVO:

I – CATVP – TV CABO PORTUGAL, SA, com sede em Lisboa, veio impugnar judicialmente a liquidação do agravamento em 50% das taxas para renovação das licenças para ocupação da via pública efectuada pela Câmara Municipal do Barreiro, referentes ao ano de 2003.

Por sentença de 21/12/05 da Mma. Juíza do TAF de Almada foi a impugnação julgada procedente e, em consequência, anulada a referida liquidação.

Inconformada com tal decisão, dela vem a Câmara Municipal do Barreiro interpor recurso para este Tribunal, formulando as seguintes conclusões:

1. Nos presentes autos está em causa a liquidação do valor parcial de € 44.498,09 correspondente ao agravamento de 50% incluído no valor das taxas para renovação das licenças para ocupação da via pública da Câmara Municipal do Barreiro ao abrigo dos arts. 6.°, n.° 3 e 64.°, n.° 4 da Tabela Anexa ao Regulamento Municipal de Liquidação e Cobrança de Taxas e Licenças da Câmara Municipal do Barreiro.

2. A recorrida foi notificada da liquidação da taxa, nos termos do art.° 38.°, n.° 4 do CPPT, ou seja, por via postal simples.

3. Notificação que não pode deixar de ter-se por válida e eficaz porquanto respeitante a uma taxa periodicamente renovável.

4. Na douta sentença recorrida, entendeu-se que a notificação em apreço deveria ter sido efectuada por carta registada com aviso de recepção, nos termos do n.° 1 do art.° 38.° do CPPT.

5. Todavia, a obrigação de pagamento da taxa decorrendo, como decorre, da pré-ocupação do solo municipal pela recorrida estava há muito constituída.

6. A liquidação ocorreu no prazo previsto, entre Janeiro e Março, nos termos que haviam sido antecipadamente e à partida comunicados à recorrida.

7. A notificação da recorrida para pagar o agravamento da taxa ocorreu por forma regular.

8. A tanto não obsta o facto de a notificação ter sido enviada para a antiga sede da recorrida.

9. É que, tendo ocorrido alteração da sede, sobre ela impendia o dever de comunicar tal alteração – o que não fez.

10. Além de que, na sede anterior manteve e mantém em funcionamento serviços diversos.

11. A douta sentença considerou ilegal a norma do art.° 6.° do Regulamento da recorrente que determina o agravamento da taxa em 50% sempre que o respectivo pagamento ocorre fora do prazo.

12. O entendimento sufragado na douta sentença decorre de nela se haver concluído que tal agravamento não configura uma taxa *ex vi* do disposto no art.° 4.°, n.° 2 da LGT, e que, dada a sua expressão, corresponde a um valor manifestamente exagerado, violando, assim, o princípio da proporcionalidade.

13. Ora, tal entendimento substancia, uma vez mais, uma deficiente interpretação dos normativos citados.

14. O agravamento da taxa – que não deixa de o ser por a montante ocorrer incumprimento do obrigado – não desvirtua ou descaracteriza a contraprestação a que a recorrida ficou obrigada.

15. O seu quantitativo foi fixado pela recorrente em paridade com o que sucede na generalidade dos Regulamentos Municipais da maioria das autarquias.

16. E foi fixado ao abrigo da margem de discricionariedade que à Administração assiste na fixação destes montantes.

17. Mas em perfeita sintonia com soluções tradicionais no direito português – v. g. em matéria locatícia que à Constituição da República não repugnam.

18. Em síntese: o agravamento de 50% da taxa em caso de falta de pagamento tempestivo constante do art.° 6.° do Regulamento de Taxas e Licenças da recorrente não é ilegal, não deixa de ser uma taxa e não viola o princípio constitucional da proporcionalidade.

Contra-alegando veio a impugnante dizer que:

1. A obrigação de pagamento das taxas de ocupação do solo e subsolo pressupõe a prévia emissão do acto tributário de liquidação, devendo o sujeito passivo "ser notificado do **quantitativo certo da taxa para determinado ano**, pois a actualização terá que ser feita pelos Serviços da Câmara, e ainda, por força do n.° 4 do artigo 64.° do Regulamento, precisa de ser avisado do **mês** para efectuar o pagamento".

2. A liquidação das taxas em apreço consubstancia um acto tributário susceptível de alterar a situação tributária do contribuinte, pelo que se impunha à recorrente a respectiva notificação por carta registada com aviso de recepção, nos termos previstos no artigo 38.°, n.° 1, do Código de Procedimento e de Processo Tributário.

3. A liquidação do "agravamento" das taxas em 50% pressupõe que seja ultrapassada a data constante do aviso(s), nos termos previstos na parte final do já citado artigo 64.°, n.° 4, da Tabela anexa ao Regulamento de Taxas e Licenças do Município do Barreiro.

4. Sendo assim e como bem decidiu o Tribunal *a quo* "os actos tributários ora impugnados, na parte relativa ao agravamento de 50% das taxas, são inválidos, por falta de um pressuposto prévio essencial, a notificação por carta registada com aviso de recepção do aviso com o montante das taxas actualizado e com o período de pagamento, pelo que contrariam o artigo 64.°, n.° 4 do Regulamento".

5. De acordo com o estabelecido no n.° 2 do artigo 4.° da Lei Geral Tributária, "As taxas assentam na prestação concreta de um serviço público, na utilização de um bem do domínio público ou na remoção de um obstáculo jurídico ao comportamento dos particulares", sendo, portanto, imperativo que exista uma relação bilateral ou sinalagmática entre o pagamento de um determinado valor e a prestação, em concreto, de um serviço por parte de um ente público ou, como acontece com os casos de licenças, a remoção de um obstáculo jurídico.

6. No caso presente, o *acréscimo* previsto no n.° 4 do artigo 64.° da Tabela não traduz qualquer pagamento de um serviço ou remoção de um obstáculo jurídico em concreto resultante do pagamento fora de prazo a que alude o "aviso", uma vez que o atraso no pagamento destas licenças não obriga o Município do Barreiro ao desenvolvimento de um qualquer esforço, ou actividade adicional.

7. O agravamento em apreço, como bem decidiu a sentença recorrida, "não é uma taxa, tal como estabelecido no artigo 4.°, n.° 2 da LGT e não se integra no elenco de taxas que os municípios podem estabelecer, previsto no artigo 19.° da Lei 42/98, de 6 de Agosto".

8. E o referido agravamento não tem natureza de coima uma vez que pode ser cumulado com coima aplicável pela verificação de uma contra-ordenação, não se enquadrando, por isso, no artigo 29.° da Lei 42/98, de 6 de Agosto.

9. O agravamento em causa pretende, como reconhece a recorrente, compensar o Município pelo atraso no pagamento. Contudo, este agravamento não configura uma taxa, como o valor cobrado é manifestamente exagerado, assim, ilegal.

10. Com efeito, não se tratando da contrapartida de um serviço prestado ou da autorização para utilização de um bem dominial, é forçoso concluir que se trata de um valor manifestamente exagerado, violando, portanto, o princípio da proporcionalidade, previsto nos artigos 18.°, n.° 2, e 266.°, n.° 2, da Constituição da República Portuguesa.

11. Acresce que a compensação pelo atraso no pagamento já é assegurada através da cobrança de juros de mora à taxa de 1% ao mês.

12. Por último – e mais uma vez bem julgou o Tribunal *a quo*, na douta sentença recorrida – "o artigo 8.°, n.° 2, alínea d) da LGT estabelece que a definição das sanções fiscais sem natureza criminal está sujeita ao princípio da legalidade tributária. Assim, a sua inclusão no Regulamento das Taxas e Licenças da Câmara Municipal do Barreiro, sem que estejam previamente previstas em lei anterior, contraria o princípio da legalidade ínsito no artigo 5.°, n.° 2 da LGT e o facto de se tratar de um agravamento na ordem dos 50% contraria ainda o princípio da justiça material decorrente do mesmo artigo.".

O Exmo. Magistrado do MP junto deste Tribunal suscita a questão da incompetência deste Tribunal, por o recurso não versar exclusivamente matéria de direito, ou, se assim se não entender, emite parecer no sentido de que se confirme o julgado.

Colhidos os vistos legais, cumpre decidir.

II – Mostram-se provados os seguintes factos:

A – Na apresentação 61 de 2003-01-30 da Certidão de Registo Comercial da impugnante – CATVP – TV CABO PORTUGAL, S.A., consta que:

"FUSÃO, por incorporação mediante a transferência global do património das sociedades (...) TV CABO SADO, S.A." (...)".

B – Em 2003-05-16, a Câmara Municipal do Barreiro dirigiu à TV Cabo Sado, S.A. na morada Rua Galileu Saúde Correia, 13, 2800 Almada, os ofícios para o pagamento dos débitos a seguir indicados, cujo texto é o seguinte:

"Assunto: Pagamento de débito (...)

Fica avisado para pagar na Tesouraria da Câmara Municipal, dentro do prazo das operações preliminares do relaxe, que termina no próximo dia 30 de Maio de 2003, as taxas e contribuições abaixo indicadas, acrescidas dos respectivos juros de mora, a liquidar no acto do pagamento, sob pena de relaxe:

(...) (...)
Juros de mora 1,00% (...)
Total: (...)"

Ofício nº		Montante da taxa	Juros de mora 1,00%	Montante Total
04447	Cabos, Condutas, Tubos – 20 cm – 10	€ 3.325,02	€ 33,25	€ 3.358,27
04448	Cabos, Condutas, Tubos – 20 cm – 102	€ 1.766,70	€ 17,67	€ 1.784,37
04449	Cabos, Condutas, Tubos – 20 cm – 72	€ 2.881,08	€ 28,81	€ 2.909,89
04450	Cabos, Condutas, Tubos – 20 cm – 5	€ 362,40	€ 3,62	€ 366,02
04474	O.V.P.-Postos Transformação – 43	€ 10.938,60	€ 109,39	€ 11.047,99
04475	O.V.P. -Postos Transformação – 34	€ 9.451,80	€ 94,52	€ 9.546,32
04476	O.V.P. -Postos Transformação – 37	€ 8.283,60	€ 82,84	€ 8.366,44
04477	O.V.P. -Postos Transformação – 29	€ 5.681,70	€ 56,82	€ 5.738,52
04478	O.V.P. -Postos Transformação – 1	€ 2.177,10	€ 21,77	€ 2.198,87
04479	O.V.P. -Postos Transformação – 1	€ 1.858,50	€ 18,59	€ 1.877,09
04480	O.V.P. -Postos Transformação – 19	€ 1.646,10	€ 16,46	€ 1.662,56
04481	O.V.P. -Postos Transformação – 6	€ 2.070,90	€ 20,71	€ 2.091,61
04482	O.V.P. -Postos Transformação – 1	€ 477,90	€ 4,78	€ 482,68
04483	Cabos, Condutas, Tubos – 20 cm - 706	€ 33.213,96	€ 332,14	€ 33.546,10
04484	Cabos, Condutas, Tubos – 20 cm - 500	€ 15.302,34	€ 153,02	€ 15.455,36
04485	Cabos, Condutas, Tubos – 20 cm - 502	€ 14.586,60	€ 145,87	€ 14.732,47
04486	Cabos, Condutas, Tubos – 20 cm - 571	€ 15.619,44	€ 156,19	€ 15.775,63
04487	Cabos, Condutas, Tubos – 20 cm - 10	€ 3.850,50	€ 38,51	€ 3.889,01

C – Em 2003-05-29 foi registada a entrada na Câmara Municipal do Barreiro do ofício dirigido ao Senhor Vereador da Divisão das Actividades Económicas pela TV Cabo Portugal, através do qual foi requerido que:

" (...) seja aceite o pagamento do valor das taxas no montante de 88.996,16 Euros, sem aplicação de juros ou penalidades, para o que remete cheque no referido montante. (...)".

D – Em 2003-06-04, a Câmara Municipal do Barreiro emitiu certidões de dívida, relativas aos processos e nos montantes a seguir indicados:

Processo nº	Montante da taxa
506	€ 3.325,02
507	€ 1.766,70
508	€ 2.881,08
509	€ 362,40
492	€ 10.938,60
493	€ 9.451,80
494	€ 8.283,60
495	€ 5.681,70
496	€ 2.177,10
497	€ 1.858,50
498	€ 1.646,10
499	€ 2.070,90
500	€ 477,90
501	€ 33.213,96
502	€ 15.302,34
503	€ 14.586,60
504	€ 15.619,44
505	€ 3.850,50

E – A TV Cabo Sado, SA foi citada para o Processo Executivo n.º 492/03 e Apensos.

F – Em 2003-07-03, através do ofício n.º 3702 foi comunicado pela Câmara Municipal do Barreiro à TV Cabo Portugal, S.A., o seguinte:

"Assunto: Renovação das Licenças de Ocupação da Via Pública – TV Cabo

(...) através do requerimento (...) de 29.05.2003, informamos que por despacho de 4 de Julho de 2003, (...) foi indeferido o vosso pedido relativamente ao pagamento do valor das taxas, no montante de 88.996,16 €, referente às licenças do ano de 2003, sem aplicação de juros ou penalidades, pelos seguintes motivos:

– A TV Cabo Sado, SA, é titular de 43 licenças de ocupação da via pública no solo com postos de transformação (armários) e 43 licenças de ocupação da via pública no subsolo com cabos condutores (...);

– A renovação destas licenças encontravam-se a pagamento à boca do cofre no período de 2 de Janeiro a 31 de Março de 2003, no montante global de 88.996,16€, ou nos 30 dias subsequentes ao termo do prazo indicado no aviso, acrescido da taxa de 50%, no montante global de 133.494.24 €. Findo o prazo e tendo-se verificado que não procederam ao pagamento destas licenças, foi processado o Débito à Tesouraria no valor de 133.494.24€, já incluído o agravamento de 50%, cfr. n.º 4 do Artigo 64.º do Regulamento (...);

– Como tem sido hábito, o aviso a informar o valor das licenças referente ao ano de 2003, foi remetido para o titular das mesmas em meados do mês de Janeiro de 2003, após processamento informático. O aviso foi remetido em nome da TV Cabo Sado, SA, para a Rua Galileu Saúde Correia, n.º 13 – 2800 Almada, cf. consta nas licenças;

– Através do requerimento atrás mencionado, é referido por V. Exas, que a TV Cabo Sado, SA, fundiu-se, por incorporação, na TV Cabo Portugal, SA, passando para a titularidade desta, por consequência, todos, os direitos e obrigações daquela, cuja nova sede é na Av. 5 de Outubro, 208 10.º – (...) Lisboa. A Divisão de Actividades Económicas e Turismo só tem conhecimento desta

passagem de titular e da nova sede, no acto da recepção do referido requerimento, em 30 de Maio de 2003;

– V. Exas referem que não receberam o aviso com o valor aplicável ao ano de 2003, daí que não tenha pago as taxas devidas relativas a 2003;

– Na verdade a TV Cabo Sado, SA, até ao ano de 2002, procedeu sempre ao pagamento das suas licenças dentro do prazo, ou seja, até 31 de Março, contudo não poderá a TV Cabo Portugal, SA, alegar que não renovou as licenças de 2003, pelo facto de não ter recebido o aviso. No acto do licenciamento é referido que "Este licenciamento é renovável anualmente, no período de Janeiro a Março, enquanto a ocupação se mantiver.", cf. consta nos ofícios remetidos à TV Cabo Sado, S.A.. Por outro lado e na sequência da fundição, por incorporação, na TV Cabo Portugal, SA, esta tinha por obrigação inteirar-se de todas as licenças existentes no concelho do Barreiro, assim como comunicar à Câmara o novo titular das licenças e a nova sede, facto que não o fez, tendo em conta que passou para a titularidade da TV Cabo Portugal, SA, todos os direitos e obrigações da TV Cabo Sado, SA, cf. é referido no vosso requerimento apresentado em 29 de Maio de 2003;

Neste sentido, deverão V. Exas, proceder ao pagamento no montante global de 133.494,24€, o qual será acrescido dos respectivos juros de mora (...) (Assinatura)".

G – "Este licenciamento é renovável anualmente, no período de Janeiro a Março, enquanto a ocupação se mantiver.".

H – Em 2003-08-08, a CATVP – TV CABO PORTUGAL, SA requereu ao Presidente da Câmara Municipal do Barreiro a suspensão do presente processo executivo e o pagamento parcial da dívida exequenda.

I – Em 2003-08-14, a Câmara Municipal do Barreiro emitiu certidão donde consta:

"(...)

Mais se certifica que a matéria constante do referido aviso é relativa à Renovação para 2003 das licenças que a TV-CABO SADO, S.A., já renovou, por processo idêntico, em anos anteriores. Desde 1996 que a TV-CABO SADO, S.A, vem renovando anualmente as licenças que possui neste município em obediência ao Regulamento Municipal de Liquidação de Taxas e Licenças, cujo clausulado a observar é comunicado formalmente em cada licenciamento inicial. (...)".

J – Em 2003-08-26, a Câmara Municipal do Barreiro emitiu certidão donde consta:

"(...)

No rosto do aviso constava a identificação do titular da licença "TV-CABO SADO, S.A" o endereço "R. Galileu Saúde Correia, 13 – 2800 Almada", o ano da licença "ANO – 2003", o número de identificação do titular da licença "1091", a quantidade de licenças "86 CONH.", o valor global das licenças "88.996,16€" e o prazo de pagamento "LIC.OVP/PUB-pagamento normal até 31 de Março. De 1 a 30 Abril acresce 50% agravamento. Findo o prazo será debitado à Tesouraria.

(...)

A forma de expedição do aviso é correio normal, sem registo nem aviso de recepção.

Quanto à data de expedição do aviso, informamos que entre o dia 10 de Janeiro e o dia 20 de Janeiro do ano de 2003, foram remetidos para o correio cerca de 1900 avisos a todos os titulares de licenças anuais, após processamento informático, entre os quais encontrava-se o aviso remetido à TV-CABO SADO, S.A. pelo que não podemos certificar a data exacta de expedição daquele aviso.

Quanto à data em que o aviso terá sido recepcionado e tendo em conta a forma de expedição, correio normal, sem registo nem aviso de recepção, não nos é possível certificar a data da recepção do aviso pela TV-CABO SADO, S.A..

Mais se certifica que a matéria constante do referido aviso e relativa à Renovação para 2003 das licenças que a TV-CABO SADO, S.A já renovou, por processo idêntico, em anos anteriores. (...)

Para a renovação das licenças relativas ao ano de 2003, foi informaticamente emitido aviso dirigido à TV Cabo, Sado S.A., com a morada em Rua Galileu Saúde Correia, 13 – 2800 Almada donde constava que devia ser feito pagamento do montante global de 88.996,16 €, relativo a 86 conhecimentos/licenças no prazo de pagamento até 31 de Março de 2003 e que de 1 a 30 de Abril a este valor acrescia 50%. Findo Abril seria feito o débito à Tesouraria para efeitos da sua cobrança (...)".

L – Em 2001, a Câmara Municipal do Barreiro – Departamento de Planeamento e Gestão Urbana dirigiu à TV CABO SADO, SA, R. Galileu Saúde Correia, 13-A-B, 2804-525 Almada, o ofício 2344, com o seguinte teor:

" Assunto: Instalação da rede de distribuição de televisão por cabo, Célula 20 (Urb.Qta dos Fidalguinhos) – Processo – OVP/79/01

No seguimento do n/ ofício n.º 2258 de 21-SET-01, informamos V. Ex.as. que deverão comparecer na Divisão Actividades Económicas e Turismo, sito no Largo Alexandre Herculano, 85-1.º Esq. – Barreiro, no prazo de 8 dias a contar da data da recepção do presente ofício, afim de proceder ao pagamento da respectiva licença para o ano de 2001, no valor de €60,63 (...) ou 12.156$00 (...).

Mais se informa que este licenciamento é renovável anualmente, no período de Janeiro a Março, enquanto a ocupação se mantiver.

(...) A Responsável da Divisão de Actividades Económicas e Turismo (...) (Assinatura).

M – Em 2002-02-04, a Câmara Municipal do Barreiro – Departamento de Planeamento e Gestão Urbana dirigiu à TV CABO SADO, SA, R. Galileu Saúde Correia, 13-A-B, 2804-525 Almada, o ofício 198, com o seguinte teor:

"Assunto: Instalação da rede de distribuição de televisão por cabo, Célula 3 – Urb. Das Gateiras – Alto Seixalinho – Processo – OVP/2/02

No seguimento do n/ ofício n.º 43 de 09-JAN-02, informamos V. Ex.as. que deverão comparecer na Divisão Actividades Económicas e Turismo, sito no Largo Alexandre Herculano, 85-1.º Esq. – Barreiro, no prazo de 8 dias a contar da data da recepção do presente ofício, afim de proceder ao pagamento da respectiva licença para o ano de 2002, no valor de €336,63 (...) ou 67.488$00 (...).

Mais se informa que este licenciamento é renovável anualmente, no período de Janeiro a Março, enquanto a ocupação se mantiver.

(...) O Presidente da Câmara (Assinatura)".

N – A impugnante só comunicou a alteração de sede em Maio de 2005.

O – Em 2003-09-22 deu entrada na C.M. do Barreiro a presente impugnação.

P – Em 2003-09-30, a impugnante efectuou o pagamento total da dívida, conforme guias de receita e carimbos nelas apostos, de fls. 146 a 164 dos autos.

III – 1. Vem o Exmo. PGA junto deste Tribunal suscitar a incompetência, em razão da hierarquia, do STA para conhecer do presente recurso por este não versar exclusivamente matéria de direito.

Alega, para tanto, que a Mma. Juíza "a quo", para decidir como decidiu, estabeleceu, além do mais, que a impugnante, ora recorrida, não recebeu o aviso de liquidação da taxa remetido pela Câmara Municipal do Barreiro por correio simples e que, não obstante, esta, aqui recorrente, nas conclusões 7.ª e 10.ª das suas alegações articula factos donde se extrai a conclusão de facto de que a impugnante recebeu tal aviso.

Não cremos, porém, que o Exmo. PGA tenha razão.

Com efeito, o que resulta dos autos é que a Câmara Municipal do Barreiro procedeu ao envio do aviso, por correio normal, para o pagamento das taxas, no período de Janeiro a Março do ano em causa, de acordo com a prática usual dos serviços, não se provando que a impugnante os não tenha recebido.

E a recorrente não contesta tal factualidade, apenas alegando que a notificação da recorrida para pagar o agravamento da taxa ocorreu por forma regular enquanto na sentença recorrida se entendeu que tal notificação deveria ter sido feita por carta registada com aviso de recepção.

A questão que se coloca é, assim, a de se saber se à recorrente se impunha que a referida notificação fosse feita por carta registada com aviso de recepção ou se bastava o aviso simples, ou seja, tendo essa notificação sido feita por aviso simples se a mesma é ou não válida.

Sendo que tal matéria é exclusivamente de direito.

Razão por que improcede a questão prévia suscitada pelo MP.

2. Passemos, então, a conhecer do objecto do recurso.

Está em causa, nos presentes autos, a liquidação do montante de €44.498,09, correspondente ao agravamento de 50% do valor das taxas devidas pela renovação das licenças para ocupação da via pública da Câmara Municipal do Barreiro, ao abrigo do disposto nos artigos 6.º, n.º 3 e 64.º, n.º 4 da Tabela anexa ao Regulamento Municipal de Liquidação e Cobrança de Taxas e Licenças da Câmara Municipal do Barreiro.

A recorrida veio impugnar tal liquidação com fundamento na sua ilegalidade, quer por falta de notificação do acto pressuposto desse agravamento, quer pela ilegalidade abstracta deste, em virtude da inconstitucionalidade do n.º 4 do artigo 64.º da referida Tabela na parte em que prevê esse agravamento, por violação dos princípios da legalidade, da proporcionalidade e da igualdade.

Na sentença recorrida, a Mma. Juíza "a quo" julgou procedente a impugnação deduzida, ordenando a anulação da liquidação impugnada, atenta a sua invalidade, por falta de um pressuposto prévio essencial (a notificação por carta registada com aviso de recepção do aviso com o montante das taxas actualizado anualmente e com o período de pagamento), e a ilegalidade da norma do citado Regulamento que determina o agravamento da taxa em 50%.

Não se conformando com esta decisão, dela recorre, então, a Câmara Municipal do Barreiro para este Tribunal alegando, em síntese, que, ao invés do que entendeu o tribunal "a quo", o recebimento da notificação não é essencial, nem indispensável para constituir a obrigação tributária, pela simples razão de que a obrigação de pagar a taxa se renova automaticamente, enquanto se mantiver a ocupação, e resulta do próprio Regulamento, e, por outro lado, a liquidação do agravamento em causa também não é ilegal, por não violar nenhum dos princípios constitucionais invocados, e a sua fixação se inserir no exercício de poderes discricionários da Administração.

Começando por apreciar, então, se a liquidação em causa padece do vício de violação de lei, em virtude da inconstitucionalidade do n.º 4 do artigo 64.º da Tabela anexa ao Regulamento das Taxas e Licenças do Município do Barreiro, na parte em que este prevê o agravamento de 50%, por violação dos princípios da legalidade, da proporcionalidade e da igualdade, por ser este o vício cuja procedência determina mais estável ou eficaz tutela dos interesses ofendidos, vejamos.

O agravamento impugnado foi liquidado ao abrigo do disposto no n.º 4 do artigo 64.º da Tabela anexa ao Regulamento das Taxas e Licenças do Município do Barreiro, segundo o qual "quando se trate de renovação, o pagamento das licenças decorre durante o mês indicado no aviso, após o que poderão ainda ser pagas com a taxa acrescida de 50%, se pagas nos 30 dias subsequentes ao termo do prazo".

Na sentença recorrida concluiu-se, a este respeito, que o agravamento seria ilegal por, não revestindo a natureza de taxa, coima ou sanção pecuniária, ser desconforme com o artigo 5.º, n.º 2 da LGT e com os artigos 19.º e 29.º da Lei das Finanças Locais.

Não podemos concordar com tal entendimento na medida em que o agravamento impugnado não tem outra natureza que não a da própria taxa agravada, ou seja, estamos perante a mesma taxa, só que exigida em montante diverso, por não ter sido paga no prazo previsto.

Não se questiona a legitimidade da recorrente, face aos preceitos citados, para lançar mão do aludido tributo, cuja legalidade também se não contesta.

E que já foi qualificado como taxa por este STA (v. Ac. de 27/4/2005, no recurso 1338/04), por ter natureza sinalagmática.

Assim, o agravamento impugnado tem, pois, a natureza de taxa, tendo cobertura legal no referido artigo 19.º da Lei das Finanças Locais.

Tal agravamento constituirá, a nosso ver, antes uma "penalização" pelo atraso no pagamento da taxa devida no prazo previsto.

Sendo certo que o artigo 29.º da Lei das Finanças Locais permite às autarquias o estabelecimento de coimas pela violação de posturas e regulamentos de natureza genérica.

É o que se extrai também do n.º 3 do artigo 64.º da Tabela anexa ao Regulamento de Taxas e Licenças do Município do Barreiro ao prescrever que "sempre que o pedido de renovação das licenças ou o seu pagamento for efectuado fora de prazo será o seu montante acrescido de 50% não havendo lugar ao pagamento de coima, salvo se já tiver sido autuado o processo de contra-ordenação".

Pelo que, tratando-se duma "penalização", o valor do agravamento não tem que ter qualquer correspondência com qualquer contrapartida por parte da Câmara Municipal do Barreiro.

Daí que não faça sentido o apelo à violação do princípio constitucional da proporcionalidade.

Como, de resto, não há também aqui qualquer violação do princípio da igualdade pelo pagamento dum montante diferente da mesma taxa por contribuintes que usufruem do mesmo tipo de bens, já que tal diferenciação radica no facto de uns terem pago a taxa devida no prazo previsto, cumprindo assim a lei, e outros não.

Não ocorre, pois, aqui o alegado vício de violação de lei, por inconstitucionalidade do n.º 4 do artigo 64.º da Tabela anexa ao Regulamento das Taxas e Licenças do Município do Barreiro.

Já quanto à invalidade do acto de liquidação impugnado (agravamento de 50% das taxas) por falta de um pressuposto prévio essencial, a notificação por carta registada com aviso de recepção do aviso com o montante das taxas actualizado anualmente e com o período de pagamento, o decidido pela Mma. Juíza "a quo" parece ser de confirmar.

Com efeito, nos termos do n.º 4 do artigo 64.º da Tabela anexa ao Regulamento citado, quando se trate de renovação, o pagamento das licenças decorre durante o mês indicado no aviso, após o que ainda poderão ser pagas com a taxa acrescida de 50%, se pagas nos 30 dias subsequentes ao termo do prazo.

As taxas constantes desse Regulamento, de acordo com o seu artigo 3.º, serão objecto de actualização anual automática, segundo o índice de inflação anual publicado pelo Instituto Nacional de Estatística, com efeitos a partir do dia um do mês seguinte ao da sua publicação.

Assim, o prazo para pagamento da renovação das taxas será sempre o do mês indicado no aviso, sendo que só no caso de não pagamento durante o prazo aí indicado haverá lugar ao pagamento com o agravamento de 50%.

Ou seja, para que o interessado possa pagar atempadamente a renovação da taxa devida em cada ano necessário se torna que a Câmara Municipal do Barreiro o notifique do montante exacto a pagar naquele ano e do prazo dentro do qual o pode e deve fazer.

Como se diz na sentença recorrida, o facto de a licença em causa ser renovável anualmente, no período de Janeiro a Março, não exime a recorrente de anualmente notificar o devedor das taxas do seu quantitativo devidamente actualizado e do mês e prazo de pagamento porque a isso o impõe o n.º 4 do artigo 64.º da Tabela anexa do citado Regulamento.

Por outro lado, a sua actualização automática não garante só por si que o prazo de pagamento seja sempre o mesmo na medida em que essa actualização está pendente da publicação do índice de inflação anual pelo INE, como também não é exigível que seja o contribuinte a fazer o cálculo dos novos valores das taxas a pagar.

Assim sendo, há que apurar se para efectuar essa notificação a lei se basta com o aviso simples ou se, pelo contrário, impõe a notificação por carta registada com aviso de recepção.

O n.º 4 do artigo 64.º da Tabela anexa do Regulamento em causa fala apenas em aviso e o n.º 4 do artigo 38.º do CPPT estabelece que as notificações relativas a liquidações de impostos periódicos feitas nos prazos previstos na lei são efectuadas por simples via postal.

Já o n.º 1 do mesmo artigo 38.º do CPPT dispõe que as notificações são efectuadas obrigatoriamente por carta registada com aviso de recepção, sempre que tenham por objecto actos ou decisões susceptíveis de alterarem a situação tributária dos contribuintes.

Por isso se tem entendido que, mesmo relativamente a impostos periódicos, aquela regra do n.º 4 do artigo 38.º do CPPT se reporta apenas aos casos em que o acto de liquidação não envolve uma alteração da situação tributária dos contribuintes, que é o que sucedia na contribuição autárquica e sucede actualmente com o imposto municipal sobre imóveis, liquidados em regra oficiosamente com base nos elementos já existentes.

Diferente é o que sucede com o IRS e IRC em que a liquidação é feita anualmente com base em elementos diferentes e em que, por isso, aquela envolve sempre uma alteração da situação do contribuinte, por constituir uma obrigação tributária que não existia anteriormente e cujos pressupostos não estavam definidos (v. Jorge de Sousa, in CPPT anotado e comentado, p. 349).

No caso em apreço, a obrigação do pagamento da taxa anual só se constitui após um acto de liquidação da Câmara Municipal, tornando a dívida certa, e que fixe em concreto o prazo de pagamento, tornando a dívida exigível.

Tal acto, porque susceptível de alterar a situação tributária do contribuinte, por revelar ao mesmo o valor concreto que lhe é exigido e o momento em que deve proceder ao seu pagamento, findo o qual fica sujeito ao agravamento previsto no n.º 4 do artigo 64.º citado, tem de ser notificado obrigatoriamente por carta registada com aviso de recepção aos titulares devedores das licenças, nos termos do n.º 1 do artigo 38.º do CPPT.

No caso dos autos, apenas resulta provado que a recorrente se limitou a enviar aviso para pagamento das taxas através de correio normal, sem registo nem aviso de recepção.

Sendo certo que recaía sobre ela o ónus da prova dos pressupostos de que depende o seu direito de exigir a obrigação tributária, designadamente que houve uma notificação validamente efectuada (v. Ac. deste Tribunal de 6/10/2005, no recurso 500/05).

E, assim sendo, forçoso é concluir pela ilegalidade da liquidação do agravamento das taxas devidas em 50%, por falta de um pressuposto prévio essencial – a notificação por carta registada com aviso de recepção do aviso com o montante das taxas actualizado para o ano e com a indicação do período de pagamento – em violação do disposto no n.º 4 do artigo 64.º da Tabela anexa ao Regulamento das Taxas e Licenças do Município do Barreiro.

IV – Termos em que, face ao exposto, acordam os Juízes da Secção de Contencioso Tributário do STA em negar provimento ao recurso, confirmando a decisão recorrida, com a presente fundamentação.

Sem custas, por delas estar isenta a recorrente.

Lisboa, 24 de Janeiro de 2007.

António Calhau (Relator)
Brandão de Pinho
Pimenta do Vale

Recurso n.º 463/06-30

TRANSMISSÃO DE BENS EM SEGUNDA MÃO. AUTOMÓVEIS USADOS ADQUIRIDOS EM PAÍSES DA CE. DIRECTIVA N.º 94/5/CE, DE 14/2/94. APLICAÇÃO DIRECTA NO DIREITO INTERNO PORTUGUÊS. DECRETO-LEI N.º 199/96 DE 18/10. TRIBUTAÇÃO DE VEÍCULOS EM SEGUNDA MÃO. VALOR TRIBUTÁVEL.

(Acórdão de 7 de Março de 2007)

SUMÁRIO:

I – As directivas comunitárias têm aplicação directa no direito interno português se as disposições respectivas forem incondicional e suficientemente precisas e tenha já transcorrido o prazo para a sua transposição para o direito interno.

II – A transmissão de bens em segunda mão (carros usados adquiridos em países da CE), ocorrida depois de 1/1/95, mas antes da vigência do Decreto-Lei n.º 199/96 de 18/10, é regulada directamente pelas pertinentes normas da Directiva n.º 94/5/CE, de 14/2/94.

III – O valor tributável dos veículos comprados em segunda mão no estrangeiro e vendidos no território nacional é constituído pela diferença entre o preço de compra, com inclusão do IVA e o preço de venda.

IV – No preço de compra não se inclui o imposto automóvel, pois este é pago em Portugal e a aquisição dos veículos ocorreu no estrangeiro.

ACORDAM NESTA SECÇÃO DO CONTENCIOSO TRIBUTÁRIO DO SUPREMO TRIBUNAL ADMINISTRATIVO:

1 – Irmãos Santos da Cunha & Cª, Lda, melhor identificada nos autos, não se conformando com a sentença do Tribunal Administrativo e Fiscal de Braga que julgou improcedente a impugnação judicial que deduziu contra o acto de liquidação adicional de IVA e respectivos juros compensatórios, relativos aos anos de 1994 e 1995, dela vem interpor o presente recurso, formulando as seguintes conclusões:

1ª A douta sentença não releva a aplicação directa da Directiva n.º 94/5/CE, do Conselho, de 14.02.1994, no direito interno português.

2ª A doutrina e a jurisprudência comunitária são unânimes em reconhecer o efeito directo às disposições de uma directiva, verificadas determinadas condições, para poderem ser invocadas pelas pessoas interessadas contra normas internas de sentido contrário.

3ª Este efeito directo depende da não transposição ou da incorrecta ou parcial transposição da directiva no prazo nela fixado, bem como do carácter incondicional e suficientemente preciso das respectivas disposições.

4ª O efeito directo das disposições de uma directiva foi também claramente perfilhado e sustentado pela douta jurisprudência nacional, da qual se destaca, em particular, o Acórdão de 11.05.2005, proc.º n.º 26/2005, 2ª Secção do STA, que se pronuncia, específica e inequivocamente, sobre a aplicação directa no direito interno português da mencionada Directiva n.º 94/5/CE, face ao decurso do prazo para a sua transposição e ao carácter incondicional e suficientemente preciso das suas disposições.

5ª A omissão ilegítima da transposição da Directiva em causa pelo Estado Português, violadora do disposto nos artigos 10.º e 249.º do Tratado da Comunidade Europeia, legitima a invocação por um particular num tribunal nacional do regime especial aplicável aos bens em segunda mão nela estatuído.

6ª A factualidade assente na douta sentença enquadra-se inteiramente no regime previsto na mencionada Directiva, na medida em que parte substancial das aquisições intracomunitárias de viaturas usadas foram efectuadas pela recorrente a sujeitos passivos revendedores e sujeitas a IVA nos respectivos países de origem ao abrigo de regime especial de tributação de bens usados.

7ª Nessa medida, a douta sentença, ao confirmar a legalidade das liquidações impugnadas, viola, nomeadamente, a Directiva nº 94/5/CE, do Conselho, de 14.02.1994.

Mais se conclui que:

8ª Já anteriormente à transposição da citada Directiva Comunitária, o regime interno, então vigente, nomeadamente o Decreto-Lei nº 504-G/85, de 30.12, aplicável às transmissões de bens em segunda mão, conjugado com o Regime do IVA nas Transacções intracomunitárias (RITI), aprovado pelo Decreto-Lei nº 290/92, de 28.12, impunha idêntico tratamento a essas aquisições.

9ª Atenta a específica natureza das transacções, em causa (compras e vendas de veículos automóveis usados), nunca seria aplicável o regime geral de incidência do IVA, mormente do RITI, mas sim o regime constante do referido Decreto-Lei nº 504-G/85, de 30.12.

10ª O imposto apenas deveria incidir sobre o valor efectivamente acrescentado, isto é, o valor resultante da diferença entre a contraprestação obtida ou a obter na venda e o preço da compra dos mesmos bens, conforme decorre do artigo 16.º, n.º 2, al. f), do Código do IVA e do artigo 1º, nºs 1 e 2, do Decreto-Lei nº 504-G/85, de 30.12.

11ª A liquidação de IVA nessas aquisições intracomunitárias, sancionada pela douta sentença, redunda numa inequívoca dupla tributação de tais bens, contrária ao objectivo pretendido pela harmonização fiscal comunitária no âmbito do IVA, concretizada, nomeadamente, não só no RITI, como no regime especial de bens em segunda mão regulado na aludida Directiva n.º 94/5/CE.

12ª A douta sentença, ao confirmar a legalidade das liquidações impugnadas, violou, não só, a aludida Directiva n.º 94/5/CE, mas também os aludidos artigos 16.º do CIVA e 1º do Decreto-Lei n.º 504-G/85.

13ª A interpretação feita pela douta sentença, acaba por sancionar uma flagrante discriminação dos produtos provenientes dos outros Estados – membros em relação aos produtos nacionais transaccionados em idênticas circunstâncias, violando, desse modo, o princípio da igualdade de tratamento dos agentes comunitários perante a regulamentação fiscal, consagrado, nomeadamente, no artigo 90.° do Tratado da Comunidade Europeia.

Conclui-se, ainda, que:

14ª Em todos os casos sub judice, a recorrente aplicou o regime de tributação da margem regulado pelo Decreto-Lei n.° 504-G/85, de 30 de Dezembro, cujo valor tributável será constituído pela diferença, devidamente justificada, entre o preço de venda e o preço de compra, de harmonia com a alínea f) do n.° 2 do artigo 16.° do Código do IVA e, ao tempo, com o n.° 2, do artigo 1.° do mencionado Decreto-Lei n.° 504-G/85.

15ª A margem sujeita a tributação será correspondente à diferença entre o preço de venda e o preço de compra, incluindo este o imposto automóvel, pois, só assim, aquela margem corresponderá ao valor efectivamente acrescentado nesta fase do circuito económico do bem.

16ª A douta sentença ao confirmar a legalidade das liquidações impugnadas, que não tiveram em conta na determinação do preço de compra o imposto automóvel, violou, mais uma vez, os já citados artigos 16.° do CIVA e 1.° do Decreto-Lei n.° 504-G/85.

A Fazenda Pública não contra-alegou.

O Exm.° Procurador-Geral Adjunto emitiu douto parecer no sentido de ser concedido parcial provimento ao recurso, "quanto às liquidações referentes ao exercício de 1995, devendo, no mais, ser confirmado o julgado recorrido", sufragando-se, para o efeito, na jurisprudência desta Secção do STA, que cita.

Colhidos os vistos legais, cumpre decidir.

2 – A sentença recorrida fixou a seguinte matéria de facto:

1. A Administração Fiscal procedeu a uma acção de fiscalização à impugnante que teve início em 26.02.98 e terminou em 18.06.1998;

2. Da acção de fiscalização resultaram as liquidações adicionais n.° 98108438 e 98108447, relativas aos anos de 1994 e 1995, no valor de 6.850.520$00, 3.340.948$00, respectivamente, com limite de pagamento no dia 30.09.1998;

3. Foram ainda efectuadas as seguintes liquidações de juros compensatórios:

a) n.° 98108429 relativa ao 9402, no valor de 661 319$00;

b) n.° 98108430 relativa ao 9404, no valor de 219 735$00;

c) n.° 9810831 relativa ao 9405, no valor de 931 868$00;

d) n.° 98108432 relativa ao 9407, no valor de 68 928$00;

e) n.° 98108433 relativa ao 9408, no valor de 402 502$00;

f) n.° 98108434 relativa ao 9409, no valor de 137 871$00;

g) n.° 98108435 relativa ao 9410, no valor de 1 145 233$00;

h) n.° 9810836 relativa ao 9411, no valor de 230 422$00;

i) n.° 98108437 relativa ao 9412, no valor de 365 003$00;

j) n.° 98108439 relativa ao 9501, no valor de 82 821$00;

k) n.° 98108440 relativa ao 9502, no valor de 454 328$00;

l) n.° 98108441 relativa ao 9503, no valor de 435 622$00;

m) n.° 98108442 relativa ao 9504, no valor de 189 549$00;

n) n.° 98108443 relativa ao 9505, no valor de 101 587$00;

o) n.° 98108444 relativa ao 9506, no valor de 70 856$00;

p) n.° 981084445 relativa ao 9509, no valor de 172 808$00;

q) n.° 98108446 relativa ao 9510, no valor de 56 961$00;

4. Do Relatório da Divisão de Prevenção e Inspecção Tributária II, que aqui se dá por reproduzido, com relevância para a decisão consta o seguinte: (...)

Comércio de viaturas

(...)

No que concerne aos bens em 2ª mão, importados, adquiridos a sujeitos passivos de o Estado Membro, no termos da al. a) do n.° 1 do art.° 1.° do RITI, sempre que um sujeito passivo nacional, designadamente um revendedor, adquirir veículos usados a um s. passivo estabelecido noutro E.M. da União Europeia, deverá proceder à liquidação de imposto devido pela aquisição intracomunitária efectuada, verificado o facto gerador do imposto e cumpridas as regras da exigibilidade.

Por outro lado, tendo o sujeito passivo nacional optado pelo regime de tributação da margem, não lhe é possível o exercício do direito à dedução do imposto suportado com a aquisição dos bens, conforme decorre do disposto no n.° 3 do art.° 21.° do CIVA, conjugado com o n.° 1 do art.° 3.° do D.L. n° 504-G/85.

Na venda dos bens, a base tributável sobre que incide o imposto será a diferença entre o preço da venda e o preço de compra dos bens, com inclusão do IVA (al. f) do n.° 2 do art.° 16.° do CIVA e n.° 2 do DL 504-G/85).

Assim, vamos elaborar dois mapas relativos à totalidade dos veículos vendidos em 1994 liquidando o IVA das aquisições intracomunitárias e corrigindo o IVA liquidado (tributação pela margem).

Em função dos mapas referidos, que fazem parte integrante deste Relatório, a págs 5 e 6, o IVA não liquidado nas aquisições intracomunitárias, nos termos do referido art.° 1.° do RITI, seu n.° 1 al. a) e o IVA não liquidado na venda dos bens usados, nos termos da al. f) do n.° 2 do art.° 16.° do CIVA e n.° 2 do art.° 1.° do D.L. 504-G/85, tem os seguintes valores:

Exercícios	IVA AIC B	IVA não liquid	Total
1994	4.384.662$	2.465.858$	6.850.520$
1995	1.777.047$	1.563.936$	3.340.983$
Total	6.161.709$	4.029.794$	10.191.503$

2 – A margem bruta sobre as vendas declaradas, relativamente ao comércio de viaturas usadas foi de 3,48%, como se verifica no quadro constante da pág. 2 deste Relatório.

Uma vez que o volume de Vendas foi pequeno verificamos a margem obtida na totalidade das Vendas.

Em função das correcções referidas anteriormente a margem bruta foi, efectivamente, ligeiramente inferior (2,8%):

P. aquisição +IA+IVA não dedut.	Venda – IVA liquidado	MB
72520408+4384662+21371484	1058994000-2321210-465858	
98.276.554	101106932	2,8%

(valores em escudos)

3 – Como se disse anteriormente, no exercício de 1994 apenas foram comercializadas viaturas usadas, grande parte delas adquiridas no mercado intracomunitário, o que se verifica desde logo pelas divergências constantes do VIES, que são grandes pois alguns fornecedores declaram a transmissão, mas o sujeito passivo fiscalizado não declarou qualquer aquisição intracomunitária.

As transmissões constantes do sistema VIES são as seguintes:

(...)

	1° T94	2° T94	3° T94	4°T94	1° T95
VIES	3.999.046$	1.715.616$	8.195.825$	0$	5.362.497$
D.P.	0$	0$	0$	0$	0$
DIFERENÇA	3.999.046$	1.715.616$	8.195.825$	0$	5.362.497$

Incluiu-se o 1° trimestre de 1995, estendendo-se também esta análise a este exercício, uma vez que a aquisição de automóveis usados no espaço Intracomunitário, para revenda, se manteve. Nos restantes trimestres deste ano (1995) não há registo de transmissões para o sujeito passivo ora fiscalizado, no sistema VIES.

Os dados recolhidos no VIES permitem-nos concluir terem ocorrido as seguintes aquisições intracomunitárias, por fornecedor:

Fornecedor	1° T94	2° T94	3° T94	1° T95
DE118637101	3.999.046$			
DE147261834		1.715.616$		
FR84384135059			8.195.825$	
BE419011987				1.732.422$
BE429387326				1.677.345$
BE443985331				1.952.730$
	3.999.046$	1.715.616$	8.195.825$	5.362.497$

Informações ao abrigo da Cooperação Administrativa Intracomunitária:

(3.1) A factura relativa à aquisição ao fornecedor de 118637101, não consta da contabilidade da empresa. Segundo declarações do gerente Dr. Carlos Rocha (Anexo 3) esta viatura foi importada em nome da empresa «Irmãos Santos da Cunha & Cª Lda." embora adquirida e pago o IA por um particular, Sr. Manuel Ferraz Rodrigues, que veio vendê-las à empresa em Abril por 7.200.000$.

Haverá portanto IVA a liquidar na aquisição intracomunitária, sendo base tributável o valor em escudos constante do Sistema VIES (solicitada cópia da factura ao abrigo da Administrativa Intracomunitária – n.° 5 do Reg. CEE/2 18/92 de 27/01).

(3.2) O fornecedor FR84384135059 – "SARL COMIMPEX IMPORTEXPORT" declarou um total facturado ao sujeito passivo fiscalizado de FRF275.000, tendo no entanto facturado um total de FRF335.000, conforme fotocópias que se juntam a informação ao abrigo da Cooperação Administrativa Intracomunitária prevista no art. 5.° do Regulamento CEE/218/92 de 27 de Janeiro.

(3.3) Foram detectadas diversas facturas relativas a aquisições Intracomunitárias, as quais não foram declaradas pelos fornecedores, pelo que nos termos da Cooperação Administrativa referida, seguem informações relativas a estes fornecimentos, que totalizam, por fornecedor e ano:

Fornecedor	1994	1995
DE145176051	DM74.750	
BE4517750025		FRB 311.025
Valor Contab..$	7.715.709$	1.561.158$

IV – CONCLUSÕES

Em face do exposto neste Relatório, somos de parecer que a contabilidade reflectirá as operações realizadas pelo sujeito passivo, embora fiscalmente não tenham sido observadas algumas disposições do Código do Imposto sobre o Valor Acrescentado, Regime do IVA nas Transmissões Intracomunitárias e Dec-Lei n.° 504-G/85, as quais implicara falta de liquidação de IVA, nos seguintes períodos e montantes (valores em escudos):

(...); (fls. 35 a 43 dos autos)

5. A impugnante dedica-se ao comércio, a retalho de veículos automóveis e ao comércio a retalho de peças e acessórios de automóveis e exploração de oficina de reparações automóveis – CAE 50100;

6. No ano de 1994 e 1995, a impugnante comercializou veículos automóveis usados, adquiridos em Estados membros da Comunidade Europeia;

7. As viaturas foram adquiridas a sujeitos passivos de IVA e outras foram adquiridas a particulares;

8. A impugnante procedeu ao pagamento do IVA, nos países de origem nos seguintes veículos: no ano de 1994 e 1995, respectivamente:

Viaturas	Preço de Aquisição	IVA AICB
59-79-DN	1.029.600$00	164.736$00
49-03-DO	2.381.600$00	381.056$00
49-03-DO	1.092.000$00	174.720$00
14-28-DT	1.982.949$00	317.271$80
63-26-DV	1.733.894$00	277.423$00
63-27-DV	1.651.328$00	264.212$00
45-65-DP	3.611.160$00	577.785$60
11-21-EQ	1.550.000$00	248.000$00
TOTAL		2.405.203$00

Viaturas	Preço de Aquisição	IVA AICB
82-20-EV	732.832$00	124.581$44
10-23-FA	652.522$00	295.241$04
86-80-EX	1.305.044$00	110.928$74
27-82-FB	1.850.000$00	314.500$00
TOTAL		845.250$00

9. A impugnante, na venda de veículos usados aplicou o regime particular de bens em segunda mão e de obra de arte, estabelecido no Dec-Lei n.° 504-G/85 de 30.12 e utilizou para registos dos veículos usados "o livro de registos de bens em segunda mão e obras de arte";

10. A presente impugnação foi intentada em 18.06.1999.

Alicerçou-se a convicção do Tribunal na consideração dos factos provados no confronto dos documentos constante dos autos corroborado pelo teor das declarações das testemunhas inquiridas (fls. 226 e 227), cujos depoimentos se encontram gravados.

FACTOS NÃO PROVADOS

Não ficou provado que impugnante tenha comprado as viaturas, com o número de chassis 2011221F549096, a que foi atribuída a matricula 27-82-FB, e com número de chassis 201122A473699, a matricula 44-84-FJ a sujeitos passivos particulares.

3 – Começa a recorrrente por censurar a sentença recorrida, como bem anota o Exm.° Procurador-Geral

Adjunto, no seu douto parecer, por esta, por um lado, ter violado a Directiva n.° 94/5/CE, do Conselho, de 14/2/94, uma vez que a factualidade assente na sentença recorrida enquadra-se inteiramente no regime previsto na referida Directiva, "na medida em que parte substancial das aquisições intracomunitárias de viaturas usadas foram efectuadas pela recorrente a sujeitos passivos revendedores e sujeitas a IVA nos respectivos países de origem ao abrigo do regime especial de tributação de bens usados e, por outro, ter violado o regime consagrado nos arts. 16.° do CIVA e 1.° do Decreto-Lei n.° 504-G/85 de 30/12, já que "anteriormente à transposição da citada Directiva Comunitária, o regime interno, então vigente, nomeadamente o Decreto-Lei n.° 504-G/85, de 30.12, aplicável às transmissões de bens em segunda mão, conjugado com o Regime do IVA nas Transacções Intercomunitárias (RITI), aprovado pelo Decreto-Lei n.° 290/92, de 28.12, impunha idêntico tratamento a essas aquisições".

E que, "atenta a específica natureza das transacções em causa (compra e venda de veículos automóveis usados), nunca seria aplicável o regime geral de incidência do IVA, mormente do RITI, mas sim o regime constante do referido Decreto-Lei n.° 504-G/85, de 30.12".

A este propósito decidiu-se na sentença recorrida que, tendo os bens em segunda mão sido adquiridos por um sujeito passivo nacional a sujeitos passivos do Estado Membro, "está sujeito à liquidação de imposto pela aquisição intercomunitária efectuada, pelo que se aplica o art.° 1.° do RITI. A directiva 94/5/CE de 14.02.1994, que alterou a Directiva 77/388/CE, no n.° 1 do art. 4.° determina que os Estados Membros adaptaram os seus regimes actuais de imposto sobre o valor acrescentado ao disposto na presente directiva, para entrar em vigor o mais tardar em 01.01.1995" e foi transposta para a ordem jurídica interna através do Decreto-Lei n.° 199/96 de 18/10, sendo certo que este diploma legal não era aqui aplicável, uma vez que não era ainda vigente à data dos factos.

Concluindo, assim, que "as correcções efectuadas pela Administração Fiscal resultaram da aplicação do regime previsto na alínea a) do n.° 1 do RITI onde se define a incidência objectiva do imposto logo a liquidação de IVA, relativamente aos veículos identificados não padecem de qualquer ilegalidade.

Todavia e a nosso ver, carece o Mm.° Juiz "a quo" de razão no que aos veículos transaccionados a partir de 1 de Janeiro de 1995 diz respeito.

Com efeito e a propósito da aplicação da referida Directiva n.° 94/5/CE, já que a mesma, após a sua publicação, se tornou obrigatória para o direito português, atente-se no que se escreveu no Acórdão desta Secção de 11/5/05, in rec. n.° 26/05, cuja jurisprudência não vemos motivo para alterar.

"Está em causa, nestes autos, a liquidação de IVA pela venda de carros usados, adquiridos previamente em países da CE.

A FP defende que se está perante transacções intracomunitárias, sujeitas a IVA, com previsão no art. 1.° do RITI.

Diversa é a perspectiva da recorrente, para quem é directamente aplicável a Directiva 94/5/CE, relativa a transacções de bens em 2ª mão (que foi transposta para o direito interno através do DL 199/96, de 18/10).

Mas mesmo que assim se não entenda, nunca seria aplicável o regime geral de incidência do IVA, devendo, em caso de vendas em segunda mão, como é o caso, fazer-se apelo ao art. 16.° do CIVA e ao DL n.° 504-G/85.

O Mm. Juiz julgou a impugnação improcedente, entendendo ser aplicável o citado art.° 1.° do RITI, e inaplicável o DL 199/96, por não ser vigente à data dos factos.

Quid juris?

Vimos atrás que a recorrente defende a aplicação directa no direito interno português da Directiva 94/5/CE, de 14/2/94, já que após a sua publicação a mesma se tornou obrigatória para o direito português.

Vejamos.

Atento o disposto no art. 189.° do TR só os Estados podem ser destinatários das directivas comunitárias. As directivas comunitárias vinculam os Estados membros quanto ao resultado a atingir, mas deixam no entanto ao legislador nacional a competência quanto à forma e aos meios de atingir esses objectivos pretendidos.

As directivas têm carácter obrigatório, devendo reconhecer-se aos particulares o direito de se prevalecerem delas em juízo.

E compreende-se que assim seja, pois há necessidade de proteger os cidadãos contra a inércia do Estado.

Ponto é que a natureza e os termos da disposição respectiva sejam susceptíveis de produzir efeito directo na relação entre o destinatário da directiva – o Estado – e terceiros, o que apenas se justifica se a disposição respectiva for incondicional e suficientemente precisa (Ac. Van Duyn de 4/12/74, Proc. 41/74 e Ac. Van Cant de 1/7/93, Proc. C-154/92).

Por outro lado há que distinguir entre efeito directo vertical e efeito directo horizontal.

No efeito directo vertical, é concedida ao particular a possibilidade de invocar num tribunal nacional uma norma comunitária contra qualquer autoridade pública; no efeito directo horizontal é concedida ao particular a possibilidade de invocar num tribunal nacional uma norma comunitária contra outro particular.

O Tribunal de Justiça das Comunidades aceita o efeito directo vertical das directivas, mas não o efeito horizontal (Acs. Marshall de 26/2/86 – Proc. 152/84 e Faccini Dori de 14/7/94 – Proc. C-91/92, e Mota Campos, Direito Comunitário, II, 4ª Edição, 300-301).

Ou seja: a Directiva pode ser invocada contra qualquer autoridade pública mas não contra um particular.

Ponto é que – como dissemos – a disposição respectiva seja incondicional e suficientemente precisa.

Vejam-se a propósito destas considerações os acórdãos do STJ de 19/9/2002 (Rec. n.° 2170/02) (Colectânea de Jurisprudência, Ano X, Tomo III, 2002), e de 25/3/2004 (Rec. n.° 3515/2003) (DR, I Série – A, n.° 112, de 13/5/2004).

Mas não só: torna-se ainda necessário que tenha já transcorrido o prazo para a sua transposição para o direito interno.

Retomando o caso dos autos, podemos dizer sem rebuço que a Directiva em causa é incondicional e suficientemente precisa.

E ainda: que transcorrera já o prazo para essa transposição para o direito interno. Na verdade, dispõe o n.° 1 do art. 4.° da citada Directiva:

"Os Estados-membros adaptarão os seus regimes actuais de imposto sobre o valor acrescentado ao disposto na presente directiva.

"Os Estados-membros porão em vigor as disposições legislativas, regulamentares e administrativas necessárias para que os respectivos regimes adaptados nesse sentido entrem em vigor, o mais tardar, em 1 de Janeiro de 1995".

Pelo que a impugnante pode lançar mão dela para a opor à FP.

E que assim é resulta do preâmbulo do DL n.° 199/96, que traduziu para o direito interno a citada directiva.

Escreve-se nesse preâmbulo:

"...Este diploma procede, em matéria de harmonização comunitária, à transposição para a ordem jurídica nacional da Directiva n.° 94/5/CE, do Conselho, de 14 de Fevereiro de 1994, relativa à tributação, em imposto sobre o valor acrescentado, das transmissões de bens em segunda mão, objectos de arte, de colecção e antiguidades;

"O regime agora instituído decorrente da transposição, no essencial idêntico ao que já vigorava para o mesmo tipo de transacções, tem como finalidade eliminar ou atenuar a dupla tributação ocasionada pela reentrada no circuito económico de bens que já tinham sido definitivamente tributados".

E nessa linha, estatui-se no art. 1.°:

"O presente diploma transpõe para a ordem jurídica nacional a Directiva n.° 94/5/CE, do Conselho, de 14 de Fevereiro de 1994, que completa o sistema comum do imposto sobre o valor acrescentado e aprova o regime especial aplicável aos bens em segunda mão, aos objectos de arte e de colecção e às antiguidades".

E daí a alteração à al. f) do n.° 1 art. 16.° do CIVA, que passou a dispor do seguinte modo:

"Para as transmissões de bens em segunda mão, de objectos de arte, de colecção ou antiguidades, efectuadas de acordo com o disposto em legislação especial, a diferença, devidamente justificada, entre o preço de venda e o preço de compra".

Ora, lendo a Directiva em causa, que obteve tradução no citado diploma legal, fácil é constatar que a mesma é, como dissemos, incondicional e suficientemente precisa.

Pelo que é de aplicação directa no direito interno português e a impugnante pode fazê-la prevalecer perante a competente autoridade pública portuguesa.

Logo por aqui procederá a impugnação.

Assim, a liquidação, que não teve em conta a disposição legal contida nessa Directiva, não pode pois manter-se".

Deste modo, não pode deixar de proceder as conclusões 1ª a 7ª da motivação do recurso, no que às liquidações relativas às transacções efectuadas em 1995 diz respeito.

Quanto aos veículos transaccionados em 1994 a sentença recorrida não merece qualquer censura, pois e como ali bem se anota, "os bens em segunda mão adquiridos por um sujeito passivo nacional a outro sujeito passivo do Estado Membro, está sujeito à liquidação de imposto pela aquisição intercomunitária efectuada, pelo que se lhe aplica o art. 1.° do RITI", sendo certo que o Decreto-Lei n.° 504-G/85 de 30/12 é omisso no que concerne às aquisições de viaturas efectuadas a outros Estados Membros.

4 – Por último e no que a posteriores revendas diz respeito, alega, ainda, a recorrente que "em todos os casos sub judice,... aplicou o regime de tributação da margem regulado pelo Decreto-Lei n.° 504-G/85, de 30 de Dezembro, cujo valor tributável será constituído pela diferença, devidamente justificada, entre o preço de venda e o preço de compra, de harmonia com a alínea f) do n.° 2 do artigo 16.° do Código do IVA e, ao tempo, com o n.° 2, do artigo 1.° do mencionado Decreto-Lei n.° 504-G/85".

E que "a margem sujeita a tributação será correspondente à diferença entre o preço de venda e o preço de compra, incluindo este o imposto automóvel, pois, só assim, aquela margem corresponderá ao valor efectivamente acrescentado nesta fase do circuito económico do bem".

Acrescentando, ainda, que este regime devia ser também aplicado nos casos de aquisição de veículos automóveis usados a particulares.

Mas carece de razão.

Desde logo e como vimos, a recorrente optou pelo regime de tributação da margem regulado pelo Decreto-Lei n.° 504-G/85 de 30/12.

Dispõe o seu art.° 1.°, n.° 1 que "o regime previsto na alínea f) do artigo 16.° do Código do Imposto sobre o Valor Acrescentado é aplicável unicamente às transmissões de bens em segunda mão ou dos referidos no n.° 19 do artigo 9.° do mesmo Código efectuadas por sujeitos passivos do imposto que os tenham adquirido para revenda".

Por sua vez, estabelece este preceito legal no seu n.° 2 que "o valor tributável das transmissões de bens referidos no n.° 1 é constituído pela diferença, devidamente justificada, entre a contraprestação obtida ou a obter do cliente e o preço de compra dos mesmos bens, com inclusão do imposto sobre o valor acrescentado, caso este tenha sido liquidado e venha expresso na factura ou documento equivalente".

Sendo assim e desde logo, é patente que esta disposição legal não contempla o imposto automóvel suportado.

O que, aliás, bem se compreende.

Com efeito, "quando a recorrente comprou, no estrangeiro, os veículos, não pagou IA, mas IVA (este na medida em que já fazia parte do conteúdo fiscal do produto, pois os veículos já tinham sido definitivamente tributados no estrangeiro). Só depois de a recorrente ter comprado os veículos no estrangeiro é que procedeu à sua introdução no nosso país. Quando a recorrente pagou o IA – e quando este lhe foi liquidado – já os veículos lhe pertenciam. Mesmo o IVA só é incluído no preço de aquisição dos veículos "caso tenha sido liquidado e venha expresso na factura ou documento equivalente". Se o IVA não tiver sido liquidado e não venha expresso na factura também não é tomado em consideração. Isto porque o sistema comum IVA é o de que este imposto está incluído no preço dos produtos. É o sistema "preço imposto incluído"...

Sendo o IA pago no nosso país e o preço de compra pago no estrangeiro, não se pode dizer que o IA é uma componente do preço de compra. O preço de compra é o que consta da factura e nele não está incluído o IA.

A recorrente fez uma aquisição intracomunitária de bens e, só depois, é que pagou o IA referente a cada veículo. Assim, o IA nem sequer faz parte do preço de aquisição. O IA é uma imposição interna do nosso país e não uma imposição "externa" pela aquisição intracomunitária de bens.

O legislador bem sabia que os veículos importados pagam IA para obterem a matrícula portuguesa. Logo, se quisesse incluir o IA no preço de compra tê-lo-ia dito" (Acórdão desta Secção do STA de 8/6/05, in rec. n.º 1958/03).

Pelo que, improcedem as restantes conclusões da motivação do recurso.

5 – Nestes termos, acorda-se em:

a) Conceder provimento ao recurso e revogar a sentença recorrida no segmento que julgou improcedente a impugnação judicial deduzida contra as liquidações relativas ao ano de 1995, as quais e em consequência, se anulam;

b) E, no mais, negar provimento ao recurso e manter a sentença recorrida.

Custas pela recorrente na proporção do decaimento, fixando-se a procuradoria em 50%.

Lisboa, 7 de Março de 2007.

Pimenta do Vale (Relator)
Jorge Lino
Lúcio Barbosa

Recurso n.º 647/06-30

ZONA DE INTERVENÇÃO DA EXPO 98. ZONAS ENVOLVENTES DE OBRAS PÚBLICAS DE ELEVADOS CUSTOS. CONTRIBUIÇÃO ESPECIAL. INCIDÊNCIA.

(Acórdão de 7 de Fevereiro de 2007)

SUMÁRIO:

I – A contribuição especial criada pelo DL 54/95 visa tributar a valorização dos prédios rústicos, resultante da possibilidade da sua utilização como terrenos para construção, situados na zona envolvente da Expo 98.

II – Já a contribuição especial criada pelo DL 43/98 visa tributar a valorização dos prédios rústicos situados nas zonas envolventes de obras públicas de elevados custos (CRIL, CREL, CRIP, CREP, travessia ferroviária do Tejo, etc.).

III – Com o propósito de evitar sobreposição de tributação sobre as áreas abrangidas, o DL 43/98 consagra a exclusão de incidência de qualquer encargo de mais-valia ou de outra contribuição especial.

ACORDAM, EM CONFERÊNCIA, NA SECÇÃO DE CONTENCIOSO TRIBUTÁRIO DO SUPREMO TRIBUNAL ADMINISTRATIVO:

I – Ford Lusitana, SA, com os sinais dos autos, não se conformando com a sentença proferida pelo Mmo. Juiz do TAF de Lisboa II que julgou improcedente a impugnação por si deduzida contra a liquidação de contribuição especial, efectuada pela AF ao abrigo do DL 43/98, de 3/3, no montante global de € 237.761,84, dela vem recorrer para este Tribunal, formulando as seguintes conclusões:

I. A douta sentença recorrida encerra um erro de interpretação que consubstancia um erro de julgamento que consiste numa aplicação automática das normas de incidência de contribuição especial, previstas no Decreto-Lei 43/98, de 03/03, e no Decreto-Lei 54/95, de 22/03, e, nessa medida, numa total ausência de um exercício interpretativo (imprescindível para se conhecer o Direito) para a aplicação das citadas normas ao caso concreto.

II. Ora, tendo ficado provado que o imóvel objecto de tributação se situa na freguesia de Sacavém e cumulativamente na Zona de Intervenção da Expo 98, nos termos definidos na planta anexa ao Decreto-Lei n.º 97/93, de 23 de Março, importa saber qual foi a intenção do legislador com a criação da referida contribuição especial, de forma a aferir se o imóvel ora em apreço deveria estar ou não abrangido pela norma de incidência e, consequentemente, sujeito à contribuição especial criada pelo Decreto-Lei n.º 43/98, de 03/03.

III. Após terminado o exercício de interpretação previsto no artigo 9.º do Código Civil, aplicável por força do disposto no artigo 11.º da Lei Geral Tributária, temos que concluir da seguinte forma:

a) O artigo 1.º, n.º 1 do Decreto-Lei n.º 54/95, de 22 de Março, com a redacção dada pelo art.º 7.º do Decreto-Lei n.º 43/98, de 3 de Março, deve ser interpretado no sentido de a contribuição especial – Expo 98 incidir sobre o aumento de valor dos prédios rústicos, resultante da possibilidade da sua utilização como terrenos para construção urbana, *situados na área não incluída na zona de intervenção da Expo 98*;

b) Consequentemente, não incide contribuição especial sobre todas as áreas de freguesias e municípios que se encontrem situados na Zona de Intervenção da Expo 98, onde se inclui, para além das freguesias enumeradas no artigo 1.º, n.º 1 do actual Regulamento da Contribuição Especial – Expo 98, parte da freguesia de Sacavém;

c) Assim, estando o imóvel da recorrente abrangido pela norma de incidência do n.º 1 do artigo 1.º do Regulamento da Contribuição Especial – Expo 98 que isenta desta contribuição os terrenos incluídos na Zona de Intervenção da Expo 98, já não incidirá nova contribuição especial criada pelo DL 43/98, por força do artigo 5.º do DL 54/95, de 22 de Março, que estatui "Sobre as áreas abrangidas pela contribuição especial criada nos termos do presente diploma não incidirá qualquer encargo de mais-valia ou qualquer outra contribuição especial".

Não houve contra-alegações.

O Exmo. Magistrado do MP junto deste Tribunal vem suscitar a questão prévia da incompetência deste Tribunal, em razão da hierarquia, com o fundamento de que o recurso versa também matéria de facto, emitindo, por outro lado, parecer, caso assim se não entenda, no sentido de que o recurso não merece provimento.

Colhidos os vistos legais, cumpre decidir.

II – Mostra-se fixada a seguinte matéria de facto:

1 – Em 30/10/97, no 3.º Cartório Notarial de Lisboa, a impugnante, "Ford Lusitana, SA", enquanto compradora, celebrou com a sociedade "Parque Expo 98, SA.", escri-

tura de compra e venda de prédio urbano, composto por lote de terreno para construção, com a área de nove mil quinhentos e sessenta e cinco metros quadrados, designado por lote quatro, ponto sessenta e oito, ponto zero um, situado na zona de intervenção da Expo 98, na freguesia de Sacavém, concelho de Loures, e descrito na 2.ª Conservatória de Registo Predial de Loures, sob o n.º 1849, da mesma freguesia, tudo conforme cópia que se encontra junta a fls. 76 a 102 dos autos e se dá aqui por integralmente reproduzida;

2 – O imóvel identificado no n.º 1 foi inscrito na matriz predial urbana da freguesia de Sacavém, concelho de Loures, sob o art.º 2911 (cfr. documento junto a fls. 52 dos autos);

3 – Em 25/3/1999, o Município de Loures emitiu o alvará de licença de construção n.º 141/99, o qual define as condições de licenciamento da construção de um edifício que se destina a indústria, sendo produzido em nome da sociedade impugnante e incidindo sobre o lote de terreno identificado no n.º 1, tudo conforme cópia que se encontra junta a fls. 48 dos autos e se dá aqui por integralmente reproduzida;

4 – Em 22/6/1999, a impugnante apresentou junto do 4.º Serviço de Finanças de Loures a declaração modelo 1 para efeitos de liquidação de contribuição especial prevista no dec.lei 43/98, de 3/3, e sendo relativa ao imóvel identificado no n.º 1 (cfr. documento junto a fls. 47 dos autos);

5 – Em 22/11/1999, procedeu-se à avaliação do imóvel identificado no n.º 1 para efeitos de liquidação de contribuição especial, tendo-se fixado o valor actual do mesmo, reportado a 10/3/1999, em € 1.656.433,00, e o seu valor em 1/1/1994 em € 764.507,54, tudo conforme cópia do termo de avaliação que se encontra junta a fls. 42 e 43 dos autos e se dá aqui por integralmente reproduzida;

6 – Em 15/12/1999, a impugnante foi notificada dos resultados da avaliação identificados no n.º 5 e para efectuar o pagamento da liquidação de contribuição especial, efectuada ao abrigo do dec.lei 43/98, de 3/3, no montante global de € 237.761,84 e fixando-se, para o efeito, o prazo de pagamento com termo no final do mês de Janeiro de 2000 (cfr. documentos juntos a fls. 50 e verso dos presentes autos; informação exarada a fls. 54 dos presentes autos);

7 – Em 26/1/2000, a impugnante efectuou o pagamento da liquidação de contribuição especial identificada no n.º 6 (cfr. documento junto a fls. 51 dos presentes autos; informação exarada a fls. 54 dos presentes autos);

8 – Em 27/4/2000, deu entrada no 4.º Serviço de Finanças de Loures a impugnação apresentada por "Ford Lusitana, SA" e que tem por objecto a liquidação identificada no n.º 6 (cfr. carimbo de entrada aposto a fls. 2 dos autos).

III – 1. Vem suscitada pelo Exmo. PGA junto deste Tribunal a questão da incompetência do STA em razão da hierarquia por versar o recurso também matéria de facto.

Por tal questão merecer imediata e prioritária apreciação, cumpre dela, pois, desde já conhecer.

Alega, para tanto, o Exmo. PGA que a recorrente na conclusão segunda das suas alegações refere que "*tendo ficado provado que o imóvel objecto de tributação se situa na freguesia de Sacavém e cumulativamente na Zona de Intervenção da Expo 98, nos termos definidos na planta anexa ao Decreto-Lei n.º 97/93, de 23 de Março, importa saber...*" quando o que em relação a esta matéria se levou ao probatório foi tão só a factualidade constante do ponto 2, isto é, que "*o imóvel identificado no n.º 1 foi inscrito na matriz predial urbana da freguesia de Sacavém, concelho de Loures, sob o art.º 2911*", nada se referindo quanto à sua inclusão na Zona de Intervenção da Expo 98.

Verificar-se-ia, assim, divergência com o decidido em sede de matéria de facto, determinante da incompetência deste Tribunal em razão da hierarquia.

Todavia, se é verdade que do ponto 2 do probatório apenas consta que o imóvel em questão foi inscrito na matriz predial urbana da freguesia de Sacavém, nada se referindo quanto à sua inclusão na Zona de Intervenção da Expo 98, o certo é que do ponto 1 do mesmo probatório consta expressamente que tal imóvel se encontra situado na zona de intervenção da Expo 98, na freguesia de Sacavém.

Ou seja, da conjugação destes dois primeiros pontos do probatório, pode extrair-se, pois, sem margem para dúvidas, que o imóvel a que respeita a contribuição especial cuja liquidação se impugna se situa na freguesia de Sacavém e na Zona de Intervenção da Expo 98.

É em tal factualidade, que em nada diverge da fixada no probatório, que a recorrente se apoia para impugnar a liquidação da contribuição especial efectuada e relativa ao imóvel identificado no n.º 1 desse mesmo probatório.

E, assim sendo, o recurso não versará sobre matéria de facto, mas sim apenas de direito, pelo que para o seu conhecimento será, por isso, competente este STA.

Improcede, pois, a questão prévia suscitada pelo Exmo. PGA.

2. Passemos, então, a conhecer da questão que importa solucionar e que constitui o objecto do presente recurso: a legalidade da liquidação da contribuição especial efectuada pela AF ao abrigo do DL 43/98, de 3 de Março, referente ao imóvel identificado no ponto 1 do probatório e para o que aqui interessa se situa na freguesia de Sacavém e na zona de intervenção da Expo 98.

Alega a recorrente que os terrenos situados na zona de intervenção da Expo 98, como é o caso do que é objecto da liquidação que se impugna, não estão sujeitos a esta contribuição especial, a qual incidirá apenas sobre os que se situarem nas áreas envolventes à referida zona de intervenção, como decorre da análise do DL 87/93, de 23/3, do DL 54/95, de 22/3, e do DL 43/98, de 3/3.

Vejamos. Em virtude da realização da Expo 98 vir valorizar substancialmente os prédios rústicos e os terrenos para construção envolventes, foi criada, pelo DL 54/95, de 22/3, uma contribuição especial devida pela valorização da área beneficiada com aquele investimento, com o objectivo de fazer reverter para a comunidade em geral parte do benefício recebido pelos proprietários dos terrenos valorizados.

Tal contribuição incide sobre o aumento do valor dos prédios rústicos, resultante da possibilidade da sua utilização como terrenos para construção urbana, situados: a) na área não incluída na zona de intervenção da Expo 98, definida na planta anexa ao DL 87/93, de 23/3, da freguesia de Santa Maia dos Olivais, do município de Lisboa, e da freguesia de Moscavide, do município de Loures; b) na área da freguesia de Marvila, do município de Lisboa, e das freguesias de Portela de Sacavém e Sacavém, do município de Loures (art.° 1.° do DL 54/95).

Posteriormente, tendo em conta que os investimentos efectuados ou a efectuar para a realização da CRIL, CREL, CRIP, CREP e respectivos acessos e da travessia ferroviária do Tejo, troços ferroviários complementares, bem como as extensões do metropolitano de Lisboa e a concretização de sistemas ferroviários ligeiros, vêm valorizar, substancialmente, os prédios rústicos e os terrenos para construção envolventes, que tal valorização justifica a criação de uma contribuição especial, nos termos já adoptados em caso de obras públicas de elevados custos, nas zonas beneficiadas com o respectivo empreendimento, foi criada uma nova contribuição especial pelo DL 43/98, de 3/3, a incidir sobre o aumento de valor dos prédios rústicos, resultante da possibilidade da sua utilização como terrenos para construção urbana, situados na área de diferentes freguesias, entre as quais, a freguesia de Sacavém, do município de Loures.

Com o propósito de evitar sobreposição de tributação sobre as áreas abrangidas por esta contribuição, consagrou-se neste diploma (artigo 5.°) a exclusão de incidência de qualquer encargo de mais-valia ou de outra contribuição especial.

Nesse sentido, deixam de estar abrangidas pelo DL 54/95, de 22/3, as áreas da freguesia de Marvila, do município de Lisboa, e das freguesias de Portela de Sacavém e de Sacavém, do município de Loures, passando a incluir-se no presente diploma.

Daí que, por força do artigo 7.° do DL 43/98, de 3/3, o artigo 1.° do DL 54/95, de 22/3, passasse a ter a seguinte redacção: "*A contribuição especial incide sobre o aumento de valor dos prédios rústicos, resultante da possibilidade da sua utilização como terrenos para construção urbana, situados na área não incluída na zona de intervenção da Expo 98, definida na planta anexa ao DL 87/93, de 23 de Março, da freguesia de Santa Maria dos Olivais, do município de Lisboa, e da freguesia de Moscavide, do município de Loures.*".

Assim, da conjugação dos dois diplomas que, ainda que por razões distintas (um, o DL 54/95, pela realização da Expo 98; o outro, pela realização de obras públicas de elevados custos, como a CRIL, a CREL, etc.), criaram contribuições especiais que nalgumas áreas originavam sobreposição de tributação (como era o caso da freguesia de Sacavém), podemos concluir que o legislador optou por nessas situações excluir da incidência da contribuição especial criada pelo DL 54/95 as áreas abrangidas pela incidência da contribuição especial criada pelo DL 43/98.

O imóvel que originou a liquidação da contribuição especial efectuada ao abrigo do DL 43/98 situa-se na zona de intervenção da Expo 98, na freguesia de Sacavém concelho de Loures.

Por esse motivo, situava-se na área de incidência da contribuição especial prevista no DL 54/95, por força da alínea b) do n.° 1 do artigo 1.° deste DL, deixando, porém, de estar abrangido por este diploma legal e passando a incluir-se apenas no DL 43/98, por força do disposto nos artigos 5.° e 7.° deste DL e artigo 1.°, n.° 1, alínea a), n.° 4 do Regulamento da Contribuição Especial em anexo ao mesmo DL 43/98, segundo o qual esta contribuição especial incide sobre o aumento de valor dos prédios rústicos, resultante da possibilidade da sua utilização como terrenos para construção urbana, situados na área da freguesia de Sacavém, do município de Loures, entre outras aí igualmente previstas.

Mostram-se assim preenchidos os requisitos de incidência da contribuição especial criada pelo DL 43/98, de 3 de Março, razão pela qual a liquidação impugnada não padece de ilegalidade, por inexistência de facto tributário.

Improcedem, desta forma, as alegações de recurso apresentadas pela impugnante.

IV – Termos em que, face ao exposto, acordam os Juízes da Secção de Contencioso Tributário do STA em negar provimento ao recurso, confirmando-se, assim, a sentença recorrida.

Custas pela recorrente, fixando-se a procuradoria em 50 %.

Lisboa, 7 de Fevereiro de 2007.

António Calhau (Relator)
Brandão de Pinho
Pimenta do Vale

Recurso n.° 1290/05-30

Tribunal Central Administrativo

1.ª Secção (Contencioso Administrativo)

ACÇÕES PROPOSTAS POR SINDICATO. TRIBUNAL TERRITORIALMENTE COMPETENTE

(Acórdão de 1 de Março de 2007)

SUMÁRIO:

I – O artigo 16.º do CPTA impõe que os processos, em 1ª instância, sejam intentados no Tribunal da residência habitual ou da sede do A. ou da maioria dos AA.

II – As acções propostas por um Sindicato, mesmo na defesa dos interesses individuais dos seus associados, devem sê-lo no Tribunal da área da sede do A., e não no da residência dos seus associados, mesmo que os seus efeitos se reproduzam na esfera jurídica destes.

ACORDAM OS JUIZES DO 2.º JUÍZO, 1ª SECÇÃO, DO TRIBUNAL CENTRAL ADMINISTRATIVO SUL:

1. Sindicato dos Trabalhadores dos Impostos, com os sinais dos autos, veio recorrer do despacho proferido a fls. 110 e 111 dos autos no TAF de Lisboa, que se julgou incompetente em razão do território para conhecer do pedido formulado pelo recorrente, ordenando a remessa do processo ao TAF de Sintra.

Em sede de alegações, formulou as seguintes conclusões:

a) O Meritíssimo Tribunal Administrativo e Fiscal de Lisboa ao julgar-se territorialmente incompetente, em razão do território, para conhecer do presente processo, determinando a sua remessa para o TAF de Sintra fez, com o devido respeito, errónea aplicação da lei aos factos pelo que a respectiva sentença não deve ser mantida.

b) Na verdade, nos termos do disposto no art. 16.º do CPTA, os processos, em primeira instância, são intentados no tribunal da residência habitual ou da sede do autor, pelo que, tendo a acção sido proposta pelo Autor Sindicato dos Trabalhadores dos Impostos em representação dos associados melhor identificados nos autos, nos termos do disposto no art.º 4.º, n.º 3 do DL 84/99 de 19/3, deve, como tal, e nos termos da regra de competência territorial acima referida, ser efectivamente interposta em Lisboa, local da sua sede.

c) É que, aceitar o entendimento defendido na douta Sentença recorrida seria, salvo o devido respeito, contrariar a própria razão de ser da consagração daquela regra de competência territorial que assenta na proximidade das partes, dos intervenientes processuais, com o tribunal onde é julgada a acção.

d) Donde a douta sentença recorrida, ao defender a incompetência territorial do TAF de Lisboa, violou o art.º 16.º do CPTA, bem como o art.º 4.º n.º 3 do DL 84/99 de 19/3, não devendo ser mantida.

O recorrido não contra alegou no prazo legal.

O Exmo Procurador Geral Adjunto neste Tribunal pronuncia-se pelo provimento do recurso.

Colhidos os vistos legais, vem o processo à conferência.

2. OS FACTOS

Com interesse para a decisão, mostram-se provados nos autos os factos seguintes:

a) Em 20/12/2004, o Sindicato dos Trabalhadores dos Impostos, com sede na Avenida Coronel Eduardo Galhardo, n.º 22-B, em Lisboa, propôs no TAF de Lisboa uma Acção Administrativa Especial para condenação à prática de acto administrativo ilegalmente omitido, em representação dos seus associados Armanda Conceição Martins Viegas Reis Silva e Outros, contra o Director Geral dos Impostos (fls. 4 a 65).

b) A maioria dos representados do A. têm residência no concelho de Sintra (fls. 104 a 106).

c) Por despacho de 19/1/2006, o TAF de Lisboa julgou-se territorialmente incompetente para conhecer da presente acção, nos termos do artigo 16.º n.º 1 do CPTA, ordenando a remessa do processo para o TAF de Sintra (fls. 1110 e 111).

3. O DIREITO

O Sindicato dos Trabalhadores dos Impostos, na defesa colectiva dos direitos e interesses individuais dos seus associados Armanda Conceição Martins Viegas Reis Silva e Outros 10, propôs a presente Acção Administrativa Especial contra o Director Geral dos Impostos no TAF de Lisboa, pedindo a condenação do R. a praticar acto administrativo ilegalmente omitido, qual seja a correcção da situação remuneratória dos seus ditos associados.

Argumentando que os sujeitos da relação material controvertida são os referidos associados acima identificados, em cuja esfera jurídica se vão produzir os efeitos da sentença, devendo a competência territorial do Tribunal ser aferida em função da residência dos associados do Sindicato, aqui representados, e não da sede do próprio Sindicato; e que a regra estabelecida no artigo 16.º do CPTA tem subjacente um critério de proximidade entre o sujeito da relação material controvertida e o Tribunal, a Senhora Juíza *a quo* considerou competente para apreciar a presente acção o TAF de Sintra, em cuja área reside a maioria dos associados do A., e não o de Lisboa – o da área da sede do Sindicato.

Inconformado, o Sindicato recorrente pugna pela revogação do despacho, defendendo a competência do Tribunal da área da sua sede.

Vejamos se com razão.

Preceitua o mencionado artigo 16.º do CPTA:

"Sem prejuízo do disposto nos artigos seguintes... os processos, em 1ª instância, são intentados no Tribunal da residência habitual ou da sede do A. ou da maioria dos A.A.

E, quanto às associações sindicais, o artigo 4.º n.º 3 do DL n.º 84/99, de 19/3, reconhece-lhes legitimidade processual para a defesa dos direitos e interesses dos seus associados, quer colectivos quer individuais.

Não havendo dúvidas sobre a posição processual do Sindicato na acção, onde figura como A., embora os efeitos da decisão final se produzam na esfera jurídica dos seus representados, também não deviam restar dúvidas sobre a interpretação daquele artigo 16.º, para fixar a competência do Tribunal segundo o critério da sua sede, e não da residência dos sujeitos da relação material controvertida, como entendeu a Senhora Juíza *a quo*, à revelia de qualquer correspondência verbal, imposta pelo artigo 9.º n.º 2 do C.C.

Por outro lado, como se entendeu no recente Ac. deste TCA Sul de 30/1/2007 (Rec. n.º 2123/06), não se poderá exigir ao Sindicato proponente da acção que identifique sistematicamente os seus associados e suas moradas, mesmo que pugne pela defesa dos seus interesses colectivos.

Nem a regra ora seguida vai contra a proximidade do Tribunal para com os associados do Sindicato, já que estes podem sempre propor individualmente as acções que lhes dizem respeito.

Mostram-se, assim, procedentes as alegações do recurso, havendo que revogar o despacho impugnado.

4. Pelo exposto, acordam no 2.º Juízo, 1ª Secção, do TCAS em conceder provimento ao recurso interposto pelo Sindicato dos Trabalhadores dos Impostos, revogando o despacho recorrido e ordenando a baixa dos autos ao TAF de Lisboa, para aí prosseguirem seus ulteriores termos, se a tal nada mais obstar.

Sem custas, por não serem devidas.

Lisboa, 1 de Março de 2007

Gonçalves Pereira (Relator)
Coelho da Cunha
Rogério Martins (Voto Vencido. Entendo que o Sindicato age aqui em representação e, por isso, a competência deve ser aferida pelo domicílio do representado).

Recurso n.º 2059/06

ARTIGO 37.º N.º 2, ALÍNEA H) DO CPTA. ACÇÃO ADMINISTRATIVA COMUM. CUMPRIMENTO DO DEVER DE PRESTAR DIRECTAMENTE DECORRENTE DE NORMAS JURÍDICO-ADMINISTRATIVAS. DISTINÇÃO ENTRE AS ACÇÕES DE PRESTAÇÃO E DE CONDENAÇÃO À PRÁTICA DE ACTO DEVIDO.

(Acórdão de 25 de Janeiro de 2007)

SUMÁRIO:

I – Seguem a forma da acção administrativa comum os processos que tenham por objecto a condenação da Administração ao cumprimento de deveres de prestar que directamente decorram de normas jurídico administrativas e não envolvam a emissão de um acto administrativo impugnável (art.º 37.º n.º 2, alínea e) do CPTA).

II – O pedido formulado neste tipo de acções (acções de prestação) distingue-se da condenação à prática de acto devido, que segue a forma de acção administrativa especial.

III – A recusa da prestação devida, nas situações em que as partes actuam numa situação de paridade, não corresponde a um verdadeiro acto administrativo de indeferimento.

IV – No entanto, a ilegalidade de tal acto pode ser conhecida, a título incidental, no âmbito da acção administrativa comum.

ACORDAM NO 2.º JUIZO DO TCA – SUL:

1. RELATÓRIO

Esmeraldo Joaquim Delgado Pardal, tenente-coronel de Infantaria na situação de reforma, intentou no T.A.F. de Lisboa, contra o Ministério da Defesa Nacional, acção administrativa comum, com processo ordinário, pedindo a condenação do R. a contar, para todos os efeitos legais, o tempo de serviço efectivo prestado pelo A. como miliciano, nos termos da Lei n.º 15/2000, incidindo tal contagem sobre a carreira do A., já revista ao abrigo da Lei n.º 43/99.

O R. Ministério da Defesa Nacional contestou deduzindo as excepções de erro na forma do processo e de caducidade do direito de acção e defendeu, por impugnação, a improcedência da questão de fundo.

Por despacho de fls. 83 a 90 o Mmo. Juiz "a quo", considerando haver erro na forma do processo e ordenou o prosseguimento sob a forma de acção administrativa especial.

Após tal correcção, e depois de ouvido o A. acerca da também invocada caducidade do direito de acção suscitada na contestação da entidade demandada, o

Mmo. Juiz "a quo", julgando tal excepção procedente, absolveu da instância o Ministério da Defesa Nacional.

Inconformado, o A. interpôs recurso jurisdicional para este TCA, em cujas alegações formulou as conclusões seguintes:

1ª) A pretensão em causa emerge directamente da Lei e não do acto de recusa da sua aplicação ao recorrente;

2ª) O acto que negou a aplicação da Lei 15/2000 ao recorrente não constitui acto vinculativo a exigir o uso da acção administrativa especial no respectivo prazo de impugnação, pois não foi conferido ao recorrido o poder de retirar o poder de retirar o direito já subjectivado na esfera jurídica do recorrente;

3ª) O direito subjectivo do recorrente deriva directamente da Lei 15/2000 e da sua situação de facto, aliás reconhecida pelo recorrido;

4ª) Na verdade, o recorrido reconhece a aplicabilidade da Lei 15/2000 ao recorrente, tendo chegado mesmo a efectuar a sua contagem de serviço, mas recusa objectivamente a sua aplicação, por entender que colide com a Lei 43/99, que também reconhece aplicável ao recorrente;

5ª) Aliás, o recorrido reconhece até que são aplicáveis ao recorrente ambas as leis, e que as mesmas não são incompatíveis entre si;

6ª) Não sendo exigível o uso da acção administrativa especial, mas o da acção comum, não procede a excepção dilatória da caducidade.

O Ministério da Defesa Nacional contra-alegou, pugnando pela manutenção do julgado.

O Digno Magistrado do Ministério Público emitiu parecer no sentido de ser negado provimento ao recurso.

Colhidos os vistos legais, cumpre decidir.

2. MATÉRIA DE FACTO

A matéria de facto é a consignada na decisão de 1ª instância, para cujos termos se remete na íntegra (artigo 713.º n.º 6 do Cod. Proc. Civil).

3. DIREITO APLICÁVEL

Para julgar procedente a excepção de caducidade, o Mmo. Juiz "a quo" expendeu, no essencial, o seguinte: "O contar para todos os efeitos legais o tempo de serviço efectivo prestado pelo A. como miliciano, nos termos da Lei n.º 15/2000, peticionado, importa decisão administrativa que, ao abrigo daquelas normas da Lei n.º 15//2000, de 8 de Agosto, defina concretamente a situação do Autor, estabelecendo os efeitos jurídicos a produzir naquela situação individual e concreta.

Isto é, importa a prática pela Administração de um acto administrativo que proceda à contagem de tempo de serviço na carreira do Autor, e faça repercutir nessa carreira os efeitos de tal contagem de tempo de serviço feita ao abrigo do diploma invocado (não formula o Autor o pedido de reconhecimento do direito àquela contagem, naqueles termos, mas o pedido de condenação da entidade demandada a proceder à contagem do tempo de serviço, para todos os efeitos legais na carreira do ora Autor). O que o Autor pretende é, pois, a condenação da entidade demandada à prática de um acto administrativo (artigo 120.º do CPA), que entende legalmente devido.

Nos termos do artigo 67.º n.º 1 do CPTA, são pressupostos da condenação à prática de acto legalmente devido que *tenha sido apresentado requerimento que constitua o órgão competente no dever de decidir*, e não tenha sido proferida decisão dentro do prazo legalmente estabelecido (alínea a), ou tenha sido recusada a prática do acto devido (alínea b)), ou tenha sido recusada a apreciação de requerimento dirigido à prática do acto (alínea c).

Ou seja, estando em causa pretensão que não emerge directamente de norma jurídico-administrativa, nem de acto jurídico já praticado ao abrigo de disposição de direito administrativo, mas que importa a prática de acto administrativo, como no caso dos autos, que proceda à contagem para todos os efeitos, do tempo de serviço prestado pelo Autor como miliciano, nos termos da Lei n.º 15//2000, incidindo tal contagem sobre a carreira do Autor tal com se configura, já revista nos termos da Lei n.º 43/99, é pressuposto processual da dedução de tal pretensão em juízo, que tenha sido dirigido requerimento à Administração que a tenha constituído no dever legal de decidir.

No caso dos autos, o Autor dirigiu em 8 de Maio de 2003 ao Chefe de Estado Maior do Exército, "exposição – requerimento pelo qual solicitava a correcção da antiguidade, tempo de serviço e promoção ao posto a que tem direito, nos termos da Lei n.º 15/2000 (Facto 2).

Tal requerimento foi indeferido, tendo o Autor sido notificado de tal indeferimento por ofício com data de 22 de Abril de 2004 (Facto 4).

A presente acção deu entrada no TAF de Lisboa a 4 de Janeiro de 2005.

Nos termos do artigo 69.º n.º 2 do CPTA, "tendo havido indeferimento, o prazo da propositura de acção é de três meses".

Tal prazo, em face do indeferimento notificado por ofício com data de 22 de Abril de 2004, encontrava-se já, em 4 de Janeiro de 2005, ultrapassado.

A caducidade do direito de acção constitui questão que obsta ao conhecimento do objecto do processo e ao prosseguimento do mesmo, nos termos do artigo 89.º n.º 1, alínea h) do CPTA, constituindo pois excepção dilatória. As excepções dilatórias dão lugar à absolvição da instância (artigo 493.º n.º 2 do CPC).

Pelo exposto, decide-se absolver o Ministério da Defesa Nacional da instância".

Discordando desta argumentação, o Autor, ora recorrente alega que "o que nesta acção está em causa não é uma pretensão emergente da prática ilegal de um acto administrativo. Está em causa o reconhecimento de um direito subjectivo do recorrente, e a consequente condenação da Administração em lhe contar, para todos os efeitos legais, incluindo a antiguidade, o tempo de serviço efectivo prestado como miliciano.

Aliás, o recorrido até reconhece ao recorrente que este é abrangido pela Lei 15/2000, e que dela beneficia inequivocamente. Tão somente se recusa a aplicar-lhe a lei, não efectuando a contagem do tempo de serviço".

Citando Mario Aroso de Almeida, o recorrente sustenta que "nem todas as pretensões que os particulares apresentam à Administração se dirigem à emissão de actos administrativos, contra cuja recusa se imponha reagir, dentro de prazos curtos, pela via da acção administrativa especial, e de que *nem todas as declarações que a Administração emita a propósito de pretensões dos particulares correspondem a actos dessa natureza*".

É o que resulta, segundo o recorrente, do disposto no artigo 37.º, n.º 2, alínea e) do CPTA, sempre que esteja em causa a realização de *prestações de facto*, de coisa ou de quantia a que a Administração *se encontre directamente obrigada*, por força da lei ou de outro acto jurídico anterior, e que poderão dizer respeito, só para dar alguns exemplos avulsos, ao pagamento de vencimentos, remunerações, pensões e outros benefícios da segurança social, à realização de restituições, à remoção de coisas ou à prestação de cuidados de saúde ou de educação.

Trata-se de situações em que directa ou imediatamente derivam da lei vínculos obrigacionais para a Administração, não âmbito das quais *não se concebe a intervenção de poderes de definição jurídica da Administração e se aceita que ela está colocada numa situação de paridade*, a apreciar no âmbito do clássico contencioso das acções (com o CPTA, naturalmente, no âmbito da acção administrativa comum).

É esta, no essencial, a tese defendida pelo Autor, em função da qual o mesmo conclui que a situação dos autos deve ser apreciada no âmbito da acção administrativa comum.

A tal tese se opõe o R. Ministério da Defesa Nacional, alegando que foi o despacho do General Chefe do Estado Maior do Exército, de 19.04.2004, que indeferiu o pedido do recorrente de correcção da antiguidade, tempo de serviço e promoção ao posto a que se julga com direito nos termos da Lei n.° 15/2000, de 8 de Agosto, pelo que será imperioso considerar que a pretensão do A. emerge da prática ou omissão ilegal de acto administrativo, nos termos do artigo 46.° do CPTA, correspondendo à forma de acção especial.

Logo, conclui o R., a acção foi proposta em data em que se encontrava largamente ultrapassado o prazo previsto na lei, o que determina a absolvição da instância, nos termos da alínea h) do artigo 89.° do C.P.T.A.

Também o Digno Magistrado do Ministério Público se pronuncia no sentido da caducidade do direito de accionar, uma vez que a finalidade pretendida pelo A. passa, necessariamente, pela revogação do despacho do General CEME, de 19.04.2004, que indeferiu o pedido do recorrente, e pela condenação à prática de acto administrativo alegadamente devido.

É esta a questão a apreciar.

Como é sabido, a linha de separação entre a acção administrativa comum e a acção administrativa especial está a revelar-se como problema frequente e de grande relevância na aplicação prática do novo regime.

Suscitam dificuldades (talvez sobretudo pela novidade de previsão legal) aqueles casos em que a situação jurídica do particular é configurada por normas jurídicas e situações de facto que lhe conferem um direito subjectivo perfeito e exercitável sem o recurso a acto administrativo, também porque habitualmente a prestação que lhe é devida é efectuada através de um procedimento que *aparenta a produção de um acto administrativo*, mas em que, na realidade, o acto emitido não deve entender-se como vinculativo quando à Administração não esteja expressamente conferido o poder de retirar o direito que já se tenha subjectivado na esfera jurídica do particular (cfr. Rosendo Dias José, "O que está a acontecer com as acções administrativas especiais", in "Cadernos de Justiça Administrativa", n.° 47, pag. 14 e seguintes; sublinhado nosso).

No mesmo sentido se pronuncia Vieira de Andrade, ao escrever que "A acção administrativa comum também pode ser utilizada para pedir a condenação da Administração no cumprimento do dever de prestar, que decorra directamente de normas administrativas (mas não envolva a prática de acto administrativo), ou tenha sido constituído por actos jurídicos, podendo ter por objecto o pagamento de uma quantia, a entrega de uma coisa ou a prestação de um facto (cfr. "A Justiça Administrativa", Almedina, 4ª edição, p. 181 e seguintes).

Este pedido, escreve ainda Vieira de Andrade, pressupõe a existência de situações em que não esteja previsto, nem tenha de haver um verdadeiro acto administrativo, mas simples actuações de autoridade no contexto de relações jurídico-administrativas paritárias em que a lei confere aos particulares direitos a prestações administrativas.

Tal entendimento implica, é verdade, um conceito restrito de acto administrativo, como acto regulador, excluindo da órbita deste, para efeitos impugnatórios (com a vantagem para os particulares de restringir os casos em que há ónus de impugnação, sob pena de caso decidido), situações nas quais tradicionalmente se considerava existirem actos administrativos – como por exemplo no que respeita aos actos de processamento de vencimentos e a prestações de segurança social (ob. cit., p. 182).

Daí que o pedido a que se refere a alínea e) do n.° 2 do artigo 37.° do CPTA seja um pedido que se distingue da *condenação à prática de acto devido*, devendo seguir a forma da acção administrativa comum (e não a forma da acção administrativa especial), visto que está em causa o cumprimento de deveres obrigacionais que normalmente são exigíveis no âmbito da administração de prestações (cfr. Mario Aroso de Almeida e C. A. Fernandes Cadilha, "Comentário ao Código de Processo nos Tribunais Administrativos", Almedina, 2005, nota 7 ao artigo 37.°).

Isto posto, logo que se vê que a questão não é tão linear como a circunscreve a, aliás, douta decisão recorrida, uma vez que, ao contrário do decidido, está em causa uma pretensão que emerge directamente de normas jurídicas administrativas, no âmbito de uma relação jurídica administrativa complexa, não podendo situar-se o direito do Autor como simples consequência do indeferimento correspondente ao ofício com data de 22 de Abril de 2004.

Ou seja, o pedido do A. não se baseia directamente no Despacho de 19 de Abril de 2004, como justamente alega o recorrente, antes se fundando directamente na lei (na Lei 15/2000, revista pela Lei 43/99) e é com fundamento em tais diplomas que o Autor pretende ver reconhecido o direito à contagem do tempo de serviço efectivamente prestado como miliciano.

Isto é, o objecto da pretensão não é o referido acto de indeferimento, nem a pretensão do Autor emerge da sua prática, embora a ilegalidade de tal acto possa, inclusive, ser conhecida a título incidental (cfr. Mário Aroso de Almeida, "O Novo Regime do Processo nos Tribunais Administrativos", Almedina, 3ª edição, p. 93), no âmbito da acção administrativa comum, que é a adequada ao caso concreto.

Na verdade, emerge dos autos que a Lei 15/2000, de 8 de Agosto, já havia sido aplicada ao A. sem precedência de qualquer requerimento, por portaria de 18.12.2001 do CEME, e reconstituída oficiosamente a sua carreira, o que significa estarmos perante uma situação jurídico-administrativa complexa, que não pode ser apreciada em função de qualquer requerimento específico, mas antes apreciada na sua globalidade, sob pena de frustrar o princípio da tutela jurisdicional efectiva consagrado na Constituição e no artigo 2.º do CPTA.

Conclui-se, pois, pela procedência das conclusões das alegações do recorrente.

4. DECISÃO

Em face do exposto, acordam em conceder provimento ao recurso, revogando a sentença recorrida e ordenando a baixa dos autos ao TAF de Lisboa, a fim de aí prosseguirem os seus termos sob a forma da acção administrativa comum.

Sem custas.

Lisboa, 25 de Janeiro de 2007

as.) António Coelho da Cunha (Relator)
Maria Cristina dos Santos
Teresa Maria de Sousa

Recurso n.º 02010/06

ARTIGO 54.º DA LPTA. ACTO INFORMATIVO. IRRECORRIBILIDADE.

(Acórdão de 8 de Fevereiro de 2007)

SUMÁRIO:

I – Tendo as recorridas particulares suscitado na sua resposta a questão prévia da irrecorribilidade do despacho recorrido, e tendo o Juiz, face ao teor daquela resposta, ordenado o cumprimento do disposto no artigo 54.º da LPTA, com a notificação do recorrente para se pronunciar sobre tal questão prévia e, após, a abertura de "*vista*" ao Ministério Público para os mesmos fins, o facto de ter decorrido o prazo concedido para o efeito sem que o recorrente se pronunciasse, não impede que o Juiz, após o Magistrado do Ministério Público ter expressado a sua posição sobre as questões que, no entender das recorridas particulares, obstavam ao conhecimento do mérito do recurso, emitindo parecer de concordância, profira sentença, concedendo provimento à questão prévia da irrecorribilidade invocada, rejeitando, em consequência, o recurso contencioso interposto.

II – Ao assim decidir, a sentença recorrida não violou o princípio do contraditório, uma vez que o n.º 1 e a alínea a) do n.º 3 do artigo 54.º da LPTA, prevê que a decisão de questões que obstem ao conhecimento do recurso tem lugar após o parecer final do Ministério Público, após a audição prévia do recorrente, nem viola o n.º 4 do artigo 20.º da Constituição.

III – O facto do recorrente não ter querido pronunciar-se – posto que existe confirmação nos autos da notificação que lhe foi expedida para o apontado fim –, não impõe ao Tribunal que relegue para a sentença final o conhecimento duma questão prévia que, a proceder, põe de imediato fim ao processo.

IV – O acto que, na sequência de requerimento dirigido à entidade recorrida pelo particular, onde aquele expõe a sua posição sobre um concurso a que havia sido opositor, nomeadamente sobre qual deveria ser, em seu entender, a sequência a dar-lhe, uma vez que até àquela data – 19 de Maio de 1999 –, não tinha sido publicada a nomeação dos candidatos colocados em terceiro e quarto lugares e, atendendo a que já haviam passado seis meses sobre a data da reunião em que foi tomado o resultado do concurso como definitivo, era lícito concluir que houve renúncia tácita e formal de tomada de posse pelos candidatos colocados em terceiro e quarto lugares, requerendo em conformidade, com base nos artigos 4.º, 5.º, 6.º, 6.º-A e 12.º do Decreto-Lei n.º 6/96, e como candidato ordenado em 6.º lugar, que a entidade recorrida – Magnífico Reitor – providenciasse no sentido de lhe ser dada posse na quarta vaga do referido concurso que, face à lei, considerava encontrar-se em aberto, informa o recorrente "*de que houve lapso no envio do despacho de nomeação para publicação, o qual foi suprido, e não renúncia*", é um acto meramente informativo, que não lesa nenhum direito ou interesse legalmente protegido do recorrente, uma vez que se limita a esclarecer e a informá-lo da existência de outros actos, esses sim com potencialidade lesiva para os seus direitos ou interesses.

ACORDAM EM CONFERÊNCIA NO 1.º JUÍZO LIQUIDATÁRIO DO TRIBUNAL CENTRAL ADMINISTRATIVO SUL:

I. RELATÓRIO

João José Alves Dias, professor auxiliar, de nomeação definitiva, da Faculdade de Ciências Sociais e Humanas da Universidade Nova de Lisboa, apresentou no TAC de Lisboa um recurso contencioso de anulação do Despacho do ***Reitor da Universidade Nova de Lisboa***, datado de 16 de Junho de 1999, que indeferiu o seu requerimento de 19 de Maio de 1999, no qual solicitava a nomeação para a quarta vaga do concurso para provimento de cinco vagas de professor associado para o grupo de História e História de Arte da Faculdade de Ciências Sociais e Humanas da Universidade Nova de Lisboa, aberto pelo Edital n.º 585/97.

O TAC de Lisboa, por sentença datada de 7 de Maio de 2001, considerando o acto em causa irrecorrível, rejeitou o recurso por ilegal interposição [cfr. fls. 120/127 dos autos].

Inconformado com tal decisão, interpôs o recorrente recurso jurisdicional para este TCA Sul, tendo nas respectivas alegações formulado as seguintes conclusões:

"A – A douta decisão recorrida deve ser revogada em virtude de ter sido proferida em processo onde foi infringido o direito a um processo equitativo e o princípio do contraditório;

B – A alínea a) do n.º 1 e o n.º 3 do artigo 54.º da Lei de Processo nos Tribunais Administrativos, ao prever que a decisão de questões que obstem ao conhecimento do recurso tem lugar após o parecer final do Ministério Público, sem que previamente tenha sido ouvido o recorrente, viola o n.º 4 do artigo 20.º da Constituição;

C – O acto em crise não é um acto meramente informativo, mas um acto lesivo do direito do recorrente de ser nomeado e aceitar a 4ª vaga do referido concurso pois os candidatos colocados em 3.º e 4.º lugares, apesar de nomeados [ainda que fora do prazo legal] não celebraram validamente o termo de aceitação;

D – Encontrando-se vagos ou por preencher dois lugares abertos no referido concurso o recorrente tem direito a ser nomeado para a 4ª vaga, pelo que mantém toda a utilidade a revogação do acto que indefere o seu pedido".

Por seu turno, a entidade recorrida contra-alegou, tendo concluído nos seguintes termos:

"*1.º – Tendo as recorridas particulares suscitado entre outras questões prévias, a questão da natureza irrecorrível do despacho reitoral, foi o recorrente notificado para se pronunciar, nada dizendo.*

O Ministério Público concordou, tão-somente, no seu parecer final, "com as razões aduzidas pelos recorridos particulares, no que respeita à questão prévia da irrecorribilidade", não tendo suscitado qualquer questão que obste ao conhecimento do objecto do recurso, pelo que a douta sentença recorrida foi proferida com cumprimento do disposto no artigo 54.º da LPTA – isto é, em processo que não violou o direito a um processo equitativo e o princípio do contraditório, de que, aliás, aquele preceito é uma emanação –, não se violando, assim, o estipulado nos n.os 1 e 3, alínea c) do citado artigo 54.º da LPTA [e, não, a alínea a) do n.º 1 e o n.º 3 do artigo 54.º, como, certamente por lapso, refere o recorrente], nem o disposto nos artigos 20.º, n.º4 da CRP, e 6.º da Convenção Europeia dos Direitos do Homem.

2.º – Mesmo que, por hipótese remota que se afasta, assim não se entenda, o recorrente ao arguir a nulidade – pela inobservância da formalidade de audição, afim de se pronunciar após parecer final do Ministério Público –, nas suas alegações de recurso, fê-lo fora de prazo, por violação dos artigos 153.º e 205.º, n.º 1 do CPC, tendo por isso ficado sanada a eventual nulidade.

3.º – Conforme a douta sentença recorrida magistralmente refere, o despacho reitoral de 16 de Junho de 1999 é um acto informativo, sem natureza lesiva, e, por isso, irrecorrível, que se limita a esclarecer o recorrente da existência de actos anteriores, nada acrescentando ao despacho reitoral de nomeação de 10 de Fevereiro de 99, acto este, sim, que definiu a situação jurídica do recorrente, sendo que a aceitação da nomeação dos recorridos particulares em 26 de Maio de 99, com efeitos reportados a 19 de Março de 99, dois dias antes da distribuição do suplemento do citado Diário, é plenamente válida e eficaz, pelo que o recurso contencioso é ilegal na sua interposição, por violação do disposto nos artigos 268.º, n.º 4 da CRP e 25.º, n.º 1 da LPTA".

Também as recorridas particulares se pronunciaram, em contra-alegações, pelo improvimento do recurso jurisdicional [cfr. fls. 167/185 dos autos, cujo teor aqui se dá por integralmente reproduzido].

Neste TCA Sul, o Digno Magistrado do Ministério Público emitiu parecer no sentido da manutenção da sentença recorrida, por esta ter feito correcta aplicação do direito ao rejeitar o recurso contencioso interposto pelo recorrente [cfr. fls. 204 dos autos, cujo teor aqui se dá por integralmente reproduzido].

Colhidos os vistos legais, vem o processo à conferência para julgamento.

II. FUNDAMENTAÇÃO DE FACTO

A sentença recorrida, para fundamentar a rejeição do recurso contencioso interposto pelo recorrente, considerou assente a seguinte factualidade:

i. Por aviso publicado no DR, II Série, de 4-9-97, foi aberto concurso para provimento de cinco lugares de professor associado, do grupo de disciplinas de História e História da Arte da Faculdade de Ciências Sociais e Humanas da Universidade Nova de Lisboa;

ii. Na lista final desse Concurso e que ordenou os candidatos aparecem as aqui recorridas particulares Prof. Doutora Ana Isabel em 3.º lugar e, em 4.º lugar, a Prof. Doutora Rita Maria, figurando em 6.º lugar o aqui recorrente Prof. Doutor João José Alves Dias;

iii. Em 19-5-99, o aqui recorrente dirigiu ao Sr. Reitor aqui recorrido o requerimento do teor de fls. 1 e 2 do processo instrutor, onde expõe o relato da sequência do concurso em causa, e diz, além do mais:

"*A decisão de ordenação definitiva dos concorrentes dou comunicada aos candidatos em 12 de Novembro de 1998 (...);*

A faculdade procedeu à nomeação, devidamente homologada pela Reitoria, com publicação no Diário da República, II Série, de 19 de Março de 1999, dos candidatos colocados em 1.º, 2.º e 5.º lugares;

Até hoje, 19 de Maio de 1999, não foi publicada a nomeação dos candidatos colocados em terceiro e quarto lugares.

(...)

E atendendo a que já passara seis meses sobre a data da reunião em que foi tornado (sic) o resultado do concurso como definitivo;

É lícito concluir que houve renúncia tácita e formal de tomada de posse pelos candidatos colocados em terceiro e quarto lugares,

Pelo que, com base nos artigos 4.º, 5.º, 6.º, 6.º-A e 12.º do Decreto-Lei n.º 6/96, e como candidato ordenado em 6.º lugar, requeiro ao Magnífico Reitor que providencie no sentido de me ser dada posse na quarta vaga do referido concurso que, face à lei, considero se encontra em aberto".

iv. Sobre tal requerimento consta informação datada de 20-5-99, onde se diz: "*As nomeações tiveram lugar em 10.FEV.99, em relação a todos os candidatos. À FSCH para informar*".

v. E outro despacho, datado de 16-6-99, de "*Em face da informação da FCSH, informar o interessado de que houve lapso no envio do despacho de nomeação para publicação, o qual foi suprido, e não renúncia*".

vi. O recorrente foi notificado, por ofício datado de 18-6-99, da Administradora da FCSH, e em referência ao seu requerimento feito ao Reitor, de que "*... em cumprimento do despacho do Sr. Reitor de 16-6-99, informo o seguinte: a) As nomeações tiveram lugar em 10 de Fevereiro de 1999 em relação aos cinco primeiros candidatos. B) A Faculdade de Ciências Sociais e Humanas, por lapso, enviou para publicação inicialmente apenas três despachos vindo os restantes dois, detectado o lapso, a* *ser enviados para publicação em suplemento do Diário da República com a mesma data de todos os outros.*

C) A distribuição do referido suplemento, com data de 19 de 19 de Março/99, ocorreu em 26 de Maio/99 data esta em que teve lugar a assinatura dos termos de aceitação das restantes duas nomeações correspondentes aos despachos não enviados inicialmente para publicação."

Esteve-se, portanto, na presença de um lapso já suprido e não de qualquer renúncia tácita ou formal de aceitar a nomeação." – fls. 11 do processo Instrutor e 38 destes autos.

vii. No DR, II Série, suplemento, datado de 19-3-99, foram publicados os despachos n.ºs 5737-A/99 e 5737-B/99 [2ª Série], dos quais consta ter sido autorizada, por despacho do vice-reitor da Universidade Nova de Lisboa de 10-2-99, proferido por delegação de competências, a nomeação como professoras associadas das aqui recorridas particulares – fls. 7 do instrutor e 53 destes autos.

III. FUNDAMENTAÇÃO DE DIREITO

Sendo esta a factualidade relevante, importa agora determinar se procedem as críticas que o recorrente assaca à sentença recorrida.

Nas conclusões A) e B) das suas alegações, o recorrente vem defender que a decisão recorrida deve ser revogada em virtude de ter sido proferida em processo onde foi infringido o direito a um processo equitativo e o princípio do contraditório, uma vez que o n.º 1 e a alínea a) do n.º 3 do artigo 54.º da LPTA, ao prever que a decisão de questões que obstem ao conhecimento do recurso tem lugar após o parecer final do Ministério Público, sem que previamente tenha sido ouvido o recorrente, viola o n.º 4 do artigo 20.º da Constituição.

Desde já se adianta que o recorrente não tem razão.

Com efeito, analisando a resposta das recorridas particulares, constante de fls. 78/107 dos autos, constata-se que aquelas suscitaram na aludida peça processual a questão prévia da irrecorribilidade do despacho reitoral de 16-6-2000, consubstanciada no facto daquele despacho não ter indeferido a pretensão do recorrente, posto que se limitou a constatar que não estavam reunidos os pressupostos para poder decidir da mesma.

O Mm.º Juiz do TAC de Lisboa, interpretando correctamente o teor daquela resposta, ordenou, por despacho de 4-12-2000 [vd. fls. 115 dos autos], o cumprimento do disposto no artigo 54.º da LPTA, com a notificação do recorrente para se pronunciar sobre as questões prévias invocadas na resposta das recorridas particulares e, após, a abertura de "*vista*" ao Ministério Público para os mesmos fins.

A secretária do TAC de Lisboa, em 11-12-2000, e em cumprimento daquele despacho, notificou o recorrente nos termos ordenados, enviando-lhe cópia da resposta das recorridas particulares [vd. cota inserta a fls. 115 dos autos].

Dado que no prazo concedido para o efeito o recorrente nada disse, ainda em cumprimento do despacho de fls. 115, foi aberta "*vista*" ao Digno Magistrado do Ministério Público, a fim de emitir parecer sobre as invocadas questões prévias, o que aquele fez [cfr. fls. 118 dos autos].

E, finalmente, após o Digno Magistrado do Ministério Público ter expressado a sua posição sobre as questões que, no entender das recorridas particulares, obstavam ao conhecimento do mérito do recurso, emitindo parecer de concordância, o Mm.º Juiz do TAC de Lisboa proferiu a sentença objecto do presente recurso jurisdicional, concedendo provimento à questão prévia da irrecorribilidade invocada, rejeitando, em consequência, o recurso contencioso interposto [vd. fls. 118/127 dos autos].

Na óptica do recorrente, ao assim decidir, a sentença recorrida violou o princípio do contraditório, uma vez que o n.º 1 e a alínea a) do n.º 3 do artigo 54.º da LPTA, ao prever que a decisão de questões que obstem ao conhecimento do recurso tem lugar após o parecer final do Ministério Público, sem que previamente tenha sido ouvido o recorrente, viola o n.º 4 do artigo 20.º da Constituição.

Porém, a factualidade que emerge dos autos – e que acima se salientou – desmente a invocação do recorrente, já que aquele foi notificado para se pronunciar sobre as questões prévias que as recorridas particulares haviam suscitado no seu articulado de resposta, só não tendo usado do seu direito de resposta por opção própria, eventualmente por razões que só a si diziam respeito.

O que não pode defender-se, como pretende o recorrente, é que pelo facto de não ter querido pronunciar-se – posto que existe confirmação nos autos da notificação que lhe foi expedida para o apontado fim – colocasse o Tribunal na situação de ter de relegar para a sentença final o conhecimento duma questão prévia que, a proceder, poria de imediato fim ao processo.

E, evidentemente, foi isso que aconteceu, já que tendo o Digno Magistrado do Ministério Público junto do TAC de Lisboa emitido parecer de concordância com uma das questões prévias suscitadas pelas recorridas particulares – mais concretamente, a que se prendia com a irrecorribilidade do despacho recorrido – o Mm.º Juiz "*a quo*", conheceu de imediato da mesma e, julgando-a verificada, rejeitou o recurso por ilegalidade na respectiva interposição, nos termos do § 4.º do artigo 57.º do RSTA.

Não houve, pois, qualquer violação do n.º 1 e da alínea a) do n.º 3 do artigo 54.º da LPTA, já que a decisão daquela concreta questão que obstava ao conhecimento do recurso teve lugar após o parecer do Ministério Público, necessariamente final, posto que no seu entender, em face da evidência daquela, o recurso não merecia prosseguir.

E, de igual modo, também não ocorre violação do disposto no n.º 4 do artigo 20.º da CRP, já que a equidade do processo mostra-se concretizada pelo exercício do contraditório, ordenado pelo Mm.º Juiz "*a quo*" no seu despacho de fls. 115.

Deste modo, improcedem as conclusões A) e B) das alegações do recorrente.

* * * * * *

Por último, nas conclusões C) e D) das suas alegações, sustenta o recorrente que o acto recorrido – o despacho reitoral de 16-6-99 – não é um acto meramente informativo, mas um acto lesivo do direito do recorrente de ser nomeado e aceitar a 4ª vaga do referido concurso pois os candidatos colocados em 3.º e 4.º lugares, apesar de nomeados [ainda que fora do prazo legal] não celebraram validamente o termo de aceitação, encontrando-se, por isso, vagos ou por preencher, dois lugares abertos no referido concurso, facto conducente, no seu entender, ao direito a ser nomeado para a 4ª vaga, mantendo-se assim toda a utilidade a revogação do acto que indeferiu o seu pedido.

Vejamos.

Resulta da matéria dada como provada pela sentença recorrida – que o recorrente não atacou – que o recorrente, por requerimento datado de 19-5-99, dirigido à entidade recorrida, expunha a sua posição sobre o concurso a que havia sido opositor, nomeadamente sobre qual deveria ser, em seu entender, a sequência a dar-lhe, uma vez que até àquela data – 19 de Maio de 1999 –, não tinha sido publicada a nomeação dos candidatos colocados em terceiro e quarto lugares e, atendendo a que já haviam passado seis meses sobre a data da reunião em que foi tomado o resultado do concurso como definitivo, era lícito concluir que houve renúncia tácita e formal de tomada de posse pelos candidatos colocados em terceiro e quarto lugares, requerendo em conformidade, com base nos artigos 4.°, 5.°, 6.°, 6.°-A e 12.° do Decreto-Lei n.° 6/96, e como candidato ordenado em 6.° lugar, que a entidade recorrida – Magnífico Reitor – providenciasse no sentido de lhe ser dada posse na quarta vaga do referido concurso que, face à lei, considerava encontrar-se em aberto.

Sobre aquela concreta pretensão veio então o recorrido a despachar, em 16-6-99, no sentido de que "*Em face da informação da FCSH, informar o interessado de que houve lapso no envio do despacho de nomeação para publicação, o qual foi suprido, e não renúncia*".

E, em cumprimento daquele despacho – verdadeiramente o objecto do recurso contencioso interposto – veio o recorrente a ser notificado, por ofício datado de 18-6-99, da Administradora da FCSH, e em referência ao seu requerimento feito ao Reitor, de que "*... em cumprimento do despacho do Sr. Reitor de 16-6-99, informo o seguinte: a) As nomeações tiveram lugar em 10 de Fevereiro de 1999 em relação aos cinco primeiros candidatos; b) A Faculdade de Ciências Sociais e Humanas, por lapso, enviou para publicação inicialmente apenas três despachos vindo os restantes dois, detectado o lapso, a ser enviados para publicação em suplemento do Diário da República com a mesma data de todos os outros; c) A distribuição do referido suplemento, com data de 19 de 19 de Março/99, ocorreu em 26 de Maio/99 data esta em que teve lugar a assinatura dos termos de aceitação das restantes duas nomeações correspondentes aos despachos não enviados inicialmente para publicação. Esteve-se, portanto, na presença de um lapso já suprido e não de qualquer renúncia tácita ou formal de aceitar a nomeação.*" – cfr. fls. 11 do processo Instrutor e 38 dos presentes autos.

Sustenta o recorrente que o despacho recorrido não era um acto meramente informativo, mas um acto lesivo do seu direito a ser nomeado e aceitar a 4ª vaga do referido concurso, uma vez que em seu entender, os candidatos colocados em 3.° e 4.° lugares, apesar de nomeados [ainda que fora do prazo legal] não haviam celebrado validamente o termo de aceitação, encontrando-se, por isso, vagos ou por preencher, os dois lugares abertos no referido concurso.

Porém, salvo o devido respeito, tal entendimento não colhe.

Como se refere na sentença recorrida, tal acto, face ao pedido que foi formulado pelo requerente ao Reitor da FCSH da UNL, não pode deixar de ser considerado, como meramente informativo.

Com efeito, o recorrente, ao elaborar a exposição onde peticionava a sua nomeação, partiu de pressupostos cuja verificação não curou de confirmar e assumiu como válidos, ou seja, de que realmente não haviam sido publicados os preenchimentos das 3ª e 4ª vagas e de que não havia despacho de nomeação para tais vagas, concluindo por isso que teria havido renúncia tácita e formal das candidatas colocadas nas referidas vagas.

Ora, o despacho reitoral recorrido, de 16-6-99, teve por único fim informar o recorrente de que os pressupostos de que partira para retirar a conclusão de que se impunha a nomeação que peticionava, não se encontravam correctos, já que a nomeação dos cinco primeiros candidatos se tinha operado por despacho datado de 10-2-99, mais tendo sido esclarecido de quais as razões pelas quais a publicação das duas nomeações em falta ainda não ocorrera.

Por conseguinte, concluiu-se na sentença recorrida que sendo o acto contenciosamente impugnado meramente informativo, o mesmo não lesava nenhum direito ou interesse legalmente protegido do recorrente, uma vez que se limitava a esclarecer, a informar o recorrente da existência de outros actos, eles sim com potencialidade lesiva para os seus direitos ou interesses, estribando-se para tal na conjugação do disposto nos artigos 268.°, n.° 4 da CRP, e 25.°, n.° 1 da LPTA, donde resulta a interpretação de que relevam agora não tanto as características de definitividade e executoriedade do acto administrativo, para que seja recorrível, mas antes fazem recair a sua recorribilidade na efectiva lesividade dele, consagrando-se a garantia de accionabilidade em relação a actos que lesem direitos ou interesses legalmente protegidos dos particulares.

O entendimento perfilhado na sentença recorrida afigura-se correcto.

Destarte, importa concluir que tendo o despacho impugnado por conteúdo uma mera informação ou esclarecimento do recorrente, logo sendo destituído de eficácia vinculativa externa e de lesividade, o mesmo era contenciosamente irrecorrível, tal como o entendeu a sentença recorrida, assim improcedendo as conclusões C) e D) das alegações do recorrente.

IV. DECISÃO

Nestes termos, e pelo exposto, acordam em conferência neste TCA Sul, em negar provimento ao recurso jurisdicional e, em consequência, confirmar a sentença recorrida.

Custas a cargo do recorrente, com taxa de justiça e procuradoria que se fixam em € 120,00 e € 40,00, respectivamente.

Lisboa, 8 de Fevereiro de 2007

Rui Pereira
Magda Geraldes
Gonçalves Pereira

Recurso n.° 5788/2001

ARTIGO 79.º DO C.P.A. RECURSO HIERÁRQUICO REMETIDO POR CORREIO REGISTADO. TEORIA DA RECEPÇÃO. RELEVÂNCIA SUSPENSIVA DO PRAZO DE IMPUGNAÇÃO CONTENCIOSA.

(Acórdão de 18 de Janeiro de 2007)

SUMÁRIO:

I – O recurso hierárquico remetido por correio registado tem-se por interposto na data da sua entrada no serviço a que é dirigido (teoria da recepção), e não na data da efectivação do respectivo registo (teoria do envio).

II – A faculdade, conferida pelo artigo 79.º do C.P.A., de enviar requerimentos pelo correio, está condicionada pelo seu envio registado e com aviso de recepção, e não envolve qualquer excepção à regra de que tais requerimentos só se consideram apresentados quando derem entrada nos serviços a que são dirigidos.

III – A relevância suspensiva do prazo de impugnação contenciosa, prevista no artigo 59.º n.º 4 do C.P.A., só opera se a impugnação administrativa for interposta dentro do respectivo prazo, nos termos supra indicados.

ACORDAM NO 2.º JUÍZO DO TCA – SUL

1. RELATÓRIO

Investigação e Desenvolvimento de Tecnologia, Lda, intentou no TAF de Lisboa, contra o Presidente da Câmara Municipal de Lisboa, acção de contencioso pré-contratual (que, nos termos do artigo 10.º n.º 4 do CPTA se considerou intentada contra o Município de Lisboa), pedindo a anulação da deliberação de 2.01.06 que adjudicou à "Accenture, S.A.", a aquisição de um sistema de informação para a gestão de contra-ordenações (gerais e de trânsito) para a Polícia Municipal da C.M. de Lisboa.

Por decisão de 12.10.2006, o Mmo. Juiz "a quo" julgou procedente a questão prévia da caducidade do direito de acção e absolveu a entidade demandada do pedido.

Inconformada, a A. interpôs recurso jurisdicional para este T.C.A., em cujas alegações formulou as conclusões seguintes:

1ª) Vem o presente recurso interposto da sentença proferida nos presentes autos, que julgou procedente a questão prévia do direito de acção;

2ª) Considerou o Tribunal "a quo" que o recurso hierárquico interposto pela A. foi feito fora de prazo, o que desde logo inquina todo o processado;

3ª) Efectivamente, apesar de o recurso hierárquico ter sido remetido por correio registado com aviso de recepção no dia 23.01.2006 e recepcionado logo no dia seguinte, 26.01.2006, considerou o tribunal "a quo" que o que conta para efeitos de cumprimento de prazo é a data em que o recurso hierarquico deu entrada nos serviços, e não o que consta do registo;

4ª) Apesar de o Tribunal "a quo" considerar que apenas é permitido pelo disposto no artigo 79.º do CPA a remessa do recurso hierarquico pelo correio, e não o cumprimento do prazo, a verdade é que esta posição não pode ser considerada defensável, em face dos princípios da boa fé (art. 6.º CPA), da colaboração da Administração com os particulares e do acesso à justiça (cfr. art. 12.º do CPA e art. 20 e 268.º n.ºs 4 e 5 da C.R.P.);

5ª) Sendo os processos de contencioso pré-contratual urgentes, na verdade tal urgência tem limitações, permitindo-se que os recursos hierarquicos existam, sejam muitas vezes um passo necessário, tendo efeito suspensivo dos prazos de caducidade da acção;

6ª) O recurso hierárquico, nos termos do disposto no art. 180.º n.º 2 do Dec. Lei n.º 197/99, de 8 de Junho, deverá ser interposto no prazo de dez dias a contar da notificação do acto de adjudicação, e por isso, no caso dos autos, o recurso hierarquico tem como prazo limite para interposição o dia 23 de Janeiro de 2006, dia esse que foi cumprido, quer pelo envio por carta registada com aviso de recepção, quer por envio de fax;

7ª) Tal como prova o documento n.º 3 que o recurso hierárquico deu entrada nos Serviços da Câmara Municipal de Lisboa a tempo, e que a Ré tem perfeito conhecimento da sua existência;

8ª) Entende o tribunal "a quo" que, independentemente da data que consta no registo, o que releva é a data em que o requerimento deu entrada nos serviços quando na realidade o art. 77.º do C.P.A., ao contrario do que o tribunal "a quo" quer fazer crer, não estipula qualquer limitação ao modo como é apresentado, estabelecendo apenas no seu n.º 1 que "Os requerimentos devem ser apresentados nos serviços dos órgãos aos quais são dirigidos ..."

9ª) Preceituando ainda o artigo 80.º n.º 1 do mesmo diploma legal que "A apresentação de requerimentos, *qualquer que seja o modo por que se efectua ...*"

10ª) Ora, se a própria lei não estabelece a apresentação pessoal dos requerimentos, não faz qualquer lógica limitar o sentido do previsto no artigo 79.º do CPA ao modo de apresentação;

11ª) O pensamento e a intenção do legislador não foi esse, mas sim o de permitir que o prazo de apresentação se considera cumprido mesmo no caso de remessa por correio registado, considerando-se o prazo legal cumprido com a data de registo, caso contrário, estaríamos perante uma situação bizarra de fazer depender de terceiros, exteriores ao procedimento, o cumprimento dos prazos administrativos;

12ª) E de forma a prevenir tais situações permite o legislador que o acto se dê por cumprido dentro do prazo quando remetido por correio registado com aviso de recepção, sendo que a data que conta para efeitos de cumprimento de prazo é a que consta do registo, aplicando-se assim o disposto no art. 155.º do Cod. Proc. Civil;

13ª) Assim, não se pode considerar verificada a excepção de caducidade, como considerado pelo tribunal, que violou os princípios da boa fé, da colaboração da Administração com os particulares e do acesso a justiça (arts. 12.º do CPA, 20.º e 268.º n.ºs 4 e 5 da C.R.P e 155.º do C.P. Civil).

14ª) Deve assim o presente recurso proceder, revogando-se a sentença recorrida, a qual deve ser substituída por outra que determine o prosseguimento do processo para apreciação de seu objecto.

A entidade recorrida contra-alegou, pugnando pela manutenção do julgado.

O Digno Magistrado do Ministério Público emitiu douto parecer no sentido de ser negado provimento ao recurso.

2. MATÉRIA DE FACTO

A sentença recorrida considerou provada a seguinte factualidade relevante:

a) a A. foi notificada da decisão de adjudicação do fornecimento à ACCENTURE em 9.01.06 – fls. 22 e 23 dos autos;

b) a A. remeteu, por correio sob registo efectuado em 23.01.06, requerimento de recurso hierarquico da decisão de adjudicação, dirigido ao Presidente da CML, o qual deu entrada no GAP com o n.º 1396/06/CML, em 24.01.2006 – cfr. fls. 34 e 35 dos autos (doc. n.º 1 junto com a p.i.);

c) Os contra-interessados foram notificados para se pronunciarem sobre o recurso acima referido em 3.02.06 – cfr. doc. n.º 5 junto com a p.i. a fls 30;

d) A petição inicial do presente processo foi remetida por correio sob registo efectuado em 6.03.06 e deu entrada no dia seguinte.

3. DIREITO APLICÁVEL

O recorrente, nas conclusões das suas alegações, considera que não se pode julgar verificada a excepção de caducidade, tendo o tribunal "a quo" violado os princípios da boa fé, da colaboração da Administração com os particulares, e do acesso à justiça (arts. 6.º A e 7.º do C.P.A., arts. 20.º e 268.º da C.R.P. e arts. 155.º e 279.º do Cod. Civil).

Entende o recorrente que não faz qualquer sentido limitar o alcance do previsto no art. 79.º do C.P.A. ao modo de apresentação de requerimentos, visto que foi intenção do legislador permitir que o prazo de apresentação se deve considerar cumprido mesmo no caso de remessa por correio registado, sendo o prazo legal dependente da data do registo.

Ou seja, a recorrente afirma que o acto se deve ter cumprido dentro do prazo quando remetido por correio registado com aviso de recepção, e que a data que conta para efeitos de cumprimento do prazo é a que consta do registo, aplicando-se assim o disposto no artigo 150.º do Cod. Proc. Civil.

Não é, assim, exacta, na tese da recorrente, a posição expressa na sentença recorrida, segundo a qual o que conta é a data em que o requerimento do recurso hierárquico deu entrada nos serviços.

Em seu abono cita o recorrente o Acordão deste T.C.A. de 5.5.2005, P. n.º 5374/01.

Salvo o devido respeito, o recorrente não tem razão.

O Acórdão citado e sumariado nas doutas alegações não constitui orientação unânime da jurisprudência, apesar de apelar aos princípios da desburocratização e da eficiência, admitindo a aplicação supletiva do previsto no art. 150 n.º 1 do Cod. Proc. Civil.

Pelo contrário, a jurisprudência, nomeadamente a do S.T.A. segue orientação contrária à pretendida pela recorrente, em numerosos arestos, e o mesmo sucede com a doutrina maioritária.

Na verdade, tem-se entendido que, em face do preceituado nos artigos 77.º a 80.º do Cod. Proc. Administrativo, os escritos dirigidos pelos particulares à Administração consideram-se apresentados na data em que forem recebidos nos serviços dos órgãos a que são dirigidos ou nos serviços onde é permitida a sua apresentação indirecta (serviços locais desconcentrados, Secretaria do Governo Civil, Gabinete do Ministro da República e Serviços das representações diplomáticas e, consulares) *e não na data em que forem enviados pelo correio*, pois que, neste caso, não só é exigível que o expediente seja enviado sob registo, com aviso de recepção (artigo 79.º), com o que se pretende saber, com precisão, a *data da sua apresentação, que é a da recepção*, como também se consideram simultaneamente apresentados os recebidos pelo correio na mesma distribuição (art. 80.º n.º 2 do CPA), o que aponta, clara e inequivocamente, para a consagração da *teoria da recepção*, em detrimento da *teoria do envio*, ou seja, de que o que conta é esse recebimento e não o envio pelo correio, caso em que bastaria o registo simples e teria de ser dada prevalência à expedição em lugar da distribuição (cfr. o Ac. STA de 12.12.02, Rec. 47491, referido no douto parecer do Digno Magistrado do Ministério Público; sublinhados nossos).

A mesma orientação é seguida nos Acs. do STA de 30.04.98, Rec. 041027, e de 2.07.2003, Rec. 0577/03.

No primeiro destes arestos escreveu-se que:

"(...).

II – Do disposto nos artigos 77.º a 80.º do CPA – contrariamente ao que sucede em alguns procedimentos especiais, designadamente no regulado pelo Dec. Lei 498/88 – resulta que os requerimentos e outras intervenções escritas dos interessados (art. 82.º do CPA), se consideram eficazes na data em que são recebidos nos serviços dos órgãos a que são dirigidos ou nos serviços em que é permitida a apresentação indirecta (serviços desconcentrados, Secretaria do Governo Civil, Gabinete do Ministro da República, representações diplomáticas e consulares), (teoria da recepção) e não na data em que a correspondência é confiada ao registo dos correios (teoria do envio).

E, no segundo aresto mencionado entendeu-se que

"(...).

I – O recurso hierárquico remetido por correio registado tem-se por interposto na data da sua entrada no serviço a que é dirigido, e não na data da efectivação do respectivo registo.

Ora, em face de tal jurisprudência só se pode concluir que os artigos 79.º e 80.º do C.P.A. consagram a *teoria da recepção*, e não a *teoria do envio*.

É o que também resulta do recente Ac. STA de 2.02.2006, P. 1108/2005, segundo o qual o artigo 79.º do CPA se limita a permitir o envio do requerimento pela via postal, sem todavia introduzir qualquer alteração quanto ao local ou quanto à data (a da recepção), e se escreve que "O recurso hierarquico deve dar entrada no serviço competente dentro do prazo estabelecido por lei, *mesmo que enviado pelo correio, não relevando, neste caso, a data da expedição ou do registo postal* (sublinhado nosso).

A doutrina navega nas mesmas águas.

Santos Botelho, Pires Esteves e Cândido de Pinho consideram que "é inequívoco que o que releva é o recebimento nos serviços – aos quais os escritos são dirigidos ou naqueles em que é permitida a sua apresentação indirecta – e não o envio pelo correio, pois que não só é exigível que esses escritos sejam enviados sob registo, com aviso de recepção, com o que se pretende saber, com precisão, a data da recepção, como também a data do recebimento depende da distribuição pelos correios e não da sua expedição (cfr. "Código do Procedimento Administrativo", Anotado e Comentado, 5ª ed., Almedina, p. 377).

Dentro da mesma orientação se situam Esteves de Oliveira, Pedro Gonçalves e Pacheco de Amorim (cfr. Cód. Proc. Administrativo, Almedina, 2ª ed., p. 391 a 394).

E, assim, como justamente refere a sentença recorrida, "a faculdade conferida pelo art. 79.° do C.P.A. de enviar requerimentos pelo correio está condicionada pelo seu envio registado e com aviso de recepção e não envolve qualquer excepção à regra de que eles só se considerarão apresentados quando derem entrada nos serviços a que são dirigidos.

Ou seja, "a possibilidade, em geral, de remessa do requerimento pela via postal (restrita naturalmente aos requerimentos escritos) – que a lei pode arredar explicita ou implicitamente ou regular de forma especial – está condicionada pelo seu envio registado e com aviso de recepção, exigência que se compreende pela necessidade de ficar assinalada a data de apresentação do requerimento, que é a do seu recebimento nos serviços".

Isto posto, nada há a censurar à decisão recorrida por ter concluído que a suspensão prevista no artigo 59.° n.° 4 do CPTA só opera se a impugnação administrativa for interposta dentro do respectivo prazo, e só assim se lhe deve atribuir *relevância suspensiva do prazo de impugnação contenciosa*, sendo para este efeito indiferente que a Administração venha, apesar do prazo, a tomar posição.

Ora, estando assente que a A. foi notificada do acto impugnado em 9.01.06, o prazo (que é substantivo) para intentar a presente acção terminou em 9.02.06, pelo que é extemporânea a acção proposta em 6.03.2006, o que obsta ao seu prosseguimento, por força do disposto no artigo 89.° n.° 1, al. h) do C.P.T.A.

4. DECISÃO

Em face do exposto, acordam em negar provimento ao recurso e em confirmar a sentença recorrida.

Custas pela A., fixando a taxa de justiça em 6 UC, com redução a metade (arts. 73-D n.° 3 e 73.°-E n.° 1, alínea f), do Cód. Custas Judiciais).

Lisboa, 18 de Janeiro de 2007

as.) António da Coelho da Cunha (Relator)
Maria Cristina dos Santos
Teresa Maria de Sousa

Recurso n.° 02184/06

AUTARQUIAS LOCAIS. ÓRGÃOS DIRIGENTES. COMPETÊNCIA DA CÂMARA. COMPETÊNCIA DO PRESIDENTE. REVOGAÇÃO.

(Acórdão de 18 de Janeiro de 2007)

SUMÁRIO:

I – A competência para "superintender na gestão e direcção de pessoal ao serviço do município" atribuída à câmara pela alínea b) do n.° 1 do artigo 51.° do DL n.° 100/84, na sua redacção primitiva, constitui "...uma competência genérica, no âmbito da organização e funcionamento dos serviços municipais (...)", na qual "...o verbo superintender não é utilizado com o sentido técnico-jurídico próprio (...) mas antes com o significado corrente de orientar, dirigir".

II – Sendo apenas esta a extensão da referida competência, é de concluir que a sua transferência para o presidente da câmara, operada pelas alterações introduzidas pela Lei n.° 18/91, de 12/6, nos artigos 51.° e 53.° do DL n.° 100/84, foi determinada somente por razões de oportunidade, não abrangendo toda e qualquer medida administrativa que se inclua numa acepção ampla de gestão de pessoal e que se encontre atribuída ao órgão executivo nos termos de legislação avulsa, no âmbito de procedimentos administrativos especiais, como acontece com o caso do estatuto do pessoal dirigente da administração local estabelecido no DL n.° 198/91.

III – Não se acolhendo a tese da revogação implícita do n.° 1 do artigo 17.° do DL n.° 198/91, por efeito da redacção dada pela Lei n.° 18/91, de 12/6, aos artigos 51.° e 53.° do DL n.° 100/84, conclui-se que só a Câmara Municipal do Montijo detinha competência própria para renovar as comissões de serviço dos órgãos dirigentes do município.

IV – Sendo o DL n.° 198/91 um diploma especial, as suas normas não são, em princípio, revogadas por lei geral, salvo se "*outra for a intenção inequívoca do legislador*" [cfr. n.° 3 do artigo 7.° do Cód. Civil], facto que não resulta da transferência daquela competência genérica para o presidente da câmara.

ACORDAM EM CONFERÊNCIA NO 1.° JUÍZO LIQUIDATÁRIO DO TRIBUNAL CENTRAL ADMINISTRATIVO SUL

I. RELATÓRIO

Carlos Alberto Ramalhete Sustelo, inconformado com a sentença do TAC de Lisboa, que negou provimento ao recurso contencioso por si interposto do despacho datado de 11-5-98, proferido pelo ***Presidente da Câmara Municipal do Montijo***, que determinou a revogação anulatória de um outro despacho da então Presidente daquela autarquia, datado de 10-10-97, e que havia renovado, por um período de três anos, a comissão de serviço do recorrente no cargo dirigente de chefe da Divisão de Desporto, dela recorreu para este Tribunal, formulando, na respectiva alegação, as seguintes conclusões:

"1. Tanto no artigo 51.°, n.° 1, alínea b) do Decreto-Lei n.° 100/84 [primitiva redacção], que a atribuiu à câmara municipal, como no artigo 53.°, n.° 2, alínea a) do mesmo Decreto-Lei n.° 100/84 [redacção dada pela Lei n.° 18/91], que a transferiu para o presidente da câmara, a competência para "superintender na gestão e direcção do pessoal ao serviço do município", tem o sentido técnico-jurídico próprio – o de competência decisória – ou seja, competência para decidir, por actos administrativos, todos os assuntos em matéria de gestão do pessoal ao serviço do município, incluindo os dirigentes;

2. Dar àquela competência o sentido de pura competência genérica, o sentido de orientar, dirigir ou indicar procedimentos concretos, é contrariar a letra, o espírito e a "ratio legis" daqueles dois preceitos e esvaziá-los do seu conteúdo útil.

3. No artigo 17.° do Decreto-Lei n.° 198/91, aprovado no dia 7 de Março de 1991, o legislador subordina os actos de gestão relativos ao pessoal dirigente do município ao regime geral de competências que, nessa data de 7 de Março de 1991, vigorava em matéria de gestão de todo o pessoal ao serviço do município: competência própria da câmara municipal mas tacitamente delegada no presidente da câmara;

4. Da conclusão 3ª resulta que a competência para a prática dos actos de gestão relativos ao pessoal dirigente se subordina às alterações que venham a ocorrer naquele regime geral, como é o caso da transferência de competência, da câmara para o presidente da câmara, operada através da nova redacção dada à alínea a) do n.° 2 do artigo 53.° do Decreto-Lei n.° 100/84 pela Lei n.° 18/91, aprovada na mesma data em que o foi o Decreto-Lei n.° 198/91 – 7 de Março de 1991;

5. A norma daquele artigo 17.° do Decreto-Lei n.° 198/91, não é, pois, norma especial;

6. Resulta, assim, do elemento histórico e sistemático de interpretação que, ao transferir, da câmara para o presidente da câmara, a competência para decidir, por actos administrativos, todos os assuntos em matéria de gestão de pessoal, assim alterando o referido regime geral de competências nesta matéria, a Lei n.° 18/91 esvaziou de conteúdo prático, revogando-o tacitamente, o artigo 17.° do Decreto-Lei n.° 198/91;

7. A renovação da comissão de serviço do pessoal dirigente dos municípios subsume-se, pois, na competência própria do presidente da câmara prevista na alínea a) do n.° 2 do artigo 53.° do Decreto-Lei n.° 100/84, na redacção dada pelo Decreto-Lei n.° 198/91;

8. As conclusões anteriores são reforçadas pela expressão que veio a ser utilizada na alínea a) do n.° 2 do artigo 68.° da Lei n.° 169/99, disposição que tem a natureza de norma interpretativa da alínea a) do n.° 2 do artigo 53.° do Decreto-Lei n.° 100/84, na redacção dada pela Lei n.° 18/91;

9. O despacho revogado pelo acto impugnado no recurso contencioso enquadrava-se, assim, na esfera da competência da sua autora, pelo que o acto impugnado em tal recurso enfermava do vício de violação do direito aplicável.

10. Ao decidir de modo diferente, a sentença recorrida violou, por erro de interpretação e aplicação, o disposto no artigo 53.°, n.° 2, alínea a) do Decreto-Lei n.° 100/84, na redacção dada pela Lei n.° 18/91, e no artigo 17.° da Lei n.° 18/91".

O recorrente jurisdicional também alegou, pugnando pela manutenção do decidido.

Neste TCA Sul o Digno Magistrado do Ministério Público emitiu parecer, no qual concluiu nos seguintes termos:

"Em causa apenas a questão de saber se a Lei n.° 18/91, de 12/6, com a alteração introduzida na alínea a) do n.° 2 do artigo 53.° do DL n.° 100/84 [Lei das Autarquias Locais – LAL], revogou tacitamente o artigo 17.°, n.° 1 do DL n.° 189/91, de 29/5 [Lei do Pessoal Dirigente Local – LPDM], como entende o recorrente, pelo que considera violadas estas disposições legais pela douta sentença recorrida.

A questão está já suficientemente equacionada na sentença e debatida nas alegações das partes, não se me oferecendo acrescentar novos argumentos para o debate, senão o de que a jurisprudência do STA é no sentido de que a norma da LAL é lei geral não só em confronto com o artigo 17.° – Acórdão de 8-11-94, processo n.° 0336311, citado na sentença –, mas também em confronto com outras disposições legais, que conferem a competência à Câmara Municipal, e não ao seu presidente em matéria de gestão de recursos humanos – cfr., vg., os Acórdãos de 13-1-94, processo n.° 0328592, de 16-1-97, processo n.° 041082, e de 17-11-98, processo n.° 041133. E não parece que também em relação a essas normas o legislador da LAL tenha pretendido proceder à sua revogação, nem o recorrente vai tão longe que entenda ter sido intenção do legislador da LAL regular toda a matéria de competências relativas à gestão do pessoal autárquico.

Relativamente ao argumento novo que o recorrente convoca nas alegações de recurso jurisdicional – a natureza interpretativa do artigo 68.°, n.° 2, alínea a) da Lei n.° 169/99, de 18/9 –, parece-me improcedente, não só porque não há nesta lei indicações que permitam entender a vontade do legislador no sentido de lhe conferir carácter interpretativo com efeitos retroactivos, como esta norma não poderia ser levada em conta à data da prática do acto, por ainda não vigorar.

Em face do exposto, a meu ver, o recurso deverá improceder, confirmando-se a sentença recorrida" [Cfr. fls. 149/150 dos autos, cujo teor aqui se dá por integralmente reproduzido].

Colhidos os vistos legais, vem o processo à conferência para julgamento.

II. FUNDAMENTAÇÃO DE FACTO

A sentença recorrida considerou provada a seguinte factualidade:

i. A Presidente da Câmara do Montijo proferiu, em 10-10-97, o despacho a que se refere a seguinte publicação no DR, III Série, de 29-11-97, n.° 277: "*Para os devidos efeitos se torna público que, por meus despachos datados de 10 de Outubro de 1997, no uso da competência que me é conferida pela alínea a) do n.° 1 do artigo 53.° do Decreto-Lei n.° 100/84, de 24 de Março, e na redacção da Lei n.° 18/91, de 12 de Junho, e nos termos do artigo 5.° do Decreto-Lei n.° 323/89, de 26 de Setembro, aplicado à administração local pelo*

Decreto-Lei n.º 198/91, de 29 de Maio, foram renovadas as comissões de serviço, por um período de três anos, aos dirigentes desta autarquia:

(...) Professor Carlos Alberto Ramalhete Sustelo, chefe da Divisão de Desporto, a partir de 11 de Novembro";

ii. Por despacho de 11-05-98, a Presidente da Câmara determinou a revogação anulatória do despacho de 10-10-97, em síntese, com a seguinte fundamentação:

"Que a competência para a nomeação em comissão de serviço do pessoal dirigente das Autarquias Locais bem como a renovação das comissões de serviço existentes é reservada por lei ao Órgão Executivo por via do artigo 5.º, n.ºs 1 a 3 do DL n.º 323/89, de 26 de Setembro, por remissão que lhe é feita pelo artigo 17.º, n.º 1 do DL n.º 189/91, de 29 de Maio; que não pertence à esfera da competência própria do Presidente da Câmara tanto as nomeações do pessoal dirigente como as renovações das comissões de serviço referentes a este pessoal, padecendo assim tais actos administrativos de incompetência em razão do seu autor; que inexistia delegação de competência da Câmara Municipal na Presidente da Câmara referente à matéria em causa, delegação que face ao disposto nos artigos 35.º e segs. do CPA, teria de ser expressa, definindo os poderes que eram delegados; que a competência para autorizar a realização de despesas resultante da nomeação e renovação das comissões de serviço dos dirigentes pertence à Câmara Municipal, apenas se atribuindo à Presidente da Câmara o seu pagamento; que a então Presidente da Câmara não detinha, ao tempo, poderes para proferir o despacho de (...) bem como o de renovação das comissões de serviço de 14-11-97, publicado na III Série do Diário da República n.º 281, de 29-11-97, padecendo assim tais actos administrativos de erro quanto aos pressupostos de direito, sendo como tal anuláveis, por violação de lei expressa; que a norma do artigo 9.º, n.º 1, alínea a) do DL n.º 52/91, de 25 de Janeiro, se mantém em vigor, por não se ter operado a sua revogação tácita por efeito das alterações introduzidas pela Lei n.º 18/91, de 12 de Junho, no Estatuto das Autarquias locais.

(...)

Assim, considerando que o prazo-regra para efectivar o revogação anulatória dos actos administrativos inválidos contidos nos despachos sub judice é portanto – por referência ao [maior] prazo actual do recurso contencioso do acto anulável, a que se refere a alínea c) do n.º 1 do artigo 28.º da Lei do Processo nos Tribunais Administrativos aprovado pelo DL n.º 267/85, de 16 de Julho – de um ano, contado nos termos da lei processual,

Considerando que a Câmara Municipal, enquanto órgão competente para proceder à nomeação do pessoal dirigente das Autarquias bem como à renovação das suas comissões de serviço, jamais delegou essa competência na então Presidente, cuja possibilidade se prevê no artigo 17.º, n.º 2 do DL n.º 189/91, de 29 de Maio, e artigo 35.º e segs. do CPA;

Considerando que os despachos em crise nos termos em que foram proferidos não se podem manter firmes na ordem jurídica, sobrepondo-se razões de legalidade estrita a critérios de mera conveniência, determino a revogação anulatória dos seguintes despachos proferidos pela então Presidente da Câmara, ao abrigo dos artigos 138.º, 141.º, n.º 1 e 142.º, n.º 1 do CPA:

1. Despacho de 10 de Outubro de 1997 (...), respeitante a renovação de comissões de serviço dos funcionários listados no respectivo aviso".

III. FUNDAMENTAÇÃO DE DIREITO

Sendo esta a factualidade pertinente dada como assente pela decisão recorrida, vejamos agora se o ataque que lhe é dirigido pelo recorrente merece provimento.

Para decidir a concreta questão de direito que lhe foi colocada pelo recorrente no recurso contencioso, a sentença recorrida estribou-se na seguinte argumentação:

"O recorrente veio impugnar contenciosamente o despacho do Presidente da Câmara Municipal do Montijo, de 11-5-98, que revogou o acto de 10-10-97 da então Presidente da Câmara [que renovara a comissão de serviço do recorrente no cargo de Chefe de Divisão do Desporto], imputando-lhe, em síntese, vícios de violação de lei por erro sobre os pressupostos de direito: por violação da alínea a) do n.º 2 do artigo 53.º do DL n.º 100/84, de 29/3, na redacção introduzida pela Lei n.º 18/91, e do n.º 2 do artigo 17.º do DL n.º 189/91, de 29/5, por inobservância do princípio da previsão orçamental das despesas decorrentes da renovação da sua comissão de serviço e por o acto revogado estar abrangido pela proibição de revogação prevista na alínea b) do n.º 1 do artigo 140.º do CPA.

A questão fundamental a decidir no presente recurso reside em saber se a renovação das comissões de serviço dos órgãos dirigentes se subsume ou não na competência própria do presidente da câmara prevista na alínea a) do n.º 2 do artigo 53.º do DL n.º 100/84, na redacção dada pela Lei n.º 18/91, de 12/6.

O recorrente sustenta que sim, com fundamento em que, por força da alterações introduzidas pela Lei n.º 18/ /91, nos artigos 51.º e 53.º do DL n.º 100/84, o artigo 17.º, n.º 1 do DL n.º 189/91, na parte que se reporta às câmaras municipais, foi revogado, uma vez que a primitiva competência da câmara municipal para "superintender na gestão e direcção do pessoal ao serviço do município" transitou, integral e literariamente, para o presidente da câmara.

Mas o recorrente defende ainda, para o caso do Tribunal entender que aquela competência pertence às câmaras, que então se tem de considerar, em conformidade com a primitiva redacção do n.º 1 do artigo 52.º do citado DL n.º 100/84, e n.º 2 do artigo 17.º do DL n.º 189/91, que o presidente da câmara dispunha de uma competência tacitamente delegada para proferir o despacho de 10-10-97.

Entendemos que o recorrente não tem razão em nenhum dos fundamentos que invoca para sustentar a legalidade do acto revogado pelo despacho recorrido.

Na verdade, como vem afirmado no Acórdão do STA, de 8-11-94, proferido no âmbito do recurso n.º 33.631 [parcialmente transcrito na contestação da autoridade recorrida e mencionado pelo recorrido particular em alegações finais, que seguiremos de perto por nos identificarmos inteiramente com a interpretação nele vertida e ser a que se nos afigura correcta fazer no caso em apreço], a competência para "superintender na gestão e direcção de pessoal ao serviço do município" atribuída à câmara pela alínea b) do n.º 1 do artigo 51.º do DL n.º 100/84, na sua redacção primitiva, constitui "...uma competência genérica, no âmbito da organização e funcionamento dos serviços municipais (...)". Nessa alínea,

"...o verbo superintender não é utilizado com o sentido técnico-jurídico próprio (...) mas antes com o significado corrente de orientar, dirigir".

A função concreta que se pretende designar com a expressão "gestão e direcção de pessoal" parece ser a que resulta de um típico poder hierárquico de direcção: distribuir tarefas, emitir directrizes e indicar procedimentos concretos de forma a configurar o conteúdo concreto de actuação dos subalternos, e, em suma, a actividade de administração corrente que envolva o exercício de autoridade no âmbito da relação hierárquica".

Sendo apenas esta a extensão da referida competência, é de concluir que a sua transferência para o presidente da câmara, operada pelas alterações introduzidas pela Lei n.º 18/91, de 12/6, nos artigos 51.º e 53.º do DL n.º 100/84, foi determinada somente por razões de oportunidade.

Conforme se pode continuar a ler no acórdão antes citado, "A gestão e direcção de pessoal não se compadece com uma chefia colegial que está naturalmente condicionada pelas dificuldades inerentes ao funcionamento de um órgão composto por uma pluralidade de indivíduos e sujeito a regras próprias de convocação, reunião e votação".

Neste contexto, o que se transferiu para o presidente da câmara foi apenas uma competência genérica que "não abrange toda e qualquer medida administrativa que se inclua numa acepção ampla de gestão de pessoal e que se encontre atribuída ao órgão executivo nos termos de legislação avulsa, no âmbito de procedimentos administrativos especiais" [ainda acórdão antes citado], como acontece com o caso do estatuto do pessoal dirigente da administração local estabelecido no DL n.º 189/91. Sendo um diploma especial, as suas normas não são, em princípio, revogadas por lei geral, salvo se "outra for a intenção inequívoca do legislador" [cfr. n.º 3 do artigo 7.º do Cód. Civil], o que entendemos não resultar da transferência daquela competência genérica para o presidente da câmara. Com efeito, continuando a citar o acórdão do STA, a intenção revogatória "...teria de resultar de uma regra de prevalência que revelasse a pretensão de instituir para futuro critérios uniformes em matéria de competência que se relacione com a gestão de pessoal. Só desse modo poderia inferir-se que o legislador pretendera reduzir a um regime-regra todas as disposições dispersas relativas à competência da câmara municipal naquele campo de actuação administrativa, conferindo assim à norma do artigo 52.º, n.º 2, alínea a), na nova redacção dada pela Lei n.º 18/91, uma amplitude que o elemento histórico e sistemático de interpretação não permitiria atribuir-lhe".

Na ausência dessa regra de prevalência, não poderá afirmar-se a intenção revogatória inequívoca que o artigo 7.º, n.º 3 do Cód. Civil exige para que a norma geral revogue a norma especial.

Portanto, não se acolhendo a tese da revogação implícita do n.º 1 do artigo 17.º do DL n.º 189/91, pela redacção dada pela Lei n.º 18/91, aos artigos 51.º e 53.º do DL n.º 100/84, conclui-se que só a Câmara Municipal do Montijo detinha competência própria para renovar as comissões de serviço dos órgãos dirigentes do município.

Para a eventualidade do Tribunal ter este entendimento, o recorrente ainda defendeu que, se o presidente da câmara não tem de uma competência própria, então dispõe, em conformidade com a primitiva redacção do n.º 1 do artigo 52.º do DL n.º 100/84, e n.º 2 do artigo 17.º do DL n.º 189/91, de uma competência delegada tácita.

Também falece esta argumentação, desde logo por, na data do despacho revogado, não estar em vigor, há muito, a primitiva versão do citado n.º 1 do artigo 52.º e a redacção introduzida pela Lei n.º 18/91, então em vigor, ter eliminado a delegação tácita ou legal prevista na primitiva redacção da lei das autarquias locais. Portanto, não existindo deliberação camarária de delegação de poderes, impõe-se concluir que o despacho de renovação da comissão de serviço do recorrente no cargo de chefe de divisão enfermava, efectivamente, de invalidade geradora de anulabilidade por incompetência do seu autor, podendo tal acto ser revogado pela autoridade recorrida, no prazo de um ano, com fundamento nessa ilegalidade [cfr. artigos 135.º, 136.º, n.º 1 e 141.º do CPA].

Tendo o despacho que revogou o acto de 10-10-97 sido praticado dentro daquele prazo, com fundamento na incompetência material do seu autor, não está afectado de qualquer dos vícios de violação de lei que lhe estão imputados: como ficou demonstrado, nem a alínea b) do n.º 2 do artigo 53.º do DL n.º 100/84, na redacção dada pela Lei n.º 18/91, nem o artigo 140.º do CPA, que contém o regime de revogação de actos válidos, são aplicáveis ao caso, não tendo também existido inobservância do princípio da previsão orçamental, desde logo por a autorização de qualquer despesa ter como pressuposto necessário mínimo a legalidade do acto gerador da despesa, que, como se viu, não se verificava no acto de renovação da comissão de serviço do recorrente.

Nestes termos, impõe-se negar provimento ao recurso contencioso do despacho revogatório de 11-05-98".

Tal como o identificou a sentença recorrida, a questão fundamental a decidir no recurso contencioso residia em saber se a renovação das comissões de serviço dos órgãos dirigentes se subsumia ou não na competência própria do presidente da câmara prevista na alínea a) do n.º 2 do artigo 53.º do DL n.º 100/84, na redacção dada pela Lei n.º 18/91, de 12/6.

Na tese do recorrente, a resposta não poderia deixar de ser afirmativa, com fundamento em que, por força da alterações introduzidas pela Lei n.º 18/91, nos artigos 51.º e 53.º do DL n.º 100/84, o artigo 17.º, n.º 1 do DL n.º 198/91, na parte que se reporta às câmaras municipais, foi revogado, uma vez que a primitiva competência da câmara municipal para "*superintender na gestão e direcção do pessoal ao serviço do município*" transitou, integral e literalmente, para o presidente da câmara.

Ao invés, na tese da entidade recorrida – que a sentença objecto do presente recurso sancionou – a competência para renovar comissões de serviço do pessoal dirigente e para autorizar a realização das despesas daí resultantes continuava a estar reservada à câmara municipal.

Como decorre da fundamentação em que assentou, a douta sentença recorrida fez uma apreciação criteriosa da factualidade emergente dos autos, enunciando-a de forma suficiente, efectuando o adequado enquadramento jurídico da mesma, razão pela qual improcedem todas as conclusões do recorrente, as quais em nada permitem contrariar o decidido.

De resto, a tese defendida na sentença recorrida corresponde ao entendimento uniforme do STA – de que são expressão os acórdãos de 13-1-94, proferido no âmbito do recurso n.º 32.859, de 16-1-97, proferido no âmbito do recurso n.º 41.082, e de 17-11-98, proferido no âmbito do recurso n.º 41.133, citados no parecer do Exm.º Procurador-Geral Adjunto neste TCA Sul –, o que constitui razão acrescida para confirmar sem reservas o decidido em 1ª instância.

Nestes termos, e pelo exposto, impõe-se manter na íntegra a sentença recorrida, ao abrigo do disposto no artigo 713.º, n.os 5 e 6, do Código de Processo Civil.

IV. DECISÃO

Termos em que, e pelo exposto, acordam em conferência no 1.º Juízo Liquidatário do TCA Sul em negar provimento ao presente recurso jurisdicional, confirmando integralmente a decisão de 1ª instância.

Custas a cargo do recorrente, fixando-se a taxa de justiça devida em € 120,00 e a procuradoria em € 40,00.

Lisboa, 18 de Janeiro de 2007

Rui Pereira (Relator)
Magda Geraldes
Gonçalves Pereira

Recurso n.º 6.822/2003

CARREIRA DE ENFERMAGEM. CONCURSO DE PROVIMENTO. LISTA HOMOLOGATÓRIA. RECLAMAÇÃO. IMPUGNAÇÃO HIERÁRQUICA. EXTEMPORANEIDADE.

(Acordão de 18 de Janeiro de 2007)

SUMÁRIO:

I – O regime instituído pelo DL n.º 437/91, de 8/11, que aprovou o regime legal da carreira de enfermagem, contém regras específicas, nomeadamente na parte respeitante à tramitação do procedimento dos concursos de recrutamento e selecção para o pessoal nele abrangido.

II – A aplicação do disposto nos n.ºs 6 e 7 do artigo 2.º do CPA, quando refere que "as disposições do presente Código relativas à organização e à actividade administrativas são aplicáveis a todas as actuações da Administração Pública no domínio da gestão pública" [n.º 6], e que "no domínio da actividade de gestão pública, as restantes disposições do presente Código aplicam-se supletivamente aos procedimentos especiais, desde que não envolvam diminuição das garantias dos particulares" [n.º 7], tem lugar supletivamente – seja para preencher eventuais lacunas dos procedimentos especiais seja para lhes fornecer a regulamentação de que eles carecem –, e se não envolverem diminuição das garantias dos administrados, que resultassem desses procedimentos.

III – O facto das disposições do CPA se traduzirem num alargamento dessas garantias não tem como consequência automática a sua aplicação ao procedimento especial em causa, já que a pedra de toque da aplicação supletiva do Código àqueles procedimentos não reside, em primeira linha, numa qualquer questão garantística, mas sim – como, aliás, na aplicação supletiva em geral – na existência ou inexistência de uma verdadeira lacuna de regulamentação.

IV – Em tais casos, nem sempre a falta de previsão normativa equivale a uma lacuna ou a um caso omisso procedimental, podendo antes consistir na inexistência planeada de certa regulamentação ou uma regulamentação negativa, pelo que não se torna necessária a aplicação supletiva das disposições procedimentais do CPA.

V – No caso concreto, a não previsão no DL n.º 437/91 da figura da reclamação não impunha, por força da aplicação supletiva do disposto no artigo 164.º do CPA, a sua chamada e consequente aplicação ao procedimento do concurso a que os recorrentes foram opositores, com todas as consequências daí decorrentes, a principal das quais seria a que veio a ser declarada pela entidade a quem a impugnação necessária foi dirigida, ou seja, a de considerar a mesma intempestiva, por força do decurso do prazo previsto no n.º 3 do artigo 33.º do DL n.º 437/91.

VI – Não colhe a argumentação dos recorrente quando pretendem que o n.º 7 do artigo 2.º do CPA, na redacção introduzida pelo DL n.º 6/96, colide com o artigo 2.º, alínea a), da Lei n.º 34/95, de 18/8, e que, por isso, é inconstitucional, por violação do disposto nos artigos 115.º, n.º 2, e 168.º, n.º 2, da Constituição [correspondentes actualmente aos artigos 112.º, n.º 2 e 165.º, n.º 2], já que a alteração introduzida àquele artigo pelo citado DL veio efectivamente remover as dúvidas apontadas na lei de autorização legislativa, esclarecendo que as disposições procedimentais do Código se aplicavam supletivamente aos procedimentos especiais.

ACORDAM EM CONFERÊNCIA NO 1.º JUÍZO LIQUIDATÁRIO DO TRIBUNAL CENTRAL ADMINISTRATIVO SUL

I. RELATÓRIO

Rui Alberto Marques Rodrigues Correia e Maria Arlinda Gomes Pereira da Costa, inconformados com a sentença do TAC de Lisboa, que negou provimento ao recurso contencioso que haviam interposto do despacho da ***Directora-Geral do Departamento de Recursos Humanos da Saúde***, datado de 7-4-97, que indeferiu liminarmente o recurso hierárquico necessário reportado ao despacho de homologação da lista de classificação final no concurso interno geral de acesso para provimento de seis lugares na categoria de enfermeiro chefe, nível 2, do quadro de pessoal do Hospital Miguel Bombarda, dela vieram interpor o presente recurso jurisdicional, formulando para o efeito as seguintes conclusões:

"1 – O acto homologatório da lista de classificação final do concurso a que os recorrentes foram opositores posicionou-os fora das vagas postas a concurso.

1.1 – Aquele acto é insusceptível de impugnação contenciosa directa, foi prolatado em 22-4-96 e notificado aos recorrentes por ofícios registados em 15-5-96 – ou seja, quando já vigorava o Decreto-Lei n.º 6/96, de 31 de Janeiro [diploma que conferiu nova redacção a vários preceitos do Código do Procedimento Administrativo, lhe aditou dois e revogou um número de outro: cfr. artigos 1.º, 2.º e 3.º].

1.2 – Os recorrentes reclamaram daquele acto – o que fizeram na visualização dos artigos 161.º, n.º 1, e 164.º, n.º 1, do Código do Procedimento Administrativo [este na nova redacção do artigo 1.º do Decreto-Lei n.º 6/ /96, de 31 de Dezembro – o qual, aliás, dá cumprimento ao artigo 2.º, alínea p), da Lei n.º 34/95, de 18 de Agosto] – e não acolhida a sua reclamação interpuseram recurso hierárquico necessário do acto homologatório da lista de classificação final.

1.3 – O recurso hierárquico necessário foi liminarmente indeferido, sob invocação de extemporaneidade na sua interposição, alicerçada na consideração de inaplicabilidade do artigo 164.º, n.º 1, do Código do Procedimento Administrativo, já que prevaleceria o Decreto--Lei n.º 437/91, de 8 de Novembro [diploma que "aprova o regime legal da carreira de enfermagem": artigo 1.º, n.º 1] e que não tem previsão de reclamação do acto homologatório da lista de classificação final previamente à interposição de recurso hierárquico necessário.

1.4 – A douta sentença recorrida também assim o entendeu – mas, salvo o merecido respeito, não fez boa interpretação e aplicação do direito, e, pois, não fez bom julgamento.

1.5 – Na verdade, os artigos 161.º, n.º 1, e 164.º, n.º 1, do Código do Procedimento Administrativo estão, sistematicamente, inseridos na Parte IV, que trata "da actividade administrativa" [e, aí, na Subsecção II, da Secção VI, do Capítulo II – sendo que este é dedicado ao "acto administrativo"] – pelo que, "ex vi" do artigo 2.º, n.º 6 [na redacção do artigo 1.º do Decreto-Lei n.º 6/96, de 31 de Dezembro], são aplicáveis "a todas as actuações da Administração Pública no domínio da gestão pública" [cfr. artigos 1.º a 8.º das presentes alegações].

2 – Aliás, a evolução legislativa posterior ao Decreto--Lei n.º 6/96, de 31 de Janeiro, vai no mesmo sentido: o Decreto-Lei n.º 204/98, de 11 de Julho, "regula o concurso como forma de recrutamento e selecção de pessoal para os quadros da administração Pública, bem como os princípios e garantias gerais a que o mesmo de deve obedecer" [cfr. artigo 1.º], e, patentemente, na linha dos artigos 161.º, n.º 1, "in fine", e 164.º, n.º 1, do Código do Procedimento Administrativo, estatui, no artigo 43.º, n.º 3, que "no procedimento do concurso não há lugar a reclamação" – o que, salvo o merecido respeito, bem evidencia a sua admissibilidade anterior, com efeito suspensivo do prazo dê interposição do recurso hierárquico necessário" [cfr. artigos 9.º a 13.º das presentes alegações].

3 – A douta sentença recorrida estriba-se no artigo 2.º, n.º 7, do Código do Procedimento Administrativo, para concluir pela inaplicabilidade ao caso do artigo 164.º, n.º 1, do Código do Procedimento Administrativo [na redacção do artigo 1.º do Decreto-Lei n.º 6/96, de 31 de Janeiro – a qual, repetindo, dá cumprimento ao artigo 2.º, alínea p), da Lei n.º 34/95, de 18 de Agosto].

3.1 – Mas, salvo o merecido respeito, a douta sentença recorrida não fez boa interpretação e aplicação do direito.

3.2 – É que, relativamente ao n.º 6, este n.º 7 é residual: "as restantes disposições" são as suas palavras, na sequência da proclamação do n.º 6: "as disposições... relativas... à actividade administrativa são aplicáveis a todas as actuações da Administração Pública no domínio da gestão pública" [cfr. artigos 19.º a 23.º das presentes alegações].

4 – Mas, mesmo que se assim se não quisesse entender, o certo é que, salvo o merecido respeito, o artigo 2.º, n.º 7, do Código do Procedimento administrativo, na interpretação e aplicação que dele foi feita, é inconstitucional.

4.1 – A Lei n.º 34/95, de 18 de Agosto, concedeu autorização ao Governo para este rever o Código do Procedimento Administrativo [cfr. artigo 1.º], fixando, entre o "sentido e a extensão fundamentais da legislação a elaborar", que o Governo tinha que "ALTERAR o disposto no n.º 6 do artigo 2.º, POR FORMA A PÔR TERMO ÀS DÚVIDAS LEVANTADAS EM REDOR DA APLICABILIDADE DO CÓDIGO A PROCEDIMENTOS ESPECIAIS, designadamente no que respeita à contagem de prazos e funcionamento dos órgãos colegiais" [os destacados são nossos].

4.2 – E, por isso, nos prolegómenos do Decreto-Lei n.º 6/96, de 31 de Janeiro, enfatiza-se a inovação consistente na clarificação da aplicação subsidiária das disposições procedimentais do Código aos procedimentos especiais – tendo-se, no articulado, mantido a formulação originária de aplicação supletiva.

4.3 – Assim, o artigo 2.º, n.º 7, do Código do Procedimento Administrativo [na redacção do artigo 1.º do Decreto-Lei n.º 6/96, de 31 de Janeiro], colide com o artigo 2.º, alínea a), da Lei n.º 34/95, de 18 de Agosto, e, por isso, é inconstitucional: artigos 115.º, n.º 2, e 168.º, n.º 2, da Constituição [na numeração do tempo – hoje, artigos 112.º, n.º 2 e 165.º, n.º 2].

4.4 – Pelo que, e salvo o merecido respeito, o Meritíssimo Juiz "a quo", diversamente do que fez, dever-lhe--ia ter recusado aplicação, com o sentido e alcance com que o fez: artigo 4.º, n.º 3, do ETAF e artigo 204.º da CRP [cfr. artigos 24.º a 33.º das presentes alegações].

5 – Por outro lado, na notificação do acto homologatório da lista de classificação final diz-se que dele cabe reclamação OU recurso, sem o que se tornará definitivo.

5.1 – Os recorrentes, que se movimentam no quadro do seu "direito à carreira" [que é "direito subjectivo público": cfr. artigo 47.º, n.º 2, da Constituição], confiaram no que a administração lhes transmitiu e, atento o artigo 164.º, n.º 1, do Código do Procedimento Administrativo [na sua nova redacção já aí em vigor], reclamaram do acto homologatório da lista de classificação final.

5.2 – Por isso, e salvo o merecido respeito, diferentemente da douta sentença recorrida, é para aqui conclamável o artigo 6.º-A, n.ºs 1 e 2, alínea a), do Código do Procedimento Administrativo [aditado pelo artigo 2.º do Decreto-Lei n.º 6/96, de 31 de Janeiro – cumprindo o ar-

tigo 2.º, alínea d), da Lei n.º 34/95, de 18 de Agosto], e, pois, o prazo para a interposição do recurso hierárquico necessário do acto homologatório da lista de classificação final deve ser computado a partir da notificação da decisão da reclamação [cfr. artigos 14.º a 18.º das presentes alegações] – com o que, assim, foi tempestivamente interposto".

A entidade recorrida contra-alegou, nos termos constantes de fls. 85/87 dos autos, cujo teor aqui se dá por integralmente reproduzido, pugnando pela manutenção do decidido.

O Digno Magistrado do Ministério Público junto deste TCA Sul emitiu parecer, no qual concluiu nos seguintes termos:

"*[...]*

Em nosso parecer, o recurso merece provimento pela procedência de erro de julgamento, imputado pelos recorrentes à sentença recorrida, emergente de incorrecta interpretação e aplicação das normas dos n.os 6 e 7 do artigo 2.º do CPA.

Parece indiscutível que o procedimento do concurso em causa reveste natureza especial, no sentido de que a respectiva tramitação se encontra definida em normas procedimentais próprias, o referido Decreto-Lei n.º 437/91, de 8 de Novembro, as quais visam especificamente assegurar o provimento dos lugares da carreira de enfermagem.

Todavia, nos termos do n.º 6 do artigo 2.º do CPA, as disposições deste Código relativas à actividade administrativa, onde se inserem as normas pertinentes à reclamação administrativa [Cfr. Subsecções I e II, da Secção VI, do Capítulo II, da Parte IV do CPA] são aplicáveis a todas as actuações da Administração Pública, no domínio da gestão pública.

E isto "independentemente do que se dispuser nas leis [gerais ou especiais] onde tais actuações estejam reguladas: nessas matérias, consideram-se substituídas pelas do Código" [Cfr. Código do Procedimento Administrativo, Esteves de Oliveira/Pedro Gonçalves/Pacheco de Amorim, 2ª edição, Almedina, pág. 76].

Como também nesta obra se refere, a págs. 79/80, a norma em questão surge em coerência e na sequência da proposta do Projecto do Código, nos termos da qual "as regras de direito substantivo que regulam a actividade administrativa [nomeadamente as que se contêm na Parte IV do Código] têm validade geral e vocação universal, pelo que se aplicariam a todos os regulamentos, actos e contratos administrativos da nossa Administração Pública e aos respectivos procedimentos decisórios ou executivos, ainda que especialmente regulados".

Assim sendo, não estabelecendo o Decreto-Lei n.º 437/91, de 8 de Novembro, qualquer disposição em contrário, do acto de homologação da lista de classificação final do concurso em questão cabe reclamação, nos termos dos artigos 158.º, n.os 1 e 2, alínea a) e 161.º, n.º 1, ambos do CPA, a par de impugnação hierárquica necessária expressamente prevista no artigo 39.º daquele decreto-lei.

Ou seja, em decorrência do disposto no n.º 6 do artigo 2.º do CPA, ao procedimento especial do concurso em causa são aplicáveis directamente tais normas de direito substantivo, não obstante o facto de neste diploma se prever apenas a faculdade de recurso hierárquico necessário do acto referido.

Reflectindo idêntica linha de orientação, neste sentido se decidiu no Acórdão do Pleno da 1ª Secção do STA, recurso n.º 040567, em cujo sumário se consignou:

"I – A reclamação administrativa é sempre facultada aos administrados, independentemente da sua previsão legal.

II – A reclamação administrativa assim permitida tem carácter facultativo, o que torna inútil a sua previsão com essa natureza em diploma legal específico.

III – A reclamação facultativa é actualmente prevista com carácter geral pelo artigo 161.º do CPA, o que reforça a convicção da inutilidade da sua previsão em diploma legal específico."

Aquela conclusão não obsta, ao invés do entendimento perfilhado pela sentença recorrida, o disposto no n.º 7 do artigo 2.º do CPA, como igualmente sustentam os recorrentes, embora por razões que só parcialmente serão de acolher.

Na verdade, o âmbito desta norma restringe-se à aplicação aos procedimentos especiais, no domínio da actividade de gestão pública, das disposições procedimentais do CPA, ou seja, das disposições relativas a trâmites processuais, a qual tem lugar a título meramente supletivo ou subsidiário, em caso de lacuna ou dúvida insanável, como claramente resulta da alínea a) do artigo 2.º da Lei de Autorização Legislativa n.º 34/95, de 18 de Agosto, e do preâmbulo do próprio Decreto-Lei n.º 67/96, de 31 de Janeiro, que tiveram em vista "pôr termo às dúvidas levantadas em redor da aplicabilidade do Código a procedimentos especiais, designadamente no que respeita à contagem de prazos e funcionamento dos órgãos colegiais" [ob. cit., págs. 77 e 80].

Neste sentido, os Acórdãos do STA – 1ª Secção, de 24-4-96, recurso n.º 35.494; de 5-3-96, recurso n.º 37.936; de 17-11-94, recurso n.º 35.237, e de 14-6-94, recurso n.º 32.437.

Ora, precisamente, em matéria de tramitação daquela reclamação e de contagem de prazos são aplicáveis ao caso em apreço, por via de omissão constante do Decreto-Lei n.º 437/91, de 8 de Novembro, as normas do CPA, em particular o artigo 164.º, n.º 1, que consagra a suspensão do prazo de interposição do recurso hierárquico necessário por efeito da reclamação de acto insusceptível de recurso contencioso, isto é, na situação concreta, o acto de homologação da lista de classificação final do referido concurso.

Consequentemente, decidindo pela inaplicabilidade a este concurso das normas de natureza substantiva e procedimental relativas à reclamação administrativa constantes do CPA, a sentença recorrida enferma do alegado erro de interpretação e de aplicação das normas dos n.os 6 e 7 do artigo 2.º do mesmo Código.

Deverá, pois, em nosso parecer, ser concedido provimento ao presente recurso jurisdicional e ser a mesma revogada, devendo, em consequência, ser anulados os actos contenciosamente impugnados constantes do despacho da autoridade recorrida, de 7-4-97, que, com o mesmo fundamento, indeferiu liminarmente, por intempestividade, os recursos hierárquicos necessários dos recorrentes interpostos do acto de homologação da lista de classificação final do concurso em causa, após a sua reclamação".

Colhidos os vistos legais, vem o processo à conferência para julgamento.

II. FUNDAMENTAÇÃO DE FACTO

A sentença recorrida considerou provada a seguinte factualidade:

i. Por aviso publicado no DR, II Série, n.º 268, de 20-11-95, foi aberto concurso interno geral de acesso para provimento de seis lugares de enfermeiro-chefe, nível 2, do quadro de pessoal do Hospital Miguel Bombarda.

ii. Os recorrentes candidataram-se oportunamente ao referido concurso.

iii. Na lista de classificação elaborada pelo Júri do Concurso, os recorrentes foram excluídos.

iv. Por despacho de 22-4-1996, do Conselho de Administração daquele Hospital foi homologada a lista referida em iii..

v. Por ofícios registados de 15-5-1996, os recorrentes foram notificados da homologação da lista final de classificação, cujos termos aqui se dão por reproduzidos na íntegra.

vi. Em 27-5-1996, os recorrentes reclamaram da homologação discriminada em iv. para o Conselho de Administração do Hospital Miguel Bombarda.

vii. Em 20-6-1996, por acto do mesmo Conselho foi indeferida a reclamação, mantendo-se o acto homologatório da lista de classificação final.

viii. Em 25-6-1996 e 26-6-1996, o recorrente e a recorrente, respectivamente, interpuseram recurso hierárquico necessário para a Directora-Geral do Departamento de Recursos Humanos da Saúde da homologação da lista de classificação final.

ix. Por despacho de 7-4-1997, no uso de competência delegada, a autoridade recorrida indeferiu liminarmente o recurso, nos termos do parecer.

x. Nos termos do aludido parecer deve ser negado provimento aos recursos por intempestivos, com os fundamentos nele explicitados e aqui dados por reproduzidos na íntegra.

III. FUNDAMENTAÇÃO DE DIREITO

Sendo esta a factualidade relevante, importa agora analisar e decidir se a sentença recorrida incorreu no erro de julgamento que lhe apontam os recorrentes.

A questão central do presente recurso jurisdicional consiste, pois, em saber se no âmbito do concurso interno geral de acesso para provimento de seis lugares de enfermeiro-chefe, nível 2, do quadro de pessoal do Hospital Miguel Bombarda, regulado nos termos do DL n.º 437/91, de 8 de Novembro, são aplicáveis as disposições do CPA relativas à reclamação do acto administrativo, em particular a norma constante do artigo 164.º, n.º 1, que confere à reclamação de acto insusceptível de recurso contencioso o efeito de suspender o prazo de interposição do recurso hierárquico necessário – tese dos aqui recorrentes e do Digno Magistrado do Ministério Público junto deste TCA Sul – ou, ao invés, se deve prevalecer a tese defendida pela entidade administrativa – e sufragada na sentença recorrida –, de que sendo a tramitação do procedimento previsto no DL n.º 437/91 uma tramitação especial, a aplicação daquela norma desde logo afastada.

Vejamos então.

Não se duvida que o regime instituído pelo DL n.º 437/ /91, de 8/11, que aprovou o regime legal da carreira de enfermagem, contém regras específicas, nomeadamente na parte respeitante à tramitação do procedimento dos concursos de recrutamento e selecção para o pessoal nele abrangido.

Daí que se chame à colação o disposto nos n.ºs 6 e 7 do CPA, quando refere que "*as disposições do presente Código relativas à organização e à actividade administrativas são aplicáveis a todas as actuações da Administração Pública no domínio da gestão pública*" [n.º 6], e que "*no domínio da actividade de gestão pública, as restantes disposições do presente Código aplicam-se supletivamente aos procedimentos especiais, desde que não envolvam diminuição das garantias dos particulares*" [n.º 7].

Como salientam ***Esteves de Oliveira e outros, no Código do Procedimento Administrativo Anotado, 2ª edição, a págs. 76***, em anotação a artigo em causa, "*em matéria de tramitação da actividade dos órgãos da Administração Pública [...], havendo «procedimentos especiais», as disposições do Código só se aplicam supletivamente – seja para preencher eventuais lacunas dos procedimentos especiais seja para lhes fornecer a regulamentação de que eles carecem – e se não envolverem diminuição das garantias dos administrados, que resultassem desses procedimentos*".

Ora, ainda de acordo com os mesmos autores, isto não significa que o facto das disposições se traduzirem num alargamento dessas garantias tenha como consequência automática a sua aplicação ao procedimento especial em causa, já que a pedra de toque da aplicação supletiva do Código nos procedimentos especiais não reside, em primeira linha, numa qualquer questão garantística, mas sim – como, aliás, na aplicação supletiva em geral – na existência ou inexistência de uma verdadeira lacuna de regulamentação.

Em tais casos, nem sempre a falta de previsão normativa equivale a uma lacuna ou a um caso omisso procedimental, podendo antes consistir na inexistência planeada de certa regulamentação ou uma regulamentação negativa, pelo que não se torna necessária a aplicação supletiva das disposições procedimentais do CPA.

No caso concreto, o artigo 39.º, n.º 1 do DL n.º 437/91, de 8/11, dispunha que "*da homologação [da lista de classificação final] cabe recurso, com efeito suspensivo, a interpor para o membro do Governo competente, observando-se, quanto ao prazo, o estabelecido no n.º 3 do artigo 33.º*", tornando, por isso, desnecessário o recurso à figura da reclamação, uma vez que o efeito suspensivo atribuído à impugnação hierárquica constituiria garantia suficiente para o particular que se sentisse lesado com o aludido acto de homologação, uma vez que por efeito daquela veria sempre suspensa a eficácia deste.

Parece-nos pois lícito afirmar que, no caso em apreço, a não previsão no DL n.º 437/91 da figura da reclamação não impunha, por força da aplicação supletiva do disposto no artigo 164.º do CPA, a sua chamada e consequente aplicação ao procedimento do concurso a que os recorrentes foram opositores, com todas as consequências daí decorrentes, a principal das quais seria a que veio a ser declarada pela entidade a quem a impugnação necessária foi dirigida, ou seja, a de considerar a mesma intempestiva, por força do decurso do prazo previsto no n.º 3 do artigo 33.º do DL n.º 437/91.

Por outro lado, esta conclusão também não contende com o facto de ter sido a entidade que promoveu o concurso – ou, dito de outro modo, a Administração – a induzir em erro os recorrentes, quando no aviso de abertura do concurso em causa e na notificação enviada aos recorrentes do acto de homologação da lista de classificação final [cfr. fls. 15/16 e 17 dos autos] – aliás de forma incompreensivelmente atabalhoada, contendo inclusivamente erros ostensivos na própria identificação da legislação aplicável, nomeadamente ao referir o disposto no artigo 38.° em vez do artigo 39.° do DL n.° 437/91 – admitiu a possibilidade de reclamação do acto de homologação.

Ora, perante a mais do que evidente imprecisão nos termos empregues na notificação, o que se esperaria de um destinatário médio era que não desse especial relevo ao elemento literal da notificação, antes se lhes impondo, como a sentença recorrida salientou, um grau mínimo de diligência que lhes teria permitido duvidar da credibilidade do teor do aviso na parte ora versada, designadamente, por mero confronto entre ele e o regime da impugnação das listas de classificação final previsto no DL n.° 437/91, tanto mais que, nos termos previstos no artigo 6.° do Cód. Civil, a ignorância ou má interpretação da lei não aproveita a ninguém.

E, finalmente, também não procede a apontada inconstitucionalidade do artigo 2.°, n.° 7 do CPA, na interpretação e aplicação que dele fez a sentença recorrida.

Com efeito, se é certo a Lei n.° 34/95, de 18/8, concedeu autorização ao Governo para este rever o Código do Procedimento Administrativo [cfr. artigo 1.°], fixando, entre o "*sentido e a extensão fundamentais da legislação a elaborar*", que o Governo tinha que "*ALTERAR o disposto no n.° 6 do artigo 2.°, POR FORMA A PÔR TERMO ÀS DÚVIDAS LEVANTADAS EM REDOR DA APLICABILIDADE DO CÓDIGO A PROCEDIMENTOS ESPECIAIS, designadamente no que respeita à contagem de prazos e funcionamento dos órgãos colegiais*", não é menos certo que a alteração introduzida àquele artigo pelo DL n.° 6/96, de 31/1, veio efectivamente remover tais dúvidas, esclarecendo que as disposições procedimentais do Código se aplicavam supletivamente aos procedimentos especiais [Vd., neste sentido, a anotação que a este artigo fazem Esteves de Oliveira e outros, no Código do Procedimento Administrativo Anotado, 2ª edição, ponto XVI. a págs. 77, em especial no seu confronto com a alínea a) do artigo 2.° da Lei de Autorização Legislativa].

Por isso, não colhe a argumentação dos recorrente quando pretendem que o n.° 7 do artigo 2.° do CPA, na redacção introduzida pelo DL n.° 6/96, colide com o artigo 2.°, alínea a), da Lei n.° 34/95, de 18/8, e que, por isso, é inconstitucional, por violação do disposto nos artigos 115.°, n.° 2, e 168.°, n.° 2, da Constituição [correspondentes actualmente aos artigos 112.°, n.° 2 e 165.°, n.° 2].

Donde e em consequência, improcedem todas as conclusões das alegações dos recorrentes.

IV. DECISÃO

Nestes termos, e pelo exposto, acordam em conferência no 1.° Juízo Liquidatário do TCA Sul em negar provimento ao presente recurso jurisdicional, confirmando a sentença recorrida.

Custas pelos recorrentes, fixando-se a taxa de justiça devida por cada um deles em € 120,00 [cento e vinte euros] e a procuradoria em € 40,00 [quarenta euros].

Lisboa, 18 de Janeiro de 2007

Rui Belfo Pereira
Magda Geraldes
Teresa de Sousa

Recurso n.° 12.713/2003

CARREIRA E CATEGORIA. CARREIRAS HORIZONTAIS. CATEGORIAS SEM REPORTE A CARREIRA. PROGRESSÃO CONFORME AS CARREIRAS HORIZONTAIS, DE 4/4 ANOS.

(Acórdão de 30 de Janeiro de 2007)

SUMÁRIO:

I – O art.° 4.° n.° 1 do DL 248/85 de 15.07 define carreira como "(...) o conjunto hierarquizado de categorias às quais corresponde funções da mesma natureza a que os funcionários têm acesso de acordo com a antiguidade e o mérito evidenciado no desempenho profissional".

II – O art.° 4.° n.° 2 do mesmo DL n.° 248/85 de 15.07 define categoria como "(..) a posição que os funcionários ocupam no âmbito de uma carreira, fixada de acordo com o conteúdo e qualificação de função ou funções, referida à escala salarial da função pública".

III – Face à caracterização legal das carreiras, constante do artigo 5.° do DL 248/85, de 15.7, o elemento diferenciador das carreiras verticais, relativamente às horizontais, consiste em que, naquelas, as diversas categorias correspondem a níveis crescentes de exigências, complexidade e responsabilidade.

IV – Assim, na falta de norma legal que expressamente qualifique como vertical ou horizontal determinada carreira, deve a mesma ser considerada horizontal se, pela respectiva estrutura, não comportar a possibilidade de progressão por diferentes e crescentes níveis de exigências, complexidade e responsabilidade.

V – Tal possibilidade de progressão não existe nas carreiras unicategoriais, como é o caso da carreira de motorista de transportes colectivos, que deve, por isso, ser considerada carreira horizontal, para efeito de progressão nos respectivos escalões, de quatro em quatro anos, conforme o disposto no artigo 19.°, do DL 353-A/89, de 16.10.

ACORDAM EM CONFERÊNCIA NO 1.° JUÍZO LIQUIDATÁRIO DO TRIBUNAL CENTRAL ADMINISTRATIVO SUL:

O Presidente da Câmara Municipal da Sertã, com os sinais nos autos, inconformado com a sentença proferida pelo Mmo. Juiz do Tribunal Administrativo e Fiscal de Castelo Branco dela vem recorrer, concluindo como segue:

1. No contexto legal hoje em vigor a enumeração das carreiras horizontais feita pelo art.° 28.° do DL. 247/87 de 17.6, não se pode nem deve considerar taxativa;

2. A progressão nas carreiras deve hoje ser considerada e analisada, nos termos do disposto no art.° 19.° do DL. 353-A/89 de 16.12;

3. A definição de carreiras em horizontais ou verticais passou a ter o seu acento tónico, com o DL. 353-A/89 no facto das carreiras horizontais (unicategoriais) não incluírem o exercício de cargos diversos, mas sim de um único cargo, ao passo que as carreiras verticais integram várias categorias a que correspondem cargos diferenciados em função da sua exigência, complexidade e responsabilidade;

4. Decorre do DL. 184/89 de 2.6 (arts. 17.° e 29.°) que o legislador deixou clara a sua intenção em transformar as carreiras horizontais em carreiras unicategoriais, dado distinguir carreiras em várias categorias (verticais) das carreiras horizontais (unicategoriais);

5. Inexistindo embora uma revogação expressa do art.° 38.° do DL. 247/87, a norma de prevalência prevista no art.° 44.° do DL. 353-A/89 exige que se desconsidere o regime dos n.ºs 2 5, e 3 do art.° 38.° do DL. 247/87 por pressuporem a existência de diversas categorias nas carreiras" enunciadas no n.° 1 do referido preceito;

6. Só o entendimento de que horizontais são as carreiras unicategoriais permite entender que o legislador tenha tido a necessidade de prever expressamente para certas o categorias não integradas em carreiras unicategoriais que a progressão se faz segundo módulos de 3 em 3 anos (n.° 2 do art.° 7.°, n.° 2 do art.° 9.° e n.° 2 do art.° 11.° do DL. 404-A/89 de 18.12);

7. As categorias dos associados do STAL não reportadas a nenhuma carreira devem enquadrar-se no âmbito de aplicação do n.° 3 do art.° 38.° do DL. 247/87 de 17.6;

8. Por aplicação deste preceito legal, bem como do DL. 412 -A/98 e art.° 19.° n.ºs I e 2 do DL. 353-A/89, no que concerne à progressão por mudança de escalão das categorias dos associados do STAL da presente questão ora em sede de recurso, devem estas fazer-se por reporte ás carreiras horizontais de 4 em 4 anos;

9. A sentença recorrida assenta na tese errada de que devem ser qualificadas como carreiras verticais as que não são legalmente classificadas como horizontais ou mistas, tendo em conta o carácter taxativo do DL. 247/87;

10. A douta sentença recorrida enferma assim do vício de violação da lei por erro na interpretação e aplicação dos preceitos legais aplicáveis ao caso *sub judicio,* designadamente do n.° 1 do art.° 38.° do DL. 247/87.

* * *

O Recorrido contra-alegou, concluindo como segue:

a) Nem o DL n.° 184/89, de 2/6, nem tão pouco, o DL n.° 353-A/89, de 16/10, têm como escopo instituir o regime de carreiras, confronte-se o art.° 1.° de cada um destes diplomas;

b) O que é certo é que o regime de carreiras na Administração Central e Local foi sendo traçado através de diplomas com esse fim específico;

c) A prova do que se acaba de adiantar é que, já depois daqueles decretos estarem há muito em vigor, surgiram dois diplomas com o objecto de criar um novo regime de carreiras na Administração Central e Local. Estamos a referir-nos ao DL n.° 404-A/98, de 18/12 e ao DL n.° 412-A/98, de 30/12;

d) Assim, na Administração Central foram publicados o DL n.° 191-C/79, de 25/6 o DL n.° 248/85, de 15/7, e, ultimamente, o DL n.° 404-A/98;

e) No que concerne à Administração Local, sucederam-se o DL n.° 466/79, de 7/12, na redacção do DL n.° 406/82, de 27/9, o DL n.° 247/87, de 17/6 e o DL n.° 412-A/98;

f) Ou seja, a par com os diplomas que tinham por objecto os regimes da relação jurídica de emprego, retributivo e de gestão, DL n.° 353-A/89, 427/89, de 7/12, e 204/98, de 11/7, sempre existiu um processo legislativo próprio tendo como escopo o regime de carreiras no qual se inclui a respectiva classificação;

g) E, no que à Administração Local diz respeito, basta regressar ao primeiro diploma sobre o regime de carreiras anterior ao DL n.° 184/89, concretamente, ao DL n.° 247/87, cujo art.° 64.° estatuía que: «...Em tudo o que não seja especialmente previsto no presente diploma aplica-se o disposto no Decreto-Lei n.° 248/85, de 15 de Julho...» (sublinhado do Recorrido);

h) Daqui resulta que, a aceitar-se a tese segundo a qual o DL n.° 353-A/89, cujo legislador não estava para tal mandatado, alterou o regime de carreiras, a sua classificação e arrumação, de forma a que todas as designadas de "unicategoriais" passaram a ser horizontais, então há duas questões que se ficam sem a mínima resposta.

i) É que, em primeiro lugar, o art.° 25.° do DL n.° 412-A/98, não necessitava de revogar expressamente os arts. 36.° e 37.° do DL n.° 247/87 deixando intocado o art° 38° deste último diploma. Isto é, não necessitava de revogar o que já estava revogado pelo DL n.° 353-A/89 (no desenvolvimento do DL n.° 184/89);

j) E, se o DL n.° 353-A/89 deu o mesmo tratamento às carreiras não abrangidas pelo art.° 38° do DL n.° 247/87 que deu às previstas neste preceito, porque razão o DL n.° 412-A/98 mantém em vigor tal artigo? Ou seja, se as carreiras "unicategoriais" passaram a estar todas, sem ressalva, abrangidas pelo regime de progressão nos escalões das carreiras horizontais, que precisão tinha o DL n.° 412-A/98 de manter em vigor, como de facto manteve, o art.° 38.° do DL n.° 247/87?

k) Em segundo lugar, carreiras como as de solicitador e almoxarife, retributivamente configuradas segundo o que consta do anexo 3 do DL n.° 353-A/89 como "unicategoriais" passavam a ser tratadas tal e qual outras menos qualificadas, apesar da sua inserção no grupo técnico profissional (confronte-se o anexo I ao DL n.° 247/87 e o anexo III ao DL n.° 412-A/98);

l) Em suma, o legislador ao deixar em vigor unicamente o art.° 38.° do DL n.° 247/87 pretendeu deixar bem definidos ou inconfundivelmente definidas as carreiras horizontais, isto é, taxativamente.

m) Por fim, registe-se que, a aderir a esta tese já foram proferidos mais quatro Acórdãos do Tribunal Central Administrativo Sul, a saber: o Acórdão de 9/3/06, proferido no processo n.° 882/05, recurso jurisdicional, 2° juízo – 1ª secção (Contencioso Administrativo); o Acórdão de 9/3/06, processo n.° 1221/05, recurso jurisdicional, 2° juízo – 1ª secção (Contencioso Administrativo); o Acórdão de 16/3/05, processo n.° 1249/05, 2°

juízo, 1ª secção (Contencioso Administrativo e Acórdão de 4/5/06, processo 1457/06, secção Contencioso Administrativo, 2° juízo);

*

Colhidos os vistos legais e entregues as competentes cópias aos Exmos. Juízes Desembargadores Adjuntos, vem para decisão em conferência.

*

Pelo Senhor Juiz foi julgada provada a seguinte factualidade:

1. Os associados do autor, são funcionários da Câmara Municipal da Covilhã, integrados nas seguintes carreiras: Ezequiel Martins Fernandes Oliveira, Encarregado de Parque de Máquinas Viaturas Automóveis e Transportes; Victor Manuel Vinagre Dias, Encarregado de Parque de Máquinas Viaturas Automóveis e Transportes; Américo dos Santos, Condutor de Máquinas Pesadas e Veículos Especiais; Ramiro Alves da Silva, Condutor de Máquinas Pesadas e Veículos Especiais; Jorge Manuel Farinha Mendes, Condutor de Máquinas Pesadas e Veículos Especiais; Libânio Farinha Lopes Luís, Condutor de Máquinas Pesadas e Veículos Especiais; José Carlos Lourenço Batalha, Condutor de Máquinas Pesadas e Veículos Especiais; José Farinha Lopes, Condutor de Máquinas Pesadas e Veículos Especiais; Jorge Miguel Fernandes Martins, Condutor de Máquinas Pesadas e Veículos Especiais; Joaquim Jesus Fernandes, Condutor de Máquinas Pesadas e Veículos Especiais; António Manuel Pereira Alves, Condutor de Máquinas Pesadas e Veículos Especiais; Mário André Cardoso, Condutor de Máquinas Pesadas e Veículos Especiais; António Lourenço Farinha, Condutor de Máquinas Pesadas e Veículos Especiais; Albano Lopes, Condutor de Máquinas Pesadas e Veículos Especiais; Luís Manuel Correia da Silva, Motorista de Ligeiros; Vitorino Cardoso, Motorista de Ligeiros; Godofredo de Almeida Monteiro, Motorista de Pesados; Armindo Jesus António, Motorista de Pesados; Jaime Manuel Ferreira Leitão Nunes, Motorista de Pesados; Américo da Silva dos Santos, Motorista de Transportes Colectivos; António Alves Nunes, Motorista de Transportes Colectivos; João Afonso Farinha, Tractorista; João da Conceição Luís, Condutor de Máquinas Pesadas e Veículos Especiais;

2. Dirigiram requerimentos ao réu (Presidente da Câmara Municipal) – sem obter resposta, decorridos mais de 90 dias –, nos termos dos docs. 1 a 23 juntos com a p. i., expondo que a progressão na carreira se tem vindo a fazer de 4 em 4 anos, mas que a carreira não consta do elenco de carreiras horizontais fixado no art.° 38.° do D. Lei 247/87, de 16/06, nem de outro qualquer preceito que a qualifique como horizontal, e concluindo e peticionando, pelo reconhecimento de que a carreira em que cada um se encontra integrado seja considerada vertical, nomeadamente para efeitos de progressão, com consequentes correcções remuneratórias.

DO DIREITO

O sentido decisório da sentença sob recurso é o seguinte:

"(..)

Nos termos e com os fundamentos expostos, julga-se parcialmente procedente a presente acção, e, em consequência:

1. condena-se o Município da Sertã no reconhecimento das carreiras como carreiras verticais, com direito a progredir automática e oficiosamente de 3 (três) em 3 (três) anos, as seguintes em que se encontram integrados os seguintes seus funcionários, e com efeitos em relação a estes: Ezequiel Martins Fernandes Oliveira, Encarregado de parques de máquinas, de parques de viaturas automóveis ou transportes; Victor Manuel Vinagre Dias, Encarregado de parques de máquinas de parques de viaturas automóveis ou transportes; Américo dos Santos, Condutor de Máquinas Pesadas e Veículos Especiais; Ramiro Alves da Silva, Condutor de Máquinas Pesadas e Veículos Especiais; Jorge Manuel Farinha Mendes, Condutor de Máquinas Pesadas e Veículos Especiais; Libanio Farinha Lopes Luís, Condutor de Máquinas Pesadas e Veículos Especiais; José Carlos Lourenço Batalha, Condutor de Máquinas Pesadas e Veículos Especiais; José Farinha Lopes, Condutor de Máquinas Pesadas e Veículos Especiais; Jorge Miguel Fernandes Martins, Condutor de Máquinas Pesadas e Veículos Especiais; Joaquim Jesus Fernandes, Condutor de Máquinas Pesadas e Veículos Especiais; António Manuel Pereira Alves, Condutor de Máquinas Pesadas e Veículos Especiais; Mário André Cardoso, Condutor de Máquinas Pesadas e Veículos Especiais; António Lourenço Farinha, Condutor de Máquinas Pesadas e Veículos Especiais; Albano Lopes, Condutor de Máquinas Pesadas e Veículos Especiais; Luís Manuel Correia da Silva, Motorista de Ligeiros; Vitorino Cardoso, Motorista de Ligeiros; Godofredo de Almeida Monteiro, Motorista de Pesados; Armindo Jesus António. Motorista de Pesados; Jaime Manuel Ferreira Leitão Nunes, Motorista de Pesados; Américo da Silva dos Santos, Motorista de Transportes Colectivos; António Alves Nunes, Motorista de Transportes Colectivos; João Afonso Farinha, Tractorista; João da Conceição Luís, Condutor de Máquinas Pesadas e Veículos Especiais;

2. condena-se o mesmo Município no pagamento aos mesmos funcionários das quantias correspondentes à diferença entre os montantes que vêm auferindo desde a entrada em vigor do DL n° 412-A/98, de 30 de Dezembro, e os que aufeririam se, desde então, as suas carreiras tivessem sido consideradas como carreiras verticais e a progressão tivesse, desde então, operado automática e oficiosamente de 3 em 3 anos contados da última mudança de escalão;

3. no mais vai o réu absolvido. (..)".

***

A matéria do enquadramento das categorias não reportadas a nenhuma carreira – ou seja, **unicategoriais** – no domínio das carreiras horizontais, com fundamento nas disposições conjugadas dos art.° 38.° n.° 3 DL 247/ /87 de 17.06 e 19.° n.° 1 e 2 a) DL 353-A/98 de 16.10 no tocante às carreiras do pessoal da Administração Local foi objecto de prolação de Acórdão deste **TCA-Sul, Rec. n.° 558/05 de 05.MAI.05**, onde, em síntese, se sustentou como segue:

"(..)

Ressalvado o devido respeito, não acompanhamos a tese do carácter remissivo das carreiras verticais antes competindo, ao caso dos autos, a carreira horizontal por aplicação do regime conjugado dos art.°s 38.° n.ºs 1 e 3 do DL 247/87 de 17.06 e art.° 19.° n.ºs 1 e 2 a) do citado DL 353-A/98 de 16.10.

Em nosso critério, no tocante ao conteúdo funcional e salarial de categorias sem reporte a carreira, houve, de facto, lapso do legislador, só que aos Tribunais é vedado, a propósito da criação da norma do caso concreto, criar a norma que o legislador teria criado se tivesse pensado no assunto, (as chamadas lacunas da lei), fora do contexto em que tal é permitido, que é exactamente o que ocorre na hipótese dos autos porque se trata de matéria sob reserva restritiva do Poder Legislativo.

Portanto, teremos que procurar aplicar o normativo que já existe.

Segundo **Maria José Castanheira Neves,** com o DL 353-A/89 "(..) as carreiras horizontais passaram a ser, em regra, unicategoriais, ou seja, a deterem uma única categoria, pelo que se deve e pode questionar se o elenco do art.° 38.°, atrás referido [o art.° 38.° das carreiras horizontais do DL 247/87] ainda se deve considerar exaustivo.

Consideramos que não, isto é, admitimos que existem outras carreiras horizontais, para além das enunciadas no art.° 38.° do citado diploma, que serão, em regra, unicategoriais, isto é, aquelas em que não existem nunca maiores exigências profissionais, já que o conteúdo funcional não é evolutivo.

No entanto, a importância desta distinção continua a fazer-se sentir, porque nos dois tipos de carreiras – verticais e horizontais – existe progressão, isto é, mudança de escalão na mesma categoria a que corresponde um diferente índice remuneratório.

Mas, nas carreiras *verticais*, a mudança de escalão – a progressão – efectua-se de *três em três anos*, enquanto que nas *horizontais de quatro em quatro anos* (..)".[1]

É o estatuído no art.° 19.° n.° 2 do DL 353-A/89. (..)".

*

No Acórdão supra transcrito, sumariou-se como segue:

"(..)

1. O art.° 4.° n.° 1 do DL 248/85 de 15.07 define *carreira* como "(..) o conjunto hierarquizado de categorias às quais corresponde funções da mesma natureza a que os funcionários têm acesso de acordo com a antiguidade e o mérito evidenciado no desempenho profissional".

2. O art.° 4.° n.° 2 do mesmo DL n.° 248/85 de 15.07 define *categoria* como "(..) a posição que os funcionários ocupam no âmbito de uma carreira, fixada de acordo com o conteúdo e qualificação de função ou funções, referida à escala salarial da função pública".

3. No art.° 38.° n.° 1 do DL n.° 247/87 de 17.06, "1. São consideradas carreiras horizontais as (..)", categorias de seguida descritas, sendo que do elenco não consta a categoria de encarregado de serviço de higiene e limpeza da Administração Local.

4. Porque se trata de uma categoria não reportada a nenhuma carreira, deverá enquadrar-se no domínio do art.° 38.° n.° 3 do DL 247/87 de 17.06, que diz: "3. A progressão nas restantes categorias que integram as carreiras referidas no n.° 1 far-se-á de harmonia com as regras definidas na lei geral para as carreiras horizontais".

5. O Anexo n.° 3 do DL 353-A/89 de 16.10, sob a epígrafe – Administração Local – Carreiras a categorias específicas, integra no quadro do "Grupo de Pessoal Auxiliar" e no quadro das "Categorias", entre outras, a categoria de encarregado de serviço de higiene e limpeza – escalões 225, 230, 235 e 245, todavia, não reportada a nenhuma carreira.

6. O DL 412-A/98 de 30.DEZ, manteve no Anexo II (a que se refere o n.° 1 do art.° 13.°) no quadro do "Grupo de Pessoal Auxiliar" e no quadro das "Categorias", a fls. 7304-(9) DR I Série A, n.° 300, a categoria de encarregado de serviço de higiene e limpeza – escalões 235, 240, 245 e 255, não integrada em nenhuma carreira.

7. Neste contexto, por aplicação do art.° 38.° n.° 3 do DL 247/87 de 17.06, DL 412-A/98 de 30.12, Anexo II, art.° 19.° n.° 1 e 2 a) DL 353-A/89 de 16.10, Anexo n.° 3 e DL 412-A/98 de 30.12, Anexo II, a categoria encarregado de serviço de higiene e limpeza pertencente ao Grupo de Pessoal Auxiliar no que respeita à progressão por mudança de escalão faz-se por reporte às carreiras horizontais, de quatro em quatro anos. (..)"

*

No mesmo sentido se decidiu nos acórdãos deste TCA-Sul, rec. n.° 1165/05 de 14.12.2005, rec. n.° 1115/05 de 21.12.2005, rec. n.° 1276/05 de 18.05.2006 e rec. n.° 1347/06 de 22.06.2006.

*

Em via de recurso para uniformização de jurisprudência, pelo **Pleno da 1ª Secção do Contencioso Administrativo do Supremo Tribunal Administrativo foi proferido Acórdão no rec. n.° 870/06 de 12.12.2006,** no sentido que se transcreve:

"(...)

Na definição legal, constante do art.°. 4.° do já referido DL 248/85, de 15.7, «1. A carreira é o conjunto hierarquizado de categorias às quais correspondem funções da mesma natureza a que os funcionários terão acesso de acordo com a antiguidade e o mérito evidenciado no desempenho profissional».

Sendo categoria «a posição que os funcionários ocupam no âmbito de uma carreira, fixada de acordo com o conteúdo e qualificação da função ou funções, referida à escala salarial da função pública» (n.° 2).

Sobre a «Estrutura das carreiras», dispõe o art.° 5.° do mesmo diploma legal que são «a) Verticais, quando integram categorias com o mesmo conteúdo funcional, diferenciadas em exigências, complexidade e responsabilidade; b) Horizontais, quando integram categorias com o mesmo conteúdo funcional cuja mudança corresponde apenas à maior eficácia na execução das respectivas tarefas; c) Mistas, quando combinam características das carreiras verticais e das horizontais».

Face a esta caracterização legal das carreiras, podemos afirmar, com segurança, que o elemento diferenciador das carreiras verticais, relativamente às horizontais, consiste em que, nas primeiras, as diversas categorias correspondem a níveis, supostamente crescentes (vd. **Ana Fernanda Neves**, *Relação Jurídica de Emprego Público, Movimentos Fractais, Diferença e Repetição,* Coimbra Ed. 1999, 136), de exigências, complexidade e responsabilidade.

A esta luz, e na falta de disposição legal que proceda à qualificação de determinada carreira como vertical ou horizontal, deverá a mesma ser considerada como tendo esta natureza e não aquela, se a respectiva estrutura não comportar a possibilidade de progressão por diferentes e crescentes níveis de exigência, complexidade e responsabilidade na execução das tarefas funcionais.

Assim sendo, não obstará à qualificação de uma carreira como horizontal o facto de a mesma não constar da enumeração de carreiras horizontais, feita no referenciado art.°. 38.° do DL 247/87, de 17 de Junho.

[1] Maria José Castanheira Neves, *Governo e administração local*, Coimbra, 2004, pág. 284/285.3.

Neste sentido, veja-se o acórdão desta 1ª Secção, de 13.2.97, proferido no recurso 40 594 (Ap. DR, de 25 de Novembro de 1999, vol. II, 1108, ss.), onde se afirma que «é em face dos critérios enunciados no art.° 5.° do Dec. Lei 248/85, de 17//85, que terá de se encontrar o enquadramento», para efeitos de progressão, de categoria (de fiscal de obras) não directamente inserida em carreira e não constante da enumeração do citado art.° 38.°.

Aqui chegados, resta apurar da natureza vertical ou horizontal da carreira de motorista de transportes colectivos, à qual pertencem, de acordo com a matéria de facto provada, os interessados, associados do ora recorrente STAL.

Conforme o disposto no art.°. 37.°, n.° 1, do já referido DL 247/87, que estabeleceu o regime jurídico de carreiras e categorias do pessoal das câmaras municipais, adaptando o também já referido DL 248/85 às carreiras de pessoal da administração local, eram «consideradas mistas» as carreiras de motorista, entre as quais se incluía a de motorista de transportes colectivos (art.° 26.°).

Por seu turno, o art.° 38.° deste mesmo diploma legal, como já se viu, considerava horizontais diversas outras carreiras.

Na economia desse mesmo diploma legal, as carreiras verticais seriam, por exclusão de partes as não qualificadas como mistas ou horizontais, ficando o acesso naquelas carreiras condicionado, além do mais, à permanência de, pelo menos, três anos na categoria imediatamente inferior, classificados de Bom (art.° 36.°).

O DL 412-A/98, de 30.12, que procedeu, de acordo com a previsão do DL 404-A/98, de 18.12, à adaptação à administração local das regras deste diploma legal, sobre o ingresso, acesso e progressão nas carreiras e categorias do regime geral, bem como as respectivas escalas salariais, revogou, expressamente e entre outros, o citado art.° 37.° do citado DL 247/87, que considerava mista a carreira de transportes colectivos (art.° 25.°).

Para além disso, no Anexo III, para que remete o art.° 13.° desse DL 412-A/98, consta essa carreira de motorista de transportes colectivos como carreira de uma só categoria, com seis diferentes escalões.

Assim, a par com o desaparecimento da respectiva qualificação legal como carreira mista, a carreira agora em causa passou a unicategorial.

Cuja estrutura, por isso, não comporta a possibilidade de evolução por diferentes níveis de exigência, complexidade e responsabilidade, que correspondem, nas carreiras verticais, às diversas categorias funcionais.

Face ao que se concluiu que essa mesma carreira de motorista de transportes colectivos, a que pertencem os interessados, associados do recorrente, deve ser considerada carreira horizontal.

Pelo que, nos termos do art.° 19.°, n.os 1 e 2, do DL 353-A/89, de 16.10, a progressão na respectiva categoria (única) faz-se por mudança de escalão, que depende da permanência de quatro anos no escalão imediatamente anterior, tal como decidiu o acórdão recorrido.

5. Nos termos e com os fundamentos expostos, acordam em negar provimento ao recurso, confirmando o acórdão recorrido. (...)"

*

No Acórdão supra transcrito, sumariou-se como segue:

"(...)

I. A identidade das situações de facto, como requisito de admissão do recurso para uniformização de jurisprudência, é exigível apenas na medida em que assegure a identidade da própria questão fundamental de direito a decidir.

II. Para efeitos de tal recurso, existe oposição de julgados entre um acórdão do Tribunal Central Administrativo-Sul, que decidiu ser vertical a carreira, unicategorial, de fiscal de obras, por não fazer parte da enumeração de carreiras horizontais, constante do artigo 38.° do DL 247/87, de 17.6, e esta enumeração dever ser considerada taxativa, e um acórdão do Tribunal Central Administrativo-Norte, que decidiu ser horizontal a carreira, igualmente unicategorial, de motorista de transportes colectivos, por entender que o mesmo artigo 38.° deve ser interpretado no sentido de que contem enumeração meramente exemplificativa das carreiras horizontais e que, como tal, devem ser qualificadas aquelas em que, pela sua estrutura, a progressão se faça em termos idênticos aos da progressão nas carreiras horizontais.

III. Face à caracterização legal das carreiras, constante do artigo 5.° do DL 248/85, de 15.7, o elemento diferenciador das carreiras verticais, relativamente às horizontais, consiste em que, naquelas, as diversas categorias correspondem a níveis crescentes de exigências, complexidade e responsabilidade.

IV. Assim, na falta de norma legal que expressamente qualifique como vertical ou horizontal determinada carreira, deve a mesma ser considerada horizontal se, pela respectiva estrutura, não comportar a possibilidade de progressão por diferentes e crescentes níveis de exigências, complexidade e responsabilidade.

V. Tal possibilidade de progressão não existe nas carreiras unicategoriais, como é o caso da carreira de motorista de transportes colectivos, que deve, por isso, ser considerada carreira horizontal, para efeito de progressão nos respectivos escalões, de **quatro em quatro anos**, conforme o disposto no artigo 19.°, do DL 353-A//89, de 16.10. (...)".

*

Por tudo o exposto e aplicando o discurso jurídico fundamentador expresso no Acórdão **de 12.12.2006 proferido no rec. n.° 870/06 tirado pelo Pleno da 1ª Secção do Contencioso Administrativo do Supremo Tribunal Administrativo,** conclui-se que as categorias de carreira unicategorial detidas pelos trabalhadores representados nos presentes autos pelo Sindicato Nacional dos Trabalhadores da Administração Local – STAL, ora Recorrido, no que respeita à progressão por mudança de escalão fazem-no por reporte às carreiras horizontais, de quatro em quatro anos.

Consequentemente, procedem as questões suscitadas nos itens 1 a 10 das conclusões de recurso.

***

Termos em que acordam, em conferência, os Juízes Desembargadores da Secção de Contencioso Administrativo do Tribunal Central Administrativo Sul em julgar procedente o recurso e revogar a sentença recorrida.

Sem tributação.

Lisboa, 30 de Janeiro de 2007.

Cristina dos Santos
Teresa de Sousa
Elsa Esteves

Recurso n.º 2069/06

COMPETÊNCIA TERRITORIAL. RECURSO.

(Acórdão de 15 de Março de 2007)

SUMÁRIO:

I – O momento decisivo para a fixação da competência do Tribunal é o da propositura da acção sendo irrelevantes as modificações de direito posteriores à proposição da acção, capazes de influir na competência do Tribunal – art.º 8.º n.º 2, ETAF/84, DL 129/84 de 27.04.

II – Esta regra da *perpetuatio jurisditionis* (ou *perpetuatio fori)* difere da jurisdição comum no âmbito das excepções *ex lege*, ali consignadas duas e na jurisdição administrativa três – ser suprimido o Tribunal a que a causa estava afecta; o Tribunal, inicialmente competente, deixar de o ser em razão da matéria e da hierarquia; ser atribuída ao Tribunal a competência de que inicialmente carecia para conhecer da causa.

III – Pelo ETAF/02 (Lei 13/2002 de 19.02) que entrou em vigor a 01.01.04 (art.º 9.º, Lei 4-A/03 de 19.02) foi concentrada no art.º 5.º n.º 1 a regra da *perpetuatio fori* por irrelevância de modificações de facto ou direito posteriores à propositura da causa e suprimidas quaisquer excepções.

IV – O Tribunal Central Administrativo Sul tem competência territorial em todo o País excepto quanto aos Tribunais Administrativos de Círculo e Tributários de Braga, Coimbra, Mirandela, Penafiel, Porto e Viseu, que competem à jurisdição do Tribunal Central Administrativo Norte – vd. art.º 2.º n.º 1, DL 325/03 de 29.12.

V – Instaurada a causa no Tribunal Administrativo de Círculo do Porto, a substituição orgânico-funcional do Tribunal Central Administrativo pelos Tribunal Central Administrativo Norte e Tribunal Central Administrativo Sul, confere a competência de conhecimento do recurso interposto ao Tribunal Central Administrativo Norte, atendendo a que a medida da jurisdição territorial cometida por lei engloba o Tribunal da propositura da causa – vd. arts. 8.º n.º 1 e 36.º n.º 1, ETAF/84, arts. 5.º n.º 1 e 31.º n.ºs 1 e 2, ETAF/02, art.º 2.º n.º 1, DL 325/03 de 29.12 e art. 267.º n.º 1 CPC.

ACORDAM EM CONFERÊNCIA NO 1.º JUÍZO LIQUIDATÁRIO DO TRIBUNAL CENTRAL ADMINISTRATIVO SUL:

Nos presentes autos em que é Recorrente Victor Manuel Fernandes Morgado Abrantes, com os sinais nos autos e Recorrido o Administrador Delegado do Hospital Senhora da Oliveira, para conhecer do recurso interposto de sentença proferida pelo Tribunal Administrativo de Círculo do Porto cumpre conhecer da competência em razão do território a favor do Tribunal Central Administrativo Norte.

*

Colhidos os vistos legais e entregues as competentes cópias aos Exmos. Juízes Adjuntos, vem para decisão em conferência.

*

Com relevo para o conhecimento do pressuposto processual da competência em razão do território fixa-se o probatório que segue:

1. Victor Manuel Fernandes Morgado Abrantes instaurou contra o Administrador Delegado do Hospital Senhora da Oliveira, Guimarães, recurso contencioso de anulação dos actos de injustificação de faltas ao serviço datados de 11.FEV.2002 e 26.FEV.2002 – fls. 2 dos autos.

2. A petição de recurso deu entrada no Tribunal Administrativo de Círculo do Porto em 19.04.2002, registada sob o n.º 4778 e autuado o processo de recurso sob o n.º 370/2002 – fls. 2 dos autos.

3. Por sentença do Tribunal Administrativo de Círculo do Porto foi o recurso contencioso julgado "(..) procedente quanto à falta considerada injustificada no dia 4 de Julho de 2001 e improcedente quanto à falta injustificada no dia 16 de Agosto de 2001, assim se condenando e absolvendo a entidade recorrida. (..)" – fls. 68/71 dos autos.

4. Interposto recurso em **7.7.2003** sob o registo n.º 9915 para o Tribunal Central Administrativo foram os autos remetidos para o Supremo Tribunal Administrativo por termo de remessa de 25.01.2005 – fls. 77 e 107 dos autos.

5. Por Acórdão do Supremo Tribunal Administrativo de 22.02.2006 aquele Alto Tribunal julgou-se incompetente em razão da hierarquia – fls. 122/123 dos autos.

6. Por termo de **21.03.2006** foram os autos remetidos do STA para este TCA – Sul, onde deram entrada em **29.03.2006** – fls. 129 e 130 dos autos.

*

A EMMP junto deste TCA Sul emitiu parecer no sentido que se transcreve:

"(...)

I – O presente recurso, interposto da sentença de fls. 68 e segs., do TAC (hoje TAF) do Porto, que julgou parcialmente procedente o recurso e, em consequência, condenando e absolvendo a entidade recorrida, foi remetido, inicialmente, por determinação do Mm° Juiz a quo, para o STA, o qual se julgou incompetente para dele conhecer, em razão da hierarquia, de acordo com o art. 40.º al. a) do ETAF (aprovado pelo DL 129/84, de 27/04, e o respectivo DL Complementar n.º 374/84, de 29/11), vindo, posteriormente, os autos a ser remetidos a este TCA Sul em 21/03/06 (cfr. cota de fls. 129).

II – Acontece, porém, que desde já se coloca a **questão da competência territorial** deste TCA Sul para conhecer do presente recurso, cujo conhecimento é oficioso e prioritário em relação a outras questões.

Com efeito, nos termos do disposto no art.º 5.º, n.º 1 do ETAF, aprovado pela Lei 13/2002, de 19.02, com entrada em vigor em 01.01.04, (art.º 9.º da Lei 4-A/03, de 19.02), «*1. A competência dos tribunais da jurisdição administrativa e fiscal fixa-se no momento da propositura da causa, sendo irrelevantes as modificações de facto e de direito que ocorram posteriormente.*», o que significa que a competência dos tribunais administrativos para conhecer de determinada pretensão se fixa no momento da instauração do processo, em função dos dados de facto e de direito existentes a essa data, sendo irrelevantes para o efeito que eles se alterem depois.

Como referem Mário Esteves de Oliveira e Rodrigo Esteves de Oliveira, in CPTA, Vol. I, e ETAF Anotados, Almedina, 2004 «*a titularidade da competência para julgar uma acção administrativa permanece afecta ao tribunal de 1ª instância inicialmente competente para dela conhecer até ser proferida a respectiva sentença – embora de acordo com o princípio da aplicação imediata da lei processual,* ***o recurso que cabe dessa sentença deva ser interposto junto do tribunal superior a quem, segundo as alterações legislativas entretanto verificadas, pertença agora a competência para o efeito, e*** *não junto daquele a quem cabia julgar esse recurso segundo a lei vigente no momento da propositura da acção (salvo, claro, a existência de disposição transitória em sentido diverso)*».

No caso dos autos, estes deram entrada em juízo na data de 19.04.2002, no então TAC do Porto (hoje TAF do Porto) tendo aí sido proferida sentença em 16.06.2003.

A data da propositura dos presentes autos (19/04//2002) vigorava ainda o ETAF aprovado pelo DL 129/84, de 27/04, e o respectivo DL Complementar n.° 374/84, de 29/11, que atribuía a competência territorial ao TAC do Porto para conhecer do respectivo recurso contencioso interposto.

Todavia, face à criação dos dois tribunais superiores, Tribunal Central Administrativo Norte e Tribunal Central Administrativo Sul, em substituição do único Tribunal Central Administrativo até então existente (Lei 107-D/03, de 31/12) e face ao novo ETAF de 2002 e respectivo DL complementar n.° 325/03, de 29/12, que fixam as áreas de jurisdição dos tribunais centrais administrativos respectivas (arts. 36.° n.° 1, do ETAF de 1984 e art.° 31.°, n.os 1 e 2 do ETAF de 2002) importa saber qual deles é o competente para a apreciação do recurso jurisdicional interposto da sentença proferida no TAC de Coimbra.

Ora, conforme se exara no Ac. deste TCAS de 07//04/05, Rec. 00675/05 «***A nova lei,*** *derivada da entrada em vigor do ETAF de 2002, e* ***no que 0 competência territorial do tribunal de 2ª instância diz respeito,*** *tendo-o substituído por dois tribunais de igual grau,* ***aplica-se*** *não só aos recursos jurisdicionais que venham a ser interpostos no futuro em acções intentadas ao abrigo do actual ETAF, mas* ***também aos recursos jurisdicionais interpostos em acções pendentes e intentadas no domínio do ETAF de 84,*** *em que a competência do tribunal de 1ª instância está fixada, nos termos do disposto no art.° 5.°, n.° 1 do actual ETAF.*

<u>O TCAN é o tribunal territorialmente competente</u> para conhecer de recurso jurisdicional interposto em acção pendente no TAF de Coimbra, à data da entrada em vigor do novo ETAF, sendo irrelevante o facto de a área da sede da autoridade recorrida ter deixado de pertencer à área de jurisdição do TAF de Coimbra, face ao princípio consagrado no art.° 5.°, n.° 1 do ETAF, princípio da perpetuado iurisdictionis. » (cheio nosso).

Com efeito, sendo certo que o Município de Guimarães pertence hoje à área de jurisdição do TAF de Braga, também é certo que a jurisdição territorial sobre os presentes autos está cometida ao então TAC do Porto (hoje TAF de Porto) desde a data da sua propositura.

Assim, se quanto a esta competência territorial, em 1ª instância, ela permaneceu afecta ao tribunal de 1ª instância inicialmente competente para dela conhecer até ser proferida a respectiva sentença (TAF do Porto) já, quanto à competência do tribunal de recurso para conhecer da sentença recorrida, como atrás se referiu, deve ser interposto junto do tribunal superior a quem, «*segundo as alterações legislativas entretanto verificadas, pertença agora a competência para o efeito, e não junto daquele a quem cabia julgar esse recurso segundo a lei vigente no momento da propositura da acção.* ».

Daí, e segundo o princípio da aplicação imediata da lei adjectiva, que seja o **TCA Norte o competente territorialmente** para conhecer, em 2ª instância do recurso interposto da sentença proferida nos presentes autos no TAC do Porto (actual TAF do Porto), pois este, continuando competente para as acções já instauradas, está dentro da área de jurisdição do TCA Norte, aliás o que de igual forma aconteceria se considerada a jurisdição do TAF de Braga, aqui irrelevante, face à fixação da competência em 1ª instância ser imutável.

Da mesma forma, na resolução do conflito negativo de competência entre o TCAN e o TCAS, decidiu o Ac. do STA de 17/05/05, Rec. 0467/05, que passamos a citar «**...para se determinar qual o tribunal superior competente para apreciar o recurso de decisões proferidas pelos tribunais administrativos de círculo é indiferente o que releva directamente da competência ou área de jurisdição destes.**

É que, nesses casos, o elemento territorial respeitante à causa em apreciação não tem autonomia face à definição da superioridade hierárquica.

Na verdade, havendo recurso para o tribunal de hierarquia imediatamente superior, esse tribunal não pode deixar de ser aquele que, no quadro legal, se apresenta como o imediatamente superior do tribunal administrativo de círculo cuja decisão está sob recurso.

O tribunal hierarquicamente superior poderá concluir, mesmo, que o tribunal administrativo de círculo que decidiu a causa não era o territorialmente competente, mas esse julgamento não pode ser feito, em recurso, senão pelo tribunal hierarquicamente superior daquele que proferiu o julgamento. Não restam dúvidas que o Tribunal Central Administrativo Norte é o tribunal que se apresenta como de hierarquia imediatamente superior ao Tribunal Administrativo e Fiscal de Coimbra, pelo que é ele o competente para o recurso.»

Também no caso em apreço se terá de concluir, que a competência em razão do território e da hierarquia para conhecer do presente recurso jurisdicional interposto da sentença do TAC do Porto pertence ao **Tribunal Central Administrativo <u>Norte</u>** e não ao Tribunal Central Administrativo Sul, que para tal conhecimento não tem competência territorial e hierárquica (no mesmo sentido cfr., ainda, Ac. deste TCAS, de 16.02.05, Rec.00562/05).

III – Assim, em face do exposto emito **parecer** no sentido de ser declarada a incompetência territorial deste TCA Sul para conhecer do presente recurso, após se remetendo os presentes autos ao TCA Norte, por ser o competente. (...)".

DO DIREITO

A questão jurídica centra-se no domínio da *sucessão de leis no tempo em matéria de competência territorial interna*, no tocante à divisão judicial do território em sede de 2ª Instância.

*

No Acórdão deste TCA – Sul proferido no recurso n.º 562/05 de 16.FEV.2005 sustentou-se a competência territorial a favor do TCA – Norte nos termos que se transcrevem:

"(...)

Entende-se por *competência territorial* a parcela de poder jurisdicional que resulta:

1. da atribuição duma *circunscrição* aos vários tribunais da *mesma espécie* e do *mesmo grau de jurisdição* – vd. DL 374/84 de 29.11 (diploma complementar do ETAF, DL 129/84 de 27.04), na redacção do DL 301 A/99 de 05.08,

2. da conjunção da *circunscrição territorial* do Tribunal com o *factor decisivo de conexão* de cada tipo de acções (*quid decidendum*).

Reza o **art.º 13.º CPTA**[1] que a competência dos Tribunais administrativos é de *ordem pública em qualquer das suas espécies*, pelo que, contrariamente ao que ocorre em sede adjectiva cível, vd. arts. 108.º a e 110.º CPC, a competência relativa nesta jurisdição é de conhecimento oficioso, sem quaisquer limites.

Todavia, nesta matéria há regras comuns a ambas as jurisdições.

*

Segundo o **art.º 8.º n.º 1 do ETAF/84** o *momento decisivo para a fixação da competência do Tribunal é o da propositura da acção; são irrelevantes as modificações de direito posteriores à proposição da acção, capazes de influir na competência do Tribunal*, como estatuído no **n.º 2 do citado art.º 8.º ETAF/84.**

Esta regra da *perpetuatio jurisditionis (*ou *perpetuatio fori)* tão só difere da jurisdição comum no âmbito das excepções *ex lege*, ali consignadas duas e na jurisdição administrativa três, a saber:

1. ser suprimido o Tribunal a que a causa estava afecta;

2. o Tribunal, inicialmente competente, deixar de o ser em razão da matéria e da hierarquia;

3. ser atribuída ao Tribunal a competência de que inicialmente carecia para conhecer da causa.

O **ETAF/02** (Lei 13/2002 de 19.02) que entrou em vigor a **01.JAN.04**, ex vi art.º 9.º da Lei 4-A/03 de 19.FEV, concentrou **no art.º 5.º n.º 1** a regra da *perpetuatio fori* por irrelevância de modificações de facto ou de direito posteriores à propositura da causa, suprimindo neste domínio quaisquer excepções.

Ou seja, actualmente, à luz do **ETAF/02**, em vigor desde 01.JAN.04 "(...) as modificações de direito que ocorrerem posteriormente à propositura da acção são sempre irrelevantes para atribuição ou privação de competência. Salvo naturalmente no caso de supressão imediata do Tribunal competente, ou seja, no caso de nem como "tribunal liquidatário" ela continuar a funcionar, porque então os processos que aí pendiam passam ao Tribunal que o substitua. (...)

(...) Em suma, a titularidade da competência para julgar uma acção administrativa permanece afecta ao Tribunal de 1ª Instância inicialmente competente para dela conhecer até ser proferida a respectiva sentença – embora de acordo com o princípio da aplicação imediata da lei processual, **o *recurso* que cabe dessa sentença *deva ser interposto junto do Tribunal Superior a quem*, segundo as alterações legislativas entretanto verificadas, *pertença agora a competência para o efeito*,** e não junto daquele a quem cabia julgar esse recurso segundo a lei vigente no momento da propositura da acção (salvo, claro, disposição transitória em sentido diverso). (..)"[2] – sublinhado e negrito nossos.

***

Na consideração que os presentes *autos deram entrada no TAC de Coimbra em* 02.MAIO.2003, data em que a acção se considera proposta, vd. art. 267.º n.º 1 CPC, o regime legal à data aplicável no tocante à competência territorial é o derivado do ETAF/84 e DL complementar [DL 374/84 de 29.11].

Importa saber que influência tem a sucessão de regimes no tocante ao ETAF/02, art.º 5.º n.º 1 e DL complementar [DL 325/03 de 29.12] em matéria de Tribunal de recurso, pois que o Tribunal Central Administrativo foi suprimido e, em substituição, estabelecidos os Tribunal Central Administrativo Norte e Sul com as respectivas circunscrições territoriais, vd. arts. 36.º n.º 1, ETAF/84 e 31.º n.ºs 1 e 2, ETAF/02.

Contrariamente ao decidido no Acórdão que comete a competência ao Tribunal Central Administrativo Sul, entendemos que compete o conhecimento do recurso ao Tribunal Central Administrativo Norte com fundamento em que, no contexto, rege **o princípio da aplicação imediata da lei processual.**

***

Em nosso critério, não sofre dúvidas que saber da aplicabilidade do ETAF/84 ou do ETAF/02 em sede de competência territorial do Tribunal *ad quem* **configura questão restrita ao nível do mero formalismo processual por alteração meramente funcional da competência de Tribunais no mesmo grau de jurisdição** – onde antes havia um só Tribunal de 2ª Instância, presentemente há dois – totalmente alheia à relação substantiva e que, por isso, não contende com quaisquer condições de admissibilidade do recurso, estas sim, influentes na relação substantiva pleiteada.

O mesmo é dizer que as alterações meramente funcionais na competência dos Tribunais "(...) limitam-se a uma nova distribuição das diversas causas entre os tribunais existentes, modificando assim a medida da sua jurisdição (...)

(...) *Em tese geral.* As alterações contidas na lei nova devem alcançar as causas pendentes – mesmo as alterações funcionais, salvo se já tiver passado a altura própria para ser arguida ou declarada *ex officio* a incompetência; mas sempre remetendo-se o processo para o tribunal competente segundo a nova lei. (...)"[3].

Neste sentido a nova lei, derivada da entrada em vigor do ETAF/02, reguladora da competência territorial

[1] Semelhantemente ao que se dispunha nos arts. 3.º LPTA, 818.º C. Administrativo e 13.º da LOSTA.

[2] Mário Esteves de Oliveira e Rodrigo Esteves de Oliveira, *Código de Processo nos Tribunais Administrativos, Estatuto dos Tribunais Administrativos e Fiscais – Anotados*, Vol. I, Almedina, pág. 70.

[3] Manuel de Andrade, *Noções elementares de processo civil*, Coimbra Editora/1979, págs. 44 e 45.

por desdobramento de Tribunais no mesmo grau de jurisdição é aplicável não só aos **recursos** que venham a ser interpostos **no futuro** em acções pendentes do tempo de vigência do ETAF/84 mas também aos **próprios recursos pendentes**, como é o caso[4].

***

Mas se em vez de analisar a questão do ponto de vista da sucessão de regimes do ETAF/84 para o ETAF/ /02, a analisarmos atendendo à data da prática dos actos jurídicos na instância, com relevo do ponto de vista dos sujeitos da relação jurídico processual, mormente em função das expectativas jurídicas daí advenientes, então, considerando a prolação em 27.04.04 de sentença em 1ª Instância, no TAC de Coimbra, consequente notificação às partes e entrada do requerimento de recurso, temos que todos estes actos foram praticados depois de 01.JAN.04, já na vigência do **ETAF/02**.

E assim sendo, o disposto **no art.° 5.° n.° 1** do ETAF/ /02 que estabelece a regra da *perpetuatio fori* livre de quaisquer excepções à consignada irrelevância de modificações de facto ou de direito posteriores à propositura da causa, leva-nos a concluir da mesma maneira a favor da competência do Tribunal Central Administrativo Norte para conhecer do recurso interposto.

***

Do que vem dito se conclui, seja ao amparo do princípio da aplicação imediata da nova lei processual seja por critério assente na vigência da lei à data da prática dos actos jurídicos, que na fixação da competência em matéria de recurso rege o disposto no **art.° 2.° n.° 1 do DL 325/03 de 29.12**, normativo que procedeu ao desdobramento funcional do Tribunal Central Administrativo nos seguintes termos:

"1 – *A área de jurisdição do* **Tribunal Central Administrativo Norte** *abrange o conjunto das áreas de jurisdição atribuídas no mapa anexo aos Tribunais Administrativos de Círculo e Tributários de* ***Braga,*** **Coimbra,** ***Mirandela, Penafiel, Porto e Viseu***."

Consequentemente, no tocante aos autos entrados no TAC de Coimbra em 02.MAIO.2003 e em que a sentença foi proferida, notificada às partes e o recurso interposto na vigência do ETAF/02, a substituição funcional do Tribunal Central Administrativo pelos Tribunal Central Administrativo Norte e Tribunal Central Administrativo Sul, *confere a competência para conhecer do recurso interposto ao Tribunal Central Administrativo Norte*, atendendo a que a medida da jurisdição territorial respectiva engloba o Tribunal da propositura da causa – vd. art.° 2.° n.° 1, DL 325/03 de 29.12.

Pelo que vem dito, não se aceita a competência para julgar o recurso, cometida pelo Tribunal Central Administrativo Norte. (..)

***

Em face das razões de facto e de direito supra, e na medida em que o **Tribunal Central Administrativo Sul** tem como área de competência territorial **todo o País excepto** os Tribunais Administrativos de Círculo e Tributários de **Braga, Coimbra, Mirandela, Penafiel, Porto e Viseu,** que competem à jurisdição do TCA – Norte, a competência para julgar o presente recurso cabe ao **Tribunal Central Administrativo Norte**.

***

Termos em que acordam, em conferência, os juízes da Secção de Contencioso Administrativo do Tribunal Central Administrativo Sul em declarar a incompetência deste Tribunal para julgar o recurso interposto da sentença proferida no proc.° n.° 370/2002, instaurado no TAC do Porto em 19.04.2002, sendo antes cometida ao Tribunal Central Administrativo Norte.

Sem tributação.

Notifique e, oportunamente, remeta os autos ao TCA – Norte.

Lisboa, 15 de Março de 2007.

Cristina dos Santos
Teresa de Sousa
Elsa Esteves

Recurso n.° 1544/06

DIRECÇÃO-GERAL DE VIAÇÃO. JURISTAS AVENÇADOS. SATISFAÇÃO DE NECESSIDADES PERMANENTES DE SERVIÇO. DL N.° 81-A/96, DE 21/6. REGULARIZAÇÃO DE PESSOAL. ACÇÃO DE RECONHECIMENTO DE DIREITO. IMPROCEDÊNCIA.

(Acórdão de 25 de Janeiro de 2007)

SUMÁRIO:

I – A natureza jurídica do vínculo existente entre um determinado número de juristas, entre os quais se encontrava a autora, e a DGV, independentemente do "*nomen iuris*" atribuído ao contrato celebrado entre aquelas partes – atento o facto do cumprimento da prestação exigida ter lugar sob a hierarquia e disciplina da Direcção-Geral de Viação, além da sujeição a um horário de trabalho a definir por esta entidade – é de molde a conferir a tais contratos uma natureza idêntica à que caracteriza a relação de emprego público, tal como vem definida no artigo 3.°, n.° 1, do DL n.° 184/89, ou seja, a de que a relação estabelecida entre a Direcção-Geral de Viação e a autora é, do ponto de vista substantivo, um contrato de trabalho a termo certo e não um contrato de avença.

II – O contrato celebrado entre a DGV e a autora em 6-9-94, ou seja, a contratação desta última, bem como de todos os demais juristas seus colegas, de norte a sul do País, visou justamente o exercício de funções de consultadoria e de formulação de pareceres nos processos de contra-ordenação emergentes de infracções

[4] Antunes Varela, Miguel Bezerra, Sampaio e Nora, *Manual de processo civil*, 2ª edição Coimbra Editora, págs. 55 a 57.

ao novo Código da Estrada, aprovado pelo DL n.° 114/94, de 3/5, e regulamentado pelo DL n.° 190/94, de 18/7.

III – Não pode haver necessidades transitórias de serviço que se arrastem e protelem por vários anos, visto que, perante o novo elenco de competências cometidas à DGV e decorrentes da aplicação do Código da Estrada, aprovado pelo DL n.° 114/94, de 3/5, e regulamentado pelo DL n.° 190/94, de 18/7, as necessidades em dotar as delegações distritais de viação de juristas, a fim de fazer face aos novos desafios impostos pela entrada em vigor daquele Código da Estrada, só podiam ser, pela natureza e conteúdo das respectivas funções, permanentes e não meramente temporárias.

IV – O DL n.° 81-A/96, de 21/6, veio iniciar um percurso legislativo com vista a suprimir a precariedade de emprego na Administração Pública e, para alcançar tal desiderato, o artigo 3.° desse diploma determinou a prorrogação, até 30-4-97, dos contratos de trabalho a termo certo que estivessem em vigor em 10-1-96 e que comprovadamente visassem "satisfazer necessidades permanentes dos serviços".

V – A situação da autora encontrava-se prevista no artigo 5.° do DL n.° 81-A/96, já que a relação de trabalho, tal como acima foi qualificada, à data de 10 de Janeiro de 1996, subsistia há menos de três anos [recorde-se que a autora celebrou o 1.° contrato de "avença" com a DGV em 6-9-94], pelo que, nos termos da citada disposição legal, impunha-se que o dirigente máximo do serviço – no caso, o Director-Geral de Viação –, após obter a concordância do membro do Governo da tutela – no caso, o Ministro da Administração Interna – reconhecesse, em proposta fundamentada, que a prestação do serviço era indispensável ao regular funcionamento da delegação distrital de Coimbra da DGV.

VI – Só depois de verificados estes pressupostos, e, ainda assim, após a obtenção da necessária autorização por parte do Ministro das Finanças e do membro do Governo que tivesse a seu cargo a função pública [cfr. artigo 5.°, n.° 2 do DL n.° 81-A/96], é que podia ser celebrado contrato de trabalho a termo certo.

VII – A DGV nunca procedeu à regularização intercalar dos juristas em situação irregular, mediante a celebração de contratos de trabalho a termo certo, e também nunca chegou a abrir qualquer concurso com vista à integração daqueles profissionais.

VIII – Embora se reconheça que na acção de reconhecimento de direitos é possível "a condenação plena da Administração", "tanto perante actos administrativos concretos, como perante omissões", o tribunal não pode impor à Administração a prática de actos essencialmente discricionários, ou seja, o tribunal não pode decidir, por antecipação, do conteúdo de actos essencialmente discricionários – como são, "in casu", a concordância do membro do Governo da tutela, prevista no n.° 1 do artigo 5.° do DL n.° 81-A/96, e o despacho conjunto autorizador por parte do Ministro das Finanças e do membro do Governo que tivesse a seu cargo a função pública, previsto no artigo 5.°, n.° 2 do DL n.° 81-A/96 –, exactamente porque a sua prática envolve uma avaliação ou ponderação que apenas à Administração incumbe, das circunstâncias do momento em que os mesmos hão-de ser praticados, o que, como é óbvio, não pode ser antecipado nem pode ser suprido pelo Tribunal.

IX – A autonomia do poder administrativo constitui um limite à extensão da tutela assegurada pelo presente meio jurisdicional [a acção de reconhecimento de direito ou interesse legítimo], o qual exclui condenações que ponham em causa o exercício de poderes não estritamente vinculados.

X – Consequentemente, a satisfação dos pedidos formulados na presente acção implicava que o tribunal se substituísse à Administração na sua função administrativa, o que constituiria um desrespeito ao princípio da separação de poderes consagrado nos artigos 2.° e 111.° da CRP, além de não ter qualquer apoio legal [note-se que, presentemente, mesmo no quadro da acção especial para condenação na prática do acto devido, com expressa previsão nos artigos 66.° e segs. do CPTA – e, em especial, o n.° 2 do artigo 71.° do CPTA –, há limites aos poderes de pronúncia do Tribunal].

ACORDAM EM CONFERÊNCIA NO 1.° JUÍZO LIQUIDATÁRIO DO TRIBUNAL CENTRAL ADMINISTRATIVO SUL:

I. RELATÓRIO

Paula Alexandra Pimentel Roque Rodrigues Teixeira, interpôs no Tribunal Administrativo do Círculo de Coimbra uma Acção de Reconhecimento de Direito ou Interesse Legítimo, na qual pedia a condenação do ***Director-Geral de Viação, dos Ministros da Administração Interna e das Finanças*** *"a reconhecer o direito da autora, de acordo com os DL's n.os 81-A/96 e 195/97, (a) a candidatar-se ao concurso para integração aos serviços distritais da DGV, e (b) a ver concretizada a abertura do concurso de integração".*

Por sentença datada de 6-12-2002, o TAC de Coimbra julgou improcedente a acção [cfr. fls. 507/515 dos autos].

Inconformada, recorreu a autora para este TCA Sul, tendo nas respectivas alegações formulado as seguintes conclusões:

"I. Desde 6-9-94 a autora prestou serviço na DGV de Coimbra num período que ultrapassa os três anos, por força de um contrato designado de avença, celebrado entre a autora e a Direcção-Geral de Viação.

II. O trabalho desenvolvido pela autora, enquanto Jurista contratada, é uma função imprescindível e correspondente a necessidades permanentes da DGV, caracteriza-se pela existência de sujeição hierárquica e a sua prestação de trabalho é equivalente ao período normal de trabalho da função pública.

III. O Senhor Delegado Distrital da DGV de Coimbra e o Senhor Director dos Serviços de Viação do Centro reconheceram a necessidade permanente das funções exercidas pela autora para o bom funcionamento dos serviços em que se integra, bem como o facto de a prestação de trabalho da autora ser equivalente ao período normal de trabalho da função pública.

IV. A DGV impunha à autora 24 modelos de proposta de decisão pré estabelecidos completados em subordinação às directivas, instruções e critérios emanados do Director-Geral de Viação, Gabinete de Contencioso, Sub Directora Geral, Delegado Distrital ou Governador Civil.

V. Não houve qualquer Despacho fundamentado do Director-Geral de Viação a reconhecer formalmente a inexistência do requisito de satisfação de necessidades permanentes de serviço pela autora e que pudesse ser visto como definição unilateral e imperativa da sua situação [artigo 6.° do DL n.° 81-A/96, de 21/6].

VI. Os documentos juntos aos autos, que reconhecem a necessidade permanente das funções exercidas pela autora para o bom funcionamento dos serviços em que se integra, não foram impugnados pelos recorridos.

VII. "Consideram-se prorrogados até 30 de Abril de 1997, a título excepcional, os contratos de trabalho a termo certo em vigor em 10 de Janeiro de 1996 que comprovadamente visem satisfazer necessidades permanentes dos serviços";

VIII. "O pessoal sem vínculo jurídico adequado que em 10 de Janeiro de 1996 desempenhava funções que correspondem a necessidades permanentes dos serviços, com subordinação hierárquica e horário completo e que naquela data contava com mais de 3 anos de trabalho ininterrupto, é contratado a termo certo, a título excepcional, até 30 de Abril de 1997." [artigos 3.° e 4.° do DL n.° 81-A/96, de 21/6].

IX. "Nos casos em que a relação de trabalho existente em 10 de Janeiro de 1996 subsista há menos de três anos, mas em que seja reconhecido, em proposta fundamentada do dirigente máximo de serviço e que obtenha concordância do membro do Governo da tutela, ...que a prestação de serviço é indispensável ao regular funcionamento do serviço, pode ser celebrado contrato de trabalho a termo certo nos termos previstos no n.° 1 do artigo 4.°" [artigo 5.° do DL n.° 81-A/96, de 21/6].

X. Em 10 de Janeiro de 1996 a relação de trabalho da autora subsistia há menos de 3 anos e preenchia as condições para ser exigida a celebração de um contrato a termo certo, contratação que a título excepcional se prorrogaria até 30 de Abril de 1997.

XI. O DL n.° 103-A/97, de 28/4, veio "prorrogar até 31 de Julho de 1997 os contratos a termo certo cuja prorrogação ou celebração foi permitida pelo DL n.° 81-A/96, de 21/6, incluindo os contratos de pessoal que tenham desempenhado funções correspondentes a necessidades permanentes dos serviços em idênticas condições às referidas no n.° 1 do artigo 4.° do DL n.° 81-A/96, de 21/6, e que foi dispensado antes de 10 de Janeiro de 1996 e posteriormente readmitido através de processo de selecção já em curso naquela data", "sendo o disposto ainda aplicável aos contratos a termo certo que venham a ser celebrados em execução do DL n.° 81-A//96, de 21/6." [artigo 1.°].

XII. O DL n.° 195/97, de 31/7, veio "definir o processo e os prazos para a regularização da situação do pessoal da Administração Central, Regional e Local que, em 10 de Janeiro de 1996, desempenhava funções correspondentes a necessidades permanentes dos serviços, com sujeição hierárquica e horário completo, e que é abrangido pelo DL n.° 81-A/96, de 21/6...", ou seja:

a) cujos contratos de trabalho a termo certo foram prorrogados nos termos do artigo 3.° do DL n.° 81-A/96, de 21/6;

b) contratados a termo certo nos termos dos artigos 4.° e 5.° do DL n.° 81-A/96, de 21/6"

XIII. O DL n.° 195/97 impõe:

a) Abertura de concurso, independentemente da existência de vagas, nos termos do DL n.° 498/88, de 30/12, e DL n.° 215/95, de 28/8;

b) Candidatura obrigatória do pessoal abrangido pelo diploma ao concurso aberto no respectivo serviço ou organismo;

c) Calendarização da abertura dos concursos estabelecidos

– Até ao final do mês de Setembro de 1997 para o pessoal que até 30 de Abril de 1997 conte mais de 3 anos de serviço;

– Durante os meses de Novembro de 1997 e de Fevereiro, Maio, Setembro e Dezembro de 1998 para o pessoal que entretanto tenha completado 3 anos de serviço;

– Durante o mês de Janeiro de 1999 para o pessoal que entretanto complete 3 anos de serviço [artigo 4.°].

XIV. "... dúvida alguma se coloca quanto ao carácter subordinado em que os juristas prestam funções...", "... resultando evidente que se destina à satisfação de necessidades permanentes da DGV ...".

XV. Em 10-1-96 a autora desempenhava funções que correspondiam a necessidades permanentes dos serviços, com subordinação hierárquica, horário de trabalho completo e há menos de três anos, enquadrando-se a situação no artigo 5.° do DL n.° 81-A/96, de 21/6.

XVI. "É expressamente proibido o recurso a formas de trabalho precário para satisfazer necessidades permanentes dos serviços" [artigo 11.° do DL n.° 195/97, de 31/7].

XVII. A autora está abrangida pelos dispositivos legais que invoca e que necessariamente se lhe aplicam.

XVIII. A abertura de concurso que se peticiona na presente acção obedece ao imperativo constitucional do concurso como regime regra no acesso à função pública.

XIX. Deve ser aberto concurso no âmbito da calendarização prevista no artigo 4.° do DL n.° 195/97, de 31/7, n.° 1 e 2, alínea b).

XX. Sob pena de violação dos artigos 3.°, 4.° e 5.° do DL n.° 81-A/96, de 21/6, DL n.° 103-A/97, de 28/4, e artigos 1.°, 2.°, 3.° e 4.°, n.os 1 e 2, alínea b), do DL n.° 195/97, de 31/7, deve a sentença ser revogada reconhecendo-se o direito peticionado pela autora".

O Director-Geral de Viação apresentou contra-alegações, nas quais concluiu nos seguintes termos:

"1ª. Na douta sentença recorrida procedeu o Meritíssimo Juiz à correcta aplicação do direito ao caso subjudice de acordo com a matéria considera provada.

2ª. A autora em 6 de Setembro de 1994 celebrou um contrato de prestação de serviços e não um contrato de trabalho subordinado.

3ª. A contratação e actividade prestada pela autora não visou a satisfação de necessidades permanentes dos serviços da Direcção-Geral de Viação.

4ª. A autora nunca esteve obrigada nem cumpriu horário de trabalho.

5ª. Na vigência do contrato celebrado entre a autora e a DGV, a mesma nunca esteve sujeita a subordinação hierárquica ou jurídica, de facto ou de direito.

6ª. Por outro, ao executar a prestação de serviços simultaneamente para duas entidades distintas entre si – a DGV e o Governador Civil de Coimbra – não estava nem podia estar subordinada hierarquicamente a qualquer uma delas.

7ª. A 10 de Janeiro de 1996 a autora não contava três anos de trabalho ininterrupto.

8ª. Assim, à autora não pode ser reconhecido o direito que pretende porque não preenche os requisitos constantes do DL n.° 81-A/96, de 21 de Junho, e legislação complementar".

A Senhora Ministra de Estado e das Finanças também contra-alegou, tendo concluído nos seguintes termos:

"[...]

3 – Mas, salvo o devido respeito, entende-se que, para além de não ser assacado qualquer vício à douta sentença recorrida, não será de aplicar, no caso, o regime de regularização do pessoal contratado irregularmente e estabelecido nos diplomas referidos na alínea c) do número anterior, desde logo por se considerar que a autora-recorrente, não satisfez com o seu trabalho necessidades permanentes do serviço, mas antes necessidades temporárias.

4 – Com efeito, a necessidade de pessoal, de que a Administração teve de lançar mão, para fazer face ao regular andamento dos processos de contra-ordenação, surgidos na sequência da entrada em vigor do CE, de 1994, foi urgente naquela face inicial mas não estava delimitada no tempo. Daí o recurso aos contratos de AVENÇA por parte da Direcção-Geral de Viação.

5 – Como quer que seja, o pretendido acesso da recorrente à Função Pública, sem ser pela via do concurso, esbarraria sempre com o preceituado no artigo 47.°, n.° 2, da Constituição da República.

6 – É que, em boa verdade, o direito especial de igualdade de acesso à Função Pública, torna inadmissível que, tão-só pela circunstância de ter sido ultrapassado o limite máximo de duração fixado na lei geral para os contratos de trabalho a termo certo, um contrato deste tipo, possa converter-se em contrato de trabalho sem termo. Tal só poderá conceber-se em violação do falado artigo 47.° da Constituição da República, como bem se salienta na douta sentença recorrida.

7 – Acresce referir que o contrato de avença, celebrado entre a Direcção-Geral de Viação do Centro e a aqui recorrente, nos termos do disposto no n.° 1 do artigo 17.° do DL n.° 41/84, de 3/2, não constitui qualquer modalidade de contrato administrativo [cfr. artigo 815.°, § 2.° do Cód. Administrativo], de provimento ou outro, mas antes um contrato que se rege pelas normas do direito privado [artigo 1154.° do Cód. Civil].

8 – Aliás, inexistindo uma relação jurídica de direito administrativo mas antes uma relação jurídica de direito privado, torna-se por demais evidente que tal tipo de contrato de prestação de serviços, referente a profissionais liberais – como é aqui o caso – não se configura como contrato administrativo ou, até, como contrato de trabalho.

9 – Como quer que seja, a autora, ao celebrar um contrato de avença, na sua qualidade de advogada, não pode ver qualificado aquele contrato como sendo um contrato de trabalho a termo certo por forma a ver-se inserida no regime geral definido no DL n.° 195/97, de 31/7.

10 – Por isso, não se enquadrando a autora na previsão dos artigos 3.° a 5.° do DL n.° 81-A/96, e artigos 1.° e 2.° do DL n.° 195/97, de 31/7, não pode, por esta via, vir a ser integrada nos quadros do pessoal da Direcção-Geral de Viação".

Finalmente, o Secretário de Estado da Administração Interna também apresentou contra-alegações, nas quais concluiu nos seguintes termos:

"1ª. Os contratos celebrados entre a Direcção-Geral de Viação e a autora/recorrente, embora porventura pouco precisos na expressão literal dos seus clausulados, tiveram como objecto a aquisição de serviços de consultadoria jurídica, a prestar com autonomia científica e técnica, e visaram fazer face a necessidades meramente transitórias – não permanentes – de departamentos dependentes daquela Direcção-Geral ou com ela relacionados;

2ª. O âmbito de aplicação do regime jurídico especial, instituído pelos Decretos-Leis n.°s 81-A/96 e 195/97, foi expressamente restringido àqueles que, sem título adequado, trabalhavam para satisfazer necessidades permanentes dos serviços do Estado, em regime de horário diário completo e de subordinação hierárquica [cfr. o artigo 3.°, n.° 1, e os artigos 1.° e 2.°, respectivamente, daqueles diplomas], o que não foi, manifestamente, o caso da autora/recorrente;

3ª. Quer se aceite a qualificação jurídica do Supremo Tribunal Administrativo quer se aceite a qualificação jurídica do Supremo Tribunal de Justiça, nunca os contratos invocados pela autora/recorrente poderiam constituir fundamento para ela poder ser abrangida pelo regime especial referido na conclusão anterior, face à doutrina firmada pelo Tribunal Constitucional".

Neste TCA Sul, o Digno Magistrado do Ministério Público emitiu parecer, no qual concluiu nos seguintes termos:

"Vem interposto o presente recurso jurisdicional da sentença proferida pelo TAC de Coimbra [fls. 507 a 515], que julgou improcedente a acção para reconhecimento de direito, intentada contra o Senhor Director-Geral da Direcção-Geral de Viação e os Senhores Ministros da Administração Interna, Adjunto e das Finanças, em que reclamava o direito à abertura de concurso para lhe ser permitida a integração nos serviços distritais da DGV, ao abrigo do disposto pelo DL n.° 81-A/96, de 21 de Junho, e pelo DL n.° 195/97, de 31 de Julho.

Porém, estes diplomas visaram regularizar a situação do pessoal contratado irregularmente [via "recibos verdes"] para satisfazer necessidades permanentes dos serviços do Estado.

E o contrato, celebrado entre a ora recorrente e a DGV, visou satisfazer necessidades temporárias, face a um acréscimo repentino e pontual do volume de serviço na Direcção Regional de Viação, decorrente da entrada em vigor do Código da Estrada de 1994, que atribuiu a competência sancionatória e a instrução dos processos à DGV e aos Governos Civis, determinando a necessidade urgente de pessoal qualificado para o efeito, na fase inicial.

Consequentemente, à recorrente não é aplicável o regime de regularização estampado naqueles DL's n.°s 81-A/96 e 195/97.

De resto, sobre a situação idêntica à da ora recorrente já o Tribunal Constitucional se pronunciou, no Acórdão n.° 683/99, de 21-12-99, publicado no DR, II Série, de 3-2-2000, pág. 2362, no sentido de que «o ingresso do Autor na função pública pela forma pretendida também seria gerador de desigualdade em relação aos restantes trabalhadores que para o efeito têm de fazer concurso público».

E no Acórdão n.º 172/01, de 18-4-2001, in DR, II Série, de 7-6-2001, onde se diz que «o direito especial de igualdade no acesso à função pública – acesso que em regra se deve fazer mediante concurso [cfr. o artigo 47.º, n.º 2, da Constituição] – torna inadmissível que, tão-só pela circunstância de ter sido ultrapassado o limite máximo de duração fixado na lei geral para os contratos de trabalho a termo certo, um contrato deste tipo, celebrado pelo Estado, se possa converter em contrato de trabalho sem termo ...".

O que é dizer que seriam inconstitucionais, por violação do n.º 2 do artigo 47.º da Constituição da República Portuguesa, as normas daqueles DL's n.ºs 81-A/96 e 195/97, convocadas pela recorrente, se interpretadas no sentido por esta pretendido.

Pelo exposto, somos de parecer que a decisão recorrida deve manter-se por ter interpretado e aplicado correctamente a lei e, por isso, ao presente recurso jurisdicional deve ser negado provimento".

Colhidos os vistos legais, vêm os autos à conferência para julgamento.

II. FUNDAMENTAÇÃO DE FACTO

A sentença recorrida considerou assente a seguinte matéria de facto:

i. Em Agosto de 1994 a autora foi convidada para realizar tarefas de natureza jurídica na Direcção-Geral de Viação no âmbito da aplicação do Código da Estrada, convite que aceitou;

ii. Em 6-9-94 a autora celebrou com a DGV contrato de avença com a duração de 3 meses, renováveis, cujo objecto era a análise e emissão de pareceres sobre os processos contra-ordenacionais em que houvesse reclamação a autuações no âmbito do Código da Estrada e regulamentos;

iii. No desempenho das suas funções analisou, estudou e elaborou propostas de decisão e proferiu decisões nos processos de contra-ordenações, desempenhando tais actividades nas instalações que a DGV indicava e usando material por esta fornecido;

iv. No decurso de 1997 celebrou novo contrato a termo com a DGV;

v. Por requerimento entrado nos serviços da Direcção-Geral de Viação em 29-9-97, a autora requereu que a sua situação profissional fosse enquadrada no regime estatuído nos DL's n.ºs 81-A/96 e 195/97.

III. FUNDAMENTAÇÃO DE DIREITO

Sendo esta a factualidade relevante, há agora que proceder ao respectivo enquadramento jurídico, tendo em conta o(s) pedido(s) formulado(s) pela autora.

Como se disse acima, aquela pedia a condenação dos réus a reconhecerem o seu direito a, de acordo com os DL's n.ºs 81-A/96 e 195/97, poder candidatar-se ao concurso para integração aos serviços distritais da DGV, e a ver concretizada a abertura do concurso de integração. No fundo, bastaria a procedência do pedido de reconhecimento do direito a ver concretizada a abertura do concurso de integração para dar integral cumprimento ao regime instituído pelo DL n.º 81-A/96, de 21/6, sendo a sua candidatura ao mesmo mera decorrência daquele.

Porém, o Tribunal "*a quo*" denegou tal pretensão, no essencial, por entender que dado o panorama existente na altura, as razões invocadas pelos réus eram aceitáveis, lógicas e explicavam, completamente, que todas aquelas pessoas entradas para a DGV visassem satisfazer necessidades temporárias, e isto porque na altura nem sequer se poderia falar de necessidades permanentes, porque não se sabia, nem estava em condições de saber, quais elas eram, concluindo por isso não ser aplicável à autora o regime de regularização constante dos DL's n.ºs 81-A/96 e 195/97.

Contudo – escreveu-se ainda na sentença recorrida – se tal regime fosse aplicável, certamente teria que se concluir estar-se perante diplomas inconstitucionais, visto que o Tribunal Constitucional, mais concretamente sobre a situações dos contratados pela DGV, manifestou-se, no acórdão n.º 172/2001, proferido no âmbito do processo n.º 642/2000, no sentido de que "*o direito especial de igualdade no acesso à função pública – acesso que em regra se deve fazer mediante concurso [cfr. o artigo 47.º, n.º 2, da Constituição] – torna inadmissível que, tão-só pela circunstância de ter sido ultrapassado o limite máximo de duração fixado na lei geral para os contratos de trabalho a termo certo, um contrato deste tipo, celebrado pelo Estado, se possa converter em contrato de trabalho sem termo...*" e que "*...na regra da igualdade no acesso à função pública...se contém a proibição de se constituírem relações jurídico-laborais de duração indefinida com o Estado e que essa proibição impede, inclusive, que um contrato de trabalho celebrado a termo certo se possa converter em contrato de trabalho de duração indeterminada, designadamente como era o caso...*".

Assim, a procedência do presente recurso jurisdicional desdobra-se na análise das seguintes questões:

a) A contratação da autora destinava-se ou não a satisfazer necessidades permanentes dos serviços distritais da DGV?

b) Na afirmativa, tem a autora direito a ver-lhe aplicado o regime excepcional constante dos DL's n.ºs 81-A/96, de 21/6, e 195/97, de 31/7?

Relativamente à primeira questão enunciada, já tivemos oportunidade de tomar posição no Acórdão deste TCA Sul, de 23-3-2006, proferido no âmbito do Processo n.º 6613/2002, por nós relatado, nos seguintes termos:

"*Significa isto que para determinar a existência do apontado vício – violação de lei, por erro sobre os pressupostos de facto – há que formular e dar resposta às seguintes questões: o contrato celebrado entre o recorrente e a DGV, não obstante a denominação que lhe foi dada, pode ser qualificado como "contrato de avença" ? E o serviço prestado pelo recorrente, ou seja, para que foi contratado, destinava-se ou não a satisfazer necessidades permanentes da Delegação Distrital de Viação de Braga ?*

A resposta a tais questões já foi dada, ainda que indirectamente, em vários arestos, nomeadamente do ***Tribunal Constitucional*** *[Acórdão n.º 172/2001, de 18-4--2001], do* ***Supremo Tribunal Administrativo*** *[Acórdãos de 27-5-98, da 3ª Subsecção, proferido no âmbito do recurso n.º 43.855, e de 28-4-99, do Pleno, proferido no âmbito do recurso n.º 44.616], e do* ***Tribunal de Conflitos*** *[Acórdão de 27 de Janeiro de 2004, proferido no âmbito do recurso n.º 018/03].*

Com efeito, no já aludido ***Acórdão do Pleno do STA, de 28 de Abril de 1999, proferido no âmbito do recurso n.º 44.616****, escreveu-se, a propósito de situação em tudo idêntica à dos presentes autos, que pela perti-*

nência de que se reveste para a apreciação do mérito do presente recurso, tomamos a liberdade de transcrever, o seguinte:

"[...]

Face ao teor das cláusulas do anúncio transcrito, impõe-se, desde logo, a conclusão de que, apesar das menções em contrário dele constantes, o contrato a celebrar entre a Administração e os juristas seleccionados não pode ser qualificado como contrato de avença.

Este contrato está definido no artigo 17.° do DL n.° 41/84, de 23 de Fevereiro, na redacção dada pelo DL n.° 299/95, de 29 de Julho, que, sob a epígrafe contratos de tarefa e de avença, dispõe:

"1 – Os serviços e organismos poderão celebrar contratos de tarefa e de avença sujeitos ao regime previsto na lei geral quanto a despesas públicas em matéria de aquisição de serviços.

2 – (...)

3 – O contrato de avença caracteriza-se por ter como objectivo prestações sucessivas no exercício de profissão liberal, apenas podendo os serviços recorrer a tal tipo de contrato quando no próprio serviço não existam funcionários ou agentes com as qualificações adequadas ao exercício das funções objecto da avença.

(...)."

Idêntica definição do contrato de avença é dada no n.° 3 do artigo 7.° do DL n.° 409/91, de 17 de Outubro, que procedeu à aplicação à administração local autárquica do regime de constituição, modificação e extinção da relação jurídica de emprego na Administração Pública definida pelo DL n.° 427/89, de 7 de Dezembro.

Ora, nos termos do artigo 53.°, n.° 1, do Estatuto da Ordem dos Advogados, aprovado pelo DL n.° 84/84, de 16 de Março, "só os advogados e advogados estagiários com inscrição em vigor na Ordem dos Advogados podem, em todo o território nacional e perante qualquer jurisdição, instância, autoridade ou entidade pública ou privada, praticar actos próprios da profissão e, designadamente, exercer o mandato judicial ou funções de consulta jurídica em regime de profissão liberal remunerada".

Daqui resulta que, embora aos candidatos ao concurso em causa fosse exigida a licenciatura em Direito, o facto de não ser exigida a qualidade de advogado ou de advogado estagiário com inscrição em vigor na Ordem dos Advogados desde logo impede que as funções de consultadoria jurídica que por eles venha a ser exercida possa ser qualificada como exercício de profissão liberal, o que inexoravelmente afasta a possibilidade de qualificação dos contratos a celebrar como contratos de avença, pois estes – como se viu – pressupõem que o prestador do serviço o faça no exercício de profissão liberal.

Afastada a qualificação dos contratos como contratos de avença, surge como mais adequada à definição do regime do contrato, tal como ele resulta do teor do anúncio do respectivo concurso, a sua qualificação, não como contrato de prestação de serviço [designadamente na modalidade de contrato de tarefa], mas como contrato de trabalho a termo certo, que, a par da nomeação do contrato administrativo de provimento, é uma das formas de constituição de relação Jurídica de emprego na Administração Pública [cfr. artigos 3.° e 14.° do DL n.° 427//89, de 7/12], e que o n.° 1 do artigo 18.° do mesmo diploma define como "o acordo bilateral pelo qual uma pessoa não integrada nos quadros assegura, com carácter de subordinação, a satisfação de necessidades transitórias dos serviços de duração determinada que não possam ser asseguradas nos termos do artigo 15.°" [relativo ao contrato administrativo de provimento].

Como é sabido [cfr. acórdão de 5-12-95, processo n.° 37.780], a distinção entre contrato de prestação de serviço e contrato de trabalho radica fundamentalmente na autonomia do prestador do primeiro, que apenas está obrigado a certo resultado do seu trabalho [artigo 115.° do Cód. Civil], enquanto o objecto do contrato de trabalho é a própria actividade desenvolvida em situação de subordinação jurídica e económica [artigos 1152.° do Cód. Civil, e 1.° do Regime Jurídico do Contrato Individual de Trabalho, aprovado pelo DL n.° 49.408, de 24-11-69].

Como se salienta no citado acórdão de 5 de Maio de 1998, processo n.° 43.338 [publicado em Cadernos de Justiça Administrativa, n.° 11, págs. 50-55], "a subordinação, que é a pedra de toque dos contratos de trabalho, consiste em a entidade patronal poder, de algum modo, orientar a actividade em si mesma, quanto mais não seja no tocante ao lugar e momento da sua prestação", mas este "requisito de subordinação jurídica tem de definir-se com bastante latitude e flexibilidade de modo a abranger as variadíssimas graduações de que é susceptível", já que "o trabalhador subordinado pode ser um empregado altamente qualificado e com funções directivas ou um operário que realize labor predominantemente manual, pode estar submetido a estrita direcção ou gozar de autonomia técnica, trabalhar em exclusivo para uma entidade patronal ou para várias, achar-se ou não sujeito a horário, etc.". É que, "com a evolução do direito do trabalho, cada vez a subordinação jurídica apresenta maior gama de cambiantes e se maleabiliza mais no seu conteúdo".

Também ***Francisco Liberal Fernandes****, em anotação publicada no citado número dos Cadernos de Justiça Administrativa, págs. 56-59, alude à "erosão das fronteiras entre o contrato de trabalho e o contrato de prestação de serviço", derivada, por um lado, da desactualização do estereótipo da subordinação do operário da fábrica e da crescente flexibilidade e elasticidade das relações laborais que leva a que a afirmação do vínculo de subordinação caracterizador do contrato de trabalho radica cada vez mais a nível as obrigações acessórias que recaem sobre o trabalhador, como, por exemplo, a existência de um horário de trabalho ou a fixação do local de trabalho pela entidade empregadora, e, por outro lado, do facto de, no contrato de prestação de serviço, o credor gozar de poderes para fixar condições que interferem com o modo de actuação do devedor, restringindo-lhe assim a respectiva liberdade de execução do serviço contratado [artigo 1161.° do Cód. Civil, "ex vi" artigo 1156.° do mesmo Código] situação que de certa forma, aproxima aquela figura do contrato de trabalho.*

Apesar dessas eventuais dificuldades de diferenciação entre as duas figuras, no presente caso são evidentes os sinais da existência de uma subordinação, jurídica e económica, dos juristas contratados à Administração, que permitem qualificar os contratos em causa como contratos de trabalho [a termo certo].

"Com efeito – como salienta ***Liberal Fernandes****, na aludida anotação –, tal como vem identificada a obrigação que é objecto das relações laborais a constituir, pode concluir-se que o referido anúncio não procede propriamente à individualização de trabalhos ou serviços*

concretos a realizar pelos contratados, antes contém uma definição genérica do conteúdo de uma certa actividade laboral. Ou seja, daquele texto decorre que a obrigação que recai sobre os contratados não visa proporcionar àquela Direcção-Geral um certo resultado [obrigação de meios], mas tem por objecto o exercício de determinada prestação de trabalho obrigação de facere".

Acresce que as funções que, segundo o n.º 2 do anúncio do concurso, lhes competem são perfeitamente similares às que os numerosos juristas em funções na Administração nos diversos serviços de apoio e de consultadoria jurídica existentes prestam aos órgãos administrativos decidentes: análise e estudo dos processos administrativos, feitura de propostas de decisões administrativas, análise formal dos processos para remessa a juízo e elaboração de pareceres sobre recursos das decisões administrativas.

Competirá naturalmente aos dirigentes das delegações distritais da Direcção-Geral de Viação a organização e distribuição das tarefas a executar pelos diversos juristas afectos a cada delegação, isto é, estes ficarão subordinados, no desempenho concreto do seu trabalho, à direcção de um órgão de administração.

Eles ficam ainda sujeitos à fiscalização da mesma entidade administrativa no que concerne à assiduidade e comparência no local de trabalho, sendo obrigados a justificar as faltas em caso de impossibilidade de comparência e sendo-lhes vedado retirar os processos das respectivas instalações.

E também a menção do anúncio [embora em termos apenas de preferência na selecção] ao não exercício de qualquer actividade dependente da entidade pública ou privada [n.º 7.1] surge como condicionante mais própria do contrato de trabalho [garantindo a exclusividade da dedicação do trabalhador à respectiva entidade patronal] do que dos contratos de prestação de serviço.

Como se constatou no citado acórdão de 5 de Maio de 1998, "o recorrente é candidato a uma contratação a prazo certo, renovável, para prestar trabalho, sob as ordens e fiscalização da autoridade recorrida, perante a qual tem que justificar as respectivas faltas, em local e em tempo por esta designados para exercer as funções que lhe são atribuídas e para que está tecnicamente habilitado, determinadas pela entidade empregadora, visando preparar, no âmbito do serviço daquela entidade e dentro da organização por ela estabelecida para o bom funcionamento desse serviço, as respectivas decisões sobre assuntos da competência da mesma entidade empregadora, percebendo uma remuneração mensal certa".

Ou, como se refere na aludida anotação, "dos termos do concurso deduz-se igualmente que o cumprimento da actividade em causa fica sujeito à direcção e controlo da entidade empregadora; na verdade, sem prejuízo da autonomia técnica usufruída pelos trabalhadores a contratar – artigo 5.º, n.º 2, do Regime Jurídico do Contrato Individual de Trabalho [DL n.º 49.408, de 22 de Novembro de 1969] –, o anúncio determina que é da competência da entidade empregadora, designadamente: i) a atribuição e definição das funções que cada jurista deverá realizar – é o que decorre da forma como vem especificado o próprio objecto da relação contratada; ii) a determinação do respectivo local e tempo de trabalho – quando se impõe aos contratados um estrito dever de assiduidade [a comparência diária no local de trabalho], ainda que sem fixação prévia do respectivo horário de trabalho; iii) o controle do modo de exercício das funções in obligatio – ao proibir-se que os contratados possam trabalhar fora do local definido pela Direcção-Geral; iv) o exercício do poder disciplinar – ao exigir-se a justificação pela não comparência ao trabalho; v) o fornecimento dos instrumentos de trabalho pela entidade recrutadora".

Conclui-se, assim, que "a previsão de semelhante conjunto de condições – na verdade, o cumprimento da prestação exigida tem lugar sob a hierarquia e disciplina da Direcção-Geral de Viação, além de que fica sujeito a um horário de trabalho a definir por esta entidade – é de molde a conferir aos contratos postos a concurso uma natureza idêntica à que caracteriza a relação de emprego público, tal como vem definida (...) no artigo 3.º, n.º 1, do DL n.º 184/89".

Atenta a similitude de situações – em ambos os processos referenciados está em causa a natureza jurídica do vínculo existente entre um determinado número de juristas, entre os quais se encontrava o aqui recorrente, e a DGV, independentemente do "nomen iuris" atribuído ao contrato celebrado entre aquelas partes – não vemos razão para concluir de forma diferente do aresto acima citado, ou seja, a de que a relação estabelecida entre a Direcção-Geral de Viação e o recorrente era, do ponto de vista substantivo, um contrato de trabalho a termo certo e não um contrato de avença.

E, sendo um verdadeiro contrato de trabalho a termo certo, destinava-se ou não o mesmo a satisfazer necessidades permanentes do serviço?

A contratação do recorrente – bem como dos demais juristas – por parte da DGV teve a sua razão de ser na reforma do Código da Estrada, operada pelo DL n.º 114/94, de 3 de Maio, cuja entrada em vigor ocorreu em 1-10-94.

Com efeito, as infracções estradais que até aí eram qualificadas como transgressões, passaram a qualificar-se como contra-ordenações, com a consequente desjudicialização do seu conhecimento, que passou para a esfera de competência da Administração, através dos serviços da DGV e dos Governos Civis, competindo ainda a esse primeiro organismo "assegurar o processamento e a gestão dos autos levantados por infracções ao Código da Estrada e legislação complementar".

Isso mesmo resulta inequívoco do próprio texto do contrato celebrado entre a DGV e o ora recorrente em 6-9-94, ou seja, a contratação deste último, bem como de todos os demais juristas seus colegas, de norte a sul do País, visou justamente o exercício de funções de consultadoria e de formulação de pareceres nos processos de contra-ordenação emergentes de infracções ao novo Código da Estrada.

Perante este quadro factual, o exercício dessa actividade por parte do recorrente não pode deixar de ser entendido como destinando-se a satisfazer necessidades permanentes e estruturais dos serviços da DGV, sendo mesmo aqueles elementos, então objecto de contratação pela DGV, indispensáveis ao seu regular funcionamento.

Com efeito, essa relação laboral – com subordinação hierárquica, económica e jurídica – subsistiu, no caso do recorrente, durante mais de oito anos e meio, dado que se mantiveram inalteradas as competências cometidas pelo Código da Estrada à Direcção-Geral de Viação.

Acresce que, durante esse período continuaram a ser abertos concursos para admissão de novos juristas – como o atesta o ponto iv. da parte II do presente acórdão

[Fundamentação de Facto] –, por se ter verificado que o pessoal existente era manifestamente insuficiente para dar conta de todo o trabalho acumulado.

Ora, à semelhança do entendimento sufragado pelo recorrente, entendemos também que não pode haver necessidades transitórias de serviço que se arrastem e protelem por mais de 8 anos, visto que, perante o novo elenco de competências cometidas à DGV e decorrentes da aplicação do Código da Estrada, aprovado pelo DL n.° 114/94, de 3/5, e regulamentado pelo DL n.° 190/94, de 18/7, as necessidades em dotar as delegações distritais de viação de juristas, a fim de fazer face aos novos desafios impostos pela entrada em vigor daquele Código da Estrada, só podiam ser permanentes e não meramente temporárias, como resulta aliás, claramente, não só do despacho conjunto n.° 119/97, de 20/6 [cfr. ponto v. da fundamentação de facto], como também do entendimento sufragado pela DGAP, e consubstanciado no ofício de 4-11-97, dirigido ao Chefe de Gabinete do Secretário de Estado da Administração Pública, junto por cópia a fls. 196/200 dos autos [cfr. ponto iii. da fundamentação de facto].

Donde e, em conclusão, o serviço prestado pelo recorrente na Delegação Distrital de Braga da Direcção-Geral de Viação, desde finais de 1994 até 2001, destinava-se a satisfazer necessidades permanentes de serviço, nomeadamente por força das competências àquela cometidas pelo Código da Estrada aprovado pelo DL n.° 114/94, de 3/5.".

A solução a dar ao caso dos presentes autos, como é evidente, não pode deixar de ser idêntica, já que a factualidade apurada na 1ª instância é inteiramente coincidente com aqueloutra que emerge do acórdão de 23-3-2006, que relatámos, proferido no âmbito do Processo n.° 6613/2002, cujo entendimento veio entretanto a ter seguimento nos Acórdãos deste TCA Sul, de 11-10-2006 – Processo n.° 11.881/03, de 9-11-2006 – Processo n.° 11.991/03, e de 30-11-2006 – Processo n.° 6756/03.

Por conseguinte, a sentença recorrida incorreu em erro de julgamento quando decidiu que todas aquelas pessoas entradas para a DGV – nelas se incluindo a aqui autora – visavam satisfazer necessidades temporárias, e isto porque na altura nem sequer se poderia falar de necessidades permanentes, porque não se sabia, nem estava em condições de se saber, quais elas eram, concluindo por isso não ser aplicável à autora o regime de regularização constante dos DL's n.os 81-A/96 e 195/97.

* * * * * *

Aqui chegados, importa determinar se a autora – cujo serviço na Delegação Distrital de Coimbra da Direcção-Geral de Viação, desde finais de 1994 até à data da propositura da acção, se destinava efectivamente a satisfazer necessidades permanentes de serviço – tem ou não direito a que lhe seja aplicado o regime de regularização instituído pelo DL n.° 81-A/96, de 21/6, e diplomas subsequentes, nomeadamente os DL's n.os 103-A/97, de 28/4, 195/97, de 31/7, e 256/98, de 14/8.

Vejamos, pois.

O DL n.° 81-A/96, de 21/6, como é sabido, veio iniciar um percurso legislativo com vista a suprimir a precariedade de emprego na Administração Pública. Para alcançar tal desiderato, o artigo 3.° desse diploma determinou a prorrogação, até 30-4-97, dos contratos de trabalho a termo certo que estivessem em vigor em 10-1-96 e que comprovadamente visassem "*satisfazer necessidades permanentes dos serviços*".

Por seu turno, o artigo 4.° estabeleceu que o pessoal sem vínculo jurídico adequado que, em 10-1-96, desempenhasse funções correspondentes a necessidades permanentes dos serviços, com subordinação hierárquica e horário completo, e que então contasse com mais de três anos de trabalho ininterruptos, seria contratado a termo certo até 30-4-97.

Por sua vez, o artigo 5.°, n.° 1, do DL n.° 81-A/96, dizia textualmente o seguinte: "*nos casos em que a relação de trabalho existente em 10 de Janeiro de 1996 subsista há menos de três anos, mas em que seja reconhecido, em proposta fundamentada do dirigente máximo do serviço, que obtenha a concordância do membro do Governo da tutela, que a prestação de serviço é indispensável ao regular funcionamento do serviço, pode ser celebrado contrato de trabalho a termo certo, nos termos previstos no n.° 1 do artigo anterior*" – ou seja, um contrato "*a termo certo, a título excepcional, até 30 de Abril de 1997*".

Como resulta da matéria de facto assente, a situação da autora encontrava acolhimento no artigo 5.° do DL n.° 81-A/96, de 21/5, já que tendo esta iniciado as suas funções ao serviço da DGV pelo menos em 6 de Setembro de 1994, estas não subsistiam há mais de três anos, tendo por referência o dia 10 de Janeiro de 1996.

Simplesmente, o dirigente máximo do serviço – o Director-Geral de Viação – nunca reconheceu, em proposta fundamentada, ou sequer submeteu à consideração do membro do Governo da tutela, que a prestação do serviço levada a cabo por aqueles juristas era indispensável – como concluímos que era – ao regular funcionamento dos serviços, permitindo assim a celebração de contratos de trabalho a termo certo, a título excepcional, até 30 de Abril de 1997, prazo esse posteriormente prorrogado até 31 de Julho de 1997 pelo DL n.° 103-A/97, de 28/4 – cujo artigo 2.° veio admitir que, no âmbito da execução do DL n.° 81-A/96, continuava a haver contratos a termo certo por celebrar.

Mais tarde, o DL n.° 195/97, de 31/7 – que entrou em vigor em 1-8-97 [cfr. o seu artigo 13.°] – veio reconhecer que havia ainda pessoal abrangido pelos artigos 4.° e 5.° do DL n.° 81-A/96 cujos contratos de trabalho a termo certo não estariam celebrados em 1-8-97 [cfr. a alínea a) do n.° 2 do artigo 2.°]; por isso, esse diploma dispôs, no seu artigo 9.°, que esses contratos, a celebrar ulteriormente, se considerariam prorrogados até à data da nomeação do 1.° classificado no concurso que viesse a ser aberto para o lugar correspondente às funções exercidas – isto no caso de o trabalhador contratado não vir a ser aprovado no concurso.

Refira-se que tais concursos, tendentes à integração do pessoal em situação precária, haveriam de ser abertos, o mais tardar, até Setembro de 2000 [cfr. o artigo 4.° do mesmo DL n.° 195/97, na redacção que lhe foi dada pelo artigo 1.° do DL n.° 256/98, de 14/8], sendo o pessoal abrangido por este diploma candidato obrigatório aos concursos abertos nos respectivos serviços.

Ora, no caso concreto, a DGV não só não procedeu à regularização intercalar dos juristas em situação irregular, mediante a celebração de contratos de trabalho a termo certo, como também nunca chegou a abrir qualquer concurso com vista à integração daqueles profissionais.

Por conseguinte, no caso dos autos, a ilegalidade consistiu no facto de, ao invés do aí pressuposto, o dirigente máximo do serviço – o Director-Geral de Viação – nunca ter considerado que a prestação do trabalho da autora e dos demais juristas avençados, ao serviço da DGV, era indispensável ao seu regular funcionamento e, como tal, se destinava a satisfazer necessidades permanentes de serviço.

Porém, como acima se deixou amplamente demonstrado, tal entendimento não tinha correspondência com a realidade dos factos, já que as funções exercidas pela autora – bem como pelos demais juristas *"avençados"* pela DGV – se destinavam efectivamente a satisfazer necessidades permanentes dos serviços distritais da DGV, resultantes das competências que o novo Código da Estrada havia transferido para os aludidos serviços, nomeadamente com a tramitação, acompanhamento e decisão dos processos de contra-ordenação levantados na sequência de infracções estradais.

Quais eram então as vinculações impostas à Administração pelos DL's n.os 81-A/96, de 21/6, e 195/97, de 31/7?

Como acima referimos, a situação da autora encontrava-se prevista no artigo 5.° do DL n.° 81-A/96, já que a relação de trabalho, tal como acima foi qualificada, à data de 10 de Janeiro de 1996, subsistia há menos de três anos [recorde-se que a autora celebrou o 1.° contrato de *"avença"* com a DGV em 6-9-94], pelo que, nos termos da citada disposição legal, impunha-se que o dirigente máximo do serviço – no caso, o Director-Geral de Viação –, após obter a concordância do membro do Governo da tutela – no caso, o Ministro da Administração Interna – reconhecesse, em proposta fundamentada, que a prestação do serviço era indispensável ao regular funcionamento da delegação distrital de Coimbra da DGV.

Só depois de verificados estes pressupostos, e, ainda assim, após a obtenção da necessária autorização por parte do Ministro das Finanças e do membro do Governo que tivesse a seu cargo a função pública [cfr. artigo 5.°, n.° 2 do DL n.° 81-A/96], é que podia ser celebrado contrato de trabalho a termo certo.

E, porque o DL n.° 81-A/96, de 21/6, não definiu o modo em que se iria processar a integração do pessoal que visou abranger, foi necessário publicar o DL n.° 195/ /97, de 31/7 [posteriormente alterado pelo DL n.° 256/98, de 14/8], cujos artigos 3.°, 4.° e 5.° continham a regulamentação atinente às categorias de integração, processo de integração e regime dos concursos.

No que aqui releva, dispunha o artigo 4.° do citado DL n.° 195/97 que a integração nos quadros do pessoal dependia da aprovação em concurso, a ser aberto, durante os meses de Novembro de 1997, e de Fevereiro, Maio, Setembro e Dezembro de 1998, para o pessoal que entretanto tivesse completado três anos de serviço [caso da autora, que os completou em Setembro de 1997], referindo o n.° 2 do artigo 5.° que *"só podem ser opositores a cada concurso os trabalhadores do respectivo serviço ou organismo, abrangidos pelo presente diploma, a desempenhar funções correspondentes à categoria para a qual o concurso é aberto"*, prevendo-se assim, estranhamente, a abertura de um concurso interno de ingresso *"limitado"* [efectivamente, reconhece-se estranheza à opção do legislador, uma vez que há autores, como **Paulo Veiga e Moura**, que defendem que os concursos internos de ingresso têm necessariamente de assumir natureza geral – cfr. autor citado, "Função Pública", 1.° volume, Coimbra Editora, 1999, a págs. 98].

Contudo, como se viu, nenhum destes intrincados mecanismos foi desencadeado no caso da autora.

Obviamente que surge agora a questão de saber se, através do recurso ao presente meio processual, poderia a autora obter o pleno reconhecimento do direito a ver desencadeados todos os mecanismos acabados de citar.

Com efeito, pese embora se reconheça que na acção de reconhecimento de direitos é possível *"a condenação plena da Administração"*, *"tanto perante actos administrativos concretos, como perante omissões"*, temos por certo que o tribunal não pode impor à Administração a prática de actos essencialmente discricionários, ou seja, o tribunal não pode decidir, por antecipação, do conteúdo de actos essencialmente discricionários – como são, "in casu", a concordância do membro do Governo da tutela, prevista no n.° 1 do artigo 5.° do DL n.° 81-A/96, e o despacho conjunto autorizador por parte do Ministro das Finanças e do membro do Governo que tivesse a seu cargo a função pública, previsto no artigo 5.°, n.° 2 do DL n.° 81-A/96 –, exactamente porque a sua prática envolve uma avaliação ou ponderação que apenas à Administração incumbe, das circunstâncias do momento em que os mesmos hão-de ser praticados, o que, como é óbvio, não pode ser antecipado nem pode ser suprido pelo Tribunal.

Por isso, constituindo a autonomia do poder administrativo o limite da extensão da tutela assegurada pelo presente meio jurisdicional [a acção de reconhecimento de direito ou interesse legítimo], tal limite exclui condenações que ponham em causa o exercício de poderes não estritamente vinculados [Cfr., neste sentido, José Carlos Vieira de Andrade, "A Justiça Administrativa – Lições", Almedina, 1998, a págs. 112, Filipa Urbano Calvão, "Os Actos Precários e os Actos Provisórios no Direito Administrativo", Universidade Católica Portuguesa, 1998, a págs. 317].

Consequentemente, a satisfação dos pedidos formulados na presente acção implicava que o tribunal se substituísse à Administração na sua função administrativa, o que constituiria um desrespeito ao princípio da separação de poderes consagrado nos artigos 2.° e 111.° da CRP, além de não ter qualquer apoio legal [note-se que, presentemente, mesmo no quadro da acção especial para condenação na prática do acto devido, com expressa previsão nos artigos 66.° e segs. do CPTA – e, em especial, o n.° 2 do artigo 71.° do CPTA –, há limites aos poderes de pronúncia do Tribunal – Neste sentido, cfr. Vieira de Andrade, em "A Justiça Administrativa", 4ª edição, a págs. 212, e o acórdão do STA, de 14-12-2004, da 2ª Subsecção do CA, proferido no âmbito do recurso n.° 0447/03].

Deste modo, ainda que acima se tenha considerado que a sentença recorrida incorreu em erro de julgamento, quando considerou que as funções exercidas pela autora não se destinavam a satisfazer necessidades permanentes dos serviços distritais da DGV, tal conclusão não pode conduzir à procedência da presente acção, pelos fundamentos invocados.

IV. DECISÃO

Nestes termos, e pelo exposto, acordam em conferência no 1.° Juízo Liquidatário deste TCA Sul em negar provimento ao recurso jurisdicional, julgando improcedente, embora com outros fundamentos, a presente acção para reconhecimento de direito ou interesse legítimo.

Custas a cargo da autora, fixando-se a taxa de justiça devida em € 120,00 e a procuradoria em € 40,00.

Lisboa, 25 de Janeiro de 2007

Rui Belfo Pereira
Mário Gonçalves Pereira
Magda Geraldes

Recurso n.° 7388/2003

ESTATUTO DISCIPLINAR. NULIDADE DE ACUSAÇÃO. PROVA DA NEGLIGÊNCIA.

(Acórdão de 1 de Março de 2007)

SUMÁRIO:

I – O artigo 42.° n.° 1 do Estatuto Disciplinar fulmina com a nulidade a acusação onde as infracções não sejam suficientemente individualizadas e referidas nos correspondentes preceitos legais.

II – Estando, contudo, provada nos autos a negligência e incúria do arguido que, num período de quatro anos, omitiu a leitura dos contadores de água a seu cargo, ou a ela procedeu sem qualquer correspondência com a realidade, não se verifica a apontada nulidade.

ACORDAM OS JUIZES DO 1.° JUÍZO, 1ª SECÇÃO, DO TRIBUNAL CENTRAL ADMINISTRATIVO SUL:

1. Câmara Municipal de Condeixa-a-Nova, com os sinais dos autos, veio recorrer da sentença lavrada a fls. 62 e 63 dos autos no TAC de Coimbra que, julgando procedente o recurso contencioso interposto por (...), declarou nula a deliberação municipal que lhe aplicou a pena disciplinar de suspensão, graduada em 120 dias.

Em sede de alegações, formulou as conclusões seguintes:

1 – O arguido (...) era, à data dos factos, funcionário da ora recorrente C. M. Condeixa-a-Nova, exercendo as funções de leitor – cobrador.

2 – Tinha por isso por funções proceder à leitura dos contadores das áreas que lhe eram atribuídas, denunciando os respectivos consumos e quaisquer irregularidades de que tivesse conhecimento e/ou alterações de consumidores ou avarias de contadores.

3 – Em Maio de 98 verificou-se que uma série de consumidores/contadores das áreas 20 e 310 a cargo do arguido, possuíam leituras diferentes (superiores e inferiores) às por si efectuadas; que diversos contadores pertenciam a consumidores diversos daqueles que constavam dos registos da Câmara (por o local ter sido transmitido) a quem o arguido continuava a imputar os consumos; e que diversos contadores se apresentavam avariados sem que o arguido tivesse denunciado essa situação (entre estes o do próprio arguido).

4 – Lavrou-se despacho de acusação que, por remissão para os diversos documentos, concretizava cada situação anómala através da identificação do consumidor, do contador, da diferente leitura de consumo (superior ou inferior), dos contadores avariados e daqueles que, por transmissão do local onde se encontravam instalados, pertenciam agora a outro consumidor.

5 – Qualificaram-se as infracções com indicação dos preceitos legais violados.

6 – Não se verificando por isso qualquer violação dos arts. 59.° e 42.° do EDFAACRL, nomeadamente dos seus n.ºs 4 e 1, respectivamente.

7 – Tendo considerado que tais artigos se mostram violados e, consequentemente, considerado nulo o processo disciplinar instaurado, fez o Mmo. Juiz *a quo* errada aplicação dos artigos 59.° e 42.° do EDFAACRL que, pela sua decisão, se mostram violados.

Contra alegou o recorrido pugnando pela manutenção do julgado, no que é apoiado pelo Exm.° Procurador Geral Adjunto neste Tribunal.

Colhidos os vistos legais, vem o processo à conferência.

2. OS FACTOS

Com base na documentação apensa e interesse para a decisão da causa, mostram-se provados os factos seguintes:

a) Por despacho de 18/6/98 do Presidente da C. M. de Condeixa-a-Nova, e após análise das informações da fiscalização sobre a leitura dos consumos de água nas áreas 20 e 310, da responsabilidade do cobrador (...), foi ordenada a instauração de processo disciplinar ao mesmo funcionário, por "se verificar, pelas informações juntas, que há manifesta negligência no seu trabalho" (fls. 1).

b) Após a realização de algumas diligências, o instrutor propôs em 31/7/98 o arquivamento do processo, com fundamento na falta de perfil do arguido, cabouqueiro de profissão (fls. 19 e 20).

c) Por despacho de 14/8/98, o Presidente da C.M. de Condeixa-a-Nova não concordou com essa proposta e ordenou o prosseguimento do processo disciplinar (fls. 21 e 22).

d) Onde foi deduzida acusação em 13/10/98, da qual consta nomeadamente (fls. 103 a 105):

Artigo 2.° – Da análise feita pela fiscalização veio verificar-se, por amostragem, relativamente às zonas 20 e 310... que os contadores daquelas áreas distribuídas ao arguido na sua grande maioria não se mostravam parados, mas sim com leituras acumuladas e não lidas.

Artigo 3.° – Das reclamações apresentadas... verifica-se que os contadores durante vários meses não tinham leitura.

Artigo 4.° – ...Verifico ainda que o mesmo mantinha o seu próprio contador parado há mais de um ano, sem ter procedido a qualquer diligência no sentido de regularizar a situação.

Artigo 5.° – Por força de todas as anomalias verificadas, esta Câmara viu-se obrigada a aprovar, em sua reunião de 19.05.98, em tarifário especial que permitisse cobrar, de forma menos gravosa para os contribuintes, a água consumida, o que... trouxe prejuízos consideráveis para o erário público que a seu tempo terão que ser apurados.

Artigo 7.º – Que com tais condutas cometeu o arguido, em acumulação, infracção disciplinar por violação do dever de zelo e aplicação profissional, prevista e punida pelas disposições combinadas do art. 3.º n.ºs 1 e 4, alíneas e) e f) do n.º 1 do art. 24.º, todos do DL n.º 24/84, de 16/1 (Estatuto Disciplinar), mas a censurar apenas com uma única pena nos termos da norma constante do art. 14.º n.º 1 do referido DL.

Artigo 8.º – Não se apontam circunstâncias agravantes.

Artigo 9.º – Não se apontam circunstâncias atenuantes por, apesar de o arguido nunca ter sido objecto de procedimento disciplinar, se ter verificado que há situações apontadas que se vêm arrastando há vários anos.

d) Junta a defesa do arguido e inquiridas as testemunhas por este arroladas, foi elaborado o Relatório Final em 4/12/98, onde se concluiu ter o funcionário violado o dever de zelo, incorrendo na situação da alínea e) do n.º 1 do art. 24.º do DL n.º 24/84, de 16/1, pelo que, considerando o seu n.º 2, se propôs a aplicação de uma pena de suspensão de 20 a 120 dias, recomendando-se que na sua aplicação se tivesse em consideração a situação do conteúdo funcional do arguido, bem como o facto de o mesmo não ter antecedentes (fls. 122 e 123).

e) Por deliberação de 7/12/98, a Câmara Municipal de Condeixa-a-Nova, atento o conteúdo da acusação e considerando as alegações apresentadas... deliberou por unanimidade, nos termos do art. 18.º do DL n.º 24/84, de 16/1, aplica a pena de suspensão proposta (120 dias), a qual deve ser notificada ao arguido para cumprimento a partir do dia 18 (fls. 125 e 126).

f) Em 20/5/99, Carlos Manuel Moita Torres veio aos autos requerer, nos termos do artigo 10.º n.º 1 da Lei n.º 29/99, de 12/5, que não lhe fosse aplicada a amnistia reportada no artigo 7.º, alínea c), do mesmo diploma, com as legais consequências (fls. 41 e 42 dos autos).

3. O DIREITO

O recorrido (...), cabouqueiro da C.M. de Condeixa-a-Nova, foi encarregado desde 1994 de desempenhar as funções de leitor cobrador do mesmo Município, competindo-lhe fazer as cobranças e leituras dos consumos de água.

Tendo-se verificado, através de informações da fiscalização, que essa tarefa era deficientemente executada, com leituras não coincidentes com a realidade e contadores não lidos durante muitos meses, foi-lhe instaurado processo disciplinar onde, após uma primeira proposta de arquivamento por falta de perfil profissional, lhe foi aplicada a pena de 120 dias de suspensão.

Inconformado, recorreu para o TAC de Coimbra onde, por sentença de 22/9/99, foi julgado procedente o recurso, declarando-se a nulidade da deliberação impugnada, nos termos dos artigos 42.º n.º 1 e 59.º n.º 4 do Estatuto Disciplinar.

Foi a vez de a C.M. de Condeixa-a-Nova interpor o presente recurso jurisdicional, defendendo a legalidade da deliberação tomada.

Vejamos se com razão.

Preceitua o artigo 42.º n.º 1 do Estatuto Disciplinar aprovado pelo DL n.º 24/84, de 16/1, que *é insuprível a nulidade resultante da falta de audiência do arguido em artigos de acusação, nos quais as infracções sejam suficientemente individualizadas e referidas aos correspondentes preceitos legais, bem como a que resulte de omissão de quaisquer diligências essenciais para a descoberta da verdade.*

E o artigo 59.º n.º 4 do mesmo diploma impõe: *A acusação deverá conter a indicação dos factos integrantes da mesma, bem como das circunstâncias de tempo, modo e lugar da infracção e das que integram atenuantes e agravantes, acrescentando sempre a referência aos preceitos legais respectivos e às penas aplicáveis.*

Ora, no caso *sub judice,* ficou provado no processo disciplinar apenso que, desempenhando Carlos Torres as funções de leitor cobrador do Município de Condeixa-a-Nova desde 1994, o mesmo não procedeu, como era sua obrigação funcional, à correcta leitura dos consumos de água nos contadores das áreas 20 e 310, que estavam confiadas á sua responsabilidade, como foi averiguado pela fiscalização mencionada no despacho de 18/6/98 do Presidente da edilidade, forçando esta a estabelecer novos critérios para diminuir o prejuízo causado ao erário público.

Revelou-se, com esses factos, um grave desinteresse do arguido pelo cumprimento dos seus deveres profissionais, demonstrando falta de conhecimento de normas essenciais reguladoras do serviço que desempenhava, da qual resultou prejuízo para a imagem e receitas do Município de Condeixa-a-Nova, bem como dos interesses dos utentes do serviço de distribuição de água, originando diversas reclamações da sua parte.

Para além disso, manteve o contador da água da sua propriedade parado durante mais de um ano, limitando-se a participar a ocorrência, com o inerente prejuízo para o erário municipal.

Estando suficientemente caracterizados na acusação os ilícitos pelos quais o arguido veio a ser punido, não se mostra nula essa peça processual, nem existiu falta de audiência do arguido, como este reclama e o senhor Juiz *a quo* decidiu.

Pois ficou demonstrada a incúria do arguido Carlos Torres em deixar durante vários meses sem leitura os contadores de água a seu cargo, e por outro lado a efectuar leituras sem qualquer correspondência com a realidade, assim causando prejuízos ao Município e aos consumidores, que se viram compelidos a reclamar.

Mostrando-se, pois, procedentes todas as conclusões do recurso, terá que ser revogada a sentença recorrida, e confirmada a deliberação municipal que puniu o recorrido.

4. Pelo exposto, acordam no 1.º Juízo, 1ª Secção, do TCA Sul em conceder provimento ao recurso interposto pela Câmara Municipal de Condeixa-a-Nova, revogando a sentença recorrida e confirmando a deliberação da recorrente.

Custas a cargo do recorrido em ambas as instâncias, com taxa de justiça graduada no mínimo e metade de procuradoria.

Lisboa, 1 de Março de 2007

Gonçalves Pereira
Rogério Martins
Coelho da Cunha

Recurso n.º 3854/99

EXECUÇÃO DE SENTENÇA. AUDIÊNCIA PRÉVIA. ACTO RENOVÁVEL.

(Acórdão de 14 de Fevereiro de 2007)

SUMÁRIO:

I – A execução de sentença que tenha anulado um acto administrativo consiste na prática pela Administração dos actos e operações materiais necessários à reintegração efectiva da ordem jurídica violada, mediante a reconstituição da situação que existiria se o acto ilegal não tivesse sido cometido.

II – O princípio pelo respeito do caso julgado não impede a substituição do acto anulado por outro idêntico desde que a substituição se faça sem a repetição dos vícios que determinaram a anulação, visto que o limite objectivo do caso julgado das decisões anulatórias de actos administrativos, seja no que respeita ao efeito preclusivo, seja no que respeita ao efeito conformador do futuro exercício do poder administrativo, se determina pelo vício que fundamenta a decisão.

III – Se o vício determinante da anulação for um vício que se prende com a legalidade externa do acto, como por exemplo o de forma, por falta de audiência prévia ou de fundamentação, a execução da sentença cumpre-se com a eliminação da violação detectada [no caso, com a realização da audiência prévia ou a fundamentação do acto omitidos] de acordo com a situação e as normas jurídicas que regulavam a situação na data do acto anulado.

IV – Têm eficácia retroactiva os actos que dêem execução a decisões dos tribunais que anulem actos administrativos [cfr. artigo 128.°, n.° 1, alínea b), 1ª parte, do CPA], a não ser que, excepcionalmente, os actos administrativos anulados sejam «*renováveis*» [vd. disposição citada, "in fine"].

V – Tratando-se de actos renováveis, entre os quais avultam os anulados por vício formal de preterição da audiência dos interessados [cfr. artigo 100.° e segs. do CPA], a execução da sentença cumpre-se com a audição do particular, seguindo-se a prolação de novo acto, que pode ou não ter conteúdo idêntico ao que foi anulado pela decisão da 1ª instância.

VI – Na hipótese concreta dos autos, só no caso da execução levada a cabo pela Administração vir a ser em sentido favorável ao recorrente, poderia este ter razão ao pretender integrar nos actos e operações materiais a que alude o artigo 9.°, n.° 2 do DL n.° 256-A/77, de 17/8, o pagamento de todos os vencimentos, juros moratórios e demais abonos que deixou de auferir desde 25-7-92 – data da deliberação impugnada –, até à data em que viesse a ser proferida nova decisão.

VII – Na exacta medida que a anulação não teve que ver com factores de ilegalidade substancial, ou seja, não se fundou em razões de violação de lei, não é possível que em sede de execução de sentença se reconheça que o recorrente tem direito ao pagamento daqueles montantes e, consequentemente, se condene a Administração ao pagamento dos mesmos.

VIII – A renovação do acto anulado, após a realização da audiência do recorrente, com a sua substituição por outro de conteúdo idêntico [ou diferente], cumpre os objectivos essenciais da execução do julgado a que alude o artigo 9.°, n.° 2 do DL n.° 256-A/77, de 18/7.

ACORDAM EM CONFERÊNCIA NO 1.° JUÍZO LIQUIDATÁRIO DO TRIBUNAL CENTRAL ADMINISTRATIVO SUL:

I. RELATÓRIO

Joaquim Freitas Pinheiro, professor do ensino superior politécnico, veio, por apenso ao recurso contencioso que interpusera no Tribunal Administrativo do Círculo de Coimbra, requerer a declaração de inexistência de causa legítima de inexecução da sentença anulatória por aquele proferida em 27-4-2000.

Por decisão interlocutória datada de 10-7-2001, foi considerado inexistir causa legítima de inexecução da aludida sentença e ordenada a audição de exequente e executado para os termos e efeitos do disposto no artigo 9.°, n.° 1 do DL n.° 256-A/77, de 17/8.

Ouvidos aqueles, foi então proferida em 30-1-2002 a sentença ora sob censura, que decidiu que a execução da sentença exequenda "*passa pela prolação de nova deliberação que mande notificar o requerente para se pronunciar quanto à pretensão da entidade requerida de não propor a renovação do contrato e pela prolação posterior de outra deliberação a manter ou alterar aquela pretensão, assim se executando a sentença anulatória*".

Inconformado com tal decisão, dela recorre jurisdicionalmente o exequente, formulando para o efeito as seguintes conclusões:

"*1ª – Nos presentes autos estava em causa determinar os actos e as operações em que consistia a execução da Sentença proferida pelo Tribunal «a quo» em 27 de Abril de 2000, que anulou a deliberação do Conselho cientifico do ISCAC que, em 25 de Julho de 1992, decidira não propor a renovação do contrato para professor equiparado a adjunto, celebrado entre o recorrente e o ISCAC em Novembro de 1989.*

2ª – O aresto em recurso considerou que a integral execução da sentença anulatória compreendia apenas a prolação de uma nova decisão sobre a renovação ou não do contrato celebrado com o recorrente, precedida da sua audiência ao abrigo do artigo 100.° do CPA. Contudo.

3ª – Ao limitar a execução do aresto anulatório à mera substituição do acto ilegal, o aresto em recurso violou frontalmente o disposto no artigo 128.°, n.° 1, alínea b) do CPA, e deixou sem protecção efectiva o particular que venceu o recurso contencioso, uma vez que aquela limitação implica, na prática que se esteja a atribuir eficácia retroactiva à nova deliberação que vier a ser proferida, deixando-se perdurar os efeitos negativos entre-

tanto produzidos na esfera do recorrente desde a data da prática do acto anulado.

Na verdade,

4ª – A execução integral de Sentença anulatória de actos renováveis passa pela substituição do acto ilegal e pela supressão dos efeitos produzidos por tal acto, uma vez que «quod nullum est, nullum producit effectum» [vd. Freitas do Amaral, A Execução das Sentenças dos Tribunais Administrativos, 2ª edição, págs. 90 a 99].

Com efeito,

5ª – Sendo o acto anulado contenciosamente um acto renovável, não possui o acto renovado eficácia retroactiva [vd. artigo 128.º, n.º 1, alínea b) do CPA], uma vez que, "... se assim não fosse, frustrar-se-ia a reintegração da ordem jurídica violada, pois tudo se passaria como se o acto ilegal, anulado, continuasse a produzir efeitos desde a data da sua emissão, tornando prática inútil um recurso contencioso que merecera provimento [vd. Afonso Queiró, RLJ, n.º 119, págs. 302 e segs., e o Acórdão de 15-12-87, AD 317/657]. Refira-se, aliás, que

6ª – Foi justamente para evitar que a Administração ficasse impune e fosse o particular a suportar os efeitos negativos produzidos por uma acto declarado ilegal, que o artigo 128.º, n.º 1, alínea b) do CPA veio determinar que os actos renováveis não possuem eficácia retroactiva, pelo que nenhuma dúvida pode subsistir em como a execução integral de um acto renovável passa igualmente pela supressão dos efeitos negativos por ele produzidos.

7ª – Deste modo, é notório que o aresto em recurso, ao limitar a execução à mera prolação de um novo acto, deixou por suprimir os efeitos negativos decorrentes do acto anulado, os quais continuam a perdurar, tudo se passando, na prática, como se o acto renovado possuísse eficácia retroactiva.

8ª – Consequentemente, e sob pena de se violar o disposto no artigo 128.º, n.º 1, alínea b) do CPA e de se deixar sem protecção efectiva o particular que venceu o recurso contencioso, é manifesto que a execução integral do aresto anulatório não se poderia limitar à substituição do acto ilegal, sendo obrigatório que se eliminassem os efeitos negativos entretanto produzidos pelo acto anulado, o que implicava o pagamento de todos os vencimentos, juros moratórios e demais abonos que o recorrente deixou de auferir desde 25-7-92 – data da deliberação impugnada – até à data em que viesse a ser proferida nova decisão [vd., neste sentido, Freitas do Amaral, A execução das sentenças dos Tribunais Administrativos, 2ª edição, pág. 98], e o pagamento das despesas judiciais por ele suportadas com o processo judicial destinado à anulação do acto e execução do aresto anulatório, uma vez que só assim será colocado na situação em que se encontraria se a autoridade recorrida não tivesse incorrido na prática de um acto ilegal".

A entidade executada não apresentou contra-alegações.

O Mm.º Juiz "a quo" sustentou o decidido.

Neste TCA Sul, o Digno Magistrado do Ministério Público emitiu parecer, onde concluiu nos seguintes termos:

"*Vem o presente recurso jurisdicional interposto da sentença que decidiu que a execução da sentença anulatória consiste na prolação de nova deliberação que mande notificar o requerente para se pronunciar quanto à pretensão da entidade requerida de não propor a renovação do contrato e pela prolação posterior de outra deliberação a manter ou alterar aquela pretensão.*

O agravante fundamenta o seu recurso na violação do artigo 128.º, n.º 1, alínea b) do CPA, "dado que o aresto em recurso, ao limitar a execução à mera prolação de um novo acto, deixou por suprimir os efeitos negativos decorrentes do acto anulado, os quais continuam a perdurar, tudo se passando, na prática, como se o acto renovado possuísse eficácia retroactiva."

Não me parece que a sentença tenha violado o referido preceito.

Com efeito, resulta daquele normativo que os actos administrativos renováveis que dêem execução a decisões dos tribunais não têm eficácia retroactiva.

Ora, a sentença não se pronunciou sobre a eficácia dos actos que devem ser praticados pela Administração, nem sequer se sabe se vão ou não ter eficácia retroactiva, pois ainda não foram praticados, pelo que não pode ter violado aquele normativo.

Se o que o agravante pretendia era ver apreciado o seu pedido de pagamento dos vencimentos desde a cessação do contrato até à prolação de nova decisão e das despesas judiciais que suportou, deveria ter invocado omissão de pronúncia, dado que o Juiz «a quo», não se pronunciou sobre essas questões.

Não o tendo feito e não se verificando a alegada violação do artigo 128.º, n.º 1, alínea b) do CPA, sou de parecer que o presente recurso jurisdicional deve ser julgado improcedente".

Colhidos os vistos legais, vem o processo à Conferência para julgamento.

II. FUNDAMENTAÇÃO DE FACTO

Com interesse para a apreciação do mérito do presente recurso jurisdicional, consideram-se assentes os seguintes factos:

i. Por sentença proferida no TAC de Coimbra e datada de 27-4-2000, foi anulada, com fundamento em vício de forma – preterição da audiência prévia [artigo 100.º do CPA] – a deliberação do Conselho Científico do Instituto Superior de Contabilidade e Administração de Coimbra, de 15-1-94, que havia emitido parecer desfavorável à renovação do contrato do aqui exequente como professor adjunto daquele Instituto [cfr. fls. 124/125 dos autos de recurso contencioso apenso].

ii. Na aludida sentença, foi dada como assente a seguinte matéria de facto:

"*a) Em 1-11-89 o recorrente foi contratado por um ano como professor equiparado a professor-adjunto do ISCA;*

b) Em 1-1-90 esse contrato foi renovado pelo período de dois anos;

c) Em 25-7-92 o CC do ISCA de Coimbra deliberou não propor a renovação do contrato celebrado em 1-1-89;

d) Por sentença deste TAC, essa deliberação foi anulada;

e) Em processo de execução de sentença o CC deliberou não propor a renovação do contrato do recorrente;

f) O recorrente não foi previamente ouvido nos termos do artigo 100.º do CPA".

iii. Através de decisão interlocutória datada de 10-7-2001, já proferida nos autos de execução, foi julgado que inexistia causa legítima de inexecução da sentença referida em i., e ordenado o cumprimento do disposto no artigo 9.º, n.º 1 do DL n.º 256-A/77, de 17/8 [cfr. fls. 19/20 e 24 dos autos, cujo teor aqui se dá por integralmente reproduzido].

iv. O recorrente veio pronunciar-se nos termos constantes de fls. 27/28 dos autos, cujo teor aqui se dá por integralmente reproduzido, tendo concluído nos seguintes termos:

"*[...]*

2. Assim sendo, e face à já declarada inexistência de causa legítima de inexecução do aresto que anulou o acto que não propôs a renovação do contrato do ora requerente, julga-se ser manifesto que a integral execução da sentença exequenda passa, em primeiro lugar, pela prolação de uma nova deliberação sobre a renovação do contrato celebrado com o requerente.

Em segundo lugar, e uma vez que se está perante um acto renovável, que determina que esta nova deliberação não possua eficácia retroactiva [vd. Artigo 128.°, n.° 1, alínea b) do CPA], há que eliminar os efeitos negativos entretanto produzidos pelo acto anulado, o que pressupõe o pagamento de todos os vencimentos, juros moratórios e demais abonos que o ora requerente deixou de auferir desde 25-7-92 – data da deliberação impugnada –, até à data em que vier a ser proferida nova decisão [vd., neste sentido Freitas do Amaral, A execução das sentenças dos Tribunais Administrativos, 2ª edição, pág. 98].

Para além disso, e em terceiro lugar, a execução do aresto anulatório implica a obrigatoriedade da autoridade requerida ressarcir o requerente de todas as despesas judiciais suportadas com o presente processo judicial, no montante de Esc. 1.000.000$00.".

v. Por seu turno, o ISCA de Coimbra veio pronunciar-se nos termos constantes de fls. 29, anunciando que o respectivo Conselho Científico iria em próxima reunião deliberar sobre a notificação do recorrente para cumprimento do seu direito de audiência prévia, nos termos do artigo 100.° do Código de Procedimento Administrativo [cfr. fls. 29 dos autos, cujo teor aqui se dá por integralmente reproduzido].

vi. E, finalmente, por sentença datada de 30-1-2002 – objecto do presente recurso jurisdicional – foi decidido que a execução da sentença exequenda "*passa pela prolação de nova deliberação que mande notificar o requerente para se pronunciar quanto à pretensão da entidade requerida de não propor a renovação do contrato e pela prolação posterior de outra deliberação a manter ou alterar aquela pretensão, assim se executando a sentença anulatória*", concedendo-se o prazo de dez dias para a entidade requerida proferir a primeira deliberação e, obtida a resposta do requerente, o prazo de um mês para proferir a segunda mencionada deliberação [cfr. fls. 35 dos autos, cujo teor aqui se dá por integralmente reproduzido].

III. FUNDAMENTAÇÃO DE DIREITO

Face à factualidade acima enunciada, cumpre agora determinar se a sentença recorrida padece dos vícios que o recorrente lhe assaca.

Como é sabido, a execução de sentença que tenha anulado um acto administrativo consiste na prática pela Administração dos actos e operações materiais necessários à reintegração efectiva da ordem jurídica violada, mediante a reconstituição da situação que existiria se o acto ilegal não tivesse sido cometido [cfr. Freitas do Amaral, "A execução das sentenças dos Tribunais Administrativos", 2ª edição, pág. 45, e também o Acórdão do STA, de 1-10-97, proferido no âmbito do recurso n.° 39.205, in Apêndice ao DR, de 12-6-2001, a págs. 5261].

Por outro lado, o princípio pelo respeito do caso julgado não impede a substituição do acto anulado por outro idêntico desde que a substituição se faça sem a repetição dos vícios que determinaram a anulação [neste sentido, vd. o Acórdão do STA, de 2-10-2001, proferido no âmbito do recurso n.° 34.044-A], visto que o limite objectivo do caso julgado das decisões anulatórias de actos administrativos, "*seja no que respeita ao efeito preclusivo, seja no que respeita ao efeito conformador do futuro exercício do poder administrativo, determina-se pelo vício que fundamenta a decisão*» [cfr., neste sentido, o Acórdão do Pleno do STA, de 8-5-2003, proferido no âmbito do recurso n.° 40821-A].

Com isto quer-se significar que o respeito pelo caso julgado não fica abalado se a Administração, em execução de sentença anulatória, renovar a decisão anterior, desde que expurgada dos vícios que a inquinavam. É, aliás, nisso que consiste a boa execução, sempre que a Administração pretender reintroduzir na ordem jurídica a força substancial do acto renovado.

No fundo, o que se pretende não é necessariamente a reposição ou restabelecimento da situação anterior à pratica do acto ilegal, mas sim a reconstituição da situação actual hipotética através da qual a ordem jurídica violada é reintegrada, tudo se passando como se nada ilegal tivesse acontecido e, portanto, realizando-se agora o que entretanto se teria realizado, se não fosse a ilegalidade cometida [cfr. Freitas do Amaral, "A execução das sentenças dos Tribunais administrativos", 2ª edição, pág. 41/42]. Dito de outro modo, as coisas não se passarão exactamente como se encontravam antes da prática do acto anulado, antes poderão ocorrer tal como se presume que viessem a estar no momento presente, independentemente da verificação da anulação.

E, por que assim é, o fundamento concreto da anulação passa a adquirir uma particular relevância.

Com efeito, se o vício determinante da anulação for um vício que se prende com a legalidade externa do acto, como por exemplo o de forma, por falta de audiência prévia ou de fundamentação, a execução da sentença cumpre-se com a eliminação da violação detectada [no caso, com a realização da audiência prévia ou a fundamentação do acto omitidos] de acordo com a situação e as normas jurídicas que regulavam a situação na data do acto anulado [cfr., neste particular, os Acórdãos do STA, de 14-3-2000, proferido no âmbito do recurso n.° 43.680, de 22-1-2003, proferido no âmbito do recurso n.° 141/02-3, e de 21-5-2003, proferido no âmbito do recurso n.° 1601/02].

E se é verdade que, geralmente, têm eficácia retroactiva os actos que dêem execução a decisões dos tribunais que anularam actos administrativos [cfr. artigo 128.°, n.° 1, alínea b), 1ª parte, do CPA], não deixa de ser menos verdade que também não terão essa eficácia se, excepcionalmente, os actos administrativos anulados forem «*renováveis*» [vd. disposição citada, "in fine"].

Ora, não havendo hoje em dia dúvidas consistentes de que os actos anulados por vício de forma são renováveis, a conclusão a que se chega é a de que o acto que reinstale a substância dispositiva do anterior, após a realização da formalidade omitida, se inscreve no âmbito da excepção legal e, logo, não terá eficácia retroactiva [cfr., neste sentido, o Acórdão do STA, de 27-5-98, proferido no âmbito do recurso n.º 40.885].

Desta maneira, e porque se aceita pacífica esta doutrina, fica presumido que a situação do momento [a chamada situação actual hipotética] seria a mesma que existiria com o acto ilegal se não tivesse sido anulado. É essa a razão subjacente à irretroactividade prescrita na norma. Quer dizer, porque num juízo forte de probabilidade se crê que o acto ilegal se repita [se renove] sem os vícios que conduziram à sua anulação, o legislador concede que se salvem os efeitos produzidos à sua sombra até que surja um novo acto [acto renovador].

Isto, claro está, supondo-se que esse novo acto se pratique no quadro de um dever legal de decidir, isto é, no campo da actuação vinculada, pois pode, efectivamente, colocar-se a hipótese de a prática do acto ser discricionária, e nesse caso, consente-se que a Administração tenha a faculdade de, simplesmente, não o renovar. E pode mesmo admitir-se que também seja discricionário o próprio conteúdo do acto [vd., sobre o assunto e sobre as dificuldades emergentes, Vieira de Andrade, Lições, 3ª edição, pág. 295].

Significa isto que no caso de acto renovável a projecção dos efeitos destrutivos ou reconstrutivos da sentença anulatória não é resolvida «*ao nível dos actos da sua execução, mas pelo próprio acto renovador [parecendo subentendido que se trata aqui de um acto com o mesmo sentido ou efeito do acto anterior]*» [cfr. Mário Esteves de Oliveira, Pedro Costa Gonçalves e J. Pacheco de Amorim, in Código de Procedimento Administrativo, 2ª edição, págs. 621 e 622].

Ou seja, tratando-se de actos renováveis, entre os quais avultam os anulados por vício formal de preterição da audiência dos interessados [cfr. artigo 100.º e segs. do CPA], a execução da sentença cumpre-se com a audição do particular, seguindo-se a prolação de novo acto, que pode ou não ter conteúdo idêntico ao que foi anulado pela decisão da 1ª instância. E só em relação a ele se poderá pôr o problema da retroactividade ou não [autores e obra cit., pág. 622].

Na hipótese concreta dos autos – a de o acto renovador vir a decidir em sentido contrário ao manifestado no acto renovado –, só no caso da execução vir a ser em sentido favorável ao recorrente, poderia este ter razão ao pretender o pagamento de todos os vencimentos, juros moratórios e demais abonos que deixou de auferir desde 25-7-92 – data da deliberação impugnada –, até à data em que viesse a ser proferida nova decisão.

Até lá, haverá que esperar pelo novo acto decisor. Por outras palavras, porque a anulação não teve que ver com factores de ilegalidade substancial, se não se fundou em razões de violação de lei, não é possível que em sede de execução de sentença se reconheça que o recorrente tem direito ao pagamento de todos os vencimentos, juros moratórios e demais abonos que deixou de auferir desde 25-7-92 e, consequentemente, se condene a Administração ao pagamento dos mesmos.

No caso concreto, haveria, tão só, que eliminar o vício que inquinou a deliberação recorrida, ou seja, a preterição da audiência prévia do recorrente.

Por isso, a renovação do acto anulado, após a realização da audiência do recorrente, e substituição deste por outro de conteúdo idêntico [ou diferente], cumpria os objectivos essenciais da execução do julgado a que alude o artigo 9.º, n.º 2 do DL n.º 256-A/77, de 18/7 [Neste sentido, cfr. o Acórdão do STA, de 1-6-2006, da 1ª Subsecção do CA, proferido no âmbito do recurso n.º 030655A].

Consequentemente, improcedem as conclusões expressas na alegação do recorrente.

IV. DECISÃO

Nestes termos, e pelo exposto, acordam em conferência no 1.º Juízo Liquidatário deste TCA Sul em negar provimento ao presente recurso jurisdicional, confirmando a sentença recorrida.

Custas a cargo de recorrente, fixando-se a taxa de justiça devida em € 150,00 e a procuradoria em € 50,00.

Lisboa, 14 de Fevereiro de 2007

Rui Pereira
Magda Geraldes
António Vasconcelos

Recurso n.º 6421/2002

FUNCIONÁRIOS DA CAIXA GERAL DE DEPÓSITOS. SUBSÍDIO DE DISPONIBILIDADE E DESEMPENHO.

(Acórdão de 14 de Fevereiro de 2007)

SUMÁRIO:

I – Em cumprimento da Ordem de Serviço n.º 7/95, de 28/4, do Conselho de Administração da CGD, passou a haver descontos sobre o subsídio de disponibilidade e desempenho auferido por funcionários daquele estabelecimento de crédito, relevando o mesmo no cálculo da pensão de aposentação em 70%.

II – Tratando-se de um subsídio discricionário e livremente revogável, embora homologada pelo Ministro das Finanças, essa medida não padece de ilegalidade, não obstante os descontos recaírem sobre a totalidade do seu montante.

CORDAM OS JUIZES DO 2.º JUÍZO, 1ª SECÇÃO, DO TRIBUNAL CENTRAL ADMINISTRATIVO SUL:

1. O Conselho de Administração da CGA, com os sinais dos autos, veio recorrer da sentença lavrada a fls. 43 e seguintes dos autos no TAF de Lisboa, que concedeu provimento ao recurso contencioso interposto por Armando Soares Antunes do seu despacho de 20/12//2001, que lhe indeferira o direito à totalidade dos descontos que efectuara.

Em sede de alegações, formulou as conclusões seguintes:

1 – Salvo o devido respeito, entende a autoridade recorrida, ora recorrente, que o Mmo. Juiz *a quo* não

interpretou nem aplicou correctamente o disposto nos arts. 32.º, 33.º e 39.º do DL n.º 48 953, de 5/4/69, dos arts. 109.º, 115.º e 118.º do Regulamento da Caixa Geral de Depósitos, aprovado pelo DL n.º 694/70, de 31/12, e dos arts. 6.º, 47.º e 48.º do Estatuto da Aposentação.

2 – Contrariamente ao entendido pela douta sentença recorrida, a autoridade recorrida, ora recorrente, não podia deixar de aplicar o regime instituído pelas referidas Ordens de Serviço. Com efeito, no n.º 6 do art. 39.º do DL 48 953, de 5/4/69 – antiga Lei Orgânica da CGD que, nesta parte, foi mantida em vigor pelo n.º 2 do artigo 9.º do DL n.º 287/93, de 20/8 – na redacção que lhe deu o DL n.º 262/780, de 7/8, e no art. 32.º do mesmo diploma, na redacção que lhe foi dada pelo DL n.º 461/ /77, de 7/11, prevê-se a possibilidade de, por regulamento interno, aprovado pelo Conselho de Administração, serem estabelecidas outras normas específicas para o pessoal da CGD, tanto no que se refere ao regime de remunerações como em relação ao cálculo das pensões.

3 – Foi, pois, por determinação legal e no exercício das suas competências em matéria de regimes remuneratório e de previdência do pessoal da CGD, que o Conselho de Administração daquela instituição, pelo Despacho n.º 18-A/90, de 24/1, e pelas Ordens de Serviço n.ºs 7/95 e 7/2001, homologados pelo Ministro das Finanças, decidiu criar o Subsídio de Desempenho e de Disponibilidade e, também, regular os seus efeitos quanto à aposentação e à sobrevivência.

4 – A douta sentença recorrida não tem razão também quanto à caracterização que faz do SDD. Com efeito, o SDD, no essencial, veio substituir o subsídio de isenção de horário de trabalho (IHT), adoptando a sua natureza. Ora, segundo interpretação uniforme do STA, o IHT não era de atribuição obrigatória, não tinha carácter permanente e não correspondia ao cargo dos interessados.

5 – Não se tendo alterado a natureza do SDD relativamente ao IHT, à luz das disposições conjugadas do EA – n.º 2 do art. 6.º, n.º 1 do art. 47.º e art. 48.º – forçoso é concluir que não satisfaz os requisitos para ser passível de descontos de quotas e para relevar no cálculo da pensão de aposentação.

6 – A atribuição e o montante do SDD dependem de factores tão inconstantes e variáveis como a eficácia no desempenho das funções, a qualificação profissional, a motivação, a dedicação e os resultados efectivamente obtidos, os quais, além de nem sempre estarem na dependência do próprio, são agravados pelo natural subjectivismo de quem tem a difícil tarefa de os avaliar.

7– Resulta também do conteúdo do Despacho n.º 18--A/90 que não se trata de uma remuneração respeitante a um, ou mesmo a algum, cargo em particular e é de atribuição reversível.

8– Estes factos afastam irremediavelmente a ideia segundo a qual o SDD seria permanente, fixo, regular e certo, como, sem qualquer base jurídica ou mesmo fáctica, é assumido, em oposição com jurisprudência firmada, pela sentença recorrida.

9 – Quanto ao facto de as remunerações em causa apenas relevarem, no cálculo da pensão de aposentação, no montante correspondente a 70% da média ponderada das percentagens abonadas nos dois últimos anos, quando o desconto de quota para a aposentação incide na totalidade, não se trata de situação única, nem tão pouco estranha ao que acontece no âmbito do Estatuto da Aposentação.

10 – Com efeito, ao fixar as regras de cálculo da pensão, o legislador teve a preocupação de se rodear de dispositivos que permitissem impedir que uma remuneração anormalmente alta no fim da carreira contributiva desse lugar a uma pensão que não tivesse naquela um mínimo de correspondência. Esse, também, o motivo que justificou as especiais regras de cálculo da relevância do SDD nas pensões de aposentação e sobrevivência, especialidades que não são inéditas no regime gerido pela CGA.

11 – O Ac. de 23/1/2003 do TCA, 2ª Subsecção do Contencioso Administrativo, Proc. n.º 10586/01, em que foi recorrente Fernando Albuquerque Gomes, decidiu que sendo aquela remuneração uma prestação pecuniária não permanente, está excluída da previsão dos artigos 47.º n.º 1, alínea b), 48.º e 6.º n.º 1 do EA.

12 – As razões supra expostas valem igualmente no que respeita à questão relativa à fixação da pensão em apenas 90% das remunerações consideradas, pois foi ao abrigo da citada Ordem de Serviço n.º 7/95 – que, como se referiu, é um regulamento emitido no exercício de um poder próprio, conferido por lei – que a pensão de aposentação do recorrente foi calculada com base nas remunerações do cargo, líquidas de quotas para aposentação (ou seja 90%).

Contra alegou o recorrido, pugnando pela manutenção do julgado.

O Exm.º Procurador Geral Adjunto neste Tribunal pronuncia-se pelo improvimento do recurso.

Colhidos os vistos legais, vem o processo à conferência.

2. OS FACTOS

Ao abrigo do preceituado no artigo 713.º n.º 6 do CPC, remete-se para a matéria de facto assente na sentença recorrida (fls. 44 e 45 dos autos), que não foi impugnada nem necessita de ser alterada.

3. O DIREITO

A questão ora levantada pelo Conselho recorrente já foi abordada no Ac. deste Tribunal Central de 3/7/2003 (Rec. n.º 4318), onde se decidiu que *não resulta da lei uma correspondência entre as remunerações passíveis de descontos e as relevantes para o cálculo da pensão, nem consequentemente qualquer equivalência entre os montantes sobre os quais incide a quota e os que são tomados em consideração para aquele cálculo.*

Assim, nada obstava a que a Administração da CGD estabelecesse em 70% a percentagem relevante do subsídio de desempenho e disponibilidade.

Também no recente Ac. do Pleno do STA de 6/12/ /2005 foi seguida a mesma orientação jurisprudencial, pois aí se sumariou:

I – Nos termos da lei, a administração da CGD fixa o regime remuneratório do seu pessoal e pode deliberar sobre o respectivo regime de pensões de aposentação (em qualquer dos casos mediante homologação do Ministro das Finanças) regime esse que, em primeira linha, decorre das normas do Estatuto da Aposentação.

II – Está compreendida no âmbito dessa delegação legal e não viola os arts. 46.º, 47.º e 48.º e 6.º Estatuto da Aposentação a restrição, feita em deliberação do Conselho de Administração e homologada ministerialmente, de que o subsídio de desempenho e disponibilidade (SDD) só é considerado para o cálculo da pensão no montante de 70% da média ponderada dos últimos 2 anos.

III – Na verdade, não é remuneração que em si mesma possua carácter "permanente", ou tenha verdadeira "correspondência" com o cargo que o seu beneficiário exerce, pois pode ser retirado a qualquer momento e o seu abono depende de factores inconstantes que não se ligam ao complexo de funções do cargo, mas ao efectivo desempenho do titular (eficácia, resultados obtidos).

Entendeu a Senhora Juíza *a quo* que o subsídio de desempenho e disponibilidade (SDD) em causa tem carácter permanente para os efeitos dos artigos 47.° e 48.° do Estatuto da Aposentação, incluindo-se no conceito de remuneração, não se devendo considerar apenas a percentagem de 70%, por ser contrário ao regime do Estatuto da Aposentação, assim violado pelo regime regulamentar instituído pelo Conselho recorrente, infringindo-se também o princípio constitucional da igualdade.

Na esteira de abundante jurisprudência deste Tribunal (Acs. de 9/6/2005, Rec. n.° 680/05; de 13/10/2005, Rec. n.° 517/05; de 13/10/2005, Rec. n.° 7132/03; e de 19/1/2006, Rec. n.° 836/05), cuja orientação se reafirma, não podemos sufragar o entendimento vertido na sentença sob recurso.

Como se mostra provado nos autos, a partir da entrada em vigor da Ordem de Serviço (OS) n.° 7/90, de 15/2, o recorrente passou a beneficiar, acrescendo às remunerações previstas na lei, do SDD criado pelo despacho do C.A. da CGD n.° 18 A/90, de 24/1, ali definido como uma compensação para a efectiva e total disponibilidade dos empregados com funções de responsabilidade (o recorrente era Chefe de Sector).

Aí se acrescentou também que a atribuição do subsídio podia ser revogada a qualquer momento, não sendo passível de descontos para a CGD e MSE, nem entrando para o cálculo da pensão de aposentação.

Por isso, quando a OS n.° 7/95, de 28/4, veio determinar que passaria a haver descontos sobre aquele subsídio, relevando o mesmo no cálculo da pensão de aposentação em 70% da média ponderada das percentagens abonadas nos últimos 2 anos, claro se mostra que, com a aplicação de tal medida de aplicação discricionária, mas superiormente homologada pelo M. Finanças, passou a haver um benefício suplementar para os seus destinatários, por verem as suas pensões incluir 70% do SDD, não obstante os descontos incidirem sobre a sua totalidade.

Não ocorreu, portanto, qualquer enriquecimento sem causa à custa do recorrente, já que o próprio pagamento do subsídio era discricionário e livremente revogável.

Nem o recorrido Antunes, nem um homem médio colocado na sua situação, tinha direito (como se entendeu na sentença sob recurso) a uma legítima expectativa sobre a inclusão dos restantes 30% de descontos no cômputo da pensão de aposentação a que teve direito, pelo que também não se mostram violados quaisquer preceitos legais ou constitucionais.

Mostram-se portanto procedentes todas as conclusões do recurso, pelo que este terá que proceder.

4. Nesta conformidade, acordam no 2.° Juízo, 1ª Secção, do TCAS em conceder provimento ao recurso interposto pelo Conselho de Administração da CGA, revogando a sentença recorrida e julgando improcedente o recurso contencioso interposto por Armando Soares Antunes.

Custas a cargo do recorrido em ambas as instâncias, com taxa de justiça que vai graduada em 100 € na 1ª instância e 200 € na 2ª instância, com procuradoria calculada em metade dessas importâncias.

Lisboa, 14 de Fevereiro de 2 007

Gonçalves Pereira
Coelho da Cunha
Rogério Martins

Recurso n.° 133/04

PRIMADO DO DIREITO COMUNITÁRIO. AJUDAS COMUNITÁRIAS ILEGALMENTE CONCEDIDAS. PRAZO PARA A RECUPERAÇÃO DAS VERBAS. REGULAMENTO (CE EURATOM N.° 2988/95 DO CONSELHO, DE 18.12.95). INAPLICABILIDADE DO ART. 141.° DO CPA.

(Acórdão de 22 de Março de 2007)

SUMÁRIO:

I – Nos termos da Directiva 96/22/CE do Conselho, sempre que seja detectada a presença de resíduos de substâncias proibidas ou ilegalmente administradas em animais pertencentes ao efectivo bovino de um produtor, as ajudas comunitárias concedidas serão excluídas durante o ano civil da verificação dos factos.

II – Por força do primado do direito comunitário sobre o direito nacional, o prazo para a recuperação das verbas relativas a subsídios ilegais é o definido pelo direito comunitário, sendo em regra o prazo de quatro anos a contar da data em que foi praticada a irregularidade (cfr. artigos 1.° n.° 2 e 3.° n.° 1 do Regulamento – CE, EURATOM n.° 2988/95, do Conselho, de 18.12.95).

III – É, assim, inaplicável o art. 141.° do CPA quanto estão em causa atribuições indevidas de ajudas comunitárias.

ACORDAM NO 2.° JUÍZO – TCA SUL:

1. RELATÓRIO

António Maria Isaque veio interpor recurso jurisdicional da sentença do TAF de Leiria que julgou improcedente a acção administrativa especial por si proposta contra o Conselho de Administração do Instituto Nacional de Gestão Agrícola (INGA), com vista à anulação dos actos consubstanciados nos ofícios n.os 013572 e 013573, ambos datados de 10.03.05 e proferidos nos processos números 2884 e 2725/04, respectivamente, que determinaram a reposição da quantia de € 45.373,29, atribuída a título de Prémio a Bovinos Macho (PBM), bem como da quantia de € 13.055,78, atribuída a título de Prémio de Abate de Bovinos (PAB), ambos referentes à campanha de 2002.

Formula, para tanto, as conclusões seguintes:

1ª) A detecção das substâncias beta agonistas em bovinos pertença do recorrente verificou-se em 21 de Fevereiro e 19 de Março de 2002;

2ª) Tais factos foram comunicados ao INGA em 25.11.2002

3ª) A liquidação e pagamento das ajudas aos produtores de bovinos ocorreu no ano de 2003

4ª) Atentas as datas dos boletins de análise aos beta agonistas elaborados pelo Laboratório Nacional de Investigação Veterinária e a data da prática dos actos de atribuição de ajudas comunitárias, verifica-se que estes se apresentam como geneticamente ilegais, por não se encontrarem reunidas todas as condições exigidas por lei;

5ª) Os actos de atribuição de ajudas comunitárias são actos administrativos constitutivos de direitos;

6ª) Os actos contenciosamente impugnados não se fundaram no não cumprimento dos requisitos exigidos por lei, detectados em controlo a posteriori à prática dos actos de atribuição das ajudas;

7ª) Os actos contenciosamente impugnados, ao determinarem, por não se terem verificado os pressupostos da sua prática, a reposição de quantias recebidas a título de ajuda comunitária, configura-se como acto revogatório dos actos administrativos que as concederam;

8ª) Não se estando perante controlos à posteriori das condições a observar pelo beneficiário das ajudas, na presente situação os actos determinativos da reposição das ajudas configuram-se como actos revogatórios dos actos administrativos que as concederam;

9ª) À revogação dos actos de atribuição de ajudas comunitárias, relativamente aos quais, à data da sua prática, não se verificavam já todos os requisitos exigidos pela lei aplicável, aplica-se, por força do disposto no artigo 8.° n.° 1 do Reg (CEE) n.° 729/70 de 21 de Abril, o art. 141.° do C.P.A

10ª) Na douta sentença recorrida, ao entender-se que os actos de reposição de verbas praticados pelo INGA em 4 de Janeiro de 2005 não se mostram ilegais, foi violado o disposto no art. 141.° do CPA

O recorrido INGA contra-alegou, pugnando pela manutenção do julgado.

A Digna Magistrada do M.°P.° emitiu douto parecer no sentido de ser negado provimento ao recurso.

Colhidos os vistos legais, cumpre decidir.

2 – MATÉRIA DE FACTO

A sentença recorrida considerou provada a seguinte factualidade, com relevo para a decisão:

a) Com data de 4 de Janeiro de 2005, a entidade demandada enviou ao A. o ofício n.° 160, referente ao proc. n.° 2888/04, procedendo a audiência prévia, no qual era referida a intenção de ordenar a reposição da quantia de € 45.373,29, dado que, de acordo com informações prestadas pela Direcção Geral de Veterinária, foram efectuadas duas colheitas a bovinos na exploração do A., e detectados resultados positivos relativamente a Clembuterol;

b) Com data de 4 de Janeiro de 2005, a entidade demandada enviou ao A. o ofício n.° 160, referente ao proc. n.° 2725/04, procedendo a audiência prévia, e onde era referida a intenção de ordenar a reposição da quantia de € 13.055,78, dado que, de acordo com informações prestadas pela Direcção Geral de Veterinária, foram efectuadas duas colheitas a bovinos na exploração do A., e detectados resultados positivos relativamente a Clembuterol;

c) O A. respondeu em 18.01.2005, solicitando que fosse suspenso o procedimento administrativo, relativamente aos dois processos, uma vez que se encontra a decorrer processo judicial sobre o assunto e que tem suspeitas de que houve falsificação nas amostras para análise;

d) A entidade demandada determinou a reposição por parte do A. das quantias de € 45.373,29, referente ao proc. n.° 28884/04 e de 13 055,78, referente ao proc. n.° 2725/04

e) A Direcção Geral de Veterinária enviou à entidade demandada o ofício n.° 790, de 25 de Novembro de 2005, referente à utilização de substâncias anabolizantes por parte do A., anexando um relatório de onde consta que o Laboratório Nacional de Investigação Veterinária enviou os Boletins de Análise n.° HP-01-10007//BR/01, datado de 21.02.2002, e o Boletim n.° HP-01--10008/BR/01, datado de 19.03.2002, com o resultado de "pesquisa de resíduos de agonistas beta adrenérgicos-positivo a Clembuterol". Do relatório verifica-se que foi feita a contra-análise que confirmou os dados anteriormente referidos a fls. não numeradas do Processo instrutor.

3. DIREITO APLICÁVEL

O acórdão recorrido julgou improcedente o vício de violação de lei, mais exactamente do n.° 1 do artigo 23.° do Reg (CE) n.° 1254/1999 do Conselho.

Esta norma determina que sempre que a presença de resíduos de substâncias proibidas pela Directiva 96//22/CE do Conselho ou de resíduos de substancias autorizadas nos termos desta directiva mas utilizadas ilegalmente, seja detectada, em aplicação da Directiva 96/23//CE, num animal pertencente ao efectivo bovino de um produtor (...) esse produtor será excluído do benefício da ajuda, durante o ano civil da verificação.

Como se escreveu na decisão "a quo", "das próprias declarações do A. e da análise do P.A. verifica-se que não está em causa que na sua exploração tenham sido encontrados animais com produtos beta-agonistas. O que está em causa, segundo refere, é que tenha havido manipulação na recolha da urina para análise dos animais.

Ou seja, o processo a decorrer não tem como finalidade apurar se na exploração do A. foram ou não detectados animais com beta-agonistas, mas sim como é que tal facto aconteceu. Por seu lado, o A. não vem argumentar que a administração das substâncias em causa, na sua exploração, se tenha devido a *razões terapêuticas*, as únicas que a lei consente como admissíveis, nos termos do artigo 5.°, alínea b), do Dec. Lei n.° 150/99, de 7 de Maio, invocando apenas a possibilidade de ter havido fraude. Ora, tal situação terá que ser averiguada em sede própria. Se posteriormente se vier a provar que houve manipulação na obtenção das provas, sempre o

A. poderá recorrer aos meios legais ao seu dispor para ver ressarcidos os danos que eventualmente lhe tenham sido causados."

Como justamente concluiu o acórdão recorrido, não havendo dúvidas de que na exploração do A. foram detectados animais com beta-agonistas, a entidade demandada não podia tomar outra decisão senão a que tomou, ou seja, *excluir o A. das ajudas referentes ao ano de 2002* (sub. nosso).

Finalmente, o acordão recorrido julgou improcedente o segundo vício invocado, considerando que o acto de reposição de verbas não pode ser considerado ilegal por violação do artigo 141.º do Cód. Proc. Administrativo, expendendo, no essencial, que (...) "o artigo 141.º do C.P.A. se refere à revogação de actos inválidos. Ora, a atribuição das ajudas em causa (por parte da entidade demandada) não padece de qualquer irregularidade (a irregularidade pugnada pelo A. tem a ver com o acto de reposição das ajudas e não com a sua atribuição), pelo que não se pode afirmar que estamos perante actos inválidos que só podem ser revogados no prazo de um ano.

No entanto, e estando nós perante actos válidos, é de referir que, nos termos do Regulamento (CE) n.º 1254, os produtores de bovinos têm direito a receber determinados prémios, tendo no entanto que preencher determinados requisitos. Um desses requisitos consta do artigo 23.º do Regulamento em análise, que refere que, quando se detecte a presença de substâncias proibidas pela Directiva 96/22/CE, esse produtor será excluído dos benefícios durante o ano da verificação dos factos. Ou seja, a atribuição dos prémios em causa tem como condição que os produtores cumpram as normas regulamentares aplicáveis. Como isso não aconteceu, ficam sujeitos às consequências da lei, que foi o que aconteceu no caso "sub judice".

Ora, nas alegações do presente recurso jurisdicional, o recorrente limita-se a impugnar o acórdão recorrido na parte em que considerou não existir acto revogatório ilegal, pelo que a mesma transitou na parte em que decidiu que, não tendo o A. contestado que foram encontrados animais com produtos beta-agonistas na sua propriedade, as ordens de reposição, pelos motivos indicados no acordão, não tinham que ser suspensas até à conclusão do inquérito destinado a averiguar se houve manipulação na recolha de urina para análise.

Ou seja, o recorrente aceita a existência do pressuposto que lhe retira o direito aos subsídios em causa, considerando, no entanto que, uma vez que tais subsídios lhe foram atribuídos no ano de 2003, não é obrigado a devolvê-los, por força das disposições conjugadas dos artigos 141.º do Cod. Proc. Administrativo e 58.º n.ºs 1 e 2 do CPTA.

Salvo o devido respeito, não tem razão.

Entendemos, de acordo com o parecer do Ministério Público, que a situação em apreço nada tem a ver com o instituto da revogação de actos administrativos que vigora no novo sistema jurídico, dado o carácter das normas especiais que regulam a atribuição dos subsídios referidos.

Tais normas estabelecem, expressamente, os pressupostos necessários para a atribuição dos subsídios, cominando determinada sanção em caso de irregularidade. Como decorre do artigo 23.º do n.º 1 do Regulamento (CE) n.º 1254/1999 do Conselho, de 17 de Maio, "o produtor será excluído, durante o ano civil da verificação dos factos, do benefício dos dos montantes previstos ...", sem que tenha sido estabelecido qualquer prazo para operar a exclusão.

Acresce que o Regulamento (CE, Euratom) n.º 2998/ /85 do Conselho, de 18.12.95 prescreve que, *em relação aos procedimentos de controlo e recuperação, o prazo é o de quatro anos*, admitindo-se apenas regulamentações sectoriais que o encurtem para três anos, e nunca para menos, e que as legislações nacionais o alonguem sem estabelecimento de qualquer limite. Trata-se, aliás, de uma situação em que as normas nacionais de protecção da confiança e da segurança ficam sem aplicação e cedem perante a aplicação do direito comunitário, impondo-se como devido e legal o acto de revogação da ajuda, como se decidiu, por exemplo, no Ac. STA de 6.10.2005, Proc. n.º 2037/02, do Pleno da Secção do Contencioso Administrativo, sumariado nos "Cadernos de Justiça Administrativa", n.º 53, p. 66 e 67.º.

Em tal aresto se reconheceu, expressamente, que, no âmbito da revisão de acto de ajuda financeira, a norma comunitária, afastando a aplicação do art. 141.º n.º 1 do C.P.A., como consequência do primado do direito comunitário, é de aplicação prioritária e imediata.

Como também refere a Digna Magistrada do Ministério Público, "Guiado por este princípio fundamental de direito da repetição do indevido, mais do que pela defesa "a outrance" dos interesses da Comunidade, o Tribunal de Justiça das Comunidades tendo a firmar desde o Acordão Deutshe Milchkoutor (Proc. 205/82) uma repetição constante e repetida no sentido de que aplicação do Direito Comunitário seria gravemente perturbada caso os Tribunais nacionais decidissem com base em regras que proíbem a revogação de actos administrativos em prazos de um ano, assim tornando impossível, na prática, recuperar ajudas indevidamente atribuídas (designadamente nos termos dos Regulamentos CEE 729/70".

Em suma, o que se extrai, para o caso presente, do princípio da prevalência do Direito Comunitário, é a conclusão de que o artigo 141.º do CPA não pode se conduzir a solução desconforme com as normas dos regulamentos comunitários, em casos de recuperação de ajudas ou auxílios onde foram detectadas ilegalidades (cfr. o Ac. TJC de 20 de Março de 1997, citado no douto parecer do Ministério Público).

No caso concreto, o processo instrutor permite constatar que o conhecimento da situação irregular pelo INGA data do ano de 2004, e não de 2002, como refere o A., uma vez que a mesma só lhe foi comunicada pelo ofício n.º 799, de 25.11.04, da Direcção Geral de Veterinária (cfr. ponto 5 da matéria de facto dada como provada no proc. instrutor). Ora, nota-se ainda que o prazo de um ano só se poderia, se fosse aplicável, contar a partir do conhecimento da situação que deu origem à revogação, e não da data em que foi proferido o acto supostamente revogado.

Acresce que, sem prejuízo de tudo quanto se disse quanto à primazia do direito comunitário, a situação de reposição em apreço não teria o enquadramento jurídico efectuado pelo A., antes sendo abrangida pelo prazo de prescrição de cinco anos a que alude o art. 40.º n.º 1 do D.L. n.º 155/92, de 28 de Julho (cfr. Ac. STA de 12.03.96 in Rec. n.º 36136).

4. DECISÃO

Em face do exposto acordam em negar provimento ao recurso e em confirmar o acordão recorrido.

Custas pelo A. em ambas as instâncias, fixando a taxa de justiça em 10 UC, com redução a metade.

Lisboa, 22 de Março de 2007

as.) António de Almeida Coelho da Cunha (Relator)
Maria Cristina Gallego dos Santos
Teresa Maria Sena Ferreira de Sousa

Recurso n.º 02082/06

PROFESSORA. ENSINO ESPECIAL. SUBSÍDIO DE ITINERÂNCIA.

(Acórdão de 22 de Março de 2007)

SUMÁRIO:

I – O artigo 1.º do DL n.º 232/87, de 11/6, não impõe a docência como requisito do direito à gratificação, nem pretende equiparar o *"subsídio de itinerânica"* às *"ajudas de custo"*, antes aponta para uma formulação mais abrangente.

II – O que a lei pretende com a aludida gratificação é estimular o exercício de funções no âmbito da educação e ensino especial. Por isso, o n.º 1 artigo 1.º do DL n.º 232/87, condicionando-a ao *"exercício efectivo de funções na educação e ensino especial de crianças a jovens com necessidades especiais"*, sendo que o seu n.º 2 apoia as deslocações dos professores *"no âmbito do apoio a crianças e jovens com necessidades educativas especiais"*, *"desde que se encontrem em exercício efectivo de funções"*.

III – Foi uma preocupação de qualidade que justificou a existência de equipas de coordenação – como aquele de apoio educativo de Sintra, em que a autora esteve integrada. Daí que a lei se tenha referido a professores em exercício efectivo de funções de itinerância "no âmbito do apoio a jovens com necessidades educativas especiais", sem confundir *"subsídio de itinerância"* com *"ajudas de custo"*.

ACORDAM EM CONFERÊNCIA NO 1.º JUÍZO LIQUIDATÁRIO DO TRIBUNAL CENTRAL ADMINISTRATIVO SUL:

I. RELATÓRIO

O ***Estado Português***, inconformado com a sentença do TAC de Lisboa, de 2-3-2002, que o condenou a pagar à autora **Maria Paula Ribeiro Velez Rodrigues Marcelino** a quantia de Esc. 179.000$00, a título de gratificações durante o ano lectivo de 1997/1998, acrescida dos juros de mora, no montante vencido e liquidado de Esc. 52.730$00, e nos vincendos desde Novembro de 2001, dela veio interpor o presente recurso jurisdicional, formulando para o efeito as seguintes conclusões:

"1) O n.º 1 do artigo 1.º do DL n.º 232/87, de 11 de Junho, estabelece uma gratificação mensal de 6.000$00 [seis mil escudos] para docentes habilitados com o curso de especialização ministrado pelo Instituto de António Aurélio da Costa Ferreira, ou com outro que lhe seja equiparado, desde que cumulativamente se encontrassem em exercício efectivo de funções na educação e ensino especial de crianças e jovens com necessidades educativas especiais e desde que estivessem integrados em equipas especiais, classes especiais, centros de educação de crianças deficientes ou em unidades de orientação educativa.

2) O n.º 2 deste preceito estabelece uma gratificação mensal de 6.000$00, para os professores em funções de itinerância no âmbito do apoio a crianças e jovens com necessidades educativas especiais.

3) O n.º 4 deste mesmo preceito estabelece que a quem for abonada esta última gratificação não serão devidas ajudas de custo.

4) Ora resulta do confronto destes três números que o "subsídio de itinerância" tem a mesma natureza das ajudas de custo".

5) Assim, o "subsídio de itinerância" só será devido em situações excepcionais, e quando a actividade dos docentes não se confine aos limites geográficos do respectivo concelho, tanto mais que os docentes do ensino especial já recebem a gratificação referida no n.º 1.

6) Neste sentido, e dado que a lei não define objectivamente o que entende por "funções de itinerância", tem sido o entendimento da Administração, mais propriamente do Departamento do Ensino Básico.

7) E tal comportamento integra-se nas funções da Administração como se defende no douto acórdão n.º 30.243, do STA, de 1 de Abril de 1993, em cujo sumário consta que: "Cabe à Administração fixar os pressupostos do conceito indeterminado de "itinerância" usado no n.º 2 do artigo 1.º do Decreto-Lei n.º 232/87, de 11 de Junho, o qual só pode ser sindicado pelo Tribunal em caso de erro grosseiro e manifesto".

8) Face ao exposto e por violação de interpretação e aplicação dos n.os 2 e 4 do artigo 1.º do DL n.º 232/87, de 11 de Junho, deve dar-se provimento ao presente recurso com a anulação da sentença ora recorrida".

Por seu turno, a recorrida contra-alegou, concluindo do seguinte modo:

"1. A autora intentou acção contra o réu pedindo a condenação deste a pagar-lhe o subsídio de itinerância previsto no n.º do artigo 1.º do DL n.º 232/87, de 11 de Junho, alegando para tanto o seguinte:

a) Ter ingressado na função pública em 3 de Setembro de 1984, como educadora de infância;

b) Desempenhando funções no Ensino Especial, no ano lectivo de 1997/98 estivera em itinerância, razão porque, nos termos do artigo 1.º, n.º 2, do DL n.º 232/87, lhe era devida uma gratificação mensal;

c) Estando naquele ano lectivo no 5.º escalão da carreira docente, e tendo ingressado no 6.º escalão no mês de Janeiro de 1998, aquela gratificação de itinerância era, no ano lectivo de 1997/98, no valor mensal de 17.900$00, não sendo devida nos meses de Julho e Agosto por força do previsto no n.º 3 do artigo 1.º do diploma legal citado;

d) O Estado Português, apesar de haver reconhecido à autora aquele direito por ofícios datados de 13 e 17 de Novembro de 1998, nunca efectuara o pagamento devido naquele ano lectivo, razão porque lhe devia o montante de 179.000$00, acrescido de juros;

2. O entendimento do réu, ao recusar pagar à autora aquela gratificação de itinerância, não faz qualquer sentido após a Administração Pública já haver reconhecido o direito à autora como constava do doc. n.º 4 oferecido com a petição inicial, sendo assim a posição do réu absurda pois já reconhecera o direito à autora e, não o tendo pago, vem agora em sede de acção questionar a existência de um direito que já de modo expresso reconhecera à autora;

3. De resto, a interpretação veiculada nos autos pelo réu não encontra qualquer suporte na norma invocada, pois o que o n.º 2 do artigo 1.º do DL n.º 232/87 diz é que os docentes em funções de itinerância no âmbito de apoio a crianças e jovens com necessidades educativas especiais têm direito a uma gratificação mensal, desde que se encontrem em efectivo exercício de funções.

4. E, como bem salienta a douta decisão recorrida as ajudas de custo devidas a quem tenha de se deslocar para fora de uma determinada área nada têm de ver com o subsidio de itinerância que visa compensar o trabalho prestado fora da área habitual de exercício de funções de professor, não se encontrando qualquer justificação no DL n.º 232/87 que justifique a limitação interpretativa que o réu defende;

5. Deve por isso ser mantida a douta decisão recorrida que fez correcta aplicação do direito ao condenar o réu no pedido".

Colhidos os vistos legais, vêm os autos à conferência para julgamento.

II. FUNDAMENTAÇÃO DE FACTO

A sentença recorrida considerou assente a seguinte matéria de facto:

i. A autora é educadora de infância, tendo nessa qualidade ingressado na função pública em 3-9-84;

ii. No ano lectivo de 1997/98 a autora desempenhou funções no ensino especial.

iii. E nesse ano integrou, em regime de destacamento, a equipa de coordenação de apoio educativo de Sintra.

iv. Foi-lhe autorizado o pagamento de gratificação de itinerância, relativamente ao ano de 1997/98, conforme informação recebida do Exm.º Coordenador do Centro da Área Educativa do Oeste – doc. 3, a fls. 8;

v. No ano lectivo de 1997 a autora estava colocada no 5.º Escalão da Carreira Docente, tendo transitado para o 6.º Escalão em Janeiro de 1998;

vi. Os montantes de subsídio de itinerância fixados em 1997, eram para os escalões 5.º e 6.º de 17.900$00 mensais – doc. 2, a fls. 6 e 7;

vii. O Departamento do Ensino Básico através do ofício n.º 5912, de 3-2-99, veio estabelecer o seu entendimento de que "*1. 0 exercício de funções de apoio educativo em regime de itinerância assumirá sempre carácter de excepção, devendo ser prevista nos seguintes casos: //1.1. Intervenção educativa com crianças e jovens com problemáticas de alta intensidade e de baixa frequência quando o docente se desloca a três ou mais estabelecimentos de educação/ensino, passando pelo menos um dia completo, por semana, no estabelecimento a que se desloca, considerando o concelho como limite geográfico para além do qual serão abonados; // 1.2. Exercício de funções em Equipa de Coordenação dos Apoios Educativos* ".

III. FUNDAMENTAÇÃO DE DIREITO

Sendo esta a factualidade relevante, importa agora analisar e decidir se a sentença recorrida incorreu no erro de julgamento que lhe aponta o recorrente.

No presente recurso jurisdicional, o cerne da discussão prende-se com a interpretação da lei, nomeadamente com a interpretação do artigo 1.º do DL n.º 232/87, de 11/6.

Importa, assim, e antes de mais, atentar na norma em causa e qual o seu enquadramento.

O artigo 1.º do DL n.º 232/87, de 11/6, considerando, no respectivo preâmbulo, que "*as funções docentes no âmbito da educação e ensino especial impõem exigências acrescidas que importa remunerar adequadamente*" e que "*a relevância que deve merecer a educação e ensino especial justifica a criação de incentivos que estimulem o exercício das correspondentes funções docentes*" diz o seguinte:

"*1 – Os docentes habilitados com o curso de especialização ministrado pelo Instituto de ..., ou com outro que lhe seja ou venha a ser considerado equiparado, têm o direito a uma gratificação mensal de 6.000$00, desde que cumulativamente reúnam as seguintes condições:*

a) Se encontrem em exercício de funções na educação e ensino especial de crianças e jovens com necessidades educativas especiais;

b) Estejam integrados em equipas especiais, classes especiais, centros de educação de crianças deficientes mentais, motoras, auditivas ou visuais e em unidades de orientação educativa.

2 – Os professores em funções de itinerância no âmbito do apoio a crianças e jovens com necessidades educativas especiais têm direito a uma gratificação mensal de 6.000$00, desde que se encontrem em exercício efectivo de funções.

3 – As gratificações previstas nos números anteriores não serão abonadas no período de interrupção das actividades lectivas correspondente aos meses de Verão.

4 – Aos professores a quem for abonada a gratificação a que se refere o n.º 2 deste artigo não serão devidas ajudas de custo".

A sentença recorrida julgou a acção procedente, na exacta medida em que considerou que a autora e aqui recorrida tinha direito à gratificação prevista no n.º 2 do preceito transcrito, estribando-se na seguinte argumentação:

"*Do modo como vem configurada a causa a questão principal reside na interpretação da disposição do n.º 2 do artigo 1.º do DL n.º 232/87, de 11/6, mais precisamente saber se a actividade da autora pode ser considerada como situação de itinerância ali previsto de modo a assistir-lhe direito à obtenção do mencionado subsídio ou gratificação mensal, como ali se refere.*

Ali se disciplina que "Os professores em funções de itinerância no âmbito do apoio a crianças e jovens com necessidades educativas especiais têm direito a uma gratificação mensal de 6.000$00, desde que se encontrem em exercício efectivo de funções". Acrescendo que aquele montante veio sendo actualizado.

A autora encontra-se nas demais situações previstas no preceito, restando apenas apreciar se a sua situação se integra no conceito de "funções de itinerância", ou antes saber em que consistem estas funções de itinerância.

Defende o réu que não definindo o preceito nem o diploma onde se insere o conceito de "itinerância", e que o mesmo deve ser interpretado no sentido de serem apenas abonadas tais gratificações quando seja ultrapassado o limite geográfico concelhio da escola onde normalmente os docentes exerçam funções.

Para integração deste conceito invoca o disposto no n.º 4 do dito preceito que refere que aos professores a quem for abonada a gratificação a que se refere o n.º 2, não são devidas ajudas de custo ou seja, a quem for abonado o subsídio de itinerância não vence ajudas de custo, e por isso que, por igualdade de entendimentos a gratificação de itinerância seguiria o mesmo critério do regime das ajudas de custo.

Salvo o devido respeito não podemos concordar minimamente com tal interpretação. O preceito nada refere a tal propósito sendo, em nosso entender, gratuitamente limitativa a interpretação feita. Uma coisa são as ajudas de custo a quem tenha que se deslocar para fora de uma determinada área fora do seu trabalho habitual ou da sua residência, outra é a gratificação devida por se andar em itinerância, como é o caso.

O facto de essa itinerância se efectuar dentro ou fora da mesma área de exercício normal da actividade não é, nos termos do preceito, nem dele resulta minimamente o factor relevante para atribuição do subsídio. Relevantes são o facto de o exercício de tais funções de apoio a crianças jovens com necessidades educativas especiais se situar fora da área habitual de exercício de funções do professor.

No caso provou-se que a autora integrou, em regime de destacamento, a equipa de coordenação de apoios educativos de Sintra, e provou-se que, pela entidade a que directamente está subordinada, tal situação se integra dentro da situação prevista para a atribuição da dita gratificação de itinerância.

É certo que a lei prevê que neste caso não exista cumulação com as ajudas de custo, mas daqui não resulta necessariamente o entendimento de que são perfeitamente excludentes, antes que esta gratificação tendo um âmbito de aplicação mais vasto que aquele, consome aquelas ajudas de custo, para não haver duplicação de benefícios.

E se dúvidas existem quanto à definição do conceito de itinerância, ao Estado réu, como legislador, cumpre dirimir tais dúvidas, agora, cabendo-lhe tal missão não pode a interpretação de normas que ele próprio produz ser feita contra o seu trabalhador que nelas não teve intervenção, e, se lhe cabe, em sede de aplicação fazer interpretação, tal interpretação por via de circular, não constitui qualquer interpretação legal "erga omnes" que se imponha ao Tribunal ou à própria interpretação a fazer pelas partes.

Se assim não fosse então que compensação ou que estímulo haveria para os professores que se prestem a exercer a actividade como é o caso da autora. Mera compensação "moral". Não pode ser.

E que diferença de tratamento pode existir entre o Professor que se preste a tal missão, se o faz dentro de determinada área de actuação mas que implica sempre deslocação do seu local habitual de trabalho e entre aqueles que se desloquem para mais longe.

Aliás nem o regime das Ajudas de Custo tem por diferença a sua prestação ou não dentro do Concelho de trabalho habitual, mas sim as distâncias quilométricas entre o local de trabalho e ou residência e o local da prestação ocasional de serviço, pelo que nunca poderia ser aquele o critério diferenciador da situação.

Por outro lado, não sendo as interpretações feitas pela administração, como se disse, vinculativas, no caso elas acontecem muito depois de prestado o serviço por parte da autora. E por isso que não possam justificar ou fundamentar o não pagamento daquelas importâncias que são devidas, nomeadamente depois de por serviços próprios haver sido já considerado que tal situação era subsumível ao preceito e que aquela actividade era de gratificar, e de pagar à autora.

Assim e sem necessidade de mais considerandos, entendemos não assistir qualquer direito ao réu na interpretação restritiva que faz do preceito, sendo por isso devidas à autora as gratificações em causa durante o ano lectivo de 1997/98, no montante pedido de 179.000$00, a que acrescem juros moratórios á taxa civil legal, no montante vencido e liquidado de 52.730$00 e nos vincendos desde Novembro de 2001".

O réu Estado – aqui recorrente – discorda desta interpretação e defende que do confronto dos n.ºs 1, 2 e 4 do citado artigo 1.º resulta que o "*subsídio de itinerância*" tem a mesma natureza das "*ajudas de custo*", pelo que a recorrida não tem direito àquela gratificação, uma vez que tal subsídio só será devido em situações excepcionais, e quando a actividade docente não se confine aos limites geográficos do respectivo concelho, o que não era o caso.

Entendemos, porém, que não lhe assiste razão.

Como parece resultar com mediana clareza da letra da lei, esta não impõe a docência como requisito do direito à gratificação, nem pretende equiparar o "*subsídio de itinerância*" às "*ajudas de custo*", antes parece apontar para uma formulação mais abrangente. Com efeito, a lei alude sempre ao exercício de "*funções*", mas não distingue entre funções docentes e não docentes. O elemento decisivo é que os professores estejam no exercício efectivo de "*funções*", "*no âmbito do apoio a crianças e jovens com necessidades educativas especiais*".

Além do mais, este sentido literal está em harmonia com o fim legal da norma.

Com efeito, o que a lei pretende com a aludida gratificação é estimular o exercício de funções no âmbito da educação e ensino especial. Por isso, o n.º 1 artigo 1.º do DL n.º 232/87, atento às específicas exigências funcionais deste domínio, incentiva os professores a habilitarem-se com cursos de formação especializada.

No entanto, não gratifica a mera habilitação. Para que esta não se torne inconsequente a lei condiciona-a ao "*exercício efectivo de funções na educação e ensino especial de crianças e jovens com necessidades educativas especiais*". E o n.º 2 do preceito em causa apoia as deslocações dos professores "*no âmbito do apoio a crianças e jovens com necessidades educativas especiais*", "*desde que se encontrem em exercício efectivo de funções*".

Por aqui se vê que o objectivo da lei foi ampliar o universo dos professores especializados e, do mesmo passo, estimular os docentes a optar pela educação especial que ela mesma reputa como de "*exigências acrescidas*", tudo tendo em vista, seguramente, a melhoria da qualidade deste tipo de ensino.

E foi esta mesma preocupação de qualidade que justificou a existência da equipa de coordenação de apoio educativo de Sintra, de que a recorrida fez parte. Daí que a lei se tenha referido a professores em exercício efectivo de funções de itinerância *"no âmbito do apoio a jovens com necessidades educativas especiais"*, sem distinguir entre funções docentes e não docentes, nem confundindo *"subsídio de itinerância"* com *"ajudas de custo"*.

Portanto, a interpretação restritiva que vem defendida pelo réu Estado, não colhe apoio na letra da lei, nem respeita a respectiva vontade normativa, tal como decidiu a sentença recorrida.

Donde e em consequência, a interpretação do normativo em causa feita pela sentença recorrida não merece censura, nomeadamente a que lhe é feita nas conclusões da alegação do réu Estado, e que, assim, são totalmente improcedentes.

IV. DECISÃO

Nestes termos, e pelo exposto, acordam em conferência no 1.° Juízo Liquidatário do TCA Sul em negar provimento ao presente recurso jurisdicional, confirmando a sentença recorrida.

Sem custas, por isenção do Estado Português.

Lisboa, 22 de Março de 2007.

Rui Belfo Pereira
Carlos Araújo
António Vasconcelos

Recurso n.° 6832/2003

PROFESSORES DO ENSINO BÁSICO. REGIME DE APOSENTAÇÃO. ART. 118.° N.° 1 DO E.C.D..

(Acórdão de 14 de Fevereiro de 2007)

SUMÁRIO:

I – O limite de idade para o exercício de funções por parte dos educadores de infância e dos professores do 1.° ciclo do ensino básico é de 65 anos (art. 118.° n.° 1 do E.C.D.).

II – Contudo, se uma professora abrangida pela aposentação tiver, no decurso da sua carreira, exercido durante 10 anos funções no 2.° ciclo, não poderá ser-lhe retirada a possibilidade de vir a ter uma pensão por inteiro, trabalhando até aos 70 anos, como os demais docentes do 2.° ciclo.

III – A interpretação e aplicação do art. 118.° n.° 1 do E.C.D. não poderá ser efectuada desacompanhada do disposto no art. 120.° do mesmo diploma, sob pena de inconstitucionalidade.

ACORDAM NO 2.° JUIZO DO TCA – SUL:

1. RELATÓRIO

Angelina Lima Cabral intentou no TAF de Lisboa recurso contencioso de anulação da decisão de 8.05.03 da Direcção da Caixa Geral de Aposentações que lhe reconheceu o direito à aposentação e fixou o valor da pensão definitiva, decisão que lhe foi notificada por ofício da Escola EBI/S Nordeste, Açores, datado de 22.05.2003.

A Mma. Juiz do TAF de Lisboa, por decisão de 24 de Maio de 2006, concedeu provimento ao recurso e anulou o acto recorrido, por vício de violação de lei.

Inconformada, a C.G.A. interpôs recurso jurisdicional para este TCA, em cujas alegações formulou as conclusões de fls. 106 e seguintes, que se dão por integralmente reproduzidas.

A recorrida contra-alegou, pugnando pela manutenção do julgado.

O Digno Magistrado do Ministério Público emitiu douto parecer no sentido de ser negado provimento ao recurso.

Colhidos os vistos legais, cumpre decidir.

2. MATÉRIA DE FACTO

A sentença recorrida considerou provada a seguinte factualidade relevante:

a) A recorrente exerceu funções no 2.° ciclo de 1.10.72 a 30.09.82 e no 1.° ciclo de 1982/83 a 27.03.03;

b) A recorrente trabalhou desde 1982 sempre 25 horas semanais;

c) Em 27.03.2003, a recorrente exercia funções no 1.° ciclo em regime de monodocência;

d) Por despacho de 8.06.2003 da Direcção da C.G.A. foi reconhecido à recorrente o direito à aposentação e fixado o valor de 1.937,55 € de pensão para o ano de 2003;

e) Para efeitos da fixação da pensão de aposentação da recorrente foi considerada a situação existente em 27.03.03 e o tempo de serviço de 30 anos e 7 meses, que incluiu quatro meses de bonificação, relativos aos anos lectivos de 1990/91, 1996/97, 1997/98 e de 2001//2002;

f) A recorrente foi aposentada em 27.03.2003, por ter completado nessa data 65 anos de idade;

g) Através do ofício da Escola EBI/S de Nordeste, Açores, datado de 22.05.03, foi comunicado à recorrente o teor do ofício da C.G.A. referido na al. d);

h) Em 30.04.2003, por despacho da Directora Regional da Secretaria Regional da Educação e Cultura, foi concedido à recorrente a bonificação anual de tempo de serviço de 30 dias para efeitos de aposentação, relativa ao ano escolar de 1999/2000;

i) A recorrente não foi ouvida antes de proferido o despacho de 8.05.2003 da Direcção da Caixa Geral de Aposentações

3. DIREITO APLICÁVEL

A sentença recorrida concedeu provimento ao recurso e anulou a decisão de 8.05.2003 da Direcção da C.G.A., que reconheceu à recorrente o direito à aposentação e fixou o valor da pensão definitiva, por padecer de vício de violação de lei, por violação dos princípios do Estado de Direito e da igualdade, por erro nos pressupostos de facto e de direito e por preterição do princípio da audiência prévia.

Nas conclusões das suas alegações, a C.G.A., após referir o disposto no artigo 118.° n.° 1 do ECD, afirma que a interessada foi aposentada por referência ao dia em que completou 65 anos de idade, sendo essa a solução imposta pela norma citada e pelos artigos 37.° n.° 2, alínea b) e n.° 3, e 43.° n.° 1, alínea c) do Estatuto da Aposentação.

Não se percebe, por isso, segundo a C.G.A., em que medida o despacho impugnado violou o princípio da igualdade ou qualquer outro princípio do Estado de Direito (conclusões 1ª a 4ª).

Alega ainda a recorrente que a sentença recorrida, essa sim, viola o princípio da legalidade por via da interpretação conferida ao artigo 118 n.° 1 do E.C.D., estabelecendo uma discriminação favorável à recorrente em relação a todos os outros professores (conclusão 5ª) em situações de facto idênticas, em que tenham de aposentar-se obrigatoriamente por ter atingido o limite de idade, com uma pensão proporcional ao tempo de serviço prestado.

Finalmente, alega a recorrente que, quando foi proferido o despacho a reconhecer o direito à aposentação da recorrente, em 8.05.2003, desconhecia-se se aquela tinha ou não direito a uma bonificação de 30 dias de tempo de serviço relativamente ao ano lectivo 1999/2000 (...) razão pela qual não podia naquela data, tal bonificação ser incluída no cálculo da pensão (conclusão 6ª).

A inclusão de tal bonificação do tempo de serviço não implica a anulação do despacho de aposentação, mas tão só a sua revisão nos termos do n.° 1 do artigo 101.° do Estatuto da Aposentação, sendo certo que "o despacho da Direcção da CGA será revisto de modo a incluir o referido tempo de bonificação (conclusões 7ª e 8ª).

Ora, como a decisão da C.G.A. assume um carácter inegavelmente favorável à recorrente e cai no âmbito da alínea b) do n.° 2 do art. 103.° do Cód. Proc. Administrativo, a sentença recorrida violou os princípios da legalidade e da igualdade, e a interpretação efectuada no tocante ao limite de idade estabelecido para os professores do 1.° ciclo do ensino básico é inconstitucional, por ofensa aos arts. 13.° e 266.° n.° 2 da Constituição da República (conclusões 10ª e 11ª).

É esta a questão a analisar.

O artigo 118.° n.° 1 do E.C.D. prescreve o seguinte:

"O limite de idade para o exercício de funções por parte dos educadores de infância e dos professores do 1.° ciclo do ensino básico é fixado em 65 anos a partir do dia 1 de Janeiro de 1992."

A sentença recorrida entendeu que "não sendo aplicável à recorrente o regime especial e mais favorável contido no art. 120.° n.° 1 do ECEIPEBS, porque se verifica que esta não prestou pelo menos 30 anos de serviço em regime de monodocência, também não se lhe deverá aplicar, sem mais, o art. 118.° n.° 1 do ECEIPEBS, sob pena de violação dos princípios da justiça e da igualdade.

E que a recorrente, antes de ser professora do 1.° ciclo do ensino básico desempenhou funções no 2.° ciclo durante cerca de 10 anos. *Precisamente porque exerceu as suas funções também no 2.° ciclo, ficou vedado à recorrente o uso do regime mais favorável do artigo 120.° n.° 1 do ECEIPEBS* (sublinhado nosso).

Ou seja, conclui a douta decisão recorrida, "porque esta professora não prestou a totalidade do seu serviço no 1.° ciclo do ensino básico, não se pode aposentar voluntariamente, apenas com 30 anos de serviço e pensão por inteiro, nos termos do artigo 120.° n.° 1 do ECEIPEBS, como as demais colegas que exerceram 30 anos de funções docentes, mas todo aquele tempo no 1.° ciclo."

"Para ter direito à pensão de aposentação completa é legalmente necessário, portanto, que esta professora preste 36 anos de serviço, como os demais docentes dos restantes níveis de ensino (cfr. arts. 37.° n.° 1 e 53.° do E.A.)."

Com base neste raciocínio, a Mma. Juiz "a quo" considerou violado o princípio da igualdade, notando que a recorrente (...) "*precisamente porque nos últimos 20 anos da sua carreira foi professora no 1.° ciclo, é agora obrigada a aposentar-se aos 65 anos*" (sublinhado nosso) (...) o que sob o ponto de vista da segurança jurídica, da proporcionalidade, da razoabilidade e da justiça não encontra fundamento racional suficiente.

Ou seja, "se a recorrente não pode ser considerada professora do 1.° ciclo para efeitos de atribuição do regime especial previsto no artigo 120.° n.° 1 do ECEIPEBS, porque também desenvolveu durante cerca de 10 anos funções docentes no 2.° ciclo, também não o deverá ser para efeitos de aplicação do limite de idade previsto no artigo 118.° n.° 1 do mesmo Estatuto."

"Enquanto docente – dos 1.° e 2.° ciclos – à recorrente deverão ser aplicadas as normas constantes dos artigos 37.° n.° 2, alínea b), 119.° do E.A. e artigo 1.° do Dec. Lei n.° 127/87, de 17 de Março, e consequentemente deverá a mesma estar sujeita ao regime geral de idade de 70 anos".

É esta a fundamentação essencial da decisão recorrida, que nos parece inatacável

Tanto do ponto de vista da lógica jurídica como da justiça, a recorrida não pode ser considerada docente do 1.° ciclo para os efeitos do artigo 118 n.° 1 e já não para os efeitos do artigo 120.° do aludido Estatuto, sendo por isso manifestamente inconstitucional a interpretação efectuada pela entidade recorrida.

Como justamente refere a recorrida nas suas alegações, aos docentes que tenham exercido docência em ambos os regimes ao longo da sua vida profissional, já não é possível aplicar cegamente um dos regimes, e apenas um deles, sem ponderação da situação concreta do docente (cfr. sobre esta questão, Isabel Pires Rodrigues, Júlia Araújo e Luís Silveira Botelho, "Estatuto da Carreira dos Educadores de Infância e dos Professores dos Ensinos Básico e Secundário Anotado", Plátano Editora, 2003, p. 184).

Em suma, os docentes que exerceram docências em ambos os ciclos, não podem por esse facto ficar apenas com o pior de cada regime. Como também não poderiam ficar apenas com o melhor de cada um (cfr. alegações da recorrida, a fls. 119).

No caso concreto, a aplicação da lei, tal como efectuada pela entidade demandada, originou que a ora recorrida fosse obrigada a aposentar-se com apenas 30 anos e 7 meses de serviço, tempo inferior aos 36 anos de serviço necessários para a mesma se poder aposentar com uma pensão por inteiro.

Como sugestivamente alega a recorrida, a mesma "foi obrigada a trabalhar mais 13 horas/semana, mais 82 horas/mês e mais 676 horas/ano que um docente do 2.° ciclo! Mas não tem direito a aposentar-se aos 70 anos de idade, como os docentes do 2.° ciclo!!!"

São estas repercussões concretas que tornam evidente a inconstitucionalidade da interpretação da lei, tal como efectuada pelo recorrente.

Quanto ao segundo vício invocado, resulta da factualidade assente que, em 30.04.2003, por despacho da Directora Regional da Secretaria Regional da Educação e Cultura, foi concedido à recorrente um 5.º mês de bonificação relativa ao ano de 1999/2000, que não foi tido em conta para efeitos de cálculo da pensão de aposentação.

É um facto que a entidade recorrida reconhece, mas ao qual não atribui relevância anulatória do acto impugnado, mas tão somente admite a sua revisão, a efectuar nos termos do artigo 101.º do E.A.

Todavia, verificando a decisão recorrida o erro nos pressupostos de facto por não ter sido considerada a 5ª bonificação, outra solução não poderia adoptar que não fosse considerar procedente o vício alegado, sem poder esperar que a Administração corrigisse o erro cometido.

Finalmente, procede também o vício de falta de audiência prévia (art. 100.º e seguintes do CPA), que apenas pode ser dispensada nos casos excepcionais previstos no artigo 103.º do CPA, e cuja preterição determina, a nosso ver, a anulabilidade do acto impugnado.

A recorrente C.G.A. alega, todavia, que tal vício inexiste, por estarmos perante um acto favorável à recorrida.

Mas o acto não é favorável à recorrida, não só porque não foi esta quem tomou a iniciativa de requerer a sua aposentação, mas também e sobretudo porque tal aposentação lhe foi imposta em termos parcialmente desfavoráveis, por decisão unilateral da Administração.

Improcedem, assim na íntegra as conclusões das alegações da agravante.

4. DECISÃO

Em face do exposto, acordam em negar provimento ao recurso e em confirmar a sentença recorrida.

Sem custas. Rasurei: "recorrida".

Lisboa, 14 de Fevereiro de 2007

as.) António de Almeida Coelho da Cunha (Relator)
Maria Cristina Gallego dos Santos
Teresa Maria Sena Ferreira de Sousa

Recurso n.º 02130/06

PROGRAMAS DE CONCURSO. NATUREZA JURÍDICA. DEC. LEI 197/99, DE 8 DE JUNHO. CARÁCTER VINCULANTE DAS NORMAS DOS PROGRAMAS DE CONCURSOS. CAUSAS DE NÃO ADMISSÃO DOS CONCORRENTES. IMPOSIÇÃO DE DETERMINADO OBJECTO SOCIAL.

(Acórdão de 25 de Janeiro de 2007)

SUMÁRIO:

I – Os programas de concurso, quanto à sua natureza jurídica, são regulamentos "ad hoc", destinados a colmatar as eventuais insuficiências ou a imprevisão da lei base.

II – Como tal, esses programas podem explicitar e até ampliar os motivos de não admissão de propostas, nomeadamente no âmbito do Dec. Lei n.º 197/99, de 8 de Junho.

III – As disposições constantes dos programas de concurso são vinculantes para a autoridade procedimental, bem como para todos os intervenientes no processo concursal.

IV – O não cumprimento de tais disposições por parte dos concorrentes determina, por via de regra, a sua não admissão ao concurso.

V – Não é ilegal a cláusula de um programa de concurso que consiste na exigência, feita aos concorrentes, no sentido de que o seu objecto social inclua como área de actividade o tratamento, transformação e triagem de resíduos, sem que tal actividade possa ser objecto de subcontratação.

VI – Tratando-se de um requisito essencial imposto pela entidade adjudicante a todos os concorrentes, a falta do mesmo implica necessariamente a não admissão ao concurso, e não viola os princípios da igualdade, proporcionalidade e concorrência.

ACORDAM NO 2.º JUIZO DO TCA – SUL:

1. RELATÓRIO

Recifemetal – Reciclagem de Ferros e Metais, S.A., intentou no TAF do Funchal, contra a Ré Valor Ambiente – Gestão e Administração de Resíduos da Madeira, S.A., acção de contencioso pré-contratual (arts. 59.º n.º 4 e 100.º e seguintes do CPTA, pedindo a anulação da deliberação do júri, de 16.02.2006, da sessão de abertura do concurso público internacional n.º 005/VA//2005, designado "Gestão e Transporte de Resíduos para Reciclagem", e a admissão da A. ao concurso, ou a admissão condicional da A. ao concurso, que permita alterar o seu objecto social de modo a incluir todas as expressões e menções consideradas em falta pela Ré, nos termos do disposto no artigo 101.° n.° 4, alínea b) do D.L. n.° 197/99, de 8 de Junho e no ponto 14.2 b) do Programa do Concurso.

Indicou como contra-interessados as empresas Transucatas – Transformação de Sucatas, Lda e GSA/Salubrimad/Suma.

Por decisão de 28.09.06, o Mmo. Juiz do TAF do Funchal, julgou a acção procedente, anulando a deliberação de exclusão da A. e determinando que tal exclusão fosse substituída por acto que admitisse a A. ao concurso.

Inconformada, a "Valor Ambiente-Gestão e Administração de Resíduos, S.A." interpôs recurso de apelação para este T.C.A., em cujas alegações formulou as conclusões de fls. 248 e seguintes, cujo teor se dá por integralmente reproduzido.

Contra-alegou a recorrida RECIFEMETAL – Reciclagem de Ferros e Metais, S.A., formulando as conclusões de fls. 308 e seguintes, cujo teor igualmente se dá por integralmente reproduzido.

O Digno Magistrado do M.°P.° emitiu parecer no sentido de ser concedido provimento ao recurso, ao qual a recorrida RECIFEMETAL respondeu a fls. 356 dos autos.

2. MATÉRIA DE FACTO

A sentença recorrida considerou provada a seguinte factualidade relevante:

a) No dia 28 de Setembro de 2005, a R. enviou para publicação um anúncio relativo ao concurso público internacional n.° 005/VA/2005, designado "Gestão e Transporte de Resíduos para Reciclagem";

b) A ora A., interessada em prestar os serviços colocados a concurso, apresentou a sua proposta dentro do prazo estabelecido para o efeito (cfr. doc. n.° 1 da p.i. – cópia do recibo da entrega – que se dá por integralmente reproduzido);

c) Nos termos do ponto 1.1.1. do Programa do Concurso (cfr. doc. n.° 5 da p.i., que se dá por integralmente reproduzido, doravante, "Programa" ou "PC"): "O presente concurso tem por objecto a gestão de um Centro de Recolha Autorizado de Resíduos, que inclui, em conformidade com a tipologia dos resíduos, a recolha, a recepção, a triagem, o armazenamento temporário, o transporte terrestre e o transporte marítimo de resíduos";

d) Sendo que o adjudicatário terá de efectuar as funções e atribuições descritas nas alíneas a) a n) do ponto 1.2, as quais se podem resumir em *actividades de recepção, triagem, armazenamento, transporte terrestre e marítimo, recolha e descontaminação de resíduos.*

e) O ponto 3.2. a) i. do P.C. refere, por seu turno, que "a prestação de serviços é reservada aos concorrentes que, per si, em agrupamento e, ou por subcontratação, possuírem os seguintes requisitos físicos e legais: os concorrentes devem possuir objecto(s) social(ais) que indique(m) que a área de actividade da(s) empresa inclui: i) Transferência, triagem e tratamento de resíduos";

f) No dia 16.02.2006 realizou-se a sessão de abertura do acto público do concurso, à qual compareceram também os concorrentes n.° 1 "Transucatas" e n.° 3 "GSA-SALUMIBRAD/SUMA", e que foi documentado pela acta do acto público cuja cópia é o doc. n.° 2 e que se dá por integralmente reproduzido.

g) Num primeiro momento, o júri deliberou admitir a A. a concurso;

h) Num segundo momento, após reclamação apresentada pela concorrente n.° 3, o júri deliberou excluir a aqui A. e o concorrente n.° 1.

i) E fê-lo nos seguintes termos, ainda que relativamente à reclamação sobre a admissão do concorrente n.° 1: "no que respeita ao ponto 8.1 da alínea b) do Programa do Concurso, o mesmo não prova, através do seu objecto social que possui a actividade de transferências, triagem e tratamento de resíduos. Este é um requisito essencial ao presente concurso, dado que no ponto 3.2 é referido que a presente prestação de serviços é reservada aos concorrentes que possuam nomeadamente o supra referido. (...) Contudo, tendo em conta o já referido quanto ao objecto social do concorrente, que consubstancia a omissão de requisito essencial e nem é possível da sanação através de admissão condicionada, o júri deliberou excluir o concorrente n.° 1";

j) Sendo que, a respeito da reclamação sobre a admissão do ora A., o Juri deliberou que: "o mesmo se aplica à reclamação apresentada pela concorrente n.° 2 – "Recifemetal – Reciclagem de Ferros e Metais, S.A.", uma vez que (...) a verdade é que se confirma o facto de o concorrente n.° 2 não possuir no seu objecto social a actividade de transferência, triagem e tratamento de resíduos, sendo que isso constitui a omissão de um requisito essencial, não passível de sanação através de admissão condicionada. (...) Deste modo e pelos mesmos fundamentos, o juri deliberou excluir o concorrente n.° 2";

k) A A. reclamou dessa decisão, no próprio acto público, tendo a mesma sido indeferida e tendo o juri deliberado que: "Em conformidade com a legislação atinente às operações de gestão de resíduos entende-se por resíduos industriais banais o mesmo que resíduos industriais não perigosos. Ora, o objecto da presente prestação de serviços inclui operações de recolha, recepção, triagem, armazenamento temporário e transporte de um conjunto de resíduos *entre os quais os resíduos de embalagens e os resíduos perigosos*, para além dos resíduos industriais banais, designadamente: Resíduos de embalagens: (...) Resíduos perigosos: (...) Assim sendo, excluem-se do objecto social do reclamante todas as operações de gestão de resíduos que envolvam resíduos industriais perigosos e resíduos de embalagem (de resíduos sólidos urbanos). Por outro lado, *as operações de reciclagem e tratamento indicadas no objecto social do reclamante não configuram na totalidade, o solicitado no ponto (i) da alínea a) do n.° 3.2 do Programa do Concurso. porquanto: Reciclagem: (...) Triagem: (...). Transferência*: (...). Pelo exposto, a falta de alguns dos elementos indicados no ponto (i) da alínea a) do n.° 3.2 do Programa do Concurso configura *omissão de uma condição essencial de admissão dos concorrentes*, pelo que a reclamante terá de ser excluída do procedimento com base nos supra referenciados preceitos."

l) Ao que a A. interpôs, ainda no acto público, o competente recurso hierárquico, cujas alegações apresentou no prazo legal, i.e., no dia 24.02.06 (cfr. doc. n.° 3 – cópia da carta, do registo CTT e da primeira página das alegações – que se dá por integralmente reproduzido).

m) O referido recurso hierárquico foi indeferido, como se alcançará do conteúdo do processo instrutor que a R. certamente fará juntar aos presentes autos, tendo a A. sido notificada, na pessoa dos seus mandatários, por fax datado de 10.03.06 (cfr. documento n.° 4, que se dá por integralmente reproduzido), desse indeferimento.

n) Da certidão comercial da ora A. consta o seguinte: "Ap. 01/20000327. (...) OBJECTO: a) reciclagem, tratamento, eliminação e todas as operações inerentes à gestão de resíduos industriais banais" – cfr. doc. n.º 6 da p.i., entregue nos termos do ponto 8.1 – al. b) do PC – que se dá por integralmente reproduzido).

o) A gestão de resíduos engloba transferência, triagem e tratamento de resíduos.

3. DIREITO APLICÁVEL

A sentença recorrida julgou a acção procedente e anulou a deliberação da exclusão da A., determinando a sua substituição "por outra que admita a A. ao dito concurso em sede de art. 101.º-2 do D.L. 197/99".

Para tanto, expendeu, nomeadamente, as seguintes considerações: "O juri excluiu a A. do concurso na fase procedimental em que o juri abre os invólucros e procede ao exame final das propostas, fundamentando-se em a ora A. *não ter feito «prova, através do seu objecto social, que possui a actividade de transferência, triagem e tratamento de resíduos*".

E, depois de afirmar que "Os artigos 101.º e 103.º do D.L. 197/99 não nos ajudam muito", o Mmo. Juiz concluiu que "tal exigência *nada pode ter a ver com a capacidade técnica*, a qual se apura nos termos precisos claramente impostos nos artigos 36.º e 37.º do D.L. 197/99 e no momento previsto no art. 105.º cit.".

Portanto, interrogou-se o Mmo. Juiz "a quo", "cabe, em abstracto, perguntar qual a importância de, eventualmente, o objecto societário do concorrente ser ou não diferente da capacidade técnica exigida (e satisfeita)?

E, respondendo a tal questão, afastou a imediata relevância prática do disposto no D.L. 197/99, invocando os arts. 6.º e 260.º CSCom e os arts. 123.º e 160.º do CC, normas que "impõem a conclusão de que o único interesse relevante poderia ser o de a R. não se vir eventualmente (!) confrontada com a hipótese prevista no art. 260.º-2 CSCom". Sem esquecer, no entanto, o disposto no artigo 409.º do 409.º C.S.C., transcrito na sentença, após o que o Mmo. Juiz concluiu que "irreleva aqui o registo comercial e o art. 260.º-2 cit. Donde resulta que a A. nunca poderia opor à R. um objecto social eventualmente diferente do objecto do concurso".

Escreveu ainda o Mmo. Juiz na sua douta sentença que "O facto de o objecto social de determinado concorrente não incluir as actividades de transferência, triagem ou tratamento de resíduos (...) *não significa que não esteja apto ou que não seja capaz* de gerir um centro de recolha desses resíduos (...) e o conteúdo do objecto social das sociedades comerciais *não é o meio idóneo* ou suficiente para avaliar a sua capacidade jurídica.

Seguidamente, e na linha destas considerações, a decisão recorrida considerou resultar "inequívoco que *o fim a que se destina o requisito constante* do ponto 3.2. a) i. do PC não é manifestamente alcançável através do que aí se exige," e que (...) "O PC não estabelece como requisito de admissão, nem no ponto 3.2 a) i, nem em qualquer outro lugar, que os concorrentes devem demonstrar que o seu objecto social inclui a gestão de resíduos perigosos, de embalagem ou outros", sendo irrelevante o art. 33.º do D.L. 197/99.

Em suma, a sentença recorrida exarou que "*A coincidência expressa e precisa entre o objecto social do concorrente e o objecto do concurso não se inclui na* previsão do art. 101.º-3 do D.L. 197/99 como fundamento de exclusão dos concorrentes".

Trata-se, antes, "de uma questão que (...) caberá eventualmente no posterior momento procedimental regulado nos arts. 105.º e seguintes do D.L. 197/99 e se estiver em causa a *capacidade técnica* do concorrente" (...) que se vê "em concreto, com base nos documentos referidos no art. 96.º-1-C do D.L. 197/99, e não apenas com base na nomenclatura do objecto.

E, continuou ainda a decisão recorrida: "Mas, como a situação não cabe de todo no art. 101.º-3, *poderia ser* motivo de condicional admissão ao abrigo do art. 101-4-b) do D.L. 197/99, de forma a, por exemplo, a concorrente eximir a ora Ré do *teórico e virtual* problema referido no art. 260.º-2 CS Com."

Fácil é, por isso, concluir que esse requisito de admissão é *ilegal*, na medida em que:

– não encontra cabimento nos requisitos expressamente previstos na lei para a admissão de concorrentes num concurso público (arts. 33.º a 36.º do D.L. 197/99).

– não é imprescindível para atestar da capacidade jurídica dos concorrentes para prestarem os serviços postos a concurso (não encontrando assim cabimento na redacção da al. d) do art. 89.º do mesmo diploma).

– não é o meio idóneo para garantir a vinculatividade das propostas apresentadas ou do contrato a celebrar

Na sequência destas observações, concluiu a sentença recorrida ter havido violação dos princípios da legalidade e da proporcionalidade – cfr. art. 7.º e 12.º do D.L. 197/99 (...) e que "excluir um concorrente com base em tal requisito, inútil e injustificado, é, consequentemente ilegal", é (...) "é também proibida pelo Princípio da Concorrência – cfr. art. 10.º do mesmo diploma".

A recorrente insurge-se contra este entendimento e, a nosso ver, com razão, alegando, no essencial, o seguinte:

– Segundo o disposto no Programa do Concurso, a ora recorrida necessitava, para se apresentar a concurso, de possuir no seu objecto social "a transformação, triagem e tratamento de recursos", o que não sucedia nem sucede, (conclusão c)).

– Esta era uma condição essencial de admissão (conclusão d)).

– A referida actividade não podia ser objecto de subcontratação (conclusão e)).

– Tratando-se de requisito necessário e essencial, a empresa recorrida não se podia apresentar a concurso, nem ser nele admitida (conclusão f)).

– A enumeração contida no art. 101 n.º 3 do D.L. 197/ /99, de 8 de Junho, não tem carácter taxativo

– As normas do Programa do Concurso – cfr. Ponto 3.2, alínea a) a i) justificam a decisão do Juri (conclusão h)).

– A falta do referido requisito essencial determina a exclusão, e não a admissão condicional da concorrente.

– O Dec. Lei 197/99 estabelece apenas dois fundamentos que podem levar à admissão condicional dos concorrentes, previstos no n.º 4 do art. 101.º do D.L. 197/99

– O requisito imposto pelo ponto 3.2 do Programa de concurso não é de natureza formal, e a recorrida não podia suprir a falta existente no prazo de cinco dias a que alude o n.º 6 do art. 101.º do D.L. 197/99 (conclusões l) e m)).

– O requisito resultante do Ponto 3.2. a) i. do Programa do Concurso não é ilegal, nem viola quaisquer princípios concursais (conclusões Q) a R)).

– Para além dos requisitos previstos no Dec. Lei 197/ /99, de 8 de Junho, o Programa de Concurso pode fixar outras condições essenciais (conclusões – W), X), e Y).

É esta a argumentação essencial da recorrente "Valor Ambiente – Gestão e Administração de Resíduos da Madeira, S.A", a que o douto parecer do Digno Magistrado do Ministério Público adere, enquanto a recorrida pugna pela manutenção do julgado em 1ª instância.

Cumpre, pois, apreciar os pontos em controvérsia.

Como é sabido, os programas de concurso, quanto à sua natureza jurídica, são regulamentos "ad hoc", destinados a colmatar as eventuais insuficiências ou a imprevisão da lei base.

Como tal, esses programas podem explicitar e até ampliar os motivos de não admissão de propostas, nomeadamente no âmbito do Dec. Lei n.º 197/99, de 8 de Junho.

Constam, pois, de tais Programas, disposições vinculantes para a autoridade procedimental, bem como para todos os intervenientes no processo concursal.

O não cumprimento das mesmas por parte dos concorrentes determina, por via de regra, a sua não admissão ao concurso (cfr. M. Esteves de Oliveira, "Concursos e Outros Procedimentos de Adjudicação Administrativa", Almedina, 2003, p. 135; Ac. T.C.A. de 28.10.2004, Rec. n.º 00340/04, in "Antologia de Acórdãos do Supremo Tribunal Administrativo e do Tribunal Central Administrativo", Ano VII, n.º 1, p. 235 e seguintes).

Ora, no caso concreto, o conteúdo do Ponto 3.2 a) i) do Programa do Concurso é meridianamente claro na exigência de que os concorrentes devem possuir objecto(s) social(is) que indique(m) que a área de actividade da(s) empresa(s) inclui (...) *transferência, triagem e tratamento de resíduos.*

Embora tal condição não esteja expressamente prevista no artigo 101.º n.º 3 do Dec. Lei 197/99 como fundamento de exclusão dos concorrentes, a mesma não é ilegal nem colide com qualquer norma do referido diploma.

Como refere a ora recorrente, a enumeração contida no artigo 101 n.º 3 não possui um carácter taxativo, sendo licito à entidade adjudicante ampliar os motivos de exclusão, desde que no desenvolvimento lógico do diploma base.

Por outro lado, trata-se de uma disposição vinculativa para os membros do Júri, pelo que, não detendo a recorrida no seu objecto social as actividades mencionadas no aludido ponto 3.2. al. a) i do programa do concurso, outra não podia ser a decisão do Júri senão a de não admitir a ora recorrida a concurso.

Por outro lado, não pode deixar de se considerar tal requisito um requisito essencial da admissão a concurso dos concorrentes, nos termos dos Pontos 3.2 e 3.4 do Programa do Concurso. E a essencialidade da condição é óbvia; a actividade de tratamento, transformação e triagem de resíduos não podia ser objecto de subcontratação, antes se impondo que fosse prosseguida obrigatoriamente pelo concorrente, cujo objecto social a não abrangia.

Como escreve Esteves de Oliveira, "no direito adjudicatório concursal (...) a sequência procedimental apresenta-se bem circunscrita e desenhada na lei. Os órgãos encarregados da instrução do procedimento e as entidades que decidem têm (nuns casos mais, noutros menos), alguma margem de discricionariedade em matéria de formalismo sequencial, mas, fora dos domínios de apreciação e ordenação das propostas – onde há necessariamente mais tarefas, tempos e espaços – o percurso de ambos através do procedimento está bem marcado com pouca liberdade instrutória.

Por isso se diz valer aqui o *princípio da formalidade ou do formalismo essencial* (ob. cit. p. 91 e seguintes), que visa proteger os interesses derivados das preocupações crescentes em matéria de rigor e transparência no modo de actuar da Administração (...) como também da crescente complexidade das condições de concorrência, nomeadamente quanto à idoneidade jurídica, técnica, económica e financeira de concorrentes e suas propostas.

Assim, a inobservância de formalismo que lese os valores essenciais do concurso pode conduzir à exclusão de uma proposta, o que pressupõe a ofensa de normas a que o Júri do concurso está vinculado (cfr. Esteves de Oliveira, "Direito Administrativo", 1998, p. 460; Ac. STA de 20.11.86, in Ac. Dout. n.º 303, p. 364 e seguintes; Ac. STA (Pleno) de 17 de Janeiro de 2001, Rec. n.º 44249, in "Antologia de Acórdãos do Supremo Tribunal Administrativo e do Tribunal Central Administrativo", Ano IV, n.º 2, p. 11 e seguintes; Margarida Olaaabal Cabral, "O Concurso Público nos Contratos Administrativos", Almedina, 1997, p. 180 e seguintes).

Em suma, e em face dos princípios expostos, pode dizer-se que o poder de não admissão de concorrentes que não detivessem no seu objecto social as actividades mencionadas no ponto 3.2. al. a) i do Programa de Concurso possui um *carácter vinculado* a que o Júri se não pode subtrair e, tratando-se de um requisito essencial, a sua falta determina a exclusão, e não a admissão condicional, ao contrário do sustentado na decisão recorrida.

Aliás, o Dec. Lei n.º 197/99, de 8 de Junho apenas contempla dois fundamentos que podem conduzir à admissão condicional dos concorrentes, o primeiro no caso de não entrega da totalidade dos documentos nos termos exigidos no artigo 96.º, e o segundo se a documentação apresentada omitir qualquer dado exigido (cfr. art. 101.º n.º 4 do artigo 101.º do Dec. Lei 197/99), que constituem causas meramente formais não essenciais e nada têm a ver com o caso dos autos.

Finalmente, acresce que o Ponto 3.2.1 a) i do Programa do Concurso obriga a que a entidade adjudicante apenas aprecie as habilitações e a capacidade financeira e técnica dos concorrentes que possuam, no seu objecto social, a actividade de transferência, triagem e tratamento de resíduos.

Não estamos perante uma exigência meramente formal, vazia de sentido ou burocrática, mas antes perante uma exigência que radica num interesse material fundamental, de molde a conferir a necessária segurança ao procedimento, possibilitando à entidade adjudicante o controlo da veracidade da proposta que representa a vontade contratual do concorrente.

Conclui-se, pois, que a norma contida no Programa de Concurso (Ponto 3.2 a) i. não é ilegal, nem viola quaisquer princípios do procedimento concursal, nomeadamente os princípios da legalidade, proporcionalidade, igualdade ou concorrência. Consequentemente, o acto praticado pela recorrente não está inquinado pelos vícios de violação dos aludidos princípios, sendo proporcional à falta do requisito detectada.

Procedem, assim, na íntegra, as conclusões das alegações da recorrente, o que determina a revogação da sentença recorrida.

4. DECISÃO

Em face do exposto, acordam em conceder provimento ao recurso e em revogar a sentença recorrida, a qual deve ser substituída por outra que determine a não admissão/exclusão da ora recorrida no concurso.

Custas pela Recorrida em ambas as instâncias, fixando a taxa de justiça em 6 UC.

Lisboa, 25 de Janeiro de 2007

as.) António Coelho da Cunha (Relator)
Maria Cristina dos Santos
Teresa Maria de Sousa

Recurso n.° 02205/06

SUSPENSÃO DE EFICÁCIA. EMBARGO. AL. A) DO N.° 1 DO ART.° 120.°. DO C.P.T.A. "PERICULUM IN MORA".

(Acórdão de 14 de Fevereiro de 2007)

SUMÁRIO:

I – Resulta da al. a) do n.° 1 do art. 120.° do CPTA que o "fumus boni iuris" é o único factor relevante para a concessão da providência cautelar e deve-se considerar verificado nas situações excepcionais de invalidade ostensiva ou grosseira do acto.

II – Estando em causa questões, como a de saber se, em face do que dispõem os arts. 19.°, n.° 9, do RJUE e 12.° do Dec. Reg. n.° 23/98, de 14/10, a não emissão de parecer vinculativo, no prazo legal, origina a formação de deferimento tácito e se este padece de nulidade, bem como se se verifica o vício de incompetência relativa quando o acto de embargo foi ratificado nos termos do n.° 3 do art. 137.° do CPA, não se pode concluir pela evidente procedência da pretensão a formular no processo principal.

III – Para efeitos do disposto na al. b) do n.° 1 do art. 120.° do CPTA, o prejuízo do requerente deve ser considerado irreparável ou de difícil reparação sempre que se possa perspectivar uma situação de impossibilidade ou de dificuldade de reintegração específica da sua esfera jurídica no caso de o processo principal vir a ser julgado procedente.

IV – Não se verifica essa situação de impossibilidade ou de dificuldade de reintegração específica, se estão em causa apenas prejuízos pecuniários facilmente quantificáveis.

ACORDAM, EM CONFERÊNCIA, NA 1ª SECÇÃO, 2.° JUÍZO, DO TRIBUNAL CENTRAL ADMINISTRATIVO SUL:

1. Francisco Xavier Corrêa Henriques D'Avillez, residente no Alto das Necessidades, em Azeitão, inconformado com a sentença do T.A.F. de Almada, que julgou improcedente o processo cautelar de suspensão de eficácia do despacho, de 21/3/2006, da Presidente da Comissão Directiva do Parque Natural da Arrábida, dela recorreu para este Tribunal, formulando, na respectiva alegação, as seguintes conclusões:

"1ª – Em sede de procedimentos administrativos de licenciamento de obras, a lei em vigor – o D.L. n.° 555/ /99, de 16/12 – à semelhança dos anteriores regimes jurídicos, manda considerar como "Concordância com a pretensão" – ou seja parecer favorável tácito – as situações de falta de pronúncia das entidades exteriores ao Município nos prazos legais que lhe estão fixados para a emissão de pareceres, autorizações ou aprovações (20 dias, sem prejuízo de outros prazos estabelecidos em lei especial), por um lado, e desprovidos de força vinculativa os pareceres emitidos fora desse prazo, por outro – cfr. n.os 8, 9, 10 e 11 do art. 19.° do RJUE;

2ª – O licenciamento de obras de construção civil dentro dos limites do Parque Natural da Arrábida (PNA), compete ao órgão do Município, após parecer vinculativo do PNA que para o efeito dispõe de 45 dias para se pronunciar (v. art. 19.°/3 do Dec. Reg. n.° 23/98, de 14/10), sendo certo que, no caso dos autos, a matéria de facto dada por assente evidencia que o PNA foi consultado pelo Município e não se pronunciou expressamente nos 45 dias seguintes – o que equivale à "Concordância com a pretensão" – ou seja parecer favorável tácito –, só se tendo pronunciado largamente decorrido esse prazo, portanto de forma não vinculativa e, inclusivamente, favoravelmente em relação à habitação patronal – cfr. n.os 8, 9, 10 e 11 do art. 19.° do R.J.U.E. e 12.°/a) e 19.°/3 do Dec. Reg. n.° 23/98, de 14/10.

3ª – Não pode ser acolhido o entendimento expresso na decisão recorrida segundo o qual um parecer tácito sempre seria nulo por violar o Regulamento do PNA, pois nada nos autos permite concluir no sentido da obra em causa ser contrária ao Plano, tanto mais que o único fundamento do acto de embargo é a ausência de parecer favorável expresso – o que nem sequer é exacto – e não qualquer desconformidade com a disciplina substantiva do Regulamento do Parque;

4ª – Não pode acolher-se o entendimento expresso na sentença recorrida de acordo com o qual os pareceres do PNA teriam de ser expressos valendo o silêncio como indeferimento, pois se é certo que o art. 19.°/8 do RJUE salvaguarda o disposto em legislação específica, certo é também que o Regulamento do PNA só introduz desvios ao regime geral previsto no R.J.U.E, no que concerne ao prazo para emissão de parecer (dilatando-o para 45 dias), nada dizendo em contrário do que prescreve o art. 19.°/8 do RJUE a respeito do valor do silêncio findo o prazo de decisão;

5ª – A sentença recorrida enferma de erro de julgamento e viola, por errada interpretação e aplicação, o disposto no art. 120.°/1/a) do CPTA, já que, contrariamente ao decidido pelo Tribunal "a quo", o acto suspendendo é manifestamente ilegal ao determinar o embargo com fundamento na inexistência de um prévio parecer favorável do PNA, quando está provado nos autos que essa entidade foi consultada e não se pronunciou no prazo imposto por lei, dando origem a uma pronúncia favorável tácita à qual a lei atribui o mesmo valor jurídico de um parecer favorável expresso, só se tendo pronunciado fora de prazo legal, o que acarreta a falta de vinculatividade do parecer emitido e, ainda assim, de forma parcialmente favorável;

6ª – Em razão do princípio da legalidade da competência (v. art. 29.º do CPA), a competência dos órgãos da Administração não se presume e só assiste a um órgão quando é inequivocamente conferida e delimitada por lei ou regulamento (v. Freitas do Amaral, in ob. e loc. cit.);

7ª – Ao contrário do entendimento expresso na sentença recorrida, a Srª. Presidente da Comissão Directiva do PNA não dispõe de competência legal para decretar o embargo de obras, mesmo em caso de urgência, uma vez que nenhuma lei ou regulamento lhe atribuem essa competência que, aliás, pertence à Comissão Directiva do PNA, nos termos da al. f) do n.º 3 do art. 7.º do Dec. Reg. n.º 23/98, de 14/10, sendo esta Comissão um dos dois órgãos de que o PNA dispõe (cfr. art. 5.º do referido Dec. Reg.);

8ª – Ao considerar "razoável defender que em caso de urgência e impossibilidade de reunião do órgão colegial, compete ao seu Presidente tomar as medidas necessárias para a manutenção da legalidade, ficando o acto sujeito a ratificação nos termos do art. 137.º-3 do CPA", a sentença recorrida viola, quer o disposto art. 7.º n.º 3 al. f) do Dec. Reg. n.º 23/98, de 14/10, quer o princípio da legalidade da competência inscrito no art. 29.º, n.º 1, do CPA;

9ª – A sentença recorrida enferma de erro de julgamento e viola, por errada interpretação e aplicação, o disposto no art. 120.º/1/a) do CPTA, já que, contrariamente ao decidido pelo Tribunal "a quo", o acto suspendendo enferma de ostensivo vício de incompetência, pois nenhuma lei ou regulamento atribuem ao Presidente da Comissão competências para decretar embargos de obra, sendo essa competência da Comissão do PNA enquanto órgão colegial (cfr. art. 7.º/3/f) do Dec. Reg. n.º 23/98, de 14/10);

10ª – Ao considerar não preenchido o requisito da existência de um fundado receio da produção de "prejuízos de difícil reparação" exigido a al. b) do n.º 1 do art. 120.º do CPTA, por entender que "quaisquer prejuízos que o requerente venha a ter com o atraso da obra serão sempre ressarcíveis sede pecuniária", a sentença recorrida enferma de erro de julgamento e viola, por errada interpretação e aplicação, o citado normativo, pois o critério legal aí expresso é o da dificuldade de reparação dos prejuízos e não o da sua não ressarcibilidade em sede pecuniária (o que inviabilizaria qualquer providência);

11ª – A exigência de que os danos resultantes do acto suspendendo não se mostrem susceptíveis de avaliação económica – entendimento expresso na decisão recorrida – não é uma exigência do legislador e traduz-se na degeneração de um direito fundamental de tutela constitucional (cfr. Marcelo Rebelo de Sousa, citado por Santos Botelho, "Contencioso Administrativo", 3ª ed., pag. 455 e segs.);

12ª – A sentença recorrida enferma de erro de julgamento ao não conceder a suspensão requerida, pois no caso concreto, contrariamente ao decidido pelo Tribunal "a quo", existe fundado receio da produção de prejuízo de difícil reparação para os interesses que o requerente visa assegurar no processo principal, verificando-se os requisitos previstos na al. b) do n.º 1 do art. 120.º do CPTA;

13ª – Verificam-se no caso dos autos todos os requisitos para a concessão da providência requerida pelo ora recorrente, devendo o Tribunal decretar a suspensão do acto de embargo da autoria da Presidente da Comissão Directiva do PNA, de 21/3/2006, quer ao abrigo do disposto na al. a) do n.º 1 do art. 120.º do CPTA, quer por força da verificação dos requisitos previstos na al. b) do n.º 1 do mesmo artigo".

O recorrido, Instituto da Conservação da Natureza, contra-alegou, concluindo pela improcedência do recurso.

O digno Magistrado do M.P. emitiu parecer, onde concluíu que se deveria negar provimento ao recurso

Sem vistos, foi o processo submetido à Conferência para julgamento.

2.1. A matéria de facto pertinente é a que foi considerada provada na sentença recorrida, a qual se dá aqui por reproduzida, nos termos do n.º 6 do art. 713.º do CP Civil.

2.2. A sentença recorrida julgou improcedente a suspensão de eficácia do despacho que embargou as obras de construção que o ora recorrente estava a empreender na Estrada da Ramada, em Casais da Serra, ao abrigo de licença camarária. Para o efeito, entendeu que a requerida providência cautelar não podia ser decretada ao abrigo da al a) do n.º 1 do art. 120.º do CPTA – por não ser evidente a ilegalidade do acto suspendendo –, nem da al. b) do mesmo preceito – por não se verificar o requisito do "periculum in mora", dado que os prejuízos resultantes do atraso da obra seriam "sempre ressarcíveis em sede pecuniária".

Nas conclusões 1ª a 9ª da sua alegação, o recorrente imputa à sentença a violação do citado art. 120.º, n.º 1, al. a), por o embargo ser manifestamente ilegal, quer porque foi decretado pela Presidente da Comissão Directiva do PNA, quando a competência para o efeito cabia à Comissão enquanto órgão colegial, quer porque foi determinado com fundamento na inexistência de um prévio parecer favorável do PNA, quando esta entidade fora consultada e não se pronunciara no prazo legal.

Vejamos se lhe assiste razão.

No que concerne à possibilidade de a providência cautelar ser decretada ao abrigo da al. a) do n.º 1 do citado art. 120.º, resulta deste preceito que o "fumus boni iuris" (ou aparência do direito) é o único factor relevante para a concessão da providência e deve-se considerar verificado nas situações excepcionais de invalidade ostensiva ou grosseira do acto.

A situação de evidência a que alude este normativo, sendo excepcional, só deve ser aplicada quando se configurar uma situação idêntica às que aí são exemplificadas, isto é, uma situação em relação à qual notoriamente a pretensão formulada no processo principal obterá provimento (cfr. Isabel Celeste M. Fonseca in C.J.A., n.º 52, pag. 58).

Neste âmbito "é, pois, necessária uma grande contenção da parte do juiz: Como é evidente, se essa contenção faltar e o juiz despender esforços desproporcionados para esgotar, em sede cautelar, a apreciação das questões atinentes ao fundo da causa, ele tenderá a ser conduzido com maior (e indesejável) frequência à aplicação do n.º 1 al. a). Na verdade, na generalidade dos casos, a solução a dar a qualquer questão jurídica torna-se evidente após uma análise exaustiva" (cfr. Mário

Aroso de Almeida e Carlos Cadilha in "Comentários ao CPTA", 2005, pag. 603).

Ao contrário do alegado pelo recorrente, o embargo das obras não se fundamentou na inexistência de um prévio parecer favorável do PNA, pelo que não se poderia considerar evidente a verificação de um erro nos pressupostos de facto ou de direito.

Mas, ainda que a fundamentação correspondesse à alegada, cremos que não se poderia daí inferir a evidente procedência da pretensão a formular no processo principal. Efectivamente, para além de se revestir de alguma complexidade a questão de saber se a não emissão de parecer vinculativo origina a formação de deferimento tácito, em face do que dispõem os arts. 19.°, n.° 9, do RJUE e 12.°, do Dec. Reg. n.° 23/98, de 14/10, a resposta afirmativa a esta questão ainda implicaria que se apurasse da sua eventual nulidade.

Quanto ao vício de incompetência relativa também alegado pelo recorrente, parece-nos não ser possível concluir pela sua verificação ostensiva, em face da matéria de facto dada como provada (cfr. n.° 12 dessa matéria constante da sentença) e perante o disposto no n.° 3 do art. 137.° do CPA que admite a ratificação – sanação, por parte do órgão competente, de actos viciados de incompetência relativa.

Portanto, numa apreciação perfunctória, não se pode concluir pela invalidade ostensiva ou grosseira do acto suspendendo, motivo por que improcedem as referidas conclusões da alegação do recorrente.

Nas conclusões 10ª a 13ª da sua alegação, o recorrente imputa à sentença um outro erro de julgamento, resultante de se ter entendido que os eventuais prejuízos por ele sofridos seriam ressarcíveis em sede pecuniária, considerando, assim, violada a al. b) do n.° 1 do art. 120.°, do CPTA quanto ao requisito do "periculum in mora".

Vejamos se lhe assiste razão.

O requisito do "periculum in mora", nas providências conservatórias, verifica-se sempre que "haja fundado receio da constituição de uma situação de facto consumado ou de produção de prejuízos de difícil reparação para os interesses que o requerente visa assegurar no processo principal" (cfr. art. 120.°, n.° 1, al. b).

Como escreve Mário Aroso de Almeida (in "O Novo Regime do Processo nos Tribunais Administrativos", 3ª, ed., pag. 297), "o prejuízo do requerente deve ser considerado irreparável sempre que os factos concretos por ele alegados permitam perspectivar a criação de uma situação de impossibilidade de reintegração específica da sua esfera jurídica no caso de o processo principal vir a ser julgado procedente"

Em face da matéria de facto dada como provada – que não foi impugnada no presente recurso jurisdicional –, parece-nos não ser possível concluir pela impossibilidade ou dificuldade de reintegração da esfera jurídica do recorrente no caso de vir a obter vencimento na acção principal.

Efectivamente, nessa hipótese, ele pode continuar a construção, sendo os prejuízos sofridos apenas os resultantes do atraso na sua conclusão que, em princípio (perante os factos dados como provados), serão apenas pecuniários e facilmente quantificados.

Assim, embora os prejuízos pecuniários possam ser considerados irreparáveis ou de difícil reparação, quando impossibilitam ou tornam difícil a total reintegração da esfera jurídica violada, não é o que sucede no caso em apreço.

Portanto, improcedem também as conclusões 10ª. a 13ª da alegação do recorrente, devendo, em consequência, negar-se provimento ao recurso.

3. Pelo exposto, acordam em negar provimento ao recurso, confirmando a sentença recorrida.

Custas pelo recorrente.

Lisboa, 14 de Fevereiro de 2007

as.) José Francisco Fonseca da Paz (Relator)
António Paulo de Vasconcelos
Magda Espinho Geraldes

Recurso n.° 01872/06

2.ª Secção (Contencioso Tributário)

ANULAÇÃO DE VENDA. NULIDADE DA FALTA DE CITAÇÃO. LEGITIMIDADE DO EXECUTADA PARA PEDIR A ANULAÇÃO DA VENDA COM FUNDAMENTO NA ADJUDICAÇÃO DO BEM A PESSOA DIFERENTE DO PROPONENTE E O ATRASO NO DEPÓSITO DO PREÇO.

(Acórdão de 6 de Fevereiro de 2007)

SUMÁRIO:

I – De acordo com o disposto no art.° 165.°, n.° 1, alínea a)do CPPT, a nulidade resultante da falta de citação do executado só é insanável quando esta falta possa prejudicar a defesa do interessado.

II – Se a executada – dando como aceite que a citação foi efectuada irregularmente por não obedecer aos requisitos legais – teve conhecimento da existência da execução contra si instaurada e não alegou a sua falta de citação, esta nulidade ficou sanada, não podendo agora a mesma vir a ser invocada como fundamento da anulação da venda.

III – Porque, aceite e pago que foi o preço oferecido pelo maior proponente, a executada não sofreu qualquer prejuízo com a venda, é esta parte ilegítima, por carecer de interesse processual em agir, se o bem foi entregue a uma sociedade de que era gerente o proponente, bem como se houve atraso em relação ao depósito do preço.

ACORDAM NA SECÇÃO DE CONTENCIOSO TRIBUTÁRIO DO TRIBUNAL CENTRAL ADMINISTRATIVO SUL:

1. Antunes Castanheira e Rodrigues, Ldª, contribuinte fiscal n.° 500 489 920, com sede na Rua Barros Queirós, 4 -6 Loja – 1100 Lisboa, veio recorrer da decisão do Mm.° Juiz do RAF de Lisboa que julgou improcedente o pedido de anulação de venda do estabelecimento comercial sito na Rua Barros Queirós, 4-6 Loja em Lisboa, efectuada no processo de execução fiscal n.° 3085010108167, apresentando, para o efeito, alegações nas quais conclui:

1. Nulidade insanável

1ª) A citação é destinada pessoalmente à sociedade e não foi efectuada na pessoa dos legais representantes da recorrente, em violação dos n.ºs 1 e 2 do art. 41.° e 192.° do CPPT.

2ª) O aviso de recepção da nota de citação da execução foi assinado por Carla Alexandra Vilela, que não é funcionária da recorrente; a recorrente desconhece-a e não /lhe entregou a citação.

3ª) A recorrente é uma pessoa colectiva e só os seus representantes legais ou na sua falta ou impossibilidade de serem encontrados os seus empregados podem receber a citação para a execução.

4ª) Não foi nenhum representante legal, nem nenhum empregado da recorrente que recebeu a citação.

5ª) Há falta de citação, nos termos do art.° 41.° e 190.°, 3 a 5 do CPPT e do art.° 195.° 1 d) do CPCivil. que enuncia que há falta de citação quando se demonstre que o destinatário da citação pessoal não chegou a ter conhecimento do acto, por facto que não lhe seja imputável.

6ª) Nos termos do art.° 194.° do CPCivil (antes do qual se aplica o art.° 192.° do CPPT). quando o réu não tenha sido citado é nulo tudo quanto se processe depois da petição inicial.

7ª) O CPPT estabelece (a) do n.° 1 do art.° 165.° do CPPT) que a falta de citação constitui nulidade insanável em processo de execução fiscal, quando possa prejudicar a defesa do interessado.

8ª) O tribunal a quo entendeu que não houve prejuízo para a recorrente pois esta já teria conhecimento da existência da execução.

9ª) A citação é o acto através do qual o executado toma conhecimento dos fundamentos de facto e de direito que estão na origem da execução e é acompanhada da certidão de dívida, que constitui o título executivo.

10ª) A sua junção à citação é uma formalidade essencial na execução (art.° 190.°, n.° 1 do CPPT) pois, é através do título executivo que a executada toma conhecimento da fundamentação da execução.

11ª) Não tendo a recorrente sido citada, nos termos dos arts. 41.°, 190.°, 191.°, 192.° do CPPT e 194.° do CPCivil; não tendo a recorrente recebido a cópia do título executivo, que fundamenta a execução – art.° 190.°, 1 do CPPT, ficou prejudicado o direito da recorrente tomar inteiro conhecimento dos factos por que está ser executada e qual a sua justificação legal.

12ª) Essa impossibilidade de conhecimento da fundamentação de facto e de direito da execução, cerceou o direito de defesa da recorrente, pois desconhecia os fundamentos de que se devia defender.

13ª) Ficou assim impedida de exercer o seu direito à dedução de oposição à execução; ou de reagir contenciosamente contra actos anteriormente praticados no processo executivo pelo próprio Serviço de Finanças, nos termos do CPPT.

14ª) Após o processo ter prosseguido, sem que a recorrente soubesse, os fundamentos de facto e direito da execução, feita a venda executiva é forçoso entender-se verificado o efectivo prejuízo da recorrente, que se viu impossibilitada de se defender, por falta de citação.

15ª) As notificações que a sentença recorrida invoca como sendo intervenções da recorrente (ofícios de 24/ /09/03 e 25/02/04) não substituem a citação para a execução.

16ª) São actos de conteúdo diferentes e que não substituem a citação que deve ser efectuada nos lermos dos arts. 190.° e ss. do CPPT.

17ª) Nenhum dos actos notificados à recorrente lhe

deram a conhecer os fundamentos execução, como acontece com a citação.

18ª) Nenhuma daquelas notificações poderia ter habilitado a recorrente a defender-se de uma execução para a qual não foi citada.

19ª) As notificações dirigidas à executada de: nomeação como fiel depositária do bem penhorado ou a comunicar a data fixada para a abertura das propostas não podem substituir uma citação para a execução.

20ª) O tribunal a quo deveria ter concluído que ocorreu falta de citação, que prejudicou o direito de defesa da recorrente, aplicando ao caso o art.° 165.°, I a), com a consequência do n.° 2, anulando-se todo o processado, por constituir nulidade insanável.

21ª) Não se pode aceitar a recepção dos referidos ofícios de notificação como intervenções no processo.

22ª) Quando a recorrente deduziu o incidente de anulação da venda nos autos, foi a sua primeira intervenção no processo e como tal é esse o momento próprio para invocar a sua falta de citação – o que fez – e não antes.

2. Irregularidades da adjudicação

23ª) Há discrepância entre o proponente e a adjudicatária.

24ª) O proponente (o nome que figura e assina a carta de proposta) foi Joaquim Lourenço e a adjudicação foi feita à Sete da Figueira, Pastelaria. Ldª.

25ª) A proposta não poderia ter sido aceite e adjudicada em nome de quem não se identificou como proponente na carta de proposta.

26ª)Este vício tem como consequência a anulação da venda.

3. Falta de pagamento do preço da adjudicação

27ª) A venda ocorreu no dia 14/04/2004 e conforme decorre da lei, o preço da venda deve ser depositado no prazo de 15 dias depois de aceite a proposta e notificada.

28ª) A proposta foi aceite no próprio dia da venda e a notificação tem data do mesmo dia.

29ª) O depósito do preço ocorreu, em 18/05/2004, mais de um mês depois da venda.

30ª) Foi ultrapassado o prazo de 15 dias de que o proponente dispunha para pagamento do preço.

31ª) Faltando o preço no prazo estipulado é posta em causa a própria venda, devendo decretar-se a sua anulação.

32ª) Quem efectuou o pagamento do preço não foi o proponente.

33ª) Vício que deve implicar a anulação da venda.

2. O M.°P.° emitiu parecer no sentido da improcedência do recurso do recurso (v. fls. 192).

3. Colhidos os vistos legais cabe agora decidir.

4. Com interesse para a decisão foram dados como provados em 1ª instância os seguintes factos:

1) Com base na certidão de dívida n.° 010027946 foi instaurado pelo Serviço de Finanças de Lisboa 3, em 18/04/01, contra a ora Requerente, o processo de execução fiscal n.° 3085011018167, o qual tem subjacente a dívida exequenda de 4 303.500$00 proveniente de IRC do ano de 1995 (cfr. fls. 4 e certidão de fls. 5 dos autos);

2) Com data de 30/4/01 foi elaborada a respectiva carta de citação, a qual foi dirigida à ora Requerente e enviada, através de correio registado com aviso de recepção, para Rua Barros Queirós, n.° 4, 6 Loja, 1100 Lisboa (cfr. carta de citação, a fls. 6 dos autos);

3) O aviso de recepção referido no parágrafo precedente foi assinado, em 8/5/01 (cfr. aviso de recepção a fls. 7 dos autos);

4) No local destinado à assinatura do aviso de recepção pode ler-se "Carla Alexandra C. Vilela" (cfr. aviso de recepção a fls. 7 dos autos);

5) Em 24/9/03, foi elaborado o auto de penhora do estabelecimento comercial sito na Rua Barros Queirós, n.° 4, 6 Loja, em Lisboa, cujo teor se dá por integralmente reproduzido para os devidos e legais efeitos (cfr. auto de penhora a fls. 9, frente e verso);

6) A morada indicada na alínea anterior corresponde ao local onde a ora Requerente exerce a sua actividade de pastelaria (cfr. auto de penhora de fls. 9 e teor da p.i);

7) Aquando da efectivação do auto de penhora referido em 5) foi nomeada fiel depositária do bem penhorado a Sra. D. Maria do Carmo Delgado Sequeira, a qual assinou o dito auto (cfr. auto de penhora de fls. 9, frente e verso);

8) A Sra D. Maria do Carmo Delgado Sequeira é sócia-gerente da executada, ora Requerente (cfr. escritura de cessão de quotas, com cópia junta aos autos, a fls. 87 e seguintes, cujo teor se dá por reproduzido);

9) Conforme consta do teor do ofício n.° 962, de 23 de Fevereiro de 2004, emitido pelo Serviço de Finanças de Lisboa 3, foi designado para a venda do bem penhorado o dia 14 de Abril de 2004 (cfr. com o dito ofício e despacho que lhe está subjacente, a fls. 16 e 18 dos autos);

10) O teor do ofício referido no parágrafo antecedente foi, em 25 de Fevereiro de 2004, notificado à Sra. D. Maria do Carmo Delgado Sequeira, na qualidade de gerente da executada, ora Requerente, conforme consta da certidão de notificação junta a fls. 19 dos autos;

11) Através do ofício n.° 1505, de 12/3/04, foi a Srª. D. Maria do Carmo delgado Sequeira notificada, na qualidade de fiel depositária do bem penhorado, do dia designado para a venda do bem (cfr. com a referida comunicação e correspondente ávido de recepção, fls. 20 dos autos);

12) A fls. 101 dos autos encontra-se uma declaração emitida pelo Instituto de Solidariedade e Segurança Social, Centro Distrital de Lisboa, em 4/6/04, nos termos da qual se faz constar que Carla Alexandra Vilela não está identificada na Segurança Social, cujo teor se dá por reproduzido;

13) Os editais publicitando a venda do bem penhorado foram afixados nos locais legalmente previstos, em 24/3/04, tal como foi certificado, através da certidão de afixação junta aos autos, a fls. 29/verso;

14) A junta de Freguesia de Santa Justa certificou, conforme ofício n.° 204, de 21/06/04, enviado ao serviço de Finanças de Lisboa 3, cujo teor se dá por integralmente reproduzido, que no dia 24/3/04 foi afixado no local usual para o efeito, nas vitrines daquela autarquia, o edital relativo ao processo de execução fiscal n.° 3085-01/101816.7 (cfr. fls. 113 dos autos);

15) Pela ora Requerente não foi arguida a falsidade do documento referido em 13), conforme se constata da análise dos autos;

16) Entre outras, foi apresentada, por Joaquim Lourenço, uma proposta para a compra do bem penhorado,

por 100.001,00 €, cujos termos se dão por integralmente reproduzidos (cfr. fls. 33 dos autos);

17) O bem penhorado foi adjudicado ao proponente identificado no parágrafo precedente, tendo o proponente sido notificado de tal facto e, bem assim, para, dentro do prazo de 10 dias, efectuar o depósito do preço, bem como o pagamento do FVA respectivo (cfr. auto de abertura de propostas e adjudicação e ainda, ofício n.° 2029, de 15/04/04, a fls. 39 e 40 dos autos, cujo teor se dá, em ambos os casos, por reproduzido);

18) A notificação referenciada no parágrafo supra foi efectuada em 19/04/04, conforme data aposta no aviso de recepção, junto a fls. 40 dos autos;

19) Em 21 de Abril de 2004, o Sr. Joaquim Lourenço, em carta dirigida aos autos de execução, esclarece que, por lapso, não referiu, na proposta apresentada, a sua condição de sócio-gerente da "Sete da Figueira, Pastelaria, Ld^{a}" (cfr. fls. 41 dos autos);

20) Nos documentos referidos em 16) e 19) foi aposto um carimbo identificativo da "Sete da Figueira, Pastelaria, Ld^{a}", cfr. fls. 33 e 41;

21) O referido Sr. Joaquim Lourenço é sócio-gerente da sociedade "Sete da Figueira, Pastelaria, Ld^{a}", conforme decorre do teor da certidão da Conservatória do Registo Comercial de Lisboa junta aos autos a fls. 46 e seguintes;

22) De acordo com a referida certidão de registo, a forma de obrigar a sociedade identificada no ponto precedente é com as assinaturas de dois gerentes (cfr. certidão referida);

23) Em 17 de Maio de 2004, o Senhor Chefe do Serviço de Finanças de Lisboa 3 proferiu o despacho cujos termos parcialmente se transcrevem (cfr. fls. 52):

"(...) Por tudo isto, defiro o pedido de fls. 38 (correspondente a fls. 41 dos presentes autos de anulação de venda), pelo que, em consequência, quer o título de adjudicação quer as guias de pagamento, devem ser processados em nome da sociedade "Sete da Figueira, Pastelaria, Lda", contribuinte fiscal n.° 504095064, com sede na Praça da Figueira, n.° 7a, em Lisboa.

(...)"

24) Através do ofício n.° 2655, de 18 de Maio de 2004, foi a sociedade "Sete da Figueira" notificada, em 20/05/04, na pessoa do seu sócio gerente, Joaquim Lourenço, do teor do despacho referido em 23) e, bem assim, para solicitar as guias para efectuar o pagamento do bem adjudicado (cfr. fls. 53, frente e verso);

Tribunal Administrativo e Fiscal – Lisboa /2.°Juízo

25) Conforme consta do teor da vinheta aposta na guia de pagamento n.° 2309/2004, a fls. 55 dos autos, em 21/5/04, a sociedade "Sete da Figueira, Pastelaria, Ld^{a}" efectuou o pagamento de 100,001.00, "proveniente de aquisição por venda em proposta em carta fechada do estabelecimento comercial sito na Rua Barros Queirós, n.° 4, 6 Loja, em Lisboa";

26) Em 24 de Maio de 2004, foi a Srª D. Maria do Carmo Delgado Sequeira notificada, na qualidade de fiel depositária do bem penhorado para proceder à entrega do mesmo à adjudicatária "Sete da Figueira, Pastelaria, Ld^{a}", conforme resulta do ofício e da certidão de notificação de fls. 57 e 58 dos autos.

5. De acordo com as conclusões das alegações são as seguintes as questões a apreciar no presente recurso:

a) A nulidade por falta de citação da recorrente para a execução (conclusões 1^{a} a 22^{a});

b) A irregularidade da adjudicação (conclusão 23^{a});

c) A falta de pagamento do preço da adjudicação no prazo legal (conclusões 27^{a} a 33^{a}).

Comecemos por conhecer da 1ª questão.

5.1. Sobre esta matéria – nulidade da falta de citação – escreveu-se na decisão recorrida o seguinte:

"Comecemos pela primeira questão a apreciar, a saber, a alegada falta de citação da Executada geradora da nulidade do processo de execução fiscal.

Sustenta a Requerente que jamais foi citada para a execução fiscal n.° 308501101816.7 e que, apenas em 24/5/04. tomou conhecimento da venda cuja anulação pretende. Esclarecendo tal afirmação refere a Requerente que a citação efectuada pela Administração Fiscal no âmbito da execução fiscal, foi-o na pessoa da Carla Alexandra Vilela, pessoa que a Requerente afirma desconhecer por completo, por não pertencer à gerência da sociedade, nem sequer (ou ter sido) sua empregada. Por ser assim, a requerente não se considera citada, constituindo tal facto uma nulidade insanável (porque prejudicou a sua defesa), invocável a todo o tempo e do conhecimento oficioso.

Vejamos:

Efectivamente, nos termos do artigo 165.°, n.° 1, al. a) e n.° 2 do CPPT, a falta de citação, quando possa prejudicar a defesa do interessado, constitui uma nulidade insanável que tem por efeito a anulação dos termos subsequentes do processo que deles dependam absolutamente.

Ora, como se sabe, dispõe o artigo 41.° do CPPT que as pessoas colectivas são citadas na pessoa dos seus administradores ou gerentes, na sua sede, na residência destes ou em qualquer lugar onde se encontrem ou, não sendo tal possível, na pessoa de qualquer empregado, capaz de transmitir os termos do acto, que se encontre no local onde normalmente funcione a administração da pessoa colectiva ou sociedade. Neste último caso, e no caso de correio registado com aviso de recepção, deve ser anotado, pelo distribuidor do serviço postal, o número do documento de identificação oficial de quem assinou o aviso.

Ora, o que resulta dos autos é que o aviso de recepção que acompanhou a citação da Requerente foi, em 8/5/01, assinado por Carla Alexandra Vilela, sem que do referido aviso conste o número do documento de identificação oficial. Resulta ainda dos autos que a pessoa em causa não está identificada pela Segurança Social. Tal basta para afirmar que, efectivamente, existiu uma irregularidade na citação, eventualmente imputável ao distribuidor do serviço postal que, contrariamente ao que deveria ter feito, não anotou o número do documento de identificação de quem assinou tal aviso. Isto é assim independentemente da questão suscitada pela Requerente quanto à não inscrição de tal pessoa na Segurança Social, o que, do seu ponto de vista, provaria que a mesma não era sua empregada (note-se, quanto a este ponto, que o documento junto emitido pela S. Social apenas demonstra o que lá se afirma, isto é, que a Carla Alexandra Vilela não está identificada naqueles serviços e não, como pretende a Requerente, que tal pessoa não era sua empregada, pois, é do conhecimento geral, que existem inúmeros trabalhadores a exercer funções à margem do enquadramento naqueles serviços).

A questão está, pois, em saber se tal irregularidade da citação é susceptível de ser considerada como falta de citação e, como tal, uma nulidade insanável, com os efeitos pretendidos pela ora Requerente. E quanto a isto o Tribunal não pode deixar de responder negativamente. Vejamos as razões deste entendimento.

Como antes se deixou dito, a falta de citação constitui nulidade insanável em processo de execução fiscal quando possa prejudicar a defesa do interessado. Ora, a Requerente alega que a falta de citação a prejudicou efectivamente porquanto, se tivesse sido citada, poderia ter solicitado o pagamento em prestações da dívida exequenda, o que não pôde fazer neste caso. Ora, se se entende o sentido desta afirmação feita pela Requerente, a verdade é que, no caso concreto e face à factualidade apurada, ela não é aceitável para efeitos de concluir como pretende a Requerente.

Tal como os autos demonstram, a Requerente não teve conhecimento da existência do processo executivo apenas em 24/05/04, quando lhe foi notificado o ofício 2728 através do qual se comunicava o dever de entrega do bem à empresa adjudicatária. Efectivamente, quer em 24 de Setembro de 2003, quer em 25 de Fevereiro de 2004, a Requerente tomou conhecimento da existência do processo de execução fiscal instaurado contra a ora Requerente. Na primeira data referida, a sócia gerente foi nomeada fiel depositária do bem penhorado; em 25 de Fevereiro de 2004, a mesma sócia gerente foi notificada da data fixada para a abertura das propostas relativas à venda do bem.

Daqui se extrai, com facilidade, que a partir de 24 de Setembro de 2003 a Requerente teve intervenção no processo, teve conhecimento da execução e que, se o quisesse ter feito, podia ter vindo arguir a sua falta de citação, com a consequente possibilidade de usar de todos os meios disponíveis para assegurar a sua defesa em sede de execução fiscal. Não o fez nessa altura e só passado um período considerável, em Maio de 2004, é que veio ao processo levantar tal questão.

Ora, ao não ter arguido, logo que possível, a falta de citação na execução (como podia ter feito e não fez) tal nulidade não pode deixar de se considerar sanada, com as consequências óbvias daí decorrentes, mormente, a impossibilidade de, neste momento e por via do pedido de anulação de venda, ver tal nulidade confirmada. Isto mesmo decorre do disposto no artigo 196.° do CPC. Para além do mais, e como se disse, tal nulidade só é insanável quando prejudique a defesa do interessado e a verdade é que, em Setembro de 2003, a Requerente podia ter feito valer todos os direitos de defesa julgados convenientes.

Conclui-se, pois, e sem necessidade de mais considerações, que não se verifica, no caso sub judice, a alegada nulidade insanável decorrente da falta de citação. Tal falta foi, como se demonstrou, sanada em virtude da inacção da Requerente".

Não podemos deixar de concordar com o que ficou escrito, em face das disposições citadas e aplicáveis ao caso dos autos.

Aditaremos apenas o seguinte:

A recorrente, nas conclusões 8ª à 21ª, veio alegar que, ao contrário do decidido em 1ª instância, a falta de citação prejudicou o seu direito de defesa, uma vez que não lhe foi entregue a cópia do título executivo, nem lhe foi dada a possibilidade de se opor à execução, nem de requerer o pagamento da dívida em prestações.

E acrescenta que, as notificações efectuadas à sua sócia gerente, quer quando esta foi nomeada fiel depositária dos bens penhorados, quer quando foi notificada da data da realização da venda não podem considerar-se como equivalendo a citação.

Na verdade, quanto a isto a recorrente tem razão. Mas a decisão recorrida não afirmou que tais notificações equivaliam a citação. O que aí foi referido foi que a partir daquelas notificações poderia a recorrente ter arguido a nulidade da citação. E, naturalmente que, procedendo essa arguição, os termos processuais subsequentes ao momento em que deveria ter sido efectuada a citação seriam anulados havendo lugar a esta. E, deste modo, a citação seria repetida, podendo a recorrente opor-se à execução ou requerer o pagamento em prestações. Não tendo a recorrente arguido a nulidade atempadamente, a mesma ficou sanada.

A nulidade resultante da falta de citação, só é insanável quando aquela falta possa prejudicar a defesa do executado (art.° 165.°, n.° 1, alínea a) do CPPT).

Ora, se a executada não se defendeu atempadamente, invocando a nulidade da citação de modo a poder a mesma ser repetida, tal deveu-se a negligência sua pois que, conhecedora da existência da execução sobre bens seus, não cuidou de arguir atempadamente a nulidade que agora invocada.

Improcedem, pelo exposto, as conclusões 1ª a 22ª).

5.2. Quanto às 2ª e 3ª questões – irregularidade na adjudicação e depósito do preço para além do prazo legal – escreveu-se na decisão recorrida:

"Passemos, agora, à análise das outras duas irregularidades apontadas pela Requerente, a saber, a irregularidades na adjudicação efectuada à "Sete da Figueira, Pastelaria Ldª" porquanto a proposta de aquisição foi apresentada em nome de Joaquim Lourenço e, ainda, por o pagamento resultante da venda ter sido efectuado, pela "Sete da Figueira, Pastelaria, Ldª", para além do prazo de 15 dias, sem que tivesse existido qualquer prorrogação desse prazo.

Quanto ao primeiro aspecto apontado dir-se-á que do facto de, efectivamente, a proposta ter sido apresentada por Joaquim Lourenço sem que o mesmo tenha, expressamente, mencionado que a apresentava em nome da sociedade da qual é sócio gerente (Sete da Figueira, Pastelaria, Ldª) e de (admitindo-se que proposta foi apresentada em nome da "Sete da Figueira") faltar uma assinatura para a dita sociedade se obrigar, não resulta, salvo o devido respeito pela opinião contrária, a consequência que a Requerente pretende daí retirar, isto é, tal não é susceptível de influenciar a venda, sendo que tal circunstancialismo – susceptibilidade de influenciar da venda – é, como se deixou dito, condição necessária para decretar a anulação da mesma, nos termos do disposto no artigo 201.° do CPC.

Efectivamente, por despacho (não sindicado) de fls. 52, foi, pelo senhor Chefe do Serviço de Finanças de Lisboa 3, reconhecido o lapso cometido na apresentação da proposta apresentada por Joaquim Lourenço, tendo o mesmo sido corrigido, confirmando-se a apresentação da mesma na qualidade de sócio-gerente da empresa adjudicatária. Por outro lado, a actuação posterior da empresa adjudicatária demonstra, na realidade, que era sua intenção efectuar a compra do estabelecimento penhorado, já que foi em nome da sociedade que as guias de pagamento foram emitidas e pagas.

Na verdade, se a falha cometida pudesse prejudicar algum dos intervenientes neste processo não era, seguramente, a executada (ora Requerente), mas sim, quanto muito, a sociedade "Sete da Figueira" por se ver envolvida na compra de um estabelecimento que, hipoteticamente, poderia não querer efectuar.

Tanto basta para afirmar que, uma vez mais, não tem razão a ora Requerente, pois os factos por si invocados não influenciaram a venda nos termos em que tal é legalmente exigível para efeitos de decretar a anulação da mesma – 201.° do CPC

Resta, pois, analisar o último ponto abordado pela Requerente, quanto ao facto de o proponente Joaquim Lourenço não ter efectuado, até à data, o pagamento subjacente à sua proposta, tendo o pagamento constante dos autos sido efectuado por entidade diversa daquele, ou seja, pela "Sete da Figueira, Pastelaria". Importa, ainda, analisar o referido no ponto 29 da p.i, ou seja, "mesmo que se admitisse a possibilidade de o pagamento documentado nos autos poder vir a ser imputado no cumprimento da obrigação do Sr. Joaquim Lourenço, a verdade é que o mesmo foi realizado, para além dos quinze dias estabelecidos na lei, sem que prorrogação alguma do prazo tivesse sido requerida e deferida (...)".

A análise deste ponto, está, em parte, subsumida pelo que se deixou dito nos parágrafos precedentes quanto à intervenção da pastelaria "Sete da Figueira" nesta venda. Acrescentemos, pois, ao que se disse o seguinte: o despacho do Senhor Chefe de Finanças, de 17 de Maio de 2004 (que reconheceu e relevou o lapso na identificação do proponente como sócio gerente da sociedade "sete da Figueira"), determinou que o título de adjudicação e as respectivas guias de pagamento fossem processadas em nome da dita "Sete da Figueira", o qual foi notificado à referida sociedade por ofício de 18/05/04, recebido em 20 do mesmo mês. O pagamento dos valores em causa na compra proposta foi efectuado em 21 de Maio de 2004, conforme resulta dos documentos juntos aos autos, pelo que não se mostra ultrapassado o prazo legal, como pretende fazer valer a Requerente. Na verdade, entre um primeiro momento em que o Sr. Joaquim Lourenço foi notificado para proceder ao depósito do valor da compra (cfr. o ofício n.° 2029, de 15/04/04, a fls. 40 dos autos) e o momento em que foi apreciada, decidida e notificada a decisão sobre a verificação do lapso ocorrido na identificação do proponente como sócio-gerente da sociedade adjudicatária, houve, efectivamente, uma prorrogação do prazo para o pagamento do valor em causa, o qual, como se deixou dito, veio a ocorrer 21/05/04, ou seja, tempestivamente em relação ao teor da notificação do ofício 2655, de 18/05/04.

Também, aqui, se conclui, pois, pela falta de razão da Requerente quanto à pretendida anulação da venda".

Desde já diremos que também nesta parte a decisão recorrida não merece censura.

Na verdade, os factos apontados pela recorrente não constituem fundamentos previstos na lei para a anulação da venda.

Por outro lado, a recorrente carece de interesse processual em agir no que a estes fundamentos respeita. É que, tendo sido cumpridos todos os requisitos legais até ao momento da venda, e adjudicado o bem ao proponente que ofereceu melhor preço, é indiferente para a executada a pessoa ou entidade que recebeu o bem. Daí que, em nosso entender, mesmo que o referido facto constituísse irregularidade, a recorrente não possa atacar a decisão em causa.

O mesmo diremos quanto ao atraso no depósito do preço.

No caso dos autos o depósito sofreu atraso em virtude de ser autorizada a entrega do bem à sociedade e não ao sócio proponente. Mas, de qualquer forma, esse atraso e respectivas consequências só podem ser analisadas pelo órgão da execução fiscal, cumprindo-se o disposto no art.° 256.°, alíneas e) e segs. do CPPT, que remete para o art.° 898.° do CPC.

De todo o modo, trata-se de matéria afastada da disponibilidade de qualquer interessado e, portanto, insusceptível de reclamação ou de pedido de anulação da venda, cabendo ao órgão da execução fiscal decidir de acordo como disposto no citado art.° 898.° do CPC.

Improcedem pelo exposto as conclusões 23ª a 33ª.

6. Nestes termos e pelo exposto nega-se provimento ao recurso confirmando-se a decisão recorrida.

Custas pela recorrente fixando-se a taxa de justiça em três UC.

Lisboa, 6 de Fevereiro de 2007.

João Valente Torrão
Pereira Gameiro
Gomes Correia

Recurso n.° 01065/06

CÓDIGO DOS VALORES MOBILIÁRIOS. ALIENAÇÃO ONEROSA DE ACÇÕES AO PORTADOR. DATA DA TRANSMISSÃO PARA EFEITOS FISCAIS.

(Acórdão de 14 de Fevereiro de 2007)

SUMÁRIO:

No âmbito da vigência do regime dos arts. 326.°, 327.°, 337.° e 338.° do CSComerciais (disposições revogadas pelo DL n.° 486/99 de 13/11, que aprovou o Código dos Valores Mobiliários) e porque as formalidades previstas naqueles dois primeiros normativos são formalidades constitutivas essenciais (ad substanciam), relativamente a alienação onerosa de acções ao portador, fora da bolsa, a data de transmissão, incluindo para efeitos fiscais, é a indicada na "Declaração para cancelamento de registo de acções e efectivação de novo registo".

ACORDAM NA SECÇÃO DE CONTENCIOSO TRIBUTÁRIO DO TRIBUNAL CENTRAL ADMINISTRATIVO SUL:

RELATÓRIO

1.1. A Fazenda Pública recorre da sentença que, proferida pelo Mmo. Juiz do TAF de Almada, julgou procedente a impugnação deduzida por Joaquim Augusto Videira Correia Gois, com os sinais dos autos, contra a liquidação de IRS do ano de 1998 com o n.º 5323851615 no montante de € 271.747,30.

1.2. A recorrente fazenda Pública alega o recurso e termina formulando as Conclusões seguintes:

a) Em 17/6/97 foram adquiridas 1452 acções ao portador da sociedade Cunha & Branco – Distribuição alimentar, SA, pelo, aqui, impugnante;

b) Em 10/12/96 foi celebrado contrato promessa e venda das acções representativas da totalidade da respectiva participação no capital da sociedade Cunha & Branco, SA.

c) Em 17/6/97 foi realizada a escritura de aumento de capital da sociedade Cunha & Branco, SA, sendo o valor do aumento inteiramente realizado em dinheiro, mediante a emissão de acções a subscrever pelos novos sócios;

d) O último cheque emitido ao impugnante pela adquirente das acções é datado de 8/5/98;

e) Não consta que tenha havido atrasos no plano de pagamentos acordado, ou que o último cheque tenha sofrido algum percalço que obviasse ao seu pagamento;

f) A transmissão para efeitos fiscais (obtenção do ganho), operou-se em 8/5/98;

g) Assim, tais factos estão sujeitos a mais-valias, nos termos da alínea b) do n.º 2 do art. 10.º do CIRS;

h) Por não terem decorrido mais de 12 meses entre a data da aquisição e a data da alienação;

i) Não releva para efeitos de tributação, a data em que foi formalizada a transacção;

j) Já que a mesma só tem eficácia perante terceiros; para efeitos de legitimidade comercial e não para efeitos fiscais;

k) A data de 5/7/98 da apresentação do mod. 5 foi propositadamente escolhida para evitar a tributação;

l) Foi essa a afirmação da testemunha Dr. Francisco Martins, em sede de inquirição de testemunhas;

m) A entrega do mod. 5 legitima, apenas a transmissão comercial não coincidindo este conceito com a transmissão fiscal (conceito económico);

n) A transmissão, para efeitos fiscais, materializou-se com o último pagamento, que ocorreu em 8/5/98, antes de decorridos 12 meses sobre a data da aquisição das acções;

o) A Administração Tributária, fez uma correcta interpretação quanto ao enquadramento factual e legal da situação sub judicio;

p) O ganho obtido com a alienação onerosa dos títulos não se encontra excluído da tributação nos termos da alínea b) do n.º 2 do art. 10.º do CIRS;

Termina pedindo a procedência do recurso, a consequente revogação da sentença e a improcedência da impugnação.

1.3. O recorrido apresentou as suas contra-alegações e remata-as formulando as Conclusões seguintes.

a) O âmbito das presentes alegações apresentadas pela AF não incide sobre matéria de direito, dado que, conforme é dito nesse articulado, no artigo 4.º, "concorda-se com o raciocínio elaborado e vertido na Douta Sentença recorrida", pelo que, a substância do Recurso incide sobre o "caso" entendido como matéria de facto;

b) Só que, na análise da matéria de facto, pondo em crise a averiguação do Tribunal Central Administrativo, deveria respeitar-se o Código de Processo Civil, mormente, os pressupostos dos artigos 690.º-A, o n.º 2 do 522.º-C, em especial. Na ausência destes pressupostos, a averiguação de facto não pode ser consumada;

c) De todo o modo, os conceitos de transmissão fiscal e transmissão comercial de acções ao portador sustentados pela AF são subjectivos e desprovidos de qualquer apoio legal. O conceito aparente, similar ou exemplificativo, não pode ser aplicável no processo fiscal e tributário;

d) Acresce que doutrinariamente admitindo a distinção dos conceitos a transmissão fiscal é sucedânea do conceito de transmissão comercial. Essa depende desta, necessariamente;

e) Não havendo regulamentação excepcional ou individualizada, do conceito de transmissão fiscal das acções ao portador, sobrepõe-se necessariamente o que resulta do Código das Sociedades Comerciais, por Direito Comercial e Direito Civil, referenciando a este respeito as disposições provenientes dos artigos 326.º e seguintes do Código das Sociedades Comerciais (em vigor na data da transmissão) e 874.º e 875.º do Código Civil;

f) A transmissão de acções ao portador mais do que o pagamento do preço reconduz-se à efectiva entrega dos títulos, ao preenchimento do Mod. 5 e a existir, (como no caso em apreço) ao recibo de quitação, que ocorreram em 5/7/1998:

g) Efectivamente só na data que consta do Mod. 5 foram efectivamente preenchidas as condições de transmissão de propriedade dos títulos, bem como, se reconheceu a qualidade de accionista à adquirente, com base nessa transmissão.

h) Isto posto, facilmente se conclui que a alienação das acções ocorreu com a sua transmissão física acompanhada do Mod. 5. E porque o Mod. 5 foi entregue, é essa a data a ter em conta – e não aquela em que ocorreu o último pagamento – para efeitos de aplicação das regras das mais valias sobre participações sociais.

i) Como flui do confronto entre a data da aquisição fixada pela AF e a data da alienação das acções decorreram mais de doze meses, pelo que à transmissão aproveita o regime do art. 10.º n.º 2 al. b) do CIRS na redacção à data em vigor, não sendo assim devido qualquer imposto;

Termina pedindo a confirmação da sentença.

1.4. O MP emite parecer no qual sustenta que o recurso deve improceder.

Alega que, tal como se diz na sentença, efectivamente, nos termos do art. 327.º do CSComerciais as acções tituladas ao portador (como é o caso), se transmitem por acto entre vivos, com a entrega do título.

E como se refere no acórdão do Tribunal da Relação de Lisboa transcrito em

parte na sentença e em que cita João Salvado (Das Acções das Sociedades

Anónimas AAFDL, 1988) as formalidades dos arts. 326.º (transmissões das acções nominativas) e do art. 327.º, ambos do CSC, são formalidades constitutivas essenciais. Assim, no caso, a declaração entre as partes constitui uma formalidade essencial na transmissão das acções e por isso a data relevante para o efeito da transmissão é da respectiva declaração. Sendo que também nesta data foi emitido pelo recorrido o recibo de quitação relativamente à importância pelas acções alienadas.

Assim, tendo o recorrido detido as acções desde 17/ /6/97 (data do aumento do capital) até 5/7/98 (data da declaração modelo 5), ou seja mais de um ano, as mais valias obtidas não estão sujeitas a IRS nos termos da al. b) do n.° 2 do art. 10.° do CIRS.

1.5. Correram os Vistos legais e cabe decidir.

FUNDAMENTOS

2.1. A sentença julgou provados os factos seguintes:

1 – Em 10/12/1996 foi celebrado entre o impugnante na qualidade de promitente – vendedor e a sociedade JMR – Gestão de Empresas de Retalho, SGPS, SA, na qualidade de promitente – comprador, um contrato-promessa de compra e venda tendo por objecto acções da sociedade Cunha & Branco – Distribuição Alimentar, SA, como consta do documento de fls. 86/95 cujo teor se dá por integralmente reproduzido.

2 – Em 17/6/1997 foi outorgada no 4° Cartório Notarial de Lisboa a escritura de aumento de capital da sociedade Cunha & Branco – Distribuição Alimentar, Lda., para doze milhões quinhentos e dezoito mil escudos, sendo o valor do aumento inteiramente realizado em dinheiro, mediante a emissão de 7.518 de acções, no valor nominal de mil escudos cada uma, a subscrever pelos novos accionistas (cfr. fls. 73/75 cujo teor se dá por integralmente reproduzido).

3 – Em 5/7/1998 foi assinada pelo impugnante na qualidade de declarante transmitente (cuja assinatura foi reconhecida notarialmente) e a sociedade JMR – Gestão de Empresas de Retalho, SGPS, SA, na qualidade de declarante adquirente, a declaração mod. n.° 5 – declaração para cancelamento de registo de acções e efectivação de novo registo, relativamente a 1452 acções da sociedade Cunha & Branco – Distribuição Alimentar, SA, na qual declararam que em 5/7/1998 ocorreu a transmissão entre vivos dessas acções fora da bolsa a título oneroso, com o valor nominal total de 1.452.000$00, sendo o valor total de transmissão de 441.452.000$00 (cfr. documento de fls. 36 e 36/verso cujo teor se dá por integralmente reproduzido).

4 – Em 5/7/1998 foi emitido pelo ora impugnante o recibo de quitação no qual declara que recebeu de JMR – Gestão de Empresas de Retalho SGPS, SA a quantia de 163.952.000$00 (cfr. fls. 60).

5 – Na sequência de uma acção de inspecção ao ora impugnante foi elaborado o relatório de inspecção cuja correcção no montante de 2.194.710,70 € referente a mais-valias de IRS do ano de 1998 foi objecto de despacho concordante proferido em 10/9/2002 pelo Chefe de Divisão, por delegação do Director de Finanças de Setúbal (cfr. fls. 33 do processo administrativo em apenso).

6 – No relatório referido no ponto anterior consta do seu ponto III – 9 que "(...) as referidas 1452 acções transmitidas, não foram detidas pelo seu titular durante mais de 12 meses, tendo em conta que a data da aquisição das mesmas se reporta à data da escritura do aumento de capital, realizada em 17/06/1997, e a data da alienação corresponde à data do último cheque pago, em 08/05/98, pelo que o ganho obtido com a alienação onerosa não se encontrava excluído da tributação ao abrigo do n.° 2, alínea b) do art. 10.° do CIRS mas constitui sim uma mais-valia sujeita a tributação em sede de IRS nos termos do art. 10.° n.° 1 alínea b) do CIRS, ao tempo" (cfr. fls. 40 do processo administrativo).

7 – A mais valia de 440.000.000$00 (€ 2.194.710,70) foi calculada pela diferença entre o valor de aquisição – 1.452.000$00 (€ 7.242.55) e o valor de realização – 441.452.000$00 (€ 2.201.953,20) como consta de fls. 41 do processo administrativo em apenso).

8 – O ora impugnante exerceu o direito de audição alegando que a transmissão efectiva das acções apenas ocorreu em 5/7/1998, data em que os títulos foram fisicamente entregues à sociedade adquirente, preenchido o respectivo modelo n.° 5 e assinado o competente recibo de quitação, e não a data em que o cheque foi emitido (8/5/1998), e que face à natureza dos títulos representativos do capital social – acções ao portador – a aquisição só se consumou com a respectiva entrega dos títulos (cfr. fls. 42 do processo administrativo).

9 – A administração tributária face aos argumentos referidos no ponto anterior fez constar do relatório o seguinte "(...) o último pagamento efectuado com o cheque, emitido em 08/05/1998, no montante de 163.952.000$00, coincidiu com a celebração da compra e venda das acções, correspondendo deste modo, à concretização da operação, o que se encontra de acordo com o estabelecido no art. 10.°, n.° 3 do CIRS, e também no art. 885.° do Código Civil. Por outro lado, a declaração para cancelamento de registo das acções e efectivação de novo registo, acompanhada do respectivo recibo, emitido em 05/07/1998, não sobreleva o referido no ponto anterior" (cfr. fls. 43 do processo administrativo).

10 – Em 10/9/2002 foi preenchido o documento referente à alteração de rendimentos declarados para efeitos de IRS e nos termos do art. 65.°, n.° 4 do Código do IRS, tendo sido corrigido o valor da categoria G – Mais-Valias para o montante de € 2.194.710, 70 (cfr. fls. 69 do processo administrativo).

11 – Em 2/10/2002 foi efectuada a liquidação do IRS do ano de 1998 de que resultou imposto a pagar no montante de € 271.747,30 cuja data limite de pagamento ocorreu em 20/11/2002 (cfr. fls. 29 dos autos).

12 – Em 15/1 /2003 foi apresentada a petição de impugnação judicial de fls. 1/14 dos presentes autos.

2.2. Quanto a factos não provados a sentença exara que «Não existem factos relevantes para a decisão que importe registar como não provados.».

2.3. E em sede de fundamentação dos factos provados, a sentença refere: «A convicção do tribunal formou-se com base no teor dos documentos juntos ao processo acima expressamente referidos em cada um dos pontos do probatório bem como dos depoimentos das testemunhas, ouvidas em audiência de inquirição como consta da acta de inquirição de fls. 51/53.»

3. Enunciando como questão a decidir a de saber se o ganho resultante da transmissão das 1452 acções questionadas está, ou não, sujeito a tributação em IRS, a título de mais valias, a sentença respondeu negativamente.

E de acordo com a respectiva fundamentação, não há, no caso, incidência de tal imposto, dado que, tendo as ditas acções sido adquiridas em 17/6/1997, só vieram a ser transmitidas em 5/7/1998, ou seja, mais de um ano depois da aquisição, pelo que o ganho obtido estava excluído da tributação nos termos da al. b) do n.º 2 do art. 10.º do CIRS.

E é esta conclusão que a recorrente Fazenda Pública contesta no recurso.

4.1. Antes, porém, de entrarmos na apreciação de tal questão, importa apreciar uma outra.

É que, como resulta das Conclusões A e B das contra-alegações, o recorrido desde logo invoca (em sede de Questão Prévia – cfr. o segmento inicial do corpo das contra-alegações), que, no caso, a matéria de facto se encontra perfeitamente delimitada e, assim, se a Fazenda estende o recurso à matéria de facto, haveria de ser respeitado o prescrito no art. 690.º-A do CPC, nomeadamente, quando, face à decisão de facto se exige saber e conhecer:

i) Quais os concretos pontos de facto que se considera incorrectamente julgados;

ii) Quais os concretos meios probatórios constantes do processo, ou de registo, ou de gravação nela realizada, que impunham decisão sobre os pontos da matéria de facto impugnados diversos da recorrida; e,

iii) neste último caso, incumbiria à recorrente, sob pena de rejeição do recurso, indicar os depoimentos em que se funda por referência ao assinalado na acta, nos termos do disposto no n.º 2 do art. 522.º-C também do CPC.

Ou seja, não pode a recorrente apreciar o caso – matéria de facto – reproduzindo isoladamente e, particularmente, excertos, autonomizando-os do contexto em que foram proferidos e meras expressões sem qualquer indicação, deturpando inclusive o sentido que se lhes queria atribuir, nos termos do artigo 690.º-A do CPC.

E a recorrente deveria também, face ao prescrito no art. 664.º do CPC, indicar, especificamente, os factos articulados pelas partes, relativamente aos quais pretendia directamente que fossem apreciados;

Por isso, pretendendo a Fazenda recorrer da matéria de facto e não respeitando o que processualmente lhe é exigido, o recurso deve, desde logo, ser improcedente, antes mesmo de qualquer análise de direito ou de facto.

4.2. Ora, a respeito desta alegação, diremos, desde já, que o recorrido carece de razão legal.

É certo que nos termos do disposto no art. 690.º-A do CPC (redacção do DL 183/2000, de 10/8), o recorrente, quando impugne a decisão proferida sobre a matéria de facto, deve obrigatoriamente especificar, sob pena de rejeição, quais os concretos pontos de facto que considera incorrectamente julgados; quais os concretos meios probatórios, constantes do processo ou de registo ou gravação nele realizada (e, neste caso, indicar os depoimentos em que se funda, por referência ao assinalado na acta), que impunham decisão sobre os pontos da matéria de facto impugnados diversa da recorrida.

Todavia, no caso vertente, o que a Fazenda refere (nos arts. 5.º e 6.º das respectivas alegações), é que «Resultou bem claro da prova produzida, nomeada do depoimento das testemunhas que a entrega da mod. 5 e das acções que titulava só não foi entregue com o último pagamento efectuado em 08/05/98, por nesta data as acções detidas pelo impugnante não estarem na sua posse durante mais de 12 meses» e que «Foi esta afirmação claramente proferida pela testemunha Dr. Fernando Martins na parte final do seu depoimento.»

Ora, salvo o devido respeito, perante o teor desta alegação, não vemos que a Fazenda esteja a colocar em crise ou em questão aquelas afirmações da testemunha. O que pretende é, a elas atendendo, retirar uma conclusão de facto diferente daquela que retirou a sentença: ou seja, pretende concluir que só naquela data de 8/5/98, é que a transmissão para efeitos fiscais se materializou.

E tanto assim é que, também o recorrido, embora nas contra-alegações diga que houve deturpação do sentido das declarações do depoimento da testemunha, mas a efectiva transcrição do depoimento seria necessária para avaliar da matéria de facto que, efectivamente, se pretende reconduzir ao "caso", acaba, por um lado, por também não indicar qualquer depoimento gravado que infirme as conclusões da recorrente (cfr. n.º 3 do citado art. 690.º-A do CPC) e acaba, por outro lado, por também ele concluir (cfr. n.ºs 25 e 26 das contra-alegações) que «o negócio não foi seguramente nulo, antes perfeito e concluído na data mencionada no referido MOD. 5 e com a efectiva entrega das acções, nos termos aliás do que é aceite no artigo 5.º das Alegações, por referência ao depoimento testemunhal" e que o negócio de transmissão de acções não se confunde com o adiantamento, mesmo terminal, do preço das acções, se pedido e aceite pelas partes.

E, assim sendo, não se verifica, a nosso ver, incumprimento do ónus cometido ao recorrente pelo art. 690.º-A do CPC.

Improcede, pois, esta questão prévia suscitada pelo recorrido

5.1. Importa, então, apreciar a questão do alegado erro de julgamento por parte da sentença, quanto à questão do mérito do recurso, sendo que a questão a decidir é, precisamente, a de saber qual a data que deve ser considerada para efeitos de transmissão das 1452 acções aqui em causa.

Como se viu, a Fazenda sustenta que essa data é a do pagamento do último cheque (8/5/98), ao passo que o recorrido defende que a data é a de 5/7/98, data da declaração Modelo 5 (para efeitos de cancelamento do registo em favor do trasmitente e registo em favor do adquirente), onde quer o transmitente (ora recorrido) quer o adquirente declararam que nessa data ocorreu a transmissão das acções.

5.2. A sentença entendeu que a data relevante juridicamente é a constante da mencionada declaração,

E, a nosso ver, a sentença decidiu de acordo com a lei aplicável.

Na verdade, dispõe a al. b) do n.º 1 do art. 10.º do CIRS:

«I – Constituem mais-valias os ganhos obtidos que, não sendo considerados rendimentos comerciais, industriais, agrícolas ou de capitais, resultem de:

(...)

b) Alienação onerosa de partes sociais, incluindo a sua remição e amortização com redução do capital, e de outros valores mobiliários.»

E, o a al. b) do n.º 2 do mesmo artigo exclui desta regra de incidência as «Acções detidas pelo seu titular durante mais de 12 meses».

Ora, tal como consta da fundamentação da sentença, apesar de o pagamento da aquisição das acções ter ocorrido em 8/5/1998, este facto não é suficiente para que se afira da transmissão das acções, considerando que, apenas em 5/7/1998, foi preenchido a respectiva declaração Modelo 5.

É que, à data dos factos, a transmissão das acções ao portador encontrava-se regulada pelos arts. 326.°, 327.°, 337.° e 338.° do CSComerciais (disposições revogadas pelo DL n.° 486/99 de 13/11, que aprovou o Código dos Valores Mobiliários), sendo que as formalidades previstas naqueles dois primeiros normativos são formalidades constitutivas essenciais [no sentido de que estamos perante formalidades ad substanciam ver a doutrina (João Salvado – Das Acções das Sociedades Anónimas, AAFDL, 1988) e a jurisprudência (ac. da Relação de Coimbra, de 7/10/2004, rec. 2503), citadas na sentença].

Como ali se diz, «Em termos gerais, as acções tituladas ao portador, transmitem-se, por acto entre vivos, com a entrega do título (art. 327.° CSC e 101.° CVM. As acções nominativas, art. 326.° CSC e 102.° CVM) transmitem-se por declaração de transmissão, escrita no título e pelo pertence lavrado no mesmo e averbamento no livro de acções. E se a entrega ou a declaração de transmissão não ocorrer? Voltamos a citar Jorge Manuel Abreu (obra citada pag.371). «A doutrina portuguesa que tem curado da transmissão das acções tituladas (ao portador, sobretudo) contesta aquele resultado. A propriedade dos títulos transmitir-se-ia (entre vivos) por mero acordo de vontade, por contrato consensual entre cedente e cessionário (art. 408.° n.° 1 CC); a entrega (das acções ao portador), assim como as formalidades previstas para as acções nominativas, seriam tão-só requisitos de legitimação do adquirente para o exercício dos direitos sociais». Este o entendimento era seguido sobretudo no domínio do Código Comercial anterior, com o apoio do art. 168.° n.° 1. Foi o entendimento seguido pelo STJ no acórdão de 16 de Junho de 1972, (B. 218, 278) com anotação favorável de Vaz Serra, (Boletim trabalhos preparatórios sobre acções) segundo o qual «a propriedade das acções transmite-se para o autor por mero efeito do contrato». Hoje, face ao Código das Sociedades Comerciais e do regime do DL 408/82, aquele entendimento não encontra apoio, o que aliás é referido pelo autor citado quando diz:. «Não penso que seja assim. As acções – títulos (bem como as acções escriturais) estão sujeitas a regras próprias de circulação. E a lei marca ou acentua exactamente as especialidades dessa circulação. Omite (porque pressuposta) a necessidade do acordo entre as partes (circulação entre vivos) e explicita a necessidade da entrega ou da declaração de transferência escrita no título (acções tituladas) ou do registo em conta (acções escriturais). Estas formalidades são essenciais para que a transmissão das acções se efective. O mero acordo entre transmitente e transmissário produz efeitos entre as partes – mas não produz, por si só, a transmissão das acções».

A propósito, refere João Salvado (Das Acções das Sociedades Anónimas AAFDL, 1988) «A transmissão das acções, seja qual for a modalidade que revista, envolve a transferência da participação societária que elas representam, com todos os direitos e obrigações inerentes às acções transmitidas. É dessa transmissão que tratam os arts. 326.° e 327.° CSC. Não há no art. 326.° qualquer separação entre a titularidade e a legitimação necessária para o exercício dos direitos adquiridos seja perante terceiros seja perante a sociedade. As formalidades do art. 326.° são, pois constitutivas, essenciais para que se dê a transmissão da participação social ou das acções. E assim, o mero negócio de transferência sem ser acompanhado de tais formalidades, nem tem eficácia legitimadora nem eficácia translativa da titularidade (propriedade). As acções – títulos e a participação social continuarão a pertencer ao alienante. Isso mesmo resulta do art. 327.° ao separar-se aí sim a titularidade da legitimação (...) Optou-se pela natureza real do contrato quanto à constituição». De Brito Correia, extrai-se, quanto a esta questão o seguinte (D. Comercial 2° Vol.): «a transmissão de valores fora da bolsa só é válida quando se utilizar o modelo aprovado além da declaração do transmitente no título e do pertence, quanto às acções nominativas e da entrega real do título quanto às acções ao portador. Isto mostra que a transmissão de um negócio jurídico causal (compra e venda, doação etc.) para cuja validade se exige como requisito de forma «ad substantiam» a apresentação da declaração para registo. De qualquer modo, um negócio de transmissão de acções fora da bolsa sem a declaração para registo (ou depósito) não é válido (art. 26.° n.° 1 DL 408/82) mesmo que sejam entregues os títulos com ou sem pertence».

As acções em causa nos autos são, como vem provado, acções ao portador e estavam sujeitas ao regime de registo, tendo sido adquiridas pelo recorrido em 17/6//1997. E foram depois transmitidas, sendo que a última parte do respectivo pagamento ocorreu em 8/5/1998 e a data constante da declaração para cancelamento de registo de acções e efectivação de novo registo é de 5/7/1998.

Nesta data ainda estavam em vigor as normas dos citados arts. 326.°, 327.°, 337.° e 338.° do CSComerciais e o DL 408/82, de 29/9, o qual constituía diploma especial para efeitos do art. 331.° do CSComerciais, nos termos do disposto no art. 5.° do DL 262/86, que aprovou aquele, sendo que desse DLei relevam para a situação aqui em apreço, os seus arts. 1.°, n.ºs 1 e 2, 4° e 26° (transmissão fora da Bolsa), os quais eram aplicáveis ao caso.

Por isso, tendo em conta os factos provados e o disposto em qualquer das normas em causa, concorda-se integralmente com o decidido na sentença, nomeadamente quanto à interpretação jurídica que foi feita no sentido de que estamos perante formalidades ad substanciam e, como tal, a data de transmissão, incluindo para efeitos fiscais, é a indicada na "Declaração para cancelamento de registo de acções e efectivação de novo registo".

E, assim sendo, a transmissão aqui questionada ocorreu em 5/7/1998, pelo que, a esta data, já tinham decorrido os doze meses previstos no art. 10.°, n.° 2, al. b) do CIRS e, como tal, o ganho obtido encontra-se excluído da tributação.

Aliás, ainda que tivessem sido entregues os títulos ao comprador (art. 10.°, n.° 3 do CIRS), este não tinha quaisquer direitos sobre os mesmos, conforme resulta da conjugação das normas atrás indicadas, não sequer deles poderia fruir, ao contrário do que se passa com os imóveis que podem ser fruídos pelo comprador independentemente do título de propriedade, podendo, inclusive, tal tradição levar à usucapião.

Assim sendo, porque a como a AT não fez prova documental, com data certa, de que a transmissão das acções ocorreu em data anterior a 5/7/98, forçosamente se tem de ter como data da transmissão, incluindo para efeitos fiscais, a data que consta da citada "Declaração para cancelamento de registo de acções e efectivação de novo registo", conforme dispõe o art.° 26.°, n.° 3 do DL 408/82 de 29/9.

Refira-se, ainda, que neste mesmo sentido se decidiu no ac. de 12/12/2006, rec. n.° 00794/2005 (cujo texto, com a devida vénia, seguimos de perto, dado concordarmos com a fundamentação ali constante), no qual se discutia questão em tudo idêntica, conforme se vê de fls. 152 e sgts..

Improcedem, portanto, todas as Conclusões do recurso.

DECISÃO

Termos em que acordam, em conferência, os juizes da Secção de Contencioso Tributário deste Tribunal Central Administrativo Sul em, negando provimento ao recurso, confirmar a sentença recorrida.

Sem custas por delas estar isenta a Fazenda.

Lisboa, 14 de Fevereiro de 2007.

Casimiro Gonçalves
Ascensão Lopes
Gomes Correia

Recurso n.° 1459/06

CONTRA-ORDENAÇÃO FISCAL ADUANEIRA ART.° 35.° DO RJIFA.

(Acórdão de 23 de Janeiro de 2007)

SUMÁRIO:

I – Constitui contra-ordenação fiscal aduaneira, prevista no art.° 35.° do RJIFA, o comportamento negligente da arguida que declarou as viaturas de marca Hyundai, chassis KMFFD27FPYU446448, matrícula 14-81-PA, e KMFFD27FPYU437820, matrícula 28-28-PB, através das DVLVPL n.° 1999/538702 e 1999/392961, como sendo viaturas do tipo mercadorias (três lugares) quando as mesmas tinham de origem as características previstas no n.° 2 do art.° 2.° do Dec-lei 40/93 de 18/2, ou seja, eram furgões ligeiros de passageiros.

II – Não obsta a essa infracção o facto de a arguida ter posteriormente requerido a transformação dos veículos, sendo certo que a errada declaração aduaneira impediu a liquidação atempada dos direitos aduaneiros e demais encargos, sendo ainda certo que, não fora a actuação da Alfândega, ficariam por pagar aqueles impostos.

ACORDAM NA SECÇÃO DE CONTENCIOSO TRIBUTÁRIO DO TRIBUNAL CENTRAL ADMINISTRATIVO SUL:

1. E...– Importação de Automóveis, SA, com sede na Av[a] ..., veio recorrer da decisão do Mm.° Juiz do (então) Tribunal tributário de 1[a] Instância de Setúbal, que julgou improcedente o seu recurso da decisão proferida em 23/01.2001 pelo Director da Alfândega de Setúbal, que o condenou numa coima de 480.000$00, por infracção ao disposto no art.° 35.° do RJIFA, apresentando, para o efeito, alegações nas quais conclui:

1[a]) A recorrente provou às autoridades aduaneiras que liquidou e pagou o IVA sobre o valor do IA.

2[a]) Ao omitirem este facto induziram o douto Tribunal "a quo" em erro".

3[a]) As autoridades aduaneiras também sabiam que a a DGV só permite a transformação dos veículos depois de matriculados como veículos de passageiros;

4[a]) Além dos erros induzidos pelas autoridades aduaneiras, a douta sentença veicula erros de direito porquanto o IA é um imposto cujo facto gerador é a matricula;

5[a]) E esta é outorgada pela DGV em função da homologação do veículos como sendo de mercadorias;

6[a]) O registo das alterações após aceitação técnica da DGV são actos com relevância para efeitos de IA;

7[a]) Mas é o facto gerador do IVA já não é a importação, mas a venda da viatura;

8[a]) À semelhança do que acontece com as viaturas de origem comunitária matriculados por operadores registados, que liquidam o IA na Alfândega e o IVA no acto de venda.

Termos em que se requer seja revogada a douta sentença recorrida.

2. Em resposta ao recurso, o M.°P.° veio concluir:

1[a]) Sendo do seu conhecimento que os veículos importados eram veículos adaptados para circular como "ligeiros de passageiros", sobre a arguida impendia o dever de indicar tal característica nas respectivas DAU!s e DVL! s, de forma a que fossem liquidados correctamente o IVA e o IA;

2[a]) Ao emitir outras indicações sobre as características dos veículos, a arguida deu azo a uma incorrecta liquidação dos impostos devidos e uma menor arrecadação de receitas fiscais aquando da importação, facto que é proibido e punido por lei;

3[a]) Incorreu, assim, na prática de uma contra-ordenação, na forma negligente, p.e p., pelo art.° 35.°, n.° 1 e 5, do RJIFA, pelo que bem andou o Mmo. Juiz "a quo" ao manter a condenação na coima que foi aplicada pela autoridade aduaneira e

4[a]) Assim sendo deve ser julgado improcedente o recurso e manter-se a decisão condenatória proferida peio Mmo. Juiz " a quo".

3. Colhidos os vistos legais cabe agora decidir.

4. Com interesse para a decisão da causa foram dados como provados em 1[a] instância os seguintes factos:

a) Foi instaurado à recorrente o processo de contra-ordenação n.° 59/00, por a recorrente ter declarado as viaturas de marca Hyundai, chassis KMFFD27FPYU446448, matrícula 14-81-PA, e KMFFD27FPYU437820, matrícula

28-28-PB, através das DVLVPL n.° 1999/538702 e 1999/ /392961, como sendo viaturas do tipo mercadorias (três lugares) quando as mesmas tinham de origem as características previstas no n.° 2 do art.° 2.° do Dec-lei 40/93 de 18/2, ou seja, eram furgões ligeiros de passageiros.

b) Pelos mesmos factos foi instaurado o processo de contra-ordenação n.° 43/00, relativamente aos veículos 33-53-PA, 14-25-OX, 03-34-OZ, 74-12-OV, 93-08-OV, 14-73-PA, 40-05-OS, 39-96-OS, 83-81-OS, 40-06-OS.

c) Ficou por isso de liquidar esc: 459.993$00 de I. A. e esc; 78.200$00 de IVA por cada automóvel.

d) Os veículos identificados foram por lapso do fabricante exportados com um segundo banco e divisória já montados.

e) A recorrente não pretendeu enganar o Estado Português, agindo por mero lapso.

f) Por decisão do Director da Alfândega de Setúbal de 23/10/2001 foi a recorrente condenada na coima única de esc: 480.000$00 acrescido de 4.000$00 de custas.

5. Tal como resulta do n.° 1 do probatório, a recorrente declarou as viaturas de marca Hyundai, chassis KMFFD27FPYU446448, matrícula 14-81-PA, e KMFFD27FPYU437820, matrícula 28-28-PB, através das DVLVPL n.° 1999/538702 e 1999/392961, como sendo viaturas do tipo mercadorias (três lugares) quando as mesmas tinham de origem as características previstas no n.° 2 do art.° 2.° do Dec-lei 40/93 de 18/2, ou seja, eram furgões ligeiros de passageiros.

Alegou a recorrente perante o tribunal de 1ª instância, que os veículos em causa tinham sido indevidamente e por lapso do fabricante sul coreano exportados com um segundo banco e divisória, facto que ficou a constar do n.° 4 do probatório. Alegou ainda que, logo que constatado o lapso, apresentou pedido de transformação das viaturas e liquidou e pagou o IA adicional.

Refere ainda a recorrente que a alteração das características técnicas de uma viatura induz a liquidação adicional de IA, mas, no acto de importação, o tratamento fiscal dos veículos é irrelevante, uma vez que a taxa dos direitos aplicáveis aos veículos de ambas as categorias (mercadorias e passageiros) é a mesma.

Portanto, na perspectiva da recorrente, o seu comportamento não deve ser censurado, uma vez que não pretendeu furtar-se ao pagamento de qualquer imposto.

Entendimento diferente tem o M.°P.°, alegando que tendo a arguida conhecimento de que os veículos importados eram veículos adaptados para circular como "ligeiros de passageiros", sobre ela impendia o dever de indicar tal característica nas respectivas DAU!s e DVL! s, de forma a que fossem liquidados correctamente o IVA e o IA;

Ao emitir outras indicações sobre as características dos veículos, a arguida deu azo a uma incorrecta liquidação dos impostos devidos e uma menor arrecadação de receitas fiscais aquando da importação incorrendo, por isso, na prática de uma contra-ordenação, na forma negligente, p.e p., pelo art.° 35.°, n.° 1 e 5, do RJIFA.

5.1. Estabelecia o art.° 35.° do RJIFA, em vigor à data dos factos, que:

"A todo o facto que tenha por fim evitar, no todo ou em parte, o pagamento da prestação tributária aduaneira, tal como definida no art.° 2.° deste Regime Jurídico, ou fazer passar através das alfândegas ou delas retirar quaisquer mercadorias sem serem submetidas às competentes formalidades de desembaraço fiscal, ou mediante falsas indicação, será aplicável coima ..."

Nesta norma e tal como se refere no despacho de fls. 20, cabem, por isso, todos os casos de inexactidões na declaração aduaneira que possam determinar liquidação de prestação tributária inferior à legalmente devida.

Portanto, não está aqui em causa a existência de dolo, antes se pune a negligência por declarações inexactas que conduzam a prejuízo para o Estado.

E não se diga que, no caso concreto a recorrente pagou o que era devido, uma vez que sempre que uma prestação devida ao estado não é paga no momento legalmente estipulado, ocorre prejuízo decorrente do facto de o credor não ter podido dispor do seu crédito na data do vencimento.

E, no caso concreto, a conduta não deixa de ser censurável já que se lhe impunha declarar correctamente a mercadoria, não constituindo desculpa o lapso que atribui ao exportador.

Assim sendo, improcedem as conclusões das alegações e, em consequência, o recurso.

6. Nestes termos e pelo exposto nega-se provimento ao recurso, confirmando-se a decisão recorrida.

Custas pela recorrente fixando-se a taxa de justiça em duas UC.

Lisboa, 23 de Janeiro de 2007

Valente Torrão
Lucas Martins
Pereira Gameiro

Recurso n.° 00167/03

IMPUGNAÇÃO DE IRS. AJUDAS DE CUSTO. FALTA DE FUNDAMENTAÇÃO.

(Acórdão de 6 de Fevereiro de 2007)

SUMÁRIO:

I – Num universo de não se sabe quantos trabalhadores, dizer-se sobre eles que, *"alguns"* dos mapas, "nomeadamente" por falta da data da visita, a sociedade distribuía "aos seus trabalhadores" senhas, "quando os trabalhadores se deslocavam", "por vezes" ou "determinados trabalhadores", são afirmações de conteúdo tão vago e genérico que se fica sem saber se é muito ou pouco, mais ou menos pelo que para a clareza da decisão, deveria ter sido concretizada a situação do impugnante, a qual, como premissa do silogismo efectuado, deveria ter sido também indicada.

II – Impunha-se, para efeito de controle pelo destinatário sobre a veracidade dos fundamentos,

que, em relação a cada um dos trabalhadores, fossem concretizadas e quantificadas todas aquelas situações e se explicasse através duma exposição sucinta porque é que as mesmas justificavam as correcções. Doutro modo, não são explicados os fundamentos de facto e de direito da decisão que, assim, não é clara, não permitindo, através dos seus termos, que se apreendam com precisão os factos e o direito com base nos quais se decidiu, nem suficiente, por não possibilitar ao administrado um conhecimento concreto da motivação do acto, ou seja, as razões de facto e de direito que determinaram o órgão ou agente a actuar como actuou, e muito menos congruente, pois a decisão não constitui conclusão lógica e necessária dos motivos invocados como sua justificação, não envolvendo entre eles um juízo de adequação.

III – Suficientes têm de ser os fundamentos no sentido de aptos a dar a perceber o processo lógico e jurídico que levou à decisão consubstanciada no acto concretamente praticado. Daí que se deve ter como insuficiente a fundamentação só de facto ou só de direito, ou meramente conclusiva ou vagamente qualificativa de factos não expressamente indicados.

IV – Congruentes, ou não contraditórios, na terminologia da lei (cfr. n.° 3 do artigo 1.° do Decreto-Lei 256-A/77), significa que, relacionados com a concreta decisão tomada, a deduzir deles, os elementos fundamentadores se mostram logicamente aptos a que a decisão deles se extraia.

V – Perante o que se conclui que a decisão motivada nos termos descritos em I) não indica, com clareza e congruência, os elementos de facto e de direito que determinaram a liquidação.

VI – A fundamentação tinha de conter um esclarecimento concreto suficientemente apto para sustentar a decisão, não podendo assentar em meros juízos conclusivos ou em factos que os não suportam, sob pena de ficar prejudicada a compreensão da sua motivação e, consequentemente, qualquer das suas funções que são as de acautelar, por banda da Administração, a adequada reflexão na decisão a proferir e, por parte do administrado, uma opção esclarecida entre a aceitação e a eventual impugnação de uma tal decisão

ACORDA-SE, EM CONFERÊNCIA, NA SECÇÃO DE CONTENCIOSO TRIBUTÁRIO (2.ª SECÇÃO) DO TRIBUNAL CENTRAL ADMINISTRATIVO:

I – RELATÓRIO

1.1. Rodrigo Loureiro Morais Correia da Cunha, com os sinais identificadores dos autos, interpuseram recurso jurisdicional da decisão do Mmo. Juiz do TAF de Sintra, que julgou improcedente a presente impugnação judicial deduzida contra a liquidação de IRS do ano de 2001, concluindo assim as suas alegações:

1°) O acto tributário impugnado não está suficientemente fundamentado;

2°) Na verdade, meras e genéricas afirmações tais como "alguns" mapas de deslocações, sem referir ou indicar quais, não consubstancia uma correcta fundamentação;

3°) Do mesmo modo, indicação de que "por vezes" alguns mapas não têm a assinatura do trabalhador, consubstancia uma irregular fundamentação, por não se indicar quais os mapas e os valores em causa;

4°) A indicação de que "determinados" trabalhadores estariam no mesmo dia e na mesma hora em locais diferentes, consubstancia, também, uma fundamentação incompleta, por não se indicar se é o caso ou não do ora recorrente;

5°) Ao contrário, portanto, do que foi considerado na douta sentença recorrida, o acto tributário impugnado não está suficientemente fundamentado, sendo, portanto, ilegal;

6°) A douta sentença recorrida interpretou incorrectamente o art.° 2.° do CIRS, ao considerar como rendimentos de trabalho as ajudas de custo recebidas pelo recorrente, já que a circunstância de os trabalhadores receberem integralmente os subsídios de refeição num determinado quantitativo mensal, não põe em causa a natureza das ajudas de deslocação;

7°) Assim, a douta sentença deve ser alterada.

Termos em que entende que o presente recurso deve ser julgado procedente, anulando-se, na totalidade, a liquidação impugnada como é de Justiça.

1.2. Não houve contra-alegações.

1.3. O EPGA emitiu o seguinte parecer:

"A sentença recorrida não merece censura.

Com efeito, a fundamentação deve ser "sucinta" e evidenciar o raciocínio lógico que determinou as correcções efectuadas, tal como se refere na sentença.

Assim, a fundamentação em que se refere que "alguns" mapas, "por vezes" ou "determinados trabalhadores", é suficiente se remete para mapas onde essas situações se encontram concretizadas. Note-se, aliás, que no relatório onde essas expressões são usadas, são dados exemplos das situações evidenciadas nos respectivos anexos (fls. 49 do apenso).

Para a fundamentação ser suficiente não é necessário que dela constem todos os casos em que uma situação se verifica, mas apenas que a situação se verifica, remetendo para os documentos onde tal acontece.

Somos de parecer que o recurso não merece provimento."

1.4. Os autos vêm à conferência com dispensa de vistos.

II – FUNDAMENTAÇÃO:

2.1. DOS FACTOS:

Na sentença recorrida foi fixado o seguinte probatório:

Factos Provados

Da discussão da causa resultaram provados os seguintes factos com interesse para a sua decisão:

1 – O impugnante desempenhou funções na empresa "Brandia Creating – Design e Comunicação, S.A", no ano de 2001 – cfr art.° 1.° da P.I e relatório elaborado pela Inspecção Tributária de fls 18 a 23 do P.A.

2 – Na sequência de uma acção de inspecção efectuada à firma indicada em I, os serviços da Adm Fiscal corrigiram os rendimentos da categoria A declarados pelo impugnante na respectiva Declaração de Rendimentos , no montante de € 8.361,64, com base no Relatório elaborado por aqueles serviços, cujo conteúdo se

dá aqui por reproduzido, do qual consta, designadamente que "... as ajudas de custo e de compensação por utilização de viatura própria....são complementos de remuneração sujeitos a IRS, nomeadamente pelos seguintes factos:

– Alguns dos mapas itinerários apresentados não estão devidamente elaborados...pela falta da data de visita, o motivo da mesma e, por vezes, pela falta da assinatura do trabalhador;

– Mensalmente a sociedade distribuía aos seus trabalhadores "Senhas Euroticket", não efectuando qualquer correcção às ditas "ajudas de custo";

– Quando os trabalhadores se deslocam ao serviço da sociedade, ela suportava todas as despesas incorridas pelos mesmos – alimentação e estadas;

– Nos mapas de imobilizado da sociedade... tem no seu activo vários veículos de transporte...

– ...O valor do somatório das ajudas de custo com o da compensação por utilização de viatura própria é sempre idêntico, excepto a de dois meses em que é aproximadamente o dobro;

f) ...Os documentos de suporte de diversas despesas contabilizadas... constatamos que determinados trabalhadores estariam no mesmo dia e na mesma hora em locais diferentes". – cfr ponto III do Relatório, a fls 20 e 21 do P.A apenso; e documento de Correcção de fls 30 a 37 do P.A. apenso

3 – Do relatório efectuado à empresa em que o impugnante exerceu a sua actividade, cujo conteúdo se dá aqui por reproduzido, consta o seguinte:

III – 5.6 Ajudas de Custo e Compensação pela deslocação em viatura própria...

Alguns destes custos não se encontram devidamente documentados, nomeadamente com a falta de assinatura... ... (a sociedade) adquiria mensalmente " senhas Euroticket"... as quais distribuía aos seus trabalhadores em igual montante... ...Por outro lado quando os trabalhadores se deslocavam ao serviço da sociedade, ela suportava todas as despesas incorridas pelos mesmos – alimentação e estadas.... ...Tendo em conta os documentos de suporte das despesas... (Anexo XII)... (Anexo XIV)... (Anexo XVI)... (Anexo XVIII)... (Anexo XIX)... (Anexo XX)... (Anexo XXI)... (Anexo XXIII)... (Anexo XXV).. (Anexo XXVII)...". – Cfr Relatório da I.T. a fls 43 a 51 v. do P.A. apenso.

4 – Em 13.12.2005, foi elaborado a nota de liquidação n.º 4004473552 que procedeu à liquidação adicional de imposto ao impugnante com base na alteração do rendimento colectável referido em 2. – cfr Doc. de fls 23 e 24 e Nota de Liquidação de fls 27, dos autos.

5 – Em 23.01.06 o impugnante efectuou o pagamento do imposto em falta resultante da liquidação referida em 4. – cfr Doc. de Cobrança de fls 18 dos autos.

* *

Factos Não Provados

Dos factos com interesse para a decisão da causa e constantes da impugnação, todos objecto de análise concreta, não se provaram os que não constam da factualidade supra descrita.

* *

Motivação da decisão de facto

A decisão da matéria de facto efectuou-se com base no exame dos documentos e informações oficiais, não impugnados, que dos autos constam, tudo conforme referido a propósito de cada uma das alíneas do probatório.

2.2. DA APLICAÇÃO DO DIREITO AOS FACTOS

Atenta a factualidade apurada e aquelas conclusões que delimitam o objecto do recurso, a questão que logra prioridade na sua apreciação no presente recurso é a da falta de fundamentação do acto tributário **(conclusões 1 a 5).**

Sintetizando o conteúdo das pertinentes conclusões:

Meras e genéricas afirmações tais como "alguns" mapas de deslocações, sem referir ou indicar quais, não consubstancia uma correcta fundamentação.

Do mesmo modo, indicação de que "por vezes" alguns mapas não têm a assinatura do trabalhador, consubstancia uma irregular fundamentação, por não se indicar quais os mapas e os valores em causa;

Por fim, a indicação de que "determinados" trabalhadores estariam no mesmo dia e na mesma hora em locais diferentes, consubstancia, também, uma fundamentação incompleta, por não se indicar se é o caso ou não do ora recorrente.

E, na verdade, o que se apura nos autos, foi que, como flui do relatório da Inspecção Tributária que é fundamento da liquidação impugnada, a AT considerou que o impugnante recebeu da empresa de que era trabalhador ("Brandia Creating – Design e Comunicação, S.A.) "a título de "ajudas de custo" o valor de €2.172,28 e/ou de "compensação por utilização de viatura própria" no montante de €6.189,36".

Segundo o dito relatório, essa constatação resultou de "uma acção inspectiva externa ao exercício de 2001", à referida sociedade, entidade patronal do impugnante, no âmbito da qual " apesar da denominação que lhes foi atribuída, ficou provado, (...), que estes montantes são complemento de remuneração sujeita a IRS nos termos do n.º 2 do art.º 2.º do Código do Imposto sobre o Rendimento de Pessoas Singulares", porquanto:

"... – alguns dos mapas itinerários apresentados não estão devidamente elaborados, nomeadamente pela falta da data da visita, o motivo da mesma e, por vezes, pela falta da assinatura do trabalhador;

– mensalmente a sociedade distribuía aos seus trabalhadores "Senhas Euroticket" na importância de €120,71 (24.200$00 não efectuando qualquer correcção às ditas "ajudas de custo";

– quando os trabalhadores se deslocavam ao serviço da sociedade, ela suportava todas as despesas incorridas pelos mesmos – alimentação e estadas;

– nos mapas de imobilizado da sociedade, constatamos que a mesma tem no seu activo vários veículos de transporte, pelo que se questiona qual a necessidade de todos os trabalhadores da empresa necessitar de utilizar a sua própria viatura quando se "deslocavam" em serviço da empresa;

– verificamos ainda que o valor do somatório das "ajudas de custo" com a "da compensação por utilização de viatura própria" é sempre idêntico, excepto a de dois meses (Dezembro e outro, nomeadamente quando o trabalhador recebe o subsídio de férias) em que é aproximadamente o dobro;

– por fim, tendo em conta os documentos de suporte de diversas despesas contabilizadas, em comparação com o mapa de ajudas de custo e folha de km em viaturas próprias apresentadas, constatamos que determinados trabalhadores estariam no mesmo dia e na mesma hora em locais diferentes".

Com base nessa fundamentação, conclui a AT "...que foram omitidas à tributação os rendimentos acima referidos (ajudas de custo e/ou compensação por utilização de viatura própria) pelo valor global de € 8.361,64".

Para o M.º Juiz «a quo», consistindo a fundamentação na sucinta exposição dos fundamentos de facto e de direito que sustentam o acto – cfr n.º 1, do art.º 77.º da LGT, no relatório da I.T a que se refere o ponto 2 do probatório, está devidamente evidenciado o raciocínio lógico que determinaram as correcções efectuadas, tendo o impugnante compreendido cabalmente o sentido daquelas correcções e delas discordando e pronunciando-se expressamente quanto aos motivos daquela alteração efectuada com base em diferente qualificação daqueles montantes por si recebidos.

Posição secundada pelo EPGA para quem a fundamentação deve ser "sucinta" e evidenciar o raciocínio lógico que determinou as correcções efectuadas, tal como se refere na sentença pelo que, a fundamentação em que se refere que "alguns" mapas, "por vezes" ou "determinados trabalhadores", é suficiente se remete para mapas onde essas situações se encontram concretizadas, fazendo notar que no relatório onde essas expressões são usadas, são dados exemplos das situações evidenciadas nos respectivos anexos (fls. 49 do apenso). Enfim, para o EPGA, para a fundamentação ser suficiente não é necessário que dela constem todos os casos em que uma situação se verifica, mas apenas que a situação se verifica, remetendo para os documentos onde tal acontece.

Ora, a nosso ver, o acto impugnado está inquinado do vício de insuficiência de fundamentação pois a entidade decidente estava obrigada a fundamentar a sua decisão mas as razões aduzidas são de tal forma vagas, indeterminadas e desmotivadas que não determinam um acto que se possa considerar como verdadeiramente fundamentado.

Na verdade, os factos tidos em conta na inspecção à entidade patronal do impugnante não são de molde a escusar a entidade decidente a fundamentar a sua decisão de apreciar toda a concreta situação do contribuinte, sendo que a fundamentação do acto constitui formalidade exigível e a sua preterição é fundamento de impugnação.

A lei (art. 124.º CPA e na especialidade, o art.º 77.º da LGT) estabelece o dever de fundamentação dos actos administrativos, que «deve ser expressa, através de sucinta exposição dos fundamentos de facto e de direito da decisão» (art. 125.º, n.º 1 CPA; art.º 77.º da LGT).

A fundamentação é um conceito relativo, que varia em função do tipo legal de acto administrativo, exigindo-se que, perante o itinerário cognoscitivo e valorativo constante daquele acto, um destinatário normal possa ficar a saber porque se decidiu em determinado sentido vd. acórdãos do Pleno desta 1ª Secção, de 28.5.87 e 11.5.89, citados pelos Cons. S. Botelho, P. Esteves e C. Pinho, in CPA Anot. e Com., 5ª ed., 715., assegurando-se a dupla finalidade, visada pela lei e pela própria Constituição (art. 268.º, n.º 3), de acautelar, por banda da Administração, a adequada reflexão na decisão a proferir e, por parte do administrado, uma opção esclarecida entre a aceitação e a eventual impugnação de uma tal decisão vd. acórdão do Pleno, de 21.3.91 (R.º 24555), in AA. e Loc. cit., 719.

No caso sujeito ao veredicto do tribunal, o acto impugnado, como bem demonstra o impugnante na p.i., está justificado em na referência a que "alguns dos mapas itinerários apresentados não estão devidamente elaborados".

Como questiona o impugnante, não é fundamentação legalmente aceitável a referência a "Alguns dos mapas" pois era exigível que, de modo expresso, claro e inequívoco se demonstre que em relação a este específico contribuinte, houve deslocações (concretamente, quais) em relação às quais há mapas (concretamente, quais) que não estão devidamente elaborados.

E, ainda na esteira do impugnante, "Alguns dos mapas" não é fundamento suficiente, até porque, da frase em causa, se retira a óbvia conclusão de que em relação a alguns mapas estão eles correctamente elaborados, sendo certo que a Administração Fiscal considerou rendimento tributável todas as quantias pagas a título de "ajudas de custo".

O mesmo se diga quanto à afirmação de que – "por vezes", nos ditos mapas, há falta de assinatura do trabalhador; cumpria referir quantas, quais e que valores estão em causa estavam em causa, porque sem isso, para um destinatário normal, não são apreensíveis as razões porque se decidiu no sentido assumido pela entidade decidente e não noutro.

Acresce que a AT aduziu que "mensalmente a sociedade distribuir aos seus trabalhadores "Senhas Euroticket" na importância de €120,71 (24.200$00, não efectuando qualquer correcção às ditas ajudas de custo". Mas, como bem diz o impugnante, para além de se encontrar um patente erro quantitativo, já que €120,71 não são 24.200$00, ficando, portanto, por saber, qual é efectivamente o montante distribuído, a verdade é que não é feita prova – e é a Administração Fiscal que incumbia fazê-lo – se ao impugnante também eram distribuídas as tais "senhas Euroticket", sendo certo, como a própria Administração Fiscal reconhece, que a provar-se essa entrega das referidas senhas, a consequência, seria, quando muito, abater ao valor recebido como ajudas de custo, o valor dessas senhas.

Ora, em contradição com o seu próprio entendimento, o que a Administração Fiscal fez, foi apenas e só, desqualificar, na totalidade, as ajudas de custo e tributá-las integralmente.

Também não está legalmente fundamentada uma correcção ao rendimento tributável e, concomitantemente, à liquidação adicional, baseado em afirmações genéricas, tais como "quando os trabalhadores se deslocavam ao serviço da sociedade, ela suportava todas as despesas incorridas pelo mesmo – alimentação e estadias".

Tem razão o impugnante quando na sua p.i. pergunta: "Os trabalhadores" – todos? Alguns? E, no que ao caso concreto interessa, o impugnante? Ao impugnante a entidade patronal pagava as despesas incorridas nas deslocações? Como? Porque meios?

O mesmo se diga quanto à correcção ao rendimento tributável fundada em afirmações de que a entidade patronal "tem no seu activo vários veículos de transporte, pelo que se questiona a necessidade de todos os trabalhadores da empresa necessitar de utilizar a sua própria viatura quando se" deslocavam "em serviço da empresa".

Também aqui são pertinentes as interrogações do impugnante: Todos os trabalhadores? E que tem o impugnante a ver com isso – o que interessa, é a demonstração da "verificação dos requisitos que lhe [à Administração Fiscal] permitem alterar o rendimento colectável declarado, ou seja, demonstrar que os montantes recebidos pelo contribuinte da sua entidade patronal a título de ajudas de custo não reúnem as características essenciais deste" (cf. Acórdão do Tribunal Central Administrativo Norte, n.º 145/04, de 24/2/2005).

Se há "vícios" em relação a outros trabalhadores, eles não são "contamináveis" – o que esta em causa é o impugnante e a natureza dos quantitativos que auferiu.

Por fim, em pleno acordo com o impugnante, também é um exemplo de.... "não fundamentação" a afirmação de que "constatamos que determinados trabalhadores estariam no mesmo dia e na mesma hora em locais diferentes", com base em documentos de suporte de diversas despesas contabilizadas, em comparação com o mapa de ajudas de custo e folhas de km em viatura própria apresentadas.

Ora, salvo melhor opinião, face ao teor da decisão nos segmentos transcritos, entendemos que a mesma está insuficientemente fundamentada pois que, qualquer destinatário normal colocado na situação do destinatário, não perceberia as razões que levaram o órgão a decidir como decidiu.

Com efeito, num universo de não se sabe quantos trabalhadores, dizer sobre eles que,***"alguns"*** dos mapas, **"nomeadamente"** por falta da data da visita, a sociedade distribuía **"aos seus trabalhadores"** senhas, "**quando os trabalhadores se deslocavam", "por vezes"** ou **"determinados trabalhadores",** enfim todas as afirmações que ficaram supra transcritas, salvo o devido respeito, é tão vago e genérico que se fica sem saber se é muito ou pouco, mais ou menos) a clareza da decisão, a qual, como premissa do silogismo efectuado, deveria ter sido também indicada.

Impunha-se, para efeito de controle pelo destinatário sobre a veracidade dos fundamentos, que, em relação a cada um dos trabalhadores, fossem concretizadas e quantificadas todas aquelas situações e se explicasse através duma exposição sucinta porque é que as mesmas justificavam as correcções. Doutro modo, não são explicados os fundamentos de facto e de direito da decisão que, assim, **não é clara**, não permitindo, através dos seus termos, que se apreendam com precisão os factos e o direito com base nos quais se decidiu, **nem suficiente**, por não possibilitar ao administrado um conhecimento concreto da motivação do acto, ou seja, as razões de facto e de direito que determinaram o órgão ou agente a actuar como actuou, **e muito menos congruente**, pois a decisão não constitui conclusão lógica e necessária dos motivos invocados como sua justificação, não envolvendo entre eles um juízo de adequação.

Suficientes têm de ser os fundamentos no sentido de aptos a dar a perceber o processo lógico e jurídico que levou à decisão consubstanciada no acto concretamente praticado.

Daí que se deve ter como insuficiente a fundamentação só de facto ou só de direito, ou meramente conclusiva ou vagamente qualificativa de factos não expressamente indicados.

Congruentes, ou não contraditórios, na terminologia da lei (cfr. n.º 3 do artigo 1.º do Decreto-Lei 256-A/77), significa que, relacionados com a concreta decisão tomada, a deduzir deles, os elementos fundamentadores se mostram logicamente aptos a que a decisão deles se extraia – cfr. Acórdão do TCA de 25/11/03, no Recurso n.º 4898/01.

Perante o que se conclui que a decisão não indica, com clareza e congruência, os elementos de facto e de direito que determinaram a liquidação.

A fundamentação tinha de conter um esclarecimento concreto suficientemente apto para sustentar a decisão, não podendo assentar em meros juízos conclusivos ou em factos que os não suportam, sob pena de ficar prejudicada a compreensão da sua motivação e, consequentemente, qualquer das suas funções.

É por demais evidente que da exposição de motivos aduzidos pela entidade decidente não ficou o impugnante, nem o tribunal, a saber o porquê de tal decisão já que não esclarece as razões de facto e de direito que determinaram aquela.

A fundamentação do acto administrativo tem como escopo fundamental evitar tratamento discriminatório e a permissão do administrado do uso correcto de todos os meios processuais de defesa em relação à Administração, defesa essa que só é susceptível de ser bem sucedida se àquele for dada a conhecer a razão de ser do procedimento tomado e que ao caso se ajuste.

Significa que para não foram pela entidade decidente apontados os motivos que em base coerente e credível serviram de suporte do acto de que visam ser fundamento e que o seu destinatário não ficou em condições de entender porque razão a entidade decidente actuou daquela forma e não de outra.

Em consonância com o ponto de vista atrás afirmado e porque no n.º 2 do art.º 125.º do CPA, se faz equivaler à falta de fundamentação a adopção de fundamentos que, por **obscuridade, contradição ou insuficiência,** não esclareçam concretamente a motivação do acto o que vai contra quer o art.º 1.º, n.º 1 do próprio diploma, quer o art.º 268.º da Constituição da República, em termos de se considerar preterida uma formalidade essencial, teremos de concluir que o acto recorrido não se encontra claramente suportado pelos elementos de facto e de direito como o revela a materialidade que deflui dos autos.

Na verdade, a fundamentação do acto recorrido não está vazada em termos claros, suficientes e congruentes sobre o motivo determinante da graduação, sendo que para um destinatário normal não se sabe ao certo em que situação concretamente se encontrava o impugnante.

Todavia, o processo gracioso tem por fim a descoberta da verdade material relativa aos factos; nele, os particulares intervêm na produção das provas, no cumprimento de um dever de colaboração; é conduzido pela Administração que nele enverga as roupagens de órgão de justiça e de parte imparcial; desenvolve-se segundo um princípio contraditório; e culmina com a prática de um acto estritamente vinculado, que traduz um juízo subsuntivo de aplicação da lei, em muitos pontos semelhante à sentença de um tribunal.

Por isso mesmo se considerou no Acórdão do Tribunal Constitucional de 24/7/84, publicado no BMJ 354.º-229, que a fundamentação tem de ser ***clara***, ***suficiente***, ***congruente*** e ***exacta*** de modo a permitir a reconstituição do itinerário cognoscitivo e valorativo seguido pelos seus autores, sob pena da verificação de vício de forma recondutível a preterição de formalidade essencial prevista na lei.

Daí que na fundamentação terá de existir o mesmo nexo lógico que entre as premissas de um silogismo e a sua conclusão.

No caso concreto e face ao que se provou, estamos, manifestamente, ***perante «fundamentação que não é fundamentação»***, o que vale por dizer que a fundamentação aduzida não só não é clara nem concisa como também não é suficiente para determinar e tornar eficaz o próprio acto pois não é compreensível a declaração fundamentadora à luz de um juízo de normalidade.

Face a este quadro, dúvidas não sobram de que este discurso fundamentador padece dos vícios que se lhe apontaram indistinção, confusão, dúvida, obscuridade, ambiguidade, incongruência, sendo uma declaração externadora eivada de ilógicidade, incoerência, insensatez, não justificativo dos motivos da decisão que dele se apropriou.

Face a um tal desiderato, teremos de concluir que um declaratário normal, posto perante a declaração fundamentadora e o acto administrativo nela suportado, dificilmente capta o «iter» funcional, cognoscitivo e valorativo do seu autor.

Ora, como *"ex-abundantis"* se demonstrou, a fundamentação do acto impugnado, é manifestamente insuficiente, obscura e contraditória, pelo que este viola o disposto nos artigos 268.°, n.° 3, da Constituição da República, 125.° do Código do Procedimento Administrativo, devendo ser anulado.

* *

Termos em que procedem as conclusões de recurso sob análise, prejudicado ficando o conhecimento do outro fundamento.

3 – DECISÃO

Termos em que acordam os Juízes deste TCA em conceder provimento ao recurso, revogar a sentença recorrida e julgar procedente a impugnação determinando, e consequência, a anulação do acto tributário impugnado.

Custas pela recorrida.

Lisboa, 06 de Fevereiro de 2007.

Gomes Correia
Eugénio Sequeira
Ascensão Lopes

Recurso n .° 1582/07

IMPUGNAÇÃO JUDICIAL DA FIXAÇÃO DE VALORES PATRIMONIAIS. TAXA DE ESGOTOS.

(Acórdão de 6 de Janeiro de 2007)

SUMÁRIO:

I – O conceito de valor patrimonial é equivalente ao de valor tributário, o qual é determinado segundo as regras constantes do Decreto-lei n.° 442-C/88, de 30 de Novembro cujos artigos 8.° e 9.° mandavam aplicar as normas do Código da Contribuição Predial e do Imposto sobre a Indústria Agrícola (CCPIIA) à organização das matrizes e às avaliações dos prédios.

II – Assim, a taxa de conservação de esgotos apenas poderá ser liquidada em relação a prédios devidamente inscritos na matriz predial e avaliados segundo as regras constantes do CCPIIA.

III – Os actos de avaliação ou de fixação de valores patrimoniais constituem actos pressupostos do acto final de liquidação, sendo susceptíveis de impugnação contenciosa autónoma, nos termos do disposto no artigo 134.° do CPPT.

IV – Porém, só os actos relativos à segunda avaliação são contenciosamente impugnáveis, dado o disposto no artigo 134.°, n.° 7 do CPPT e, fluindo dos autos que a impugnante não foi atempadamente notificada, no âmbito do procedimento da avaliação, do resultado da 1.ª avaliação por forma a poder requerer uma 2.ª avaliação, ao abrigo do disposto no artigo 279.° do CC Predial e que tal notificação apenas teve lugar após dedução da reclamação graciosa cuja decisão ora se impugna, notificação essa que, aliás, veio a ser posteriormente anulada, daqui decorre que, não tendo sido notificada da 1.ª avaliação, ficou a impugnante impossibilitada de contra ela reagir, esgotando os meios graciosos (requerendo uma 2ª avaliação) e, eventualmente, de impugnar contenciosamente a decisão final do procedimento de avaliação.

V – Não tendo sido notificado o acto de avaliação, o mesmo não era definitivo, pelo que não podia servir de base à inscrição matricial e à questionada liquidação da taxa de conservação de esgotos.

VI – Não tendo sido notificado o acto de avaliação, o mesmo não era definitivo, pelo que não podia servir de base à inscrição matricial e à questionada liquidação da taxa de conservação de esgotos.

VII – E a preterição da formalidade prevista no artigo 278.° do CCPIIA, inquinando o procedimento de avaliação, tem repercussão sobre o impugnado acto de liquidação, inquinando-o do mesmo vício e, consequentemente, sobre o indeferimento da reclamação graciosa.

ACORDA-SE, EM CONFERÊNCIA, NA SECÇÃO DE CONTENCIOSO TRIBUTÁRIO (2.ª SECÇÃO) DO TRIBUNAL CENTRAL ADMINISTRATIVO:

1. A CÂMARA MUNICIPAL DE LISBOA, com os sinais identificadores dos autos, recorreu da sentença do Mmº Juiz do TAF de Lisboa que, na impugnação judicial que **a DIRECÇÃO – GERAL DO PATRIMÓNIO,** deduziu na sequência do indeferimento da reclamação graciosa do acto referente ao pagamento da taxa de conservação de esgotos do ano de 2000, no montante de Euros 13.680,29, referente ao imóvel denominado Antigo Hospital de Arroios sito na Rua António Pereira Carrilho, Av. Almirante Reis e Rua Quirino da Fonseca, julgou a mesma improcedente, formulando as seguintes conclusões:

1ª – A douta decisão em apreço ao ter atendido sobretudo à questão da inscrição na matriz e avaliação do imóvel, que embora relacionada com factos pressupostos da liquidação da taxa de conservação de esgotos, não é o objecto da impugnação em causa, lavrou em erro de julgamento.

2ª – O acto de avaliação e de inscrição do imóvel na matriz insere-se num procedimento próprio a que é alheio o recorrente, por se tratar de uma relação jurídica em que são sujeitos a recorrida e a Direcção Geral de Finanças.

3ª – A liquidação da taxa referia-se ao ano de 2000, data em a recorrida era proprietária do imóvel em causa.

4ª – A sentença em causa, desconsiderou a situação de a recorrida, ter apresentado duas reclamações distintas, após ter deixado de ser proprietário do imóvel, em Julho e Setembro de 2002, em que, numa arguiu a nulidade da inscrição matricial e na outra invocou a ilegitimidade para requerer uma segunda avaliação do imóvel.

5ª – Quer num caso, quer noutro teria um interesse legalmente protegido, decorrente de ter sido com base na inscrição matricial e avaliação do imóvel que foi calculada a taxa de esgotos em causa, que lhe é imputada,

6ª – Se a recorrida entendeu não exercer um direito para o qual tinha legitimidade, a recorrente não pode de modo algum ser prejudicada, sonegando-lhe a contrapartida que perante a Lei tem direito, a saber, o custo da taxa de conservação de esgotos, que efectivamente prestou.

7ª – Caso se entendesse que o prédio não estava devidamente inscrito na matriz predial, o que se contesta, e devendo haver lugar a reavaliação, a recorrida deveria ter exercido esse direito, e assim poderia invocar a suspensão de instância com fundamento em causa prejudicial nos termos do art.° 279.° do CPC.

8ª – Igualmente a sentença não apreciou o facto de a recorrida ter atribuído um valor ao imóvel, em 31 de Julho de 1992 através do ofício n.° 17 026 da Impugnante, dirigida ao Director das Finanças do Distrito de Lisboa, no qual propunha que o seu imóvel fosse avaliado em 2 000 000 000$00 (Doc. n.° 2 que se protesta juntar).

9ª – Ora, a avaliação proposta pela Repartição de Finanças do 4° Bairro Fiscal foi substancialmente inferior, de 1 097 061 120$00, sob o qual o recorrente procedeu ao cálculo da taxa de conservação de esgotos, correspodendo a 0,25% daquele valor, nos termos dos arts. 75.° e 77.° do Edital n.° 76/96 de 13 de Agosto.

10ª – A recorrida reclamaria de um valor substancialmente inferior ao por si proposto, que acaba por lhe ser manifestamente vantajoso, pois a taxa em causa neste contexto é francamente menor se tivesse sido calculada sob o valor por si proposto de 2 000 000 000$00.

11ª – E, a sentença em causa não retirou as consequências do facto de a recorrida ter conhecimento oficial que o imóvel se encontrava inscrito na matriz desde Outubro de 1994, sob o artigo 2032, o que se prova por dois dados alegados e demonstrados:

a) o requerimento apresentado em 24 de Novembro de 2000, no Processo Administrativo n.° 105/02 da 4ª Repartição de Finanças, foi requerida a alteração da rectificação da área, o que implicaria a alteração da matriz existente e que não foi posta em causa em momento algum (Doc. n.° 1 que se protesta juntar);

b) o auto de arrematação de 18 de Dezembro de 2001, que demonstra que foi com base nessa mesma inscrição que efectuou a venda em hasta pública (vide fls. 11 e facto dado por provado a fls. 85 da douta sentença).

12ª – Apesar da notificação do acto de avaliação não ter ocorrido enquanto a recorrida ainda era proprietária, a verdade é que, havendo conhecimento oficial do mesmo, o pressuposto da eficácia do acto verificou-se cumprido.

13ª – Não está em causa a legalidade da liquidação da taxa de conservação de esgotos, a qual, apesar de ser o objecto dos autos acaba completamente descurado e não foi sequer julgada, pois o facto tributário, consubstanciado no facto de o imóvel à data de 21 de Dezembro de 2000 ser propriedade da recorrida e se encontrar ligado à rede de esgotos, é insofismável.

14ª – Aliás, a decisão considera que a liquidação baseou-se na inscrição e avaliação constantes da matriz, "(...) ainda que válida (...)", donde se conclui que o acto tributário assim calculado não padece de qualquer invalidade.

15ª – A validade da inscrição e avaliação serviu à recorrida para efectuar o negócio, mas in casu não serve para proceder ao pagamento de uma taxa cuja omissão causa empobrecimento para o recorrente, e logicamente enriquecimento para a recorrida.

16ª – A sentença proferida padece de omissão de pronúncia, bem como de erro de julgamento, pelo que, deverá ser revogado e substituída por outra que julgue improcedente a impugnação deduzida e mantenha na ordem jurídica o acto tributário.

Termos em que entende que deverá ser declarado procedente o presente recurso e revogada a sentença recorrida por erro de julgamento e omissão de pronúncia, e substituída por outra que mantenha na ordem jurídica o acto tributário em causa, assim se fazendo a devida justiça do caso.

Requer ainda que, para apuramento da verdade dos factos, que seja oficiada a 4a Repartição de Finanças, para proceder à junção do Processo Administrativo n.° 105/02 a titulo devolutivo.

Contra-alegou a recorrida, extraindo as seguintes Conclusões:

A) A taxa de conservação de esgotos só pode ser liquidada em relação a prédios devidamente inscritos na matriz predial e avaliados segundo as regras constantes no art.° 278.° do CCPIIA

B) Nos termos do art.° 64.°, n.° 1 do CPT (art.° 36.° n.° 1 do CPPT) os actos em matéria tributária que afectam direitos e interesses legítimos – nomeadamente a avaliação – só produzem efeitos em relação aos contribuintes quando lhes sejam validamente notificados.

C) O acto de avaliação relativo ao imóvel urbano correspondente ao antigo Hospital de Arroios em Lisboa não foi devidamente notificado pelo que este não era definitivo nem podia servir de base à inscrição matricial e à liquidação da taxa de conservação de esgotos, no montante de 13.742 94€, exigida pela Recorrente

D) A preterição da formalidade prevista no art.° 278.° do CCPIIA, que inquinou o procedimento de avaliação, foi determinante da inquinição do acto de liquidação impugnado, que por sua vez padece do mesmo vício.

E) Sem notificação não há conhecimento oficial do acto como preceituam os artigos 66.° e 132. n.° 1 do CPA, com a consequente ineficácia do mesmo acto.

F) A liquidação da taxa de conservação de esgotos só pode ser efectuada com base na inscrição matricial, após notificação da avaliação.

G) Conforme ao pedido foi a sentença sindicada que em nada se afigura censurável devendo pois ser mantida.

Nestes termos e demais de direito sustenta que deverá a sentença recorrida ser mantida com a consequente procedência de impugnação judicial e anulação do acto tributário impugnado.

A EPGA junto desta instância emitiu o seguinte parecer:

"I – A Câmara Municipal de Lisboa vem interpor recurso da sentença do Mmo Juiz do TAF de Lisboa que julgou procedente a impugnação deduzida pela Direcção-Geral do Património contra a liquidação da taxa de conservação de esgotos referente ao ano de 2000 e com referência ao imóvel identificado nos autos.

A sentença fixou a fls. 85/86 os factos determinantes para a decisão.

II – A pretensão da recorrente apresentada nas conclusões de recurso não vem acompanhada de qualquer prova, pelo que bem andou a sentença recorrida ao entender que não foi feita prova da existência de notificação relativa à 1a avaliação, indispensável para a recorrida poder reagir, requerendo ou não a 2a avaliação do imóvel, decorrendo daí sem esforço que a taxa de conservação de esgotos apenas pode ser liquidada em relação a prédios devidamente inscritos na matriz predial e avaliados segundo as regras do CCPIIA, o que não será o caso dos autos.

Quer a interpretação factual quer a interpretação das disposições legais apresentadas na sentença recorrida não merecem censura, pelo que se emite parecer no sentido do improvimento do recurso."

Os autos vêm à conferência com dispensa de vistos.

2. Pelos documentos juntos aos autos o M.º Juiz «a quo» deu como provados, com interesse para a decisão do processo, os seguintes factos que se sujeitam a números por nossa iniciativa:

1. – O prédio denominado Antigo Hospital de Arroios, sito na Rua Pereira Carrilho, Av. Almirante Reis e Rua Quirino da Fonseca, em Lisboa, foi vendido pelo Estado, em 18 de Dezembro de 2001 (doc. 1).

2. – Através do recibo n.º 20020151839 enviado a coberto do ofício da Câmara Municipal de Lisboa n.º 855/ /DR/DCCR/02, de 2002/07/08, recebido na Direcção Geral do Património em 12/07/02 (docs. 2 e 3 respectivamente), esta foi por aquela notificada para efectuar o pagamento da taxa de conservação de esgotos relativa ao ano de 2000, no montante de Euros 13.680,29, referente ao imóvel denominado Antigo Hospital de Arroios sito na Rua António Pereira Carrilho, Av. Almirante Reis e Rua Quirino da Fonseca.

3. – Em 18 de Julho de 2002, deu entrada na Repartição de Finanças do 4.º Bairro Fiscal de Lisboa uma Reclamação da Direcção-Geral do Património (doc. 4).

4. – Na reclamação mencionada no artigo precedente, a ora impugnante sustentou a invalidade da inscrição matricial n.º 2032 da freguesia de Arroios, relativa ao prédio conhecido por Antigo Hospital de Arroios sito na Rua António Pereira Carrilho, Av. Almirante Reis e Rua Quirino da Fonseca, em Lisboa, uma vez que tal inscrição matricial havia sido efectuada sem que o proprietário (Estado através da Direcção-Geral do Património) tivesse sido notificado da respectiva avaliação, tendo sido assim, preteridas as formalidades legais previstas no artigo 278.º do Código da Contribuição Predial e do Imposto sobre a Indústria Agrícola (doc. 4).

5. – No início de Agosto de 2002, a ora impugnante apresentou, junto da Câmara Municipal de Lisboa, reclamação graciosa incidente sobre a taxa de conservação de esgotos de 2000, respeitante ao imóvel denominado Antigo Hospital de Arroios, liquidada por via do recibo n.º 20020151839, no valor de Euros 13.680,29 (doc. 5).

6. – Tal reclamação foi devidamente recebida na Câmara Municipal de Lisboa (doc. 6).

7. – Na reclamação graciosa sub judice a impugnante pediu a anulação do recibo relativo à taxa de conservação de esgotos com fundamento na inexistência de facto tributário, visto que a violação do artigo 278.º do Código da Contribuição Predial e do Imposto sobre a Indústria Agrícola acarreta a nulidade da inscrição matricial e, consequentemente, são inválidos todos os actos subsequentes que naquela se baseiam, mormente o acto de liquidação da taxa, na medida em que não há base de incidência para a determinação do valor da taxa (doc. 5).

8. – Através do ofício n.º 1124870, de 11 de Setembro de 2002, da 2.a Direcção de Finanças de Lisboa, foi a Direcção-Geral do Património notificada do resultado da avaliação efectuada em 10 de Maio de 1993 do prédio denominado Antigo Hospital de Arroios, ao qual foi atribuído o valor de Esc. 1.097.061.120$00 (doc. 7).

8. – A Direcção-Geral do Património reclamou desta notificação com fundamento em legitimidade, porquanto o Estado já não era, à data da mesma, proprietário do imóvel (doc. 8).

3. Estes os factos a que cabe aplicar o Direito.

A Recorrente arguiu a nulidade da sentença por omissão de pronúncia, bem como de erro de julgamento, pelo que, deverá ser revogado e substituída por outra que julgue improcedente a impugnação deduzida e mantenha na ordem jurídica o acto tributário.

Porém, tal como afirma a EPGA, afigura-se-nos que a pretensão da recorrente apresentada nas conclusões de recurso não vem acompanhada de qualquer prova, pelo que bem andou a sentença recorrida ao entender que não foi feita prova da existência de notificação relativa à 1ª avaliação, indispensável para a recorrida poder reagir, requerendo ou não a 2ª avaliação do imóvel, decorrendo daí sem esforço que a taxa de conservação de esgotos apenas pode ser liquidada em relação a prédios devidamente inscritos na matriz predial e avaliados segundo as regras do CCPIIA, o que não será o caso dos autos.

E, na verdade, para julgar procedente a impugnação e anular o acto impugnado, o M.º Juiz «a quo» fundamentou que:

"O conceito de valor patrimonial é equivalente ao de valor tributário, o qual é determinado segundo as regras constantes do Decreto-lei n.º 442-C/88, de 30 de Novembro.

Os artigos 8.º e 9.º do Decreto-lei n.º 442-C/88, de 30 de Novembro, mandam aplicar as normas do Código da Contribuição Predial e do Imposto sobre a Indústria Agrícola (CCPIIA) à organização das matrizes e às avaliações dos prédios.

A taxa de conservação de esgotos apenas poderá ser liquidada em relação a prédios devidamente inscritos na matriz predial e avaliados segundo as regras constantes do CCPIIA.

Os actos de avaliação ou de fixação de valores patrimoniais constituem actos pressupostos do acto final de liquidação, sendo susceptíveis de impugnação contenciosa autónoma, nos termos do disposto no artigo 155.º do Código de Processo Tributário (agora, o artigo 134.º do CPPT).

Todavia, só os actos relativos à segunda avaliação são contenciosamente impugnáveis, dado o disposto no artigo 155.º, n.º 6 do CPT (agora, o artigo 134.º, n.º 7 do CPPT).

Ora, no caso vertente, o que flui dos autos é que a impugnante não foi atempadamente notificada, no âmbito do procedimento da avaliação, do resultado da 1.ª avaliação por forma a poder requerer uma 2.ª avaliação, ao abrigo do disposto no artigo 279.º do CC Predial. Tal notificação apenas teve lugar após dedução da reclamação graciosa cuja decisão ora se impugna, notificação essa que, aliás, veio a ser posteriormente anulada (cfr. fls. 23 e 28).

Daqui decorre que, não tendo sido notificada da 1.ª avaliação, ficou a impugnante impossibilitada de contra ela reagir, requerendo uma 2ª avaliação e, eventualmente, de impugnar contenciosamente a decisão final do procedimento de avaliação.

Assim, sendo a notificação um requisito de eficácia e não de validade do acto a notificar, a dita avaliação, efectuada em 10 de Maio de 1993, ainda que válida, é insusceptível de produzir efeitos, nela não se podendo basear a sindicada liquidação.

Efectivamente, como dispõe o artigo 64.º, n.º 1 do CPT (artigo 36.º, n.º 1 do CPPT) que os actos em matéria tributária que afectem direitos e interesses legítimos, como é o caso dos actos de avaliação, só produzem efeitos em relação aos contribuintes quando lhes sejam validamente notificados.

Não tendo sido notificado o acto de avaliação, o mesmo não era definitivo, pelo que não podia servir de base à inscrição matricial e à questionada liquidação da taxa de conservação de esgotos.

A preterição da formalidade prevista no artigo 278.º do CCPIIA, inquinando o procedimento de avaliação, tem repercussão sobre o impugnado acto de liquidação, inquinando-o do mesmo vício e, consequentemente, sobre o indeferimento da reclamação graciosa."

Com base no disposto no art.º 22.º, n.º 2, da Lei n.º 1/87, de 6 de Janeiro, que preceitua que as reclamações e impugnações dos interessados contra a liquidação e cobrança de taxas, mais-valias e demais rendimentos gerados em relação fiscal são deduzidas perante os órgãos executivos das autarquias locais, com recurso para o Tribunal Tributário de 1ª instância territorialmente competente e na consideração factual de que a impugnante pretende, por via de impugnação judicial, obter a declaração de ilegalidade da liquidação da taxa em referência com a consequente declaração de nulidade do acto de liquidação, impõe-se-nos concluir que foram esgotados os meios de reacção perante os órgão executivos autárquicos faltando assim, um pressuposto de procedência que torna ilegal a impugnação deduzida.

Mas, segundo o entendimento perfilhado na sentença, não terá mesmo assim esgotado os meios graciosos por respeito pelo princípio da exaustão de tais meios por causa que é imputável à Recorrente.

E tal questão é, de facto, prioritária pois é de conhecimento oficioso e será necessariamente prévia ao conhecimento do objecto da impugnação, por o prejudicar, pelo que, atento o disposto no art.º 660.º do CPC, não se pode falar em omissão de pronúncia, como o faz a Recorrente.

Ora, o que se apura nos autos (cfr. pontos 3 a 8 do probatório) é que em 18 de Julho de 2002, deu entrada na Repartição de Finanças do 4.º Bairro Fiscal de Lisboa uma Reclamação da Direcção-Geral do Património em que a ora impugnante sustentou a invalidade da inscrição matricial n.º 2032 da freguesia de Arroios, relativa ao prédio conhecido por Antigo Hospital de Arroios sito na Rua António Pereira Carrilho, Av. Almirante Reis e Rua Quirino da Fonseca, em Lisboa, uma vez que tal inscrição matricial havia sido efectuada sem que o proprietário (Estado através da Direcção-Geral do Património) tivesse sido notificado da respectiva avaliação, tendo sido assim, preteridas as formalidades legais previstas no artigo 278.º do Código da Contribuição Predial e do Imposto sobre a Indústria Agrícola.

No início de Agosto de 2002, a ora impugnante apresentou, junto da Câmara Municipal de Lisboa, reclamação graciosa incidente sobre a taxa de conservação de esgotos de 2000, respeitante ao imóvel denominado Antigo Hospital de Arroios, liquidada por via do recibo n.º 20020151839, no valor de Euros 13.680,29, havendo essa reclamação sido devidamente recebida na Câmara Municipal de Lisboa. Nela, a impugnante pediu a anulação do recibo relativo à taxa de conservação de esgotos com fundamento na inexistência de facto tributário, visto que a violação do artigo 278.º do Código da Contribuição Predial e do Imposto sobre a Indústria Agrícola acarreta a nulidade da inscrição matricial e, consequentemente, são inválidos todos os actos subsequentes que naquela se baseiam, mormente o acto de liquidação da taxa, na medida em que não há base de incidência para a determinação do valor da taxa.

Provou-se, por fim e com relevo, que, através do ofício n.º 1124870, de 11 de Setembro de 2002, da 2.ª Direcção de Finanças de Lisboa, foi a Direcção-Geral do Património notificada do resultado da avaliação efectuada em 10 de Maio de 1993 do prédio denominado Antigo Hospital de Arroios, ao qual foi atribuído o valor de Esc. 1.097.061.120$00.

Quid juris?

Na senda do já decidido na douta sentença sob censura, o erro na determinação do valor patrimonial só é fundamento de impugnação depois de esgotados os meios graciosos previstos no processo de avaliações (art.º 155.º n.º 6 do CPT, hoje, 134.º, n.º 7 do CPPT), o que não terá acontecido no caso concreto pois a impugnante não requereu a 2ª avaliação do imóvel por não ter sido efectuada a notificação à mesma dos resultados da 1ª avaliação ficando por isso impedida de impugná-la.

Antes de entrarmos na análise da questão suscitada, haverá que dilucidar se o o erro imputado à avaliação do terreno em que se baseou a liquidação impugnada constitui vício do acto de avaliação «a se» ou do acto de liquidação pois que no domínio do CPCI era discutível que o erro quanto à natureza do terreno configurasse preterição de formalidade legal do processo de avaliação para efeitos do § único do art.º 97.º do CSISSD, considerando-se que se não a integrasse, essa ilegalidade só poderia ser arguida na impugnação do acto de liquidação fundamentável em qualquer ilegalidade nos termos do art.º 5.º do citado Código.

O art.º 97.º § único do CSISA previa a insusceptibilidade de reclamação ou impugnação contra o valor salvo se na sua fixação tivesse havido preterição de formalidades legais, caso em que o sujeito passivo podia recorrer para o Tribunal Tributário de 1ª Instância, ficando vedada ao Tribunal, pois e «a contrario», a censura dos critérios da fixação do valor.

O objecto material da impugnação é o acto da liquidação, o acto tributário em sentido estrito (arts. 120.º e seguintes do novo C.P.T. e art.º 62.º, n.º 1, al. a) do ETAF) porque é esse o acto administrativo do qual resulta, com carácter definitivo e efeitos executórios, a declaração do direito do Estado a um determinado quantitativo pecuniário.

Mas em certos casos especiais podia ter um objecto diferente e versar sobre certos actos do procedimento tributário que assumiam, relativamente ao acto final, características de autonomia e prejudicialidade. Era o que sucedia com o acto de avaliação promovida nos termos do art.º 109.º do CSISD que podia ser impugnado nos termos do citado art.º 97.º § único do mesmo Código, com fundamento em preterição de formalidades legais que, em matéria de avaliações, se reconduziria aos procedimentos vinculados susceptíveis de controlo jurisdicional (nesse sentido, ver ***Rev. Dir. Fiscal***, ano 16.º págs. 30 e ss).

Todavia, nos termos do n.º 1, do art.º 97.º do CPPT, o processo judicial tributário tem por função a tutela judicial dos direitos e interesses legalmente protegidos em matéria fiscal, prevendo-se na al. b) desse preceito legal a impugnação dos actos de fixação dos valores patrimoniais.

Acresce que nos termos da al. a) do art.º 99.º do CPPT, constitui fundamento de impugnação judicial qualquer ilegalidade na errónea qualificação e quantificação dos valores patrimoniais.

O n.º 7 do art.º 134.º, ainda do CPPT, prevê que podem ser impugnados no prazo de 90 dias após a sua notificação ao contribuinte os actos de fixação dos valores patrimoniais, com fundamento em qualquer ilegalidade, com a ressalva expressa que estabelece que a possibilidade de impugnação prevista e permitida não tem efeitos suspensivos e ***só é admitida depois de esgotados os meios graciosos previstos no processo de avaliação.***

O regime do CPPT é, pois, mais amplo do que o do art.º 97.º § único do CSISA, o que o mesmo é dizer, abarca qualquer ilegalidade como fundamento de impugnação.

Nesse sentido, esclarece o n.º 2 do art.º 134.º do CPPT que constitui motivo de ilegalidade, além da preterição de formalidades legais, o erro de facto ou de direito na fixação.

Significa isto e conforme se considerou no Ac. do STA de 27/01/93, publicado na CTF n.º 372, pág. 249, que o art.º 97.º do CSISSD tem de considerar-se revogado pelo art.º 11.º do Dec. Lei n.º 154/91 de 23 de Abril, que aprovou o CPT, por contrário ao seu art.º 155.º e que o invocado erro cometido pela AF na qualificação do terreno avaliado e que fundamentou o valor patrimonial que lhe foi atribuído é fundamento de impugnação do acto de fixação do valor patrimonial nos termos deste último preceito citado.

Mas, do presente processo de impugnação e em face do que se deixou provado, resulta que ao tempo da dedução da presente impugnação não tinha o recorrente esgotado e contrariado pela via graciosa a defesa dos seus direitos como o impunha o n.º 7 do art.º 134.º do CPPT, do que estaria dependente o recurso judicial, sendo certo que a recorrente não vislumbra no acto um erro na fixação do aludido valor.

Na verdade e de acordo com o art.º 96.º do CSISA, quando o contribuinte não concordar com o resultado da avaliação efectuada nos termos do art.º 93.º do mesmo diploma, deverá requerer uma 2ª avaliação, o que significa que não poderá impugnar, desde logo, o resultado daquela 1ª avaliação como sucedeu no caso concreto em que a impugnante não requereu aquela avaliação nem a mesma foi promovida pelo sr. CRF nos termos do art.º 96.º do CSisa.

Donde que, se a impugnante discordava do valor encontrado em 1ª avaliação, tinha de requerer, ***necessariamente,*** uma segunda avaliação, ao abrigo do referido art.º 96.º e só o resultado desta é que poderia ser impugnado, do que se viu impedida por omissão da Recorrente.

Saber se ocorre questão prévia da ilegalidade na interposição do recurso na consideração de que o que define a situação do contribuinte, de forma definitiva e executória e constitui um acto lesivo, é a liquidação e esta deve ser atacada através da impugnação judicial.

A eventual ilegalidade de actos preparatórios dos actos de liquidação apenas podem, em princípio, ser apreciados em sede de reclamação graciosa ou de impugnação judicial dos actos de liquidação – cf. arts. 131.º, 70.º n.º 1 do CIRS e 89.º do CPT.

O que define a situação do impugnante, de forma definitiva e executória, era a liquidação e esta deve ser atacada através da reclamação graciosa ou da impugnação judicial a interpor no Tribunal Tributário de 1ª Instância competente.

Na verdade, neste recurso o recorrente não pode discutir a anulação da inscrição do bem em causa, bem como dos tributos entretanto liquidados relativamente ao mesmo, visto que o âmbito da impugnação se encontra circunscrito ao conteúdo ou objecto do acto impugnado, não o podendo exceder, aquela sempre deveria ser rejeitada quando o pedido exceder o conteúdo do acto impugnado.

É que na impugnação, que tem natureza anulatória, contemplam-se unicamente questões de legalidade e o acto impugnado, qualquer que seja o seu conteúdo, será mantido se estiver conforme com a lei ou será anulado se tiver sido praticado contra a lei.

Donde que, inserindo-se a impugnação no contencioso de anulação, o seu fundamento só pode ser a ilegalidade do acto impugnado, pois é o reconhecimento dessa ilegalidade que acarretará, como sanção, a declaração de anulabilidade/nulidade.

É que a liquidação traduz-se numa declaração de vontade da Administração, através dos seus órgãos competentes, no sentido de exercer o seu direito concretizado na exigência de um determinado imposto. Deste modo, ela traduz-se em uma das fases que a relação jurídica tributária comporta a qual, regulando-se por regras e princípios próprios, conserva a sua autonomia em relação às demais, designadamente quanto à cobrança.

A declaração de direitos tributários, depende unicamente das formalidades estabelecidas nas leis de tributação, e de entre essas formalidades sobressaem necessariamente a descrição dos elementos, materiais e pessoais, que em cada caso concreto integram o facto, ou seja, a situação da vida social enquadrável na moldura criada pelo legislador.

Dito de outro modo: – o acto de liquidação é a resolução definitiva e executória da Administração sobre a aplicação de uma norma material num caso concreto, afectando os seus vícios a sua validade.

Ora, o meio próprio para atacar qualquer ilegalidade da liquidação é a reclamação ou a impugnação da mesma, nos termos e com os fundamentos estabelecidos no CPT.

Os actos definitivos são as resoluções finais que definem a situação jurídica da Administração ou dos particulares e só elas são contenciosamente recorríveis.

A possibilidade de impugnação de um acto administrativo implica que se trate de uma resolução tomada pela autoridade competente no uso de poderes jurídico-administrativos visando a produção de consequências jurídicas externas sobre determinado caso concreto, o que, em regra, afasta a recorribilidade dos actos internos e dos actos preparatórios.

Como expendem *Gomes Canotilho e Vital Moreira na sua CRP Anotada, Coimbra, 3ª ed., 1993, p. 939,*

«Nestes casos não existem efeitos externos ou existem apenas efeitos prodrómicos de um acto procedimental que só se torna acto decisório através do acto conclusivo do procedimento; só assim não será, se estes forem idóneos para produzir efeitos imediatamente lesivos (e, por conseguinte, efeitos externos) porque então, sendo actos preparatórios dotados de efeitos próprios de um acto administrativo, já são susceptíveis de impugnação contenciosa».

No mesmo sentido se pronuncia o *Tribunal Constitucional*, designadamente no seu *Acórdão n.º 9/95, publicado no D.R., 2ª Série, de 22 de Março de 1995,* onde se alude a uma ***«purificação do conceito»*** de acto administrativo contenciosamente impugnável, segundo a qual

«O que a garantia constitucional da accionabilidade dos actos administrativos ilegais procura assegurar é que haja sempre a possibilidade de sindicar judicialmente, com fundamento na sua ilegalidade, todo e qualquer acto de autoridade que produz ofensa de situações juridicamente reconhecidas (isto é, que tenha efeitos externos)».

Contudo, no âmbito do contencioso de anulação, como demonstra *Rogério E. Soares, in «O acto administrativo», Scientia Iuridica, t. XXXIX, 1990, p. 32,* tem de excluir-se todo e qualquer acto que não esteja a concretizar lesões, todo o acto que no procedimento serve apenas actos de primeira grandeza.

O acto recorrido não representava a última palavra da Administração Fiscal sobre a matéria pois podia ser a decisão então tomada revista, revogada ou reformada na resolução final que viesse a ser tomada no processo gracioso em causa o que vale por dizer que tal acto era provisório por natureza e a sua impugnabilidade contenciosa implicava uma directa produção de efeitos jurídicos externos que ele não produziu.

É que mesmo que se entenda que os actos administrativos contenciosamente impugnáveis são ***mais*** do que os actos administrativos definitivos e executórios, serão todos os ***actos lesivos*** mesmo que não definitivos e executórios (vd. *Mário Torres, «Garantia constitucional do recurso contencioso», in Scientia Iuridica, T. XXXIX, pág. 48*), o certo é que é a directa e imediata lesão da esfera jurídica do administrado, resultante da produção de efeitos jurídicos externos do acto, que serve de pedra de toque da impugnabilidade, já que, como defende *Rogério Soares* no local referido, não há que destacar mas sim dela excluir, ***«todo e qualquer acto que não esteja a concretizar lesões, todo o acto que no procedimento serve apenas actos de primeira grandeza».***

Assim, para poder recorrer-se contenciosamente de um acto é necessário que este seja lesivo de direitos ou interesses legalmente protegidos do interessado, i. é, que ele produza uma ofensa de uma situação ou posição subjectiva de natureza substantiva pois não basta que tal acto seja um ***«...daqueles que pela sua natureza concretiza um comando perturbador da ordem jurídica, é preciso que o seu estado de virulência seja actual, não apenas potencial»*** *(vd. ainda Rogério Soares , loc. cit. p. 34).*

Em suma: – sempre que exista um acto da Administração que defina a situação jurídica de terceiros, causando-lhe uma lesão efectiva dos seus direitos ou interesses legalmente protegidos, assiste o direito de impugná-lo contenciosamente, com fundamento em ilegalidade. Mas se aquele acto não produz efeitos externos ou produz uma lesão de direitos ou interesses apenas potencial, tal direito de impugnação contenciosa já não existe.

Volvendo ao caso dos autos, vê-se que não existe uma *lesão efectiva e imediata* dos direitos ou interesses legalmente protegidos do recorrente pois, na senda do expendido pelo M.º Juiz o recorrente pretende discutir nestes autos actos de impugnação da liquidação de receitas tributárias, defendendo que determinado prédio deve ser tributado, quando é certo que o acto recorrido não podia legalmente definir qualquer situação jurídica uma vez que esta foi definida pela liquidação, sem que hajam sido esgotados os meios graciosos como a lei impunha.

E tanto assim é que o impugnante não pode lançar mão do disposto no art.º 134.º do CPT cujo n.º 3 preceitua que «As incorrecções nas inscrições matriciais dos valores patrimoniais podem ser objecto de impugnação judicial no prazo de 30 dias, desde que o contribuinte tenha solicitado previamente a correcção da inscrição junto da entidade competente e esta a recuse ou não se pronuncie no prazo de 90 dias a partir do pedido».

Ora, o impugnante não reclamou graciosamente da referida inscrição e subsequente avaliação do bem uma vez que o recorrido não deitou mão da impugnação judicial, por falta de notificação do resultado da 1ª avaliação.

Ora, como se salienta na sentença recorrida, o conceito de valor patrimonial é equivalente ao de valor tributário, o qual é determinado segundo as regras constantes do Decreto-lei n.º 442-C/88, de 30 de Novembro, cujos artigos 8.º e 9.º do Decreto-lei n.º 442-C/88, de 30 de Novembro, mandam aplicar as normas do Código da Contribuição Predial e do Imposto sobre a Indústria Agrícola (CCPIIA) à organização das matrizes e às avaliações dos prédios.

E a taxa de conservação de esgotos apenas poderá ser liquidada em relação a prédios devidamente inscritos na matriz predial e avaliados segundo as regras constantes do CCPIIA.

Os actos de avaliação ou de fixação de valores patrimoniais constituem actos pressupostos do acto final de liquidação, sendo susceptíveis de impugnação contenciosa autónoma, nos termos do disposto no artigo 155.º do Código de Processo Tributário (agora, o artigo 134.º do CPPT).

Todavia, só os actos relativos à segunda avaliação são contenciosamente impugnáveis, dado o disposto no artigo 155.º, n.º 6 do CPT (agora, o artigo 134.º, n.º 7 do CPPT).

Ora, no caso vertente, o que flui dos autos é que a impugnante não foi atempadamente notificada, no âmbito do procedimento da avaliação, do resultado da 1ª avaliação por forma a poder requerer uma 2ª avaliação, ao abrigo do disposto no artigo 279.º do CC Predial. Tal notificação apenas teve lugar após dedução da reclamação graciosa cuja decisão ora se impugna, notificação essa que, aliás, veio a ser posteriormente anulada (cfr. fls. 23 e 28).

Daqui decorre que, não tendo sido notificada da 1ª avaliação, ficou a impugnante impossibilitada de contra ela reagir, requerendo uma 2ª avaliação e, eventualmente, de impugnar contenciosamente a decisão final do procedimento de avaliação.

Não tendo sido notificado o acto de avaliação, o mesmo não era definitivo, pelo que não podia servir de base à inscrição matricial e à questionada liquidação da taxa de conservação de esgotos.

A preterição da formalidade prevista no artigo 278.º do CCPIIA, inquinando o procedimento de avaliação, tem repercussão sobre o impugnado acto de liquidação, inquinando-o do mesmo vício e, consequentemente, sobre o indeferimento da reclamação graciosa.

Termos em que, precludida a possibilidade de requerer a 2ª avaliação por preterição de uma formalidade imputável à entidade administrativa que o torna inválido, o valor patrimonial atacado não se consolidou na ordem jurídica como «caso resolvido» e não pode ser discutido em sede de impugnação do acto de liquidação da taxa de esgotos que nele se baseou, estando o presente recurso votado ao fracasso.

4. Pelo exposto, e com douto parecer favorável do EMMP junto desta Instância, nega-se provimento ao recurso mantendo-se a sentença recorrida e julgando-se improcedente a impugnação.

Sem custas por elas estar isenta a recorrente

Lisboa, 6 de Janeiro de 2007.

Gomes Correia
Eugénio Sequeira
Ascensão Lopes

Recurso n.º 1531/06

IMPUGNAÇÃO JUDICIAL DE IRC. PRESCRIÇÃO DA OBRIGAÇÃO TRIBUTÁRIA. CONHECIMENTO OFICIOSO. ART.º 34.º DO CPT.

(Acórdão de 27 de Fevereiro de 2007)

SUMÁRIO:

I – Apesar de a prescrição da obrigação tributária não constituir fundamento de impugnação judicial (porque não respeita à legalidade do acto de liquidação mas, antes, à sua eficácia) deve conhecer-se dela, mesmo oficiosamente, enquanto pressuposto da decisão sobre a utilidade do prosseguimento da lide.

II – Nos termos do art. 34.º, n.º 3, do CPT, a prescrição das obrigações tributárias interrompe-se com a reclamação, o recurso hierárquico, a impugnação e a instauração da execução, mas o efeito interruptivo derivado da instauração cessa se o processo estiver parado durante mais de um ano por facto não imputável ao contribuinte, somando-se, nesse caso, o tempo decorrido até à data da instauração ao tempo que sucedeu ao termo daquele prazo de mais de um ano. E porque a lei não prevê interrupções sucessivas da prescrição, deve somar-se todo o tempo que decorrer após o período de um ano de processo parado com o período que tiver decorrido até à data da autuação, não havendo novas interrupções do prazo.

ACORDA-SE, EM CONFERÊNCIA, NA SECÇÃO DE CONTENCIOSO TRIBUTÁRIO (2.ª SECÇÃO) DO TRIBUNAL CENTRAL ADMINISTRATIVO:

RELATÓRIO

1.1. 747 – Viagens e Turismo, Lda., com sede na Rua Brito Capelo, n.º 202, no Porto, recorre da sentença que, proferida pelo Mmo. Juiz da 2ª secção do 1.º Juízo do TT de 1ª Instância do Porto, lhe julgou improcedente a impugnação judicial deduzida contra a liquidação adicional de IRC e juros compensatórios, do ano de 1992, no montante de Esc. 1.904.434$00.

1.2. A recorrente alegou o recurso e termina as alegações formulando as Conclusões seguintes:

1. Considerou o Tribunal "a quo" não provada a matéria de facto constante dos itens 6, 7, 8, 9, 10, 11, 12, 13, 14, 16, 17, 18, 19, 20, 17, 18, 19, 20 (estes últimos quatro itens, por lapso, encontram-se duplicados), 21, 22 e 23 da petição.

2. Salvo melhor opinião, valorada que fosse, e devidamente, a prova produzida, deveria o Tribunal recorrido dar tratamento diferente àquela matéria, pelo que se impugna a decisão que sobre a mesma recaiu, impondo-se seja considerada provada a matéria de facto constante dos apontados itens da petição.

3. Assim, tendo em conta os depoimentos das testemunhas João Santos e Lise Sousa arroladas pela

recorrente, e reduzidos a escrito na acta de inquirição de testemunhas de 22/2/2001, conjugados com o teor dos documentos juntos com a petição sob os n.os 1 a 4, e documentos juntos posteriormente sob os n.os 1 a 26, cujos valores representam a base tributável considerada pela AF para a impugnada liquidação adicional, tem para si a recorrente que se encontra clara e inequivocamente demonstrada, a tese por si defendida em sede de impugnação.

4. E com a devida vénia, impõe-se por isso, a esse Venerando Tribunal "ad quem", alterar a decisão proferida e ora impugnada sobre a matéria de facto, considerando provada toda a factualidade alegada em sede de impugnação, sob os itens 6 a 14 e 16 a 23 da petição.

5. Nos termos do disposto nos arts. 3.°, n.° 1, alínea a) e 17.°, n.° 1 do CIRC, os montantes recebidos pela recorrente não representam, por um lado, de forma alguma lucro tributável, nem por outro lado, deveriam ser declarados, precisamente por já o haverem sido, em momento anterior, aquando da facturação.

6. Caso a recorrente declarasse, como pretendido, esses montantes, estaria a ser novamente tributada por valores já anteriormente declarados, aquando da emissão das respectivas facturas.

7. Estar-se-ia sempre perante um caso de dupla tributação, que a Lei proíbe.

8. A recorrente não ignorou as obrigações contabilísticas das empresas contidas no art. 98.° do CIRC. Pelo contrário, todas aquelas importâncias foram declaradas e contabilizadas antes mesmo de terem sido recebidas.

9. A recorrente contabilizou, pois, aquilo a que está legalmente obrigada.

10. As relações de cobrança apresentadas pela recorrente não se afiguram inócuas, porquanto permitem e evidenciam todo o processo de pagamento dos ajuizados montantes, pela VARIG.

11. Nos termos e para os efeitos do disposto no art. 20.° do CIRC, não podem os montantes recebidos pela recorrente ser considerados ganhos ou proveitos, para o pretendido efeito de liquidação adicional, uma vez que já haviam sido totalmente declarados na facturação, simplesmente ainda não recebidos.

12. Assim, a recorrente não violou o disposto nos arts. 17.°, n.° 3 alínea b) e art. 20.° do CIRC.

13. A decisão recorrida viola quanto disposto nos arts. 3.°, n.° 1, alínea a) e 17.°, n.° 1 do CIRC.

Termina pedindo o provimento do recurso e a revogação da decisão recorrida, a substituir por outra que declare anulado o acto de liquidação adicional de IRC, bem como os respectivos juros compensatórios, referente ao exercício de 1992.

1.3. Não foram apresentadas contra-alegações.

1.4. O MP emite parecer no qual se pronuncia pelo não provimento do recurso.

1.5. Corridos os Vistos legais, cabe decidir.

FUNDAMENTOS

2.1 A sentença recorrida julgou provada a matéria de facto seguinte:

1 – A impugnante está colectada na 1ª RF de Matosinhos em IRC pelo exercício da actividade de "Agência de Navegação, Viagens e Turismo" – CAE 719110;

2 – Na sequência de fiscalização que lhe foi efectuada pelos SPIT apurou-se que aquela recebeu da "Varig, SA", a título de comissões pela venda de bilhetes de avião para o Brasil, importâncias nos valores de 6.535.625$00, 23.153.575$00 e 8.049.913$00, nos anos de 1992, 1993 e 1994, respectivamente;

3 – Da quantia referente ao ano de 92 apurou-se que apenas não se encontravam registados na contabilidade 2.750.275$00, relativos aos cheques n.os 71499 e 71483, pelas somas de 1.991.200$00 e de 759.075$00, respectivamente;

4 – Foi então elaborado o documento de correcção modelo DC-22 para o exercício de 92;

5 – E foi efectuada a liquidação n.° 8310013178, de 17/6/97, no montante global de 1.904.434$00, ora impugnado, fazendo-se acrescer à matéria colectável desse exercício o valor de 2.750.275$00, pelo que o lucro tributável declarado de 521.695$ foi corrigido para 3.271.970$00;

6 – À impugnante foi dado conhecimento de que a correcção efectuada na sua declaração de rendimentos assentou no facto de lhe terem sido entregues pela "Varig, SA" cheques sacados sobre o Banco do Brasil, nos valores indicados no ponto n.° 3), supra, relativos a comissões suplementares recebidas pela venda de bilhetes de avião, que não estavam contabilizados, nem declarados, nos referidos exercícios, o que viola o art. 20.° do CIRC – fls. 14 e 15;

7 – A "Varig, SA" contabilizou as importâncias pagas à impugnante (ponto n.° 2, supra) como comissões suplementares;

8 – A IATA – Associação Internacional de Transportes Aéreos havia fixado em 9% a comissão relativa a todas as companhias aéreas;

9 – Nas facturas emitidas pela impugnante consta o preço total das respectivas viagens, sem referência a quaisquer "bónus"; estes figuram nas "relações de cobrança".

2.2. Quanto a factos não provados, a sentença exarou: «Não se provou a restante factualidade alegada pela impugnante, mormente, que os apontados pagamentos que lhe foram efectuados pela companhia aérea "Varig" correspondessem aos descontos de 20% por si já concedidos aos compradores de bilhetes.»

2.3. E quanto à fundamentação da factualidade provada e não provada, a sentença exarou que a mesma resulta «Dos elementos contidos nos autos – informações oficiais, documentos e depoimentos – e no apenso de reclamação».

3. Enunciando como questão a decidir a de saber se as quantias pagas pela Companhia de Transportes aéreos "Varig, SA" à ora impugnante dizem respeito ao reembolso de bónus de 20 % sobre o valor dos bilhetes que a autora já havia feito repercutir no preço das viagens (como sustenta a impugnante) ou se representam proveitos da impugnante "comissões" (como defende a Administração Fiscal), a sentença concluiu que aquelas quantias representam proveitos da impugnante.

3.1. Para tanto, considerou que a impugnante não nega a factualidade consistente no recebimento das somas indicadas nos autos, num total de 2.750.275$00, mas apenas sustenta que as quantias pagas pela Varig representam o montante global de descontos feitos aos seus clientes, no âmbito de um acordo comercial celebrado entre ela e os seus agentes, descontos esses "bónus" que revertiam directamente a favor dos clientes. Em suma, defende que os ditos quantitativos não eram recebidos a título de comissões, nem representavam proveitos da actividade por ela desenvolvida e daí não terem sido declarados.

Ora, está demonstrado que os montantes entregues pela Varig à impugnante não eram por esta lançados na contabilidade; tal procedimento contraria o disposto no art.° 20.°, do CIRC.

A explicação dada pela impugnante quanto aos valores pagos pela companhia aérea não convenceu o tribunal, ou seja, não ficou demonstrado que as somas recebidas da Varig durante este exercício, consistissem na alegada compensação pelos descontos efectuados aos compradores de bilhetes da impugnante.

Isto porque o 1° depoente afirmou, além do mais, que "na grande maioria dos casos" a percentagem (que podia oscilar entre 10 e 20 %) revertia a favor dos clientes; por sua vez, a 2ª testemunha adiantou que o acerto entre a Varig e a ora impugnante tinha lugar ao nível da direcção. Deste modo, tendo apenas ficado provado que a agência de viagens recebeu da dita companhia de aviação determinadas importâncias, elas tinham de ser relevadas contabilisticamente. De outra forma, a sua escrita não permitia alcançar o fim a que se destina.

Tal equivale a dizer que a aqui impetrante ignorou as "obrigações contabilísticas das empresas" contidas no art.° 98.° do CIRC, destinadas a permitir o apuramento e controlo do seu lucro tributável.

Efectivamente, os factos relevantes para efeitos desse apuramento têm de estar devidamente documentados na contabilidade das firmas e têm de reflectir todas as operações efectivamente realizadas pelo sujeito passivo, sob pena de serem inócuas para efeitos fiscais. (Do mesmo modo são irrelevantes, em termos contabilísticos, as ditas relações de cobrança; esse relevo está atribuído às facturas).

É que, as normas fiscais em vigor, designadamente, o CIRC – cfr. também o DL n.° 410/89, de 21/11 – exigem que, qualquer que seja o valor recebido por uma determinada entidade, seja sempre registado na contabilidade; além disso, a contabilidade tem de estar organizada de forma a que "...os resultados das operações e variações patrimoniais sujeitas ao regime geral do IRC possam claramente distinguir-se dos das restantes" – al. b), do n.° 3, do art.° 17.°, do CIRC.

Mantém, pois, consistência a posição do Fisco no sentido de que aquela tinha que declarar todos os seus rendimentos, o que não fez, no exercício em análise – cfr. o art.° 6.°, n.° 1, al. h), do CIRS – são considerados rendimentos de capitais (enquadráveis na categoria E) "os lucros das entidades sujeitas a IRC ... incluindo adiantamentos por conta de lucros....".

Nestes termos, e, salvo melhor opinião, é infundada a posição dos autos no sentido da errónea qualificação e quantificação de rendimentos e lucros (art.° 24.° da p.i.); como tal, a sua pretensão tem de ser desatendida.

3.2. Do assim decidido discorda a recorrente sustentando, como se viu, que a sentença enferma de erro de julgamento de facto, dado que considerou não provada a matéria de facto constante dos itens 6, 7, 8, 9, 10, 11, 12, 13, 14, 16, 17, 18, 19, 20, 17, 18, 19, 20, 21, 22 e 23 – os n.os 17, 18, 19 e 20, por lapso, estão duplicados –, da PI e, valorada que fosse, e devidamente, a prova produzida, deveria a mesma sentença dar tratamento diferente àquela matéria e impondo-se que seja julgada provada tal factualidade, dado que, tendo em conta os depoimentos das testemunhas, conjugados com o teor dos documentos juntos com a petição sob os n.os 1 a 4, e documentos juntos posteriormente sob os n.os 1 a 26, cujos valores representam a base tributável considerada pela AF para a impugnada liquidação adicional, se encontra clara e inequivocamente demonstrada, a tese por si defendida em sede de impugnação.

Estas seriam, em princípio, as questões a decidir.

4.1. E dizemos, em princípio, dado que importa, antes de apreciar tais questões, conhecer previamente de uma outra (a da eventual prescrição da dívida que subjaz à liquidação aqui impugnada nestes autos), sendo que se tal prescrição tiver ocorrido, ficará prejudicado o conhecimento daquelas.

Por um lado, trata-se de questão que é de conhecimento oficioso (e, por isso, a poder ser conhecida independentemente de ter ou não sido invocada) e, por outro lado, apesar de a prescrição da obrigação tributária não constituir fundamento de impugnação judicial (porque não respeita à legalidade do acto de liquidação mas, antes, à sua eficácia) deve conhecer-se dela, mesmo oficiosamente, enquanto pressuposto da decisão sobre a utilidade do prosseguimento da lide.[1]

4.2. Ora, para apreciação desta questão da prescrição, pode desde já (em face dos termos dos processos de reclamação, de impugnação, de execução fiscal e de oposição, que se encontram apensos por linha) dar-se como assente o seguinte:

a) Em 6/8/97 foi deduzida reclamação graciosa contra a presente liquidação.

Em 7/10/97 foi, nessa reclamação prestada informação pelos serviços da 1ª RF de Matosinhos (cfr. fls. 16 da reclamação apensa).

Em 10/10/97 foi pelo sr. Chefe de Repartição exarada a proposta de decisão (cfr. fls. 16 da reclamação apensa).

Em 31/12/99 foi proferido, com delegação de competências do DDF do Porto, despacho final ordenado a remessa da reclamação para ser apensada ao processo de impugnação que, entretanto, fora instaurado (cfr. fls. 17 da reclamação apensa).

b) Por sua vez, a presente impugnação foi instaurada em 11/11/97.

E tendo desde logo sido informado que em 23/10/97 fora deduzida uma reclamação graciosa, no processamento posterior dos autos foi, em 13/11/97, feita juntada de documentos; em 22/1/98 foram os autos conclusos e em 26/1/98 foi lavrada a informação a que se refere o art. 130.° do CPT.

E no seguimento foi lavrado, em 25/2/98, termo de remessa dos autos à DDF do Porto.

Em 24/11/99 é emitido Parecer e em 10/12/99 (cfr. fls. 172) é proferido o despacho do sr. Director de Finanças, mantendo o acto impugnado e ordenada a remessa do processo ao TT de 1ª Instância do Porto.

[1] A jurisprudência tem admitido que no processo de impugnação judicial do acto de liquidação se aprecie, oficiosamente, a prescrição, não como questão de fundo, tendente à procedência da demanda, mas com vista à eventual declaração da inutilidade da lide impugnatória: é que, se a dívida decorrente do acto de liquidação estiver prescrita, nem o credor a pode exigir, nem o devedor pode ser constrangido a pagá-la, o que vale por dizer que não é útil, para este último, a anulação do acto de liquidação, pois esse acto, mesmo subsistindo, é inconsequente (cfr., neste sentido, entre outros, os acs. do STA, de 9/2/2005, rec. 0939/04, bem como os de 20/3/2002, 30/4/2002, 15/5/2002, 3/7/2002, 2/10/2002, 13/11/2002 e 18/12/2002, nos recursos n.os 144/02, 145/02, 365/02, 723/02, 638/02, 1333/02 e 1577/02, respectivamente).

É então, o processo recebido, em 6/1/2000, no TT de 1ª Instância do Porto onde, em 27/1/2000, é proferido o respectivo despacho liminar de recebimento da impugnação, seguindo-se os posteriores termos.

c) Quanto ao processo de execução (n.º 1821-97//107575.6):

O processo foi instaurado em 29/12/97.

A citação ocorreu em 9/2/98.

Em 22/4/98, foi prestada informação de que a executada deduzira reclamação graciosa e deduzira oposição à execução.

Em 22/4/98 foi proferido despacho no sentido de que os autos aguardassem a comunicação de recebimento da oposição, pelo TT de 1ª Instância.

Em 6/5/98 foi feita a penhora de bens.

Em 1/6/98 foi recebido ofício do TT de 1ª Instância, informando que foi admitida a oposição à execução.

Em 13/11/98 foi exarada informação onde se informa que a oposição foi julgada improcedente, mas que a impugnação judicial da liquidação ainda não foi decidida.

Em 13/11/98 é lavrado despacho no sentido de manter a suspensão da execução, dado a dívida estar garantida.

d) Quanto à oposição n.º 43/98, respeitante à execução n.º 1821-97/107575.6

Foi deduzida em 26/2/98; informada e despachada em 16/4/98; ordenada a remessa ao TT de 1ª Instância em 22/4/98; admitida liminarmente em 20/5/98; prosseguindo a tramitação normal até à decisão final.

e) Quanto à oposição n.º 45/98, respeitante à execução n.º 1821-97/106595.5, respeita a dívida de IRS no montante de 805.077$00.

4.3. Nos termos do art. 34.º, n.º 3, do CPT (que é o regime aqui aplicável, dado que o prazo previsto na LGT, porque só se conta a partir da entrada em vigor desta Lei, ainda não se perfez), a prescrição das obrigações tributárias interrompe-se com a reclamação, o recurso hierárquico, a impugnação e a instauração da execução, mas o efeito interruptivo derivado da instauração cessa se o processo estiver parado durante mais de um ano por facto não imputável ao contribuinte, somando-se, nesse caso, o tempo decorrido até à data da instauração ao tempo que sucedeu ao termo daquele prazo de mais de um ano.

Temos entendido que, não prevendo a lei interrupções sucessivas da prescrição (cfr. acs. do TCAS, de 14/10/2003, 2ª secção, rec. 00179/03[2], de 7/2/2006, rec. 0029/03 e de 21/3/2006, rec. 2713/99), deve somar-se todo o tempo que decorrer após o período de um ano de paragem do processo com o período que tiver decorrido até à data da autuação, não podendo o prazo interromper-se de novo, designadamente, no caso vertente, por efeito da dedução da impugnação.

Ora, no presente caso, sendo o IRC liquidado respeitante ao exercício de1992, o prazo de prescrição começou a contar em 1/1/1993.

E tendo a recorrente deduzido Reclamação Graciosa em 6/8/1997, foi aqui interrompido o prazo de prescrição.

Porém, visto que como acima se disse e se constata desses autos de Reclamação Graciosa, o processo esteve parado desde 10/10/97 (data em que foi elaborada a proposta de decisão) até 31/12/99 (data em que foi proferido despacho final ordenando a remessa da reclamação para ser apensada ao processo de impugnação que, entretanto, fora instaurado), ou seja, por mais de um ano, por causa não imputável à reclamante, o efeito interruptivo cessou em 10/10/1998. Somando, então, 4 anos, 7 meses e 6 dias (equivalentes ao período de tempo desde o início da prescrição até à data da interrupção – com a instauração da reclamação), com o que decorreu depois do reinício da contagem do prazo (10/10/98) a prescrição (10 anos) consumou-se em 25/5//2004.

E a idêntico resultado chegaríamos se operássemos com o processo de impugnação, dado que também este, instaurado que foi em 11/11/97, esteve parado por mais de um ano (desde que em 25/2/98 foi remetido à DDF do Porto até ser ali emitido Parecer, em 24/11/99, a que se seguiu o despacho de 10/12/99, do DDF). Ou seja, nesse caso, também o prazo se retomaria a partir de 25/2/99, pelo que sempre teria na presente data ocorrido a prescrição da dívida tributária.

E tendo, nos termos expostos, sido ultrapassado aquele prazo de prescrição, estaremos, como acima se referiu, face a uma situação em que a liquidação acaba sendo atingida por via da obrigação tributária originária estar prescrita.

E, assim, é patente a inutilidade da lide em sede de impugnação judicial.

Nestes termos, por tudo o exposto e sem necessidade de mais considerações, visto o disposto no citado art.º 34.º do CPT, declara-se a obrigação tributária em causa prescrita, com todas as consequências legais, incluindo as relativas à execução fiscal instaurada e, consequentemente, julga-se extinta a presente instância por inutilidade superveniente da lide, à luz do disposto na al. e) do art.º 287.º do CPC, por força do disposto nos arts. 2.º do CPPT e da LGT, ficando prejudicado o conhecimento do objecto do recurso.

DECISÃO

Termos em que acordam, em conferência, os juizes da Secção de Contencioso Tributário deste Tribunal Central Administrativo em, por via da prescrição da obrigação tributária, julgar extinta a instância por inutilidade superveniente da lide.

Sem custas.

Lisboa, 27 de Fevereiro de 2007.

Casimiro Gonçalves
Lucas Martins
Pereira Gameiro

Recurso n.º 5545/01

[2] Com voto de vencido no qual se sustenta que apesar de a instauração da impugnação ter efeito interruptivo sobre a prescrição e de esse efeito cessar por virtude da paragem dessa impugnação por facto não imputável ao contribuinte, se tiver posteriormente ocorrido um outro acto interruptivo (instauração da execução), é este segundo acto interruptivo que passa a relevar para efeitos de contagem do prazo prescricional.

IRC. PRAZO PARA A DEDUÇÃO DE IMPUGNAÇÃO NA SEQUÊNCIA DO INDEFERIMENTO TÁCITO DE RECLAMAÇÃO GRACIOSA.

(Acórdão de 6 de Fevereiro de 2007)

SUMÁRIO:

I – Considera-se extemporânea a impugnação deduzida para além do prazo referido no art.° 123.°, n.° 1, alínea d) do CPT.

II – Aos procedimentos iniciados antes da entrada em vigor da LGT cujo prazo terminasse já na vigência desta, aplica-se o disposto no art.° 57.°, n.° 5 deste diploma, mas o prazo conta-se desde a apresentação dos requerimentos nos serviços e não da entrada em vigor da LGT.

ACORDAM NA SECÇÃO DE CONTENCIOSO TRIBUTÁRIO DO TRIBUNAL CENTRAL ADMINISTRATIVO SUL:

1. "Centro Comercial do Infante, Lda", pessoa colectiva n.° 511 019 700, com sede na Ava Arriaga, 73-1.° D – Sé – 9000 Funchal, veio recorrer da decisão do Mm.° Juiz do TAF do Funchal que julgou improcedente a impugnação por si deduzida contra as liquidações adicionais de IRC relativas aos exercícios de 1993, 1995 e 1996, nos montantes, respectivamente, de 23.880.873$00, 28.864.096$00 e 33.983.657$00, apresentando, para o efeito, alegações nas quais conclui:

A) A Sentença recorrida é nula, nos termos do disposto no artigo 125.° do CPPT, por omissão de pronúncia quanto à extemporaneidade da fundamentação alegada pela impugnante, ora recorrente, violando o disposto no artigo 668.° –, n.° 1, alínea d) do CPC aplicável por força do artigo 2.° do CPPT.

B) A sentença recorrida entende que a fundamentação apresentada pela Administração é suficiente para estabilizar o acto tributário praticado, violando assim o disposto no artigo 268.°, n.° 3 da CRP e o artigo 77.° – da LGT.

C) Ficou provado nos autos que o custo incorrido pela impugnante é um custo necessário à sua actividade; a Douta sentença recorrida, ao julgar de forma diversa, viola o disposto no artigo 23.° do CIRC e deve ser revogada.

D) A Douta sentença recorrida, ao indicar unicamente que não foi produzida uma prova, quando esta consta dos autos, falta com o seu dever de fundamentação de facto e de direito a que está obrigada pelo artigo 125.° do CPPT, levando à sua nulidade.

E) O Tribunal tem poderes para admitir um custo mesmo que o documento contabilizado não preencha os requisitos legais; ao desconsiderar este custo, a Douta sentença recorrida viola o disposto no artigo 23.° do CIRC.

Nestes termos e nos demais de direito, deve o presente recurso ser julgado totalmente procedente por provado, com a consequente declaração de nulidade da sentença proferida nos termos do disposto no artigo 125.° – do CPPT; e se este não proceder, a sentença proferida deve ser revogada por violação do disposto nos artigos 268.°, n.° 3 da CRP, Artigo 77.° da LGT e Artigo 23.° do CIRC com a consequente anulação das liquidações adicionais impugnadas.

2. Contra-alegando veio a Fazenda Pública concluir:

Ia) Está em causa nos presentes autos, IRC liquidado adicionalmente e relativo aos exercícios de 1993, 1995 e 1996, das quantias de 23.880.873$00, 28.864.096500 e 33.983.657$00, respectivamente e após uma acção inspectiva à impugnante.

IIa) A impugnante recorreu ao crédito bancário, tendo obtido 400.000 contos no Banif e no ano de 1992 e no Banco Comercial Português 30.000 contos e no ano de 1993.

IIIa) Porque a impugnante amortizou gradualmente e em pequenos montantes anuais, surgiram os encargos com empréstimos bancários, de diversa ordem.

IVa) A impugnante mantém relações com diversas firmas, sendo que essas empresas pertencem no todo e em parte aos sócios da impugnante.

Va) Provou-se existirem fluxos financeiros entre as diversas empresas, baseados apenas em documentos internos.

VIa) O montante dos empreiteiros obtidos, destinaram-se a financiar essas empresas, sendo que o restante se destinou a efectuar depósitos à ordem, gerando assim juros inferiores aos pagos pela impugnante.

VIIa) Os empréstimos não tiveram por objectivo financiar a actividade da empresa, ou seja gerar proveitos, mas sim financiar empresas do grupo e efectuar depósitos a prazo.

VIIIa) Assim sendo, não podem os montantes apresentados pela impugnante como custos ser efectivamente aceites, por não se mostrarem indispensáveis à realização dos proveitos.

Assim sendo,

Deve o presente recurso improceder com as demais consequências legais.

3. Colhidos os vistos legais cabe agora decidir.

4. São os seguintes os factos dados como provados em 1a Instância e que relevam para a decisão:

1.°) A impugnante foi notificada da liquidação adicional de *IRC do ano de 1993*, com data limite de pagamento no dia 05 de Novembro de 1998.

2.°) Nenhuma fundamentação acompanhou a liquidação adicional referida, apenas tendo sido enviado à impugnante, em 30/09/98, o DC 22 com as correcções efectuadas para o exercício de 1993.

3.°) A impugnante, por desconhecer as razões de tais correcções, requereu em 19/10/98, certidão de inteiro teor da fundamentação que deu liquidação adicional

4.°) Em 30 de Set. de 1998, foi entregue à impugnante, como fundamentação, cópia do relatório da fiscalização elaborado em 28 de Maio de 1998.

5.°) Em 1-2-1999, a impugnante apresentou reclamação graciosa da liquidação que ora se impugna, não tendo ainda obtido decisão.

6.º) Antes da nota de liquidação, a administração fiscal limitou-se a enviar cópia do DC 22 elaborado em 17 de Julho de 1998 e com as correcções abaixo transcritas:

"O montante acrescido no quadro 20, linha 21 é proveniente das correcções em juros suportados *97.492.048$00*, taxas *no valor de 810.000$00*, inscritos no quadro 39 linha 5, respectivamente por serem provenientes de encargos relacionados com Empréstimos Bancários obtidos pelo S.P. e não considerados custo fiscal por não terem sido comprovadamente indispensáveis para a realização de proveitos ou ganhos sujeitos a imposto ou para a manutenção da fonte produtora."

7.º) A impugnante foi notificada da liquidação adicional de *IRC do ano de 1995*, com conhecimento no dia 28 de Setembro de 1998.

8.º) Nenhuma fundamentação acompanhou a liquidação adicional referida, apenas tendo sido enviado à impugnante, em *17/08/98*, o DC 22 com as correcções efectuadas para o exercício de 1995.

9.º) A impugnante, por desconhecer as razões de tais correcções, requereu em 07/10/98, certidão de inteiro teor da fundamentação que deu liquidação adicional.

10.º) Em 16 de Novembro de 1998, foi entregue à impugnante, como fundamentação, cópia do relatório da fiscalização elaborado em 28 de Maio de 1998.

11.º) Em 21 de Dezembro de 1998, a impugnante apresentou reclamação graciosa da liquidação que ora sẽ impugna, não tendo ainda obtido decisão.

12.º) Antes da nota de liquidação, a administração fiscal limitou-se a enviar cópia do DC 22 elaborado em 17 de Julho de 1998 *e* com as correcções abaixo transcritas:

"O montante acrescido no quadro *20*, linha 21 é proveniente das correcções em juros suportados *59.696.831$00*, taxas *1.687.228$00*, imposto de selo *1.815.000$00*, inscrito na declaração modelo 22 no quadro 25, linha 1 e quadro 39 linha 5 e 3, respectivamente por serem provenientes de encargos relacionados com Empréstimos Bancários obtidos pelo S.P. e não considerados custo fiscal por não terem sido comprovadamente indispensáveis para a realização de proveitos ou ganhos sujeitos a imposto ou para a manutenção da fonte produtora. Inclui ainda o montante de *6.000.000$00*, inscritos no quadro 37 linha 25 da declaração modelo 22 – Trabalhos Especializados, que por não estar devidamente documentado não é aceite como custo fiscal."

13.º) A impugnante foi notificada da liquidação adicional de *IRC do ano de 1996*, com conhecimento no dia 28 de Setembro de 1998.

14.º) Nenhuma fundamentação acompanhou a liquidação adicional referida, apenas tendo sido enviado à impugnante, em *17/08/98*, o DC 22 com as correcções efectuadas para o exercício.

15.º) A impugnante, por desconhecer as razões de tais correcções, requereu em 07/10/98, certidão de inteiro teor da fundamentação que deu liquidação adicional.

16.º) Em 16 de Novembro de 1998, foi entregue à impugnante, como fundamentação, cópia do relatório da fiscalização elaborado em 28 de Maio de 1998.

17.º) Em 21 de Dezembro de 1998, a impugnante apresentou reclamação graciosa da liquidação que ora se impugna, não tendo ainda obtido decisão.

18.º) Antes da nota de liquidação, a administração fiscal limitou-se a enviar cópia do DC 22 elaborado em 17 de Julho de 1998 e com as correcções abaixo transcritas:

"O montante acrescido no quadro *20*, linha 21 é proveniente das correcções em juros suportados *9-099.239$00*, taxas *1.687.228$00*, por serem provenientes de encargos relacionados com Empréstimos Bancários obtidos pelo S.P. e não considerados custo fiscal por não terem sido comprovadamente indispensáveis para a realização de proveitos ou ganhos sujeitos a imposto ou para a manutenção da fonte produtora.

19.º) *Consta do Relatório*, elaborado e notificado em 1998, que serviu de fundamentação às liquidações, que aqui se dá como reproduzido, o seguinte:

«I – Identificação do sujeito passivo

Nome: Centro Comercial do Infante, Ld8

Sede: Avenida Arriaga, n.º 73, l.º D-Sé – Funchal

NIPC: 511019700

Repartição de Finanças: 18 Funchal – código 2810

CAE -.070200 – Arrendamento de bens imobiliários

2 – Caracterização da Empresa"

2.1 – Actividade da Empresa

– A actividade da empresa centra-se na Planificação, Implementação e Administração Comercial de um Centro Comercial.

2.2 – Enquadramento fiscal

o sujeito passivo encontra-se enquadrado no regime normal mensal colectado na }8 Repartição de Finanças do concelho do Funchal em IRC.

2.3 – Identificação dos sócios –gerentes

.....

2.4 – Capital Social

O capital social da sociedade é de 1.000.000$00, pertencente aos sócios, Procentros-Promoção e Exploração de Centros Comerciais, Ld., 500.000$00, Nuno Belger Alves de San Paio, residente no Largo Pedro Correia Marques, n.º 3, 80 Dt.º, Lisboa, 200.000$00, Rafael Baldeira de Castel-Branco Valverde, residente na Rua da Palma, n.º 129, 30 Lisboa,

2.5 – Relações de participação noutras empresas

Os sócios desta sociedade participam no Capital Social da Empresa Imobiliária do Infante, Lda, que é a proprietária do imóvel, onde se encontra instalado o centro comercial, são também sócios das Empresas, Comanina-Soc. Representações, Lda, Empresa de Turismo Reis Magos, S.A., Italcafé-Comércio e Representações, Lda, Pinho Grande, Lda, Cocine-Explor. Cinema Espect., Lda., Cossaco-Comércio Imp. Sacos Mal., Ld3.

3 – Motivos que originaram a visita

Ordem de serviço n.º 12642 de 09-03-98 – código PAFT 22205 P. Col– Sector act imobiliárias

4 – Período em que decorreu a visita

Início em 98-05-04 Fim em 98-05-28

5 – Fundamentos específicos da visita Exame à escrita dos exercícios de 1993 a 1996 Sujeitos passivos em situação de reembolso de IRC em 1993 a 1996.

6 – Evolução da Empresa

....

II – CAPÍTULO

I – ORGANIZAÇÃO E ANÁLISE TÉCNICO CONTABILÍSTICA

1.1 – Organização contabilística

A empresa é obrigada a dispor de contabilidade organizada nos termos da Lei Comercial e Fiscal de acordo com o artigo 980 do CIRC.

Os *livros selados, Diário, Razão. Inventários e Balanços, encontram-se em bom estado de conservação e não apresentam atrasos na escrituração superiores aos permitidos por lei.*

1.2 – Sistema de coordenação contabilística

O contribuinte utiliza meios informáticos no processamento da contabilidade Os documentos são arquivados em ordem sequencial e única. A cada documento é atribuído um número identificador dos mesmos.

1.3 – Fiscalizações anteriores

Esta empresa foi objecto de fiscalização ao exercício de 1992, em Julho de 1997, por ser reembolsada de IRC 3 anos consecutivos. Nessa fiscalização houve correcção de valores no montante de 39.193.831$00, nos juros suportados por estes não terem contribuído para a realização de proveitos da Empresa, uma vez que estes eram provenientes de juros bancários derivados de empréstimos contraídos no montante de 400.000.000$00 no BANIF e que foram para efectuar depósitos a prazo e financiar a Empresa Mobiliária do Infante, Ld8, pertencente aos mesmos sócios

2 – ANÁLISE CONTABILÍSTICA – FISCAL

2.1 – Evolução da Empresa

Analisando o mapa – Evolução da Empresa, no número 6 do I capitulo do presente relatório, verifica-se que os resultados fiscais e contabilísticos dos exercícios 1993,1994 e 1995 são negativos, porque estão influenciados pelos Custos e Perdas Financeiras, por serem valores desproporcionais em relação a outros custos e aos proveitos da Empresa.

2.2 – Análise das Contas de Balanço

2.2.1 – Empréstimos Bancários Obtidos

Analisando a conta 23 – Empréstimos Bancários obtidos pelo Sujeito Passivo, verificou-se que o sujeito passivo obteve Empréstimos em dois Bancos;

No Banco Internacional do Funchal (Banif) obteve um Empréstimo de 400.000.000$00 durante o exercício de 1992 e no Banco Comercial Português um empréstimo em 1993 de 30.000.000$00.

O Empréstimo do BANIF, como já foi descrito no ponto 1.3 do presente capítulo, serviu para fazer depósitos a prazo e para fazer empréstimos a Empresa Imobiliária do Infante, Lda, que pertence aos mesmos sócios. Como se pode verificar pelos extractos destas subcontas, estas dívidas aos bancos vão-se mantendo por intermédio de reforma de letras e livranças, daí a justificação dos juros debitados ao Sujeito Passivo, doc I a 8.

2.2.2 – Devedores e credores diversos

Feita uma análise as subcontas de outros devedores e credores diversos, nomeadamente as que se encontram com o registo em nome das empresas que cujos sócios são os mesmos que os da Empresa em análise, verificamos que foram efectuadas como adiantamentos a estas empresas por intermédio de cheques ou por transferências Bancárias das contas a ordem do Centro Comercial do Infante, sem que para isso haja qualquer recibo ou quitação ou qualquer outro documento de suporte, passo a descrever o nome das Empresas e os montantes efectuadas:

.....

Também se verifica que durante o exercício de 1992 a Empresa contabilizou como adiantamento a fornecedores na subconta 229102 – Empresa Imobiliária do Infante, Lda o montante de 100.000.000$00, o qual não estava suportada por qualquer documento, contudo até a presente data a mesma conta nunca foi movimentada a crédito, mantendo-se o lançamento do adiantamento, o que supõe não haver qualquer relação comercial entre o sujeito passivo e a referida Empresa, doc. 9 a 73.

2.3 – Análise de contas de resultados que estio relacionadas com as contas de balanço antes analisadas

2.3.1 – Análise a conta de Custos e Perdas Financeiras

Analisando os extractos das subcontas da conta de custos e perdas financeiras, verifica-se que estes valores são quase na totalidade originados de custos de juros de empréstimos bancários e outros custos suportados com os mesmos, nos montantes e nas subcontas que passo a discriminar:

....

2.3.2 – Impostos

2.3.2.1 – Taxas

Na análise efectuada a subconta 6317 – Taxas, verificamos que foram contabilizados nesta subconta o imposto de selo de livranças pagos por obtenção de Empréstimos Bancários e pelas reforma de livranças e inscritos como custos fiscais no quadro 39, linha 5 da declaração modelo 22 nos exercícios e nos montantes seguintes:

.....

2.3.2.2 – Imposto de Selo

Analisando a subconta 6313 – Imposto de Selo, verificamos que também foram contabilizados nesta subconta o imposto de selo referente às Reformas de Livranças e que foram inscritas como custo fiscal no quadro 39, linha 3 das declarações modelo 22 dos exercícios e nos montantes seguintes:

....

2.3.3 – Como se pode concluir pelo descrito anteriormente, os Empréstimos Financeiros obtidos pelo sujeito passivo foram para financiar Empresas em que cujos sócios são os mesmo, que os da Empresa em análise.

Por este motivo os custos declarados na declaração modelo 22 de IRC dos exercícios de 1993 a 1996 relacionados com aqueles empréstimos vão ser objecto de correcção, uma vez que não foram comprovadamente indispensáveis para a realização de proveitos imposto ou para a manutenção da fonte produtora

3 – Outras Análises

3.1 – Análise à conta Fornecimentos e Serviços Externos

Estes custos estão agrupados por subcontas

*Na análise efectuada a estas subcontas, verificamos que **no exercício de 1995 e na subconta 62236 – Trabalhos Especializados, em nome da Empresa Pinho Grande, que cujos sócios são os mesmos da Empresa em análise foram contabilizados como custo da Empresa 6.000.000$00 em contrapartida da conta 221209 fornecedores, cujo documento de apoio é uma comunicação interna** que manda fazer aquela movimento pela Prestação de Serviços de Gestão desta Empresa e levou a custos no quadro 37, linha 25 da declaração modelo 22 do exercício.*

Porém este custo não pode ser aceite como custo fiscal por não estar devidamente documentado, por isso vai ser também objecto de correcção, doc 103 a 104.

4 – Correcções Técnicas em IRC

Tendo em conta as situações relatadas nos pontos 2.31, 2.3.2.1, 2.3.2.2 e 3, do presente Capitulo, procedemos as devidas correcções:

.....

4.1 – Reembolsos de IRC

O sujeito passivo foi reembolsado em IRC nos exercícios e montantes a seguir descritos:

....

Estes reembolsos deveu-se a retenções na fonte de IRC nos termos do artigo 75 do CIRC, pelos sujeitos passivos arrendatários aquando o pagamento das rendas e também pelos prejuízos fiscais declarados para aqueles exercícios.

No entanto na presente acção de inspecção ao se efectuar correcções (conforme numero quatro do presente capitulo) estas iram provocar liquidações adicionais de IRC superiores aos montantes dos reembolsos, pelo que sou da opinião que os mesmos não são devidos.

1 – Conclusões

Não foram considerados custos fiscais os custos contabilizados pelo sujeito passivo, nas subcontas, Juros de Empréstimos Bancários, Descontos de Títulos e Serviços Bancários, Taxas e Imposto de Selo e levados a custos dos exercícios nas declarações de rendimentos modelo 22 de IRC, por serem provenientes de encargos relacionados com os Empréstimos Bancários obtidos pelo Sujeito Passivo, uma vez que estes não foram comprovadamente indispensáveis para a realização de proveitos ou ganhos sujeitos a imposto ou para a manutenção da fonte produtora, nos exercícios e nos montantes descritos.

O sujeito passivo contabilizou no exercício de 1995 na subconta 62236 – Trabalhos Especializados o montante de 6.000.000$00 e levou a custos do exercício no quadro 37, linha 25 da declaração modelo 22. Porém este valor não é custo fiscal, por não estar devidamente documentado.

Estas correcções originaram que os resultados fiscais declarados pelo sujeito passivo nas declarações modelo 22 de IRC fossem corrigidos, para os exercícios e nos montantes que passo a descrever:

20ª) A ora impugnante pagou diversas facturas em nome da Imobiliária Infante à credora desta Ventilarco, Estudos, Projectos e Instalações de ventilação e Ar condicionado, Lda.

5. No seu despacho de fls. 167, o Relator suscitou a questão da intempestividade das impugnações, convidando as partes a pronunciarem-se sobre essa mesma questão.

A Fazenda Pública, tal como resulta da sua resposta junta a fls. 170/171, entende que as impugnações são intempestivas, uma vez que pelo menos desde 28 e de 30 de Setembro de 1998 a recorrente conhecia os fundamentos das liquidações adicionais.

A recorrente, por sua vez, entende que, tendo apresentado reclamações graciosas não decididas no prazo legal, tendo as impugnações sido apresentadas no prazo de 90 dias contados da formação do acto de indeferimento tácito, estas são tempestivas (v. fls. 172/174).

Quid juris?

Para decidir esta matéria há que ter em consideração os seguintes factos:

a) A recorrente apresentou reclamação graciosa da liquidação n.° 8310012640, referente ao exercício de 1993, em 1 de Fevereiro de 1998, tendo deduzido impugnação em 26 de Outubro de 1999.

b) A recorrente apresentou reclamação graciosa da liquidação n.° 8310010698, referente ao exercício de 1995, em 21 de Dezembro de 1998, tendo deduzido impugnação em 24 de Setembro de 1999.

c) A recorrente apresentou reclamação graciosa da liquidação n.° 8310010699, referente ao exercício de 1996, em 21 de Dezembro de 1998, tendo deduzido impugnação em 21 de Setembro de 1998.

Apliquemos agora as normas pertinentes ao caso, isto é, relativamente a cada uma das impugnações.

5.1. Relativamente à liquidação referente ao exercício de 1993, estavam em vigor as disposições dos arts. 123.°, n.° 1, alínea d) e 125.°, que estabeleciam, respectivamente, o seguinte:

"1. A impugnação será apresentada, sem prejuízo do disposto no art.° 22.°, no prazo de 90 dias contados a partir dos seguintes factos:

d) Indeferimento tácito a que se refere o artigo 125.°".

"A reclamação graciosa presume-se indeferida para feito de impugnação judicial se os órgãos competentes da administração fiscal sobre ela se não pronunciarem no prazo de 90 dias a partir da entrada no serviço competente, salvo disposição especial que estabeleça outro prazo".

Quer isto então dizer, que, tendo a recorrente apresentado reclamação graciosa em 1 de Fevereiro de 1998, o acto se presumia indeferido em 2 de Maio de 1998 (art.° 125.° citado).

Deste modo, e considerando o disposto no art.° 123.°, n.° 1 citado, a impugnação poderia ter sido deduzida no prazo de 90 dias contados a partir do indeferimento tácito, o que significa que a impugnação deveria ter sido deduzida até 31 de Julho de 1998.

Tendo sido deduzida apenas em 26 de Outubro de 1999, é manifestamente intempestiva.

E, ao contrário do defendido pela recorrente na sua resposta de fls. 173 – v. pontos 6 a 10, não há aqui que fazer apelo à LGT, uma vez que a mesma só entrou em vigor em 1.1.1999, portanto, após a verificação dos factos em análise, e depois de decorrido o prazo de impugnação.

5.2. Relativamente às liquidações dos exercícios de 1995 e de 1996, verifica-se que as reclamações foram apresentadas em 21 de Dezembro de 1998, como acima se referiu.

Sendo assim, e caindo o prazo para a Administração Tributária se pronunciar já no domínio da LGT, cuja entrada em vigor ocorreu em 1 de Janeiro de 1999, acolhemos aqui o entendimento da recorrente de que aos procedimentos pendentes a essa data se aplicava já a LGT e, no caso concreto dos autos, o disposto no art.° 57.°, n.° 5 desse diploma.

Na verdade, embora o art.° 2.° do DL n.° 398/98, de 17/12, não tenha revogado expressamente o art.° 125.° do CPT, passando a existir norma sobre a mesma matéria fixando prazo mais longo, há que fazer apelo ao art.° 297.°, n.° 2 do Código Civil, segundo o qual a lei que fixar um prazo mais longo é igualmente aplicável aos prazos que já estejam em curso, mas computar-se-á neles todo o tempo desde o seu momento inicial.

Assim sendo, vejamos se, conjugado o citado art.° 57.°, n.° 5 da LGT com o art.° 123.°, n.° 1, alínea d) do CPT, as impugnações referentes às liquidações de 1995 e de 1996 foram tempestivas.

Liquidação do exercício de 1995:

– Reclamação graciosa deduzida em 21 de Dezembro de 1998.

– Presunção do indeferimento tácito em 21 de Junho de 1999.

– Prazo para a dedução da impugnação a partir desta data – 90 dias.

– Contados estes 90 dias a partir de 21de Junho, temos que tal prazo terminou em 19 de Setembro de 1999.

Ora, tendo a impugnação referente ao ano de 1995 dado entrada em 24 de Setembro de 1999, verifica-se a sua intempestividade.

E, deste modo, intempestiva é também a liquidação referente ao ano de 1996, só apresentada em 21 de Setembro de 1999, uma vez que a presunção de indeferimento tácito ocorreu também em 19 de Setembro de 1999.

É claro que estas impugnações estariam em tempo a contar-se o prazo – como a recorrente faz –, a partir de 1 de Janeiro de 1999 – data da entrada em vigor da LGT.

Pensamos que a recorrente, embora não o diga expressamente, está aqui a pensar no art.° 297.°, n.° 1 do Código Civil, que estabelece a contagem do novo prazo a partir da entrada em vigor da nova lei.

Porém, essa norma só é aplicável em caso de a nova lei estabelecer prazos mais curtos e não, como é o caso, prazos mais longos, caso em que se aplica o n.° 2 da mesma norma.

E, nos termos deste n.° 2 e atendendo a que o momento inicial para a contagem do prazo é o da data da entrada no serviço competente (v. art.° 125.° do CPT e 57.°, n.° 5 da LGT), verifica-se que na data da apresentação das impugnações estava ultrapassado o prazo previsto no art.° 123.°, n.° 1, alínea d) do CPT.

Pelo que ficou dito, procede esta questão prévia, ficando prejudicado o conhecimento do recurso.

6. Nestes termos e pelo exposto julga-se verificada a caducidade do direito de impugnar, rejeitando-se, em consequência, o recurso.

Custas pela recorrente apenas em 1ª instância.

Lisboa, 6 de Fevereiro de 2007.

João Valente Torrão
Ascensão Lopes
Pereira Gameiro

Recurso n.° 00904/03

IVA. DIREITO A DEDUÇÃO. FALTA DE PROVA DO PAGAMENTO DOS SERVIÇOS TITULADOS PELA FACTURA.

(Acórdão de 20 de Março de 2007)

SUMÁRIO:

I – De acordo com o disposto no art.° 19.°, n.° 2 do CIVA só confere direito a dedução o imposto mencionado factura ou documento equivalente, sendo porém necessário, para além disso, que o serviço tenha sido prestado ou o bem transmitido.

II – Se a recorrente, apesar de a factura titulando a prestação do serviço se encontrar na forma legal, não consegue com documentos da sua contabilidade provar o pagamento da totalidade da factura, demonstrando apenas ter emitido ao fornecedor cheques de valor exactamente idêntico ao do IVA, há razões para suspeitar da veracidade da prestação do serviço, pelo que não deve ser aceite a dedução do imposto mencionado na referida factura.

ACORDAM NA SECÇÃO DE CONTENCIOSO TRIBUTÁRIO DO TRIBUNAL CENTRAL ADMINISTRATIVO SUL:

"Datacomp – Sistemas de Informática SA", pessoa colectiva n.° ..., com sede na Rua Augusto Gil, veio recorrer da decisão do MM.° Juiz do TAF de Lisboa que julgou improcedente a impugnação por si deduzida contra a liquidação adicional de IVA e juros compensatórios relativos ao exercício de 1992, no valor global de 14.915.171$00, apresentando, para o efeito, alegações nas quais conclui:

Iª) A sentença proferida pelo Tribunal "a quo" julgou improcedente a impugnação da liquidação adicional de IVA entendendo que a impugnante não provou os serviços que lhe foram prestados e o seu pagamento.

IIª) Antes os pagamentos em moeda estrangeira indicia fortemente serem facturas e pagamentos fictícios.

IIIª) Mas reconhecendo que existem dúvidas quanto à prestação ou não desses serviços.

IVª) A decisão proferida não fez uma correcta apreciação da prova produzida nos autos.

Vª) A interpretação e aplicação de direito que a decisão proferida faz do disposto no art.° 121.° do CPT é ilegal.

VIª) Interpretação correcta deste preceito fez o Digníssimo Procurador da República, que afirma que é certo que as duas testemunhas ouvidas nos autos com conhecimento próximo dos factos, vêm afirmar que as operações em causa correspondem a transacções efectivas foram pagas pelo sócio maioritário da impugnante, que de seguida dava conhecimento de tal facto à sociedade.

VIIª) E que perante os testemunhos resulta a fundada dúvida sobre os factos tributários.

VIIIª) Havendo que anular, nesta parte o facto tributário e os correspondentes juros compensatórios.

IXª) Foi provida impugnação em que se discutiam factos iguais, sentença junta a fls. 279 – Processo 58/00, 4.° Juízo – 2ª Secção.

Xª) Não releva que tais pagamentos foram feitos em cheque ou moeda estrangeira sendo feitos pelo administrador da impugnante é normal, ainda que não muito correcto, que se retire posteriormente sob a rubrica despesas e estadas.

XIª) Ao tempo a escrita contabilística estava organizada de modo a reflectir todas as operações, com os inerentes custos e proveitos.

XIIª) O que foi provado em juízo, perante o Tribunal "a quo".

XIII[a]) E a publicidade através de M..., vídeos, catálogos, campanhas, etc. foram instrumentos essenciais no crescimento das vendas.

XIV[a]) A ITE adquiriu, de facto, os serviços titulados pelas facturas que a Administração Fiscal e o Tribunal "a quo" recusam considerar relativamente ao fornecedor F... publicitário (e, também, L...).

XV[a]) As facturas emitidas por estes fornecedores estão conformes com o art.° 35.° do CIVA:

XVI[a]) Tais operações foram correctamente inscritas como custos (art.° 23.° do CIRC) sendo dedutível o IVA correspondente (CIVA – art.° 18.° e 19.°).

XVII[a]) Não é da responsabilidade da ITE, nem retira a natureza de custo ao pagamento das respectivas facturas, o ulterior incumprimento de obrigações fiscais por parte dos contribuintes.

XVIII[a]) A Administração viola o princípio da verdade e justiça fiscais quando liquida IVA sem considerar IVA suportado (CRP – art.° 104.°, n.° 2).

XIX[a]) Pois não tem tal poder discricionário – DL n.° 410/89, de 21/11.

XX[a]) Por fim o pagamento integral da dívida em singelo, antes de 31.12.2002, extinguiu a dívida de juros (DL 248-A/2002, de 14.11).

Termos em que se requer seja revogada a decisão proferida dando-se provimento ao presente recurso e anulando-se as liquidações adicionais impugnadas.

2. O M.°P.° emitiu parecer no sentido da improcedência do recurso (v. fls. 353).

3. Colhidos os vistos legais cabe agora decidir.

4. Com interesse para a decisão foram dados como provados em 1[a] instância os seguintes factos:

A) A escrita da impugnante foi sujeita a exame tributário no que respeita aos exercícios de 1992 e 1993, em sede de IRC e IV A, conforme Relatório, Parecer e Despacho, bem como e anexos de fls. 43 a 227, que se dão por reproduzidos;

B) Nestes autos está apenas em causa as liquidações adicionais de IVA e juros compensatórios relativos ao exercício de 1992, conforme douta p.i. de fls. 2 a 9 e documentos de cobrança de fls. 11 a 21, que se dão por reproduzidos;

C) No decurso das análises efectuadas a Perita Fiscal Tributária (PFT) verificou que, relativamente às notas de crédito e notas de devolução, a impugnante não dispunha de provas em como os adquirentes tomaram conhecimento da rectificação, conforme estipula o n.° 5 do artigo 71.° do CIVA.

Após ter sido notificada a impugnante para apresentar prova do conhecimento da rectificação, verificou-se que a mesma não dispõe de prova relativamente às notas de crédito e às notas de devolução identificadas a fls. 50, nas quais se inclui IVA no montante anual de 949.431$00 – fls. 49 a 50 e anexo III de fls. 64 a 97;

D) Face à falta de prova, a PFT considerou indevidas as deduções de imposto no referido montante de 949.431$00 – fls. 51;

E) A PFT verificou também que, na rubrica "Publicidade e Propaganda", no exercício de 1992, a impugnante contabilizou facturas emitidas por F..., NIF 176 738 762 e NIPC 808 358 006, com os números 47, 49 de Outubro e 53 e 54 de Novembro, no montante global de 51.283.600$00, que inclui 7.073.600$00 de IVA – fls. 52;

F) Consultado o cadastro em sede de IV A, verificou-se que a morada de F... é na R. ..., tendo-se apurado tratar-se do Centro paroquial da Paróquia do Espírito Santo, onde o mesmo teria vivido mas de onde teria saído por volta de 1995, conforme informação do respectivo Pároco – fls. 52;

G) Em termos de IRS, a morada indicada é Rua ..., sendo que a última Declaração respeita ao ano de 1989 – fls. 52;

H) Em sede de IV A, as declarações periódicas entregues pelo mesmo, mencionam montantes de imposto liquidado inferiores aos constantes das facturas contabilizadas na impugnante, pois que, no que respeita àquelas facturas de 1992, liquidou e declarou na Declaração do 4° Trimestre a quantia de 24.000$00, quando o imposto liquidado nas facturas é de 7.073.600$00 (ver alínea E) supra) – fls. 52 e anexo V de fls. 104 a 115;

I) Enviada notificação para a ..., a mesma foi devolvida com a indicação de "mudou-se" – fls. 52 e anexo VI, de fls.] 16 a 118;

J) Perante esta situação a PFT notificou a impugnante, na pessoa do seu administrador Sr. C..., para:

– Justificar em que datas e de que forma efectuados os pagamentos correspondentes às facturas de F...;

– Apresentar documentos que justifiquem e comprovem inequivocamente os pagamentos referidos;

– Prestar toda e qualquer informação que entenda necessária que justifique e comprove os custos contabilizados com base nessas facturas – fls. 53 e anexo VII, de fls. 119 e 120;

L) – A impugnante respondeu, em síntese, que:

– Os pagamentos foram efectuados uns pela empresa e outros pelo administrador Sr. C...;

– A factura n.° 54, no valor de 17.400.000$00, foi paga por diversos cheques, no valor de 7.073.600$00 e um pagamento de 160.450$00, sendo o restante pago pelo administrador Sr. C...;

– Dos pagamentos efectuados pelo administrador, 19.220.932$00 foram efectuados com moeda estrangeira – fls. 53 e anexo VIII, fls. 122 a 124;

M) Dos esclarecimentos dados pela impugnante resulta que, dos 50.403.600$00 "facturados" em 1992 e 1993 por F... foram, segundo a impugnante, pagos do seguinte modo:

– 22.444.050$00 em dinheiro pela empresa

– 19.220.932$00 em moeda estrangeira (dinheiro), pelo administrador

– 10.665.932$00 em dinheiro, uma vez que não foram apresentados cheques, pelo administrador

– 7.073.600$00 – fls. 53 e 122 a 124;

N) Dos cheques emitidos pela impugnante, no total de 7.073.600$00, foram apresentadas à PFT fotocópias das cópias de todos os cheques, mas só duas autenticadas pelo Banco, sendo que um deles foi levantado por F... e o outro, embora esteja emitido à ordem do mesmo, a fotocópia do Banco está ao portador – fls. 53 e anexo IX de fls. 125 a 134;

O) Analisando a conta corrente do referido fornecedor, a PFT verificou que:

– Uns pagamentos foram efectuados com cheque e outros em dinheiro. O somatório dos pagamentos feitos com cheque é exactamente igual ao somatório do IVA liquidado nas facturas contabilizadas em 1992 (ver fls. 52) e, os pagamentos que não mencionam número de cheque, apresentam valores exactamente iguais ao valor das facturas pelo que, no final de 1993, o fornecedor apresenta um saldo devedor de 7.234.050$00, que é igual ao somatório do IVA liquidado em 1992 mais os 160.450$00 (AL L supra) – fls. fls. 53 e 154 e anexo X, fls. 135 e 136;

P) Quanto ao pagamento de 160.450$00, em dinheiro, a impugnante entregou a nota de lançamento n.° 220 de 31/12/1992, só que o lançamento contabilístico descrito no documento corresponde a um recebimento – a conta Caixa está debitada por contrapartida de fornecedores – que se refere à devolução de valores entregues a J. Paulo e Armindo para despesas – fls. 54 e anexo XI a fls. 137;

Q) O referido saldo (de 7.234.050$00) foi anulado em 1994, tendo por base a nota de lançamento n.° 187 de 31/12/1993 e junto à qual tem apenas o recibo n.° 52 de F... no valor de 17.400.000$00 – fls. 54 e anexo XII a fls. 138 a 139;

R) Quanto aos documentos de compra de moeda estrangeira que alegadamente "Justificam" parte dos pagamentos efectuados pelo administrador Sr. C..., verificou-se que:

– Um, no montante de 6.682.200$00, refere-se a um cheque que foi remetido para cobrança pelo Credit Suisse ao Banco Nacional Ultramarino. Todavia, o referido cheque, n.° ..., é da conta da impugnante e não foi apresentada fotocópia autenticada pelo Banco – fls. 54 e anexo XIII a fls. 140 e 141;

– Quatro, totalizando 12.538.732$00, estão emitidos em nome da impugnante e estão contabilizados em Deslocações e Estadas, conforme extracto da conta 62227 e documentos constantes do anexo XIV, de fls. 142 a 148;

S) Apesar de notificada para ao efeito, a impugnante não apresentou qualquer elemento que justificasse os custos contabilizados nas facturas em questão, para além do descrito nestas – fls. 54;

T) Por não ter sido provado o pagamento nem ter sido apresentada qualquer prova quanto aos bens/serviços realizados por F..., a AF concluiu que a impugnante, em 1992, contabilizou como custo 44.210.000$00 com base em facturas que não correspondem a transacções reais e, por isso, deduziu indevidamente IV A no montante de 7.073.600$00 relativamente a Novembro e Dezembro de 1992 – fls. 55;

U) Em consequência, foi liquidado IVA no montante de 8.023.031$00 (7.073.600$00+949.431$00) e respectivos juros compensa-tórios, tudo com data limite de pagamento em 31.01.1998, conforme documentos de fls. 11 a 21;

V) Dá-se por reproduzida a sentença de fls. 280 a 290, proferida pela signatária na impugnação n.° 58/ /2000, relativa a liquidação adicional de IRC do ano de 1994 e em que é A. a aqui impugnante.

5. De acordo com as conclusões das alegações, são as seguintes as questões a apreciar no presente recurso:

a) Erro de julgamento da matéria de facto por parte da sentença (conclusões I^{a}, II^{a} e IV^{a}

b) Existência fundada sobre a existência do facto tributário (conclusões III^{a} a XIX^{a}).

c) Juros compensatórios (conclusão XX^{a}).

Na decisão recorrida escreveu-se o seguinte:

"O que já está em causa são os serviços titulados pelas facturas que a Administração Fiscal não considerou relativamente ao fornecedor F...[c)] e relativamente ao IVA nelas liquidado.

Com efeito, as facturas estão emitidas em conformidade com o disposto no artigo 35.° do CIVA [d)], mas já não é tão certo que "" e). Tais operações foram correctamente inscritas como custos (art.° 23.° do CIRC), f). Sendo dedutível o IVA (CIVA – art. 18.° e 19.°).

Tendo efectivamente o contribuinte suportado os respectivos custos, aceita-se que, "" g). Não é da responsabilidade da ITE, nem retira a natureza de custo ao pagamento das respectivas facturas, o ulterior incumprimento de obrigações fiscais por parte de tais contribuintes ou de outros fornecedores "".

Todavia, a verdade é que a impugnante não logrou provar que procedeu ao pagamento das referidas facturas (de 1992), portanto não logrou provar que suportou os respectivos custos. O único pagamento que logrou provar respeita ao IVA liquidado nas respectivas facturas. Aliás, cabe perguntar e a Impugnante não respondeu porque é que o valor respeitante ao IVA é pago por meio de cheque, enquanto o resto do valor das facturas é "pago"l em moeda estrangeira.

Com efeito, a impugnante disse à PFT que parte das facturas, em valor substancial aliás, foi efectuado em moeda estrangeira pelo seu administrador. Se a impugnante é uma empresa de direito português e o alegado fornecedor é também português, a residir (também alegadamente) em Portugal, porque é que os pagamentos são feitos em moeda estrangeira? E, por outro lado, porque é que os pagamentos alegadamente efectuados em moeda estrangeira foram contabilizados como Deslocações e Estadas? A impugnante nem se refere a esta questão na douta p.i., eventualmente porque não lhe interessava, mas deveria ter explicado ao Tribunal devidamente esta questão porque a mesma é relevante para a credibilidade da situação.

Com efeito, não chega dizer que as facturas estão emitidas de acordo com o artigo 35.° do CIVA, que as operações foram correctamente inscritas como custos, que é dedutível o IVA e que não é da responsabilidade da ITE. nem retira a natureza de custo ao pagamento das respectivas facturas, o ulterior incumprimento de obrigações fiscais por parte de tais contribuintes ou de outros fornecedores, tem que se provar que assim acontece.

Ora, face ao meio de pagamento alegado pela impugnante e à situação tributária do alegado fornecedor, entendo que, salvo o devido respeito por opinião contrária, caberia à impugnante trazer provas para o processo de que, efectivamente, os serviços foram prestados e não as trouxe.

Assim, face à ausência de prova por parte da impugnante no que respeita à efectividade de pagamentos no que respeita à quatro facturas de 1992 ou, quanto à efectividade de realização, física, dos serviços nelas debitados, todos os indícios, bem fortes, são no sentido de que as facturas em causa são fictícias, para se conseguirem custos para a sociedade impugnante, sendo fictícias, a dedução do imposto é ilegal.

É certo que, nos termos do disposto no art.° 121.° do CPT (agora 100.°, I do CPPT), sempre que da prova produzida resulte a fundada dúvida sobre a existência e quantificação do facto tributário, deverá o acto impugnado ser anulado. Todavia, salvo melhor opinião, no caso dos autos, se dúvidas existem, essas são no sentido de que, efectivamente, os serviços relativamente aos quais a impugnante deduziu o IVA, tenham sido prestados.

Por outro lado, é certo que a signatária desta decisão também proferiu a decisão de fls. 280 a 290. Todavia, como se vê da própria sentença, a situação aí em análise é bem diferente da dos autos porque, naquele caso, a impugnante até logrou provar que os serviços foram prestados, bem como provou, mais ou menos, que os respectivos pagamento foram efectuados, o que não se passa nestes autos, em que a impugnante não só não prova que fez algum pagamento para além do IVA liquidado nas facturas, como também não alega que serviços, em concreto, fez Fernando Gonçalves e, com tal, também nada provou.

A impugnante vem alegar/concluir que há erro na taxa de juro aplicada (j) porque a mesma (19,5%) não corresponde à taxa legal.

Nos termos do disposto nos art. 87.° e 89.° do CIVA (em vigor em 1992 e 1993), a taxa do juro a aplicar seria de 24% ao ano pelo que, tendo sido aplicada a taxa vigente à data do início do retardamento, de 19,50%, a impugnante ainda ficou beneficiada.

A impugnante ainda alega/conclui que mesmo que improcedesse a presente impugnação quanto ao imposto, ela teria que ser provida no que concerne aos juros, por ter sido pago o imposto antes de 31/12/2002 (1).

Por um lado, a impugnante não provou que procedeu ao pagamento. Por outro lado, a questão não respeitaria à legalidade da liquidação, mas sim à cobrança dos juros e, como tal, não seria fundamento de impugnação mas sim de oposição".

Concorda-se integralmente com o que ficou escrito

Na verdade, a prova testemunhal é insuficiente para provar os pagamentos, sendo certo que a recorrente deveria efectuar essa prova com documentos da sua contabilidade.

É certo que em processo judicial tributário são admitidos os meios gerais de prova (art.° 50.° do CPPT e 72.° da LGT).

Porém, nada impede que o julgador, usando o princípio da livre apreciação da prova possa não aceitar como válida e convincente a prova efectuada por determinados meios.

É o caso dos autos. Se a recorrente possui contabilidade organizada, fácil seria a prova dos pagamentos em causa com os respectivos suportes contabilísticos.

Porém, os documentos apresentados são insuficientes para tal prova já que, por um lado, os cheques que diz terem servido para pagamento, nem sequer se prova terem sido todos descontados pelo pretenso fornecedor do serviço (v. alínea N) do probatório).

Por outro lado, algumas das verbas que diz terem sido afectas ao mesmo fim, estão contabilizadas na rubrica estadas e deslocações (alínea R) do probatório).

Finalmente, não deixa de ser estranho que os únicos cheques emitidos pela recorrente correspondam ao montante do IVA e que aquela não tenha tido o cuidado de documentar o pagamento do serviço em causa nos autos do mesmo modo.

Os factos constantes das alíneas O) a Q) do probatório são suficientes, em nosso entender para que os depoimentos das testemunhas não pudessem ser relevados, contra a prova obtida pela fiscalização tributária.

Com efeito ali ficou escrito:

"Analisando a conta corrente do referido fornecedor, a PFT verificou que:

– Uns pagamentos foram efectuados com cheque e outros em dinheiro. O somatório dos pagamentos feitos com cheque é exactamente igual ao somatório do IVA liquidado nas facturas contabilizadas em 1992 (ver fls. 52) e, os pagamentos que não mencionam número de cheque, apresentam valores exactamente iguais ao valor das facturas pelo que, no final de 1993, o fornecedor apresenta um saldo devedor de 7.234.050$00, que é igual ao somatório do IVA liquidado em 1992 mais os 160.450$00 (AL L supra) – fls. fls. 53 e 154 e anexo X, fls. 135 e 136;

– Quanto ao pagamento de 160.450$00, em dinheiro, a impugnante entregou a nota de lançamento n.° 220 de 31/12/1992, só que o lançamento contabilístico descrito no documento corresponde a um recebimento – a conta Caixa está debitada por contrapartida de fornecedores – que se refere à devolução de valores entregues a J. Paulo e Armindo para despesas – fls. 54 e anexo XI a fls. 137;

– O referido saldo (de 7.234.050$00) foi anulado em 1994, tendo por base a nota de lançamento n.° 187 de 31/12/1993 e junto à qual tem apenas o recibo n.° 52 de F... no valor de 17.400.000$00 – fls. 54 e anexo XII a fls. 138 a 139".

Quanto à fundada dúvida sobre a existência do facto tributário e à não exigência de juros compensatórios, também nada há a acrescentar à decisão recorrida.

Na verdade, quanto à primeira questão, se dúvida existe a mesma resulta do facto de a recorrente não ter cumprido o seu ónus probatório, pelo que obviamente não poderia beneficiar do disposto no art.° 121.° do CPT.

Quanto aos juros compensatórios, embora à data da sentença não houvesse prova nos autos do pagamento da dívida, resulta do doc. junto aos autos em 06.02.2007 (v. fls. 381) que a mesma se encontra paga na totalidade ao abrigo do disposto no DL n.° 124/96, de 10 de Agosto, pagamento esse que deverá ter ocorrido posteriormente a 2000, isto é, posteriormente à instauração da impugnação. Porém, a eventual exigência ilegal do pagamento dos mesmos em virtude de ofensa do DL n.° 124/96 citado, não constitui vício da liquidação, podendo a impugnante, se for caso disso, deduzir oposição à execução fiscal em que os mesmos lhe venham a ser exigidos.

Por tudo o que ficou escrito concluímos então que improcedem as conclusões das alegações e, em consequência, o recurso.

6. Nestes termos e pelo exposto nega-se provimento ao recurso, confirmando-se a decisão recorrida e julgando-se improcedente a impugnação.

Custas pela recorrente fixando-se a taxa de justiça em três UC.

Lisboa, 20 de Março de 2007.

Valente Torrão
Pereira Gameiro
Gomes Correia

Recurso n.° 00696/05

IVA. FALTA DE ENTREGA ATEMPADA DO IVA. CONTRA-ORDENAÇÃO. PREJUÍZO EFECTIVO PARA A FP.

(Acórdão de 16 de Janeiro de 2007)

SUMÁRIO:

I – De acordo com o disposto no art.º 80.º, n.º 3 do RGIT, a entidade administrativa pode revogar a decisão de aplicação da coima até ao envio dos autos ao tribunal, nada impedindo por isso que, posteriormente, e depois de suprir o motivo pelo qual revogou a coima, volte a aplicar nova coima, ainda que do mesmo valor.

II – Limitando-se a entidade recorrida a revogar a decisão de aplicação da coima por entender que o benefício económico obtido pela arguida não foi o indicado na decisão mas outro menor, e tendo esta questão sido suscitada pela arguida, esta não tinha de ser notificada para apresentar a sua defesa antes da aplicação da nova coima, uma vez que já se havia pronunciado sobre tal questão e o facto em causa apenas tem reflexo na medida da coima, não fazendo parte dos seus elementos constitutivos.

III – A falta de entrega de IVA com a declaração periódica no prazo legal, porque priva o credor do recebimento atempado do imposto, constitui sempre prejuízo para o Estado, ainda que venham a ser pagos juros compensatórios, pelo que o prejuízo se presume, não se exigindo que a FP prove o prejuízo sofrido com o atraso na cobrança do mesmo imposto.

ACORDAM NA SECÇÃO DE CONTENCIOSO TRIBUTÁRIO DO TRIBUNAL CENTRAL ADMINISTRATIVO SUL:

1. "Ruvisam – Sociedade Comercial de Importação e Exportação de Vidro, Ldª", pessoa colectiva n.º 503 139 068, com sede em Avª Elias Garcia, 137 – 6.º – 1050-199 Lisboa, veio recorrer da decisão do Mm.º Juiz do TAF de Lisboa 2, que julgou improcedente o recurso por si interposto da decisão do sr.º Director de Finanças Adjunto de Lisboa, de 06.11.03 (v. fls. 37 e segs.) que o condenou numa coima de 13.902 €, por infracção pª e pª pelo disposto nos arts. 29.º, n.ºs 2 e 9 do RJIFNA e 40.º, n.º 1, alínea a) e 26.º, n.º 1, ambos do CIVA, apresentando, para o efeito, alegações nas quais conclui:

1ª) A entidade administrativa, atentos os argumentos da recorrente, alterou o conteúdo da sua decisão anterior e manteve a aplicação à recorrente da coima no valor de 13.902,00 €.

2ª) Contudo, erradamente, o Tribunal Tributário julgou provado que Director de Finanças de Lisboa revogou o despacho de aplicação de coima (...) tendo exarado novo o qual se encontra a fls. 35 a 40 dos autos (...) sendo aplicada coima ao arguido no montante de € 13.902,00 (...)".

3ª) Na verdade a decisão não foi revogada, porquanto manteve-se a mesmíssima decisão da entidade administrativa de aplicação à recorrente da coima no valor de 13.902,00 €.

4ª) O que na verdade ocorreu foi uma alteração ao conteúdo da decisão da entidade administrativa, e não uma revogação de decisão, já que esta veio afinal a ser mantida.

5ª) Em termos jurídicos, houve uma alteração não substancial dos factos – art.º 358.º n.º 1 do CPP.

6ª) Contudo, não foi concedido à recorrente prazo para apresentação da sua defesa quanto a essa alteração.

7ª) O que constitui uma irregularidade do processo que determina a invalidade do acto a que se refere e dos termos subsequentes – art.º 123.º n.º 1 do CPP – o que desde já se requer.

8ª) Essa irregularidade já fora aflorada pela recorrente no seu requerimento de recurso, consubstanciada na falta de cumprimento pela entidade administrativa do art.º 50.º do Decreto-Lei n.º 433/82, de 27.10 e que se reitera.

9ª) Pelo que, NUNCA poderia o Tribunal a quo decidir, como decidiu, e

10ª) Fundamentar como fundamentou que "É óbvia a improcedência de tal fundamento do recurso de contra-ordenação, atento o disposto no art.º 80.º, n.º 3 do R. G. I. Tributárias (cfr. art. 213.º, n.º 3, do C.P. Tributário). No entanto, sempre se dirá que entre a decisão de aplicação de coima revogada e a que é objecto do presente recurso (cfr. n.ºs 4 e 6 da matéria de facto provada), não encontramos qualquer alteração (substancial ou não substancial) da factualidade constante da acusação que fizesse surgir a necessidade de aplicação do citado art.º 50.º do dec. lei 433/82, de 27.10".

11ª) Nos termos do art. 80.º, n.º 3 do RGIT e do art.º 62.º, n.º 2 do Decreto-Lei n.º 433/82 de 27.10, em caso de impugnação judicial e até ao envio pode a entidade administrativa revogar a decisão de aplicação da coima, isto é,

12ª) A entidade administrativa pode, até ao envio dos autos para tribunal, revogar a sua decisão no sentido de anular/desistir da sua intenção de aplicar uma coima.

13ª) No presente caso, diversamente do constante na sentença do Tribunal a quo, não houve qualquer revogação da decisão pela entidade administrativa mas uma alteração do conteúdo da decisão.

14ª) E não foi concedido à recorrente qualquer prazo para se pronunciar quanto a essa alteração, o que constitui uma irregularidade do processo que determina a invalidade do acto a que se refere e dos termos subsequentes.

15ª) Foi julgado provado que da conduta do arguido resultou efectivo prejuízo para a Fazenda Nacional, cfr. ponto 8 dos factos provados.

16ª) Todavia, em momento algum da sentença foi apresentada a factualidade concreta que serviu de suporte aquela conclusão e em momento algum foi demonstrado e fundamentado em que se traduziu o alegado prejuízo efectivo para a Fazenda Pública.

17ª) Na motivação de facto o tribunal a quo aflora genericamente quanto ao prejuízo para a Fazenda Pública que "A decisão da matéria de facto efectuou-se com base no exame dos documentos e informações, não impugnados, que dos autos constam e no depoimento da testemunha arrolada pelo arguido, tudo conforme referido a propósito de cada uma das alíneas do probatório".

18ª) Contudo, o ponto 8 dos factos é omisso à concreta factualidade relevada para esse efeito e

19ª) Outrossim a sentença não se encontra fundamentada porquanto a mesma não se pronuncia sobre o alegado prejuízo sofrido pela Fazenda Pública e sobre os factos concretos em se traduziu esse prejuízo, fazendo apenas constar da sentença uma breve e genérica alusão que se transcreve "Mais uma vez, não tem razão o arguido. De acordo com a matéria de facto provada, a sua conduta causou prejuízo à Fazenda Pública (cfr. n.º 8 da matéria de facto). O facto de já ter, entretanto, efectuado o pagamento do tributo que esteve na origem dos presentes autos apenas pode ter consequências no que respeita à análise da medida concreta da coima a aplicar (cfr. n.º 11 da matéria de facto)".

20ª) Pelo que a sentença é nula nos termos do art.º 379.º, n.º 1 al. a) e c) do CPP.

21ª) Para a sua decisão o Tribunal a quo baseou-se "(...) no exame dos documentos e informações, não impugnados, que dos autos constam e no depoimento da testemunha arrolada pelo arguido, tudo conforme referido a propósito de cada uma das alíneas do probatório".

22ª) Todavia, a recorrente desconhece quais foram os concretos documentos e informações em que o tribunal a quo se baseou, já que dos mesmos não foi notificada para se pronunciar, razão pela qual não foram por si impugnados.

23ª) 0 que constitui uma nulidade do processo, nos termos do art.º 120.º, n.º 1 al. d), parte final, do CPP, que desde já se argui e requer.

24ª) Não obstante o Tribunal a quo qualificar a culpa da recorrente como dolo, qualificação que a recorrente repudia, a sentença é omissa quanto à modalidade de dolo que é a final imputada à recorrente e

25ª) Outrossim, a sentença não se encontra fundamentada quanto à modalidade de dolo imputada à recorrente na prática da contra-ordenação de que é acusada.

26ª) O que constitui uma nulidade da sentença nos termos do art.º 379.º, n.º 1 al. a) por via do art.º 374.º, n.º 2 do CPP.

27ª) Foi violado o art.º 358.º, n.º 1 do CPP aplicável ex vi pelo art.º 41.º, n.º 1 do Decreto-Lei n.º 433/82 de 27 de Outubro aplicável ex vi pelo art.º 3.º al. a) do RGIT.

28ª) Foi igualmente violado o art.º 50.º do Decreto-Lei n.º 433/82, de 27.10 aplicável ex vi pelo art.º 39.º al. a) do RGIT.

29ª) E foi violado o art.º 374.º do CPP.

Nestes termos e nos mais de Direito que V. Exas. doutamente suprirão, deve ser dado provimento ao presente recurso e, em consequência, ser julgado irregular o acto do Sr. Director de Finanças Adjunto de Lisboa e dos demais termos subsequentes e declarar-se nula a sentença recorrida, com os devidos efeitos legais

Com o que se fará a devida JUSTIÇA.

2. Na sua resposta ao recurso, o M.ºP.º pronunciou-se pela improcedência do mesmo (v. fls. 164).

3. Com interesse para a decisão foram dados como provados em 1ª instância os seguintes factos:

a) No dia 12/9/1999, na Direcção de Serviços de Cobrança do I.V.A., quando se encontrava no exercício das suas funções, um funcionário da Administração Fiscal, verificou pessoal e directamente que a sociedade "RUSIVAM – Sociedade Comercial de Importação e Exportação de Vidro, Ldª", com sede em Bobadela, Sacavém, e área de competência deste Tribunal, enquadrada em I.V.A. no regime normal com periodicidade mensal, não entregou dentro do prazo fixado para o efeito a declaração periódica, nem o respectivo meio de pagamento do imposto sobre o valor acrescentado, previamente liquidado nos termos da lei, relativamente ao mês de Novembro de 1998, sendo o valor do tributo em falta no montante global de € 69.508,48 (sessenta e nove mil quinhentos e oito euros e quarenta e oito cêntimos), tudo conforme auto de notícia de fls. 5 e 6, o qual se dá aqui por integralmente reproduzido;

b) O auto de notícia mencionado no n.º 1 deu origem ao presente processo de contra-ordenação fiscal, cuja parte administrativa correu seus termos no 3.º. Serviço de Finanças de Loures;

c) No âmbito da qual, em 30/5/2001, o arguido foi notificado nos termos e para os efeitos do arts.199, do C. P. Tributário, tendo produzido a defesa constante de fls. 12 e 13 dos autos, a qual se dá aqui por integralmente reproduzida (cfr. documentos juntos a fls. 10 e 11 dos autos);

d) Em 22/1/2003, por despacho do Director Distrital de Finanças de Lisboa, exarado a fls. 16 e 17 dos autos e que se dá aqui por integralmente reproduzido, foi aplicada coima ao arguido no montante de € 13.902,00 (treze mil novecentos e dois euros), decisão que lhe foi comunicada em 19/3/2003 (cfr. fls. 20 e 21 dos autos);

e) Em 21/3/2003, deu entrada no 3.º Serviço de Finanças de Loures o recurso da decisão de aplicação de coima interposto pelo arguido (cfr. fls. 22 e segs. dos autos);

f) Em 6/11/2003, o Director de Finanças de Lisboa revogou o despacho de aplicação de coima identificado no n.º 4, ao abrigo do disposto no art.º 80.º, n.º 3, do R. G. I. Tributárias, tendo exarado novo o qual se encontra a fls. 35 a 40 dos autos e se dá aqui por integralmente reproduzido, sendo aplicada coima ao arguido no montante de € 13.902,00 (treze mil novecentos e dois euros), decisão que lhe foi comunicada em 8/12/2003 (cfr. fls. 42 e 43 dos autos);

h) Em 17/12/2003, deu entrada no 3° Serviço de Finanças de Loures o recurso da decisão de aplicação de coimas interposto pelo arguido e ora em apreciação (cfr. fls. 44 e segs. dos autos);

i) Da conduta do arguido resultou efectivo prejuízo para a Fazenda Nacional (expresso no montante de imposto liquidado e não entregue nos cofres do Estado no tempo e lugar devidos € 69.508,48);

j) Consta dos autos que o arguido cometeu outras infracções ao disposto no regime legal de pagamento do I.V.A. (cfr. quadro 2, da informação anexa ao auto de notícia e junta a fls. 6 do processo; depoimento da testemunha arrolada pelo arguido e prestado durante a audiência; documento junto a fls. 70 dos presentes autos);

l) O representante da sociedade arguida agiu animado de vontade livre e consciente, sabendo que a sua conduta (não entrega nos cofres do Estado do imposto sobre o valor acrescentado previamente liquidado nos termos da lei, tal como da respectiva declaração mensal de I.V.A. contendo a autoliquidação do mesmo tributo), porque ilícita e punível, lhe estava legalmente vedada (cfr. depoimento da testemunha arrolada pelo arguido e prestado durante a audiência);

m) Em 6/7/1999, o arguido entregou a declaração mensal de I.V.A. relativa ao mês de Novembro de 1998, tendo efectuado o pagamento do montante do tributo identificado no n.º 1 supra (cfr. quadro 4, da informação anexa ao auto de notícia e junta a fls. 6 do processo; documento junto a fls. 15 dos presentes autos).

4. De acordo com as conclusões das alegações de fls. 148 e segs., são as seguintes as questões a apreciar no presente recurso:

a) Ilegalidade da revogação do despacho de 22.01.03, que aplicou ao arguido uma coima de 13.902 €, e sua substituição por outro sem notificação da arguida para organizar a sua defesa (conclusões 1ª a 14ª);

b) Falta de fundamentação da sentença relativamente ao prejuízo que deu como provado a favor da FP (conclusões 17ª a 20ª).

c) Falta de fundamentação da sentença no que se refere ao dolo imputado à arguida na prática da infracção (conclusões 21ª a 26ª).

Comecemos por conhecer da 1ª questão que, a proceder, prejudicará o conhecimento das restantes.

4.1. Conforme resulta de fls. 16 a 40 dos autos, foi inicialmente aplicada à arguida uma coima no montante de 13.902 €, por infracção ao disposto nos arts. 29.º, n.os 2 e 9 do RJIFNA e 40.º, n.º 1, alínea a) e 26.º, n.º 1, ambos do CIVA,

Interposto recurso judicial de tal decisão pela arguida, a autoridade que aplicou a coima revogou aquela decisão, invocando o seguinte:

"No entanto, tem a ora recorrente parcialmente razão quanto ao alegado no ponto 7, uma vez que se verifica, de facto, inexactidão quanto ao montante indicado como benefício económico.

Termos em que revogo a decisão de aplicação da coima posta em crise, face ao n.º 3 do art.º 80.º do RGIT e procedo à seguinte fixação da coima… " (v. fls. 37).

Examinando ambas as decisões acima referidas temos que:

a) Na decisão de 22.01.03 (v. fls.17) indicou-se como benefício económico efectivo obtido com a prática da contra-ordenação o montante de 69.509,48 €.

b) Na decisão de 06.11.03 e sobre o referido benefício económico escreveu-se o seguinte:

"9. O benefício económico efectivo obtido com a prática das contra-ordenações é de 2.586,10 € (valor dos juros que resultaram do atraso do pagamento e que só foram anulados no âmbito da aplicação do DL n.º 248-A//02, de 14/11 – Regularização excepcional das dívidas ao Fisco e à Segurança Social, e não pelo facto de terem sido pagos ou serem indevidos, persistindo o benefício económico associado à infracção (fls. 32 e 33 – mot. Anulação – of.º circulado n.º 60022 e 2.º aditamento de 09.12.2002, ambos da DGI/Justiça Tributária, Gabinete do Subdirector-geral: "… as liquidações de juros por pagamento de imposto fora do prazo legal, já emitidas pelo sistema e que não tenham registo de pagamento averbado, serão anuladas automaticamente … com códigos 355/1/1").

4.2. Entende a arguida que, ao contrário do afirmado no despacho que lhe aplicou a coima de 06.11.2003, não houve revogação da anterior decisão de 22.01.2003, existindo uma mera alteração ao conteúdo desta.

Em termos jurídicos, no entender da recorrente, houve uma alteração não substancial dos factos (art.º 358.º, n.º 1 do CPP) sendo certo, no entanto, que à arguida não foi concedido prazo para a apresentação da sua defesa quanto a essa alteração. Ocorreu, por isso, uma irregularidade do processo que determina a invalidade do acto e termos subsequentes (art.º 123.º, n.º 1 do CPP).

Por sua vez, escreveu-se na decisão recorrida e sobre esta mesma matéria, o seguinte:

"Alega o arguido, antes de mais, que a decisão de aplicação de coima de que recorre viola o disposto no art.º 50.º do Dec. Lei n.º 433/82, de 27/10, dado que, face à mesma, não foi previamente cumprido o direito de defesa que lhe assiste.

É óbvia a improcedência de tal fundamento do recurso de contra-ordenação, atento o disposto no art.º 80.º, n.º 3 do RGI Tributárias (cfr. art.º 213.º, n.º 3 do CPT). No entanto, sempre se dirá que entre a decisão de aplicação da coima revogada e a que é objecto do presente recurso (cfr. n.os 4 e 6 da matéria de facto dada como provada), não encontramos qualquer alteração (substancial ou não substancial) da factualidade constante da acusação que fizesse surgir a necessidade de aplicação do citado art.º 50.º do Dec. Lei n.º 433/82, de 27/10.

Face ao exposto, o Tribunal julga improcedente o presente fundamento do recurso apresentado. "

Em sentido coincidente com o da sentença recorrida, o M.ºP.º, na sua resposta ao recurso, entende que "A revogação da decisão administrativa que aplicou a coima e a produção de uma nova decisão, em substituição da primeira, não implicou qualquer nova diligência de instrução, mas resultou da análise da argumentação da ora recorrente nas alegações produzidas no recurso de impugnação da decisão de 22.01.2003".

Quid juris?

4.3. Diz o art.º 80.º, n.º 3 do RGIT que a entidade que aplicou a coima, pode revogá-la até ao momento da remessa do processo a tribunal.

No caso dos autos assim sucedeu.

Só que, a mesma entidade, entendeu que estava ainda em tempo de aplicar coima depois de eliminar o motivo que tinha conduzido à sua revogação.

E, assim, foi aplicada uma nova coima em que os factos são exactamente os mesmos, excepção feita ao prejuízo que a arguida teria obtido com a prática da infracção.

Ora, tendo este motivo sido invocado pela própria arguida, não nos parece que ela devesse ser notificada para se pronunciar sobre essa questão. Se a arguida já se tinha pronunciado pela inexistência de prejuízo para o Estado, não faria sentido estar agora a notificá-la porque se considerou menor o prejuízo.

De qualquer forma, o montante do benefício económico auferido nem sequer faz parte dos elementos constitutivos da infracção, constituindo apenas um elemento na graduação do montante da coima (v. art.º 27.º, n.º 1 do RGIT).

Assim sendo e até porque veio a ser aplicada coima do mesmo montante, não nos parece ter sido cometida qualquer nulidade por ofensa do seu direito de defesa, pelo que improcedem as conclusões 1ª a 14.º das alegações.

4.4. Relativamente à 2ª questão – prova do prejuízo efectivo para a FP – entende a recorrente que a sentença recorrida não fixou factos demonstrativos de tal prejuízo, nem demonstrou ou fundamentou em que se traduziu o alegado prejuízo. Deste modo, a sentença é nula nos termos do art.° 379.°, n.° 1, alíneas a) e c) do CPP.

Refere a recorrente que não obteve benefício económico com a infracção, pois entregou o IVA quando este lhe foi pago. E se não o entregou antes foi porque não lhe tendo este sido pago, não o podia entregar.

Ora, desde já se dirá que esta argumentação carece de apoio legal.

É que, a exigibilidade do IVA resulta da transmissão de bens e prestação de serviços, sendo o imposto exigível no momento da transmissão dos bens ou da prestação dos serviços (art.° 7.°, n.° 1, alínea a) e b) do CIVA). E este imposto tem de ser entregue nos Cofres do Estado, independentemente de ter sido ou não entregue ao sujeito passivo, simultaneamente com a declaração a que se refere o art.° 40.° (art.° 26.°, n.° 1 do CIVA).

Por outro lado, e tal como é entendido uniformemente pela jurisprudência dos Tribunais Tributários Superiores, a não entrega atempada do IVA nos prazos legais, e ainda que o sujeito passivo acabe por efectuar o seu pagamento com atraso e com juros compensatórios, constitui sempre prejuízo efectivo para o Estado, uma vez que o priva de dispor do montante do IVA naqueles prazos legais[1].

Então, porque o prejuízo é evidente e notório, não carece a FP de alegar factos demonstrativos do prejuízo, pelo que improcedem também as conclusões das alíneas 17ª a 20ª.

E, de qualquer forma, como acima se referiu, o benefício económico não constitui elemento típico da contra-ordenação, antes mero elemento relevante em termos de graduação da coima. Por isso nunca a recorrente poderia ser absolvida pelo fundamento por si invocado.

4.5. Quanto à 3ª questão – consideração na sentença de comportamento doloso da arguida, ora recorrente – não iremos dela conhecer.

É que, como bem refere o M.°P.° na sua resposta ao recurso da arguida (v. fls.164), a sentença considerou dolosa a actuação da arguida e constatou que o despacho administrativo que aplicou a coima não levou em consideração essa conduta, mas, face ao princípio da proibição da "reformatio in pejus" não alterou a condenação.

Sendo assim, porque as considerações tecidas na sentença não influenciaram a decisão, é irrelevante a apreciação de tal matéria que revestiria mero interesse académico alheio às funções dos tribunais.

Em face de tudo o que ficou dito improcedem as conclusões das alegações e, em consequência, o recurso.

5. Nestes termos e pelo exposto nega-se provimento ao recurso, mantendo-se a decisão recorrida.

Custas pela recorrente fixando-se a taxa de justiça em duas UC.

Lisboa, 16 de Janeiro de 2007

[1] "2. Todo o atraso no cumprimento da prestação traduz um prejuízo da receita fiscal pelo que a isenção de coima do art.° 116.° da LGT não tem aplicação no domínio do art.° 29.° do RJIFNA pois um dos pressupostos legais é que "a prática da infracção não ocasione prejuízo efectivo à receita fiscal".

(Acórdão do TCA (2ª Secção), de 14.5.2002 – Recurso n.° 6268/2002; em sentido idêntico v. o Acórdão do mesmo Tribunal, de 8.10.2002 – Recurso n.° 6681/2002).

João António Valente Torrão (Relator)
Pereira Gameiro
Gomes Correia

Recurso n.° 01243/06

LIQUIDAÇÃO DE IMPOSTO ESPECIAL SOBRE O ÁLCOOL. DIREITO DE AUDIÇÃO.

(Acórdão de 20 de Março de 2007)

SUMÁRIO:

I – O direito de audição previsto no art.° 60.° da LGT não se confunde com o direito de defesa dos contribuintes, nem quanto ao momento em que podem ser exercidos, nem quanto ao seu fim e objecto.

II – Na verdade, enquanto o 1.° deve ser exercido antes da prática do acto, e visa permitir ao interessado convencer a entidade administrativa a não praticar aquele acto, pronunciando-se de facto e de direito sobre o projecto de decisão que lhe foi notificado, o 2.° procura a revogação do acto já praticado, mediante a reclamação administrativa ou o recurso hierárquico, ou a anulação do mesmo pela via da impugnação judicial.

ACORDAM NA SECÇÃO DE CONTENCIOSO TRIBUTÁRIO DO TRIBUNAL CENTRAL ADMINISTRATIVO SUL:

1. A Fazenda Pública veio recorrer da decisão do Mm.° Juiz do TAF de Lisboa que julgou procedente a impugnação deduzida por A... – ..., SA., contra os actos de liquidação oficiosa do imposto especial de consumo sobre álcool etílico (adiante designado por ISA) e dos respectivos juros compensatórios, objecto dos registos n.° 2001/900057, de 2001/09/07 e n.° 2001/900063, de 2001/09/25, no montante de Esc. 3.133.440$00 e 446.794$00, respectivamente, actos estes praticados pelo Director da Alfândega do Jardim do Tabaco, apresentando, para o efeito, alegações nas quais conclui:

1ª) Da notificação da liquidação constaram os meios de defesa à disposição da impugnante,

2ª) Esta optou por recorrer hierarquicamente mediante petição entrada na Alfândega do Jardim do Tabaco em 6111/2001 e cuja cópia ora se junta como documento 1 dando-se aqui por integralmente reproduzi da para todos os efeitos legais.

3ª) Assim, ainda na fase administrativa da relação jurídica tributária, a impugnante teve a oportunidade de invocar junto da administração tributária as suas razões de facto e de direito, tendo as mesmas sido consideradas na decisão que sobre aquele foi proferida.

4ª) Da interposição do recurso hierárquico foi dado conhecimento ao Tribunal a quo aquando da contestação.

5ª) A sentença de que ora se recorre limitou-se a considerar verificado o vício procedimental decorrente da preterição da audiência prévia à liquidação do ISA.

6ª) No entanto, e com o devido respeito, de todos os factos submetidos a apreciação não foi tida em consideração a existência de recurso hierárquico do acto de liquidação para a qual se alertou aquando da contestação, e onde foram apreciadas as razões então invocadas conforme resulta do despacho ora junto como doc. 2 para cuja fundamentação se remete.

7ª) Sendo certo que, embora o recurso hierárquico seja necessariamente deduzido após a tomada de decisão da entidade competente para a liquidação, ele é ainda assim um meio de defesa que integra o procedimento tributário conforme consta da até do n.º 1 do art.º 44.º do CPPT.

8ª) Notificada da decisão de indeferimento do recurso interposto, e estando ainda em tempo para tal, deduziu a presente impugnação, onde peticionou como ali, acrescentando porém que a preterição da audiência prévia à liquidação a impossibilitou de suscitar junto da autoridade aduaneira razões não tidas em consideração aquando da liquidação.

9ª) Argumento este que não corresponde à verdade tal como o demonstram a petição do recurso e a respectiva decisão de indeferimento, juntos como doc. 1 e 2 para os quais se remete para todos os efeitos legais.

10ª) Resulta assim que, com o devido respeito que nos merece a decisão ora recorrida, a interposição de recurso hierárquico a cuja existência se faz referência na contestação, deveria ter sido considerada pelo Tribunal a quo. Aquela constituiu um alerta que o Tribunal a quo, em cumprimento do Princípio do Inquisitório e para os efeitos do disposto no art. 114.º do CPPT, deveria ter atendido.

11ª) Por tudo não é assim verdade que a falta de audiência prevista no art.º 60.º, alínea a) da LGT tenha impedido a impugnante de alegar junto das autoridades aduaneiras factos que excluíssem a sua responsabilidade pelo pA...mento do ISA, uma vez que o mesma integra o procedimento tributário mas cuja natureza é meramente facultativo – art.º 44.º, n.º 1 alínea e) e 67.º, n.º 1, ambos do CPPT– de modo que, por aquela via, ficou suprida a falta invocada e, consequentemente sanado o vício por ele originado.

12ª) Porém, ainda que assim não se entenda, sempre acrescerão os fundamentos de facto e de direito que estiveram na base da liquidação impugnada, os quais foram reafirmados no despacho de indeferimento do recurso hierárquico já aqui referido e para o qual se remete para todos os efeitos legais.

13ª) De facto, o regime de suspensão é apurado após a recepção pelo expedidor do exemplar n.º 3 do DAA – cf. art.º 19.º, n.º 6 al. b) do DL 52/93, de 26/02.

14ª) Caso não possa apurar o regime, o expedidor deve desse facto dar conhecimento à alfândega de controlo – cf. art.º 19.º, n.º 8 do mesmo diploma.

15ª) A responsabilidade tributária pela falta de apuramento do regime de suspensão de IEC cabe ao depositário autorizado expedidor – cf art. 15.º n.os 3 e 5 do mesmo diploma.

16ª) Verificado o não apuramento do regime nos termos previstos no n.º 6 do art.º 19.º daquele diploma, haverá que dar cumprimento ao disposto no n.º 9 da mesma norma que nos diz: "Se no prazo três meses, a contar da data de expedição dos produtos, se mantiver a situação de não apuramento, a DGA liquidará o IEC a pA...r e procederá ao correspondente registo de liquidação até ao dia 8 do 4º mês seguinte à data de expedição dos produtos, devendo as importâncias liquidadas ser pA...s no prazo de 5 dias, contados a partir da data da notificação".

17ª) Assim sendo, a liquidação impugnada foi motivada pelos factos descritos e ao abrigo do enquadramento legal respectivo e supra mencionado, pelo que a mesma se traduziu em acto praticado no exercício do direito vinculado – v. neste sentido a decisão proferida pelo STA no Recurso n.º 25339 caso "Grossão – Grossista de Bebidas, S.A.", para o qual se remete na contestação e novamente se invoca.

18ª) Logo, é inevitável concluir que o exercício do direito à audição prévia nada traria de novo ao processo em moldes de poder impedir a liquidação devida. Por isso, o vício que ora se discute não dispõe de autonomia suficiente para determinar a anulação do acto de liquidação, uma vez que, da violação daquele direito não resultou uma lesão efectiva e real dos valores inerentes ao princípio consagrado no art.º 60.º da LGT (neste sentido, Pedro Machete, ob. cit. pág. 525).

19ª) Quando assim é, tem entendido o ST A que a formalidade essencial da audiência prévia deverá degradar-se em não essencial, o que determina o aproveitamento do acto (cf. Acórdão proferido pela Iª Secção do Pleno em 17/12/1997 no Recurso n.º 36001).

Nestes termos e demais de Direito que V. Exas. Doutamente suprirão, deve ser concedido provimento ao presente recurso e em consequência concluir-se pela legalidade do acto de liquidação impugnado.

2. O M.ºP.º emitiu parecer no sentido da improcedência do recurso (v. fls. 238).

3. Colhidos os vistos legais cabe agora decidir.

4. Com interesse para a decisão foram dados como provados em 1ª instância os seguintes factos:

a) A A... é depositária autorizada registada sob o n.º 1500727457, detentora do entreposto fiscal de armazenagem de álcool com o n.º 39913706.

b) Por seu turno a F... depositária autorizada com o n.º 1503578495, foi detentora desde 2/11/98 até 17/09/99 do entreposto fiscal de produção de bebidas espirituosas com o n.º 39950164.

c) Em 16/11/98 iniciaram-se, com regularidade, os fornecimentos de álcool da A... à F..., os quais se prolongaram até 3/09/99, e eram efectuados mediante solicitação telefónica do gerente desta, Sr. Rui Manuel Vide Martins, encarregados nas instalações da A... em transporte com a matrícula XN-64 45, sendo a mercadoria recepcionada por um tal Sr. L..., funcionário da F....

d) No que se refere aos dois fornecimentos em causa, o procedimento seguido foi o descrito no anterior, sendo de assinalar que o pagamento das facturas correspondentes – n.os 17 187/1 (DAA n.º 258/99) e 17216/1 (DAA n.º 277/99) – foi efectuada apenas quanto à mencionada em primeiro lugar, por cheque remetido à A... por carta de 31/01/2000, permanecendo a segunda, até à data, por liquidar – docs. n.os 2 a 4.

e) Em Novembro de 1999, o já referido Sr. L... entregou a uma funcionária da A..., Sra. D. P..., cópia do exemplar 3 dos supra identificados DAAs, carimbados pela Alfândega de Alverca (docs. 5 e 6), com a promessa de que os originais seriam enviados posteriormente, o que não chegou a acontecer, mas fez crer à A... na regularidade das operações, à semelhança do que sempre acontecera com as expedições anteriores do produto para o destinatário F....

Ao abrigo do disposto no art.° 712.°, n.° 1, alínea a) do CPC e porque resultam provados nos autos, aditam-se ao probatório os seguintes factos:

f) Na sequência de acção de fiscalização tributária foi a recorrente notificada para pagar o montante de 3.133.400$00 referente a Imposto especial de consumo, nos termos melhor referidos a fls. 40 a 42, cujo teor se dá por reproduzido.

g) A recorrente não foi ouvida antes da realização da liquidação do referido imposto, só lhe tendo sido comunicadas as razões da liquidação vertidas no citado relatório juntamente com a liquidação e a notificação para o pagamento do valor liquidado.

5. A única questão a apreciar no presente recurso é a de saber se, no caso dos autos, foi violado o direito de audição previsto no art.° 60.° da LGT.

5.1. Conforme se refere na decisão recorrida, os actos de liquidação em causa surgiram na sequência de proposta do DCIAP a cujo relatório a impugnante A... teve acesso após ter sido notificada para proceder ao pagamento do tributo liquidado, acrescido de juros compensatórios.

O art.° 60.° da LGT estabelece o seguinte:

"1. A participação dos contribuintes na formação das decisões que lhes digam respeito pode efectuar-se, sempre que a lei não prescrever em sentido diverso, por qualquer das seguintes formas:

a) Direito de audição antes da liquidação;

....

2 – É dispensada a audição no caso de a liquidação se efectuar com base na declaração do contribuinte ou a decisão do pedido, reclamação, recurso ou petição lhe for favorável.

5. Em qualquer das circunstâncias referidas no n.° 1, para efeitos do exercício do direito de audição, deve a administração tributária comunicar ao sujeito passivo o projecto da decisão e sua fundamentação".

No caso dos autos, verifica-se que a Administração Tributária se limitou a notificar a impugnante do relatório acima referido já após praticado o acto tributário de liquidação.

Isto é, a impugnante não foi previamente notificada para o exercício do direito de audição, antes sendo notificada apenas para o pagamento do tributo liquidado.

A audição do contribuinte, tal como acima se referiu, era obrigatória no caso concreto, uma vez que o mesmo não tinha sido anteriormente ouvido em qualquer fase do procedimento.

Sendo assim, foi omitida uma formalidade essencial do procedimento de liquidação, violadora dos direitos dos contribuinte, a qual determina a anulação do respectivo acto.

5.2. Alega a recorrente, no entanto, que da notificação constavam os meios de defesa à disposição da impugnante, sendo certo que esta recorreu hierarquicamente, tendo nesse recurso sido apreciadas as razões invocadas pela mesma.

Por outro lado, conclui também a recorrente que o exercício do direito de audiência não iria alterar a liquidação, uma vez que a mesma se traduziu em acto praticado no exercício do direito vinculado.

Logo, é inevitável concluir que o exercício do direito à audição prévia nada traria de novo ao processo em moldes de poder impedir a liquidação devida. Por isso, o vício que ora se discute não dispõe de autonomia suficiente para determinar a anulação do acto de liquidação, uma vez que, da violação daquele direito não resultou uma lesão efectiva e real dos valores inerentes ao princípio consagrado no art.° 60.° da LGT (neste sentido, Pedro Machete, ob. cit. pág. 525).

Quando assim é, tem entendido o STA que a formalidade essencial da audiência prévia deverá degradar-se em não essencial, o que determina o aproveitamento do acto (cf. Acórdão proferido pela I[a] Secção do Pleno em 17/12/1997 no Recurso n.° 36001).

Será que é de aceitar esta argumentação?

Em primeiro lugar, o direito de audição tem de ser exercido antes da prática do acto, já que o mesmo se justifica para permitir ao contribuinte a participação em decisão que lhe diz respeito.

Para isso, determina a lei que a entidade competente deve elaborar um projecto de decisão que será notificado ao interessado, podendo este pronunciar-se, quer de facto, quer de direito, no sentido de convencer a entidade competente a alterar o projecto de decisão desfavorável e decidir a seu favor.

Assim, o facto de o contribuinte ou interessado se defender posteriormente em sede de recurso hierárquico ou de impugnação judicial e de em qualquer destes casos invocar os factos e o direito que poderia ter invocado em sede de direito de audição, não supre a preterição da formalidade essencial do procedimento de liquidação do direito de audição.

Temos então que o direito de audição e o direito de defesa são completamente distintos, quer quanto ao momento do seu exercício, quer quanto ao seu objecto e fim.

Com efeito, no direito de audição, o interessado procura convencer a entidade administrativa a não praticar o acto, demonstrando as suas razões de facto e de direito.

O direito de defesa é exercido posteriormente à prática do acto, procurando o interessado convencer a entidade administrativa (em sede de reclamação ou recurso hierárquico) a revogar o acto, ou o tribunal a anular o acto praticado.

Em segundo lugar, não se pode concluir, como a recorrente faz na conclusão 18[a], que mesmo que o direito de audição tivesse sido exercido, nada traria de novo ao processo em moldes de poder impedir a liquidação devida.

É que mesmo em casos em que aparentemente o direito é vinculado, a intervenção do interessado pode ser relevante para efeitos da decisão final. Imagine-se, por exemplo, que o contribuinte invoca a caducidade do direito de liquidação que não foi tido em conta no projecto de decisão, ou que invoca a sua ilegitimidade que também não havia sido apreciada no projecto de decisão.

Pelo que ficou dito improcedem rodas as conclusões das alegações e, em consequência, o recurso.

6. Nestes termos e pelo exposto nega-se provimento ao recurso, confirmando-se a decisão recorrida.

Sem custas.

Lisboa, 20 de Março de 2007

Valente Torrão
Pereira Gameiro
Gomes Correia

Recurso n.º 00921/05

OPOSIÇÃO À EXECUÇÃO FISCAL. IRRELEVÂNCIA DA SEGUNDA CITAÇÃO. CADUCIDADE DO DIREITO DE OPOSIÇÃO. PRINCÍPIO DA CAUSALIDADE EM MATÉRIA DE CUSTAS.

(Acórdão de 16 de Janeiro de 2007)

SUMÁRIO:

I – Não tendo o executado exercido o direito de oposição dentro do prazo legalmente fixado após a citação, ocorre a caducidade do correspondente direito, ao ponto de, apesar de uma segunda citação não tem a virtualidade de reabrir um prazo já findo, nem de fazer renascer um direito já precludido pois o direito é concedido por lei e não fica na dependência da vontade das partes, do juiz ou da AT.

II – Mas, em vista da regra fixada no n.º 6 do art.º 161.º do CPC tal situação releva para efeitos de condenação em custas, do seu pagamento ficando dispensado o executado que veio deduzir oposição na sequência de uma segunda citação feita indevidamente e na qual se lhe indicava prazo para a oposição, mas já não para efeitos de reabrir a possibilidade de exercício de um direito já caducado.

III – É que, em matéria de responsabilização pelo pagamento das custas, estas devem ser suportadas por quem a elas houver dado causa, pois o artigo 446.º do C.P.C, prescreve que "a decisão que julgue a acção ou algum dos seus incidentes ou recursos condenará em custas a parte que a ela houver dado causa, vigorando no C.P.C, em matéria de custas, o princípio da causalidade: paga as custas a parte que lhes deu causa, isto é, que pleiteia sem fundamento, que carece de razão no pedido formulado, que, em suma, exerce no processo uma actividade injustificada.

ACORDA-SE EM CONFERÊNCIA, NESTA 2ª SECÇÃO DO TCA:

I. RELATÓRIO:

1.1. Francisco José Monteiro Horta, com os sinais dos autos, veio interpor recurso da sentença do M.º Juiz do TAF de Castelo Branco, que julgou improcedente a oposição que deduzira contra a execução fiscal n.º 2100200407000081, que lhe foi movida para a cobrança coerciva de dívidas fiscais diversas para o que formulou as seguintes conclusões:

– A oposição deduzida pelo recorrente em 14/06//2004 deve ser admitida, por ser tempestiva, no seguimento da citação pessoal emitida pelo Serviço de Finanças de Tomar;

– Não obstante, deve a execução, ser extinta, por inutilidade superveniente da lide, resultante da douta sentença, em que se reconheceu a prescrição.

– Deve a douta sentença recorrida ser revogada, pois que enferma de vício de violação de lei,

– Já que viola o disposto no artigo 203 n.º 1 e artigo 20.º n.º 2 do C.P.P.T.

Termos em que entende que deve o presente recurso ser julgado provado e procedente e a douta sentença recorrida ser revogada e substituída por outra que aprecie os vícios e erros alegados, com efeitos na extinção da execução fiscal, para que assim se faça a acostumada

JUSTIÇA.

Não houve contra-alegações.

O EPGA emitiu a fls. 211 o seguinte douto parecer:

"A sentença recorrida não merece censura.

Na verdade, tal como tem sido jurisprudência geral e uniforme dos tribunais superiores, a segunda citação não tem a virtualidade de fazer renascer o prazo para dedução de oposição.

Alega o recorrente que teria deduzido outra oposição em relação à primeira citação. A ser assim, não se verificaria inutilidade superveniente da lide mas litispendência.

Porém, como se pode verificar de fls. 149 e de fls. 2 o número do processo de execução não é o mesmo.

Consequentemente não se verificaria a situação de inutilidade nem de litispendência.

Somos de parecer que o recurso não merece provimento."

Os autos vêm à conferência com dispensa de vistos.

2. FUNDAMENTAÇÃO

2.1. FACTOS PROVADOS:

Na sentença recorrida considerou-se que dos autos emerge a seguinte factualidade pela motivação que aponta:

1. Foi *instaurada* execução fiscal contra a sociedade PERFINOVA-REVESTIMENTOS METÁLICOS, LDA., por diversas dívidas fiscais, designadamente, contribuições e juros de mora para o Centro Regional de Segurança Social do Centro, relativas ao período de Maio//1994 a Novembro/1994, na importância de € 11.267,00 *(certidão de dívida* de fls. 23 e *projecto de despacho de reversão,* a fls. 16);

2. Por despacho do Sr. Chefe do Serviço de Finanças de Castelo Branco – 1, de 06/02/2004, que constitui fls. 21 e aqui se dá por integralmente reproduzido, a execução *reverteu,* entre outros, contra o oponente;

3. Consta daquele despacho, textual, expressa e, designadamente, o seguinte:

«Na sequência do despacho prévio de reversão de fls. 35 e informação de fls. 184, verificamos que após decorridos os prazos de 10 dias para exercerem o direito de audição prévia, o mesmo não foi exercido pelos responsáveis subsidiários ainda não revertidos».

4. O oponente exerceu o direito de audição prévia no seguimento da notificação do projecto de despacho de reversão (*informação* de fls. 57);

5. Foi *citado* para a execução, mediante carta registada com A/R, que recebeu em 16/03/2004 (*informação* de fls. 57 e fls. 85 e 85 v.);

6. Foi novamente citado para a execução, mediante carta registada com A/R, em 24/05/2004, nos *autos de carta precatória* expedida para o Serviço de Finanças de Tomar (*informação* de fls. 57 e fls. 12 e ss.);

7. Deduziu oposição em 14/06/2004 (carimbo de entrada aposto no articulado inicial e *informação* de fls. 57);

***

Factos não provados:

Com interesse para a decisão nada mais de provou de relevante.

***

Motivação:

Assenta a convicção do tribunal no conjunto da prova *documental* dos autos, com destaque para a assinalada e *informação* de fls. 57.

2.2. DO DIREITO

2.2.1. Fixada a factualidade relevante, vejamos agora o direito donde emerge a solução do pleito, sendo certo que as conclusões de quem recorre balizam o âmbito de um recurso concreto (arts. 684.° e 690.° do CPC).

A recorrente centra a sua censura à sentença recorrida pelo motivo de nesta se ter decidido pela improcedência da oposição com fundamento na verificação da questão prévia da extemporaneidade, assim ficando prejudicado o conhecimento das restantes questões processuais.

É inquestionável o regime segundo o qual este Tribunal aplica o Direito ao circunstancialismo factual que vem fixado, pelo que a questão que se impõe neste recurso é a de juridicamente fundamentar a tempestividade/intempestividade da oposição para o que importa determinar a data da citação, o que o mesmo é dizer, se e quando foi o recorrente validamente citado.

Preliminarmente haverá que tomar posição sobre a admissibilidade da apresentação de documentos com as alegações de recurso (cfr. fls. 149 e ss).

E, não é lícita a apresentação de documentos com as alegações de recurso (cfr. arts. 743.°, n.° 3, e 706.°, n.os 1 e 2, do CPC), a menos que se trate de documentos cuja junção apenas se tenha tornado necessária em virtude do julgamento no tribunal *a quo* (art. 706.°, n.° 1, do CPC), que não tenham podido ser apresentados até ao encerramento da discussão da causa em 1.ª instância (art. 524.°, n.° 1, do CPC), que se destinem a provar factos posteriores à petição e à resposta ou cuja apresentação se tenha tornado necessária por virtude de ocorrência ulterior à apresentação destas peças processuais (art. 524.°, n.° 2, do CPC).

Os documentos apresentados pelo Recorrente visam a demonstração de que foi citado em 16/03/2004 através do processo n.° 100008.0/96 Aps. Do Serviço de Finanças de Castelo Branco 1 e que na sequência dessa mesma deduziu oposição em 31/03/2004 pelo que, tratando-se de duas citações, a presente oposição deve ser admitida por ser tempestiva e julgada extinta, por inutilidade superveniente, resultante da sentença em que se reconheceu a prescrição.

A apresentação desses documentos só poderia encontrar justificação ao abrigo do art. 706.°, n.° 1, 2.ª parte, do CPC, ou seja, tal apresentação se ter tornado necessária em virtude do julgamento efectuado em 1.ª instância. Mas não o é.

Desde logo, porque a presente oposição foi deduzida contra a execução fiscal n.° 2100200407000081 do Serviço de Finanças de Tomar para cobrança coerciva das dívidas identificadas em 1. do probatório e o executado, ora oponente, deduziu em 31.03.2004 oposição contra a execução fiscal n.° 100008.0/96 – cfr. fls. 149 e ss.

Tal como refere o EPGA, o recorrente alega que deduziu outra oposição em relação à primeira citação e, a ser assim, não se verificaria inutilidade superveniente da lide mas eventual litispendência; porém, em face dos docs. e fls. 149 e de fls. 2 vê-se que o número do processo de execução não é o mesmo não se verificando, pois, a situação de inutilidade nem de litispendência.

Destarte, tais documentos não assumem relevância para demonstrar que antes dessa citação não tenha sido efectuada outra, facto que, como procuraremos demonstrar, é o determinante para a decisão a proferir.

Consequentemente, não são de admitir tais documentos por não terem relevo probatório.

***

Para o sr. Juiz «a quo» é manifesto que à data da dedução da presente oposição estava já decorrido o prazo mencionado nos artigos 203.°, n.° 1, alínea a) e 20.°, n.° 2, do CPPT e 144.°, do CPC e, na consideração de que a tempestividade constitui *questão prévia* de conhecimento oficioso e, a proceder, obsta ao conhecimento do mérito da oposição, dela, e da suas consequências jurídicas, conheceu na sentença para julgar a oposição improcedente.

E isso porque considera que o oponente foi citado em 16/03/2004 mediante carta registada com A/R (fls. 85 e 85 v.) e o prazo de oposição é de 30 dias e conta-se da citação *pessoal* ou, não a tendo havido, da primeira penhora – artigos 203.°, n.° 1, alínea a) e 20.°, n.° 2, do CPPT e 144.°, do CPC. Mas, visto que no caso, houve lugar a citação pessoal do revertido/oponente – artigos 191.°, n.° 3 e 192.°, n.° 1 do CPPT e 233.°, n.os 1 e 2 e 238, n.° 1 do CPC já que no seguimento da carta precatória expedida para o Serviço de Finanças de Tomar para penhora de bens, foi o oponente de novo citado para a execução.

Ora, o M.° Juiz entendeu que esta segunda citação não tem virtualidade para iniciar novo prazo de oposição à execução, o qual se esgotou no decurso dos 30 dias seguintes ao da primeira citação pessoal, que teve lugar em 16/03/2004, o que valorou no sentido de que a oposição foi deduzida fora de prazo, posto que só deu entrada no Serviço de Finanças em 14/06/2004, muito para além do prazo de 30 dias aferido da primeira *citação pessoal* – artigos 207.° e 209.° n.° 1 alínea a), do CPPT.

Em abono da sua tese, o M.° Juiz convoca a doutrina dos Acórdãos do STA, de 20/05/1998, *proc. 021094;* do TCAS, de 11/11/2003, *proc. 00556/03.*

O Executado insurge-se contra essa sentença por considerar, em síntese, que a oposição deduzida pelo recorrente em 14/06/2004 deve ser admitida, por ser tempestiva, no seguimento da citação pessoal emitida pelo Serviço de Finanças de Tomar e, assim, deve a execução, ser extinta, por inutilidade superveniente da lide, resultante da douta sentença, em que se reconheceu a prescrição.

Já o EPGA se pronunciou no sentido do improvimento do recurso por ser jurisprudência geral e uniforme dos tribunais superiores que uma segunda citação não tem a virtualidade de fazer renascer o prazo para dedução de oposição e se o recorrente deduziu outra oposição em relação à primeira citação não se verifica inutilidade superveniente da lide mas litispendência, sendo certo, no entanto, que de fls. 149 e de fls. 2 decorre que o número do processo de execução não é o mesmo e, assim, não se verificaria a situação de inutilidade nem de litispendência.

Quid juris?

A citação, como se colhe em Galvão Telles, Dir. das Obrig., 2ª ed.-212, é o acto pelo qual se dá conhecimento ao réu de que foi proposta contra ele determinada acção e se chama ao processo para se defender. Duma maneira geral é o acto pelo qual se chama, pela primeira vez ao processo, alguma pessoa interessada na causa.

Ora, o oponente ao deduzir a presente oposição em 14/06/2004, manifesta conhecimento, remontado a essa data, de que contra ele foi proposta acção executiva, dela se defendendo agora pelo meio legal ao seu alcance.

Todavia, se, como se disse e decorre dos arts. 37.°, n.° 2 do CPPT e 228.° do CPC, a citação é o acto através do qual se dá conhecimento ao executado de que foi proposta contra ele determinada acção, chamando-o ao processo para se defender e sendo o princípio do contraditório um dos princípios estruturantes do processo civil verdadeiramente integrando a sua espinha dorsal, constituindo uma regra com poucas excepções (cfr. art.° 3.° n.° 2 do CPC), o acto de citação reveste-se de primordial importância pois que, ao rigor com que ela se efectua estão incindivelmente ligadas a validade e regularidade da instância, por isso a lei a rodeando de tantas cautelas, disciplinando-a em pormenor.

Sem dúvida que o legislador quer que o executado conheça com exactidão o conteúdo do pedido que contra ele é formulado, bem como o tribunal onde foi apresentado e o prazo certo de que dispõe para reagir.

E tudo isso para que, caso o demandado queira realmente defender-se, o possa fazer com toda a eficácia, deste modo se assegurando a igualdade das partes que também é princípio fundamental do processo, garantindo-se simultaneamente a independência e a equidistância em relação aos litigantes que o juiz deve guardar.

Segundo o regime específico a citação nas execuções fiscais tem como função comunicar ao devedor o prazo para oposição à execução e para requerer o pagamento em prestações ou a dação em pagamento (cfr. n.° 1 do art.° 189.° do CPPT) e, como se prova, o oponente foi *citado* para a execução, mediante carta registada com A/R, que recebeu em 16/03/2004 e veio a ser novamente citado para a execução, mediante carta registada com A/R, em 24/05/2004, nos *autos de carta precatória* expedida para o Serviço de Finanças de Tomar, deduzindo esta oposição em 14/06/2004, vendo-se que nessas citações consta a indicação para oposição, para pagamento em prestações ou dação em pagamento.

Verificamos, pois, que o Executado foi citado duas vezes para a mesma execução mas, porque a presente oposição à execução fiscal foi deduzida em 14 de Junho de 2004, é manifesto que a mesma só poderá considerar-se tempestiva caso se conceda relevância para efeitos de abertura do prazo para deduzir oposição à segunda citação.

Ora, na senda de jurisprudência constante dos Tribunais Superiores de que é expoente o *Acórdão do TCAS de 15/11/2005, Recurso n.° 00753/05,*a segunda citação do Executado não é susceptível de abrir novo prazo para oposição, pois não tem a virtualidade de fazer renascer um direito que caducou por falta de exercício dentro do prazo fixado por lei.

É que, o prazo para oposição e a forma da sua contagem estão fixados na lei sendo de trinta dias contados a partir da citação pessoal do executado (cfr. o art. 285.°, n.° 1, alínea a), do CPT e o art. 203.°, n.° 1, alínea a), do CPPT).

Tal prazo é peremptório, pois o decurso do mesmo extingue o direito de praticar o acto (cfr. art. 145.°, n.os 1 e 3, do CPC) e de caducidade, porque aparece como extintivo do direito potestativo de atacar judicialmente a execução fiscal.

Tal acarreta que se o direito de deduzir oposição não for exercido dentro do prazo fixado por lei, caduca e não mais pode ser exercido e não é o facto de a AT efectuar nova citação, se a esta não houver lugar, que terá a virtualidade de fazer renascer um direito já precludido e, assim, de abrir novo prazo para o exercício do mesmo.[1]

Dado que o direito de se opor à execução fiscal precludiu pelo seu não exercício no prazo que a lei fixa para o efeito, não pode esse direito renascer e, muito menos, por vontade da AT, expressa através de um acto praticado ao arrepio da lei.

Acresce que do erro da AT ao efectuar a segunda citação não decorre prejuízo para o Executado no que tange ao exercício do direito de oposição pois se este direito estava já precludido não poderia ser exercido após a segunda citação. Não pode, pois, dizer-se que há um prejuízo resultante de erro de que padece este acto praticado pela AF, sendo inaplicável ao caso o disposto no art. 161.°, n.° 6, do CPC e que textua: «Os erros e omissões dos actos praticados pela secretaria judicial não podem, em qualquer caso, prejudicar as partes».

O mais que se aceita é que o citado preceito legal justifica a isenção do pagamento das custas do processo por parte do Oponente porquanto se foi indevidamente citado com a menção de que podia deduzir oposição, deverá conceder-se relevância a esse erro, dispensando-se o Oponente do pagamento das custas da oposição deduzida na sequência dessa citação, mas já não das deste recurso atendendo a que agora o recorrente pretende que a oposição, apesar do erro da AF, deve ser admitida, por ser tempestiva e a execução, ser extinta, por inutilidade superveniente da lide, resultante da douta sentença, em que se reconheceu a prescrição.

[1] Nesse sentido, os Acórdãos do Supremo Tribunal Administrativo de 17 de Abril de 1996, proferido no recurso com o n.° 19.651 e publicado no *Apêndice ao Diário da República* de 18 de Maio de 1998, págs. 1158 a 1160; de 20 de Maio de 1998, proferido no recurso com o n.° 21.094 e publicado no *Apêndice ao Diário da República* de 30 de Novembro de 2001, págs. 1762 a 1765 e de 16 de Outubro de 2002, proferido no recurso com o n.° 884/02 e publicado no *Apêndice ao Diário da República* de 12 de Março de 2004, págs. 2303 a 2306.

É que, como se disse, o prazo fixado para a dedução da acção, porque aparece como extintivo do respectivo direito (subjectivo) potestativo de pedir judicialmente o reconhecimento de um certo direito, é um prazo de caducidade.

E a caducidade do direito de acção é de conhecimento oficioso, porque estabelecida em matéria (prazos para o exercício do direito de sindicar judicialmente a legalidade do acto tributário) que se encontra excluída da disponibilidade das partes (art. 333.° do CC) e determina até o indeferimento liminar da petição. É, pois, um pressuposto processual negativo, em rigor, uma excepção peremptória que, nos termos dos arts. 493.° n.° 3 e 495.° do CPC, consistindo na ocorrência de factos que impedem o efeito jurídico dos factos articulados pelo autor, o não conhecimento de meritis pela existência de obstáculos que o impeçam na disponibilidade do recorrente, importa a absolvição oficiosa do pedido.

Como bem se refere na sentença recorrida, a apreciação da questão de fundo fica, pois, prejudicada pela verificação daquela excepção peremptória, pelo que não existe a pretendida omissão de pronúncia e improcedem as demais conclusões das alegações.

E isso não obstante ter sido alegada a prescrição da obrigação tributária como fundamento da oposição à execução fiscal, a qual, sendo de conhecimento oficioso, não pode ser conhecida em processo de oposição à execução fiscal que foi intempestivamente deduzida.

Devendo concluir-se que a oposição foi deduzida a destempo, tal prejudica a apreciação da prescrição da dívida exequenda.

Por outro lado, atenta a oficiosidade do conhecimento da prescrição imposta, sempre e só poderá ser equacionada pelo tribunal que detiver ainda a competência para conhecer do recurso como é o caso da 2.ª instância.

Não pode este TCA conhecer da invocada prescrição porque a intempestividade já apreciada, acarreta a prejudicialidade do conhecimento das demais questões (cfr. arts. 660.° n.° 2, 713.° n.° 2 e 749.°, todos do CPC), já que a prescrição sendo uma excepção peremptória que importa a absolvição total ou parcial do pedido executivo (cfr. arts. 493.° n.° 3 e 496.° al. b), ambos do CPC), mas a sua exegese só se impõe se se verificarem os demais pressupostos da instância um dos quais, prioritário, é a tempestividade.

Não obstante, é efectivamente possível a apreciação da prescrição da obrigação tributária em sede de requerimento dirigido ao órgão de execução fiscal, devendo a AT, de posse de todos os elementos relevantes para a situação, apreciar e decidir como ela se concretiza no caso em apreço.

Acrescente-se que a AT goza da presunção de boa – fé na sua actuação, o que implica que o contribuinte deva poder confiar nas indicações constantes das citações que lhe são feitas por aquela e essa confiança é digna de tutela em decorrência do princípio constitucional da protecção da confiança como se salienta no acórdão do STA proferido no recurso 24382 de 17.05.2000.

Tendo em conta essa principiologia no caso concreto não poderá afirmar-se que foi o recorrente que deu causa às custas da opoisção propriamente dita visto ser manifesto que procurou cumprir estritamente as instruções promanadas da AT.

A ser assim, em matéria de responsabilização pelo pagamento das custas, estas devem ser suportadas por quem a elas houver dado causa, o artigo 446.° do C.P.C, prescreve que "a decisão que julgue a acção ou algum dos seus incidentes ou recursos condenará em custas a parte que a ela houver dado causa, vigorando no C.P.C, em matéria de custas, o princípio da causalidade: paga as custas a parte que lhes deu causa, isto é, que pleiteia sem fundamento, que carece de razão no pedido formulado, que, em suma, exerce no processo uma actividade injustificada.

Destarte, a actuação da lei não deve traduzir-se num sacrifício patrimonial para a parte em beneficio da qual essa actuação se realizou, pois é interesse do Estado que a utilização do processo não acarrete prejuízo ao litigante que tem razão, pois que, como se expende no Ac. da Relação de Coimbra de 7/3/95, in C.J., tomo II, pág. 10: *"A responsabilidade pelo pagamento das custas assenta na ideia de que não deve pagar custas a parte que tem razão".*

Ora, como nos presentes autos não foi o oponente que lhes deu causa no que tange á dedução da oposição dado que se limitou a cumprir as instruções da citação efectuada pela Administração Fiscal; mas já não quanto ao recurso pelas razões acima expostas, tendo de vigorar o princípio da justiça gratuita para o vencedor apenas quanto à dedução da oposição.

Assim, a sentença recorrida fez correcto julgamento de direito quando considerou caducado o direito de deduzir oposição e deverá manter-se na ordem jurídica.

3. DECISÃO

Face ao exposto, os juízes da Secção do Contencioso Tributário deste Tribunal Central Administrativo acordam, em conferência, negar provimento ao recurso.

Custas pelo Recorrente, mas apenas em 2.ª instância.

Lisboa, 16 de Janeiro de 2007

Gomes Correia
Eugénio Sequeira
Ivone Martins

Recurso n.° 1516/06

OPOSIÇÃO À EXECUÇÃO FISCAL. PRAZO PARA A OPOSIÇÃO (ART.° 203.° DO CPPT). PRAZO JUDICIAL.

(Acórdão de 6 de Março de 2007)

SUMÁRIO:

I – Tendo o processo de execução fiscal natureza judicial, sem prejuízo da participação dos órgãos da administração tributária nos actos que não tenham natureza jurisdicional, o prazo de oposição à execução fiscal previsto no art.° 203.°, n.° 1, do CPPT, de trinta dias a contar da citação pessoal, é um prazo judicial.

II – Consequentemente, a contagem desse prazo é a fazer nos termos do CPC, por força do disposto no art.° 20.°, n.° 2, do CPPT, e é-lhe aplicável o disposto no art.° 145.°, n.ºs 5 e 6, do CPC.

III – Havendo vários executados os prazos correrão independentemente para cada um deles como decorre do artigo 203.°, sendo que o prazo de que se fala é um prazo judicial (não substantivo) e peremptório, pelo que o seu decurso opera a extinção do direito de praticar o acto, embora se suspenda nas férias judiciais (artigo 144.°, n.° 1 do CPC).

ACORDA-SE, EM CONFERÊNCIA, NA 2ª SECÇÃO DO TCAS:

1. Paulo Renato Paiva e Carlos Manuel Graça Niblett do Passo, com os sinais dos autos, inconformados com o despacho do Mmo. Juiz do 2.° Juízo do TAF de Beja que rejeitou liminarmente a presente oposição deduzida contra a execução fiscal n.° 0892200401002457, instaurada contra si para cobrança coerciva de dívidas provenientes de IRS dos anos de 2000 a 2002, dele recorreu para este TCAS, formulando as seguintes conclusões:

a) A oposição foi apresentada tempestivamente em 26 de Janeiro de 2005, conforme resulta dos documentos juntos;

b) A oposição deve por isso ser recebida, já que não foi apresentada fora de prazo em 10 de Fevereiro de 2005;

c) O prazo para deduzir oposição nunca terminaria antes de 31 de Janeiro de 2005;

d) A douta decisão que rejeitou liminarmente a oposição deve ser revogada.

Nos termos que se deixam, e nos mais de Direito aplicáveis, requer-se a V. Ex.a se digne receber o presente recurso.

De igual modo, também com o mui Douto Suprimento de Vossas Excelências, deve ser concedido provimento ao presente recurso, revogando-se a decisão recorrida, com as inerentes consequências.

Assim se fará serena, sã e objectiva JUSTIÇA.

Não houve contra-alegações.

O EPGA emitiu a fls. 74/76 o seguinte douto parecer:

"1 – PAULO RENATO PAIVA SANTOS e CARLOS MANUEL GRAÇA NIBLET DO PASSO recorrem da sentença proferida pelo M° Juiz do Tribunal Administrativo e Fiscal de Beja, que indeferiu liminarmente a oposição que deduziram contra a execução fiscal instaurada para cobrança coerciva de IRS e juros compensatórios da sociedade EUROSTONE – INDÚSTRIA DE MÁRMORES EGRANITOS, LDA.

Fundamentou-se a decisão na extemporaneidade do pedido.

Após alegações, os recorrentes formularam as seguintes conclusões:

"*a*) A oposição foi apresentada tempestivamente em 26 de Janeiro de 2005, conforme resulta dos documentos juntos;

b) A oposição deve por isso ser recebida, já que não foi apresentada fora de prazo em 10 de Fevereiro de 2005;

c) O prazo para deduzir oposição nunca terminaria antes de 31 de Janeiro de 2005;

d) A douta decisão que rejeitou liminarmente a oposição deve ser revogada".

2 – A sentença recorrida deu como assentes os seguintes factos:

"No caso sub judice foram as citações efectuadas aos ora Oponentes, respectivamente, em 2005-01-07 e em 2004-12-17 (fls. 13a 22 dos autos).

Porém,

Só em 2005-02-10, vieram os mesmos deduzir a presente oposição (cfr. carimbo aposto no canto superior esquerdo de fls. 2 dos autos)".

3 – Salvo o devido respeito, a oposição não foi deduzida em 10/02/2005, como, certamente por lapso, vem referido na douta sentença, mas sim em 26/01/2005, como referem os recorrentes.

Nos termos do n.° 1 do artigo 207.° do Código de Procedimento e de Processo Tributário (CPPT), a petição inicial será apresentada no órgão da execução fiscal onde pender a execução.

Ora, como se mostra dos autos, a petição de oposição foi apresentada no Serviço de Finanças de Borba em 26 de Janeiro de 2005 (cfr. carimbo aposto a fls. 3 e n.° 4 da INFORMAÇÃO de fls. 13).

Quanto à data da citação, por reversão, dos oponentes nenhumas dúvidas subsistem. Tanto a sentença como os recorrentes admitem que o oponente Paulo Renato foi citado, pessoalmente, em 7 de Janeiro de 2005 (cfr. certidão de fls. 22) e o oponente Carlos Manuel Passo em 17 de Dezembro de 2004 por carta registada com aviso de recepção (cfr. assinatura constante do aviso de recepção junto a fls. 20).

Dispõe a alínea a) do n.° 1 do artigo 203.° do CPPT que o prazo de apresentação da petição de oposição é de 30 dias a contar da citação.

Porém, havendo vários executados (como acontece no caso dos autos), os prazos correrão independentemente para cada um deles (cfr. n.° 3 do mesmo artigo 203.°). Tal prazo é um prazo judicial (não substantivo) e peremptório, pelo que o seu decurso opera a extinção do direito de praticar o acto.

Ora, sendo um prazo judicial suspende-se nas férias judiciais (artigo 144.°, n.° 1 do CPC).

No caso dos autos, à data da apresentação da oposição – 26 de Janeiro de 2005 – ainda não havia decorrido o prazo de 30 dias para o oponente Paulo Renato, que apenas terminaria em 6 de Fevereiro de 2005, nem para o oponente Carlos Manuel Passo, uma vez que, iniciando-se a contagem do prazo no dia seguinte ao da citação – 18 de Dezembro de 2004 – esteve suspenso desde 22 de Dezembro de 2004 a 3 de Janeiro de 2005, por força das férias judiciais, vindo a terminar apenas em 29 de Janeiro de 2005. Porém, sendo este dia um sábado, o termo do referido prazo de 30 dias transferiu-se para o dia 31 do mesmo mês, primeiro dia útil seguinte, por força do disposto no n° 2 do artigo 144° do CPC.

Assim sendo, a apresentação da petição de oposição foi tempestiva.

4 – Em face do exposto e em conclusão, emito parecer no sentido da procedência do presente recurso."

Os autos vêm à conferência com dispensa de vistos aos Juízes adjuntos (cfr. art. 707.°, n.° 2, do Código de Processo Civil *(CPC)*, aplicável *ex vi* da alínea e) do art. 2.° do CPPT).

2. Na decisão recorrida foi considerado que para a prolação do despacho liminar para os efeitos do disposto nos arts. 209.° ou 210.° ambos do CPPT, importava analisar as ocorrências processuais constantes dos autos, e que refere, avultando a de que b) – Em 2005-02-10, vieram os mesmos deduzir a presente oposição (cfr. carimbo aposto no canto superior esquerdo de fls. 2 dos autos)".

Todavia, é manifesto o erro de julgamento, certamente devido a lapso manifesto, pois do carimbo aposto na 1ª pág. da p.i. e do doc. junto com as alegações emerge que a petição de oposição foi apresentada no Serviço de Finanças de Borba em 26 de Janeiro de 2005 (cfr. carimbo aposto a fls. 3 e n.° 4 da INFORMAÇÃO de fls. 13).

Ora, a competência conferida à 2ª Instância para reapreciar o julgamento da matéria de facto e alterar, em via de substituição, o julgado em Iª Instância, apenas é possível se **do processo constarem todos os elementos de prova** que serviram de base à decisão sobre os pontos da matéria de facto em causa – cfr. art.° 712.° n.° 1 a) CPC, aplicável nesta jurisdição ex vi art.° 2.° e) CPPT – além da hipótese estatuída na alínea b) do mesmo n.° 1 do citado art.° 712.° (cfr. **Miguel Teixeira de Sousa,** in "Estudos Sobre o Novo Processo Civil", Lex, 2ª edição, pág. 415).

É o caso, na medida em que a ampliação/modificação da matéria de facto passa pela produção de prova sobre factos alegados pelas partes e que não constam da base instrutória, estando nos autos os elementos que o permitem.

Assim, com base na documentação que já se encontrava nos autos aquando do proferimento da decisão recorrida e na que foi junta com o recurso e que se admite[1], reformula-se o probatório fixado na decisão recorrida nos seguintes termos

a) A presente oposição tem origem no processo de execução fiscal n.° 0892200401002457 instaurada no serviço de Finanças de Borba, por dívidas de IRS da sociedade Eurostone Indústria de Mármores e Granitos Ldª, (cfr. fls. Inf. de fls. 13 e docs. De fls. 14 a 19 dos autos);

b) Em 10/12/2004 foi, por despacho do Exmo. Sr. Chefe de Serviço de Finanças, revertida a dívida contra os aqui oponentes, conf. fls. 13 dos autos.

c) Os oponentes foram citados da reversão em 2005.01.07 e 2004.12.17, respectivamente, o primeiro pessoalmente e o segundo por via postal (cfr. fls. 20 a 22).

d) A petição inicial deu entrada no Serviço de Finanças de Santarém em 26/01/2005 (cfr. fls. 3, 9 e doc. junto com as alegações).

3. Na disciplina processual logra prioridade de cognição a **caducidade do direito de oposição,** excepção peremptória suscitada e decidida pelo M.° Juiz na decisão recorrida.

Diz o M.° Juiz que a petição é intempestiva pois nos termos e para os efeitos do disposto no art. 203.° do Código de Procedimento e de Processo Tributário – CPPT, a oposição deve ser deduzida no prazo de 30 (trinta) dias contados da data da citação e contados de forma contínua, por força dos arts. 6.° n.° 1 al. e) e 16.° do Dec.-Lei n.° 329-A/95, de 12. Dezembro, que veio instituir profundas alterações ao Código de Processo Civil – CPC. E, como as citações foram efectuadas aos ora Oponentes, respectivamente, em 2005-01-07 e em 2004-12-17 e só em 2005-02-10, vieram os mesmos deduzir a presente oposição resulta manifesto que aquele prazo de 30 dias para deduzir oposição à execução há muito havia expirado (mesmo contando com o prazo do art. 145.° e do art. 252.°-A do CPC).

Por tais fundamentos foi rejeitada liminarmente a presente oposição por extemporânea, nos termos do disposto na al. a) do n.° 1 do art. 209.° do CPPT.

Nas suas alegações sustentam os recorrentes que a petição inicial não é intempestiva nem extemporânea, porquanto:

a) A oposição foi apresentada tempestivamente em 26 de Janeiro de 2005, conforme resulta dos documentos juntos;

b) A oposição deve por isso ser recebida, já que não foi apresentada fora de prazo em 10 de Fevereiro de 2005;

c) O prazo para deduzir oposição nunca terminaria antes de 31 de Janeiro de 2005;

A EPGA considerou a dedução da oposição tempestiva perante a factualidade apresentada da qual decorre não só que a interposição foi feita dentro do prazo fixado no art. 203.° n.° 1 al. a) do CPPT.

Quid Juris?

Sobre esta questão há jurisprudência pacífica e uniforme nas instâncias superiores, sendo dela representativos os *Acórdãos do STA de 05/02/02, Recurso n.° 544/02 e do TCA de 15/10/2002, Recurso n.° 7124/02, de 06/05/03, Recurso n.° 174/03 e de 27/01/2004, Recurso n.° 1053/03.*

Na esteira da jurisprudência citada, mormente do *Acórdão do TCA de 15/10/2002, Rec. 7124/02*, nos termos do disposto no art. 103.°, n.° 1, da LGT, «O processo de execução fiscal tem natureza judicial, sem prejuízo da participação dos órgãos da administração tributária nos actos que não tenham natureza jurisdicional».

Do mesmo preceito legal resulta, inequivocamente, que o prazo de oposição à execução fiscal previsto no art. 203.°, n.° 1, do CPPT, de trinta dias a contar da citação pessoal, é um prazo judicial, aliás, tal como a jurisprudência vinha entendendo uniformemente (ainda antes da entrada em vigor da LGT) relativamente ao art. 285.° do CPT e ao art. 175.° do CPCI, no domínio da vigência destes códigos.

Consequentemente, a contagem desse prazo é a fazer nos termos do CPC, por força do disposto no art. 20.°, n.° 2, do CPPT, e é-lhe aplicável o disposto no art. 145.°, n.ºs 5 e 6, do CPC, que permite a prática do acto num dos três dias úteis desde que seja paga, imediata e espontaneamente ou após notificação para esse efeito, a multa aí prevista.

Na senda do douto parecer do M.°P.°, evidencia o probatório que no caso sub judice foram as citações efec-

[1] Com efeito, a junção de documentos é admissível na fase de recurso, só dentro dos limites indicados no n.° 1 do art.° 524.° do CPC ou só no caso de a junção se tornar necessária em virtude do julgamento proferido na 1ª instância, é que as partes podem juntar documentos às alegações, tudo nos termos nos n.ºs 1 e 2 do art.° 706.° do mesmo Código, não estando aí abrangida a hipótese de a parte se afirmar surpreendida com o desfecho da acção e pretender, com tal fundamento, juntar à alegação documento que já poderia e deveria ter apresentado na 1ª instância.

A junção de documentos às alegações de recurso só poderá ler lugar se a decisão da 1ª instância criar pela primeira vez a necessidade de junção de determinado documento quer quando se baseie em meio probatório não oferecido pelas partes, quer quando se funde em regra de direito com cuja aplicação ou interpretação os litigantes não contavam.

A junção, por parte da recorrente, de documentos que se reportam a factos que já constavam de informação oficial prestada pelos SF, determina a conclusão de que o recurso não assenta em factos e documentos novos, não sendo, assim, de ordenar o respectivo desentranhamento dos autos.

tuadas aos ora Oponentes, respectivamente, em 2005-01-07 e em 2004-12-17 e a oposição foi deduzida em 26/01/2005, como referem os recorrentes.

Nos termos do n.º 1 do artigo 207.º do Código de Procedimento e de Processo Tributário (CPPT), a petição inicial será apresentada no órgão da execução fiscal onde pender a execução e a petição de oposição foi apresentada no Serviço de Finanças de Borba em 26 de Janeiro de 2005.

Havendo vários executados os prazos correrão independentemente para cada um deles como decorre do artigo 203.º, sendo que o prazo de que se fala é um prazo judicial (não substantivo) e peremptório, pelo que o seu decurso opera a extinção do direito de praticar o acto.

Como prazo judicial que é, o mesmo suspende-se nas férias judiciais (artigo 144.º, n.º 1 do CPC).

Assim sendo, quando em 26 de Janeiro de 2005 foi apresentada a oposição não tinha ainda decorrido o prazo de 30 dias para o oponente Paulo Renato, cujo termo «a quo» era 6 de Fevereiro de 2005, nem para o oponente Carlos Manuel Passo, dado que a contagem do prazo se iniciava quanto a ele em 18 de Dezembro de 2004 (dia seguinte ao da citação) e esteve suspenso desde 22 de Dezembro de 2004 a 3 de Janeiro de 2005, por força das férias judiciais, vindo a terminar apenas em 29 de Janeiro de 2005.

Mas, como este dia era sábado, o termo do referido prazo de 30 dias transferiu-se para o dia 31 do mesmo mês, primeiro dia útil seguinte, por força do disposto no n.º 2 do artigo 144.º do CPC.

O «thema decidendum» é saber se a inicial petição foi, ou não, apresentada intempestivamente, já que foi com este fundamento que o sr. Juiz «a quo» proferiu despacho da sua rejeição liminar.

Retira-se da al. a) do n.º 1 do art.º 291.º do CPT que o juiz rejeitará a oposição se tiver sido deduzida fora de prazo.

Ora, em face de todo o antecedentemente exposto e contra o decidido no despacho recorrido, deve concluir-se que a oposição foi deduzida em tempo.

Dissentimos, por isso, da tese da rejeição liminar perfilhada pelo M.º Juiz «a quo».

4. Termos em que se concede provimento ao recurso e se revoga a decisão recorrida ordenando-se a devolução do processo ao Tribunal Tributário de 1ª Instância para prosseguimento da lide, com proferimento de outro despacho que não seja de rejeição liminar da oposição com fundamento na sua dedução fora de prazo.

Sem custas.

Lisboa, 6 de Março de 2007.

Gomes Correia
Eugénio Sequeira
Ascensão Lopes

Recurso n.º 1623/07

OPOSIÇÃO À EXECUÇÃO FISCAL. PRESCRIÇÃO DA DÍVIDA EXEQUENDA.

(Acórdão de 20 de Março de 2007)

SUMÁRIO:

I – A prescrição constitui uma excepção peremptória, em que o facto relevante (decurso de determinado prazo) dá origem à extinção do efeito jurídico inicialmente pretendido (cumprimento da obrigação tributária).

II – Assim, a questão a decidir e que é prioritária consiste em aferir se a obrigação tributária, referente ao exercício de 1994, se encontra prescrita, por ser de conhecimento oficioso, ter sido alegada e dela depender a apreciação das questões de fundo.

III – Como a instauração da execução foi o primeiro facto interruptivo, é este que releva para efeitos do art.º 34.º do CPT, irrelevando qualquer outro que ocorresse posteriormente.

IV – Assim, tendo em atenção que a execução fiscal foi instaurada em 22.10.1996, e que o processo esteve parado desde 21.11.1996 até ao dia de hoje, em virtude de nele não ter praticado qualquer acto, podemos concluir que a obrigação tributária que está em cobrança coerciva já prescreveu pois já decorreram 12 anos e 10 dias.

V – Na verdade, embora a prescrição, cuja contagem se iniciou em 1 de Julho de 1995, se tenha interrompido em 22.10.1996, por efeito da instauração da execução como esta esteve parada bem mais de um ano, cessou o efeito interruptivo em 21.11.1997 (um ano após a paragem do processo), havendo que somar-se o tempo decorrido após esta data com o que decorreu até à data da autuação.

VI – É porque a lei não prevê interrupções sucessivas da prescrição, deve somar-se todo o tempo que decorrer após o período de um ano de processo parado com o período que tiver decorrido até à data da autuação, não podendo o prazo interromper-se de novo, designadamente por efeito da dedução de impugnação ou qualquer outro processo com virtualidade interruptiva da prescrição (cfr. art.º 34.º n.º 3 do CPT).

ACORDA-SE EM CONFERÊNCIA, NESTA 2ª SECÇÃO DO TCA:

I. RELATÓRIO

1.1. INCOFERRO – INDÚSTRIA E COMÉRCIO DE FERRO, S.A., com os sinais dos autos, veio interpor recurso da sentença da Mª Juíza do TAF de Lisboa, que julgou improcedente a oposição que deduzira contra a execução fiscal n.º 1473-96/100314.3, que lhe foi movida para a cobrança coerciva de IVA do ano de 1994 e respectivos juros compensatórios, no montante global de 2.569 464$00 para o que formulou as seguintes conclusões:

A) – A dívida exequenda deve considerar-se prescrita desde 01/01/2006, pelo que se deverá julgar extinta a execução "ex vi" do disposto nos artigos 34.° e 259.° do CPT (aqui aplicável).

B) – Ainda que, por mera hipótese, assim não se entenda deve considerar-se provado, também que o IVA (e juros) compensados pelos Serviços Centrais do IVA e o IVA não liquidado (e respectivos juros) que originaram a execução são o mesmo imposto, com origem na inspecção efectuada à recorrente e não há duas liquidações autónomas relativas a esse imposto, sendo que a do S. F. de Arruda dos Vinhos foi efectuada com os elementos recebidos dos Serviços Centrais.

C) – Ao considerar que havia duas liquidações autónomas a douta sentença recorrida julgou erradamente a matéria de facto, dado que o imposto objecto de compensação e o imposto objecto da execução representam uma única realidade tributária.

D) – Assim, a dívida de IVA exequenda foi paga por compensação.

E) – Os juros compensatórios à data da compensação eram de PTE 238.994 e à datada citação para a execução de PTE 443.701.

F) – A compensação é uma declaração receptícia que se tornou eficaz com a emissão do documento de 19/07/1996 da DSRIVA, daí resultando (arts. 848.° e 854.° do C. Civil) a retroactividade da declaração de compensação, o que trouxe como consequência a extinção da dívida da recorrente desde que os créditos se tornaram compensáveis, isto é, desde 14/05/1996.

G) – E por tal razão, os juros a considerar só poderiam ser os vencidos até essa data (PTE 238.994) sendo ilegal a contagem posterior de juros, quando a dívida de capital estava extinta.

Termos em que entende que deve ser julgado procedente o recurso e, consequentemente:

a) declarada extinta a execução, por prescrição da dívida exequenda.

b) e se assim não se entender, declarada, em qualquer caso, extinta a execução pelo pagamento da dívida exequenda ocorrido com a compensação efectuada pela DSRIVA.

Não houve contra-alegações.

O EPGA emitiu a fls. 171/172 o seguinte douto parecer:

"1. – INCOFERRO – INDÚSTRIA E COMÉRCIO DE FERRO, S.A, veio interpor o presente recurso jurisdicional da douta sentença de fls. 140 A 148, proferida pelo Tribunal Administrativo e Fiscal de Lisboa 2, que julgou totalmente improcedente a oposição que havia deduzido contra a execução fiscal n.° 1473-96/100314.3, proveniente de IVA e juros compensatórios do ano de 1994, no montante de Esc. 569 464$00.

2 – Na minha perspectiva, a decisão recorrida não terá optado pela melhor solução.

De facto, a questão essencial é a de saber se a dívida em execução está, ou não, paga.

Ora, consta do probatório que "(...) por despacho de 08/07/96, proferido no pedido de reembolso relativo aos períodos de 94/09 da quantia de 4.000.000$00 se procedeu à liquidação da quantia de 2.364.746$00, respeitante a IVA e acréscimos legais, efectuada através da dedução de igual montante, pelo que o reembolso será de 1.635.254$00. Esta dedução é devida a título de compensação e resulta de terem sido apuradas ou confirmadas pelos serviços competentes, dívidas e acréscimos legais relativos aos períodos 94.09; 94.12 no montante de 2.364.746$00 (...)" (n.° 11 dos factos provados).

Aquela quantia de Esc. 2.364.746$00 respeitava a Esc. 2.125.752$00, de imposto a Esc. 238.994$00, de juros compensatórios, liquidados até 14/05/96 (cfr. fls. 48 a 50 e n.° 9 dos factos provados).

A compensação tornou-se efectiva mediante declaração da Administração Tributária à oponente, considerando-se os créditos extintos desde o momento em que se tornaram compensáveis (cfr.artigos 848.°, n.° 1 e 854.°, ambos do Código Civil).

É certo que a Administração Tributária continuou a liquidar juros compensatórios desde a data da compensação, como se esta não tivesse ocorrido. Porém, indevidamente, uma vez que a compensação faz extinguir o crédito.

Por outro lado, a compensação ocorreu em data anterior à da instauração da execução; aquela teve lugar em 14/05/96, na sequência do despacho de 08/07/96 e esta após a prolação do despacho de 22/10/96 (cfr. fls. 15).

Ou seja, o pagamento verificou-se antes da instauração da execução.

Assim sendo, o pagamento da dívida exequenda constitui fundamento de oposição à execução, nos termos do disposto na alínea e) do n.° 1 do artigo 286.° do CPT.

3 – Face ao exposto, emito o seguinte parecer:

Deve conceder-se provimento ao recurso jurisdicional, revogando-se a decisão impugnada."

Os autos vêm à conferência com dispensa de vistos.

2. FUNDAMENTAÇÃO

2.1. FACTOS PROVADOS:

Na sentença recorrida considerou-se que dos autos emerge a seguinte factualidade pela motivação que aponta:

1. A presente oposição vem deduzida no âmbito do processo de execução fiscal n.° 1473-96/100314.3 do Serviço de Finanças de Arruda dos Vinhos por dívida de IVA do ano de 1994 no valor de 2.569.464$00 €10.821,24 instaurado com base na certidão de relaxe a folhas 15, (cf. capa do processo de oposição, folhas 14 e 15);

2. O oponente em sede de Iva está enquadrado no regime normal de periodicidade mensal (fl. 26);

3. Na certidão de relaxe a fl. 15 que aqui se dá por reproduzida consta que a oponente deve o valor de Iva no valor 2.125.763$00€ 10.603,43 e juros compensatórios no valor de 443.701 $00 €2.213,17 no total de 2.569.464$00 €12.816,43, do ano de 1994;

4. O Serviço de Finanças em complemento da informação prestada a fls. 14, veio a fls. 21, informar que a liquidação que originou os presentes autos de oposição, "foi efectuada em face dos elementos enviados pelo departamento de Inspecção Tributária de Lisboa cf. fl., 22 a 45 dos autos;

5. O documento a fls. 22 é cópia de nota de apuramento Mod. 382 referente ao período de 01 a 12 de 94, constando no verso os valores de imposto com recurso a presunções no total de 2.125.763$00 €10.603,43 (doc. que aqui se dá por reproduzido);

6. Os doc. de fls. 23 a 42, são cópia do relatório de inspecção levada a cabo pelos serviços de inspecção tributária de Lisboa ao sujeito passivo, ora oponente,

aos exercícios de 1992 a 1994, e no qual em sede de IVA para o ano de 1994, foi fixado com recurso a presunções os valores constantes na nota de apuramento referida no n.° anterior (cf. conjugação de fls. 22 a fls. 23 a 42);

7. A fl. 44, frente e verso, conta cópia de oficio n.° 996, processo 7 de 11/09/96 do Serviço de Finanças de Arruda dos Vinhos referindo-se que se notificava a oponente para proceder ao pagamento os valores de imposto e juros liquidados, cf., descriminado e no verso do referido do, constam os valores de imposto a pagar de 2.125.763$00 €10.603,43 e juros 443.701$00 €2.213,17 (fl. 44 frente e verso);

8. A folhas 46 consta cópia do doe enviado pela oponente ao órgão de execução e no qual refere que tendo sido notificado para pagar o Iva do ano de 1994 (cf. cópia do doe. referido no n° anterior), tal valor já foi pago através de dedução efectuada pelo Direcção dos serviços de Reembolso do IVA, juntando cópia dos documentos pertinentes).

9. A Direcção de Serviços do Imposto Sobre o Valor Acrescentado efectuou as seguintes liquidações

a. Liq. N.° 960253765 de Iva do ano de 1994 2.125.752$00 €10603,21

b. Liq. N.° 96056763 de juros compensatórios no valor de 193.956$00 €964,45 devidos sobre o imposto em falta no valor de 1.211.501$00 €6.042,94

c. Liq. N.° 96056764 de juros compensatórios no valor de 45.038$00 €224,65 devidos sobre o imposto em falta no valor de 369.537$00 €1.843,24 (cf., folhas 48 a 50);

10. As liquidações referidas no n.° anterior tinham como data limite de pagamento Julho de 1996 e totalizam o valor de 2.364.746$00, (cf. fl. 48 a 50);

11. A folhas 51 consta cópia de "oficio notificação" n.° 063790 de 19/07/96, que aqui se dá por reproduzido, da Direcção de Serviços de Reembolsos do Imposto Sobre o Valor Acrescentado e no qual consta o que para os devidos efeitos se transcreve a seguinte parte "por despacho de 08/07/96, proferido no pedido de reembolso relativo aos períodos de 94/09 da quantia da 4.000.000$00 se procedeu à liquidação da quantia de 2.364.746500, respeitante a IVA e acréscimos legais, efectuada através da dedução de igual montante, pelo que o reembolso será de 1.635.254$00. Esta dedução é devida a título de compensação e resulta de terem sido apuradas ou confirmadas pelos serviços competentes, dívidas e acréscimos legais relativas aos períodos 94.09; 94.12 no montante de 2.364.746$00" (...) e no mesmo está assinalado o campo referente ao extracto de conta corrente (fl. 51);

12. A fls. 52, consta cópia de documento de conclusões em resultado da análise efectuada aos pedido de reembolso relativo aos períodos de 9.94 e 12.94, que foi deferido parcialmente, com a fundamentação que aqui se dá por reproduzida e onde se refere que foi efectuada uma fiscalização externa à escrita do oponente em referência aos exercícios de 1990, 1991, 1992, 1993 e 1994;

13. As folhas 53, consta cópia do extracto de conta corrente com situação das liquidações de Iva por regularizar, e no referido extracto estão identificadas as liquidações referidas em 9 do probatório;

14. A Direcção de Serviços de Cobrança do Iva informou o que para os devidos efeitos se transcreve

a. "1. Em resultado de uma acção de inspecção dos elementos contabilísticos do ano de 1994 os Serviços de Inspecção Tributária, afectos à Direcção de Finanças de Lisboa, detectaram a falta de liquidação de IVA pelo que elaboraram a competente nota de apuramento Mod.382, modelo de uso exclusivo dos Serviços, resultando do seu processamento a emissão da liquidação da adicional n.° 96056765novalor de E 10.603,21 (2.125.752$00) com a consequente liquidação dos juros compensatórios referentes aos -meses de Setembro e Dezembro nos montantes de E 967,45 e €224,65 (193.956$00 e 45.038$00) respectivamente.

b. 2. Na declaração periódica respeitante ao período de imposto 9409 o sujeito passivo solicitou o reembolso de €19.951,92 (4.000.000$00) tendo-lhe sido pago apenas a quantia de €8,156,61 (1.635.254$00) devido à compensação efectuada nos termos do art. 83.° B do CIVA., por forma a dar pagamento às liquidações antes referidas.

c. 3. Quanto ao processo de execução fiscal instaurado no Serviço de Finanças de Arruda dos Vinhos desconhecem estes Serviços se o mesmo já se encontra, ou não, pago uma vez que a sua efectivação compete àquele Serviço.

d. Acrescento que da análise aos modelos 382 elaborados pelos Serviços de Inspecção Tributária verifica-se que as correcções técnicas (quadro 13 do referido modelo) foram efectuadas aos períodos de imposto de Setembro e Dezembro enquanto que no segundo e com o quadro 1'5 preenchido foram efectuadas correcções a todos os períodos de imposto, desconhecendo estes Serviços se existe, ou não, duplicação de colecta, situação esta que apenas poderá ser informada por aqueles Serviços de Inspecção Tributária, (fls. 90 e 91);

15. A folhas 97 consta certidão emitida pelo Serviço de Finanças de Arruda dos Vinhos que tem o seguinte teor *José Eduardo Vale de Sousa Soares, Técnico de Administração Tributária do quadro da Direcção-Geral dos Impostos, em serviço no Serviço de finanças de Arruda dos Vinhos. Certifico, em cumprimento do despacho da Meritíssima Juíza de Direito, exarado nos Autos de Oposição n.° 194/04-143/96.3.2, anterior processo n.° 153/96 do 3° Juízo – 2ª Secção do Tribunal! Tributário da 1a Instância de Lisboa, e enviado a este Serviço de Finanças pelo oficio n.° 21112004, de 2004/04/21, da Unidade Orgânica 4, do Tribuna! Administrativo e Fiscal de Lisboa 2, que tendo compulsado o processo de Execução Fiscal n.° 1473-96/100314.5, instaurado contra afirma "João Romana Além & Filhos Lda.", com o número de contribuinte 501 366 555, pela quantia total de €12.816,43, sendo a quantia de €10.603,26, de I.V.A.. de 1994, e a quantia de €2.213,17 dos respectivos Juros Compensatórios, que a respectiva divida, referente ao processo de Execução Fiscal n.° 1473-96/100315.5 o qual originou a citada Oposição, ainda se encontra em divida pela sua totalidade. Por ser verdade e para constar, passei a presente certidão que vou assinar, e autenticar com o selo branco em uso neste Serviço de Finanças, aos dezassete dias do mês de Maio do ano de dois mil e quatro.*

16. As folhas 129 e 130 consta a informação da Direcção de Finanças de Lisboa, Inspecção Tributária, que para os devidos efeitos se transcreve

a. ASSUNTO: Resposta à NSI n.° 1438 de 8 de Novembro de 2005 – a anexar o ofício n.° 298/2004 do Tribunal Administrativo e Fiscal de Lisboa 2., pedido de esclarecimento sobre dupla colectado exercício de 1994 – imposto I.V.A..

i. Para cumprimento da NSI – 1438 de 8/1112005 a solicitar resposta ao pedido de esclarecimento constante do oficio 29812004 do Tribunal Administrativo e Fiscal de Lisboa 2 referente ao Sujeito Passivo João Romana Além & Filhos, Lda. se relativamente ao ano de 1994 existiu duplicação de valores no apuramento de bases tributáveis dado terem existido duas acções respectivas ao mesmo exercício; procederam-se às diligências necessárias e informamos o seguinte:

ii. Da consulta ao arquivo dos Serviços da Inspecção Tributária verificou-se existirem as seguintes ordens de serviço para o Sujeito Passivo:

iii. Números 70449, 7450 e 70451 de 31/07/96 para os anos de 1993,1994 e 1995; constata-se pela leitura das informações de que não houve correcções em sede de quaisquer impostos. Esta acção apenas foi direccionada à verificação de elementos com vista a responder ao solicitado pelo Núcleo para a Cooperação Administrativa Intracomunitária;

iv. Números 68213 e 68214 de 07/05/1996 cujo âmbito da acção inspectiva foi a informação de reembolsos de IVA, de acordo com o pedido de fiscalização da Direcção de Serviços de Reembolsos. Após se ter procedido à verificação dos elementos da contabilidade para cumprimento da referida acção foram indeferidos os reembolsos e liquidado o IVA. em falta, pelo facto, de não se tratar de uma exportação nem de transmissão intracomunitária – dado não terem sido cumpridas as disposições Legais;

v. Acção inspectiva efectuada em Dezembro de 1995 (desconheço o número da ordem de serviço) referente aos exercidos de 1992, 1993 e 1994 de âmbito polivalente em que foram efectuadas correcções com recurso a métodos indirectos em sede de IRC e apurado o IVA. em falta referente à presunção efectuada em vendas Pelas análises anteriormente descritas constata-se não ter havido duplicação de imposto dado que as correcções efectuadas foram:

vi. Falta de liquidação de imposto nas transmissões realizadas (vendas efectuadas efectivamente);

vii. E imposto em falta resultante da presunção efectuada em vendas (omissão de vendas).

viii. Dever-se-á dar conhecimento à Divisão de Liquidação da situação em causa. Conforme solicitado na NSI 1438

* *

Ao abrigo do art.° 712.° do CPC e porque releva para o conhecimento da prescrição invocada na conclusão A, sendo esse conhecimento oficioso "ex vi" do disposto nos artigos 259.° do CPT e 175.° do CPPT, com base na consulta do processo executivo que, a título consultivo, se solicitou aos SF e que está apenso por linha, aditam-se ao probatório os seguintes factos:

17. Em 22-10-1996, foi instaurado processo de execução fiscal para cobrança coerciva da dívida proveniente do IVA de 1994 (fls. 2 do proc. exec. apenso).

18. O processo dito em 17. está parado desde 21/11/1996, a aguardar despacho (fls. 4 do proc. exec. apenso)

* *

Dos factos, com interesse para a decisão da causa, constantes da oposição, todos objecto de análise concreta, não se provaram os que não constam da factualidade supra descrita.

A decisão da matéria de facto efectuou-se com base no exame das informações e dos documentos, não impugnados, que dos autos constam, tudo conforme referido a propósito de cada uma das alíneas do probatório.

2.2. DO DIREITO

A aqui recorrente veio suscitar que a dívida se encontra prescrita – conclusão A) – pelo que a primeira questão a decidir e que é prioritária consiste em aferir se a obrigação tributária, referente ao exercício de 1994, se encontra prescrita, por ser de conhecimento oficioso, ter sido alegada e dela depender a apreciação das questões de fundo.

O Dec.-Lei n.° 398/98 de 17 de Dezembro, que veio aprovar a nova Lei Geral Tributária, estipula no n.° 2 do seu art.° 5.° que "Aos impostos já abolidos à data da entrada em vigor da lei geral tributária (1/1/1999) aplicam-se os novos prazos de prescrição, contando-se para o efeito todo o tempo decorrido, independentemente de suspensões ou interrupções de prazo".

Por sua vez o art.° 48.° da citada Lei Geral Tributária, consagra que as dívidas tributárias prescrevem no prazo de oito anos contados, "nos impostos periódicos, a partir do termo do ano em que se verificou o facto tributário e, nos impostos de obrigação única, a partir da data em que o facto tributário ocorreu."

No caso em apreço, uma vez que o imposto em causa não foi abolido e não se mostra paga a dívida a ele inerente, pelo que da conjugação dos dois preceitos com a data do facto tributário, *prima facie,* não estaremos face a uma obrigação tributária prescrita.

A prescrição constitui uma excepção peremptória, em que o facto relevante (decurso de determinado prazo) dá origem à extinção do efeito jurídico inicialmente pretendido (cumprimento da obrigação tributária).

Vejamos como ela se concretiza no caso em apreço.

A ratio do instituto da prescrição liga-se a razões de certeza, de segurança e de paz jurídica, pelo qual se extingue a obrigação tributária.

Nos autos está em causa obrigações proveniente de IVA do ano de 1994, pelo que se nos impõe determinar qual o regime legal aplicável, visto que desde essa data até hoje se sucederam dois regimes diversos e que se elencam:

– o do art. 34.° do CPT, cuja vigência se manteve no período compreendido entre I de Julho de 1991 e 1 de Janeiro de 1999, data em que entrou em vigor a Lei Geral Tributária (LGT), cujo diploma de aprovação, o DL n.° 398/98, de 17 de Dezembro, revogou expressamente aquele preceito (cfr. arts. 2.°, n.° 1, e 6.° do referido DL);

– o dos arts. 48.° e 49.° da LGT, desde 1 de Janeiro de 1999 até à presente data.

No diploma legal que aprovou o CPT não encontramos norma correspondente à do art. 5.°, n.° 1, do referido DL n.° 398/98, de 17 de Dezembro, e que preceitua que ao novo prazo de prescrição estabelecido na LGT se aplica o disposto no art. 297.° do CC, mas a jurisprudência passou a perfilhar o entendimento uniforme de que era aplicável, quanto à sucessão de leis relativamente ao art. 34.° do CPT, a solução que veio a ser consagrada naquela norma de direito transitório.

Dada a flagrante equiparação das obrigações fiscais às civis, impõe-se a observância das regras do art.° 297.° do CC na área do direito fiscal e, concretamente, na zona da **prescrição** das dívidas.

Na verdade, é forçoso concluir que o regime prescricional aplicável à situação *sub judice* é o do art. 34.°

do CPT, tanto mais que, por força do princípio geral de Direito em matéria de sucessão de leis, segundo o qual a lei que estabelecer, para qualquer efeito um prazo mais curto do que o fixado na lei anterior é também aplicável aos prazos que estiverem em curso, mas o prazo só se conta a partir da entrada em vigor da nova lei, a não ser que segundo a lei antiga, falte menos tempo para o prazo se completar.

Vale isto por dizer que, em atenção ao caso concreto, no regime fixado no CPT, o prazo conta-se com início em 1 de Janeiro de 1995 e é de 10 anos e no regime da LGT, tendo em conta que tratando-se o IVA de imposto de obrigação única, o termo «a quo» é o da data da ocorrência do facto tributário, e é de 8 anos.

Para aquilatar se tal prazo atingiu já o seu termo, importa aferir se ocorreu facto que determine a sua interrupção ou suspensão.

Nesse sentido, emerge do art. 34.°, n.° 3, do CPT, que a prescrição das obrigações tributárias se interrompe com a reclamação, o recurso hierárquico, a impugnação e a instauração da execução fiscal, mas o efeito interruptivo derivado dessa instauração cessa com o facto de o processo executivo estar parado durante mais de um ano por facto não imputável ao contribuinte, passando a somar-se para o efeito da prescrição o tempo decorrido até à data da instauração ao tempo que sucedeu ao termo daquele prazo de mais de um ano.

Assim, tendo em atenção que a execução foi instaurada em 22.10.1996 e que o processo executivo está parado desde 21/11/1996, a aguardar despacho, dúvidas não restam de que o processo esteve parado por mais de uma ano por causa não imputável ao contribuinte, e que, assim, podemos concluir que as obrigações tributárias que estão em cobrança coerciva já prescreveram.

Na verdade, embora a prescrição se tenha interrompido em 22/10/1996, por efeito da instauração da execução, como esta esteve parada bem mais de um ano (desde 21.11.1996 até ao dia de hoje), cessou o efeito interruptivo um ano após a paragem dos processos (21.11.1997), havendo que somar-se o tempo decorrido após esta data com o que decorreu até à data da autuação, verificando-se que o dies ad quem *já ocorreu e, portanto, que está já excedido o prazo de 10 anos do art. 34.° do CPT. E, assim, desde 1.1.1995 até 22.10.1996 decorreram 1 ano, 9 meses e 21 dias pelo que, contando-se o tempo que faltava desde 22.11.1997, contas feitas, o prazo prescricional já se completou.*

Como a instauração da execução foi o primeiro facto interruptivo, é este que releva para efeitos do art.° 34.° do CPT, irrelevando qualquer outro que ocorresse posteriormente.

Assim, tendo em atenção que a execução fiscal foi instaurada em 22.10.1996, e que o processo esteve parado desde 21.11.1996 até ao dia de hoje, em virtude de nele não ter praticado qualquer acto, podemos concluir que a obrigação tributária que está em cobrança coerciva já prescreveu pois já decorreram 12 anos e 10 dias.

Na verdade, embora a prescrição, cuja contagem se iniciou em I de Julho de 1995 pelas razões que se disseram, se tenha interrompido em 22.10.1996, por efeito da instauração da execução como esta esteve parada bem mais de um ano, cessou o efeito interruptivo em 21.11.1997 (um ano após a paragem do processo), havendo que somar-se o tempo decorrido após esta data com o que decorreu até à data da autuação.

É porque a lei não prevê interrupções sucessivas da prescrição, deve somar-se todo o tempo que decorrer após o período de um ano de processo parado com o período que tiver decorrido até à data da autuação, não podendo o prazo interromper-se de novo, designadamente por efeito da dedução de impugnação ou qualquer outro processo com virtualidade interruptiva da prescrição (cfr. art.° 34.° n.° 3 do CPT).

Acresce que, como se expendeu no Acórdão do Tribunal Central Administrativo Sul de 30-05-2006 – CT – 2.° Juízo, Recurso n.° 1111/06, *no âmbito da aplicação do CPT, a prestação da garantia não constitui causa interruptiva ou suspensiva da prescrição.*

Fundamentando, diz-se nesse douto aresto e em concomitância com o nosso ponto de vista, que "... no âmbito da aplicação da norma do art.° 34.° do CPT, como anteriormente no âmbito da aplicação do art.° 27.° do CPCI, a prestação de garantia pelo executado ou a realização da penhora na execução fiscal, não constituem causa interruptiva ou suspensiva da contagem deste prazo prescricional, por a lei a não prever, redundando mesmo em se alcançar um efeito perverso, se a um executado que a tivesse prestado, tendo actuado diligentemente, o prazo prescricional se suspendesse indefinidamente, nunca se completando, relativamente àquele outro que a não prestara e que poderia ver o mesmo prazo se completar, solução que o legislador não pode ter querido, tendo em conta o comando contido na norma do art.° 9.° n.° 3 do Código Civil.

Concomitantemente, no recentíssimo Acórdão do STA de 31.05.06, tirado no Recurso n.° 156/06, *sob os descritores Prescrição da obrigação tributária – Interrupção – Suspensão Código do Processo Tributário – Lei Geral Tributária, doutrinou-se:*

1 – À sucessão de prazos de prescrição da obrigação tributária – artigos 34.° do Código de Processo Tributário e 48.° da Lei Geral Tributária – aplica-se o disposto no artigo 297.° do Código Civil.

2 – Nos termos daquelas primeiras disposições legais, os factores interruptivos da prescrição inutilizam todo o tempo anteriormente decorrido.

3 – Todavia, tal efeito interruptivo degenera-se em mera suspensão, reatando-se o curso do prazo de prescrição, se o processo estiver parado, por facto não imputável ao contribuinte, durante mais de um ano.

4 – Em tal hipótese, para cômputo do prazo prescricional, soma-se o tempo que decorreu após aquele ano, ao que tiver decorrido desde o início de tal prazo até à data da autuação do processo ou procedimento respectivo.

5 – Tal é a consequência da cessação do efeito interruptivo, reconduzindo-se a situação a uma suspensão e reatamento do curso da prescrição.

Desta forma, por todo o exposto e sem necessidade de mais considerações, ao abrigo do já citado art.° 34.° do CPT., há que declarar a obrigação tributária em causa prescrita, com todas as consequências legais, *maxime* a procedência da oposição e a prejudicialidade do conhecimento do outro fundamento do recurso.

3. DECISÃO

Face ao exposto, os juízes da Secção do Contencioso Tributário deste Tribunal Central Administrativo acordam, em conferência em conceder provimento ao recurso, revogar a sentença recorrida e, julgando a oposição procedente, declarar a extinção da execução movida à oponente.

Sem custas.

Lisboa, 20 de Março de 2007.

Gomes Correia
Eugénio Sequeira
Ascensão Lopes

Recurso n.° 1503/06

RECURSO DO ART.° 89.°-A DA LGT E ART.° 146.°-B DO CPPT. PRESSUPOSTOS DA AVALIAÇÃO INDIRECTA EM CASOS DE MANIFESTAÇÕES DE FORTUNA. FALTA DE FUNDAMENTAÇÃO. NOTIFICAÇÃO SEM A FUNDAMENTAÇÃO.

(Acórdão de 20 de Março de 2007)

SUMÁRIO:

I – Em termos gerais e como decorre do disposto no n.° 2 do art.° 87.° da LGT, procede-se à avaliação indirecta nas situações em que não existem elementos fiáveis e suficientes para demonstrar exactamente o valor dos rendimentos ou bens sujeitos a tributação e, por essa razão, a sua tributação é feita com base em indícios, presunções ou outros elementos de que a AT disponha, inclusivamente aqueles que poderiam ser utilizados na avaliação directa.

II – A avaliação indirecta é, de resto, excepcional, a ela apenas se procedendo quando não seja viável a determinação da matéria tributável por meio da avaliação directa, seja por falta de elementos para se operar com esta, seja por existirem razões para suspeitar que o valor a que conduz a aplicação dos métodos de avaliação directa não é a matéria tributável real – cfr. arts. 87.°, n.° 1, al. c), e 89.° da LGT).

III – Estando em causa a avaliação indirecta da matéria colectável quando falte a declaração de rendimentos e o contribuinte evidencie as manifestações de fortuna referidas na tabela constante do n.° 4, do artigo 89.°-A da Lei Geral Tributária, embora o n.° 1 deste, ao referir a falta de declaração de rendimentos não indique expressamente qual o momento a ter em conta para apreciar essa falta, tem de entender-se que a declaração está em falta quando não seja apresentada no prazo legalmente estabelecido.

IV – A apresentação da declaração, porque tardia, não põe em causa a verificação dos pressupostos de avaliação pelo método em causa no momento em que se desencadeou o procedimento administrativo. Depois de se ter concluído pela sua omissão, que constitui um facto ilícito punível com coima, na situação prevista na primeira parte do artigo 89.°-A, n.° 1, o contribuinte deixa de poder beneficiar da segunda parte da mesma disposição porque pelo seu comportamento dela se excluiu.

V – A decisão de procedimento é sempre fundamentada por meio de sucinta exposição das razões de facto e de direito que a motivaram, podendo a fundamentação consistir em mera declaração e concordância com os fundamentos de anteriores pareceres, informações ou propostas, incluindo os que integrem o relatório da fiscalização tributária (art.° 77.° n.° 1 da LGT).

VI – E a fundamentação pode ser efectuada de forma sumária, devendo sempre conter as disposições legais aplicáveis, a qualificação e quantificação dos factos tributários e as operações de apuramento da matéria tributável e do tributo (Art.° 77.° n.° 2 da LGT).

VII – Se a Recorrente entendia que a fundamentação era insuficiente em resultado da omissão de um parecer referido no acto recorrido, tinha à sua disposição os meios legais adequados para sanar tal falta, em concreto, o recurso ao artigo 37.° do CPPT e, se assim fosse necessário, o recurso ao meio judicial de intimação para passagem de certidão.

ACORDA-SE, EM CONFERÊNCIA, NA SECÇÃO DE CONTENCIOSO TRIBUTÁRIO (2.ª SECÇÃO) DO TRIBUNAL CENTRAL ADMINISTRATIVO SUL:

I – RELATÓRIO

1.1. Maria Luísa Branco Vicente, com os sinais identificadores dos autos, vem interpor recurso jurisdicional da sentença do TAF de Lisboa, que julgou improcedente o recurso que interpusera ao agasalho dos arts. 87.°, al. d) E 89.° A, da LGT, contra a fixação do rendimento tributável de IRS por métodos indirectos referente ao ano de 2002.

1.2. Em alegação, a recorrente formula conclusões que se apresentam do seguinte modo:

1. A recorrente pagou parte do preço da fracção autónoma objecto da manifestação de fortuna em 2001.

2. A recorrente pagou a segunda parte do preço da fracção autónoma objecto da manifestação de fortuna em 2002.

3. A verificada inversão do ónus da prova da veracidade dos rendimentos declarados no ano 2002, opera relativamente ao ano civil de 2002.

4. Não podendo ser ignorado o facto de apenas parte do preço do bem imóvel em causa, ter sido pago em 2002 e o remanescente em 2001.

5. Nesta senda, basta ao contribuinte demonstrar que os meios utilizados para pagar a segunda parte do preço, de forma a permitir a aquisição das manifestações de

fortuna em causa, não estavam sujeitos a declaração nesse ano (2002).

6. A recorrente fez demonstração exaustiva sobre a origem dos meios necessários à 2ª prestação do preço cumprida em 2002, para a aquisição escriturada no ano de 2002.

7. Não tendo, por conseguinte, qualquer fundamento legal o recurso pretendido à avaliação indirecta da matéria colectável, razão pela qual deverá a decisão ser revogada.

8. Ainda que assim se não entendesse no que não se concede e se admite por mera cautela de patrocínio,

9. A recorrente fez a demonstração mediante a junção/exibição de documentos, concludente e possível atentas as circunstâncias do caso concreto, que justificam a fonte dos capitais alegados, obtidos entre – 1990 e 1995, rendimentos estes a cuja declaração não estava obrigada.

10. Documentos estes, cuja veracidade não foi posta em causa, sendo certo que não está legalmente obrigada a guardar por mais de dez anos qualquer documentação com relevância fiscal – admitindo que aqueles juntos não fossem suficientes, o que não se concede.

11. Não tendo, neste sentido igualmente, qualquer fundamento legal o recurso pretendido à avaliação indirecta da matéria colectável, razão pela qual deverá a decisão ser revogada.

12. Por outro lado e sem prescindir, a falta de junção à notificação efectuada à recorrente do parecer 75/2005 do Centro de Estudos Fiscais, sobre o qual se funda a decisão recorrida para desconsiderar o valor e proveniência de rendimentos que entende que a recorrente logrou provar, equivale a falta de fundamentação da mesma, a qual é exigível nos termos do art.º 77.º da LGT.

13. Efectivamente, sem a junção de tal parecer não entende a recorrente porque razão a AF atende apenas ao valor de aquisição da manifestação de fortuna – € 99.038,32 – e não ao valor que a AF entende não justificado para essa aquisição – € 123.236.49 –, para determinação do rendimento tributável.

14. Desconhecendo os argumentos e fundamentos, para a/opção efectuada pela AF quanto a esta questão, não pode exercer o seu direito de defesa/impugnação.

15. Pelo que, a decisão em apreço é anulável.

16. Devendo em conformidade, ser anulada.

Nestes termos e nos mais de direito que V. Exa. doutamente suprirá, deve proceder, por provado, o recurso em apreço, revogando-se a decisão recorrida ou subsidiariamente, anulando-se a mesma – por falta de fundamentação, nos termos e pelas razões aduzidas –, com as legais consequências.

Houve contra-alegações em que a entidade recorrida pugna pela manutenção do julgado em 1ª instância nos termos das seguintes conclusões:

1. Qualquer interpretação das normas em causa minimamente referenciada na letra da lei terá forçosamente que repudiar a tese da repartição do valor de aquisição, separando o valor pago a título de sinal do remanescente do preço pago no momento da celebração da escritura de compra e venda.

2. Não trazendo o artigo 89.º-A um sentido especial para a expressão "valor de aquisição", esta terá que ser entendida com os contornos o que tem no ordenamento tributário em geral e no da tributação do rendimento (IRS) em particular.

3. Ora, não se pode prescindir do sentido que a expressão tem no Código do IRS (que é, afinal, o imposto está em causa no acto recorrido), onde o artigo 46.º, n.º 1 atesta que o valor de aquisição a título oneroso de bens imóveis é o que tiver servido para efeitos de liquidação da sisa.

4. Portanto, valor de aquisição é o preço pago pelo imóvel, não sendo destacável deste o valor identificado como sinal e entregue ao vendedor ao tempo da celebração do contrato promessa.

5. Quer no procedimento administrativo, quer no recurso judicial, a Recorrente não apresentou quaisquer documentos que atestem a venda de peças de arte pré-colombiana realizada entre os anos de 1990 e 1995 e o encaixe de €274.338,84.

6. Tudo o que foi exibido foram fotografias, certificados de autenticidade e cartas relativas a contactos estabelecidos sobre as referidas peças.

7. Portanto, subsistem as razões para considerar tais factos como não provados.

8. Um vez que a alegada venda de peças de arte pré-colombiana ocorreu entre 1990 e 1995, portanto, 7 a 12 anos antes do acto de aquisição que fez deflagrar o procedimento de avaliação indirecta previsto no artigo 89.º A da LGT, mesmo que tivessem sido provadas a venda das referidas peças de arte e os preços respectivos, seria ainda indispensável provar que o encaixe assim obtido permaneceu no património da Recorrente até 2002 e que foi afecto à aquisição do imóvel ocorrida então ocorrida.

9. Também essa prova não foi feita pela recorrente, conforme lhe cabia nos termos do disposto no n.º 3 do artigo 89.º-A.

10. Por isso, não podem ser considerados provados nem a venda das peças de arte nem o encaixe financeiro que a Recorrente diz ter obtido por essa via.

11. O parecer do Centro de Estudos Fiscais referido na fundamentação do acto recorrido não foi dado no procedimento de avaliação instaurado à recorrente.

12. O parecer sustenta a tese de que o n.º 4 do artigo 89.º A da LGT faz coincidir o rendimento tributável com o rendimento padrão apurado nos termos da tabela, a menos que existam indícios fundados que permitam à administração tributária fixar rendimento superior.

13. Ora tal interpretação consta expressamente da fundamentação do acto recorrido, sendo, portanto, possível à recorrente apreender o percurso interpretativo que está subjacente ao acto, conforme atesta o argumentário apresentado pela recorrente no recurso judicial desse acto.

Nestes termos e nos mais de direito que V.Exas. doutamente suprirão, deve ser negado provimento ao presente recurso jurisdicional e mantida a sentença recorrida.

O EPGA pronunciou-se no sentido de que o recurso não merece provimento em parecer do seguinte teor:

"3 – Na minha perspectiva, a sentença recorrida não merece censura, dado haver feito correcta interpretação e aplicação da lei à factualidade apurada.

Com interesse para a solução da questão importa recordar os seguintes factos provados:

– Em 08/02/02, a recorrente adquiriu, por €399 038,32, uma fracção autónoma sita na freguesia de Santa Maria dos Olivais, tendo omitido tal facto na sua declaração de rendimentos;

– A sisa liquidada relativamente à aquisição da dita fracção foi calculada com base no valor de aquisição do imóvel de €399 038,32;

– Em 10/07/01, a recorrente celebrou o contrato promessa de compra e venda relativo àquela fracção, tendo entregue ao promitente vendedor, a título de sinal, o montante de €174 579,26;

– O valor declarado pela recorrente, para efeitos de IRS no ano de 2002, foi de €22 299,33.

A questão central deste recurso é a de saber se a sentença recorrida fez ou não correcta interpretação do disposto nos n.os 3 e 4 do artigo 89.º-A da LGT.

Vejamos:

Nos termos do n.º 1 do artigo 89.º-A da LGT, aditado pela Lei n.º 30-G/2000, de 29 de Dezembro, "Há lugar a avaliação indirecta da matéria colectável quando falte a declaração de rendimentos e o contribuinte evidencie as manifestações de fortuna constantes da tabela prevista no n.º 4 ou quando declare rendimentos que mostrem uma desproporção superior a 50%, para menos, em relação ao rendimento padrão resultante da referida tabela".

Este normativo foi aditado à LGT no âmbito de uma reforma cujo objectivo era a luta contra a fraude e a evasão fiscais.

Constatada a existência de uma situação enquadrável no n.º 1 deste artigo, como in casu, deixa de valer a presunção de veracidade da declaração do contribuinte e passará a ser sobre ele que recai o ónus de provar que os rendimentos declarados correspondem à realidade e que a fonte dos rendimentos necessários para assegurar as manifestações de fortuna evidenciadas não é a obtenção de rendimentos sujeitos a tributação em IRS (n.º 3 do artigo 89.º-A).

E, nos termos do disposto no n.º 4 do artigo 89.º-A da LGT, se o sujeito passivo não fizer a prova acima referida, considera-se como rendimento tributável em sede de IRS, categoria G (incrementos patrimoniais), o rendimento padrão apurado nos termos daquele preceito legal (para as aquisições de imóveis de valor superiora €250 000,00, o rendimento padrão é de 20% do valor da aquisição), a menos que existam indícios fundados, de acordo com os critérios previstos no artigo 90.º da LGT, que permitam à AT fixar rendimento superior.

Nessa conformidade, a administração tributária notificou o contribuinte de que contra si corria um projecto de decisão de aplicação de métodos indirectos para determinação do rendimento sujeito a IRS.

E como no decurso do procedimento o contribuinte não fez prova suficiente e total do valor de aquisição do imóvel, procedeu-se à fixação da matéria colectável no montante de €79 807, 66.

A primeira questão a decidir é a de saber o que se deve entender por "valor de aquisição" para efeitos do disposto na tabela do n.º 4 do artigo 89.º-A da LGT, porquanto, no entender da recorrente, esse valor deve ser apenas o correspondente à diferença entre o valor pago, a título de sinal, em 2001, no montante de €174 579,26, e o valor do custo da fracção em dívida em 2002.

De acordo com o decido no Ac. do STA de 07/12//2004, Processo 01248, "em sentido literal o valor de aquisição é o que for pago pelo comprador ao vendedor". Mas será esse o entendimento a dar à expressão para efeitos da tabela inserta no artigo 89.º-A da LGT? No caso vertente está em causa a tributação em IRS. Por isso, vejamos o que consta das normas do respectivo código referentes a situações diferentes mas que poderão ajudar na interpretação do sentido da expressão em causa. No artigo 46.º n.º 1 do CIRS, cuja epígrafe é "Valor de aquisição a título oneroso de bens imóveis", consigna-se, para efeitos de mais-valias, que "se o bem imóvel houver sido adquirido a título oneroso, considera-se valor de aquisição o que tiver servido para efeitos de liquidação da sisa".

Assim, tal como se decidiu, e bem, na douta sentença recorrida, é este o valor que tem que se tomar em consideração como valor de aquisição do imóvel, ou seja, o valor de €399 083,32 e não outro qualquer.

Quanto ao facto de a sentença não ter considerado o encaixe proporcionado pela venda de arte pré-colombiana entre 1990 e 1995, no montante de €274 338,84, e, consequentemente a sua aplicação na aquisição do imóvel apontado, a recorrente não tem razão.

Com efeito, a recorrente não fez prova nem da venda, nem do preço, nem, muito menos, de que tivesse aplicado na aquisição da casa o valor eventualmente realizado na venda das obras de arte, o que até nem seria difícil, bastando para tal juntar quer os recibos da venda quer os extractos bancários do depósito do montante recebido e os da mobilização desses capitais na aquisição da casa.

Ora, a recorrente nada disso fez.

Pelo contrário, apenas justificou o montante de €275 801.82, faltando justificar o valor de €123236,49.

Assim, a recorrente não demonstrou que, nos anos de 2001 (ano em que celebrou o contrato promessa de compra e venda e entregou ao promitente vendedor, a título de sinal, o montante de €174 579,26) e 2002 (ano em que adquiriu, por € E 399 038,32, a referida uma fracção autónoma) mobilizou capitais que detinha de montante suficiente para efectuar a aquisição em causa, não tendo, assim, ilidido a presunção de evasão fiscal relativamente aos rendimentos declarados em 2002.

Quanto à falta de fundamentação de que o valor a tomar em conta para efeitos de avaliação indirecta é o valor da aquisição do imóvel e não outro inferior, a recorrente carece igualmente de razão.

No seu entender, a decisão da AT remete para um Parecer do Centro de Estudos Fiscais o qual não lhe foi facultado.

Porém, ao contrário do alegado pela recorrente, o despacho sob recurso encontra-se suficientemente fundamentado.

Com efeito, o direito à fundamentação, com relação aos actos que afectem direitos ou interesses legalmente protegidos, constitui, hoje, princípio constitucional (artigo 268.º, n.º 3 da CRP).

"A fundamentação há-de ser expressa, através duma exposição sucinta dos fundamentos de facto e de direito da decisão; clara, permitindo que, através dos seus termos, se apreendam com precisão os factos e o direito com base nos quais se decide; suficiente, possibilitando ao administrado ou contribuinte um conhecimento concreto da motivação do acto, ou seja, as razões de facto e de direito que determinaram o órgão ou agente a actuar como actuou, e congruente, de modo que a decisão constitua conclusão lógica e necessária dos motivos invocados como sua justificação, envolvendo entre eles um juízo de adequação, não podendo existir contradição entre os fundamentos e a decisão. Podendo consistir em mera declaração de concordância com os fundamentos de anterior parecer, informação ou proposta, que, neste caso, constituirão parte integrante do respectivo acto (fundamentação por adesão; ou remissão). Pelo que, em tal caso, o despacho integra nele próprio o parecer, informação ou proposta que, assim, em termos de legalidade, terão de satisfazer os mesmos requisitos da fundamentação autónoma.

Por outro lado, é equivalente à falta de fundamentação, a adopção de fundamentos que, por obscuridade, contradição ou insuficiência, não esclareça concretamente a motivação do acto.

O que tudo constitui jurisprudência e doutrina correntes (cf. Acórdão STA, de 06.11.96, in Ciência e Técnica Fiscal, 385/338).

Ora, o despacho em causa encontra-se devidamente fundamentado, conforme se extrai do respectivo conteúdo.

E tanto assim que a recorrente demonstrou ter compreendido perfeitamente as razões que levaram à sua prolação.

E, se assim não fosse, certamente não teria deixado de fazer uso da faculdade que o artigo 37.° do CPPT lhe concede.

Ora, a jurisprudência vai no sentido de que "não é insuficiente a fundamentação do acto administrativo cujo iter lógico dá a saber a um destinatário normal o necessário para que opte conscientemente pela aceitação da legalidade do acto ou pelo contencioso do mesmo" (Ac. do STA de 23.04.97, Recurso 20 168, No mesmo sentido, cf. Ac. do TT de 2ª Instância, de 10.03.92, P. 60 860, in CTF. 367/121 e Ac. do STA de 11.11.98, 2ª Secção – Pleno, Recurso 20 168).

Assim sendo, não se verifica o invocado vício de forma, por deficiente fundamentação.

4 – Em conclusão, entendendo que sentença recorrida não merece qualquer censura, emito parecer no sentido de ser negado provimento ao recurso, mantendo-se a sentença recorrida nos seus precisos termos."

Os autos vêm à conferência com dispensa de vistos.

2 – FUNDAMENTAÇÃO

2.1. DOS FACTOS

O Tribunal «a quo» deu como assentes as seguintes realidades e ocorrências com base nos elementos constantes dos autos, e com relevância para a apreciação da presente impugnação:

1 – Os serviços de inspecção tributária da DGI, no âmbito da ordem de serviço OI200600075, procederam à averiguação da situação patrimonial da ora Recorrente, ao abrigo do disposto no artigo 89.°-A, da LGT, em resultado da circunstância de a mesma ter adquirido, em 2002, a fracção autónoma designada pelas letras BO, do prédio urbano sito na Freguesia de Santa Maria dos Olivais, concelho de Lisboa, inscrito na matriz predial urbana sob o artigo 4025, pelo valor de €399.038,32 (cfr. informação relativa ao âmbito da acção constante do relatório de inspecção junto a fls. 2 a 12 do PA, cujo teor se dá por reproduzido);

2 – No âmbito do referido procedimento de inspecção, o Director – Geral dos Impostos, através do seu substituto legal, em 1 8/05/06, proferiu um despacho de concordância com os pareceres e informação proferidos no mesmo, no sentido de, ao abrigo do artigo 89.°-A da LGT, ser fixado à Recorrente, para o ano de 2002, o rendimento tributável de IRS de €79.807,66, a enquadrar na categoria G, por existir uma desproporção superior a 50%, para menos, em relação ao rendimento padrão apurado do sujeito passivo (cfr. fls. 2 a 12 dos autos);

3 – De acordo com a informação prestada pelos serviços de inspecção, a qual está na base da decisão ora contestada e cujo teor já se deu por reproduzido, foi entendido que:

" (...)

"No seu exercício do direito de audição, a contribuinte apenas conseguiu justificar com apresentação de prova documental válida, o valor correspondente a €275.801,82 (valor que resulta da soma dos valores referidos nos pontos 1° a 3° do parágrafo anterior), faltando justificar a soma equivalente a 123.236,49. Chegado aqui, podemos colocar a seguinte questão: para determinação do rendimento tributável neste caso concreto, deve-se atender apenas e tão só ao valor de aquisição da manifestação de fortuna (ou seja, €399.038,32) ou deve-se atender antes ao valor parcial que não foi justificado para essa aquisição (123.23,49€).

A interpretação que a Administração Fiscal faz do vertido no artigo 89.°-A da LGT é a que consta do Parecer do Centro de Estudos Fiscais n.° 75/2005, o qual foi sancionado por Despacho do Exmo. Director Geral dos Imposto de 23/08/05.

Assim sendo, a resposta à questão (...) é a seguinte: em face da letra da lei e do sistema adoptado pelo legislador, só se deve atender ao valor de aquisição da manifestação de fortuna, não havendo lugar à aplicação de qualquer outro valor inferior em sede de determinação do rendimento por manifestação de fortuna.

O n.° 4 do art. 89.°-A da LGT diz que se considera com rendimento tributável em sede de IRS o rendimento padrão apurado nos termos da tabela, quando não existam indícios fundados que permitam à Administração Tributária fixar rendimento superior. Com esta imposição, apenas se permite a fixação de rendimento superior ao rendimento padrão apurado de acordo com a tabela, e nunca inferior f...)".

4 – Ainda de acordo com a informação acima referida, pode ler-se que: "(...) São excluídos os valores mencionados no ponto 4° do parágrafo anterior (leia-se, o valor de €274.338,84, proveniente da venda de peças de arte pré-colombiana, entre o período de 1990 e 1995) porque toda a documentação apresentada em relação às peças (fotografias, certificados de autenticidade cartas com o comprador e avaliador, ele) são meros documentos particulares, cuja veracidade não se põe em causa, mas dos quais não resulta uma actividade levada a cabo pela contribuinte ora inspeccionada, ou sequer valores recebidos. A contribuinte nunca disponibilizou qualquer factura/recibo da venda das referidas peças, ou qualquer outro tipo de documento, nomeadamente, bancário (extracto, cheque ou outro), do qual se pudesse retirar a prova do rendimento obtido no montante de 274.338, 84€.

E quando questionada sobre se autorizava à Administração Tributária o acesso a informações e documentos bancários, a contribuinte respondeu afirmativamente, num primeiro momento, mas mais tarde, veio recuar nessa sua intenção (...), tornando-se impossível à Administração Tributária confirmar a veracidade daquele rendimento".

5 – Em 8/2/02, a Recorrente adquiriu, por € 399.038,32, a fracção autónoma designada pelas letras BO, do prédio urbano sito na Freguesia de Santa Maria dos Olivais,

em Lisboa, inscrito na matriz predial urbana sob o artigo 4025, conforme consta da cópia da escritura pública de compra e venda junta ao PA a fls. 21 a 25, cujo teor se dá por integralmente reproduzido para os devidos e legais efeitos;

6 – Conforme consta do termo de declaração relativo ao Imposto Municipal de Sisa, com o n.º 110/125/2002, a sisa liquidada relativamente à aquisição da fracção melhor identificada no parágrafo precedente, foi calculada com base no valor de aquisição do imóvel de €399.038,32 (cfr. fls. 13 do PA);

7 – Em 10/07/01, a recorrente celebrou o contrato promessa de compra e venda relativo à fracção melhor identificada no ponto precedente, tendo entregue ao promitente vendedor, a título de sinal, o montante de € 174.579,26, conforme consta da cópia do referido contrato-promessa, junta a fls. 89 a 97 dos autos;

8 – Conforme afirma a Recorrente e consta do relatório dos serviços de inspecção, no ano de 2002, a Recorrente declarou, em sede de TRS, rendimentos no montante de €22.399,33;

9 – Conforme afirma a Recorrente, consta do relatório de Inspecção e está documentado nos autos (cfr. fls. 26 a 29 do PA) a Recorrente, no ano de 2002, celebrou, com o BNC, um contrato de mútuo com hipoteca, no montante de €125.000,00, em simultâneo com a aquisição do imóvel a que se aludiu no ponto 4 do probatório;

10 – Em 29/11/01, a Recorrente vendeu, por €94.771,60, a fracção autónoma designada pela letra Q do prédio urbano sito na Freguesia do Lumiar, inscrito na Sétima Conservatória do Registo Predial de Lisboa, sob o número 423, correspondendo este valor ao montante do valor de realização que a Recorrente declarou pretender reinvestir, de acordo com o anexo G da correspondente declaração anual de IRS (cfr. cópia da escritura de fls. 31 a 33 e, bem assim, fls. 67 do PA);

11 – Conforme resulta de fls. 37 a 46 do PA, a Recorrente obteve rendimentos resultantes dos resgates de unidades de participação no Fundo Totta Tesouraria, efectuados em 10/07/01, 12/07/01 e 16/07/01, com as referências F1511-00054,DP 140-00129, FI511-00055, FI511-00056 e FI5511-00064, nos montante de, respectivamente, €6266,00, €62,59, 1 258,36, €4.467,61 e de €13.698,27 e, bem assim, da venda de títulos efectuada em bolsa em 11/07/01, relativamente a acções da PT, da EDP e da Sonae.com, nos valores, respectivamente, de €4.028,86, €8.064,83 e de €17,81, o que totaliza a importância de €37.864.33 (esta importância, como resultado somatório das parcelas mencionadas, mencionada como correspondendo a €56.030,22, o que será, certamente, um lapso);

12 – Em 26/11/04, a ora Recorrente elaborou um documento, dirigido ao Director de Finanças de Lisboa, nos termos do qual manifestou a intenção de revogar "expressamente a autorização concedida anteriormente para consulta das minhas contas bancárias" (cfr. fls. 55 e 56 do PA);

13 – Em 17/06/06, a Recorrente dirigiu, à Directora do Centro de Estudos Fiscais, um requerimento solicitando uma cópia do parecer daquele centro de estudos a que fazia referência a decisão ora em apreciação (cfr. fls. 113 dos autos).

Factos não provados

I – Embora alegado pela Recorrente, não ficou provado que, entre os anos de 1990 e 1995, a Recorrente vendeu peças de arte pré-colombiana tendo daí resultado um encaixe de €274.338,84.

Efectivamente, a Recorrente o que juntou aos autos foram diversas cópias de fotografias de exemplares de arte pré-colombiana, cópias de certificados de autenticidade das referidas peças, emitidos em 1990, em Bruxelas (cfr. fls. 47 a 53 do PA) e, bem assim, cópia de correspondência trocada entre a Recorrente e Pascal Opreet, pessoa alegadamente interessada na compra das mesmas peças (cfr. fls. 109 a 113 dos autos). Com efeito, o que tais documento demonstram é, tão apenas, o que deles consta, ou seja, a certificação de autenticidade das peças e a existência de alguém interessado na aquisição das mesmas mas não, como pretende a Recorrente, a sua efectiva venda pelo valor de € 274.338,84.

**

Nada mais se provou com interesse para a presente decisão.

A decisão da matéria de facto efectuou-se com base no exame das informações e dos documentos, não impugnados que dos autos constam, tudo conforme o referido a cada uma das alíneas do probatório.

2.2. DO DIREITO:

Atenta a factualidade apurada e aquelas conclusões que delimitam o objecto do recurso, são as seguintes as questões a apreciar no presente recurso:

a) Se a sentença recorrida fez ou não correcta interpretação do disposto nos n.ºs 3 e 4 do artigo 89.º-A da LGT.

b) Se há falta de fundamentação de que o valor a tomar em conta para efeitos de avaliação indirecta é o valor da aquisição do imóvel e não outro inferior.

Na sentença recorrida julgou-se improcedente, por não provado, o recurso interposto por Maria Luísa Branco Vicente, mantendo-se nos seus exactos termos em que foi proferida a decisão objecto do presente recurso, a qual lhe fixou, para o ano de 2002, o rendimento tributável, enquadrável na categoria G do IRS, em €79.807,66, com recurso a avaliação indirecta, com base na seguinte fundamentação abrangendo as questões ou fundamentos de recurso acima identificados:

"Vejamos, então, o direito, tendo em conta os factos assentes no probatório.

Em síntese, são os seguintes os aspectos reflectidos na decisão contestada que a Recorrente pretende ver apreciados neste recurso: ter a AT ignorado o facto de a Recorrente, em 2001, ter entregue, aquando da celebração do contrato-promessa, a quantia de €174.579,26, a título de sinal; ter a AT ignorado o produto da venda de peças de arte pré-colombiana, entre os anos de 1990 e 1995 e, bem assim, a circunstância de não lhe ter sido facultado um parecer do Centro de Estudos Fiscais a que faz referência a decisão contestada, o que, quanto a este último aspecto, redundaria em falta de fundamentação.

É, pois, respeitando esta ordem que o Tribunal passará a analisar o presente recurso.

Assim, e quanto ao facto de a AT ter ignorado a circunstância de a Recorrente, em 2001, ter entregue, aquando da celebração do contrato-promessa, a quantia de €174.579,26, a título de sinal, dir-se-á, desde já, que a razão está do lado da AT.

Efectivamente, o que aqui está em causa é uma divergência entre o conceito de valor de aquisição a que alude o artigo 89.º-A da LGT, no que aos imóveis concerne.

Entende a Recorrente que este valor de aquisição tem que ser lido, no caso concreto, com referência ao ano de 2002 e àquilo que efectivamente a Recorrente desembolsou, nesse ano, com a compra da fracção relevadora da m manifestação da fortuna, ou seja, do seu ponto de vista, este valor tem que ser subtraído do montante pago, a título de sinal (€174.579,26), em 2001, aquando da celebração do contrato-promessa que antecedeu o contrato de compra e venda prometido.

Não assiste qualquer razão à Recorrente e vejamos porquê.

O artigo 89.°-A da LGT, na parte aqui relevante, preconiza a avaliação indirecta da matéria colectável quando sejam declarados rendimentos que mostrem uma desproporção superior a 50%, para menos, em relação ao rendimento padrão constante da tabela nele contida. Nessa tabela considera-se rendimento padrão, no caso de imóveis de valor de aquisição igual ou superior a 50.000 contos (correspondentes a 249.398,95€), 20% do valor de aquisição. Neste artigo não se indica como se deve interpretar a expressão "valor de aquisição" e daí resulta a divergência de entendimentos questionada nos autos. A questão é especialmente relevante porque, se se entendesse que o valor de aquisição é o valor efectivamente pago em 2002, subtraído do valor do sinal pago no ano anterior, não existiria a desproporção que justificou a avaliação indirecta nos termos deste artigo.

Ora, prescreve o artigo 11.° n.° 1 da LGT que "Na determinação do sentido das normas fiscais e na qualificação dos factos a que as mesmas se aplicam, são observadas as regras e princípios gerais de interpretação e aplicação das leis". E o artigo 9.° do C. Civil prescreve que a interpretação não deve cingir-se à letra da lei mas reconstituir a partir dos textos o pensamento legislativo, tendo em conta a unidade do sistema jurídico, as circunstâncias em que foi elaborada e as condições temporais de aplicação (n.° 1), salvaguardando, porém, não poder ser considerado pelo intérprete um pensamento legislativo que não tenha na letra da lei um mínimo de correspondência verbal, ainda que imperfeitamente expresso (n.° 2). Face a estes princípios gerais de interpretação vejamos agora que entendimento dar à norma em causa relativamente ao conceito de "valor de aquisição".

Que em sentido literal o valor de aquisição é o que for pago pelo comprador ao vendedor parece não oferecer dúvidas. Mas será esse o entendimento a dar à expressão para efeitos da tabela inserta no artigo 89.°-A da LGT quando, como no caso, uma parte do preço foi paga, a título de sinal, no ano anterior ao da aquisição?

No caso vertente está em causa a tributação em IRS. Por isso, vejamos o que consta das normas do respectivo código referentes a situação diferente mas que poderá ajudar na interpretação do sentido da expressão em causa. No artigo 46.° n.° 1 do CIRS, cuja epígrafe é Valor de aquisição a título oneroso de bens imóveis, consigna-se, para efeitos de mais-valias, que "se o bem imóvel houver sido adquirido a título oneroso, considera-se valor de aquisição o que tiver servido para efeitos de liquidação da sisa".

Ora, é este valor, e não pode deixar de assim ser, que tem que se tomar em consideração para os efeitos aqui em apreciação, isto é, o valor que serviu de base à liquidação da sisa, o valor de aquisição do imóvel, no caso de €399.038,32, como resulta do probatório.

Com efeito, a letra da lei e o espírito do sistema não permitem uma outra interpretação, sob pena, aliás, de, caso procedesse a tese da Recorrente, poder ficar absolutamente vazio o alcance da norma do artigo 89.°-A da LGT que, em resultado de escalonamentos planeados do pagamento do valor final do imóvel (repartindo-o de modo a coincidir com diversos anos) proporcionaria que os sujeitos passivos se furtassem sempre à aplicação daquele dispositivo legal.

Afigura-se-nos, pelo que ficou dito, que a interpretação pretendida pela Recorrente não tem, in casu, um mínimo de correspondência na letra da lei, não podendo por isso sufragar-se tal entendimento, donde se conclui que nada há a apontar à AT quando, para os efeitos aqui em apreciação, tomou como valor de aquisição do imóvel, objecto de manifestação de fortuna, o montante de € 399.038,32, ou seja, o valor de aquisição considerado, igualmente, para efeitos de sisa.

Vejamos, agora, o outro aspecto apontado pela Recorrente à decisão sob recurso, o qual resulta, em sua opinião, do facto de a AT não ter tomado em consideração o encaixe proporcionado pela venda de arte pré-colombiana, entre 1990 e 1995, no montante de € 274.338,84 e, consequentemente, a sua aplicação na aquisição do imóvel apontado como manifestação de fortuna.

Quanto a este aspecto, e como se deixou referido no probatório, refere a informação que serviu de base à decisão ora contestada que a Recorrente não provou o que alegou, ou seja, que vendeu aquelas peças ou que o fez pelo valor que indicou.

Também aqui o Tribunal não pode deixar de dar razão à AT. A verdade é que, como resulta dos factos não provados, a Recorrente não fez prova deste facto, nem no âmbito do procedimento inspectivo, nem no presente recurso.

Quanto a este aspecto, e como refere a EMMP, dir-se-á que "(...) provou que as mesmas (leia-se, as peças de arte pré-colombiana) estavam certificadas, que em Outubro de 1992 tinha comprador interessado na aquisição das mesmas, e que em Maio de 1990 as entregou a avaliador belga a fim de ser concretizada a avaliação (...).

Mas nem provou que as tivesse chegado a alienar, nem o montante respectivo.

Como não provou que o dinheiro da eventual venda tivesse sido por si mantido ao longo dos anos e utilizado em 2002 na aquisição da fracção (...)". Nem se diga, como refere a este propósito a Recorrente, que não lhe é possível apresentar documentos que evidenciem uma actividade que nunca levou a cabo, nem tão pouco facturas que evidenciem a venda de um objecto decorativo (vide artigo 28.° da p.i). O que se impunha à Recorrente era, isso sim, a demonstração da existência dos rendimentos que alega e, atento o momento em que, supostamente, a venda dos objectos de arte ocorreu, a demonstração de que os rendimentos daí resultantes foram aplicados na aquisição do imóvel em causa, em 2002. Com efeito, podia a Recorrente ter demonstrado o que alega, por exemplo, através da exibição de cheques ou de outros documentos bancários.

Assim, e face ao que fica dito, improcede também este fundamento invocado pela Recorrente.

Vejamos, agora, o último vício apontado à decisão recorrida, ou seja, o vício consistente na falta de fundamentação. Defende a Recorrente que a decisão sindicada, na parte em que afirma que o valor a tomar em conta para efeitos da avaliação indirecta em consequência da manifestação de fortuna só pode ser o valor de aquisição do imóvel e não outro inferior (qual seja o valor parcial que não foi justificado para a aquisição), não está devidamente fundamentada. Alega a Recorrente que tal decisão remete para o parecer n.° 75/2005, do Centro de Estudos Fiscais, o qual não lhe foi facultado o mesmo após o requerimento por si apresentado para o efeito.

É verdade que a decisão objecto do presente recurso faz referência ao parecer n.° 75/2005 do Centro de Estudos Fiscais, aí se esclarecendo que a interpretação que a AT faz da questão colocada é a que consta do referido parecer. Não entende, porém, o Tribunal que a mesma remeta, pura e simplesmente, para o referido parecer (na acepção prevista no n.° 1 do artigo 125.° do CPA), o qual, note-se, não foi proferido no âmbito do procedimento inspectivo relativo à Recorrente. Com efeito, nos pontos 5 e 6 do item 4 da informação que sustenta a decisão sindicada – FUNDAMENTOS PARA ENVIO DO PROCESSO PARA O EXMO. SR. DIRECTOR GERAL PARA FEITOS DE FIXAÇÃO DA AMTÉRIA COLECTÁVEL – explicitam-se as razões do entendimento sufragado pela AT.

Se é certo que a fundamentação, quanto a este aspecto, não é exaustiva, não é menos certo que ela é, ainda assim, suficiente, permitindo ao seu destinatário apreender o percurso interpretativo a ela subjacente. Note-se que na decisão objecto de recurso apela-se à letra da lei e ao sistema adoptado pelo legislador, esclarecendo-se aí que o n.° 4 do artigo 89°-A da LGT faz coincidir o rendimento tributável com o rendimento padrão apurado nos termos da tabela, a não ser que existam indícios de que tal rendimento seja superior, caso em que será assim fixado.

O Tribunal entende, face ao que fica dito, que, mesmo sem o parecer em causa, a fundamentação da decisão é, quanto a este aspecto, apreensível e, como tal, passível de, se assim fosse entendido, ser contrariada. Tal não foi feito.

Por outro lado, deve acrescentar-se que, entendendo a Recorrente, como entendeu, que a fundamentação era insuficiente em resultado da omissão do parecer referido, tinha à sua disposição os meios legais adequados para sanar tal S falta, em concreto, o recurso ao artigo 37.° do CPPT e, se assim fosse necessário, o recurso ao meio judicial de intimação para passagem de certidão. A Recorrente não lançou mão de tais meios, designadamente, não requereu à entidade decisora a fundamentação alegadamente em falta, optando, antes, por fazê-lo junto da Directora do Centro de estudos Fiscais, a qual não estava obrigada a fornecer o parecer em causa, não o tendo disponibilizado.

Assim, e também quanto a este aspecto, improcede a alegação da Recorrente, considerando o Tribunal que não se verifica *in casu* o vício de falta de fundamentação."

Aderindo, por inteiro, à fundamentação da sentença, há que confirmar esta por remissão, procedendo, muito embora e em reforço argumentativo, à dilucidação de certos aspectos focados no recurso.

Como bem se refere na sentença recorrida, está em causa a avaliação indirecta da matéria colectável quando falte a declaração de rendimentos e o contribuinte evidencie as manifestações de fortuna referidas na tabela constante do n.° 4, do artigo 89.° A da Lei Geral Tributária.

Em termos gerais e como decorre do disposto no n.° 2 do art.° 87.° da LGT, procede-se à avaliação indirecta nas situações em que não existem elementos fiáveis e suficientes para demonstrar exactamente o valor dos rendimentos ou bens sujeitos a tributação e, por essa razão, a sua tributação é feita com base em indícios, presunções ou outros elementos de que a AT disponha, inclusivamente aqueles que poderiam ser utilizados na avaliação directa.

A avaliação indirecta é, de resto, excepcional, a ela apenas se procedendo quando não seja viável a determinação da matéria tributável por meio da avaliação directa, seja por falta de elementos para se operar com esta, seja por existirem razões para suspeitar que o valor a que conduz a aplicação dos métodos de avaliação directa não é a matéria tributável real – cfr. arts. 87.°, n.° 1, al. c), e 89.° da LGT).

Ora, tal como refere o EPGA no seu douto parecer que seguidamente e com a devida vénia se acompanhará, a administração tributária notificou o contribuinte de que contra si corria um projecto de decisão de aplicação de métodos indirectos para determinação do rendimento sujeito a IRS, e foi porque no decurso do procedimento o contribuinte não fez prova suficiente e total do valor de aquisição do imóvel, que a AT procedeu à fixação da matéria colectável no montante de €79 807, 66.

Uma vez que para a recorrente, o valor de aquisição deve ser apenas o correspondente à diferença entre o valor pago, a título de sinal, em 2001, no montante de € 174 579,26, e o valor do custo da fracção em dívida em 2002, cumpre, há que fixar a definição de "valor de aquisição" para efeitos do disposto na tabela do n.° 4 do artigo 89.°-A da LGT.

Sobre essa matéria se pronunciou o Ac. do STA de 07/12/2004, Processo 01248, doutrinando que "em sentido literal o valor de aquisição é o que for pago pelo comprador ao vendedor".

Todavia, estando em causa a tabela inserta no artigo 89.°-A da LGT e porque estamos em sede de tributação em IRS, há que estabelecer aquele conceito através da interpretação das normas do respectivo código, mormente a do artigo 46.° n.° 1 do CIRS, cuja epígrafe é "Valor de aquisição a título oneroso de bens imóveis", e em que se estatui que, para efeitos de mais-valias, "se o bem imóvel houver sido adquirido a título oneroso, considera-se valor de aquisição o que tiver servido para efeitos de liquidação da sisa".

Donde que não merece qualquer censura a sentença quando considera que é esse o valor que tem que se tomar em consideração como valor de aquisição do imóvel, ou seja, o valor de €399 083,32 e não outro qualquer.

A recorrente também se insurge contra a sentença por nesta não ter sido considerado o encaixe proporcionado pela venda de arte pré-colombiana entre 1990 e 1995, no montante de €274 338,84, e, consequentemente a sua aplicação na aquisição do imóvel apontado, a recorrente não tem razão.

Mas o certo é que, como se demonstra na sentença e o EPGA também realça no seu douto parecer, a recorrente não fez prova nem da venda, nem do preço, nem, muito menos, de que tivesse aplicado na aquisição da casa o valor eventualmente realizado na venda das obras de arte, o que até nem seria difícil, bastando para tal juntar quer os recibos da venda quer os extractos bancários do depósito do montante recebido e os da mobilização desses capitais na aquisição da casa.

Assim, a recorrente apenas justificou o montante de €275 801.82, faltando justificar o valor de €123236,49, não havendo feito a demonstração de que, nos anos de 2001 (ano em que celebrou o contrato promessa de compra e venda e entregou ao promitente vendedor, a título de sinal, o montante de €174 579,26) e 2002 (ano em que adquiriu, por €399.038,32, a referida uma fracção autónoma) mobilizou capitais que detinha de montante suficiente para efectuar a aquisição em causa, não tendo, assim, ilidido a presunção de evasão fiscal relativamente aos rendimentos declarados em 2002.

**

A recorrente esgrime ainda que há falta de fundamentação de que o valor a tomar em conta para efeitos de avaliação indirecta é o valor da aquisição do imóvel e não outro inferior, e isso, antes de mais, porque a decisão da AT remete para um Parecer do Centro de Estudos Fiscais o qual não lhe foi facultado.

Os actos tributários carecem de fundamentação, que, desde logo, tem de traduzir-se numa declaração formal, externa ou explícita, ou seja, numa manifestação (declaração) exterior consubstanciada num discurso expresso pelo autor do acto num texto e que dê a conhecer ao seu destinatário, pressuposto este como um destinatário normal ou razoável colocado perante as circunstâncias concretas, a motivação funcional do acto, os motivos por que se decidiu num determinado sentido e não em qualquer outro, permitindo àquele optar conscientemente entre a aceitação da legalidade do acto ou a sua impugnação.

Fundamentar o acto tributário consiste na indicação dos factos e das normas jurídicas que o justificam, na exposição das razões de facto e/ou de direito que determinam a AF a proferir uma decisão, enfim, em deduzir expressamente a resolução tomada das premissas em que assenta, ou em exprimir os motivos por que se resolve de certa maneira, e não de outra.

Assim, o acto tributário tem de ser sustentado por um mínimo suficiente da fundamentação expressa, ainda que operada por forma massiva e sendo produto de um poder legalmente vinculado, aspectos estes que só poderão ser valorados dentro do grau de exigibilidade da declaração de fundamentação, quer porque a massividade intui maior possibilidade de entendimento dos destinatários, quer porque a vinculação dispensa a enunciação da motivação do agente que decorrerá imediatamente da mera descrição dos factos – pressupostos do acto.

E, é equivalente à falta de fundamentação, a adopção de fundamentos que, por obscuridade, contradição ou insuficiência, não esclareça concretamente a motivação do acto.

Ora, o despacho em causa encontra-se devidamente fundamentado, conforme se extrai do respectivo conteúdo.

E tanto assim que a recorrente demonstrou ter compreendido perfeitamente as razões que levaram à sua prolação.

E, se assim não fosse, certamente não teria deixado de fazer uso da faculdade que o artigo 37.° do CPPT lhe concede.

Ora, a jurisprudência vai no sentido de que "não é insuficiente a fundamentação do acto administrativo cujo iter lógico dá a saber a um destinatário normal o necessário para que opte conscientemente pela aceitação da legalidade do acto ou pelo contencioso do mesmo" (Ac. do STA de 23.04.97, Recurso 20 168, No mesmo sentido, cf. Ac. do TT de 2ª Instância, de 10.03.92, P. 60 860, in CTF. 367/121 e Ac. do STA de 11.11.98, 2ª Secção – Pleno, Recurso 20 168).

Como os autos objectivam e foi levado ao probatório, o acto recorrido faz referência ao parecer n.° 75/2005 do Centro de Estudos Fiscais, nele se assumindo expressamente que a interpretação que a AT faz da questão colocada é a que consta do referido parecer. E, como se demonstra na sentença, no acto não há uma mera remissão para o referido parecer (na acepção prevista no n.° 1 do artigo 125.° do CPA), o qual nem sequer foi proferido no âmbito do procedimento inspectivo relativo à Recorrente; é que nos pontos 5 e 6 do item 4 da informação que sustenta a decisão sindicada – FUNDAMENTOS PARA ENVIO DO PROCESSO PARA O EXMO. SR. DIRECTOR GERAL PARA FEITOS DE FIXAÇÃO DA AMTÉRIA COLECTÁVEL – explicitam-se as razões do entendimento sufragado pela AT.

Se é certo que a fundamentação, quanto a este aspecto, não é exaustiva, não é menos certo que ela é, ainda assim, suficiente, permitindo ao seu destinatário apreender o percurso interpretativo a ela subjacente. Note-se que na decisão objecto de recurso apela-se à letra da lei e ao sistema adoptado pelo legislador, esclarecendo-se aí que o n.° 4 do artigo 89.°-A da LGT faz coincidir o rendimento tributável com o rendimento padrão apurado nos termos da tabela, a não ser que existam indícios de que tal rendimento seja superior, caso em que será assim fixado.

O Tribunal entende, face ao que fica dito, que, mesmo sem o parecer em causa, a fundamentação da decisão é, quanto a este aspecto, apreensível e, como tal, passível de, se assim fosse entendido, ser contrariada. Tal não foi feito.

Por outro lado, deve acrescentar-se que, entendendo a Recorrente, como entendeu, que a fundamentação era insuficiente em resultado da omissão do parecer referido, tinha à sua disposição os meios legais adequados para sanar tal falta, em concreto, o recurso ao artigo 37.° do CPPT e, se assim fosse necessário, o recurso ao meio judicial de intimação para passagem de certidão. A Recorrente não lançou mão de tais meios, designadamente, não requereu à entidade decisora a fundamentação alegadamente em falta, optando, antes, por fazê-lo junto da Directora do Centro de estudos Fiscais, a qual não estava obrigada a fornecer o parecer em causa, não o tendo disponibilizado.

Assim sendo, não se verifica o invocado vício de forma, por deficiente fundamentação pois estando expressamente referidos no acto os elementos indispensáveis à formação de um correcto juízo de valor, não se omitindo os fundamentos que, de acordo com as bases legais, permitiram aferir do acerto jurídico do acto final, o mesmo está fundamentado existindo, insofismavelmente, o mesmo nexo lógico que entre as premissas de um silogismo e a sua conclusão.

3. DECISÃO

Termos em que todo o decisório e respectiva fundamentação da sentença recorrida é confirmada inteiramente e sem declaração de voto por este Tribunal, pelo que, nos termos do art.° 713.°/5, 749.° e 762.°/1 do

CPC, este se limita a negar provimento ao recurso e a remeter para os fundamentos da decisão impugnada.

Assim, se nega provimento ao recurso.

Custas pela recorrente.

Lisboa, 20 de Março de 2007.

Gomes Correia
Eugénio Sequeira
Ascensão Lopes

Recurso n.º 1678/07

REGULAMENTO DE LIQUIDAÇÃO E COBRANÇA DAS TAXAS MUNICIPAIS DA CÂMARA MUNICIPAL DO PORTO. INCONSTITUCIONALIDADE FORMAL. LIQUIDAÇÕES EFECTUADAS AO ABRIGO DO MESMO REGULAMENTO.

(Acórdão de 30 de Janeiro de 2007)

SUMÁRIO:

I – Julgado inconstitucional (inconstitucionalidade formal) o Regulamento de Liquidação e Cobrança das Taxas Municipais da Câmara Municipal do Porto, padecem de ilegalidade as liquidações relativas a licenças de publicidade efectuadas com base nesse Regulamento, pelo que estas têm de ser anuladas.

II – Deste modo, ainda que tal Regulamento tenha sido rectificado de modo a ser eliminada a inconstitucionalidade, tal rectificação vale apenas para o futuro, não podendo transformar em legais, liquidações anteriores efectuadas com base em normas ofensivas da Constituição.

ACORDAM NA SECÇÃO DE CONTENCIOSO TRIBUTÁRIO DO TRIBUNAL CENTRAL ADMINISTRATIVO SUL:

1. A Câmara Municipal do Porto veio recorrer da decisão do Mm.º Juiz do (então) Tribunal Tributário de 1ª Instância do Porto que julgou procedente a impugnação instaurada por "Portugal Telecom, SA" contra a liquidação da receita fiscal autárquica "Licença de Publicidade e Ocupação da Via Pública", no montante global de 9.758.825$00, apresentando, para o efeito, alegações nas quais conclui:

1ª) A presente impugnação é manifestamente extemporânea por força do art.º 102.º, n.º 2 do C.P.P.T.

2ª) A douta Sentença recorrida deu como provado que "b) a impugnante apenas teve conhecimento de tais liquidações quando foi citada no âmbito da execução fiscal instaurada pela C.M.P."

3ª) Porém, em reclamação graciosa anterior referente à licença n.º 96002904 a impugnante juntou o aviso/recibo da liquidação que consta de fls. 64 do processo de reclamação graciosa anexo.

4ª) Tal reclamação graciosa anterior foi expressamente indeferida pelo então Presidente da C.M.P., sendo que impugnante dispunha do prazo de 15 dias para impugnar a liquidação de que assim se comprova ter esta perfeito conhecimento.

5ª) Não o tendo feito, caducou há muito o seu direito de impugnação.

6ª) Por outro lado, a reclamação graciosa, que se encontra anexa aos presentes autos, não chegou a ser decidida e por isso não tinha o respectivo prazo de ser contado da notificação do seu arquivamento.

7ª) Na verdade o despacho da Senhora Directora do Departamento de Finanças, Drª Ana Teixeira, de 19.01.2001, de fls. 47 verso, teve como fundamento as anteriores informações que consideraram a reclamação graciosa indeferida tacitamente e extemporânea (fls. 64 e 64 verso da reclamação graciosa anexa).

8ª) O despacho não chegou a pronunciar-se sobre o objecto da reclamação graciosa.

9ª) Tendo por isso a reclamação graciosa dado entrada no dia 11.10.1999, o indeferimento tácito ocorreu seguramente em 11.04.2000 nos termos do art.º 57.º/1 e 5 da L.G.T. (fls. 1 do processo gracioso anexo).

10ª) Pelo que a impugnação, apresentada em Tribunal a 23.02.2002, é igualmente extemporânea quanto às restantes liquidações (art.º 102.º, n.º 2 do C.P.P.T.).

11ª) Por último, com a publicação da rectificação aos Regulamentos tidos em conta nas liquidações impugnadas, publicados no Apêndice n.º 85 do DR, II Série n.º 152 de 4/07/2002, o vício de que o acto padecia, meramente formal, terá ficado sanado ou, pelo menos, poderão considerar-se renovados todos os actos que fizeram uso dos regulamentos agora rectificados.

12ª) Por aplicação do princípio do aproveitamento dos actos entende a Recorrente que deverá a liquidação manter-se (a propósito do referido princípio, veja-se o Acórdão do Pleno da 1ª Secção do Supremo Tribunal Administrativo de 17 de Dezembro de 1997, Recurso 36.001).

Termos em que, na revogação da Sentença recorrida, V. Ex.cias farão, como sempre, inteira e merecida JUSTIÇA.

2. Contra-alegando, veio a recorrida "Portugal Telecom, SA" defender a manutenção do decidido, concluindo:

1ª) A impugnante tomou conhecimento das liquidações em causa no âmbito da carta precatória N.º 65/99, do 5° Juízo, 1ª Secção do Tribunal Tributário de 1ª Instância de Lisboa, em sede de execução fiscal.

2ª) De facto, até então nunca fora notificada para pagar ou se pronunciar sobre as aludidas taxas referentes ao ano de 1998.

3ª) E, logo que foi notificada, apresentou reclamação junto da Câmara Municipal do Porto.

4ª) Acontece que, em 31/01/01, foi notificada de que a referida reclamação merecera despacho de arquivamento por parte da Senhora Directora de Departamento Municipal de Finanças e Património, no uso de competência subdelegada.

5ª) Porque a referida comunicação foi proferida com base numa informação que não lhe foi enviada, requereu que lhe fosse remetida a informação em que se fundamentou tal despacho de arquivamento.

6.ª) Na sequência, por carta registada com AR, remetida em 24/02/01, foram-lhe enviados os documentos n.os 6 e 7 da p.i., como sendo os documentos que fundamentaram o dito despacho de arquivamento.

7.ª) Ora, a notificação de que o processo foi arquivado destinava-se a induzir em erro a impugnante.

8.ª) De facto, arquivar significa arrumar em arquivo, o que poderia ser confundido com o arquivamento da liquidação em si, ou por outras palavras, com o deferimento da reclamação.

9.ª) A reclamação apresentada pela impugnante junto da Câmara Municipal do Porto é tempestiva.

10.ª) O despacho de "arquivamento" do processo que sobre a mesma recaiu consubstancia um acto nulo e como tal deve ser declarado com todas as consequências legais.

11.ª) Ainda que se entenda que os sujeitos passivos das taxas são os requerentes da licença, a impugnante não reveste essa natureza pois não requereu qualquer licença do que está por lei dispensada;

Termos em que o presente recurso deve ser indeferido, mantendo-se a sentença que julgou procedente a presente impugnação e anulou os actos de liquidação impugnados.

Assim decidindo se fará a costumada JUSTIÇA.

3. O M.ºP.º emitiu parecer no sentido da improcedência do recurso (v. fls.243/244).

4. Com interesse para a decisão foram dados como provados em 1.ª instância os seguintes factos:

a) A CMP liquidou à impugnante a quantia de 9.758.825$00 respeitante a taxas relativas às seguintes licenças anuais renováveis: Licença n.º 95038451 – rampa fixa de acesso no montante de 5.260$00; Licença n.º 96002904 -cabines e postos telefónicos, no valor de 363.670$00; Licença n.º 96002911 – publicidade em viaturas, no valor de 887.250$00; Licença n.º 98000799 – cabines e postos telefónicos, no valor de 7.858.820$0 e publicidade no valor de 643.825$00.

b) A impugnante apenas teve conhecimento de tais liquidações quando foi citada no âmbito de execução fiscal instaurada pela CMP.

c) A impugnante apresentou reclamação perante a CMP das ditas liquidações a qual veio a ser arquivada por despacho notificado à impugnante em 31 de Janeiro de 2001.

d) A impugnante solicitou a fundamentação do dito despacho de arquivamento, a qual foi recebida em 24 de Fevereiro de 2001.

e) As taxas referidas na alínea a) foram liquidadas ao abrigo do Regulamento de Liquidação e Cobrança das Taxas Municipais da Câmara Municipal do Porto aprovado na reunião da Assembleia Municipal, de 27 de Julho de 1994 e cujo teor consta de fls. 140 a 147 e aqui se dá por reproduzido e da Tabela de Taxas e Licenças publicada no Diário da República n.º 61, II Série, suplemento, de 12 de Março de 1996.

f) No aviso que antecede a publicação do Regulamento da Tabela de Taxas e Licenças para 1996 lê-se: "Em cumprimento do estipulado no n.º 3 do art.º 68.º-A do Dec. Lei 445/91, de 20-11, na redacção dada pelo Dec. Lei 250/94, de 15-10, publica-se o regulamento da Tabela de Taxas e Licenças para o ano de 19986, aprovado em reunião camarária de 12-12-95, previamente submetido à apreciação pública nos termos do art. 118.º do Código do Procedimento Administrativo e aprovado em reunião da Assembleia Municipal em 16-1-96".

g) A presente impugnação foi deduzida em 23 de Fevereiro de 2002 (deveria querer referir-se 2001, atento o carimbo de entrada a fls. 2).

5. De acordo com as conclusões das alegações, são as seguintes as questões a apreciar no presente recurso:

a) Intempestividade da impugnação relativamente à licença n.º 96002904 (conclusões 1.ª a 5.ª);

b) Intempestividade da impugnação na parte referente às restantes licenças (conclusões 6.ª a 10.ª);

c) Sanação do vício formal de que padeciam os Regulamentos com a consequente renovação de todos os actos que fizeram uso dos Regula-mentos rectificados.

5.1. A recorrente CMP veio, nas suas alegações de fls. 230 e segs. (conclusões 1.ª a 5.ª), suscitar a questão da intempestividade da impugnação relativamente à licença n.º 96002904, no valor de 363.670$00.

E referiu que, ao contrário do fixado na sentença, consta de fls. 60 e segs. do apenso que a impugnante havia já deduzido reclamação graciosa em 10.07.1998 que foi indeferida ainda em 1998 (v. despacho ao cimo de fls. 60 do apenso).

Por outro lado, a essa reclamação a impugnante juntou cópia da respectiva liquidação (v. fls. 64).

Assim sendo, e não tendo sido apresentada impugnação no prazo referido no art.º 102.º, n.º 2 do CPPT, a impugnação agora deduzida na parte referente a esta liquidação é extemporânea.

Será que tem razão?

Em face dos documentos juntos ao processo apenso é evidente que a impugnante teve conhecimento da liquidação referente a esta licença, antes da instauração da execução, tendo junto, aliás, cópia da mesma à reclamação graciosa contra ela deduzida em 10.07.98 (v. fls. 60/64 do apenso).

Por outro lado, consta de fls. 60 já referida que a reclamação graciosa foi expressamente indeferida ainda em 1998 (a data é ilegível mas percebe-se perfeitamente o ano).

Deste modo, as alíneas b) e c) do probatório fixado na sentença quanto têm de ser alteradas, o que se faz nos seguintes termos:

b) A impugnante apenas teve conhecimento das liquidações quando foi citada no âmbito de execução fiscal instaurada pela CMP, à excepção da referente à licença n.º 96002904, no valor de 363.670$00 (certidão de dívida n.º 42), a qual era do seu conhecimento já em 1998, tendo mesmo chegado a deduzir reclamação graciosa contra a sua liquidação que foi expressamente indeferida em 1998 (v. fls. 60/64 do apenso).

c) A impugnante apresentou reclamação perante a CMP das ditas liquidações em 11.10.1999 (incluindo a referida expressamente na alínea anterior) a qual veio a ser arquivada por despacho notificado à impugnante em 31 de Janeiro de 2001 (v. fls. 1/6 e 43/47 do apenso).

Assim, em face dos factos agora corrigidos e atento o disposto no art.º 123.º, n.º 2 do CPT, então em vigor, a impugnante deveria ter deduzido impugnação no prazo de oito dias após a notificação do indeferimento da reclamação graciosa.

Tendo a impugnação sido apresentada apenas em 23.02.2001 (v. carimbo de entrada de fls. 2) é manifestamente extemporânea, não aproveitando à impugnante, para efeitos de dedução da impugnação, a dedução da reclamação apresentada em 11.10.1999.

5.2. Suscitou ainda a recorrente a intempestividade da impugnação na parte referente às outras liquidações (conclusões 6ª a 10ª), uma vez que não tendo a reclamação graciosa chegado a ser decidida, mas sim arquivada, o prazo para impugnação não poderia contar-se da notificação do despacho de arquivamento, antes devendo considerar-se, na ausência de decisão, a formação do acto de indeferimento tácito. E, o referido prazo deveria contar-se a partir da formação deste acto. Ora, à data da apresentação da impugnação tal prazo havia já decorrido.

Será que esta argumentação merece acolhimento?

Parece-nos que não.

Na verdade, deduzida uma reclamação graciosa, esta ou é indeferida, ou deferida, ou a entidade a quem compete decidir nada diz, formando-se acto de indeferimento tácito (ou deferimento tácito se a lei previr esta consequência).

No caso dos autos foi proferido um despacho de arquivamento.

Ora, tal despacho de arquivamento traduz claramente o indeferimento da pretensão da impugnante, constituindo, em nosso entender, um verdadeiro acto expresso de indeferimento.

Assim sendo, a impugnante podia deduzir impugnação no prazo legal contado a partir da notificação do indeferimento da reclamação, sendo certo ainda que, no caso dos autos, beneficiava do alargamento do prazo em virtude de ter pedido a fundamentação do acto (v. alínea d) do probatório).

Improcedem, pelo exposto, as conclusões 6ª a 10ª.

5.3. Quanto à última questão, aceitando embora a recorrente a tese da sentença quanto à inconstitucionalidade, entende que com a publicação da rectificação aos Regulamentos tidos em conta nas liquidações impugnadas, publicados no Apêndice n.º 85 do DR, II Série n.º 152 de 4/07/2002, o vício de que o acto padecia, meramente formal, terá ficado sanado ou, pelo menos, poderão considerar-se renovados todos os actos que fizeram uso dos regulamentos agora rectificados.

E, assim, por aplicação do princípio do aproveitamento dos actos entende a Recorrente que deverá a liquidação manter-se.

Na decisão recorrida, e neste particular, escreveu-se o seguinte:

"Não releva, ao contrário do que entende a CMP, a rectificação que foi feita ao dito Regulamento em momentos posteriores ao da prática dos actos impugnados, para aferir da sua conformidade com a Lei Fundamental à data em que os actos foram praticados, pois é essa que aqui se discute.

Essa declaração de inconstitucionalidade fere o acto de liquidação que se baseou em tal regulamento de invalidade, o que determina a procedência da liquidação".

Concorda-se com o que ficou escrito, já que o que releva para a liquidação é a norma vigente à data da efectivação desta. Deste modo, sendo inconstitucional a norma (Regulamento) na qual a liquidação se baseou, esta tem de considerar-se ilegal e anulada, não podendo manter-se mesmo que a inconstitucionalidade da norma tenha sido eliminada.

Assim sendo, improcedem também as conclusões 11ª e 12ª.

6. Nestes termos e pelo exposto concede-se parcial provimento ao recurso, julgando-se intempestiva a impugnação da liquidação referente à licença n.º 96002904, no valor de 363.670$00, e revogando-se a decisão recorrida nessa parte, mantendo-se a mesma decisão na parte restante.

Custas na proporção do decaimento, estando a recorrente.

Lisboa, 30 de Janeiro de 2007.

Valente Torrão
Casimiro Gonçalves
Pereira Gameiro

Recurso n.º 00894/03

REGULARIZAÇÃO DE DÍVIDAS TRIBUTÁRIAS DOS CLUBES DE FUTEBOL AO ABRIGO DO DL N.º 124/96, DE 10 DE AGOSTO. DAÇÃO EM PAGAMENTO DAS RECEITAS DAS APOSTAS MÚTUAS DESPORTIVAS A QUE OS CLUBES TINHAM DIREITO. RESPONSABILIDADE DA FEDERAÇÃO PORTUGUESA DE FUTEBOL.

(Acórdão de 16 de Janeiro de 2007)

SUMÁRIO:

I – **A regularização das dívidas tributárias dos clubes de futebol ao abrigo do DL n.º 124/96, de 10 de Agosto, através da dação em pagamento de receitas das apostas mútuas desportivas, constituiu uma "datio pro solvendo" e não uma mera "datio in solutum", pelo que tais dívidas só se extinguirão com o efectivo recebimento pelo Estado do valor total dessas dívidas.**

II – **Por essa razão, tendo o valor arrecadado sido insuficiente para o pagamento de metade da dívida global ao fisco apurada no segundo semestre de 2004, não é nulo o n.º 7 do Despacho do Sr SEAF n.º 7/98/XIII, de 4 de Março de 1998, que determinou que pela diferença entre esse valor arrecadado e a referida metade do valor da dívida, responderiam a Federação Portuguesa de Futebol e a Liga de Clubes, sendo certo que estas assinaram o auto de dação no qual se referia que o citado Despacho constituía parte integrante do auto de dação.**

III – A acção administrativa especial que tenha por objecto a impugnação de acto que não seja nulo nem inexistente, deve ser proposta no prazo de três meses (art.° 58.° do CPTA).

ACORDAM NA SECÇÃO DE CONTENCIOSO TRIBUTÁRIO DO TRIBUNAL CENTRAL ADMINISTRATIVO SUL:

1. A Federação Portuguesa de Futebol, pessoa colectiva n.° 500 110 387, com sede social na Rua Alexandre Herculano, 58 em Lisboa, veio intentar acção administrativa especial contra o Ministro das Finanças, pedindo a declaração de nulidade do Despacho n.° 7/98/XIII de 4 de Março de 1998, proferido pelo Sr.° Secretário de Estado dos Assuntos Fiscais, no segmento em que esse membro do Governo determinou que "no caso de metade do valor do arrecadado ser insuficiente para pagamento de metade da dívida global ao Fisco apurada no segundo semestre de 2004 e de 2010, a Liga e a Federação deverão proceder ao pagamento da diferença até ao valor dessas metades".

Alegou, em resumo, o seguinte:

a) O acordo celebrado entre o Estado Português (Ministério das Finanças) e os Clubes de Futebol para pagamento das suas dívidas fiscais constituem uma dação em pagamento pelo que, assinado aquele, as dívidas se extinguiram.

b) Como tal e independentemente do valor que o Estado pudesse vir a arrecadar com as receitas do Totobola as dívidas dos clubes ficaram extintas com a dação.

c) Deste modo, a Federação não pode ser responsabilizada por uma dívida extinta.

d) A ser a autora responsabilizada por essas dívidas estamos perante uma impossibilidade jurídica que determina a nulidade do respectivo acto.

e) O acto nulo não deixa de o ser pelo facto de o destinatário lhe prestar assentimento.

f) Mas, de qualquer modo, a Federação nem sequer aceitou o pagamento das referidas dívidas, agindo em representação dos clubes e, por isso, tudo se passou como se fossem eles e apenas eles a realizar o acordo.

g) Ainda assim, mesmo a entender-se que a Federação havia assumido uma dívida de terceiro, mesmo sendo este associado, este acto seria nulo e de nenhum efeito por exorbitar manifestamente dos fins para que foi criada.

h) Sendo nulo o despacho acima referido, a nulidade comunica-se a todos os actos de execução ou consequentes que o concretizaram, nomeadamente a notificação de 17.12.04 feita à Liga pelo Serviço de Finanças 2, por ordem e mandado da Comissão de Acompanhamento das Dívidas Fiscais dos Clubes de Futebol, para a Liga efectuar no prazo de 15 dias, o pagamento da quantia de 19.957.145,00€.

2. Contestando, veio o Sr.° Secretário de Estado dos Assuntos Fiscais pronunciar-se contra a pretensão da autora, concluindo a sua contestação nos seguintes termos:

a) O Despacho n.° 7/98/XIII do SEAF deve ser interpretado, na sua globalidade, com a autorização ministerial para a aceitação da dação em pagamento de forma a que a mesma seja indubitavelmente legal, designadamente por não permitir relativamente aos créditos fiscais a extinguir qualquer perdão de capital.

b) A legalidade desse Despacho foi reconhecida pelo Conselho Consultivo da PGR que se pronunciou no sentido de o mesmo não incorrer em qualquer violação da lei, na medida em que continha uma dação em função do cumprimento (datio pro solvendo) e não uma mera dação em pagamento (datio in solutum).

c) O teor do n.° 7 do mesmo despacho constitui uma das precauções tomadas para que se garanta o efectivo pagamento do crédito fiscal, não sendo nulo, nem anulável, mas indispensável à efectivação da dação.

d) É que sem tal previsão, assim como de outros cuidados tomados no sentido de garantir o cumprimento da totalidade do capital em dívida, a dação nem teria sido aceite e os clubes, a Liga e a FPF teriam arranjado outros meios para regularizar a situação.

e) Nem se compreende que a Federação não tenha tomado consciência de tal condição e reagido contra tal "ilegalidade", antes da execução do despacho, aquando do auto de aceitação da dação, ou ao longo do período do sucessivo cumprimento do seu conteúdo (durante seis anos).

f) Quer dizer, quaisquer prazos para recorrer do referido n.° 7 do Despacho, encontram-se há muito ultrapassados, sendo intempestiva a interposição de uma acção de apreciação de legalidade (já que o n.° 7 não é, notoriamente nulo).

g) A assunção de responsabilidade pela Federação, não é nula, nem em consequência da nulidade do n.° 7 do Despacho, já que este é válido, nem por qualquer outra razão.

h) O facto de a Federação ter agido, primeiro, como gestora e depois como representante dos clubes seus associados, não impedia a assunção de responsabilidade pelo pagamento do diferencial determinado na sequência da quantificação prevista no n.° 6 do Despacho n.° 7/98/XIII do SEAF.

i) A natureza jurídica da Federação não impede, mas antes justifica plenamente a assunção (forma de garantia prevista expressamente no artigo 7.° do DL n.° 124/96, de 10 de Agosto), da responsabilidade de pagar as importâncias em falta.

j) Trata-se, precisamente, de um modo adequado de alcançar a realização do interesse público na cobrança das receitas fiscais e a normalização da situação de incumprimento dos clubes devedores.

l) Ao Estado é indiferente a forma como a Federação (tal como a Liga) reunirá os meios para cumprir o que lhe é exigido – se exigirá, por sua vez, de imediato as importâncias dos clubes, agindo mais uma vez como "intermediária", ou se prefere pagar ela própria, subrogando-se nos direitos da Fazenda Pública (n.° 5 do art.° 7.° do DL n.° 124/96) – havendo precisamente exemplos de outras situações anteriores em que pelo menos a outra assuntora – a Liga – se substitui aos clubes no cumprimento das respectivas dívidas.

m) O que é certo é que o pontual cumprimento do que foi aceite por todos os subscritores do auto de dação é de interesse público (pagamento de dívidas fiscais) e colectivo (interessa a todos os clubes, devedores e não devedores) porque, em consequência do incumprimento, poderão desencadear-se, aí sim, consequências susceptíveis de por em perigo os campeonatos, por falta de competidores.

n) Também certo é que ao Estado cabe por missão inalienável cobrar as receitas fiscais legalmente devidas, não se podendo abster de agir de forma a atingir esse (superior) objectivo.

Pelo que a presente acção deve ser considerada improcedente, confirmando-se a plena validade do Despacho n.º 7/98/XIII do SEAF na sua globalidade, incluindo o respectivo n.º 7, cláusula de garantia de pagamento dos acertos a efectuar e sem o qual não teria sido autorizada a dação em pagamento das receitas do totobola a que os clubes tinham direito no período entre 1998 e 2010.

3. Colhidos os vistos legais e não havendo prova a produzir, cumpre decidir.

4. Com interesse para a decisão dão-se como provados os seguintes factos, resultantes de acordo das partes e de documentos juntos aos autos:

A) Em 31.01.97 a autora e a Liga Portuguesa de Futebol Profissional, na qualidade de gestores de negócios, aderiram, em nome dos clubes de futebol das (então designadas) I Divisão, II Divisão de Honra, 2ª Divisão, Divisão B e 3ª Divisão, ao plano de regularização de dívidas fiscais regulado no DL n.º 124/96, de 10 de Agosto (art.º 15.º da petição e doc. de fls. 75/78)

B) Nessa qualidade de gestores de negócios, a Liga e a Federação ofereceram ao Estado, para liquidação das dívidas fiscais dos referidos clubes de futebol até 31.07.96, as receitas futuras das apostas mútuas desportivas a que estes tinham direito (art.º 16.º da petição).

C) O Ministro das Finanças determinou a avaliação das receitas dessas apostas mútuas desportivas, de harmonia com o despacho de 16/09/97 que homologou a Proposta n.º 1149/97 do SEAF que constitui o doc. de fls. 73/74 e cujo teor se dá por integralmente reproduzido.

D) Na sequência desse despacho, foi nomeada em 28/10/97 uma Comissão Técnica para avaliar as receitas oferecidas em pagamento das dívidas fiscais, que avaliou as receitas das apostas mútuas desportivas entre um valor mínimo de 8,2 e o máximo de 13,1 milhões de contos, com um valor médio de 10.920.000 contos para um período de 12 anos e meio (de 01/07/1998 a 31/12//2010), período de tempo esse equivalente às 150 prestações mensais permitidas pelo n.º 1 do art.º 5.º do DL n.º 124/96 (arts. 21.º a 23.º da petição e doc.s de fls. 121 e segs., em especial o mapa de fls. 133).

E) A Administração Fiscal avaliou em 11.367.198 contos as dívidas fiscais dos referidos clubes de futebol até 31.07.96, para efeitos da regularização ao abrigo do Dec. Lei n.º 124/96 (art.º 24.º da petição e Despacho n.º 7/98/XIII – pág. 76).

F) Na sequência dos procedimentos de avaliação atrás referidos, em 4 de Março de 1998, o Secretário de Estado dos Assuntos Fiscais proferiu, no âmbito do DL n.º 124/96, o Despacho n.º 7/98/XIII com o seguinte conteúdo:

"Considerando que, em 31 de Janeiro de 1997, a Liga e a Federação aderiram, como gestores de negócios dos clubes das 1ª, 2ª divisão de honra, 2ª divisão B e 3ª divisão, ao plano de regularização de dívidas ao fisco constante do DL n.º 124/96, de 10 de Agosto;

Considerando que a Liga e a Federação ofereceram, em dação em pagamento, para liquidação do valor das dívidas ao Fisco existentes até 31 de Julho de 1996, as receitas futuras das apostas mútuas desportivas a que os clubes tenham direito;

Considerando que a dação em pagamento está prevista no Código Civil e nos arts. 109.º-A e 284.º do Código de Processo Tributário, na redacção que lhe foi dada pelo DL n.º 125/96, de 10 de Agosto;

Considerando que nada obsta, no plano jurídico, à aceitação de bens de montante relativamente indeterminado, como os supra-referidos, ou mesmo de bens futuros, já que podem ser dados em pagamento todos os bens mobiliários ou imobiliários, sem excepção;

Considerando que, por razões de uniformidade de tratamento, o prazo de arrecadação das receitas oferecidas em dação em pagamento se deve aproximar do prazo máximo permitido no regime prestacional previsto no DL n.º 124/96 (12,5 anos);

Considerando que, por despacho de 28 de Outubro de 1997, foi nomeada uma Comissão Técnica para avaliar as receitas das apostas mútuas desportivas para um período de doze anos e meio;

Considerando que, segundo o relatório da Comissão Técnica, a árvore de cenários construídos permite identificar uma "banda de sensibilidade" em torno do valor de tais receitas em que o valor mínimo será de 8,2 e o máximo de 13,1 milhões de contos;

Considerando que, segundo o relatório, o valor médio de tais receitas, para uma taxa provável de actualização de 3%, é de 10.902.000 de contos;

Considerando que o valor global das dívidas fiscais de todos os clubes, até 31 de Julho de 1996, apurado nos respectivos processos de regularização e calculado nos termos do art.º 4.º do DL n.º 124/96, de 10 de Agosto e do Código do IVA é de 11.367.198 contos;

Considerando que os clubes aderentes, constantes da lista em anexo, devem ter, à data da certificação das condições de adesão, a sua situação tributária, posterior a 31 de Julho de 1996 regularizada, de acordo com a lei geral e com as orientações administrativas constantes do Despacho n.º 17/97, de 14 de Março;

Considerando que as dívidas dos clubes à Segurança Social têm vindo a ser pagas, no quadro da lei, por mecanismos próprios;

Considerando que a Liga e a Federação se comprometem a respeitar cláusulas de salvaguarda que neutralizem qualquer risco financeiro da dação em cumprimento;

DETERMINO:

1. A aceitação, como forma de extinção das dívidas fiscais globais dos clubes existentes até 31 de Julho de 1995, no valor de 11.367.198 contos, da dação em pagamento das receitas das apostas mútuas desportivas oferecidas pela Liga e Federação, durante o período que vai de 1 de Julho de 1998 a 31 de Dezembro de 2010, sem prejuízo da manutenção e consideração dos pagamentos por conta já efectuados ou a efectuar até à data do início daquele período.

2. A aceitação no montante de 10.902.000 contos como valor da avaliação das receitas das apostas mútuas desportivas oferecidas.

3. A aceitação em regime de pronto pagamento ou em 150 prestações mensais do pagamento da dívida remanescente, no valor de 465.198 contos.

4. A nomeação de uma Comissão de acompanhamento, constituída por um representante da Inspecção-Geral de Finanças, um representante da Direcção dos Serviços de Justiça Tributária da DGI, para análise da

situação tributária dos clubes ao longo do período referido no ponto 1.

5. À Comissão de acompanhamento compete, nomeadamente:

a) Certificar que os clubes constantes da lista anexa satisfazem, em 1 de Junho de 1998, as condições de adesão previstas no DL n.º 124/96, de 10 de Agosto;

b) Verificar o cumprimento pontual das entregas dos valores das apostas mútuas a efectuar pela Liga e pela Federação;

c) Propor os mecanismos de inspecção necessários para garantir o cumprimento integral do presente despacho;

d) Certificar, sempre que necessário, que os clubes em anexo mantém, ao longo do período referido no ponto 1, a sua situação tributária regularizada, nos termos do n.º 5 do art.º 6.º da Lei n.º 103/97, de 13 de Setembro, cumprindo as suas obrigações tributárias principais e acessórias.

6. A comissão avaliará, no segundo semestre de 2004 e de 2010, o cumprimento do presente despacho e quantificará as importâncias recebidas:

7. No caso de metade do valor arrecadado ser insuficiente para o pagamento de metade da dívida global ao fisco apurada no segundo semestre de 2004 e de 2010, a Liga e a Federação deverão proceder ao pagamento da diferença até ao valor dessas metades.

8. No caso do montante apurado no segundo semestre de 2004 ser superior à metade da dívida global ao fisco apurada, devem os serviços proceder ao escalonamento da dívida remanescente ou ao encurtamento dos prazos da entrega da dação em pagamento" (v. doc. de fls.75/78).

G) Em 25.02.99 foi celebrado o Auto de Aceitação de Dação em Pagamento que constitui o doc. de fls.79/80.

H) Desse auto consta, nomeadamente, o seguinte:

"Pelos representantes da Liga Portuguesa de Futebol Profissional e da Federação Portuguesa de Futebol, foi dito que pela sua adesão ao DL n.º 124/96, de 10 de Agosto, com vista à regularização das dívidas fiscais dos clubes de futebol que constam da lista anexa, e com o conhecimento e o consentimento pelos mesmos, dão como dação em pagamento, as verbas do Totobola, pelo prazo máximo de doze anos e meio, a contar de 1 de Julho de mil novecentos e noventa e oito até 31 de Dezembro de dois mil e dez no montante máximo de dez milhões novecentos e dois mil contos.

A dação definida no despacho n.º 7/98/XIII, de 4 de Março de Sua Excelência o Secretário de Estado dos Assuntos Fiscais, que passa a fazer parte integrante do presente auto, destina-se a pagar as dívidas fiscais nele quantificadas, dos clubes de futebol constantes da lista anexa, até ao montante atrás indicado".

I) Em 17.12.2004 o Serviço de Finanças de Lisboa 2 notificou a Liga para efectuar o pagamento da quantia de 19.957.145,00 € (diferença entre o valor arrecadado com as verbas provenientes das apostas mútuas desportivas, dadas em pagamento, no período que medeia entre 1 de Julho de 1998 e Junho de 2004, e metade da dívida global com que os clubes fizeram a sua adesão) – art.º 28.º da petição.

5. As questões suscitadas pela autora na presente acção administrativa especial são as seguintes:

a) Nulidade do acto impugnado por impossibilidade do objecto;

b) Nulidade do mesmo acto porque a assunção pela autora de dívidas de terceiro exorbita dos seus fins estatutários.

A entidade demandada, por sua vez, suscitou na sua contestação a questão prévia da intempestividade da acção.

Esta última questão logra prioridade de apreciação, uma vez que, a proceder, prejudicaria o conhecimento das restantes.

Acontece, porém, que em face do art.º 58.º do CPTA, os prazos para a propositura da acção administrativa especial dependem da natureza do vício do acto impugnado – acto nulo ou inexistente, por um lado, ou acto anulável, por outro.

Assim sendo, e porque as partes discordam quanto à natureza do referido vício, há que apreciar, em 1.º lugar, se o acto impugnado é ou não nulo, conforme defendido pela autora.

5.1. Conforme já acima se referiu, a autora entende que o acto é nulo baseada em dois tipos de fundamentos:

a) A dação em pagamento permitida pelos diplomas em vigor à data do despacho impugnado deve ser interpretada de acordo com o que o Código Civil dispõe sobre as figuras da "datio in solutum" e "datio pro solvendo".

Ora, dos arts. 109.º-A, 284.º e 284.º-A do CPT conclui-se que, em matéria de cumprimento de obrigações fiscais, apenas a "datio in solutum" é permitida. Esta dação extingue a dívida, ainda que a dação represente valor inferior ao da dívida, ao contrário da outra modalidade, em que a dívida se extingue apenas quando o credor obtiver a integral satisfação do seu crédito.

Assim sendo, extintas as dívidas dos clubes com a dação das receitas das apostas mútuas desportivas, a autora não pode ser responsabilizada, uma vez que, deixando de existir dívidas, tal responsabilidade é impossível por falta de objecto.

b) De todo o modo, admitindo a validade do despacho por se entender subsistirem parcialmente as dívidas, o acto é nulo porque ele traduz da parte da autora a assunção de dívidas de terceiros, assunção essa que exorbita dos seus fins estatutários.

5.2. Entendimento diverso manifesta a entidade demandada, conforme resulta da sua contestação de fls. 98 e segs.

A sua argumentação é a seguinte:

O despacho impugnado e a dação em pagamento a que se reportam os autos resultaram da tentativa de regularização das dívidas fiscais por parte dos clubes de futebol, ao abrigo do DL n.º 124/96, de 10 de Agosto.

Tendo os clubes apresentado uma proposta de dação em pagamento das receitas futuras das apostas mútuas desportivas a que os mesmos tinham direito, iniciaram-se diligências no sentido da avaliação dessas receitas num período de doze anos e meio, período de tempo equivalente a 150 prestações mensais, número máximo admitido pelo referido diploma.

Apurado nos processos de regularização o valor global das dívidas no montante de 11.367.198 contos, foi aceite como valor de avaliação o valor médio de 10.902.000 contos encontrado pela respectiva Comissão de Avaliação.

Sendo este valor inferior ao da dívida, foi aceite o pagamento da dívida remanescente, relativamente aquele valor médio (465.198 contos), a pronto pagamento ou em 150 prestações mensais.

O Despacho n.° 7/98/XIII do SEAF estava sujeito ao princípio da legalidade, sendo ainda certo que não podia violar o princípio da indisponibilidade dos créditos fiscais consagrado no CPT, daí que de modo algum poderia conceder perdão de dívidas de capital.

Deste modo, a dação e tal despacho tiveram em vista a cobrança do valor total das dívidas apuradas no procedimento de regularização das mesmas.

E, a fim de o credor se precaver contra o facto de as receitas dadas em pagamento poderem ser inferiores ao valor das dívidas, a Federação e a Liga garantiriam os montantes em falta, tal com consta do impugnado ponto 7 do referido despacho e por aquelas entidades aceite.

Deste modo, e sendo certo – ao contrário do defendido pela autora – que é admissível quanto ao cumprimento das obrigações tributárias a dação em função do pagamento, tal como se concluiu no Parecer da PGR n.° 45/98, de 15.06.98, e sendo certo ainda que tudo demonstra ter sido essa a intenção do credor, pois não poderia – por expressa determinação legal – haver renúncia a qualquer valor do capital em dívida, esta só se extinguirá com o integral pagamento e não com a mera dação efectuada.

Não ocorre, por isso a invocada nulidade.

No entanto, o acto também não é nulo pelo facto de a assunção das dívidas, por parte da Federação, ofender os seus fins estatutários.

Com efeito, a natureza jurídica da Federação não impede, antes justifica plenamente a assunção da responsabilidade pelas importâncias em falta (forma de garantia expressamente prevista no art.° 7.° do DL n.° 124/96, de 10 de Agosto.

É que essa garantia constitui um modo adequado de alcançar a realização de um interesse público na cobrança de receitas fiscais e a normalização da situação de incumprimento dos clubes devedores.

Quid juris?

5.3. Ao contrário do entendimento da autora, e acompanhando-se a tese da entidade demandada, pensamos que não ocorrem as invocadas nulidades.

Na verdade, e tal como se concluiu no Parecer da PGR n.° 45/98, de 15.06.98, com o alargamento à dação em pagamento, resultante das alterações ao CPT, introduzidas pelo DL n.° 125/96 as expressões dação de bens em pagamento, dação em pagamento e bens dados em pagamento não devem ser entendidas em termos estritos, mas antes interpretadas extensivamente, por forma a abranger quer a dação em cumprimento, quer a dação em função do cumprimento.

Da análise dos Despachos 7/98/XIII e 9/98/XIII resulta que houve o propósito de utilizar a figura da dação em função do cumprimento ou dação pro solvendo, como meio de saldar as dívidas dos clubes de futebol, pelo que estas se não extinguiram mediante a dação, mas apenas se e à medida que fossem sendo entregues as receitas das apostas mútuas desportivas.

O entendimento exposto sai reforçado com a análise nos n.os 6 e 8 do Despacho impugnado que estabeleceram o seguinte:

"6. A comissão avaliará, no segundo semestre de 2004 e de 2010, o cumprimento do presente despacho e quantificará as importâncias recebidas:

8. No caso do montante apurado no segundo semestre de 2004 ser superior à metade da dívida global ao fisco apurada, devem os serviços proceder ao escalonamento da dívida remanescente ou ao encurtamento dos prazos da entrega da dação em pagamento" (v. doc. de fls. 75/78)."

Na verdade, não faria sentido que a comissão fosse quantificar as importâncias recebidas, nem faria sentido que, no caso de a cobrança ser superior ao esperado, a dívida tivesse de ser escalonada e, eventualmente encurtar os prazos de entrega, se, com a simples dação, as dívidas tivessem ficado extintas.

É que, a ser como defende a autora, efectuada e aceite a dação ficaria extinta a responsabilidade dos clubes, ficando o Estado pago com o que conseguisse receber, podendo até, se a cobrança fosse de montante superior fazer sua a importância a mais cobrada.

Mas não é isto que resulta dos autos nem do citado despacho, pelo qual se vê que o Estado apenas pretendeu a cobrança do que – e de tudo – o que lhe era legalmente devido. E, por isso mesmo, o ponto 8 determinou que " no caso do montante apurado no segundo semestre de 2004 ser superior à metade da dívida global ao fisco apurada, devem os serviços proceder ao escalonamento da dívida remanescente ou ao encurtamento dos prazos da entrega da dação em pagamento."

Resulta, portanto, do que ficou dito que estamos perante uma dação pro solvendo em que as dívidas se extinguirão na medida em que as receitas dadas em pagamento forem suficientes para satisfazer o seu montante e que só após satisfeito o montante global encontrado no processo de regularização, haverá extinção total das dívidas com a consequente desresponsabilização da Federação e da Liga.

Concluímos então no sentido de que, subsistindo as dívidas (parcialmente) e a responsabilidade da autora nos termos do n.° 7 do Despacho impugnado, o acto tem objecto, não sendo, pelas razões defendidas, pela autora nulo.

5.4. Apreciemos agora a segunda nulidade imputada ao acto.

De acordo com o n.° 3 dos Estatutos da autora compete-lhe, nomeadamente, "defender o prestígio ... e todos os interesses materiais do futebol".

Ora, perante a grave situação devedora dos clubes de futebol perante o Fisco, a cobrança coerciva das suas dívidas acarretaria consequências devastadoras para os referidos clubes de futebol, muitos quais terminariam, certamente, a sua actividade, com todas as consequências que daí resultariam.

Do mesmo modo, a nível internacional as repercussões não deixariam de se reflectir negativamente para o país, para a Federação e para a Liga.

Assim sendo, era de todo o interesse para a Federação ajudar os clubes a resolver esta questão – parece-nos que era mesmo uma questão de sobrevivência para muitos desses clubes, atendendo ao que qualquer cidadão retira da comunicação social – dando ao Estado a garantia de que as dívidas seriam pagas na totalidade.

E foi exactamente isto que a Federação e a Liga fizeram ao assinar o auto de dação do qual o Despacho em causa nos autos fazia parte integrante.

Parece assim, que o acto praticado pela Federação tem de considerar-se integrado nos seus fins estatutários, pois ele visou a defesa do prestígio e interesses materiais do futebol português.

Se a Federação não se apercebeu, na altura da assinatura do auto de dação, das consequências económicas e financeiras que para si poderiam resultar daquilo a que se obrigou, é questão completamente alheia à Administração Tributária e que em nada afecta a validade do acto.

Em face do que ficou dito, não se verifica também a nulidade com este fundamento.

5.5. Aqui chegados estamos agora em condições de apreciar a questão da tempestividade da acção.

Estabelecem os n.ºs 1 e 2 do art.° 58.° do CPTA o seguinte:

"1. A impugnação de actos nulos ou inexistentes não está sujeita a prazo.

2. Salvo disposição em contrário, a impugnação de actos anuláveis tem lugar no prazo de:

a) Um ano, se promovida pelo M.°P.°,

b) Três meses, nos restantes casos.

Uma vez que não estamos perante a impugnação de um acto nulo, como atrás se deixou referido, a acção deveria ter sido proposta no prazo de três meses a partir do conhecimento do acto pela autora.

A autora teve conhecimento do acto, pelo menos na data da assinatura do auto de dação – 25/02/99 (fls. 80) –, pelo que, na data da entrada da petição – 10.05.05 – estava há muito decorrido o prazo de três meses previsto na alínea b) do n.° 2 do art.° acima transcrito.

A acção é, por isso, intempestiva.

6. Nestes termos e pelo exposto julga-se intempestiva a acção.

Custas pela autora.

Lisboa, 16 de Janeiro de 2007.

Valente Torrão
Pereira Gameiro
Gomes Correia

Recurso n.° 00618/05

Índice

SUPREMO TRIBUNAL ADMINISTRATIVO PLENO

1.ª SECÇÃO

Conselho Superior do M.º P.º Promoção a Procurador da República. Formação especializada. Aproveitamento do acto administrativo. Ac. 6/2/2007. Rec. n.º 1260/05-20 3
Contra-alegações. Prazo. Processo urgente. Ac. 23/1/2007. Rec. n.º 1403/02-20 7
Formação dos contratos. Nulidade. Prazo da acção especial urgente de contencioso pré-contratual. Providências cautelares. Caducidade das providências. Decisão da causa principal na providência cautelar. Ac. 6/ /2/2007. Rec. n.º 598/06-20 9
Militar. Pensão de reforma. Cálculo da pensão. Tempo de permanência na reserva fora da efectividade do serviço. Aplicação da lei no tempo. Lei inovadora. Ac. 23/1/2007. Rec. n.º 1272/05-20 14
Pleno. Expropriação. Modificação da matéria de facto. Fundamentação. Ac. 6/3/2007. Rec. n.º 42940-20 19
POOC Burgau-Vilamoura. PROT Algarve. Licenciamento construtivo. Demolição. Princípio da proporcionalidade e igualdade. Ac. 6/3/2007. Rec. n.º 873/03-20 26
Recurso para uniformização da jurisprudência. Carreiras horizontais e verticais. Carácter não taxativo do art.º 38.º do DL n.º 247/87, de 17.6. Ac. 17/1/2007. Rec. n.º 744/06-20 33
Recurso para uniformização de jurisprudência. CPTA. Associações sindicais. Legitimidade. Tribunal territorialmente competente. Ac. 29/3/2007. Rec. n.º 89/07-20 36
Recurso por oposição de julgados. Competência. Ac. 29/3/2007. Rec. n.º 294/05-20 39
Reforma Agrária. Indemnização. Legitimidade Passiva. Rendeiro. Proprietários. Ac. 23/1/2007. Rec. n.º 1420/02-20 43

2.ª SECÇÃO

Responsabilidade subsidiária dos gerentes por dívidas fiscais da sociedade gerida. Presunção legal. Presunção judicial. Ónus da prova. Ac. 28/22007. Rec. n.º 1132/06-50 47
Restituição à exportação. Regulamento CEE n.º 3665/87. Competência dos tribunais. Ac. 28/2/2007. Rec. n.º 699/06-50 51

ACÓRDÃOS DO SUPREMO TRIBUNAL ADMINISTRATIVO

1.ª SECÇÃO

Carreira médica. Concurso. Chefe de serviço. Avaliação dos concorrentes. Fundamentação do acto. Ac. 20/3/ /2007. Rec. n.º 900/06-12 55
Concurso de provimento para subinspectores na PJ. Métodos de selecção. Desistência de candidato aprovado. Sua substituição. Ac. 11/1/2007. Rec. n.º 1183/05-11 60
Concurso público. Critérios de avaliação. Erro grosseiro. Rubrica das propostas e seus documentos pelo Júri. Ac. 17/1/2007. Rec. n.º 1013/06-11 64
Concurso. Função Pública. Concurso interno de acesso. Entrevista. Funções de chefia. Ac. 11/12007. Rec. n.º 732/06-11 69
Divisibilidade do acto administrativo. Extensão dos recursos aos não recorrentes. Ac. 1/2/2007. Rec. n.º 30.256/A-11 75
Estatuto Disciplinar (ED). Prescrição. Qualificação da falta disciplinar. Internato complementar. Avaliação curricular. Penas de suspensão ou de inactividade. Amnistia. Ac. 25/1/2007. Rec. n.º 794/06-11 79
Execução do julgado anulatório. Processo próprio. Erro na forma de processo. Convolação. Caducidade. Ac. 15/ /2/2007. Rec. n.º 1067/06-11 83
Função Pública. Carreiras verticais. Dotação global. Concursos pendentes. Ac.11/1/2007. Rec. n.º 761/06-11 86

Incompatibilidades de altos cargos públicos. Acumulação de funções em institutos públicos. Acumulação de remunerações. Regime de exclusividade. Inerência. Ac.17/12007. Rec. n.º 993/06-12 ... 90
Legitimidade activa. Detentor de facto de prédio rústico. Regime especial de caça. Ac. 13/2/2007. Rec. n.º 48336-12 ... 94
Licença de utilização-alvará. Deferimento tácito. Revogação de actos inválidos. Prazo para a revogação. Ac. 15/ /3/2007. Rec. n.º 721/06-11 ... 96
Loteamento. Alteração de lotes. Deferimento imediato do pedido (art.º 27.º, n.º 2, do DL 555/99). Ac. 22/3/2007. Rec. n.º 68/06-11 ... 99
Loteamento. Pedido de informação. Direitos adquiridos. Violação do PDM. Declaração de nulidade e revogação. Ac. 22/3/2007. Rec. n.º 1059/06-11 ... 102
Lei de Processo nos Tribunais Administrativos (LPTA). Código de Processo nos Tribunais Administrativo (CPTA). Nulidade processual. Parecer do Ministério Público. Ac. 6/2/2007. Rec. n.º 921/06-11 ... 106
Procedimento disciplinar. Dirigente máximo do serviço. Procurador-Geral da República. CSMP. Prescrição do direito de instaurar o procedimento. Ac. 1/3/2007. Rec. n.º 205/06-11 ... 108
Providências cautelares conservatórias e antecipatórias. Requisitos. Suspensão de eficácia. Ac. 1/2/2007. Rec. n.º 27/07-11 ... 112
Responsabilidade civil extracontratual do Estado. Atraso na Administração da Justiça. Garantia bancária *à primeira interpelação*. Nexo de Causalidade. Ac. 6/2/2007. Rec. n.º 1037/06-12 ... 116
Responsabilidade civil extracontratual. Competência. Actos relativos ao inquérito e instrução criminais. Ac. 20/ /3/2007. Rec. n.º 30/07-12 ... 120
Revisão da situação militar. Lei n.º 43/99, de 11.6 e D.L. 197/00, de 24.8. Ac. 25/1/2007. Rec. n.º 1108/06-11 ... 123
Urbanismo e Construção. Pedido de informação prévia. Caducidade da informação prévia. Direito de propriedade. Ac. 22/3/2007. Rec. n.º 390/06-11 ... 126

2.ª SECÇÃO

Acção administrativa especial. Caducidade do direito de acção. Despacho saneador. Segurança Social. Prazo para entrega das contribuições. Ac. 7/2/2007. Rec. n.º 745/06-30 ... 131
Acção para cobrança *a posteriori* de dívida aduaneira. Caducidade. Ac. 17/1/2007. Rec. n.º 908/06-40 ... 135
Acção para reconhecimento de um direito ou interesse legítimo em matéria tributária. Erro na forma de processo. Ac. 28/3/2007. Rec. n.º 41/07-30 ... 138
Contra-ordenação fiscal. Recurso judicial. Remessa postal endereçada a entidade diferente da que aplicou a coima. Entrada no tribunal depois de esgotado o prazo para o recurso. Ac. 24/1/2007. Rec. n.º 1099/06-30 ... 140
Contribuição especial. Avaliação predial. Factores. Enunciação, nem exaustiva, nem taxativa. Fundamentação formal suficiente: compreensibilidade. Ac. 14/3/2007. Rec. n.º 624-06-30 ... 143
Execução fiscal. Venda. Anulação. Aplicação subsidiária dos artigos 886.º-A, n.º 4, e 904.º, alínea a), do Código de Processo Civil. Ac. 28/3/2007. Rec. n.º 26/07-30 ... 149
Imposto sobre o valor acrescentado. Artigos para ofertas. Limitação do valor efectuada por circular. Inconstitucionalidade. Juros indemnizatórios. Circular. Norma de incidência. Ac. 21/3/2007. Rec. n.º 1180/06-30 ... 152
Intimação para um comportamento. Art.º 147.º do CPPT. Ac. 10/1/2007. Rec. n.º 722/06-3 ... 159
IRS. Dupla tributação. Mais-valias. Alienação onerosa de parte social de sociedade sediada em Portugal por residente na Alemanha. Convenção celebrada entre Portugal e a Alemanha para evitar a dupla tributação em matéria de impostos sobre o rendimento e o capital. Ac. 14/3/2007. Rec. n.º 796/06-30 ... 161
IRS. Prémios em espécie atribuídos em concursos e sorteios. Retenção na fonte. Fundamentação. Ac. 7/3/2007. Rec. n.º 498/06-30 ... 165
IVA. Imposto de obrigação única. Caducidade do direito à liquidação. Aplicação da lei no tempo. Ac. 17/1/2007. Rec. n.º 963/06-30 ... 169
Juros indemnizatórios e moratórios. Cumulação. Anatocismo. Ac. 7/3/2007. Rec. n.º 1220/06-30 ... 170
Opção pelo regime de contabilidade organizada. Informação escrita. Vinculação da administração. Ac. 14/3/ /2007. Rec. n.º 1154/06-30 ... 173
Oposição à execução. Prazo. Art.º 285.º do CPT. Facto superveniente. Modalidade do prazo. Art.º 145.º do CPC. Ac. 7/3/2007. Recurso n.º 912/06-30 ... 175
Prescrição da obrigação tributária. Conhecimento oficioso na impugnação judicial da liquidação. Efeitos da sua verificação. Interrupção da prescrição. Adesão ao "Plano Mateus". Suspensão do prazo de prescrição. Ac. 7/2/2007. Rec. n.º 1130/06-30 ... 177
Questão de facto. Questão de direito. IRS. Manifestações de fortuna. Ónus da prova. Fixação do rendimento colectável por métodos indirectos. Rendimento padrão. Ac. 17/1/2007. Rec. n.º 1225/06-30 ... 181
Reclamação de créditos. Graduação. Privilégios imobiliário geral e especial. IRC, CA e contribuições para a segurança social. Ac. 28/3/2007. Rec. n.º 132/07-30 ... 184
Recurso contencioso de anulação. Adesão a regime de benefícios fiscais. Decreto-lei n.º 225/94 de 5/9. Liquidação provisória do tributo. Facto impeditivo da caducidade. Ac. 21/3/2007. Rec. n.º 738/06-30 ... 186
Recurso para melhoria da aplicação do direito. Recurso para promoção de uniformidade de decisões. Processo de contra-ordenação tributária. Nulidade da decisão de aplicação de coima. Absolvição da instância. Remessa do processo à autoridade administrativa. Renovação da decisão. Ac. 17/1/2007. Rec. n.º 1116/06-30 ... 188

Responsabilidade fiscal por dívidas de outrem. "Clubes desportivos". Regime especial. Ac. 10/1/2007. Rec. n.º 1049-06-30 190
Sigilo bancário. Sua derrogação. Art.º 63.º-B, n.º 2, alínea c) da LGT, na redacção da Lei n.º 30-G/2000, de 29/12. Crime doloso em matéria tributária. Indícios da prática de tal crime. Ac. 14/3/2007. Rec. n.º 189/07-30 196
Sociedades de gestão e investimento imobiliário. Benefícios fiscais. Artigo 15.º do Decreto-Lei n.º 291/85. Ac. 7/3/2007. Rec. n.º 1204/06-30 199
Taxa de ocupação de subsolo. Agravamento. Notificação. Ilegalidade da liquidação. Ac. 24/1/2007. Rec. n.º 463//06-30 203
Transmissão de bens em segunda mão. Automóveis usados adquiridos em países da CE. Directiva n.º 94/5/CE, de 14/2/94. Aplicação directa no direito interno português. Decreto-lei n.º 199/96 de 18/10. Tributação de veículos em segunda mão. Valor tributável. Ac. 7/3/2007. Rec. n.º 647/06-30 209
Zona de intervenção da Expo 98. Zonas envolventes de obras públicas de elevados custos. Contribuição especial. Incidência. Ac. 7/2/2007. Rec. n.º 1290/05-30 214

TRIBUNAL CENTRAL ADMINISTRATIVO

1.ª SECÇÃO

Acções propostas por sindicato. Tribunal Territorialmente competente. Ac. 1/3/2007. Rec. n.º 2059/06 217
Artigo 37.º n.º 2, alínea h) do CPTA. Acção administrativa comum. Cumprimento do dever de prestar directamente decorrente de normas jurídico-administrativas. Distinção entre as acções de prestação e de condenação à prática de acto devido. Ac. 25/1/2007. Rec. n.º 02010/06 218
Artigo 54.º da LPTA. Acto informativo. Irrecorribilidade. Ac. 8/2/2007. Rec. n.º 5788/2001 221
Artigo 79.º do C.P.A. Recurso hierárquico remetido por correio registado. Teoria da recepção. Relevância suspensiva do prazo de impugnação contenciosa. Ac. 18/1/2007. Rec. n.º 02184/06 225
Autarquias locais. Órgãos dirigentes. Competência da câmara. Competência do presidente. Revogação. Ac. 18//1/2007. Rec. n.º 6.822/2003 227
Carreira de enfermagem. Concurso de provimento. Lista homologatória. Reclamação. Impugnação hierárquica. Extemporaneidade. Ac. 18/1/2007. Rec. n.º 12.713/2003 231
Carreira e categoria. Carreiras horizontais. Categorias sem reporte a carreira. Progressão conforme as carreiras horizontais, de 4/4 anos. Ac. 30/1/2007. Re. n.º 2069/06 235
Competência territorial. Recurso. Ac. 15/3/2007. Rec. n.º 1544/06 240
Direcção-Geral de Viação. Juristas avençados. Satisfação de necessidades permanentes de serviço. DL n.º 81--A/96, de 21/6. Regularização de Pessoal. Acção de Reconhecimento de Direito. Improcedência. Ac. 25/1//2007. Rec. n.º 7388/2003 243
Estatuto disciplinar. Nulidade de acusação. Prova da negligência. Ac. 1/3/2007. Rec. n.º 3854/99 252
Execução de sentença. Audiência prévia. Acto renovável. Ac. 14/2/2007. Rec. n.º 6421/2002 254
Funcionários da Caixa Geral de Depósitos. Subsídio de disponibilidade e desempenho. Ac. 14/2/2007. Rec. n.º 133/04 257
Primado do direito comunitário. Ajudas comunitárias ilegalmente concedidas. Prazo para a recuperação das verbas. Regulamento (CE EURATOM n.º 2988/95 do Conselho, de 18.12.95). Inaplicabilidade do art. 141.º do CPA. Ac. 22/3/2007. Rec. n.º 02082/06 259
Professora. Ensino especial. Subsídio de itinerância. Ac. 22/3/2007. Rec. n.º 6832/2003 262
Professores do ensino básico. Regime de aposentação. Art. 118.º n.º 1 do E.C.D.. Ac. 14/2/2007. Rec. n.º 02130/06 ... 265
Programas de Concurso. Natureza Jurídica. Dec. Lei 197/99, de 8 de Junho. Carácter vinculante das normas dos Programas de Concursos. Causas de não admissão dos concorrentes. Imposição de determinado objecto social. Ac. 25/1/2007. Rec. n.º 02205/06 267
Suspensão de eficácia. Embargo. Al. a) do n.º 1 do art.º 120.º do C.P.T.A. "Periculum in Mora". Ac. 14/2/2007. Rec. n.º 01872/06 271

2.ª SECÇÃO

Anulação de venda. Nulidade da falta de citação. Legitimidade do executada para pedir a anulação da venda com fundamento na adjudicação do bem a pessoa diferente do proponente e o atraso no depósito do preço. Ac. 6/2/2007. Rec. n.º 01065/06 274
Código dos Valores Mobiliários. Alienação onerosa de acções ao portador. Data da transmissão para efeitos fiscais. Ac. 14/2/2007. Rec. n.º 1459/06 278
Contra-ordenação fiscal aduaneira art.º 35.º do RJIFA. Ac. 23/1/2007. Rec. n.º 00167/03 283
Impugnação de IRS. Ajudas de custo. Falta de fundamentação. Ac. 6/2/2007. Rec. n .º 1582/07 284
Impugnação judicial da fixação de valores patrimoniais. Taxa de esgotos. Ac. 6/1/2007. Rec. n.º 1531/06 289
Impugnação judicial de IRC. Prescrição da obrigação tributária. Conhecimento oficioso. Art.º 34.º do CPT. Ac. 27/2/2007. Rec. n.º 5544/01 295

IRC. Prazo para a dedução de impugnação na sequência do indeferimento tácito de reclamação graciosa. Ac. 6/2/2007. Rec. n.º 00904/03 ... 299
IVA. Direito a dedução. Falta de prova do pagamento dos serviços titulados pela factura. Ac. 20/3/2007. Rec. n.º 00696/05 ... 303
IVA. Falta de entrega atempada do IVA. Contra-ordenação. Prejuízo efectivo para a FP. Ac. 16/1/2007. Rec. n.º 01243/06 ... 307
Liquidação de imposto especial sobre o álcool. Direito de audição. Ac. 20/3/2007. Rec. n.º 00921/05 ... 310
Oposição à execução fiscal. Irrelevância da segunda citação. Caducidade do direito de oposição. Princípio da causalidade em matéria de custas. Ac. 16/1/2007. Rec. n.º 1516/06 ... 313
Oposição à execução fiscal. Prazo para a oposição (Art.º 203.º do CPPT). Prazo judicial. Ac. 6/3/2007. Rec. n.º 1623/07 ... 316
Oposição à execução Fiscal. Prescrição da dívida exequenda. Ac. 20/3/2007. Rec. n.º 1503/06 ... 319
Recurso do art.º 89.º-A da LGT e art.º 146.º-B do CPPT. Pressupostos da avaliação indirecta em casos de manifestações de fortuna. Falta de fundamentação. Notificação sem a fundamentação. Ac. 20/3/2007. Rec. n.º 1678/07 ... 324
Regulamento de Liquidação e Cobrança das Taxas Municipais da Câmara Municipal do Porto. Inconstitucionalidade formal. Liquidações efectuadas ao abrigo do mesmo Regulamento. Ac. 30/1/2007. Rec. n.º 00894/03 ... 332
Regularização de dívidas tributárias dos clubes de futebol ao abrigo do DL n.º 124/96, de 10 de Agosto. Dação em pagamento das receitas das apostas mútuas desportivas a que os clubes tinham direito. Responsabilidade da Federação Portuguesa de Futebol. Ac. 16/1/2007. Rec. n.º 00618/05 ... 334